U0535572

|法律史译丛| 王银宏 主编

20世纪
私法学大师

私法方法、思想脉络、人格魅力

〔德〕斯蒂芬·格伦德曼
卡尔·里森胡贝尔 主编 周万里 译

商务印书馆
The Commercial Press

Stefan Grundmann

Karl Riesenhuber

DEUTSCHSPRACHIGE ZIVILRECHTSLEHRER DES 20. JAHRHUNDERTS

IN BERICHTEN IHRER SCHÜLER

Eine Ideengeschichte in Einzeldarstellungen

Copyright© German Edition 2007, 2010 by Walter de Gruyter GmbH

根据德古意特出版社 2007 年和 2010 年德文版译出

中国政法大学法律史学研究院
法律史译丛

顾　问：张晋藩　朱　勇
主　编：王银宏
副主编：李　栋　于　明
　　　　周万里　李冰逆

"法律史译丛" 总序

当前,世界各国、各地区之间的文化交流和联系日益密切,"文明因交流而多彩,文明因互鉴而丰富",文明的交流互鉴是各国发展的应有之义。中国是一个历史悠久的国家,中华文明源远流长,在人类文明史上独树一帜。中华法制文明灿烂辉煌,在发展过程中融汇了多民族、多地域的法律文化,同时也对世界其他国家和地区的法律文明发展产生重要影响。

习近平总书记指出,"中华优秀传统文化是中华民族的突出优势","是我们在世界文化激荡中站稳脚跟的坚实根基"。实现中华民族伟大复兴,"要结合新的时代条件传承和弘扬中华优秀传统文化",同时,在推进国家治理体系和治理能力现代化的过程中,"要学习和借鉴人类文明的一切优秀成果","学习借鉴不等于是简单的拿来主义,必须坚持以我为主、为我所用,认真鉴别、合理吸收,不能搞'全盘西化',不能搞'全面移植',不能照搬照抄"。因此,"在中外文化沟通交流中,我们要保持对自身文化的自信、耐力、定力"。深厚的历史文化基础是中华文明的生命力之所在,辉煌灿烂的中华文明是中华民族屹立于世界文明之林的根基所在,这是我们进行学术研究和学术交流的"自信、耐力、定力"的本源。

作为教育部所属的国家级人文社会科学重点研究基地,中国政法大学法律史学研究院三十多年来始终坚持以学术为己任,注重历史与现实的结合,注重法律史学理论研究与法律文化传承的结合,注重国内研究与国外交流的结合。法律史学研究院是一个开放性的学术机构,"法律史译丛"也是一个开放性的译丛,希望法律史学研究院和"法律史译丛"能够推进中外法律史学研究和中外法律文化交流,在学术研究中加强文化交流,在文化交流中深化学术研究,既让中国认识世界,也让世界了解中国。

张晋藩

2021 年 5 月 31 日

中文版前言

《20世纪私法学大师》刻画的是以德国为代表的德语区私法学者，内容主要包括这些学者在私法发展中的角色，以及他们与国际环境、社会及其他学科之间的关系。学界一般认为，德国法的精髓是体系建构和教义学思维。这是正确的，但仅说对了一半。同样重要的，还有启发国际立法的比较法方法及稳健的经济秩序思想。本书突出理论的视角及如何处理法学与其他学科的方式。

另外，可以明确的是，德国法对全球很多国家和地区产生了重大影响，书中刻画的私法学者已经意识到他们在其中发挥的作用。就本书而言，其中最为重要及对德国来说尤为特殊的一点是：法学界在私法发展中（可能）属于最重要的推动因素。因此，本书试图阐明德国私法的发展规律，但在很大程度上又不局限于德国本土，而是以发散性的思维，囊括了那些以德语为母语、有突出影响力的学者及其作品。从德语区国家的私法思想及其发展历史来看，这些学者的作品和理论构成了一个非常（其实可能是最为）重要的框架。

本书编写的基础，是多年以来主编在柏林洪堡大学和波鸿鲁尔大学组织的系列报告。这些报告均由法学大师的门生呈现。在系列报告和德语版的基础上，中文版在必要时增加了注释，使本书内容更丰富，对中国读者来说更具可读性。

本书的出版离不开各方的合作与贡献。主编非常感谢柏林洪堡大学法学院"民法、德国欧洲和国际私法及经济法教席"前任秘书安吉拉·胡恩女士，她为组织本书多语言版本出版的工作辗转奔波；感谢教席的成员在报告的不同场合及出版过程中积极参与，共同协作；感谢周万里博士承担本书中文版的翻译工作，使得本书不断精益求精。我们也非常感谢弗里茨·蒂森基金会资助本书出版,让这本蕴含了无数法律人心血的书籍呈现在读者们的面前。

斯蒂芬·格伦德曼　卡尔·里森胡贝尔
2020 年于柏林、波鸿、佛罗伦萨

作者名单

克劳斯·阿多迈特（Klaus Adomeit）
柏林自由大学荣退教授

露特·阿内特（Ruth Arnet）
苏黎世大学私法与物权法教席教授

库尔特·比登科普夫（Kurt Biedenkopf）
波鸿鲁尔大学法学院前任院长和教授；德国萨克森州前任州长

埃尔文·多伊奇（Erwin Deutsch）
哥廷根大学法学院教授

格奥尔格·比特（Georg Bitter）
曼海姆大学教授

克劳斯-威廉·卡纳里斯（Claus-Wilhelm Canaris）
慕尼黑大学荣退教授

乌尔里希·德罗比希（Ulrich Drobnig）
马克斯·普朗克外国与国际私法研究所前任所长、教授

克里斯托夫·恩格尔（Christoph Engel）
马克斯·普朗克公共产品研究所所长、教授

伯恩哈德·格罗斯费尔德（Bernhard Großfeld）
明斯特大学荣退教授

斯蒂芬·格伦德曼（Stefan Grundmann）
柏林洪堡大学民法及德国、欧洲和国际私法与经济法教席教授

马迪亚斯·哈贝萨克（Mathias Habersack）
慕尼黑大学私法与商法教席教授

京特·哈格尔（Günter Hager）
弗莱堡大学私法、商法与比较法教席荣退教授

彼得·霍梅尔霍夫（Peter Hommelhoff）
海德堡大学民法、商法与经济法及比较法教席荣退教授；前任校长

苏珊娜·卡尔斯（Susanne Kalss）
维也纳经济大学民法和企业法研究所教授

格尔哈德·克格尔（Gerhard Kegel）
科隆大学民法、国际私法与比较法荣退教授；
科隆大学国际法与外国法研究所创始人

弗里德里希·屈布勒（Friedrich Kübler）
法兰克福大学民商法荣退教授；美国宾夕法尼亚大学教授

托马斯·洛宾格（Thomas Lobinger）
海德堡大学民法、劳动法、商法教席教授

克劳斯·卢伊格（Klaus Luig）
科隆大学民法、罗马法及近代私法史教席荣退教授

恩斯特-约阿希姆·麦斯特麦克（Ernst-Joachim Mestmäcker）
马克斯·普朗克外国与国际私法研究所前任所长、教授

乌尔里希·诺阿克（Ulrich Noack）
杜塞尔多夫大学民法、商法与经济法教席教授

瓦尔特·佩夫根（Walter G. Paefgen）
图宾根大学私法与商法教席教授

托马斯·普法伊费尔（Thomas Pfeiffer）
海德堡大学民法、国际私法与比较法教席教授

莫里茨·伦纳（Moritz Renner）
曼海姆大学私法、国际与欧洲商法教席教授

卡尔·里森胡贝尔（Karl Riesenhuber）
波鸿鲁尔大学民法及德国和欧洲商法与经济法教席教授；
哈姆地方高等法院法官

弗里茨·里特纳（Fritz Rittner）
弗莱堡大学私法与商法教席荣退教授

哈伯特·罗特（Herbert Roth）
雷根斯堡大学民法、德国、欧盟及国际诉讼法教席荣退教授

彼得·鲁梅尔（Peter Rummel）
奥地利林茨大学民法研究所荣退教授

威尔菲德·施吕特（Wilfried Schlüter）
明斯特大学私法、商法与劳动法教席荣退教授

马丁·施密特-凯赛尔（Martin Schmidt-Kessel）
拜罗伊特大学德国与欧洲消费者法、私法和比较法教授

汉斯·舒特（Hans Schulte）
卡尔斯鲁厄理工学院法学教授

克劳斯·舒里希（Klaus Schurig）
帕绍大学民法、国际私法与比较法教席教授

卡尔·海因茨·施瓦布（Karl Heinz Schwab）
埃尔朗根大学民法和民事诉讼法教席荣退教授

莱因哈德·辛格（Reinhard Singer）
柏林洪堡大学法学院荣退教授；罗斯托克上诉法院前任法官

罗尔夫·施蒂尔纳（Rolf Stürner）
弗莱堡大学私法、比较法与民事诉讼法荣退教授；卡尔斯鲁厄上诉法院前任法官

扬·蒂森（Jan Thiessen）
柏林洪堡大学民法、法律思想史与经济法史教席教授

彼得·乌尔默（Peter Ulmer）
海德堡大学私法与商法教席教授

斯蒂芬·福根纳（Stefan Vogenauer）
马克斯·普朗克欧洲法律史研究所所长、教授

约翰内斯·韦滕布鲁赫（Johannes Wertenbruch）
马尔堡大学法学院民法、商法与经济法教席教授

哈尔姆·彼得·韦斯特曼（Harm Peter Westermann）
图宾根大学私法与商法教席教授；雅典科学院院士

约瑟夫·格奥尔格·沃尔夫（Joseph Georg Wolf）
弗莱堡大学私法与法律史教席荣退教授

沃尔夫冈·策尔纳（Wolfgang Zöllner）
图宾根大学私法与商法教席荣退教授

周万里（Wanli Zhou）
德国波恩大学法学博士

目 录

第一章 概述

私法学者与德国私法的发展 …………………………………… 2

第二章 法学宗师

导读 …………………………………………………………… 20
恩斯特·拉贝尔（Ernst Rabel, 1874—1955） ………………… 25
弗朗茨·柏默（Franz Böhm, 1895—1977） …………………… 45

第三章 方法：法律史、比较法和法理

导读 …………………………………………………………… 70
弗朗茨·维亚克尔（Franz Wieacker, 1908—1994） ………… 77
约瑟夫·埃塞尔（Josef Esser, 1910—1999） ………………… 99
康拉德·茨威格特（Konrad Zweigert, 1911—1996） ……… 119
格尔哈德·克格尔（Gerhard Kegel, 1912—2006） ………… 135
赫尔穆特·科英（Helmut Coing, 1912—2000） …………… 155
弗朗茨·比德林斯基（Franz Bydlinski, 1931—2011） ……… 173
彼得·施莱希特里姆（Peter Schlechtriem, 1933—2007） …… 187

第四章 商法和经济法

导读 …………………………………………………………… 206
瓦尔特·施密特-林普勒（Walter Schmidt-Rimpler, 1885—1975） …… 215

阿尔弗雷德·怀克（Alfred Hueck, 1889—1975）·················· 243

汉斯·卡尔·尼佩代（Hans Carl Nipperdey, 1895—1968）············· 261

海因里希·克龙施泰因（Heinrich Kronstein, 1897—1972）········· 283

欧根·乌尔默（Eugen Ulmer, 1903—1988）·················· 303

路德维希·赖泽尔（Ludwig Raiser, 1904—1980）··············· 319

沃尔夫冈·黑费梅尔（Wolfgang Hefermehl, 1906—2001）·········· 337

恩斯特-约阿希姆·麦斯特麦克（Ernst-Joachim Mestmäcker, 1926）······ 363

沃尔夫冈·策尔纳（Wolfgang Zöllner, 1928）················· 385

沃尔夫冈·费肯杰（Wolfgang Fikentscher, 1928—2015）··········· 413

马库斯·陆德（Marcus Lutter, 1930—2021）················· 435

彼得·乌尔默（Peter Ulmer, 1933）······················· 467

赫伯特·维德曼（Herbert Wiedemann, 1932）················ 489

哈尔姆·彼得·韦斯特曼（Harm Peter Westermann, 1938）········· 509

彼得·多拉特（Peter Doralt, 1939）······················ 523

卡斯滕·施密特（Karsten Schmidt, 1939）·················· 557

克劳斯·霍普特（Klaus J. Hopt, 1940）··················· 583

贡塔·托依布纳（Gunther Teubner, 1944）················· 623

第五章　私法、教义学思维及体系建构

导读 ·· 638

莱奥·罗森贝克（Leo Rosenberg, 1879—1963）··············· 645

卡尔·拉伦茨（Karl Larenz, 1903—1993）·················· 663

维尔纳·弗卢梅（Werner Flume, 1908—2009）··············· 709

恩斯特·冯·克默雷尔（Ernst von Caemmerer, 1908—1985）······· 727

哈里·韦斯特曼（Harry Westermann, 1909—1986）············ 743

弗里茨·鲍尔（Fritz Baur, 1911—1992）··················· 777

汉斯·布洛克斯（Hans Brox, 1920—2009）················· 793

约阿希姆·格恩胡贝尔（Joachim Gernhuber, 1923—2018）········ 809

迪特尔·梅迪库斯（Dieter Medicus, 1929—2015）············· 827

乌尔里希·胡贝尔（Ulrich Huber，1936） ·················· 845
克劳斯-威廉·卡纳里斯（Claus-Wilhelm Canaris，1937—2021）········ 857
曼弗雷德·沃尔夫（Manfred Wolf，1939—2007）·············· 881
恩斯特·克莱默（Ernst A. Kramer，1944） ················ 899

第六章 总结与展望

本书主线及纳粹时期的私法学 ·························· 918
因技术而领先——比较法视角下"20世纪德语区私法学者"········ 939

附 录

缩略语 ······································ 972
访谈：民法教父卡纳里斯 ··························· 982
图片来源说明 ·································· 986

译后记 ······································ 987

第一章 概　述

私法学者与德国私法的发展[*]

一、为什么以个人为主线书写德国私法思想史？

如果有人问英国律师或法学家，谁在过去和现在都是普通法中私法领域最有影响力的权威人物，很多人会说是威廉·布莱克斯通爵士（Sir William Blackstone，1723—1780）。作为大律师和法官的他，将其经验总结在1756年的《英格兰法释义》中。因此，他成为梳理英国私法的第一人。不久后的1758年，他担任牛津大学首位瓦伊纳英国法教席教授（Vinerian Professorship of English Law）。对于20世纪的英国，很多人首先会想到阿尔弗雷德·丹宁（Alfred Denning，1899—1999）勋爵，他在判决中书写了自己想象中的法，提出了伟大的及部分具有革命性的理念。对丹宁这样评价，外人至少不会认为是荒谬的。[①] 如果有人问法国的律师或法学家同样的问题，最新的回答可能还是罗伯特-约瑟夫·波蒂埃（Robert-Joseph Pothier，1699—1772）及让-蒂安纳-玛丽·波塔利斯（Jean-Etienne-Marie Portalis，1764—1807）。是他

---

* 作者简介：〔德〕斯蒂芬·格伦德曼（Stefan Grundmann，1958），柏林洪堡大学民法及德国、欧洲和国际私法与经济法教席教授；〔德〕卡尔·里森胡贝尔（Karl Riesenhuber，1967），波鸿鲁尔大学民法及德国和欧洲商法与经济法教席教授。两位教授是本书主编。

① 乔韦尔（J. L. Jowell）、麦考斯兰（J. P. W. B. McAuslan）主编：《丹宁勋爵：法官与法》，伦敦1984年；弗姆斯顿（M. P. Furmston）：《丹宁论合同和侵权》，《丹宁法杂志》1987年，第65—77页；阿蒂亚（P. S. Atiyah）：《丹宁勋爵对合同法的贡献》，《丹宁法杂志》1999年第14期，第1—11页。

们将法国法思想整理和提炼成为1804年的《法国民法典》。② 相反，德国却没有法官和立法者能够拥有如此显赫的地位。弗里德里希·卡尔·冯·萨维尼（Friedrich Carl von Savigny，1779—1861）因其体系思维及法源自民族精神的私法思想而成名，人们首先可以想到他的八卷本《当代罗马法体系》（1840—1849年）③。鲁道夫·冯·耶林（Rudolph von Jhering，1818—1892）创立了基于个人利益及其冲突来构建的私法，借此，他革命性地改变了法律方法论（"利益法学"；1872年的《为权利而斗争》及1877年的《法律中的目的》）④。他们的影响远超过任何法官和立法者，是实至名归的法学宗师。在当代德国法学中，人们或许会想到克劳斯－威廉·卡纳里斯，是他将法律义务延伸到缔约前的阶段，该思想真正地成为无所不及的原则。另外，卡纳里斯还有私法宪法化的思想，对此，他主要是通过基本权利的路径实现——当然，该思想的真正来源，是另一位私法学者即弗朗茨·柏默的学说。最后，如果有人考虑到《德国民法典》之父，他同样是一位私法学教授，即伯恩哈德·温德萨伊德（Bernhard Windscheid，1817—1892）。他撰写了最为著名的《学说汇纂法教科书》，他在该书中描述的体系对《德国民法典》影响极大。一般认为，《德国民法典》属于典型的"学术型"法典，其抽象度极高，

---

② 比如参见盖斯旦（J. Ghestiom）、古博（G. Gpineraix）、法布赫－马南（M. Fabre-Magnan）：《法国民法总论》（Traité de droit civil. Introduction générale），第4版，巴黎1994年，第100页以下诸页；卡尔波尼埃（J. Carbonnier）：《法国民法总论》，第27版，2002年，第130页，第134及以下诸页；哈普林（J. L. Halpérin）：《17、18世纪法国法学：论法理论的局限性》，卡内尔等（D. Canale, P. Grossi, H. Hofmann）主编，《私法世界中的法哲学史（1600—1900年）》，多德雷赫特2009年，第43—68页。

③ 比如参见拉胡仁（B. Lahusen）：《所有的法源自民族精神：弗里德里希·卡尔·冯·萨维尼及现代法学》，柏林2012年；维亚克尔：《近代私法史》，第2版，哥廷根1967年，第383及以下诸页；沃尔夫（E. Wolf）：《德国历史上伟大的法律思想家》，第4版，图宾根1963年，第467及以下诸页。

④ 比如参见贝伦兹（O. Behrends）主编：《当今的私法与耶林的革命性的法律思想》，科隆1993年；维亚克尔：《近代私法史》，第2版，哥廷根1967年，第451及以下诸页；费肯杰：《百年法学》，《法律史杂志》2000年，第560—567页；沃尔夫（E. Wolf）：《德国历史上伟大的法律思想家》，第4版，图宾根1963年，第622及以下诸页；霍夫曼：《从耶林到拉德布鲁赫：论传统法律逻辑对法律观念论复兴的法律社会理论的理解》，卡内尔等（D. Canale, P. Grossi, H. Hofmann）主编，《私法世界中的法哲学史（1600—1900年）》，多德雷赫特2009年，第301—354页；西格尔（W. Seagle）：《鲁道夫·冯·耶林：抑或法律作为实现目的的工具》，《芝加哥大学法律评论》1945年第13期，第71—89页。

并将焦点聚集在体系上。⑤

正如本书中诸如弗朗茨·柏默和克劳斯-威廉·卡纳里斯等人物所展示的，上述感受不是仅针对19世纪。谁要是提到德语区私法的国际性，就会想到本书展示的第一位学者——恩斯特·拉贝尔，及与他紧密相关的维也纳《联合国国际货物销售合同公约》。该公约是最为重要的国际私法统一规定，可以追溯到1929年威廉皇帝外国与国际私法研究所的"蓝皮书"，其次可以追溯到拉贝尔的比较法专著。⑥如果说到基本权利在私法领域的运用（德国法在该领域为泛欧洲法的发展确立了标准，这具有重要意义），本书中有两位学者确定了其分析的框架：汉斯·卡尔·尼佩代不仅在劳动法领域主张基本权利的直接效力，而且针对性地建立起劳动者自由流动的框架，在欧盟层面也是如此；克劳斯-威廉·卡纳里斯采用（国家）保护义务及为私法主体服务（保护义务）的理念，克服了基本权利只用来对抗国家的典型情况。最后，司法机关实践坚守"方法论"。在某种程度上，学术界对实务的影响促使裁判有"学术型"的笔法。对这一点，实务人员感受尤为深刻，非德语区思维的学者也有这种感受。德语区教义学明确区分"法律解释"与"法律续造"，该区分的做法成为德语区主流思想。⑦"法律续造"不仅在其他国家很难被理解，甚至在其他语种（比如英语）中没有对应的词语。德语区私法思维的"独特之处"，不仅是语言问题，还有更多。

当然，这不是说英国法学家对英国私法和其他法律部门的发展没有

---

⑤ 参见格伦德曼：《德国民法典债法篇的结构性因素》，格伦德曼、邵尔主编，《欧洲法典与合同法的结构》，2006年，第57—67页；舍尔迈尔（M. Schermaier）：《德国法》，斯密茨（J. M. Smits）主编，《比较法埃尔加大百科全书》，第281—282页。

⑥ 两部国际条约所依据的比较法研究可以追溯到1929年，参见1929年《拉贝尔杂志》第3期中的"通讯"；以及拉贝尔：《论文集Ⅲ》，柏林外国与国际私法研究所的"货物销售的比较法报告1"（Rapport sur le droit comparé en matière de vente par 1），图宾根1967年，第381—476页（"蓝皮书"）。拉贝尔被认为是"国际货物统一买卖法草案背后的策划者"，参见格罗斯费尔德（B. Großfeld）、温西普（P. Winship）：《法学教授难民》，《雪城大学国际法与商业杂志》1992年，第11页。当然，拉贝尔最为重要的作品是二卷本的《货物买卖法》（Das Recht des Warenkaufs），图宾根1958年。

⑦ 拉伦茨、卡纳里斯的《法学方法论》（柏林1995年，第3版）第133及以下诸页和第187页讨论了这两个概念的关系；诺伊纳（J. Neuner）：《法律续造》，里森胡贝尔主编，《欧盟方法论》，2015年第3版，第245—262页；对于奥地利的观点，参见比德林斯基：《法律方法论与法律概念》，1991年第2版，第428及以下诸页，第472及以下诸页。

什么影响，或法国法学界对法国私法和其他法律部门的发展没有什么影响。其实，我们有足够的理由相信，德国法学界对德国私法及其他法律部门的发展能产生并持续地产生巨大的影响。因此，相对于其他国家而言，德国法学界很容易被视为"法律权威"。在本章，我们简要分析德语区的私法思想史，在接下来具体的人物刻画的章节中，我们将会描述一些共同的特征，着重分析他们的思想。少数情况下，本章总结一般性的发展规律及单个人物产生的影响。以下的章节分别涉及最有影响力的人物，他们被称为"老师"或"导师"，通过那些与他们在一起紧密工作过的并从他们那里学习的门生的描述来展现他们。德语词"Schüler"（"门生"）在英语中也没有对应的词语，它泛指研究助理、追随者和（伴随一生的）对话者。在中世纪，人们称之为"信徒"（"discipulus"）。因此，下文所使用的"导师关系""师徒关系"或许最能够表达出"门生"与"老师"及"师父"与"徒弟"之间关系的深刻用意。

尽管法学对法律发展产生了巨大的影响，德国私法思想、细节与相互引证的历史如今并不是特别流行的话题。[8] 当然现在有把焦点放在单个主题的文集，现在也有很好的理由在这个时间点去展示这样的思想史。[9] 这样做有助于我们反思德国的私法理论，也可以让国外的法律人或感兴趣的大众去接触德国法律思想的发展路径。思想在国际上的传播更加迅速，并且被思考的这些变化对国内法律制度产生明显的影响时，这似乎变得更加重要。本书的文章想为展现这样的思想史贡献力量。事实上，本书想对上述发展提供一个公平的、全方位的展示，并以更加体

---

[8] 有两本文集准确地说并不涉及20世纪的私法，也不是本书（主要或单个）的关注点。沃尔夫（E. Wolf）：《德国历史上伟大的法律思想家》，第4版，图宾根1963年；施罗德：《从萨克森明镜到基本法——生活图景基础上的德国法律史》，慕尼黑2001年。同样的是克莱因海尔、施罗德主编的《九百年来德意志及欧洲法学家》（2017年第6版），该书与20世纪的交接并不多（包括对黑克的描述），与20世纪联系最为紧密的是包括十个人物描述的霍伦（Hoeren）主编：《民法的发现者》，慕尼黑2001年；与慕尼黑贝克出版社的作者紧密相关的是《法学家印象——40年的出版社与作者，贝克出版社225周年纪念文集》，慕尼黑1988年；犹太裔的老师，尤其是纳粹期间移民国外的德国犹太人的命运，参见比特森、齐默曼主编：《流亡法学家：20世纪英国人中以德语为母语的移民法学家》，牛津大学出版社2004年；海因里希斯等（Helmut Heinrichs, Harald Franzki, Klaus Schmalz, Michael Stolleis）主编：《犹太裔的德国法学家》，慕尼黑1993年。

[9] 最新的作品，参见拜耳（M. Bayer）、哈贝萨克（W. Habersack）主编：《变迁中的股份公司法：1807—2007年》，图宾根2007年。

系化和全方位的方式触及它最为重要的方面。

展示思想史的方式多种多样，最直接的有两种方法：一种是汇集最重要的人物，另一种是强调一般性的体系。事实上，在诸如艺术史和文化科学中，关于这些方法的讨论很激烈。比如德国最著名的世界文学大百科全书《金德勒文学百科词典》(*Kindlers Literatur Lexikon*)采用汇集个人的方式。该书最初是按照作品题目的英文字母分类排序，最新版本是按照作者的姓名编排，进而讨论相应的单个主题。针对每个作者，内容包括单个主题和他们的作品。

两种方法有各自的优缺点。当全景图中包括很多单个的人物刻画时，客体内容占主流，使各个人物呈现在整体中或本身就是整体，而不是整体的一部分。这种以客体内容为导向的方法，尤其适合于私法学者思考老一辈学者的情况。另外，德国法中的体系思维有时候会被国外法学界怀疑，而汇集思想发展史上私法学大师的描述，能够吸引外国读者的兴趣。汇集的人物描述中，学术圈中的大家及其"发现"成为焦点。

这种方法的必然结果是以人物刻画作为中心。导读能将各个不同部分之间的红线串联起来，这些部分有些是相似的，其他则是趋同或分离的。本书中文章的内容如此丰富，一定能够激发读者找出其中的发展脉络。

同时不可否认的是，汇集单个的人物刻画必然仅限于刻画全景图的脉络。这主要有以下几个原因。

第一，选择有限的私法学者作为他们所在领域的特别有影响力的代表人物，必然受到其个人经历和焦点的影响。换言之，选择本身就具有主观性。通过讨论及与同行交流本书主编的想法和选择，我们已经努力实现了一定的客观性。因此，希望我们已经避免了犯严重错误或疏忽。不过，选择权在我们的手中，我们不能也不想否认其中的选择有一定的主观因素。其他的超出我们控制的因素，也强化了主观性。在有些情况下，被邀请的报告人直接认为做这样的报告不合适，包括报告在世的学者。如果选择的对象限定在离世的学者，也即排除在世的"寿星"，那么20世纪及我们最近几十年的思想史都将有很大的漏洞。相反，我们将会选择那些大家会谈论的"作品全集"。对此，形式上的标准是法学界同行为这些学者出版"纪念文集"("Festschrift")。有一个例外是汉斯·布洛克斯，他无疑是20世纪顶尖的私法学者，不过他拒绝同行为他出版纪念文集。按照德语区法学界的传统，当学者70岁的时候，学界才出版纪念文集，为他们祝寿。因此，学术性纪念文集的标准使本书有年龄限制。我们认为，忽略所有在世私法学大家的做法并不太好，因为，这反而会排除20世纪德语区私法发展的重要方面。这种弊端远远大于包括在世学者造成的、有些人认为的不合体统的负面影响。我们选择了40位人物，他们塑造了德语区私法尤其是德国私法的发展，甚至影响了欧洲私法和比较私法的讨论，比如私法、商法、国内法中的教义学思维、跨国法的讨论、方法论、法律与社会秩序、法律与其他学科、历史与法律政策。事实上，在本书中，我们不仅是选择了德语区私法学者，还要将欧盟化和跨境交易的历程凸显出来。这也是我们选择包括在世学者的一个关键理由。

第二，本书的基本想法是收录那些产生了巨大和持续影响的学者。对此，我们不能将想法缩减为一个标准。在有些情况下，仅是方法论方面的贡献，就值得评价，而不管他们产生的其他诸如教科书和法律评注上的影响。对此的一个例子是约瑟夫·埃塞尔，他将"前理解"这个概念引入法学讨论中。另外，学者对特定法律领域的变革产生影响和做出贡献，比如弗里茨·鲍尔撰写了物权法教科书，并对民事诉讼法的改革产生重大影响。在有些情况下，国际上的声誉是决定性的一点，但这种情况不多，比如恩斯特·冯·克默雷尔和彼得·施莱希特里姆。我们会从一些事实中看出其具有持续影响力，比如某些学者即汉斯·布洛克斯和汉斯·卡尔·尼佩代，研究整个私法领域，并担任过联邦宪法法院大法官。我们在讨论将谁收录到本书中时，认为忽略重要人物带来的伤害比收录一些别人认为不值得收录的人物带来的益处要大。这里的人物选择，仁慈的观点比苛刻的观点更适合。

本书主编意识到选择学者不仅是主观的，而且是将风格各异的私法学者放在一起。例如，民法学者与经济法学者有很大的差别。但是，如果考虑到经济秩序与私人秩序的互补性，差别就会减少。[10] 而如果对传

---

[10] 对于私法社会概念的重要性，新近的研究参见里森胡贝尔主编：《私法社会——私法的发展、现状与宪法》，图宾根2007年；该概念由弗里茨·柏默最先提出，参见其奠基性的论文《私法社会与市场经济》，《经济与社会秩序年刊》1966年第17期，第75—151页。

统的私法理论与新近理论在方法和主题方面做比较，差别会更大。后者包含了多种不同的对法的"外在"视角，包括比较与历史的视角及经济学、行为学、社会学与实证研究。当然，我们可能会更多地强调某个方面，而忽视了其他方面（比如民事诉讼法或其他重要的特别私法）。即使这样，我们也追求整个情况的平衡。

  本书采用的方式，是让门生刻画他们的老师。这必然要对年代进行限制。本书收录的人物出生时间不早于恩斯特·拉贝尔和弗里茨·柏默。其他的诸如赫尔曼·施陶布（Hermann Staub, 1856—1904）[11]、路德维希·恩内克斯（Ludwig Ennecerus, 1843—1928）和菲利普·黑克等私法学大家，他们没有被收录在本书中的理由很简单，即他们没有在世的门生。本书的这种形式让我们考虑到了很多重要的源自一战与二战之间发展时期的私法，比如恩斯特·拉贝尔对国际统一私法的开创性研究、弗里茨·柏默对法律经济学和市场秩序的基础性研究，以及路德维希·赖泽尔研究使用了创造性的方法，即基于实证数据去研究经济新现象。不过，不可否认的是，前辈法学家包括黑克、施陶布和恩内克斯在内的研究，在20世纪德国私法的发展中留下很深的烙印。年代限制导致大部分而非所有的20世纪德语区私法的发展被收录到本书中，比如可能是受到两次世界大战期间的经济危机的启发而发展的现代经济法；评价法学塑造了黑克之后的现代法律方法论的发展；现代的国家法律发展。20世纪最初30年，民法领域的重要发展最为明显的是对1900年《德国民法典》的大量解释，这没有包含在本书中，至少是没有采用系统性的方法收录到本书中。

  本书的价值在于个人刻画蕴含的"财富"，从中人们可以直接窥得思想史，而不是从编者安排的顺序中探索。除了学者的研究领域，我们以学者出生时间为序编排本书。

---

  [11] 对于赫尔曼·施陶布，最新的研究参见亨纳等（Th. Henne/R. Schröder/J. Thiessem）主编：《律师、法律评注者、发现者——赫尔曼·施陶布诞辰150周年纪念文集》，柏林2006年。施陶布是一名律师，在学术圈里他得到的评价极高是因为他著名的《德国商法典施陶布大型评注》。

二、单个刻画与门生的视角（师徒关系）

由门生来刻画单个的人物形象，强化了文集的主观性。但是，我们希望这种方法的利能够大于弊。其实我们希望各篇文章的作者对他们老师的学术作品、方法及为人持积极的态度。同时，这也能够获取关于那些作品及特殊背景的有趣的、敏感的信息。我们更希望获取的不仅是讨论的话题，还有思想和为人，在适当的情况下还有他们职业生涯中的"黑暗面"。最后，师徒之间在法律思想方面经常有紧密的联系，这尤其有助于我们理解和把握法学大师的核心思想。

这种选择也强调了德国法发展中的一个方面，这也不仅是在私法发展的过程中如此。德国学术的特点是师父与门生之间经过数代传承形成的紧密联系，形成"学派"和学派群，尤其是在私法发展过程中这种影响更大。学派间的竞争也一定能够被感受到。同时，属于同一个学派的成员很少在一个学院（相反，南欧的国家属于这种情况），他们大多数分散在不同的大学，比如在一个规模较大的大学中，很多不同学派的成员组成了一个学院。此外，师门倾向于小规模：十位年轻学者在一位非常重要人物的领导下跨越30—40年，这已经是一个非常大的规模。他们之间经常相互融合、相互讨论，并有很强的开放性。有多种可能的联系产生师徒关系：博士论文、给第一篇学术论文及职业规划提建议、学术助理岗位（这常常延续很多年）、参与文章撰写，尤其是与导师合作完成科研发表，以及指导完成第二本大型专著，即教授任用资格论文。从这些活动及其他非常有益的相互交流中，老师和门生通常保持非常紧密的师徒关系。本书主编两人也是师徒关系，本书也是师徒讨论的成果，他们之间分享的关于德国私法发展的经验，在德语区之外的人知之甚少。

德国的法学青年学者（通常）必须要完成比博士论文要求更高、篇幅更大的教授任用资格论文。教授任用资格论文用来证明学者的原创性，及其已经掌握了更宽领域的法律或法律视角，是一个全方位的专著版本。尽管教授任用资格论文通常只是被一位或多位所在学院的人知道，但要由所在学院所有的研究人员来评价，这通常也是激烈争论的话题，在很大程度上决定了青年学者将来可能教授的法律领域（所谓的"教授任用资格"或"讲授许可"，即"*venia legendi*"，授予这种许可的依据是教授任用资格论文和目前为止的学术发表）。尽管教授任用资格论文涉及决定作者将要讲授哪些法律的问题，但它更多指的是第二本专著。从教授任用资格论文中获得声誉的高潮是前几年，甚至有时还会延续到后面的几十年。这应当是德国学术界非常特殊的一面（也有其他国家的学术界走这条路），但是它让其他的（经常是很耗费时间的并且有时更多的是"机械性的"）评价过程变得多余或至少是不突出。德国法学教授仍在相互评价，我们认为，这种很强的相互评价体系不对外人开放，是这种评价体系的消极面。

在本书中，重要的和权威的私法学者，都由被认为是最了解他们的门生来描述。在有些报告中，我们聆听到十分感人的同时又是高学术标准的报告。比如格尔哈德·克格尔关于恩斯特·拉贝尔的报告，他写信给我们说没有什么报告能像这样让九十有余的他决定从遥远的科隆到柏林做报告。事实上，这个报告是他人生中最后一个报告：做完报告的数月后，94岁高龄的他便离世了。同样让人感动的是恩斯特-约阿希姆·麦斯特麦克有关弗朗茨·柏默的报告。其他报告人也强调自己的老师的重要地位。在其中的一个报告中，老师没有被允许参加报告会，但属于该师门的"学术大家庭"成员的人都参加了那一场报告会。

三、内容与重点

恩斯特·拉贝尔和弗朗茨·柏默都是法学宗师级的人物，我们将他们放在所有人物的最前面。这种选择不应当被过度解读。本书报告系列的"历史"，似乎是一个邀请，让我们用一个单独章节来描述这两位人物。另外，这样的选择也是考虑到拉贝尔是本书人物当中出生最早的私法学导师，他和弗朗茨·柏默以及路德维希·赖泽尔的主要作品及主要的动议，都是在一战和二战期间形成的。

两位宗师代表着的不仅是让人敬佩的不同个性。几乎没有哪位法学教授像犹太裔的拉贝尔一样，能够以罗马法为基础，将大陆法系民法和英美法系的传统，以比较法的方式结合在一起。拉贝尔后来移民了，当他回到德国后，很高兴将两个法系的强项结合在一起。在德国，甚至在欧洲可能也没有哪位（私法）法学家能够像柏默一样坚持以下的理念：在自由主义的环境下，私法不能发挥作用，它需要能够促进市场效率和社会公正的市场秩序的框架。柏默是著名学者、富有经验的管理者，担任过议会议员，积极主动地为他的思想和反垄断法的理想抗争，甚至做到反对他所在政党基督教民主联盟的同僚。

拉贝尔和柏默展现了两个核心方面：一方面是比较法、统一国际法以及跨国思想，另一方面是经济法、法学家与经济学家的合作及市场秩序的思想。拉贝尔的作品和思想到今天都还体现在国际货物买卖法典当中，而柏默有幸对欧洲经济共同体（以及其之后的发展）的基础做出了贡献，并指明个人自由（基本自由）和竞争法是新社会宪法的核心要素。

奉献单独一章给两位"法学宗师"，似乎还有另外一个正当理由。尽管德国私法的发展在很多方面非常教义化，而且教义学思维在最近70年的发展中无疑是主流，但是这个图景呈现出更多的细微差别，尤其是当影响和效果作为主要的评价标准的时候。从影响的角度来看，比较法的思想可能比大部分的教义学思维更有影响力。当然，它的主要影响体现在它很有力地推动了欧盟的法典化或协同。除此之外，拉贝尔主要是在学术组织和方法论两个方面有持久的影响：一是马克斯·普朗克外国与国际私法研究所，二是更为强大的比较法学者和比较法方法论。类似的是，法律与经济秩序的思想对整个欧盟或欧洲共同体的法律秩序的全部构造产生巨大的影响。"经济宪法"和"私法宪法化"的理念自第二次世界大战以来（事实上根植于两次世界大战之间）在德国私法思想中真正地占据主导地位。[12] 因此，本书中无所不在的问题是德国法律思维在

---

[12] 比如参见辛茨海默：《委员会制度1919年》，卡恩-弗洛伊德（O. Kahn-Freund）、莱姆（T. Ramm）主编，《劳动法与法社会学：论文和演讲全集》，法兰克福1976年，第325—350页，以及该书中其他的论文；柏默：《经济宪法对政治结构的意义》，《南德法律人杂志》1946年，第141—149页；赖泽尔（L. Raiser）：《作为法律问题的经济宪法》，《基尔克纪念文集》1950年，第181—200页；麦斯特麦克：《势力—法—经济宪法》，《商法与经济法综合杂志》1973年，第97—111页；尼佩代：《社会的市场经济与基本法》，第3版，科隆1965年；维特赫尔特：《作为社会理论的私法》，维特赫尔特等主编，《私法制度的功能变迁：路德维希·赖泽尔纪念文集》，图宾根1974年，第645—695页。

多大程度上或如何适用于其他国家的法律制度，这在所有的文章中都能表现出来。即便是那些主要研究德国私法的学者，也针对广大读者和世界性范围的法律撰写文章，尤为明显的是卡尔·拉伦茨、维尔纳·弗卢梅和克劳斯-威廉·卡纳里斯。事实上，他们非常有影响力，尤其是在罗马法国家、希腊和东亚国家。

拉贝尔从德国移民后，他的作品依然具有当前性和影响力，尤其是在马克斯·普朗克外国与国际私法研究所中——该研究所的前身即为威廉皇帝外国与国际私法研究所，拉贝尔是该所第一任所长，一直到纳粹分子强迫他辞职。柏默是战后一位积极的学者和政治家，他让欧洲思想落实在德国私法和经济法中，使法兰克福成为该思想的中心。对此的理念是"市场秩序"，该理念与社会的市场思想紧密相关。弗朗茨·柏默和瓦尔特·哈尔斯坦（Walter Hallstein，1901—1982）在他们的学术作品和政治活动中代表了该思想。瓦尔特·哈尔斯坦作为欧洲共同体委员会（即现在的欧盟委员会）第一任负责人，在欧共体的制度中落实了该思想。柏默作为德国议会议员在其工作中也在传播该思想。该思想的基础是欧洲私法的共同传统（赫尔穆特·科英）及跨大西洋的紧密联系（海因里希·克龙施泰因）。科英的法律史理念的传奇，仍然展现在法兰克福的马克斯·普朗克欧洲法律史研究所中。柏默、哈尔斯坦以及克龙施泰因的门生继续精确化和传承了"秩序自由主义"的思想。他们包括恩斯特-约阿希姆·麦斯特麦克和库尔特·比登科普夫，还有沃尔夫冈·费肯杰及恩斯特·施泰因多夫（Ernst Steindorff，1920—2018）。他们都受到法兰克福大学教授的不同影响。麦斯特麦克撰写了关于欧盟竞争法的顶尖教科书；费肯杰撰写了顶尖的经济法教科书——该书从国家、国际和跨国的角度全方位呈现了该学科；比登科普夫作为法学教授、学术机构的管理者及政治家，将他的实践工作建立在这些学术基础之上。

"市场秩序"和"国际性"可以被视为二战后学术发展的"基调"，即经济法及跨国问题与视角。理解这个可以有多个例子，比如有个别学者（尤其是阿尔弗雷德·怀克）在经济法的多个领域（从公司法到劳动法）具有权威地位；也有学者（汉斯·卡尔·尼佩代）基于劳工信赖共存的理念发展劳动法。跨国性当然可以从地理的角度来理解——从德国法到国际法或全球法，尤其是针对整个经济法体系的基本模式和理论。比如，我们能够在瓦尔特·施密特-林普勒的作品中找到"合同公平"的理念。

除了欧洲的市场秩序（以法兰克福大学为智囊中心）和国家与全球的视角，我们还能发现本书中其他两个一般性的话题。

第一个话题是方法。尽管这在第二章的两位"法学宗师"中表现得不太明显，但在德国私法的发展过程中尤为明显，因此本书第三章处理了该话题。"方法"这一章涉及两条主线：一条主线是方法论、法律理论和诠释学，另一条主线是发展多年的法律跨学科理论，其他的学科被认为对法律尤为重要。在20世纪70年代，主流是社会学，现阶段的主流是经济学。与美国的发展可能不同的是，在德国没有哪一个社会学科占据主导地位。当然，从国际视角来看，20世纪最后几十年是由经济分析和法律视角主导的；在德国，没有出现像理查德·A. 波斯纳（Richard Allen Posner，1939）和圭多·卡拉布雷西（Guido Calabresi，1932）这样的代表人物。即使这样，从方法论的角度来看，二战之后的第一个十年的发展和"创新"肯定是瞩目的——即使是延续了鲁道夫·冯·耶林和菲利普·黑克之后的利益法学和评价法学的重大突破。通过很多学者，比如约瑟夫·埃塞尔和路德维希·赖泽尔，可以清楚地看出在20世纪70年代，社会学是灵感来源，马克斯·韦伯的遗产——第一个根植于社会学的跨学科视角，依旧能够体现出来。即便如此，德国也还是没有像法国的让·卡赫伯尼（Jean Carbonnier，1908—2003）这样的主要代表人物。[13] 如果人们忘记尼克拉斯·卢曼也是法学院出身的显赫人物，这个阐述也是不完整的。[14] 因此，在本书中，常常看到的是德国法思想与其他方法和学科的紧密程度或如何对它们开放，尽管这没有在本书所有的

---

[13] 尼奥尔（J.-F. Niort）：《让·卡赫伯尼》，哈儿普林（Jean-Louis Halpérin）、凯拉（Olivier Cayla）主编，《著名法学作品词典》（Dictionnaire des grandes oeuvres juridiques），巴黎2006年，第77—81页；尼西奥（F. S. Nisio）：《让·卡赫伯尼》，托里诺2002年；萨拉斯（D. Salas）：《让·卡赫伯尼的作品中的公正》，库隆（Jean-Marie Coulon）：《公正与诉讼法——从程序法律主义到程序人文主义》（Justice et droit du procès-Du légalisme procédural à l'humanisme processuel），巴黎2010年。

[14] 参见卢曼关于法的作品，比如《作为制度的基本权利》，牛津大学出版社2004年，该书德语版2002年；基于卢曼的理论，参见托依布纳：《法律作为一个自创生系统》，伦敦1993年；托伊布纳主编：《雅克·德里达和尼克拉斯·卢曼之后：论正义社会理论的（不）可能性》，斯图加特2008年。

甚至没有在大部分的文章当中得到展现。另一个评价"影响"程度的标准，是在法律政策上的影响。康拉德·茨威格特发展出的"批判比较法"的理念（"功能性方法"）影响力最大，成为比较法的分析工具，为法律政策问题提供了指引。

这体现在很多欧盟法律文件中，尤其是采纳代理人权限的"无因性"理念的欧盟公司法第一指令。即使该理念最初仅在六个缔约国之一的国家占主流，最终也得到了认可。事实上，可以说"功能性比较法"的方法已经成为监管竞争的一种工具。类似的方法论中的重要"发现"是"前理解与方法选择"（约瑟夫·埃塞尔），其观点是方法的选择，受到对所处理问题的先前理解的影响。这也对现代的法律经济理论有帮助，该观点也可以在其他跨学科语境中得到考虑，比如马克斯·韦伯发展的"法律与社会学"。如果我们接着考虑到卡尔·拉伦茨、克劳斯-威廉·卡纳里斯和弗朗茨·比德林斯基撰写的法律方法论伟大作品及沃尔夫冈·费肯杰关于法律方法的比较法方面的基础性研究，可以说，关注法律方法是20世纪德国私法的主流之一。

在该语境下，我们也可以考虑法律史领域的重要作品——至少是为了安排相关的材料，即弗朗茨·维亚克尔和赫尔穆特·科英的作品。他们作品的一个核心点似乎具有当前性，比如，与诸如马克斯·卡泽尔（Max Kaser, 1906—1997）和沃尔夫冈·昆克尔（Wolfgang Kunkel, 1902—1981）等其他罗马法大家的关系。因此，我们可以看到维亚克尔的《现代私法史》集中在启蒙和之后伟大的法典化时代阶段的历史，这对我们今天的社会和历史的形成也产生了影响。科英也是一位对当代私法有影响力的学者（比如参见他的关于信托的作品），他引人注目地提出了"欧洲"法律史的理念。同样，这两个方面都对法律方法的问题产生了影响，比如，把私法视为对社会政治秩序的反映或结果。这种私法的"政治"视角和"抓手"接着被证明对私法和宪法的关系或私法自治和公共产品的关系尤为重要，比如在消费者法领域。

接下来更为一般性的话题是体系方法，即"体系思维"（"Systemdenken"）和"体系建构"（"Systembildung"），这在德语区的法律理论中尤为明显和高度发达。[15] 当然，这种方法的"根据地"是民法典的"经典"私法的核心领域。从外界看来，该领域似乎欠缺实用性或灵活性，并且尤为复杂，同时外界的影响尤为欠缺。"经典"的私法学者对经济学或欧盟立法者的影响尤为怀疑，这可能部分是因为体系方法的焦点是内在视角。如果从体系的角度来看，欧盟的影响是特别有问题的，那么从传统方法论的角度来看，经济理论的影响是最具挑战性的。在"私法、教义学思维及体系建构"一章中所描述的所有法学家都为这项伟大的系统法律理论工作做出了贡献，其中一些侧重于单个方面，另一些侧重于制度整体：如约阿希姆·格恩胡贝尔、汉斯·布洛克斯、哈里·韦斯特曼、莱奥·罗森贝克和弗里茨·鲍尔。同样，这里也可以提到约瑟夫·埃塞尔，他在实体法领域特别是义务法领域，还是在法律理论领域更具影响力，存在争议。在这一群体中，路德维希·赖泽尔或许值得一提，因为虽然他的实体私法研究具有突出地位，但他的方法却偏离了体系思维的主流。

后面这些主题映照了第二个德国私法的重镇(除了法兰克福大学)：施瓦本地区的图宾根。对该发展起到决定性作用的，可能是在私法的核心领域中以及新兴领域经济法之中，让现代的方法与"经典的"私法思维结合在一起。以本书中刻画人物顺序为例，完全不同个性的人物在这里一起工作，一方面比如埃塞尔、赖泽尔以及后来的费肯杰，另一方面比如格恩胡贝尔、梅迪库斯及鲍尔。他们每个人在整个法律"世界"烙上他们的标记。

我们不能忽略另一个20世纪的重镇：对体系法律理论和大型教科书做出重大贡献的慕尼黑大学(拉伦茨、梅迪库斯、卡纳里斯)。慕尼黑渐渐地取代德国最为精致的图宾根大学法学院——可能是因为有些私法学

---

[15] 针对二战之后的情况，参见卡纳里斯：《法学中的体系思维和体系建构——论述以德国私法为例》，柏林1969年，1983年第2版；外国的视角，参见威廉松(Th. Wilhelmsson)：《合同法现状：通过一般化走向更多的一致性？》，欧洲法律人大会主编，《演讲、报告、报告和结语报告》，维也纳2008年，第111—153页，主要是第三段("在德国的教义学中，实质性的一致意味着力的秩序的思想")。威廉松关注的主要是泛欧洲的私法，参见格伦德曼主编：《欧洲私法核心领域的体系建构与体系漏洞——公司法、劳动法、合同法》，图宾根2000年；里森胡贝尔：《欧洲合同法的体系与原则》，柏林2003年；同样参与到"共同参照框架"，对此由所谓的"共同体制度小组"("Acquis-Gruppe")负责，参见舒尔特-诺克(H. Schulte-Nölke)、特维格-弗莱斯勒(C. Twigg-Flesner)、爱贝斯(M. Ebers)：《欧共体消费者法纲要——比较分析》，比勒费尔德2006年。

学者选择离开这座施瓦本地区的小镇,回到他们巴伐利亚的根基。明斯特大学、海德堡大学和波恩大学也发展成为一流的法学院。维尔纳·弗卢梅的作品相对于弗莱堡自由主义或拉贝尔涵盖全球的比较法而言,影响更大,可以认为他的作品是一个"学派"。波恩也是马库斯·陆德产生影响力的地方——他是撰写欧盟公司法专著的第一人,同时创建了在20世纪下半叶产生影响力的"欧洲经济法中心"("Zentrum für Europäisches Wirtschaftsrecht")。

后面这些例子——多数来自商法与经济法——反映了一个不仅仅存在于德国私法中的尤为明显的特征:德国联邦宪法法院极强的地位在关于欧洲的讨论中随处可见,可能在2008年世界金融危机和欧洲危机的时候更为明显。同时法学教授在该法院中起到尤为显著的作用。当然,这种地位可以解释为历史的原因——对政治权力的严格控制在纳粹政权倒台之后走向了高峰。然而,这也与很常见的现象一致,即在德国,学术和实践之间的联系尤为紧密,在私法和商法之中更是如此。最为权威的法学杂志每年会举办一次学术和高层次的实践研讨会(比如《综合商法与经济法杂志》或《公司法杂志》,这两个都在每年一月份举办;比如在德国联邦最高法院和联邦宪法法院所在地卡尔斯鲁厄常设的"卡尔斯鲁厄论坛")。国家部委之中有学术性的常设机构,还有每年都举办的拥有一千名来自学界和实务界的参与者的法律改革的联合咨询论坛(即德国法学家大会),以及在一些大型研究基金会当中来自政界和学界的激烈的讨论。但是,最为重要的关联可能是:高层次的实务人员倾向于接受深入的学术教育,博士学位头衔主要的目的不在于从事学术工作,因此高层次的实务人员会在高层次的学者的教席那里度过两三年,他们中有人后来成为最高法院的法官。高层次的实务人员接受学术教育,对他们的老师经常表达感激,并且经常相见。

四、全书的理念

基于上述框架,我们感觉只能为这些丰富和多样的材料提供松散的顺序。

1. 第二章呈现恩斯特·拉贝尔和弗朗茨·柏默，他们在一战和二战期间就是积极的主角。一位代表着国际化，另一位代表着私法、经济法以及市场秩序的完整统一。

2. 第三章将赫尔穆特·科英、弗朗茨·维亚克尔以及康拉德·茨威格特和约瑟夫·埃塞尔放在一起：前者是现代私法史发展的代表，后者提出批判比较法的概念以及"前理解与方法选择"，即方法选择问题的根基。茨威格特的遗产被他的下一代继承，包括在国际私法中非常有影响力的学者格尔哈德·克格尔和在国际统一法领域（比如维也纳的《联合国国际货物销售合同公约》）同样具有影响力的彼得·施莱希特里姆。另一方面，在方法论方面，开放当代法律思维的是约瑟夫·埃塞尔，奥地利的弗朗茨·比德林斯基和德国的克劳斯-威廉·卡纳里斯为更为严格的体系建构设立了标准。后者的影响就像在所有私法中的一样。

3. 在接下来的第四章中，经济理论和实践的影响极大，并且从不同的方面说明了跨境的问题。最为重要的可能是以下三类：以平衡所有利益相关者利益的形式出现（阿尔弗雷德·怀克、汉斯·卡尔·尼佩代以及后来的沃尔夫冈·策尔纳）。以跨国和国际性的形式出现（海因里希·克龙施泰因、恩斯特-约阿希姆·麦斯特麦克、沃尔夫冈·费肯杰、马库斯·陆德、彼得·多拉特以及克劳斯·霍普特）。在方法论方面触及其他领域和跨学科的研究，比如还是恩斯特-约阿希姆·麦斯特麦克、沃尔夫冈·费肯杰、克劳斯·霍普特；以及路德维希·赖泽尔，他在1935年的大篇幅关于格式条款的专著当中，基于实证研究，填补了传统私法方法和监管方法之间的空缺；以及瓦尔特·施密特-林普勒，关于经济法体系的研究虽然没有正式出版，但是他对现代私法和经济法理论的影响非常大；最后是非常年轻的贡塔·托依布纳，他关于系统论和跨国环境下的宪法化的理论影响力极大。我们也可以把沃尔夫冈·黑费梅尔、彼得·乌尔默和哈尔姆·彼得·韦斯特曼放在这个语境下，他们在商法、经济法和公司法领域都是伟大的法律评注者。最后还有两本当代商法与公司法专著的作者卡斯滕·施密特。

4. 那些将其作品专注于传统私法边界学科的作者似乎非常有影响力。他们包括路德维希·赖泽尔、瓦尔特·施密特-林普勒和约瑟夫·

埃塞尔。这些人物同样可以放在第五章——私法、教义学思维及体系建构，他们创立的学说成为后来的主流。所有的将自己的作品集中在体系建构以及重建以评价为基础的私法教义学的学者中，维尔纳·弗卢梅和卡尔·拉伦茨是他们的代表。就此而言，哈里·韦斯特曼（涉及的领域包括物权法和公司法）和汉斯·布洛克斯（曾任联邦宪法法院大法官）的影响力也极大。约阿希姆·格恩胡贝尔尤其强调私法体系的整体性，这也是后来迪特尔·梅迪库斯、乌尔里希·胡贝尔和克劳斯-威廉·卡纳里斯关注的焦点。在那个时期，对商法和消费者法关注更多的是恩斯特·冯·克默雷尔和曼弗雷德·沃尔夫。第三个群体包括了莱奥·罗森贝克和弗里茨·鲍尔，这两位私法学者同时也是有影响力的民事诉讼法学者。

　　本书中的文章尽管由两位主编选择确定，他们还是尽力让本书具有可读性和可理解性。主编为此讨论了很多次，此外，在收到文章之后两位主编又多次讨论，以及著名学者（包括对英语世界法学研究特别熟悉的斯蒂芬·福根纳）对于全部发展做了替代性的阐释。

第二章 法学宗师

导　读

　　本章展现两位"法学宗师",后面的第三章主题是"方法",第四章的主题是"商法和经济法",第五章的主题是整体的"私法"。后三章包括很多学者,呈现出这三个法律领域或法学方法的显著特征。本章这两位"法学宗师"本可以放在后面三章来展现,没有这样做是因为他们在20世纪法学发展过程中具有特殊的地位:他们是法学两个脉络及法学方法的奠基人,真正创造了一些新的思想。这两个脉络成为主流,贯穿整个20世纪或至少是20世纪下半叶,并且它们仍在产生全面的影响。

　　两位法学宗师之一是恩斯特·拉贝尔,他是本书中最为年长的一位学者,其主要的学术活动发生在两次世界大战期间,也就是在魏玛共和国时期,而不是第二次世界大战之后,即主要是在美国安娜堡的"第二次"的学术生涯。二战期间,他发展出了比较法方法论。在当时,他推动这场运动,使这种方法不仅成为科学方法,而且被政策接受,从而促进了全球法典化的展开。另外,拉贝尔是当时德国顶尖的有关比较法的,甚至在更为一般和普遍意义的私法范畴上的法学研究所的负责人,即威廉皇帝研究所,该所的后身是位于汉堡的马克斯·普朗克外国与国际私法研究所。正是拉贝尔的这种表现及其在20世纪20年代和30年代的主要活动,却使他成为被迫流亡的一代法学家,被令人心酸地称为"流亡法学家"。与拉贝尔同时代的,还有另外两位处在一战和二战期间的卓越的私法学者,即(与拉贝尔同在柏林大学却有一些紧张关系的)马丁·沃尔夫及菲利普·黑克。这两位学者的门生并没有活到新千年,因此,他们并没有被收录到本书中。相反,自己也收录到本书的格尔哈德·克格尔,作为下一代优秀的法学家,以他最后的一篇学术文章展现了他的老师拉贝尔,其中包括对马丁·沃尔夫的性格的感人描写。恩斯特·拉贝尔的不同之处，不仅是他的门生的长寿，更重要的是他的学术贡献。如果沃尔夫和黑克有门生在世，他们无疑会被收录到本书。即便如此，他们的贡献更多还是"保守的"：他们更多地被看成在19世纪已经引起重视和讨论的方法及脉络的延续者，而没有创造出全新的方法，从而成为20世纪私法发展的主流。黑克是以利益为基础来分析私法的拥护者，其基础仍然是最先由鲁道夫·冯·耶林发展的方法。马丁·沃尔夫可能是思想最精致的私法学者，在方法上与其他学者有细微差别，永远都不会贸然提出结论，且在当时深谙各个法学脉络，也拥有很高的国际视野。拉贝尔的不同之处，在于他使比较法成为一个主导的学科，在某种程度上成为二到三个主流法学方法之一，不管是在跨国层面，还是国际层面，后来更是体系性地反映在欧共体和欧盟层面。没有他的比较法方法，在某种程度上很难想象有欧洲共同体。因此，不会让人惊讶的是，与萨维尼相媲美，德国比较法中的"第一个"杂志就是以拉贝尔的名字命名的，即《拉贝尔外国与国际私法杂志》，简称《拉贝尔杂志》。

另一位法学宗师是弗朗茨·柏默。他是拉贝尔下一代的法学家，是本书中所有的法学家中第二年长的。除了拉贝尔，柏默是本书中6位出生在19世纪的法学家之一。他是魏玛共和国时期真正杰出的有创造力的学者之一。正和本书中的路德维希·赖泽尔的情况相似，柏默在1933年撰写出版了德国（和欧洲）私法的核心作品。这两位学者在实证研究和私法的经济视角方面非常有影响力，因此，他们属于改变法学范式的人物：赖泽尔研究撰写有关格式合同的著作，在方法上非常吸引人，后来在20世纪70年代，当格式条款法成为德国和整个欧洲的核心问题时，他也产生了重要影响（参见本书第四章）。柏默研究撰写了有关反垄断法的作品，即1933年的《竞争与垄断抗争》。尽管赖泽尔关于格式条款的作品很重要，但柏默关于反垄断法的这本书更具有根本性的意义，其政策要点不只是在十年间和在20世纪70年代有意义，而且是为后来几十年的发展奠定基础，明确提出私法的一个核心方法，并对后来欧洲共同体的构建也产生重大影响。柏默作为奥尔多自由主义学派（即弗莱堡学派）中著名的法学家，是德国和欧洲私法真正的"宗师"，原因在于，监管和私法及其相互作用和关系在柏默的竞争法中，成为贯穿整个20世纪的私法发展的主线。在2008年全球金融危机之后,这也同样如此。不保护市场及其结构,不保护结构上的弱势一方,私法就不会发挥作用。他是真正的"宗师"至少还有一个原因,即他提出"私法社会"的理念为理解上述关系构建了宏大理论。更一般而言,他也是现代社会的"宗师",因为他与经济学家瓦尔特·欧肯联合创建的弗莱堡学派,影响了二战后的经济秩序。该学派的渊源可以追溯到魏玛共和国时期,在二战期间存活下来,产生了重要的作品,其实也是从这些历史经验中得出结论,即国家力量和私人力量必须受到法律制约。描述柏默的是恩斯特-约阿希姆·麦斯特麦克,他在1974年撰写了第一本具有影响力的欧洲竞争法的教科书,其本人的生平与学术也收录在本书中。柏默在当时说服自己所在的政党即基督教民主联盟,制定牢固的德国反垄断法,保护自由市场及市场不受扭曲,使反垄断法和竞争法成为《欧共体条约》的实体法。因此,柏默从开始就构建了欧洲共同体和欧盟的宪法价值,并在事实上成为被更广泛理解的欧洲竞争联盟的基础。[1]

---

[1] 对所有这些发展的阐释,参见里森胡贝尔主编:《私法社会——私法的发展、现状与宪法》,图宾根2007年;格伦德曼:《私法社会的理念:欧洲及欧洲商法50年后》,《欧洲私法评论》2008年,第553—581页;格伦德曼、米克里茨、伦纳:《私法理论》,图宾根2015年,第405—443页。

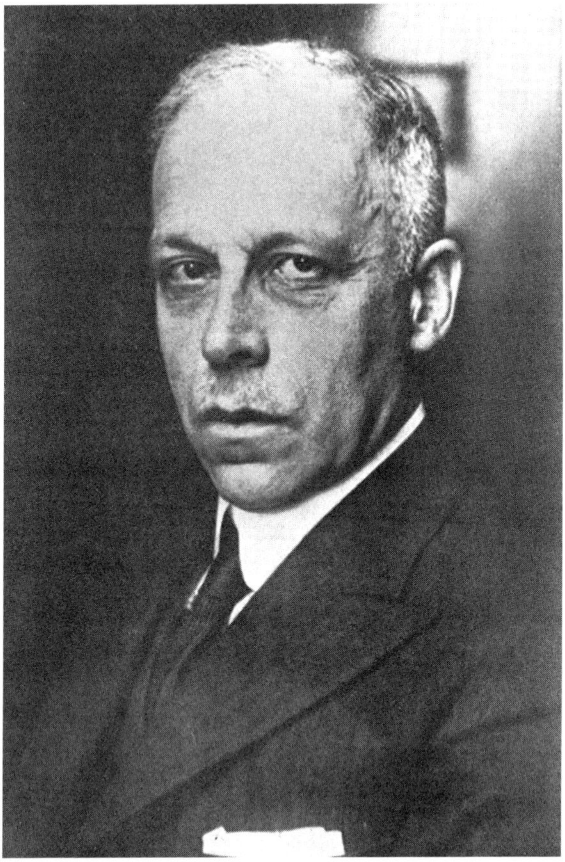

恩斯特·拉贝尔（Ernst Rabel，1874—1955）[*]

目　次

一、引言　/ 25
二、生活　/ 26
三、学就　/ 27
四、哲思　/ 33
五、为人　/ 34
附录　/ 36

一、引言

20世纪30年代初，我与恩斯特·拉贝尔初识于"学说汇纂练习课"上。当时对于口头练习，我几乎一头雾水。课堂主题涉及监护责任、信赖和经典文本的"添加"（"*interpolation*"），而当时通用的教科书对以上内容并没有涉及。相较于口头讨论，书面写作的课堂内容对我来说反倒稍微容易些。

1932年夏季学期，我参加了拉贝尔组织的比较法研讨班。课程于威廉皇帝外国与国际私法研究所（现为汉堡的马克斯·普朗克研究所）举行。当时的研究所位于柏林市政厅的四楼（普鲁士皇家宫殿旧址），紧挨着它的"姊妹"研究所——外国公法与国际法研究所（现为海德堡的马

---

[*] 作者简介：〔德〕格尔哈德·克格尔（Gerhard Kegel，1912—2006），生前系科隆大学法学院教授。克格尔的生平与作品，参见本书中克劳斯·舒里希关于他的文章。本文是作者2005年12月2日在柏林洪堡大学所做的报告。

克斯·普朗克研究所)。在拉贝尔的研讨课上,我们可以见到助理教授,比如马克斯·莱因斯坦(Max Rheinstein, 1899—1977)、爱德华·瓦尔(Eduard Wahl, 1903—1985),法律培训生及外国法律学者,但几无学生。这种科研之"家",与德国法学院的教席类似,但规模较之又盛大些。在我完成法律培训生的训练后,先生给我提供了一个聚焦匈牙利的研究职位。紧邻的下一学期,我又完成了另一篇小文,刊登在研究所的期刊上。

作为一名刚毕业的法律培训生,我曾恳请先生指导我完成博士学业。我的第一篇论文勉强通过了考试。起初他回复我:"我对此完全不感兴趣。"1936 年 10 月,他接受了我,我因此成为他在研究所的最后一位门生。因为在该年年尾,他被迫离开了研究所。

二、生活

二战爆发前,恩斯特·拉贝尔的人生炫目夺人。先生于 1874 年 1 月 28 日生于维也纳,彼时,其父是当地的一名律师。作为哈布斯堡王朝的首都,维也纳因其科学之发达、艺术之繁荣而光芒璀璨。起先,拉贝尔师从安东·布鲁克纳(Anton Bruckner, 1824—1896)学习钢琴,同时他也是一位充满活力的舞者。

> 题外话:我一直不太能欣赏布鲁克纳的音乐,它不太适合我的口味。此外,值得关注的是,他有三次失败的求婚经历。第一位女士甚至只是耸了一下肩,就回绝了他。因此,在婚恋领域,可以划出一条从负数到零再到正数的线条,如下:

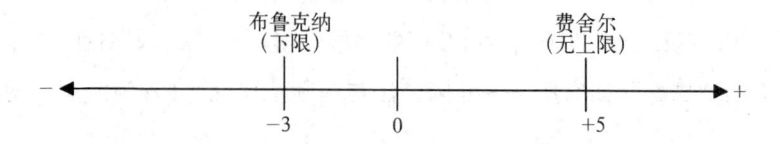

```
                布鲁克纳              费舍尔
                (下限)              (无上限)
        −  ————|—————————|—————————|————  +
               −3         0         +5
```

> 注:费舍尔即约施卡·费舍尔(Joschka Fischer, 1948),系德国前外交部部长,共结了五次婚。

在其家乡维也纳，先生21岁时，在古代法律史"教父"路德维希·米泰斯（Ludwig Mitteis，1859—1921）的指导下完成了博士论文。旋即，他随其师前往莱比锡大学，1902年在那里完成教授任用资格论文，取得教授任用资格。四年后，拉贝尔成为巴塞尔大学的教授，后相继转赴基尔大学（1910年）、哥廷根大学（1911年）和慕尼黑大学（1916年）担任教授，最终于1926年来到柏林大学任教，受命组建并领导"威廉皇帝研究所"。1912年，先生与安妮·韦伯女士（Anny Weber）完婚，育有一子一女，分别是弗里德里希·卡尔·拉贝尔（Friedrich Karl Rabel）和莉莉·拉贝尔（Lili Rabel）。一家人在柏林附近的"策伦多夫"（"Zehlendorf"）购房安家。拉贝尔夫人1979年在慕尼黑附近的"加米施-帕滕基兴"（"Garmisch-Partenkirchen"）去世，享年90岁。六年后，女儿莉莉在美国加利福尼亚去世。

先生在希特勒第三帝国的危险中踌躇许久后，才在1939年移居美国，其女直到一年后才赴美投奔，可见他们在下定这一决心之际心理承受的巨大压力。但幸好，在新环境中，美国法学会、密歇根大学法学院及哈佛大学的研究奖金，使他能够拮据而辛劳地生存下来。

战后，先生因家庭而继续留居美国，不过时常会前往图宾根（当时"他的"威廉皇帝研究所的后身马克斯·普朗克研究所总部所在地）和柏林工作。1955年9月7日，先生于苏黎世的一家医院中仙逝。

三、学就

先生的处女作是《依据1895年12月26日奥地利法的著作权可转让性》[①]。这篇发表于1900年的文章，涉及著作权的人身权利问题，从而与以往纯粹的财产权利论述有所不同。该文问世几乎90年后又被重印，说明它至今仍保持着生命力。[②] 对法律的理解，是生活的产物、衍生及

[①] 拉贝尔：《依据1895年12月26日奥地利法的著作权可转让性》，《当代私法与公法杂志》1900年第27期，第71—182页。

[②] 拉贝尔：《依据1895年12月26日奥地利法的著作权可转让性》，《著作权法与媒体法档案》（UFITA）1988年第108期，第185—276页。

写照，这种观点在该作品中体现得尤为明显。同时，先生还倾向于用生动的方式来表达观点。

两年后的 1902 年，先生的教授任用资格论文出版，题目是《基于权利瑕疵的卖方责任》。该书以法律史的角度展开，从罗马法到早期的日耳曼法，再到《普鲁士通用邦法》及《奥地利通用民法典》。该研究足可预示先生未来会因以法律史、比较法和教义学为视角研究私法而取得卓越成就。

在 1906—1907 年期间，他在《萨维尼杂志》上发表论文《事后的法律行为》[③]。通过该文，他续造了合同法。他以法律史和比较法的视角研究该问题，并首次涵盖了英国法中的相关问题。

于一战前，先生还发表了文章《给付不能》[④]，该文的观点在后来的一篇名为《通胀和增值》的文章中得以继续深化。[⑤] 拉贝尔一生都在从事给付障碍法的研究。

先生于 1915 年撰写的《罗马私法精要》收获了广泛赞许。该作品极为精简，涉及"帝国时期（公元 193—235 年）后经典的法"[⑥]，得出了很多新的结论。这些结论"在后来的单项研究中，都得到了惊人的确认"[⑦]。不过，该书对外行人来说难以阅读。

[③] 拉贝尔：《事后的法律行为》，《萨维尼杂志（罗马法部分）》1906 年第 27 期，第 290—335 页，以及 1907 年第 28 期，第 311—379 页。

[④] 《"于不可能之事不产生债"的规则的来源》，奥迪博尔特等主编，Mélanges Gérardin，巴黎（西雷）1907 年，第 473—512 页，该文收录在《拉贝尔全集》（第 4 卷），第 105—135 页；拉贝尔：《奥地利法下给付不能说》，维也纳法学会主编，《1911 年 6 月 1 日奥地利通用民法典一百周年纪念文集》（第 2 卷），1911 年，第 821—846 页，相当于《论文集 I》，第 79—102 页；拉贝尔：《论给付不能与现今的实践》，《民法和诉讼法莱茵杂志》1911 年第 3 期，第 476—490 页，相当于《论文集 I》，第 56—78 页。

[⑤] 比如拉贝尔：《帝国法院有关价格动荡的裁判》，《德国法律人杂志》，第 323—327 页，相当于《论文集 I》，第 361—366 页。

[⑥] 拉贝尔：《罗马私法精要》（Grundzüge des römischen Privatrechts），1955 年第 2 版，第 1 页。

[⑦] 昆克尔（Kunkel）：《法律史学者恩斯特·拉贝尔》，汉斯·德勒、马克斯·莱茵施泰因、康拉德·茨威格特主编，《恩斯特·拉贝尔纪念文集》（第 2 卷），图宾根 1954 年，第 1、3 页。

他对罗马法的钟爱,从未有过消退。⑧ 但在比较法和法律一体化的研究中,他关注的重点是现行法。在罗马法和现行法的研究上,先生付出了巨大精力。

在研读其导师米泰斯的法律史教科书时,他一直专注于比较法。1916 年,在慕尼黑大学,他开始负责为他而建的"比较法研究所"("Institut für Rechtsvergleichung")。十年后,他负责威廉皇帝外国与国际私法研究所,⑨ 比较法是该研究所的研究重点。

除了系列作品⑩和多个单体作品⑪之外,我们还发现了一篇名为《西方文明的私法》⑫的论文。在该文中,他全新、全面、深入地阐述了罗

---

⑧ 比如参见拉贝尔:《买卖当中的风险转移》(Die Gefahrtragung beim Kauf),《萨维尼杂志(罗马法部分)》1921 年第 42 期,第 543—564 页,该文同时收录在《拉贝尔全集》(第 4 卷),第 354—371 页;拉贝尔、利维(Levy):《添附目录》(Index Interpolationum quae in Justiniani Digestis inesse dicuntur), Ⅰ-Ⅲ(1929-1935);拉贝尔:《共同继承人与瑕疵担保——对新的盖尤斯论注的比较法注释》(Erbengemeinschaft und Gewährleistung—Rechtsvergleichende Bemerkungen zu den neuen Gaiusfragmenten),瓦林达斯(Vallindas)主编,Mnemosyna Pappoulias,1934 年,第 187—212 页,该文同时收录在《拉贝尔全集》(第 4 卷),第 549—573 页;拉贝尔:《登记》(Katagraphe),《萨维尼杂志(罗马法部分)》1934 年第 54 期,同时该文收录在《拉贝尔全集》(第 4 卷),第 513—548 页;拉贝尔:《希腊法和罗马法中的代理》(Die Stellvertretung in den hellenistischen Rechten und in Rom),罗马法国际大会主编,《罗马法国际大会程序记录》(Atti del Congresso Internazionale di Diritto Romano),1934 年第 1 卷,第 237—242 页,该文收录在《拉贝尔全集》(第 4 卷),第 491—496 页;拉贝尔:《论经典学说中的占有丧失》(Zum Besitzverlust nach klassischer Lehre),《萨尔瓦多·里科波诺纪念文集》(Festschrift für Salvatore Riccobono),1935 年第 4 卷,该文收录在《拉贝尔全集》(第 4 卷),第 588—606 页。

⑨ 拉贝尔在那里的作品,参见拉贝尔:《威廉皇帝外国与国际私法研究所 1909—1935 年的专业领域》,马克斯·普朗克主编,《威廉皇帝研究中心促进科学研究二十五周年》,1937 年第 3 卷,第 77—190 页,该文收录在《拉贝尔全集》(第 3 卷),第 180—234 页;克格尔:《马克斯·普朗克外国与国际私法研究所五十周年》,克卢格等(Klug/Ramm/Rittner/Schmiedel)主编,《立法论、法律逻辑、民法与诉讼法:尤根·罗地希纪念文集》,1978 年,第 302—312 页。

⑩ 拉贝尔:《比较法的任务与必要性》,《民法和诉讼法莱茵杂志》1924 年第 13 期,第 279—301 页,该文收录在《拉贝尔全集》(第 3 卷),第 1—21 页;拉贝尔:《私法的国际推动力》,《私法评论》1931 年第 18 期,第 321—332、363—371 页,该文收录在《拉贝尔全集》(第 3 卷),第 35—72 页。

⑪ 拉贝尔:《论不履行双务合同的一般性规定》,《多伦茨、可雷克、库茨杰和柯其纪念文集》(Festschrift für Dolenc, Krek, Kušej und Škerj),1937 年,第 703—742 页,该文收录在《拉贝尔全集》(第 3 卷),第 138—175 页;拉贝尔:《德国与美国法》,《拉贝尔杂志》1951 年第 16 期,第 340—359 页,该文收录在《拉贝尔全集》(第 3 卷),第 343—363 页;拉贝尔:《比较法的问题:卖方对卫生设备的法律担保》,《波多黎各大学法律评论》1954 年第 23 期,第 219—227 页。

⑫ 拉贝尔:《西方文明的私法》,《路易斯安那法律评论》1949 年和 1950 年第 10 期,第 1—14、107—119、265—275、431—460 页,该文收录在《拉贝尔全集》(第 4 卷),第 276—341 页(第 277—289 页),该文在 1950 年又被独立出版。

马法、现代的法典和普通法。这是一部大师级的作品，可比肩19世纪的萨维尼对《法国民法典》《普鲁士通用民法典》及《奥地利通用民法典》的评析。[13] 整个世纪在该领域的学术研究，一直到莱因哈德·齐默曼（Reinhard Zimmermann，1952），都在延续这一学术遗产，并且也体现了法律史研究和比较法研究的结合。

在帝国首都的城市宫殿中诞生了令人惊叹的作品，即1936年的《货物买卖法——恩斯特·拉贝尔的比较法研究，包括研究所前任和现任学术助理的参与》。该作品是负责人拉贝尔和研究员中年轻精英们的团队成果，同时也是先生与"罗马统一私法研究所买卖法委员会"中优秀的国外法学家多年工作、交流的结晶，研究的基础是从柏林发往罗马的丰富材料。[14] 从一开始，比较法就为法律统一化服务。

《货物买卖法》第2卷在主要著作者拉贝尔逝世三年后的1958年出版。外国与国际私法研究所当时的学术助理克劳斯·冯·多纳伊（Klaus von Dohnanyi，1928）和尤格·克泽（Jörg Käse）协助了该专著开创者的工作。专著展示的内容，包括买受人的义务、物的瑕疵责任和危险转移。先生早在1902年的教授任用资格论文中就已对权利瑕疵责任进行了研究，他在1950年和1953年的文章中再次研究了合同中货物瑕疵责任，[15] 他尝试将货物瑕疵责任作为违约责任制度的一部分。法律人很难摆脱传统的思想，这直到2002年，在很多德国私法学者身上依然可以印证。然而，我认为德国债法现代化改革正朝着正确的方向发展（延续着先生所主张的并指导当今立法工作的路径）。[16]

一战之后，先生对买卖法的比较法研究的主要贡献是"货物买卖法的统一"。他在"私法统一罗马研究所"中热诚地推动了它，该成果穿越二战的硝烟，影响了1964年的两个海牙国际货物买卖公约（《国际动产买卖合同统一施行法公约》和《缔结国际动产买卖合同统一施行法公

---

[13] 萨维尼：《论立法与法学的当代使命》，1814年，第54—110页（对于哈腾豪尔的作品，参见《蒂堡和萨维尼：他们的纲领性作品》，1973年，第128—162页）。

[14] 拉贝尔：《货物买卖法》，1936年和1957年未修订重印，序言部分第5—6页。

[15] 拉贝尔：《质量担保的性质》，《杜兰法律评论》1950年第24期，第273—287页；拉贝尔：《比较法的示范：卖方违反担保的主要救济手段》，《波多黎各大学法律评论》1953年第22期，第167—191页（"将物瑕疵责任归类到通用的不履行法之中"）。

[16] 旧版《德国民法典》第437—441条。

约》)及1980年的《联合国国际货物销售合同公约》。拉贝尔对买卖法的比较研究推动了跨境货物买卖法的统一,这有益于国家间贸易的开展。

直至今日,先生创设的研究所研究领域已不限于外国私法,还有国际私法(冲突规范)。研究所的主任对该领域有着深入的研究,由此涌现了代理冲突法、国际货币和有价证券法及国际亲属法领域的大量文章。[17]

拉贝尔最为重要、闻名世界的研究,是他在1931年发表的有关"识别"的文章[18]。在该文中,他提出的问题是:如何理解基于相应的连接规范的体系概念。比如,对于"侵权行为",适用行为地法;对于"继承顺序",适用被继承人母国法。

这些概念或许很难运用于某些情况。举个例子:一个法国男人和一个德国女人订婚后,生活在瑞士。男方挥霍了女方的财产后消失,女方要求男方承担赔偿责任。在德国,按照主流观点,判决该案时,应当依据被请求承担责任的订婚人所属国的法律,[19] 具体而言,在该案中是法国法(在不同国籍的情况下,更好的选择是双方共同生活所在国的法,在该案中是瑞士法)。而在法国,人们把该案中的男方行为视为侵权行为,故适用侵权行为地法,因此该案适用瑞士法。

按照"法院地法说",德国的观点具有决定性的意义,因此本案适用法国的实体法。这里以及下文省略了"转致"问题。按照"准据法说",该案取决于被援用的法律,即法国法。但是,我们并没有适用法国的侵权法,因此该问题无果而终。

先生想要采取比较法的方法——在该案中,这种方法可能会很难得

---

[17] 拉贝尔:《债务法律行为的代理权》,《拉贝尔杂志》1929年第3期,该文收录在《拉贝尔全集》(第2卷),第249—282页;拉贝尔:《代理权的不可反驳性》,《拉贝尔杂志》1933年第7期,第797—807页,该文收录在《拉贝尔全集》(第2卷),第283—294页;拉贝尔:《德国国际私法的实践》,《拉贝尔杂志》1932年第6期,第310—341页,该文收录在《拉贝尔全集》(第2卷),第295—327页;拉贝尔:《黄金美元贷款与纽约法的一致性》,《拉贝尔杂志》1936年第10期,第492—522页,该文收录在《拉贝尔全集》(第2卷),第328—359页,前不久德累斯顿高等法院还在引用该文章,载《有价证券通告》2000年,第1837、1841页。

[18] 拉贝尔:《识别问题》,《拉贝尔杂志》1931年第5期,第24—288页;《论文集Ⅱ》,第189—240页。

[19] 《联邦最高法院民事裁判集》(第132卷),第106页(Ⅱ b下面的第116页),以及联邦最高法院裁判,载《综合亲属法杂志》(FamRZ),2005年,第1151页(3 b aa下面的第1152页),该裁判同时收录于《法学新周刊:司法裁判报告》(NJW-RR),2005年,第1079页;在这两个案件中,被告都是女性。

到运用。但先生作出了如下阐述：

> 冲突法规则最好不要牵涉到实体法；规则应当简单地将行为的权利和义务隶属于具体情形下的相关地法；该相关地是当事人实施行为活动时社会关系的中心。[20]

因此，在本案中，应当适用瑞士法。

从国际私法的角度来看，我认为，关键是促使冲突规范形成的利益。正如本案中，如果由特殊的冲突法规范调整订婚行为，那么，侵权法冲突规范就应当退出。在本案中，我的结论和先生的结论相同，即适用瑞士法。[21] 我们将订婚行为所产生的法律关系，视为一般的（个人）婚姻关系[22]。对于这种关系，《瑞士国际私法》第48条第1款规定双方住所地所在国的法律得以适用。

先生有关"识别"的文章是其学术生涯的转折点。他的巨作是四卷本的《冲突法》[23]。在他之前有如此多卷册的，还有弗兰肯施泰因（Ernst Frankenstein，1881—1959）[24]和贝亚勒（Joseph H. Beale，1861—1943）分别撰写了三卷本[25]，尼波叶（Jean-Paulin Niboyet，1886—1952）甚至写了六卷本[26]。不过，只有先生的作品才可以被称为20世纪最伟大的作品，其地位与19世纪具有皇冠地位的萨维尼[27]的作品相当。[28]

---

[20] 拉贝尔：《冲突法：比较研究》，第1卷亲属法，1958年第2版，第221页。
[21] 克格尔、舒里希（Kegel/Schurig）：《国际私法》，2004年，第20章第2节，第794及下页。
[22] 迪图瓦（Dutoit）：《1987年12月18日的瑞士国际私法评注》（Droit international privé suisse, Commentaire de la loi fédérale du 18 décembre 1987），2005年第4版，第43条边码1。
[23] 拉贝尔：《冲突法：比较研究》，第1卷，乌尔里希·德罗比希主编，1958年；第2卷，同样由乌尔里希·德罗比希主编，1960年；第3卷，由赫伯特·伯恩斯坦因（Herbert Bernstein）主编，1958年。
[24] 弗兰肯施泰因：《国际私法》，1926年第1卷，1929年第2卷，1934年第3卷，1935年第4卷。
[25] 贝亚勒：《冲突法》，三卷本，1935年。
[26] 尼波叶（Niboyet）：《法国国际私法》（Traité de droit international privé francais），1947年第1卷，1951年第2卷，1944年第3卷，1947年第4卷，1948年第5卷，1949年第6卷分卷1，1950年第6卷分卷2。
[27] 萨维尼：《当代罗马法体系》，第8卷，1849年。
[28] 对于20世纪的标志（"扩张"），参见克格尔：《扩张》（Ausdehnung），《法律史杂志》2000年第19期，第612—613页。

他以其无限的精力，比较了实体法和冲突法，仔细寻找最佳的国际私法解决方案。直至今日，甚至将来，这都会是一项丰硕财富和典范杰作。

然而，该杰作并没有发挥出其本应发挥出的理想效果。其部分原因是，在普通法系中很难纳入大陆法系的观点，反之亦然，正如马丁·沃尔夫（Martin Wolff，1872—1953）极具影响力的《国际私法》[29]也没有得到广泛接受。但我猜想，时代精神的改变终将融入进来，尤其是二战之后激进的"冲突法革命"。[30]

四、哲思

先生秉信，法是一面镜子，是生活的函数，甚至是生活的一部分——法是活着的。人们造法，并以它为准。先生认为，法是时间与空间的统一体。因此，没有耶林所说的罗马法的"精神"[31]，也没有普通法或欧洲大陆法的"精神"。[32]"每个发达国家的法，都在阳光和风中闪烁和颤动过千百次。这些颤抖的躯体，共同铸就了任何人无法想象的法。"[33] 歌德也曾言，"相同呈现于无限中"。若想掌握这个整体，就必须从尝试中探索出普适的法律概念。[34] 先生希望拥有"一个涵盖独有的术语和价值标准的普适法理学"[35]。他对于识别问题[36]的比较法视角根源于此。

---

[29] 沃尔夫：《国际私法》，1945 年第 1 版，1950 年第 2 版。

[30] 批判性的，参见克格尔：《冲突法的危机》，《法院选集》（Recueil des Cours）1964 年第 112 期 I，第 91—268 页。

[31] 拉贝尔：《罗马法中的不动产担保——对威格莫尔新近研究的反思》（Real Securities in Roman Law—Reflections on a Recent Study by the Late Dean Wigmore），《研讨会》（Seminar）1943 年第 1 期，第 32 页，第 33 及以下诸页，该文收录在《拉贝尔全集》（第 4 卷），第 628 页，第 629 及下页。

[32] 拉贝尔：《德国与美国法》，《拉贝尔杂志》1951 年第 16 期，第 340 页，第 341 及以下诸页，该文收录在《拉贝尔全集》（第 3 卷），第 342 页，第 343 及下页。

[33] 拉贝尔：《比较法的任务与必要性》，《民法和诉讼法莱茵杂志》1924 年第 13 期，第 279、283 页，该文收录在《拉贝尔全集》（第 3 卷），第 1、5 页。

[34] 拉贝尔：《路德维希·米塞斯学派》（In der Schule von Ludwig Mitteis），《法律纸草学杂志》（Journal of Juristic Papyrology）1954 年第 7—8 期，第 157、160 页，该文收录在《拉贝尔全集》（第 3 卷），376、379 页。

[35] 拉贝尔：《德国与美国法》，《拉贝尔杂志》1951 年第 16 期，第 340、358 页，该文收录在《拉贝尔全集》（第 3 卷），第 342、362 页。

[36] 拉贝尔：《拉贝尔杂志》1931 年第 25 期，第 241—288 页，该文收录在《拉贝尔全集》（第 2 卷），第 189—240 页。

五、为人

先生中等个头、瘦削，常着黑色西装，也会动怒。让我难忘的是一个夜晚，他在家里挑选想带到美国的书，余下的大部分书籍都被丢弃。听闻马丁·沃尔夫曾说："哪怕就一次，我都想看看生气的拉贝尔。"

他虽备受尊重，但大家却对其惧过于爱。某日清晨，我在伯克利的活动中心和弗里德里希·凯斯勒（Friedrich Kessler，1901—1998）共进早餐。凯斯勒曾在威廉皇帝研究所以研究员的身份待过几年，并于那时完成了一本关于美国侵权法中过失的优秀专著。㊲ 凯斯勒为保护其犹太裔夫人免遭纳粹迫害，所以就移居到美国。他和格兰特·吉尔莫（Grant Gilmore，1910—1982）比肩，都是那个年代顶级的合同法学者。我想知晓他对先生的记忆——他虽赞赏先生的学术能力，但却对他为人处世的能力心存忧虑。对此，他并没有具体说明。但是，我却完全没有这些感受。

先生和当时柏林的另一位伟大的私法学者马丁·沃尔夫关系不甚友好。传言沃尔夫曾说："我非常享受待在哈贝尔（当地著名的酒店'哈贝尔'，即'Habel'）的时光，因为这是一个拉贝尔痛恨的地方。"另一方面，二人曾在那里共进早餐长达一个冬季学期，每周一次，去讨论上述的识别问题，对于他们来说，如果没有彼此的帮助，这些问题似乎永远无法解决。

他们的风格截然不同。沃尔夫著文风格冷静，先生却诉诸热情，并一直与读者保持对话；沃尔夫是高山，先生是海洋；沃尔夫是石头，先生是葡萄酒。尽管如此，我想我还是难以用语言描述他们俩之间的巨大差别。

沃尔夫之讲堂，常比肩系踵。先生之课堂虽内容精美，却难以吸引学生。两位都是德国的，也是国际的学者。在1934年第1期《私法适用》㊳中，两个人都发表了文章，尽管拉贝尔对此心有愤言。

沃尔夫的夫人是英国人，他也入籍英国，在那里撰写了英文版《国

㊲ 凯斯勒（Kessler）：《北美侵权法中的过失》（Die Fahrlässigkeit im nordamerikanischen Deliktsrecht），1932年。

㊳ 拉贝尔：《希腊私法与世界》，《私法适用》（APXEION IΔIΩTIKOY ΔIKAIOY）1934年，第1—13页，该文收录在《拉贝尔全集》（第3卷），第82—91页；沃尔夫：《批准与期间支配》（Genehmigung und Zwischenverfügung），《私法适用》1934年，第14—22页。

际私法》，比早期在德国的著作篇幅更大。先生去了美国，于全然陌生的国度中，撰写完四卷本具有全球视野的国际私法专著。

曾有人此般谈及移民：英国不会让人挨饿，也不会让人发达；在美国，则完全相反。沃尔夫在英国宽心为常的，却是先生在美国艰辛难挨的。

人们应当永远铭记纳粹统治下的生活是如何地凄惨，但最凄惨的还是无数的犹太人，他们被剥夺自由，在集中营中被屠杀。但在此之前，气氛就已经很恐怖了，尤其是1934年的夏天，希特勒在柏林的"利希特费尔德"（"Lichterfelde"）的预备军学校命令枪毙了很多他在政治方面和私人方面的敌人。而在帝国议会上，帝国司法部部长弗朗茨·古特纳（Franz Gürtner，1881—1941）宣布了这些犯罪行为的合法性。一个人是犹太人抑或政敌，在那个年代，结局往往是相同的。无论是谁，都一直处在危险当中。

在先生事业的最高峰，他放弃了所有，却又不抱怨，这需要巨大的人格力量。这在恩斯特·拉贝尔的身上展现出来了。他的人格如同他的著作一样，值得我们尊重。

先生有一篇悼念约瑟夫·科勒（Josef Kohler，1849—1919）的文章[39]。科勒是一位全能的法学家。对此，某人在诗中这样写道："德国最伟大的科勒研究了柏尔人和蒂罗尔人的法。"科勒教授创建《民法和诉讼法莱茵杂志》，先生于其身后接手该杂志，并深深留下自己的烙印。死者为大，先生在悼文中还是保持了距离。他这样写道："一位我们备受尊重的法学大师有一次意味深长地告诉我，没有法学天才，也不可能有。但科勒有天才的特质。"[40] 但于我而言，先生不只是有天才的特质，他就是一个天才。[41]

---

[39] 拉贝尔：《约瑟夫·科勒》，《民法和诉讼法莱茵杂志》1919年和1920年第10期，第123—133页，该文收录在《拉贝尔全集》（第1卷），第340—350页。

[40] 同前引，第340、342页。

[41] 正确的观点，参见莱茵施泰因：《恩斯特·拉贝尔》，汉斯·德勒、马克斯·莱茵施泰因、康拉德·茨威格特主编，《恩斯特·拉贝尔纪念文集》，1954年第1期，第1页："恩斯特·拉贝尔的学术作品的特点，是有深度，且兼顾广度。"

附录

一、拉贝尔的作品

几乎完整的文献目录,参见德库德尔斯(Hans Peter des Coudres)的整理,载汉斯·德勒、马克斯·莱茵施泰因、康拉德·茨威格特(Hans Dölle/Max Rheinstein/Konrad Zweigert)主编,《恩斯特·拉贝尔纪念文集》(Festschrift für Ernst Rabel),第1卷,图宾根1954年,第685—704页;相当于《论文集Ⅲ》,第731—755页(参见下文)。

论文集

《拉贝尔文集:私法研究(1907—1930)》,第1卷,莱泽主编,图宾根1965年(I. Arbeiten zum Privatrecht 1907 – 1930, hrsg. von Hans G. Leser, Tübingen, Mohr Siebeck 1965)。

《拉贝尔文集:国际裁判与国际私法研究(1922—1951)》,第2卷,莱泽主编,图宾根1965年(II. Arbeiten zur internationalen Rechtsprechung und zum internationalen Privatrecht 1922 – 1951, hrsg. von Hans G. Leser, Tübingen, Mohr Siebeck 1965)。

《拉贝尔文集:比较法与法律统一化研究(1919—1954)》,第3卷,莱泽主编,图宾根1967年(III. Arbeiten zur Rechtsvergleichung und zur Rechtsvereinheitlichung 1919 – 1954, hrsg. von Hans G. Leser, Tübingen, Mohr Siebeck 1967)。

《拉贝尔文集:古希腊、希腊与罗马法律史(1905—1949)》,第4卷,沃尔夫主编,图宾根1971年(IV. Arbeiten zur altgriechischen, hellenistischen und römischen Rechtsgeschichte 1905 – 1949, hrsg. von Hans Julius Wolff, Tübingen, Mohr Siebeck 1971)。

《依据1895年12月26日奥地利法的著作权可转让性》,《当代私法与公法杂志》1900年第27期,第71—182页。重印,载《著作权法与媒体法档案》1988年第108期,第185—276页(Die Übertragbarkeit des Urheberrechts nach dem österreichischen Gesetz vom 26. Dezember 1895, GrünhutsZ 27, 1900, 71 – 182, Neudruck UFITA 108, 1988, 185 – 276)。

《卖方权力瑕疵的责任,第1部分:产生责任的历史研究》,莱比锡(卫特)1902 年，柏林、纽约，德古意特出版社 1973 年重印（Die Haftung des Verkäufers wegen Mangels im Rechte, Teil 1: Geschichtliche Studien über den Haftungserfolg, Leipzig, Veit, 1902, Nachdruck Berlin/New York, de Gruyter 1973）。

《事后的法律行为》，《萨维尼杂志（罗马法部分）》1906 年第 27 期，第 290—335 页，以及 1907 年第 28 期，第 311—379 页，该文收录在《拉贝尔文集》（第 4 卷），第 9—104 页（Nachgeformte Rechtsgeschäfte, SavZ/Rom. 27, 1906, 311‑379, und 28, 1907, 311‑379 = GA IV 9‑104）。

《给付的不可能性——德国民法典的批判研究》，弗朗茨·伯恩霍夫特等主编，《恩斯特·伊曼努尔·贝克纪念文集》，魏玛（伯劳）1907 年，第 171—237 页，重印，阿伦（科学）1970 年，该文收录在《拉贝尔文集》（第 1 卷），第 1—55 页（Die Unmöglichkeit der Leistung-Eine kritische Studie zum Bürgerlichen Gesetzbuch, in: Franz Bernhöft/Paul Fréderic Girard/Otto Gradenwitz/Eduard Hölder/Paul Krüger/Rudolf Leonhard/Ludwig Mitteis/Ernst Rabel/Emil Seckel/Andreas v. Thur [Hrsg.], Festschrift für Ernst Immanuel Bekker, Weimar [Böhlau] 1907, S. 171‑237, Neudruck Aalen [Scientia] 1970 = GA I 1‑55）。

《"于不可能之事不产生债"的规则的来源》，奥迪博尔特等主编，Mélanges Gérardin, 巴黎（西雷）1907 年，第 473—512 页，该文收录在《拉贝尔文集》（第 4 卷），第 105—135 页（Origine de la règle „Impossibilium nulla obligatio", in: Audibert/Bartin/Cuq/Esmein/Girard/Jobbé-Duval/Lyon Caen/May, Mélanges Gérardin, Paris [Sirey] 1907, S. 473‑512 = GA IV 105‑135）。

《奥地利法下给付不能说》，载维也纳法学会主编，《1911 年 6 月 1 日奥地利通用民法典一百周年纪念文集》（第 2 卷），维也纳（曼茨）1911 年，第 821—846 页，该文收录在《拉贝尔文集》（第 1 卷），第 79—102 页（Zur Lehre von der Unmöglichkeit der Leistung nach österreichischem Recht, in: Wiener Juristische Gesellschaft [Hrsg.], Festschrift zur Jahrhundertfeier des Allgemeinen Bürgerlichen Gesetzbuches‑1. Juni 1911, Band II, Wien [Manz] 1911, S. 821‑846 = GA I 79‑102）。

《论给付不能与现今的实践》，《民法和诉讼法莱茵杂志》1911 年第 3 期，第 467—490 页，该文收录在《拉贝尔文集》（第 1 卷），第 56—78 页（Über Unmöglichkeit der Leistung und heutige Praxis, RheinZ 3 [1911], 467‑490 = GA I 56‑78）。

《罗马私法精要》，第 1 版，霍尔岑多夫、科勒主编，《体系化的法学大百科全书》（第 1 卷），莱比锡、慕尼黑、柏林，Duncker & Humblot 出版社 1915 年版，第 399—540 页；第 2 版，达姆施塔特、巴塞尔，学术书出版社、施瓦布 1955 年版（Grundzüge des römischen Privatrechts, 1. Auflage, in: Franz v. Holtzendorff/Josef Kohler Hrsg., Enzyklopädie der Rechtswissenschaft in systematischer Bearbeitung, Band I, Leipzig/München/Berlin, Duncker & Humblot/Guttentag, 1915, S. 399 - 540; 2. Auflage, Darmstadt/Basel, Wissenschaftliche Buchgesellschaft/Schwabe, 1955）。

《杜克难民和亲属》，《萨维尼杂志（罗马法部分）》1915 年第 36 期，第 340—390 页。该文收录在《拉贝尔文集》（第 4 卷），第 294—335 页（Dike exules und Verwandtes, SavZ/Rom. 36, 1915, 340 - 390 = GA IV 294 - 335）。

《买卖当中的风险转移》，《萨维尼杂志（罗马法部分）》1921 年第 42 卷，第 543—561 页，该文收录在《拉贝尔文集》（第 4 卷），第 361—366 页（Die Gefahrtragung beim Kauf, SavZ/Rom. 42［1921］, 543 - 561 = GA IV 354 - 370）。

《帝国法院有关价格动荡的裁判》，《德国法律人杂志》1921 年，第 323—327 页。该文同时收录在《拉贝尔文集》（第 1 卷），第 361—366 页（Die reichsgerichtliche Rechtsprechung über den Preisumsturz—Ein Wort zur Verständigung, DJZ 1921, 323 - 327 = GA I 361 - 366）。

《比较法的任务与必要性》，《民法和诉讼法莱茵杂志》1924 年第 13 期，第 279—301 页，该文收录在《拉贝尔文集》（第 3 卷），第 1—27 页（Aufgabe und Notwendigkeit der Rechtsvergleichung, RheinZ 14, 1926, 279 - 301 = GA III 1 - 21）。

《比较法与国际裁判》，《拉贝尔杂志》1927 年第 1 期，第 5—47 页（Rechtsvergleichung und internationale Rechtsprechung, RabelsZ 1, 1927, 5 - 47）。

《添附目录》，第 1—3 卷，恩斯特·拉贝尔与恩斯特·利维合著，魏玛（伯劳）1929—1935 年（Index Interpolationum quae in Justiniani Digestis inesse dicuntur. Cur. Ernestus Levy et Ernestus Rabel, Bände I - III, Weimar［Böhlau］1929 - 1935）。

《识别问题》，《拉贝尔杂志》1931 年第 5 期，第 241—288 页。该文收录在《拉贝尔文集》（第 2 卷），第 189—240 页（Das Problem der Qualifikation, RabelsZ 5, 1931, 241 - 288 = GA II 189 - 240）。

《希腊法和罗马法中的代理》，罗马法国际大会主编，《罗马法国际大会程序记录》（第1卷），帕维亚（富西）1934—1935年，第237—242页。该文收录在《拉贝尔文集》（第4卷），第491—496页(Die Stellvertretung in den hellenistischen Rechten und in Rom, in: Congresso Internazionale die Diritto Romano Hrsg., Atti di Congresso Internazionale di Diritto Romano, Band I, Pavia Fusi, 1934/35, S. 237 – 242=GA IV 491 – 496)。

《希腊私法与世界》，《私法适用》1934年第1期，第1—13页。该文收录在《拉贝尔文集》（第3卷），第82—91页(Das griechische Recht und die Umwelt, APXEION IΔIΩTIKOY ΔIKAIOY 1, 1934, 1 – 13=GA III 82 – 91)。

《登记》，《萨维尼杂志（罗马法部分）》1934年第54期，第189—232页。该文收录在《拉贝尔文集》（第4卷），第513—548页(Katagraphe, SavZ/Rom. 54, 1934, 189 – 232=GA IV 513 – 548)。

《共同继承人与瑕疵担保——对新的盖尤斯论注的比较法注释》，瓦林达斯主编，"Mnemosyna Pappulias"，雅典，Pyrsos出版社1934年版，第187—212页。该文收录在《拉贝尔文集》（第4卷），第549—573页(Erbengemeinschaft und Gewährleistung—Rechtsvergleichende Bemerkungen zu den neuen Gaiusfragmenten, in: Peter G. Vallindas, Hrsg., Mnemosyna Pappulias, Athen, Verlag von „Pyrsos", 1934, S. 187 – 212=GA IV 549 – 573)。

《统一买卖法草案》，《拉贝尔杂志》1935年第9期，第1—79页，第339—363页。该文收录在《拉贝尔文集》（第3卷），第522—612页(Der Entwurf eines einheitlichen Kaufgesetzes, RabelsZ 9, 1935, 1 – 79, 339 – 363=GA III 522 – 612)。

《论经典学说中的占有丧失》，《萨尔瓦多·里科波诺纪念文集》（第4卷），巴勒莫（卡斯蒂利亚绘画艺术），1936年，第203—229页。该文收录在《拉贝尔文集》（第4卷），第580—606页(Zum Besitzverlust nach klassischer Lehre, in: Studi in onore di Salvatore Riccobono, Band IV, Palermo [Arti Grafiche Castiglia] 1936, S. 203 – 229=GA IV 580 – 606)。

《货物买卖法》，第1卷，柏林1936年，1964年未修订重印；第2卷，柏林1958年，1964年未修订重印(Das Recht des Warenkaufs, Band I, Berlin, de Gruyter 1936, unveränderter Nachdruck 1964, Band II, Berlin, de Gruyter 1958, unveränderter Nachdruck 1964)。

《论不履行双务合同的一般性规定》,《多伦茨、可雷克、库茨杰和柯其纪念文集》,1937 年,第 703—742 页。该文收录在《拉贝尔全集》(第 3 卷),第 138—175 页(Zu den allgemeinen Bestimmungen über Nichterfüllung gegenseitiger Verträge, in: Festschrift für Dolenc, Krek, Kušeij und Škerlj, Lubljana, Jugoslovanska Tiskarna, 1937, S. 703 – 742 = GA III 138 – 175)。

《威廉皇帝外国和国际私法研究所 1909—1935 年的专业领域》,马克斯·普朗克主编,《威廉皇帝研究中心促进科学研究二十五周年》(第 3 卷),柏林,斯普林格出版社 1937 年版,第 77—190 页。该文收录在《拉贝尔文集》(第 3 卷),第 180—234 页(Die Fachgebiete des Kaiser-Wilhelm-Instituts für ausländisches und internationales Privatrecht, gegründet 1926, 1909 – 1935, in: Max Planck, Hrsg., 25 Jahre Kaiser-Wilhelm-Gesellschaft zur Förderung der Wissenschaften, Band III, Berlin, Springer, 1937, S. 77 – 190 = GA III 180 – 234)。

《罗马法中的不动产担保——对威格莫尔新近研究的反思》,《研讨会》1943 年第 1 期,第 32—47 页。该文收录在《拉贝尔文集》(第 4 卷),第 628—641 页。该文收录在《拉贝尔文集》(第 4 卷),第 628—641 页(Real Securities in Roman Law—Reflections on a Recent Study by the Late Dean Wigmore, Seminar: Annual Extraordinary Number of „The Jurist" 1, 1943, 32 – 47 = GA IV 628 – 641)。

《冲突法比较研究》,第 1 卷,芝加哥 1945 年,第 2 版由乌尔里希·德罗比希筹备,安娜堡 1958 年;第 2 卷,芝加哥 1947 年,第 2 版由乌尔里希·德罗比希筹备,安娜堡 1960 年;第 3 卷,芝加哥 1950 年,第 2 版由赫伯特·伯恩斯坦因筹备,安娜堡 1964 年(The Conflict of Laws, A Comparative Study, volume 1, Chicago 1945, 2. ed. prepared by Ulrich Drobnig, Ann Arbor 1958, volume 2, Chicago 1947, 2. ed. prepared by Ulrich Drobnig, Ann Arbor 1960, volume 3, Chicago 1950, 2. ed. prepared by Herbert Bernstein, Ann Arbor 1964, IV Ann Arbor 1958)。

《西方文明的私法》,《路易斯安那法律评论》1949 年第 10 期,第 1—14、107—119、265—275、431—460 页。该文收录在《拉贝尔文集》(第 3 卷),第 276—341 页(Private Laws of Western Civilization, La. L. Rev. 10, 1949, 1 – 14, 107 – 119, 265 – 275, 431 – 460 = GA III 276 – 341)。

《德国与美国法》,《拉贝尔杂志》1951年第16期,第340—359页。该文收录在《拉贝尔文集》(第3卷),第342—363页(Deutsches und amerikanisches Recht, RabelsZ 16, 1951, 340 - 359 = GA III 342 - 363)。

《比较法的问题——买方违反保障义务的救济路径》,《波多黎各大学法律评论》1954年第23期,第219—224页(Un problema de derecho comparado—Los remedios principales in caso del incomplimento por parte de vendedor de garantías legales de sanemiamento, Rev. Jur. Univ. Puerto Rico 23 [1954], 219 - 224)。

二、关于拉贝尔的文献(精选)

莱因斯坦:《恩斯特·拉贝尔》,德勒等主编,《恩斯特·拉贝尔纪念文集》(第1卷),图宾根1954年,第1—4页(Rheinstein, Max, Ernst Rabel, in: Hans Dölle/Max Rheinstein/Konrad Zweigert Hrsg., Festschrift für Ernst Rabel, Band I, Tübingen Mohr Siebeck, 1954, S. 1 - 4)。

昆克尔:《法律史学者恩斯特·拉贝尔》,汉斯·德勒、马克斯·莱茵施泰因、康拉德·茨威格特主编,《恩斯特·拉贝尔纪念文集》(第2卷),图宾根1954年,第1—6页(Kunkel, Wolfgang, Ernst Rabel als Rechtshistoriker, in: Hans Dölle/Max Rheinstein/Konrad Zweigert [Hrsg.], Festschrift für Ernst Rabel, Band II, Tübingen [Mohr Siebeck] 1954, S. 1 - 6)。

冯·克默雷尔:《德国债法与比较法——恩斯特·拉贝尔逝世》,《新法学周刊》1956年,第569—571页(Caemmerer, Ernst von, Das deutsche Schuldrecht und die Rechtsvergleichung—Zum Tode von Ernst Rabel, NJW 1956, 569 - 571)。

沃尔夫:《恩斯特·拉贝尔》,《萨维尼杂志(罗马法部分)》1956年第73期,第11—28页(Wolff, Hans Julius, Ernst Rabel †, SavZ/Rom. 73 [1956], XI - XXVIII)。

莱塞:主编第9—17页及《拉贝尔文集》(第3卷)引,主编第15—34页引论(Leser, Hans G., GA II, Einleitung des Herausgebers IX - XVII und GA III, Einleitung des Herausgebers XV - XXXIV)。

加米尔舍格:《恩斯特·拉贝尔》,弗里茨·洛斯主编,《哥廷根法学——250年以来哥廷根法学家》,哥廷根,Vandenhoeck u. Ruprecht 出版社1987年版,第456—470页(Gamillscheg, Franz, Ernst Rabel 1874 - 1955, Rechtsgeschichte und

Rechtsvereinheitlichung, in: Fritz Loos Hrsg., Rechtswissenschaft in Göttingen-Göttinger Juristen aus 250 Jahren, Göttingen Vandenhoeck u. Ruprecht, 1987, S. 456 – 470)。

克格尔:《恩斯特·拉贝尔》,鲍尔主编,《博多·伯尔纳纪念文集》,科隆等地,卡尔·海曼出版社1992年版,第835—840页(Kegel, Gerhard, Ernst Rabel, in: Jürgen F. Baur Hrsg., Festschrift für Bodo Börner, Köln/Berlin/Bonn/München, Heymann, 1992, S. 835 – 840)。

克格尔:《恩斯特·拉贝尔(1874—1955):世界货物买卖法的先辈》,海因里希等主编,《犹太裔的德国法学家》,慕尼黑,贝克出版社1993年版,第571—591页(Kegel, Gerhard, Ernst Rabel, 1874 – 1955, Vorkämpfer des Weltkaufrechts, in: Helmut Heinrichs/Harald Franzki/Klaus Schmalz/Michael Stolleis Hrsg., Deutsche Juristen jüdischer Herkunft, München C. H. Beck, 1993, S. 571 – 591)。

乌特马克:《恩斯特·拉贝尔的法律史与比较法》,法兰克福,朗出版社2005年版(Utermark, Timo, Rechtsgeschichte und Rechtsvergleichung bei Ernst Rabel, Frankfurt/Main, Lang, 2005)。

三、关于拉贝尔的中文文献

恩斯特·拉贝尔:《识别问题》,薛童译,《比较法研究》2014年第4期,第151—180页。

杜涛:《德国比较法学之父拉贝尔》,《比较法研究》2004年第6期,第107—118页。

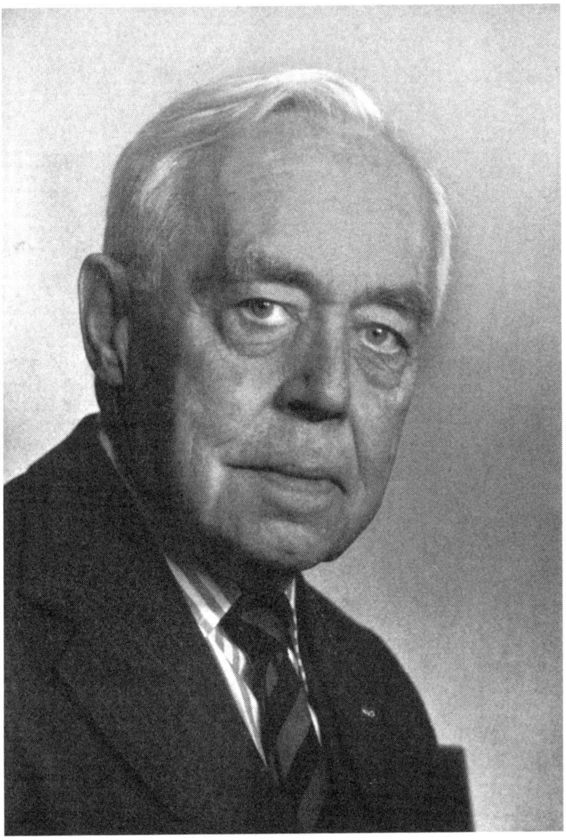

弗朗茨·柏默（Franz Böhm, 1895—1977）[*]

目 次

一、人生经历 / 45
二、政治见解 / 49
三、为人老师 / 50
四、经济宪法 / 52
五、竞争政策 / 55
六、私法社会 / 59
　（一）影响 / 60
　（二）组织或规则 / 61
　（三）经济民主和员工参与 / 62
七、福利国家的法律 / 64
附录 / 67

一、人生经历

弗朗茨·柏默 1895 年 1 月 16 日出生在德国的康斯坦茨，他的家族是德国巴登地区的法律世家，父亲是一位高级行政官员，担任过巴登地区的文化部部长。柏默就读于卡尔斯鲁厄市的一所人文高中，在他完成高考的那年，第一次世界大战爆发了。1914 年至 1918 年期间，柏默一直在军队服役。战后，他继承家族传统，到弗莱堡大学攻读法学。在

---

[*] 作者简介：〔德〕恩斯特-约阿希姆·麦斯特麦克（Ernst-Joachim Mestmäcker, 1926），参见本书中关于他的报告。本文是作者 2005 年 12 月 2 日在柏林洪堡大学的报告。

1922年和1924年,他分别通过了第一次国家司法考试和第二次国家司法考试。1926年,他与当时的著名诗人、历史学家丽卡达·胡赫(Ricarda Huch,1864—1947)的千金玛丽亚(Maria Antonia Ceconi)完婚。柏默的第一份工作,是担任巴登地区的检察官。1925年,他被委任到德意志帝国商务部的卡特尔处工作。在工作中,他适用的法律是1923年11月2日颁布的《反滥用经济地位的卡特尔法》,监管的对象是合法的卡特尔。帝国商务部要对合同或决议形成的卡特尔是否危害国家经济或集体利益作出决定(该法第4条)。柏默在完成该任务的过程中积累的经验对他后来处理经济法的问题具有基础性的意义。他1928年的一篇文章——《私人势力的问题——垄断问题研究》[1],已经表明了他以后作品的主题。为了在弗莱堡大学海因里希·侯宁尔(Heinrich Hoeniger,1879—1961)教授指导下完成博士论文和教授任用资格论文,弗朗茨·柏默向帝国商务部提出了休假申请并获得了批准。他于1933年发表的教授任用资格论文题为《竞争和垄断抗争:经济抗争权和现有经济秩序的法律结构问题研究》[2]。在政治上,1933年成为弗朗茨·柏默的人生转折点,也就是在这一年,担任弗莱堡大学讲师的他,与经济学家瓦尔特·欧肯(Walter Eucken,1891—1950)相遇。这次相遇成为后来所谓的弗莱堡学派的起源。对该学派的产生,弗朗茨·柏默本人做了相应的报告[3]。该学派的宗旨,在于法学家和经济学家共同努力去认识和落实自由市场经济的秩序原则。弗朗茨·柏默从中看到了参与者一致认可的价值观,[4]

---

[1] 柏默:《私人势力的问题》(Das Problem der privaten Macht),《司法》(Die Justiz)1928年第3期,第324—345页。该文重印在《讲话和文集:自由社会秩序、自由经济秩序及战争赔偿》(以下简称《讲话和文集》),恩斯特-约阿希姆·麦斯特麦克主编,穆勒出版社1960年版(Reden und Schriften. Über die Ordnung einer freien Wirtschaft, einer freien Gesellschaft und über die Wiedergutmachung, 1960. Herausgegeben von Ernst-Joachim Mestmäcker),第25—44页。

[2] 柏默:《竞争和垄断抗争:经济抗争权和现有经济秩序的法律结构问题的研究》(以下简称《竞争和垄断抗争》),卡尔·海曼出版社1933年版,1964年未修订的再版(Wettbewerb und Monopolkampf. Eine Untersuchung zum wirtschaftlichen Kampfrecht und zur Frage der rechtlichen Struktur der geltenden Wirtschaftsordnung, 1933, unveränderter Nachdruck 1964)。

[3] 柏默:《20世纪三四十年代弗莱堡大学的法学家与经济学家研究和教学团体:经济秩序法》,沃尔夫主编,《弗莱堡法律和经济学历史》,1957年,第95—113页;同样,麦斯特麦克主编:《讲话和文集》,第158—175页。

[4] 柏默:《竞争和垄断抗争》,1933年,第95页;同样,麦斯特麦克主编:《讲话和文集》,第158、161页。

即以个人自由对抗当时在经济和法律中集体主义的时代精神。这种理念与国家社会主义产生冲突已成必然。评价他的教授任用资格论文的人认为，弗朗茨·柏默"明显歪曲"了国家社会主义革命的意义。⑤ 然而，对于真正阅读过《竞争和垄断抗争》序言的人而言，从中得出这样的结论是很困难的。

柏默与当局发生冲突，是在 1937 年的耶拿。1936 年至 1938 年期间，弗朗茨·柏默作为一名讲师代理耶拿大学的一个教席。在一次私人朋友聚会上，担任政府官员的纳粹党（即"国家社会主义德意志工人党"）"老党员"的理查德·科尔布（Richard Kolb，1891—1945）一方，与作为另一方的丽卡达·胡赫及弗朗茨·柏默发生争执。谈话及后来引发激烈争论的话题，是纳粹分子的反犹太主义。丽卡达·胡赫坚信犹太人公民有平等的权利，科尔布对此有所异议，弗朗茨·柏默随后也卷入其中。争论非常激烈，不可调和。⑥ 这很快就有了后果。纪律和职务犯罪程序启动了，柏默立即被停止职务活动，开除出"国家社会主义权利保护人协会"。1940 年，他的教授任用资格和《公务员法》上的候选资格被撤销。帝国职务犯罪法院与初审法院持相同的意见，虽否定柏默违反所谓的《叛国叛党法》（Heimtückegesetz，1934 年颁布生效），但认定柏默违反了《公务员法》，理由是每个公务员在任何时候都要义无反顾地支持国家社会主义。值得一提的是在帝国职务犯罪法院组织的谈判中发生的事情。丽卡达·胡赫作为证人，参与了法院审理。帝国检察官向她发问："相关人士认为犹太市民与雅利安人拥有同等权利的看法正确吗？"她回答道："正确，所以呢？"

战争和国家社会主义的结束，对弗朗茨·柏默来说，意味着学术和政治活动上新的自由。1945 年 5 月，作为私人讲师的他在弗莱堡大学意外地被选为副校长，并被任命为民商经济法教授。就在他从事教学活动之前，他被任命为美国军方组成的黑森州内阁政府的文化部部长。该政

---

⑤ 胡贝尔（Huber）：《柏默博士：竞争和垄断抗争——经济的抗争权问题和现有经济秩序的法律结构问题的研究，柏林 1933 年》，《法律周刊》1934 年，第 1038、1039 页。
⑥ 基于柏默的档案进行公平和详细描述的，参见鲁道夫·维透特：《弗朗茨·柏默》，伯恩哈德·迪斯特康、米歇尔·施托莱斯主编，《法兰克福大学的法学家》，1989 年，第 208、222—224 页。

府的州长是著名的经济法学者卡尔·盖勒（Karl Geiler，1878—1953）。然而，这个职务只是一段小插曲。柏默批评军方政府计划废除人文高中的做法，使他被解除了内阁中的职务。1946年，他接受法兰克福大学法学院的邀请，担任民商经济法教席的教授，直到1962年退休。

1952年，联邦政府总理阿登纳任命弗朗茨·柏默担任德国谈判代表团团长，与以色列和犹太人世界团体协会缔结重好协议。在当时，他的前同事，之前任法兰克福大学教授的瓦尔特·哈尔斯坦（Walter Hallstein，1901—982）是外交部的秘书。弗朗茨·柏默后来描述了这段扣人心弦的谈判历史。⑦ 值得提出的是，弗朗茨·柏默只能在与德意志银行总裁赫曼·约瑟夫·阿布斯（Hermann Josef Abs，1901—1994）产生冲突及反对他的不同理念的情况下，才能落实自己所主张的友好关系理念。阿布斯是在伦敦举办的债务规则会议德国代表团的负责人，他想把上述重好协议纳入债务规则中。在阿布斯的建议下，联邦德国总理先是同意给以色列一笔临时补偿，无论如何这都应当通过增加外债来获得。弗朗茨·柏默从中看出阻碍清晰和短暂的战争赔偿规则，因此辞掉了代表团团长职位。按照弗朗茨·柏默的报告，在与阿登纳经过一番艰难且客观的谈话后，阿登纳同意由弗朗茨·柏默和犹太人谈判达成的规则。柏默重新担任代表团领导，于1952年9月10日签署了《卢森堡重好协议》。因以色列政府的信任，联邦政府任命柏默为德国驻以色列的第一任大使。不过，柏默拒绝了该任命。作为独立的教授，他不愿意充当一个对上级俯首帖耳的角色。

1953年，柏默作为基督教民主联盟的党员，被选为联邦议会的议员。在1953年到1965年间，他成功连任了三届联邦议会议员。事实上，在1953年，黑森州的基督教民主联盟没有想到柏默在候选人名单上会有很好的排名。该党担心柏默众所周知的禁止卡特尔的观点，以及他为战争赔偿做出的贡献会遭选民指责。但柏默最终在一个被看作没有希望的选区，作为直选候选人以多数票获选。这对他来说是很大的欣慰。作为

---

⑦ 柏默：《1952年德国以色列条约》，麦斯特麦克主编，《市场经济的自由与秩序（论文集）》（Freiheit und Ordnung in der Marktwirtschaft, Aufsatzsammlung），1980年，第613—646页。

议员的他，主要兴趣在竞争法立法、劳动者参与法及国家社会主义不法政权的战争赔偿的话题上。他曾担任战争赔偿委员会的主任，是经济政策委员会的成员。在联邦议会制定战争赔偿立法中，他起到了关键性的作用，甚至直接参与了立法的编辑工作。⑧

二、政治见解

柏默一直在思考一个问题：为何有教养且受过教育的人们愿意纵容经济与政治领域中的当权者，并允许他们公开轻视道德和法律？如何在社会和政策的层面上纠正这种错误的个人倾向，对德国而言是一个巨大的挑战。⑨ 柏默对此的回答，并不是去呼吁加强文化教育，或以优秀人物的精神为导向："错误的期望是，人们可以在他们那里学习如何与坏人打交道。"⑩ 他认为如果不能成功地创造出相应的政治和社会文化的世界，个人的文化世界不可能长时间存在。⑪ 只有这样，人类才不会倒退到野蛮状态。

我们将会看到，柏默最大的学术贡献和政治贡献，在于证明在自由市场经济和自由民主社会中，私法和私法秩序才是宪法的基石。鲁道夫·维特赫尔特（Rudolf Wiethölter, 1929）在关于柏默的中肯评论中推测，比起市场和竞争的政治经济学世界，弗朗茨·柏默在涉及财富和权利、权力和自由、自然和精神的世界中更为游刃有余。⑫ 可以明确的是，柏默喜欢诗人，特别是席勒和戈特弗里德·凯勒（Gottfried Keller, 1819—1890）。尽管如此，我不认为维特赫尔特眼中柏默的形象与弗朗茨·柏默的自我理解一致。柏默经常说，做学术应当与日常生活中看起来简单的东西打交道：与有偿合同、经营自由或者财产权打交道。在这里，没有最高的人格权或价值被侵犯的危险。基于裴斯泰洛齐（Johann

---

⑧ 更多的关于战争赔偿的立法，参见柏默：《战争赔偿的政治意义和社会意义》，麦斯特麦克主编，《讲话和文集》，第193—215页。
⑨ 柏默：《1949年法兰福国家学者大会开幕式的发言：歌德与科学》，麦斯特麦克主编，《讲话和文集》，第269—279页。
⑩ 同前引9，柏默文，第275页。
⑪ 同前引9，柏默文，第279页。
⑫ 鲁道夫·维透特：《弗朗茨·柏默》，伯恩哈德·迪斯特康、米歇尔·施托莱斯主编，《法兰克福大学的法学家》，1989年，第231页。

Heinrich Pestalozzi，1746—1827)的观点，柏默接着说："坏的市民职业的事务，永远都是最聪明政府的最重要的管理对象。"[13] 弗朗茨·柏默反对卡尔·施米特(Carl Schmitt，1888—1985)的"政治神学"，他强调施米特所指称的并非商业自由、经营自由或别的什么半吊子自由，而是绝对的决定，即无中生有的决定，这种决定的本质则是专制。[14] 对于这种将政治只理解为朋友和敌人的做法，弗朗茨·柏默在给我的信中评论道："政治不过是一场投掷骰子争夺桂冠的游戏。但如果想着不扔错骰子就能赢，那也成不了政治家。"[15]

三、为人老师

本部分旨在给当代学生展现柏默作为学术导师的一面，包括他的门生对他的印象。从1946年开始，在大学学习的学生几乎都是战争的参与者。因此，在第一学期新生欢迎会上，作为大学校长的柏默就明确地指出了军队道德与学术道德的不同。他表示军队道德在于尽忠职守、层层听令，而学术道德在于恪守学术规范，独立、自由地通过努力走自己所选择的学术之路。我个人对柏默的印象始于1947年和1948年之间的冬季学期。在他为新生开设的民法案例练习课上，我完成了我的第一个案例分析练习。在该案例中，画作的所有权人两次出售画作，第一次有期限地卖给第一个买家，由该买家占有该画。第二个买卖合同违反了《德国民法典》第135条关于相对的禁止出售的规定，这对第一个买卖合同产生影响。由此产生的法律问题是，在第二个出售合同相对无效的前提下，所有权人如何将所有权转让给第一个买方。在课堂上，柏默宣布正确答案是依据《德国民法典》第931条所规定的返还请求权让与进行处理。然而，我和我的朋友即现在是我在萨尔布吕肯大学的同事，格尔哈

---

[13] 柏默：《作为教育者和国家思想者的裴斯泰洛齐》，麦斯特麦克主编，《市场经济的自由与秩序(论文集)》，1980年，第569页。

[14] 卡尔·施米特：《政治神学》(Politische Theologie)，慕尼黑1934年，第2版，第80—84页。

[15] 麦斯特麦克：《论市场经济中政治的角色：基于弗朗茨·柏默未公开信件的展示》，《经济与社会秩序年刊》(ORDO)1978年第29期，第3、10页。

德·吕克（Gerhard Lüke，1927—2014），采用了马丁·沃尔夫（Martin Wolf，1872—1953）的解答：在缺乏《德国民法典》第931条所要求的占有关系的前提条件下，可以简单地通过当事人合意转让所有权。我们曾在令人印象深刻的恩斯特·冯·克默雷尔（Ernst von Caemmerer，1908—1985）的物权法课上学习过这种处理方式。柏默没有返还该案例练习作业，并解释他没有想到这个解答，他将会在下节课处理这个问题。在那堂课上，他接受了"简单合意"，并将其作为一个值得深入思考且极具代表性的解答。⑯ 于是，我们几乎失败的第一次案例练习，最终成了一次成功的经历。也许读者会想象这种激励对一个处在第三学期的人意味着什么。值得提及的是，这次经历也惠及了我日后的教师生涯，至少，我也希望成为一个像他一样的学术导师。在下一个学期，我参加了柏默的经济法专题研讨课，我的报告主题是"竞争作为引导和控制设施及其法律保障"。参加这门课的大多数是教授。我记得有金融学学者弗里茨·诺伊马克（Fritz Neumark，1900—1991）、经济学家汉斯·穆勒（Hans Möller，1915—1996）和萨尔曼（Heinz Sauermann，1905—1981）及天主教社会学者冯·内尔-布鲁宁（Oswald von Nell-Breuning，1890—1991）教父。十年后，我在联邦德国商务部的学术委员会中重逢了所有这些人。给我留下持久印象的是冯·内尔-布鲁宁教父，他一直善于用锐利的法律观点维护劳动者的利益，在当时围绕经营活动中劳动者参与权的讨论中，他也是如此。

从第四个学期开始，一直到1958年我完成教授任用资格论文，每学期我都参加柏默的这门专题研讨课，唯一的一次中断是因为我在美国访学。在与他讨论专题研讨课的话题中及专题研讨课的课堂讨论中，我得到了最为重要的启发，并且熟悉了弗朗茨·柏默的思想世界。我们还谈及我的博士论文和教授任用资格论文的主题，当然，具体的论述由我本人决定。

在我任助理的工作阶段，担任法学院院长的柏默给了我一份编辑的

---

⑯ 对此，参见吕克（Lücke）：《简单合意》（Die schlichte Einigung），海因茨·萨尔曼、恩斯特-约阿希姆·麦斯特麦克主编，《经济秩序和国家宪法：弗朗茨·柏默80岁生日纪念文集》（Wirtschaftsordnung und Staatsverfassung, Festschrift für Franz Böhm zum 80. Geburtstag），1975年，第33—36页。

工作。该工作是关于胡果·辛茨海默(Hugo Sinzheimer，1875—1945)所著的《德国法学中犹太裔经典作家》一书。该书于1953年在法兰克福的克洛斯特曼(Klostermann)出版社再版。1937年，胡果·辛茨海默在荷兰流亡期间撰写并出版了这本书。在书的序言中，他写道，对于已经习惯了"英雄不论出身"的人而言，这个题目让他们不解。为此，他给出了一段经典的文本作为理由。辛茨海默引用了1936年"国家社会主义权利维护协会"举办的帝国高校教师会议上的一段发言。发言人是帝国部长弗兰克及担任国务委员的卡尔·施米特教授。帝国部长说，德意志法学是预留给德意志男性的，"德意志"一词仅在第三帝国种族立法的意义上进行解释。普鲁士国家委员会和德意志权利的维护者卡尔·施米特则表示：

> 我们必须让德意志的精神从犹太人所有伪造中解放出来，让精神从概念伪造中解放出来。只有已经意识到犹太教的精神力量并认识到它全部的深度和广度，才能理解国家社会主义的胜利对于德意志精神和德意志法学意味着什么样的解放。

对此，柏默在该书序言中写道：

> 一旦火山爆发，灾难的缔造者乃至于他们的敌人都将被迫唱响这样的赞歌。他们将自愿或非自愿地，顺着国家或党派的指示，扮演神庙祭祀的角色。[17]

四、经济宪法

经济宪法的理念塑造了柏默的学术作品，并使他的理论得以统一。他给自己提出的使命，是将自由市场经济证明为严格法律意义上的经济

---

[17] 柏默：《写给辛茨海默的序言》，《德国法学中犹太裔经典作家》（Jüdische Klassiker der deutschen Rechtswissenschaft），1953年，第11、20页。

宪法。经典的经济学必须被"翻译"到法律中。他将自然规律解释为法律规律的表述引发了很多的误解，但他的批评者们没有意识到，该学说的主要任务恰恰是基于市场的法律规则探究市场的自身规律，并依据其所蕴含的法律特征理解市场。这一点在他1937年的专著《经济秩序即是历史使命和法律创新的能力》中得到了清楚的表达。[18] 这本书是丛书的第一本书，丛书的序言可以视为弗莱堡学派的序言。序言的内容包括对历史主义及其精神上的兄弟——相对主义及极端主义的拒绝。这些观点反对维尔纳·桑巴特（Werner Sombart，1863—1941）及古斯塔夫·冯·施穆勒（Gustav von Schmoller，1838—1917）的学说，也同样反对卡尔·马克思的学说。此观点的重点是将法律和经济学作为精神力量来探讨经济现状。这里就不对弗莱堡学派的思想史观点及该学派与其他经济学或社会学学派的相似处做进一步的探讨。柏默的问题来源于实践经验和对现实的世界观，他的大部分经济学理论是以亚当·斯密和大卫·李嘉图的经典政治经济学为基础。尽管在细节方面有较大差别，他的论点与瓦尔特·欧肯和冯·哈耶克相近，他们都认为市场过程并非一种以生产效率为目标的组织（福利经济学），而是一种通过竞争和私法传递的协调过程。[19]

如上文所述，柏默从事学术研究的最重要的动力，是他在帝国商务部的卡特尔部门的工作经验。对柏默的正义感提出挑战的，是卡特尔的控制需求及其破坏性的垄断抗争手段。卡特尔借助控制需求，使其市场秩序具有正当性。通过破坏性的垄断抗争，它们实现它们要的市场秩序，并且决定着顽强的外部者、需求者及供应商的生死存亡。当时的私法学将这种所谓的后资本主义现象诊断为组织问题，并试图用合同法和公司法的手段加以解决。后来担任联邦劳动法院院长的汉斯·卡尔·尼佩代，基于经营自由、契约自由及不以曼彻斯特原则为基础的"德国私

---

　　[18] 柏默：《经济秩序即是历史使命和法律创新的能力》，经济秩序文丛，弗朗茨·柏默、瓦尔特·欧肯、汉斯·格罗斯曼-杜尔特主编，1937年第1辑。
　　[19] 详细的内容参见斯特赖特（Streit）：《经济秩序、私法和经济政策：弗莱堡学派的视角》，斯特赖特主编，《弗莱堡学派秩序经济学文集》，1995年，第71页，第79及以下诸页。

法秩序",将卡特尔正当化。[20] 1923 年的《反对滥用经济地位条例》则被视为警察法。该观点意味着人们不应当阻碍国民经济和社会发展的必然趋势。与之相反,柏默从发现的经济体制观点出发,反驳这些宿命论态度,即在这种经济体制中,经济主体(包括消费者、生产者和劳动者)无数多样化的决定的协调看似在法律之外,然而,作出协调原则决定时,涉及的仍是整个社会经济意义和合乎宪法的问题,这与缺少协调计划并不相悖。因此,需要问及的,是协调秩序的起源和正当性。这发生在对协会特权制度、重商主义、工业化时代特征的历史性的重建争议中,也发生在对阶级社会经济宪法的系统性的争议中。[21] 这些经济体系中,竞争和私法是公权力没有主张的即自发协调的权宜之计。与此情形完全不同的,在于因经营自由产生的市场经济。经营自由首先是一项自由权利,柏默认为,这项权利的特别之处在于,它不仅用于保护个人的人权。换句话说,国家权力的让位并不是为了孤立的个人人格,而是为了有利于社会共生中其他的非特定的国家秩序原则及非特定的政治秩序原则。因此,这种自由保障,并不是像卡尔·施米特所说的"自由不构成任何东西",相反,在这种情况下,自由构成了一种严格的社会协调秩序。否则,这种秩序在预留给它的社会领域中,政治的统治原则占主导地位。[22] 以这种方式具有合宪意义的机制,是基于经营自由产生的受法律调整的竞争。私法机制也具有同样的地位。私法机制改变了它的社会意义和功能:只要经济政策放弃了国家对经济过程的政治领导,国家就不能摆脱这样的任务,即在经济生活中就私法机制的细节和总体而言,这种任务是现行经济结构的法律上结构要素。[23] 柏默称之为私法机制的公法视角。因此,他反对公法为公共利益服务、私法为私人利益服务的传统认识。当经营自由成为免除统治的社会秩序时,私法成为自由

---

[20] 转引自诺尔(Nörr):《私法的委屈》(Die Leiden des Privatrechts),1993 年,第 73 页。

[21] 鲁道夫·维透特:《弗朗茨·柏默》,伯恩哈德·迪斯特特康、米歇尔·施托莱斯主编,《法兰克福大学的法学家》,1989 年。维透特在该书中正确、重复地指出这种反事实的重建历史的视角。

[22] 柏默:《竞争和垄断抗争》,1933 年,第 121 页。

[23] 柏默:《竞争和垄断抗争》,1933 年,第 124 页。

市场经济的法律基础。

自由市场经济的核心,是受调控的效能竞争的抗争制度。弗朗茨·柏默用不断创新的语言勾勒以自由为基础的秩序全景图,而竞争只是该全景图的一部分。然而,卡特尔现象又展示出滥用私法机制对自由产生的危险。这同样作为自由秩序的基本法律制度,却被用做反秩序的事情。以裴斯泰洛齐(Pestalozzi)的观点为出发点,他认为企图掌权不是罪恶,而是人的本性。从历史和体系的角度来看,如何以法律驯服竞争,是经济宪法面临的最大挑战。就历史而言,自托马斯·霍布斯和卡尔·马克思以来,竞争就被认为是现代的自然状态。就体系而言,则是因为约束竞争的行为,特别是通过禁止卡特尔来约束竞争的行为,拒绝了阶层国家对"经济自主管理"诉求。基于经营自由和竞争得出的经济宪法原则必须在实在法中得到落实,比如通过立法或通过解释实在法落实该原则。[24] 目光长远的立法和司法裁判,是最重要的制度因素。行政机关仅限于行使辅助职能,竞争执法机关的存在并不自相矛盾,它的任务不是执行其他的协调秩序,而是保障有效的竞争。从组织法上来看,竞争执行机关只有独立于政治机关,才能与经济宪法保持一致。

五、 竞争政策

弗朗茨·柏默奉行的经济政策可以归纳为两个基本原则:拥有势力的人,不应当自由;竞争是历史上最伟大和最巧妙的削弱势力的手段。[25]

基于私人的经济势力和国家的经济势力问题,产生了经济宪法学说的政策维度。在法律上,它主要体现在法律对竞争的保护。柏默一直以来都对其学说的政治意义有所认识,并决定在政治上践行他的学说。在德意志法学会的研究工作组中,曾经有战后经济秩序的话题。在这方面,引发讨论的是帝国价格调控委员会委员、担任莱比锡市长的卡尔·

---

[24] 对于这种解释,柏默基于帝国法院的判决给出了一个讨论得非常多的例子。柏默:《帝国法院和卡特尔:对帝国法院1897年2月4日判决的经济宪法批判》,麦斯特麦克主编,《讲话和文集》,1960年,第69—83页。

[25] 柏默:《民主和经济力量》,法兰克福大学外国与国际经济法研究所主编,《现代法中的卡特尔和垄断》(第1卷),1961年,第3、22页。

弗里德里希·戈德勒（Carl Friedrich Goerdeler，1884—1945）的计划。柏默与他私交甚密，但戈德勒没有向柏默透露他所参与的刺杀希特勒的计划。[26] 在研究工作组中，柏默提出以竞争为基础的经济秩序的理念，[27] 该理念在细节构建方面，不同于以计划为基础的战争经济。二战结束后，柏默是专家委员会的成员。1949年，该委员会向美国和英国占领区的经济管理机构提交了《效能竞争保障法和垄断局法草案》。[28] 美国军方政府不喜欢这个草案，并坚持《第56号去卡特尔法》。柏默对此的评价是："美国人在国内为民主而执行反托拉斯法，却把它作为对德国人的惩罚，实在令人瞠目结舌。"

在通过选举进入联邦议会后，柏默成为经济委员会的成员。《反限制竞争法》的政府草案在第一个立法阶段间被提出，但直到第二个立法阶段时才被通过。该法于1958年1月1日生效。政府草案明确禁止卡特尔的原则，引发激烈的政治辩论和游说活动，这在年轻的联邦共和国历史上绝无仅有，德国工业联邦协会发动经济、社会和学术界的各个层面反对这个法案。据传，时任联邦宪法法院的一位法官认为：禁止卡特尔的做法违宪，尤其是违反了宪法所保障的契约自由和集社自由。[29] 支持和反对禁止卡特尔的理由多种多样，但其实这是一个宪法政策的基本问题：针对禁止卡特尔，人们在角逐阶级国家的经济秩序，还是市场经济的经济秩序。1953年3月31日，德国工业联邦协会会长弗里茨·贝格（Fritz Berg，1901—1979）表达了阶层国家原则：

> 我们的任务在于阻止在禁止卡特尔的情况下无限制竞争可能导

---

[26] 内容丰富的，参见柏默：《反抗运动或革命——论卡尔·弗里德里希·戈德勒反抗希特勒的争论》，麦斯特麦克主编，《讲话和文集》，第281—293页。

[27] 柏默：《竞争是国家经济引导的工具》，德国法研究中心主编，《竞争是国民经济效能提高和效能展示的工具》，1942年，第51页以下诸页。

[28] 《效能竞争保障法》（草案）和《垄断局法》（草案），附带专家委员会的建议和少数人意见报告，呈交给经济管理委员会主任路德维希·艾哈德教授（Prof. Dr. Erhardt）。专家委员会成员包括：鲍尔博士（Dr. Bauer）、弗朗茨·柏默教授、费舍尔博士（Dr. Curt Fischer）、退休的部长委员会主任约斯滕博士（Dr. Paul Josten）、柯佩尔博士（Dr. Wilhelm Köppel）、克罗姆哈德教授（Prof. Dr. Wilhelm Kromphardt）及费斯特教授（Prof. Dr. Bernhard Pfister）。

[29] 柏默接着1933年的研究，反对依据《基本法》（Grundgesetz）第9条第3款的结社自由和第2条第1款的合同自由得出卡特尔在宪法上具有正当性，参见柏默：《法律规定禁止卡特尔违反基本法？》，《经济和竞争》1966年，第173—187页。

致的混乱，并确保工业自我管理市场的秩序。无论如何，卡特尔执法机关的滥用行为监管与这种自我监管的使命一致。[30]

为了缓解同属一个政党的商务部部长路德维希·艾哈德的压力，柏默在联邦议会上提交了自己的《反限制竞争法草案》。[31]柏默在联邦议会上说明立法理由的发言，向认同他的观点的政治人物表明他的抗争情绪。有些人指责他是脱离现实的空想家，柏默解释道："如果我以一个有理论的玩沙子小屁孩的身份，再次打断了伟大实践者的讨论，还请原谅。"[32]针对经营者滥用立法的经济政策上的批判，柏默说："我的印象是，立法者和政府会让自由经济运行更加复杂且不统一。他们似乎充当着魔法师和巫师的角色，点燃许多蜡烛，散布乌云，摇着祈祷轮，并假装做这些事情是有意义的。"真正的使命，在于把好的理论与好的立法结合在一起：它们是双胞胎。

从柏默的学说中，我们能够学到为什么"更多的经济学视角"还不足以理解反垄断法的内容。在魏玛共和国时期，柏默在讨论卡特尔进行垄断侵害的异化和滥用中，发展出竞争秩序中个体权利的自由内涵。他的核心兴趣点不在争夺合法垄断的经济成本和费用，尽管他也对此有所提及，而是在于，外部经营者、供应商和经销商的经营自由和竞争自由受到非法干预的内容，这促使他得出无需禁止滥用行为的结论。只有禁止合作性的垄断化，才能对抗私法制度允许的合法垄断所造成的破坏。基于1923年《卡特尔条例》第9条的大量司法裁判案例，可以得出，卡特尔做出的封锁和准封闭的不利措施需要得到卡特尔法院负责人的允许，法律赋予卡特尔拥有商业警察的干预权力。"如果从事经营活动的人，不具备商业交往中必要的可靠品性"，上述做法是不公平的。即使

---

[30] 贝格：《弗里茨·贝格主席对竞争政策的贡献》，德国工业联邦协会竞争秩序委员会卡特尔法工作组主编，《卡特尔法十年》，第429页，第432及以下诸页。

[31] 德国联邦议会第二个选举阶段谈判，速记报告(stenographischen Berichten)的附件，《联邦议会文件Ⅱ/1269》。详见麦斯特麦克：《柏默的反对限制竞争法草案》，《经济和竞争》1995年，第285—295页。

[32] 速记报告(stenographischen Berichten)，第二届联邦议会，1955年3月31日第77次会议。

是政治上的犯罪行为，也证明有不可靠的品性。[33]

该经验表明了禁止卡特尔的宪法政策的意义。出于政治目的，私人势力工具化了。表面上这是阶级国家的经济政策，其实也是纳粹的策略。在1934年4月27日通过的《德国经济的组织建设预备法》中，卡特尔被用作服务计划经济及后来的战争经济。帝国商务部部长被授权认定行业协会作为该行业的唯一代表，并且帝国商务部部长有权修改和补充该协会的章程并引入"元首原则"。1937年7月19日的《强制卡特尔法》排除了允许的卡特尔之外的竞争，这对此后的卡特尔立法产生了深远影响。在上文提到的柏默的卡特尔法草案中，针对例外情况下允许的卡特尔变成了国家的经济政策的行为，这种政策产生的效果是，对国家公民的经济自由的干预权及对市场的干预权，都由不承担政治责任的私人来行使。

1958年通过的《反限制竞争法》原则上禁止卡特尔，同时保留了豁免情形。该法虽然是政治妥协的结果，但仍具有根本性的意义。以辞职作为威胁推动该法通过的商务部部长路德维希·艾哈德认为，在经济政策中围绕竞争政策的争论里，柏默起到了关键作用。[34]

从历史角度来看，德国的《反限制竞争法》对欧盟竞争法产生的示范效应是毋庸置疑的，[35] 两者相互关联，欧洲竞争法的独立性也不受质疑。基于上述背景，我需要提示一些德国竞争政策的优先性。比如，法律的视角和更多的经济视角的对比：《反限制竞争法》的一个创新是坚持法律优先于公司自治和政治机会主义。美国的评论者喜欢强调美国正当地保护竞争者与欧洲不正当地保护竞争者之间的对立，然而，限制竞争行为在德国法中之所以作为法律问题得以承认，是因为在法院允许卡特尔的情况下，反抗的外部经营者受到毁灭性的打击。在历史上，保护

---

[33] 详见穆伦希芬、德林克尔（Müllensiefen/Dörinkel）：《卡特尔法（八）》，1938年第3版，第9章第2节，第25页。库尔特·比登科普夫作为我的第一个助理，系统地总结了卡特尔法院的判决。

[34] 艾哈德：《柏默对政治的影响》，海因茨·萨尔曼、恩斯特-约阿希姆·麦斯特麦克主编：《经济秩序和国家宪法：弗朗茨·柏默80岁生日纪念文集》，1975年，第15—22页。

[35] 基础性的，参见舒尔册、赫恩（Schulze/Hoeren）主编：《欧洲法文件》（第3卷），《反垄断法》（截至1957年），2000年，引论，第17—26页。另外参见汉斯·冯·德尔·格勒本（Hans von der Groeben）的序言，他是欧共体第一位负责竞争政策的委员会成员。

竞争与保护竞争者的意义是相同的，尤其是针对极具争论的垄断性掠夺定价行为而言。[36] 另一个基于欧洲层面的对立是竞争政策和欧盟发展的产业政策之间的对立。德国之所以反对欧盟的产业政策，是因为德国经验表明，如果允许经营者及其协会限制竞争，那么他们会被作为工具服务于政治目的。

六、私法社会

从德国法律史的角度来看，克努特·沃尔夫冈·诺尔（Knut Wolfgang Nörr，1935—2018）认为柏默是20世纪伟大的革新者之一。[37] 在柏默之前，只有少数法学家在反思私法时考虑到经济的维度，即使他们考虑到了，也只是想到一个组织化的经济形态。自柏默以来，私法的经济层面得到普遍认可。我不想质疑这种积极的观点，但关于"如何在法律背景下，将经济学纳入考虑"的问题仍存有争议。当我们以这个视角并基于私法审视柏默的作品时，被提炼出来的是"私法社会"的理念。私法社会是一个依靠私法凝聚和合作的社会。笔者在此引用柏默通过全面的、重构性的历史理论研究得出的结论：

> 如果我们期待一个没有地位差异、没有社会成员对制度存有依赖的社会，我们就不难用积极的方式表达这个想法：我们想要一个平等的社会。一个没有隶属关系而人人平等的社会，意味着社会成员通过协调进行合作。

这种社会是私法社会。[38] 私法自治，是私法对经营自由的表达。没有这种自由的话，私法自治将变得毫无价值可言。新的发展阶段是公民的私法自治：

---

[36] 对于著名的本拉特（Benrather）加油站案，参见柏默：《竞争和垄断抗争》，第279及以下诸页，第303及以下诸页。
[37] 诺尔：《经济的共和国》，第一篇，《从占领军时代到大联盟》，1999年，第83页。
[38] 柏默：《私法社会和市场经济》，《经济与社会秩序年刊》1966年第17期，第75—151页。

这种阶段赋予了一种普遍的法律能力，而没有国家权力或代表权。然而，个体还是通过私法社会这一媒介融入了自己的国家。私法社会依赖的法律的和政治的权威由国家提供。[39]

另外，私法制度发生作用，成为全方面的协调制度，个体据此加入经济交易中。他们的行为并非预设，而是试错的结果。个体通过经济交易，获得成功或遭遇失败，由此产生必要的信息。对个体而言，竞争是发现的过程，私法制度也是如此。对于拥有平等权利的自主意思表示人之间的交易，完全有偿的交换是最为典型的合作。正如弗朗茨·柏默所指的，人类是唯一进行交换的生命体，他们永远想象不到自己在这一点上有多么的明智。[40]

无支配的合作秩序的原则，意味着所有与经济生活相关的私法制度，无论是单独的还是整体的私法制度，都可以理解为现行经济结构法律的结构要素，并基于它的间接的秩序功能进行分析。[41]竞争被构建为制度，一方面通过保护作为竞争过程中必要要素的个体财产权利和自由权利，另一方面则通过严格禁止无论是采取何种形式放弃个体的竞争自由的行为。需要考虑的不仅是竞争，还有所有的对经济交往有重要意义的私法制度。弗朗茨·柏默提到的例子有私人财产权、占有保护、善意取得的保护、一般的行为自由、商事公司的权利或诚实信用原则。[42]

（一）影响

基于对整个法律制度和宪法制度的私法理解，得出的结论涉及公法和私法的关系、组织法和行为法的关系、共有领域和所有权尤其是知识产权保护之间的关系。需要指出的是，竞争不同于其他的私法制度，它完全是在经济和法律方面的特征被解析。另外，其他的私法制度的贡献是间接的，也就是通过私法制度和市场价格协调无数私人的经济规划。

---

[39] 柏默：《竞争和垄断抗争》，1933年，第114页。
[40] 柏默：《瓦尔特·欧肯关于〈经济与社会秩序年刊〉的思想》，《经济与社会秩序年刊》1950年第3期，第15—64页。同样参见前引7，麦斯特麦克主编书，第11—52页。
[41] 柏默：《竞争和垄断抗争》，1933年，第124页。
[42] 柏默：《竞争和垄断抗争》，1933年，第125页。

这导致经济秩序、国家秩序和法律秩序相互依赖。[43] 企业家决策的预测能力、理性选择和成本效益分析，以及通过私法自治激发的财产权的流动，属于私法秩序的组成部分，同样也属于市场经济制度的组成部分。它们证明了私人经济活动相对于政府组织的任何经济活动的优越性。即使是在竞争过程中对预期有非常正确的计算，预期落空也是该制度的必然组成部分。

合同法由于处在不同的市场从事经营活动，受到竞争的约束。弗朗茨·柏默对模拟市场结果或在没有市场的情况下模拟竞争的结果的可能性持怀疑态度。对合法卡特尔的滥用监管或对垄断市场的监管也是同样的道理。一般而言，如果缺少竞争时可能产生的信息，不可能凭空重建市场关系或法律关系。

（二）组织或规则

组织确定的秩序与规则确定的秩序之间的对立，是柏默的法理学的基础之一。由此可以重新明确公法和私法之间的关系。如果把以国家为基础产生的共同作用，仅理解为以服从为组织原则的权利主体间的行为，那么常见的划分会导致法学中产生空白处。[44] 组织与规则的对立，同样在私法中得到落实。

私法主体可以通过法律行为为自己构建组织的原则，比如在公司法或者劳动法中。可是把卡特尔的问题作为公司法的附属处理是一个原则性的错误，该学说没有正确认识到卡特尔问题实际上和公司法的问题完全不相关，因为卡特尔一般来说是利用公司或者类似公司的法律形式，然而这仅是一个技术甚至完全是一个次要的事情。[45] 尽管在1933年就作出了如此清楚的区分，但部分的卡特尔法学界，甚至是联邦最高法院在适用《反限制竞争法》时都遇到困难，即使常见的合同概念与禁止卡特尔的做法保持一致。欧盟竞争法克服该困难的方式是，针对协议、决议和协同行为，都适用竞争法的规则。

---

[43] 奥肯：《经济政策原理》，2004年第7版，第332及以下诸页。
[44] 柏默：《竞争和垄断抗争》，1933年，第118页。
[45] 柏默：《竞争和垄断抗争》，1933年，第173页。

（三）经济民主和员工参与

二战之后，联邦德国的经济秩序政策备受争议，这不仅体现在卡特尔法上，也体现在员工参与上。关键词"经济民主"是工会以及德国社会民主党寻找的市场经济秩序的替代品。正如阿道夫·阿恩特（Adolf Arndt，1904—1974）在1946年的文章所提，经济民主首先是指中央管理经济的民主控制。[46] 值得回忆的是，在那个时代只有借助中央计划才能克服不可估计的战争损失并进行重建。包括《巴伐利亚州宪法》在内的第一批州宪法想要规定将中央计划经济作为宪法的基本原则，规定如下："国家政府按照统一的计划引导国民经济。"[47] 后来的民主德国实施了该理念。然而，经济民主的传统走向了另一个模型，该模型将大型经济组织，首要的是将卡特尔和大型经营活动，与民主的宪法结合在一起。

当我们说到员工参与的时候，需要对经营参与权与企业主或经济参与权进行区分，这才合乎目的。1952年成为现实的《企业组织法》（Betriebsverfassung）中的经营参与，基本上已经不存在争议。同样，柏默明确支持企业内部经营秩序属于私法秩序的一个部分。完全不同的是企业中员工的经济参与权。首先，它在1951年5月1日的《矿山和钢铁业营业额较多经营者的监事会中劳动者参与法》中得以实现。接下来，工会的政策集中于将这个模型推广到所有拥有特定规模的经营者。这里就不回忆讨论过程及在参与委员会报告中反映出的1976年5月4日《劳动者参与法》中达成的妥协。需要指出的是柏默1951年关于劳动者经济参与权的基础研究，[48] 基于对劳动者及工会组织历史基础和政治利益全方位的评价，柏默分析了员工参与过程中代表性的利益状况及在市场经济秩序中可能会出现的冲突。

我总结了他的主要观点：企业不是类似于国家或公法实体和机关的

---

[46] 阿恩特：《宪法草案中经济民主的问题》，《瑞士法律人杂志》1946年，第137—141页。

[47] 转引自柏默：《针对政治宪法的经济秩序的意义》，麦斯特麦克主编，《讲话和文集》，第46、51页。

[48] 柏默：《经营中劳动者的经济参与权》，麦斯特麦克主编，《市场经济的自由与秩序（论文集）》，1980年，第315—506页。

统治社团，作为私法的组织，一般性的私法原则同样适用于它。这包括企业主对其债务承担无限责任的基本原则。在市场经济秩序中，公共利益不是通过命令和服从，也不是通过资本和劳动的双重主导，而是通过竞争来实现的。双重主导与只有一方承担经营风险并不吻合。

对于整体的经济而言，员工参与在民主方面并没有正当性。所有者利益和劳动者利益都代表着生产者利益，而市场相对方的利益——消费者的利益，却没有被考虑。他们是被遗忘的社会合作伙伴。

期望借助员工参与来缓解劳资矛盾很有正当性。成功的员工参与估计能够对国民经济产生影响，这正如涵盖整个工业的君子协定引导性的和具有保守性的发展趋势产生的影响。[49] 另外，员工参与的企业，对政府的政策影响及落实保护主义的优待措施得以增强。

受卡尔·马克思思想影响的广泛流传的观点认为，生产工具所有权决定经济秩序的特征并赋予企业主经济势力。这是不正确的，当所有者利益应当被中和或控制时，员工参与也会涉及其中。然而，从事经营的权利的依据是经营自由，这适用于任何人。当企业主在经营中要依赖于第三人时，他只能通过合同获得第三人的辅助活动。在所有权人与第三人的关系上，财产权是对客体而不是人的支配。企业机关（在股份公司情况下是董事会和监事会）并没有支配权，它们通过合同或社团法的途径获得能力。因此，它们并没有承担企业主的风险。它们以企业的名义，并由企业主承担责任，将资本和劳动力结合在一起，促进生产成果。

用人单位对劳动者的指示权，并非来自所有权，而是来自劳动合同。[50] 这不是理所当然的事，也不仅是对意识形态的批评。与其相关的基本问题，是员工参与与集体劳动合同自治之间关系。在劳动者代表对企业产生很大影响的情况下，劳动者和雇主团体在集体劳动合同谈判中作为双方进行谈判，与集体劳动合同自治的精神不一致。

---

[49] 柏默：《经营中劳动者的经济参与权》，麦斯特麦克主编，《市场经济的自由与秩序（论文集）》，1980年，第501页。

[50] 对此，更详细的有柏默：《一个企业的所有权、劳动者及经营之间的关系》，比登科普夫、科英、麦斯特麦克主编，《海因里希·克龙施泰因纪念文集》，1967年，第12—45页。

七、福利国家的法律

弗朗茨·柏默 1953 年就已经总结了福利国家走向仁慈国家的危险：没有痛苦的管理，意味着没有预兆的病入膏肓。在柏默的理论[51]中，国家的角色主要是以私法社会为基础的法治原则：

> 如果在现代关系中构想纯粹的法治国家，那么调整职业、消费、文化的共同生活、公民之间相互影响和相互关系的任务，就应仅由私法制度完成。[52]

他以约翰·洛克（John Locke，1632—1704）的学说为基础，明确了这一原则：

> 制定法律和规则的目的是保护社会上所有成员的财产：限制权力以及缓和社会中任何一部分和各个成员的支配作用。[53]

该原则是法治国家的一个基本原则。因此，在私法主体之间的关系及私法主体与国家的关系上，法用于保护社会中人的自由。需要指出的是，洛克所说的财产包括个人本身：

> 每个人对自己具有财产权，除了他自己以外，没有人对他具有权利。[54]

---

[51] 对此，现在有可靠的介绍，参见齐尚（Zieschang）：《弗朗茨·柏默的国家观念》，2003 年。

[52] 柏默：《法治国家与社会的福利国家》，麦斯特麦克主编，《讲话和文集》，第 82、104 页。

[53] 洛克：《政府论》，1823 年，第 5 卷第 222 段，"人们进入一个社会的理由是维护他们的财产；他们选择和授权一个立法的目的，比如可能制定法律以及设定规则，是为了针对所有社会成员而保护和维护财产：去限制社会每个组成部分和成员的权力和优势地位"。

[54] 洛克：《政府论》，1823 年，第 5 卷第 27 段。

柏默基于该思想，认为法律而不是人拥有决定权。当然，他所指的不是立法受到行政机关控制的现代的立法国家。他所指的是公民能够长期用来作为导向的以持续适用为目标的法律。

法治国家的拥护者，相信法律制度和游戏规则中存在一些根本性的原则，不同文化层次、不同思考方式及不同时代的人能够基于这些原则找到私法社会的文明秩序。这些包括分权尤其是立法和司法独立于行政的思想在内的法治原则，要比所有现代国家和法理论早得多。柏默引用了颁布于1215年6月15日的《自由大宪章》。这一经典的英国政治经济学文献使法治国家的思想有了强大的政治和理论基础。众所皆知，亚当·斯密曾经说过，如果经济自由与"完美的法律管理"同步，就不会产生混乱。

在细节方面，尽管具有保证自由和人格尊严的能力，法治国家、私法秩序和市场经济在政治方面仍然声誉不佳。柏默对此进行了研究，并认为对法治国家思想的毁灭性打击来自卡尔·马克思。他记录了早期资本主义的灾难，阐述了这样一个理论：工人阶级的贫困是资本主义和劳动分工的必然结果，甚至是自愿接受的结果。这与经济大危机联系在一起导致法治国家和市场经济秩序潜力蒙受了污名。[55] 弗朗茨·柏默对马克思的作品从思想史的角度进行了细致的分析和批判，这里不做深入探讨。他的批判可总结如下：

> 马克思没有考虑到革命胜利后的社会主义社会如何处理其高度工业化的生产工具的问题，以及保持经济制度运行的必要性。[56]

建立在计划经济基础上的社会主义专治的崩溃，使不压迫工人阶级的公正福利的社会的道路恶名昭彰。政党之间对民主、法治国家和社会的宪法原则达成一致，属于20世纪政治发展的创新。然而，这一重要进展并没有解决经济秩序的问题。现代福利国家虽然不会对法治国家形式

---

[55] 柏默：麦斯特麦克主编，《讲话和文集》，第82、116页。
[56] 柏默：《经济秩序与历史规律》，麦斯特麦克主编，《市场经济的自由与秩序（论文集）》，1980年，第169—193页。

原则提出质疑，但是会对其实质上的功能提出质疑。柏默认为福利国家的目的不在于法治国家和市场经济结合，而是依赖于行政机构和再分配体系。支配财政资源并且实际上控制着立法的行政机构，在很大程度上脱离了法治国家的控制。福利国家信任组织，完善政治规划，使这些工具可以在没有政治噪音的情况下使用，并根据客户的政治影响力制定有利于特殊利益集团的政策。但是，"没有痛苦的管理意味着没有预兆的病入膏肓"[57]。法治国家思维在福利国家中萎谢了。强制照顾挤掉了公民自治，社会政治家困惑于公民将如何处理其余下的私法自治。对工业领域中各个处于临时困难和经营亏损的企业或社会团体给予补贴或优待，已经成了常态。这类政策的结果是，所有能够团结的群众团体都试图去团结起来，以给政府、议会和政党施加压力。所有的政治能量和想象都集中在这个"唯一的胃口问题和权力问题"上，[58]这一点在1953年就已经被预料到了，柏默支持法治国家和社会利益的统一。50年后的今天，这仍没有失去其当下的意义。

在报告的最后，我已经意识到，对这个伟大的学者和具有自我意识的政治家的描述是如此之少以至于无法生动刻画出这个充满爱、艺术和关怀的人物形象。在此借用他喜欢的一则典故进行结尾，他在对德国基督教民主联盟的基督教联合工作团体的报告中提及了该典故。[59]这涉及在本次活动中，由基督教方面提出的，针对赋予利己很大空间的竞争秩序的批评。在那篇名为《负责任的社会》的报告中，他是这样说的：

> 在我们的政治家代表中，有一部分人认为"负责任的社会"这个词只能解决一部分他们面临的问题。这些人应该想到300年前英国的威廉三世国王。当一位病入膏肓的人历尽艰辛过来只求得到皇家之手的治疗时，作为虔诚的加尔文派信仰者的国王虽然认为托手治疗的方法很难与他的良知一致，但却仍将病人的手放在自己手上，并祝福道：上帝赐予你健康和更多的领悟。

---

[57] 柏默：《负责任的社会》，麦斯特麦克主编，《讲话和文集》，第82、133页。
[58] 柏默：《负责任的社会》，麦斯特麦克主编，《讲话和文集》，第82、141页。
[59] 柏默：《负责任的社会》，麦斯特麦克主编，《讲话和文集》，第3—24页。

附录

一、弗朗茨·柏默的代表作

《竞争和垄断抗争：经济抗争权和现有经济秩序的法律结构问题的研究》，1933 年，1964 年未修订的再版（Wettbewerb und Monopolkampf. Eine Untersuchung zum wirtschaftlichen Kampfrecht und zur Frage der rechtlichen Struktur der geltenden Wirtschaftsordnung, 1933, unveränderter Nachdruck 1964）。

《经济秩序即是历史使命和法律创新的能力》，经济秩序文丛，弗朗茨·柏默、瓦尔特·欧肯、汉斯·格罗斯曼-杜尔特主编，1937 年第 1 辑（Die Ordnung der Wirtschaft als geschichtliche Aufgabe und rechtschöpferische Leistung. Schriftenreihe Ordnung der Wirtschaft. Herausgegeben von Franz Böhm, Walther Eucken, Hans Großmann-Doerth, Heft 1, 1937）。

《讲话和文集：自由社会秩序、自由经济秩序及战争赔偿》，恩斯特-约阿希姆·麦斯特麦克主编，1960 年（Reden und Schriften. Über die Ordnung einer freien Wirtschaft, einer freien Gesellschaft und über die Wiedergutmachung, 1960. Herausgegeben von Ernst-Joachim Mestmäcker）。

《市场经济的自由与秩序（论文集）》，恩斯特-约阿希姆·麦斯特麦克主编，1980 年（Freiheit und Ordnung in der Marktwirtschaft, Aufsatzsammlung, 1980. Herausgegeben von Ernst-Joachim Mestmäcker）。

二、纪念文集与评价

尤尔根·巴克豪斯、弗兰克·H. 史蒂芬主编：《弗朗茨·柏默：法律经济学的先驱》，《欧洲法律经济学期刊》1996 年第 3 卷第 4 号（Backhaus, Jürgen G./Stephen, Frank H. Hrsg., Franz Böhm, Pioneer in Law and Economics, *European Journal of Law and Economics*, Vol. 3, No. 4, 1996）。

赫尔穆特·科英、海因里希·克龙施泰因、恩斯特-约阿希姆·麦斯特麦克主编：《经济秩序与法秩序：弗朗茨·柏默 1965 年 2 月 16 日七十寿辰纪念文集》，1965 年（Coing, Helmut/Kronstein, Heinrich/Mestmäcker, Ernst-Joachim, Wirtschaftsordnung und Rechtsordnung, Festschrift zum 70. Geburtstag von Franz

Böhm am 16. 2. 1965, 1965)。

康拉德·阿登纳基金会主编:《研究报告八:弗朗茨·柏默的人生与影响》,1980 年。包括库尔特·比登科普夫、埃伯哈德·君特、布鲁诺·黑克、约哈南·米罗斯、恩斯特-约阿希姆·麦斯特麦克的文章,布里吉特·卡夫修订(Konrad Adenauer Stiftung Hrsg., Forschungsberichte 8, Franz Böhm, Beiträge zu Leben und Wirken, 1980. Mit Beiträgen von Kurt H. Biedenkopf, Eberhard Günther, Bruno Heck, Yohanan Meroz, Ernst-Joachim Mestmäcker, bearbeitet von Brigitte Kaff)。

路德维希·艾哈德基金会主编:《经济秩序的使命:纪念弗朗茨·柏默诞辰一百周年》,1995 年。包括库尔特·比登科普夫、恩斯特-约阿希姆·麦斯特麦克、维恩哈尔特·默舍、克努特·沃尔夫冈·诺尔、迪特尔·罗伊特、奥托·施莱希的文章(Ludwig-Erhard-Stiftung Hrsg., Wirtschaftsordnung als Aufgabe. Zum 100. Geburtstag von Franz Böhm, 1995: mit Beiträgen von Kurt H. Biedenkopf, ErnstJoachim Mestmäcker, Wernhard Möschel, Knut Wolfgang Nörr, Dieter Reuter, Otto Schlecht)。

海因茨·萨尔曼、恩斯特-约阿希姆·麦斯特麦克主编:《经济秩序和国家宪法:弗朗茨·柏默 80 岁生日纪念文集》,1975 年(Sauermann, Heinz/Mestmäcker, Ernst-Joachim Hrsg., Wirtschaftsordnung und Staatsverfassung, Festschrift für Franz Böhm zum 80. Geburtstag, 1975)。

鲁道夫·维透特:《弗朗茨·柏默》,伯恩哈德·迪斯特康、米歇尔·施托莱斯主编,《法兰克福大学的法学家》,1989 年,第 208—252 页(Wiethölter, Rudolf, Franz Böhm, in: Bernhard Diestelkamp/Michael Stolleis Hrsg., Juristen an der Universität Frankfurt am Main, 1989, S. 208 – 252)。

塔玛拉·齐尚:《弗朗茨·柏默的国家观念》,2003 年(Zieschang, Tamara, Das Staatsbild Franz Böhms, 2003)。

第三章　方法：法律史、比较法和法理

导　读

　　第三章展现的是在方法上最有造诣的法学家，也包括比较法学者。事实上，没有哪一位法学家只研究方法，有些在方法上有很深造诣的法学家，也是显赫的商法学者和经济法学者，包括监管和跨国法的领域。因此，主编很难决定将他们放在这一章还是放在其他章，这使本章人物的研究领域与其他章的话题有重合。如果考虑到第二章呈现的两位法学宗师——恩斯特·拉贝尔和弗里茨·柏默，原因就更加清楚：在德语区20世纪最为闪烁的三大或四大脉络中，他们代表其中的两个学术脉络，即拉贝尔代表着比较法方法，柏默则代表着经济理论的方法（分别是监管和市场秩序以及私法这两个方面相互作用的理念）。事实上，可以说，几乎与罗纳德·科斯、乔治·斯蒂格勒及其他的芝加哥学派的学说同时发生，瓦尔特·欧肯与弗朗茨·柏默创立弗莱堡学派，发展出另一种类型的法律经济学方法。同样，这一章也与第四章关于商法和经济法的主题有重叠的部分。第四章同样包括经济理论和跨国法理论。原因非常清楚，即如果商事被认为是超越国界的现象，没有这两个理论，就很难理解商事活动。正因如此，学者诸如恩斯特-约阿希姆·麦斯特麦克、沃尔夫冈·费肯杰、克劳斯·霍普特、贡塔·托依布纳及路德维希·赖泽尔虽然被收录在第四章，却也在本章的导读中被提及，是他们有力地推动了20世纪德国法学的发展，包括方法论的发展。

　　在以方法和私法的理论基础为主题的本章中，明显有三到四个法学脉络。第一个是法律史。对于这个脉络，人物选择的标准是理论的方法在多大程度上影响了德国私法。所以，焦点并不是侧重于法律史，因为法律史几乎仅涉及历史，并有意省去与当今世界的关联——即使这样，这也并不意味着法律史不重要。仅研究罗马法、日耳曼法或欧洲中世纪法的显赫学者，并没有被收录在本书中，包括马克斯·卡泽尔（Max Kaser，1906—1997）①和沃尔夫冈·昆克尔（Wolfgang Kunkel，1902—1981）。取而代之的是两位显赫的法律史学者，也是卓越的私法学者。他们分别是弗朗茨·维亚克尔和赫尔穆特·科英。维亚克尔撰写《近代私法史》②，刻画几个世纪以来私法的发展路径，展现了思想史和社会史，包括社会学、哲学和政治学中的成果。这本书是大师级的作品，包含非常独到的观点和引用，最为著名的是对德国《民法典》的客观定位，称它是"自由主义的晚产儿"，将私法史描述为从自由主义的发展到更加社会的，从形式的发展到更为实质的私法。另一位法律史学者是赫尔穆特·科英，作为马克斯·普朗克法律史研究所的所长，他以令人惊叹的作品，促使产生共同的私法"欧洲史"的理念，在欧盟和欧洲境内拥有共同的法律遗产。后来，该脉络得到学界的接受，包括法学家莱因哈德·齐默曼。③

第二个脉络是比较法方法论。恩斯特·拉贝尔是该脉络的创始人（第二章）。该方法其实是多样的思想脉络。第一种比较法方法论的代表人物是康拉德·茨威格特，他是原本意义上的比较法学者。众所周知，他主张的功能比较的方法，是他与海因·克茨合作在《比较法总论》中发展出的方法，主要集中在私法领域，这种方法的焦点是问题比较和解决方案比较，而不是规则比较和法律部门比较。这种方法依附主要由勒内·戴维（René David，1906—1990）发展的"法域"理论。这种比较方法产生的多数结果，是"中立"分析得到的结果。在多数情况下，相同的问题会有相同的结论，尽管会通过不同的路径实现（有时候会假设是"前提相似"）。克茨④的《欧洲合同法》也采用这种方法。该方法被具有重要影响力的学者接受，比如（与茨威格特同辈的）格尔哈德·克格尔

---

① 参见马克斯·卡泽尔、罗尔夫·克努特尔：《罗马私法》，田士永译，法律出版社2018年版。——译注
② 中译本参见弗朗茨·维亚克尔：《近代私法史：以德意志的发展为观察重点》，陈爱娥译，上海三联书店2006年版。——译注
③ 赫尔穆特·科英：《欧洲私法》，第1卷（古共同体法，1500—1800），慕尼黑1985年；赫尔穆特·科英：《欧洲私法》，第2卷（19世纪：前共同体法国家的私法发展），慕尼黑1989年；莱因哈德·齐默曼：《债法：民法传统的罗马法基础》，牛津大学出版社1996年版。
④ 克茨拒绝在世的时候将其收录在本书中。

将它引入国际私法，下一代的彼得·施莱希特里姆将它引入国际统一法，即1980年在维也纳通过的《联合国国际货物销售合同公约》。完全打乱这种方法的，是抛弃中立的思想，取而代之的，是政策导向的质量评估——有重要影响力的完全抛弃功能方法的是"法律起源论"（"Legal Origins Theory"）及根源于经济学和普通法的学术运动。影响力稍弱一些，明显采用质量评估的，还体现在奥勒·兰多（Ole Lando，1922—2019）和克里斯蒂安·冯·巴尔（Christian von Bar，1952）的研究中。⑤

非常不同的是第二种比较法方法论。与茨威格特同辈的约瑟夫·埃塞尔将比较法，尤其是与美国法发展的比较，作为重要的启发来源，基于此发展出最有影响力的沟通理论和解释理论，即诠释学及将解释理解为解释者的目光在事实与规范之间不断来回往返，同时肯定没有哪个解释者在选择他的方法论和得出实体法结论时，摆脱前理解，因此，这里有双重任务：其一，解释者要意识到观点的主观性；其二，解释者在法律界的商谈过程中找到主体间认可的结论。所有这一切表明，埃塞尔既接近比较法学者，又接近名副其实的法理学者和法律方法论经典作品的作者，即奥地利著名的私法学者弗朗茨·比德林斯基，及诸如卡尔·拉伦茨和克劳斯-威廉·卡纳里斯的顶尖学者。拉伦茨和卡纳里斯不仅撰写了法律方法论的著述（与比德林斯基的方法论具有同等地位），也撰写

---

⑤ 对于康拉德·茨威格特、格尔哈德·克格尔及彼得·施莱希特里姆的生平与作品，参见本书中相应的文章。对于海因·克茨，参见其作品《欧洲合同法》，第1卷（缔结、效力与合同内容——第三人参与的合同），第2版，图宾根2015年；该书的英文版，参见牛津大学1997年版，由托尼·维尔翻译。对于法律起源论，参见拉菲尔·拉·波塔等：《法律与金融》，《政治经济学杂志》1998年第106期，第1113—1155页；拉菲尔·拉·波塔等：《法律起源的经济后果》，《经济学文献杂志》2008年第46期，第285—332页（撤回普通法法系由于民法法系比如法国法的"优势论"）。从中立评价的比较法到政策导向的比较法，参见格伦德曼、米克里茨、伦纳：《私法理论》，图宾根2015年，第342—359页。对于兰多和冯·巴尔研究组中的法律原则，参见兰多、贝亚勒：《欧洲合同法原则》，第1篇，多德雷赫特1996年，第2篇，多德雷赫特1999年，及兰多等主编的第3篇，海牙2003年；克里斯蒂安·冯·巴尔等在欧洲民法典研究组和欧洲私法研究组中主编的《欧洲示范民法典草案：欧洲私法的原则、定义和示范规则》。[对此，同样参见欧洲民法典研究组、欧盟现行私法研究组编：《欧洲示范民法典草案：欧洲私法的原则、定义和示范规则》，高圣平译，中国人民大学出版社2012年版。——译注]

了私法核心领域即债法的著述，成为德国私法体系建构的大师级人物。[6]

如果至少是在这个地方不提及名副其实的商法和经济法学者，那么关于德国私法方法论的论述是不完整的。这些学者包括恩斯特-约阿希姆·麦斯特麦克、克劳斯·霍普特、贡塔·托依布纳及路德维希·赖泽尔。他们在德国的法律方法论中，部分地也在欧洲的法律方法论中，引入了以下重要的思想脉络：私法与市场秩序——讨论法律经济学能实现什么，以及与芝加哥学派的针锋相对，比如恩斯特-约阿希姆·麦斯特麦克与理查德·波斯纳的争论；更为一般的，私法与社会科学方法的结合，将私法整合到治理的研究中（霍普特）；真正的比较法方法论与全球治理秩序的思想及经济法的理念（费肯杰）；与其他学者大不相同，处理跨国秩序的研究，在跨国层面通常由私人主体或标准制定者以非官方的身份制定的规范的宪法化的思想（托依布纳）。最后，路德维希·赖泽尔作为采用实证研究方法的第一人，研究了一个全新的现象，即格式条款。基于他的研究重点，可以将他划分为商法学者，同时也可以将他划分为法理学者，或就像很多人对他的描述，他是私法通才。[7]

---

[6] 对于约瑟夫·埃塞尔、弗朗茨·比德林斯基、卡尔·拉伦茨及其门生克劳斯-威廉·卡纳里斯的生平与作品，参见本书中相应的文章。对于埃塞尔的解释理论可能不会成为现代解释理论的基础，他将社会科学引入法学中基本的方法论工具，参见格伦德曼、米克里茨、伦纳：《私法理论》，图宾根2015年，第41—65页。这种"经典的"方法论在欧盟层面的适用，包含不同的新问题与工具，参见里森胡贝尔：《欧盟方法论》，柏林2015年版及2017年的英文版。

[7] 对于导读中提到的所有的学者，参见本书第四章。

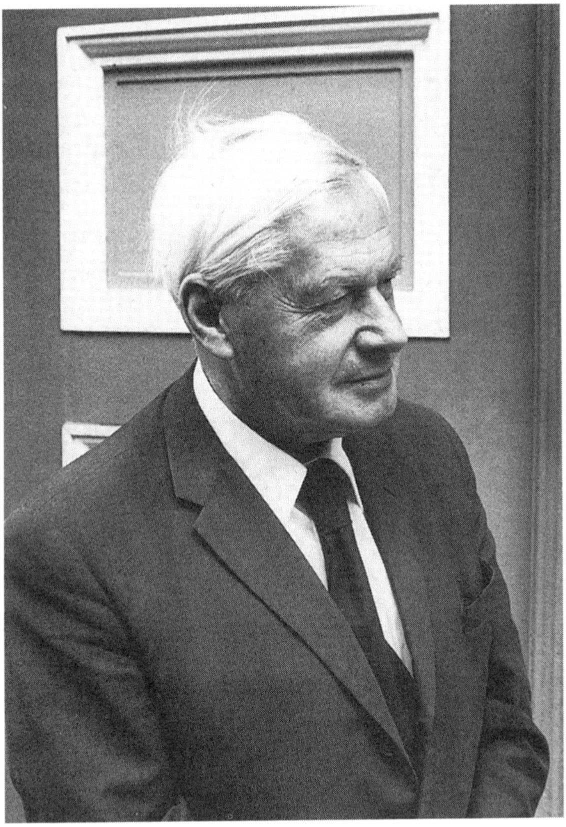

弗朗茨·维亚克尔（Franz Wieacker，1908—1994）[*]

目　次

一、生平简介　/ 78

二、民法　/ 81

三、罗马法　/ 84

　（一）早期的罗马法研究　/ 85

　（二）罗马法研究的三条主线　/ 86

四、私法史　/ 92

五、方法论　/ 93

六、结语　/ 95

弗朗茨·维亚克尔作为法学家和法史学者，丰富了关于现行法的法教义学和法律理论，他奠定了欧洲私法史的基础并塑造了它的结构，并对罗马法的全部历史事实都做了全面的发掘。

---

[*] 作者简介：〔德〕约瑟夫·格奥尔格·沃尔夫（Joseph Georg Wolf，1930—2017），弗莱堡大学法学院私法与法律史教席荣退教授。其博士论文和教授任用资格论文均在维亚克尔的指导下完成。

本文由张焕然与本书译者共同翻译完成。原文是作者2007年2月1日在柏林洪堡大学的报告。原文无小标题和脚注，为了便于读者理解和查找原文，译者在正文中增加了小标题，并在脚注中添加了若干原著信息和必要的说明文字。关于维亚克尔的生平与作品简介，亦可参见保罗·格罗西：《弗朗茨·维亚克尔：我们时代的伟大的法学家》，宋晓庆译，载徐涤宇、斯奇巴尼主编：《罗马法与共同法》（第4辑），法律出版社2014年版，第223—237页。本文以下脚注均为译者注，不再一一注明。

一、生平简介

1908年8月5日，弗朗茨·维亚克尔出生在什切青旧城[①]。他后来与该出生地没有更多的联系。他的父母并非特意找到这个地方：父亲作为年轻的普鲁士法官被任命到当地工作。之后，因为父亲离开法院到普伦茨劳担任第一任市长，全家人都离开了这里，移居到普伦茨劳。1912年1月，父亲想要参选帝国议会的议员，可就在选举前，一起严重的车祸迫使他离开公职机关，成为一名律师。后来，一家人搬到兰河河畔的威尔堡。在这个风景优美的小城，维亚克尔度过了真正属于他的童年。

维亚克尔就读文理中学时，由于父亲在施塔德重新开始了法官职业，一家人又得再次搬家，来到这座易北河下游的城市。之后，父亲又在策勒待了一阵子，最后以施塔德地方法院院长的身份结束了法官生涯。对维亚克尔来说，施塔德成了他的故乡，在易受影响的青少年时期，这里的风景和人文深深地塑造了他的感性世界。即便年岁已高，维亚克尔最爱的消遣仍是经常回到那个有着海岸风景的小城度假。1926年，他在这里通过了高中结业考试。在最后几年的中学时光里，策勒增进了作为北德人的维亚克尔对高雅的、有修养的并且重视教育的城市社会经验的自我认知。

高中毕业时，维亚克尔只有17岁。非同寻常的天赋在其早年就已经表现出来了，可以说他完全就是个"神童"。回首过去，他认为学校对他的影响很小，反而是他的家族、家庭对其影响很大。

维亚克尔的父母都来自西德：父亲这一脉来自下莱茵地区，母亲这一脉则来自威斯特法伦。经考证，父亲这一脉的祖先自17世纪以来在"右莱茵"的贝克务农——贝克是距杜伊斯堡几千米的一个北方小镇。这些先辈们都是热爱生活的人，他们的很多优点传承给了祖父、父亲，当然还有维亚克尔本人：乐观、幽默、富于想象，出众的口才，活跃同

[①] 什切青旧城（波兰语：Stargard Szczeciński）是波兰西北部波美拉尼亚地区的一个城镇，斯塔加德县首府，位于伊纳河畔。

时开朗的性格、乐善好施、温和包容，并且在任何时候都能享受生活。

就家族的智识背景而言，祖父约翰·维亚克尔(Johann Wieacker)与神学家族赞恩的联姻非常重要。弗朗茨·路德维希·赞恩(Franz Ludwig Zahn)的名字正是维亚克尔名字的来源，他于1832年来到默尔斯，作为教育改革者而出名。约翰·维亚克尔虽然出生在贝克小镇，但因接受了上述的教育理念，因此追随了其岳父。祖父与玛丽亚·赞恩的婚姻使得作为孙辈的弗朗茨·维亚克尔也成为牧师的后代。

传教士的血统也源自母亲这一脉。外祖父是牧师的儿子和孙子，但他的职业却是学校的高级文职人员，年轻时就已经是文理中学的校长。外祖父的专业是古典语文学，平时他需要从事学术研究，并以那个时代的风格与其大学同事进行切磋。

除了一个例外，维亚克尔所有的祖辈都是新教徒。选择新教作为其家族宗教信仰的原因在于，母亲这一脉的先辈们都接受了所谓的"文化新教主义"，它在19世纪受过教育的中产阶层里头很快传开。在此背景下，新教传统在维亚克尔这里也得以继续。我们可以从维亚克尔身上看到很多这些传统，比如坚决抵制既有的教会势力，以及批判教义主义——首先是神学意义上的，其次是各种实践中的。这是他世界观的另一种稳定因素。

家庭教育——正如维亚克尔后来所乐意描述的——其实就是没有什么教育方法。并非出于什么原则，而是出于温和的性情和天然的慷慨。他的父母从不摆弄"权威"，加上学校几乎不限制自由时间，所以维亚克尔就去做所有他觉得有趣的事。到了他选择大学专业的时候，他就以父亲为榜样。维亚克尔的兄弟也同样如此。

维亚克尔先后在图宾根大学、慕尼黑大学以及哥廷根大学（最后两个学期）度过了大学生涯。1929年夏天，他在策勒通过了候补文官考试。在大学里，没有谁的课堂曾给他留下深刻印象，直到大学课程的后期，他才发现自己最爱的学科：受到普林斯海姆[②]人格魅力的感染，他喜欢

---

② 弗里茨·普林斯海姆(Fritz Pringsheim, 1882—1967)，德国法学家，20世纪20年代先后任教于弗莱堡大学、哥廷根大学等，主要研究希腊法、罗马法、拜占庭法。其主要作品有：《论债权让与应继份的出质》(Zur Lehre von der Abtretung und Pfändung des Erbteils, 1906)、《关于〈巴西尔法典〉新版本的计划》(Zum Plan einer neuen Ausgabe der Basiliken, 1910)、《法律教育与政治思维》(Rechtserziehung und politisches Denken, 1960)。

上了罗马法。那一年的年末,他作为学术助手追随普林斯海姆来到弗莱堡大学。此时,他实际上也已作出了职业选择,很难想象还有什么其他选择的可能。

维亚克尔当时 21 岁,弗莱堡让他备感亲切和好感。在这里,他迅速地开始了学术上的征途。古典语文学家爱德华·弗兰克尔(Eduard Fraenkel, 1888—1970)吸引维亚克尔参与他的研讨课;冯·什未林(Claudius von Schwerin, 1880—1944)让他了解了古北欧时期的法律渊源;施瓦茨(Andreas Bartelan Schwarz)的法律纸草学导论,促使维亚克尔撰写了一篇有关埃及的希腊文献中质权人作出放弃表示的论文:这是他第一篇公开发表的论文,也是他对纸草学不可磨灭的兴趣的难得线索。[③] 他真正的专业是罗马法。一年后即 1930 年 12 月,维亚克尔以一篇研究罗马法的论文取得博士学位;此后两年,即 1933 年 2 月 16 日,他又凭借一篇罗马法方向的论文获得了教授资格。

这还只是个序曲,序曲中所作出的承诺,还需要年复一年来兑现。维亚克尔从未停歇,他非常勤奋,这才使得他的巨大天赋能够在科学研究中开花结果。

维亚克尔最初的职业生涯并不顺利。在法兰克福大学(1933—1934 年和 1934—1935 年的冬季学期)、基尔大学(1935 年夏季学期和 1935—1936 年的冬季学期)和莱比锡大学(自 1936 年夏季学期起)从事教学代理活动之后,直到 1937 年 1 月 1 日,他才成为莱比锡大学的编外教授,1939 年 5 月 1 日成为编内教授(Ordinarius)。从此时起,来自其他大学的教席邀请应接不暇:在接下来的几年里,他拒绝了基尔大学、布拉格大学、柏林大学和斯特拉斯堡大学的教席邀请。在二战结束时,维亚克尔还是意大利战区的士兵,他被英军关押,不过很快就被释放了。然而维亚克尔并没有回到莱比锡,而是在 1945 年 12 月 1 日承担了哥廷根大学的教学工作。1948 年,当哥廷根大学和弗莱堡大学同时向他发出教席邀请时,他选择了弗莱堡大学;而当哥廷根大学于 1953 年再次向他发出邀请时,他又一次选择了哥廷根,但并未放弃自己在弗莱堡的居所。后

[③] 即《债务人拘禁所与将他人的钱用于买卖》(Franz Wieacker, Εὐδόκησις und Kauf mit fremdem Geld, ZRG RA 51, 1931, S. 408 – 417)。

来，当弗莱堡大学法学院于1963年邀请维亚克尔作为其师普林斯海姆的教席继任者时，他作出留在哥廷根大学的决定也就并不是很难了：他一直保留着两地的居所。因为维亚克尔一直以来保持与弗莱堡大学法学院的紧密联系，所以他在1971年被授予了荣誉教授的称号。但是维亚克尔在他65岁时即1973年就退休了，作出提前退休的决定是因为他经历了当时所谓的"大学生革命"。对维亚克尔来说，大学曾经是一个真正的"师生合作社"，这一共同体被贬低为统治关系，作为他生活空间的大学被暴力所侮辱，这些都深深地伤害了他的心灵。

维亚克尔从不知何为退休状态，在退休之后，他开始进入一个尚可工作20年的全新的人生阶段。这些年是属于《罗马法史手册》的。在对第2卷添加注释期间，他于1994年2月17日以86岁高龄在哥廷根去世。

在最后的几年里，他也因其在欧洲的声誉和崇高的人格赢得了巨大的表彰，每个类似的荣誉都让他心生喜悦。不过，他在这个年纪感到最为幸福的，还是两德统一。

二、民法

就在纳粹取得政权的几天后，维亚克尔通过了教授任用资格论文的考核。他作为虽有声望但却是犹太裔的学者——正在被驱逐的普林斯海姆——的学生，却选择了纳粹党所反对的学科，未来突然间变得不明朗，但是维亚克尔坚定地站在逃亡朋友的一边。普林斯海姆自1936年起生活在柏林，直到1939年才离开德国，维亚克尔用尽各种方式与他保持联系。对于自己的专业，维亚克尔也丝毫没有懈怠，不间断地发表罗马法作品。公开承认自己与犹太裔老师、朋友及老乡关系的，是他发表于1935年出版的莱讷尔④纪念文集《弗里堡的象征》（Symbolae

---

④ 奥托·莱讷尔（Otto Lenel，1849—1935），德国法律史学家、罗马法学家，对罗马法渊源的文本重构做出了开创性贡献。其代表作是：《常续论令》（Das Edictum perpetuum，1883）、《〈国法大全〉的重构》（Palingenesia Iuris Civilis，1889）。

Friburgenses)中的一篇长文。⑤ 与此同时，他还发表了一系列民法论文和书评。加上1938年出版的教科书《土地法》⑥，这些作品在当今都被视为纳粹主义所有权学说的有力证据。

在这些作品中，维亚克尔严厉批判主流的抽象形式与个人主义的所有权概念，并提出一个更为具体的、根据资产（Sachgüter）的不同社会功能来确定的所有权概念。由于资产受社会约束程度的不同，必须放弃个人主义所有权公式下抽象的物的概念，取而代之的应当是具体的资产类型。据此，所有权的概念不再存在，有的只是对"农庄"的所有权、对"商品"的所有权等，因为对于每种这样的具体类型要适用与其社会功能相适应的特别规则。

即便在这种所有权的概念下，资产仍是经由法律共同体（Rechtsgemeinschaft）分配给个人的；但分配的目的并不是为了让个人对物进行自由支配，而是为了让他们对其进行合乎功能的使用——这是由公共福祉所决定的。根据维亚克尔的观点，这一分配制度是建立在共同体承认"法人"的基础之上的，因为只有这样，才能在共同体中实现人和物的功能。因此，所有权通过"对资产合乎功能的使用"受到了限制；但同时，所有权的概念也以个人化（即共同体中每个人的具体身份，比如"农民"或"商人"）为基础建立起来。

这一方案符合维亚克尔对社会批判的确信：责无旁贷地反对经济自由主义，并主张各类清晰且来源各异的社会主义观念。这种方案当然不是纳粹主义的。私法概念的抽象性有利于自然主义的法律目的观，对这种抽象性的强烈拒绝深受耶林以来方法论批判的影响。所有权概念应当是具体的，此种观点可以追溯到贝泽勒和基尔克以来日耳曼学派的教义学批判传统。当维亚克尔对共同体——该共同体承认法人的概念——下种族主义的定义时，似乎这一"个人化的所有权概念"只有在纳粹社会才是可能的；但事实并非如此。

---

⑤ 即《〈狄奥多西法典〉拉丁语评注》（Franz Wieacker, Lateinische Kommentare zum Codex Theodosianus, in: Symbolae Friburgenses in honorem Ottonis Lenel. Otto Lenel zu seinem 60. Doktorjulibiläum am 16. Demzember 1931, Leipzig 1935, S. 259 – 356）。

⑥ 即《土地法》（Franz Wieacker, Bodenrecht, Hamburg 1938）。

把这些作品视为纳粹所有权学说的证据,是因为维亚克尔曾明确表示,写这些作品就是为了要对所谓的"法律革新"有所贡献,而它们也恰恰被收录在这一系列的丛书当中;此外,这些作品的出版地和所使用的字眼都可以证明他这一明显的意图。按照维亚克尔本人的说法,积极投身其中的社会批判者所拥有的是"幻想",新政权"彻底忽视了公正的社会结构和占有结构(Sozial- und Besitzverfassung)所能带来的新秩序"。他颇具雄心地按照自己的设想去参与建构这一"公正的新秩序"。由此我们可以推测,他是为了职业生涯的发展才对纳粹政府作出了妥协,这更是解释了为何他会在1937年针对当时即将进行的婚姻法改革撰写了一篇罕见的文章。[7]

而维亚克尔的其他民法作品完全是学术方面的探究,包括所有权保留、事实合同关系理论、法律行为基础以及将刑法中的"行为"概念引入侵权法中等。除此之外,我们总是还能看到其他作品,这些作品研究的是"不会过时的基础理论问题":财产法中债的秩序功能、给付行为和给付结果的二元论以及法人理论等。

这些作品中的很大一部分在今天都成了权威观点,例如,他在1936年发表的第一篇教义学论文就堪称典范,实至名归。[8] 这篇文章研究的是针对不动产登记簿的更正请求权,文中得出了在今天看来仍是理所应当的结论:对更正的同意在功能上是对登记簿占有的返还,因此更正请求权并非别的什么,而是一种返还请求权,只不过是用不动产登记簿法的专业术语来表达而已。

类似的还有他在1938年对所有权保留的研究。[9] 该研究根据功能内容的不同把所有权细分出两种功能:作为使用财产(Nutzgut)的功能和作为责任财产(Haftungsgut)的功能。在所有权保留的情况下,所有权的这两种功能各自属于出卖人和买受人;根据其功能,被保留的所有权因而

---

[7] 即《婚姻改革的历史性出发点》(Franz Wieacker, Geschichtliche Ausgangspunkte der Ehereform, Deutsches Recht 7, 1937, S. 178 - 184)。

[8] 即《更正请求权的结构》(Franz Wieacker, Zur Struktur des Berichtigungsanspruchs, DJZ 41, 1936, S. 989 - 995)。

[9] 即《作为物权性优先责任的所有权保留》(Franz Wieacker, Der Eigentumsvorbehalt als dingliche Vorzugshaftung, Zeitschrift der Akademie für Deutsches Recht 5, 1938, S. 590 - 594)。

就应当被解释成"动产抵押",而买受人的期待权则应被解释为有负担的完整权利。

1973年关于"法人"的论文亦是如此。⑩ 以实用主义的方式确定法人的功能,这有助于他不再将19世纪的伟大理论——拟制说、目的财产说以及受益人说——视为相互排斥的模式,而是将其理解为相互补充的模式,并使他能够将这些学说中的合理要素运用到现代的法人理论之中。

所有这些作品都展现出清晰的结构和明确的功能定位,这首先是为了表述上的清晰,因而这经常有助于问题的精简;此外,这还有利于在教义学上把握这些问题,并在整体秩序的价值关联中对其进行归类。

三、罗马法

在维亚克尔60年的创作生涯中,他那永不停歇的思想、充满激情的表达以及对语言的游刃有余催生出了大量作品。除了主要作品《近代私法史》《古典法学家的文本阶段》和《罗马法史手册》,在1931年至1994年间,他所发表的作品总数超过了350件。按照这些作品所研究的内容,它们可被归入"古代罗马法""欧洲私法史""民法教义学与法律理论""方法论"以及"涉及基本伦理问题的法哲学"这几个主题之下。大约有三分之二的作品均可归入"罗马法"这一领域,该领域一直是维亚克尔研究的重心。排在第二位的是"现代民法教义学",但二战后,它的地位先是被"私法史",之后又日益被"法律理论和法学方法的问题"所取代:在该领域,维亚克尔的基本论题是"法律发现",他试图发展出一套法官如何正确行为的实践学说;同时,他还呼吁法律人的公共责任——即使对学术界的法律人来说亦是如此。正是在这个意义上,维亚克尔将"法律史"理解成有责任担当的法律人在法律科学的指引下

---

⑩ 即《论私法中的法人理论》(Franz Wieacker, Zur Theorie der Juristischen Person des Privatrechts, in: Festschrift für Ernst Rudolf Huber zum 70. Geburtstag, Göttingen 1973, S. 339 - 383)。

所创造的历史。

(一) 早期的罗马法研究

维亚克尔最初发表的涉及罗马法领域的两篇论文并非典型的罗马法学作品，而是关于制度史的作品：一篇是他的博士论文《解除约款》（1932年）[11]，研究的是罗马法中的买卖法；另一篇是他的教授任用资格论文《合伙》（1936年）[12]，研究的是罗马私法中的"取得型合伙"。尽管这两篇论文的基本观点无法摆脱时代局限，但它们却成了具有长远意义的作品。它们的思想均源自莱比锡的"米泰斯学派"[13]，自20世纪20年代中期以来，该学派的核心人物正是普林斯海姆。该学派认为，希腊和东方民族法的涌入导致了新的法律学说的形成，在东罗马的贝鲁特和君士坦丁堡的法律学校中，古典罗马法与这些新学说发生了叠合（Überlagerung）；该学派进一步认为，这种叠合可以直接反映在前查士丁尼和查士丁尼时期对古典文本的"添加"之中。在这两篇早期的论文中，维亚克尔仍坚定地把确证的和可能的"拜占庭重构文本"与"古典文本"剥离开来。例如，维亚克尔运用从东罗马法律教师那里继受而来的希腊预付制度（Arrhalkauf）来解释根据解除约款而解除合同的物权效力；同样地，在《合伙》一文中，所有支持"意思说"这一合同理论的文本均被错误地认定为出自查士丁尼时期的法学家之手。

在完成教授任用资格论文之后，维亚克尔很少再对罗马私法的教义学问题发表看法。并且，他很快就放弃了其"学生阶段的信条，即贝鲁

---

[11] 即《解除约款：罗马买卖法中的强制履行与撤回》（Franz Wieacker, Lex Commissoria. Erfüllungszwang und Widerruf im Römischen Kaufrecht, Berlin 1932）。

[12] 即《合伙：家庭共同体与取得型合伙——罗马合伙法史研究之一》（Franz Wieacker, Societas. Hausgemeinschaft und Erwerbsgesellschaft. Untersuchungen zur Geschichte des römischen Gesellschaftsrechts. Erster Teil, Weimar 1936）。

[13] 路德维希·米泰斯（Ludwig Mitteis, 1859—1921），奥地利法律史学家，1899年起于德国莱比锡大学教授古代法律史，维亚克尔的老师普林斯海姆、比较法学家恩斯特·拉贝尔等都曾是米泰斯的学生。在德国，米泰斯被视为古代法律史的专家和法律纸草学的先驱。其代表作是：《罗马法中的代理理论——兼论奥地利法中的代理理论》（Die Lehre von der Stellvertretung nach römischem Recht mit Berücksichtigung des österreichischen Rechts, 1885）、《东罗马帝国行省中的帝国法与民族法》（Reichsrecht und Volksrecht in den östlichen Provinzen des römischen Kaiserreichs, 1891）、《迄至戴克里先时代的罗马私法——第一部分：基本概念与法人学说》（Römisches Privatrecht bis auf die Zeit Diokletians. 1: Grundbegriffe und Lehre von den Juristischen Personen, 1908）。

特的法律学校(对古典文本)进行了大范围的实质性改变";然而,他一生都在对这一信条进行思考:由于他"宣布放弃了该信条",在他最后写给施密特-奥特(Schmitt-Ott)的一封信中,他写道:"对于后古典时期文本改变的来源这一问题,直到写作《罗马法史》一书时,我仍在一定程度上反对之前所坚持的东罗马学校说。"

(二)罗马法研究的三条主线

在维亚克尔的罗马法学作品中有三条主线,正是这三条主线主导着他的思考方向,它们分别是:"早期罗马法""文本批判"和"罗马法学"。在很大程度上,这三个主题同样框定了当今罗马法研究的图景。

1. 从一开始,维亚克尔有关早期罗马法的论文就把法律史和社会史联系起来,它们体现出印欧比较法的成果和局限;此外,它们还是运用全部古典学研究工具的示例和典范。之后的几年,他的研究超出了法律理论的界限,进而探究早期罗马法律状态下"法的产生"问题。即便后来的研究范围不断扩大,维亚克尔的首要目标依然是发现历史上处于古罗马法规范之下的生活世界。

在1940年的一项研究中,维亚克尔认为指定继承人遗嘱产生的原因是公元前4世纪以来的人口增长导致自家继承人共同体负担过重。[14] 对于由继承人共同体所组成的具有合作性质的耕作团体而言,被继承的家庭农庄经过一段时间就会变得过小。尽管《十二表法》中规定了允许分割遗产,但这又会进一步导致该农庄被分割成诸多无利可图的零碎地块。遗嘱解决了这一困境:这是一种有意识的、以目的为导向的制度创造,为的是维持农户对其财产的占有。

二战之后,维亚克尔的研究视野进一步扩大。此时,他研究了"十二表法问题",并指出只有运用所有的古典学科(从考古学到语言学)才有助于找到这一问题的答案。[15]

---

[14] 即《家庭合作社与继承人指定:论罗马遗嘱制度的起源》(Franz Wieacker, Hausgenossenschaft und Erbeinsetzung. Über die Anfänge des römischen Testaments, Leipzig 1940)。

[15] 即《十二表法问题》(Franz Wieacker, Zwölftafelprobleme, Revue international des droits de l'antiquité, Ser 3. 3 [1956], S. 459-491)。

最后，基于众多的具体研究，维亚克尔在20世纪80年代还探究了早期的法律观以及"远古时期罗马中法秩序的产生"。⑯我们今天关于法秩序的概念，即法秩序作为一种抽象的规范秩序，是在罗马的共和晚期才形成的；相反，在罗马的早期，法(ius)和正义(iustum)仅仅是关于某些具体行为合法性的描述，如果用维亚克尔的话来说，即关于某些具备特定形式的行为的描述：某人通过这些行为对人或物行使了权力。这些与仪式相结合的权力行为，如果缺少了那种仪式化的内容，就不是"法"，而是"不法的暴力"。因此，社会达尔文主义的"法是从暴力中诞生的"这一观念就被否定了，而具备特定形式的权力获得"法"的资格就可以从它作为解决社会冲突的和平规则中推导出来。对维亚克尔来说，法律史和法理论在这一点上相互交汇：在早期罗马的法秩序中，他同样看到了"法的产生"的范式。

2. 第二条主线是文本批判(Textkritik)。它研究的问题是辨别法律渊源的真伪性。文本批判的对象，大多数是古典法学家的著述，即1、2世纪以及3世纪早期的法学家著述。然而，这些著述差不多只剩下残篇，几乎只能通过6世纪30年代查士丁尼的《学说汇纂》得以流传下来。由于连查士丁尼自己都说过这些法学家的文本在编写《学说汇纂》时是经过改变的，因此文本批判最初的兴趣就在于所谓的"添加"，并且在实践和方法上均忽略了前查士丁尼时期文本改变的可能性。将文本批判固定在查士丁尼时期的添加，或者更确切地说，固定在教义学问题上，这成了当时研究的重心，但它却忽视了这些文本的历史个性，从而导致20世纪20年代以来文本批判的持续性危机。

维亚克尔尚未参与到这场在20世纪30年代中期就不断进行着的危机大讨论之中，但是在二战后，他于1949年再次着手研究这一迫切的主

---

⑯ 即《法：远古时期的法秩序在远古时期罗马的产生》(Franz Wieacker, Ius. Die Entstehung einer archaischen Rechtsordnung im archaischen Rom, in: Rechtswissenschaft und Rechtsentwicklung. Ringvorlesung von Professoren der Juristischen Fakultät der Georg-August-Universität Göttingen, Göttingen 1980, S. 33 – 52)。

题。1960年,承接尼德迈尔[17]和舒尔茨[18]的研究,他出版了巨著《古典法学家的文本阶段》[19],随着这一专著的出版,维亚克尔彻底终结了这场方法论危机:当古典法学家的著述被编纂者摘录出来时,距离它们的首版之日已经有三到五百年的历史了。由于我们并不知道它们在这几个世纪之中是否保持不变,因此除了查士丁尼时期,文本批判还需要考虑前查士丁尼时期的文本改变。针对查士丁尼时期的文本改变,统一的文本批判标准尚可把握,但相反,前查士丁尼时期的文本改变就要求"对各文本阶段进行研究",这一"文本阶段研究"试图重构每一个具体法学文本的生命历程——从其首次出版到它们被编纂者所摘录使用。在《文本阶段》一书中,维亚克尔首先总结出可运用于所有文本历史的一般性准则,接着运用这些方法,使得利用非查士丁尼时期的多种抄本进行严格的文本重构成为可能。

1889年,莱讷尔著名的"古典法学文本"之《重构》[20]一书为"新历史罗马学研究"指明了实质的法律渊源;而维亚克尔的《文本阶段》则发现了这些法律渊源各自的历史。通过将古典语文学中早已通行的标准运用到罗马法研究中这一方式,维亚克尔将他的全部知识最终都整合进具有历史性的古典学之中:这是划时代的一步,一旦迈出这一步,学术研究就不存在倒退的可能。

3. 维亚克尔为之贡献最多的,乃是"罗马法学家及其法律科学"这一主题,这构成了他罗马法作品的第三条主线。

---

[17] 汉斯·尼德迈尔(Hans Niedermeyer, 1883—1964),德国法律史学家、语文学家,他为前查士丁尼时期的文本批判开辟了新的道路。其代表作是《前查士丁尼时期的注释和添加与文本抄本》(Vorjustinianische Glossen und Interpolationen und Textüberlieferungen, 1934)、《乌尔比安和关于暴力的法律理论诸论》(Ausgewählte Introduktorien zu Ulpian und zur Rechtslehre von der vis, 1936)、《萨宾以来迟延理论的科学基础研究》(Studien zu den wissenschaftlichen Grundlagen der Lehre von der Mora seit Sabinus, 1951)。

[18] 弗里茨·舒尔茨(Fritz Schulz, 1879—1957),德国罗马法学家、法律史学家。1923—1931年任教于波恩大学,1931年起任教于柏林大学,由于其犹太血统被迫于1939年经荷兰流亡英国,1947年加入英国国籍,1957年卒于牛津。被其学生弗卢梅(Flume)誉为三部曲的作品是:《罗马法原则》(Prinzipien des römischen Rechts, 1934)、《罗马法学史》(History of Roman Legal Science, 1946)和《古典罗马法》(Classical Roman Law, 1951)。

[19] 即《古典法学家的文本阶段》(Franz Wieacker, Textstufen klassischer Juristen, Göttingen 1960, unveränderter Neudruck Göttingen 1975)。

[20] 该书分为两卷,其完整书名是《〈国法大全〉的重构》(Otto Lenel, Palingenesia Iuris Civile, Leipzig 1889)。

自二战以来的几十年间，一系列极具学术推动力的研究彻底改变了罗马法研究的图景，即关于罗马法学家的社会现实的研究：它探究这些法学家的个人性格与写作风格、他们的公共角色及其在政治社会中的地位；它深入挖掘他们发现法律的方法、论证和说理的过程，以及他们如何创造概念和建构体系——对这些内容的研究全都尚属首次。自二战结束以来，所有这些研究共同引起了学术界对这个新兴独立领域的关注，就好像共同法（ius commune）的教义学传统直到此刻才把罗马的法律科学交到历史经验的手中似的。维亚克尔参与推进了这一发展趋势。即便是在其他人所提出的启发性观点面前，他也能极其敏锐地对每一思想动向作出反应；每一种新观点都被他接受、拒绝抑或是整合为一体。除了维亚克尔，没人能够做到这一点。

　　比如，昆克尔[21]提出的罗马共和晚期的"贵族法学"模式被维亚克尔精确化了：不是说贵族阶级的垄断就是法学，如何晋升为贵族的途径才是。再如，奥古斯都授权元老院法学家根据其准可（ex auctoritate sua）作出法律鉴定，这一做法并不是对法律解答自由的限制，而是一项使法学的专业声望服务于国家改革的政策。其他之前已探究过的主题亦被他继续研究：1982 年，当维亚克尔研究得出"罗马法学起源于宗教纪律，祭祀仪式对世俗法律产生了巨大影响"这一结论时，[22] 他就承接了 1935 年《罗马共和国的宗教与法律》一文所做的研究。[23] 同样地，自从发表了《论罗马法学家》[24]，他仍一再地对该领域进行研究，并总是给出更加具体的理由来反对"罗马法学受到希腊修辞学的影响"这一说法。此外，到了晚年，他一如既往但却更带激情地与这种观念作斗争，即"自

---

[21] 沃尔夫冈·昆克尔（Wolfgang Kunkel, 1902—1981），德国罗马法学家、法律史学家，以对"罗马法"和"罗马法史"的研究闻名于二战后的学术界。其代表作是：《罗马法学家》（Die römischen Juristen, 1967 年第 2 版）、《罗马法》（Römisches Recht, 1987 年第 4 版由 Honsell、Mayer-Maly 和 Selb 三人修订）、《罗马法史》（Römische Rechtsgeschichte, 2005 年第 14 版由 Schermaier 修订）。

[22] 即《祭祀法学家：论罗马祭祀法学的遗产》（Franz Wieacker, Pontifex iurisconsultus. Zur Hinterlassenschaft der römischen Pontifikaljurisprudenz, in: Hommage à René Dekkers, Bruxelles 1982, S. 213 - 231）。

[23] 即《罗马共和国的宗教与法律》（Franz Wieacker, Religion und Recht im römischen Stadtstaat, Zeitschrift für Deutsches Recht. Sonderheft Ausland 2, 1935, S. 273 - 277）。

[24] 即《论罗马法学家》（Franz Wieacker, Vom römischen Juristen, Zeitschrift für die gesamte Staatswissenschaft, S. 440 - 463）。

从罗马法学诞生于祭祀团体,希腊的科学理论就彻底改变了罗马法学的方法论基础"。

维亚克尔对罗马法学新图景的最大贡献也许就在于他对其方法论的研究。根据传统观念,罗马法学是一门实践性的、代代相传的经验知识,它的法律发现是依靠直觉和基于本能的,并且依赖于法学家的个人权威。

现在我们知道:罗马法学在早期阶段就已经反对非理性的法律发现,而选择了法律论证的理性化。自共和晚期以来,罗马法学就从纯粹的对法律、判决、交易形式和诉讼程式的专门经验中发展出一套科学的、由制度和规则所构成的认知之网。关键的一步在于经验知识的问题化,其背后的推动力是对案件裁判这一实践目的之外的认知兴趣。因此,法学文献中的决疑术(Kasuistik)并非杂乱无章的案例汇编,而是案例比较和作出相似判决的工具,通过这一工具,这套科学知识的一贯性才能得到保障。在制度、规则以及原则所组成的彼此关联的秩序中,维亚克尔发现了罗马私法内在体系的特征。

维亚克尔关于早期罗马法、文本批判以及罗马法学的著作虽然构成了其研究的三条主线,但这绝非他罗马法学作品的全部。比如,除此之外他还写了《奥古斯都元首制时期的宪法史》[25]《论〈学说汇纂〉的编纂》[26]等论文,以及他就"通俗法与通俗主义"所发表过的论文——这是维亚克尔自1955年在海德堡科学院发表会议报告《古典时代晚期的通俗主义与古典主义》[27] 以来一直都在研究的主题。

4. 以上所有这些都在本质上代表了半个世纪以来罗马法学研究的发展特征,它们均汇入雄伟的《罗马法史手册》之中。《手册》的第1卷

---

[25] 此处作者记忆有误,准确的标题并非《奥古斯都元首制时期的宪法史》(Zur Verfassungsgeschichte des Augusteischen Prinzipats),而是《奥古斯都元首制时期的宪法结构》(Franz Wieacker, Zur Verfassungsstruktur des Augusteischen Prinzipats, in: Festschrift für Wilhelm G. Grewe zum 70. Geburtstag, Baden-Baden 1981, S. 639 – 653)。

[26] 即《论〈学说汇纂〉的编纂:重构的必要条件》(Franz Wieacker, Zur Herstellung der Digesten. Rahmenbedingungen ihrer Rekonstruktion, in: Festschrift für Wolfgang Waldstein zum 65. Geburtstag, Stuttgart 1993, S. 417 – 442)。

[27] 即《古典时代晚期的通俗主义与古典主义》(Franz Wieacker, Vulgarismus und Klassizismus im Recht der Spätantike, Heidelberg 1955)。

出版于1988年,[28]而从维亚克尔的遗稿中编辑而成的第 2 卷则于几周前——2006 年 11 月——才刚刚出版。[29]第 2 卷的注释部分维亚克尔无法再亲自完成了,也就是说,这一卷只有五分之一的注释是经过他手的。

《手册》的目的和内容是论述所有参与塑造法律的因素所反映出来的经验现实:从罗马建城之前一直到查士丁尼法典编纂时期。用维亚克尔自己的话说(第6页),这本手册"主要论述罗马法秩序产生的一般性条件,接着是立法、职务法和皇帝法,然后是法学和法律文献,最后是每个时期中的罗马国家之基本政治、社会和经济结构——它们是塑造法律的必要条件"。第 1 卷研究的是"罗马史源学""罗马早期"以及"古典共和时期"。"罗马史源学"(第 61—182 页)实际上是以有关法律史的抄本为重点的一般史源学,"早期"(第 185—340 页)和"共和时期"(第 343—675 页)的法律史则是论述一般意义上的罗马史,并以其各自的法秩序为特别观察视角。第 2 卷研究的是"从元首制早期到古代结束之间的西罗马帝国法学,以及到查士丁尼立法时期的东罗马法律科学"。

《手册》贯彻了罗马法学研究的历史化,将其最终整合进古典学之中,同时并不舍弃罗马法史自身的特征。彻底的历史化为罗马法学研究打开了新的大门,所有古典学科中的实证事实、政治和社会经济条件、语文学、纸草学、古文书学、碑铭学以及人类学,都源源不断地汇入罗马法学的研究之中。但这一做法对《手册》来说也同样是一种冒险行为,就"共和时期"来说尚已如此,而这种冒险性主要还是针对其"帝政时期"的论述而言的。然而,维亚克尔在《手册》中却保持住了法律史的轮廓,同时又不使其消失在众多学科的光谱之中。很显然,仅根据其研究对象,罗马法史就不能被社会史和经济史所涵盖。所以维亚克尔

---

[28] 即《罗马法史(第 1 卷):导论、史源学、早期和共和时期》(Franz Wieacker, Römisches Rechtsgeschichte. Erster Abschnitt: Einleitung, Quellenkunde, Frühzeit und Republik, München 1988)。

[29] 即《罗马法史(第 2 卷):从元首制早期到古代结束之间的西罗马帝国法学,以及到查士丁尼立法时期的东罗马法律科学》(Franz Wieacker, Römisches Rechtsgeschichte. Zweiter Abschnitt: Die Jurisprudenz vom frühen Prinzipat bis zum Ausgang der Antike im weströmischen Reich und die oströmische Rechtswissenschaft bis zur Justianianischen Gesetzgebung. Ein Fragment aus dem Nachlass von Franz Wieacker hrsg. von Joseph Georg Wolf, München 2006)。

始终留意着全部学科的文献,但却将其论述限定在与塑造法律的历史相关的素材上,尤其是对立法、法学、法律和文献实践有着巨大影响的素材。

因此,维亚克尔的《罗马法史手册》不是一本一般意义上的手册,它没有在任何一方面局限于对研究状态的批判论述,而是更进一步地分析了关于塑造法律的所有实证资料,他将这些资料视为一般性历史进程的一部分——正如维亚克尔在第1卷的前言中一直所说的那样,《手册》是在"表明他自己的立场"。以这种方式来把握罗马法史的尚无先例,在现代罗马法学研究中能够做到这一点的,只有维亚克尔。

四、私法史

对于维亚克尔最著名的作品《近代私法史》而言同样如此。不过,《罗马法史手册》是扩建并完工了的,而《近代私法史》则仍是基石和地基。

该书原本是维亚克尔计划为其同名课程而写的一本教科书,自从1935年颁布埃克哈德"方针"以来,这门课就是德国法学院的课程方案之一。该书第1版是在1952年出版的[30],而第2版则是在15年后即1967年出版的[31]。与该书的第1版相比,第2版不再维持其当初的整体规划,该版最大的亮点或许是它的表述方式,即不再去整合大量的想法,而是将其发展为散文,使该书得以在不丧失气质和新鲜感的前提下将理所当然的事实表达出与众不同的效果。

维亚克尔的《近代私法史》是一部法学思维的历史,是该思维对社会、政治现实以及对国家和社会发展产生影响的历史。维亚克尔论述道,欧洲法律科学的产生是因为在博洛尼亚再次发现了罗马法、复兴后的罗马法在欧洲的传播以及作为其后果的法律和统治的彻底理性化:这

---

[30] 即《近代私法史:以德意志为观察重点》(Franz Wieacker, Privatrechtsgeschichte der Neuzeit, unter besonderer Berücksichtigung der deutschen Entwicklung, Göttingen 1952)。

[31] 即《近代私法史:以德意志为观察重点》(Franz Wieacker, Privatrechtsgeschichte der Neuzeit, unter besonderer Berücksichtigung der deutschen Entwicklung, 2. Aufl. Göttingen 1967)。

一结果是由受过罗马法训练的法学家完成的,他们较早地承担起他们在欧洲公共生活中的引路人角色,运用科学的方法论深入欧洲整体的法律生活之中,并在体系上对其进行重构。与此同时,通过法的"科学化",法律思维永久地成了欧洲思想史的一部分。由此可以看出三个基本特征:古代西方法律传统的延续性、欧洲法律发展的统一性以及法律科学与各个时代的思潮及社会现实之间持久的相互影响。

在各国相互隔离几十年之后,维亚克尔在二战后以全新的视角审视欧洲法律发展的统一性。这种统一性大大促进了上述共同价值观的产生:只有超越所有差异,相互理解才有可能。

自40年前第1版发行以来,该书的声望就持续增加,成了一部不可被轻易替代的作品。维亚克尔的《近代私法史》属于最有思想深度的经典之一,将法律科学纳入了欧洲文化史之中。该书已被翻译成多种语言:在20世纪90年代被翻译成英语[32]和汉语[33],俄语版还在翻译当中,而葡萄牙语版已经出到了第3版。

五、方法论

维亚克尔在《近代私法史》的最后几页诊断出现代民法学的方法论危机:悬而未决的首先是法律理论中的基本问题,即教义学的预设任务是什么,是"正确解决问题的技艺之学",还是在逻辑的组织下"由各理论分支所构成的学理体系"。维亚克尔在20世纪50年代就已经有了结论。自从发表著名论文《论〈德国民法典〉第242条在法学理论上的精

---

[32] Franz Wieacker, *A History of Private Law in Europe*, trans. by Tony Weir, with a foreword by Reinhard Zimmerman, Oxford: Clarendon Press 1995.

[33] 作者此处叙述有误,实际上《近代私法史》的繁体中译本最早是在2004年出版的,并非20世纪90年代,即弗朗茨·维亚克尔:《近代私法史:以德意志的发展为观察重点》,陈爱娥、黄建辉译,台湾五南图书出版公司2004年版。该繁体中译本后来在大陆地区出版了简体字版,即弗朗茨·维亚克尔:《近代私法史:以德意志的发展为观察重点》(上下册),陈爱娥、黄建辉译,上海三联书店2006年版。

确化》㉞以及在卡尔斯鲁厄所做的报告《制定法与法官技艺》㉟以来，维亚克尔就自始至终且充满激情，有时甚至是不厌其烦地为"法官正确行为的实践学说"而据理力争。至20世纪80年代，维亚克尔的所有论文中都涉及法律适用的实证研究以及法律发现的过程，最终围绕的主题是"正确、公正的判决"。他提出的基本模式是简单的：

　　法律适用是公共的具备法律形式的行为，其核心领域是作出法律决定；法律决定的范式是法官的判决，而在制定法国家中，法官判决大多数时候就是法律适用。与经典法律实证主义的观点不同，维亚克尔认为法律适用通常来说并不仅限于涵摄时的简单逻辑操作，更确切地说，法官作出裁判时所依据的规则，多数都是在裁判时才被创制的。这才是问题所在：法官是如何得出该规则的？法官在何处寻找创制规则的材料？有哪些标准、哪些准绳约束着他？

　　维亚克尔在方法论领域的唯一主题，就是对这些问题作出回答。他认为，由于具备了法律的形式性，法律发现的过程应当被理解为一般性规则的适用，因此，其标准就不能经由不受约束的局部探究而得出。由于法律适用的普遍说服力是以合理的判决为依托的，因此诸如规范逻辑学、语言学分析等现代科学主义的方案在法律发现的过程中就显得意义甚微。另一方面，"法教义学的实践功效"以及体系、制度、概念都应复兴成为法律发现的重要工具，所以作为公共行为的教义学者的工作也是公共责任的一部分。维亚克尔对《德国民法典》第242条的研究超出了法律理论的界限，揭示了法律史经验对法律适用的直接贡献。此外，不会被人们遗忘的是，维亚克尔反对这样一种观点，即法官的法律发现要受到一个"预设的"绝对伦理的约束。为了从根本上维持法秩序，他告诫立法者和法官不要超越"适用于所有人的实践道德"和"要求更高的特殊道德"之间的界限。他所给出的理由不仅仅是针对他那个时代的。"对制定法的服从和对法律的普遍忠诚，"他写道，"而非意识形态

㉞ 即《论〈德国民法典〉第242条在法学理论上的精确化》（Franz Wieacker, Zur rechtstheoretischen Präzisierung des § 242 BGB, Tübingen 1956）。

㉟ 即《制定法与法官技艺》（Franz Wieacker, Gesetz und Richterkunst. Zum Problem der außergesetzlichen Rechtsordnung. Vortrag gehalten vor der Juristischen Studiengesellschaft in Karlsruhe am 15. November 1957, Karlsruhe 1958）。

方面的价值观,才是法秩序和法院对法律共同体的要求。"

六、结语

以上就是关于他作品的介绍。在所有的领域,这些作品都有重要意义;他对法律史的贡献无人能及:维亚克尔圆满地完成了罗马法学研究的历史化,并构建了近代私法史。

这项伟大的历史性工作是由一位法律人完成的;而更重要的是,这些作品都在服务于他的目的,这一目的就是:在历史中成型的正义之经验以及能够促使正义实现的具体条件。

在报告的最后,我想用几句话来谈谈我的个人回忆:弗朗茨·维亚克尔为人师表,以身作则,他从不利用其优势地位;他尊重任何的学术观点,就自己的观点一意孤行甚至强迫他人接受其观点,都不是他的作风;理论灌输和独掌大权都与他格格不入。他的老师普林斯海姆是怎样对待他的,他就是怎样对待他的学生的:他鼓励他们走自己的路。

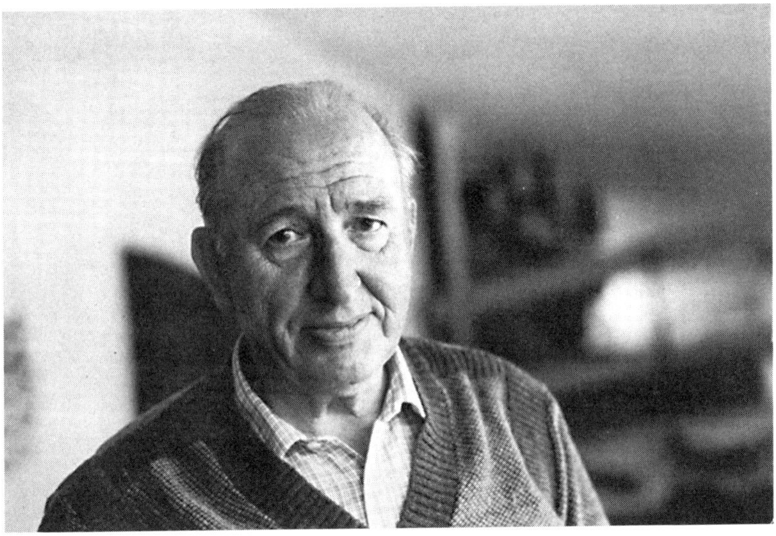

约瑟夫·埃塞尔（Josef Esser，1910—1999）[*]

目 次

一、引言 / 99
二、私法理论的方法 / 101
三、诠释学和现代的私法解释理论 / 102
　（一）《前理解与方法选择》的历史背景 / 102
　（二）《前理解与方法选择》中关键的两难处境 / 106
　（三）以汉德公式为例 / 109
　（四）《前理解与方法选择》剖析 / 111
四、结语 / 115

一、引言

　　约瑟夫·埃塞尔是20世纪下半叶德国最有创造力的私法理论学者之一——可能没有"之一"，至少是在研究深度上如此——并对德国私法产生某种潜在的影响。我国法学界了解约瑟夫·埃塞尔，主要是通过他的门生约翰内斯·克内根（Johannes Köndgen，1946）撰写他的生平及其作品的中译本文章《约瑟夫·埃塞尔——游走于教义学与方法学界限之间的舞者》[①]。我国台湾地区的著名学者黄茂荣是埃塞尔的门生，这可能使

---

[*] 作者简介：周万里，德国波恩大学法学博士；斯蒂芬·格伦德曼，本书联合主编。
[①] 约翰内斯·克内根：《约瑟夫·埃塞尔——游走于教义学与方法学界限之间的舞者》，翟巍译，《法律方法》2017年第21卷，第1—22页。

我们联想到他的老师的法律思想和在学界中的地位。②一些论文和专著也零散地提到埃塞尔的作品及其思想。③克内根教授的文章涵盖埃塞尔的所有作品,包含埃塞尔对私法理论的贡献,但该文大篇幅涉及埃塞尔的生平及他在教义学方面的著述。这些著述固然重要,但相较于埃塞尔在私法理论和法律方法方面做出的杰出贡献,后两者对中国法学界更有借鉴意义。这些杰出的理论创作于五十多年前(即埃塞尔退休后随即停止法学研究之前),至今还持续产生影响。

约瑟夫·埃塞尔在私法理论和法律方法论方面的集大成之作是1970年的专著《法律发现中的前理解与方法选择——法官司法裁判的理性基础》(以下简称《前理解与方法选择》),是一本以"前理解与方法选择"为主题的法学大师级的作品,尤其是体现在该书的第五章"解释"。如果人们推荐阅读反映埃塞尔核心思想的作品,那么非它不可。该章内容因此成为本文关注的焦点。埃塞尔的这本书固然有它的前身,④但可以被当作研究他的法律方法论的焦点。本文围绕埃塞尔在该章中对法律方法论的论述,更为深入并从历史的和国际的背景探讨埃塞尔在私法理论及在法律方法论方面的创新及其产生的深远影响。

---

② Mao-zong Huang, Umfang des Schadenersatzanspruchs bei culpa in contrahendo, 1974.

③ 王祖书:《法诠释学视域内"可能的字义"界限理论之反思》,《北方法学》2015年第9卷,第33—35页;舒国滢:《战后德国评价法学的理论面貌》,《比较法研究》2018年第4期,第141—147页;周维明:《刑法解释学中的前理解与方法选择》,知识产权出版社2018年版,第62—64页。

④ 约瑟夫·埃塞尔:《法律发现中的前理解与方法选择——法官司法裁判的理性基础》(Vorverständnis und Methodenwahl in der Rechtsfindung—Rationalitätsgrundlagen richterlicher Entscheidungspraxis),法兰克福Athenäum出版社1970年版。该书在1972年有修订版,本文引用的是该版,下文简称"埃塞尔书"。出版该书的前15年间,埃塞尔已经公开发表三部法理学和方法论方面的专著,分别是约瑟夫·埃塞尔:《法官法律续造中的原则与规则》(Grundsatz und Norm in der richterlichen Rechtsfortbildung),图宾根摩尔·兹贝克出版社1956年版;约瑟夫·埃塞尔:《法的基本概念和国家的基本概念引论》(Einführung in die Grundbegriffe des Rechtes und Staates),维也纳斯普林出版社1949年版;约瑟夫·埃塞尔:《法律拟制的价值与意义——对立法技术及对现有私法教义学的批判》(Wert und Bedeutung der Rechtsfiktionen—Kritisches zur Technik der Gesetzgebung und zur bisherigen Dogmatik des Privatrechts),法兰克福克洛斯特曼出版社1940年版,1969年第2版。对这些专著的评价,参见前引1,克内根文,第8—15页。

二、私法理论的方法

约瑟夫·埃塞尔的专著《原则与规则》1956年面世，获得最初的成功，也不难阅读和理解。这本书从面世到现在已经有半个多世纪，它是埃塞尔两本法理学巨著中更为传统的一本书。书的题目就已经区分了"原则"和"规则"，正如当代美国法中的讨论，这经常被视为"标准"与"规则"的区分。另外，这本书其实已经非常关注造法过程中司法和判例法的角色。这个话题在当时已经是美国法中的热点问题，在1970年的《前理解与方法选择》这本书中也涉及这个问题。从方法论的视角看，1956年的这本书还是以"功能比较方法"为基础。[5] 功能比较方法主要是由康拉德·茨威格特和海因·克茨（Hein Kötz, 1935）创建和推动的。[6] 按照该理论，法律在大多数情况下与政治无关，与政治学相比较，该理论将法学视为中立的科学。该理论只是从功能的角度评价法律规范想要实现的目的。这种法律方法和比较法方法表现出的一个典型特征是"中立"。这在埃塞尔的专著中同样如此。事实上，功能比较方法的一般结论是，在多数情况下，对特定问题的法律规则或许在各个国家各不相同，但在多数情况下，如果事实情况和社会状况相同或相似，那么结果相同。

相反，埃塞尔的《前理解与方法选择》完全打破"中立"的假设，意向更多的"政治"，发展出可能是最为强大的理念，以解决解释及其理论的问题。该理念是"前理解"。他的这部作品创造于德国纳粹倒台的几十年之后，纳粹带来的创伤还没有恢复。它探讨的不仅是法官如何行为，而且是法官应当如何行为。当时有些人认为法官或其他的造法机关有前理解，因此不管法律规定什么，也会得出他们的结论，且事后采用法律方法使该结果具有正当性。尽管埃塞尔在《前理解与方法选择》

---

[5] 参见1956年这本书的第十八章标题。
[6] 茨威格特、克茨：《比较法总论》，潘汉典等译，中国法制出版社2017年版，第58页；杜涛：《德国比较法学家康拉德·茨威格特的生平与学说》，《德国研究》2005年第1期，第41—42页。

这本书的前言中似乎给出了这样的假定，但这其实不是埃塞尔想要给出的结论。"前理解"并不等于"偏见"。埃塞尔给出的答案更为微妙：尽管埃塞尔认可没有哪个解释法律的机关在释法的时候没有前理解，在这个世界上也不会作出完全公正的价值判断，但他的核心问题稍微离开了这个认可。埃塞尔想知道如何让这种偏好透明化，想知道它如何与在法治社会获得"主体间"合法性的裁判进行调和，至少是片刻的调和。他的回答程序——建议诠释学作为一种渐进的方法——逐步地接近社会广泛认同和接受的结果或理解。

三、诠释学和现代的私法解释理论

（一）《前理解与方法选择》的历史背景

约瑟夫·埃塞尔的《前理解与方法选择》出版于1970年，是一部大师级的作品，也是他的最后一部关于法律方法论的专著。埃塞尔写作这本书的背景是，英国的法学讨论有很强的实证主义色彩，包括实证主义对法律解释产生的影响。哈特十年前撰写了他的影响最为深远的经典作品《法律的概念》[7]，依然基于众所周知的法律与道德的区分。[8] 哈特最重要的门生约瑟夫·拉兹（Joseph Raz，1939）认为，实证主义最能够促进实现自由。[9] 埃塞尔的这部作品同样处在美国二战之后关于实证主

---

[7] 参见H. L. A. 哈特：《法律的概念》，许家馨、李冠宜译，法律出版社2018年版。

[8] 法律和道德分离的假设，参见H. L. A. 哈特：《实证主义和法律与道德的分离（上）》，翟小波、强世功译，《环球法律评论》2001年第2期，第182—192页；H. L. A. 哈特：《实证主义和法律与道德的分离（下）》，翟小波、强世功译，《环球法律评论》2001年第4期，第449—455页；约翰·奥斯丁：《法学讲演录》，支振锋译，江西教育出版社2014年版，第144页，"法的存在是一回事，它的优点与缺点是另外一回事。法是什么以及不是什么，是一个需要研究的问题；它与预设的标准是否一致，则是一个很难研究的问题"。

[9] 对于实证主义担当保障自由的角色，比如参见约瑟夫·拉兹：《法律的权威——法律与道德论文集》，朱峰译，法律出版社2005年版，第191—193页。

义的讨论演变为所谓的"富勒与哈特之争"几乎已经结束的时期。⑩ 这导致至少有以下三个发展方向：第一，以邓肯·肯尼迪（Duncan Kennedy，1942）为代表的批判法学；第二，以罗纳德·科斯（Ronald Coase，1910—2013）和圭多·卡拉布雷西（Guido Calabresi，1932）的作品引发的法律经济学的潮流；⑪ 第三，极具法理天赋的完全独立思考的罗纳德·德沃金（Ronald Dworkin，1931—2013）的学说。尽管德沃金的核心思想"认真对待权利"采用基于原则的方法，超出实证主义者一般设定的范围，但这并没有使他接受批判法学认可的司法裁判可以被缩减为政治行为。他的核心思想是，"认真对待"的权利，即公民的基本权利，构成更为高层的原则，所有的法律行为和司法裁判都以此为起点得出结论。在他的理论中，同样重要的是理想类型的法官，即赫拉克勒斯法官。这样的法官能够基于这些基本原则作出所有的裁判，在理想状态下将这些原则载入基本权利的宪章，在实践中也包括非书面的基本原则。⑫

---

⑩ 该争论涉及纳粹德国时期的一个案件。在该案件中，一位妻子举报了丈夫批评希特勒的话。在纳粹政权统治下，她有义务这样做。丈夫因为举报受到了迫害，为此后来起诉妻子。富勒援用永恒的自然法和道德，而哈特捍卫实证主义的观点。参见 H. L. A. 哈特：《实证主义和法律与道德的分离（上）》，翟小波、强世功译，《环球法律评论》2001 年第 2 期，第 182—192 页；H. L. A. 哈特：《实证主义和法律与道德的分离（下）》，翟小波、强世功译，《环球法律评论》2001 年第 4 期，第 449—455 页；谭笑：《法律是否需要道德：富勒〈实证主义与忠实于法律：答哈特教授〉批判性阅读》，《法制与社会》2010 年第 6 期，第 1—2 页。后来该争论持续体现在哈特教授 1967 年第 1 版《法律的概念》第 203—207 页；随后，富勒教授在 1964 年第 1 版《法律的道德性》第 133—145 页反驳哈特教授；再次的争论参见哈特 1965 年发表在《哈佛大学评论》第 78 卷中的《哈特评富勒〈法律的道德性〉》；富勒于 1969 年在其第 2 版《法律的道德性》中又对此做了回应。在德国，或许是 20 世纪最为著名的法哲学家的古斯塔夫·拉德布鲁赫，从凯尔森主导的严格的法律实证主义，在纳粹的国家社会主义的影响下，转向接近于朗·富勒的观点。对拉德布鲁赫公式，参见古斯塔夫·拉德布鲁赫于 1946 年发表在《南德法学家》上的文章《法律的不法与超越法律的法》。

⑪ 参见罗纳德·H. 科斯：《企业、市场与法律》，盛洪、陈郁译校，格致出版社 2014 年版，第 78—123 页；圭多·卡拉布雷西：《事故的成本：法律与经济的分析》，毕竞悦、陈敏、宋小维译，北京大学出版社 2008 年版；圭多·卡拉布雷西、A. 道格拉斯·梅拉米德：《财产权法则、责任法则与禁止权利让与法则一个权威的视角》，何东旭译，《私法》2006 年第 2 期，第 273—303 页；圭多·卡拉布雷西：《法和经济学的未来》，郑戈译，中国政法大学出版社 2019 年版，第 25—29 页。

⑫ 罗纳德·德沃金：《认真对待权利》，信春鹰译，上海三联书店 2008 年版，第 147—179 页涉及赫拉克勒斯法官，第 279—384 页涉及疑难案件的唯一正确的答案。在德国法中，对"唯一正确的答案"的认识，参见莱因哈德·辛格：《"发现者"卡纳里斯的法律方法论》，周万里译，《法律方法》2018 年第 24 卷，中国法制出版社 2018 年版，第 57—58 页。

司法裁判永远都是在适用法律原则,而非(主要是)政治行为。[13] 因此,德沃金在美国法讨论中的位置,与埃塞尔在德语区的法律方法论讨论中的位置相似:不仅有将法律决定视为主要是政治工程行为的人攻击他们,而且实证主义者也严厉地批评他们。

约瑟夫·埃塞尔的这部作品,违背所有这些发展趋势,比实证主义更加开放,比批判法学和法律经济学更加以法律为导向,诠释学成为一个宽泛且更为一般性的沟通理论。在法治社会,重视交流过程中的沟通、评价和确认,这使埃塞尔区别于德沃金——尽管在上述学术争议中两者都处在中间的位置,具有相似点。德沃金的法官是赫拉克勒斯法官,具有独立性。诠释学作为一种沟通理论,构成了建构主义认识论的核心变量,适用的范围远超过法律领域,甚至适用于哲学的语境。相反,法律实证主义自始的发展,就相对独立于社会理论。在讨论诠释学之后,包括基本的沟通理论及其对解释的启示,这些发现能够针对其他的理论发展趋势进行比较,即法律实证主义的视角——在该视角下,结论该是什么样子。

埃塞尔的《前理解与方法选择》创作于20世纪60年代,当时德国的主流是所谓的批判理论("法兰克福学派"),是1968年一代人及其精神的社会哲学的"暗流",该运动不仅在德国,而且或多或少在世界范围内也得到传播。[14] 在德国,由麦克斯·霍克海默(Max Horkheimer,1895—1973)和特奥多尔·阿多诺(Theodor Adorno,1903—1969)两位学

---

[13] 对于罗纳德·德沃金及其与实证主义和批判法学的关系,参见邓肯·肯尼迪:《判决的批判:写在世纪之末》,王家国译,法律出版社2012年版,第85—97页(承认他的观点处在两者之间的位置)。哈特的批判,参见 H. L. A. 哈特:《法律的概念》,许家馨、李冠宜译,法律出版社2018年版,第307—326页。

[14] 对于该运动与德国法学的关系,参见 O. Kirchheimer/F. Neumann, *Social Democracy and the Rule of Law*, edited by K. Tribe, translated by L. Tanner and K. Tribe (London/Boston: Allen & Unwin, 1987);更为一般性的阐述,参见 R. Cotterrell, *Law's Community: Legal Theory in Sociological Perspective* (1st ed., Oxford/New York: Clarendon Press/Oxford University Press, 1995), pp. 204-216. 对于在法国尤其是对法国法学的影响,参见德里达:《法律的力量》,夏可君编、胡继华译,人民出版社2006年版。在美国尤其是在哈佛大学,该运动与批判法学的关系,参见 D. Kennedy, 'Critical Theory, Structuralism and Contemporary Legal Scholarship', 21 *New England Law Review* 209-276 (1986)。该文描述法兰克福学派对批判法学的影响。同样,参见 A. Hunt, *Explorations in Law and Society: Toward a Constitutive Theory of Law* (New York: Routledge, 1993), p. 159。

者主导，以霍克海默1931年起在德国法兰克福大学资助的"社会研究院"为中心，社会批判理论的要点是根本性的社会批判。基于马克思的社会经济学思想和弗洛伊德的心理学研究成果，他们的主要思想是，社会不断地使人疏远。其原因在于，启蒙时代的"理性"的概念，成为个人主义和人权的催化剂，已经转变为"工具主义者"的模式。个人主义，在更为官僚的意义上使人缩减为效用函数。⑮ 就政治上而言，该运动与（还是由纳粹的遗产占据主流的）传统的政治学形成强烈对比，试图赋予法律更多的政治角色。按照该观点，法律的目标是改变社会和改变社会的工程，与传统的观点形成对比，即法律实践和法学是中立的，且受制于立法者的决定。针对解释这样的一个核心话题，是年代更为久远的传统，始于启蒙时代。后来的主要的思想是从规则中提取解释。该观点通过弗里德里希·施莱尔马赫（Friedrich Schleiermacher，1786—1834）和威廉·狄尔泰（Wilhelm Dilthey，1833—1911），在浪漫主义宗教及后来的心理学强调解释者的积极角色的影响下，转变到伽达默尔的更为循环的感知。埃塞尔的作品应当在上述这些充满争论的背景下阅读，不管是在政治方面，还是在方法论方面，并结合历史发展的结果来理解他的思想。在他的这个极为争议甚至是敌对的年代，似乎埃塞尔有意将自己的考虑放在两个极端的中间。

尽管这个争议构成文章的背景，但最为重要的影响——更直接相关的是解释的核心问题，在于上世纪尤其是伽达默尔推动发展的现代诠释学。诠释学的起点是亚里士多德，诠释学后来发展成为逻辑性的一个分支，即如何理解人所在环境中的文本和"表现"（狄尔泰），尤其是在人文科学和社会科学中，相对于"客观的"自然科学而言，"理解"和"感知"被认为是更为紧迫的"问题"。现代诠释学的起点，是康德的怀疑主义，即关于人重构真理、外部世界和存在的可靠性（本体论）的怀疑

---

⑮ 参见雷蒙·盖斯：《批评理论的理念：哈贝马斯及法兰克福学派》，汤云、杨顺利译，商务印书馆2018年版；D. Held, *Introduction to Critical Theory：Horkheimer to Habermas* (Berkeley：University of California Press, 1980)；R. Wiggershaus, Die Frankfurter Schule (Reinbek bei Hamburg：Rowohlt, 2010)；A. Honneth/A. Wellmer (eds.), Die Frankfurter Schule und die Folgen (Berlin/New York：De Gruyter, 1986)。该运动还在产生影响，比如对奥地利学者佐默克所谓的"专制的自由主义"思想产生的影响，参见 A. Somek, *Engineering Equality：An Essay on European Anti-Discrimination Law* (Oxford：Oxford University Press, 2011)。

主义。施莱尔马赫和狄尔泰的诠释学其实已经对怀疑主义有了回应，他们并没有将焦点放在解释文本或更为一般的东西诸如真理的定义上，而是把焦点放在人感知（和创造）内容（或真理）的过程。在19世纪，主流观点认为，通过这种过程，能够得到客观的结果（诠释学乐观主义）。[16] 伽达默尔是20世纪杰出的诠释学的哲学家，他的盛誉主要是因为1960年的经典《真理与方法》。[17] 在这本书中，针对个人在重构文本、说话和周围世界的过程中所发生的事情，伽达默尔引入一种更为动态的和相关的概念。伽达默尔认为，没有哪个对外部世界的重建是永恒不变的；重建的过程，而不仅是其客体，随着社会中的价值的变化而变化。他认为，这是件好事。另外，伽达默尔受其老师马丁·海德格尔（Martin Heidegger, 1889—1976）的影响，甚至不再认同主体与重构的客体之间存在关联的观点，而是认为作为重构的过程，两者之间相互作用是唯一重要的现实。因此，人是这种感受外部世界的组成部分。沟通理论也因此变得完全具有循环性。

（二）《前理解与方法选择》中关键的两难处境

从埃塞尔的专著《前理解与方法选择》的题目，就能够明显看出他将《真理与方法》中的思想引入法律权威机关尤其是法官的决策过程中。只有在诠释学的视角下，才能适当地评价埃塞尔的这部作品。这部作品再次展示出动态和关联的观点。同样的法律，不能在所有时代都被

---

[16] 有关诠释学历史的研究，参见以下文献：G. L. Ormiston/A. D. Schrift (eds.), *The Hermeneutic Tradition. From Ast to Ricoeur* (New York: State University of New York Press, 1990); G. Bruns, *Hermeneutics. Ancient and Modern* (New Haven: Yale University Press, 1992); J. Grondin, Einführung in die philosophische Hermeneutik (3rd ed., Darmstadt: Wissenschaftliche Buchgesellschaft, 2012); W. Getel, Geist und Verstehen: historische Grundlagen einer modernen Hermeneutik (Frankfurt a. M.: Klostermann, 2011)。

[17] 该书的中译本，参见汉斯-格奥尔格·伽达默尔：《诠释学I：真理与方法》，洪汉鼎译，商务印书馆2007年版。关于伽达默尔，比如参见L. E. Hahn (ed.), *The Philosophy of Hans-Georg Gadamer*, The Library of Living Philosophers Vol. XXIV (Chicago: Open Court, 1997); R. J. Dostal (ed.), *The Cambridge Companion to Gadamer* (Cambridge: Cambridge University Press, 2002); J. Malpas/U. Arnswald/J. Kertscher (eds.), *Gadamer's Century: Essays in Honor of Hans-Georg Gadamer* (Cambridge/MA: MIT Press, 2002); D. Teichert, Erfahrung, Erinnerung, Erkenntnis: Untersuchungen zum Wahrheitsbegriff der Hermeneutik Gadamers (Stuttgart, Metzler, 1991)。其他和埃塞尔一样从法学视角讨论诠释学的，参见Fisch/H. Bude (eds.), Das Recht möchte formal sein (Frankfurt: Suhrkamp, 2008)。

相同地感知。在埃塞尔的理论中这种阐释如此精到！法官不是简单的观察者（主体），而是法律的构建关系中固有的组成部分。不过，埃塞尔在此基础上又更进一步，作出了更深入的思考。

这本书开始抛出一个让人惊讶的"挑衅"。在"序言"中，埃塞尔分析德国私法案例之后，得出结论认为：

> 法律实践并非从法律发现的理论"方法"出发，而是利用它们，仅是为了用法律技术，以适当的方式，证立按照他们对法律和事实的理解作出适当的裁判。具有同样效果的，是援引先例、一贯的裁判或其他公认的权威渊源。……法官似乎能够找到理论路径去证立他们认为"适当"的任何结论！[18]

埃塞尔的《前理解与方法选择》因此处理的是法官和其他的法律权威机关在现实中如何行为，及什么时候和在什么情况下他们的行为具有正当性。如果埃塞尔的结论是正确的，并采用现有的法律方法不会得到确定的结果，那么，在什么材料、何种方法和学科影响到司法裁判及在多大程度上产生影响的问题上，都没有确定性。不过，这真正是全部的结论？这就是现代诠释学？

尽管埃塞尔这本书第一章（"明确主题和现有的理论起点"）和第八章（"法律发现过程中法官的自由和约束"）非常重要，但关键的一章事实上是第五章。[19] 这本两百多页的经典最终提炼到对"解释"的思考。当法官基于自己必须证立的裁判，解释法条时，法官裁判的"自由和约束"作为重点的主题，尤为关键。用埃塞尔自己的话说，解释是"对可能性和可能路径进行评价的活动舞台。借此，司法裁判以一种非主观的方式考虑表达的观点和意图，从而实现理性化"[20]。没有"主观性"，却有

---

[18] 参见德国联邦宪法法院副院长温弗里德·哈斯默尔（Winfried Hassemer, 1940—2014）的同样质疑的观点：W. Hassemer, Juristische Methodenlehre und richterliche Pragmatik, Rechtstheorie 39 (2008), 1-22. 哈斯默尔的作品，参见温弗里德·哈斯默尔：《法律体系与法典：法律对法官的约束》，载阿图尔·考夫曼等主编，《当代法哲学和法律理论导论》，郑永流译，法律出版社2013年版，第271—290页。

[19] 埃塞尔书，第116页。

[20] 埃塞尔书，第116页。

"评价"!

司法裁判如何才能实现理性和主体间通达？法官对于法律和社会承担什么责任及何种义务？这些问题不仅是因为该书第五章第一节的标题（即"理性和责任"）而提出，而且也是整章的主题。从开始，埃塞尔就确定了他的框架和他的信条。一方面，他没有支持将法律摆脱和孤立于社会中的其他制度及它的价值判断成分（诸如卢曼的系统论）；另一方面，他没有主张无限制地使用"解释"，将政治的目标或议程带入法律的领域，同时忽视根植于法律中更重要和更高层价值体系施加的限制。这在这一章的开始很明确，无论自然法思想与自由法学派之间的关系如何，后面也处理了自由法学派自然法的批判主义！用埃塞尔的话说："不想对此妥协的人，可以在严格的教义化的法律制度和完全意识形态化的法律制度之间进行选择。两者都改变司法的本质。"[21] 基于该观点，埃塞尔隐含了他在1956年《原则与规则》一书中主张的观点，即一般原则起到重要的作用。对于这类原则及精确界定构成要件的规则而言，原则上，他主张相同的方法，并且不想区分开放文本的规则和更为严格界定的规则。一方面，他并不主张完全拒绝社会中其他的价值判断；另一方面，他主张尊重法律蕴含的价值，即从法律制度中提炼出的那些价值，从而仅支持适度开放社会中的其他价值。

既不完全反对社会的信仰，也不完全地对它们开放，这就是这一章的一个核心观点。第二个核心观点涉及法官的角色。埃塞尔主张法官要有积极的角色，但不是激进者。对此，埃塞尔至少给出三个理由。

其一，只有法官才足够了解事实情况，知道其中具体的价值含义（这主张使用所有的知识，包括去中央化的知识，因此，就是主张不断地将法律制度作为整体去发展，而不是仅停留在立法层面）。[22] 该观点其实是支持赋予最高法院在调查事实上更多的决定权。因此，方法可以视为具有一种模式的事实和具有另一种模式的规则之间的"适配器"，使它们两者恰如其分地运作。

其二，只有法官能及时考虑变化，更新立法者作出的价值判断，理

---

[21] 埃塞尔书，第141页。
[22] 埃塞尔书，第134页："在解释的过程中，一个人感知事实，就已经是选择性的。"

解彼时和此时的情况，使法律制度与当今的视角保持一致。[23] 上述两个思想使埃塞尔得出结论，认为法官必须理解法律内在的理性，然后，针对特定时代中的具体案件作出相应的法律适用。

其三，只有法官才能评价司法裁判的充分性，考虑到所有的必然进入具体的决策过程中的价值因素。这在极端案件中尤为明显。埃塞尔认为："法律思维具有中立性。这被信以为真。与法官的评价自由相比，它必然更容易受到意识形态的干扰。"这个是重要的价值判断，基于主体间的理性标准进行持续细致的检查（即"这与社会上所有的价值判断是否一致"），而不是生搬硬套的法律方法。埃塞尔认为，这些是主动诠释过程中的关键因素。他认为："因此，伴随着具有建设性和解释特征的法律发现思维的正确性控制，不只是解释的自然组成部分，而是核心的组成部分，事实上，是其理性的核心。"法官被塑造为必须在"服从"和"独立"之间找到适当平衡的"中间人"。埃塞尔总结认为："'法律适用'是指执行法律调整的任务。这不仅要理解现有的可供使用的方法的作用及规则的理念，而且要认识到法官作出裁判时的独立性。"[24]

（三）以汉德公式为例

埃塞尔想要传达的观点，可以以美国法中最为著名的一个案子为例，即由美国联邦上诉法院第二审判庭的法官勒尼德·汉德（Learned Hand，1872—1961）审理的"美利坚合众国政府诉卡罗尔拖轮公司案"。[25] 案件涉及两艘驳船和一个事故，每艘驳船又涉及两方当事人，即船主和承租人。卡罗尔拖轮公司一方拥有卡罗尔驳船，有一名员工在船上工作，该人也是承租人 Grace Line 公司的员工。卡罗尔驳船不是撞船的直接一方，但由于驳船上的两名员工为了拖走一艘船，在码头解开了一艘

---

[23] 参见埃塞尔书，第119、120、138页。埃塞尔书，第121页：法官将彼时翻译到现在，考虑内在的理性。因此，"理解，不仅是简单承认'这样存在'，还应当承认'如此存在'的原因和意义"。

[24] 埃塞尔书，第121、125页。

[25] United States vs. Carroll Towing Co., Inc. at al., 159 F. 2d 169 (1947). 相关的文章，参见冯珏：《汉德公式的解读与反思》，《中外法学》2008年第4期，第514页；徐昀、王森炎：《汉德公式量化困境及其消解——以间主观性为视角》，《上海大学学报》（社会科学版）2018年第4期，第88页。

之前正常停放的驳船 Anna C，事后并没有把绳索重新绑好。在 Anna C 驳船一方，也有两方当事人，即驳船所有人 Connors 公司和承租人宾夕法尼亚铁路公司，后者使用该船装运属于联邦美国政府的面粉。Anna C 脱离绳索后，漂离码头，撞上一艘大型油船的螺旋桨，因为损害并没有被及时发现，导致 Anna C 和船上的面粉一同沉入海底。这件事发生在工作日下午，Anna C 上并没有船员。该案件涉及的并不是过失责任，而是共同过失责任。法院认为，即使 Anna C 驳船上当时有船员，也不能改变过失导致该船脱离码头及后来产生的碰撞（"碰撞损失"），但可以避免沉船或至少拯救船上的货物（"沉没损失"）。对此，核心的问题是：在全天候的或至少在特定的时间段，无人照看驳船的行为，是否属于过失行为。汉德法官首次明确判例法中的意见是有分歧的，因此，他不受判例法的约束，而是阐述他的著名公式，即只要预防成本（B，船员照看驳船的成本）小于意外所产生的损失乘以事故发生的几率（PL），即可推定是（共同）过失行为。即：过失＝B<PL。现在来看，法律经济学潮流援引和赞扬该案件的裁判及采用的公式，将 1947 年的这个案件视为法律实践中采用功利主义思维或理论的第一案，这远早于罗纳德·科斯 1961 年发表他的影响深入的文章《社会成本的问题》，从而正式推动法律经济学的研究。

事实上，多个民事主体导致了损害的发生，该事实使汉德法官甚至不再对共同过失在此案中的意义产生质疑。在当时，美国普通法中主流观点是"非黑即白"，根本不会考虑共同过失，[26]并且汉德要面对大量判例法中呈现的主流的过失责任标准。因此，汉德在如此背景下作出不同的裁判，实在让人敬佩。事实情况的逻辑，似乎与共同过失责任的规则更匹配。同时，当涉及过失责任时，使用汉德公式（B<PL），法官认为，汉德公式就是过失责任的简单运用，即汉德公式还是停留在法学界建立的标准的框架内。仅在十年后，该裁判就被认为是范式的转变，是一个

---

[26] See Butterfield v. Forrester, 103 Eng. Rep. 926 (K. B. 1809).

真正的革命。[27] 该案也是少见的以法律评价为基础发展出来的在今天被认为是法律经济学的案件，成为法律引用的经典。

（四）《前理解与方法选择》剖析

针对埃塞尔的观点"正确性控制其实构成其理性的核心"，需要明确的是，尽管单个法官或其他的法律适用者的前理解上的主观性，作为认识的起点，但很少有控制的"程序"。这由前理解的本身决定。形成前理解的第一步很明显，即法官积累的经验促使法官形成他们的"前理解"，这里面不仅有主观的成分，也有整体或部分的职业群体凝聚的见解，并渗透到每个法官的"前理解"中。第二步，方法产生作用。在外部他人的观点的影响下，每位法官需要论证自己的知识，使其具有正当性。一般情况下，这种外部约束促使法官接受在这个阶段的群体中公认的标准。最后，也就是第三步，即使前理解还是不同，这显然反映社会中的不同观点，最高法院、立法机关和法学界中总是会有一部分的人在讨论。因此，讨论和商谈构成第三个重要的过滤程序。在埃塞尔的理论框架中，第一个决策推动力不是由方法主导，但在第二步和第三步的考虑中及其中的"正确性控制"，都高度体现出方法的主导性。在该意义上，方法投射出的"阴影"延伸触及了决策决定过程的开端。[28]

在埃塞尔的《前理解与方法选择》中，这些观点在第五章第二节"方法准则和方法多元主义"和第三节"客观因素和主观因素"中有深入的阐述。即使第二节中论述的法律方法目前已经成为主流，但第三节中关于主观论与客观论的论述还有激烈的争议。[29] 在该书第二节中，埃塞尔的主要观点是，自萨维尼以来发展出的单个的传统的法律方法并没

---

[27] 对科学革命的发生，参见 I. 伯纳德·科恩：《科学中的革命》，鲁旭东、赵培杰译，商务印书馆2017年版。对此，科恩或许会认为传统的法律明显有错误，因此可以不再维持这些法律。相反的，参见理查德·A. 波斯纳：《超越法律》，苏力译，中国政法大学出版社2001年版，第126—167页。波斯纳认为旧的普通法有效率，即已经在经济学理论和标准的框架内发展，所以，普通法无需革命。

[28] 类似的对前理解的"层面"进行分析的，参见恩斯特·A. 克莱默：《法律方法论》，周万里译，法律出版社2019年版，第295—298页。

[29] 同样，参见恩斯特·A. 克莱默：《法律方法论》，周万里译，法律出版社2019年版，第22—24、88—93页。

有形成一个明确的体系或位阶，萨维尼本人也没有提出这样的体系，但所有的这些方法却是法官进行整体的价值判断的因素。埃塞尔因此认为："法律适用者以契合现有社会制度的视角，基于目的论的正确性控制，控制着方法（似乎恣意）的选择。可以确切地说，这绝不是特殊情形，而是常态。"[30] 埃塞尔的说法是"方法论多元主义"。所有相关的价值判断必须带入诠释的过程中，该思想使初看似乎矛盾的情况具有正当性，即方法的选择似乎是"随意的"。在第三节中，埃塞尔强调："司法实践表明，依靠主观论意义上的历史解释方法，其实就是完全放弃司法承担的法律解释职责。"[31] 该职责即为通过诠释的方式，寻找今天所面对的案件的可接受的解答。[32]

但关键的问题是如何使法官这种积极的裁判与以法律为依据、受法律约束和遵守先例保持一致。该问题在第四节和第五节中有深入的论述。这些章节涉及法官面临的约束和"前理解"这个概念的本身。有在程序层面和最终结果的层面，回答这个核心的问题。程序的视角，涉及法律适用者在"诠释循环"中细致的考虑和论证："在司法工作中，法律人就像立法者，不应当只为自己找到解答，还需要努力沟通这些解答，并使它们具有正当性、可被接受。"[33] 首先是法律适用者考虑所有的解释方法、案件的特殊性、时代的变化及社会和法律秩序中的价值判断，针对主体间可接受的要素，不断地审视规范文本。最终的结果是双重检验所要追求的目标。这不只是简单的法官个人感觉什么是"公正的"，而是基于永恒的道德标准及所处时代的人们认同的价值判断，法官以所要解释的法条为起点和决定性的因素，所作出的解释对整个社会来说可以被接受。这并非法官的偏见，而是前理解的理念："受规范影响的那些人的共同层面，是所谓的前理解的核心。"[34] 因此，法律及其共

---

[30] 埃塞尔书，第126页。
[31] 埃塞尔书，第129页。
[32] 有对该观点怀疑的，主张基于民主原则，历史上的立法者的意图必须具有决定性的作用。
[33] 埃塞尔书，第134页。
[34] 埃塞尔书，第118页。比如参见该书第133页的论述："为了克服主观性和对立法意图的依赖，不可置疑的是，我们需要值得讨论的论点及针对法律政策的可证明的论点。直到人们对裁判的理由及其后果变得清晰。这种期待的眼界并非主观的，而是共同的。"

同体中公认的价值判断,事实上构成法官作出裁判的双重筛选程序。埃塞尔也许没有考虑到法官在适用法律时是否应当进行后果主义的评价,这在后来的法学界有激烈的讨论。㉟ 即使是这个问题,也可以在这种开放文本过程的框架下得以考虑。

持续双重检验的过程清楚地阐释了"诠释循环"的意义,并且按照埃塞尔的思想,可以稍加修改,作为当代法律方法论的一个讨论,即法学的跨学科方法。埃塞尔似乎支持法官的目光在事实与规范之间不断往返、来回不断,似乎是在一个循环中发生。这是他基于事实更好理解法律规范的内容,基于法律规范更深入地理解事实。法官借此总是能够缩小事实与规范之间的间隙,能够及时填补法律漏洞。同时,这里不仅有规范与事实之间的(诠释的)循环,另外至少还有顺带的解释动力。这两者共同发力,促使产生具体的裁判。埃塞尔暗指的另一个循环,是所涉当事人认同的(价值和)理解的"共同层面",㊱ 即对价值的社会认同。如果法官有责任确保司法裁判与社会公认的价值保持关联,他的目光就不应当只是在事实与规范之间往返,而且应当让这两者与社会接受的重要的价值体系联系在一起,也即似乎是"永恒"的价值和属于特定时代的价值联系在一起。法官的真正任务随之而来,即谨慎协调这些"因素",并仔细地重塑现有裁判的基础。从当今的视角看,埃塞尔主张的方法多元主义,不仅是指萨维尼建议的多种不同的法律方法,而且对其

㉟ 对于该问题,参见理查德·A. 波斯纳:《法律的经济分析》,蒋兆康译,法律出版社2012年版,第29—40页。See R. Posner, 'The Ethical and Political Basis of the Efficiency Norm in Common Law Adjudication', 8 *Hofstra Law Review* 487 – 507 (1980); id., 'The Decline of Law as an Autonomous Discipline: 1962 – 1987', 100 *Harvard Law Review* 761, 778 (1987); M. Deckert, Folgenorientierung in der Rechtsanwendung (München, Beck, 1995); P. Lassahn, Rationalität und Legitimität der Folgenberücksichtigung, Archiv für Rechts- und Sozialphilosophie 99(3)(2013), 323 - 357.

㊱ 埃塞尔文,第118页。埃塞尔使用的概念是理解的"共同层面"。他所指的法官似乎是"赫拉克勒斯",但又不是德沃金所赋予的意义上的法官。可以明确的是,埃塞尔不认为在法律争议中只有一个"正确"的解答。参见李旭东:《美国法官的理想司法方法——德沃金〈法律帝国〉中的司法建构主义法律观》,《法律方法与法律思维》2016年第9辑,第265页。

他备受信赖的社会科学提供的观点保持开放。㊱其他的社会科学的理论是智慧的结晶,能够更为准确地表达社会主流的信念。但同时,埃塞尔绝不主张法学为自己利益依赖其他的学科,而是利用其他的学科实现最能接受的裁判。因此,埃塞尔属于迈向21世纪的一类哲学家,这类哲学家包括尤尔根·哈贝马斯、约翰·罗尔斯及阿玛蒂亚·森,他们极为谨慎地审视社会规范和法律规范的正当性及实现它的程序。㊲

只有法官的干预才有可能使法律制度适应动态环境及社会中认同的价值的需要,更宽泛地说,才能确保抽象规定与具体案件保持一致。正因为如此,法官被称颂为优秀的和不可或缺的调停者。法官的解释力量,使多样的诠释循环拥有生命。对此,埃塞尔超越一般的诠释学,将抽象和具体结合在一起,将规范和社会中公认的价值融合在一起,同时强调这些领域的沟通硕果累累、富有动力。他的方法调和了文本开放性和严格性;开放的,不仅是面向未来,而且是面向多层次或其他的"开放"的系统!埃塞尔的方法论在今天也具有当代意义,甚至在特定的论点上,又有新的观点可以支持他,比如关于法官裁判的结果主义的讨论。在德国,其他的重要方法,可以归结于埃塞尔的贡献,包括卢曼的系统论和哈贝马斯的商谈理论。详细讨论这些思想的发展史,超越了本文关于埃塞尔的"前理解与方法选择"理论。在英美法系和我国,即使埃塞尔的著述受到比较法影响较大,尤其是美国法,但这些著述并没有得到应有的重视。他的作品也没有被翻译为英文和中文等全球性的语言,这使他的法律方法论作品在全球层面被知之甚少。

㊱ 尼克拉斯·卢曼和贡塔·托依布纳的系统论也是多元主义的方法,原因在于他们认为包括法律的任何的社会系统,在运作时都是封闭的,即"自创生",但同时在认知方面又是开放的,即接收来自其他系统的信息并将其融合在体系中,因此产生一种社会进化的发展过程。参见莫里茨·伦纳:《社会理论法学的兴起——贡塔·托依布纳的生平、著述及影响》,周万里译,《交大法学》2019年第3期,第80、82—84页。

㊲ 在当事人没有受到不正当的压力的情况下,商谈和谈判能够实现理性的和好的结果。对于该思想,参见尤尔根·哈贝马斯:《在事实与规范之间:关于法律和民主法治国的商谈理论》,童世骏译,生活·读书·新知三联书店2014年版。其实,该思想早就反映在埃塞尔的作品中,参见埃塞尔文,第134页。因此,哈贝马斯相对他的老师的社会批判理论,更接近于埃塞尔的中间位置。参见约翰·罗尔斯:《正义论》,何怀宏、何包钢、廖申白译,中国社会科学出版社2009年版,第三章"原始状态";阿玛蒂亚·森:《正义的理念》,王磊、李航译,中国人民大学出版社2012年版。

四、结语

埃塞尔的"前理解与方法选择"理论,一直以来都具有现代意义。对此,该理论主要有三个特征,它们都与同一个理念相关,即通过诠释循环的模式不断寻找人际间的共识。

第一个使该理论具有现代意义的特征与不断强调个人及其特征相关。比如,基于性别和性倾向的界定,人的差异化激增。再比如,在日常生活中有非常不同背景的人相遇的情况在增加。如果这种差异在不断增多,这种相遇在不断增加,承认每个人受制于前理解,就变得更为重要。对此,埃塞尔的方法是,将坦白承认、接受和处理前理解,与一直在法律中寻找人际间的和主体间的解决办法结合在一起。这种结合的做法,必然意味着通过法律共同体中接受性的测试。

第二个使该理论"永恒"和"永葆青春"的特征是程序。与所有的商谈理论相比,诠释学更早就以激进的方式强调程序的意义。第二个特征的关键点,是强调司法裁判首要的不是从行为认知上"查明"法律上最有说服力的解答,而是在(以共同体为基础的可见的)持续不断的商谈中"提取"法律上最有说服力的解答。最近几十年,所有的关于公平理念的程序理论,在很大程度上直接或间接地归功于这个解释(或更为宽泛的,法律发现)即为程序的理念。

第三个特征主要是与诠释循环本身直接相关。主要的思想是,它就如同双翼,事实是一翼,规范是另一翼,而双翼的共同主干汇聚通过两翼的认识。共同的主干被设想为法律共同体认可或不认可的感知。埃塞尔称之为"基于目的论的正确性控制",是"法律适用者以契合现有社会制度的视角"进行的判断。正如罗尔斯著名的"无知之幕",这个设想的精妙之处在于,这些翼可以被复制更多。比如,另一组双翼可以是"社会的评价"和"规范体系"。换言之,采取何种方式才能使拥有巨大力量的社会现实与法律规则达到和谐一致?自埃塞尔于1970年出版专著《前理解与方法选择》之后,即整整的50年以来,这个问题或许变得更为重要,更具有挑战性。

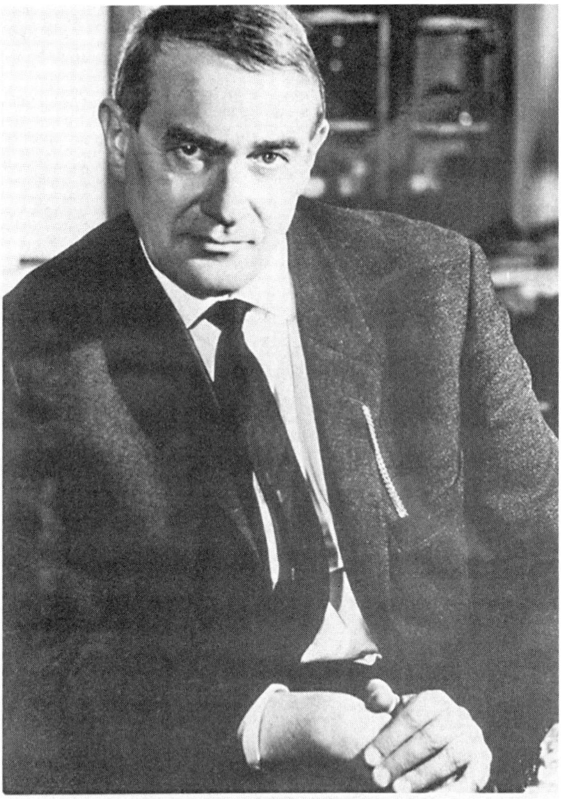

康拉德·茨威格特
（Konrad Zweigert，1911—1996）[*]

目　次

一、引言 / 119
二、生平 / 120
　（一）出身和童年 / 120
　（二）第一阶段的职业生涯——1937—1945 年 / 120
三、茨威格特的作品与影响 / 122
　（一）学术之路 / 122
　（二）比较法 / 123
　（三）国际私法 / 128
　（四）宪法 / 128
　（五）一般的法学理论 / 129
四、结语 / 130
　附录：康拉德·茨威格特的中译文作品 / 131

一、引言

　　无论在过去还是现在，康拉德·茨威格特都是 20 世纪的国际比较法大家。但是，他的博学远不止比较法。他也是一位国际私法、民法、宪

---

[*] 作者简介：〔德〕乌尔里希·德罗比希（Ulrich Drobnig, 1928），马克斯·普朗克外国与国际私法研究所前任所长、教授。原文是作者于 2006 年 5 月 19 日在柏林洪堡大学的报告。

法学者，还是一位宪法法院的法官。简言之，他是一位涉猎广泛、天赋极高的法学家。即使这样，这些关键词仍不足以全方位地呈现他的才能：茨威格特也极富人格魅力。

我首先尝试让读者走进康拉德·茨威格特的个人世界，因为这似乎是茨威格特成为法学家的原因，也是他产生不小影响的原因。

二、生平

1911年1月22日，康拉德·茨威格特生于当时属于西普鲁士的波森（Posen）。1996年2月12日，他在汉堡离世。

（一）出身和童年

茨威格特的家族决定了他走法律人的道路：祖父为德意志帝国最高检察院的检察官；外祖父曾任萨克森王国司法大臣；父亲先是担任州法院的法官，后又任帝国内政部国务秘书达十年，直到1933年1月30日辞职（当时希特勒成为帝国总理）；叔叔库尔特·茨威格特（Kurt Zweigert, 1886—1967）在战后担任德国联邦宪法法院的法官，后任柏林高等行政法院的院长。这种传承有序、饱含殷切期望的家族传统，几乎要压垮这位年轻人。

茨威格特人生的头25年，过着富裕家庭孩子的平常生活。在柏林弗里德瑙人文高中毕业后，19岁的他开始研习法学。但其负笈之地既非柏林，亦非德国别处，而是法国格勒诺布尔大学。随后三年，他在哥廷根大学和柏林大学求学，期间他参加巴黎、伦敦和巴塞罗那的假期课程——萌生了对外国法律制度的兴趣。1933年和1937年，他以非常好的成绩分别通过第一次和第二次国家司法考试。

（二）第一阶段的职业生涯——1937—1945年

鉴于家庭的"政治包袱"及个人对纳粹统治毫不隐藏的厌恶，茨威格特没有考虑在政府部门任职。加之在学习过程中产生了对外国法的兴趣，他退而求职于专门研究外国法的学术机构，即当时这一专门领域规模最大、最有名的研究机构——位于柏林的威廉皇帝外国与国际私法研究所。

1937年茨威格特加入研究所时，该所第一任所长、举世闻名的拉贝尔领导下的第一波辉煌时代就遭遇停摆。身为犹太人的拉贝尔不得不离职，设法离开德国，勉强得以在二战爆发前移民美国。与拉贝尔断绝关系，意味着由他一手打造的研究所与世界断绝联系，尤其是研究所着手起草国际货物买卖法的准备工作不得不中断。45年后，这项研究才成就1980年的《联合国国际货物销售合同公约》。

和这一领域的每个新人一样，茨威格特必须熟悉一个"法系"，对他而言就是罗马法系，尤其是法国法；以及一个广阔法律部门，对他而言是货币与外汇法。后一领域反映了德国在当时面临的外汇短缺问题。这是一部与公法有紧密关系的"紧急法"。茨威格特参与的研究所的第一个项目《战争对合同的影响》，也反映了当时的紧急情况。这本书是他与格尔哈德·克格尔（Gerhard Kegel，1912—2006）及汉斯·鲁普（Hans G. Rupp，1907—1989）主编的集体作品，于1941年出版。[①] 书中，茨威格特撰写导论部分和法国法的部分。凭借后者，茨威格特于1942年在柏林大学获得博士学位，同时，在柏林大学法学院讲授法国民法。茨威格特的下一任务并非纯粹学术性，但却关乎研究所的存亡。1943年与1944年之交，斯大林格勒战役及对德空袭后，许多有识之士都预见到二战的恶果。因此，茨威格特与同事鲁普不顾忠诚于希特勒政府的时任所长恩斯特·海曼（Ernst Heymann，1870—1946）教授的顽固阻拦，组织研究所图书馆搬迁至德国南部的图宾根。位于柏林的研究所总部被彻底炸毁后，研究所整体迁到图书馆所在地。在图宾根，研究所暂时安置在内卡河岸边。

1945年10月，茨威格特与热爱艺术、天赋异禀的伊姆加德·克尼希女士喜结良缘。二人育有九个孩子。一位高大的苏联访客建议二人再生一个，如此一来，伊姆加德就能获得"苏联英雄"的称号，然而夫妻俩对此置若罔闻，没有认同该建议。

[①] G. Kegel, H. G. Rupp, K. Zweigert, Die Einwirkung des Krieges auf Verträge (Berlin: De Gruyter, 1941).

1957年,研究所迁至汉堡,进入马克斯·普朗克学会(前身为威廉皇帝学会)的体系。茨威格特在汉堡附近的韦德尔市(Wedel)城门口购入一处具备相当规模的农场,供一大家人居住和饲养牲畜。在庄园里,他安装了教堂管风琴,茨威格特弹奏得非常好,并乐在其中。他喜欢邀请外国客人和同事来家中做客,备上简单可口的饭菜、上等的葡萄酒,弹奏风琴音乐。茨威格特就是一位好客的庄园主。

1981年,茨威格特的夫人伊姆加德去世。两个儿子中,有一位是护理员,他在接下来的日子里照顾卧病的父亲,直到1996年2月12日,茨威格特于韦德尔离世,享年85岁。他的音容宛在,魁梧挺拔,举止从容,妙语连珠,智珠在握,进退自如。概而言之,是一位真正的柏林人。

三、茨威格特的作品与影响

(一)学术之路

茨威格特学术生涯一路无阻,进展神速。

1946年,基于他早期公开发表的作品,在图宾根大学取得教授任用资格;[②]

1948年,图宾根大学任命他为教授,此前他曾拒绝耶拿大学的教授任命;

1956年,马克斯·普朗克研究所迁址到汉堡,汉堡大学任命他为教授;

1963—1979年,担任汉堡马克斯·普朗克研究所所长,前任是汉斯·德勒;

1967—1978年,同时担任马克斯·普朗克学会副会长。

他荣获乌普萨拉大学(1974年)、巴黎第二大学(1975年)和南安普顿大学荣誉博士,享誉全世界。正值他70岁生日,一部来自世界各地作

---

② 后来的讨论非常受益于该教授资格报告,参见茨威格特:《国际私法中的不当得利请求权》,《瑞士法律人杂志》1947年,第245—253页。

者编写的豪华纪念文集，正是献给他的荣誉见证。③

（二）比较法

茨威格特主要研究比较法，但他对德国法律制度和相应的外国法制度进行精致的比较法研究并无兴趣，反而更中意普遍的、国际的比较法研究。

1949年，他在图宾根大学的入职演说《作为普遍解释方法的比较法》中展现了这一实用的方法。在演说中，他提出比较法运用的宏伟蓝图：在立法准备阶段，比较法起到重要的作用；在学术上，它是法律续造的一个认识来源；在司法裁判当中，它也是续造民族国家法律制度的工具。因此，比较法的前景应该是普适性。不过，比较法的目的本身就应当是普适性，而不是局限于某个大陆上，它的对象应该也是全球性的。在1972年一篇文章中，茨威格特认为，比较法的任务是再次"创造一个真正全球性的法学"。因此，他再三强调比较法对欧洲乃至全球法律统一的意义和必要性，他还没有看到"全球法"的未来。

1.《比较法总论》

茨威格特关于比较法的任务、目标、方法与运用进行了大量的研究，后来被收录在他与海因·克茨合著的两卷本专著《私法领域的比较法总论》（简称《比较法总论》）中。④ 该书首次出版于1969年（第二卷）和1971年（第一卷），全书篇幅超过900页，出版后大获成功。德文版再版了三次，英译版也有三版，意大利语版和俄文版各有一版。该书第一卷被译为阿尔巴尼亚文、中文和日文。该书的韩文版只有第二卷。

该书的意义体现在三个方面：其一，首次在全球基于广泛的基础提出详细的比较法的理论；其二，对全球重要的法律制度做了系统性的考察；其三，在第二卷中对民法的三大核心领域进行全面的比较，即合同、不当得利和侵权。

---

③ 伯恩斯坦因、德罗比希、克茨主编：《康拉德·茨威格特纪念文集》，图宾根1981年，第941页。
④ 茨威格特、克茨：《私法领域比较法导论》，1971年第1卷"原理"，1969年第2卷"制度"。

本书超越了二战时期比较法研究状况。第一卷关于民法的比较，因其方法论上的意义值得被更多关注。全书30章中，前4章由茨威格特本人写作，涉及比较法的"一般原则"，其余章节关注世界上各法系。两位作者列举四大主要法系——罗马法系、日耳曼法系、英美法系和社会主义法系，及四个小型法系——斯堪的纳维亚法系、远东法系、伊斯兰法系和印度法系，共用了350页左右为我们描绘了全世界的民法全景图。如此丰富的材料，主要是由年轻的合著者克茨完成，茨威格特本人则负责"法系的风格"这一重要引论章节。

茨威格特以富有经验的高级著者的角度撰写了比较法的一般理论。他当机立断，提出了高标准。基于20世纪早期的法国学者爱德华·朗贝尔（Edouard Lambert，1866—1947）的观点，茨威格特提出疑虑："仅采用法学之中常见的方法解释现行法，是否可以说是真正的科学研究。法学只有超越了现行的民族国家的法律规范，才是科学。比如像法哲学、法史学、法社会学及比较法。"[5]

稍后，茨威格特对此做了补充，并采用肯定的表述：法学不只是与民族国家法律及基本原则相关的解释科学，"而且是研究预防和解决社会冲突的模式"。因此，"比较法是一种比起闭关自守的民族国家法学来说能提供更为广泛的解决问题的办法的途径"。因为"世界的法律制度必然性地创造出更多种多样的法律方案，远多于一个充满灵巧构思的法律人于他本人短暂一生中所能构建出来的法律体系"[6]。

茨威格特在《作为普遍解释方法的比较法》中，呈现了比较法的实践任务：

（1）比较法作为立法者使用的材料；

（2）比较法作为法官填补漏洞或发展新规则的启发；

（3）比较法作为法学教育的教学材料；

（4）比较法作为法律统一的不可或缺的前期准备。

"比较法方法"值得特别关注，它是比较法学学者的工具。对于认为研究方法问题是病态的观点，茨威格特提出激烈的反驳意见，称民族

---

[5] 茨威格特、克茨：《私法领域比较法导论》，1971年第1卷"原理"，第4页。
[6] 前引5，第14页。

国家的法学中"未经反思的自我相信的教义主义"只不过是自我欺骗，这种法学本身就是病态的，而比较法乃一剂良药。[7]

茨威格特认为，比较法在方法方面的基本原则是"功能性"[8]，因为它提供了一个方法的所有细节的解决途径。"只有实现同一任务，具有同一功能的法才能比较。"[9] 这就是一直以来被苦苦寻找的"同类项"("*tertium comparationis*")。[10] 每个比较研究的初始问题，都应该纯功能性地被表达，而不应置于比较者本国法或者任何法律体系的范畴内。试举一例：德国法上用昂贵且强制的官方登记保护不动产"公信力"，而在美国法中则是通过"产权保险"("title insurance")进行保护，即私法系体系内对抗土地所有权瑕疵的保险。[11] 尽管方法完全不同，但在其效果和目标上，两者仍然具有可比性：如何保护不动产买方免受卖方权利瑕疵的侵害？

这一功能性基本原则显然是社会学领域的，作者从中可以得出其他大部分的如下方法论的问题：

（1）在更为中立和技术性的领域，茨威格特创设（可反驳的）"趋同性"("*presumptio similitudinis*")。他主张世界的法律制度中的共性多于特性，除非在政治或伦理支配的领域，比如亲属法和继承法[12]，可以不做讨论。

（2）在选择比较的法律制度的时候，茨威格特的理论基础是他的法域理念构想。这一构想基于一个毫无疑问的正确认识——该认识早已有之：世界上的"法系"并不多，每个法系内若干政治、语言或仅是文化上有联系的国家，其法律受同一个法律体系影响之深，以至于可以称其为衍生物。最明显的例子是英格兰法。从爱尔兰到印度再到新西兰，大部分之前或现在的英联邦成员——即使今天已经独立，脱离英联邦——都属于普通法系。不可否认，现今基于广泛法律比较的政治发展和法律

---

[7] 前引5，第28及下页。
[8] 前引5，第29及下页。
[9] 前引5，第30页。
[10] 前引5，第43页。
[11] 前引5，第35页。
[12] 前引5，第36及下页。

改革在某种程度上已打破原本"法系"的地域限制。这一现象可能限制了"趋同性"的适用。

（3）在恰当的比较过程中，各国法律的解决办法——可以说——必须去国家化。因为要统一到研究领域的功能框架下。这为实现比较创造了条件。这种"去国家"的功能性比较，也需要自己的概念和体系。比如，对于诸如形式、对价及法律行为的"条件"等国家法律制度，茨威格特提出比较性的概念："可信证据"（"Seriositätsindizien"）。[13]

（4）茨威格特在他的"功能说"的结束之处，简要地论述了批判性的评价；他仅指出合目的性和公正性是该评价的主题。[14]

该著作出版至今已有35年，这种私法比较法的方法论，仍受每个比较法研究者推崇并广泛运用——至少是在民法比较领域，虽然实际范围可能更广阔。

2.《国际比较法百科全书》

茨威格特着手的第二部比较法主要著作《国际比较法百科全书》与《比较法总论》的特点截然不同。由于以英文出版，及体量庞大，该书价值不菲，仅在大型图书馆有收藏，在德国名声不显。

在下要承认，作为茨威格特的助手及后来的合编者，自这一事业——这才是确切称呼——伊始便参与其中。身为知情人，与此项目过于紧密，利弊参半。

1929—1940年，于柏林出版的德文七卷本《民商法词汇比较法手册》已有先例，但由于二战爆发而搁置，止步于"遗赠"（"Vermächtnis"）这一关键词。第一卷有1000多页，以字母排序论述各国的情况——总的来说，详细地论述所涉国家的民法和商法的一般情况。其他的几卷本以字母排序为准，几乎都是由德国比较法学者采用比较法的方式，以德语论述各国法律制度中的关键词。辉煌的一页，比如关键词"买卖合同"，由恩斯特·拉贝尔及他的学术助理在准备统一的货物买卖法而撰写。这些助理有卡尔·阿恩特（Karl Arndt）、阿维德·布洛迈尔（Arwed Blomeyer）、恩斯特·冯·克默雷尔、弗里德里希·凯斯

---

[13] 前引5，第44页。
[14] 前引5，第48页。

勒、康拉德·赖泽尔（Konrad Raiser）、马克斯·莱因斯坦及爱德华·瓦尔（Eduard Wahl，1903—1985）——这是在研究所得到善待的战后德国民法学者的辉煌时期。

《国际比较法百科全书》诸多方面独有特色：

（1）它不是在德国的主导下完成，而是在国际性组织的主导下完成，即联合国教科文组织下属的位于巴黎的"法学国际组织"（"International Association of Legal Science"）；

（2）它不是以德语，而是以新的世界语言英语（也不是巴黎敦促的法语）编写；

（3）在内容方面有两个最重要的变化：其一，不采用字母顺序，而是以主题为标准，以十六卷的篇幅全方面处理各专业领域，诸如国际私法、亲属法、继承法、物权法、合同法（三卷本）、不当得利、侵权法、运输法、公司法、劳动法、著作权法、诉讼法和经济法。以首席主编、美国学者阿图尔·冯·梅伦（Arthur von Mehren，1922—2006）负责的合同法第一分卷的内容划分为例，主题包括合同法的历史、大型企业的合同法、公法合同、社会主义法中的合同、东亚的合同及（与时俱进地研究）伊斯兰合同法。这些内容之后，有七章涉及经典的专题，包括缔约、形式、意思瑕疵、格式条款、缔约方、违约和违约救济。

没有改变的是第一卷的内容。它包括了有关国家的报告——不过是以字母排序，而不是针对五大法系进行单个的论述。

每卷各有一位主编，他们是各个领域世界级的最优秀学者。主编决定本卷的结构，为各个章节挑选最优秀的专家。

与德国版的先例相比，比较法方法并没有改变，但与茨威格特在《比较法总论》中推荐的方法论有所不同。尽管在书中，他建议从比较各国的国家报告开始，但这一步对《国际比较法百科全书》各卷似乎并无必要，因为占据太多篇幅又耗费时间。相反我们选择融合的比较法，基于复杂的法律问题，按照国际典型的解决方法划分文章。

40多年，全球350多位执笔人、主编和顾问通力合作，结果如何？按每年进度看，出版了约150份国家报告和175多份比较法研究——总计超过17 000字典页，每页分两栏。目前已出版七卷，其中四卷分上下册,两卷已完成,等待索引的工作。四卷已接近完成。

如果全部分卷(或者大部分)都出版,将树立一座国际比较法的丰碑——一座与伟大发起人相称的丰碑。

(三)国际私法

和比较法一样,国际私法也具有国际性,类似于比较法,它依托于各个国家法律体系的差异。然而,区别于后者,它产生于法律体系间的不同。不同于比较法,它是真实存在的法,因此追求简明实际的解决方法。冲突规范决定在跨国法律关系中应使用哪种互相冲突的法律规则,例如英国出口商和德国进口商之间的合同,或意大利和西班牙人的婚姻。

茨威格特为国际私法一般理论贡献了新观点,也对具体细节提出了批评。有些细节建议已被法院和立法者采纳。本部分的篇幅不够进一步详细展开,因此我将集中于更一般性的问题。

早在1966年,茨威格特就呼吁欧洲范围的冲突规范统一。在合同领域,这一要求较早得以实施,即通过1980年《成员国合同义务法律适用公约》(《罗马第一公约》)。冲突规范的其他领域以及国际民事诉讼规则,欧洲一体化正进行当中,由1997年《阿姆斯特丹条约》执行(见《欧共体条约》第65条)。

茨威格特多次探寻国际私法和公法的边界,足以看出他的远见卓识。这些疑问源自他早年在德国威廉皇帝研究所研究货币和外汇相关领域等问题——对20世纪30年代的德国有重要实际意义。几乎与威廉·文格勒(Wilhelm Wengler,1907—1995)同时,茨威格特主张关注外国公法,并提出对外国公法生效的规则,形成了一类独特的冲突规范,以区别于私法领域里的冲突规范。以至于在20世纪六七十年代,他支持尊重发展中国家在殖民地独立过程中对外国财产的征收。

(四)宪法

基于他个人在纳粹时期的政治经历和家庭政治传统与经验,茨威格特呈现出鲜明的政治色彩并不离奇。他是德国社会民主党的党员,在法律政策方面表现出诸多左翼立场:他呼吁社会基本权利及一定社会化措施，然而他并不支持共产主义。他提倡联邦总统普选。

这一政治主张显然是茨威格特1951年被任命为联邦宪法法院法官并连任四年的原因。他保留图宾根大学法学院教授的职位并仍住在该大学。在联邦宪法法院第一审判庭中，他积极参与的最重要的政治案件就是联邦政府1951年提起取缔共产党的诉讼。然而，1956年8月[15]宣布取缔德国共产党时，他已经离开了宪法法院。他质疑取缔政党在政治上是否明智。1959年他写道："政治上更明智的做法是，让这一政党在失败中悄然消亡，而不是利用基本法第21条虚无的武器毁灭它。"13年后，他在"被取缔政党的复兴"的研究中重申这一建议。

茨威格特推动《德国民法典》非婚生子女制度改革的努力，吸引了广泛大众的关注。1966年德国法学家大会上，作为一个从未涉及亲属法的局外人，他对保守而又颇受尊敬的博施教授（Friedrich Wilhelm Bosch, 1911—2000）的重点研究报告提出批评。茨威格特强烈要求遵守《德国基本法》第3条第2款的宪法义务——并在四年宽限期（《德国基本法》第117条第1款）届满后，将该义务适用到非婚生子女的情形。茨威格特取得了胜利，之后联邦宪法法院确认了茨威格特的意见。

（五）一般的法学理论

除他的个人著作外，茨威格特在一般法学理论上的贡献常被忽视。他的贡献包括修订古斯塔夫·拉德布鲁赫的著作《法学导论》。该著作战前的最后一版即第八版出版于1929年。1933—1945年间，因为拉德布鲁赫被封口，该书未能继续更新。1949年拉德布鲁赫去世后，他的遗孀联系到茨威格特，请他修订该书——在最后一版出版20年后，并且期间德国法发生了巨大的变化。出于什么原因茨威格特选择了接受这个修订任务，仍是一个谜案。

茨威格特接受委任并顺利完成，在1958—1980年间精心修订五版。他有两个任务需要平衡：一方面，为了给法律初学者和国外法律人提供正确导向，包括德国法的基本特征，尤其是所有法律部门的全面改变都

---

[15] 《联邦宪法法院裁判集》第4卷，第85页。

要有所涉及——从宪法、各实体法部门和诉讼法到教会法和国际公法。从浩如烟海的新法条和法学著作中选择,从无关的、缺乏意义的内容中挑出重要的、有意义的内容十分必要。第二个任务甚至更困难,即展现拉德布鲁赫强调的法律基本原则。茨威格特选择了两条能让他成功实现任务的准则。首先,他克制表达个人观点和看法的冲动,转而体现拉德布鲁赫的观点。这一基本原则也体现在茨威格特不是以合著者而仅以修订者的身份修订和署名该书。茨威格特面临的另一个问题甚至更加困难,即展现出拉德布鲁赫自身思想在二战末期经历的变化。由于目睹国家粗暴破坏法律,拉德布鲁赫转变了之前对法律实证主义的态度。毋庸置疑,这种基本态度的改变,需要反映在他的新版著作中。修订者借用"真正本质的两个核心表达":"最终,法律的基础既不能是权力,也不能是认可,而是某种更高的甚至是最高的应然,也即超越实证法的价值";并且"在某些极端案例中,确实存在让人恐怖的非正义的法律,由于非正义性,需要否定这些法律的效力。因此,人们从社会学的效力说转向了哲学的效力说"。[16]

四、结语

康拉德·茨威格特以广泛的研究和丰富的作品,向世人展现了伟大的比较法学者和冲突法学者形象。这位伟大的法律思想家,也是宪法学家和拥有体察力的主编。[17]远不止此,他还是一个活力十足、天赋异禀、品味超群、兴趣广泛的人,无论是学术上还是生活中都充满个人魅力!

---

[16] 在拉德布鲁赫去世后,康拉德·茨威格特修订了他的《法学导论》,1958 年第 9 版,1980 年没有修订的第 13 版,第 14 页。

[17] 康拉德·茨威格特的作品丛,参见伯恩斯坦因、德罗比希、克茨主编:《康拉德·茨威格特纪念文集》,1981 年,第 923—941 页。

附录：康拉德·茨威格特的中译文作品

茨威格特、克茨：《比较法总论》，潘汉典等译，贵州出版社1992年版，法律出版社2003年版，中国法制出版社2017年版。

茨威格特、克茨：《违背法律和善良风俗的法律行为后果比较》，《环球法律评论》2003年第4期，第468—473页。

茨威格特、克茨：《合同形式》，《中外法学》2001年第1期，第81—91页。

茨威格特、克茨：《三大法系的要约与承诺制度》，《外国法译评》2000年第2期，第1—7页。

茨威格特、克茨：《行为能力比较研究》，《外国法译评》1998年第3期，第3—9页。

茨威格特、克茨：《英美法的司法技术：与大陆法系的比较》，《环球法律评论》1992年第2期，第64—69页。

茨威格特、克茨：《普通法与大陆法中发现法律的方法和诉讼程序》，《环球法律评论》1991年第2期，第1—6页。

茨威格特、克茨：《瑞士民法典的制定及其特色》，《环球法律评论》1984年第3期，第23—27页。

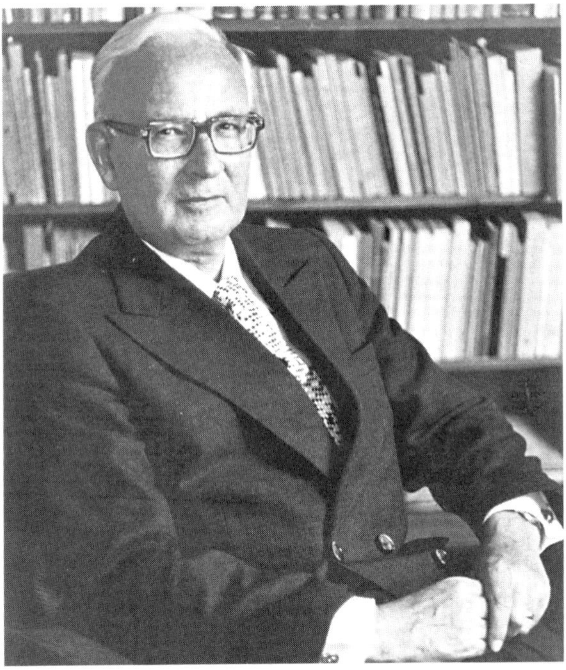

格尔哈德·克格尔
（Gerhard Kegel，1912—2006）[*]

目　次

一、引言　/ 135

二、法学思想　/ 137

　　（一）国际私法　/ 138

　　（二）民法　/ 144

　　（三）比较法　/ 146

三、出身与个性　/ 148

四、结语　/ 150

附录　/ 151

一、引言

2005年11月，格尔哈德·克格尔先生写信给我说："12月2日，我将在柏林做一场有关拉贝尔的演讲，我现在已感觉自己像一个'智者'了。不过，因为您想要或者必须做一个关于我的演讲，我就要抱怨您。"

期间大家都知道，克格尔最后一个有关恩斯特·拉贝尔的演讲多么

---

[*] 作者简介：〔德〕克劳斯·舒里希（Klaus Schurig, 1942），1942年生于柏林，在科隆大学攻读法学，1974年的博士论文和1980年的教授任用资格论文均在格尔哈德·克格尔指导下完成，1981年至2007年期间担任帕绍大学民法、国际私法和比较法教席教授。本文是作者2008年2月8日在波鸿鲁尔大学的报告。

让人震撼。① 我试图做一个关于他的类似演讲,为此绝不感到受抱怨。

然而令人痛惜的是,这场赞誉突然变成了讣告。2006 年 2 月 16 日,这位具有非凡人生的杰出学者与世长辞,享年 93 岁。克格尔一生孜孜不倦、富有创造力,直到生命的最后时刻。正如亨利·巴迪福尔(Henri Batiffol,1905—1989)所言,他是一位永不满足的人。伟人虽逝,思想永存。先生才华横溢,准确无误,机智依旧,最后一次演讲的听众无一不为之动容。

我们如何在短时间内评价克格尔先生如此漫长的法学生涯的成果,以粗略的描述来衡量这样一位令人敬佩的人物呢?

当然,我们可以列出他无数的著作以及他的伟大成就,也可以列举出他不计其数的各种荣誉。然而,这些却不能尽如人意,尽管一些出版物上已经全部列出了克格尔先生的所有成就。② 他自己可能也会认为这样的事情有点无聊。不过,在这里可以简短地提到:美国加利福尼亚大学伯克利分校的最高荣誉"伯克利奖章"("Berkeley Citation")、哥伦比亚波哥大罗萨里奥大学法学院荣誉教授、德国曼海姆大学荣誉博士头衔、联邦德国大十字勋章及北威州的功勋勋章,此外还有三本《格尔哈德·克格尔纪念文集》。③

我第一次见到格尔哈德·克格尔是在上世纪 60 年代初,当时我还是科隆大学的一名法学学生,我在教室里遇见了他。他的大课当时在学生中早已闻名,大家都知道克格尔非常幽默风趣,但他的要求极其严苛。每个人都知道这个。他不相信常规,这吓怕了一些学生。克格尔说,拉贝尔先生④也是如此,今天也不例外。谁要是信任他,就会受益匪浅,

---

① 参见本书克格尔关于拉贝尔的报告。

② 例如 Musielak/Schurig(Hrsg.),Festschrift für Gerhard Kegel zum 75. Geburtstag 26. Juni 1987(1987),S. 9–13,Veröffentlichungen S. 15–24;Krüger/Mansel(Hrsg.),Liber Amicorum Gerhard Kegel(2002),S. VIIf.,Veröffentlichungen S. 261–272,Würdigungen S. 273f. Hinzugekommen ist zuletzt noch der Verdienstorden des Landes Nordrhein-Westfalen. 最后,克格尔先生被授予德国北威州荣誉勋章。

③ Lüderitz/Schröder(Hrsg.),Internationales Privatrecht und Rechtsvergleichung im Ausgang des 20. Jahrhunderts—Bewahrung oder Wende? —Festschrift für Gerhard Kegel(1977);Musielak/Schurig(Hrsg.),Festschrift für Gerhard Kegel zum 75. Geburtstag 26. Juni 1987(1987);Krüger/Mansel(Hrsg.),Liber Amicorum Gerhard Kegel(2002)。

④ 参见本书中关于拉贝尔的文章。

并很快以一种全新的视角看待法学。

"这在'帕兰特'无处可寻,在'埃尔曼'也无处可见,这从我这第一次公布于世"(帕兰特,即《帕兰特德国民法典评注》;埃尔曼,即《埃尔曼德国民法典评注》),这是他的名言之一,几十年来铭刻在我的脑海中。每位对先生的教学产生兴趣的人,都认识到创造与法学并不是毫不相容的,他们希望从他那里汲取更多的东西。先生关于外国法律和国际私法的大课尤其如此。年轻一代如今很难想象的是,在那个年代,外国法律仍然很少被考虑在内。用克格尔先生的话说,法学"大部分是浸泡在它自己的果汁中"。在克格尔先生的大课中,你会感觉到豁然开朗。那里是一个充满色彩和新思想的世界,突然之间,当时所认识到的法学的狭隘性消失了:法律不仅仅是民族国家法条的集合。这尤其对于一位最初在法学和物理学之间摇摆不定的学生来说,堪以告慰。

二、法学思想

克格尔先生的教学和学术研究工作,有三个主要支柱,详述如下。

克格尔先生的瞩目地位是由国际私法主导的,特别是在他的同行和同龄人看来更是如此。毫无疑问,他在这里取得了最显著和最崇高的功绩,甚至在德国之外也产生了最持久的影响力。

在另一层面上,对他来说同样重要的是比较法,尤其是对英美法的偏爱。这也反映在他的个人观点上。克格尔与世界各地有很多的联系,其中联系最为紧密的是美国加利福尼亚大学伯克利分校法学院。这样的紧密联系,促成了交流项目及"科隆-伯克利文丛"的诞生,该丛书以一些主要著作而闻名于世。克格尔先生也是美国著名的侵权法教科书作者、法学院院长威廉·普罗瑟(William Lloyd Prosser, 1898—1972)的私交。顺便说一下,普罗瑟曾让克格尔有幸拜访了住在加利福尼亚大山小屋里的世界畅销侦探小说作家厄尔·斯坦利·加德纳(Early Stanley Gardner, 1889—1970)。加德纳本人也是一位精明的法律人,深受克格尔敬重。克格尔收藏了加德纳的书。加德纳也是著名(希望今天仍然为人所知)的电视剧《佩里·梅森》(Perry Mason)的精神教父。尽管有传言说克格尔也想写侦探小说，但他并没有把它们拿出来出版，克格尔出于谦虚拒绝了邀请。我想如果是我的话，会接受邀请。

直到晚年，克格尔都在以创新和非传统的方式探究比较法，并将其运用在研究和教学中。这不仅不断为国际私法案例提供新的材料，还为克格尔在德国民法中的发现提供了颇具建树性的建议和想法——这是他研究的第三支柱。通过比较法扩大的视角，对德国法律的新旧问题开辟与众不同的具有创新性的解决方案和路径。让我们详细地考虑一下他的三个主要研究领域。

（一）国际私法

今天，没有人会低估克格尔先生对国际私法的杰出贡献，他一直以来都受到赞赏，而且有很多关于他的著述。早在1982年，在哥伦比亚，他的教科书就被翻译成了西班牙语，人们称他为"德国最权威的国际私法学者"[5]。1950年，克格尔创立的科隆外国私法与国际私法研究所成为德国最重要的外国私法与国际私法研究所之一，也是许多外国学者向往的研究中心。克格尔在无数的专家意见中，帮助法院——今天该研究所也是如此——在实践中落实国际私法的结构和规则。这是一项经常发生的苦差事，但同时也保证了学者所必需的与实践之间的重要联系。

不过也有危险时刻。我记得一位重要的阿尔及利亚人亲自到研究所，就当时涉及子女的问题要求克格尔提出专家意见，并威胁说，如果出具的专家意见对他不利，后果将不堪设想。在那之后的一段时间里，克格尔坚持让我们一起对收到的每一封邮件进行检查，看是否装有炸弹。幸运的是，没有危险事件的发生。

毫无疑问，二战后的德国国际私法的开始和兴起与克格尔的名字有着密不可分的联系。这段时间当然是艰难的，但是这个新的时机已经成熟。在克格尔先生的笔下，德国的国际私法体系首次被完整地整理了，并在《泽格尔德国民法典评注》中得到了统一。在这里，新的国际私法主要是一种以利益为基础的学科，同时也需要全面处理和分析司法裁

---

[5] 贝当古·雷伊（M. Betancourt Rey）在克格尔1982年第4版《国际私法》西班牙语译本引言，第5页。

判。克格尔利益法学的成功秘诀，在于坚持实践和理论的结合。早在1977年，他的门生鲁道夫·维特赫尔特（Rudolf Wiethölter，1929；后来走的科研道路完全不同，尽管他从未否认恩师对他的影响）认为克格尔的理论是"一种实践的理论，同时能被学习、感知和实用的理论"。⑥ 或正如吕德里茨（Alexander Lüderitz，1932—1998）所言："他的论证是通过尽可能短的路径得到最为明显的结果。"⑦

对于困难的外国法问题，他的解答也不会出错。在我担任研究助理的初期，我曾根据中国法起草过一份意见书。这位中国遗嘱人在立遗嘱时把他的俄罗斯情人作为他的餐馆连锁店的唯一继承人，但这位情妇已经离开他，他忘记了改变遗嘱。我认为这份遗嘱是有效的，但克格尔先生说道："那不可能：一位跑掉的女朋友！"

所有这些内容都体现在他撰写的《泽格尔德国民法典评注》中，并由其独自撰写到评注的第10版。即使后来的评注体量越来越大，他仍然负责着非常重要的部分。面对极其烦琐庞杂的材料，克格尔以一种不可思议的方式进行了细致入微的加工和研究，事实上他确实亲自做了研究。例如，其中的一个脚注讨论加上裁判和其他国外的材料，超过了18页。⑧ 该法律评注到了第13版的时候，克格尔才完全地退出。尽管如此，克格尔最初撰写的部分仍然是当前评注的核心，同时体量也增加了数十倍。

1982年被译为西班牙语的著名的精要类教科书《国际私法》也出现了类似的情况。在我看来，尽管该书已经出版很久，但它仍是该领域最好的一本书。顺便说一句，该书的中译本也在出版中。我很自豪我能够拥有该书的第1版，并且在大学读书时学习了它。对这本367页的著作，我做了大量的标记。用克格尔先生的话来说，该书"与其说是一本精要

---

⑥ Wiethölter, Begriffs- und Interessenjurisprudenz—falsche Fronten im IPR und Wirtschaftsverfassungsrecht—Bemerkungen zur selbstgerechten Kollisionsnorm, FS Kegel（1977），S. 213, 263.

⑦ Lüderitz, Gerhard Kegel, in: C. H. Beck'sche Verlagsbuchhandlung（Hrsg.），Juristen im Portrait, Verlag und Autoren in vier Jahrzehnten, Festschrift zum 225jährigen Jubiläum des Verlags C. H. Beck（1988），S. 454, 457.

⑧ Soergel-Kegel, BGB（12. Aufl. 1996），Bd. 10 EGBGB, vor Art. 13 Rn. 164, Fn. 1（S. 77–94）.

书，不如说是一本教科书"。⑨ 到第 7 版为止，他经常保持整本教科书内容的不断更新，包括国际私法特殊规则的部分。迄今为止，这本"精要教科书"页码的数量翻了三倍，达到了 1000 多页。

"法律如同宇宙一样在膨胀。"⑩ 克格尔注意到这种现象。但是宇宙的体量并没有因为这种膨胀而增加，不幸的是，法律的体量却是如此。他所分析和利用的所有这些法院裁判，用他的话来说"想要被传达"的数量都呈指数增长，所交付的出版物数量也是在不断地增长，必须注意的是，这些出版物的信息深度可惜在阅读之前就没有被展示出来。各国条约"像蘑菇一样从地下冒出来"。⑪ 与此同时，欧盟法在多个层面的影响使问题成倍增加，而非在解决它们。

克格尔始终是协调和统一法律的伟大倡导者，特别是在国际私法领域。他自己在这方面做了很多工作。然而，法律的确定性和清晰性，在他的最高价值中位居前列。例如，他曾长期指出，德国基本法关于两性平等的要求并不影响已经生效的法律冲突规则(那些普遍支持适用男性和父亲属人国的法律规定)。他也早就迫切地主张在国际私法中男女平等，这也是他尊重一方当事人的冲突法利益的结果。然而最后 20 世纪 80 年代初的宪法法院作出了不同的判决，⑫ 直接用宪法与冲突法规范相比较，在他看来是一种"资源窘境"。由于冲突规范和宪法规范的叠加，他担心这种不确定性的发生。⑬ 后来频繁出现的实践方面的问题证实了这一点：哪些冲突规则仍然有效，哪些无效？有关规定是在宪法颁布之前有效还是宪法颁布之后有效？是由宪法法院来决定它的有效性吗？根据男性属人法的规定(即相对于母亲而言更重视父亲)来判断子女出身问题同样违背了平等原则吗？应该考虑用什么来代替不再可用的连接因素？这些不确定性的问题一直持续到受克格尔强烈影响的 1986 年新规则的制定。

---

⑨ Kegel, Internationales Privatrecht (1960), Vorwort, S. V.
⑩ Kegel, Internationales Privatrecht (4. Aufl. 1977), Vorwort, S. V.
⑪ Kegel, Internationales Privatrecht (2. Aufl. 1964), Vorwort, S. V.
⑫ BVerfGE 31, 58.
⑬ Vgl. Lüderitz, FS C. H. Beck (1988), S. 454, 456; ders., Gerhard Kegel und das deutsche internationale Privatrecht, RabelsZ 46 (1982), 475, 478 f.

但所有这一切与今天的新的混乱局面相比仍然是小巫见大巫，今天的新混乱局面是处理欧盟基本自由和冲突规则重叠的众多不同尝试的结果。很明显，这与过去的基本权利问题有某种相似之处。但是，与冲突法中的平等问题不同的是，在这里完全不能确定这两个法律领域是否、何时、在何种程度上以及与何种影响相互作用。一些学者认为，欧洲有关提供经济商品和服务的规则可以"类推"适用于法律规范的适用，但造成的结果却有些矛盾。欧洲法院的推理常常是晦涩难懂的陈述，就像客观上通过的法律一样，被随意解释和延伸。然而，在未来的几年里，除了等待和希望它们慢慢地融会贯通之外，别无他法，因为法教义学和体系论很快就会在此达到它们的极限。如果缺陷产品的制造商根据生产国的法律也负有责任，特别是顺便说一下，鉴于最近被认为是所谓的"原产国原则"的高价值理论，这是不是真正的违背欧盟的行为？"物之所在地的法，决定物权法律关系"作为一个古来的法律规则，是否要服从基本自由的要求？值得庆幸的是，我们可以注意到，新的欧盟冲突法似乎仍然毫不动摇地在熟悉的领域中自成体系。然而，过去的经验表明，欧盟的法律规定也不能避免成为违背欧盟法的体系化的框架。

克格尔先生对国际私法中思想结构的淡化和混淆深为反感，这些思想在欧洲旗帜下越来越多地蔓延开来。他在欧洲法院对森特罗斯案的判决中说："丹麦的情况很糟糕。"（该案涉及公然规避丹麦成文法的情况，在该案中，法院错误地假定了一家英国公司的自由设立问题，而问题主要是两名丹麦人在丹麦的商业活动，他们也居住在丹麦，因此是一个丹麦国内案件。）[14]根据英格玛案的判决，在欧洲商事代理指令中实施的特别冲突规则如何在国内法中无声无息地得以实施，[15]似乎在欧洲法院司法判例中依然成谜。

在一则对克格尔的讣告中指出，克格尔"可能并没有真正理解特殊

---

[14] 详见 Schurig, Unilateralistische Tendenzen im europäischen Gesellschaftskollisionsrecht, oder: Umgehung als Regelungsprinzip, Liber Amicorum Kegel（2002），S. 199 – 221。

[15] 详见 Schurig, „Ingmar" und die „international zwingende" Handelsvertreter-Richtlinie, oder: die Urzeugung einer Kollisionsnorm, in: Mansel u. a.（Hrsg.），Festschrift für Erik Jayme（2004），S. 837 – 847。

单一市场冲突法的思想"。⑯ 这个措辞非常委婉。人们还错误地认为,克格尔主要是被"实质性规则被权衡过重"这一事实所困扰。然而,他很清楚地看到国际私法上的利益不能独立于实体法利益,但是他不希望看到"欧洲主义者"将他的国际私法之船驶向漫无目的的浅滩。在某些方面,一个案件同时受制于欧洲法律以及自治法律或国际条约的多重法律规范,所有这些条款都是为了规范同一问题;需要长期等待欧洲法院的判决,所有这些都与克格尔先生提出的法律统一的思想不相符合。先生曾经写信给我说:"腐烂蔓延,需要批评。"

克格尔对国际私法影响巨大的成就之一在于他的利益法学理论及其与国际私法的交融,这有望使欧洲传统私法得以幸存。⑰ 为此,他首先必须创造一套工具去识别出典型冲突规范中的利益。在这个新的理论基础上,许多具体的问题又回归到了一般的法律方法论的范畴,这些问题促使旁观者谴责国际私法是一个"玻璃珠游戏"。例如,直到20世纪中叶,"识别"才被认为是国际私法的核心问题,克格尔在最后一次演讲中描述了马丁·沃尔夫和恩斯特·拉贝尔之间关于这个问题的争论。涉及的问题是:对冲突法中的规范进行分类的依据,是否应根据本国法(这是当时的盛行观点)、根据可能指定的法(这是沃尔夫观点——顺便说一句,我表示怀疑)抑或比较法的标准(这是拉贝尔的观点)。按照克格尔的利益说,这一问题以冲突法的利益为基础,对冲突法上的连接点规范进行了解释。⑱ 甚至在前面讨论的识别问题,也可以通过这种方法来解决,例如根据《德国民法典》第661a条"获奖承诺"的新责任归类为国际私法的问题。

期间,克格尔的国际私法利益法学理论的适用,已被人们普遍接受。即使是少数口头上仍反对他理论的人,也会在实践中适用它。

利益是法律发现和创造过程中的法律政策载体,它们存在于各方当事人、有潜在法律关系的人以及致力于维护良好法律秩序的法律社群的

---

⑯ Grundmann, Nachruf für Gerhard Kegel, ZvglRWiss 105 (2006), 117, 118.

⑰ 基础性的,参见 Kegel, Begriffs- und Interessenjurisprudenz im internationalen Privatrecht, in: Gerwig u. a. (Hrsg.), Festschrift Hans Lewald (1953), S. 259 – 288。

⑱ 对于法律思想,详见 Kegel/Schurig, Internationales Privatrecht (9. Aufl. 2004), S. 186 f., 336 – 356。

层面上。在个别情况下,政治上的国家利益可以被添加进去(关键词:"干预型规范"),但是这个可能产生问题。如果人们认识到了利益,就会对所发生的事实更加清楚。它还表明,在目前各种民法的利益法学中,即所谓的"评价法学",分离出的法律交往和法律共同的利益,必须回到利益的群体中。它们组成高于当事人个体利益的"交易利益"和"秩序利益",因为它们也属于一群的人。德国法律人群体要比中国的或法国的法律人更为关心德国法律制度没有矛盾和具有确定性。

在此基础上,格尔哈德·克格尔也成为1986年《国际私法改革法案》中一贯的推动力量。他在这个法案中,提出对双方在法律上平等即最好的连接点,并且对于当事人双方都能成为现实;如果不能实现这种情况,则是第二最好和第三最好以此类推的选择。这个主意真是天才式的,它被称为"克格尔梯级",并被纳入当时新制定的《德国民法典施行法》的第14条——尽管发生了细微的变化。这可能是他最受欢迎的想法,但绝不是他唯一的想法,这一点可以在该法中找到,他作为德国国际私法委员会有影响力的主席,实际上已参与该法的编写工作多年。

自1998年《德国民法典施行法》实施以来,受克格尔的影响变小,这一点很不幸。因此,《德国国际侵权法》在2009年服从欧盟的规定时(绝不是完美的),没有一个人不对《德国国际侵权法》混乱的新规定而感到痛惜。

克格尔对国际私法理论的另一个重要贡献就是抵御在美国发生的所谓"冲突法革命"。该革命主要是由布雷纳德·柯里(Brainerd Currie,1912—1965)发起的,其他发起人包括大卫·凯弗斯(David F. Cavers)和克格尔的朋友阿尔伯特·A. 埃伦茨威格(Albert A. Ehrenzweig,1906—1974),这是由美国法院处理冲突规范的一种奇怪和僵化反常的态度引发的。20世纪下半叶,它的威胁如同巨浪般跨越大西洋向我们涌来。这些观点在一定程度上被伪装成"冲突法中的政治学派",在当时很流行。有些人甚至提议以"所涉"法律所载混合的实体法规范作为一个整体来取代整个国际私法。

克格尔在1964年的海牙"冲突法的危机"[19]授课中强有力地反驳了

---

[19] Kegel, *The Crisis of Conflict of Law*, Recueil des Cours 112 (1964 Ⅱ), 91-268。该书的中译本参见克格尔:《冲突法的危机》,萧凯、邹国勇译,武汉大学出版社2008年版。——译注

这一切，后来又对这一主题进行了进一步的论述，例如《京特·拜茨克（Günther Beitzke, 1909—2004）纪念文集》中的《祖宗之屋与理想之屋》一文。[20] 由于这场"革命"，美国一部分冲突法依然持续的混乱状态，这完全证实了他的立场。

因此，人们很难理解，为什么克格尔的"利益"和柯里的"政府利益"是完全不同的：前者是工具，是国际私法公正裁决的"载体"；后者是运用可能的或所谓的"单边主义方法"对不同国家自身特有的法律规则分析适用的结果。当然，在某些私法条款对特殊案件的适用中，要确定或者说明哪个国家基于何种原因应该拥有此种"利益"，以及如何在缺乏或积累这样的国家利益下适用，是极为困难和复杂的。在他们的推理中，遵循这一理论的美国法院的判决是极为冗长的。

克格尔不能阻止国际私法中的一切动荡，比如所谓的"国际强制性法律"，也就是所谓的"干预条款""立即适用条款"。一些最初被隐藏的条款只是在等待打着欧洲的幌子再次出现。因此，欧洲国际私法中所称的"承认原则"只不过是已经提到（并被克格尔先生否定）的单边主义推理方式的新版本：认为自己适用的国内法才是必须适用的法律。[21] 然而，这种相互关系很少被察觉或阐明，因为一般而言，人们对法律架构的兴趣似乎会逐渐衰退。

（二）民法

现在让我们转向民法。克格尔从来没有把它从比较法中分离出来，从一开始他就从中得到了他的思想、灵感和案例。这是他在柏林的威廉皇帝研究所接受教育的结果，这在当时是很不寻常的。

与鲁普和齐格特合著的关于战争对合同的影响[22]的伟大早期著作，本质上已经具有了比较法的性质，并孕育了克格尔关于德国法律中的"行为基础"的思想的胚芽（即合同法中的情势变更）。这与拉伦茨形成

---

[20] Kegel, Vaterhaus und Traumhaus. Herkömmliches internationales Privatrecht und Hauptthesen der amerikanischen Reform, in: Sandrock (Hrsg.), Festschrift für Günther Beitzke zum 70. Geburtstag (1979), S. 551–573, englische Fassung: Am. J. Comp. L. 27 (1979), 615–633.

[21] Vgl. Schurig, Liber Amoricum Kegel(2002), S. 199–221.

[22] Kegel/Rupp/Zweigert, Die Einwirkung des Krieges auf Verträge (1941), 453 Seiten.

鲜明对比,但与当时其他主要的思想家(例如弗卢梅)的观点相同,他希望以客观的角度理解这一点。只有在"社会灾难"和类似情况下,情势变更才能发挥作用;对于合同的"小"主观基础,民法成文法规范为其提供了充分的补救措施。"拉伦茨先生,您要忠于您对黑格尔先生的诺言,把契约基础留给克格尔",这是他当时的一句话。讨论的高潮是他在1953年第40届德国律师大会上发表的伟大的专家意见。[23] 众所周知,他最终还是没能成功地实现他的想法,正如德国现行《民法典》第313条所示。哪一种方式会更好,是一件要考虑很久的事情。

在对克格尔先生的出色赞赏中,吕尔描述了他在讲课和写作中如何充分适用英美的判例法——这些判例法的事实常常听上去很荒谬,但实际上却发生了很多——以及他是如何由此开拓了一个新的思维方式。[24]例如,在英国的一个案例中,当主人离开客厅时,一名客人在客厅地毯上开枪自杀,主人要求客人对其造成的财产损失和过度惊吓进行赔偿。另一起案件中,一名游客在工厂参观时目睹一名工人发生了严重事故,并因此而患上精神分裂症。在吕尔的文章中,你也能看到,根据德国法的判决通常与盎格鲁-撒克逊法院的判决大不相同——这是一个恰如其分的评论,但不会完全满足欧洲共同侵权法行为主体的要求。

克格尔先生对哲学和自然科学的热爱也引起了其他激励人心的相互联系。他对法律中的诉讼可能性富有极大的兴趣。克格尔先生希望将斯堪的纳维亚模式和部分美国模式扩展为民事诉讼中的一种"辩证法"的裁决制度:举证责任总是落在胜诉可能性较低的当事人身上。原则上,这是一个令人信服的、合乎逻辑的想法,但在德国没有找到足够的追随者(我的一位助手在第二次国家考试的笔试部分遵循了这一模式,但他的考官们对此却知之甚少)。

另一方面,克格尔先生关于对所有权和占有权的可能性影响的文章

---

[23] Kegel, Empfiehlt es sich, den Einfluss grundlegender Veränderungen des Wirtschaftslebens auf Verträge gesetzlich zu regeln? Gutachten für den 40. Deutschen Juristentag, in: Ständige Deputation des Deutschen Juristentages (Hrsg.), Verhandlungen des 40. DJT (1953), Bd. I, Bürgerlich-rechtliche Abteilung, S. 139–236.

[24] Lüer, Gerhard Kegel und Alexander Lüderitz—Die Frucht ihres Lehrens, in: Mansel (Hrsg.), Vergemeinschaftung des Europäischen Kollisionsrechts (2001), S. 23, 24.

引起了广泛关注,这大概是因为文章美丽的标题:《野生动物、无心人和沉船》。[25]

几乎众所周知的是《论双重继承人》,这是他另一篇文章的题目。[26]由于公证人的错误,错误的人继承了遗产。实际指定的继承人是以损害赔偿的形式从公证人处获得额外的遗产好一些,还是违反继承法的规定允许他继承遗产更好一些呢?

在此,我们将以先生在民法上的大量创新性思想的几个典型例子来说明问题。克格尔先生在许多方面无疑是保守的,尽管先生并不希望看到自己如此保守。不管怎样,作为一名律师,先生在原则上并不保守,之所以保守是因为一定的惰性对于法律的发展至关重要。克格尔先生在1977年脱离了神圣的德国抽象法律原则,他认为在必要的情况下,批判是必不可少的,甚至在德国教义学的基础出现之前都不能停止。[27]维特林尔特甚至称先生为"革命学者"。[28]

(三) 比较法

所有这一切也显示了与比较法的密切关系,毫不奇怪,格尔哈德·克格尔先生也在这一领域留下了一个空白。先生以完全独立的、毫无陈词滥调的思想,对法律问题采取了各种各样的、不同寻常的方法。先生的著作《合同与侵权行为》于2002年出版,[29]当时先生已年近90岁。先生敢于挑战教条的束缚,但是并没有无视教条本身。这本著作以新的视角展示了合同法和侵权法,每读几页都会有新的关联和令人惊讶的发

---

[25] Kegel, Von wilden Tieren, zerstreuten Leuten und versunkenen Schiffen. Zum Verhältnis von Besitz und Eigentum beweglicher Sachen, in: Ficker u. a. (Hrsg.), Festschrift für Ernst von Caemmerer (1978), S. 149 - 178.

[26] Kegel, Die lachenden Doppelerben: Erbfolge beim Versagen von Urkundspersonen, in: Jakobs u. a. (Hrsg.), Festschrift für Werner Flume zum 70. Geburtstag (1978), Bd. 1, S. 545 - 558.

[27] Kegel, Obligation and Disposition. Should Dispositions be „Abstract" or „Kausal"?, in: Gesellschaft zur Förderung der wissenschaftlichen Zusammenarbeit mit der Universität Tel-Aviv e. V. (Hrsg.), Beiträge zum deutschen und israelischen Privatrecht (1977), S. 103 - 130; deutsche Fassung: Verpflichtung und Verfügung. Sollen Verfügungen abstrakt oder kausal sein?, in: Flume u. a. (Hrsg.), Internationales Recht und Wirtschaftsordnung. International Law and Economic Order, Festschrift F. A. Mann zum 70. Geburtstag (1977), S. 57 - 86.

[28] Wiethölter, FS Kegel (1977), S. 263.

[29] Kegel, Vertrag und Delikt (2002), XII+148 Seiten.

现，这在一定程度上是由于对英国合同法如何从侵权法中衍生出来的深刻洞察而引发的。

他以前的学生回忆起先生在课堂上让他们多次"看到光明"，他们受到很大的激励。在本文中提出的作为终生反思成果的比较法，是当今无与伦比的比较法，是一个典型的普遍法，它尊重存在的差异，并在发现差异的地方建立联系。这项工作的另一项专题性工作已经完成，并在先生逝世后发表。[30]

当然，与以前相比，今天比较法在各地都很流行。从某种意义上说，国内法的壁垒已经逐步被打破，这也许会让先生感到欣慰。但与此同时，欧洲政治的壁垒却逐步加强，而且一旦国内法主导了这个中心，它就变成了现在所谓的"泛欧洲民法"。然而，仅仅是通过忽略其他非欧洲司法权的比较及欧洲以外法律体系的匹配，许多欧洲普通法律原则被神圣化。一些作者甚至想把过去200年的法律发展当作"糟粕"清除掉。这样做可以让人们或多或少地从任何特定的法律秩序中找到相似之处，只要人们概括足够充分的话。这肯定会提供一些根本性的见解。但今天，只有少数人追求这种知识，大多数人的目标是建立某种现存的"泛欧洲法"体系。例如，出于这些原因，人们也会在绝大多数非欧洲法律体系中发现"欧洲合同法原则"，只要它被用于比较。难道说"欧洲原则"遍布世界各地？

如果更深入研究，其结果便是一部浩如烟海的著作，从《欧洲共同侵权法》中可以看出，事实上，这是欧洲现行的侵权法的比较，这无疑是值得赞赏的。[31] 如果在某种程度上确实存在一个同质的"欧洲侵权法"，其数量可能会少得多。

格尔哈德·克格尔先生从来不会参与到一个有政治动机的"欧洲化"比较法的研究之中。任何限制思想的行为都令先生作呕，先生就像新的"欧洲人"一样，克服了国民性。可悲的是，现在看来，呼吁建立

---

[30] Kegel, Vermögensbestand, Vermögensherrschaft, Vermögensschutz, in: Luig/Mansel (Hrsg.), Abhandlungen der nordrhein-westfälischen Akademie der Wissenschaften, Bd. 119 (2008).

[31] Vgl. von Bar, Gemeineuropäisches Deliktsrecht, Bd. 1 (1996), Bd. 2 (1999).

一个普遍适用的国际法理论，似乎已不再是大势所趋。正是因为这个原因，我们失去了克格尔先生在他的著作中始终散发出的启蒙思想。

三、出身与个性

请允许我回忆一下克格尔先生的一些人生往事，这与这位学者是分不开的。

先生的人生道路，从家乡马格德堡，到柏林的法学研习和法律培训生阶段，再到威廉皇帝研究所的研究助理，其间与恩斯特·拉贝尔邂逅并历经战争，一直到科隆大学开展其学术生涯，没有人比先生本人更了解这一切，尤其是先生1997年出版的回忆录《幽默与谣言》中清晰地记录了这一切，㉜ 遗憾的是，不知为何该书早已从市场上消失。1945年，先生来到科隆大学。1950年，他成为全职教授，并建立了他的国际私法和外国私法研究所，该研究所主要在蒂森基金会的支持下不断发展壮大，最终与其他国际法研究所一起进入了一个享有盛誉的新殿堂。

顺便说一句，在克格尔先生的回忆录中，他的学术同事，特别是最近的同事，普遍受到先生的宽容对待，这可能会让那些对他有更深了解的人感到惊讶。总的说来，这些记忆塑造了一个幽默、诙谐、博学、正直的学者形象。克格尔先生不需要掩饰或隐藏他生命中的任何阶段（众所周知，不是所有的同龄人都能自称如此）。先生总是尽职尽责，勤勉自律，从不拒绝教师应有的职责。对于他的学术工作，先生退居到艾菲尔山（Eifel），《泽格尔德国民法典评注》第1版及他的教科书第1版都是在那里的一个棚屋里完成的。后来它被改造成了一间平房，在他晚年，他还在家里散养了16只小猫。

对于克格尔先生，没有人会说"哪怕就一次，我都想看看生气的克格尔"。㉝ 克格尔先生从不否认他难相处的性格，㉞ 但对于他的同胞们，先生总是彬彬有礼，和蔼可亲，乐于助人，尽管也总是保持一定距离。

㉜ Kegel, Humor und Rumor (1997), 211 Seiten.
㉝ 参见本书关于拉贝尔的文章。
㉞ 前引1。

他对每一份寄给他的出版物均表示感谢，并总是以赞美之词让相关的作者感到无比喜悦。先生通常表现出非凡的宽容，但先生肯定也会在偶尔的讽刺中批评一番，特别是当问题的根源受到影响或先生感觉到自己无能为力的时候。然而，这种情况往往无法立即发现，只能对先生的评论进行多次反思后才会醒悟。先生的话经常听起来很讽刺或是自嘲，这虽然是事实，但并非总是如此。有些话的意思显然比听起来更为严肃，然而，在某种程度上，这种特质使先生无懈可击，被批评的人的反应大多是被逗乐而不是被激怒。

先生对自己的学生要求很多，但也给了他们很大的自由。获得教授任用资格的人，"必须自己奔走"。

即使是先生20世纪60年代的叛逆学生——根本不讨先生喜欢的人——也承认，先生是科隆大学独一无二的"绅士"。在先生的回忆录中，这段时间过得相当轻松（大约两页）。[35] 然而，他担心大学研究的衰落。[36] 这在那时还是可以避免的。但不幸的是，现在的时代告诉我们，即使是老牌的政客，也能导致学术研究的衰落，这个时代没有学生会打着"提高德国大学国际竞争力"的旗号群起反抗。

此外，先生在书中指出，他的一位助手[37]"以毫厘之差……成为该大学的校长"。我不会说他谈论的是谁，只要不是我就够了。

先生在写作或评论中的用词技巧是传奇式的，他在作品中喜欢简洁明了的句子，在法律研究和生活中也是如此。

当我还是一名年轻的助理时，我曾有机会作为会议记录人陪同先生参加德国国际私法委员会的会议，随后我坐在了那张显赫的午餐桌旁。其中一个较年长的先生——我和他在同一个房间里待了整整一个上午——误把我当成了服务员，问我鱼是怎么做的。克格尔先生对那人说，他怎么会知道怎么做的。随后克格尔先生安慰我，告诉了我一个著名的拉普先生据说在他自己的婚礼上被误认为是服务员的趣事。

先生向学生提出的问题中的事实往往极其简练，但令人担心：仅仅

---

[35] 前引32，第155—157页。
[36] 前引32，第156页。
[37] 前引32，第156页。

靠死记硬背获得的知识本身并不能保证成功。"放弃所有的幻想和期望——一位诚实的克格尔先生"曾经在一项书面工作中留下了一张纸条，故事即开始了。先生痛恨所有超出其实质意义的"法律术语"。因此，他重新起草了《德国民法典》第1条，法律原文是："人的法律行为能力始于出生。"克格尔先生将其修改为"一个人一出生，他就会变得合法"。先生用自己的智慧刺破了语言的泡沫结构，让它们消失殆尽。他在关于文格勒的国际私法书评中，引用了一个德语表达非常复杂的句子，然后说"用德语，应该如此表达……"。

先生话语的背后始终闪烁着智慧的光芒，如同他镜片下散发着智慧光芒的双眸，认识他的人都不会遗忘他。

四、结语

最后，我想回到先生演讲时的一句半讽刺的话。先生向我们这些学生介绍了他的恩师拉贝尔的思想，并评价他为"本世纪最伟大的法学家"，先生眨眼示意，"也就是说，还没有完全结束，我还有机会"。

先生是否实现了他的目标以及实现的成就好坏要由每个人独立判断，请记住先生的告诫："站在你的英雄面前，你可能觉得他有点太伟大了。"我会克制自己，但先生肯定已经接近这个目标。

附录

一、克格尔的作品中译本

格尔哈德·克格尔：《冲突法的危机》，萧凯、邹国勇译，武汉大学出版社 2008 年版。

二、关于克格尔的中文文献

词条"凯格尔(Kegel)"，余先予主编，《国际法律大辞典》，湖南出版社 1995 年版，第 314 页。

邹国勇：《克格尔和他的国际私法"利益论"》，《比较法研究》2004 年第 5 期，第 145—155 页。

杜涛：《德国国际私法——理论、方法和立法的变迁》，法律出版社 2006 年版，第 385—424 页。

杜涛：《利益法学与国际私法的危机和革命——德国国际私法一代宗师格尔哈德·克格尔教授的生平与学说》，《环球法律评论》2007 年第 6 期，第 63—74 页。

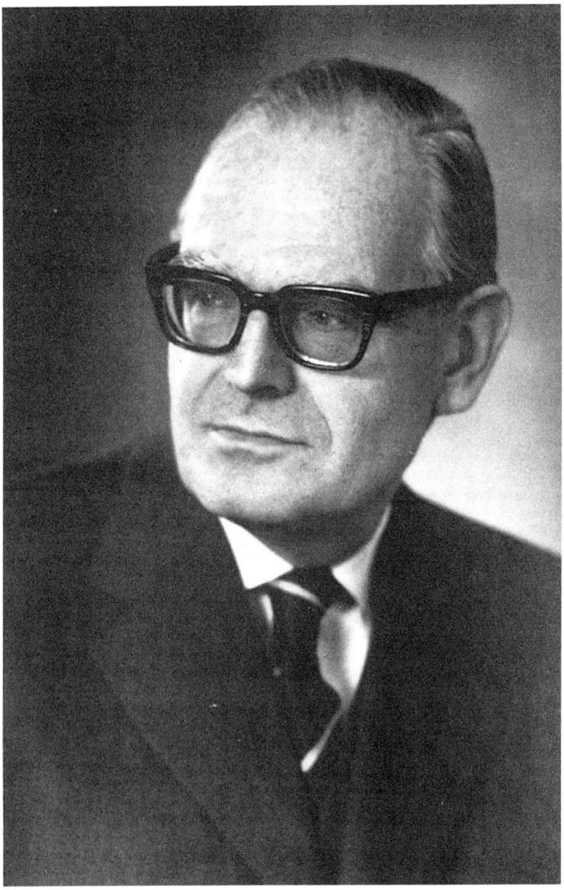

赫尔穆特·科英
(Helmut Coing, 1912—2000)[*]

目 次

一、生平简介 / 156

二、学术贡献 / 158

 （一）法哲学 / 158

 （二）法律史 / 160

 （三）欧洲法律史 / 162

 （四）法律史学说 / 163

 （五）诠释学 / 164

 （六）法律史的阶段 / 164

 （七）欧洲近代私法史渊源与文献手册 / 165

 （八）欧洲私法 / 166

 （九）教育 / 167

 （十）实在法的教义学 / 168

三、结语 / 169

---

[*] 作者简介：〔德〕克劳斯·卢伊格（Klaus Luig，1935）系德国科隆大学法学院荣退教授，法律史和民法学者，曾任科隆大学的民法、罗马法和近代私法史教席的负责人。本文是作者2007年2月1日在柏林洪堡大学的报告。

本文的脚注均为译者注，不再一一注明。关于赫尔穆特·科英的罗马法和私法史研究，参见傅广宇：《赫尔穆特·科英与欧洲私法史》，《比较法研究》2012年第4期，第125—133页。关于赫尔穆特·科英的法哲学作品及其书评，参见赫尔穆特·科英：《法哲学》，林荣远译，华夏出版社2002年版；舒国滢：《古典个人自由主义的法哲学重述——评赫尔穆特·科殷的〈法哲学〉》，《清华法治论衡》2000年第4辑，第500—504页。

一、生平简介

如果提到 20 世纪下半叶的法学大师，赫尔穆特·科英是一位绕不开的人物。科英的首要贡献在被他自己视为法学基础学术研究的领域，即法律史、比较法和法哲学。同时，他对法教义学也不乏重大贡献。此外，在大学管理和学术组织的核心任务领域，科英的巨大功绩远远超出了法律范畴。

赫尔穆特·科英于 1912 年 2 月 28 日出生于德国的策勒市(Celle)。父亲这一脉的先祖是法国 16 世纪胡格诺派新教徒的难民，逃亡到德国，后来入籍德国。科英的父亲是军官，并战死在第一次世界大战中，所以，他在叔叔家长大。科英的同学和朋友也就是后来德国国防部将军的乌尔里希·德梅齐埃[①]在自传中记录了科英的中小学时光。据德梅齐埃回忆，科英是一位非常优秀的学生，也是一个积极参与学校事务的学生。比如，科英原本应该在高中毕业典礼上发言，但因科英示威反对学校的一些不公平的措施，发言的机会被学校剥夺了。

科英的爷爷是策勒市高等法院审判委员会的主任，曾被哥廷根大学授予荣誉博士。因此，不难理解科英选择在大学学习法学，并且最终在基尔大学、慕尼黑大学、哥廷根大学和法国里尔大学完成法学专业的学习。1935 年，23 岁的科英作为沃尔夫冈·昆克尔[②]的门生，在哥廷根大学完成题为《1587 年法兰克福的改革及当时的共同法》的论文，[③]获得博士学位。随后一年的自愿军服务，使他摆脱了对纳粹政权的迁就。1938 年，他完全是借助档案材料，在法兰克福大学完成了教授任用资格

---

① 乌尔里希·德梅齐埃(Ulrich de Maizière，1912—2006)，曾任德国陆军上将，其子托马斯·德梅齐埃(Thomas de Maizière，1954)曾任德国国防部部长和内政部部长。德梅齐埃的先祖是法国 16 世纪胡格诺派新教徒的难民，逃亡到德国并在德国入籍。

② 沃尔夫冈·昆克尔(Wolfgang Kunkel，1902—1981 年)，德国罗马法学家、法律史学家，以对"罗马法"和"罗马法史"的研究闻名于二战后的学术界。其代表作有《罗马法学家》(Die römischen Juristen，1967 年第 2 版)、《罗马法》(Römisches Recht，1987 年第 4 版由 Honsell、Mayer-Maly 和 Selb 三人修订)、《罗马法史》(Römische Rechtsgeschichte，2005 年第 14 版由 Schermaier 修订)。

③ Coing, Die Frankfurter Reformation von 1578 und das Gemeine Recht ihrer Zeit, 1935.

论文《美因河畔法兰克福对罗马法的继受》。④ 当时，科英是埃里希·根茨默尔⑤的助理，从他那里科英受到激励，去研究近代的欧洲法律史，这后来成为科英最为重要的研究领域。

科英在他的教授任用资格论文中，论述了罗马法是如何渐渐渗透到帝国城市法兰克福的地方刑事法院（Schöffengericht）的判决中。"共同体法"一词于1482年首次被一位刑事法官引用。1503年，罗马法的胜利已成定局。例如，法院的档案材料中突然出现了罗马法中"伤害之诉"（"*actio iniuriarum*"）一年时效或《查士丁尼法典》中担保人的"先诉抗辩权"（"*beneficium excussionis*"），这是非常有意思的。

早在1940年，科英就已成为法兰克福大学的终身教授。战争刚开始时，他就被征召入伍。战争结束后，他作为预备役的军官，被关押在战俘营中。在战争期间的1941年，科英与克内奇女士完婚。在他的学术成就中，克内奇给予了他很大的帮助和支持，在他的生日聚会上，他总是强调这一点。他们的女儿马伽于1946年出生。1948年，科英被聘为法兰克福大学的民法和罗马法以及后来的法哲学教授。

后来科英收到了很多的大学教授聘任的邀请，但他还是留在了法兰克福大学任教。法兰克福市为此授予他歌德奖章，这座城市的精神和地理位置使它成为科英最重要的活动中心。他担任过法兰克福大学法学院的院长；1955年至1957年，他担任约翰-沃尔夫冈-戈伊特大学的校长及"西德大学校长联席会议"的主席；1958年至1961年，科英是德国科学委员会⑥的奠基人和主任；后来，他又担任弗里茨·蒂森基金会、维尔纳·赖默斯基金会及格尔达·汉高基金会的管理委员会和顾问委员会的负责人。

1964年，科英创建马克斯·普朗克欧洲法律史研究所，领导该所直

---

④ Coing, Die Rezeption des römischen Rechts in Frankfurt am Main, 1938.
⑤ 埃里希·根茨默尔（Erich Genzmer, 1893—1970），罗马法和民法教授，其博士论文和教授任用资格论文均在柏林大学完成，曾在法兰克福大学和汉堡大学担任教授，他是巴伐利亚州科学院院士。
⑥ 德国科学委员会（Wissenschaftsrat）是德国最为重要的学术政策咨询机构之一，它为联邦政府和各州政府提供有关高校、科学和研究的咨询。该机构于1957年创立，赫尔穆特·科英担任第一任主席。

到他1980年退休。在他担任该所所长期间，他还担任马克斯·普朗克研究所（总所）的学部委员，后来成为该所人文科学学部的负责人。1978年至1984年，他担任马克斯·普朗克研究所总所的副所长。

在科英所属的委员会中，不难想到让他主导谈判是一个更好的主意。没人能够像科英一样公平和耐心地主持会议，在会议中评价、整合不同观点，并最终准确地引导每个人作出他刚进入会议室就想好的决定。

科英在领导研究工作的过程中，给每个研究员自由的空间。他不对任何人发号施令，但十分支持他们的工作。他的自由主义的态度，培养了一大批研究方向并不相同的门生，他们有完全不同的研究领域，走上完全不同的职业道路。

科英的举止有时会导致他人指责他冷漠——我想这种认识是错误的。科英对他在大学里那些优秀的学生很尊重，与他人保持距离并不代表不感兴趣和漠不关心。他很关心那些研究人员的福利，例如，在他那个时候，欧洲法律史研究所的薪水在马克斯·普朗克研究所所有的人文学科中最高。

他对学术的贡献及他对上述所有任职所遇到的相关困难而付出的努力，得到了认可。科英不仅被法国里昂大学、法国蒙彼利埃大学、奥地利维也纳大学、比利时布鲁塞尔大学和英国阿伯丁大学授予荣誉博士，而且意大利政府授予他"意大利之星"系列勋章中的指挥官勋章。他荣获法国荣誉军团军官勋章和联邦德国大十字勋章及"科学艺术功勋"总理勋章。另外，科英还担任巴黎、罗马、米兰、博洛尼亚、伦敦、哥廷根和慕尼黑研究院的院士。

二、学术贡献

（一）法哲学

1."重建自然法"

科英以法律史学者的身份开始他的学术生涯，并终身以法律史研究作为第一要务，但在他完成博士论文和教授任用资格论文后，就跨越法律史的界限，附带地研究法哲学和现行的法律制度。

1947 年，亦即二战后新创《法学新周刊》之年，科英发表了一篇题为《帝国法院裁判针对"善良风俗"概念的一般法律原则》的论文。[⑦]在这篇论文中，科英提出"私法交往中所有参与者力量相当"的原则。这篇论文也充实了 1947 年出版的《最高的法律基本原则》[⑧] 一书里的观点，该书的副标题是"重建自然法的尝试"。凭借该书，科英成为战后自然法复兴运动的"代言人"之一，这也是法学家对纳粹时代非正义法律进行抗争与反思的回应。科英有着"重建"自然法的发言人形象，他总是有能力比别人更清楚地洞见重建自然法时学科可能涉及的问题或任务，并比别人更清晰准确地将它们表达出来。他具有这种能力，并不是因为他有特别的洞察力，而是因为他有更好的精准表达能力，他能精准无误地观察历史，抓住现象发展的本质。值得提到的，是他在寻找"法官适用违背自然法的刑事责任"这一问题的答案。具体而言，是依据自然法的刑法规则对在纳粹执政期间将叛国者判处死刑的法官进行惩罚。科英对此的结论是：法官需要去适用不公正的法律，因为如果他不遵守规定的话，他同样将自己的生命置于危险之下。科英认为，法官有权拒绝，甚至有义务这样做。但自然法并不寻求对那些不运用自己反抗权利和因此违背他们反抗的道德义务的人施加惩罚，理由是：没有哪种道德训诫会要求对这些违背道德义务的法官施加惩罚。科英在 1965 年的一场报告中更加详细地阐释了上述观点，并且反驳了对他"庇护纳粹罪行"的指责。

2. 实质的价值伦理

科英在法哲学领域最重要的一部作品是《法哲学》一书，[⑨] 此书从 1959 年到 1993 年共发行五版。在书中，科英追随马克斯·舍勒（Max Scheler, 1874—1928）和尼古拉·哈特曼（Nicolai Hartmann, 1882—1950）

---

⑦ Coing, Allgemeine Rechtsgrundsätze in der Rechtsprechung des Reichsgerichts zum Begriff der „guten Sitten" (§ 138, § 826 BGB), NJW 1947/48, 213 ff.

⑧ Coing, Die obersten Grundsätze des Rechts, Schneider, Heidelberg 1947.

⑨ Coing, Grundzuege der Rechtsphilosophie, 5. Aufl., 1993. 该书的中译本，参见赫尔穆特·科英：《法哲学》，林荣远译，华夏出版社 2002 年版。

的脚步，探索了"价值是客观确定的，是理性可识别的"这一最高原则。科英在众多场合下强调，最为重要的价值是人类尊严、个人自由、法律面前人人平等、法律人格、生命和健康、荣誉、财产、隐私、言论自由、艺术创作自由、信仰宗教自由、受教育的权利及结社自由。这种法哲学受到的批判，与其说是由于它的内容，不如说是由于它的方法，即通过研究来确定价值的内容。批判的点是借助科学能够研究价值伦理的内容。科英历史导向的研究，清晰地说明在现实中什么是他所理解的"理性地确定价值"，对此他从未动摇过。

（二）法律史

1. 法律史的时代

就科英而言，很明显，他是对现行法感兴趣的教义学者，同时又以法哲学家的身份改良现行法，自然也不得不研究法律产生、变迁或发展中的历史。带着"在德语区法律制度中将更生动的文化法律传统带给更多的读者"的想法，科英在1967年完成了《法律史的时代》——一本简明介绍自中世纪以来德国法的发展与变迁的法律史著作。[⑩]

这本著作的一个极成功之处在于科英能够在书中非常简洁地解释史实，运用恰当的例子来进行说明，以至于任何一个感兴趣的读者，至少是任何一个感兴趣的法律人读者，都能理解法律史中各种错综复杂的关系及进程。在这些错综复杂的关系及进程背后，其实都有一个"体系"可以探寻。科英不仅对"说好历史"感兴趣，而且更加注重借助历史的帮助去展开对"体系"更深层次地洞察。他的历史观是由"法律义务"所塑造的。科英曾谈到，法律的职责就是维护人类社会生存的尊严，而这一任务只有在基本的道德价值观得到良好呵护的前提下才可能完成。对科英而言，社会现象分为两类，一类是历史随机造就的，没有太大的意义；而另一类则是具有历史意义的现象，这种现象应当被保留并延续下去。存在的事物并不是因为其无懈可击而存在，人不得不去控制事物消失或改变的进程。科英的法律史并不仅是对过去的法律的现实描述，

[⑩] Coing, Epochen der Rechtsgeschichte in Deutschland, 1967.

更是对他所捍卫的原则的命运的解读，以及在特定历史社会中实现这些原则的可能性的证明。从这个角度看到的历史，则成了一种对过去积极经验的回溯。科英这种对历史的探索，扩大了我们看现今仍存疑惑之问题的视角。尽管如此，法律史的目标并不是说服，相反，它让人们看到了对法律具体设计的机会和风险。

明白科英的这些态度后，就不难理解，对于作为历史学家的科英来说，启蒙时代是和19世纪公民革命紧紧联系的。在科英的历史中，那些通过酷刑或巫审、剥削或摧残、征服或世界大战来控制社会的失败的尝试被置之次位，而更重要的则是那些通过法律作为中介，协调个人之间、个人与国家间关系，从而建立和平与稳定的成功的尝试。对科英来说，法律史也是法律文化的历史，它与广义上的文化历史与思想历史紧密相关。当然，这并不意味着科英对那些失去了最初内涵却延续至今的法律规范和制度不感兴趣——规范和制度必须放在当时的价值体系之下去评价。另外，这些规范制度也是重要的基础，后人总是在先人的基础上不断建设。

科英认为，任何时代的法律都只是寻找如何在永恒的、基于道德原则建立正义的体系的解决方法的具体化尝试，如果法律人选择"研究"这一问题，那么就意味着他在尝试应用科学及人文的方法、带着社会科学的目标去理解法律。

2. 权利

科英对法律史作用的理解，主要体现在他1959年的一篇文章《历史上的权利概念》[11]中。当时，他正开始设想马克斯·普朗克欧洲法律史研究所的计划。他认为，德国应当有一个专注于研究现代法和比较法的历史基础的马克斯·普朗克研究所。这篇文章被恰当地放在了《拉贝尔杂志》里。该期《拉贝尔杂志》由比较法的"姐妹研究所"（即汉堡马克斯·普朗克外国与国际私法研究所）时任所长康拉德·茨威格特[12]作

---

[11] Coing, Zur Geschichte des Begriffs „Subjektives Recht", 1959.
[12] 关于康拉德·茨威格特，参见茨威格特、克茨：《比较法总论》，潘汉典等译，中国法制出版社2017年版，第58页；杜涛：《德国比较法学家康拉德·茨威格特的生平与学说》，《德国研究》2005年第1期，第41—42页。

序,夸赞科英的报告"发现了一个真理,发现了一个真正的基于现有的事实关联"。

科英做研究的一个前提是法律史和比较法互相依存。关于这个前提,科英是指设在德国汉堡的马克斯·普朗克外国与国际私法研究所当然对比较法做了大量的研究,然而,这种研究不能不涉及法律史的内容,也因此最终需要一个整合研究比较法和法律史的马普所。对科英来说,这种整合研究并不只是因为法律史和比较法给无数相似的问题带来了解答,就像是一个"宝藏"一样,还因为纵向对比可以和横向对比互相补充。科英认为,我们应当理解通常的比较法所研究的法律制度可以和法律史的视角平行,并且二者可以成为共同的历史的组成部分。这样的理解十分重要。因此,按照科英的观点,如果不了解法律体系之间的共同根基和互相认同,就不应试图对法律制度进行比较。

在描述权利概念的科学历史时,科英得出了一个结论:权利概念的出现,是作为社会自由哲学的表达,这种自由哲学认为法律制度的主要目标应当是维护个人自治。但随之科英也制造了一个难题——在进行任何所谓"基于历史的研究"时,人必须(对研究的知识)形成自己的判断,即判断所研究的某种知识究竟是否是经过历史发展的思想过程所带来的。这个问题再加上研究的知识可以共同确认权利概念是否得以证明。当然,从科英的哲学角度看是可以证明的。至于个人权利方面,科英认为,私法就是对社会中个人独立自由的保护。因此,科英所追求的"思想的伟大历史演变"——用茨威格特的话说——就是"发现了一个真正的基于现有的事实关联"。

(三)欧洲法律史

在私法领域谈论欧洲法律史,常会听到一句流行语——"从博洛尼亚到布鲁塞尔"。科英也曾用此语作为他 1952 年做的一个杰出的报告的标题。在这个报告中,科英分析了库尔提乌斯的《欧洲文学与拉丁中世纪》[13]。科英说,"欧洲法律史的理念是与欧洲文学史的基本思想相符的"。

---

[13] Curtius, Europäische Literatur und lateinisches Mittelalter.

在无数国家的无数场报告或演讲中，科英不断推行他的欧洲法学的"过去、现在和将来"合一整体的概念。从科英的角度看，在未来发展欧洲的法律时，应当对于现在和过去的欧洲法有所"记忆"，当然，"记忆"并非"倒退"。有关这一概念的最精炼的论述体现在意大利比较法学者莫诺·卡佩莱蒂（Mauro Cappelletti，1927—2004）[14]于1978年主编的《欧洲普通法的新视角》中的一篇文章。科英在这本书中的文章开头写道：

> 在欧洲更大程度统一的过程中，法学做出的一个可能的贡献是使我们认识到欧洲国家有共同的丰富历史传统。因此本文的目的是分析该遗产形成的现有条件，并且展示这些历史知识的使用能够使将来的道路更加便捷。

最后，科英一直相信，欧洲人应当记住自己是在欧洲共同法的保护之下，记住这些可以让欧洲人在未来发展欧洲人共通的真理时更有勇气。

（四）法律史学说

在《法律史学者的使命》[15]一书中，科英明确地指出，法律史是"全部历史研究中不可或缺的一部分"，现代的法律史学者也应当有着在全部人类生活的表达中找寻法律史的目标。同样，这篇论文也奠定了科英探寻应用法律史的坚实的理论与方法基础。科英相信，"法律史可为当下法律的解释提供帮助"，特别是在"发现历史上不断重复出现的问题和解答"的比较历史的研究中，这一点尤为真切。这篇论文中另一个重要的观点是，通过民法传统和普通法传统中的教会法，可以发掘出比人们普遍认为的更多的共性。

无论科英的法律史多么注重强调它和历史学的亲缘，在根本上也是应用法律史，一种对现代的法律应当具有意义的法律史。

---

[14] 卡佩莱蒂中译本专著，参见莫诺·卡佩莱蒂：《比较法视野中的司法程序》，徐昕、王奕译，清华大学出版社2005年版；莫诺·卡佩莱蒂：《福利国家与接近正义》，刘俊祥主译，法律出版社2000年版。

[15] Coing, Aufgaben des Rechtshistorikers, Wiesbaden 1976.

(五) 诠释学

法律史的方法论基础是诠释学，因此，正如历史一样，科英的法律史必须把过去时代的证词理解为具有自身意义的人类生活的表达。基于这个认识，科英对诠释学也进行了研究。该研究以典型的科英方式，提供了一个完美的关于法律解释方法和一般诠释学的历史和体系化的概述。科英以艾米利奥·贝提（Emilio Betti, 1890—1986）为榜样，提出法律解释方法从诠释学中的一般规则中应当获取什么的问题。答案是一般诠释学的五个要点，即"客观性""体系基础上的统一性""历史的起源和客观起源的解释""客观意思的解释"和"比较"，它们都对法律解释有意义。与此相关的观点是，解释的过程是论题学的，而不是演绎的过程。当然，按照科英的观点，法学与论题学不同之处在于与诸如文学相比，它的目标永远都是适用，都是以在个案中作出公正裁判为目标。

(六) 法律史的阶段

1. 中世纪罗马法

对中世纪法律史进行强化研究的第一批成果，出现在科英为研究"中世纪罗马法"（Ius Romanum Medii Aevi, IRMAE）的国际研究组织所编纂的文献中。1964 年，科英为这项研究贡献了《罗马法在德国》卷。[16] 在这卷文献中，科英描述了罗马法的思想是如何产生的，以及这些思想在德国的法律实践中基本没有改变，直到霍亨斯陶芬王朝结束。罗马法的渗透，是罗马规范法存在于法律教育的结果，这种罗马规范法的法律教育首先出现在意大利和法国，从 14 世纪下半叶开始，也在德国开始普及。教育的结果是最初只服务于教会的一群律师，后来则只服务于后起的城市和地区。之后，德国的法律文献才得以发展。

2. 统一欧洲法学

科英还有一篇题为《欧洲法学最初的统一》的文章[17]，讨论了 18 世

---

[16] Coing, Römisches Recht in Deutschland, Giuffré, Mediolani 1964.
[17] Coing, Die ursprüngliche Einheit der europäischen Rechtswissenschaft, Steiner, Wiesbaden 1968.

纪结束以前，解释罗马法和教会法的文本中"书名理由"（"*ratio scripta*"）的一个被广泛实践的方法。在一些涉及近代初的书中，也即科英强调不多的民族国家法律制度发展早期，有一个最初的、相当原始的"早期人文主义"和后来的自然法思想。在此之后，通过18世纪后期的法典编纂运动，统一问题得以解决。最后，适用于许多欧洲国家的《法国民法典》也影响了法理学的统一。另外，学说汇纂法学被视为一项泛欧方案。19世纪初在法律中出现的新问题随后被提出，但在很大程度上还是以比较法的方式通过立法解决。

（七）欧洲近代私法史渊源与文献手册

上面介绍的各种新发展都是在科英领导的《欧洲近代私法史渊源与文献手册》[18]（以下简称《手册》）下进行的，这也是1964年建立马克斯·普朗克欧洲法律史研究所的主要任务。

该项目的基本思想是"近代欧洲的法律史作为一个统一的研究领域"。这一主题是1965年11月由科英在聚集了所有在马克斯·普朗克欧洲法律史研究所外国科学顾问委员会上有席位的欧洲国家的学者所开的第一次会议上提出的，并且在该研究所第一个出版物上以《共同体法》为题出版。

《手册》涵盖了从中世纪到19世纪末这一时期的内容。规划手册的计划是由编辑科英提出的，科英同时也是该手册的主编。作为手册的作者之一，他撰写了手册工作计划的介绍部分，并对各个时代的法律发展的一般思想史和社会历史基础以及欧洲大学的法学教育的章节进行了评述。对科英来说，他自己是一位热情而鼓舞人心的教师，法学者们往往对自己曾经接受法学教育的地方——法学院有着特殊感情，欧洲法律文化也是由大学传承的文化。如果人们希望未来可以更为进步地制定欧洲法律，就有必要以科英的信念为基础。最终，在研究所的研究人员和来自欧洲其他国家的50位作者的帮助下，该手册计划以三卷和多个分卷的形式得以实现。

---

[18] Coing (Hrsg.), Handbuch der Quellen und Literatur der neueren europäischen Privatrechtsgeschichte, Frankfurt am Main 1973.

（八）欧洲私法

1. 教义史

科英自始就把实体的规则和规范的历史，即私法教义学史，视为研究所最为重要的任务，可以把他在退休阶段撰写的两卷本《欧洲私法》[19]看作是他法律史作品的锦上添花之作。自维亚克尔将他的《近代私法史》看作是"法学意识"历史以来，这种教学历史一直被认为是该学科的迫切需要。

2. 政治原因

值得注意的是，科英在他的《欧洲私法》序言中声明，虽然他的写作坚持了诸多科学原则，但在他写作《欧洲私法》时也带有"非科学"的政治原因。科英说，我们生活在欧洲法律趋同和统一的时代，有必要唤醒人们关于共同法律传统的记忆并维持其活力。也因此对于科英来说，将恢复不幸中断的共同的法传统作为调和欧洲法律的必要部分与将其视为挑战前所未有过的欧洲各国法律分立发展的烦琐尝试是完全不同的，且在本质上不同。在呼吁共同的历史时，当然还没有找到统一欧洲合同法的良方。但这并不重要，正如科英总是强调的那样，欧洲法律统一的问题首先是研究和教育的问题。因此，他的教义历史的研究，不应仅仅是对过去法律的叙述，更重要的是如何在法律史和适用法律之间建立不可或缺的教义学联系。

3. 来源

从居雅士（Cujas）到维纽斯（Vinnius）和莱泽（Leyser）共计约 24 位伟大的法学家的体系和评注中，科英得到了《欧洲私法史》1800 年之前的材料。这些伟大的法学家的作品在所有的大学大型图书馆和国家最高法院都能找到。

科英所用的一个基于欧洲司法制度历史与文献作为资料的研究方法的前提条件是：每个时代走在前沿的法学家们对他们时代的问题有着准确的直觉，并且他们做了很多工作试图解决这些问题。如果这个前提是准确的，那么，对于一个想要研究某时代法律历史的学者来说，从文献

---

[19] Coing, Europäisches Privatrecht 1800 – 1914, München 1989.

中抽取那个时代最领先的法学家作为研究方法是不是就可以了呢？答案是只有当有了全局观，能够看到那时的法学家是如何实践法律，看到法官和法院在执行法律时的成功、失败，甚至错误的时候，这种研究方法才算完整。

4. 继受

科英就诸多教义学历史主题做了大量工作，以用在他的《欧洲私法》中。这些主题包括诸如"违反善良风俗""虚假交易""权利""人格权"和"人权""信托""继承法"及"诉讼"等。这些都清楚地表明，继受法律的科学基础并不是人们普遍观念所认为的那样，即这种"继受"改变了法律人的思维方式。相反，用科英的话来说，这种继受是指在获取罗马法渊源的过程中，科学化成为这个过程的一部分，科学有一席之位。

5. 方法和体系

科英的《欧洲私法》当然也讨论了方法论、法律渊源学说和法律适用、哲学和自然法、体系、解释、科学和法官法的地位，以及法律史和比较法的原则及其相关关系的问题。尽管人们经常对科英研究主题的成就表示钦佩，但对于科英来说"体系"更加重要。对他而言，体系作为法律规定的内在逻辑是重要的并且不可或缺的，人们不应该将体系简单地视为可推导的事实。这也是现代法学从萨维尼那里学到的东西。因此，科英认为从欧洲私法中看到19世纪学说汇纂体系并没有什么困难。

（九）教育

"法律由人民的意志而存在"，但如果没有为之服务的人民，法律就不能发挥作用。因此，法律人及其教育、活动以及法律人如何融入其职位，是科英工作的另一个关注点。对这一主题的关注始见于他的教授任用资格论文，该文的第五章详细描述了"法兰克福的继受者"。有关教育主题的讨论在其他许多论文中也有继续，在许多法学院教学计划的"手册"中，教育主题作为专门篇章出现，还有许多专门讨论这个主题的课程和讲座。

（十）实在法的教义学

1. 信托

（1）"双重解释"

1973年，科英作为一名法教义学者，带着他的信托学专著投向了他最喜欢的研究方向。科英从最初只有纯粹的、实践的、没有任何法学理论基础的以案例法形式存在的信托着手，发展出一套可以从政治经济原理角度出发发展独立规则的信托法理论体系，并且，这套体系可以用来对现有的信托法进行批评，也可以用来对未来的信托法作出展望。在他的信托专著中，他列出了什么是他真正希望的从法律史中得到的东西，他写道，他的目的是"让人们意识到个别规则最初是怎样出现的，又为什么出现"，以及回答"用这些发现仔细检视，人们可以在多大程度上进一步发展存在的规则？这些规则在多大程度上仍然适用于给定的问题？它们在多大程度上可以被视为历史的随机结果，因此和今日现实不再相关？"等问题。

当立法者和法律制定至高无上的神坛开始崩塌之后，科英带着他的《信托手册》[20]回归了欧洲法律人使用了几个世纪的传统方法，即通过对既有决策进行"双重解释"（"duplex interpretatio"）来识别、讨论"理性决定"，并让"理性决定"成为未来决策的基础。至于"双重解释"这一方法，以前曾是查士丁尼《学说汇纂》里的"决疑术"（"Kasuistik"），现在则是法院的司法方法。

（2）内容

科英宣称研究目标的一些实质内容出现在《信托手册》中：《信托手册》将债务协议的行动半径扩展到明确定义的交易类型之外，它允许各方使用一种现有的客观形式，以便在必要时对第三方（转让、转让所有权）提供清晰的认识，从而在不构成虚假交易或规避法律的情况下，自由地就内容与各方达成一致。因此，在法律关系中，一般需要遵守特定的形式而带来确定性，这实现了与缔约方通过自有谈判达成的合意相一致。

---

[20] Coing, Die Treuhand kraft privaten Rechtsgeschäfts, Beck, München 1973.

2. 继承法

科英在1953年开始修订特奥多尔·基普(Theodor Kipp,1862—1931)创建的《继承法》教科书,[21] 为此,他撰写了大量关于继承的文章。从1953年第9版到1990年的第14版,科英为实在法的研究做出了重大贡献。从1957年到1995年,科英参与撰写《施陶丁格德国民法典评注》[22]。值得注意的是,1978年科英撰写《施陶丁格德国民法典评注》导论部分,即关于《德国民法典》的产生历史及历史影响。

三、结语

赫尔穆特·科英的作品本身现在也成为历史研究的对象。我们必须本着科英的精神去理解他一生工作的意义并对其价值进行评价。科英所有的工作,在更广泛的意义上来说,都是在寻求人类社会的正确秩序。在这个问题上,对社会早期努力的了解,无论是成功的努力,还是不成功的努力,及对其他民族和文化所做努力的了解,都对找到这个问题的合理答案至关重要。当然,这无疑是赫尔穆特·科英永恒的信念。

---

[21] Coing, Erbrecht, Hrsg. zusammen mit Theodor Kipp, Mohr, Tübingen 1953, 13. Auflage 1978; ab 14. Auflage unter der Bezeichnung Kipp-Coing; Erbrecht, 1990.

[22] J. von Staudingers Kommentar zum Bürgerlichen Gesetzbuch.

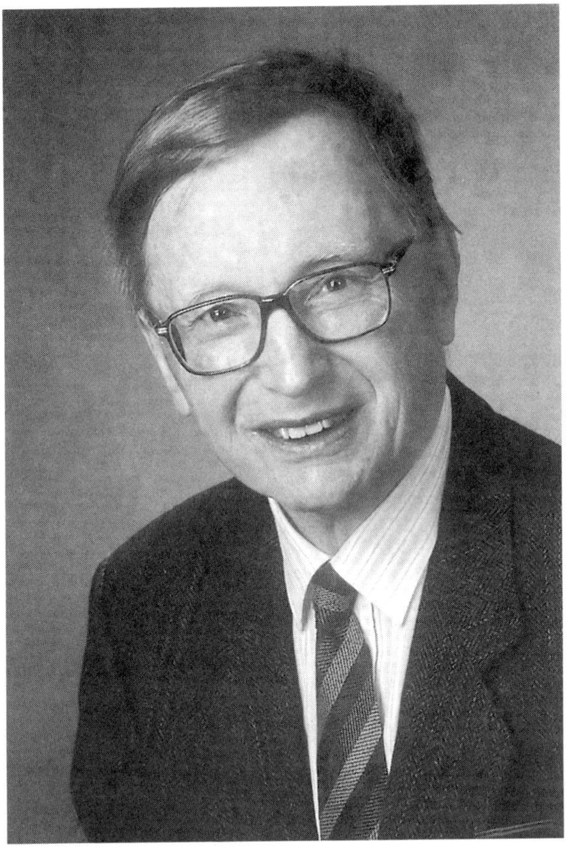

弗朗茨·比德林斯基
（Franz Bydlinski，1931—2011）[*]

目 次

一、引言 ／ 173
二、生平 ／ 174
三、学术作品 ／ 176
 （一）波恩大学阶段 ／ 177
 （二）维也纳大学阶段 ／ 177
 （三）私法三部曲 ／ 178
四、作品和思想的影响 ／ 182

一、引言

"不读奥地利"——这是维也纳的一位同事在近乎是抱怨地谈起"德国（私）法律学者在其同事呈现奥地利法学的时候，几乎没有表现出任何兴趣"时，作出的一句悲泣式评价。当然，该评价涉及的仅仅是关于奥地利法的作品，而非奥地利作者写的所有有关德国民法典的作品。事实上，这一现象在比较法作品中尤为明显：比较法的作品以法国、西班牙的素材居

---

[*] 作者简介：〔德〕彼得·鲁梅尔（Peter Rummel，1940）系奥地利林茨大学荣退教授。自1989年，鲁梅尔担任奥地利著名的《法学杂志》（Juristische Blätter）的主编，其所主编的《奥地利通用民法典评注》是对法律实践产生影响的法律评注，奥地利最高法院民法方面的裁判都会引用该评注。鲁梅尔在弗朗茨·比德林斯基的指导下完成了博士论文和教授任用资格论文。2011年比德林斯基长辞于世。本文是作者2009年1月30日在柏林洪堡大学的报告，部分内容进行了微调，同时新增了一些小标题。

多，最多的是英美法的素材，而奥地利的少之又少（据我观察，瑞士的也同样如此）。在民法学者协会会议上（由德国、奥地利和瑞士的学者组织），提醒（德国的）报告人多处理德国的两个邻国的法律，也已经成为过去时。

在我的印象中，丹麦法或波兰法也不是德国关注的焦点，但这至少可以被解释为"是语言障碍造成的问题"而给予原谅。而对于奥地利，原因似乎是对于本身就是大国的德国来说，想象中或事实上就已经有够多的材料要处理，那么比较法在实践性的教义学日常工作中意义也就并不大了。所以，不仅需要费心劳苦地去寻找外国文献，也更不需要去探究像"客观的法情况是否相同"这般困难的问题。反之，每个认真的奥地利作者都无法避免地需要考虑德国法的情况或文献，奥地利最高法院也不断地反映德国联邦最高法院的裁判，这表明论证的强化交流即使是从另一个方向也可能是有益的。当然，我们必须承认奥地利重视瑞士法的程度远远低于重视德国法。

弗朗茨·比德林斯基实属上述的例外，他是为数不多的在德国被广泛接受和认可的奥地利学者。这不仅与他作品的研究对象有关，依我看来，也与他的作品的重要性也有莫大联系。

二、生平

1931年，比德林斯基出生在波兰上西里西亚地区的雷布尼克（Rybnik）。其父是一家磁漆厂的经理，出生于一个波兰家庭，其母则来自德国家庭，因此，比德林斯基从小在双语环境中长大。德国入侵波兰后，父亲失去了工作。据比德林斯基近来的记述，其父因为一个小小的奇迹，侥幸从纳粹集中营中逃脱，随后在施蒂利亚州的克尼特尔费尔德（Knittelfeld，奥地利境内）找到了一份新工作。在那里，比德林斯基读了小学和中学。比德林斯基本人在雅布隆勒和梅耶主编的《奥地利法学自述》中对战时和战后的动乱及其对他的"混合"家庭的影响，做了生动感人的展现。[①] 本书中，他也对在那段时间里几乎完全遗忘有关波兰的

[①] Bydlinski, Franz Bydlinski, in: Jabloner/Mayer (Hrsg.), Österreichische Rechtswissenschaft in Selbstdarstellungen (2003), S. 12–41.

知识表示了遗憾，同时展现了他对体育运动的热爱。就这点而言，在后来的几十年中，我见证了他对网球和足球的热爱。

比德林斯基高考之后，自1950年起在格拉茨大学攻读法学，不久就成为其老师瓦尔特·维伯格（Walter Wilburg，1905—1991）的学术帮手和助理。维伯格对比德林斯基的学术思维产生了决定性的影响，下文将会详述。对大多数的法科学生而言，奥地利当时规定一年的"法院年"既给予了他们继续专业学习的条件，也成了他们首次接触的法律实践。当时，博士论文还不以获得博士称号为前提，因此1954年，比德林斯基在大学学业完成之后，就以博士身份直接进入撰写教授任用资格论文的阶段。1957年，格拉茨大学授予比德林斯基奥地利私法学的授课资格，评定的基础是两篇文章——《合同法和罢工》[②]和《损害赔偿法和罢工》[③]。奥地利一直没有独立的罢工法（因为缺少大量的案例，更不要说法官法了），所以比德林斯基的一般合同法的论述至今还具有意义。[④] 这涉及的"劳动法和一般民法"是比德林斯基后来一直研究的对象，本文在学术作品部分将会对此细述。[⑤] 因担任因斯布鲁克大学的编外教授，比德林斯基拒绝了哥廷根大学代理教席的邀请，后来他成了格拉茨大学的编外教授。期间，由于无法解决住房问题，维也纳大学对他的两次任职邀请也无果而终。不久后，格拉茨、基尔、波恩大学和维也纳世界贸易学院（现维也纳经济大学）的教授职位邀请纷至沓来。最终比德林斯基选择了波恩大学，并一直任职到1967年。据上文提到的自传，波恩的时光对他来说是如此的惬意，唯独担任法学院图书馆执行馆长一职使其不悦，因为他从不喜欢行政工作，据我观察也确实如此。所以，这也解释了比德林斯基为何一直都拒绝并从未担任诸如法学院院长之类的学术行政工作。1966年，在波恩的他再次面对来自奥地利的两份教职任命邀

---

② Bydlinski, Vertragsrecht und Arbeitskampf, Österreichische Zeitschrift für öffentliches Recht Bd. VI/I（1957/1958），300 – 372.

③ Bydlinski, Schadensrecht und Arbeitskampf, Österreichische Zeitschrift für öffentliches Recht Bd. IX（1958/1959），518 – 568.

④ 比如参见 Floretta/Spielbüchler/Strasser, Arbeitsrecht, Bd. I（4. Aufl. 2001），S. 178 ff.

⑤ 尤其是基于其为奥地利劳动法法典化委员会撰写专家鉴定书而撰写的专著，参见Bydlinski, Arbeitsrechtskodifikation und allgemeines Zivilrecht（1969）。

请——维也纳大学和复建的萨尔茨堡大学,最终他选择了前者,而弗莱堡大学之前作出的教职任命也就不能实现了。教授可以将其助理一同带到新的工作地,这在当时是非常常见的事,我本人(作为波恩大学的校友)就是一个例子。另外,赫尔穆特·库齐奥(Helmut Koziol,1940)也是一位跟随比德林斯基的人,他先是随比德林斯基从格拉茨到波恩,后来又从波恩到维也纳。在维也纳,尽管格拉茨大学邀请他继任其恩师维伯格的教席,但他还是继续留在了维也纳大学。

比德林斯基育有五子,其中一位是格拉茨大学的民法学教授彼得·比德林斯基(Peter Bydlinski,1957),他之前在德国罗斯托克大学任教授。他的双胞胎兄弟米歇尔·比德林斯基(Michael Bydlinski)完成了民诉法方面的教授任用资格论文,获得了学术上的初步成功,现任奥地利林茨大学民法学教授和奥地利最高法院的一个审判庭庭长。

比德林斯基曾经(只要身体健康允许,现在也)是一位非常繁忙的专家鉴定人,在很多的团体中,他主导了奥地利的立法咨询活动(比如劳动法法典化、转基因药品、亲属法改革)。除了国家和教会授予的重要的荣誉,库齐奥和我作为他最年长的学生,也有幸主编出版了庆祝他七十寿辰的纪念文集。文集的书名正如本文的题目:《为正义服务》[6]。我想这可能也是他的人生座右铭。萨尔茨堡、慕尼黑、卡托维兹和特尔纳瓦大学曾授予他荣誉博士,他还是奥地利科学院的院士、哥廷根科学院、波兰科学院和巴伐利亚科学院的外籍院士。2011年2月7日,比德林斯基于加那利群岛长辞于世。

三、学术作品

比德林斯基的作品清单中包括十几本专著和150篇以上的文章[7]。另外,值得一提的还有他在《奥地利通用民法典克朗评注》中对大部分

---

[6] Koziol/Rummel (Hrsg.), Im Dienste der Gerechtigkeit, Festschrift für Franz Bydlinski (2002).

[7] 前引第533—540页。

买卖法的评注[8],以及在由我主编的法律评注[9]中对法律方法条款的评注。

(一) 波恩大学阶段

在波恩大学阶段,比德林斯基出版了两部专著,分别是《损害原因的问题》[10]和《私法自治和负担法律行为的客观基础》[11],它们延续着上文提及的两个脉络,即法律行为说和损害赔偿法(也即脚注2和3的早期作品)。这两份作品对德国法也产生了重要影响。同样,还有与之主题相近的在《民法实务论丛》上发表的有关损害赔偿法中共同侵权行为的文章[12]以及有关强制缔约教义学的基本问题[13]。就损害赔偿法问题而言,比德林斯基最近一次在民法学者协会会议[14]所做的有关其专著的报告,表明他的研究对于叠加或替代因果关系案件仅仅是可能的原因分析以及由此获得的对假设因果关系的见解(以及其他的还没有弄清楚的因果关系),即使在今天的德国也没有失去意义。我作为当时的直接见证者观察到,比德林斯基有关私法自治的专著也是他本人与他的法学院同事维尔纳·弗卢梅(Werner Flume,1908—2009)进行富有成效的争论的产物。当时弗卢梅的《法律行为说》刚刚出版。

(二) 维也纳大学阶段

比德林斯基在教义学方面详细的著作,影响了奥地利的争论,尤其是对司法部门,这在德国是很难想象的。有机会持续地影响自己国家和其所在的学科(或法律文化)可能是比德林斯基返回奥地利的主要原因。

---

[8] Klang/Gschnitzer-Bydlinski, Kommentar zum Allgemeinen Bürgerlichen Gesetzbuch (2. Aufl. 1978), Bd. IV/2, §§ 1045-1089, §§ 1053, 1061-1064, 1072-1079.

[9] Rummel-Bydlinski, Kommentar zum Allgemeinen Bürgerlichen Gesetzbuch (3. Aufl. 2000), Bd. I, §§ 1-14.

[10] Bydlinski, Probleme der Schadensverursachung (1964, Neudruck 1977).

[11] Bydlinski, Privatautonomie und objektive Grundlagen des verpflichtenden Rechtsgeschäftes (1967).

[12] Bydlinski, Mittäterschaft im Schadensrecht, AcP 158 (1959/1960), 410-430.

[13] Bydlinski, Zu den dogmatischen Grundfragen des Kontrahierungszwanges, AcP 180 (1980), 1-46.

[14] Spindler, Kausalität im Zivil-und Wirtschaftsrecht, AcP 208 (2008), 283-344.

由于一些原因——这里不做详细论述，事实上，战后奥地利的民法教义学在 60 年代便已经落后了。上文提到的《奥地利通用民法典克朗评注》首次对债法总论的大部分内容进行了基础性的论述，部分体现在著名的、大篇幅的脚注中。另外，比德林斯基对诸如融资买卖的阐释至今仍很重要，与此同时他也附带地对所有权保留做了近似专著的论述，并在买卖合同的框架中深入研究了优先购买权的更多问题。

比德林斯基发表的大量文章，尤其是在其担任主编二十余载的《法学杂志》(Juristische Blätter)和在纪念德国同事生辰的纪念文集上的文章，对不少疑难问题进行了阐述，以至于当时人们认为这些问题在最高法院和实务界都完全有了定论，比如"对第三人具有保护效力的合同"、辅助人责任的关键问题、商事确认函的教义学、融资买卖的问题、替代因果关系、房地所有权分离(Superädifikat，即在他人土地上建造房屋)、以劳动法为例阐释的"知道表示"("Wissenserklärung")、格式条款的效力和控制、违法诉讼行为的赔偿请求权、强制缔约、丧失目的征收的请求权、无形损害的赔偿请求权、超过损害赔偿请求权的时效。对于这些广为人知的话题，他的研究有时几乎垄断了奥地利的最高法院的裁判（有的同事对此并不是一直都很乐意）。即使其中有些部分并不切中要害，但至少也能引发思考。

另外，在一个小国家，和参与者的个人接触也会对实践产生影响。就此而言，几十年以来，比德林斯基在维也纳为实务者举办了一次又一次的专题研讨会，自 1970 年起，该研讨会每年在特劳恩湖边的阿尔特明斯特(Altmünster)或特劳恩基兴(Traunkirchen)为具有充分资格的法律人而举办。我观察到，在比德林斯基到维也纳之前，学术与实践之间存在着接触恐惧，但这些研讨会克服了这种障碍，他的门生们也在尽力延续着这个传统。

（三）私法三部曲

比德林斯基不知疲倦地投身于教义学的日常研究，包括上文提及的大量专家鉴定活动，表明了他从那时起从事最为著名的方法论和法理论作品的一项基本原则——力图将这些基本问题放在该背景下进行阐释，即"几千年以来法律人在其日常工作中做了些什么"。《法律方法论与法律概念》（1982年；1991年的是扩充后的第2版）是起点，而后是1988年的《根本性的法律原则——社会的法伦理宪法》，接着是1996年的《私法体系与原则》。这三部曲的宏大研究，给日常法律工作提供了理论根据。

1. 法律方法论与法律概念

有些内容，尤其是与法律方法论相关的内容，无论是从局外人的角度还是从后来人的角度看，都只有在实证主义的语境中才能理解，这些内容尤其受到凯尔森"纯粹法学"的影响，嗣后在奥地利受到重视，特别是公法的代表。[15] 克劳斯·阿多迈特（Klaus Adomeit，1935—2019）称纯粹法学的方法论是"虚无主义的方法论"，这种方法论促使私法学者比德林斯基积极地甚至是激进地进行反驳。按照纯粹法学理论，解释问题永远无法解决，法律漏洞则是不存在的。在20世纪80年代，大略被视作自由法运动的，至少被视为方法怀疑主义（著名的人物有约瑟夫·埃塞尔和汉斯·阿尔伯特［Hans Albert，1921—1973］）且备受争议的相对的方法，也受到了严厉批评。造成这种争论的一部分原因是双方书评者略显过激的反应。总的来说，在我准备本报告的时候，再次清楚地看到了一些因为时代的局限性而产生的似乎非常原则性的讨论，另一方面，我还看到一些问题超越了时代的性质。只要人们现在能够将它们界定出来！

"比德林斯基并不是通过展示明显的矛盾去寻找特殊和美好的东西，而是选择中间（或中庸），即使它从思想上来看也不太吸引人，用以对抗攻击和怀疑。"（阿多迈特）[16] 2004年，由于他在民法学者协会的讲座没有被规定主题，比德林斯基选择了"寻找中间作为私法学的长期任务"[17]作为题目——并没有提及上述的书评人，但提到了亚里士多

---

[15] 代表作，参见 Kelsen, Reine Rechtslehre (2. Aufl. 1960)。［最新的中译本，参见凯尔森：《纯粹法学说》，雷磊译，法律出版社2021年版。——译注］

[16] Adomeit, Bydlinski, Franz: Juristische Methodenlehre und Rechtsbegriff, JZ 1983, 513-515.

[17] Bydlinski, Die Suche nach der Mitte als Daueraufgabe der Privatrechtswissenschaft, AcP 204 (2004), 309-395.

德。恩吉施[18]把比德林斯基的方法论之书定位为"确定的对保守教义学观点的记录,在此基础上,反抗相对来说有时是革命性的法理论趋势,从而捍卫了法学作为一门理性的人文学科"。迪特尔·西蒙(Dieter Simon,1935)于2007年在《立法和法学批判集刊》(第1/2期)[19]的书评中,引用了里贾娜·奥格瑞克(Regina Ogorek,1944)的话:"法律人是忙碌的,因此他们对现代国家中分配给法律及其专业行政人员的角色的不适当缺乏足够的关注。"西蒙的这一观点让人惊讶吗?但这种表述在其众多极具批判性的文章中还算是较为温和的,尽管从他的角度来看,该文章也不是没有意识形态的(这里用于无争议的意义上)。

因为这个报告在柏林举行,所以我可以慷慨地引用克劳斯·阿多迈特的作品。他是这样评价的:比德林斯基想要捍卫市民-共和的法律制度和法律意识的现状,他担心它们被腐化。[20] 他追求的目标是救助法、法思想以及由它们所推动的方法论。

2. 根本性的法律原则

事后来看,上述评价似乎就是个预言。《法律方法论与法律概念》出版后约5年的时间,1988年比德林斯基出版专著《根本性的法律原则——论社团的法伦理宪法》,借此纲领性地宣布,要求把伦理的法律思想融入日常的教义学工作中虽然容易,但难的是分明哪些根本性的伦理原则可以用来实现目的以及发现它们的方法。对此,他把自己的尝试视为"产生实践结果的合自然法的法律思维的再生"[21]。

当他在前言中警告"高估理性"时,我作为"参与的观察者"认为,这似乎与比德林斯基的生活纲领有些矛盾:长期以来,在我的印象中,他坚定地为理性讨论而抗争(不仅是狭义上的法律讨论),他对争论的力量所抱有的不可破灭的希望,在讥讽者甚至是包括我这样的温和的

---

[18] Engisch, Subsumtion und Rechtsfortbildung, in: Hochschullehrer der Juristischen Fakultät der Universität Heidelberg (Hrsg.), Richterliche Rechtsfortbildung, Erscheinungsformen, Auftrag und Grenzen, Festschrift der Juristischen Fakultät zur 600-Jahr-Feier der Ruprecht-Karls-Universität Heidelberg (1986), S. 3–9.

[19] Lahusen/Simon, Bücherstand I, KritV 2007, 7, 51.

[20] Adomeit, JZ 1983, 513, 515.

[21] Bydlinski, Fundamentale Rechtsgrundsätze—Zur rechtsethischen Verfassung der Sozietät (1988), Vorwort S. VIII.

批判者看来，如果不说是幼稚的话，有时也显得过于乐观了。

比德林斯基推导出的"根本性法律原则"在这里无法详细描述。第一个根本性原则是"每个人相对于他人而言，有权利在以下方面得到尊重：(1)他的生命、健康和身体完整；(2)他的人格尊严"。

即便像奥地利一样并不承认《德国基本法》第1条规定的法秩序，人们也不会违背上述原则。

另外，该书是法律方法论计划的第一个成就，即证明了法不仅源于从简单阅读中得到的规范性内容，获取法的过程也要求不同层次的推理，这是法律适用者在恣意的决断主义的裁判中所不具备的。对有些人来说，这似乎是理所当然的事情，但是当时，尤其是在由奥地利引发的讨论中，这需要仔细的检验和深度的论证。事实上，如果人们希望给出的不再是陈词滥调，就会涉及永恒的问题。

3. 私法体系与原则

比德林斯基计划的高潮是早期两本书中多次公布的有关《私法体系与原则》(1996年)的研究。"在对传统旧式的'法'的思考重建过程中，这三本书参与到了其中，并且使它在法律实践中得到丰富的运用成为可能。"[22]

该专著的第一部分涉及"法学的体系问题"，理所当然地不断地与卡纳里斯进行着很有益的对话(还有拉伦茨以及阿列克西以及科赫、拉斯曼[23]的作品)。据此，法秩序的内在体系是指"一般法律原则的价值论的或目的性的秩序"(卡纳里斯)。

在教义学的研究中重新纳入体系的功能和论证之后，专著的第二部分如同该部分的题目，研究的是一般民法的"外在"体系。但是，与该部分的题目不同，第二部分致力于研究实质性原则，即支撑比德林斯基高度赞赏的学说汇纂体系组成部分的原则，也即"内在体系"：以当前有关的去除"总则部分"的讨论为起点，展示支撑该部分的评价(尤其是社团自由、法人的权利能力；私法自治)。债法章节中(第四节)，专

---

[22] Bydlinski, System und Prinzipien des Privatrechts (1996), Vorwort S. Ⅶ.
[23] 科赫、拉斯曼的作品，参见 Koch, Hans-Joachim/Rüssmann, Helmut, Juristische Begründungslehre: eine Einführung in Grundprobleme der Rechtswissenschaft, München 1982。

著主要是分析了损害赔偿法和不当得利法的原则。如果非要提出不足之处的话，可以说在专著中，给付障碍法涉及的并不多，尽管比德林斯基在《奥地利通用民法典克朗评注》以及其他的作品中已经向我们证明了他对该领域有深入的研究。以类似详细的方式，比德林斯基基于支撑它们的原则，针对物权法（第五节）、亲属法（第六节）、继承法（第七节）进行了"弱化的研究"。让人倍加关注的是第三部分的特别私法。比德林斯基一生都在反对独立化的趋势，也即脱离一般民法的任何新发掘的独立领域，这并不让人意外。著作的第四部分反对的是这种分离趋势，尤其是对于特别的"经济法"和消费者保护法的赶时髦的夸大化（比德林斯基在上述民法学者协会的报告[24]中也论述了该话题）。

总的来说，如果学者想撰写关于实质的由关键性的评价决定的结构和内在体系，以及它的法律领域的"原则"的报告和说明，那么这本书对于他们而言，就是一本真正的宝书。对此，可以借用梅迪库斯[25]的书评来说明："该书使人们了解在所有的流行范式之外，体系推动的私法意味着什么、传统对原则的认识在今天能够做出什么贡献。此外，生动的语言和大量浅易的表达使更多的读者能够享受阅读。据我判断，该书是德语区法学的一部大师级作品。"对此，我无须再进行补充。

四、作品和思想的影响

我将举一例来表明比德林斯基是如何将其精致的教义学研究与上述基础性的思考联系在一起并如何影响奥地利的法律实践的。我引用的是奥地利最高法院关于一对夫妻因生了一个"健康但是并不想要的孩子"而控告医生的案件："寻求认识的大法庭在其判决（6 Ob 101/06f）[26]中，接受了弗朗茨·比德林斯基的学术观点（《基于奥地利法的孩子作为损害

---

[24] Bydlinski, AcP 204 (2004), 309–395.

[25] Medicus, Franz Bydlinski: System und Prinzipien des Privatrechts, AcP 197 (1997), 316, 322.

[26] OGH, JBl 2009, 108–109.

原因》，载马格努斯、斯皮尔，《欧洲侵权法——赫尔穆特·库齐奥纪念文集》，2000年，第29页[27]），提出了以下的问题，即如果父母拥有的资源极为有限，'健康但是并不想要的孩子'的抚养义务对父母影响极大时，损害赔偿原则相对于人格原则来说是否更为重要及其理由为何。"正是对于这些从各方面来看都很困难的问题，比德林斯基发展出的方法论思维展示出很强的功能。对于上述引用的判决，他提出的问题可能仍然悬而未决。

在这里作出的评价无疑会引起在座各位的批判，不过，我认为，只有在我介绍完他的恩师瓦尔特·维伯格对其产生的重大影响之后，这些批判才有正当性。维伯格对比德林斯基的人生，尤其是对他的方法论思维，产生了重大影响。维伯格本人是恩斯特·拉贝尔的门生，[28] 他的人格魅力、对损害赔偿法和不当得利法的研究，以及主要是由他发展的"动态体系"（"bewegliches System"）的思维[29]，一直影响着比德林斯基的思维方式和其大部分作品。比德林斯基的大量作品（也是）为了深化和续展这种思维方式，[30] 使其在教义学和法律政策研究中得到丰富的发展显然可以被视为比德林斯基作品的另外的巨大动力。期间，奥地利的立法[31]以及最高法院的实践[32]理所当然地接受了该思维方式，这让他备感欣慰。

---

[27] 即 F. Bydlinski, Das Kind als Schadensursache im österreichischen Recht, in: Magnus and Spier (ed.), European Tort Law. Liber amicorum for Helmut Koziol (Peter Lang, Frankfurt a. M. etc. 2000) 29–66。

[28] 有关瓦尔特·维伯格在柏林时期国际私法与比较法活动的简要报告，参见 Der wissenschaftliche Weg Wilburgs, in: Die Autoren der Festschrift u. a. (Hrsg.), Festschrift für Walter Wilburg (1965), S. 7。

[29] 方法论方面总结性的，参见大学校长的发言，Wilburg, Entwicklung eines beweglichen Systems im bürgerlichen Recht (1950)。

[30] 对于"移动的体系"一般性的论述，参见 Bydlinskis Methodenlehre (2. Aufl. 1991)，这也是为了纪念瓦尔特·维伯格而写，以及参见 Larenz, Methodenlehre der Rechtswissenschaft (6. Aufl. 1991) S. 469 f.，尤其是文集 Bydlinski/Krejci/Schilcher/Steininger (Hrsg.), Das Bewegliche System im geltenden und im künftigen Recht (1986) und Schilcher/Koller/Funk (Hrsg.), Regeln, Prinzipien und Elemente im System des Rechts (2000)。

[31] 比如《奥地利消费者保护法》第25d条关于在家庭成员保证案中的法官衡量权。

[32] 最新的，比如参见 OGH, JBl 2008, 182–184，针对的是劳损赔偿金衡量的问题；OGH, VersR 2009, 662，针对的是格式条款控制的问题；OGH, EF-Z 2009, 24 = iFamZ 2008, 249，针对的是抚养费衡量的问题。

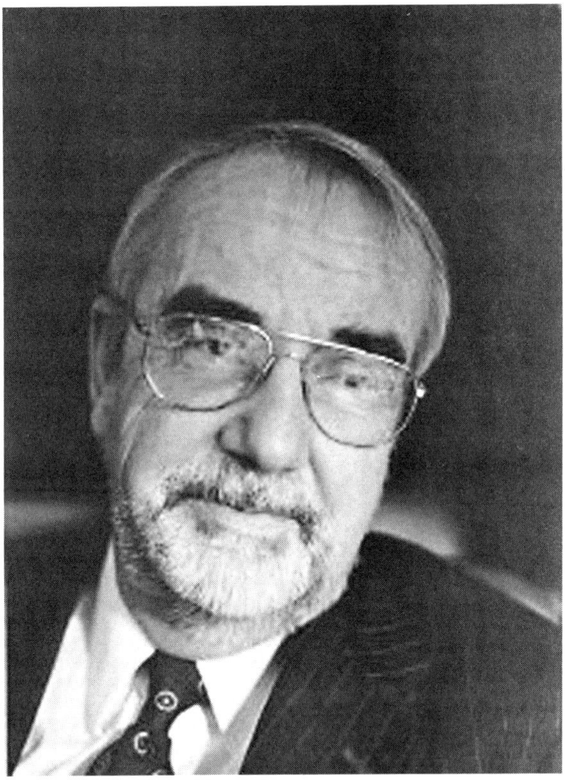

彼得·施莱希特里姆
(Peter Schlechtriem, 1933—2007) [*]

目　次

一、生平简介 ／188

二、学者彼得·施莱希特里姆 ／190

三、作为几乎用之不竭的比较法 ／193

四、《联合国国际货物销售合同公约》／195

五、研究组和欧洲民法典 ／198

六、德国债法及其改革 ／200

七、遗产 ／203

以门生的视角去回顾彼得·施莱希特里姆的一生与事业，是一项很棘手的任务。先生是我博士论文及教授任用资格论文的导师，我们的关系因特别的境遇、癖好、偏见而格外显著，这份报告同样难以撇开这些。想必会有人隐忧我的此般评价难以呈现一位真实的德国私法、欧洲私法以及国际私法的推动者。然而，使我斗胆呈现我眼中先生的原因有二。其一，源自我对先生的无限感激之情。先生在学术上对我影响至深。我在弗莱堡大学外国与国际私法研究所时，随先生做科研，那是段公认不太轻松但我觉得很美妙的学徒时光，于此期间，我进步良多。其二，源于特别崇拜。因其入选本卷编者"设立"的"名人堂"，先生理

---

[*] 作者简介：〔德〕马丁·施密特-凯赛尔（Martin Schmidt-Kessel，1967），德国拜罗伊特大学德国与欧洲消费者法、私法和比较法教席教授，拜罗伊特大学消费者法中心主任。作者在2009年1月23日柏林洪堡大学报告的基础上扩充该文章。

应收获这份崇拜。同时，他的入选也促使我尽心写好此章。就对全世界的年轻法律人培养的影响程度而言，先生的同辈德国法学学者中鲜有人能收获这般的国际认同与赞誉。这一点或许还没被主流德国私法学界所完全认知到。①

一、生平简介

彼得·施莱希特里姆于1933年3月2日出生在德国耶拿。在东德（即1949—1990年的德意志民主共和国）期间，由于其父是股份公司董事长，他被禁止读大学。后来他迁居西德，在汉堡开始受训成为一名造船工程师。这段培训经历积淀了他的部分学养，于其身上留下烙印——从其健硕的双手可以窥见他繁重体力劳动的过往。然而烙印不仅仅是身体上的：假若日后，他的教席中同僚发生冲突时，偶然追忆起受训期间的一二事，他很可能因此平静下来——身为造船厂组长的他，曾因疏于对设计图的检查，而铸下了未在甲板上制作舱门以及割去了底部横梁的大错。

他起先在汉堡学习政治学和社会学，但很快转攻法学，这很大程度上是受诉讼法学者戈特德·保罗（Gotthard Paulus，1912—1977）的影响。② 此后不久，他转入弗莱堡大学。先生于1959年完成第一次国家司法考试，1963年完成第二次国家司法考试。他撰写的博士论文以《德国

---

① 对于早期的评价，参见 Schwenzer, in: dies. (Hrsg.), Schuldrecht, Rechtsvergleichung und Rechtsvereinheitlichung an der Schwelle zum 21. Jahrhundert, Symposium zum 65. Geburtstag von Prof. Dr. Dr. h. c. Peter Schlechtriem (1999), S. IX - XI; Hager, Rechtsvergleichung als Berufung Peter Schlechtriem zum 70. Geburtstag, JZ 2003, 199 - 200; Schwenzer, Peter Schlechtriem zum 70. Geburtstag, NJW 2003, 734; von Bar, Peter Schlechtriem (1933 - 2007), GPR 2007, 105; *Faculty of Law of the University of Tartu*, Peter Schlechtriem (2. 3. 1933 - 23. 4. 2007), Juridica International 2007, 190; Herber, Peter Schlechtriem zum Gedächtnis, IHR 2007, 89 - 90; *Schmidt-Kessel*, Nachruf Peter Schlechtriem †, JZ 2007, 730 - 731; Schwenzer, Peter H. Schlechtriem †, NJW 2007, 1796 - 1797; ders., Peter Schlechtriem-Leben und Werk, IHR 2008, 260 - 264; ders., The Life and Legacy of Peter Schlechtriem, Vindabona Journal 13 (2009), 3 - 10. 对于彼得·施莱希特里姆的作品清单，参见2003年《施莱希特里姆70岁纪念文集》的第941—951页（截至2002年底）。我很清楚我在弗莱堡大学的学术助理同事维尔纳·巴赫曼（Werner Bachmann）的话："马丁，我们中的人不太多了！"

② 相关描述，参见 Schwenzer, IHR 2008, 260。

司法程序中的外国继承法》为题，该文由霍斯特·穆勒（Horst Müller）在弗莱堡指导完成。③ 先生以此文于1964年被弗莱堡大学法学院授予法学博士学位。值此期间，他还担任恩斯特·冯·克默雷尔的助理，此举对其后来的学术生涯与生活都影响深远。④ 先生书桌上常置一张相片，影像中可见冯·克默雷尔先生在闲暇时，于弗莱堡的家中露台上持卷而阅。二人间的亲密师徒情可见一斑。冯·克默雷尔先生的桌灯后来在他的助理们心目中具有某种象征作用。冯·克默雷尔对先生的影响之深、意义之重，既表现在学术上，又表现在先生参与设立"恩斯特·冯·克默雷尔基金会"（"Ernst von Caemmerer Stiftung"）的过程中所发挥的重要作用上。此后，先生担任该基金会的托管委员会主席，直至逝世。⑤

冯·克默雷尔先生的教诲，连同先生后来在芝加哥大学法学院留学期间与马克斯·莱因斯坦产生的师徒情谊，被先生后来形容为"伟大之宝藏"。二者对先生学术生涯的构建起着关键作用，同时也激发了先生对比较法以及美国法的热情。恩斯特·拉贝尔（曾教过冯·克默雷尔以及莱因斯坦）的比较法"衣钵"因此"双倍"传承到先生手中。恩斯特·拉贝尔对先生的实质影响，在先生执掌弗莱堡大学法学院时最可以体现，毫无夸大。以拉贝尔的名字命名的第一个研究所服务器，可以追溯到汉堡的马克斯·普朗克研究所。此外，恩斯特·拉贝尔的著名作品《货物买卖法》⑥ 曾经被普遍性地默认为比较法研究的模范之作。⑦

在1964—1965学年结束时，先生获得了芝加哥大学法学院的比较法

---

③ Schlechtriem, Ausländisches Erbrecht im deutschen Verfahren: dargestellt am Falle der Maßgeblichkeit französischen Erbrechts (1966).

④ 对于恩斯特·冯·克默雷尔，参见本书关于他的文章。

⑤ 参见彼得·施莱希特里姆组织的基金会会议和相应的文献：Schlechtriem (Hrsg.), Privatrecht und Wirtschaftsverfassung: Wiederherstellung und Entwicklung des Privatrechts als Voraussetzung einer freiheitlichen Wirtschaftsverfassung in den ehemals sozialistischen Ländern; Referate des Symposiums vom 29./30. Oktober 1993 in Dresden (1994) und Schlechtriem (Hrsg.), Wandlungen des Schuldrechts (2002).

⑥ Rabel, Das Recht des Warenkaufs, Band 1 (1936; unveränderte Nachdrucke 1957 und 1964), Band 2 (1958; unveränderter Nachdruck 1967).

⑦ 这明显反映在罗尔夫·施蒂纳（Rolf Stürner, 1943）的博士生研讨班上。我有幸长期参加这个研讨班。有一天晚上，我们在谈到恩斯特·拉贝尔的时候，施蒂纳问我拉贝尔最为重要的作品是什么。我理所当然地回答是《货物买卖法》，罗尔夫·施蒂尔纳摇了摇头，说是四卷本的《冲突法》（1945—1958）。这引发了更长的讨论。对于这两部专著，参见本书中关于恩斯特·拉贝尔的文章。

硕士学位。他于 1968—1969 学年再次返回芝加哥大学，任职助理教授。在芝加哥大学的第二段时光，他倾力于第一部作品的撰写，即《契约制度和非契约责任》。⑧ 该文在 1971 年作为他的教授任用资格论文被弗莱堡大学法学院所采纳。现今，该作依然被视为处理侵权和合同赔偿的比较法研究的标准，这一话题使他成名并伴其一生。我至今记得研究所收集起来的数不清的标注着"参见教授任用资格论文"字样的备忘录。

不久，先生收获了两份教职机会，在埃朗根大学与海德堡大学间择一赴教。他选择了后者。他回归弗莱堡大学是在 1977 年，接任他所尊敬的恩斯特·冯·克默雷尔的教席。先生尽心诚意地将冯·克默雷尔先生教席上的学术遗产发扬光大。他后于 1984 年荣获维也纳大学的执教邀请，他婉言谢绝并留任于弗莱堡大学，直至 2000 年在外国与国际私法研究所所长职位上退休。

先生是研究所的所长、学术权威及导师，每遇恼人困局，他总是第一时间出面解决。他也有风趣的一面，擅长不失礼貌的嘲讽，尤其是自嘲，门生和学生们都对此着迷。

先生是位老饕，这不仅表现在他对波尔多红酒的痴迷。因此，我们这些助理在每年的圣诞节总可以大饱口福。同时，先生还经常向我们推荐南巴登地区的美食，凯撒施图尔（Kaiserstuhl）和玛克格拉夫勒兰德（Markgräflerland）地区的乡间菜肴的奥妙被先生悉数发掘。我还清晰记得，在我收到奥斯纳布吕克大学教职的时候，他风趣地嘲讽格兰多夫（Glandorf）冬笋及奥地利奥斯纳布吕克的律师。

二、学者彼得·施莱希特里姆

或许每逢代际交替时，我们才会探寻学术泰斗们的人生。或许德意志的大学已泛起一股从众之潮。本部分起笔之际，在新生代的大学教师身上，已经难觅先生所具有的那种特质。先生个人之际遇引导其成为一

---

⑧ Schlechtriem, Vertragsordnung und außervertragliche Haftung: eine rechtsvergleichende Untersuchung zur Konkurrenz von Ansprüchen aus Vertrag und Delikt im französischen, amerikanischen und deutschen Recht (1972).

名杰出的学者。

他几乎将法学理论研究与实践开拓进行不同程度的贯通。在比较法领域的方法论意识，使得他与众不同。在功能主义层面，他不同于其他人，先生认为后者并非"真正的比较法学者"。此外，先生的功能主义理论对国际私法发展有着格外重要的影响，他主张采用"救济方法"（"remedy approach"）将合同法的材料划分为义务和救济。这种方法即使在旧式债法中的分析方面也具有很高的价值。[9] 先生讲学的抽象程度之高也反映在他的德国债权法教科书里。起初，这种抽象高度让我们做学生的很是不解，但久而久之却开阔了我们的视野与思路。

同时，先生与法律实践保持着稳定的交流，不是停留在他的公开出版物、偶尔作出的咨询报告，抑或逐渐增多的仲裁的间接交流中，而表现为与实务界的直接交流。我印象特别深刻的是，先生常按期去斯图加特参加"经济与学术"研讨会，遗憾的是，由于时间限制，对此的报告非常简短，会议报告可以表明先生对这些交流讨论的深度参与。当先生参加"卡尔斯鲁厄论坛"时，他异常地投入，他的投入不仅限于论坛的议题，还包括与联邦最高法院法官的交流。有时，他甚至直接影响了部分案件的认定与表述结果。1998年，他作为先驱以"欧洲民法典之路"为题，在布鲁塞尔游说协会的代表们的面前，明确了比较法有利于促进法律统一框架的构建。[10]

先生的卓著声名使得1989年后发生巨变的东欧国家纷纷邀请他做顾问，以帮助恢复民法体系。尤其是爱沙尼亚，该国的债权法在不同程度上依据的是先生的思路。[11] 与先生保持友好关系的塔尔图大学法学院后

---

[9] 参见《债法分论》第一版的序言及下文第六部分。

[10] 沃尔夫冈·迪茨是德国巴登-符腾堡州驻欧盟所在地布鲁塞尔的代表，他组织了题为《走向欧洲法：法学院对私法改革和统一的贡献》的文章发表在《欧洲法律改革》（European Journal of Law Reform, Bd. 1 1998/99, 31–57）上。当时的代表与法学界讨论问题的差异，反映在第一个发言上：最重要的是继承法（!）。按照比利时法，妇女没有继承的权利，至少是对位于比利时的不动产没有，这让布鲁塞尔的决策者感到惊讶。一位参会者认为比利时的继承法有很大的实践问题，不利于实现欧盟的统一市场。

[11] Schlechtriem, The New Law of Obligations in Estonia and the Developments Towards Unification and Harmonisation of Law in Europe, Juridica International 2001, 16–22. Dazu Steinke, Die Zivilrechtsordnungen des Baltikums unter dem Einfluss ausländischer, insbesondere deutscher Rechtsquellen (2009), S. 212.

来授予其荣誉博士头衔以表彰其做出的贡献。先生的所有工作都有着以下特征：知识之渴求、急切之心与超乎寻常之自律。先生自身对知识的渴求可以从他的研讨会作业特殊的评分标准看出："优秀"被授予那些在作业中让他学到新知识的学生。大量艰深主题的持续讨论，确保先生有机会不断学习。自学是他的专题研讨课的主要目标。

先生急切之心下，隐藏着他对自身学术论证精准性的不懈追求。先生反对长篇大论的历史论述和方法论的引言，不过，他认同历史的论点及与比较法接近的法律社会学的论证。先生在芝大的经历，使其对法的经济分析抱有浓厚兴趣。先生卓越的洞察力以及工作中的高效率也满足着他的急切之心。他很奇怪为何我们这些助理难以同样的效率干活，他时常担心自己信心十足的授课会因对直白问题的赘述而让听众厌倦。这些对先生而言很有意义。他那句"法学天赋从 6.5 分起步"（德国国家司法考试满分 18 分）也许彰显了先生的某种品质。

超乎寻常之自律，使得他在学校时的工作日程被安排得很紧凑。约莫 11 点钟，他穿过独立的偏门进入院系的办公室。通常情形下，通往助理房间的门会随"砰"声紧闭，只有在先生让助理或学生助手去分发信件、布置或指示工作时，此门才会短暂地开启。11 点半左右，一等中心收发室的邮件收集好，他便再次离开。半小时工夫，一气呵成。这种节奏偶尔会被打破。譬如，有时教学大楼"同事二楼"（"Kollegiengebäude Ⅱ"）地下停车场有一些信件需要加急递给先生，或他在早上 8：15—9：00 间讲授债法。授课时间如此安排，是因为他通常要花费很长时间把两个孩子带来学校。后来我们才发现，他家的老二（女孩）都已经高中毕业了。不过先生在研究所里每次短暂露面时都会快节奏地与助理们进行高强度的交流。

先生是一名学术理想主义者，而理想主义曾经一度被大学所驱逐，并迫于经济、竞争压力而改弦更张。但需要明确强调，他的理想主义对他的学术贡献而言是不可或缺的。先生羡慕曾经学业成绩不好却收入丰厚的同学们，但同时他也庆幸自己有限的自由活动没有被用来"计时收费"。

先生虽有着多重头衔，却一以贯之地致力于学术自治。其间，他任职过数次院长、法学院图书馆执行主任，还有弗莱堡大学管理委员会常委。其他的荣誉头衔也众多，其中最为高光的时期当属他在1990—1997年出任"比较法学会"主席的数年。上任伊始，他主导学会的第一次大会在新入联邦的东德地区——他的故乡耶拿召开。大会的开幕典礼上，他庄严地以债法为题发表主旨演讲。[12] 丰硕的荣誉、客座教授和报告之旅是对先生国际声望的嘉肯。他先后被瑞士巴塞尔大学、爱沙尼亚塔尔图大学授予荣誉博士头衔，被牛津大学圣凯瑟琳学院聘为研究员。最能彰显先生在新领域的学术地位的事情还属：他是唯一获邀参与美国法学会对美国赔偿法第三次修订的外国顾问。

2007年4月23日，先生因重疾仙逝。其身之后，萦绕德国、欧洲及国际法学界的是难挨的冷寂。门生、友人及同侪们身边，再无那位解惑者、论道者。

三、作为几乎用之不竭的比较法

先生学术上涉野甚广，但主要聚焦于四个领域：比较法、国际私法、[13] 法律统一化以及德国债法。比较法研究奠定了他的学术思想走向，尤其是在侵权法领域。即对相同的案件，迥异的法律制度会导向同质的判决结果，这些法律制度在功能上具有等价性。先生能够辨别出结果一致性背后暗含的诸多"历史偶然性"，并使得他热衷的国内私法理论研究赢来了实质性的进展。对学术体系完整构建的讨论是否有意义这一寻常问题，常常引导他的与谈伙伴回归到法律决策的核心层面或实质问题上去。将其称为问题的"实践制高点"正是他的标志。[14]

功能主义是现代比较法的核心。致力于该问题的研究，并在深度上可比肩恩斯特·拉贝尔比较法学派的德国比较法学者屈指可数，而先生

---

[12] S. Schlechtriem, Schadensersatz und Schadensbegriff, ZEuP 1997, 232-254.

[13] 彼得·施莱希特里姆与国际私法的紧密联系，不仅反映在他的大量教学活动和指导论文当中，而且他很早就作为"德国国际私法委员会"（"Deutschen Rat für IPR"）的委员参与了大量的立法准备研究。尤其是《德国民法典施行法》第38条和其他国际私法非合同债务关系的规定，都有他的影响。参见他的论文：Internationales Bereicherungsrecht; Ein Beitrag zur Anknüpfung von Bereicherungsansprüchen im deutschen internationalen Privatrecht, IPRax 1995, 65-71。

[14] 这也可以追溯到恩斯特·冯·克默雷尔，参见本书关于他的文章。

正是该学派的权威之一。比较法体系研究出路中的功能等价理论所引发的研究假说时常被人猜疑与误解,迥异法系导出同质结果理论,并非先生想当然的所持有。他预测至少在两种法律体系具备相似的社会结构与经济宪法这一前提下,实质得出相同的结果。与其断言不存在同质结果或相同类别,不如对同质问题的不同结果的成因进行解释。这种解释远比对比较法体系的细致描绘更重要。

相应地,描述功能和问题的相近语言,对先生来说并非教义学所要求的语言。相反,对他来说,寻找所表述的"比较基础"("*tertium comparationis*")并不需要社会学的高度。[15] 只有找到适当的描述层面,找到事实问题时,用先生的话说是"实践制高点",才能对传统的大陆法系与普通法系或北欧法系的比较产生一些意义。只有撇开一国教条体制所对应的语言束缚,比较法学者才有可能寻获法律制度间的认识。对拥有相同特征的法秩序进行适当的制度比较无法实现上述结果,先生一直都确信这一点。

以功能和问题为思考的切入点对先生而言是实际的,这也必然受他社会学教育背景所影响。无论面对何种比较法类别,他都能与教条学保持必要的距离。这使得先生的思考根植于每个案件,而非简单形而上的。在先生看来,无论是专题研讨课论文,还是学位论文,如果未基于事实、案例推导就贸然地草就,必会瑕疵满布。在那个年代,先生手握的此种学术码尺在德国学术圈可不常见。

受过体系和教义学训练的大陆法系的法律人,非常清楚蕴含这种思维的路径的破坏性:教义学论证对于裁判毫无价值,它只有利于技术性的阐释,相关的法律制度如何将裁判进行"加密"。主观上不情愿(并非能力不及)走出自己的法律制度及法律思维,是欧盟或国际法律统一化工作组中有些国家代表不受待见的深层原因。这可能是大家闻所未闻的。

上述立场反映在先生已发表的浩繁卷帙之中。以上思路起源于他的

---

[15] 比如参见 Rothöft, System der Irrtumslehre als Methodenfrage der Rechtsvergleichung: dargestellt am deutschen und englischen Vertragsrecht (1968), S. 1 ff.。彼得·施莱希特里姆非常喜欢约瑟夫·埃塞尔的作品,这可能是因为埃塞尔的作品接近于施莱希特里姆的思想。

博士论文,并在其教授任用资格论文中到达第一个高峰。因为合同法诸多不同的局限性,对于人格尊严保护进行技术上极为不同的设计及其与探索法律制度中履行利益的区分,为了恰当地解决问题,恰恰需要功能方法的介入。其研究结果不仅影响了德国司法裁判,尤其是联邦最高法院著名的"马铃薯浆判决",[16]还为德国债法2002年改革的准备工作做出了贡献。[17]此外,先生出版的先锋之作《欧洲的恢复原状和不当得利补偿》[18]及与加雷思·琼斯(Gareth H. Jones,1930—2016)合著的《国际比较法百科全书》中的章节"违约",均在20世纪末被视作比较法的启明星,并被广泛引用。[19]

四、《联合国国际货物销售合同公约》

作为国际私法领域的重要人物,先生乃是致力于国际的法律统一化的元老之一。他关于《联合国国际货物销售合同公约》的教材已经有多种语言版本,[20]尤其是他对公约的评注已经是这一领域毋庸置疑的权威

---

[16] BGHZ 93, 23 - 29 dazu die Anmerkung von Schlechtriem, BB 1985, 1356 - 1358.

[17] 参见 Schlechtriem, Vertragliche und außervertragliche Haftung. Empfiehlt es sich, das Verhältnis von vertraglicher und außervertraglicher Haftung durch den Gesetzgeber neu zu ordnen, die Bereiche beider Haftungsarten neu abzugrenzen und ihre Ausgestaltung aneinander anzugleichen?, in: Bundesminister der Justiz (Hrsg.), Gutachten und Vorschläge zur Überarbeitung des Schuldrechts (1981), Bd. II, S. 1591 - 1679。另外,参见本文第六部分。

[18] Schlechtriem, Restitution und Bereicherungsausgleich in Europa: eine rechtsvergleichende Darstellung, Band 1 (2000), Band 2 (2001).

[19] Schlechtriem/Jones, Breach of contract (deficiencies in a party's performance), in: von Mehren (Hrsg.), International encyclopedia of comparative law, Band VII/2: Contracts in general (2008), Chap. 15.

[20] Schlechtriem, Internationales UN-Kaufrecht: ein Studien-und Erläuterungsbuch zum Übereinkommen der Vereinten Nationen über Verträge über den internationalen Warenkauf (CISG) (1. Aufl. 1996; 2. Aufl. 2003; 3. Aufl. 2005; 4. Aufl. 2007) (englische Ausgabe: Schlechtriem/Butler, UN Law on International Sales: The UN Convention on the International Sale of Goods [2009]; französische Ausgabe: Schlechtriem/Witz, Convention de Vienne sur les contrats de vente internationale de marchandises [2008]; slowenische Ausgabe: Schlechtriem/Možina, Pravo mednarodne prodaje: Konvencija Združenih narodov o mednarodni prodaji blaga [2006]). Vorläufer dieses—inzwischen von Ulrich Schroeter übernommenen—Werkes ist Schlechtriem, Einheitliches UN-Kaufrecht: das Übereinkommen der Vereinten Nationen über internationale Warenkaufverträge; Darstellung und Texte (1981) (englische Ausgabe: Schlechtriem, Uniform sales law: the UN convention on contracts for the international sale of goods [1986]; japanische Ausgabe: Kokusai-tōitsu-baibai-hō: seiritsu-katei-kara-mita-wīn-baibai-jōyaku [1997] [Übersetzung von Takashi Uchida]).

之作。先生独自完成该评注的前三版，后来他和门生英格博格·施文策尔(Ingeborg Schwenzer，1951)合作完成了该评注。[21]

先生获邀(在冯·克默雷尔先生的推荐下)成为维也纳会议磋商环节的德国代表团成员。在当时，著名学者参与重要会议并提供咨询意见，在全球范围内非常普遍。此举将会议推向了新的高度，[22] 从公开资料中大量学者的建言献策可见一斑。其中先生的工作尤为突出。[23] 在对《维也纳公约》的讨论中，先生提议良多，表达自己的见解并促成讨论的开展。基于此，德国议会(以及70多个国家)同意该法案的通过。[24]

先生因其专著与评注而与《联合国国际货物销售公约》依旧联系紧密，二者相辅相成。1995年，《联合国国际货物销售合同公约》的网络数据库可以在线使用，这归功于先生的助手维尔纳·巴赫曼——一名理想主义者以及技术专家。数据库为公众免费提供各国法院基于《联合国国际货物销售公约》的判决。巴赫曼先生退休后，数据库移交到了巴塞尔大学，从此由英格博格·施文策尔维护。[25]

先生同时推动了《联合国国际货物销售公约》的发展与完善，他力求消除大家对现有法律僵化的担忧——所有国际公约都面临这一风险。为此，他担任《联合国国际货物销售合同公约》咨询委员会的委员，[26]

---

[21] 德语版本：von Caemmerer/Schlechtriem（Hrsg.），Kommentar zum einheitlichen UN-Kaufrecht：das Übereinkommen der Vereinten Nationen über Verträge über den internationalen Warenkauf-CISG（1. Aufl. 1990；2. Aufl. 1995；3. Aufl. 2000；4. Aufl. 2004；5. Aufl. 2008［seit der 4. Aufl. hrsgg. von Schlechtriem/Schwenzer］）。英文版本：Schlechtriem（Hrsg.），Commentary on the UN Convention on the International Sale of Goods（CISG），（1. Aufl. 1998［Übersetzung der 2. dt. Aufl.］；2. Aufl. 2005［weitgehende Übersetzung der 4. dt. Aufl.］；3. Aufl. 2010［hrsgg. von Schlechtriem/Schwenzer］）。［该书的中译本，参见彼得·施莱希特里姆：《〈联合国国际货物销售合同公约〉评释》，李慧妮译，北京大学出版社2006年版。——译注］

[22] 为了提高委员会工作组的工作质量，彼得·施莱希特里姆在今天可能会提出类似的模式。

[23] 参见 Schlechtriem，Einheitliches Kaufrecht，wissenschaftliches Modell oder praxisnahe Regelung?（1978）；Schlechtriem（Hrsg.），Einheitliches Kaufrecht und nationales Obligationenrecht：Referate und Diskussionen der Fachtagung Einheitliches Kaufrecht am 16./17. 2. 1987（1987）。

[24] 参见 http：//www. uncitral. org/uncitral/en/uncitral_ texts/sale_ goods/1980CISG_ status. html(最后访问时间：2010年6月9日)。

[25] 参见 http：//www. globalsaleslaw. org/index. cfm? pageID = 28（最后访问时间：2010年6月9日）。

[26] 对于委员会的历史及对其观点的归类，参见 Karton/de Germiny，Has the CISG Advisory Council Come of Age?，BJIL 27（2009），448－495（http：//www. boalt. org/bjil/docs/BJIL27. 2_ Karton. pdf，zuletzt abgerufen am 9. 6. 2010）。

从 2001 年直至其离世。于此期间，先生主要活跃在 2003 年 8 月至 2009 年 5 月期间的"建言献策活动"中。先生因其前述的关于《联合国国际货物销售合同公约》的"评注"（很长一段时间只有英文版）而成为维也纳年度威廉·维斯国际贸易仲裁庭的永恒权威。一度，参考彼得·施莱希特里姆所著的《〈联合国国际货物销售合同公约〉评注》比参考"国内法院判决"更具权威性。先生提前退出维也纳会议并未影响到他在业内学友以及学生心中的声望，相反，他在维也纳的崇高地位就形成于身后。2006 年大会致敬先生的幻灯片，以及作为先生学术遗嘱的"评注"尤能彰显他的地位。在参与制定《联合国国际货物销售合同公约》的过程中，先生冒着变更既有学术思路的风险，通过法律功能比较研究来创获新立法概念。随之而来的国际统一法中新术语的扩张，连同在维也纳诞生但在统一合同法以外的恰当解决方案，一起开辟了统一标准化文本的新领域。上述的专业术语以及切实的解决方案使得新形式出版物成为可能，而这些出版材料共同构成了《国际商事合同通则》以及《欧洲合同法原则》的基础。先生是《国际商事合同通则》工作准备组的成员，对制定工作的贡献不言而喻。同时，他还是"欧洲合同法委员"（"Commission on European Contract Law"；乌尔里希·德罗比希、克里斯蒂安·冯·巴尔）制定委员会中唯一的德国人，[27] 以及"欧洲民法典研究组"（"Study Group on a European Civil Code"）的创始成员。[28]

先生个人高度投入《联合国国际货物销售合同公约》的制定，并成为该公约质朴的倡导者。公约在 90 年代中期面临的主要挑战是欧盟法，然而公约依然通过《联合国国际货物销售合同公约》第 5 条的施行而最大程度地不去涉及商品责任的核心要素，因此使得《联合国国际货物销售合同公约》与《欧共体商品责任指令》间的相关实际冲突得以消解，进而使《联合国国际货物销售合同公约》得以延续。然而，这一态势随

---

[27] 莱因哈德·齐默曼（Reinhard Zimmermann, 1952）从中退出的详细原因还不清楚。齐默曼同时也是"欧洲合同法委员会"的成员。研究组试图让他通过"编撰和修订小组"（"Compilation and Redaction Team"）处理《欧洲私法共同参考框架草案》的最终稿也最终失败了。对此，参见 Schmidt-Kessel, Study Group on a European Civil Code, in: Basedow/Hopt/Zimmermann（Hrsg.），Handwörterbuch des Europäischen Privatrechts, Bd. II Kauf-Zwingendes Recht（2009），S. 1453 – 1457。

[28] 对此，参见本文第五部分。

着《消费品和相关担保品销售指令》于 1999 年的出台而改变。[29] 于此关键时刻，先生呼吁为《联合国国际货物销售合同公约》保留一定的实质性优先权。[30] 让他感到自豪的是，在负责制定《消费品销售指令》的欧盟委会员的官员的办公桌上，摆放着他的关于《联合国国际货物销售合同公约》的评注。该指令的第 2 条针对性地采纳了《联合国国际货物销售合同公约》第 35 条的隐含条款。对此，尽管有着各种非议，[31] 先生认为这标志着高标准的比较法研究也能够成为欧盟法律统一的基础。[32]

五、研究组和欧洲民法典

1999 年后，先生作为"欧洲民法典研究组"的成员，持续参与到欧盟法律统一化的工作进程中，同时还兼顾着《联合国国际货物销售公约》的工作。虽然这项工作在很长一段时间内不被学术圈所认知，但先生依然自始至终以最大的热忱投入工作。他以顾问的身份服务过若干个工作团体，譬如"研究组"协调委员会。[33] 特别合同法律的核心，即买卖合同原则、服务合同原则以及不当得利法都受到了先生的影响。

在修订买卖合同法原则时，先生面临的难题不仅是如何在形式上保留拉贝尔先生的思想遗产（这在《联合国国际货物销售合同公约》中也

---

[29] 对于该冲突的基本性研究，参见 Schroeter, UN-Kaufrecht und Europäisches Gemeinschaftsrecht. Verhältnis und Wechselwirkungen (2005)。

[30] 参见 Schlechtriem/Schwenzer-Schlechtriem (2. engl. Aufl. 2005), Art. 90 Rn. 12 ff. (kaum weniger deutlich Schlechtriem/Schwenzer-Schlechtriem/Schwenzer/Hachem [3. engl. Aufl. 2010] Art. 90 Rn. 4 ff.)。

[31] 尤其是参见 Schlechtriem, Kaufrechtsangleichung in Europa: Licht und Schatten in der Verbrauchsgüterkaufrichtlinie, in: Schack (Hrsg.), Gedächtnisschrift für Alexander Lüderitz (2000), S. 675-697; Schlechtriem, Das geplante Gewährleistungsrecht im Licht der europäischen Richtlinie zum Verbrauchsgüterkauf, in: Ernst/Zimmermann (Hrsg.), Zivilrechtswissenschaft und Schuldrechtsreform: zum Diskussionsentwurf eines Schuldrechtsmodernisierungsgesetzes des Bundesministeriums der Justiz (2001), S. 205-224。

[32] 当前有关"横向指令"建议（Vorschlag für eine Richtlinie des Europäischen Parlaments und des Rates über Rechte der Verbraucher, KOM [2008] 614 endg., 2008/0196 [COD]）的讨论表明可以进行优化。那里所要追求的完全一体化，明显导致欧盟成员国用尽力量保持他们自己的教义学特点（right to reject, vices cachés）。对此，参见委员会 2009 年 12 月 10 日的文档，载 http://register.consilium.europa.eu/pdf/en/09/st17/st17397.en09.pdf（最后访问时间：2010 年 6 月 9 日）。

[33] 工作组的工作方式和结构，参见前引 27。

有所体现），还有如何让这些原则成功付诸实践。他尤为侧重保留《联合国国际货物销售合同公约》第 3 条中针对特定混合合同的解决方案，以及第 35 条针对瑕疵货物设定的原则。后来对所谓"横向指令"[34]的讨论与修订正体现了其前瞻性。在修订"不当得利法"时，先生要考虑如何保留瓦尔特·维伯格（Walter Wilburg, 1905—1991）、冯·克默雷尔以及德特勒夫·柯尼希（Detlef König）[35]的思想遗产。他们对不当得利理论贡献尤多，该理论摆脱"统一论"，支持各种独立种类的不当得利主张（"差异论"），并颇具前瞻性地根据不同成因去设置不同法律后果，被公认富有实效，并被"研究组"以及协调委员会会议所确定。然而，在英国强大的影响力之下，先生最终并未能够成功保持住这一份差异。"研究组"为此付出的代价难以细述，这导致《欧洲私法共同参考框架草案》的不当得利条款有些晦涩，不容易理解。

但无论如何，先生在协调委员会的工作，以及后来在《欧洲私法共同参考框架草案》编辑、校对工作组（由"欧洲民法典研究组"和"共同体既存法小组"共同设立的财团组织，并获欧洲委员会授权）中的工作，已使得先生足以在《欧洲私法共同参考框架草案》定稿之前就成为欧洲民法典开创者之一，为未来的欧盟私法学构筑了基石。但先生却未能亲眼看见后续立法成果的颁布。[36]他与工作组的其他杰出同事关系亲密，私交甚好。在先生逝世时，克里斯蒂安·冯·巴尔在先生葬礼上为先生敬上了真挚的挽歌。[37]工作组中少有人具备如先生般的权威性，然而先生却试图在介绍中掩盖自己的贡献，譬如其说过："虽非人人均能有其言，但大家所言已尽善尽美。"在协调委员会中，先生并非"无所不能"：《欧洲私法共同参考框架草案》对因"重要原因"导致的长期合

---

[34] 前引 31。
[35] 参见本书京特·哈格尔有关恩斯特·冯·克默雷尔的记述，以及恩斯特·冯·克默雷尔出版的早逝的门生德特勒夫·柯尼希的作品：Ungerechtfertigte Bereicherung: Tatbestände u. Ordnungsprobleme in rechtsvergleichender Sicht (1985)。另外，参见海德堡大学法学院主编的纪念论文集：Ungerechtfertigte Bereicherung: Grundlagen, Tendenzen, Perspektiven: Symposium der Juristischen Fakultät der Universität Heidelberg zum Gedenken an Professor Dr. iur. Detlef König, 15. und 16. April 1983 (1984)。
[36] 在 2008 年公布的临时的在线版本中，封面上还有他的名字。但不知道什么原因，一年后的在线版上并没有他的名字。
[37] von Bar, GPR 2007, 105.

同终止没有设立规则。先生故后,《欧洲私法共同参考框架草案》Ⅲ-1:109 中新嵌入的终止规则填补了这一小缺漏,如同关于情势变更的非平衡、限制性条款(Ⅲ-1:110 DCFR)。先前对草案中关于争议性领域条款的搁置使得工作组后续遇到了难题,即合同的不同解除权,不能形成一致的解决方案。另外,合同解除的法律后果上的规制也有一些误解。这是因为"解除合同"("Rücktritt")与"终止合同"("Kündigung")的功能相当性,直到法律后果的层面,这两者才被分开。

六、德国债法及其改革

先生也从不希望被认作另辟蹊径成果的开创者之一。他在 1981 年给联邦司法部的报告[38]使他帮助自 70 年代中期开始的债法初步改革取得了重要进展,[39] 因此,随后他被司法部在 1984 年任命为"债法修订委员会"委员。[40]

该委员会中的技术性细节明显有先生的烙印,通用给付障碍法的大量草案也是他的教席秘书帮助录入的。[41] 在内容上,先生采纳了乌尔里希·胡贝尔(Ulrich Huber, 1936)[42]的提议,将工作重点放在期间通过的《联合国国际货物销售合同公约》基本框架上。[43] 统一的上位概念,对于给付障碍的所有案件都非常适用。在委员会的最后报告中,同样设置了

---

[38] 前引 17。

[39] 对于债法改革的前史,参见 Schlechtriem/Schmidt-Kessel, Schuldrecht, Allgemeiner Teil (6. Aufl. 2005), Rn. 9 ff。这部分内容与该书前几版的内容基本一致。

[40] 详细情况,包括成员和最终报告,参见 Abschlussbericht, hrsgg. vom Bundesminister der Justiz (1992), S. 14 f。

[41] 比如《德国民法典修正案》第 324 条第 2 款(§ 324 Ⅱ BGB-KE)"美好的"错误,即用"非"("nicht")取代了"也"("auch")。该错误是在 1994 年德国法学家大会的准备阶段,一位日本法学家进行了让人惊讶的提问时才发现的。

[42] 参见鉴定报告: U. Huber, Leistungsstörungen. Empfiehlt sich die Einführung eines Leistungsstörungsrechts nach dem Vorbild des Einheitlichen Kaufgesetzes? Welche Änderungen im Gesetzestext und welche praktischen Auswirkungen im Schuldrecht würden sich dabei ergeben?, in: Bundesminister der Justiz (Hrsg.), Gutachten und Vorschläge zur Überarbeitung des Schuldrechts Bd. I (1981), S. 647-909, und U. Huber, Kaufvertrag. Welche Ergänzungen und Fortentwicklungen sind im Kaufrecht im Hinblick auf die technischen, wirtschaftlichen und juristischen Weiterentwicklungen der Rechtswirklichkeit geboten? Sollten Sonderentwicklungen außerhalb des BGB (Abzahlungsgesetz, Handelskauf, kaufrechtliche Bestimmungen des AGBG) in die Kodifikation eingearbeitet werden?, in: aaO. S. 911-949. Zu Hubers Verdiensten um die Reform siehe in diesem Band auch Wertenbruch, S. 355, 359 f., 361。

[43] 总结报告,前引 40,第 26 及以下诸页。

此类条款赋予当事人在对方违约时的终止权（如《德国民法典修正案》第 323 条）。《德国民法典》第 314 条规定的合同解除的统一构成要件成了法律。紧接着于 1994 年，在明斯特成功召开的第 60 届德国法学家大会上，委员会的提议获得了多数认同投票。不过，草案最初并无人理睬。[44]

同时，先生还著就了债法领域最具权威的教材之一。在 70 年代初，作为新晋的讲师，他谢绝了来自埃里希·莫利托（Erich Molitor, 1886—1963）的诸多教科书编写的工作邀请。在关于《联合国国际货物销售合同公约》的专著基础上，先生在 20 世纪 80 年代中后期，将他的挑战性极高但在法科学生的债法大课上深受喜爱的讲稿整理为教科书。[45] 起初，该书"各论分册"先于 1987 年出版。[46] 随后，"总论分册"在 1992 年出版。[47] 这套教科书的思路非常清晰，正如各论分册的序言所说：

> 作者在阐明德国债法的基本结构及梳理未来继续发展的原则性新导向已产生或有待处理的问题方面，有自己的确信，哪怕其观点与主流观点相违背。按理来说，作者在精要教科书中应该在细节处，放下自己（也许与众不同）的观点。但当这一讨论关乎法律未来走向这一根本命题时，它们无论于课堂里还是在精要教科书中，对此都不应当省略。在此种情况下，学生就是最为重要的谈话对象，理由是今日某种学派可能仅是单个的并且偏离传统的观点，但他日，当学生开始参与法律实践、散布于学界时，该观点很可能成为通说。

序言中提及了改变，并大致勾勒了转变的实质样貌。它不赞成在公

---

[44] 投票的结果，参见 NJW 1994, 305 ff.。
[45] 前引 19。
[46] Schlechtriem, Schuldrecht, besonderer Teil（1. Aufl. 1987；2. Aufl. 1991；3. Aufl. 1993；4. Aufl. 1995；5. Aufl. 1998；6. Aufl. 2003）．
[47] Schlechtriem, Schuldrecht, allgemeiner Teil（1. Aufl. 1992；2. Aufl. 1994；3. Aufl. 1997；4. Aufl. 2000；5. Aufl. 2003；6. Aufl. 2005 [bearbeitet von Schmidt-Kessel]）．

理性、概念性上一成不变的教条体系。人们对其的宣扬虽久远，但对比较法的回归、对核心实质性议题的回归比起前者而言，更为重要：

> 思考的任务，即采用清晰界定、具有涵摄能力的概念，同时不给法律适用留下价值判断的余地去建构出一套统一的法律体系。这必然持续的引起我们深思，尤其促使学界思考"可能性"的边界在哪。不得不承认，哪怕我们不情愿，也不该因此放弃目标，而应去整理日益增多的丰富材料，使其便于传授与理解。因此，核心概念对于复杂议题难再提供解决方案，但可以在法律体系中标注出处理思路。通常，法院会依据这类核心概念对具体案件提供决策评价。譬如，"交易中必要的注意"、终止长期债务关系的"重要理由"、不当得利过程中的"给付"、给付障碍法中的核心概念（物质、法律、经济、道德等）的"不能"。本书旨在让读者在阅读中，在对一些核心概念产生不确定与疑惑的同时，敢于去怀疑作者的努力。

先生身为"债法修订委员会"的成员，对给付障碍法核心要素的审议施加了重要影响。作为荣誉教授，他参与了债权法部分条款现代化的讨论，并引导了讨论的方向。先生在"欧洲民法典研究组"职责范围内，兼顾着各项议案的审议与法规的修订工作。其间，他并无工作助理或年轻研究人员的协助，虽分身有术，却异常辛劳。因此，先生尽管身为"给付障碍法委员会"的成员，却无法避免债法改革委员会对债权法修订草案的大量更改。由终止与合同损害而引发的教条的争议领域，使得草案愈加复杂，并夹杂着诸多无谓的理论性争议和分歧议题。2001年9月，于弗莱堡，先生在"青年民法学者协会"上进行了公开演讲，其讲理之透彻清晰很难被后人超越。[48] 先生新版的债权法教科书对新法的框架进行了清晰、简洁的描绘，因而颇具建设意义。

---

[48] Schlechtriem, Entwicklung des deutschen Schuldrechts und europäische Rechtsangleichung, in: Helms/Neumann/Caspers/Sailer/Schmidt-Kessel (Hrsg.), Das neue Schuldrecht, Jahrbuch Junger Zivilrechtswissenschaftler (2001), S. 9-28.

先生对克劳斯-威廉·卡纳里斯[49]在债法现代化进程中的地位持有怀疑，并说过，他不确定卡纳里斯是否是"正确的领头人"。《德国民法典修正案》第283条与第323条在三种（与目前的类别相近的）独立情形下的适用区别，使得先生有理由持有此种担忧。"不能"对他来说就是"幽灵"。[50]曼弗雷德·勒维施（Manfred Löwisch，1937）最后说服他，维持《德国民法典》第275条第1款和第326条第1款的框架，对于长期债务和劳动合同是尤为必要的。

这显然不同于先生与乌尔里希·胡贝尔之间的关系，他俩的友谊生根于弗莱堡时期。即使后来胡贝尔因债法改革明确"违法义务"（"Pflichtverletzung"）而不是"不履行"作为改革的核心概念，反对该改革，[51]二者间的联络也依旧未曾间断。无论于任何场合，先生都未对胡贝尔先生抱有过微词。二者间的争论详情可见于先生的教授任用资格论文。在该教授任用资格论文中，先生很早就确信在义务层面，合同对不可侵犯利益的保护及与其相关的对"给付"和"保护"的有限区分。在纪念先生和胡贝尔的文集中，两人相互撰写文章。对此，先生优先选择了对乌尔里希·胡贝尔也非常重要的关于《联合国国际货物销售合同公约》的话题。[52]

七、遗产

彼得·施莱希特里姆的学术遗产有哪些？我将答案浓缩为核心的两点：

---

[49] 对此，参见本书中关于卡纳里斯的文章。

[50] Schlechtriem, Die Unmöglichkeit-ein Wiedergänger, in: Coester (Hrsg.), Privatrecht in Europa: Vielfalt, Kollision, Kooperation; Festschrift für Hans Jürgen Sonnenberger zum 70. Geburtstag (2004), S. 125－133.

[51] 尤其是参见他的作品:„Das geplante Recht der Leistungsstörungen", in: Ernst/Zimmermann (Hrsg.), Zivilrechtswissenschaft und Schuldrechtsreform: zum Diskussionsentwurf eines Schuldrechtsmodernisierungsgesetzes des Bundesministeriums der Justiz (2001), S. 31－183。

[52] Schlechtriem, Aufhebung von CISG-Kaufverträgen wegen vertragswidriger Beschaffenheit der Ware, in: Baums u. a. (Hrsg.), Festschrift für Ulrich Huber zum siebzigsten Geburtstag (2006), S. 563－574.

1. 于法学而言，有决定性意义的是实质问题，而非其对教义学的维护。

2. 实质问题必须转为规范的语言。

作为先生最年轻的门生，我对上述两点内容有以下感悟。对于比较法，先生是一位破旧立新的开拓者。他总结了比较法的既有成果和经验，不受历史偶然性的羁绊，扬弃并举，使比较法的内容得以良性更迭。先生依其深厚学养、精湛技艺，建树颇丰，尤其在《欧洲私法共同参考框架草案》修订过程中，他对备用的泛欧洲合同法理论素材进行的精打细磨，使其得以优化进而融入前者。仅此一举，令人无限缅怀。

第四章 商法和经济法

导　读

　　第四章的主题是商法和经济法，也包括经济理论及跨国法理论。对商事行为的思考，必然需要经济理论和跨国理论的视角。事实上，诸如恩斯特-约阿希姆·麦斯特麦克、沃尔夫冈·费肯杰、克劳斯·霍普特、贡塔·托依布纳及路德维希·赖泽尔等学者，不仅是重要的商法和经济法学者，也推动了整个德国法学——包括方法论——的发展，比如经济理论和跨国法理论。德国在世界上享有盛誉且被这些学者关注和践行的是：德国尤其重视社会市场经济，即莱茵资本主义——早在"资本主义多样性"成为政治经济学的研究议程之前。① 在两次世界大战期间，也就是在经济环境和政治环境出现极大问题的时候，受到激烈讨论的是经济活动的法律框架，并将其作为宪法和产生重要影响的一个方面，即所谓的"经济宪法"。同时，更为明显的是，与单个的企业联系在一起的即所谓的"企业宪法"（"Unternehmensverfassung"）。胡果·辛茨海默（Hugo Sinzheimer，1875—1945）作为这场讨论的领军人物，提出的一个重点是以经济和企业的社会角色为方向，认为财产权要与他人的参与权紧密联系在一起。该观点不仅归结于当时有问题的大环境，而且有相应的学术根基。第一个非常明显的根基是马克斯·韦伯。当韦伯发展法律社会学的时候，将焦点放在经济活动和经济发展上面。第二个根基可能是奥托·冯·基尔克。基尔克是显赫的商法学者，同时也是一位呼吁《德国民法典》和在私法发展中有更多的"社

---

① 赫尔（P. Hall）、索斯凯斯（D. Soskice）主编：《资本主义多样性——比较优势的制度基础》，牛津大学出版社2001年版，导论部分第1—20页；好的综述参见伦德曼、米克里茨、伦纳：《私法理论》，图宾根2015年，第1654—1672页。

会润滑油"的学者。② 二战后，在经济繁荣的环境中，与在反垄断法领域产生重要影响的弗莱堡学派对应，该脉络的思想发展成为社会市场经济的理论和实践基础。阿尔弗雷德·怀克是最后一位在商法和公司法，同时又在劳动法领域，有较高造诣的显赫学者。他提出的非常重要的原则，即"忠诚义务"，超越了英美公司法中的忠实义务。在此基础上，他还强调长期关系中个人之间的关系。汉斯·卡尔·尼佩代，通过他的（与阿尔弗雷德·怀克合著）三卷本的劳动法论著，及担任联邦劳动法院院长的经历，成为二战后德国劳动法的奠基人。他主张劳动法应当成为用人单位的利益和劳动者的利益之间的"平衡"，赋予企业协会和罢工有同等的权重。他在劳动法中有非常大的影响，主张基本权利可以直接适用于当事人之间，原因是用人单位对劳动者在生存和无所不及的方面有着重要影响，在当时的环境下，这种影响可能更大。最后，海因里希·克龙施泰因是世界主义者，他将比较法的方法融入商法，重点关注跨大西洋的联系，且对跨大西洋的联系产生了重要的影响。③

本章中最年长的是瓦尔特·施密特-林普勒。他的贡献是基础性研究：瓦尔特·施密特-林普勒在纳粹政权统治下撰写了他最有影响力的作品，即合意即为"正确性保障"的理念（"Konsens as Richtigkeitsgewähr"）。而在今天，合意更多的是被视为"正确性机会"（"Richtigkeitschance"）。施密特-林普勒在当时的纳粹统治下工作，④ 但并没有妥协，他主张当事人的决定（当事人自治）有一个基础，这个基础是当事人可以接受的。该观点的贡献之处在于，尝试将个人自治与集体的视角保持一致，加入了社会的价

---

② 辛茨海默：《企业委员会的形式和意义》（1919 年），弗洛伊德、拉姆主编，《胡果·辛茨海默：劳动法和法社会学》，法兰克福1976 年，第 321—324 页；韦伯：《经济和社会》，图宾根1972 年，1922 第 1 版；冯·基尔克：《合作社理论及德国的司法裁判》，希尔德海姆1887 年，尤其是第 603—672 页；格伦德曼、米克里茨、伦纳：《私法理论》，图宾根2015 年，第 121—131 页及第 1457—1465 页。对于思想的主要脉络及欧共体委员会的第一位负责人，参见哈尔斯坦因（W. Hallstein）：《当代股份公司法》，柏林1931 年。

③ 对于经济宪法，仍然重要的，参见维特赫尔特（R. Wiethölter）：《社会的法治国家经济法的地位》，《弗朗茨·柏默纪念文集》，卡尔斯鲁厄1965 年，第 41—62 页；赖泽尔：《经济宪法作为法律问题》，《奥托·冯·基尔克纪念文集》，柏林1950 年，第 181—200 页；奥尔多自由主义的思想脉络，参见本书中关于弗朗茨·柏默和恩斯特-约阿希姆·麦斯特麦克的文章。

④ 他在1937 年转赴柏林商业大学，可以说是在一个"明显的"位置上，而且成为国家社会主义德国高校教师学会的会员及国家社会主义律师协会的会员，但还不是纳粹党的党员。

值，而不仅是个人的价值(他的"合同理论"和"经济法体系"的手稿如果出版，将会有意义，但一直没有公开出版)。瓦尔特·施密特-林普勒与弗朗茨·柏默及恩斯特-约阿希姆·麦斯特麦克的共同之处在于，他们都主张保护个人自治不被贬低为实现(整个)经济效率的工具，同时确保个人不受私人力量的侵犯。将当事人自治与社会角色整合在一起的思想脉络，再次由路德维希·赖泽尔提起，但在完全不同的语境中，即他在1960年关于合同功能的论文中，且是以一种可能是更为严格的方式提起。赖泽尔除了担任不同学术机构的管理者，还是一位伟大的思想家，这不仅体现在他的这篇充满智慧的论文中，[5] 而且体现在他关于格式条款的教授任用资格论文中，他强有力地将"社会的"角色带入德国合同法。他的教授任用资格论文是德国法学界第一篇主要是以实证研究的方法探究新现象的专著。因此，这在方法论上非常有意思，后来在20世纪70年代，它确定了整个学术发展的基调，原因在于格式条款法成为德国和整个欧洲的核心问题。与赖泽尔同辈的沃尔夫冈·黑费梅尔，是最为多产的法律评注人，其研究涵盖商法和经济法的所有领域。但他对纳粹政权明显有妥协。事实上，本书德文版促使人们讨论这位萨尔茨堡大学荣誉博士在纳粹时代的所作所为。[6]

年轻一代出生在20世纪30年代。一方面，这一代人包括了在理论上有重大贡献的学者，比如恩斯特-约阿希姆·麦斯特麦克及沃尔夫冈·费肯杰；另一方面，这一代人包括德国现代公司法的奠基人，比如沃尔夫冈·策尔纳及马库斯·陆德，还有风格非常不同的彼得·乌尔默。麦斯特麦克继承了他的老师的遗产，其本人也被收录在这本书中。他以巧妙的方式实现了继往开来的目的：就实体法而言，他将弗莱堡学派的思想付诸到第一本欧洲法的专著中，即1974年的《欧洲竞争法》。

---

[5] 参见赖泽尔：《合同的功能与合同自由》，《德国法学家大会纪念文集》，卡尔斯鲁厄1960年，第101—103页；对于该文与英美法中针对"合意正义"的方法，参见格伦德曼：《协商的三点看法——学科间的论文》，普哈汉德、罗特主编，《汉斯·米克里茨纪念文集：欧洲经济法与监管的多样性》，维也纳2014年，第3—30页。

[6] 亚历山大·彼温克勒(A. Pinwinkler)：《萨尔茨堡的"荣誉博士"——纳粹黑暗过去的学术荣誉》，彼温克勒、科尔主编，《太多荣誉？——对德国和奥地利的荣誉称号的跨学科视角》，维也纳2019年，第383页；但是，对此启动的程序及主要的理由，却受到了批评。有很多的同行认为黑费梅尔只不过是"同行者"，参见本书中扬·蒂森的文章《本书主线及纳粹时期的私法学》。

后来，他成为位于汉堡的马克斯·普朗克研究所第一位具有商法和经济法背景的所长。之后，他继续通过关于监管行业的大项目发展这一脉的思想，比如能源行业。对此，他和合作者及门生将弗莱堡学派的理念"翻译"到新的私有化的行业。正是这个项目，从市场结构的视角（寡头市场）及从关乎"生存"的"关键"行业的视角（"关键设施"），使这些行业成为特殊行业。另外，麦斯特麦克也是替代法律经济学方法的倡导者，也即替代芝加哥学派的倡导者，这体现在他与理查德·波斯纳的争论中，他强调法律价值的控制力，认为经济学概念和思想在成为"法理"之前必须经过评价。[7] 沃尔夫冈·费肯杰是商法学者中的哲学家，涉猎广泛，甚至撰写了一本再版多次的私法核心领域即债法的教科书。他在诸多领域成名，但最有名的可能有以下两件事情：第一，他撰写多卷本的专著，将功能比较的方法引入法律方法论的领域，将全球的法律方法论放在同一语境下。事实上，他的很多兴趣点已经超越了西方，进入了法律人类学。第二，他的全球经济秩序的理念是大师级的理念，即竞争法秩序超越地区，从而需要超国家的秩序，同时他撰写了经济法专著。其他三位学者的研究范围也很广，读者应当在1965年的公司法改革的背景下来看待他们们。1965年的公司法改革，促使德国产生现代的《有限责任公司法》和《股份公司法》，包括一系列的创新：从公司集团法到双层制的公司治理结构，再到职工参与的制度。沃尔夫冈·策尔纳正如他的老师阿尔弗雷德·怀克，是一位主张"全套企业法"的学者。后来的学者赫伯特·维德曼及克里斯蒂娜·温德比西勒也有同样的主张。策尔纳的著述涉及劳动法和公司法，后者是他的研究重点。此外，他还创建了"科隆法律评注"，该评注成为顶尖的有限责任公司法评注。马库斯·陆德不仅研究上述新法的整体，包括公司集团法（亦称康采恩法），而且研究了忠实义务的细节问题。更为重要的是，他在1979年的大型论著中，将欧洲公司法论述为有自己特点的法律领域，从而将欧共体二级法调整的法律领域提升到更为显眼的地位。最后，彼得·乌尔默

---

[7] 参见麦斯特麦克：《没有法律的法理学——波斯纳与哈耶克论法律的经济分析》，图宾根2007年。[类似的观察法律经济学的运动，参见圭多·卡拉布雷希：《法和经济学的未来》，郑戈译，中国政法大学出版社2019年版。——译注]

正如他的老师和前辈黑费梅尔，是一位多产的法律评注人，其评注涵盖了商法的大部分领域。他撰写了优秀的法律评注，包括会计法、欧盟公司法的核心规定。

最年轻的一代商法和经济法学者出生在二战期间，生长在二战之后，在德国20世纪50年代和60年代的"经济奇迹"期间追求他们的学业。这一代学者包括哈尔姆·彼得·韦斯特曼、卡斯滕·施密特、彼得·多拉特、克劳斯·霍普特（他们都出生在1938—1940年期间）及1944年出生的贡塔·托依布纳。最先提到的三位稍微年长的学者，负责当今的大型法律评注（韦斯特曼的评注涵盖了私法的所有领域，重点关注合伙企业法和小型企业，而不是有限责任公司）；卡斯滕·施密特撰写了两部大型的商法和公司法专著，同时，他的论述也涵盖了几乎所有的商法领域，包括反垄断法，甚至包括程序法；彼得·多拉特则是在奥地利建立了现代的企业法和国际企业法。相对而言，后面两位年轻学者更具有国际性，在专业对话圈子和出版物上，他们的舞台延伸到普通法世界，采用的方法论是跨学科研究和治理研究。事实上，早期在图宾根大学的时候，霍普特和托依布纳两人就合作主编了有影响力的关于董事责任公司治理的书(1985年)。霍普特作为麦斯特麦克的继任者，担任位于汉堡的马克斯·普朗克研究所的所长，他的重大贡献是在德国创建资本市场法，同时还因为他将市场的视角引入公司法而出名（即"退出"的选择），并从核心的行为人（即银行）的角度看待公司法。他让德国公司法走向国际，在该领域（与理查德·布克斯鲍姆合作）撰写了第一部关于多层治理的比较法专著，以德国学者代表的身份加入公司法和资本市场法国际学院，主编了最有影响力的关于新的欧共体治理的书——以内幕交易和公司收购为主题，并且以2002年"高层研究组"的成员身份大力推动构造现代的欧盟公司法。⑧ 贡塔·托依布纳是一位真正的欧洲学者，在佛罗伦萨的欧洲大学工作多年后，再到伦敦政治经济学院工

---

⑧ 同样参见高层研究组2002年11月4日的报告，即《高层研究组报告：与收购要约相关的问题》及《高层研究组报告：欧洲公司法的现代监管框架》。[中译本参见莱纳·克拉克曼、亨利·汉斯曼等：《公司法剖析：比较与功能的视角》，罗培新译，北京大学出版社2012年版。——译注]

作，最终"返回"德国的法兰克福大学，他传承了这所将商法和经济法与理论结合的大学的传统。具体而言，这是自创生理论和系统论。对此，他是在私法领域拥护该理论的学者。另外，他使（现代经济）社会学在法学中得到重生。以此为基础，他在新领域或交叉领域中发展出具体的结论，尤其是他对合同网络的研究。

总而言之，上述主流的思想脉络大致可用三个问题和方法来划分：平衡所有利益相关者的利益（怀克、尼佩代，还有后来的策尔纳）；对国家性和跨国性的强调（克龙施泰因、麦斯特麦克、费肯杰、陆德、多拉特、霍普特及托依布纳）；在方法论上，接受其他的领域和跨学科的研究。这还是包括麦斯特麦克、费肯杰、霍普特和托依布纳，但又包括赖泽尔，是他将传统私法与监管方法联系在一起，其基础是在他在1935年关于格式条款的大型专著，及提出合意即为正确性保障的瓦尔特·施密特-林普勒，最后还有很年轻但以其系统论和跨国领域的宪法化产生重大影响的贡塔·托依布纳。[9] 另外，这里还有伟大的法律评注人，涉及的领域涵盖商法、竞争法和公司法的所有领域，他们是沃尔夫冈·黑费梅尔、彼得·乌尔默、哈尔姆·彼得·韦斯特曼及卡斯滕·施密特，最后一位撰写了两部商法和公司法的大型专著。

---

[9] 最有影响力的，参见托依布纳（G. Teubner）：《全球的布科维纳：世界社会中的法律多元主义》，托依布纳主编，《无国家的全球法》，奥尔德肖特1997年，第3—28页。[同样参见托依布纳：《宪法的碎片——全球社会宪治》，陆宇峰译、纪海龙校，中央编译出版社2016年版。——译注]

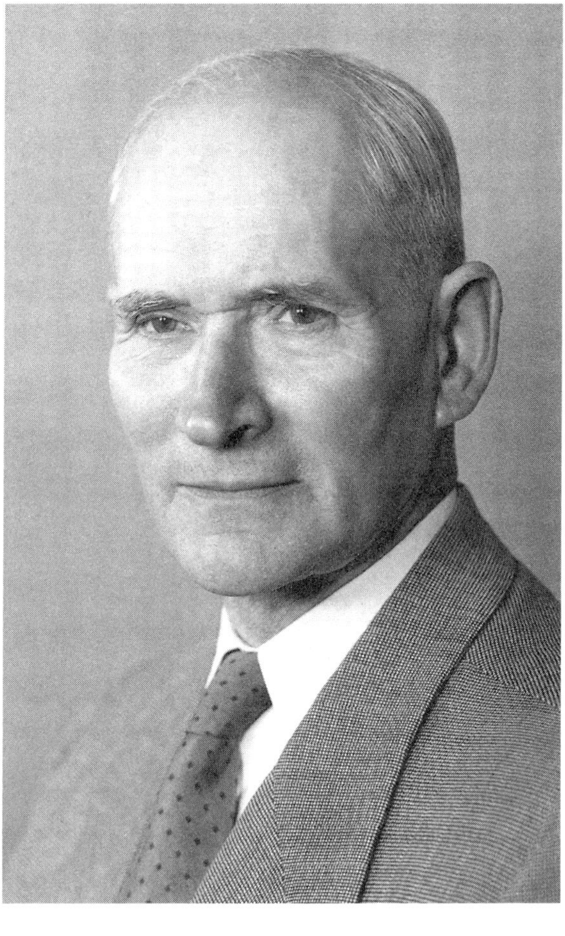

瓦尔特·施密特-林普勒
（Walter Schmidt-Rimpler，1885—1975）[*]

目　次

一、人生和影响　/ 216
　　（一）出身和青少年时期　/ 216
　　（二）学生时代　/ 217
　　（三）博士和教授任用资格论文　/ 219
　　（四）早期的教授生涯　/ 219
　　（五）早年在波恩　/ 221
　　（六）波恩的年代　/ 222

二、主要的话题及其未来　/ 228
　　（一）前言　/ 228
　　（二）法律体系说　/ 229
　　（三）契约说　/ 231
　　（四）经济法说　/ 235

三、结语和展望　/ 237
　　（一）结语　/ 237
　　（二）展望　/ 238

---

[*] 作者简介：〔德〕弗里茨·里特纳(Fritz Rittner, 1921—2010)，弗莱堡大学荣退教授。里特纳的博士论文和教授任用资格论文均由瓦尔特·施密特-林普勒在波恩大学指导完成。里特纳作品的中译本，参见弗里茨·里特纳、迈因哈德·德雷埃尔：《欧洲与德国经济法》，张学哲译，法律出版社2016年版；本文是作者2007年5月11日在柏林洪堡大学做的报告。

瓦尔特·施密特-林普勒的一生几乎包含整个 20 世纪，不过他也是个 19 世纪的孩子。他的作品持续地影响到今天，并且正如我们将会看到的，这些作品向我们指明未来的成功之路。[①] 在今天，尽管提到他名字的情况不是很多，他一直是这个国家"低调的人"（"Stillen im Lande"，古斯塔夫·弗赖塔格［Gustav Freytag, 1816—1895］语）。这些人更相信文字和思想的力量，而不是其音量。我年轻时，菲利普·默林（Philipp Möhring, 1900—1979）[②]曾推荐给我一个至少在专业领域成名的方法，即以著者、合著者、主编、联合主编等身份，让自己的名字尽可能出现在每个地方。这完全不是施密特-林普勒的风格。

我要向各位展示的施密特-林普勒的人物形象，仅限于我认识的这位年长的学者。直到 1959 年我在波恩大学的第一个学期，才有机会当面认识他，那时的他已年过六旬。因此，我们对尊师为人及个性的关注，要远少于对他的作品及其影响的关注。无论如何，他给我们的印象是如此善于处事又充满睿智，以至于让我们相信他早年也一定是这样的。

一、人生和影响

（一）出身和青少年时期

瓦尔特·施密特-林普勒 1885 年 11 月 25 日生于德国马尔堡。父亲赫尔曼·施密特-林普勒（Hermann Schmidt-Rimpler, 1838—1915）是一位眼科医生，时任马尔堡大学眼科医院的院长。直至今天，很多眼科医生

[①] 有关施密特-林普勒及其作品，主要参见 Gerhardt, in: Ballerstedt/Gerhardt（Hrsg.）, Memoriam Schmidt-Rimpler（1976）, S. 7 – 18; Ballerstedt, Über Walter Schmidt-Rimplers wissenschaftliche Persönlichkeit in: Ballerstedt/Gerhardt（Hrsg.）, Memoriam Schmidt-Rimpler（1976）, S. 19 – 48。

[②] 关于默林，参见 Nicolini, Philipp Möhring, in: C. H. Beck'sche Verlagsbuchhandlung（Hrsg.）, Juristen im Portrait, Verlag und Autoren in 4 Jahrzehnten, Festschrift zum 225-jährigen Jubiläum des Verlages C. H. Beck（1988）, S. 584 – 591。

仍然知道其父亲的名字。③ 因父亲在1890年搬往哥廷根，施密特-林普勒先是在哥廷根的学校读书，1901年又再一次随父亲搬家，转入哈勒的高级中学。

赫尔曼·施密特-林普勒因1837年与海德薇·林普勒结婚而得其姓氏，他出生在柏林一个文化和政治上非常开明的商人家庭，似乎想成为军人。起初，他想成为一名军官，然后成为一名军医。他高考后，进入了1795年创建的"军医学校"（"Pépinière"；后来成为"威廉皇帝研究所"）学习医学。1864年和1866年战争期间，他作为骑兵团的军医加入战争，在柏林查利医院先是担任内科和外科的医生，之后才进入眼科。他从未想过有一天会成为"眼科教授"④。他的老师是非常著名的眼科医生阿尔布雷希特·冯·格雷夫（Albrecht von Graefe 1828—1870）。格雷夫病情严重，突然与世长辞后，赫尔曼·施密特-林普勒1870年夏被提拔为柏林查利医院的眼科主任医师。此后不久，马尔堡大学成功聘请他为新任的眼科教授。他的诊所最初位于一栋公寓大楼内，直到1885年，赫尔曼·施密特-林普勒才搬进了"一间漂亮的诊所"⑤。1890年至1901年，他在哥廷根工作之后最终回到了普鲁士的哈勒，那也是其子的学术摇篮。赫尔曼·施密特-林普勒天赋异禀、兴趣爱好涉猎广泛，中学时期，他曾为报纸撰写专题文章；在马尔堡，他不仅是大学的校长，而且还担任市议员和副市长；之后在哈勒，他进入市议会，表现出"非同寻常的管理天赋"⑥，同时他是医师协会和医疗行业协会的成员。

（二）学生时代

也许，正是因为父亲强烈的公共责任感和卓越的学术成就⑦，鼓励

---

③ 有关赫尔曼·施密特-林普勒，参见阿克森菲尔德（Th. Axenfeld）的悼词：Th. Axenfeld, Offene Korrespondenz, Hermann Schmidt-Rimpler†, Klinische Monatsblätter für Augenheilkunde 56（1916），102-119；Küchle, Augenkliniken deutschsprachiger Hochschulen und ihre Lehrstuhlinhaber im 19. und 20. Jahrhundert（2005），S. 182（Göttingen），S. 197 f.（Halle）u. S. 222 f.（Marburg）。

④ 转引自 Axenfeld, Klinische Monatsblätter für Augenheilkunde 56（1916），102, 104。

⑤ Axenfeld, Klinische Monatsblätter für Augenheilkunde 56（1916），102, 107.

⑥ Axenfeld, Klinische Monatsblätter für Augenheilkunde 56（1916），102, 108.

⑦ Vgl. Axenfeld, Klinische Monatsblätter für Augenheilkunde 56（1916），102, 109 ff. mit dem Schriftenverzeichnis 111-112.

儿子走上了研习法学之路。瓦尔特·施密特-林普勒先是在海德堡大学、慕尼黑大学和柏林大学各学习了一个学期,在柏林大学听了奥托·冯·基尔克、约瑟夫·科勒和弗朗茨·冯·李斯特的课。他的学术摇篮哈勒仍然留有伟大的克里斯蒂安·托马西乌斯(Christian Thomasius, 1655—1728)那种清醒的新教怀疑精神。他在哈勒大学学习三个学期后,1907年6月15日在瑙姆堡高级法院(当时萨克森州的高级法院)通过了第一次国家司法考试。他在哈勒大学的第一位老师是鲁道夫·施塔姆勒(Rudolf Stammler, 1856—1938)。施塔姆勒作为一名坚定的新康德主义者,极大地影响了当时的法哲学和社会舆论,他也思考和钻研"经济与法",以及重要的教义学和法律史问题。[8]

施塔姆勒鼓励年轻的瓦尔特·施密特-林普勒写了一篇题为《所有权与地役权》的博士论文,这使施密特-林普勒于1911年在哈勒大学获得了博士学位。该论文共有56页,构成同年出版的大型专著(共182页)的第一章,其副标题为"兼论物权的混乱及《德国民法典》中继承人的责任"。年轻的瓦尔特·施密特-林普勒以其非同寻常的自主性、非常敏锐的觉察力和卓越的理论洞察力来探讨这个源于法律实践并在学界引发诸多争论的问题。比如,杰出的瑞士法学家欧根·胡贝尔(Eugen Huber, 1849—1923)撰写的《所有权地役性》中提到的问题。施密特-林普勒的这本书,尤其是第一章,在一定程度上仍然偏重理论,并追随施塔姆勒的观点,但随着论述的深入显示出相当大的说服力,使他的观点得到学界认可。[9] 就在施密特-林普勒获得博士学位的同一年,他通过了第二次国家司法考试,随即做了一段时间的法院书记员。

---

[8] 参见他的重要作品: Stammler, Wirtschaft und Recht nach der materialistischen Geschichtsauffassung (1896), (5. Aufl. 1924); ders., Die Lehre von dem richtigen Rechte (1902), (2. Aufl. 1926); ders., Theorie der Rechtswissenschaft (1911), (2. Aufl. 1923). Zu Stammler vgl. Tatarin-Tarnheyden (Hrsg.), Festgabe für Rudolf Stammler zum 70. Geburtstage am 19. Februar 1926 (1926); sowie Albrecht Hesse, Rudolf Stammler, in: v. Beckerath u. a. (Hrsg), HDSW Bd. 10, 1959, S. 15–16。

[9] 仅参见 RGZ 142, 234; BGHZ 41, 209; Wolff/L. Raiser, Sachenrecht (10. Aufl. 1957), § 108 I 1。

(三) 博士和教授任用资格论文

尽管施密特-林普勒与施塔姆勒的合作开局不错，但随后他将注意力转向了另一位导师，即法律历史学家保罗·里梅（Paul Rehme，1867—1941）[⑩]。我们可能永远也不知道是法律史吸引他到里梅这里来，还是他高度评价这位教师的个性。施密特-林普勒似乎对他与施塔姆勒的关系以及其学术理念有些异议。[⑪]

作为里梅的学生，施密特-林普勒以里梅关于商法史的研究为基础，特别是以中世纪市政书籍为基础，因而他选择了"德国行纪史"[⑫]作为其教授任用资格论文的主题。他的研究，包括对但泽市（Danzig）和科隆市城市档案的研究非常细致，梳理出了中世纪中期以来代理的形式和发展历程。他的这项研究经受住了时间的考验，影响至今，就在不久前还推动产生了新研究。[⑬]

(四) 早期的教授生涯

或许是因为战争（尽管他瘦削的体型使其晚年看起来很像有过从军

[⑩] 对于他，参见瓦尔特·施密特-林普勒写的悼文：Schmidt-Rimpler, Paul Rehme, ZHR 109 (1942/43), 13 – 33 及 Thieme, In memoriam. Paul Rehme, SavZ 62 (1942), 559 – 566。

[⑪] Schmidt-Rimpler, Zum Vertragsproblem, in：Baur/Esser/Kübler/Steindorff（Hrsg.），Funktionswandel der Privatrechtsinstitutionen, Festschrift für Ludwig Raiser zum 70. Geburtstag (1974), S. 3, 10 Fn. 38. 他将自己称为"对施塔姆勒持批判态度的门生"。施塔姆勒的学说期间因为其抽象性和信仰的形式主义，陷入了死胡同。对此，比如参见 E. Kaufmann, Das Wesen des Völkerrechts und die Clausula rebus sic stautibus (1911), S. 148 f.; ders. Kritik der neukantischen Rechtsphilosophie (1921), S. 11 ff. 还不能确定施密特-林普勒当时是否已经知道这些作品或认识这些作品的作者埃里希·考夫曼（Erich Kaufmann，1880—1972），但我在波恩大学学习阶段(1949—1959 年)知道这两人的友情。对于埃里希·考夫曼，参见 Hanke, Erich Kaufmann, in：Schmoeckel（Hrsg.），Die Juristen der Universität Bonn im „Dritten Reich" (2004), S. 387 – 407 und Kachel, Erich Kaufmann, in：Schmoeckel（Hrsg.），Die Juristen der Universität Bonn im „Dritten Reich" (2004), S. 408 – 424。

[⑫] 该书 1915 年出版时，第一卷仅限于 15 世纪末之前的发展，第二卷涉及现代的研究（序言，第Ⅷ页），相关准备工作已经完成，可以永远不会公开出版；相关的书评，参见 U. Stutz, Literatur, Dr. Walter Schmidt-Rimpler, Geschichte des Kommissionsgeschäfts in Deutschland. Erster Band. Die Zeit bis zum Ende des 15. Jahrhunderts, SavZ 36 (1915), 569 – 579; sowie Schmidt-Rimpler, Das Kommissionsgeschäft, in：Ehrenberg（Hrsg.），Ehrenbergs Handbuch des gesamten Handelsrechts, Bd. V. I. Abt. 1. Hälfte (1928), S. 477, 543 Fn. 1。

[⑬] Vgl. Th. Landwehr, Das Kommissionsgeschäft in Rechtswissenschaft, Gesetzgebung und Rechtspraxis vom 16. bis zum Ende des 18. Jahrhunderts (2002)。

经历，但他从未当过兵，这点我可以确定），直到1919年施密特-林普勒才收到他的第一个教授任命。他在哥尼斯堡大学担任编外教授的职位，但仅一年之后，他就换成在罗斯托克大学担任编内教授，但他在这所大学过得不自在。⑭ 所以，仅两年后他便来到了布雷斯劳大学。这里是他挚爱的富有音乐细胞的妻子卡特琳娜的故乡。他们于1919年喜结良缘，但令他无比痛惜的是，她先一步离开人世。他十分享受在布雷斯劳大学作为教师和学者的十五年光阴。我后来与其众多门生有见过面，包括来自实务界的门生。在大学任教的门生，包括霍斯特·巴多齐克（Horst Bartholomeyczik，1903—1975）、约瑟夫·沃兰伊（Josef Wolany，1907—1993）、鲁道夫·布伦斯（Rudolf Bruns，1910—1979）和斯蒂芬·里森费尔德（Stefan Riesenfeld，1908—1999）教授。

在布雷斯劳大学，施密特-林普勒写下了他的两部关于"代理人"和"行纪"的著作，均于1928年收录在维克托·埃伦贝格（Victor Ehrenberg，1851—1929）主编的《商法大全手册》⑮ 第五卷，从而奠定了他作为一流法教义学学者的声誉。⑯ 下文会涉及这些作品。

他非常享受在布雷斯劳大学的时光，但还是于1937年转赴柏林经济大学，担任过该校一年的校长。他在那里寻找的不仅是首都和先祖的城市，而且正如他经常对我说的，是为了寻找与经济学和商业实践有更为紧密的联系。

尽管他自始至终都远离政治活动，而且他的敏感和细致的个性也不太适合从事这些活动，当纳粹意识形态迫使其站队时，他确实照做了，但不同于官方的方式。他甚至在第三帝国的德意志学院也这样做过——

---

⑭ 至少他亲口对我这样说。瓦尔特·施密特-林普勒所在教席的继任者汉斯-埃里希·法伊内（Hans-Erich Feine，1880—1965）的情况类似；他对我曾说，他撰写有关有限责任公司的专著（Feine, Die Gesellschaft mit beschränkter Haftung, in: Ehrenberg [Hrsg.], Ehrenbergs Handbuch des gesamten Handelsrechts, Bd. Ⅲ Abtl. Ⅲ 3 [1929]），仅是为了离开罗斯托克大学去其他大学任教；之后，他去了图宾根大学。

⑮ 我手头有1918年的出版计划书，当时的讲师瓦尔特·施密特-林普勒还应当撰写"Spediteur"的主题。

⑯ 各方面都是积极的评价，参见 Hachenburg, Walter Schmidt-Rimpler: Das Kommissionsgeschäft, JW 1929, 316; Ballerstedt (Fn. 1), S. 19, 25 ff.："这两本书出版后立即受到热捧。"

不过该学院隐藏着"反抗组织"。[17] 他在1938年的首次演讲中，公开阐述了他的法学思想基础。[18] 在该基础上，他完成了到今天引用很多却常被误解的他最著名论文《合同法复兴的基本问题》[19]。随后的另一篇文章[20]不幸沦为战争的牺牲品。下文将探讨这两篇文章。

（五）早年在波恩

二战快结束时，瓦尔特·施密特-林普勒失去了他在柏林大部分的图书馆馆藏以及所有的学术笔记和手稿。因为柏林经济大学位于柏林中间地段，最终成为俄国人占领区。他设法与家人一起逃亡，包括两个已成年的儿子赖马尔（Reimar Schmidt-Rimpler，1920—1980）和埃克哈德（Eckhardt Schmidt-Rimpler，1929—2011）。两个儿子可能是继承了祖父衣钵，都成了医生。不出时日，众多重新开放的大学都向他抛出橄榄枝。1945—1946年的冬季学期，他在明斯特大学补位一空缺教席。同一学期，波恩大学法学院任命他为德国法、民商经济法教席的教授。该校早在1931年就打算让他接替汉斯·施伊尔（Hans Schreuer，1866—1931）的位置。[21] 该职位自1942年卡尔·劳赫（Karl Rauch，1880—1952）转赴格拉茨大学工作便开始空缺。[22] 1917年，时值波恩大学建校100周年，实力雄厚的"波恩大学校友和资助者基金会"（"Gesellschaft der Freunde und Förderer der Rheinischen Friedrich-Wilhelms-Universität zu Bonn"）资助设立了"纪念教席"，海因里希·戈佩特（Heinrich Göppert，1867—1937）是该教席的首任负责人。[23] 1935年戈佩特被迫下台之后，院长汉

---

[17] G. Schmölders, in seinen Lebenserinnerungen „Gut durchgekommen" (1988), S. 119; daneben Schmidt-Rimpler, FS L. Raiser (1974), S. 3, 9.

[18] Schmidt-Rimpler, Vom System des Bürgerlichen, Handels- und Wirtschaftsrechts, in: Frank (Hrsg.), Zur Erneuerung des Bürgerlichen Rechts (1938), S. 79–94.

[19] Schmidt-Rimpler, Grundfragen einer Erneuerung des Vertragsrechts, AcP 147/49 (1941/44), 130–197.

[20] Vgl. Schmidt-Rimpler, AcP 147/49 (1941/44), 130 Fn. 1.

[21] Vgl. Gerhardt (Fn. 1), S. 7, 10.

[22] Vgl. Gerhardt (Fn. 1), S. 7, 13; Schmidt-Rimpler, Gedenkrede auf Karl Rauch (1953), S. 10 sowie Morel, Karl Rauch, in: Schmoeckel (Hrsg.), Die Juristen der Universität Bonn im „Dritten Reich" (2004), S. 522, 537.

[23] Vgl. nur Rittner, Meine Universitäten und das Wirtschaftsrecht, 1939–2002 (2003), S. 13.

斯·德勒（Hans Dölle，1893—1980）试图保住戈佩特和学校的纪念教席。[24] 戈佩特1937年过早去世后，自1933年负责德国法教席的卡尔·劳赫"转任"到了这个纪念教席。[25]

（六）波恩的年代

瓦尔特·施密特-林普勒在波恩大学多年期间，有了学术大丰收。对此，我将以自己的亲身经历来讲述。

1. 师者

作为一名一丝不苟、研究教学的老师，施密特-林普勒对待学生时常以同理心相待，但又以高标准要求。他的大课较绝大多数课程都更为深入。比如，他对《德国商法典》中的"商人"的概念进行了阐释。可惜，他没有将这方面的研究公开发表，否则，这会改正后来所谓的现代企业法及其相应的商人概念造成的错误认识及其对法律确定性的破坏。[26] 认真及学术兴趣专一的学生喜欢他的课，只有少数人在他指导下完成博士论文。做他的门生难度很大，因为他要求门生对参考文献的评价不能有漏洞。这也是为什么他作为导师在波恩大学只指导了三位写教授任用资格论文的门生：1953年，完成教授任用资格论文的弗里茨·布雷赫尔（Fritz Brecher，1915—2003），担任学术助理多年后，分别于基尔大学和萨尔布吕肯大学担任教授，他其实是卡尔·劳赫的门生；[27] 1952年，完成教授任用资格论文的约瑟夫·沃兰伊（Josef Wolnay，1907—1993），他早在布雷斯劳大学受到施密特-林普勒的启发，对法和法学产生激情，1953—1956年担任联邦最高法院的法官，后来又想在学术界工作，[28] 并担任萨尔布吕肯大学法学院民商经济法教授；最后，是本文作者弗

---

[24] Vgl. dazu Wolff, Heinrich Göppert, in: Schmoeckel (Hrsg.), Die Juristen der Universität Bonn im „Dritten Reich" (2004), S. 234, 246 f.

[25] Gerhardt (Fn. 1), S. 7, 13.

[26] 对此，参见 Rittner, Unternehmerfreiheit und Unternehmensrecht (1998), S. 335, 336 ff.。

[27] 教授任用资格论文：Brecher, Das Unternehmen als Rechtsgegenstand. Rechtstheoretische Grundlegung (1953); vgl. auch S. X, wonach Karl Rauch die Arbeit angeregt hatte.

[28] 可惜有一篇没有公开发表的教授任用资格论文，但参见 Wolany, Rechte und Pflichten des Gesellschafters einer GmbH (1964)。

里茨·里特纳，但他当时还不想从事学术工作，只想是在莱茵河地区成为一名公证员。[29]

施密特-林普勒在他主办的研讨班上是最有魅力的。在班上，他毫不妥协的聪明才智得到了充分的发挥，也正是在这里，他以潜移默化的方式塑造了门生们，可以说，这些成就将被门生们铭记终生。仅举一个例子就足以证明：后来，我与斯蒂芬·里森费尔德有很多的学术争论，发现我们两人都遵循了施密特-林普勒的方法，敏锐而又具有客观的洞察力。斯蒂芬·里森费尔德1930年在施密特-林普勒的指导下在布雷斯劳大学获得博士学位。[30] 尽管他塑造了门生们一生的思维方式，但在施密特-林普勒看来，没有什么比创建一个学派更重要。退休后，他还继续授课，并四处讲学。他的讲法是"下乡"讲课，而且炉火纯青，主要讲授有价证券法和私人保险法，并将它们视为合同法的特别部门。

2. 学者

施密特-林普勒作为一名学者不断地改变他的研究领域，但他始终坚持自己的纲领：以一种全方位的方式渗透进法以更好地理解它们。我应该将他关于法律史上的研究放在一边，暂且不谈。无论如何，乌尔里希·斯德茨（Ulrich Stutz，1868—1938）已经对他的教授任用资格论文赞不绝口。[31] 另外，再多说一句，施密特-林普勒在波恩大学任职期间一直保持着一位法律史学者的角色，他博览群书，常与法律史学家赫曼·康拉德（Hermann Conrad，1904—1972）讨论，经常担任法律史博士论文的评审人。

施密特-林普勒在教义学研究领域，有两篇作品收录于埃伦贝格的《手册》，这是留给后世的不朽著作。直至今日，法律实践与法律理论还

---

[29] 教授任用资格论文：Rittner, Die werdende juristische Person. Untersuchungen zum Gesellschafts-und Unternehmensrecht（1973）. Zur Vorgeschichte seiner Habilitation, die maßgeblich von Schmidt-Rimpler bestimmt worden war, vgl. Rittner（Fn. 23），S. 21 f.。

[30] Vgl. Riesenfeld, Das Problem des gemischten Rechtsverhältnisses im Körperschaftsrecht unter besonderer Berücksichtigung der Versicherungsvereine auf Gegenseitigkeit（1932）.

[31] 参见他的书评：Stutz, SavZ 36（1915），569 - 579。

仍能从中源源不断地收获益处。[32] 这是因为，它们在对法律事实进行广泛研究的基础之上，探寻了所有可能出现的问题，远超商法，成为每个法学家的宝藏。[33] 另外，他在《社会科学手册词典》上发表的一篇流传甚广的文章《经济法》[34] 也同样成就非凡。最初，这篇文章[35]预计作为摩尔·兹贝克出版社的精要教科书，但对于一本词典而言它又过于详实。文章以系统化的方式克服了私法和公法之间的对立，这种系统化原则上以关键性的评价思想为基础，[36] 发展出多层面的体系思维。[37] 就在去世的不久前，他还在坚持做有关"合同学说的研究"。这项研究早在战中时[38]就已开始，但人生不如意十之八九，他还是没能将其完成。他去世后，按照他的遗愿，我毁掉了相关的大量稿件和手稿。

他的学术工作还包含了担任《社会科学手册词典》的编辑一职，但可惜该书没有延续下去，[39] 它曾经一度要取代《国家学手册》[40]，但很不

---

[32] 对于代理人法，参见让人激动的书评：Hachenburg, JW 1929, 316; Zum Handelsvertreterrecht vgl. nur Rittner, Das Handelsvertreterrecht in der Rechtsprechung des Bundesgerichtshofs, in: Heldrich/Hopt (Hrsg.), 50 Jahre Bundesgerichtshof, Festgabe aus der Wissenschaft, Bd. II Handels-und Wirtschaftsrecht, Europäisches und Internationales Recht (2000), S. 57-99; auch Ballerstedt (Fn. 1), S. 19, 25ff。彼得·乌尔默在1968年撰写的教授任用资格论文传承了这个传统，研究涉及法律没有调整的合同，参见 Rittner, Vertragshändler und Vertragshändlervertrag, ZHR 135 (1971), 62-77。

[33] 比如所欲类型的间接代理。

[34] Schmidt-Rimpler, Wirtschaftsrecht, in: v. Beckerath u. a. (Hrsg.), HDSW, Bd. 12 (1965), S. 686-731.

[35] "德国法精要丛书" 由海因里希·斯托尔(Heinrich Stoll)和海因里希·兰格(Heinrich Lange)主编，当时计划的标题正如施密特-林普勒的大课的名字 "经营者"。

[36] Schmidt-Rimpler (Fn. 34), S. 686, 690; so schon ders. (Fn. 18), S. 79 f.

[37] 对此，参见 Rittner, Über die Notwendigkeit des rechtssystematischen Denkens, in: Ascheri/Ebel/Heckel/Padoa-Schioppa/Pöggeler/Ranieri/Rütten (Hrsg.), „Ins Wasser geworfen und Ozeane durchquert" Festschrift für Knut Wolfgang Nörr (2003), S. 805, 807, 816 ff。

[38] 参见 Schmidt-Rimpler, AcP 147/49 (1941/44), 130-197 及后来他的作品: Zum Problem der Geschäftsgrundlage, in: Dietz/Hueck/Reinhardt (Hrsg.), Festschrift für Nipperdey zum 60. Geburtstag, 21. Januar 1955 (1955), S. 1-30; ders., Eigenschaftsirrtum und Erklärungsirrtum, in: Nipperdey u. a. (Hrsg.), Festschrift für Heinrich Lehmann (1956), Bd. I, S. 213-233; sowie seine letzte Arbeit: ders., FS L. Raiser (1974), S. 3-26。

[39] 对于《社会科学手册词典》的理念，参见 Taeuber, Staatswissenschaft, in: v. Beckerath u. a. (Hrsg.), HDSW Bd. 9, 1956, S. 763, 764; 对《社会科学手册词典》的书评，参见 Jecht, Eine neue sozialwissenschaftliche Enzyklopädie: Das Handwörterbuch der Sozialwissenschaften, ZgS 108 (1952), 743-753; Schaeder, Das Handwörterbuch der Sozialwissenschaften, Jahrbuch für Sozialwissenschaft 2 (1951), 205-212。

[40] Conrad/Elster (Hrsg.), Handwörterbuch der Staatswissenschaften (1890-1897); (letzte, 4. Aufl. 1923-1929 Elster/Weber [Hrsg.] in 8 Bänden und einem Ergänzungsband).

幸并未持续多久。相反，1977 年，尽管"社会科学"的含义更为宽泛，三家参与出版的出版社开始发行名为《经济学手册词典》一书。[41] 施密特-林普勒还是很一丝不苟地对待了这个占据他将近 20 年光阴的任务，尤其是他负责的法学类文章，仅有他在柏林经济大学熟识的公法学者维尔纳·韦伯（Werner Weber，1904—1976）支持他。《社会科学手册词典》的工作也使得他和波恩大学的经济学家埃尔文·冯·贝克拉特（Erwin von Beckerath，1889—1964）更为紧密地合作。他们年龄相仿，贝克拉特批判思维极为活跃，这些使他们成为了挚友。[42]

3. 法律政策制定者

偶尔，施密特-林普勒会称自己为"未来法人物"，事实上，他总是以法律政策的角度思考问题，但他明确地知道自己的想法是现行法（实然）的还是将来法（应然）的。遗憾的是，这种观点在年轻学者当中已经不再流行。[43] 1949 年之后，由于他早在 1938 年在《尤斯图斯·威廉·黑德曼纪念文集》中发表的文章《立法技术》[44]，在 1942 年发表的一篇批判性文章《立法》，明确将立法作为独立的任务，区别于经济政策，[45] 这些使 1949 年后位于波恩的部委官员不断给他带来法律政策上的新问题。例如，1953 年的关于《销售代理人法修正案》的作品；[46] 1957 年的关于卡特尔法的作品；[47] 关于 1965 年才通过的《股份公司法》的作品以及关于公司员工参与权的讨论。他还以同样的热情参与了欧洲共同体——其前身是欧洲煤钢共同体——的建立过程。时任外交部秘书，后来担任欧共体委员会主任的瓦尔特·哈尔斯坦（Walter Hallstein，1901—1982）经

---

[41] v. Kempski, Sozialwissenschaft, in: v. Beckerath u. a. (Hrsg.), HDSW Bd. 9, 1956, S. 617, 625; auch Rittner, Die Rechtswissenschaft als Teil der Sozialwissenschaften, in: Streißler (Hrsg.), Die Einheit der Rechts-und Staatswissenschaft (1967) S. 97.

[42] 对于他，参见 Salzwedel, in: ders./Kloten (Hrsg.), In memoriam Erwin von Beckerath (1966), S. 5 - 7; Kloten, Erwin von Beckerath, in: Salzwedel/ders. (Hrsg.), In memoriam Erwin von Beckerath (1966), S. 8 - 36。

[43] 可惜经常是新自由学派，参见 Rittner, Zum gegenwärtigen Stand der neoliberalen Rechtstheorie, AcP 180 (1980), 392 - 402。

[44] Schmidt-Rimpler, Zur Gesetzgebungstechnik, in: Freisler/Löning/Nipperdey (Hrsg.), Festschrift für Justus Wilhelm Hedemann zum sechzigsten Geburtstag am 24. April 1938 (1938), S. 75 - 86.

[45] Schmidt-Rimpler, Wirtschaftspolitische Praxis und Rechtsbildung, DR 1942, 1731 - 1735.

[46] Ballerstedt (Fn. 1), S. 19, 25.

[47] 详见 Rittner (Fn. 23), S. 18。

常去他那里向他咨询意见。他们是亲密的学术同事。

4. 研究所所长

作为经济法研究所的所长和"工业法论坛"("Das Industrierechtliche Seminar")的负责人，施密特-林普勒发扬了前任海因里希·戈佩特创立的"基金会教席"传统。[48] 因此，他在波恩成立了"经济和税法协会"，该协会在物质方面为研究所提供了重要的支持，并被保留了下来。更重要的是，它是由施密特-林普勒以一种完全独立于研究所赞助者的方式进行构想和领导的。[49] 工业法论坛是一个定期举办研讨会的平台。每周一下午，在他的指导下，来自法律实务界、公司、协会代表、政府机构的人士以及律师、公证员和高年级学生，齐聚一堂，讨论时下的问题，特别是与法律政策有关的问题。为了让学生对指定的主题有所准备，我的导师在一周前就针对该主题给我们上了一课，我也从中获益良多。

施密特-林普勒在古老宫殿的几间屋子里管理着这所研究所，他就是像在一言堂中，拥有绝对的权威。作为领导，他除了负责上上下下所有的事务之外，还很照顾分配给他的研究员，包括讲师和荣誉教授，诸如从巴西的罗兰迪亚回国的鲁道夫·伊塞(Rudolf Isay，1886—1956)，[50] 又或者如他在布雷斯劳大学指导的博士斯蒂芬·里森费尔德。他几乎不需要什么帮助，他的手稿都是自己亲自写下的，并且从不要求其助手寸步不离。我们的秘书马塔·帕茨克(Martha Patzschke)来自萨克森，年轻时在战争中失去了一条腿，因而饱受痛苦。施密特-林普勒非常关心她。他特别心爱的还有研究所的图书馆，它几乎是从零开始建造起来的。他把关图书的质量，检查新出版的书籍，并让我们查阅了所有旧书的目录，以便填补图书馆中的空白。他很少为实务界出具专家意见书，如有例外，那一定是个意义重大的法律问题，或是出于"帮助他人"的需要。

---

[48] 详见 Gerhard (Fn. 1), S. 7, 12 f.。
[49] 章程主要是参考《股份公司法》的模式。
[50] 对此，参见 Ballerstedt, Gedächtnisrede auf R. Isay (1957), Sowie Rittner (Fn. 23), S. 19。

5. 同事

鉴于施密特-林普勒非同寻常的个性，他在学院和大学中，甚至是在那些特别挑剔的私法学者之中，都得到极大的尊重。最好的证明就是，波恩大学法学院特地为他准备了七十寿辰[51]的纪念文集，而且在1975年11月26日，法学院院长瓦尔特·格尔哈特(Walter Gerhardt，1934)以及施密特-林普勒的教席继任者库尔特·巴勒施泰特(Kurt Ballerstedt，1905—1977)在波恩大学会议厅做了发言。[52]据我所知，施密特-林普勒是第一个也是唯一一名获此殊荣的学者。活动中，格尔哈特院长还绘声绘色地讲述了施密特-林普勒是如何"像一位老前辈"一样主持民法学者协会的会议，以及"当讨论现场硝烟四起，即将陷入僵局时，他总是四两拨千斤，三言两语就让讨论重回正轨"[53]。

经济学家威廉·克里勒(Wilhelm Krelle，1914—2004)在1961年纪念施密特-林普勒获得法学博士50周年的纪念会上，总结了对施密特-林普勒的看法：

> 自我加入学院并有幸认识您以来，对我而言，您就是我的学术榜样及一位宁静致远、可靠和激流勇进的人物榜样。面对困难，你作出的判断恰到好处，你无私且温暖，你把帮助别人视作理所当然，这些都给我留下了深刻的印象。[54]

---

[51] Rechts- und Staatswissenschaftliche Fakultät der Rheinischen Friedrich-Wilhelms-Universität Bonn (Hrsg.), Festschrift zum 70. Geburtstag Walter Schmidt-Rimpler (1957)。关于该纪念文集的书评，参见 E. Hirsch, Literatur, Festschrift zum 70. Geburtstag von Walter Schmidt-Rimpler, AcP 159 (1960) 346 - 356。

[52] Ballerstedt (Fn. 1)。

[53] 瓦尔特·格尔哈特(前引1)，第7、17页，1969年在巴登·克罗伊茨纳赫县举办的民法学者会议上的报告(而不是格尔哈特说的1959年)。我本人1959年在巴登·克罗伊茨纳赫县的民法学者会议上，经历了汉斯·卡尔·尼佩代和维尔纳·弗卢梅因为最高法院的"骑士案"裁判("Herrenreiterfall")而发生的激烈争论。

[54] Gerhardt (Fn. 1), S. 7, 17 f.

二、主要的话题及其未来

（一）前言

结合几年前我做的一次自传式的报告，我整理了一份清单，列出了施密特-林普勒之所以成为杰出学者的五项原因。至少对我来说是这样，相信对其他人来说也是这样：[55]

——他一直密切关注整个法律制度；

——他比任何人都重视法律概念和法律体系；

——他总是以客观的视角看任何问题，并一直融入历史的、经济的及政治的视角；

——他为了私法主体的契约自由和契约内容自由及私法，进行富有激情的抗争，并对一切形式的集体主义及其功能持怀疑的态度；

——他发展了面向未来的经济法理论。

内敛如他，他自己从未这样说过，但对年轻学习者而言，即便具备显而易见的优势，其要求之高仍然令人望而却步。可能这也是导致他的作品总体上偏向短小精炼、碎片化的原因，这当然也与他的关注点从法律史转向法教义学，后来甚至转向了法律政策学有关。[56] 除此之外，随时间的推移，施密特-林普勒越发地深化了其批判主义精神，因为在不断追求真理的过程中，他试图弄清其理论的根基。与生俱来的聪明才智使得他本能地反驳一切新生观点，实际上可以说是否定每一句话。这也解释了为什么有些人认为他的作品冗赘。

正因如此，他从未发展出一套统一的法学理论，更不用说能够像他的第一位导师鲁道夫·施塔姆勒那样提出理论。[57] 施密特-林普勒非常清楚，法律同所有人类现象一样，总是不断地变化并仅仅作为工具。然

---

[55] Rittner (Fn. 23), S. 15 f.
[56] 因此，在施密特-林普勒教授任用资格论文（前引 12）中没有第二章、关于契约说的第二篇文章和对运输法的论述。
[57] 前引 8。

而，即便如此，他还是对法学中的几个主要问题进行了深入的探讨，并找寻到了答案。这些主题自然不能永续存在，[58] 但仍具有一定的意义。这就是我们下文要仔细阐述的问题，即三个主题：

——法律体系说；

——契约说；

——经济法说。

尽管几乎他的所有作品都有闪光之处，但我们必须忽略其他一切，尤其是在这些主题方面。他有关法律史的研究也同样如此。[59] 在该领域我资历尚浅。埃伦贝格《手册》中收录的两大专著也是如此，它们为民商法学者在未来很长一段时间内解决问题提供了不可或缺的基础知识。[60] 最后，鉴于施密特-林普勒还是一名保险法领域的学者，[61] 他为保险法提供了大量的研究，并为该领域的重要问题提供了结论性的答案。[62]

（二）法律体系说

究其一生，施密特-林普勒都在与法律体系及其正确的理解打交道，且并不拘泥于当时的甚至是现在的时代精神。在该过程中，首先的也是最重要的是，他遵循了萨维尼及其建立的传统，[63] 并且忽视期间哲学家对该体系提出的质疑。[64] 像所有优秀的法学家那样，施密特-林普勒将法律制度视为一个统一的整体。一方面，对他而言，在公正的和正确的秩

---

[58] 示范性的，参见他的教授任用资格论文（前引12），第6及下页，阐释行纪行为，尤其是它与公司及以获利为条件的法律行为的区别，最后（第11页）还说明他与学者保罗·里默（Paul Rehme，1867—1941）的学说的矛盾之处。

[59] 参见本文一（三）部分。

[60] 参见本文一（四）部分。

[61] Vgl. Dreher, Konkurssicherungsfond statt Wirtschaftsaufsicht?, in: Löwisch/Schmidt-Leithoff/Schmiedel (Hrsg.), Beiträge zum Handels-und Wirtschaftsrecht, Festschrift für Fritz Rittner zum 70. Geburtstag (1991), S. 93, 95.

[62] Etwa Schmidt-Rimpler, Zum Begriff der Versicherung, VersR 1963, 493 – 505; ders., Die Gegenseitigkeit bei einseitig bedingten Verträgen, insbesondere beim Versicherungsvertrag, in: Ballerstedt/Steindorff u. a. (Hrsg.), Abhandlungen aus dem Gesamten Bürgerlichen Recht, Handelsrecht und Wirtschaftsrecht 36. Heft (1968), Beihefte der Zeitschrift für das Gesamte Handelsrecht und Wirtschaftsrecht.

[63] Vgl. etwa Savigny, System des heutigen Römischen Rechts, I. Bd. (1840), S. XXXVI ff.

[64] Vgl. etwa Nietzsche, Die Philosophie im tragischen Zeitalter der Griechen (1874), Vorwort; Heidegger, Beiträge zur Philosophie, 1936 – 38, Nr. 28, Gesamtausgabe Bd. III/65 (1989), S. 81 ff.

序的意义上，法是一项长久但没有完成的任务；另一方面，法是实证法中相应的尝试，实在的法律体系当确保人们在可能的范围内正确行事。正如施密特-林普勒教导的，它以此为目的包含的一般规则必须植根于"正义的核心思想"和"正确性思想"。⑥ 这是因为，依他之见，像盎格鲁-撒克逊习惯法一样"基于生活范围或生活事实的体系建构"，不会产生具体的法律制度。⑥

另外，这种西式的法律理解在没有提出自然法则的情况下确实做得很好，但施密特-林普勒一直拒绝承认这一点。⑥ 即使在"第三帝国"的知识分子大混战之中，在"人不是创造法而是发现法"的现代法律体系中，即使只是"持续地探索"，他也没有放弃追寻永恒真理，追寻本源。在他看来，这个体系的结构遵循"正义的核心思想"和"公正理念"，只有通过"学术工作"，人们才会变得"自觉"。因此，该法律体系不像过去的法教义学那样由简单的二维平面组成，只有通过思考才能转化成思想，这与古代的法教义学不同。⑥

根据西班牙自然法以来的西方传统，⑥ 施密特-林普勒将个人作为法人并将个体责任置于法律体系建设问题的中心位置。正如 1942 年的《人民法典》草案（该法案试图在纳粹意识形态的基础上制定一部民法典），在纳粹政权的统治之下，在盲目的种族主义之下，他坚持只承认民族同志。个体行为的"自我责任"因此成为合同法、财产法及竞争法的基础，事实上也是所有私法的基础。它对施密特-林普勒而言是法律体系的核心，且这些核心法律领域并不仅仅基于传统。但就他教授的私法来看，这是由国家主权行为⑩和自我管理来补充和塑造的。结果是，立法机关经常面临"在主权行为和合同之间的不稳定选择"，⑪ 当然"两

---

⑥ Schmidt-Rimpler（Fn. 34），S. 686, 690，包括以下的引言。

⑥ 普通法主要还是朝这个方向发展，是它的传统特点，但越来越有问题，参见 Rittner, FS Nörr（2003），S. 805, 806 f.。

⑥ Vgl. Schmidt-Rimpler（Fn. 18），S. 79 ff. Die Konsequenzen für die Gesetzgebung zieht Schmidt-Rimpler, FS Hedemann（1938），S. 75, 82 ff.

⑥ Vgl. Rittner FS Nörr（2003），S. 805, 816 ff.

⑥ Vgl. etwa Hattenhauer, Person—Zur Geschichte eines Begriffs, JuS 1982, 405-411.

⑩ 完全清楚的，是 1941 年的论文，参见 Schmidt-Rimpler, AcP 147/49（1941/44），130, 165。

⑪ So Schmidt-Rimpler, AcP 147/49（1941/44），130, 169.

者混合"会使这一选择简化。在施密特-林普勒看来,两者结合在一个制度之中构成了一个与法律体系的整体统一相对应的单位,[72]他强烈捍卫这一法律体系,反对在纳粹政权下普遍存在的法制倒退倾向。这些论述并非从理论出发,而是根据实践经验,正如菲利普·黑克提出的:法官必须"针对个案裁决,更要以整个法律体系作出裁决"。[73]尽管欧洲法律持续发展至今,但这一点直至今日仍然适用。

这就是施密特-林普勒如何克服公法和私法的二分法,不幸的是,随着它仍继续主导着我们的法律教育结构,[74]这两个法域"楔形"的划分变得更加困难,这经常发生在经济法领域,[75]同样也发生在税法和社会保障法领域。

对一些人来说,将法律视为一个体系,进而作为一个整体,在今天可能比过去更加困难。专业分工催生了更多新的"法律领域",法律实践不可避免的需要团队通力协作。即便是在今天,法律人仍然必须将整个法律体系铭记于心,否则,分化后的各领域将不再相互了解。因此,施密特-林普勒的新学说,虽然没有被广泛采纳,但有理由告诫我们要认真对待该体系。

(三) 契约说

施密特-林普勒因其契约说出名,尽管该理论还是碎片化状态,[76]不断地被误读和歪曲,[77]最近甚至被忽视。[78]在这里可以用简单的句子来总结该理论,在民主法律秩序下阐述比当时(1941年)在专制法律秩序下阐述容易得多。

---

[72] Schmidt-Rimpler (Fn. 18), S. 79–94.
[73] Heck, Begriffsbildung und Interessenjurisprudenz (1932), S. 107; zust. Engisch, Die Einheit der Rechtsordnung (1935), S. 28 f.
[74] Vgl. dazu Rittner, Über den Vorrang des Privatrechts, in: Dieckmann/Frank/Hanisch/Simitis (Hrsg.), Festschrift für Wolfram Müller-Freienfels (1986), S. 509, 510 f.
[75] Vgl. Schmidt-Rimpler (Fn. 34), S. 686, 694 bei II. A. a.
[76] 参见前文一(五)部分。
[77] 参见 Schmidt-Rimpler, FS L. Raiser (1974), S. 3; Rittner, Über das Verhältnis von Vertrag und Wettbewerb, AcP 188 (1988), 101, 121 ff.。
[78] So Kauhausen, Nach der „Stunde Null", Prinzipiendiskussion im Privatrecht nach 1945 (2007), S. 180;让人失望的,参见 Bachmann, Private Ordnung, Grundlagen ziviler Regelsetzung (2006)。

（1）在现代法律制度中，每个法律构建面临着在原则上具有同等重要性的公权力的和私法自治的工具之间的"艰难选择"[79]。

（2）对于人之间的权利关系，私法自治的构建方式原则上具有优先性。正如施密特-林普勒在1941年所述的，这是因为"所有的个性湮灭，个人主动性和影响力被压抑，承担责任的热情被阻碍，缺乏责任感、依赖集体，人格的独立发展被严重阻碍"[80]。

（3）（交换）合同是私法自治构建的常用工具，是一个"公正秩序的工具"；它经常产生公正的结果，原因在于每一方对自己的给付的评价低于对他方的给付，因此乐于提供他的给付去交换别人的给付。

（4）单个、逐个使用的公权力因素补充合同法，有助于便利该"艰难选择"，这也正如长期以来整个私法所做的。例如强制性法律、形式要求、登记义务、垄断监督机制。[81]

正如尤塔·林巴赫（Jutta Limbach，1934—2016）在1986年言之有理地指出，施密特-林普勒"规范地塑造"了他的思想及其术语，仅仅是因为他想"保护合同免受国家权力的干预"。[82] 这也是为什么人们不应该认为他的契约说植根于"理想条件"，比如《格式条款法》的规定。[83] 以至于后来导致了联邦宪法法院追求"有障碍的契约平等"。[84]

然而，随后的宪法讨论出乎意料地将诸如"正确性保障"、契约机制和利益平衡等术语以十分精巧和规范的方式转变为纯粹的口号。[85] 就连路德维希·赖泽尔也想质疑"正确性保障"，因为在他看来，"该信仰甚至超越了早期自由主义的信仰（他也反对这种信仰），它是所有自我中

---

[79] 迈因哈德·德雷埃尔（Meinrad Dreher，1955）提醒我，该表述源自弗里德里希·席勒（Friedrich Schiller）：《理想与生活》（Das Ideal und das Leben, Vers 1 a. E.），"对于感官享乐和心灵平安"。

[80] Schmidt-Rimpler, AcP 147/49 (1941/44), 130, 170.

[81] Schmidt-Rimpler, FS L. Raiser (1974), S. 3, 25, ders. (Fn. 34), S. 686, 699 f. ders., AcP 147/49 (1941/44), 130, 142："一部分是公权的，一部分是通过契约构造完成。"

[82] Limbach, Die Kompensation von Ungleichgewichtslagen, KritV 1986, 165, 176 f.

[83] BT-Drs. 7/3919, S. 13：该法应当"在格式条款领域重塑使不受阻碍的发展而产生的阻碍合同自由"。

[84] Z. B. BVerfG 89, 214 及参见 Rittner, Die gestörte Vertragsparität und das Bundesverfassungsgericht, NJW 1984, 330 f.。

[85] 在批判中正确的，参见 Limbach, KritV 1986, 165, 177 bei 2。

心共同作用的结果"[86]。我仍然十分好奇,为何如路德维希·赖泽尔之流的智者,并且与施密特-林普勒私交甚笃的人,会对后者的合同学说产生如此大的误解。[87] 或许是因为当时,至少在合同自由领域,他已经放弃私法方面的研究。[88]

施密特-林普勒的契约说,与诉讼代理人意思自治主张形成鲜明对比,主要依据的不是个人的恣意,[89] 而是正义。[90] 换句话说,他严格地停留在法律和司法的语境中,不向政治诱惑屈服,这是法律学者应当的坚守。这也使得他的理论独立于国家的类型,从而赋予它独特的说服力。当然,它使法律的主权塑造与私权塑造之间的对立比任何自由主义都更为激烈:如果私法合同不能"本身作为法源",一定会被视为"在特定情况下正确的决议",[91] 那么就必须在之后考虑立法参数、立法以及所有其他主权活动。正如施密特-林普勒于1941年教导的(!),要求立法机构"正当行使人民赋予的权力"[92]。这样一来,施密特-林普勒迫使国家面对其决定正确与否的问题,与此同时,也暴露了实现这些决定能力的实际限制。即使在民主的社会秩序中,我们也每天都面临着国家机关在满足上述要求的过程中遇到的困难。[93] 然而,这些经历最终只是证明了施密特-林普勒的规范性观点,即那些被授予公共权利的人必须以代表人民意志为己任,而非代表特殊集团的利益。[94]

任何想要理解这些学说的学者都会遇到以下两个难题:

---

[86] L. Raiser, Vertragsfunktion und Vertragsfreiheit, in: Caemmerer/Fiesenhahn/Lange (Hrsg.), Hundert Jahre Deutsches Rechtsleben, Festschrift zum hundertjährigen Bestehen des Deutschen Juristentag 1860 – 1960 (1960), Bd. I, S. 101, 118 f.

[87] 非常有影响力的建议,参见 Schmidt-Rimpler, FS L. Raiser (1974), S. 3, S. 12。

[88] Vgl. L. Raiser, Vertragsfreiheit heute, JZ 1958, 1 – 8.

[89] Flume, Allgemeiner Teil, Bd. 1 Das Rechtsgeschäft (1965), S. 6.

[90] Vgl. nur Schmidt-Rimpler, FS L. Raiser (1974), S. 3, 17, 尤其是关于 W. Burckardt und W. Flume.

[91] Schmidt-Rimpler, FS L. Raiser (1974), S. 3, 19 ff., 23f., gegen v. Hippel, Das Problem der rechtsgeschäftlichen Privatautonomie (1936).

[92] Schmidt-Rimpler, AcP 147/49 (1941/44), 130, 162, 与议员保持距离,他们成为"个人利益和集团利益的代言人",仅促使产生"妥协,其本质是它没有原则"。

[93] 参见 Rittner, Demokratie als Problem: Abschied vom Parlamentarismus?, JZ 2003, 641, 644 f.。

[94] Art. 38 Abs. 1 Satz 2 GG gilt grundsätzlich für alle Staatsorgane; vgl. Seifert/Hönig, Grundgesetz (1982), Art. 38 Rdnr. 9.

——这些理论并没有得到完全的呈现，也即并不包含所有的私法；

——它们是规范性的理论，实证论证处在边缘的地位。

正如施密特-林普勒自己在1941年所说的，契约说中那些仍然需要我们填补的空白，特别是由于第二部分（"下卷"）的缺失，尤其涉及具体和个别应用[95]中实现一般原则的问题（他多次提到过）。[96]很少有他不曾谈及的"主要"话题。因为施密特-林普勒将相互合同，即涉及交换的交易，无可争议地作为其理论的中心，只是偶尔讨论单方面的法律交易，特别是遗嘱。[97]后者的"正确性保障"似乎存在这样一个事实，即法律效果仅在遗嘱人死亡时产生。[98]从商法的角度来看，公司法的缺位是唯一的遗憾，即为共同目的而设计的合同，或根据私法成立公司的合同。[99]这两类合同都是法律交易，"合同机制"的意象或概念并不真正适用，因为根据定义，它与交易是联系在一起的。因此，不幸的是，关于主题语，施密特-林普勒在1938年关于这一制度的演讲中略有提及，他将合伙协定纳入他的合同学说当中：[100]他认为，公司法的基础是"对正当性的特殊考虑"，公司法构成了法律体系中的"特殊元素"。

最终，"合同与竞争之间的特别关联"[101]似乎主要属于经济法，[102]然而施密特-林普勒在他的合同理论中建立了这样一个理论：一方面，合同的"正确性保障"是通过竞争而增强的；另一方面，只有以这种方式缔结合同并为此目的对经济产生影响，合同才能充分发挥作用。[103]

从经验主义的角度来看，施密特-林普勒的合同理论得到了哈耶克的研究证实，后者的研究在当今引起了广泛的讨论。哈耶克认为，"自发秩序"与"集中管理"相比，[104]是一个"发现"（通过亚当·斯密和

---

[95] Schmidt-Rimpler, AcP 147/49 (1941/44), 130 Fn. 1.
[96] Vgl. z. B. Schmidt-Rimpler, AcP 147/49 (1941/44), Fn. 32, 34, 36, 46, 72, 72a.
[97] Schmidt-Rimpler, AcP 147/49 (1941/44), 130, 153 ff. bes. Fn. 32.
[98] 对于财团，参见 Schmidt-Rimpler, AcP 147/49 (1941/44), 130, 155 Fn. 32。
[99] 简要的论述，参见 Schmidt-Rimpler, AcP 147/49 (1941/44), 130, 160 ff.，针对社团自治的话题。
[100] 参见 Schmidt-Rimpler (Fn. 18), S. 79, 88 f.。
[101] Schmidt-Rimpler (Fn. 18), auch zum Folgenden.
[102] Schmidt-Rimpler (Fn. 34), S. 686, 691 f.。
[103] Schmidt-Rimpler (Fn. 18); dazu auch Rittner, AcP 188 (1988), 101-139.
[104] v. Hayek, Grundsätze einer liberalen Gesellschaftsordnung (1966), in: Vanberg (Hrsg.) Gesammelte Schriften in deutscher Sprache, Bd. 5 (2002), S. 69, 71.

他的继任者），具体地说，是一个自我构成的"社会现象的秩序，在这种秩序中，社会所有成员的知识和技能，较中央管理形成的秩序而言可以得到更好地利用"。古典经济学家是否真的发现了这种自发的秩序，在这里仍未可知，无论如何，它确有存在过。可以肯定的是，合同是所有法律现象中最古老的一种，即便是最残暴的专政也无法消灭它，在合同自由受到如此有力限制的地方所出现的黑市，就是有力证明。[105] 另外，合同的前国家起源也映射在古典自然法理论之中，司法确实占据了主导地位，甚至政治理论也建立在合同之上。但这些历史发展不是施密特-林普勒的研究主题，[106] 从正常意义上说，他感兴趣的是合同本身所带来的"正确的社会秩序"。

（四）经济法说

施密特-林普勒的经济法说中，他追寻两个目标：

——他捍卫法的独立性，反对经济学家不断想把经济法贬低为"应用经济政策学的工具"[107]；

——他认为经济法是现代法律制度中将个人自决和公权力规则结合在一起的主要制度。

早在 1942 年，施密特-林普勒在与京特·施默德斯（Günter Schmölders, 1903—1991）[108]等人的辩论中，就已经阐明了法与经济之间的关系[109]。他认为，法律学者应该尽可能地思考实现公平秩序的所有细节，并研究其可能性。经济学在实现公平性方面有许多资料可供法律学者参考。然而，为了能够合理利用这些信息，法律学者应该具备从经济学角度来思考问题的能力；理想的情况是，法律学者

---

[105] Vgl. v. Hippel, Das Problem der rechtsgeschäftlichen Privatautonomie (1936), § 7: Rechtsgeschäft im Naturstande, sachlich wohl auch gegen einer „Vertrag im rechtsleeren Raum", Schmidt-Rimpler, FS L. Raiser (1974), S. 3, 9 ff.

[106] 比如约翰内斯·阿尔图苏斯（Johannes Althusius, 1557—1638）。对此，参见 v. Gierke, Johannes Althusius und die Entwicklung naturrechtlicher Staatstheorien (2. Aufl. 1902)。

[107] 参见 Schmidt-Rimpler, DR 1942, 1731–1735。

[108] Schmölders, Die Weiterbildung des Wirtschaftsrechts, Das Wirtschaftsrecht als angewandte Wirtschaftswissenschaft, ZgS 101 (1941), 64–81; ders., Wirtschaftslenkung als angewandte Wirtschaftswissenschaft (1941).

[109] Schmidt-Rimpler, DR 1942, 1731, 1734 f., 即后面的文章。

应该"进行他们自己的经济研究",这是要求学者从反向的视角进行观察。

尽管这些要求是合理的,但与60年前相比,当前学科的快速发展使其所需要处理的信息量成倍增长,因此这些要求显得愈发难以满足。[110] 根据实践经验的反馈,仅以理论研究为例,这些要求也远远超出了人们的能力范围。诚然,当下我们的法律学者似乎处在一种奇怪的防御状态。英语作为欧洲和主要国际机构的通用语言,像数学一样,为经济学家的非正式沟通搭建了桥梁,甚至使跨国研究成为可能。但与此相反的是,法律学者仍然普遍认为自己受本国法律所束缚,更倾向于用自己的语言来理解和制定欧洲法和国际法。

今天,我们还无法预测能够真正取代国家法的欧洲法将会在何时何地以何种语言产生。因此,作为法律学者,我们必须长期思考经济学家在国际舞台上的优势,并更加努力地了解他们的理论与实践及其模型的局限性。

1938年,当施密特-林普勒提出他的"经济法体系"理论时,国家社会主义正处于鼎盛时期。[111] 国家社会主义作为一种社会秩序,其基本特征是能够在主权和私权自治的相互作用中始终维持正确的经济方向。[112] 当然,正如他所预期的那样,这是建立在多维系统思维的基础之上的。[113] 因此,从经济学的角度来说,施密特-林普勒认为社会秩序可大体通过两种途径来形成:国家直接塑造和自我决定的社会秩序,即通过合同或自由竞争的方式间接塑造,并且竞争始终优先。[114]

当然,积极经济法对这种自决的社会秩序所给予的空间取决于一个具体的框架,即国家宪法高于一切。例如,德国基本法通过允许企业的

---

[110] 对此,参见 Rittner, Vom Nutzen und Nachteil der Ökonomie für das Wettbewerbsrecht, in: v. Verschuer/Gres (Hrsg.), Liber Amicorum für Alexander Riesenkampff zum siebzigsten Geburtstag (2006), S. 125–138。

[111] Schmidt-Rimpler (Fn. 18), S. 79, 86 ff.

[112] 更为明显的,Schmidt-Rimpler (Fn. 34), S. 686, 690 ff., 703.

[113] 参见上文二(一)部分,及 Schmidt-Rimpler (Fn. 34), S. 686, 694 ff.

[114] Schmidt-Rimpler (Fn. 34), S. 686, 705 f., 707.

自由经济将个人作为私法主体置于经济法的中心[115]，并且认为"国家（社会和经济）的任何计划设计或组织"都将违宪[116]。同样的，欧盟也是如此。2004年的"宪法条约"第76条第2款甚至包括"企业自由"，同时也把它列在宪法的基本权利当中。但是，即便没有这种法律实证主义的约束，欧盟的经济秩序仍然受契约和竞争所支配。[117]

鉴于方法的一般性，施密特-林普勒的经济法理念也试图涵盖个人权利较少的干预性的国家秩序。甚至在1938年，施密特-林普勒就已经表示，考虑到他对经济法的构造，他的理念主要包括两方面：一方面纳粹有权行使控制权；另一方面，为合同和竞争，即自决秩序留下尽可能多的余地。[118] 1989年，当东欧国家的政治家和法学家不得不将经济法转变为一种基于自由的秩序时，我们作为同时代的年轻人有机会得到施密特-林普勒的理念的指导。[119] 中国也遇到同样的挑战，决定将里特纳和德雷埃尔根据施密特-林普勒的理论撰写的《经济法》放入"当代德国法学名著"[120]。

三、结语和展望

（一）结语

对年轻的一代，无论是施密特·林普勒的作品还是为人都像是来自另一个时代：

德国大学和法学院当时并没有太多地想到希腊的学术，正如19世纪他们所想象的。[121] 民主的立法者已经从根本上改变了德国大学和法学院，

---

[115] Rittner（Fn. 26），S. 17 ff.
[116] BVerfGE 50, 290, 353.
[117] Rittner（Fn. 26），S. 55 ff.
[118] Schmidt-Rimpler（Fn. 18），S. 79, 90 f.
[119] 仅参见 Rittner, Die Umgestaltung in Osteuropa als wirtschaftsrechtliches Problem, WuW 1991, 95 – 105。
[120] Rittner/Dreher, Wirtschaftsrecht（3. Aufl. 2007）.
[121] 比如参见 Wilamowitz-Moellendorff, Antigonos von Karystos（2. Aufl. 1965），S. 263 ff.。

正和苏联领导的德意志民主共和国所完成的改变比肩。[122] 德国大学开始致力于群众教育，它像那些只知道"顾客"，或者说"用户"和管理层以下的"雇员"的公司一样运作，最终完全脱离了教授们的掌控。当然，总会有一定数量有才华并且有兴趣的学生让我们看到这门科学活下来的希望。但是，在今天的社会能有施密特-林普勒这样的学者是非常不容易的。[123] 有可能，他永远不会有发言的机会，更不用说成为一名教授了，在这种环境下的穷困的学术生活或许也不会吸引他为之奋斗。

不幸的是，法律方向的学术研究也以类似的方式发生了变化，尽管变化还不是那么彻底。在德国宪法的主导下，制定法迅速扩张，却以牺牲质量为代价。立法者们踌躇满志，但似乎失去了对社会秩序的控制，大多数情况下都只能创制出临时的措施而不是确定的法律规则。对法律的研究也不得不与对它的实质的研究做着斗争。这是因为，各种口号的出现不断地取代着施密特-林普勒所提到的思维，这种思维是既有助于法律理论研究、又有助于法律实践研究的唯一工具。现代技术所能做的唯有积累大量的知识，而并不能产生和创造知识，甚至不能弥补不可避免的"半教育化"的弊端——施密特-林普勒作为一个真正的学者也常常因"半教育化"而为自己感到遗憾。此外，如前所述，在关于经济、市场和公司的立法和法理方面，法律科学仍旧在与其相邻学科——经济学争夺掌控权。

（二）展望

在此危急情境之下，施密特-林普勒仍表示未来可期，至少在法和法学方面如此。他以其一贯客观和冷静的分析，为我们法律学者提供了一个独立于所有意识形态和政治策略之外的、毋庸置疑的出发点。问题在于何为德国宪法规定的针对个体的正确社会秩序。这样的秩序，就其

---

[122] Rittner (Fn. 23), S. 35 f.
[123] 1933 年后的第一步，参见东方学研究者 P. Kahle, Die Universität Bonn vor und während der Nazi-Zeit (1923–1939), in: J. H. Kahle/W. Bleck (Hrsg.), Was hätten Sie getan? Die Flucht der Familie Kahle aus Nazi Deutschland, Die Universität Bonn vor und während der Nazi-Zeit (1923–1939) (1998), S. 91, 123; 最后参见 P. Häberle, Die deutsche Universität darf nicht sterben—Ein Thesenpapier aus der Provinz—, JZ 2007, 183–184。

复杂性而言,是不可能从政客们的花言巧语中知晓的,只有通过法律学者的深思熟虑才可获得。如此法律,仅存于人们异常有效的设想之中。[124] 就定义而言,该想法或多或少不够精确,因为这些人并非专家。不同于巧言辞令者的夸夸其谈,我们日常工作中所需的精确思想绝非取自一时的论证,而是源自几代法律学者寻求正确社会秩序之要素而完成的工作。正如你我所见,施密特-林普勒在关键领域扩展了这些想法,我们务必承其衣钵。

最后,我将援引马丁·沃尔夫75年前在柏林洪堡大学主楼纪念特奥多尔·基普(Theodor Kipp,1862—1931)演讲中的结束语:"其研究成果之生命,必将长生于诸辈青年才俊。"[125]

---

[124] 在叔本华的意义上,参见其作品《作为意志和表象的世界》,1859年第3版,第1章的开始:"世界是我的想象。"

[125] M. Wolff, Theodor Kipp (1932), S. 19.

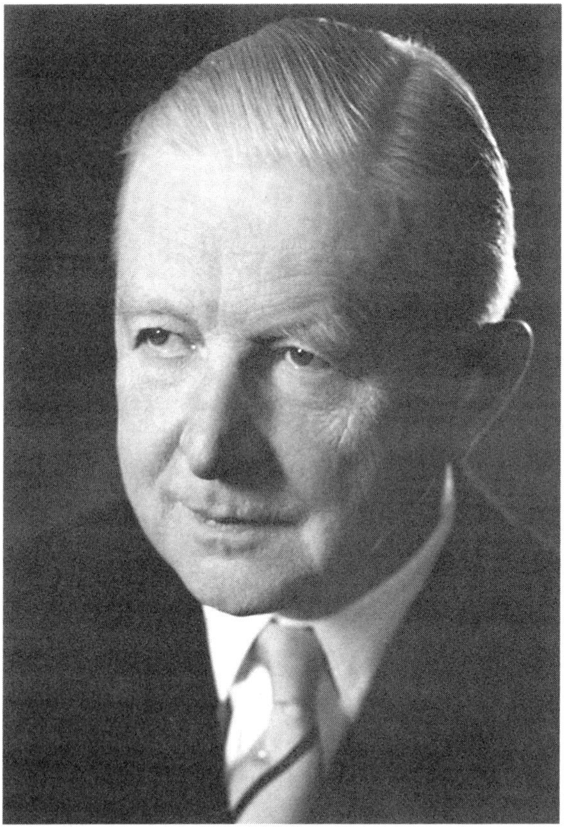

阿尔弗雷德·怀克
（Alfred Hueck，1889—1975）[*]

先生们、女士们，这位正在凝视大家，如炬的目光中流露着和善、自尊与通达智慧的先生，是 20 世纪上半叶最伟大的法学家之一。在本报告中，我将在语境中汇入一些修饰词，并会在最后总结时再次呼应。先生生于 1889 年，因此，其并非完全成长于 19 世纪。阿尔弗雷德·怀克结束法律教育之后，在德意志帝国威廉二世统治时期，通过第二次国家司法考试，旋即成为一名助理法官（从 1915 年起）。一战后，德意志帝国随战败垮台，1918 年 12 月，先生时年 29 岁，在明斯特大学完成了他的教授任用资格论文，从而以讲师身份于魏玛共和国开启了学术生涯，后又转赴耶拿大学任职编内教授（从 1925 年起）。纳粹统治期间，先生于 1936 年辗转慕尼黑大学担任编内教授，先生教研如一，在完成工作的同时，并未中止学术深耕与日常教学。1945 年，军政府勒令几乎所有的大学教授停止工作，先生也未逃厄运。但随着硝烟的散去，他幸而得以继续工作，在进入联邦共和国时期后，先生的学术事业一路高歌猛进，并取得了显赫声誉与诸多成就。即使先生于 1957 年退休后，也时常授课，最后一场学术研讨会举行在 1958 年和 1959 年交界的严冬。作为一名法学家，先生在晚年依然笔耕不辍，直至 1975 年辞世。魏玛共和十五载、纳粹专制十二载以及战后民主时期十五载波澜起伏的生活经历塑造了先生的学格。先生终其跌宕一生，以惊人的毅力，坚持学术工作，并坚强地抵御了非学术的任务、政治干预以及法学院院长之上校内行政领

---

[*] 作者简介：〔德〕沃尔夫冈·策尔纳（Wolfgang Zöllner, 1928），图宾根大学法学院荣退教授，德国 20 世纪著名的法学家。对他的生平和学术，详见本书关于沃尔夫冈·策尔纳的文章。本文是作者 2006 年 5 月 29 日在（奥德河畔）法兰克福欧洲大学的报告。

导的干扰。任何报有猎奇心理来阅读此传的朋友都将失望，若因此引发大家误解先生是一个无趣之人，也将大错特错。

关于先生的人生全貌，先生少有谈及，我也知之甚少，故不能详尽道来。我手头也无老旧的相册、往来信件，也未特地访问其亲属了解细节以作素材。许多年前，学生时代的周末午后，我常被先生请到家中品咖啡、聊天，小聚常常直至天黑，享用完晚餐才罢。此间场合，先生往往最晚出现，又早早折回书房伏案研读。此外，我与先生常会于他的课堂，作为学生，我几乎每学期都会参加他的课堂。当时，教授们还没有长时间的"休假学期"。毕业后，我作为他的博士生，与先生偶有讨论。作为他的助教，我与先生相会于几场试卷批阅会议中。在我通过第二次国家司法考试后，成为先生的一名研究助理，与先生也只有过些私下的偶然照面。我与先生之间的距离感，一方面由于我们长达40年的年龄代沟，另一方面由于先生与我们保持距离，倒不是他冷漠无情，而是他富有善意、温暖、礼貌的待人风格。因此，我口中所述之先生仅仅源于我之所见、所感、所闻。

这些小文之价值，留给诸君评阅。即使是海因里希·海涅（Heinrich Heine，1797—1856），也很少参与传记写作，在他于1823年给另一诗人伊默的信中写道："身之外，历史的脚手架，身之内，历史的大厦，少有契合，于我，从未契合。"同时，我们都很赞赏的胡果·冯·霍夫曼斯塔尔（Hugo von Hofmannsthal，1874—1929），1927年他在给赖内·马利亚·里尔克（Rainer Maria Rilke，1875—1926）的女儿露丝·西尔贝-里尔克的信中写道："当我弥留之际，我会留下指示……。不要对杰出人士及其成就、轻率言论进行无谓的经常是片面的评论，至少不要引入充满不确定性的私人信件与笔记、纷繁愚钝的传记，这将会使得事实被曲解、养分被稀释。"正是在海涅和霍夫曼斯塔尔认同的这种意义上，通过奇闻轶事、下落、际遇很难把握主人公的精神世界。

然而，换个角度来看，对于重要之人我们需要制作传记。因为据此传记，我们可以知晓他们的经历、成就从而——我想强调的——钦羡作为吾辈楷模的他们，使我们获得依靠和指引，或给予我们思考的材料，去更好地认识难以表述的过于永恒有效的生活规范。

一

阿尔弗雷德·怀克来自吕登沙伊德(Lüdenscheid)，在我这样的巴伐利亚人看来，该城坐落在威斯特法伦州最美的地方。先生出生时，吕登沙伊德已经是一座工业城市。先生之父是一位工厂主，是"爱德华·怀克有限商事合伙"的主管。这是一家家族企业，主营金属加工，运营至今。先生之母，尤金妮娅·怀克来自杜塞尔多夫的书香门第，知书达理，平易近人，对先生的品性影响深远，把家庭生活打理得井井有条。先生在家乡求学，直至1908年参加完高考，期间，先生学过拉丁语，选修课上短暂地接触过希腊语，其自然科学的基础甚为牢固，此后，终其一生，先生对自然学科的热情都未曾消减。高考完，先生又赴弗莱堡大学和明斯特大学求学。先生于1911年在哈姆以优异的成绩通过了第一次国家司法考试，1915年于柏林通过(在普鲁士统考)第二次国家司法考试。由于不适合参军，先生在完成国家司法考试之后旋即被任命为法官，先于地方法院任职，后转任于州高等法院。此外，先生还于1926年至1929年期间，在耶拿的州高等法院任职，尽管还是在附属的部门工作。法官职业明显与先生细致权衡的性格相符。让人难以置信的是，先生还可以胜任检察官和律师的工作。期间，先生寻获了最中意的职业——大学教授。就在一战前，先生随恩斯特·雅可比(Ernst Jacobi，1867—1946)在明斯特大学读博士时，在学术领域有了初次尝试。先生的博士论文关于经营业务的无形价值，使得先生接触了商法和企业法的一些基础问题。一战期间，先生著有一部关于长期供应合同的著作，该书致力于理清长期供应合同中履行不能的棘手问题——然而此时《德国民法典》才刚刚问世！当他与博士导师恩斯特·雅可比讨论自己的教授任用资格论文题目时，后者言道："你不是有一本书刚写完吗？"并基于该书授予了先生教授任用资格。

从1918年12月份起，先生在明斯特大学担任讲师。在入职报告中，其以"民法中的法之错误"为题进行报告。因为在那个年代校外讲师并未从国家得到分文收入，他同时继续在哈根的州法院任职直到1925年先生于耶拿大学获得教授之职。1930年，先生婉拒了海德堡大学的教职邀请，其中缘由，我并不清楚，因为海德堡大学即使在当时，大学和法学院的地位也是极高的、冠绝诸校的。但是，在接受与否二者间必须取其一时，无论当时还是今日，此种奇怪的抉择可能依旧如一。可能多种缘由共同促使先生作此决策，先生爱耶拿城，刚筑屋安家于此，其乐融融。此外，著名的恩斯特·阿贝·冯·蔡司（Ernst Abbe von Zeiss, 1840—1905）先生的一个基金会为耶拿大学提供了不少的经济资助，使教学科研屡渡难关，海德堡大学也许无法提供如此优越的条件。后来先生于1936年前往慕尼黑大学，直到去世。

先生于1919年同奥古斯塔·玛莎·艾宾浩斯（Auguste Martha Ebbinghaus）小姐喜结良缘。比先生小8岁的她端庄、秀丽又富有激情和智慧，其父是普莱滕贝格（Plettenberg）一所教堂的牧师，生有五女，却依然让她有机会参加完高考。

先生其貌伟岸，面容尊贵，却无古板之色，头微前倾，富有亲和力，轩昂之态，让人过目难忘。先生一生享有很高的威望，主要是因其人格魅力与学术成就。我每次与先生照面，哪怕于其府中，先生也必定西装革履，想必您也不会惊讶。仅有一次例外，还是在一个炎热的夏日午后，他邀我去他的花园游览，先生身着运动衫一件，但领带依旧正束于颈。先生五十几岁时，皱纹叠浮于面，引人注目，虽不显老，却让人难以猜度先生的真实年龄，即使先生在校园已被大家爱称为"老怀克"。

先生无论在授课还是在日常生活中，言语都温和悦耳，讨厌小笑话和华丽辞藻表述，却通过对思想的清楚、理性和生动描述，使得听众心悦入神。先生讲学深入浅出，明理易懂却不粗浅；先生每论必经深思熟虑，才于听众前呈现，需要听众全神贯注加以思索而得收获。先生上课，从不分发所授课程之讲义抑或板书于黑板，即使板书，也至多写上一两个词语或概念。当年，笔记本电脑还未发明，投影仪也不太常见，假若用今日的评价标准来度量先生，可能先生并不突出，当然，这更多地是关于评价体系，而非关于今日的教授级别。我怀恋这些课堂，它们成体系，不单纯展示案例与解答，不滞于问题本身——我从教后却未能借鉴——但我依然认同这些方法，并深感今日的教学实践常常缺失些东西：思维挑战。可能正是受到这种教学方式的锻炼，学生们才会如此地敬佩先生。

先生作为私法学者无疑因其学术巨著赢得学界的崇高地位。先生早年因其劳动法著作获得初步认可。1920年,先生针对立法者第一次颁布的《集体劳动合同法》发表了评论文章。在以后的几年里,先生在很多论文和判决评注中处理和全方面地掌握了劳动法,其思想精华汇集在1928年同汉斯·卡尔·尼佩代合著的大型教科书中,此书第一册关于个体劳动法,由先生一人独著。该书一经面世,即成为劳动法领域的权威之作,在魏玛共和国时代发行数版,二战后,该书在内容大量扩充的基础上于1959年发行了第6版。在该书的序言部分,先生对沃尔夫冈·策尔纳博士(即本文作者),也即先生在劳动法研究所的学术助理对书中附录的关键词索引工作进行感谢。我在此发誓,跟第二册作者汉斯·卡尔·尼佩代先生的学术助理不同,先生未允许我参与其间正文哪怕一行的写作工作。由此,诸君可加以推测,所阅书籍,若先生之名印于其封面,则内容也必为先生独著。该书最后一版第7版出版于1963年。当时,我教职已至正教授。期间,此书迎来了最大的对手——阿图尔·尼基什(Arthur Nikisch,1888—1968)所撰之书,该书第1版为一册,第2版成两册,后第3版又增至三册。尼基什的书思想境界高,但其对法律实践的影响较先生和尼佩代的要逊色很多。二战后,先生通过对《解雇保护法》(Kündigungsschutzgesetz)的权威评注,对劳动法产生重大影响。该评注由先生一人负责,直至第8版。同时,先生还致力于《集体劳动合同法》的评注工作。

在先生钟爱的另一个领域——公司法,其起步并不算快。至少在1924年先生就梳理了法院裁判和立法的发展,借此撰写了对后来产生巨大影响的关于股份公司股东会决议的可撤销性和无效性的专著。此书为先生树名,成就了先生公司法学者的地位和声望。后来,先生通过文章提高了该地位,并且在30年代,这也蔓延到了人合公司法的领域。在公司法的这一分支领域,先生对于普通商事合伙有一本大型专著,该书第1版于1946年上市,并成为权威之作,后续又有4版更新,在当时有着很高的声望。先生的公司法简明教材于1948年出版,被我们学生奉为圭臬,难以释卷。该书在先生的严苛把关下,共陆续发行16版,除了弗里德里希·兰特(Friedrich Lent,1882—1960)所著的物权法简明教材,它是贝克出版社系列中第一批简明教科书之一。先生于1949年出版了关于《股份公司法》的简明评注，1951年出版了关于《有限责任公司法》的简明评注。两书都在贝克出版社的由阿道夫·鲍姆巴赫(Adolf Baumbach, 1874—1945)创立的"简明注释丛书系列"中推出。这两部涉及资合公司法的评注在很长一段时间内作为决定法律实践发展的标杆之作。如今，我们身处一个出版物泛滥的时代，并且可以轻易从法院图书馆获取文章，所以很难想象在当时，大多数州法院和大多数的律师只能够在每一法律领域配备一本简明评注，在资合公司法领域，他们选择鲍姆巴赫和怀克的评注。这些评注无论如何都被奉为标准，这是因为声誉和作者在起作用，人们不太乐意偏离他们的观点。

今日，我们只是难以想象先生在学术圈的极高声誉。现在有许多的杰出的同侪奋斗在各个重要的科研岗位，也许他们不如先生般杰出，尤其就人格来说，但仍需被我们尊敬。在20世纪50年代早期，有一些杰出的公司法和劳动法学者，先生是其中顶尖的学者，这是理所当然的。这样的理解并非弱化先生的意义，我相当确信他依然可以在今日取得此般顶尖的成就。需要澄清的是，为什么先生的这种顶尖的地位如此不间断和无可争议。

目前为止，我对先生学术地位的描述肯定是不完整的，核心一点就是，先生对于法律的解读已经成为该领域法院判决以及庭外纠纷解决的重要依据。比如，先生研究了区别性的以当事人的合意，而不是以加入企业为基础的劳动合同教义学。该观点成为主流的观点，持续了数十年，直到20世纪70年代联邦劳动法院界定"劳动者岗位"和"自由工作者岗位"时，作出了不灵活的判决，弱化了先生的观点。对此，我只能说毫无必要。

先生在处理劳动合同中的法律缺陷理论方面具有重要意义和影响力，此成就可以比拟先生在公司法领域之所获，并使先生成为屈指可数的几位"双栖学者"之一，学产丰硕。与所谓的"事实合同"没有关联，这一概念常常被京特·豪普特(Günter Haupt, 1904—1946)的追随者一直主张，事实上它涉及由合同方的意思推动和执行的关系，即使在法律上是错误的，这种关系具备特定条件时就不被溯及既往地排除，抑或可以按照自始无效处理。怀克突破《德国民法典》中关于法律行为瑕疵的规则，以法律续造的方式，在其教科书中针对劳动合同，在普通商事合伙法的评注中详细论证了这里发展的观点。遗憾的是，先生的确未用关联性的论文，但是至少能够从表达的细节方面看出处理这两个领域问题是相互促进的。

不同于他人，先生在两种法律领域另一探索的主题是"忠诚义务"（"Treupflicht"）。在公司法和劳动法中，怀克不仅针对设定义务，而且针对限定权利行使，对忠诚义务进行了详细的研究。这在劳动法中被放在用人单位的照顾义务的概念之下。后来，在反抗权威的60年代，这一概念毁誉参半。大家可通过这些评论来了解更多，"忠诚义务法律的空谈本质"（我本人认为这种观点显然不合理）、所谓的"结果任意性"以及比较合理的违背分权原则地扩大法院裁判进行法律续造的权能。其间，凡是针对"法"制度及其政治的和日常的强制性的不完全性深信不疑的人，都知道忠诚义务一般条款的不可或缺性。在对忠诚关系进行具体化的过程中，体现了法学家仔细衡量冲突当事人利益的技艺。将真实与公平关系具体化的过程中，作为律师的先生展现了在纠纷处理领域中对各方利益仔细考量、取舍的能力，先生发展并推出的解决方案被认为是同辈中最好的。经其妙手，法学成为一门不仅是预测法院如何裁判的技艺，而且成为事先影响法院裁判的技艺。彼时，"法官法"之概念还未被德国人知晓，德语可能还没有这一词汇，当然，其也不是大家日常所通晓的概念。法院视自身为法律的执行者而非创造者，即便高等法官们谦逊地倾听学者的法律观点。时过境迁，情况已截然相反，教授们唯高等法官是从。法官很清楚他们在法律续造中的关键作用，他们知晓自己享有最终的决定权，因此，仅仅视法学的工作是为续造法律准备和整理法律材料的工作。随着境况的变迁，先生的影响很可能终将消退。

关于先生于其时代的重要法学地位，我可以举出更多的细节来补充，举例而言，在劳动法最重要的领域之一的"解雇保护"，先生对涉及诚信原则具体化的解释很长一段时间具有权威地位。由此看来，先生在其时代对法的影响有了一些强化，即便不是更为准确的强化。你们也许在其他领域听到过一句话，充满意境的宏大草图远胜过笔墨具至的精刻细画。

二

相反，我想探讨和处理另外的一个问题：阿尔弗雷德·怀克在纳粹时期的著作。

（一）

我这样做并非是想去为先生进行辩解，一些自不量力之徒偶尔会有一些针对先生的攻击。相反，趁现在还来得及，我要做一些工作，去更好地理解纳粹时期的大学法学教授们的行为。[①] 我属于少数完全未经纳粹主义沾染的法学学者，同时，历经其间磨难，可以深刻体味、评判其间辛酸。咱们的主人公非常契合这一话题，因为先生于其间之作无一页有亏于心，其那时参与的法学活动的问题也因此愈加引人注目。

（二）

如果大家想要完整地理解"参与"一词，有必要回顾一下纳粹党是如何夺权的。一战的喧嚣以及随后惨败的结局引发了德国社会和政治的剧烈震荡和不稳定。一战持续的四年间，德意志帝国及其州君主统治下的经济已经完全崩溃，帝国分崩离析于旦夕间。此外，从社会心理学的角度来看，国家向民主制度的转型充满艰辛。战后几年的动荡体现在以下事件中：共产党的成立和壮大；1919 年的普遍性骚动和街头斗争；1920 年凯普（Kapp）政变以及之后鲁尔区共产党人动乱及所谓的志愿军的镇压活动；帝国军队的介入重塑了稳定；民众对协约国战败赔款的不

[①] 纳粹时期的法和法学，最初并不是研究的主题，后来有很多相关的研究。最重要的研究可能是伯恩·魏德士：《无界限的解释：论纳粹主义私法制度的变迁》，海德堡 2012 年第 7 版，1968 年第 1 版（Bernd Rüthers, Die unbegrenzte Auslegung: zum Wandel der Privatrechtsordnung im Nationalsozialismus, 7. Aufl., Heidelberg 2012）。在纳粹时期活动的法学家的门生掩盖相关的历史。魏德士在《无界限的解释》这本书第 6 版前言中抨击了这种做法。其他的文献，参见 Flitner（Hrsg.）, Deutsches Geistesleben und Nationalsozialismus（1965）; Gernhuber, Das völkische Recht, ein Beitrag zur Rechtstheorie des Nationalsozialismus, in: Rechtswissenschaftliche Abteilung der Rechts- und Wirtschaftswissenschaftlichen Fakultät der Universität Tübingen（Hrsg.）, Tübinger Festschrift für Eduard Kern（1968）, S. 167 – 200; Salje（Hrsg.）, Recht und Unrecht im Nationalsozialismus（1985）, mit Beiträgen von Rainer Schröder, Stefan Chr. Saar u. a.; Dreier/Sellert（Hrsg.）, Recht und Justiz im Dritten Reich（1988）; Hattenhauer（Hrsg.）, Rechtswissenschaft im NS-Staat（1987）; Stolleis/Simon（Hrsg.）, Rechtsgeschichte im Nationalsozialismus（1989）; R. Schröder, Die Bewältigung des Dritten Reichs durch die Rechtsgeschichte, in: Mohnhaupt（Hrsg.）, Rechtsgeschichte in den beiden deutschen Staaten（1988 – 1990）（1991）, S. 604 – 647; spezieller Mayer-Maly, Nationalsozialismus und Arbeitsrecht, in: Davy u. a.（Hrsg.）, Nationalsozialismus und Recht（1990）, S. 173 – 190。

满在1921—1922年间日益增长，极高的赔款额，且协约国宣称德国独自对战争承担责任；法国于1923年侵入鲁尔区，鲁尔区开始反抗；货币制度的彻底崩溃。历经上述这些事件后，德国直至1929年才重获工业和经济自主权，这还得益于协约国赔款委员会的解散及诸国对德国经济和财政控制的结束。然而，在同一时期，纽约证交所的"黑色星期五"引发的世界经济危机以及奥地利信贷委员会的倒闭共同波及了中欧地区。德国未能幸免，银行开始倒闭，普遍性的银行倒闭因临时冻结银行兑现而得以遏止。这一场世界经济危机终止于1933年，也许我们该为此遗憾，因为，经济危机的持续或许会阻碍希特勒的成功。另一不断涌现的危机是在整个魏玛共和国期间，频繁地更换总理和执政班子，给人感觉德国政府不稳定和缺乏有领导力的领导。

从1930年起，核心人物海因里希·布吕宁（Heinrich Brünig，1885—1970）及其少数党政府开始"领导"德国。因为帝国国会无法通过必要的法律，只能以紧急措施的形式进行颁布。后帝国国会要求废止紧急措施，执政者却通过重新选举来解散帝国国会多次。1932年的几次动乱致使兴登堡（Paul von Hindenburg，1847—1934）决策的不幸失误，其于1933年1月30日任命希特勒为帝国总理。于1933年3月5日举行的选举中，纳粹党获得了支持，支持率从33.5%升至44%，不过大多数选民依然不支持他们。在德国民族主义者帮助下，希特勒在国会中获得了52%的多数支持。下面的事就接二连三地发生了：

1933年3月24日，国会通过了所谓的授权法，被委婉地标注为"消除大众和帝国困难法"。依据该法，政府可以不参照宪法甚至偏离宪法来制定法律。用今日之标准来看，此行极不合法，与魏玛宪法精神相抵触。但是，当时法律人居然忍受了下来，也许由于魏玛共和国时期多年的"紧急措施法"制度，使他们失去了必要的敏感度。诸如卡尔·施米特（Carl Schmitt，1888—1985）的国家法名家认为该法不会带来宪法上的担忧。1933年3月31日，州议会与国会保持了一致；4月7日，法律规定在州设置"帝国执政官"（"Reichsstatthalter"）；4月11日，"重建职业公务员法"——这是一个误导性标题——将非雅利安人从公务系统剔除；1933年5月2日，工会被解散；1933年6月，所有民主党派被强迫要求自愿解散，社会民主党（SPD）被明确取缔；1933年7月14日，一部禁止新党派成立的法律被颁布，让纳粹党（国家社会主义德意志工人党，即"NSDAP"）成为唯一党派。最后一场立法者的手段就是在德国总统兴登堡去世后，在1933年8月2日颁布的有关德意志帝国领袖的法律。该法规定帝国总统府与帝国总理府合二为一，帝国总统府的权力被转移到元首和帝国总理阿道夫·希特勒身上。另外，德国总统职位被废除了。

通过这种方式，权力的篡夺以惊人的速度结束了。即使不懂法律的国民没有意识到以上法律制定的后果，而对于法律人而言，必定很清楚了解他们将面对何种类型的体制。此外，希特勒的罪恶本性已经对国民暴露无遗，即使在更早的1934年就有征兆，那时，他向挑战其势力的疑似敌人展开了杀戮行为，尤其是"冲锋队"负责人罗姆[②]，纳粹党的共同创始人格雷戈尔·斯特拉瑟[③]以及将军和前总理施莱谢尔[④]。

（三）

在纳粹主义笼罩德国时，先生时年44岁。尽管他此时在德国一所相对较小的大学任教授，还没有达到工作生涯的巅峰，但他已经拥有良好的学术声誉，尤其是在劳动法领域。他当然认清了纳粹主义的本质。关于先生为何不辞去教职，人们可以猜测出许多原因，但最真实的原因可能是，辞职可能会失去生计，并放弃学术梦想。他可能同其他多数人一样，即使在自由被限制的情况下，依然希望并假定自身能够继续在研究和教学工作中充分地表达自我。这一愿望未能实现，先生于1933年至1944年期间共发表的11篇论文印证了这点，先生灵活地处理了所涉的敏感领域。在我看来，比起先生1933年前和1944年后的文章，这11篇无一篇卓著。先生写的部分文章的确对法律实践很重要，因为这些文章

[②] 恩斯特·罗姆（Ernst Röhm，1887—1934），德国纳粹运动早期的主要领导人之一，因被希特勒怀疑密谋政变而遭到处决。——译注

[③] 格雷戈尔·斯特拉瑟（Gregor Strasser，1892—1934），德国纳粹运动早期的主要领导人之一，为希特勒的主要政敌，后于"长刀之夜"被希特勒处决。——译注

[④] 库尔特·冯·施莱谢尔（Kurt von Schleicher，1882—1934），德国将军，魏玛共和国最后一任总理，后被希特勒在"长刀之夜"谋害。——译注

帮助说明了上述法律领域的变化以及如何处理它们。大体上，先生的几篇文章透露出一种保守趋势，即先生试图去维持理性适用法律的基本原则。这至少是先生有功劳的地方，他延缓了那些支持纳粹主义意识形态的人以法律续造的方式推行"冒进"的纳粹法律思想。先生的确在他的多数文章中强调，国家社会主义带来了根本性的法律变革，尤其是在劳动法领域。"共同体思想"（"Gemeinschaftsgedanke"）和"元首原则"（"Führerprinzip"）被极度强化。然而，先生未从"元首原则"中得出什么结论，相反，他在数篇文章中进行阐明，如果没有立法者的具体措施，很难得出这些结论。然而集体主义理念被更加明确地使用。举例而言，在1934年《法律周刊》中的一篇文章里，先生指出，新法律对阶级斗争理念进行摒除，缓解了劳资双方的利益冲突产生的矛盾，并进行创新——我引用原文——"真正的集体精神和确实的双赢合作以及为了整体利益"。这种理解的教义学的标志是把劳动关系视为人法的集体关系的著名公式。后来，该公式由先生在其文章和1938年出版的德国劳动法精要教科书中提出，并一直沿用。他在1931年的教材——战前最后一版中依然强调劳动关系是债法合同，未提到集体特征。纳粹倒台后，先生坚持自己的变革理论，并在大型教科书中沿用。他的观点发展是个有趣的过程。大家可以推测，先生教授"人法的集体关系说"不仅仅出于自保，还有一种对理念的笃信。

先生的批判者们想要在他的劳动法观点中发现法西斯主义元素，他们却忽视了，即使在魏玛时代，理论家们也不曾被怀疑是法西斯，例如海因茨·波特霍夫（Heinz Potthoff, 1875—1945）和胡果·辛茨海默（Hugo Sinzheimer, 1875—1945），他们主张劳动关系在雇佣双方间创立了一种超越债法关系的联系，其称之为"社会法的人际关系"。

此外，先生的观念改变很微小，其在魏玛时代就已经认同劳动关系的人法特征，并开创性地首次提出，劳动合同中双方具有忠诚义务。先生自己在1938年的一篇文章中解释道，劳动关系的特性如同"人法的集体关系"，克服把劳动关系理解为纯粹的资合的集体关系，并使劳动法中核心的诉求，即劳动者的人格得到尊重和保护。在今天看来，更是如此。

先生（与罗尔夫·迪茨、汉斯·卡尔·尼佩代合作）因1934年《劳动管理法》（Arbeitsordnungsgesetz）的评注而受到批评。该法是纳粹党的劳动法的核心。就内容而言，其显然不具有有害成分。在民主条件下，批评家们的眼中之钉是该法暗示性地废除集体劳动合同、劳动法上的协会以及民主的企业章程。人们以今天的视角评价《劳动管理法》与魏玛时代的法律人不同，后者在那个时代感到有害经济的劳资纠纷和集体合同的日益增加，想用劳动信托人制定的集体规定合同替代集体劳动合同，并且认为这种方法或许不是国家的不幸。毕竟，它同魏玛时代解决劳动争议的政府强制仲裁差别不大。巧合的是，今日依旧有人呼吁对适用所有行业的集体劳动合同进行限制或排斥。数十年以来以自由秩序的因素展现出来的，不断地被视为有害公共利益。我不清楚先生对集体劳动合同的法律政策倾向是什么，但他至少已经在很早的时候就在专著和很多文章中研究了这部分的法律问题。我推测，先生数年的研究内容和我没什么两样：集体劳动合同是一种矛盾的法律构造，取决于使用环境，可好可坏。

（四）

即便先生并未有文字或含义上的妥协顺从，但关于先生在纳粹时期的影响的终极疑问依然存在，即他是否避免以大学教授的身份为纳粹主义法律站台，尤其是那些被认为暗含政治动向的法律，如1934年的《劳动管理法》。坦率地讲，在纳粹统治下，关于这些法律的批判不大可能出现。据说，先生在演讲中经常批判，但仅仅是言语批判，并未付诸纸笔。当然，先生也未替他们摇旗呐喊，此种行径与其秉性相去甚远。总的来说，先生同其他同辈人一样，认为立法活动是既定的事实，不可以回避，法律人工作以此为前提。今日主流观点认为，法律问题往往基于合宪性或自然法符合性而提出，现代法律中，人们还会基于法律的经济效益或其他的合目的性视角进行评判，这些在纳粹时期，统统是不被接受的，并且，这也不是当时法律方法论的时代精神。以完全有意义的方式尽可能解决冲突的方式，利用文本和目的性的理解展开解释的判断余地，在此基础上进行的解释活动是先生所做的事情。

（五）

为了理解纳粹主义的法律制度和法学，我觉得还要做一个重要的评论，即使这个评论是冒险的。说它很冒险是因为总是有人会抓住机会来曲解它，从而让这些言论引发误解。暂且不论纳粹的专制本质和罪恶特性，只有当人们能清晰地了解第三帝国政体的巨大的开放性时，我们才有可能公允地对此期间的法律人的作品进行评判。尤其是涉及具体私法领域的法律，并不都是坏法，甚至是恶法，比如1938年的《婚姻法》和1937年《股份公司法》。其原因在于有能力和理性的人才在第三帝国时期依然供职于政府内，即便是司法部部长弗朗茨·京特（Franz Gürtner，1881—1941）本人也并非完全的纳粹分子，同时国务卿弗朗茨·施里戈伯格（Franz Schlegelberger，1876—1970）也不是纳粹分子。大家都知道希特勒不仅对法律人，而且对法律确定政治行为的做法都没有好感，这并非巧合。法律人对于希特勒而言，在感情上是不被欢迎的，但客观来说——至少在目前来说——法律人是不可或缺的一股力量，用当时尚不常见的术语来说，法律人就是"有价值的白痴"。简而言之，纳粹时期的大多数法律并未被更改，依然有效，尤其是《德国民法典》。即使是纳粹时期颁布的很多法律，在内容上对法律实践和法学都是无害的法律材料。《劳动管理法》就是这样一部法律。从政治科学的角度来看，这并不意味着这些法律不缺乏民主元素。为了消除大致的误解，我想要补充，前述内容并不必然适用于当时通过的一些法律，事实上，不少这些法律的内容是难以让人接受的，有的甚至是罪恶的，尤其是让人毛骨悚然的所谓纽伦堡法。

（六）

与这些糟糕的法律规定相关联的是，德国法学以灾难性甚至是犯罪的方式参与到其中，将纳粹主义的法律思想渗透到现有的法律制度的内在变迁之中。按照鼓吹者的观点，这种制度变迁的最为重要的因素是基于人种平等建立的"民族秩序"（"Ordnung des Volkes"），也即卡尔·

施米特在1934年提出的观点⑤。法哲学家宾德尔将法仅理解为:"源自特定种族的特定民族基于其特征感受、思考和想要的其共同体的正确的秩序。"⑥ 艾瑞克·沃尔夫(Erik Wolf,1902—1977)也认为(不管怎么样的)"民族的法地位"和人种平等是新法律思想的核心。⑦ 接下来是法源说,其将法视为直接源自种族和民族秩序的现象,法律相对于它退居其位。"民族精神"⑧是常用的说法,萨维尼就已经提到了该词,即使是在其他的意义上使用它,这里可以把法视为"民族灵魂的功能"⑨。法律人是如何出卖自己的,以下言论可见一斑:"血液必须成为精神,精神也必须成为血液……因为精神会颓废,血液必须给精神勇气。但精神必定获胜,只要血液给他新生。"这些让我难以启齿的胡话,居然出自如此重要的法学家卡尔·拉伦茨之口。更糟的是,在1938年,卡尔·拉伦茨创作了那部臭名昭著的《论民族法律思想的内容和方法》,叫嚣应剥夺犹太人在私法领域的权利并妄图证明其合理性。初读该文时,我相当震惊,今尤如鲠在喉。在那以前,我主要是通过其令人惊叹的债法研究认识拉伦茨。我以为他是一位充满爱和友善的人,可能连只苍蝇都不忍拍死。正如我们难以理解那些名门望族之人在集中营里折磨和屠戮百姓的行为,同样,著名法学家以笔为刀的屠杀行为,时至今日依旧让人费解。

(七)

先生并未与之为伍,他完全不是纳粹,慕尼黑的去纳粹化上诉委员会于1949年1月24日发布的决定⑩已经证明。根据这份决定,他一直试图远离纳粹党,虽迫于盖世太保的压力的确于1942年申请加入纳粹党,

---

⑤ C. Schmitt, Der Weg der deutschen Juristen (1934), Deutsche Juristenzeitung 691, 698.
⑥ J. Binder, Die Bedeutung der Rechtsphilosophie für die Erneuerung des Privatrechts, in J. W. Hedemann and H. Frank (eds), Zur Erneuerung des bürgerlichen Rechts. Schri en der Akademie für Deutsches Recht, Gruppe Rechtsgrundlagen und Rechtsphilosophie No. 7 (Munich: CH Beck, 1938) 18, 20.
⑦ E. Wolf, Das Rechtsideal des nationalsozialistischen Staates (1934 – 35) 28 Archiv für Rechts- und Sozialphilosophie (ARSP) 348 – 363.
⑧ 尤其是 K. Larenz, Volksgeist und Recht. Zur Revision der Rechtsanschauung der historischen Schule (1953) Zeitschri für deutsche Kulturphilosophie 40 – 60。
⑨ E. E. Kisch, Der deutsche Richter (1934) Zeitschrift der Akademie für Deutsches Recht 9 – 11.
⑩ 这些资料的复印件由格茨·怀克教授提供。

但未获批准。按照这份决定,有超过 20 位无瑕疵证人证明先生反对纳粹主义,以及"在其法学课堂中没有任何的纳粹主义的外在特征,并且远离了所有的纳粹意识形态"。上诉委员会因此认定先生无责任。若仅仅因先生有限的"参与"就对先生进行非难,会引发一个根本问题。这一非难将事实上适用于 1933 年后的德意志帝国所有的公民,即使是挤奶工。关于音乐家们的轰动案件,如理查德·施特劳斯(Richard Strauss,1864—1949)和威廉·富特文格勒(Wilhelm Furtwängler,1886—1954),已经被广泛地讨论。有人认为他们的艺术作品是在为纳粹歌颂,认为他们没有攀附纳粹会导致纳粹早夭——这种可能性几乎没有。人民对威廉·富特文格勒充满感激,因其伟大的作品在恐慌、危险的年代给人民以安慰,他完全没有攀附之实,却帮助了无辜人民熬过战乱岁月。我想进一步追问大家:要是先生选择辞职,并不写《劳动管理法评注》,结果会怎么样?是否大家还是会认为他的这种回避仍旧服务了纳粹政体?因为,他的退出导致有影响力的学说和法律适用很可能落入纳粹之友手中。这里又将引出那个终极问题:可以赦免一个人的"参与之责"吗?每个公民,尤其是每个法律人,事后都可以思考这个问题。我对这个问题的答案不会使人惊讶,如果人类共同体想要挨过政治动荡时期,拒绝不是有效的回答,更有价值的是以尽可能有礼节的方式去容忍,如同先生一般。[11]

三

文近尾声,允许我对先生稍作总结:准确地说,先生并非法律续造者,他也无兴趣用法学在法律制度中推动变革、制造波澜。他选择了一条不同于同时代的汉斯·卡尔·尼佩代的路径,他主要是对基本权利工

---

[11] 《法兰克福汇报》于 1991 年 4 月 20 日刊登了一篇采访,提问耶胡迪·梅纽因(Yehudi Menuhin,1916—1999):"你和富特文格勒讨论过,为什么他执意留在德国吗?"他回答说:"我不需要过问,因为我觉得选择守候比逃离显然更加充满勇气……留下的德国人作出了正确的选择。我必须承认的是,如果我是在美国生活并且美国又是法西斯的政权,我会成为离开美国的第一个人。我认为这并非勇敢。如果我决定留下并尽我所能做一些事情,那么,我对自己也会有更高的评价。富特文格勒冒着很大的风险,他保护了欣德米特,并营救了交响乐团的很多成员……"

具化导致私法制度产生根本性的新变化视而不见,而这种变化对今日私法的伤害多过裨益,且导致反歧视立法产生弊端。"康采恩"的形成是公司法领域最大的法律政策挑战,先生采用实证主义的方法坚守《股份公司法》,使这种挑战得以缓解。他默默耕耘,通过法律解释和对一般条款谨慎求证,促使矛盾得以公平地被解决。这并非要求后代们一直铭记先生,我们中了解先生的,都明白他当年的重要地位。读者们通过先生作品的阅读也可以从文间感受到这些。携全体之力搅拌法学之湖也难现半丝涟漪的吾辈对先生抱有钦佩之情,因其于那个时代的法学事业做出了巨大贡献。当然,无论有多少法学大家同行,明日之法依旧有自己的路要走,其间学者,哪怕是最具光辉的那些,也将缓缓沉入岁月之河,别无他景,周而复始。

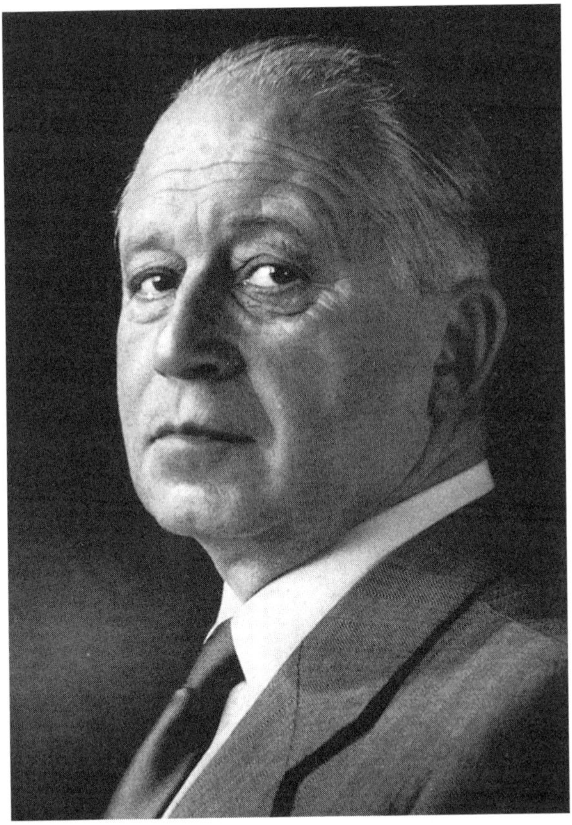

汉斯·卡尔·尼佩代

(Hans Carl Nipperdey，1895—1968)[*]

目　次

- 一、生平和著作　/ 262
- 二、三个重点研究主题　/ 268
  - （一）集体劳动合同的不可或缺性　/ 268
  - （二）劳动抗争中的集体理念　/ 271
  - （三）基本权利的第三人效力　/ 273
- 三、启示　/ 275

汉斯·卡尔·尼佩代作为杰出的法学家，颇负盛名，其名字在很多场合被提到，特别是在2004年庆祝德国联邦劳动法院成立50周年之际。尼佩代不仅曾是该法院的第一任院长，而且影响了该院作出的司法裁判，尤其是在劳动抗争方面的司法裁判。有人指责他支持纳粹政权，他成功反驳了这些敌对的指责。1950年他就在一份关于妇女薪资的专家鉴定书中，发展出"基本权利的第三人效力"学说，在德国国内和国际上产生了重大影响。近期，托尔斯滕·霍尔施泰因（Thorsten Hollstein，1977）博士撰写了尼佩代的传记，挑选了恰到好处的书名《宪法即为总则》（本文脚注7）。对整个私法来说，2006年《德国通用平等对待法》可以被视为对《德国基本法》第3条第3款激进的贯彻。尼佩代的作

---

[*] 作者简介：〔德〕克劳斯·阿多迈特（Klaus Adomeit，1935—2019），1975年至1999年担任柏林自由大学法理学与劳动法教席教授。阿多迈特在科隆大学期间是尼佩代的学术助理。本文是作者2006年2月9日在柏林洪堡大学的报告。

品,显示的不仅是他不断革新和进步的魄力,也表明了他坚定维护法律制度的努力,后者也可以理解为一种告诫。

一、生平和著作

汉斯·卡尔·尼佩代1895年1月21日出生在德国图林根州的小城市巴德贝尔卡(Bad Berka),其家庭是一个有学术传统的新教家庭。家族中有牧师、法律人、公务员和教授。尼佩代的父亲是一位民间医生。1913年,尼佩代高中毕业。1914年,尼佩代自愿前往一战前线,在前线度过了几个月。1916年6月,尼佩代顺利通过了第一次国家司法考试,并于同一年在耶拿大学获得法学博士学位,时年21岁。1920年10月,时逢变革的动荡时期,尼佩代在耶拿大学完成教授任用资格论文,获得教授任用资格。1924年,他成为该校的编外教授,第二年,他就成为科隆大学的编内教授,并一直在该校工作,直至尼佩代1963年退休,1968年离世。尼佩代继任科隆大学法学院海因里希·莱曼(Heinrich Lehmann, 1876—1963)教授的"商法研究所"("Seminar für Handelsrecht")所长,并将它建成具有教育和研究双重功能及具有深远影响的"劳动法与经济法研究所"("Institut für Arbeits- und Wirtschaftsrecht")。该教席后来的继任者赫伯特·维德曼(Herbert Wiedemann, 1932),也就是在特奥·梅耶-马利(Theo Mayer-Maly, 1931—2007)和沃尔夫冈·策尔纳之后的教席继任者,描述了这所魏外特的房屋(即研究所位于科隆的魏外特街115号)。[1]

在魏玛共和国晚期,因以下三件重要的作品,尼佩代的地位十分显赫:

1. 1929—1930年,尼佩代担任《帝国宪法的基本权利与基本义务》评注的主编和撰写者之一。这对私法学者而言是不同寻常的贡献。

---

[1] Wiedemann, 75 Jahre Institut für Arbeits- und Wirtschaftsrecht der Universität zu Köln, RdA 2005, 321 – 323。同样参见 Mayer-Maly (Hrsg.), Gedenkrede auf Hans Carl Nipperdey, 1970; Rückert, Hans Carl Nipperdey, Neue Deutsche Biographie, Bd. 19 (1999), S. 280 – 282; Adomeit, Nipperdey, Deutsche Biographische Enzyklopädie, Bd. 7 (2001), S. 479。

2. 尼佩代续写由路德维希·恩内克斯（Ludwig Enneccerus，1843—1928）修订的《德国民法总论》教科书；该书第12版由特奥多·基普和马丁·沃尔夫主编。1931年由他修订的第13版有重要的变化。

3. 1928—1929年，尼佩代与阿尔弗雷德·怀克合著《劳动法》教科书。尼佩代撰写的集体劳动法部分是大师级的论述。该书1970年版由尼佩代在病床上完成（作为学术助理的我们，必须将校对稿带到医院。这违背了主治医生的命令）。可惜的是，这本书后来并没有续写下去。

魏玛共和国时期，尼佩代在科隆的家庭条件也在改善。尼佩代和妻子希尔德加德（Hildegard Nipperdey，1903—1990），连同他们的两个儿子——卡尔与奥托，一同从耶拿搬到科隆。1927年，他的儿子托马斯（Thomas Nipperdey，1927—1992）出生，日后成了历史学家。他的女儿多萝特1929年出生，日后成了知名作家和神学家多萝特·泽勒（Dorothee Sölle，1929—2003）。另一个女儿萨冰于1932年出生。托马斯去世较早，在1992年便离开人世，因此他只能在短短的几年里对他的《德意志史》获得巨大成功感到欣慰。

在涉及"尼佩代与国家社会主义"的话题上，[②] 有一些持续不断的争论，这与关于指挥家和作曲家威廉·富特文格勒（Wilhelm Furtwängler，1886—1954）和影星古斯塔夫·格林德根斯（Gustaf Gründgens，1899—1963）的争议类似。可以明确的是，纳粹一直以来都不信任尼佩代。1933年，多个部委和机关同时调查尼佩代的出身。1941年，纳粹盖世太保将尼佩代列为"二级犹太混合"，指责尼佩代伪造证件上的个人信息。该决定对他来说是毁灭性的威胁。还可以肯定的是，尼佩代一直站在处于危险与被迫害的同事和朋友这一边。1933年4月，"科隆法学家上书"的事件广为人知，在这一事件中，法学院的全体教员一致与已被解雇的汉斯·凯尔森教授站在同一立场，[③] 大家都为此签字。唯独没有签字的

---

② 参见 Ramm, Nationalsozialismus und Arbeitsrecht, KritJ 1969, 108 - 120; diffamierend Wahsner, Das Arbeitsrechtskartell—Die Restauration des kapitalistischen Arbeitsrechts in Westdeutschland, KritJ 1974, 369 - 386。

③ Golczewski, Kölner Universitätslehrer und der Nationalsozialismus—personengeschichtliche Ansätze, in: Senatskommission für die Geschichte der Universität zu Köln (Hrsg.), Studien zur Geschichte der Universität zu Köln, Bd. 8 (1988).

是卡尔·施米特，他显然渴望成为一名伟大的政治哲学家。作为院长的尼佩代亲自前往柏林，向普鲁士文化部提交并说明这封信，而他得到的是冷漠的拒绝。在与纳粹的其他场合接触中，即使在他没有加入纳粹党的情况下，尼佩代显然与他们达成一定程度的融洽。海因里希·莱曼曾向同事们表示，那些秘密反对者应当尽可能"持有任何立场"。尼佩代与阿尔弗雷德·怀克、罗尔夫·迪茨(Rolf Dietz, 1902—1971)合作，于1943年在贝克出版社出版了对《劳动管理法》的第4版评注《国家劳动秩序法》，其中包括了他自己对经营秩序和劳动合同法的评注。这个评注当然与当时的意识形态方针保持一致。1933年，"帝国法学领袖"汉斯·弗兰克(Hans Frank, 1900—1946)，也就是之后在波兰实施恐怖行为的人(他的回忆录题目是《基于黑色》，1953年出版)，在他领导下的"德意志法学会"任命尼佩代的老师尤斯图斯·威廉·黑德曼(Justus Wilhelm Hedemann, 1878—1963)担任要职。1935年，尼佩代成为该法学会的会员，任职于劳动法专业委员会，并提出通过创造《人民法典》来更新法律的想法。④ 法学会在20世纪40年代的时候，由于战争而不那么受热捧，因为元首和军队领导根本没有认同法律的用处。他们的工具是赤裸裸的权力。

1945年"零时刻"，尼佩代的家庭状况很糟糕。1944年12月，他位于科隆马里堡(Marienburg)的房子连同他的私人图书馆都被炸毁，烧得面目全非。希尔德加德和三个年幼的孩子在耶拿经历美国军队的解救，但又受到了苏联军队的威胁(盟军之间作出交换柏林市西部的协议)。儿子卡尔死在苏联的监狱里。科隆这座城市百分之九十的部分被摧毁，成为一片废墟。而尼佩代有勇气和精力来重建他的房子，也有勇气投入当地政府的工作。1946年，他被选为社会民主党的代表，同时投入大学的重建工作中，任代理副校长主持大学的复兴工作，后来还担任法学院的院长。为了恢复法学的教学工作，尼佩代先后任命了海因里希·莱曼(Heinrich Lehmann, 1876—1963)、鲁道夫·施密特(Rudolf Schmidt)、恩斯特·冯·希佩尔(Ernst v. Hippel, 1895—1984)、恩斯

---

④ Hattenhauer, Das NS-Volksgesetzbuch, in: Buschmann (Hrsg.), Festschrift für Rudolf Gmür zum 70. Geburtstag (1983), S. 255-279.

特·弗里森汉（Ernst Friesenhahn，1901—1984）和古斯塔夫·海内曼（Gustav Heinemann，1899—1976）担任教授。于1945—1946年冬季学期开始的大课，有大约400名法科学生参加。在新成立的学生会工作中，尼佩代发挥了很大的作用，他组织安排了饭菜、护理工具和书写工具的供应。⑤ 作为回报，学生们帮助他把炸毁的研究所重新建立起来。

"去纳粹化"的程序对尼佩代来说漫长并充满压力，该程序持续了一年半。英国军事政府的调查委员会从学术材料中得出结论："汉斯·卡尔·尼佩代支持国家社会主义哲学及其目标。"甚至有一份证人证言称尼佩代是"希特勒的御用法学家"。⑥ 最终的投票结果是"建议释放"。该释放声明在1946年10月发布。这时，他的家庭陷入了贫困。律师哈乌布里奇博士在其提出的上诉请求中，准确分析了尼佩代有争议的作品：

可以清楚看到，他努力以巧妙的形式倡导健康的民主法律观点，⑦ 从而减缓、破坏和削弱纳粹的目标和思维路径。

上诉委员会的委员很难理解如此微妙之处，因此该审查程序延期了。律师出示了60个品行端正的证人的情况说明，其中包括之前的39位学生或雇员的情况说明。此外，尼佩代还得到了工会主席汉斯·伯克尔（Hans Böckler，1875—1951）甚至是社会民主党主席库尔特·舒马赫（Kurt Schumacher，1895—1952）的支持。直到1947年5月，尼佩代才被平反昭雪。期间有9个月他没有工作。

不久之后，尼佩代再次当选为法学院院长。格尔哈德·克格尔⑧写

---

⑤ Stumpf, Fünfzig Jahre Institut für Arbeits- und Wirtschaftsrecht der Universität zu Köln, RdA 1979, 322-324.

⑥ Hollstein, Die Verfassung als „Allgemeiner Teil"—Privatrechtsmethode und Privatrechtskonzeption bei Hans Carl Nipperdey（2005），S. 96.

⑦ 取代"法律设施"，似乎是正确的。

⑧ Kegel, Humor und Rumor（1997），S. 131. 格尔哈德·克格尔于2006年12月逝世。他最后一次的露面是2005年12月在柏林洪堡大学为纪念他的老师恩斯特·拉贝尔做的报告（参见本书关于拉贝尔和克格尔的文章）。悼念克格尔逝世的悼文，参见Schurig, Nachruf, Gerhard Kegel †, JZ 2006, 355-356 以及 Adomeit, Gerhard Kegels Berliner Vortrag, IPRax 2007, 67。

道，尼佩代能够担当起领导的角色，"得益于他的活力，一切对他来说都是本性"。

大学是尼佩代的活动中心，此外，他还以多种方式参与德意志联邦共和国（即西德）的早期建设：1948 年创建《劳动法杂志》（Zeitschrift RdA）；他是劳动法院协会的联合创建人，自 1950 年担任该协会的主席（自 1926 年尼佩代就担任州法院和位于科隆的州劳动法院的法官）；担任位于明斯特的北威州宪法法院的法官；担任仲裁机构的高级仲裁员；在国际劳动法和社会安定协会中，他担任荣誉主席和德国分部的负责人；[9] 英国占领区规划在 1949 年创设最高劳动法院，雇主联合体和工会一致推荐他担任该院的院长。

这是他通往更高职位的一步，也是为他量身定做的一步。此阶段中，尼佩代能够书写德国的社会历史：1954 年 4 月 12 日，他被任命为位于卡塞尔的联邦劳动法院的院长。从 1954 年到 1963 年，他一直担任该职。在任职谈判中，他坚持并成功保留了他在科隆大学的教授职位，成为少见的双重公务员。当时传闻，联邦劳动部要求联邦交通部为尼佩代专门建造一列从科隆到卡塞尔的列车快线。

在尼佩代担任联邦劳动法院第一审判庭和大审判庭的庭长期间，他直接影响了德意志联邦共和国早期几十年集体劳动法的发展。相比于其他任何的联邦劳动法院的法官，尼佩代有更多的贡献被篆刻在法院的判例中，其中包括宪法法院的判例。著名而又重大的关于劳动抗争法的裁判于 1955 年 1 月 28 日由联邦劳动法院作出。正如之后在联邦劳动法院担任大审判庭庭长的赫尔曼·斯坦普夫（Hermann Stumpf，1912—1997）在回忆与尼佩代共同工作的场景时所描述的那样：

> 工作通常从白天持续到晚上。这里都是紧张的工作，图书馆管理员、总机话务员、秘书、研究助理，包括司机，都不得不去适应这样紧张的工作气氛，不考虑工作时间、加班及其他的规定。工作人员会得到补偿金，所以结果也都是令人满意的。

---

[9] Bulla, Hans Carl Nipperdey, RdA 1965, 41-44.

由此可以看出，工作上最大付出同时又要保持完全符合劳动法，绝非易事。在尼佩代担任主席官职期间，其学术影响丝毫没有减弱，相反得到了提升。1957年，他在给他的老师海德曼的信中说道：

> 我担心被这样的双重负担所影响，尽管许多年轻人都在帮助我，到今天我仍然不知道怎样敲定我新版本的"恩内克斯教科书"，但我必须经过一年平静的时间才得以深思熟虑。

尼佩代在学术上并没有停滞。1959到1960年最新版的《德国民法总论》出版，包括全新的强权法理念，受到了汉斯·韦尔泽尔（Hans Welzel，1904—1977）因果行为论的启发。"青年的先生们"显然提供了好的作品。同行嘲笑他墓碑的墓志铭时将会是这样的：汉斯·卡尔·尼佩代，"这次真的是他自己"。但是，高明的委派也是一门艺术，并且他在精神上的独立性没有任何可疑的地方。[10] 阿尔弗雷德·怀克和汉斯·卡尔·尼佩代合著的《劳动法》第6版出版于1957年和1959年，该书与阿图尔·尼基什（Arthur Nikisch，1888—1968）的教科书《劳动法》形成激烈的竞争。1958年，他与海因茨·莫嫩（Heinz Mohnen，1914—2005）、德克·诺伊曼（Dirk Neumann）合作在《施陶丁格德国民法典评注》上评注劳动合同法。最有影响力的是《基本权利理论与实践手册》，该书自1954年由他和弗兰兹·诺伊曼及乌尔利希·谢伊勒联合主编，内容包括《德国基本法》第1条和第2条框架下一般人格权及无形损害情况下的金钱赔偿。他的法律思想是革命性的：基本权利不仅是"公法"及国家法的一个专门领域，它在法的所有领域都是重要的（与后来兴起的逐渐占据主流的欧盟法的地位相媲美）。

在政治上，尼佩代的思想重点逐渐从"社会主义"转向"自由主义"。路德维希·艾哈德倡导意义上的市场经济，对他来说似乎很有说

---

[10] 尼佩代早年的学术助理格尔哈德·施诺尔（Gerhard Schnorr，1923—2004）批判性的观点，参见Gerhard Schnorr, Von mir über mich, in: Martinek/Wachter（Hrsg.）, Arbeitsleben und Rechtsordnung, Festschrift Gerhard Schnorr zum 65. Geburtstag（1988），S. XV。

服力，以至于他认为经济宪法受到《德国基本法》保障。[11] 该观点并没有得到德国宪法法院认可（"投资援助裁判"），但该观点到今天也几乎没有任何的反对意见。德国社会民主党因此失去了这样一位著名党员，不过该党员也不是全身心地融入这个党。德国社会民主党虽然存在许多问题，但也在走相同的方向，并最终在1959"哥德斯堡规划"中明确认可了"市场经济"。20世纪50年代的"经济奇迹"——我们希望在20世纪90年代两德统一时重现"经济奇迹"——具有巨大的推动力和驱使力。在这种情况下，工人地位得到改善，同时经济没有退步，主要原因是经济增长允许这样做。当人们仍然在购买"格兰迪格"（"Grundig"）而不是索尼，并选择在德国境内休假的时候，即工人收入增加，提高了国内消费（"需求理论"）。好的年份后面有贫困艰苦的年份，这样的一个古老智慧却没有得到人们重视。对此，人们可以参见《圣经·创世纪》第一章第41节："约瑟和他的兄弟们。"在养老金法律中（1957年分配资助的动态养老金），可以比劳动法更容易被证明和计算资金。

二、三个重点研究主题

（一）集体劳动合同的不可或缺性

尼佩代于1920年完成了关于强制缔约的教授任用资格论文，在今天该主题在防止歧视方面仍具有非常重要的意义。[12] 之后，汉斯·卡尔·尼佩代以胡果·辛茨海默的研究为基础，致力于研究新制度，即集体劳动合同（Tarifvertrag）。当尼佩代还是讲师的时候，就在1924年出版《集体劳动合同法研究》一书，正如下文所阐释的，该书第一部分以一种非常现代的方式阐述了"不可或缺原则"：[13]

---

[11] Nipperdey, Soziale Marktwirtschaft und Grundgesetz (3. Aufl. 1965).

[12] Vgl. das Allgemeine Gleichbehandlungsgesetz v. 14. 8. 2006, von den sehr unterschiedlich wertenden Kommentaren etwa Adomeit/Mohr, Kommentar zum Allgemeinen Gleichbehandlungsgesetz (2007).

[13] 适用的是1918年12月23日的《集体劳动合同管理法》（TarifVO）。

工人只拥有劳动力，相对于拥有设施和生产资料的用人单位来说，处在一个较弱的位置，这必然导致工作条件（事实上）由雇主单方面决定。将形式上的平等变为实质上平等的辅助工具，是产生自发作用及不可或缺作用的集体劳动合同。

损害契约自由是必要的，因为：

为了保护工人免受自己行使契约自由产生的损害。

尼佩代后来应该在里面看到了一个宪法问题。相关的问题应该是劳动条件的层次，比如每周采用48小时，还是35小时的工作时间。虽然劳动者的不利地位并不是"结构性"的，而是相对的，必须在变化的情形下重新审视劳动关系。不过，尼佩代同时看到了强制法的缺点：

因此，集体劳动合同可能会导致个别劳动者的责任感受到抑制，导致更高的期望和平庸的才能。

不可或缺原则仅有两个例外，即开放条款（又称为"同意规范"）和惠待工人。在危机时期，可以认为减薪符合单个劳动者的利益，原因是该劳动者不会在这个档次的薪资水平上找到职位，我认为甚至现有的职位也将受到威胁。如果做不到减薪，整个行业就必须以集体劳动合同的方式减薪，否则将导致企业亏损、工作时间减少及裁员。因此，不是对失业（加上失业补助）与降低的集体劳动合同工资，而是对集体劳动合同工资和降低的集体劳动合同工资进行比较。[14]

1924年的这种观念，即便到了2006年也是有现实意义的，并且这种观念出现在今天关于"就业联盟"或"工作保障"等关键词的文献中，随之而来的2005年10月至11月联邦议会选举后，在政党联盟谈判开始之前，这种观念发挥了至关重要的作用。1984年，我在《法学新周

---

[14] Nipperdey/Hueck, TVG, Kommentar（1950），§ 4 Rn. 88.

刊》发表的一篇名为《工人的利益原则——一种新的认知》的文章中，反对尼佩代的这种观点。即使马尔堡的劳动法院在"维斯曼案"（"Viessmann"）和联邦劳动法院第一审判庭在托马斯·迪特里奇（Thomas Dieterich，1934—2016）领导下于1999年4月20日作出的"布尔达案"（"Burda"）裁判，从而禁止个人的劳动合同违背集体劳动合同。[15] 我们处在一战与二战期间无法想象的全球化的旋涡中，经济环境发生了根本性变化。我1984年的上述文章中，起点是韩国造船业对德国基尔的造船业产生毁灭性的打击。不久，这涉及的不再仅是产品的进口，而是关于工作岗位的"出口"，涉及的是更宽泛意义上的"转移"。在21世纪的世界里，世界市场工资的形成和调整，例如一个IT专业人员一个小时的编程薪酬，并不是最低的，而是处于中级水平，我们必须为长期的薪酬调整和削减做准备。对此，背后隐藏着团体利己主义的集体劳动合同，其要么是不合适的，要么是毫无准备的。以自己的力量保住工作岗位，工会对此的自主权必须得到认可，即使为了下一代的利益，也必须这样做。坚持"抱团取暖"缺乏基本的社会敏感性。

正如马克斯·韦伯所研究的，[16] 1918年旧式的《集体劳动合同管理法》及1949年的《集体劳动合同法》的思想基础仍旧是封闭经济体，在该经济体中的工资竞争比如靠波兰农民工来实现，被称为肮脏的竞争。工会成功对抗了工资竞争。今天我们来看它是如何在传统中发挥作用的。比如西门子和德国电器公司等企业。1776年亚当·斯密的《国富论》中的"国"（"nations"）是复数，卡尔·马克思1848年的《共产党宣言》中关于资本胜利的国际化，这些都值得我们再看看。

我敢于在企业层面坚持"契约自由不可或缺"的原则，也反对"大师"所提倡的复活精神。由于今天的辞职行为使得工资水平低于集体谈

---

[15] 对于"维斯曼案"，参见 ArbG Marburg NZA 1996, 1331 - 1337; Fall Burda: dazu Buchner, Der Unterlassungsanspruch der Gewerkschaft—Stabilisierung oder Ende des Verbandstarifvertrages? Zum Beschluss des BAG v. 20. 4. 1999 - 1 ABR 72/98, NZA 1999, 897 - 902; Däubler, Das neue Klagerecht der Gewerkschaften bei Tarifbruch des Arbeitgebers, AiB, 1999, 481 - 485; Walker, Rechtsschutz der Gewerkschaft gegen tarifwidrige Vereinbarungen, ZfA 2000, 29 - 51; Dieterich, Flexibilisiertes Tarifrecht und Grundgesetz, RdA 2002, 1 - 17. Meiner Lehre folgen Löwisch/Rieble, Kommentar zum TVG (2. Aufl. 2004), § 4 Rn. 256。

[16] Radkau, Max Weber—Die Leidenschaft des Denkens (2005), S. 133:"农业工人社会政策协会"。

判的水平,特别是在我们东德的新州,没有哪个集体劳动合同专家是感到满意的。数以百万计的工作已经消失,这是一个惨痛的教训,正如我在1984年所说,"造船厂的滑道是空的,但《集体劳动合同法》依然适用"!集体劳动合同曾是"正确性保障",现在却发现这完全是一个错觉。

(二)劳动抗争中的集体理念

罢工问题,是尼佩代21岁时所写博士论文的主题,论文出版于1917年,题目是《以威胁达到勒索的界限——特别考虑现代劳动抗争》。这是一部关于刑法的著作,涉及从当时到现在一直没有改变的《德国刑法典》第253条。这一条款在很大程度上被应用于反对罢工工人和工会领袖。遵循俾斯麦的社会主义者法律的精神,每一次罢工都要求检察官介入。根据帝国法院的裁判,在刑事案件中,只要是"违法的"财产利益,都不会产生请求权,因此,以罢工来要求加薪都是非法的请求。尼佩代在博士论文中做了整理研究,以一种胸有成竹的方式进行深入地研究。比如,针对那些不能让他信服的法律,他提出修订法律的建议。尼佩代认为,罢工涉及的不是强迫,而是新的合同谈判只有在谈判失败的情况下,当事人才会背离现有的合同。

近40年后的1955年,联邦劳动法院大法庭作出裁判,这是当时新任院长尼佩代所面临的一个挑战。他充分利用《劳动法院法》第45条的授权进行法律续造。按照当时通说及国际上的代表观点,如果罢工者没有有效地终止合同,罢工即使不是犯罪行为,也是违约行为。这是一个脱离实际的想法!因此,罢工是用人单位无需理由作出解雇决定的重要原因,劳动抗争也因此是一种让人疑惑的行为,带来无法估量的后果。尼佩代和古斯塔夫-阿道夫·布拉(Gustav-Adolf Bulla,1903—1966)全新地从合同的及个人权利的角度,共同研究出新学说,将罢工和勒索论证为一种集体劳动法的新制度,具有正当性。

合法的罢工,需要具备以下的条件:

（1）罢工由工会领导(而不是"野蛮的"罢工[17])；

（2）罢工有集体劳动合同上的目标(而不是"政治"罢工)；

（3）根据现有的集体劳动合同，不承担和平行动的义务；

（4）罢工是最后的手段，即谈判已经失败；

（5）遵守公平抗争的规则，即不完全封锁工作场所、不殴打罢工的"破坏者"、不侵犯企业主的个人隐私及允许有紧急措施。

这对我们劳动法而言是一场革命，影响到整个的法律制度，而且这一变革在国际上也迅速得到认可。比如，在西班牙怀克和尼佩代的《劳动法精要》很快就得到认可。为此，尼佩代获得马德里康普顿斯大学法学院授予的荣誉博士。1955年的这项裁判的说服力，[18] 在过去的50年里不断增强。后来所有司法裁判，只要有改进或纠正的愿望，都达不到该裁判的水平，并且都缺乏合理性。例如，在劳资双方的谈判过程中允许罢工，这违反了"最后手段"的原则，因为错误地评估危险，导致过度产生威胁阻碍。[19] 通过集体劳动合同谈判的途径，每周35小时工作制得以形成。正如我们现在所知道的，这是一个错误。

尽管工会通过新的集体劳动法的视角得到了很多，但明确禁止政治性的罢工，对工会来说很不乐意。1964年，蒂洛·拉姆(Thilo Ramm, 1925—2018)在1964年的《法律人杂志》[20] 上对此作出严厉批判。在今天，人们普遍认同的是，通过公共讨论和参加议会的途径追求政治目的，才和宪法一致，并且工会也不是没有任何的影响力，从联邦议会议员中工会成员的数量就可以窥见一斑。

目前的一个新问题是我们该如何评价针对关闭工厂的罢工行为，比如关闭德国通用电器公司(AEG)纽伦堡工厂，一个有1700个工作岗位的最后一批家用电器公司的工厂。但是，关闭或继续经营，并不是集体劳动合同谈判的对象。根据《企业经营法》第111条及以下诸条，"工

---

[17] Vgl. Kissel, Arbeitskampfrecht (2002), S. 233 ff.

[18] Vgl. Kittner, Arbeitskampf (2005)。包括其他大量的文献。

[19] 联邦劳动法院第一审判庭的三个裁判，参见10.6.1980, NJW 1980, 1642 ff. = BAGE 33, 140。

[20] Ramm, Die Rechtsprechung des Bundesarbeitsgerichts, JZ 1964, 494 – 501, 546 – 555, 582 – 587; vgl. auch Däubler, Das soziale Ideal des Bundesarbeitsgerichts (1975).

会委员会"("Betriebsrat")负责公司福利计划及员工在企业经济事务上的参与。试问有谁不同情最后一位非常无助的德国电器公司工作人员的困境?[21] 但这与解雇保护一样：如果解雇过难，那么就业也难。

尼佩代让人惊叹的劳动抗争理论，在一个重要经济领域是失灵的，一直以来带来明显的恶果：公用企业服务。在公共服务中，并没有贪婪的雇主，有的只是公共机构，而公共机关也需要罢工，比如垃圾处理厂、铁路运输企业或医院的罢工。对于这些罢工，需要提前对其正当性和罢工的刑事责任进行评估。重症监护病房停止工作，并不能从劳动法上找到其正当性。所有的劳动者有示威权，但应当在工作后行使。为更好的工作条件示威，绝不仅是"集体乞讨"。

（三）基本权利的第三人效力

托尔斯滕·霍尔施泰因在约阿希姆·吕克特（Joachim Rückert, 1945）的指导下，在法兰克福大学完成了一本关于尼佩代的私法理念的博士论文。论文的题目是《宪法即为总则》。在该理论中，宪法的地位得到提升，而尼佩代在其中做出了最为重要的贡献。对此，有人曾说"从零到吕特仅有九年"。这所指的是联邦宪法法院于1958年1月15日作出的"吕特案裁判"。[22] 所有这一切开始于1929年和1930年尼佩代主编的三卷本《帝国宪法的基本权利和基本义务》评注。这本不是一位私法学者的使命，更让人惊讶的是，魏玛共和国时期基本权利的地位较低，只不过是宣言。尼佩代的行为，如同有拿破仑的风格：看到一个陌生的领域，就有占领的欲望，占领后迅速得到公众认可。随后，尼佩代在1931年第13版的《德国民法总论》的第一章"民法的概念"中写道：

> 民法科学，决不能陷入实证主义。它也涉及应然的法，涉及公平的法及法的思想。因此，《魏玛共和国宪法》第151条明确，"经济生活的秩序必须符合公平原则，并实现保障所有人的尊严的目

---

[21] Vgl. Däubler, Offshoring und die Hilflosigkeit des Arbeitsrechts, NJW 2005, 30–31.
[22] Henne/Riedlinger, Das Lüth-Urteil aus (rechts-)historischer Sicht (2005).

标"。属于经济秩序的,也包括法官就个案作出的裁判行为,比如在漏洞情况下的法律发现,也包括法律解释的活动。

尼佩代在科隆大学的同事海因里希·莱曼曾经反对过这种观点,认为这种公平思想十分模糊,如果任何人都可以任意提出一些想法,那么哪还有法律确定性可言?尼佩代的新方法首次在1933年被"搁浅",但似乎可以预测到该方法的未来。15年后,相对来说出现了短暂的中断,新的宪法中出现新的基本权利。随后,尼佩代在1951年的专家鉴定书《妇女同工同酬》中大胆提出基本权利的绝对性。该观点先是限定在《德国基本法》第3条第2款,后来他在《基本权利和私法》一书中,主张基本权利的效力具有普遍性。(另外,"妇女同工同酬"的表述从法律上来看,要比《德国基本法》第3条第2款中"男性和女性"的表述准确,因为这里涉及的是妇女薪资,而不是双重效果的基本权利。《德国基本法》第3条第2款应当表达为"女性与男性拥有同样的权利"。《德国民法典》第611a条中"性别中性"的表述并无意义,在尼佩代在世的时候,该问题也没有被解决。)

尼佩代要求法律共同体要有新的思维模式,比如当时还不熟悉的违背基本权利的法律行为,其当然是无效的法律行为。在这样的宪法中,有人必定会问私法自治何去何从,但这并没有产生矛盾。如果公法学者京特·迪里希(Günter Dürig,1920—1996)出现,会认为还有《德国基本法》第2条上的基本权利。[23] 在回答迪里希和弗卢梅时,尼佩代(与京特·维泽合作)以极其权威的方式,从根本上展示了"个性的自由发展"。[24] 在这里,大师级的争辩展现出来了,非常吸引人。批判的观察者应该注意到,作为私法学者和方法论学者的尼佩代通过对解释局限进行自由化,同时扩大了作为法官的尼佩代的影响力,因此无法做到不偏不

---

[23] Dürig in: Maunz/Dürig, Kommentierung Art. 1 und 2 GG (Sonderdruck 1958); s. schon ders., Der Grundrechtssatz von der Menschenwürde, Entwurf eines praktikablen Wirtschaftssystems der Grundrechte aus Art. 1 Abs. I in Verbindung mit Art. 19 Abs. II des Grundgesetzes, AöR 81 (1956), S. 117 – 157.

[24] Nipperdey, Freie Entfaltung der Persönlichkeit, in: Bettermann/ders. (Hrsg.), Die Grundrechte, Handbuch der Theorie und Praxis der Grundrechte, Bd. 4, zweiter Halbband (1962), S. 741 – 909.

倚,也没有考虑到谁可能会接替他的位置。孟德斯鸠和法治国家原则,在这里是重要的。伯恩·魏德士以他的个人风格在《法学新周刊》上发表题为《否定的法官国家与乌云密布的法官权力》(《法学新周刊》2005年,第2759页)。埃尔克·赫尔曼(Elke Herrmann)在《施陶丁格德国民法典评注》的导论卷(2005年,主编是米夏尔·马丁内克)中写道,谁要是撰写民法中的所有权,不应当从《德国基本法》第14条开始。这当然是个警告。这种警告有哲学上的依据:人的尊严、自由和平等,属于基本权利,但只有在柏拉图、亚里士多德、霍布斯、卢梭、康德及黑格尔百年以来研究出的传统思想之后。联邦宪法法院对于这些价值具有权威,但只是派生的权威。将私法关系放入基本权利的第三人效力的框架中的私法学者或劳动法学者,能够在不容忽略的宽阔思想世界中研究。卡纳里斯在关于公平分配的专著中,已经展示了其中的一些内容。[25]

三、启示

尼佩代1963年退休至1968年离世,是他人生的最后阶段。1965年,在他七十寿辰之际,学界献上两卷本大篇幅的纪念论文集,同时,他又荣获联邦德国大十字勋章,众多学生举着火把、举起啤酒杯,在他家门口为他庆生。如果人们仔细观察,会发现当时的社会有重大变化的迹象,一种不好的征兆。这并不是说尼佩代本人及其健康问题,而是说他所专注的目标,即联邦德国的劳动市场和劳动法。德国"经济奇迹"之父路德维希·艾哈德,可以说是全球化的第一个受害者。取暖油以掠夺性的价格排挤煤炉,在德国鲁尔地区,煤矿倒闭,矿工在当时的德国首都波恩举行游行示威,他们的黑旗通过电视直播,进入每家观众的房间。艾哈德总理不能兑现为矿工进行真正的再培训的计划,因此,在1966年他失去了德国总理的职位。工会没有能力提出有说服力的工资政

---

[25] Canaris, Die Bedeutung der iustitia distributiva im deutschen Vertragsrecht (1997) (dazu Adomeit, NJW 1998, 3259; vgl. auch Adomeit, Unisextarife und Aristoteles, NJW 2005, 721 – 722).

策,反而提出附属的要求,包括在企业中收取工会费,[26] 或根据工会成员的身份提供有区别化的优惠条件。后者就是 1966 年在埃森举行的德国法学家大会的一个主题。[27] 库尔特·比登科普夫(Kurt Biedenkopf,1930)的教授任用资格论文《集体劳动合同自治的界限》引起了轰动,并主导了这一讨论,缺少的只是一套明确而可操作的方法。1961 年的《财产形成法》,又称为"312 马克法",给出了一个新视角。[28] 该法由格奥尔格·勒伯尔(George Leber,1920—2012)在法律政策上进行推动,但"德国化工联合会"("IG Chimie")对该法提起宪法审查。尼佩代建议我为此写教授任用资格论文,这是一个极为理性的建议。可惜,我被凯尔森的学说深深吸引住,非常想解决"劳动法的法源问题",但只能围绕这个问题团团转。尼佩代虽不反对凯尔森的任何东西,但摇头否定我这个自以为是的研究话题。联邦德国在政治和国民经济方面错失了 40 年。在这段时间,为了家庭和下一代,劳动者应当获得真正的财产,却白白地浪费在消费中。如果把消费者保护作为劳动者保护的延续(诺伯特·赖希 [Norbert Reich,1937—2015]),只能说明这是一个错误的发展趋势,财产权保护应当更为重要。[29] 融资不足的养老金导致的社会福利漏洞,也就不会成为如此大的问题。

大学也面临危机。1965 年,"社会主义德国学生会"("Sozialistischer Deutscher Studentenbund")出版了《民主的高校》一书,提出了根本性的批判。到今天也没有人有勇气给出正确的回答,它应当是:大学同样是一个贵族机构,应当如此保持下去,所有人会从中受益。可惜的是,我们自己深受罪恶良知的困扰。在牛津,人们会开玩笑说,新问题是"精英和平等如何兼备"。我所就职的柏林自由大学还是柏林洪堡大学更优秀,这是无

---

[26] 反对的,参见 Dietz und Nipperdey im Gutachten 1963., hrsg. v. d. Bundesregierung der Deutschen Arbeitgeberverbände。

[27] Vgl. Bericht Adomeit, 46. Deutscher Juristentag, vom 27. bis 30. September 1966 in Essen, RdA 1966, 374 – 378; über die Wiederkehr dieses Typs von Forderung Gamillscheg, Ihr naht euch wieder, schwankende Gestalten—„ Tarifbonus" für Gewerkschaftsmitglieder, NZA 2005, 146 – 150.

[28] Adomeit, Vermögensbildungsgesetz und Koalitionsfreiheit (Tarifvertrag), RdA 1964, 309 – 314.

[29] 参见出自波恩大学的教授任用资格论文。

聊的问题。可以明确的是，在启蒙的封建主义阶段，大学并没有变差。帕绍大学的约翰·布劳恩（Johann Braun，1946）出版了一本关于爱德华·甘斯（Eduard Gans，1797—1839）的很好的书[30]，展现了王子中午宴席上的对话。即约 1830 年，黑格尔受邀闲谈法哲学的新发展。现在来看，这可能会让人感到羡慕。除了约翰内斯·劳（Jahannes Rau，1931—2006），联邦德国包括两德统一后的德国，没有产生一位重要的文化部长和教育部长。他们所做的反而是破坏书写的德语文字改革，以及让我们的很多高校越来越退化的高校改革。

尼佩代以浓厚的兴趣思考当时岁月的纷扰，他已经经受住了政治上的风波。在科隆马林堡家中的午餐时间，我们谈到新左派的运动，他说："我想读阿多诺的书，但我读不懂他。"这里也没有重大的反差：一方面，阿多诺"包裹"的充满神秘的文本，可能是因为他错误理解的马克思主义不允许产生清晰性。另一方面，尼佩代在任何时候呈现出具有代表性的清晰性和可理解性，即使在复杂的关系中也是如此。作为尼佩代的助手，我们有时抱怨他在草稿中严格地删掉分句，并认为主要问题属于主句。这就是他做事的风格。在图书馆中，还有尼佩代修订的两分卷《德国民法总论》，破旧到要用黑色的亚麻布装订，几乎没有人会注意到它。但这是非常值得阅读的书，旧式的花体字当然让人害怕，但在通用的文本中很容易就找到很多的拉丁文引用。

上文提到大学是贵族的机构，尼佩代完全有能力成为封建主。弗朗茨·加米尔舍格（Franz Gamillscheg，1924—2018）拒绝继任尼佩代的教席，谣传他拒绝的理由是，他没有能力成为复兴的诸侯。在一个他影响的领域中，高校教师尼佩代作为博士生导师是民主的。他多年以来在科隆大学法学院捍卫自由主义的博士培养制度，主张博士生无需任何的学位门槛，"及格"即可取得博士学位。他的论点是，法律人应当像每个医生一样，能够获得有用的博士头衔，一篇 120 页经过思考的论文，包括合格的参考文献和经检验的引用，以及紧张的博士论文答辩，就足够了。第二个论点是，法学院不应当放弃积极地与毕业的学生、成长的法

---

[30] Braun, Eduard Gans—Naturrecht und Universalrechtsgeschichte (2005).

律人保持联系。因为这个论点，尼佩代在高要求的同事面前曾显得窘迫。最终，尼佩代没能掌握全局。他去世后，我作为助理教授受法学院委托，基于档案查询未毕业的博士生人数，结论是 194 位。基于这个教训，在我退休时幸运的是，完成了所有博士生的培养，总共有 65 位。

尼佩代 1968 年离世。请允许我象征性地强调该年份：尼佩代和 1968 一代人及其哲学没有任何的关系，[31] 他的焦点是实践，因为父亲是医生，可以说这是与生俱来的。无穷无尽的讨论（哈贝马斯用"商谈"取代"讨论"，使前者上升到哲学的高度），取代学术研究，对他来说即便不是幼稚的想法，也是孩子的想法。1968 一代人的标志是幻想，即幻想能够永远保障和平、自由和福祉，无需约束和责任即可享受游戏一样的生活。当然，也有 A13 或 C3 的高薪酬。这样的时代已经成为历史，其标志是政府及官员下台，2005 年乌多·迪·法比奥（Udo Di Fabio, 1954）的《自由的文化》这本书（如果不是彼得·哈内［Peter Hahne, 1952］的《享乐到头——享乐社会的终结》），体现联邦德国的精神世界，成为影响极大的一本书。众所周知，改变是必要的——"改革"是一个没有生机的词语。即使是在私法中，反思和改正也是特别需要的。直接与尼佩代发生联系是不可能的，否则不符合历史，但尼佩代的私法世界要比我们的更加理想。我们可以从中学习。

从量的角度：过多的规则是有害的，即使是在黑暗的欧洲森林中，人们也要有勇气清除下层的灌木丛。可惜歧视保护指令没有反映出它的核心意义，当所有的人事管理要接受法院审查，同时企业委员会和工会都被赋予诉讼权利时，该指令的执行，将会产生巨大的损失。从质的角度看，失灵的监管规定也是大量的，法律评注的质量因此在下降，法学的标准甚至也会降低。《德国民法典》第 611a 条关于性别歧视的规定是一个例子。对此，汉斯·普茨（Hans Putzo, 1926—2013）在《帕兰特德国民法典评注》中称"立法业余主义的新制高点"。在今天，或许人们已经熟悉了这种现象，即使是普茨也同样如此。《德国民法典》在 1964

---

[31] 有严厉批判的，参见 1968 年创建的《司法批判杂志》（Kritische Justiz），其中第一期的文章，参见 Azzola, Unterseher, R. Hoffmann, R. Wahsner, Th. Blanke（dazu Wahsner, KritJ 1974, 369－386）。

年至 2004 年期间,经历过 131 次修正,但《德国民法典》并没有变好,而是恰恰相反。德国债法改革后,买卖法有了西班牙语译本,2005 年 9 月哈尔姆·彼得·韦斯特曼(Harm Peter Westermann,1938)在西班牙的马拉加试图向同行阐释这些条款,但大家普遍不满意,例如关于指示参引的《德国民法典》第 437 条(物瑕疵)。我们的劳动法律汇编,以贝克出版社的法律汇编为例,超过 800 页,约 2400 个法条。因此,我建议法条应当保持 20 世纪 60 年代的体量,即现有体量的三分之一。[32]

相较于最新的法律,人们能够更容易地从查士丁尼的《法学阶梯》中得到基本观点。但这并不被人重视。如果害怕"有约必守"("*pacta sunt servanda*")作为起点,那么法律行为没有效果就不会让人惊讶。如果婚姻被理解为跟随喜好的婚后照顾机制,那么在离婚法中适用的不再是感情破裂原则,而是随意原则,[33] 就必须接受政府亲属报告中指出的瑕疵。还要继续这样下去吗?柏林自由大学的阿纳姆·巴林(Arnulf Baring,1932—2019)教授写了一本警示的书,书名是《德国失败了?》。其实,我们已经失败,作为福利国家代表的联邦德国已经失败了,最晚是在两德统一后经济上崩溃。一直错误的是重视消费、轻视生产。错误的可能还有消费者保护在欧洲范围内的成果。刻不容缓的是中小学课堂和大学低年级重视认真的学习。清理的工作,我们来做。相对于从 1945 年废墟中走出的尼佩代的一代人,今天的我们更容易重建家园。

---

[32] Adomeit, Mehr Beschäftigung durch Neues Arbeitsrecht (2005);对于《劳动合同法》的草稿,参见 M. Henssler und U. Preis, NZA 2006, Beil. Heft 23, 6-31。

[33] Adomeit, BGB-Bürgerliches Gesetzbuch, Eine Orientierungshilfe für Neugierige, Erstaunte, Verzweifelte und Frustrierte (2005), S. 34 ff.

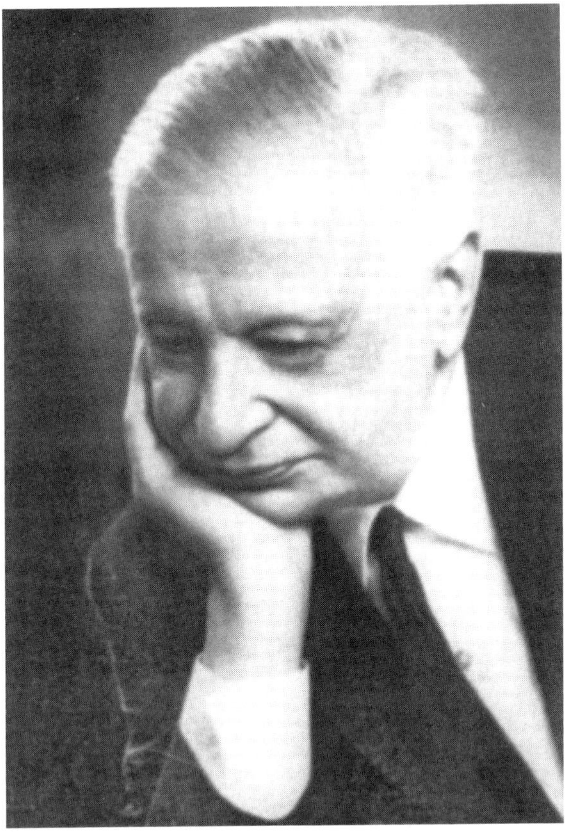

海因里希·克龙施泰因
（Heinrich Kronstein，1897—1972）[*]

目 次

一、我如何成为他的门生？ / 284

二、克龙施泰因——求知若渴的学者 / 285

三、秩序自由主义的方法 / 285

四、生平简介 / 286

五、新问题和新现实 / 288

六、经济法上的势力、法兰克福学派 / 288

七、实证主义及卡特尔化 / 289

八、卡特尔法、基本价值的约束 / 290

九、转变时期的一个例子 / 291

十、跨大西洋的方向 / 292

十一、效果导向、社会政策 / 293

十二、克龙施泰因对法兰克福大学法学院及欧洲政策的贡献 / 294

十三、克龙施泰因长久的遗产——最后的一些问题及总结 / 295

感谢本书主编格伦德曼先生和里森胡贝尔先生。女士们，先生们，每次能有机会介绍恩师海因里希·克龙施泰因，我都是荣幸之至。喜欢

---

[*] 作者简介：〔德〕库尔特·比登科普夫（Kurt Biedenkopf，1930），德国政治家、法学家，自1990年至2002年担任两德统一后萨克森州的第一任州长。他曾在美国戴维森学院、乔治敦大学及德国慕尼黑大学、法兰克福大学研习政治学、法学和经济学，后担任波鸿鲁尔大学的教授。本文是库尔特·比登科普夫2007年6月21日在波鸿鲁尔大学做的报告。

谈论克龙施泰因，是因为我非常感谢他。我还有其他的两三位老师，但师徒关系不是太紧密。因而，此次报告不仅会呈现克龙施泰因的生平，也同样是我表达感念之情的契机。

此处，我仅对自己的生平做一个简单说明。我的执教转商政之路，并非一蹴而就。1969 年和 1970 年，康拉德·亨克尔（Konrad Henkel, 1915—1999）曾先后两次让我考虑放弃教授职位，进入集团公司的董事会。那时，我不知道自己日后想从事什么，于是就请教了我当时的老师赫尔穆特·科英。我很清楚，他定能给我一个真挚而严肃的答复。像往常一样，我给他打了电话。整个对话过程非常简短。在我描述完问题之后，他对我说："比登科普夫，亲力躬行你所相信的，这对你没什么坏处。"科英准确地说出影响我的学术生涯及活动的信念：事实与"其理论和科学的渗透"之间有非常紧密的联系。

一、 我如何成为他的门生？

为了更好地刻画海因里希·克龙施泰因的个性，首先我要说一下我是如何成为他的门生的。原因在于，这个过程正好体现出克龙施泰因作为老师和学者的独有特征。

在那之前，我从未见过克龙施泰因。长期以来，我一直参加弗朗茨·柏默的研讨班，作为一名法律培训生想在那里继续工作，但并无在大学工作的打算。在 1955 年中期的一次研讨班上，我遇到了一位白发苍苍的老者（其实克龙施泰因当时是 56 岁）。当时，我们谈到了反垄断法的问题，并各持己见。当然，在柏默的研讨班上，经常发生这样的事，所以，我并未放在心上。几天后，院长邀请我与他见面。对于一位年轻的法律培训生而言，在当时，这是一件多么让人振奋人心的事啊！因为当时的学术权威结构体系比今天要明显得多。我如约前往，到了院长的办公室，院长以审视的眼光看着我，并问我是否想在大学成为学术助理。这正是我一直梦寐以求的。我惊讶地问道："给谁当助理呢？"院长回答说："克龙施泰因教授。"我惊讶地回答："但我不认识他。"院长回答说："但是，他一定认识你，他前几天来过这里，并说'这就是我想要的人'"。

二、克龙施泰因——求知若渴的学者

克龙施泰因不仅是一名学者，更是一位富有激情的老师。一直以来，他都非常愿意帮助年轻人，包括金钱上的资助。曼恩哈德·米格尔（Meinhard Miegel, 1939）是他的一个学生，后来成为声名远播的海外研究人员。1957 年，米格尔以难民的身份从图林根逃难到法兰克福。克龙施泰因发现并激励他，让他去美国留学。如此为人处世，已然成了他人格本质的一部分。

他是一位特别的老师，不仅会传道授业，而且想从学生身上学到东西。每每与其交谈，并非只是他单方面的耳提面命，他总是想听到反对的声音，因为他想了解年轻人的想法和动机。他上课不仅讲授学术理论，还会提及亲身经历并由此进行学术拓展。他求知若渴，不断地给自己"充电"，可谓终身学习的模范。

克龙施泰因总是有着强烈的好奇心，他对相关问题的态度或看法非常自信。这并不是出于对其他人不信任，他和他的朋友弗朗茨·柏默一样，喜欢周围的人，并尊重他们的不完美之处。就像柏默一样，当他找到方法克服人身上的不完美之处时，总是非常开心。两人坚信以下的途径："组织"和"市场保护"的途径、规则体系的途径及隐藏的规则结构。这主要是因为他们相信公民自己的行为能力。

克龙施泰因总是鼓舞人心，但当他与别人的看法截然不同时，也会打断别人。他不会约束他的门生，即使他不认同门生的观点，甚至认为门生的观点是错误的。

三、秩序自由主义的方法

我的第一篇文章是 1956 年发表在《经营咨询师》上的文章，涉及反垄断法的热点问题，即卡特尔禁令与宪法的相容性。文中，我就宪法学者恩斯特·鲁道夫·胡贝尔(Ernst Rudolf Huber, 1903—1990)的观点做了特别的回应。在他为德国机械工程协会出具的专家报告中,认为禁止企业垄断行为的做法是违宪的。该观点尝试取缔《反限制竞争法》及其禁止垄断协议的规则——该法意图取代盟军在占领区引入的规则。

我始终相信,企业采用私法的工具限制竞争及基于此种方式获得的势力损害第三人的自由,这与宪法精神相悖。从原则上来看,我的这种方法源自我从克龙施泰因和柏默那里所学的知识,即对私法的理解。这种理解与瓦尔特·欧肯、弗朗茨·柏默等人的秩序自由主义思想相辅相成,平行发展。这个基本思想在柏默和克龙施泰因的门生心中(包括麦斯特麦克,还有博士生曼恩哈德·米格尔)一直根深蒂固。所有人都相信,在自由秩序中,私法及其结构、功能和任务之间有着紧密的联系。

关于私法制度与自由的经济秩序和社会秩序之间的这种联系,无论在过去还是在今天,都是真正的主线。这种主线是我们学术界孜孜以求探讨的对象,也塑造了学术研究的风格。正如我所说的,在当时这涉及宪法的要求和私法制度之间的关系。因此,针对胡贝尔,我的回答是:通过私法制度,尤其是私法上的合同,获得经济势力,私法对此并不具有正当性。否则,优势一方会"己所不欲便施他人"。换言之,这会导致市场参与者一强一弱的事实关系。这种私法组织产生的结构,与私法的真正使命背离。

四、生平简介

海因里希·克龙施泰因的学术研究并非始于合同法,而是公司法,尤其是在企业集团法的领域。他是巴登北部家族的儿子,出生于1897年,曾在第一次世界大战期间担任过德国军官。他以德国犹太人的身份服役。与德国其他的犹太人一样,他以为自己属于德国,理当为国效力。第一次世界大战后,他成为一名律师,20年代末至30年代他在曼海姆的一家律师事务所工作。因经常接触公司法的案件,他便想做公司法的学术研究,并在现有的公司法的基础上整理公司法的新问题。

他的第一本著作是他的教授任用资格论文,涉及依赖法人。这种法律想象在当时并没有被视为一个独立的法律问题。只有当"依赖性"被明确规定时,依赖性才得以存在。纯粹的多数参股,按照现在的《德国股份公司法》第 17 条,产生法律后果,但在当时并不能成立法律上的"依赖性",尤其不能导致控股公司对子公司的义务承担责任(穿透法)。克龙施泰因认为,穿透法人,是其依赖性的必要后果,但与关于法人的实证主义的定义相矛盾。在今天,克龙施泰因的观点广为人知,当时他却不能凭此研究获得教授任用资格。为了逃避纳粹的迫害,他和家人必须离开德国,像其他许多优秀的学者一样,移民到了美国。

在哥伦比亚大学,他又开始学习法律,并获得了法学硕士学位,后来获得了相当于德国法学博士的"哲学博士学位"("PhD"),他此时还不是美国公民。接下来,他在司法部找到了一份翻译工作。只要他不是美国公民,其他职位就不会对他开放。然而,他对德国经济了如指掌,算是德国经济方面的专家,尤其是在反垄断法方面,而刚好美国政府对卡特尔结构及其对德国经济的意义有着浓厚的兴趣,特别是在 20 世纪 30 年代德国重整军备的背景下。

1943 年,克龙施泰因匿名写了一篇反对摩根索计划的文章。与流传的大多数人观点相反,他认为把德国变成一个完全的农业国家是一个疯狂的想法。此时,司法部正在寻找合适的人员为纽伦堡审判做准备,作为美国公民、前德国难民,克龙施泰因无意参与审判战争罪行,仅是想在五角大楼工作。这最终如他所愿。战争结束后,他以少校身份返回德国,拜访弗朗茨·柏默等之前的同伴,并且致力于在美德及两国人民间牵线搭桥。他认为后者是他最为重要的任务之一。

后来他成为乔治敦大学法律中心的教授,教授公司法和反托拉斯法,并继续公司法的研究工作,撰写了代表性的教科书。为了描述"穿透"的概念,他选择了"刺破公司面纱"一词。这可把他的学生逗乐了,因为他把"veil"("面纱")这个词发音为"whale"("鲸鱼")。这是他逗乐学生、缓解课堂氛围的方式,有许多学生都记得这个梗。

1955 年,他被任命为法兰克福大学的教授——他曾经是这里的一位客座教授,接替了瓦尔特·哈尔斯坦的教席。哈尔斯坦则因为《罗马条约》被任命到外交部工作，后来成为欧洲经济共同体委员会的第一任主席。两人虽私交疏远，但他们对欧洲一体化的政治意义及其对法律的影响却有着共同的看法。

五、 新问题和新现实

克龙施泰因一直忙于有关势力的研究。早期，他怀疑国际仲裁被市场组织当作一种手段滥用，以规避监管，因此关注国际仲裁的问题。他对这种联系和发展特别敏感。克龙施泰因会进入一个图书馆，搜索很长时间，然后找到一本与这个话题有关的书，一直沉迷其中。一次，一封被收信人遗忘的信不知怎的到了他手里。信是由一名律师代表卡特尔组织写给国际裁判庭的。他希望通过仲裁使垄断行为不受法院监管。对他来说，能够记录这些事让他非常开心。

后来，赫尔穆特·科英在克龙施泰因70岁纪念文集中，宣称他是一个"事实控"。我也从老师那里学到了这一点并一直保持至今。我一直对学生说，只有足够了解事实情况，你才能解决相应的问题，在下结论前，必须深入掌握事情的本质，揭示其利益冲突和利益结构。这种探索真相、研究私法和经济关系的过程，不仅带来了快乐，也使得我们师生间互为知己。

后来，我们致力于股份公司法的大型改革，克龙施泰因深入地参与了立法准备和立法过程。他提出了股份公司的无投票权股、透明、公开、财务、组织架构和股票面额为零等重要的问题。股票面额为零，对当时的德国法律而言算是新奇的，但于当时的英美法系而言已是老生常谈了。

六、 经济法上的势力、法兰克福学派

在弗朗茨·柏默那里，我就已经意识到企业以私法的方式组织经济势力的问题。我在法兰克福大学的同事麦斯特麦克也让我更加熟悉了相

关问题。作为一个年轻的助理，我从他那里得到了我的第一份反垄断法方面的研究项目。这样一来，一群人，有老师，有门生，提出了关于战后的经济势力和私法之间关系的问题。与如今相比，当时探讨的问题层次更深，即私法和经济势力的关系是否有悖于实证主义。对此，我必须说清楚我的意思。

克龙施泰因深信，实证主义的法律视角与建立恐怖统治的可能性之间有很密切的关系，就像德国的纳粹分子一样。他一再指出，对规范的实证主义解释，如果仅仅是做字面理解，而不考虑其来源及其适用的效果，可能会为领导人随意命令的合法化铺路。现在的年轻人无法理解这种可能性，但在20世纪的上半叶，这是一个可怕的现实，带来了可怕的后果。我们要永远牢记重要的法律人对事态的发展起到的作用，以防恐怖占领了正义的领域，颠覆了法律的本质。

无论如何，这种发展的起点早在纳粹统治之前就存在了，克龙施泰因一直都忙着应对这种思想。比如，他反驳了罗伯特·维纳（Robert Wiener）的观点，还说他是个危险的实证主义者，因为维纳认为通过正当程序制定的法律就是正确的法律（而不管它对价值秩序的影响），我们都应该按照其纯粹的文义来适用。宪法规定的都是正确的，虽然这里的合宪性不再是按照功能或目的来评价，而仅仅是按照纯粹的形式来判断。

七、实证主义及卡特尔化

我想举个例子来阐明上述观点，这同时表明克龙施泰因及其在美国司法部所从事的活动的意义所在。1869年，德国通过了《经营法》，该法保护贸易自由并取缔了当时协会的规章和许可程序。1897年，德意志帝国法院必须作出裁判，决定经营自由对民事合同的意义。具体而言，就是卡特尔组织成员享有自由贸易的权利，它们对违反卡特尔内部规则的成员进行经济封锁。由于封锁，违反规则的公司便难以在市场立足。帝国法院驳回了原告公司基于侵权和经营自由的索赔，因为该公司咎由自取，违规在先。《经营法》与此无关，这仅仅是纯粹的民事法律问题。卡特尔组织通过民法协议取得的势力包括：调整市场、将外部人排挤出市场及阻止经营自由的行使。这些与该裁判没有关系。这桩案子使建立在私法基础上的计划经济体制合法化。因此，卡特尔、垄断组织及与它们结合在一起的控制结构（比如所谓的双重公司的形式），可以通过民法的结构得以实现。也正因如此，德国经济发展成了一种依托私法的计划经济。在20世纪20年代的欧洲，德国这种经济体制下卡特尔组织的经济最为广泛。

卡特尔拥有让人惊叹的规划工具。它们能够快速有效地执行针对它们的成员甚至市场外的"经济管理"政策。它们被组织为一个"双重公司"：作为公司法的形式横向组织起来的成员，受到卡特尔策略的约束，与此结合在一起的也是采用公司法的形式组织的管理层，该管理层有权通过卡特尔的策略并保证其得以实施。

为此，卡特尔成员必须向管理层存入空白账单，如果存在违反卡特尔策略的行为（对卡特尔产生负面影响），就会有罚款产生，就像"反垄断执法机关"一样有权力进行惩罚，并通过流通空白账单使其更加容易操作。由于商界未曾有反对此举的声音，所以违规者必须接受罚款。因此，反垄断政策在当时的遵守度比任何行政管理条例都高。在1933年的纳粹掌权后，德国的计划经济已足以满足国内的"四年规划"建设的需要，这种计划经济的组织者不用顺从政府去改变经济体制来支持国家建设、进行战前准备，因为国内的计划经济已经是现成的了。

他们创造了一个私法组织，这个组织在不违背私法的原则（尤其是自由原则）的前提下创造了一个计划经济。在20世纪20年代，弗朗茨·柏默（对卡特尔的实践和监管有着独到见解的学者）认为这种发展趋势是一个解决私法秩序问题的契机。由他所著的《竞争与垄断抗争》一书，成为推动"价值导向竞争体系"秩序形成的重要理论基础之一。他相信，"通过私法取得的势力"与"自由的法秩序"不相容。二战后，这种观点在德国法及新欧洲经济体制中以社会市场经济的形式得以体现，同时，该观点也与美国的反垄断法的基本原则相合。

八、卡特尔法、基本价值的约束

在帝国法院的裁判和私法创立的经济势力合法化之前的几年，美国参议员谢尔曼提出了后来被称为"谢尔曼法案"的法律草案。他这样表达他的理由:"如果我们的国家不能容忍政治独裁者,那么也不能容忍价格上的独裁者。"对我和我们中的许多人来说,这句话就成了一种信条。对于盎格鲁-撒克逊的世界和他们的思想,政治专政与垄断优势的结合完全是可能的。根据他们的看法,政治自由和经济自由不可分割。这种观点与公私法间的明确区别并不矛盾,但这种区分却使我们很难看出一个整体中公法和私法间的关键,即自由的秩序。

克龙施泰因认为,法律解释必须受价值约束,当规范的解释忽视普遍法律秩序的基础价值时,这些规范的解释是不可接受的。私法也一样。这种信念无疑源于他自己的经验:实证主义的规范解释可能危及自由,并且卡特尔最终导致国家公权力活动取代私法。

九、 转变时期的一个例子

在德国统一问题背景下来看我所说的问题。众所周知,1990 年 1 月,我被任命为莱比锡大学的客座教授,教导那些想要学习的年轻人并为和统一有关的动荡做好准备。

那时我密切关注了在苏联的影响下东德战后发展起来的有计划的社会主义经济。在东德计划经济中,信用工具是非常大众的,但他们有着完全不同的功能,因此有着完全不同的含义。以前的流动资金被剥夺了,国家在中央计划经济框架下给社会主义企业发放贷款。国家扮演了公司债权人的角色。事实上,民主德国通过这种方式把公债转移给了企业,就给人一种没有负债的印象。

公司不得不支付国家贷款的利率,这种利率服务于国家计划的目标,与市场利率完全无关。这个利率是来自计划经济的要求,取决于经济计划的实现。必要投资的贷款的利率为1%至2%。利率取决于经济计划的实现。如果计划未能全部或部分达成,利率可能高达12%。这种必须要征收的借款费用,形为利息,实为赋税。因为这种借贷是在一个集中的国家计划和封闭的制度下进行的。然而,于外部而言,在外贸领域和德意志民主共和国的信誉方面,东德是有偿付能力的。东德和西德政治上的统一带来了货币和经济的统一。这些公司和联合企业都负债累累,而他们的债却是国家的。关于上述情况的成因和计划经济下国家贷款的来源和功能,大都不为人所知。国家贷款不像市场贷款那般"理智"。为从西德进购商品而贷款的东德公司,可能要偿还的贷款比商品本身价值要高得多。比如,贷款42万马克,而偿还10万美金。理解贷款的概念时不考虑市场内的功能关系。换句话说,这是实证主义的转移与以前的职能分离,并引入到一个不同的世界秩序中,在这个世界秩序中,利率要用马克币来支付。由于这种转变,数百家企业都破产了。

作为联邦议会经济委员会成员和莱比锡教授,我试图提醒和纠正贷款一词的实证主义解释以及实证主义解释带来的后果。当时的商务部部长赫尔穆特·豪斯曼(Helmut Haussmann, 1943)和德意志联邦银行行长卡尔·奥托·波尔(Karl Otto Pöhl, 1929—2014)都没有听我的解释。信用是信用。后来我担任信托局总裁,并在信托局董事会任职。我在法兰克福期间,他们和我的老师海因里希·克龙施泰因已经共事很久。

十、跨大西洋的方向

作为他的学生,我知道海因里希·克龙施泰因非常熟悉两个不同的法律领域:大陆法和英美法。前者基于罗马法的大陆法律的表达,基本上是由立法完成的,而后者更为集中表现为法官造法。如今,法律的不断发展让二者的联系更加紧密,但英美法的根源和基础并没有失去其主要意义。两者之间的紧张关系,我一直认为是非常值得研究的,这自然地塑造了克龙施泰因的思想。即使在法兰克福大学任职之后,他也继续在华盛顿的乔治敦大学法学院讲学。这是可以实现的,因为学期和考试时间不一样。然而这仍然是一个令人难以置信的工作,他承担了两次,1958—1959年和1961—1962年,我很荣幸陪老师到华盛顿大学学习一年,熟悉那里的法律和教学。两大法系之间的紧张关系导致我研究美国集体劳动法和工会运动的发展。我想知道这个领域存在什么冲突,以及美国法律如何应对。德国对冲突问题的探讨较少。在20世纪20年代,许多论文致力于从国家经济角度来探讨反托拉斯的问题,但是,这种热度在战后并没有恢复。无论如何，我们都从两个不同的法律体系的冲突和相似中受益匪浅，正是这种冲突和相似融入了我们的思想，同时促进了欧洲法律的发展。

十一、效果导向、社会政策

法典法和判例法，公平的定义，正义的原则及法律与政治的联系是我们孜孜不倦的讨论对象。海因里希·克龙施泰因帮助我们制定了一个不同于社会政策的正义观——这对于私法解释及其自治至关重要，因为社会政策和立法中的再分配正义这个概念对私法非常危险，它倾向于通过社会政治建立的干涉主义的规定使私人自由相对化，并最终取代私法自由。

克龙施泰因不仅对国家法律感兴趣，而且也同样热衷于国家法律制度与国际法的规定之间的互动：鉴于迄今为止主权管辖的全球扩张，这些问题再次得到极大的重视。问题之一便是反垄断法是否该具备域外效力。克龙施泰因让我们和他一起撰写瑞士钟表业需要的一个报告。瑞士钟表业这个组织就像过去的德国卡特尔组织一样：一个以私法为基础的计划经济组织，这个组织的参与者都毫无竞争压力。

美国的反托拉斯当局对这个组织采取了例外的做法，只要该组织把货物卖给美国，美国的法律就能适用于它。这意味着卡特尔组织将被扩大到美国的消费者。美国人认为，这种扩张是违反了美国的法律的，也为整个瑞士的卡特尔体系带来了威胁。这些问题在今天是非常重要的，因为在市场全球化的背景下，这最终决定谁来主导全球市场，参与者将受制于哪些规则，哪些机构有权为全球市场制定规则。

这是一个与全球化进程一致的新的法律体系。为了做到这一点，我们不能重复19世纪的无限自由主义错误，这次错误导致了巨大的社会问题——武装冲突和政治后果。这个挑战是否可以通过个别国家的法律的超越地域性来实现呢？欧洲联盟在将其法律适用于所有司法管辖区时就提及了此事。美国自战后也这样做了——在一定程度上是与欧洲人的激烈反对相对抗。克龙施泰因曾试图调解他们的矛盾，并寻找新的方法。

十二、克龙施泰因对法兰克福大学法学院及欧洲政策的贡献

最后，是海因里希·克龙施泰因在法兰克福大学法学院的角色。麦斯特麦克在《海因里希·克龙施泰因 70 岁纪念文集》的文章中提到，在欧洲一体化进程的蓬勃发展下，克龙施泰因对法兰克福大学及其法学院的影响举足轻重。他写道："这种意义是共生的产物，是成为政治人物的学者与为政治指明道路的卓越学术机构相互作用的结果。"他提到了瓦尔特·哈尔斯坦和赫尔曼·莫斯勒（Hermann Mosler，1912—2001），后者后来成为海德堡马克斯·普朗克国际公法研究所的所长。两人都为"煤钢共同体"的创建和《罗马条约》的制定做了贡献。他称自己的老师有弗朗茨·柏默和（在涉及经济秩序和私法秩序的关联时）赫尔穆特·科英；弗朗茨·柏默 1953 年至 1965 年担任德国联邦议院的议员，而赫尔穆特·科英在他的学术作品中一直处理该问题。大西洋的视角总是通过海因里希·克龙施泰因呈现。多亏了克龙施泰因，学术研究的视角才如此宽阔和独特。对于我们这些可以成为法兰克福大学学生和他的助手的人来说，是非常幸运的。

1957 年，阿登纳赢得了第一次也是唯一一次基督教民主联盟党的绝对多数席位，这不是因为他的改革工作，而是因为他在 1955 年成功地把在苏联的德国战俘带回国并领导联邦共和国恢复主权的事实。这是一个非常令人兴奋的时刻。1953 年至 1957 年间，他采取了很多重大改革措施：《罗马条约》、反垄断法、股份公司法改革、法定养老金和法定医疗改革。联邦议院的政治意愿是明确的。游说人数少，官僚机构可管理。后来成为反垄断局首任局长的埃伯哈德·京特（Eberhard Günther，1911—1994）是商务部的政府顾问。政府顾问当时可以对反垄断法的发展负责。在部长或部长领导的广泛支持下，负责部门得以创建。

老师们无须刻意去寻找研究对象，因为当时的政治发展为他们提供了诸多选择。这是如此简单。当时我经历一些事之后也清楚地认识到了

一个短板：波恩确实是一个小地方。但是，这个时代的精英之间有着非常亲密、频繁的联系，而这些联系并不是通过组织和协会来实现的，这是一个近距离的世界，非常直接，非常有创意。

十三、克龙施泰因长久的遗产
——最后的一些问题及总结

最后，请允许我提出一些比较一般性的实质性观点，这些与秩序经济学的概念相关。一方面，海因里希·克龙施泰因发现这个由弗莱堡学派开发的思想非常有意义，但与此同时，他觉得这有些抽象，不仅是文字本身抽象，应用起来也直观。克龙施泰因不是一个演绎思考者，相反，他是一个归纳思考者。他感兴趣的是发生了什么事，哪里需要监管，以及应该怎样规定，以确保在限制、自由和责任之间取得平衡。他在自由及其对立面进行博弈中，找到了自己的方向。

于恩师而言，界限问题是重中之重。1968年，我任波鸿鲁尔大学校长，但老师已是迟暮之年。如今回过头总结当时德国社会的发展特点时，发现界限问题确实至关重要。他认为，当时的社会状况并不能归咎于一些小辈们的动乱，而是由于长辈们在面对这些动乱时的不作为和无助。在那时的德国，欧洲乃至整个西方世界，使立法机构边缘化，模糊法律的界限，已然成了社会绝望无助的体现。

在私法上，这种倾向在亲属法中体现得非常明显。此时，传统社会的规则因太狭隘而被打破，重塑并逐渐现代化。然而实际发生的改变远不及此。"家庭"概念变得相对化了，家庭及其法律含义扩大到越来越多的情境中，但这些情景与原来的相比又或多或少有相似之处，其结果是将这个概念和属于它的法律结构应用于一些完全不同的事实。随着概念的扩展，规范失去了其原来的秩序价值。其结果是：人们自己必须提供先前由法律制度提供的秩序功能。也就是说，他们必须用自己的意愿来取代原来提出的支持他们的规范。想让这个成就与人类几千年的经验相提并论，还是不可能的。它指出，在没有规范和社会支持（也就是社会控制意义上的支持）的帮助下，那些旨在帮助人类社会的组织机构就不可能稳定地发展下去。

我们在劳动法和国内法中，尤其是在政府的赤字方面，非常惊讶地发现了这一进程，我将其描述为自由化。在这里，无论哪种情况，以前的界限都是相对化的，并不予采用、被搁置一旁。支持相对化理由背后的理念是难以撼动的。在宪法的帮助下，可以在一定程度下限制公共债务，因为这些限制与投资措施有关。《宪法》第115条备受争议，该条款允许司法审判部门克服或忽视公债的宪法限制，鼓励投资。宏观经济失衡在某些情况下可以作为一种成功的稳定政策来应用。

这证明这样的标准已经失去了设置管制的能力，正是这些现象扰乱了我恩师的思绪，今天我们更应该担心。但它们不仅困扰我的恩师，还困扰了已故的路德维希·艾哈德。他担心，战后时期以及近期灾难的影响，如果要限定或忽略现存的一些限制，新开发的经济秩序就会受到破坏，从而会削弱有助于形成自由秩序框架的制度。

在此期间，老一辈人在竞争制度和自由民主宪法的意义上面临着巨大的困惑。在我前面提到的那篇文章发表时，当时我父亲在一家大型化学品公司的董事会里工作，他跟我讨论这件事，想知道我写的是什么。我的父亲是一名工程师，他对法律问题丝毫不感兴趣，但是他的协会的法律顾问已经给他写信了。他告诉我的父亲，如果一个家庭出现了分歧，结局将十分悲惨。他当时认真地说，令他感到不可思议的是，年轻一代发现了经济的"自主"，这种经济曾因缺乏自由和违宪而大获成功。今天无法想象这样的冲突，它没有更多或更戏剧化的时尚，但在接下来的几年里它可能会以一种新的形式出现，并且更加戏剧化。

总而言之，海因里希·克龙施泰因教授给我们作为公正秩序的法律与其通过理想来界定制度的服务功能是一致的，这对于我以及那些有幸成为他的学生的人而言，是一种极其珍贵且经久不衰的遗产。在不危及整个自由的情况下，两者是分不开的。老一代会记得我们在20世纪50年代就基本权利的外部效应进行了激烈的争论。试图通过基本权利的外部效应来约束法律的价值是试图解释我所描述的那些问题的典型方法。为了防止过度的相对化或实证性的解释，就要探索更高的规则。这是试图通过基本权利的外部效应来解释私法机构的价值约束的原因,其目的是使某些价值观渗透整个法律体系,以不同的方式表现在法律的不同领域。

根据这一基本原则,我得出这样一个观点:我意识到《德国基本法》第14条对财产的使用施加了限制,即财产责任,它的使用也应该为公共利益服务,应该被应用于所有宪法赋予自治权的主体。因此,就包括新闻自由、学术自由、集会自由或结社自由。而唯一的例外是艺术的自由。

然而,另外一方面,与财产法的类比意味着其工作应该与为了整体利益而承担的一般义务保持一致。不能否认的是,电子媒体的影响远远大于那些大公司所有者。考虑到整个法律体系的统一性和内部一致性,要求只为了公共利益而使用财产,以及让所有其他人自由地享有宪法的自治权,是非常困难的,尽管所有人都有相同的权利影响公共福利。无论如何,还有很多东西需要研究。

克龙施泰因坦总是鼓励我们去发现这样的问题。在1972年去世之前,他直接经历了电子媒体发展带来的新的影响。他对广播公司董事声称其没有权利感到愤慨。在表面上,这种言论是正确的,事实上,他们就像早期的卡特尔成员那般大权在握。我永远不会忘记在这几年后——1976年联邦选举之后——的董事会会议,诺尔纽曼女士和我被邀请来证明媒体拥有权力,并且在竞选期间曾使用媒体来影响竞选。如今,政客们也时不时地限制或者使用这种媒体权力。这使我想起了弗朗茨·柏默这个很典型又美丽的短句:"公营和私营卡特尔唯一的区别就是前者没有坏心眼。"

柏默发表了充满人性的言论,因为他意识到人类的不完美,他一再试图通过竞争等法律程序来完善这样的不完美。但是他想提醒的是,如果人们有可能通过国家获得合法的权力理由,那么他们就会觉得这种权力比缺乏国家合法性的权力更合理。人们更倾向于责怪后者,因为他们不公平。评论公共和私人行为的这种差异贯穿我们整个德国的思想,最终,我们认为国家行为比私法命令更加善良和公正。

一个很好的例子就是各州试图通过国家条约来保护它们对赌场的垄

断。在20世纪20年代，国家的言论和卡特尔组织为确保它们的市场地位的辩护论点有惊人的相似之处。卡特尔总是争辩说它们想要保护它们的顾客。它们只会获得好的产品且不受外来者的唾弃。各州也发现了追求经济利益的道德理由。它们希望保护自己的公民免受赌博成性所带来的后果——这并不妨碍它们通过垄断来促进它们想要获得的利润。在这里，我们遇到了克龙施泰因总是反对的那种不诚实或缺乏诚实的态度。他呼吁诚实，尽管这很困难。"老实说出你的兴趣。那么我们可以检查他们的追求是否符合自由、社会责任以及诚信社会的一般价值体系的原则。"

从这个意义上说，克龙施泰因不仅仅是一位求知若渴的老师，他同时也是一位硕果累累的老师。他实事求是，他关心的是现实生活中出现的问题。重要的规范是那些对我们日常生活有重大影响的规范，但它们必须坚持一个普遍秩序的原则。这个一般的秩序原则可能不是合格的，并能被日益强大的国家干预行为取而代之。这对柏默来说也是非常重要的。他教导我们："在经济过程中有更多的干预，秩序就会越乱，甚至一发不可收拾。如果这超过一定的水平，那就失去了合法性。不是形式上的，而是真正意义上的。"

柏默和克龙施泰因都赞同一个基本的假设，两人都相信，一个要求遵守不寻常的道德要求的法律本身是不道德的。再考虑一下具体事实。让我们假定社会法的目的是帮助那些不能自助的人，现在我们以这样的方式来扩大法律的支持，事实表明，不能自助的人不会利用法律，自我帮助却可能对当事人都带来负面影响。当然，当事人各方将采取的行动方式是可以预见的：他们将按照法律的规定行事，即使能够自助，但法律提供的服务是可用而且现成的。只有当一个人的道德信念非比常人时，他才可能抵制这种诱惑，但法律对此不做期待。

与此同时，人民的共存不再仅仅由合法的家庭结构来决定，而是以需要的社区的形式来组织，其组成可以由各方自己来确定，这是他们的权利，因为每个企业家有权选择最具成本效益的方式来创建他的公司，以节省他需要最终支付的税收——那么各方就必须达到最高水平的支持以优化社区。与此同时，只要他们有能力，他们也会采取私人行动，但只有在影子经济中。

公众对非正规经济工作的关注和愤慨以及对社区需求变化的"滥用"是可以理解的，但这是不合理的。这个讨论应该以这样一个问题为指导：关于求职者的基本安全等社会法律，立法者是否注意到了道德的最低界限？如果他已经考虑了合理性的一般范围，那么是否应该得到尊重？抑或是一种干预主义的立法法律，我们只能指望相关人士以特殊的道德努力来支持法律的实施，或者期待法律得到普遍的遵守？此时，当出了不如意时，我们并不是在责怪那些触犯法律的坏人，而在责怪那些不好的立法者。我们不能依赖公民去做过多的道德努力来弥补法律的缺陷，从而扭转后果。

当正义迫在眉睫时，好的立法者就会遵守以上标准。这是我从恩师海因里希·克龙施泰因那儿学到的。

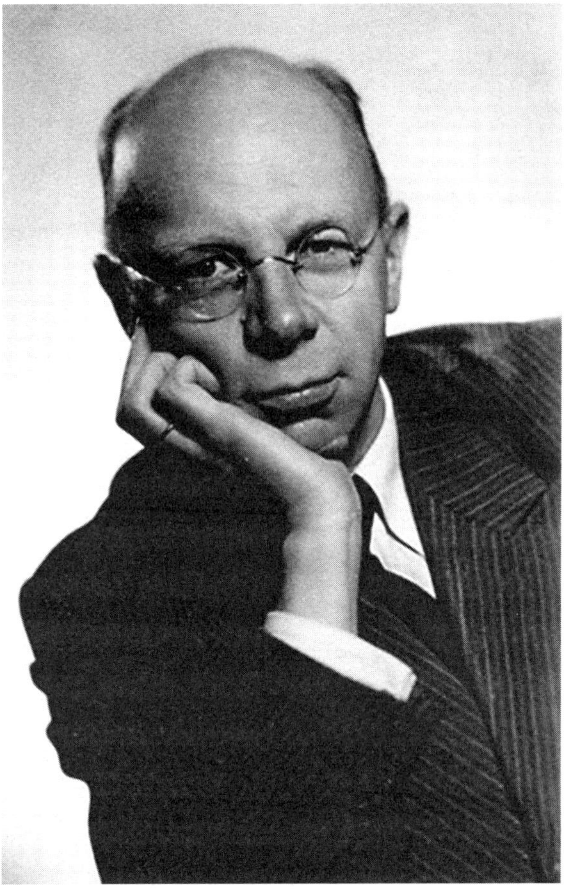

欧根·乌尔默（Eugen Ulmer，1903—1988）[*]

目　次

一、欧根·乌尔默的基本信息　/ 304

二、科研发表　/ 306

三、欧根·乌尔默的方法　/ 311

四、欧根·乌尔默的从教经历　/ 312

五、欧根·乌尔默的管理者经历　/ 313

附录　/ 314

本文所要呈现的是一位先生及其学术，这位先生来自德国斯图加特市，曾转赴图宾根大学、柏林大学及罗斯托克大学，主要是在海德堡大学，最后是在慕尼黑大学塑造了德国民法，在该领域留下了不可磨灭的痕迹。我的描述分为五个部分，从个人的基本信息到学术教育背景，到科研发表，再到法律方法，最后是作为老师和管理者的欧根·乌尔默。他作为慕尼黑的马克斯·普朗克外国与国际专利、著作权和竞争法研究所的创建人和所长从事的活动，已经在其他地方被详细和深入评价了。我将会论述作为民法学者、民法老师和外国法老师的欧根·乌尔默，以及在他的作品中发展出的方法。

---

[*] 作者简介：〔德〕埃尔文·多伊奇（Erwin Deutsch，1929—2016），德国法学家。多伊奇曾在海德堡大学、纽约哥伦比亚大学研习法学。他在慕尼黑大学由卡尔·拉伦茨指导完成教授任用资格论文，曾在基尔大学和哥廷根大学法学院任民法和医事法教授。关于埃尔文·多伊奇的详细信息，参见《中德法学论坛》2017 年第 2 期"埃尔文·多伊奇教授纪念专栏"。

一、 欧根·乌尔默的基本信息

欧根·乌尔默，1903年6月26日出生在德国斯图加特市，其父是出版商理查德·乌尔默博士（Richard Ulmer，1871—1962），其母的娘家姓是黑迪格尔（Hedinger）。从1913年到1921年，他在斯图加特的卡尔斯高中（Karls-Gymnasium）就读。接着，他在图宾根大学和柏林大学研习法学。在图宾根大学完成第一次国家司法考试之后，他在斯图加特和图宾根完成了三年期的法律培训生教育，以"优秀"的成绩通过第二次国家司法考试。期间，23岁的他在图宾根大学法学院取得博士学位，导师是菲利普·黑克，撰写的博士论文是《现代支付交易中的直接指示》[1]。今天人们通过一般途径，已经不能找到该论文，不过，在1926年的《民法实务论丛》中有一篇他的涉及"信用证和指示"的长篇文章。这篇论文分两次刊出，是以他的博士论文为基础完成的。该论文展现了欧根·乌尔默的学术的典型风格，下文将论述这种风格。

在图宾根大学和柏林大学，乌尔默是学术助理。在柏林大学期间，他是法学大家马丁·沃尔夫的学术助理。他早在非常年轻的时候，也就是25岁的时候，就完成了教授任用资格论文，论文的导师还是菲利普·黑克。教授任用资格论文是《司法裁判推动的商品标识和不正当竞争的续造》，在探讨商品标识法和不正当竞争法的关系时，该研究仍处在领先的水平，它不仅探讨了司法裁判，还说明被利用的商品标识权可以变成不正当竞争的行为。当时，这还是个新话题，不过很快就有了支持者，最终成为主流观点。

1929年，乌尔默成为罗斯托克大学的教授，不过他在该校仅仅待了一年。1930年，他被海德堡大学任命为教授，接任卡尔·海因斯海默（Karl Heinsheimer，1869—1929）的"德国和外国私法、商法、票据和劳动法教席"。他的入职报告会在1931年举办，报告题目是《现代竞争法

---

[1] Ulmer, Die direkte Anweisung im modernen Zahlungsverkehr, insbesondere das Dokumentakkreditiv. Jur. Diss., Stuttgart 1926.

中的意义关联》，在 1932 年以特别的形式刊出。该报告的结语值得引用：

> 如果本人从裁判先例制度及其危险出发，那么值得我去回忆由卡尔·海因斯海默在他的有关法富有生命的讲话中塑造富有智慧的词语，尽可能地说出这个危险。裁判先例仅是"说服的理由"，而不是"由它认可的规范产生效力的理由"。如果遵守了这个公式，它将确保我们的法律发展不再僵化。在未来的因素之下，法学研究将会有重要的地位。为法服务，这个时候我们需要赞赏对我来说如此重要的时刻。在这个时刻，在海德堡大学的研究具有历史性的意义，我看到了这个礼物和任务。

在海德堡大学，他以 1938 年出版的《有价证券法》履行了这个承诺。之后是 1950 年他在德国法学家大会上所做的有关妇女权利平等的报告，及 1951 年的作品《著作权法和出版法》[②] 也再次兑现了该承诺。与该作品配套的是大学中的大课"著作权法"。我在 1949 年听了这门课。在这门课中，乌尔默深入地探讨了著作权法。让人难以忘记的是，他在大课和案例练习上投入的时间和精力远远地超过他写这本书的时间和精力。我在 1948 年和 1949 年之间的冬季学期和 1950 年的夏季学期，参加了乌尔默教授的民法基础和高阶的案例练习课。在 1959 年慕尼黑大学的夏季学期，他开设高阶案例练习课的时候，他被选为大学校长。1955 年，欧根·乌尔默转赴慕尼黑大学任教，随即成为该校法学院的院长，并成为该校的校长。尽管承受着来自科研管理和教学任务等各方面压力，《著作权法和出版法》的第 2 版在 1960 年出版。作者在这一版中的思考最为深入，此版可能是该书三版当中最具有渗透力和指引意义的一版。

欧根·乌尔默剩下的人生不多了。1957 年，他接任爱德华·雷默尔（Eduard Reimer，1896—1957）创建的专利法、著作权法和商标法研究所

---

② Ulmer, Urheber- und Verlagsrecht. Berlin 1951（2. Aufl. 1960，3. Aufl. 1981）.

的所长。该所后来转变为马克斯·普朗克外国与国际专利法、著作权法和竞争法研究所,他从法学院转赴马克斯·普朗克研究所。1965年,他获得斯德哥尔摩大学法学院授予的荣誉博士称号。1980年,《著作权法和出版法》的第3版出版。该书和前几版是同样的书名,其实不应该这样。第3版虽然和前两版书名相同,但是从其更大的篇幅及不是一直都很准确的涵摄上可以看出,明显有学术助理撰写的痕迹。自1981年至1986年,他在慕尼黑南部的泰根湖周边生活。妻子逝世之后,他迁回海德堡,于1988年在此逝世。他被安葬在海德堡的汉德斯海默墓地(Handschuhsheimer Friedhof),安葬在这个他建造家园、思考重大学术问题和成为顶级民法学家的城市。

二、 科研发表

欧根·乌尔默的学术作品主要受到他的三位老师影响:菲利普·黑克、马丁·沃尔夫和恩斯特·拉贝尔。菲利普·黑克不仅是他的博士导师和教授任用资格论文导师,而且他的利益法学方法也深深地影响了乌尔默,即使这在乌尔默的文章中没有明显地表现出来。简要、尖锐、逻辑上无可挑剔的描述,也正如马丁·沃尔夫在他的《物权法》中展现出来的,对欧根·乌尔默的影响极大。乌尔默的早期作品明显有这种到位、一致和准确论证的痕迹,一如马丁·沃尔夫的作品。恩斯特·拉贝尔将欧根带入比较法的世界,尤其是英国法的研究。乌尔默有关于英国票据法形式的意义的文章,以及在黑克等的纪念文集中的文章,都证明了这一点。在1949年到1950年的冬季学期,欧根·乌尔默甚至开设了大课"美国私法导论",这给我留下了深刻的影响。在这个大课之后的1950年夏季学期,他和他的老师拉贝尔组织了一个比较法的研讨课。我参加了这些课。按照我获得的学习证明,我甚至做了一个有关"英国私法中的过失"的报告,这也表明我早期对该领域的兴趣。欧根·乌尔默是公认的比较法学者:他并不收集零散的外国法和大量的材料,而是按照他的老师拉贝尔的方法,选择性地收集材料,并且更多地强调差别而非一致。

下文将会集中介绍欧根·乌尔默分属不同时代的三部作品。年轻讲师时期的教授任用资格论文是《司法裁判推动的商品标识和不正当竞争的续造》③，发表在由马丁·沃尔夫主编的比较法论文系列中。在第三帝国时期即1938年在科尔汉默出版社(Kohlhammer)出版的《有价证券法》共计361页，全面展现了汇票法和支票法，这在1933年欧洲统一法中具有意义。在联邦德国时期，他深入研究了有关妇女权利平等和新的婚姻财产法的报告，随即，他就有了《著作权法和出版法》。该书以适当的版次出版，并且展现了法学家乌尔默的变化。

在他的教授任用资格论文中，他首先描述了英国法和法国法中登记注册授予的垄断。这种风格受到了柏林学派的影响。他描述的要点呈现在"德国法中竞争法和标识法的考虑"一章。他赞同帝国法院的观点：只能在更高的法位阶设置的界限内，行使形式的标识权，尤其是在竞争法和善良风俗的界限内行使标识权。他认为标识的登记是重要的，而使用的词语"高位"被弱化了。以这种方式，他缓慢地让帝国法院接受他的观点。他认识到很难在统一的层面上将标识垄断和不正当竞争平等看待，他的主要理由是，标识法将有利于发展即有利于将来的标识作为自己的任务，而竞争法只保护已经被认可的标识。从这里便可以看出，欧根·乌尔默在他的老师菲利普·黑克的利益法学的影响下，强调登记的功能和不正当竞争禁止的功能。因此这种功能性的观点，很有可能是注册行为在整体中起到的服务功能。在作为统一体的竞争法中观察登记的单个功能，以此去理解商品标识统一法，他认为这是一个重大的任务。在主流观点中，并且可能在司法裁判中，这种基于功能的统一观点并没有得到落实。不过，欧根·乌尔默在商标法的研究中也强调了不正当竞争法的更为重要的地位。在今天的欧洲商标法一体化的过程中，欧根·乌尔默的要求和体系得到很好的运用，相关的最初经验在欧盟商标局和欧洲法院的实践中得以体现。

第二个要提到的作品是1938年出版的《有价证券法》④。正如前文

---

③ Ulmer, Warenzeichen und unlauterer Wettbewerb in ihrer Fortbildung durch die Rechtsprechung. Berlin 1929.

④ Ulmer, Das Recht der Wertpapiere. Stuttgart u. a. 1938.

所述，因为新的汇票法和支票法，欧根·乌尔默试图在法学中构建针对不同有价证券的统一方法。他强调在新的有价证券法理论中，消费者保护的学说可以带来益处。他写道：

> 信赖保护，是有价证券法的生活神经。对流通和对交易确定性的考虑，要求的不仅是对诚实取得人的保护，而且还有对诚实债务人的保护。

该书的这段文字明显表明他的两位老师对他产生的影响。该书明确展现了汇票和支票的来源和利益探究。另外，新法被理解为严格的法律制度，这些法律制度的细节被详细论述了。该书的特点是展现了被精准描述的新法律及其问题。几十年以来，该书在该领域都是领先的。可惜的是，这本书一直以来只有第1版。

欧根·乌尔默1950年在德国法学家大会上有关妇女权利平等的报告，同样采用功能性的方法。按照乌尔默的观点，将它称为必要任务不仅是必要的，而且是正当的。当说到妇女的职业活动和展开个性的必要性时，明显看出他是利益法学派的。他甚至认识到有些职业"适合妇女从事，而男人适合照顾家庭"。家庭主妇的活动应当得到尊重。接着，他转向妇女在家庭中对家庭抚养做出的贡献。除了妇女的个人基本需要之外，他还认可妇女有获得经济给付的权利。

针对妇女在共同事务中的决定权，有三种明显的方案。首先，有些人想让男性具有决定权。第二种方案是让"监护法院"（"Vormundschaftsgericht"）来决定。乌尔默否定了该方案，理由是很多这类事务不具有"可裁判性"。第三种方案是法律对此"沉默"，交由夫妇自己通过协议的方式作出决定。在涉及姓氏的问题时，他认为家庭的姓应当得到统一，家庭中母亲的姓应当与孩子的相同。有人建议的双重姓，有时候是适当的，却不是永远都合适。他举的例子是"Krupp von Bohlen und Halbach"，他认为双重姓氏一般而言是不方便的，原则上，家庭的姓氏还是以男性的姓氏为准。在涉及婚姻财产法的问题时，他认为在现有的婚姻财产法中有不利于妇女的严重瑕疵。他因此延续了他1924年在海德堡法学家大会上的决定，即将婚姻财产与婚姻中男女双方参与的事务结合在一起。这种当时被称为"补偿共同体"（"Zugewinngemeinschaft"）的类型，是"我们建议的相对来说最好的财产形态"。但是，欧根·乌尔默向往保留当时框架下的婚姻协议。他没有预见到的是，后来在成为法定的补偿共同体的婚姻财产状态下，婚姻协议经常不被选择。预计将来有很多收入的新家庭，一般都不选择补偿共同体这种婚姻财产状态。乌尔默在他的报告中仅是点滴地处理了该问题。

最后，在涉及当时所称的"父母权力"的问题上，乌尔默认为最高原则是父母合意，最终由监护法院决定的只有宗教信仰的问题。但是，乌尔默强调："监护法院不应当在细节问题上作出决定。"在涉及代理的问题上，他认为这种代理必须是共同代理，仅在个案的情况下，诸如紧急情况发生时才可以单个代理，尤其是在事故后同意进行医疗。利用儿童的财产应当被排除，对于监护儿童没有必要利用的儿童财产应当留给孩子。乌尔默在法学家大会上所做的有关妇女平等权利的准备工作，也反映在他的大学课堂上。在1948年和1949年的冬季学期，我本人参加了他的大课"德国民法：亲属法"。

最后，让我们进入欧根·乌尔默的代表作《著作权法和出版法》。尽管乌尔默上大课和案例练习课都是亲自过问，这给撰写这本书带来了巨大负担，但是他作为出版家的儿子为了这个感兴趣的领域付出了一切。在夜晚的时候，人们只需要经过大学广场遥看奥古斯汀小路，就会看见欧根·乌尔默在灯光下的身影，可以看到他俯视阅读文献、司法裁判及可能是他自己的作品。在他的课堂上的所有人，都知道这个话题的深奥。基于1951年他出版的这本书，他留下了重重的一笔。如果让我评价这本书，我最喜欢的是他在1960年修订的第2版。这本书完全出自他手，从书的献言中可以看出，他把这本书献给他的出版家父亲理查德·乌尔默博士及母亲。该书序言说明了这本书中哪些部分是全新撰写的，包括人格权、电影权、利用权及相邻的保护权利。这本书中也有特别的章节涉及世界著作权条约的内容。

乌尔默使"导论"部分的内容看起来熟悉，例如他所撰写的关于技术保护权利和著作权的关系。这本书也涉及与竞争法的关系，其多年前的教授任用资格论文的内容在这本书中也能够被明显看出。有些章节让人想起了他的老师菲利普·黑克，因此可读性很强。在该书的"著作权法历史"部分，他展现了多种不同的利益，及缓慢扩张的保护图书出版商知识产权的权利。非常明显的是，他描述了国际性的问题。在描述了英国的裁判，尤其是1774年唐纳森诉贝克特案（Donaldson v. Beckett）的上议院裁判之后，他成功说明了以下思想：公开出版物的著作权是有期限限制的。这个保守的裁判是可以理解的，英国很早的时候就有了著作权法，也即1709年的《安娜法令》（Statute of Anne）。旧制度中的"图书特权"被废除了，基于知识产权有被保护的需要，这里有"文学的和艺术的所有权"（"Propriété littéraire et artistique"）。1791年和1793年的法律就承认了这些制度。但是，首先人们认为著作权在死后也有效力。此后，期限被限定为死后十年，期间扩展到70年。

在德国，特权制度缓慢地发展为法定保护制度。例如，我们知道歌德的诗歌被印刷了很多次，即使他的所有作品被出版，也无须他同意。对于歌德最终的作品，他授权给了单个的州39个排他性出版的特权。欧根·乌尔默在他的第2版书中所要抗争的是1901年和1907年的两部《著作权法》。这两部法律承认文学、声音作品的著作权及后来的图画和摄影作品的著作权。这部法律后来变化不大。例如1910年的关于胶片录制被视为"加工"的行为，及1934年基于国际法上的义务将保护期限延长至作者死后50年的做法。乌尔默作为未来的引领者，认可了帝国法院有关著作权、人格权、广播传播和有声电影的裁判，同样，他也提到了德国联邦最高法院有关人格权和公共音乐会的裁判。值得阅读的还有他对外国著作权法的展示，尤其是美国著作权法被单独放在一章。

非常有意义的是其中关于国际著作权法的章节。基于属地原则，乌尔默论述了《伯尔尼保护文学和艺术作品公约》基础上的法律义务。接着，他论述了在18世纪自然法思想中达到高潮的知识产权的思想和学说。他说得对，我们应当记住知识产权学说的意义。乌尔默反对只有物才有所有权的思想，如果把物的所有权的内容作为知识产权内容的榜样和标准，这在方法论方面是错误的。我在这本书中还可以找到其他的精彩论述，例如有关加工权用尽的章节、有关广播和电视的播放的章节。

该书第2版和第3版中还有很多内容值得一提，它们都全面地展示了所要论述的对象。人们将该书称为"大师级作品"，并不为过。

三、欧根·乌尔默的方法

作为两位风格完全不同的老师菲利普·黑克和马丁·沃尔夫的门生，欧根·乌尔默选择了严谨的客观性与利益法学的融合。他没有明确说明追随了这两位老师，但是人们可以看到他的作品中经常指引到法的功能。乌尔默的这种方法明显表现在他在海德堡大学的报告里。该报告以《现代竞争法中的意义关联》为题公开出版了。在开始的时候，也就是在利益法学家指出经济问题后，他指出如果对1919年《德国反不正当竞争法》进行正确地解释，那么该法实际上为容忍排除竞争提出了最低的要求。乌尔默支持自由竞争，却又看到了《德国反不正当竞争法》为之设定的界限。问题出在卡特尔协议也即垄断协议上，当时法律根本就没能解决这个问题。不过，在竞争法中有这样一个原则：不允许封锁、抵制等诸如此类的行为对经济产生毁灭性的打击。从方法上来看，竞争法中自我选择和筛选的机制在发生作用，"这涉及竞争法的核心，借此自由竞争得以维护，对此的规范也会不同"。

因为保护企业的规范多种多样，体系论者必须避免让基于不同原则的规范能够成为一体的错误。例如，我们可以读到："我们不仅发现了有对立利益的类似之处，还发现了对法的形成提出的同类利益。"法律人应当以"所有竞争者面临同样条件"（"Par Condicio Concurrentium"）为基础，得出平等原则是对竞争法提出的第一个要求。欧根·乌尔默接下来提到"真理原则"（"Wahrheitgrundsatz"）。当然，有原则是不够的。广告的内容，不能被用来"俘获"和诱导客户，商品标识法和竞争法都应当禁止主观的误导。值得提到的最后一个共同点是，正如广告的情形，竞争者的利益和公共利益是并列的。在1931年现代的竞争法中，可以看到很多此类的意义关联。欧根·乌尔默借助"关联"（"Zusammenhang"）这个词，将马丁·沃尔夫严谨的描述与菲利普·黑克的利益研究之间的"桥梁"建设成功。

四、欧根·乌尔默的从教经历

欧根·乌尔默的"教授任用资格"涵盖的学科尤其让人惊叹。1929年，他在罗斯托克大学开始他的教学生涯，接下来的1930年至1955年在海德堡大学从教，之后又在慕尼黑大学任教。在我1948年至1951年的海德堡大学的学生生涯中，我听了乌尔默的课，包括亲属法、民法初学者练习课、商法和公司法、著作权法、资合公司法、英美私法引论、商法附属法律部门、高阶阶段的民法和商法练习课、与恩斯特·拉贝尔联合举办的民法研讨课及乌尔默自己所办的民法研讨课。仅是在1948年至1951年期间的课就非常多，让人惊叹的是乌尔默还留出时间创作了德国法学家大会上有关妇女权利平等的报告和他的代表作《著作权法与出版法》。

乌尔默教授，正如我们现在这样称呼他，上课不是照读事先有的文本材料。他使用一些材料，但是总的来说是脱稿授课，听众也能听懂。大学生在第4学期听懂英美私法引论和著作权法并非易事。在大课著作权法中，有所谓的"勤奋测试"，在1950年的"忏悔星期二"还在被实施。我已经记不清考试的内容了，只知道考试的成绩是"非常优秀"，不过，我现在并不擅长著作权法。

在案例练习课上，欧根·乌尔默就是马丁·沃尔夫真正的门生。他是一名优秀的法律人，这也正如他在第二次国家司法考试所证明的一样，他坚持准确的表述和专业的表达。我特别喜欢乌尔默的家庭作业和考试题目。在1950年的夏季学期，我对于在高阶练习课上得到的"非常优秀"和"优秀"的成绩感到喜悦。可惜，不像在埃伯哈德·施密特（Eberhard Schmidt, 1891—1977）的刑法练习课上可以得到书作为奖励，在乌尔默这里没有奖励，但是，分数是足够了。

在案例练习课上，乌尔默首先是非常冷静的。他绝不贬低做报告的人，而是在报告完之后参与到讨论中。他和恩斯特·拉贝尔明显不同，拉贝尔特别会批判人，贬低报告人。我在做英国法中过失的报告时，这些并没有发生在我的身上，原因是我"发现"了恩斯特·拉贝尔的门生所写的一本书，即弗里德里希·凯斯勒的著作《北美侵权法中的过失》⑤，并且摘抄了这本书的很多内容。

即使是在大型的讲话活动中，乌尔默也表现出大师的状态。最为重要和最有意思的可能是他1959年的校长讲话"欧洲法律统一之路"。作为大学的代表人，他首先克服了很多的祝词活动。后面的讲话对非法律人来说也可以理解，并且得到重视。尽管他担任校长，还是坚持参加教学活动。在1959年的夏季学期，他为高阶学生举办民法练习课，我作为该课的学术助理负责协助命题和监督批改试卷的活动。对于每节的案例练习课，欧根·乌尔默都是亲自到场。可见，他完全是一个有责任感的人。

五、欧根·乌尔默的管理者经历

欧根·乌尔默担任行政职务的清单比较长。他是《综合商法与经济法杂志》《法律人杂志》《知识产权保护和著作权杂志》及其国际版的联合编辑。按照慕尼黑大学1961年夏季学期的"人物和大课目录"，他是慕尼黑大学比较法研究所的主任，并领导着外国和国际专利法、著作权法与商标法研究所（德国专利局）。自1965年，他主要致力于由上述最后一个机构转变成的马克斯·普朗克研究所的工作。但是，正如鲁德亚德·基普林（Rudyard Kipling，1865—1936）可能会说的，这是"另外的故事"。

欧根·乌尔默的作品清单，参见科勒（G. Kolle）和诺德曼（A. Nordemann）的清单，收录在马克斯·普朗克外国与国际专利法、著作权法和竞争法研究所主编的《纪念欧根·乌尔默》（Eugen Ulmer zum Gedächtnis）(1989年，第59—113页)。⑥ 乌尔默的生平信息，参见《纪念欧根·乌尔默》第115—121页。

---

⑤ Kessler, Die Fahrlässigkeit im nordamerikanischen Deliktsrecht, 1932.
⑥ Max-Planck-Institut für ausländisches und internationales Patent-, Urheber- und Wettbewerbsrecht (Hrsg.): Eugen Ulmer zum Gedächtnis. VCH, Weinheim 1989.

附录

一、欧根·乌尔默的简历

1903年6月26日	欧根·乌尔默出生,其父是出版商理查德·乌尔默博士,其母丽莉,娘家姓是黑迪格尔
1913—1921	斯图加特卡尔人文高中
1921—1924	就读于图宾根大学和柏林大学的法学专业
1924	参加图宾根的法律培训生的考试
1926	在菲利普·黑克的指导下完成博士论文,论文题目是《现代支付交易中的直接指示——以信用证为例》
1928	担任柏林大学马丁·沃尔夫教授的学术助理
1928	在菲利普·黑克的指导下完成教授任用资格论文,论文题目是《司法裁判推动的商品标识和不正当竞争的续造》
1928—1929	担任图宾根大学菲利普·黑克教授的学术助理
1929	罗斯托克大学编内教授
1930—1955	海德堡大学编内教授
1938	出版专著《有价证券法》
1955	慕尼黑大学编内教授;慕尼黑大学著作权和出版权研究所所长
1956—1957	慕尼黑大学法学院院长
1957	慕尼黑大学专利法、著作权法和商标法研究所所长
1965	慕尼黑外国与国际专利法、著作权法与竞争法马普所学术委员和所长
1971	以编内教授的身份退休
1973	以慕尼黑外国与国际专利法、著作权法与竞争法马普所执行所长和学术委员的身份退休
1988年4月26日	欧根·乌尔默在海德堡逝世

二、欧根·乌尔默的作品精选

《现代支付交易中的直接指示——以信用证为例》(Die direkte Anweisung

im modernen Zahlungsverkehr insbesondere das Dokumentenakkreditiv），1926 年。

《司法裁判推动的商品标识和不正当竞争的续造》（Warenzeichen und unlauterer Wettbewerb in ihrer Fortbildung durch die Rechtsprechung），1929 年。

《有价证券法》（Das Recht der Wertpapiere），1938 年。

《著作权法与出版法》（Urheber und Verlagsrecht），1951 年第 1 版，1960 年第 2 版，1981 年第 3 版。

《国际和比较法视野下从事活动的艺人、声音制作者和放送者的权利保护》（Der Rechtsschutz der ausübenden Künstler, der Hersteller von Tonträgern und der Sendegesellschaften in internationaler und rechtsvergleichender Sicht），1957 年。

《欧洲法统一之路》（Wege zu europäischer Rechtseinheit），1959 年。

《欧洲经济共同体成员国不正当竞争法》（Das Recht des unlauteren Wettbewerbs in den Mitgliedstaaten der Europäischen Wirtschaftsgemeinschaft），第 1 卷，1965 年。

《学术作品的保护：尤其是考虑电子设施的程序》（Der Urheberschutz wissenschaftlicher Werke unter besonderer Berücksichtigung der Programme elektronischer Rechenanlagen），1967 年。

《电子数据库和著作权法》（Elektronische Datenbanken und Urheberrecht），1971 年。

《国际私法中的无形物权利》（Die Immaterialgüterrechte im internationalen Privatrecht），1975 年。

《著作权法的鉴定报告》（Gutachten zum Urhebervertragsrecht），1977 年。

三、欧根·乌尔默的门生

维尔纳·洛伦茨（Werner Lorenz, 1921—2014）

埃尔文·多伊奇（Erwin Deutsch, 1929—2016）

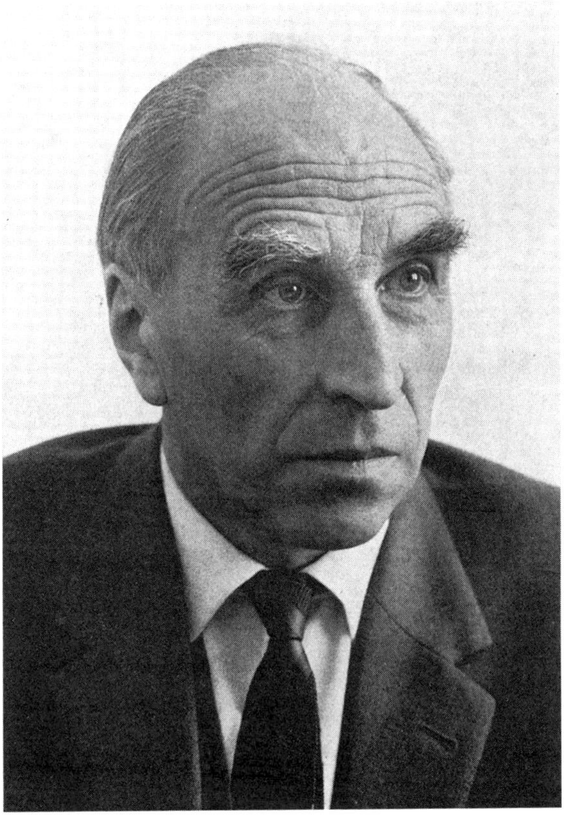

路德维希·赖泽尔
(Ludwig Raiser, 1904—1980)[*]

目　次

一、生平　/ 320
　　(一) 人生过程　/ 320
　　(二) 绕道走向大学教师职业　/ 321
　　(三) 大学内外的任职　/ 321
　　(四) "非政治家的政治责任"　/ 324
二、学术导师　/ 324
三、学术作品　/ 325
　　(一) 退休时的自我评价　/ 325
　　(二) 年轻的作者　/ 326
　　(三) 物权法　/ 327
　　(四) 经济法　/ 328
　　(五) 大学和高校政策　/ 328
　　(六) 法学和神学　/ 329
　　(七) 小结　/ 330
　　(八) 私法理论　/ 330
四、留下了什么　/ 334

---

[*] 作者简介：〔德〕弗里德里希·屈布勒(Friedrich Kübler, 1932—2013)，法兰克福大学民商法荣退教授，美国宾夕法尼亚大学教授。屈布勒教授的博士论文(1960年)和教授任用资格论文(1966年)均由路德维希·赖泽尔指导，在图宾根大学完成。本文是作者于2007年6月8日在柏林洪堡大学的报告。

一、生平[①]

（一）人生过程

路德维希·赖泽尔于 1904 年 10 月 27 日出生在斯图加特市一个富裕市民家庭中，其父任符腾堡州火灾保险公司的总经理，相当于今天的董事长。路德维希·赖泽尔毕业于久负盛名的埃伯哈德-路德维希高中，并首先想在保险行业找寻职业出路。为此，他先是在一家保险公司完成了学徒训练，而后，他选择在慕尼黑大学、日内瓦大学和柏林大学研习法学，一番勤耕，终于 1927 年在柏林以优异的成绩通过了国家司法考试。

彼时，柏林大学法学院光彩耀人。路德维希·赖泽尔聆听了诸多法学大家的授课，包括特奥多尔·基普(Theodor Kipp, 1862—1931)、海因里希·蒂策(Heinrich Titze, 1872—1945)、尤利乌斯·弗莱赫海姆(Julius Flechtheim, 1876—1940)、瓦尔特·卡斯克尔(Walter Kaskel, 1882—1928)、鲁道夫·斯门德(Rudolf Smend, 1882—1975)及后来的恩斯特·拉贝尔和埃里希·考夫曼(Erich Kaufmann, 1880—1972)。他主要是听了马丁·沃尔夫(Martin Wolf, 1872—1953)教授的引人入胜的课。正是这些卓越的榜样，激励他作出了一个重要的决定——此生致力于民法与经济法的学术研究。之后，先生成为新成立的威廉皇帝国际私法研究所(现为汉堡马克斯·普朗克研究所)的助理，时任所长是恩斯特·拉贝尔。当时弗里德里希·凯斯勒(Friedrich Kessler, 1901—1998)和马克斯·莱因斯坦(Max Rheinstein, 1899—1977)也一同担任助理。这些人和马丁·沃尔夫教授一样都来自犹太人的家庭，因此 1933 年之后便被迫移民了。

[①] 本部分依据的是本人记忆，更多是其他的资料来源，包括赖泽尔主编：《导论》，《论正确地运用法：政治、法律、科学政策及教会论文集》，1982 年，第 19 及以下诸页；贝尔茨(U. Bälz)：《路德维希·赖泽尔(1904 年 10 月 27 日—1980 年 6 月 13 日)：人生经历报告》，图宾根大学主编，《纪念路德维希·赖泽尔(1904—1980)教授诞辰 100 周年》，2005 年，第 11 及以下诸页。

1931 年，赖泽尔在马丁·沃尔夫教授的指导下写就了探讨国际私法中的汇票意思表示的博士论文，获得博士学位。随后，先生在海德堡大学进行了一年扎实的学术研究，期间积极参与恩斯特·列维（Ernst Levy，1881—1968）和卡尔·雅斯贝斯（Karl Jaspers，1883—1969）组织的专题研讨课。1933 年，先生在马丁·沃尔夫的指导下获得了柏林大学法学院的教授任用资格。在教授任用资格论文中，先生研究的是格式条款法，对此的详细阐述将在下文展开。

（二）绕道走向大学教师职业

1933 年 9 月，赖泽尔先生参加了一次批评性地处理纳粹政权法律理论宣言的会议，当时纳粹刚刚在德国攫取政权。因此，他和他的朋友，一位在第二次世界大战中丧生的年轻浪漫主义者格奥尔格·迈尔（Georg Meier），都被剥夺了教授任用资格，双双失业。不过先生还可以完成关于格式条款的教授任用资格论文，并于 1935 年出版。之后，他转行保险业工作，加入了马格德堡保险公司集团，在那里，他很快成为该集团的一名董事。他原计划接替董事会主席弗朗茨·沙费尔的位置，但在 1942 年，新成立的斯特拉斯堡大学任命其为教授。该大学计划成为一个学术机构，影响辐射其受法国影响的腹地。出于这个原因，来自柏林的政治担忧被忽视了。先生接受了这个教职邀约，这意味着他要离开马格德堡集团。但是，期间他被征召入伍，所以他未能服务于斯特拉斯堡大学，他也就从未在那里授课。

战争结束时，赖泽尔先生被关押在英国战俘营里，在那里，他被任命为哥廷根大学的教授。战后，该校第一位校长鲁道夫·斯门德帮助赖泽尔从集中营中获释。因此，先生能够在 1945 年秋季进行他的第一次授课。哥廷根确实是完好的，但也没有摆脱战后时期的艰辛和物资贫乏。尽管如此，那些年先生由衷地感到快乐。赖泽尔最终得以践行大学教师的职业，他的教学活动很快吸引了一代深受战争和战俘经历影响的学生。

（三）大学内外的任职

哥廷根也是赖泽尔开始走这条路的地方，这条路有时会把他带到大学以外的地方。斯门德校长需要一个没有被纳粹牵连但熟悉纳粹时代情况的人,进而可以委托他担任教工去纳粹化委员会的主席。赖泽尔没有拒绝这一困难的任务,尽管该工作导致受到影响的有些人对他产生终生怨恨。对于此项工作,他坚持应当很好地理解那些总的来说屈从于纳粹政权的高校学者当时的处境。先生认为其不问世事的地位是不光彩的事情。我们年轻一代人倾向于严格地批判 1933 年到 1945 年期间发表的作品,赖泽尔却一再地告诉我们,要设身处地地想一想纳粹获得权力之后,促使那些人与纳粹进行合作的处境。

紧随其后的是其他职位。在柏林待了一个访问学期后,赖泽尔先生接替斯门德教授,担任哥廷根大学的校长达两任。因此,先生参与了重新建立西德大学校长会议。他还在"德国人民基金会"(德国最大的非政治和非宗教组织,资助学术成就杰出学生的组织)和大学教师协会的设立中发挥了主导作用。更重要的是他对德国学术紧急状态下研究协会的发展做出了贡献,该协会旨在统一不同派系以便为德国科学筹集资金,在此基础上很快设立了德国科学基金会(DFG)。先生在 1951 年当选为该基金会的主席,并在这一职位任职四年。期间,他暂时从教学岗位抽身,专职担任该职务。德国科学研究基金会的成功,被广泛认为是他的功劳。

1955 年,赖泽尔先生收到了科隆大学、海德堡大学及图宾根大学的教授职位邀请,他决定离开哥廷根大学,再次投身于自己的本职——教学和研究,并选择了图宾根大学。这一选择迅速获得成果:赖泽尔 1957 年修订和出版了其恩师马丁·沃尔夫创立的《物权法》教科书,该书在 1932 年是第 9 版。

随后又有重任重新落到了赖泽尔身上。他开始为新教教会进行努力,在下文将会详述。他被任命为保险业的监事会和联邦商务部学术顾问委员会的成员。1957 年,他影响了学术理事会的成立,该理事会旨在协调州和大学之间以及联邦和州政府之间的高等教育和研究政策。不久,赖泽尔就被委托担任学术委员会的领导。从 1961 年到 1965 年,他担任该机构的主席。因为有大量的大学要设立,其中包括奥格斯堡大学、拜罗伊特大学、不来梅大学、波鸿鲁尔大学、康斯坦茨大学和雷根斯堡大学等，所以这是一个重要而繁忙的时期。赖泽尔参与创办康斯坦茨大学，并成功倡导将法学院纳入社会科学学部。与此同时，德国克虏伯钢铁集团负责人贝特霍尔德·拜茨（Berthold Beitz，1913—2013）委托他重组克虏伯企业，主要工作是将很大一部分的股份转让给一家基金会。1965年夏天和初秋，赖泽尔作为加利福尼亚大学伯克利分校的客座教授在美国度过了一段时光。

之后，他希望最终有更多的时间做研究。赖泽尔拒绝了联邦司法部部长古斯塔夫·海纳曼（Gustav Heinemann，1899—1976）提出的让其接替布鲁诺·霍伊辛格（Bruno Heusinger，1900—1987）出任联邦德国联邦最高法院院长一职的提议。在1968年学生运动的高潮时期，图宾根大学的同事推动他参加校长竞选。先生很清楚，这次工作会非常困难，但他觉得这是他对大学承担的义务。[②] 他以自己的方式处理了冲突。当学生们占领校长办公室时，他拒绝报警，这使大多数教授感到非常恼火。反之，他仍然坚守在办公桌前阅读文件。不久，占领者就撤离了。若干年后，1973年先生退休之时，学生们举行火炬游行向他致敬，全德学生总会的主席在一个报告中赞扬先生的作用，报告所刻画的他的坦率和正直，吸引了所有听众的注意。这是极不寻常的，事实也证明他对情况的判断是正确的。当然，图宾根大学校长也有其他影响。面对主要由欧洲大陆的政治分歧引发的严重危机，欧洲大学校长联盟于1974年选举他为主席，赖泽尔担任该职位一直到1979年，也就是他去世的前一年。

最后，赖泽尔先生对新教教会的奉献值得一提。[③] 自1949年到1973年，他都是新教会议的代表，长期担任公共责任委员会的主席，日后还担任了新教会议的主席。两份与他的名字有关的备忘录引起了相当多的公众争议：1958年德国武装部队核军备备忘录，以及1965年题为"流亡者的情况和德国人民与东部邻国的关系"的备忘录，这为东欧的新政策铺平了道路。

---

② 对此，参见赖泽尔：《1945年以来图宾根经验视角下的大学与国家》，诺依曼主编，《今天的大学学术》，1977年，第1—14页。

③ 对此，参见赖泽尔：《赖泽尔作品中的神学和教会论述》，图宾根大学法学院主编，《纪念路德维希·赖泽尔文集》，1982年，第23—29页。

(四)"非政治家的政治责任"

出于几个原因,有必要报告先生不同的职务、义务和贡献。首先,它们在很大程度上影响了赖泽尔的作品,这将会在下面论述。在《时代》(Die ZEIT)报纸上,主编格玛丽昂·格雷芬·登霍夫(Marion Gräfin Dönhoff, 1909—2002)将赖泽尔列在战后德国最有影响力的"十几位"人士中。尽管这可能被认为是一种新闻报道的夸大说法,但我们不能否认没有人能像赖泽尔一样在战后重建德国高等教育。另外,在战争的恐怖和纳粹政权不可思议的罪行发生后,赖泽尔尤其感到有责任确保这类事件不会再发生,哪怕可能性微乎其微。他确信,这不能留给政党和他们的代表去做,至关重要的还有"非政治家的政治责任"——这是他采用的表述。即使现在我们谈论公民社会的政治角色,这仍然是重要的。

二、学术导师

我只能对赖泽尔的学术教学活动进行简要地概述:当他来到图宾根大学时,我已经进入第一次州考试的准备阶段,因而只听了他的几门课。这些课一大早就开始了,"早睡早起"是他课程的信条。先生的讲座结构清晰,一针见血,他倾囊相授,字字珠玑。我从未经历过,也从未听说过一次在学期结束前未能涵盖所有材料的课程。课的内容是实践经验、教义学分析和法律政策问题讨论的完美结合。即使在波恩、柏林、埃森或法兰克福有紧急任务的情况下,赖泽尔都一如既往地完成教学任务。关于这一点,我想起了1964—1965年冬季学期的经历。当时我正在写教授任用资格论文,赖泽尔周四至周六在柏林举行教会大会,但学院把赖泽尔的民法案例分析课程定在了每周五晚上6点,这与先生的会议工作在时间上有所冲突。在那个星期早些时候的一次会议上,我随意谈起我可以代他教这门课的想法,赖泽尔当即表示反对:教课是他作为教授的职责。他将会中断周五下午的会议,乘飞机返回,主持案例课的讨论,然后再返回柏林,并在星期六上午继续会议。我并没有放弃我的说服,这是我们之间唯一一次争论。最后,我半开玩笑地说,他是不是认为我没能力教这门课,他笑着说:"你赢了。"于是,这门案例练习课在我的教学中幸存下来。

特别值得一提的是恩师主持的研讨班。研讨班在对学术工作感兴趣的学生中非常受欢迎,几乎每个学期都会开设这样的研讨班。研讨主题涉及的领域很广,几乎与下面要提到的他的出版物主题一样广泛。助教、写教授任用资格论文的人、博士生经常参加研讨,会上讨论气氛开放而热烈,时常激情澎湃。在每一次研讨班尾声的总结中,研究方法和框架变得明确,后来才作为当代私法理论的草稿(以零碎的形式)出版。

另外一个吸引人之处是在研讨班之后,大家会在大学边上的一家酒吧里讨论民法之外的其他话题。研讨班完了之后,会有漫长的徒步活动,大多数时候是在施瓦本汝拉山脉上进行。有一回我们甚至跋涉了30公里穿越深雪。赖泽尔是一位经验丰富、耐力恒久的登山家,几乎所有的他的学术助理都分享这种激情。

当研究工作的道德底线被触犯时,他会严格对待他的学生,尽管这种情况很少发生。总体而言,赖泽尔是难得的慷慨宽容之人,对待他的助理尤是如此。他几乎总是超负荷工作,却从未把这种负担转嫁给助理:他非常谨慎地确保我们有足够的时间投入博士论文和教授任用资格论文的写作中,并经常关心询问我们的工作进度。最重要的是,他对我们在项目和创作中与他不同的所有路径、方法、论题和观点,都持开放和接受的态度。我们都参与了上文所提由马丁·沃尔夫创立的《物权法》教科书再版的工作,不幸的是,这本书的新版本不再继续出版了。每个人都知道马丁·沃尔夫是一位有才华的法教义学者,他的这本书是德国后学说汇纂学派民法的伟大作品之一,但是,它并没有约束我们的发展。是的,没有哪个学派的方法或见解需要下一代的无条件忠诚,任何人都可以也应该走自己的路。

三、学术作品

(一) 退休时的自我评价

路德维希·赖泽尔在回顾自己的学术作品时,并没有对自己的研究表示赞许,甚至也没有满足感。他在退休时说,"还有无奈的残篇"。在他的学术发表中,"签署的支票比兑付的多"。[④] 1977年出版的他最为重要的文章汇集的序言中,赖泽尔说他的作品"关于私法秩序的政治功能的核心问题"只是从"法政策和法理学的角度来看,仍然是一些残篇而已"。[⑤] 在20世纪50年代,如前所述,赖泽尔成功续写沃尔夫的《物权法》教科书的新版本。[⑥] 这部经典作品的再版考虑到了土地公法方面的渗透以及物权担保的根本性的变迁。经典的再版继续地向前推动,但尚未完成。让他伤心的是,他没有足够的时间以其认为最好的形式——专著,来研究自己遇到的问题。他酝酿了几十年,从根上研究的"经济法的体系"也从来没有写成。[⑦] 因此20世纪70年代,当我被图宾根大学同事推动担任大学校长的新职位时,他告诫我不要犯他的错误,不要辜负了大学教师所代表的真正激励和回报。这种退休后的自我评估似乎可以理解,但是回过头来看他的全部作品,上述断言却几乎没有依据。在下文,我将对赖泽尔的学术作品进行分类,并进行简单的介绍,将其纳入更一般的发展之中。

(二) 年轻的作者

威廉皇帝研究所的项目,决定了先生的处女作,这包括了上文提到的国际私法上票据意思表示方面的博士论文,[⑧] 该文使他声名远扬,尤其是在法国和意大利。属于这一类别的,还有赖泽尔在研究所主编的《比较法手册词典》中有关"所有权"的文章——文中展现出他对比较研究方法的娴熟运用。[⑨] 之后,关于格式条款合同的教授任用资格论

[④] 赖泽尔:《50年的法律人生活:1973年11月12日在图宾根大学退休报告》,前引1,第59页,第73页及以下诸页。

[⑤] 赖泽尔:《私法的任务——三十年间私法与经济法论文集》,1977年,第6页。

[⑥] 沃尔夫、赖泽尔:《物权法》,1957年第10次修订。

[⑦] 赖泽尔:前引1,第59页,第66及以下诸页;同样参见他的作品《作为法律问题的经济宪法》,哥廷根大学主编,《基尔克纪念文集》,1950年,第181—200页;赖泽尔:《经济法的内容》,《综合商法与经济法杂志》1979年第143期,第338—345页。

[⑧] 赖泽尔:《国际私法中汇票表示的效力》,1931年。

[⑨] 赖泽尔:《所有权》,施里戈伯格主编,《中外民商法的比较法词典》,第2卷,1929年,第772—796页。

文⑩，给年轻的教授指明了新道路。20世纪20年代，格式条款的出现由于不能与刚出炉的《德国民法典》的教义学工具相调和，给实践和理论造成了极大的困惑。该书在开始的时候，进行了细致的调查。在这里，我们已经看到先生进行跨学科研究的意愿，以及对（其他）社会科学的兴趣。之后，这会更加清楚地显现出来。赖泽尔在该书中发现，在很多情况下，合同条件已不再由谈判决定，而只是由合同一方直接地加以实施，这反映了《德国民法典》的撰写者依据的小经营者结构转向工业化时代越来越多的集中化和卡特尔化的大企业。赖泽尔提倡的改革被证明是有说服力的，它们被最高法院的裁判采纳，后来成为《格式条款法》的组成部分。

（三）物权法

早在赖泽尔的大学学习阶段，马丁·沃尔夫精彩的物权法大课就激发了他的兴趣。⑪对沃尔夫的教科书进行再版工作促使赖泽尔进一步发表文章去研究该法律领域的核心问题，诸如承揽人的使用请求权⑫或《德国民法典》第985条及其以下几条与其他请求权基础之间的关系⑬。值得一提的是，赖泽尔在民法学者协会所做报告的基础上撰写了有关物的期待权。⑭该专著将这一原则上仅在《德国民法典》中提及的立场发展成了一个确定的法律制度。他关于物权请求权与占有权的关系这一极具争议性的问题的论文也同样具有影响力。⑮这些作品展现出赖泽尔是民法教义学大师，字里行间仍能感受到沃尔夫先生对他的影响。与此同时，赖泽尔意识到他不能简单地停留于此。在悼念沃尔夫先生的文章中，他写道：

---

⑩ 赖泽尔：《格式条款法》，1935年，1961年重印。
⑪ 对此，参见赖泽尔的短篇纪念文章，《马丁·沃尔夫，1872年9月29日—1953年7月20日》，《民法实务论丛》1972年第172期，第489、490及下页。
⑫ 赖泽尔：《加工企业的使用请求权》，《法律人杂志》1958年，第681—685页。
⑬ 赖泽尔：《物之返还请求权的补充性及其先后顺序》，《法律人杂志》1961年，第529—531页。
⑭ 赖泽尔：《物之期待》，1961年。
⑮ 赖泽尔：《所有权的请求权与占有权》，克默雷尔、哈尔斯坦因、曼、赖泽尔（Caemmerer, W. Hallstein, F. A. Mann, L. Raiser）主编，《马丁·沃尔夫纪念文集》，1952年，第123—140页。

私法体系封闭性的代价在物权法中表现得尤为明显，也正如《德国民法典》和沃尔夫的教科书切断了与公法的联系，以及切断了与法律制度的——只是微弱地能够觉察到的——社会和经济背景的联系。一个站在学说汇纂学派肩膀上发展成伟大技术，却又几乎成为自娱自乐的民法教义学在这里面临局限。[16]

（四）经济法

对在封闭的体系中运作的教义学进行超越，更为明显地体现在属于广义经济法的作品中。赖泽尔这些作品特别受到成功管理者的经验影响，这完全证明了赖泽尔将法律政策观点与贴近实践的论证联系起来的能力。重要的话题包括企业中的员工参与[17]、经营行为受公共利益约束[18]、反垄断法上的强制缔约义务[19]或企业集团法的基本问题[20]。最后一类作品尤其重要，它展示了赖泽尔成为一个项目的联合组织者、共同编辑和作者，该项目主要涉及经济学和法学之间的关系。特别值得一提的是他对保险法的研究。相互性基础上的保险协会是研究的焦点：所涉及的合并、成员代理权和参与的研究的一贯目的，都为了维护和谨慎地续造这种合作性的法律形式。[21]

（五）大学和高校政策

赖泽尔的一部分不为法律圈熟悉的作品涉及高校政策，这部分几乎

---

[16] 赖泽尔：《民法实务论丛》1972年第172期，第489、492及下页。
[17] 赖泽尔：《企业形式构建的经济宪法问题》，《德国法学家大会1952年第39届会议文集》，B 57—76；赖泽尔：《共决的法律问题》，1964年。
[18] 赖泽尔：《基于企业受到公共约束的针对企业的公共利益》，勒德林、格吕特（Röddling/Grüter），《所有权的力量与无能》，1959年，第203及以下诸页。
[19] 赖泽尔：《垄断法中的强制交易》，法兰克福大学外国与国际经济法研究所、乔治敦大学国际与外国商法研究所主编，《现代法律中的卡特尔与垄断》，第2卷，1961年，第523—535页。
[20] 赖泽尔：《康采恩形成的法律与经济学的研究》，赖泽尔、邵尔曼、施耐德主编，《经济学与法学、社会学及统计学之间的关系》，1964年，第51—56页。
[21] 赖泽尔：《基于相互性的保险协会》，《保险经济杂志》1952年第7期，第505及下页；赖泽尔：《基于相互性的保险业的合并》，《保险法杂志》1952年第3期，第329—331页；赖泽尔：《基于相互性的成员代理人合作的合法性》，《综合保险法杂志》1965年第54期，第465—485页。

不涉及具体的法律问题，其核心问题是：何为大学的任务、地位和正确的秩序。[22] 早在20世纪50年代，大学自治就得到了捍卫，因公共责任对迫在眉睫的威胁是不可或缺的。[23] 纪念图宾根大学建校500周年的文集中显示，人们越来越担心这种独立性的残余被学生人数急剧增加和以集体模式（教授、学生、学术助理和行政/技术人员四个群体）为基础的高等教育立法碾碎。[24] 但是，改变的不仅是研究和教学的制度环境，还有学术工作本身。这尤其体现在赖泽尔在马克斯·韦伯诞辰100周年之际为"斯图加特私人研究会"亲自撰写并发表的《以科学为使命》中。基于自然科学和社会科学程序和职能的变化，学者特别的职业道德的问题显现出来。[25]

（六）法学和神学

公共行为与实践反思之间富有成效的紧张关系最终也决定了另一个主题：关于世俗秩序和法学与宗教和神学之间的关系。[26] 我只能简要地分析众多相关作品的一个：为纪念赖泽尔的柏林大学老师和哥廷根大学的同事鲁道夫·斯门德所写的一篇关于"法之中的基督教徒和非基督教徒"的文章[27]，该文分析了新教伦理与法律人职业道德之间复杂的关系。

---

[22] 赖泽尔：《现今大学的教育目标》，1965年；赖泽尔：《重建高校——方法与重新开始》，柏林自由大学主编，《国家社会主义与德国大学》，1966年，第174—188页；赖泽尔：《美国经验视角下的德国高校的问题》，1966年；赖泽尔：《欧洲比较下的大学的任务》，弗丽特纳、赫尔曼主编，《今天的大学——它为谁服务，谁控制它？》，1977，第245—265页。其他的文章，参见前引1，第228及以下诸页。

[23] 赖泽尔：《国家中的大学》，1958年，尤其是第14及以下诸页；重印的，参见前引1，第205及以下诸页。

[24] 赖泽尔：前引2，诺依曼主编，第1—44页。

[25] 赖泽尔：《以科学为使命》，1964年。

[26] 赖泽尔：《法与道德》，卡伦贝格主编，《基督教的社会词典》，1954年第1版，第841—845页；赖泽尔："家乡权利"是解决德国东部问题的关键，《基督教伦理杂志》1963年第1期，第384—390页；赖泽尔：《基于基督教教堂的德国东部政策》，《文献与报告的欧洲档案》1966年第21期，第195—208页；赖泽尔：《基督教在德国重合中的贡献》，弗勒泽主编，《德国有什么贡献？》，1968年，第133—157页；赖泽尔：《原谅》，舒尔茨主编，《政治人物给非政治人物的作品——当前问题概述》，1970年第2卷，第236—242页；赖泽尔：《教堂与政治》，韦克林等主编，《超越零时刻？西德的基督教：库特·沙夫主教1972年10月21日70岁纪念文集》，1972，第221—231页。其他的文献，参见前引1，第343及以下诸页。

[27] 赖泽尔：《基督徒与非基督徒》，哥廷根大学主编，《国家与宗教：鲁道夫·斯门德70岁纪念文集》，1952年，第243—252页。

法律人作出决定时,不仅要对世俗、冲突的价值观支配的法共同体负责,而且还要对本人的良知负责。

(七)小结

目前所展示的一切,都表明人生道路和学术工作紧密交织:实践中的努力,成为理论通透思考的持续激励;从中所获得的见解,拒绝公共机关突破对其的制约。学术责任的关键词在这里以一种最个人化、最独特的方式自然而然地解决了:现实生活问题的理性渗透被证明是一种激励,它使经过理论反思的经验再次成为现实,并以这种方式使其再次成为系统性反思的对象。理论与实践、研究与构建以及学术与政治的道德之间的紧密结合,也阐释上述仅仅是列举其中一些文献的不同寻常的广泛话题的原因。这种联系给人一种认知兴趣的印象,它总体上是由外在的人生经历决定的,因此在很大程度上似乎是反应性的,甚至几乎是零星的和偶然的。

(八)私法理论

并非在赖泽尔一生的研究的每个部分都可以看到这一点。大约从赖泽尔执教到 1980 年 6 月 13 日过世,共有 35 年,他发表了一大批篇幅较短的论文。这个系列的开始,是他在哥廷根大学就职演讲的私法平等原则,[28] 它的结束是为纪念图宾根大学同事弗里茨·鲍尔的文集里的"作为人权的财产权",[29] 该文使他艰难地走完生命的旅程。让他进行论述的其他场合包括:就任哥廷根大学校长[30]、图宾根系列讲座"法愈严格则愈不公"("*summum ius, summa iniuria*")[31]、由国外学院和研究协会发出

---

[28] 赖泽尔:《私法中的平等原则》,《综合商法与经济法杂志》1949 年第 111 期,重印的,参见赖泽尔:《私法的任务——三十年间私法与经济法论文集》,1977 年。

[29] 赖泽尔:《作为人权的所有权》,沃尔夫冈·格伦斯基、罗尔夫·施蒂尔纳、曼弗雷德·沃尔夫、格尔哈德·瓦尔特(Gerhard Walter)主编,《鲍尔纪念文集》,1981 年,第 105—118 页。

[30] 赖泽尔:《基尔克纪念文集》,1950 年,第 181 及以下诸页;重印,参见前引 28,第 22—37 页。

[31] 赖泽尔:《私法中的权利保护与组织保护》,图宾根大学法学与经济学院主编,《法愈严格则愈不公:法律生活中的个案公正与一般价值的保护》,第 145—167 页;重印的,参见前引 28,第 122—144 页。

的邀请㉜或德国法学家大会第46届会议的开幕式。㉝大多数这些文本在1977年作为便携本被整理出版。㉞该书的序言中，他强调了"内在联系"，"意图是展现这些论文共同的特征"。㉟该书的书名是《私法的任务》。因此，尽管这些文章在不同情形和事件下产生，但主旨是明确的，即"在法秩序的整体中提炼出私法的本质及其支撑的原则和特殊功能，并且把该本质同时作为法律人的任务和责任来理解"。㊱换言之，该书所涉及的私法理论，能够为作出决定的法律实践和教义学有意义地提供其日常工作中不可或缺的导向。㊲

再次回顾过去，赖泽尔基本的人生旅程跃出脑海。但是，它们与上述的作品与人生阶段的联系很是不同：现在他是一个专注于其领域基本问题的内在发展轨迹的法学家。赖泽尔学习生涯的转折点是20世纪20年代中期与马丁·沃尔夫先生的相遇。正如他传记中描述的那般：准备高年级案例分析时，"在假日期间，我自始至终研究马丁·沃尔夫的物权法教科书，随即我成了一名法律人"。㊳换句话说，这一过程发生在经典的民法领域，主要是以体系的一致性及其概念的精确性为特点；由这些因素构成的形式上的光辉，保护私法的独立性，使之免受日益高涨的社会冲突和变化浪潮的侵蚀。

最重要的是，赖泽尔上文提到的有关物权法的文献㊴表明，他可能从未完全摆脱对伟大的德国学说汇纂学派传统的情感依恋。不过，在他关于格式条款合同的教授任用资格论文中，可以看出他对私法完全不同的理解。该专著在多大程度上摆脱传统上建设性概念的自我约束，可以

㉜ 赖泽尔：《德国民法中主观权利说的状态》，《伯尔尼法学会杂志》1961年第97期，第121—160页，即《法律人杂志》1961年，第465—473页，重印的，参见前引28，第98—123页；赖泽尔，《私法的未来》，1971年，重印的，参见前引28，第208—234页。

㉝ 赖泽尔：《基本法与私法秩序》，《德国法学家大会1967年第46届会议文集》，第2卷B 5—B31，重印的，参见前引28，第168—189页。

㉞ 前引28。

㉟ 前引28，第5页。

㊱ 同前引。

㊲ 因为"实践也需要对意义关联的指引，并且这种意义关联穿越了个案中的冲突决定"，参见赖泽尔：《私法的未来》，1971年，重印的，参见前引28，第229页。

㊳ 赖泽尔：《50年的法律人生活》，前引1，第59、61页。

㊴ 参见前引12—16。

从方法上看出：首先探究经济的事实，随后的法社会学解释提供第一个评价视角，基于该评价陈述法政策的任务；它又成为体系性地解决问题的教义学指南。[40] 本书以堪称典范的方式阐明了在民法的核心领域也有融入经济法的必要性，并记录了魏玛共和国时期多次出现的变革过程。这方面的例子有：帝国法院的重新估价的决定[41]，集体劳工法的产生[42]和马丁·沃尔夫关于"帝国宪法和财产权"的论文[43]。该文直接揭示了一种需求，即该需求当时仅仅建立在以公民社会的自我理解为基础的私法秩序之上，建立在宪法之中，以及确保抵抗政治的干预。

"私法制度的功能变迁"，正如他经常提到的那样[44]，在这些和那些现象中出现的正是赖泽尔在第二次世界大战后立即开始讨论的话题，直至生命的尽头他一直在温和而坚定地尝试，以期将它从一个文本发展到另一个文本。这种恢复倾向是令人担忧的，这可以理解为对纳粹主义的反应，但对私法的发展而言却是危险的。甚至他在哥廷根大学就职演讲上的第一句话就证实了这种担忧，即民法学的代表人物正在强烈努力"用断裂的桅杆和凹陷的船体，将这艘小船从波涛汹涌的政治海洋带回法教义学的静谧港湾，在思维模式和实在的法律规定的可靠材料上进行没有负担和危险的手工工作"[45]。

随后的研究证实了对核心法律制度教义学发展进行重新定位的必要性，尤其是合同法和权利。[46] 构成这一框架的是历史的重建，而这一重

---

[40] 赖泽尔：前引10，第15及以下诸页，第59及以下诸页，第109及以下诸页。

[41] 对于其制度变迁方面的意义，深入的，参见道森(Dawson)：《法的神域》，1968年，第461及下页。

[42] 赖泽尔在其人生的报告中，提到在"劳动法的学习中从卡塞雷斯那里获得了巨大的推动力"，参见赖泽尔：《50年的法律人生活》，前引1，第59、62页。

[43] 沃尔夫：《帝国宪法和财产权》，《1923年4月19日柏林大学法学院纪念威廉·卡尔博士文集》，第4页，尤其是第18、21及下页。

[44] 尤其是参见赖泽尔：《私法的未来》，1971年，重印的，参见前引28，第220、222、224页；类似的表述，参见赖泽尔：《法律人杂志》1958年，第1及以下诸页，重印的，参见前引28，第38页，第41及以下诸页；赖泽尔，《法学与法律实践》，《法学新周刊》1964年，第1201—1208页，重印的，参见前引28，第145页，第151及以下诸页。

[45] 赖泽尔：《基尔克纪念文集》，1950年，第181及以下诸页，重印的，载前引28，第1页；参见赖泽尔：《我们的社会中法律人的任务与责任》，图宾根大学法学院主编，《克恩纪念文集》，1968年，第383—401页；重印的，参见前引28，第190及以下诸页。

[46] 基本性的，参见赖泽尔：《法律人杂志》1958年，第1及以下诸页；赖泽尔：《合同功能与合同自由》，克默雷尔、弗里森哈恩、朗(E. von Caemmerer, E. Friesenhahn, R. Lange)主编，《百年德国法律生活：纪念德国法学家大会百年诞辰(1860—1960年)》，1960年，第1卷，第103—134页，重印的，参加前引28，第62及以下诸页；赖泽尔：《伯尔尼法学家大会杂志》1961年第97期，第121及以下诸页。

建(更多的是采取冷静的方式)使用了其他学科的一些解释模型。主导晚期学说汇纂学派和《德国民法典》诠释的主流思想是价值独立的私法秩序,其核心是孤立的主体作为高度抽象的规则原则的连接点;[47] 该思想的基础是理想主义哲学的确信[48]、早期自由主义的和谐信仰[49]以及假设国家与社会的严格的分离[50]。在20世纪的危机和冲击中,这些观点失去了可信性。

> 政治和经济活动的主体,很大程度上不再是普通公民,而是社员组成的团体、协会和大企业。此外,在许多情况下,单个的人依赖于对大规模行为进行组织的群体以及依赖于匿名的权力拥有者,他们提供的给付是单个人必要的东西……19世纪哲学针对法律学说产生影响的自由和独立人格的形象,已经不能再被我们毫无改变地接受和实现。[51]

换句话说,个人的生存条件和发展机会不再仅仅依靠社会发展进程的自动化来保障。对此而言,法只是被构想成为一种价值中立的基本条件。自由生活的基础是制度的,特别是市场经济秩序和民主宪法的效能和适应能力。私法以及为其服务的法律人的不可或缺的任务,是确保和促进这些设施的存在和效率。

在这里可以清楚看到与弗朗茨·柏默及由其创立的学派的相似性,包括个人特性的相似性,同时又有客观的距离:法和经济是文化现象,它们不能呆板地与特定的制度确定在一起,并且由神学传递的人类学观点禁止在法理论的实践运用中把人降格为机械模式上的单纯的功能因素。柏默所设想的私法社会的理想图景,与现实不符:

---

[47] 赖泽尔:《合同功能与合同自由》,1960年,第63页;赖泽尔:《伯尔尼法学家大会杂志》1961年第97期,第121—160页;前引31,第145及以下诸页,重印的,参见前引28,第146页;赖泽尔:《私法的未来》,1971年,第209及以下诸页。
[48] 赖泽尔:《合同功能与合同自由》,1960年,第63页;赖泽尔:《法学新周刊》1964年,第1201及以下诸页,重印的,参见前引28,第151及以下诸页。
[49] 赖泽尔:前引28,第22、35页。
[50] 对此,由赖泽尔激励的作品,参见伦格(Runge):《新自由主义法律场景下自由概念的自相矛盾》,1971年。
[51] 赖泽尔:前引28,第162、179页。

社会是为了政治共同体而构建的,它没有自然的平衡状态,必须在紧张和冲突的关系中不断地融入新的东西。所以,几代民法法律人追求的非政治、价值中立的私法独立性破裂了,它在所有的法中的任务是,针对紧张和冲突的关系,确定制度,发展程序方式,使平衡成为可能,同时必须以对政治共同体有约束力的价值为导向。应当实现的不是与国家保持距离的私法社会,而是在保持其独立性的同时融入国家的私法社会,以及一个以实现宪法为义务的私法秩序。

该句描述了之后几代私法学者群体的规划,即不再满足于雕琢工作,而是发展出诸如投资者、消费者或数据保护法,或环境问题或大众传媒的新法律领域。所有这些领域很久以来不再单一地归类为公法或私法。

四、留下了什么

或许,可以用略加修改的路德维希·赖泽尔为马丁·沃尔夫所写的悼词结束本报告:[52]

两千年以来我们的学术史上算得上数的,不是学说、方法和哲理,而是法学大师。

路德维希·赖泽尔是其中的一位。然而,在门生的记忆中,赖泽尔的个人形象散发出的光芒掩盖了其对学术和政策推动的持久影响。难以忘记的是赖泽尔一贯的统一性:严格要求自己、耐心地考虑别人、几乎是无限地投入意愿、冷静地思考和行动、理智的远见和只有明确知道答案的人拥有的那种克制的沉着冷静。

---

[52] 赖泽尔:《民法实务论丛》1972年,第489、497页。

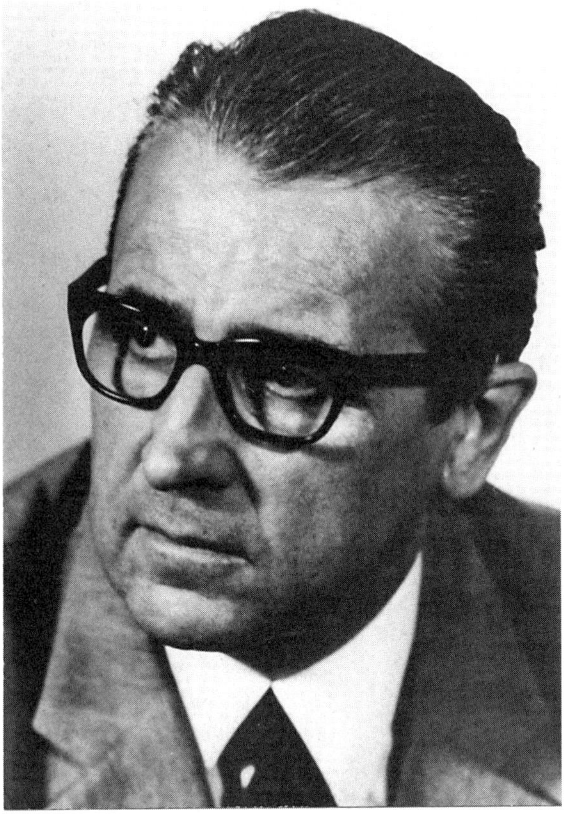

沃尔夫冈·黑费梅尔
（Wolfgang Hefermehl，1906—2001）*

目 次

一、生平简介 / 337
  （一）出生、教育、早期职业 / 337
  （二）黑费梅尔教授 / 340
  （三）三方面的观察 / 342
二、法学家 / 344
  （一）黑费梅尔的法律职业 / 344
  （二）法律评注者黑费梅尔 / 345
  （三）黑费梅尔作为高校教师 / 354
三、人格魅力 / 356
  附录：沃尔夫冈·黑费梅尔最重要的作品 / 359

一、生平简介

（一）出生、教育、早期职业

沃尔夫冈·黑费梅尔于1906年9月18日出生在卢萨蒂亚地区（Lausitz）的一个中等规模的县城埃尔斯特韦达（Elsterwerda）[①]，而不是传

---

* 作者简介：〔德〕彼得·乌尔默（Peter Ulmer，1933），详见本书中关于他的文章。
[①] 对此参见穆勒-格拉夫（P.-C. Müller-Graff）：《纪念语》，《沃尔夫冈·黑费梅尔教授学术纪念会》，2003年，第9、12页。

闻中的柏林[2]。他的父亲时任瑙姆堡区（Naumburg）普鲁士司法机关的法官，数十年后成为位于威斯巴登市的州法院院长。直到他的父亲1913年被调往柏林之前，黑费梅尔在埃尔斯特沃达长大，因他思维敏捷、幽默且不感情用事，给很多人留下了典型的柏林人的印象。显然，在当时，黑费梅尔是个很有前途的学生：在10年级时，父母把他送到瑙姆堡区附近著名的普夫达（Schulpforta）旧式人文高中——这所高中是莫里茨·冯·萨克森（Moritz von Sachsen，1521—1553）于1543年创办的一所王子学校。在该校，他完成了高考。

随后，他在柏林大学（即现今的柏林洪堡大学）学习。马丁·沃尔夫成为他在这一期间最重要的导师。[3] 据说黑费梅尔也在波恩大学和伦敦大学[4]各度过了一个学期（这在20世纪20年代后半期非同寻常），但后来的出版物并未曾提及这一点。1934年，黑费梅尔在柏林以优秀的成绩通过两次国家司法考试，完成了他的法学学业。

黑费梅尔是一位年轻的"天才法学家"，很快进入了普鲁士的司法机关，后来在德国司法部工作。他在德国司法部的商法与经济法部门工作，负责商法和股份公司法的工作，包括1937年股份公司法改革的准备工作。在由国家秘书弗朗茨·施里戈伯格（Franz Schlegelberger，1876—1970）出版的《德国商法典评注》以及由弗朗茨·施里戈伯格、莱奥·夸索夫斯基（Leo Quassowski，1884—1946）主编出版的《德国股份公司法评注》中，黑费梅尔成为这两部法律评论主要部分的评注人，这对一位在该部门工作很短时间的年轻法律人而言，是一种极不寻常的荣誉。[5] 与此同时，他担任德国法研究院商法部门的秘书，并以该身份，会见了

---

[2] 参见格洛伊（W. Gloy）、洛舍尔德（M. Loschelder）:《沃尔夫冈·黑费梅尔九十寿辰》，《知识产权保护与著作权杂志》1996年，第515—517页；同样参见尧尔尼希（O. Jauernig）:《贺词》，彼得·乌尔默主编，《沃尔夫冈·黑费梅尔1996年9月18日九十寿辰纪念文集》，1997年，第19—20页。

[3] 克诺普（W. Knopp）:《沃尔夫冈·黑费梅尔》，贝克出版社主编，《法学家印象——40年的出版社与作者，贝克出版社225周年纪念文集》，1988年，第396—405页。

[4] 前引1，穆勒-格拉夫文，第12页。

[5] 施里戈伯格:《德国商法典评注》，第5版，1976年至1982年，《德国商法典》第348—372、383—406条；施里戈伯格、夸索夫斯基（Schlegelberger/Quassowski）:《德国股份公司法评注》，1937年，《德国股份公司法》第19—20、118—124、135—144、175—194、219—232、294—304条。

20世纪30年代一些最具有影响力的法学教授，包括海因里希·莱曼（Heinrich Lehman, 1876—1963）、汉斯·卡尔·尼佩代、阿尔弗雷德·怀克和欧根·乌尔默。此外，特别要强调的是，他与阿道夫·鲍姆巴赫（Adolf Baumbach, 1874—1945）建立了密切关系。该关系始于1935年，鲍姆巴赫曾任柏林上诉法院"竞争庭"主席，并且是"精要法律评注"（"Kurz-Kommentar"）系列的"创始人"。[6] 黑费梅尔即使是在他人的领导下，对这些作品也产生了较大的影响，直到1945年鲍姆巴赫去世。1950年，黑费梅尔独自继任德国有价证券法和竞争法的法律评论撰写工作，从而为他的两本"经典"作品奠定了基础。

此后，黑费梅尔被任命为"敌人财产管理法"立法专家。1944年，他在沃尔夫冈·西伯特（Wolfgang Siebert, 1905—1959）的指导下，撰写了与这些问题相关的博士论文。同时，他被免除服兵役。1939年，他与来自威斯特伐利亚法律世家的乌拉·比尔曼（Ulla Billmann）完婚。他们的两个儿子成了法律人，女儿成了医生。

黑费梅尔在司法部的任期结束于1945年，当时苏军占领了柏林。因为害怕被苏军逮捕，黑费梅尔深夜在迷雾中骑自行车逃往汉堡。在汉堡，黑费梅尔最初以假名在菲利普·默林（Philipp Möhring, 1900—1975；后来在联邦最高法院担任律师，当时已家喻户晓）的办公室后屋里隐姓埋名地工作。1947—1948年，一份匿名举报导致黑费梅尔被捕。事实上，这次被捕于他而言是幸运的，因为他在接受纳粹身份审查后被释放，此后，他终于可以以自己的名字工作和生活。

黑费梅尔在明斯特市成功开设了国家司法考试考前辅导班[7]，而他的家人早在战争结束时就已经逃亡到明斯特。他以这种身份培训了一些学生，课程涵盖了《德国民法典》涉及的所有领域，甚至涉及刑法的基本问题。黑费梅尔对此有一句著名的妙语："除了教会法，我什么都

---

[6] 参见黑费梅尔值得阅读的有关于阿道夫·鲍姆巴赫生平的作品，贝克出版社主编，《法学家印象——40年的出版社与作者，贝克出版社225周年纪念文集》，1988年，第130、134页。

[7] 对于该话题，参见克诺普（W. Knopp）：《贝克出版社纪念文集》，1988年，第396、397及以下诸页。

教过。"⑧

1953年,他(不情愿地?)放弃了他的法律培训活动,以便能够完成在科隆大学汉斯·卡尔·尼佩代指导下的教授任用资格论文从而获得教授资格。随后两年里,他一直在科隆大学任教和撰写发表文章。

(二)黑费梅尔教授

1955年,海德堡大学法学院的聘请使得黑费梅尔踏入科隆以外的"学术界"。虽然法学院在欧根·乌尔默去了慕尼黑之后,并没有对黑费梅尔赋予足够的信任而任命他为接班人,但是也确实任命黑费梅尔在两个学期内暂时填补教席的空缺。1956年,50岁的黑费梅尔获得了来自曼海姆经济应用大学的教授职位,这也是黑费梅尔的第一个教授职位。不过当时该学校还没有法学院,且受制于此只有三个教职。因此,1959年黑费梅尔接受明斯特大学的任职邀请,这成为他职业生涯中的一个重大飞跃。随后,黑费梅尔不仅加入了因哈里·韦斯特曼和众多学者而享有盛誉的法学院,而且还成功地利用了他作为一个著名的教授者(修订和进行备考讲授)的声誉。1961年,当沃尔夫冈·西伯特意外在海德堡去世时,海德堡法学院记起了黑费梅尔,并成功地将黑费梅尔从使他与明斯特大学绑在一起的最低限度为三年的任期中解放出来,将他招募到海德堡大学。事实上,这一举动对于双方来说都是恰到好处的。黑费梅尔很快发展成为海德堡法学院的学术明星之一,他和家人在齐格勒豪森(Ziegelhausen)新建的房子里过着非常舒适的生活,在这里可以看到内卡河山谷的壮丽景色。除了培养大量的博士,黑费梅尔还指导三位博士完成了教授任用资格论文,他们分别是维尔纳·克诺普(Werner Knopp,1931)、彼得·乌尔默(前两位都在1968年毕业)和威尔弗里德·蒂尔曼(Wilfried Tilmann)(1975年毕业)。他指导的第四位——卡尔-海因茨·费策(Karl-Heinz Fezer,1946)于1982年完成教授任用资格论文。

1974年退休的黑费梅尔尽管有68岁了,仍然还是一位"年轻的"

---

⑧ 克诺普(W. Knopp):《献给门生》,彼得·乌尔默(P. Ulmer)主编,《黑费梅尔纪念文集》,1997年,第37、39页。

大学教授。在接下来的25年里,他作为顶尖的法律评注人通过每个冬季学期继续讲授于他而言特别重要的有价证券法,从而使学院一直熠熠生辉。在黑费梅尔65岁和70岁生日时,至少有三本纪念文集[9]都是为他而作,还有两期的竞争法期刊,即《知识产权保护与著作权杂志》(GRUR)和《竞争法与实务》(WRP)纪念黑费梅尔90岁生日。[10] 1981年,根据海德堡大学的建议,黑费梅尔被授予"联邦功绩勋章"称号,而且海德堡大学也授予黑费梅尔大学奖章,以此来表彰他。

在20世纪70年代后半期,黑费梅尔接受了来自萨尔茨堡大学法学院的荣誉教授职位,从而进入了另一个活动领域。黑费梅尔在那里与他周围一群令人印象深刻的教授和学生们成为朋友。汉斯-格奥尔格·科彭施泰因纳(Hans-Georg Koppensteiner,1936)为此在一次黑费梅尔的学术纪念活动上发表了感人至深的演讲。[11] 因这份工作,黑费梅尔在萨尔茨堡建立了第二个家,他每年都在萨尔茨堡——这座以节日而闻名并随着时间的推移而不断壮大的城市——度过几个星期。

1996年,即使黑费梅尔已经90岁高龄,活动范围和行动范围都开始缩小,他仍然热衷于他的写字台。2000年,94岁的他完成了《竞争法评注》第22版(当时已超过1900页)的编写工作。这也与黑费梅尔的座右铭"工作令我感知自我的存在"(以笛卡尔的"我思故我在"为范本)相契合。黑费梅尔于2001年10月29日与世长辞,享年95岁。

---

[9] 默林(P. Möhring)、乌尔默(P. Ulmer)、王尔德(G. Wilde):《竞争者法与商品标识法的新发展:沃尔夫冈·黑费梅尔纪念文集》,1971年;伯肯弗尔德(E.-W. Böckenförde)、克诺普(W. Knopp)主编:《当代法律问题:沃尔夫冈·黑费梅尔纪念文集》,1972年;费舍尔等(R. Fischer, E. Gessler, W. Schilling, R. Serick and P. Ulmer)主编:《商法、公司法和经济法的结构与发展》,1976年。

[10] 参见格洛伊(W. Gloy)、洛舍尔德(M. Loschelder):《沃尔夫冈·黑费梅尔九十寿辰》,《知识产权保护与著作权杂志》1996年,第515—517页;基塞尔勒(M. Kisseler)、克拉姆罗特(S. Klamroth):《沃尔夫冈·黑费梅尔1996年9月18日九十辰纪念文集》,《竞争法与实务》1996年,第965—1018页。

[11] 科彭施泰因纳:《纪念词》,载《沃尔夫冈·黑费梅尔教授学术纪念会》,2003年,第37—46页。

(三) 三方面的观察

1. 四(六)个历史时期

今天看来，黑费梅尔的人生跨度之大和作品影响维度之广，令人震惊。具体而言，黑费梅尔的人生可以分为四个或者更确切地说六个阶段。在这六个人生阶段中，每个人生阶段占据主导地位的法律和生活环境都完全不同。他12岁前的童年是在德意志帝国时期度过的，因而，对于第一次世界大战，黑费梅尔似乎是有意识的。之后，他的青年时代、作为一个法科学生的时代以及他开设培训机构时期经历的所有起起落落，都在魏玛共和国时期度过。随后，黑费梅尔在纳粹党领导下的司法部开启了他的第一个职业生涯，这是他一生中第三个主要阶段。在这个时期，他从公务员行政级别的初级职位升到了更高级别的职位。之后，便是战争结束时的崩溃和他在战后时期新的开始，这一段时期起始于他在菲利普·莫林办公室隐姓埋名的生活。之后是黑费梅尔生命中的第五个时期，也是他的人生的中心时期，即在德意志联邦共和国过渡到1989年的前四十年期间，黑费梅尔成为一位著名的、极具魅力的法学教授。最后是始于德国统一的第六个时期，黑费梅尔因能够继续与他的德国核心地区的血统联系在一起深感幸福。

从今天的角度回顾黑费梅尔所走过的生命轨迹，特别是他在帝国司法部的活动，有两件事让我们这些在他生命后期与他有密切关系的人印象深刻。黑费梅尔很少甚至可以说几乎从未主动透露过自己在1945年之前的生活细节，当被问及这个问题时，他都会非常含蓄地回答。但很明显的是，这整个的时期，特别是那些在商法和股份公司法方面的工作，在他的身上留下了印记。这一事实也深刻反映在他继续担任关于《德国商法典》的施里戈伯格、黑费梅尔（Schlegelberger/Hefermehl）评注及关于《德国股份公司法》的格斯勒、黑费梅尔、埃卡特、克罗普夫（Gessler/Hefermehl/Eckardt/Kropff）评注的这件事上。他与司法部的同事恩斯特·格斯勒（Ernst Gessler, 1905—1986）关系密切。格斯勒后来是联邦司法部委员，也是1965年德国股份公司法改革"之父"，他曾为纪念黑费梅尔80岁生日发表了一次精彩的演讲。黑费梅尔生活的第二个独特之处在于，在接下来的几十年里，每当谈话涉及政治话题时他都会表现出明显的克制。正如在体育方面，他遵循温斯顿·丘吉尔的座右铭"不运动"一样，尽管其内心倾向于平民阵营，他也与政治保持明显的距离。

2. 从学徒到大师

关于黑费梅尔的第一个记述涉及他在1948年之后开始的职业，其可以分为三个传统类别。具体而言：

（1）教师生涯。这一生涯的时间跨度为：1952年之前在明斯特的培训阶段、1953年在科隆大学完成教授任用资格论文以及之后在该大学的讲师阶段。

（2）漂泊阶段。这一时期从他接受海德堡大学的临时教职开始，到他在曼海姆的第一个教席教授职位，以及他在明斯特大学的第一个重要的教授职位。

（3）大师生涯。黑费梅尔的大师生涯始于20世纪60年代的海德堡大学，这一时期的突出表现是其作为民法、商法、公司法和竞争法评注者拥有的不可替代的地位；他在教学上取得重要成就，成为广受欢迎的专家鉴定人、法律咨询师和仲裁员，以及作为仲裁庭的首席仲裁员具有不可替代的权威。[12]

3. 黑费梅尔的动态性和毅力

第三个视角也是最后一个关于黑费梅尔的观察，是为了强调黑费梅尔在其90多年的生命中所表现出的活力和精力。在这一点上，我必须要提到的是，黑费梅尔在他40多岁时在明斯特成功地建立了自己作为一名司考名师的职业生涯，而这样的年龄，于大多数人而言，已经开始停止脑力劳动了。同样，这让人想起黑费梅尔在1956年接受第一个教授职位，那时他已经50岁。而今天取得第一个教授任命的平均年龄是35岁。同时需要强调的是，先生他在70岁高龄时仍然继续从事教学工作，直到他90多岁，而且他在新版的竞争法和有价证券法评注方面的不懈工作一直持续到新千年。最后，值得一提的是，黑费梅尔退休后在萨尔茨堡建立了第二个生活和交际圈并在那里产生了深远影响。

---

[12] 参见 Gloy/Loschelder, GRUR 1996, 517。

二、法学家

（一）黑费梅尔的法律职业

本报告的第二部分将专门讲述 20 世纪下半叶我们所认识、欣赏和钦佩的优秀法律学家沃尔夫冈·黑费梅尔。我将首先侧重于他的学术发表和教育事业。一方面，我主要集中在他的出版活动上，这首先反映在他作为一个评注者[13]的高超艺术以及对重要的法律期刊和纪念文集的突出贡献上[14]。另一方面，作为一名教授，后世的门生至今都认为他已经成为一种典范。与 20 世纪 50 年代盛行的教学风格相比，正如我本人当时在海德堡大学所经历的，黑费梅尔的教学风格似乎是革命性的。

除此之外，黑费梅尔作为法学家的生活全貌须予以勾勒，特别是他作为司法部雇员的时期。当然，他作为专家、顾问和仲裁员的多种职业时期的生活亦须被描绘。就他在司法部的工作期间而言，除了他作为作者参与了施里戈伯格[15]主编的法律评注之外，我知之甚少，难以对其进

---

[13] 黑费梅尔从 1937 年到 1975 年的完整作品目录，参见费舍尔等（R. Fischer, E. Gessler, W. Schilling, R. Serick, P. Ulmer）主编：《商法、公司法和经济法的结构与发展》，1976 年，第 489 及以下诸页。

[14] 尤其是参见黑费梅尔：《竞争法的适用范围》，迪茨、怀克、莱因哈特（R. Dietz, A. Hueck, R. Reinhardt）主编，《汉斯·卡尔·尼佩代纪念文集》，1955 年，第 283—301 页；黑费梅尔：《依据〈欧洲共同体条约〉第 85 条和第 86 条评经营者集中以及企业集团的形成》，迪茨、怀克、莱因哈特主编，《汉斯·卡尔·尼佩代纪念文集》，第 2 卷，1965 年，第 771—795 页；黑费梅尔：《往来账户的基本问题》，尼佩代主编，《海因里希·莱曼纪念文集》，1956 年，第 547—562 页；黑费梅尔：《商业标识的名称权保护》，迪茨、尼佩代和乌尔默主编，《阿尔弗雷德·怀克纪念文集》，1959 年，第 519—542 页；黑费梅尔：《论作为标识手段的颜色的保护》，黑费梅尔、尼佩代主编，《菲利普·默林纪念文集》，1965 年，第 225—244 页；黑费梅尔：《论汇款交易的法律问题》，黑费梅尔、尼尔克、韦斯特曼主编，《菲利普·默林纪念文集》，1975 年，第 381—399 页；黑费梅尔：《资合公司的股东对第三人的侵权责任》，伯恩哈特、黑费梅尔、席林（W. Bernhardt, W. Hefermehl, W. Schilling）主编，《汉斯·海格勒纪念文集》，1972 年，第 88—104 页；黑费梅尔：《公司董事对股东大会决议的责任》，费舍尔、黑费梅尔主编，《沃尔夫冈·席林纪念文集》，1973 年，第 159—173 页；黑费梅尔：《反对相同或混淆标识登记中对著名商标的保护》，拜耶尔（F. -K. Beier）、沃尔夫冈·费肯杰主编，《欧根·乌尔默纪念文集：比较法、利益平衡和法律续造》，《知识产权保护与著作权杂志（国际版）》（GRUR Int.）1973 年，第 425—430 页；黑费梅尔：《人合公司股份的先位和后位继承顺序》，黑费梅尔、格缪、布洛克斯主编，《哈里·韦斯特曼纪念文集》，1974 年，第 223—240 页。

[15] 参见前引 5。

行更为详细的谈论。他作为一名法律专家、顾问和仲裁员的大多数重要活动始于20世纪50年代，但由于其大部分工作通常不在公众面前进行，因此没有人注意到他颂扬时代精神的言论。[16] 但我们所能说的是，在此期间几乎没有哪个重大法律争端，特别是在反不正当竞争法和商标法领域，当然也包括了商法和公司法方面，是没有黑费梅尔的深入参与的，尽管黑费梅尔在这两个方面并未处在作为专家或仲裁员的核心地位。不可否认的是，上文提到的海德堡附近齐格尔豪森的漂亮房子以及他的生活方式表明，所有这些工作都得到了应得的物质回馈。

（二）法律评注者黑费梅尔

1. 评价基础

当我们试图找出恰当的赞扬之词去评价一位学者的学术工作时，最根本的问题在于：他的哪一部作品"经得起时间的考验"。许多诺贝尔自然科学和医学奖获得者的成就令后世难忘，许多文科学者的名字也在他们去世后的很长一段时间里，回响在历史的长河之中。

对法学家作出这样的描述要困难得多：后代很少为他们编织花环。在民商法领域，有这样成就的只有少数几本教科书，比如卡尔·拉伦茨《德国民法通论》和《德国债法》教科书，卡斯滕·施密特关于德国商法和公司法的教科书，以及阿尔弗雷德·怀克的《商事合伙法》。这些教科书几十年来一直保持其作为有影响力的著作的地位。此外，划时代的成果往往与一些著名人物的名字有关，例如，耶林发现缔约过失责任，施陶布将积极违约作为给付瑕疵法的一个特别种类，维尔纳·弗卢梅关于共同所有权本质的探讨以及主要追溯到卡纳里斯的有关民法中信赖责任的认识。但上述情况是一些不寻常的、很少发生的现象，大部分的法学家，其日常工作更多是建设性地或批判性地认识立法，并且在法律适用中逐步地积累知识。

---

[16] 不同的观点，参见本书第六章"总结与展望"中扬·蒂森（Jan Thiessen）的文章《本书主线及纳粹时期的私法学》。该文提到黑费梅尔1938年和1941年发表在《德意志司法》上涉及在德国经济中排挤犹太人的三篇文章。在黑费梅尔纪念文集中的作品清单并没有收录这三篇文章，从其他渠道我也不知道有这些文章。

黑费梅尔没有写大型教科书或类似的作品：他是一位法律评注大师，他也不关心具有革命性意义的理论。相反，黑费梅尔产生的影响主要是通过自主、全面审视理论和实践的方式，体系化地通透和继续发展现行法来实现。除了这些成就之外，他致力于竞争法领域的研究，从而为"后世"奠基。我首先想到的是他具有典范性地将(旧版)《德国反不正当竞争法》第 1 条的一般条款分为五个核心章节以及众多的案例组，[17]另外可以想到受到他重大影响的关于竞争法的功能和保护目标的讨论。[18]这些都涉及区分正当与违反公序良俗的竞争的行为的可靠的实践标准。二者被纳入了《反不正当竞争法》2004 年重大改革当中。第 3 条作为新的禁止不正当竞争行为的一般条款，之外又通过第 4 条、第 7 条第 2 款补充了大量的不正当竞争行为的法定例子，这些例子显然源自黑费梅尔的案例组理论[19]。另外，对德国法来说，最不同寻常的是，新的《德国反不正当竞争法》第 1 条对该法的立法目的进行了界定，具体如下：

> 本法旨在保护竞争者、消费者(女性消费者和男性消费者)及其他的市场参与者免受不正当商业行为之侵害。本法同时保护竞争不被扭曲的公共利益。

除了该法特别提到"女性消费者"之外(尽管大家都知道黑费梅尔尊重美丽的女人，他对于法律这种特别强调的做法不赞同)，显而易见的是该条来源于受黑费梅尔影响极大的保护目的"三驾马车"说，即"竞争者""消费者和其他购买者"及"公共利益"。[20]

---

[17] 参见鲍姆巴赫、黑费梅尔主编《竞争法》(2001 年第 22 版)第 1 条，共有 8 页的目录。

[18] 鲍姆巴赫、黑费梅尔：前引 17，《德国反不正当竞争法》导语，边码 40 及以下几个边码，其基础是欧根·乌尔默：《现代竞争法中的意义关联》(Sinnzusammenhänge im modernen Wettbewerbsrecht)，1932 年，以及内雷特尔(Nerreter)：《德国竞争法基础》(Allgemeine Grundlagen eines deutschen Wettbewerbsrechts)，1936 年。对此，详细参见费策(Fezer)：《反不正当竞争法》(Lauterkeitsrecht)，2005 年，《德国反不正当竞争法》第 1 条，边码 6 及以下几个边码。

[19] 参见黑费梅尔、克勒、博恩卡姆(Hefermehl/Köhler/Bornkamm)：《竞争法》，2006 年第 24 版，《德国反不正当竞争法》导语，边码 2.14、2.19，以及克勒：《德国反不正当竞争法》第 4 条，边码 2。

[20] 参见前引 18。

2. 民法

黑费梅尔的学术著作的概述始于民法。其在《埃尔曼德国民法典评注》[21]和《泽格尔德国民法典评注》[22]中的相关评注被视为"经典",这对德国数代法律人产生了很大的影响。黑费梅尔从一开始就参与了埃尔曼评注中很多章节的撰写,涉及的内容从民法典总则到物权法,甚至还有亲属法。亲属法的部分他评注了约200条,包括了儿童、收养和监护方面的法律规定。[23]《埃尔曼德国民法典评注》一书关于所有权人与占有人之间关系的评注已成为传奇,在这个众所周知的、棘手的理论和观点的领域,黑费梅尔在"序言"中仅用了6页纸,就全方位地评注了《德国民法典》第987—993条,层次分明、清晰易懂地勾画出该法律领域的"基本结构"。为了深入了解黑费梅尔的评注风格所形成的力量,我想引用该序言(边码4—8)中的五个核心观点:

> 第987条及以下几条根据占有人对其占有权是善意还是恶意来确定使用的责任和损害赔偿。因此,这些法条只涉及所有权人与非法占有人之间的关系(边码4)。
>
> 占有人的占有相对于所有权人来说没有正当性,其占有就是非法占有。如占有人依据一种特别的法律关系拥有排除第985条基础上返还请求权的"占有权利",那么他并不能侵犯第985条基础上请求权的合法占有人(边码5)。
>
> 占有权的丧失能够导致合法占有人成为非法占有人,从而对其产生返还请求权。有争议的是,在这种情况下第987条及以下几条的适用(边码6)。
>
> 合同约定或法律规定适用于合法的占有人,这些约定或规定使占有相对于所有权具有正当性。第987条及以下几条不适用,因为

---

[21] 黑费梅尔:埃尔曼(W. Erman)、阿尔恩特(K. Arndt)主编,《〈德国民法典〉评注手册》,从1958年第2版开始,评注《德国民法典》第145—163条、第194—240条、第937—1005条、第1705—1921条(这些法条的评注早在1952年第1版就已经开始)。

[22] 黑费梅尔:泽格儿(H. Soergel)、西伯特(W. Siebert)主编,《〈德国民法典〉评注》。黑费梅尔从1959年的第9版开始评注《德国民法典》第116—144条。

[23] 参见前引21。

它们假设占有人基于第 985 条有返还的义务，也即所有权人与占有人之间没有使占有具有正当性的特别关系（边码 7）。

基于第 987 条及以下几条的意旨，它们以所有权返还之诉为前提条件，且该诉仅仅在所有权人与非法占有人之间。为此，将这些规定类推适用于合法占有并且导致再次推翻基本制度，从原则上就令人担忧（边码 8）。

很明显，这些大手笔消除了几十年来在许多文献和司法裁判中都有所增加的精心雕琢的细节。毫无疑问的是，黑费梅尔没有在单个评注中忽略这些细节，对他来说，重要的是确保不会因为有许多例外和特殊性而没有看到"所有权人和占有人关系法"的基本结构和功能，并确保评注的读者仍然可以认识到例外和基本制度之间的循环。

黑费梅尔对《德国民法典》评注的另一个例子也同样简洁和经典，即他在《泽格尔德国民法典评注》中关于"意思表示"的本质的评注，其背景是"意思说"和"表示说"之间持续了几十年的争论，以及他对有利于交易的"效力说"的偏爱。在这方面，我想引述他就《德国民法典》第 116 条所作的序言（边码 16）：

> 意思表示，作为一种社会行为，是一种旨在产生法律后果的意图之说明。这一要求以外部行为为准，这不仅是出于实用性的原因，更是因为法秩序与心理学不同的是前者只能记录一个人与其外部世界关系中的行为。法律上的基础是对外部产生效力的法律后果意思，对其确定须服从一般性的解释原则（第 133 条和第 157 条）。……意思表示的构成要件涉及的是借助解释查明的规范性的法律概念。它得以成立的关键是行为意思，行为意思涉及的是行为，而不是行为人的意识，从人的行为可以推导出法律后果意思的实现。条件反射活动并不是行为，因此也不是意思表示。

黑费梅尔对"对外部产生效力的法律后果意思"的认识，将读者引向正确的方向，从而有可能为从众所周知的特里尔葡萄酒拍卖案一直到对社会典型行为的评价的众多争议问题，提出令人信服的解决办法。

3. 商法、公司法和有价证券法

就黑费梅尔在商法、公司法和有价证券法方面的研究而言，专家们显然会想到施里戈伯格、黑费梅尔以商事行为为重点的评注（现为《慕尼黑德国商法典评注》）及格斯勒、黑费梅尔的《德国股份公司法评注》以董事法为核心的评注（现为《慕尼黑德国股份公司法评注》），以及鲍姆巴赫、黑费梅尔主编的经典的《德国有价证券法》中的评注。[24] 黑费梅尔一直持续着他的评注事业，其中一些评注可以追溯到他作为司法部雇员的时期，并延续到20世纪的最后几十年。就有价证券法而言，甚至更持久。这些评注也以清晰和简洁的表述、系统的方法以及为现实生活寻求最恰当的解决方案付出的努力著称，为未来几十年的前进方向指明了道路。的确，以今天的观点来看，现在讨论的以下核心话题并没有反映在或阐释性地反映在他的评注中：董事会在经营决策当中必要的衡量余地，也即商业判断规则[25]，以及在曼内斯曼（Mannesmann）裁判[26]的背景下董事薪酬的适当性，最后还有监事会的基本义务是向董事提出损害赔偿请求。[27] 黑费梅尔并不是一位幻想者，我们今天所关注的问题在他所处的时代根本没有意义。

黑费梅尔的见解，特别是关于"往来账户"（"Kontokorrent"）性质及其法律基础的认识，塑造了迄今为止关于商法的讨论。他在1956年为纪念海因里希·莱曼的文集撰写文章[28]时，以及在施勒格贝格尔、黑费梅尔关于《德国商法典》第355—357条的评注[29]中，拓展了这些认识。我们都知道，关于往来账户的性质和法律评价的问题是20世纪上半叶商法中的核心问题，而黑费梅尔却以简短而具有讽刺意味的以下评注消除

---

[24] 鲍姆巴赫、黑费梅尔：《汇票法和支票法》（Wechselgesetz und Scheckgesetz），最新版是2019年第24版。
[25] 参见最新的《德国股份公司法》第93条第1款第2句。
[26] 德国联邦最高法院裁判，《法学新周刊》2006年，第522页。
[27] 《联邦最高法院民事裁判集》第135卷，第244页。
[28] 黑费梅尔：《海因里希·莱曼纪念文集》，1956年，第547及以下诸页。
[29] 施里戈伯格、黑费梅尔主编：《德国商法典》，1976年第5版，第355条，边码8及以下几个边码，边码18及以下几个边码，边码41及以下几个边码。

了这些争论:[30]

> 关于往来账户的性质,学者们已经提出了许多理论。这些理论以强调往来账户造成的一种或另一种影响为主要特征,并在此基础上发展出一种人为的往来账户结构。对这些理论进行辩论是徒劳无益的。往来账户的影响植根于当事人寻求通过抵销相互索赔和付款来简化其商业交易的意愿。针对当事人所要追求的这种简化目的,将往来账户关系的法律评价神秘化,本就是很荒唐的。

为了反对这种"神秘",黑费梅尔提出了以典型的当事人意愿为准的学说,该学说包含了往来账户合同的两个要素:[31]

(1)往来账户协议。根据该协议,往来账户双方首先仅对请求权和给付记账,然后定期相互抵销,但须结算确定由此产生的余额。

(2)"业务关系"作为往来账户协议的基础或框架,通过往来账户来计算相互的请求权和给付。对此,他提到金融机构和客户之间的银行合同或储蓄合同以及生产商和经销商之间持续单个合同基础上的框架合同作为典型例子。

这一基本框架回答了有关结算的法律意义和在各自计算期间结束时确定余额的问题,因此,结算(Verrechnung)的功能仅是确定一方当事人对另一方当事人的请求超出额度,将该余额作为独立请求权的权利与最终结算并不相关。相反,这项权利取决于商业协议的实质内容,因为其中载有当事各方关于债务人是否应在计算期间结束时付清余额的规定,或者这余额是否应结转到一个新账户,如果当事各方没有明确规定,在发生"账户透支"的情况下,透支方有义务在计算期间偿还透支。[32] 相反,当涉及确定一致认可的余额时,超出平衡账户或确定余额的行为,从法律上讲,必须被视为承认债务。这项法律行为提出了一方向另

---

[30] 前引29,第355条,边码6。
[31] 前引29,第355条,边码10—13。
[32] 黑费梅尔:《海因里希·莱曼纪念文集》,1956年,第547、557页。

一方支付余额的抽象要求，对商业协议中有关到期日的规定进行了制约。[33]

黑费梅尔对往来账户的研究具有开创性，特别是因为它超越了当时的司法裁判和学理中盛行并占据优势的所谓的"债务更新说"（"Novationstheorie"）。[34] 众所周知，这些理论涉及确定了或承认了用于更新目的的余额，即将个人请求替换为未结余额。黑费梅尔[35]明确表示，这一理论与往来账户项目协议各方的典型意图不相符，并且产生一些站不住脚的后果，具体来说：

（1）丧失担保。即与单个请求权相关并受其继续存在约束的担保，因为债务更新而丧失，只要这不违反《德国商法典》第356条的规定。

（2）不可能性。即如果在余额已经确定后发生有关单个权利的争议，不能追溯和行使已经存在的抗辩权。

（3）不一致性。即债务更新说与《德国商法典》第364条第2款的基本思想不一致，依据该思想，债务人承担新债务在可疑情况下不是代替履行，而是因为履行而承担新的责任。

黑费梅尔将他的观点与主流观点作了对比。按照主流观点，如果放弃"债务更新"的法律观点，就会产生个人索赔，但他认为，鉴于往来账户协议的"结算网络"，这是不可能的。[36] 换言之，个人索赔仍然与往来账户挂钩并受其限制，但当事方可为了抗辩或主张抵销而提及这些债权。

然而，黑费梅尔的理论中仍存在的一个问题是，根据往来账户协议进行抵销将如何影响个人债权的有效性。后来，他赞同卡纳里斯对"合比例的总体结算"[37]的批评，因为它会按照定义产生"具有不同法律依据的各种索赔要求"，并倾向于类似适用《德国民法典》第366条第2款，即偿还顺序必须与既定的利益相称。[38]

---

[33] 黑费梅尔：《海因里希·莱曼纪念文集》，1956年，第547、549、554页。
[34] 相关证明，参见黑费梅尔：《海因里希·莱曼纪念文集》，1956年，第547、549页。
[35] 黑费梅尔：《海因里希·莱曼纪念文集》，1956年，第547页，第550及以下诸页。
[36] 黑费梅尔：《海因里希·莱曼纪念文集》，1956年，第547、555页。
[37] 卡纳里斯：《〈德国商法典〉大型评注》，1970年第3版，第355条边码68。
[38] 施里戈伯格、黑费梅尔主编：《德国商法典》，1976年第5版，第355条边码56。

黑费梅尔通过对汇票法和支票法的评注,给数代的法律人奉献了著名的教科书式的《有价证券法精要》。最后,请允许我引用他在叙述众多高度分歧的有价证券理论之后作出的总结:[39]

> 在最初提出债务请求权时,出具行为不足以确定债务人在债权最初成立时的有价证券义务。它必须辅之以一项有效的发行协议。然而,即使没有这种协议,对已成为未偿有价证券所有人的无记名担保或登记担保的善意买受人的股票义务也可以确立,因为签署产生了以归责方式产生的表见权利(联邦最高法院引述)。……因此,我们必须区分两种产生的原因:发行协议、善意买受人基于表面证据以可归因方式进行的诚信购买。因此,即使没有有效的发行协议,签署人也负有责任,因为他在交易中以可以归责的方式产生了表见的权利。

我认为,这句引述证明了黑费梅尔独立处理激烈讨论的理论争议,他的法律评注的使用者对此表示感谢。

4. 反不正当竞争法

让我以黑费梅尔最后几十年来的专业领域——反不正当竞争法,结束有关其学术影响的介绍。如上文所述,在15多个版次中,他从20世纪50年代开始将其法律评注的高级艺术应用于这一领域,一方面,他通过发展和完善他的"案例组",使《德国反不正当竞争法》第1条中的一般条款(现为《德国反不正当竞争法》第3条)具有透明度、实用性和可预见性;另一方面,在法律适用和法律续造方面,他为法院开辟了一条道路,即突出强调竞争法的保护目的。[40]

黑费梅尔将大量单个的案例组分为以下五章(类):

---

[39] 鲍姆巴赫、黑费梅尔:《汇票法和支票法》,边码30。
[40] 参见温格恩-斯滕伯格(J. von Ungern-Sternberg):《〈德国反不正当竞争法〉第1条与竞争相关的适用及对善良风俗的合规范目的的解释》,阿伦斯等主编,《埃德曼纪念文集》,2002年,第741页,第745页以下诸页。该文指出黑费梅尔强调善良风俗这个法律概念的功能相关性(参见《竞争法》中关于《德国反不正当竞争法》的引言)及其在德国联邦最高法院司法裁判当中的体现。

（1）诱骗客户。即骚扰或利用客户缺乏经验或不理智，进而不公平地诱使他们缔结协议。

（2）排除竞争者。即采取阻碍竞争者销售或采购商品或服务的不公平的措施，采取联合抵制和歧视措施，或采取损害声誉的手段或不公平的比较广告，排除竞争者。

（3）剥削利用竞争者的市场地位。即采取模仿、采用他人的能力，剥削利用他人的声誉或抢夺职工或客户。

（4）通过违法取得领先地位。比如通过违约，包括致使第三人违约；比如通过违反竞争相关的法律规定，即违反了"竞争环境平等"（"*par conditio concurrentium*"）的基本原则。

（5）扰乱市场。即采用不公平的价格竞争或大规模赠送原创商品的手段，危害竞争的有序运作。

如前所述，其中许多案例组已成为2004年《德国反不正当竞争法》改革后的第3条一般条款的法定例子，从而为黑费梅尔树立了一座立法纪念碑。然而，鉴于欧洲一体化背景下的法律协调[41]，这座纪念碑有可能成为这种协调的牺牲者，对于上述的2004年新《德国反不正当竞争法》第1条"保护目的条款"也同样如此。可以预见到这种法律目的的规定，会因为欧盟法中典型的优先保护消费者的基调而被相对化。

无论如何，即使在今天，也必须指出，20世纪下半叶，鲍姆巴赫、黑费梅尔的《竞争法》几十年来发展成为竞争法的"大宪章"或"圣经"。这标志着这几十年来，它为黑费梅尔和德国联邦最高法院负责这一法律事务的第一民事审判庭之间的对话提供了极好的基础。在1994年商标法改革之前，黑费梅尔对于该领域的意义也同样如此。黑费梅尔把他对商标法的评注视为他的第二部"竞争法"。众所周知，这部法律评注正由他的门生、康斯坦茨大学的卡尔-海因茨·费策续写。[42]

---

[41] 基于欧共体2005/29号指令，具体为《2005年5月11日欧洲议会和理事会有关于共同市场中经营者与消费者商业交易中不正当商业行为的2005/29号指令》（OJ L149/22）。对于其在德国法中的落实情况，参见克勒：《论不正当商业行为指令的落实》，《知识产权保护与著作权杂志》2005年，第793—888页，以及佐斯尼察（Sosnitza）：《不正当商业行为指令——完全抑或部分协同？》，《竞争法与实务》2006年，第1—7页。

[42] 费策：《商标法》，2019年第5版。

(三) 黑费梅尔作为高校教师

黑费梅尔作为法律评注者的学术成就，也为讨论他作为一名培养了几代法律人的教授所取得的成就奠定了基础。他强调各个法律制度的基本结构和功能（他称之为"束腹法"），而且黑费梅尔的教学总是考虑到法律实践，这使得他的大课、案例研习课以及研讨课具有独特的吸引力，特别是在20世纪50年代以及几十年后的今天，这也使得他的许多学生在他们后来的职业生涯中始终信任他。

在庆祝黑费梅尔90岁诞辰的庆典上，长期追随黑费梅尔的学术助理维尔纳·克诺普（曾一直追随黑费梅尔从曼海姆大学到明斯特大学再到海德堡大学，后来成为普鲁士文化遗产基金会的主席）回顾了黑费梅尔教授成功的经验并将其归因于三个核心要素：

(1) 掌握材料；

(2) 传授知识的能力，即特别的教学天赋；

(3) 激励的能力。[43]

正如上文阐述的，黑费梅尔无疑对他的材料深谙于心，而这种对于材料的熟悉，一方面得益于他从马丁·沃尔夫那里学到的始终考虑并强调体系化的联系。这种需要严格遵循的传统方法同时也得益于他对事态发展的开放态度，这一点在《德国反不正当竞争法》第1条一般条款（现为第3条）的展开中得到了清晰展示。同时，他在教学中使用的语言清晰易懂，而且他本能地知道如何唤醒和抓住听众的兴趣，并鼓励他们跟随他的思考路径。这充分证明了黑费梅尔传授知识的能力，即他作为一名教授者的才能。最后，黑费梅尔激励门生的能力，根源于他强大的个人魅力以及对于门生的职业发展和命运的强烈兴趣。反过来，门生们报答老师，几十年来一直依恋着他。黑费梅尔退休后，没有哪一个整十的生日不吸引大批门生来到海德堡，尤其是来自明斯特的公共汽车载满了学生，其中一些人在黑费梅尔担任教辅时就认识他，这是一个传奇。黑费梅尔90岁生日庆祝仪式的开幕式在海德堡大学老音乐厅举行，600多名嘉宾——其中大多数是他之前的学生——齐聚一堂。我想他们中的

---

[43] 克诺普：《黑费梅尔纪念文集》，1997年，第37、39及以下诸页。

任何一个人都不会忘记，当已至鲐背之年的先生进入大厅时，所有的与会者不约而同地站起来鼓掌的盛况。

请允许我编织两段个人记忆。第一段记忆是20世纪50年代中期黑费梅尔在海德堡大学的教学活动。在充满节日气氛和暗旧的教学大厅里，没有黑板，也没有任何教学设备，一位相对不知名的教授正在讲授有价证券法。学生们起初犹豫不决，心存疑虑，但他的教学风格很快给学生留下了深刻的印象。出于必要，黑费梅尔并没有站在离学生们很远的讲台上，而是在教室中间的过道上走来走去，进行着他的大课。黑费梅尔在口袋里塞了一小块粉笔，他把粉笔当作投射物，从而确保那些注意力已经开始涣散的学生们重新回归到他的课堂。学生们如此着迷，以至于他们中的许多人带着他们的女朋友参加了大课，向她们介绍一个赢得其欢心的教授。

第二段记忆更多的是学术上的回忆，时间定格在20世纪60年代的后半段。在我经过五年的法律实务工作之后，虽然此前我已经回避走这条道路，还是决定尝试开启在学术界的职业生涯。黑费梅尔同意帮助我申请德国研究基金会的奖学金。当然，如果我没有为他的教学做出一些贡献，这种"帮助"是难以得到的。他长期开设关于"竞争法和商标法的基本问题和当前发展"的研讨课，这一特别活动似乎更益于达到这一目的。研讨课之所以特别，不仅是因为他对于专业知识的精通，而且由于他作为研讨课的争论者成功地邀请到了德国联邦最高法院竞争事务庭长京特·维尔德（Günther Wilde，1900—1980）以及在该领域和许多其他领域都无与伦比的最高法院律师菲利普·默林。这些研讨课通常先由学生就具体专题做一两次报告，之后，他们也被赋予一些时间来捍卫自己的立场。事实上，研讨课的三位导师以及出席讨论的所有的博士生和学术助理们的参与，使得研讨活动成为一种特殊的经历。最重要的是，1968年夏季学期结束时，菲利普·默林邀请与会者到他位于奥地利的富施尔湖（Fuschlsee）的家中。那是一次令人激动的邀请。实际上，这次出行与海德堡1968年秋季那次可能发生政治动荡、破坏课堂的学生抗议活动相去甚远。作为旁白，我必须要说的是黑费梅尔在那些困难时期，毫无例外地成功地充当了阻挡动乱的人，并且在没有任何干扰的情况下进行他的大课,而黑费梅尔之所以能够这样做,除了因为他有能力表明自己的立场外,还在于他口袋里经常装满糖果,将其散发给静坐在大学台阶上的示威者。作为回应,这些人也会心甘情愿地为他打开一条通道,一条一直通往讲课教室的道路。

三、人格魅力

这些回忆已经触及了黑费梅尔不同寻常的个性的许多方面。他最突出的个人特征就是对学术会议的厌恶(他认为他的时间太宝贵了),以及他极度不情愿参加学院的会议、担任行政职务。为了避开这种来自工作的期望,他为自己发明了"假期院长"的工作。于每年的8月份,他自创"假期院长"一职。当所有的同事休假时,他执掌权杖,借此向同事表明他无法服务于学院的日常事务。他的同事奥特马尔·尧尔尼希(Othmar Jauernig, 1927—2014),一位与黑费梅尔有着35年亲密关系的老朋友,曾在用下面的话深刻描述了先生的独特之处:"沃尔夫冈·黑费梅尔并非一切都与众不同,但他的确与其他人有很大不同。"[44] 而学院的教职员工对此感到满意。

然而,若基于他的这些行为得出结论认为他除了在书桌前、大课上和与法律实践接触之外,不能够处理其他事项,那将是不准确的。例如,银灰色的保时捷自20世纪60年代中期以来,就一直是先生的标志。他开车在海德堡飞奔,引擎轰鸣着,他终于在接受了60多个小时的指导之后成功地获得了驾驶执照。而且众所周知的是,正因为他对歌剧和音乐会的痴迷,他决定在萨尔茨堡建立第二个家。同时,他对于文学和电影极其感兴趣,如果他还活着的话,在他100岁的时候,他肯定会坐在电视机前观看2006年的世界杯。

请允许我以两个例子来表明黑费梅尔对生活的兴趣,及他不仅对身边的那些人,而且对同时代的人、门生及其他朋友,在简短的闲谈或电话交流中展现出了关爱。

---

[44] 尧尔尼希:《黑费梅尔纪念文集》,1997年,第19页。

在20世纪60年代初搬到海德堡后不久，黑费梅尔就成为海德堡大学校友会的执行主任。这不只对外人来说十分惊讶。校友会是一个由地区要人组成的将资助大学的任务与社会活动结合起来的协会。直到1984年80岁生日前不久，黑费梅尔一直担任这一职务。他在职期间，使协会获得前所未有的蓬勃发展。传统上，大学每年举办两次重要的活动：乘车去海德堡郊外一个有趣的地方的夏季郊游，以及每年秋天的年度晚宴庆祝活动，庆祝活动在海德堡的一流酒店欧罗巴什霍夫酒店(Europäischer Hof)举行。在黑费梅尔担任主任期间，该协会的活动很快出现了显著好转，并且只要他领导该协会，这样的趋势就一直在持续。夏季乘一辆公共汽车的郊游变成了一次需要两辆后来需要三辆公共汽车的郊游，这甚至给赞助商巴斯夫股份公司(BASF)带来了麻烦。在许多参与者的特别要求下，这次郊游发展成了为期两天的旅行，其中包括了在外过夜。这一切的中心人物是黑费梅尔，他在社交界扮演着一种完全不同寻常的角色，却受到人们的敬仰、崇拜，甚至是爱戴。对于海德堡和曼海姆的上流社会来说，被他邀请加入协会就像被封为爵士一样。黑费梅尔于1984年辞去协会主任一职，这显然意味着一个巨大的变化，因为从那时起，一辆公共汽车又再次足以载着参加夏季郊游的人们前往目的地。

他性格的另一方面，也是一开始就让周围感到惊讶的，就是他承担门生一辈父亲式的朋友这个角色。对于所有和先生有过一些交往的人来说，这是最出乎意料和令人惊讶的，因为他通常被认为是主导而且很干练的人物，也是一个喜欢保持距离的人。简而言之，他是一个"值得尊敬的人"。黑费梅尔以同情、鼓励和帮助的态度关注着那些与他亲近的人的生活，这不仅是因为他有着无与伦比的记忆和他对于遇到的学生或同事的同情，更是因为这对于他来说是一种内在的真正的需要。有过这种体验的人数异常之多。有时，他们的电话会响起来，另一端那个非常熟悉的声音会说，"是我"（先生特有的问候方式），随之会用一些简洁的语言问事情进展如何，是否一切都好。每当他的学生比如晋升或获得奖章出现在报纸上时，都会伴随他这样的问候。甚至学生们的生日、疾病或者不幸，也都会引起这位法学大师沃尔夫冈·黑费梅尔的关心。

虽然在这方面我可以叙述很多自己的经历，但在这里我仅仅叙述一件事情。当我 1991 年成为海德堡大学校长时,黑费梅尔认为这是完全不合适的,因为还有很多其他的事情需要我更好地投入自己的精力和时间。随着时间的推移,他对大学里发生的事情了解愈深,因而经常有机会提出或这样或那样的批评,抑或是赞许的评论。然而,当 1997 年我结束校长任期时,先生拿着一本图册来找我,我确实感到非常惊讶。在这本图册里,他仔细地收集了所有有关我任职期间活动的报纸、图片和报道。图册的第一页以简洁的言语写道:

> 他的影响是划时代的,并且没有犯错误。
> 所有人都知道这个,收藏者黑费梅尔也知道。

如果黑费梅尔未与世长辞,他的许多朋友和门生无疑会在 2006 年秋天为他的 100 岁生日举办一次盛大的聚会。但是不管怎么说,9 月 18 日对所有与他关系密切的人来说仍然具有特殊的意义,即使现在这个日子已经成为一种回忆。

附录：沃尔夫冈·黑费梅尔最重要的作品

《埃尔曼德国民法典评注》（Erman, Bürgerliches Gesetzbuch, Handkommentar），最后一次参与是 2000 年第 10 版，第 145—153、194—240、937—1005 条。最新版是 2017 年第 15 版。

《泽格尔德国民法典评注》（Soergel, Kommentar zum Bürgerlichen Gesetzbuch），最后一次参与是 1999 年第 13 版，第 104—144 条。

《施勒格贝格尔德国商法典评注》（Schlegelberger, Handelsgesetzbuch），第 5 版，1976—1982 年，第 343—406 条；最后一次参与是《慕尼黑德国商法典评注》，2001 年，第 355—357、363—365 条。

格斯勒、黑费梅尔、埃卡特、克罗普夫主编：《德国股份公司法评注》（1973 年及以下几年），第 53a—75、76—94、179—240 条。

鲍姆巴赫、黑费梅尔：《竞争法》（Wettbewerbsrecht），最后一次参与是 2002 年的第 22 版。

鲍姆巴赫、黑费梅尔：《商品标识法》（Warenzeichengesetz），最后一次参与是 1985 年的第 12 版。

鲍姆巴赫、黑费梅尔：《汇票和支票法》（Wechsel- und Scheckgesetz），最后一次参与是 2000 年的第 22 版。

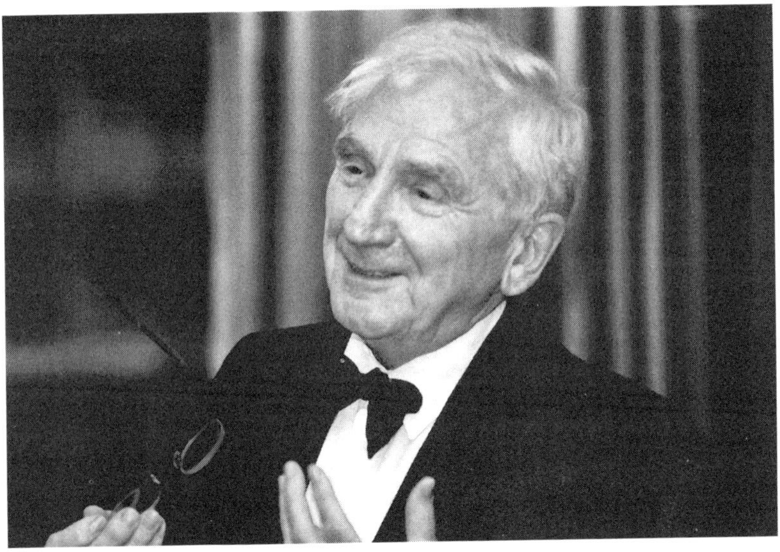

恩斯特-约阿希姆·麦斯特麦克
（Ernst-Joachim Mestmäcker，1926）*

一

不能者不担责任（*Impossibilium nulla est obligatio*）。法律人认真起来，用拉丁文谚语明理。本文应当评麦斯特麦克先生一生之作，任务极为艰巨。仿佛我能完成这个任务，仿佛其他人能完成这个任务！基于此，我主张客观的不能和主观的不能。依据《德国民法典》第275条第1款①，我对此需要承担举证责任。我在下文会说明我为什么不能履行我与格伦德曼先生及里森胡贝尔先生达成的默示合同。

仅就我能获得的文献量，就无法估计：12本大型专著、9本小型专著、21本编著，其中包含重大意义的《〈德国反限制竞争法〉评注》和《〈欧盟竞争法〉评注》，主编的9本纪念文集、4本麦斯特麦克纪念文集及198篇文章，更不要说他以德国联邦垄断委员会和商务部学术委员会的名义发表的作品。

仅是勤奋阅读先生的作品集，还不适合对先生进行评价。他绝不仅仅是一位学者，还对国家和社会产生了影响力。青年才俊的他成为教授之后，就被任命为商务部学术委员会的委员。那时正是学术委员会发展

---

* 作者简介：〔德〕克里斯托夫·恩格尔（Christoph Engel，1956），德国法学家，自1997年担任位于波恩的马克斯·普朗克公共产品研究所所长，自2003年起担任波恩大学法学院教授。本文是克里斯托夫·恩格尔2008年2月1日在柏林洪堡大学的报告。本文作者感谢马丁·海威希（Martin Hellwig，1949）对报告早期文本的评论。

① 《德国民法典》第275条第1款：给付对债务人或任何人均为不能者，给付请求权排除之。——译注

的黄金时期，它给路德维希·艾哈德②，接着是给卡尔·席勒③以及所有伟大的继任者提供政策咨询。46年来，恩斯特-约阿希姆·麦斯特麦克给德国的经济政策留下了深深的烙印。相比而言，这位年轻教授对欧洲卡特尔法的影响最大。他担任欧共体委员会特约咨询专家十载，欧共体每个有关卡特尔的决定都需要他护驾。先生还是德国垄断委员会的创始人及首任主席。他熟练灵活的能力主要得益于他的说服力，他使德国垄断委员会成为竞争的强有力的代言人。其实，当时政界人物曾想制造更多的分歧，好让垄断委员会失败。麦斯特麦克退休后，1997年被"媒体业集中情况调查委员会"任命担任主席三年之久。

恩斯特-约阿希姆·麦斯特麦克也有力谱写了学术界的蓝图。他是德国比勒费尔德大学的首任校长。那是一个对答案充满想象的时代。这所大学得到了整个社会学院，其中有低调的学术大家尼克拉斯·卢曼的参与。以美国普林斯顿高级研究所为榜样，比勒费尔德大学建立了在今天还很有活力的跨学科研究中心④。麦斯特麦克担任马普协会副会长有6年之久。协会中能有经济学家的参与，是麦斯特麦克的功劳。

麦斯特麦克如此优秀已经不再是什么秘密。1980年，他获得了路德维希·艾哈德奖，1984年获得赫尔穆特·维茨奖⑤，1997年获得汉斯·马丁·施莱尔奖⑥。1983年，比勒费尔德大学授予先生荣誉校长称号；1992年，马普所授予先生名誉所长头衔。在1981年和1997年，先生两

---

② 路德维希·艾哈德(Ludwig Erhard, 1897—1977)，德国著名的政治家，1949年至1963年担任德国商务部部长，1963年至1966年担任西德总理，被誉为"德国经济奇迹"和社会市场经济之父。——译注

③ 卡尔·席勒(Karl Schiller, 1911—1994)，德国经济学家和政治家，1966年至1972年担任商务部部长，1971年和1972年担任财政部部长。——译注

④ 美国普林斯顿的高级研究所，参见https://www.ias.edu/(最后访问时间：2020年3月4日)。德国比勒费尔德大学跨学科研究中心，参见http://www.uni-bielefeld.de/ZIF/(最后访问时间：2020年3月4日)。——译注

⑤ 德国明斯特大学的赫尔穆特·维茨奖(Ernst Hellmut Vits-Preis)，参见https://www.uni-muenster.de/Foerderer/vits-preis.html(最后访问时间：2020年3月4日)。——译注

⑥ 汉斯·马丁·施莱尔奖(Hanns Martin Schleyer-Preis)，参见http://schleyer-stiftung.de/preise/hanns-martin-schleyer-preis/(最后访问时间：2020年3月4日)。——译注

次荣获联邦德国十字勋章。他荣获蓝十字勋章⑦,更是锦上添花。

二

谁想甚至谁能恰当评价麦斯特麦克这样异彩纷呈的人生?我很确定,本书主编格伦德曼和里森胡贝尔会也提出这样很难回答的问题。不过,他们处在一个比我更轻松的处境,他们还有选择的余地。

没有哪个学者能像麦斯特麦克一样,有如此多而且多样的门生。最明显的是反垄断法学者的方阵:福尔克尔·埃梅里希、乌尔里希·伊蒙伽、韦恩哈德·默舍尔、温弗里德·费尔肯及海克·施韦泽。⑧我们应当感谢福尔克尔·埃梅里希,是他写了一本几乎所有的反垄断法课程的必读文献《卡特尔法》⑨;乌尔里希·伊蒙伽推动麦斯特麦克先生主编两卷的卡特尔法评注⑩;韦恩哈德·默舍尔的书在有些方面很陈旧,但在德国法律图书市场上,他的书仍然是将竞争政策和反垄断法用最巧妙的方式结合在一起的一本书⑪;温弗里德·费尔肯更愿意深入探讨卡特尔法教义学中的争议问题;海克·施韦泽是唯一的与麦斯特麦克先生合作写书的学者,她和先生的合作让权威的《欧洲竞争法》一书散发出新光芒。⑫

---

⑦ 蓝十字勋章(Orden Pour le Mérite)是普鲁士国王弗里德里希·威廉四世在1842年5月设立基金会颁发的一种"学术和艺术蓝十字勋章"(Orden Pour le mérite für Wissenschaften und Künste),用来表彰在学术和艺术领域做出重要贡献并得到社会广泛认可的人士。基金会的创始成员共有56人,包括了生物学家洪堡、法学家萨维尼、哲学家谢林、语言学家格林、数学家高斯、画家科内利乌斯和作曲家门德尔松等社会名人。该基金会的前身是普鲁士皇帝弗里德里希二世在1740年设立的基金会,用来表彰在战争中有突出表现的人。——译注

⑧ 福尔克尔·埃梅里希(Volker Emmerich, 1938),拜罗伊特大学教授;乌尔里希·伊蒙伽(Ulrich Immenga, 1934),哥廷根大学教授、著名的经济法学者;韦恩哈德·默舍尔(Wernhard Möschel, 1941),图宾根大学教授、著名的经济法学者;温弗里德·费尔肯(Winfried Veelken, 1941),埃尔朗根-纽伦堡大学教授;海克·施韦泽(Heike Schweitzer),柏林洪堡大学教授。——译注

⑨ 埃梅里希:《卡特尔法》,2006年(Emmerich, Kartellrecht, 2006)。

⑩ 伊蒙伽、麦斯特麦克:《竞争法》,2007年第4版(Immenga/Mestmäcker, Wettbewerbsrecht, 4. Aufl. 2007)。

⑪ 默舍尔:《限制竞争法》,1983年(Möschel, Recht der Wettbewerbsbeschränkungen, 1983)。

⑫ 麦斯特麦克、施韦泽:《欧洲竞争法》,2004年第2版(Mestmäcker/Schweitzer, Europäisches Wettbewerbsrecht, 2. Aufl. 2004)。

先生其他门生延续着公司法的传统。迪特尔·罗伊特[13]是劳动法和财团法学者；米夏尔·贝克尔在先生的教授任用资格论文的基础上，研究用来保护股东免受公司管理者和公司大股东侵害的法律工具；[14] 赖纳·库尔姆斯勾画出合同和组织之间的法学新大陆。[15] 这两位使用了比较法方法，明显看出他们是先生的门生。

在民法领域，麦斯特麦克的角色更多体现为推动者，而不是主要的行动者。1958年，他的一篇文章成为莱因哈德·埃尔格有关不当得利法的教授任用资格论文的原动力。[16] 埃卡特·科赫的研究，处在私法和反垄断法的交叉领域。出于对法理学的兴趣，麦斯特麦克先生找到了继任者彼得·贝伦斯。贝伦斯在其教授任用资格论文中，提出法律人为什么以及出于什么目的运用经济学的分析。[17]

如果仅考虑在麦斯特麦克指导下写教授任用资格论文的学者，那么上述名单已经很完整，可是，还应当提及三个人。尤尔根·巴泽多（Jürgen Basedow，1949）在严格意义上是乌尔里希·德罗比希（Ulrich Drobnig，1928）的门生，不过，在他与麦斯特麦克走得更近后，踏入了反垄断法的领域。之后，他作为德国垄断委员会的主席做出了创造性的贡献。布丽吉特·哈尔[18]写完博士论文后，转向了克劳斯·霍普特（Klaus J. Hopt，1940）。当时，麦斯特麦克先生已经退休。哈尔女士突显经济法以及从深入的比较法视角分析公司法，可以看出深受麦斯特麦克先生的影响。最后，麦斯特麦克先生将最大的希望寄托在马雷克·施

---

[13] 迪特尔·罗伊特（Dieter Reuter，1940—2016），德国公司法学者。——译注
[14] 贝克尔：《公司法中的管理控制：德国社团法和美国公司法的比较法研究》，1997年（Michael Becker, Verwaltungskontrolle durch Gesellschafterrechte: eine vergleichende Studie nach deutschem Verbandsrecht und dem amerikanischen Recht der corporation，1997）。
[15] 库尔姆斯：《企业合作中债法的组织合同》，2000年（Rainer Kulms, Schuldrechtliche Organisationsverträge in der Unternehmenskooperation，2000）。
[16] 埃尔格：《干预型不当得利——排他权和竞争自由的紧张关系中分配内容的概念》，2002年（Reinhard Ellger, Bereicherung durch Eingriff. Das Konzept des Zuweisungsgehalts im Spannungsfeld von Ausschließlichkeitsrecht und Wettbewerbsfreiheit，2002）。
[17] 贝伦斯：《法的经济学基础——政治经济学作为理性的法学》，1986年（Peter Behrens, Die ökonomischen Grundlagen des Rechts. Politische Ökonomie als rationale Jurisprudenz，1986）。
[18] 布丽吉特·哈尔（Brigitte Haar，1965），法兰克福商法与经济法学者。——译注

密特上。后者在完成观点尖锐的博士论文《职业法和职业道德》[19]之后，可怕的疾病迫使他没能完成已经开始的教授任用资格论文。

基于上述原因，我确实应当有能力证明主观的不能。我是从麦斯特麦克知识之树落下的离树干最远的苹果，因为我研究的领域和上面提到的不是太近。也许可以原谅我专攻公法。麦斯特麦克先生担任马普所所长期间，尽最大的努力研究电信经济法，使公法和私法的界限消失了。我过多依赖社会科学，这并非麦斯特麦克先生所喜欢的。他以怀疑的态度观察到，我的文章夹杂着很多数学公式，而且后来我们也走进实验室做起实验，进行学术研究。

三

你们要求我证明"不能"，会把我指引到《德国民法典》第311a条。在我接受邀请做这个报告时，你们不会接受当时我还未认识到给付障碍这一事实。所以，我应当担心我承担赔偿责任。金钱赔偿在这种情况下不是太合适，真正的恢复原状也不行。我只能抛出替代的给付要约，以此希望报告的组织方通过债务更新[20]的方式让我开始做事。我不评价麦斯特麦克所有的作品，而是试图展现其中的一部分。我将对麦斯特麦克关于法律和经济学之间关系的论述进行深入探究。

上帝的赞赏不是小事情。麦斯特麦克先生几乎所有的作品都涉及经济学家也感兴趣的问题，在很多作品中，他明显是使用了经济学的概念，涉及经济学的范式或方法。对此，法学家麦斯特麦克也感到很难理解。涉及经济学的也不限于麦斯特麦克先生在个别法律领域中发表的文章。至少从这个角度，我可以展现麦斯特麦克先生大部分的作品。

---

[19] 施密特：《职业法和职业道德——由职业组织进行竞争监管的法律界限研究》，1993年（Marek Schmidt, Standesrecht und Standesmoral. Ein Beitrag zu den rechtlichen Grenzen der Wettbewerbsregulierung durch Standesorganisationen, 1993）。

[20] 债务更新（novation）是指古罗马法中的一项制度，是以新债务取代解除的债务关系。——译注

四

让我从 50 多年前出版的一本书开始。1952 年，麦斯特麦克在其博士论文中引用了亚当·斯密的名言：

> 同业人士，即便为了消遣和娱乐，也很少聚会，偶尔聚会不是阴谋对付公众，便是筹划抬高价格。[21]

接着，麦斯特麦克写道：

> 本论文的目的在于探究竞争者为了实现该预言整理数据的途径。另外的问题是，在何种程度上，完全竞争条件下的市场效果在现实情况下被改变。[22]

这种规范性的构建在作品中得以展现。市场经济中，透明是否是值得，可以对此进行争论。需求者只有在知道竞争性的要约时，才能作出理性的评估，供应者只有在正确评价市场关系时，才能走向均衡状态。

> 尽管完全竞争的市场类型是一种理论构建的模型，现实中不会出现这种纯粹的形式，但可以通过让现实中的条件尽量符合该模型的理论条件产生与该理论模型相近的结果。[23]

如果只有卖方掌握这些信息，这些信息就会成为少数卖方剥削大量

---

[21] 斯密:《国富论》，1776 年，Ⅰ：Ⅹ：Ⅱ。[中译文参见亚当·斯密:《国富论》，郭大力、王亚南译，商务印书馆 2019 年版，第 124 页。——译注]

[22] 麦斯特麦克:《美国和德国的行业协会数据作为限制和促进竞争的工具》，1952 年，第 4 页(Mestmäcker, Verbandsstatistiken als Mittel zur Beschränkung und Förderung des Wettbewerbs in den Vereinigten Staaten und Deutschland, 1952)。

[23] 麦斯特麦克:《美国和德国的行业协会数据作为限制和促进竞争的工具》，1952 年，第 53 页。

分散买方的工具。[24] 价格登记可以被用来执行价格卡特尔[25]或规避价格因素为主导的违法性卡特尔。[26] 麦斯特麦克对此引用了乔治·斯蒂格勒（George Stigler，1911—1991）的边缘竞争理论[27]，也运用了爱德华·张伯伦（Edward Chamberlin，1889—1967）的垄断竞争理论[28]：

> 单个的企业，有采用低价的方式获得利益的自然倾向。只要这种利益被公开，自然倾向也会立即得到抑制。因此在不完全的市场下，透明能够稳固对社会有害的垄断结果。[29]

五

在麦斯特麦克的教授任用资格论文中，我们也能找到经济学的痕迹。论文的开头[30]引用了亚当·斯密的一段话：

> 股份公司的董事管理着其他人的钱，不能期待他们像合伙企业的合伙人一样勤勉经营。[31]

---

[24] 麦斯特麦克：《美国和德国的行业协会数据作为限制和促进竞争的工具》，1952年，第56页。
[25] 麦斯特麦克：《美国和德国的行业协会数据作为限制和促进竞争的工具》，1952年，第72页。
[26] 麦斯特麦克：《美国和德国的行业协会数据作为限制和促进竞争的工具》，1952年，第74页。
[27] 斯蒂格勒：《卷曲的寡头市场需求曲线与刚性价格》，《政治经济杂志》1947年第55期，第432—449页。
[28] 张伯伦：《垄断竞争理论》，1993年，第46—53页（Chamberlin, The Theory of Monopolistic Competition, 1933, S. 46-53）。
[29] 麦斯特麦克：《美国和德国的行业协会数据作为限制和促进竞争的工具》，1952年，第78及以下诸页。
[30] 麦斯特麦克：《管理、康采恩势力和股东权利——基于德国股份公司法和美国公司法的比较法研究》，1958年，第3页（Mestmäcker, Verwaltung, Konzerngewalt und Rechte der Aktionäre: eine rechtsvergleichende Untersuchung nach deutschem Aktienrecht und dem Recht der Corporations in den Vereinigten Staaten, 1958）。
[31] 斯密：《国富论》，1776年，V. I. iii. i. a. 18。

控制与责任的分离，后来被重建为康采恩法的基本问题。[32] 麦斯特麦克引用了伯利（Adolf Berle，1895—1971）和米恩斯（Gardiner Means，1896—1988）的观点[33]：

在相同的人控制多个股份公司的情况下，他们可以通过让其他公司承担成本，进而优待持有大额股份的公司。施泰尼茨尔（Steinitzer）早期的时候已经通过数学的方式证明了这一点。对股东来说，在小额持股的公司中损害自己的利益，是有利可图的方式。[34]

麦斯特麦克主张有适当的实证分析基础。股东利益在康采恩中却没能同样被顾及。[35] 为了证明企业财产集中到少数企业手中，麦斯特麦克使用美国的数据，并对德国缺少该数据感到遗憾。[36] 他认为造成集中的一个重要原因是隐藏的税法优待，并批评了其"激励"效果。[37] 主要是在寻找适当的经济宪法的语境中，他提出下面的问题：

起点不是资本主义或后资本主义的法律或经济秩序，后者被理解为所谓的历史发展的必然结果。市场经济是纯粹的经济秩序形式的一种。正如欧肯所证明的，除了集中计划经济和自足经济，它是任何国民经济的基本形式之一。该认识对法学直接产生重要的作用，它使以下的行为具有正当性：差别化地认识经济和经济政策的事实，预测法律决策对经济秩序产生的效果，不是从日常生活的视

---

[32] 麦斯特麦克：《管理、康采恩势力和股东权利——基于德国股份公司法和美国公司法的比较法研究》，1958年，第24页。

[33] 伯利、米恩斯：《现代公司和私有财产》，1932年。

[34] 麦斯特麦克：《管理、康采恩势力和股东权利——基于德国股份公司法和美国公司法的比较法研究》，1958年，第28及下页。援引施泰尼茨尔：《股份公司的经济学理论》，1908年。

[35] 麦斯特麦克：《管理、康采恩势力和股东权利——基于德国股份公司法和美国公司法的比较法研究》，1958年，第10页。

[36] 麦斯特麦克：《管理、康采恩势力和股东权利——基于德国股份公司法和美国公司法的比较法研究》，1958年，第20页。

[37] 麦斯特麦克：《管理、康采恩势力和股东权利——基于德国股份公司法和美国公司法的比较法研究》，1958年，第12页。

角，而是从科学论证的视角，对经济政策作出清楚和可复查的说明。[38]

六

麦斯特麦克的第三个大的研究领域涉及媒体和电信的经济法。我本人作为时代的目击者，可以给出一些说明。在跨境电信经济法的研究项目中，我的研究同事有经济学家莱因哈德·威克（Reinhard Wieck）、亨宁·克诺尔（Henning Knorr）[39]和斯蒂芬·魏登迈尔（Stefan Weyhenmeyer）[40]及政治学家安德里亚斯·泰戈（Andreas Tegge）[41]。第一个研讨会就有纲领性的题目：跨境电信法律与经济学。参会者有经济学家尤根·穆勒（Jürgen Müller）、李·麦克奈特（Lee McKnight）、卡尔-海因茨·诺依曼（Karl-Heinz Neumann）及卡尔·克里斯蒂安·冯·魏茨泽克（Carl Christian von Weizsäcker，1938）。[42]名头也不小的，还有参加以"开放的广播秩序"为题的广播政策专题研讨会的经济学家：埃里希·霍普曼（Erich Hoppmann，1923—2007）、加布里埃·布劳恩（Gabriele Braun）、埃伯哈德·威特（Eberhard Witte）、霍斯特·格赖芬贝格（Horst Greiffenberg）、约恩·克鲁泽（Jörn Kruse）及赫尔穆特·格勒纳（Helmut Gröner）。[43]对最后的专题研讨会有贡献的，还有经济学家京特·克尼佩斯（Günter Knieps）、维尔纳·诺伊（Werner Neu）和约恩·克鲁泽（Jörn Kruse，1948）。[44]

跨学科讨论对我们来说是理所当然的事情。法学家如果不懂自然垄

---

[38] 麦斯特麦克：《美国和德国的行业协会数据作为限制和促进竞争的工具》，1952年，第23页。援引欧肯：《经济学基础》，当时的版本。
[39] 克诺尔：《兼容标准的经济学问题——尤其考虑电信领域的效率分析》，1993年。
[40] 魏登迈尔：《电信的融合的企业文化和国家的产业政策》，1994年。
[41] 泰戈：《国际电信联盟——变迁中的世界组织的组织和功能》，1994年。
[42] 麦斯特麦克主编：《跨境电信法律和经济学》，1987年。
[43] 麦斯特麦克主编：《开放的广播秩序——跨境广播竞争的原则》，1988年。
[44] 麦斯特麦克主编：《没有垄断的交流（二）——电信和电子媒体经济法的秩序原则的专题研讨会》，1995年。

断理论，麦斯特麦克先生就不会让他们参会。他解释价格上限的监管措施如何运作。比如，如果不知道网络外部效应，如何才能理性地处理标准化法。成功进行跨学科研究的是布丽吉特·哈尔（Brigitte Haar, 1965—2019）撰写的博士论文，其主题涉及电信领域的监管和反垄断法的交叉研究。为了理解德国和欧洲的新问题，哈尔不仅评价大量的美国法律文献，她还探究市场准入（壁垒）限制和掠夺性定价的理论。[45]

七

在麦斯特麦克涉猎最少的著作权法领域，可以看到完全没有偏见的经济学论证的例子。他以经济学的论证方法论证为什么著作权集体管理组织拥有优势的途径。如果每个著作权人都依靠自己实施排他权，那么交易成本将会剧增。著作权集体管理组织针对不同群体的用户签订量身定做的合同，借此对不同的需求者的价格弹性作出调整。这虽然造成了价格歧视，却提高了配置效率。当然，由于这种方法产生了市场力量的问题，所以，反垄断法对权利实施的公司进行监管。权利实施的公司也可以更加容易控制"反公地悲剧"的问题，即由很多权利主体共同作用造成的问题。这典型地出现在电影产业中。最后，权利实施公司成为抗衡势力，对抗拥有很强市场势力的音乐用户组织，例如广播公司。[46]

八

我们似乎都明白，如果我们仔细阅读他的文章，可以知道麦斯特麦克并不反对经济学理论。如果在我的文章中出现很多经济学文献，这仅是我的写作风格。我的研究机构跨学科研究的氛围也在扩散，无须担心去问我的学术导师是否同意我走这条学术道路。

---

[45] 哈尔：《电信领域的市场开放——论美国、欧洲和德国法中经济监管和限制竞争规范之间的关系》，1995年。

[46] 麦斯特麦克：《法律和经济学视角下的集体社会》，《欧盟经济和宪法——欧盟一体化的理论和政策》，2006年，第709、713—716页。

当然，麦斯特麦克先生太有智慧、太勇敢，或许也太好奇了，他不会公开地否定其门生的学术。他不会这样去做，并且对此有他的理由。我和他在汉堡一起做研究的时候，有时他就注意到狭隘理解的法经济学分析并没有太多益处。不久前，他说了一段话，值得在这里复述："最近一段时间，您在做博弈论的研究。我确信这给您带来了乐趣。不过，我们可以借此给法学做出一些贡献吗？"麦斯特麦克先生对此冷静的原因，我将在下面进行论述。

九

麦斯特麦克坚持法的独立性。[47] 在经济学分析中，法降格成为经济学的附属品。[48] 这导致的结果是，只有从外部的视角观察法，法成为社会科学研究对象。[49] 法的学术性不再成为一个学科。法不能再利用其最大的财富，即几百年以来积累的经验。[50]

对卡特尔法来说：

> 竞争的不同功能是经济学的研究对象。因此，理所当然的是，在探究竞争规则所保护的竞争功能时，首要的是经济学问题。但是，期间错误认识了竞争法的规范效果和法律适用的特点。……在反垄断法中，只有考虑到法律适用本身的规律时，（经济学的）知识才能得到利用。[51]

事物本质限定了可能的解决办法，同时却不会确定解决办法的具体内容。不可或缺的，是价值原则的推导及其在价值判断框架中

---

[47] 麦斯特麦克：《竞争政策中法与经济学的相互依赖》，垄断委员会主编，《竞争政策的未来视角》，2004年，第19、21页。

[48] 麦斯特麦克：《没有法的法律理论——波斯纳和哈耶克论法的经济学分析》，2007年，第21、44页。

[49] 麦斯特麦克：《没有法的法律理论——波斯纳和哈耶克论法的经济学分析》，2007年，第14页。

[50] 麦斯特麦克：《没有法的法律理论——波斯纳和哈耶克论法的经济学分析》，2007年，第44页。

[51] 麦斯特麦克、施韦泽：《欧洲竞争法》，第2章，边码76。

的适用。……因此，在分析利益状况和评价利益冲突者做特定决定的效果时，经济学的考虑不可或缺。同样，也有必要尊重私法体系独有方式产生的特别之处和界限。在与经济学的关系上，这同时是事物本质的一部分。㊾

另外还有法律适用的自有规律：

法官应当裁判所有其面对的案件，而不能援引他认为重要的科学知识进而放弃作出判决。民事诉讼法的规则提供了明确案件事实的方法。在所有的价值判断中，法律人受到了法律的约束。如果对于共同作用效果的前提条件应当清楚，就必须仔细考虑科学之间深入的区别。㊿

对此，尤其是法律人与立法者之间必要的特殊关系：

法律理论和民主理论之间并不是没有关联。在民主中，最重要的法源当然是人民代表通过的法律。……然而，也有独立的法院适用宪法性的规则，形成取代立法的先例。普通立法的民主正当性和"睿智人士"解释的宪法性规则之间的紧张关系，是个重大主题。㊾

十

麦斯特麦克不相信现代经济学的精确、几乎接近自然科学的方法对

㊾ 麦斯特麦克：《股份公司法中经济学与法学的关系》，赖泽尔、萨尔曼、施耐德主编，《经济学与法学、社会学和统计学的关系》，1964年，第103、114及以下诸页。

㊿ 麦斯特麦克：《股份公司法中经济学与法学的关系》，赖泽尔、萨尔曼、施耐德主编，《经济学与法学、社会学和统计学的关系》，1964年，第103、115页。

㊼ 麦斯特麦克：《没有法的法律理论——波斯纳和哈耶克论法的经济学分析》，2007年，第19及以下诸页。

法律研究的益处。他强调法不能从各个历史语境中得出。[55] 他警惕经济模型的诱惑性的简单化和严格性,[56] 警惕"模型理论假设的实体化作为评价的标准"[57]:

> 除了数学模型,没有竞争理论对禁止的限制竞争行为的范围作出真理性的表述。[58]

特别深刻的是德国联邦垄断委员会30周年纪念报告中的一段话:

> 埃里希·施耐德(Erich Schneider,1900—1971)在其序言的报告中声称:事实的海洋是无声无息的,只有我们的理论才能让它说话。不过,理论所要揭示的事实,受限于理论或模型依据的假设。……经济学家应当容忍实践人士、政治家和企业家对经济现实可能的理论说法与实践要求的说法之间产生的震惊。在法学文献中,该发现一般不被看成是震惊,而是被轻松接受,这证明了法的独立性。[59]

或更为形象地接受亚当·斯密的观点:

> 在专业化分工中,学科的分化导致学术作品中不同部分似乎都与法学或经济学相关。在经济学圈子里,人们给出最高的赞赏是"永恒的最伟大的经济学家",原因是他们的作品不属于历史,即使脱离历史其作品也能深刻凸显内涵:它们就像杂志上最新的文章被阅读。在这里,经济学理所当然地被看作是精确的科学。"人们构建和组织学

---

[55] 麦斯特麦克:《没有法的法律理论——波斯纳和哈耶克论法的经济学分析》,2007年,第57页。
[56] 麦斯特麦克、施韦泽:《欧洲竞争法》,第2章,第91页。
[57] 麦斯特麦克:《限制竞争法中的合理原则和类似除外机制》,麦斯特麦克主编,《法和经济学规律》,1984年,第674、696页。
[58] 麦斯特麦克、施韦泽:《欧洲竞争法》,第2章,第97页。
[59] 麦斯特麦克:《竞争政策中法与经济学的相互依赖》,垄断委员会主编,《竞争政策的未来视角》,2004年,第19、21页。

术声誉的交易所,其股价取决于问题是什么及其适当的解决办法是什么。"在这样交易所中,亚当·斯密的股价,特别是在官方学术的股价中间商那里波动,正如在投机证券的价格那样波动。[60]

十一

麦斯特麦克不是福利经济学理论的朋友——该理论是新古典经济学的规范性学科的分支。福利经济学理论家肯定认为实证分析和规范分析应当分开。[61] 很多人也会对构建效用函数提出质疑,该函数认为经济学模型应当免于实证或规范的分歧。这些观点也有些过于随便。[62] 几乎所有的经济学家都承认,立法者也可以追求分配的目标,[63] 但通过更多的努力,有人希望能够向他们说明不可转让权利的益处,说服他们为了保护人尊严的一些可以采纳的方法最好不可以交易。[64]

相反,我可能会坚决地提出下面经济学同行的反对理由:[65]

> 成本收益分析是中立的,它可以服务任何目的。但是,宪法、法律和判例作为规则,却不是中立的。问题是怎么样去协调经济分析的规范含义和多样的非经济的法律目的。法律中,目的与工具的关系远不止实务上的方法适用。[66]

---

[60] 麦斯特麦克:《法之有形之手——亚当·斯密论法秩序和经济制度的关系》,麦斯特麦克主编,《法律和经济学规律》,1984年,第104、105页。

[61] 麦斯特麦克:《没有法的法律理论——波斯纳和哈耶克论法的经济学分析》,2007年,第46及以下诸页。

[62] 麦斯特麦克:《没有法的法律理论——波斯纳和哈耶克论法的经济学分析》,2007年,第21及以下诸页。

[63] 麦斯特麦克:《没有法的法律理论——波斯纳和哈耶克论法的经济学分析》,2007年,第48页。

[64] 麦斯特麦克:《没有法的法律理论——波斯纳和哈耶克论法的经济学分析》,2007年,第47页。

[65] 对于经济学家处理价值判断的问题,参见利特乐(Little):《福利经济学批判》,1950年;米山(E. J. Mishan):《福利经济学——十篇导论》,1969年。

[66] 麦斯特麦克:《没有法的法律理论——波斯纳和哈耶克论法的经济学分析》,2007年,第13页。

自由秩序的法律规则与最终目的没有关系，应当抽象来自个人协调计划的多个层次。在法律的经济分析中，关键的概念——理性选择和效率——都与目的相关。[67]

如果经济分析要让法成为价格理论适用的产品，需要"更多的"经济制度的法律分析。[68]

如果他们被指责对追求的目的视而不见，他们不会认为这尤其公平，但其规范分析却具有目的。他们将会承认难以解决多维度的规范性问题。他们不愿意让法律人成为解决最难问题的垄断者，或怀疑法律人有这样的能力。对此，经济学家暂时缺少理念性的工具。

十二

麦斯特麦克指责规范经济学有个失误，即它不重视自由。[69] 以康德的理论为基础，他追求一个法律秩序，在该秩序中：

> 任何人可以用任何方法追求自己幸福。一般规则之下，他只需要尊重他人的自由，他就与所有人相同的自由相容。建立在对人民仁爱原则基础上的政府，代表了最大可能的专制主义，也就是一个可能会废除所有自由和没有权利的政体。在基于正义原则为基础的宪法中，人民拥有对抗其政府的不可转让的权利。[70]

因此，法的功能在于：

---

[67] 麦斯特麦克：《没有法的法律理论——波斯纳和哈耶克论法的经济学分析》，2007年，第37页。

[68] 麦斯特麦克：《没有法的法律理论——波斯纳和哈耶克论法的经济学分析》，2007年，第14页。

[69] 但是，参见海威希（Hellwig）：《效率抑或竞争自由？——论竞争政策的价值基础》，恩格尔、默舍尔（Engel/Möschel）主编，《法和自发秩序——恩斯特-约阿希姆·麦斯特麦克八十岁生日纪念文集》，2006年，第231—268页。

[70] 麦斯特麦克：《没有法的法律理论——波斯纳和哈耶克论法的经济学分析》，2007年，第18页。

协调自由行为和目的导向行为，同时不评价作为基础的、经常是矛盾目的的多样性目的。在该意义上，只有当规则是抽象的和禁止性的规定时，同时又不事先明确特定的行为结果，在原则上，规则才会与自由秩序一致。[71]

从自由的角度看，法还有其他的任务。竞争是需要保护的"去权力化的过程"，[72]这与阿尔伯特·赫希曼（Albert O. Hirschman, 1915—2012）提出的"退出"和"反对"的选择[73]没有关系。公司法甚至是国家法，都应当关心"被强迫的退出"和"被强迫的加入"。[74]

十三

仔细来看，麦斯特麦克批判的不是法与经济学的所有融合，他批判的主要是新古典主义经济学。显然，麦斯特麦克对非主流经济学方法保持开放态度。经济学家将他归为"奥地利学派"的人物，这当然不是否定他是德国的威斯特法伦人，而是对其学术信仰认识的表达。麦斯特麦克在有关法的经济分析的开创性的文章中，引用了哈耶克的名言：

经济学家以回顾的方式阐释市场如何运作，并不意味着我们现在能用一些刻意的安排取代它。[75]

以下内容以最简短的方式道出其中的论点：

---

[71] 麦斯特麦克、施韦泽：《欧洲竞争法》，第2章，第93页。
[72] 麦斯特麦克、施韦泽：《欧洲竞争法》，第2章，第99页。
[73] 赫希曼：《退出、发言和忠诚——对于公司、组织和国家衰落的回应》，1970年。
[74] 麦斯特麦克：《自发秩序的组织》，麦斯特麦克主编，《开放社会之法》，1993年，第74、82及以下诸页，第88页。
[75] 麦斯特麦克：《没有法的法律理论——波斯纳和哈耶克论法的经济学分析》，2007年，第9页。

效率：法律规则的目的抑或竞争的产品（对比波斯纳与哈耶克）。[76]

知识问题是分类别的。

如果我们事先就知道最有效率的资源分配，就没有必要依靠有时是浪费和捉摸不透的市场和竞争。[77]

这位花费整个学术生涯为竞争争辩的人说出了这个！

经营者决策的后果的不确定，使竞争成为发现的过程。……竞争理论和竞争法的任务不是预设经济上正确的行为……。它们的问题更主要是哪些行为与他人的竞争自由和作为发现过程的竞争不一致。[78]

如果以完全的透明和市场参与者知道一切为前提，就看不到竞争产生的最重要的功能。问题的关键更主要是去解释为什么个体能够在对未来发展未知的条件下作出理性的行为。[79]

竞争作为发现过程原则上应保持开放，以模型描述所希望的市场过程的具体运作是不可能的。对其他市场参与者的自由领域进行限制，因此应当采取否定的方式界定竞争。反垄断法的任务在于，把竞争引向规则引导的行为。这些规则被称为游戏规则，它们是在对抗秩序框架中调整冲突的规范。[80]

这对构建和适用反垄断法产生了重大影响。麦斯特麦克并不考虑效

---

[76] 麦斯特麦克：《没有法的法律理论——波斯纳和哈耶克论法的经济学分析》，2007年，第26页。
[77] 麦斯特麦克：《没有法的法律理论——波斯纳和哈耶克论法的经济学分析》，2007年，第34页。
[78] 麦斯特麦克、施韦泽：《欧洲竞争法》，第2章，第81页。
[79] 麦斯特麦克、施韦泽：《欧洲竞争法》，第2章，第92页。
[80] 麦斯特麦克、施韦泽：《欧洲竞争法》，第2章，第94页。

率测试。

如果人们考虑这些不同类型的效率,对此最重要的反驳点是经营者自己、执法机关和法院不知道相关的效果关系。[81]

之前分开利用的企业家资源,合并在一个新实体的过程非常复杂。竞争执法机关在按照效率标准对其进行评价时,该过程还没有停止。竞争决定其成功。但是,反垄断执法机关在对经营者集中做预测性评判时,关注的是效率的方法论问题和实践问题。而这样的经营者集中却是结构主义所要阻止的对象。[82]

但是,涉及的解决办法,即消费者福利,比如包括魏茨泽克提出的这种方法,要对此承担责任。原因是人们按照这种方法,基于消费者福利就能够推导出正确的竞争程度、竞争限制、市场势力或相对市场势力。[83]

所有这些不仅针对卡特尔法,而且完全适用于整个的法。

一个不同(且具有优先性)的法律经济学方法,把经济制度视为以法律秩序为基础的自由制度,提供和保证作为个人权利的宪法经济自由。针对不加以规制的个人计划的抽象法律规则是经济制度的组成部分,提供信息,使理性的劳动分工和资源配置成为可能。[84]

然而,私法规则(合同、财产、侵权)不仅仅是自我利益的工具。它们同时使个人自由在一般规则下,与他人的自由契合。[85]

---

[81] 麦斯特麦克、施韦泽:《欧洲竞争法》,第2章,第90页。
[82] 麦斯特麦克:《股份公司法中经济学与法学的关系》,赖泽尔、萨尔曼、施耐德主编,《经济学与法学、社会学和统计学的关系》,1964年,第19、30及以下诸页。
[83] 麦斯特麦克:《〈反对限制竞争法〉50年——一部不完善法律的成功史》,《经济与竞争》2008年第6期,第15及以下诸页。
[84] 麦斯特麦克:《没有法的法律理论——波斯纳和哈耶克论法的经济学分析》,2007年,第22页。
[85] 麦斯特麦克:《没有法的法律理论——波斯纳和哈耶克论法的经济学分析》,2007年,第23页。

十四

我想用和解的语气结束本文。经济学和法学是：

> 两个拥有各自认知兴趣和方法，同时却又是不能彼此分离的科学。即使它们想分离，也办不到。[86]

麦斯特麦克在庆祝垄断委员会成立周年大会上，呼吁该委员会应该是跨学科的机构。在荣获蓝十字勋章的发言中，他说：

> 因为法学和经济学相互包容开放，才能解释对市场经济秩序的共同意义。尽管到今天还有方法上不可逾越的困难，经济与法律已紧密联系在一起。这将使经济资源的稀缺性以及人类福祉的政治共生与国家公共利益紧密结合在一起。[87]

在"社会政策协会"的一次报告中，他是这样说的：

> 把股份公司理解为制度安排，承认公司法规则要解决的利益冲突，发展出解决这些冲突的价值标准，这都需要经济学的帮助。
>
> 调整的经济事实（事物本质）的特有规律，会约束可能的法律解决方法，但是不会决定它的具体内容。另外，法律秩序与经济秩序的相互依赖，导致公司法规定的功能和效果，如果没有经济学的认识方法，就不能得到充分的理解。这同样也适用于在法律决定中深入解释经济事实的价值判断。

---

[86] 麦斯特麦克：《竞争政策中法与经济学的相互依赖》，垄断委员会主编，《竞争政策的未来视角》，2004年，第19页。

[87] 麦斯特麦克：《欧洲统治和法的试金石》，《蓝十字勋章》2006年第34期，第197、202页。

两个学科的不同对象和方法与这种相互作用并不矛盾，如果让提出的问题和结论成功与各自的认知对象适应。这里有一个独立的学术问题。独立或有意识地以单一学科的视角看待股份公司，不足以表述自己的认知对象。独立化扭曲了认知或构造的现实画面，导致产生假象问题和基于没有足够考虑的价值标准的价值判断。[88]

最后，他在 2008 年庆祝《德国反限制竞争法》50 周年的文章中认为：

竞争自由是否需要"经济方法"，对此没有争议。有争议的是，欧共体委员会（现在是"欧盟委员会"）所指的"更多的经济方法"是否是唯一正确的经济方法。[89]

我无法改正的乐观主义告诉我，我和我的导师唯一的差别在于以正确方式接近经济学——如果这种差别存在的话。

---

[88] 麦斯特麦克：《股份公司法中经济学与法学的关系》，赖泽尔、萨尔曼、施耐德主编，《经济学与法学、社会学和统计学的关系》，1964 年，第 103 页。

[89] 麦斯特麦克：《经济和竞争》2008 年，第 6、14 页。

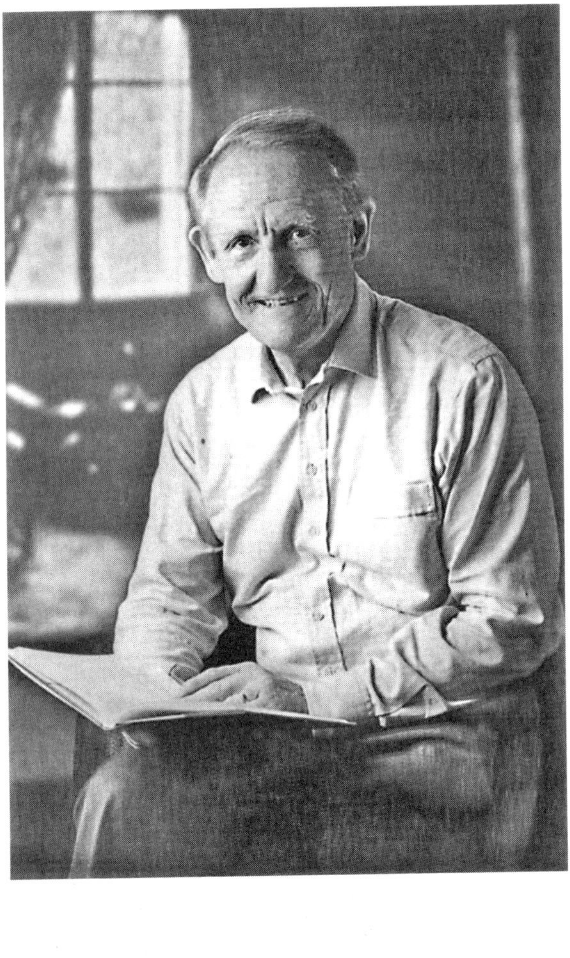

沃尔夫冈·策尔纳（Wolfgang Zöllner，1928）[*]

目　次

一、个人简介　/ 387
二、作品　/ 391
　（一）民法　/ 391
　（二）劳动法　/ 394
　（三）公司法　/ 398
　（四）信息法　/ 402
　（五）有价证券法　/ 404
三、为人　/ 405
四、总结　/ 409

沃尔夫冈·策尔纳先生一生的成就主要集中在两大法律领域：公司法和劳动法。他是这两个领域的通才和专家。这似乎是一种矛盾的说法，但是策尔纳以其人品及作品解决了这个矛盾。除此之外，为了将我们的私法奠定在自由基础之上，他是一位捍卫者。他的主旨是"在人与人之间的关系中创造公平"。[①] 这种动机不断地出现在他后期的作品中，

---

[*] 作者简介：[德] 乌尔里希·诺阿克(Ulrich Noack, 1956)，杜塞尔多夫大学法学院民法、商法与经济法教席教授。乌尔里希·诺阿克1988年在图宾根大学完成博士论文《公司和社团的错误决议》，1993年在图宾根大学完成教授任用资格论文《资合公司的股东协议》。本文是作者于2009年4月24日在柏林洪堡大学做的报告。

[①] Zöllner, Schlusswort des Jubilars, AG 2009, 259, 260.

例如，论文《增资的公平性》②《劳动关系的公平性》③ 及《契约控制与公平》④。劳动法和公司法都同样与公平相关。一方面，在社会国家不断干预的情况下，存在用人单位联合会和工会形成的巨大利益团体。另一方面，还有急切想要获得财产利益的大股东及企业集团。作为一名不想成为一方当事人律师的法学家，需要明确一个观点，对策尔纳来说，这个观点就是创造公平。⑤ 它的应有之义包括一致的和精要的立法、司法裁判而非法律发现、限制和控制权力及避免走极端，尤其是：给自由的公平提供行为和担责的空间。自 20 世纪 70 年代起，让人恼火的是，立法者成为阻力。按照策尔纳的观点，立法者使用了对私法来说是异质的结构，或明显(《通用平等对待法》)或不易察觉地限制私法自治。正如策尔纳 2009 年在图宾根大学法学院为庆祝他八十寿辰举办研讨会时候的发言，他成为"法悲观者"。我们来听听他怎么说的：

> 最晚是在 20 世纪 60 年代后半期，社会、经济尤其是法，越来越失去控制。放纵和没有分寸的行为，表明宗教和道德最终失去了控制力，导致的结果是保持良好秩序的责任仅仅由法来承担，而法在这种负担之下很难承担下去。……导致法的控制力减弱的原因是，不断推进的欧盟化和全球化使造法活动离公民的距离越来越远，因此产生和强化了法陌生的感觉。自相矛盾的是，伴随这个过程的是法的密度不断增大。……在很大程度上，受到威胁并且已经受到干扰的，是法律政策的大规模改变，这导致法律制度的统一性受到破坏。原因在于，在这些法律政策中，法的目的，具体而言，制定法与法官法，不断地以社会控制和经济控制为导向，而不是在人群中和在人与人之间创造公民。……如果控制的目的不具有正当性，这些政策就很快会变动。这些政策就会变成短期的目的取向，与合理的教义学相

---

② Zöllner, Gerechtigkeit bei der Kapitalerhöhung, AG 2002, 585–592.
③ Zöllner, Gerechtigkeit im Arbeitsverhältnis, in: Köbler/Heinze/Hromadka (Hrsg.), Festschrift für Alfred Söllner zum 70. Geburtstag (2000), S. 1297–1322.
④ Zöllner, Vertragskontrolle und Gerechtigkeit, NZA Beilage 3/2006, 99–107.
⑤ 值得提出的是另一个表达方式，即(恩吉施教授的表述)"寻找公平"。

矛盾，因此破坏了制度的稳定性和法律确定性。⑥

一、个人简介

1928年12月31日，沃尔夫冈·策尔纳出生在弗兰肯地区的马克特雷德维茨（Marktredwitz）。他出生在非常富有的家庭，今天，我们可能会说是高管家庭。他的父亲曾是大型瓷器生产商"罗森泰股份公司"的董事。他自己说出生后几年，即使十年前的帝国已经灭亡，但是，周围的环境还是受到德意志第二帝国的强有力影响。

沃尔夫冈·策尔纳是家里三个孩子中最小的一个，所以相应地承担较小的负担，但父母和兄长都会以自己的方法严格地教育他。⑦ 策尔纳喜欢叙述早期他被母亲传递的古典音乐的激情。小沃尔夫冈

> 是一个音乐儿童，喜欢费利克斯·门德尔松的小提琴协奏曲，在妈妈的留声机上一遍又一遍地演奏。这种留声机在当时是一种非常好的乐器。他痛恨当时的政府不允许演奏这位伟大音乐家费利克斯的协奏曲和其他作品，这也是他从内在和外在与纳粹政府保持距离的一个原因。⑧

纳粹政府自1933年起占据统治地位。策尔纳曾经用自己的私家车去波罗的海。1939年夏天，他们乘家用车前往波罗的海旅行，当时由于汽油短缺，他们的回国旅行几乎失败了，这也预示了战争即将来临。在二战东部战场的最后几天，他的一个哥哥在"施劳弗高地战役"中牺牲。最后，他收到任命书，于1945年7月前往波兹南工作。

---

⑥ Zöllner, AG 2009, 259, 260.
⑦ Krejci, Wolfgang Zöllner zum 75. Geburtstag (2004), S. 53 ff. (Broschüre Manz-Verlag, Wien).
⑧ Zöllner, AG 2009, 259.

1945年，16岁的他，最终迎来第二次世界大战结束，美国踏入国土，造就伟大的解放。年轻人很难理解战后几年的生活感受。在这段时期，从政治强迫和政治父权主义中得到解放的感受，与经济形势改善的愿景结合在一起。[9]

1947年，这位年轻人完成了高考，之前学做木匠作为过渡。他曾经还有一段时间为美国占领军做过翻译。

接着是大学学习，不过，学什么？有两个候选优于法学。但他经过理性的思考后，选择了法学。再者是医学，不过已经被哥哥尼波默克预留了。但是，沃尔夫冈·策尔纳多年以来一直关注着医学的话题，这体现在《舍氏法律汇编》（*Schönfelder*），还有《彼氏医学词典》（*Pschyrembel*）[10]中。

接着是古典音乐，正如沃尔夫冈·策尔纳所言，成为爱乐乐团的指挥，是他人生的理想。最终，他所选择的是在慕尼黑大学攻读法学。他的学业非常成功：1952年和1955年，都以罕见的分数"优秀"（"gut"）通过了巴伐利亚州的国家司法考试；在第一次和第二次国家司法考试之间，他在阿尔弗雷德·怀克[11]的指导下完成博士学业，博士论文是《股份公司变更为有限责任公司中的自有资本和股份》。[12]可惜的是这篇论文只通过打字机打印传播，彼时，优秀的博士论文在著名出版社出版的时代尚未到来。[13]

年轻的沃尔夫冈·策尔纳博士再次面临着一个问题：该做些什么？在工业企业联合会短暂工作之后，1956年，他决定走学术道路，最初在慕尼黑大学担任学术助理。20世纪50年代是一个具有鲜明特征的年代：

---

[9] 同前引。
[10] 前引7，第57及以下诸页："他喜欢用偏方治疗"。
[11] 参见本书策尔纳关于阿尔弗雷德·怀克的文章。
[12] Zöllner, Stammkapital und Gesellschaftsanteil bei der Umwandlung einer AG in eine GmbH (1953).
[13] 策尔纳在1970年与格茨·怀克（G. Hueck, 1927）和马库斯·陆德合作，创立"德国和欧洲商法和经济法文集系列"（卡尔·海曼出版社）；得到高分的博士论文会在该系列出版。

建设年代的兴起，激励着 1960 年时年 31 岁完成教授任用资格论文的策尔纳讲师；[14] 他完全相信通过法能够确保人类社会富有意义的秩序。[15]

不管是在过去，还是在现在，选择在大学工作都是一个重要的决定，后来这被证实是成功的。不仅对策尔纳本人来说是如此，现在回顾来看，对他的学科的发展，更是如此。[16] 策尔纳从事教席的代理活动，使他很快成名。1963 年，策尔纳与同为法律人的乌尔苏拉完婚。策尔纳是在慕尼黑的学术助理阶段认识她的。

1963 年，策尔纳被美因茨大学任命为教授，拒绝了同时任命他为教授的著名的马尔堡大学，这让人刮目相看，也体现出了策尔纳的风格。不久之后，他又迎来了第二个教授任命：这一次是科隆大学的任命，继受的教席是著名人士、联邦劳动法院院长汉斯·卡尔·尼佩代的教席。1966 年，策尔纳接受了这个任命，同时，他也接手了臭名昭著的"博士生名单"。[17]

1969 年，策尔纳被图宾根大学任命为教授。策尔纳接受了任命，担任该校民法、商法、经济法和劳动法教席教授和劳动法和社会法研究所执行所长，一直到 1997 年冬季学期退休。值得一提的是，1967 年，他获得了萨尔茨堡大学的教授任命，他心情沉重且并不出人意料地婉言谢绝了这个任命，他多次公开坦言喜欢莫扎特的城市。相反，沃尔夫冈·策尔纳明显不喜欢科隆；科隆风格不是他的风格。

沃尔夫冈·策尔纳的学术简历有两个组成部分：在慕尼黑、美因茨和科隆的学习和转赴的年代，长期的图宾根年代。70 年代在图宾根大学，他曾担任学院院长并在一段时间内担任法学图书馆的馆长。策尔纳是大学大代表团的成员，他的话有分量，但是他未寻求担任领导职位，他与政治的领导机构保持着距离。在一个新年的庆祝会上，他对所有在

---

[14] 对此，参见下文"公司法"部分的内容。
[15] Zöllner, AG 2009, 259.
[16] H. P. Westermann, Wolfgang Zöllner zum 70. Geburtstag, NJW 1999, 38–39.
[17] 参见本书阿多迈特有关尼佩代培养博士的理念的方式。

场的教授们说:"谁要是今晚说大学改革的话题,我将会'开火'。"尽管他(不仅)对法学教学感兴趣,写有关教学改革和大学改革的文章,但这对他而言只是例外。[18] 快要退休的时候,他才如此做过。1973年至1981年,他曾是德国科学基金会的专家,做了艰苦的工作,但是公众不知道这些。

为了建设德累斯顿大学法学院,沃尔夫冈·策尔纳付出了很多。他多次在该地授课和给任命教授做咨询,这一切都是在本校课程没有落下的情况下完成的。他十分关心德累斯顿法学院及其成员。2003年,该学院退出了法学教育体制,策尔纳对此很是伤心。[19]

12年里,他是民法学者协会的第一和第二负责人(1976—1988年)。说起他,这个圈子里的人都承认,是他明显地塑造了这个德语区法学教授的社团。

在策尔纳68岁退休后,他还是积极活动:退休后两年,他还是代理自己的教席,并且主要是在维也纳经济大学授课和从事活动,直到年龄明显更大的时候才结束。2001年,雅典大学授予他荣誉博士头衔。

为了庆祝他70岁生日,学术界献给了他纪念文集。[20] 在两卷本的纪念文集中,72位作者撰写了商法、公司法、经济法和劳动法领域的文章,以让这位严格的寿星反思和(或)反驳。在他75岁生日时,人们在科隆为他举办了一场学术研讨会。[21] 在他80岁的时候,图宾根大学法学院为他举办了一场研讨会。[22]

---

[18] Zöllner, Einheit der Universität, in: Universität Tübingen (Hrsg.), Wohin geht die Hochschulmedizin?, Attempto (Forum der Universität Tübingen), Okt. 1996 (1996), S. 4 f.; ders., Universität der Zukunft, Tübinger Universitätsreden, Neue Folge, Bd. 22 (1996).

[19] 准确地说,该校不提供国家司法考试的学习和教育。

[20] Festschrift für Wolfgang Zöllner zum 70. Geburtstag (1998), herausgegeben von Lieb, Noack, Westermann.

[21] Dauner-Lieb, H. Hanau, Noack 举办;资助的是卡尔·海曼出版社,当时的负责人是可惜早逝的 Bertram Gallus; 对此参见文章 Mülbert, Schön, Schulze-Osterloh, Böcking, Petersen und Simon in: Der Konzern 2004, 147 - 195。

[22] 参见文章 Dauner-Lieb, Die Auswirkungen des MoMiG auf die Behandlung verdeckter Sacheinlagen im Aktienrecht, AG 2009, 217 - 227; Noack, Das Aktienrecht der Krise—das Aktienrecht in der Krise?, AG 2009, 227 - 236; K. Schmidt, Reflexionen über das Beschlussmängelrecht, AG 2009, 248 - 259; Westermann, Der Besondere Vertreter im Aktienrecht, AG 2009, 237 - 247。

二、作品

（一）民法

沃尔夫冈·策尔纳虽然没有针对民法的核心领域公开发表教义学的论文，但是他提炼和捍卫了核心的法律领域，因此他是一位伟大的民法学者。

1. 私法社会——私法的政策角色

策尔纳关注的焦点是私法社会。[23] 这个概念可以追溯到弗朗茨·柏默。策尔纳认为，社会可以最大程度地直接调节自己的事务，因为在其成员之间适用的规则要么是由他们制定的，要么是至少被采用的，并且使规则对他们生效。策尔纳认为，如果社会只有缔约自由，而没有选择契约内容的自由，这个概念就是不完善的。国家不是赋予私人自治的首选，首选反而是社会，社会自己调整着自己的事务，国家借助宪法对这种空间进行限制。国家有义务论证限制的正当性。

按照策尔纳的观点，做自己想做的事，不应当受到很多行为规则的约束，这是个人自我决定的内涵所在。对他而言，行动自由不仅是自我调节，这对于以自我责任和自决原则为主导的私法体系至关重要。策尔纳从很多方面看到了威胁，尤其是关乎侵权法，因为谁要是造成损失，必须要找到债权人。对于很多原本很好的侵权原则，必须结合私法制度的整体进行深入思考。

20世纪60、70年代涌现的私人自治批判，促使立法者对契约自由进行了大量的限制，远远超出了诸如劳动法和租赁法等经典的"社会关怀"的领域。策尔纳重点提出了消费者保护法。私法卷入范围越来越扩大的福利国家的体系中。虽然对抗福利国家不是私法的意旨，但是策尔

---

[23] Zöllner, Die Privatrechtsgesellschaft im Gesetz-und Richterstaat（1996）（Schriftenreihe der Kölner Juristischen Gesellschaft Bd. 21）; ders., Privatrecht und Gesellschaft, in: Riesenhuber（Hrsg）: Privatrechtsgesellschaft—Entwicklung, Stand und Verfassung des Privatrechts（2007）, S. 53-74.

纳反对以这种国家目的使用私法。他一直举的是劳动法中的例子，表明了他是如何看待分配任务的。非常值得欢迎的是，孕妇在怀孕期间能得到类似工资的给付。基于分配正义的可以理解的理由，这种给付不应当由相应的用人单位支付。极为偶然的负担，不应当由合同对方承担，而是在该意义上由整个社会来承担。一般而言，现代的社会国家，不应当通过修正市场经济和私法产生的第一次分配，而是借助公共财政的给付转移通过二次分配，来实现给付。[24]

自此他反对以下流行的观点，即只有当合同当事人之间是"平衡状态"时，合同才是有效的。"债务合同法中的规制空间"[25]是他在海德堡民法学者协会会议上的报告题目。这个报告的直接推力是德国联邦最高法院和联邦宪法法院[26]有关担保的裁判。宪法法院开启了认可基本权利对契约自由直接的限制力，尤其是借助《德国基本法》第2条第1款的规定。与此相联系的呼吁国家和法官成为纠正的机构，策尔纳认为，这成为私法中新的公权力的因素。策尔纳在这个政策要求之上，对所谓的不平衡状态进行了细致的分析，并研究私法如何处理它。

> 尽管很多法理论学者和法律适用者直接感受或确定了不平衡状态，不平衡状态仍是一个不能描述和衡量它的前提条件的事实。不正当的是，私人自治全面地和毫无例外地以自主决定为前提条件。正确的只是，没有私人自治就没有自主决定，而不是相反。

基本权利不能直接，也不能间接地适用于契约的约定。

策尔纳并不是以诸如自由主义的方式要求国家完全退出，而是(至少仅是)反对它干预自由公民之间的法律关系。据此，不能得出政策上的结论——哪种"社会模式"被他认为是正确的。他的自治的私法理念，原则上与常见的给付转移国家，也与简单的"守夜人国家"相一

---

[24] Zöllner, Die politische Rolle des Privatrechts, JuS 1988, 329, 336.
[25] Zöllner, Regelungsspielräume im Schuldvertragsrecht, AcP 196 (1996), 1-36.
[26] BVerfG, NJW 1994, 36-39 und BVerfG, NJW 1994, 2749-2750, BGH, NJW 2002, 2940-2943.

致。假如有"承租人保护"的规定，即国家没有租金上涨、解约甚至是反歧视等规定，私法模式完全是足够的。策尔纳并不评价出租人是否对获得租金收入高兴，这由此后的政府征税来决定（比如分配房屋财政资助），对此，策尔纳按照他的方法不会做评价。

如上文所述，策尔纳并不完全与时代精神相一致。私法中值得有他的名字。他在20世纪80年代认定的私法中侵蚀，[27] 自此明显地增多了，这正是开头提到的他80岁退休后进行总结的动机。[28]

2. 私法学的使命

沃尔夫冈·策尔纳在1987年萨尔茨堡民法学者协会会议上明确，[29] 目前还没有足够严谨的私法理论（从那时期，也没有发展出这样的理论）。这正是私法学的现代使命。对此，他所指出的不是形式上区分法律材料的，而是实质上的与法的内容相关的个人地位之间的理论。它应当界定出私法制度的关键原则及其理由，私法学应当基于这些理论注意私法制度的内在一致性。策尔纳认可的基本原则是，把公民作为人，作为有能力和有意愿自主担责和自主决定的个体。属于它内容的，包括自由决定，只要个人对于其他人承担责任，或基于特定的理由有特定的义务，就可以而无须权衡和陈述理由，自由地作出决定。虽然人们不能借助这个解释整体的私法，但是至少可以解释一个基本制度，即权利。它的基础思想是，单个的人有职能按照自己的意愿不去实现社会的目的，而是去实现自己的目的。一个自我批评的映射是：

> 只要我们当中每个人走过了充满激情设置约束的阶段，[30] 当然都会非常切身地感受到判断的困难，判断哪些对私人自治的约束是有意义或可接受的，哪些不是。[31]

---

[27] Zöllner, JuS 1988, 329, 331 ff.
[28] Zöllner, AG 2009, 259, 260.
[29] Zöllner, Zivilrechtswissenschaft und Zivilrecht im ausgehenden 20. Jahrhundert, AcP 188 (1988), 85–100.
[30] 参见下文"公司法"部分的内容。
[31] Zöllner, AcP 188 (1988), 85, 99.

针对 20 世纪 80 年代的私法，他提出了五个关键性的发展线路，这也涉及了之后 25 年的发展：（1）精确界定教义学；（2）决疑论的扩散；（3）专业化的提升；（4）特别私法的转型；（5）不断限制自由流动。

如果人们看看欧盟的或德国的立法者的成果，尤其是被委婉称谓的"反歧视法"，就会更加知道这种激进地背离上述刻画的自担责任的公民的形象，必须会触及私法社会的守卫者。可以说，还没有认真地抵抗这种发展趋势的同行，相反，只有默许的耸肩：这正是沃尔夫冈·策尔纳在该问题上要求作为的相反面。

（二）劳动法

为了体系化地整理劳动法的材料，沃尔夫冈·策尔纳付出了很多精力。可以想象，该领域增加了"个人劳动法"（"individuelles Arbeitsrecht"）和"集体劳动法"（"kollektives Arbeitsrecht"）带来的难度。1978 年，他的第 1 版《劳动法》教科书出版，2015 年已经出版到第 7 版——从第 4 版起，合著者洛里茨教授（Karl-Georg Loritz, 1953）参与撰写，后来赫根勒德尔教授（Curt Wolfgang Hergenröder, 1953）参与撰写。该书共有 621 页，并不属于出版社将它归属的"精要教科书系列"。它也不应当是这样的书，而是一本有坚实基础、不断打磨的展现该领域结构的让人瞩目的全面展现；该领域的特点是立法分散和司法庞大。策尔纳的典型讲解呈现在这本书的前言中：每个对劳动条件的强制性要求，都必须基于它的社会必要性和经济意义来检验。一方面，要视野清晰，另一方面，不要忽视公正的要求。这些都是劳动法教育教学的一个重要目标。

策尔纳在他的学术活动之初也即作为大学的学术助理和年轻教授的时候，就已经集中研究劳动法了。他的作品清单上的第二个作品便是完成博士论文后的一篇关于"雇主指示权"的论文。这是一个联邦劳动部委托的项目成果（当时他是 26 岁）。第一篇短文是即使在今天还有争议的话题："禁烟。"[32] 一般性地扩大适用范围在当时是无法想象的，策尔

---

[32] Zöllner, Das Rauchverbot, DB 1957, 117–120.

纳研究的是工作岗位中的禁止要求。后来，这个要求被重视起来。在 20 世纪 60 年代，有清楚的讨论问题重点。学者纷纷研究的话题是集体合同。策尔纳想要论证"集体合同规范的本质"[33]，提出了"集体合同自治的集体利益约束"的问题[34]。在 1970 年的德国法学家大会上，策尔纳撰写了该问题的专家鉴定书，即是否需要法律详细调整集体劳动合同方的团体的权利。他回答：对于当时的状况，否定是明确的。[35] 在 20 世纪 70 年代，策尔纳非常活跃，积极性比较强，拿出更多的时间研究《劳动抗争法》（Arbeitskampfrecht）[36]。第一篇主题涉及新的劳动抗争形式的合法性的[37]，是《伯蒂歇尔纪念文集》中的一篇文章[38]。产生该文的原因是，在 20 世纪 70 年代，德国金属工业工会（IG Metall）和公共服务、运输和交通工会（Gewerkschaft Öffentliche Dienste, Transport und Verkehr, ÖTV）明显提高了劳动抗争的强度，用人单位相应地以停产的方式应对这些。

在这十年中，参与权是第二个中心。值得提示的是：1976 年，（几乎）平等的《职工参与权法》（MitbestG）被通过。《明镜》杂志上刊出了策尔纳的照片，并且附上标题"参与权反对者"。这一方面是嘲笑他，另一方面也说对了。他曾经和现在都对这个参与权法持怀疑态度，当然

---

[33] Zöllner, Das Wesen der Tarifnormen, RdA 1964, 443 – 450; s. auch ders., Tarifmacht und Außenseiter, RdA 1962, 453 – 459; ders., Die Rechtsnatur der Allgemeinverbindlicherklärung von Tarifverträgen, DB 1967, 334 – 340; ders., Die Wirkung der Normen über gemeinsame Einrichtungen der Tarifvertragsparteien, RdA 1967, 361 – 370 und ders., Der Begriff der gemeinsamen Einrichtungen der Tarifvertragsparteien, BB 1968, 597 – 601（jew. zu gemeinsamen Einrichtungen der Tarifvertragsparteien）; ders., Der Abbau einheitsvertraglicher Arbeitsbedingungen im nicht tariflich gesicherten Bereich, RdA 1969, 250 – 256. Monographisch: ders., Die Rechtsnatur der Tarifnormen nach deutschem Recht (1966); ders., Tarifvertragliche Differenzierungsklauseln (1967).

[34] Zöllner, Gemeinwohlgebundenheit der Tarifautonomie, ArbGeb 1969, 454 – 456.

[35] Zöllner, Empfiehlt es sich, das Recht der Gemeinsamen Einrichtungen der Tarifvertragsparteien (§ 4 Abs. 2 TVG) gesetzlich näher zu regeln?, in: Ständige Deputation des Deutschen Juristentages (Hrsg.), Verhandlungen des 48. DJT (1970), Bd. I, G 108.

[36] Zöllner, Aussperrung und arbeitskampfrechtliche Parität (1974); ders., Maßregelungsverbote und sonstige tarifliche Nebenfolgenklauseln nach Arbeitskämpfen (1977); ferner ders., Über einige extreme Thesen zum Arbeitskampfrecht, ZfA 1973, 227 – 242; ders., Die Fortentwicklung des Richterrechts zum Arbeitskampf, insbesondere zur Aussperrung, DB 1985, 2450 – 2459.

[37] 即使有最丰富的想象力，也不会想到"快闪族"("Flashmob")，参见联邦劳动法院 2009 年 9 月 22 日的裁判（BAG v. 22. 9. 2009）。

[38] Zöllner, Die Zulässigkeit neuer Arbeitskampfreformen, in: Bettermann/Zeuner (Hrsg.), Festschrift für Eduard Bötticher zum 70. Geburtstag am 29. Dezember (1969), S. 427 – 442.

从来没有说过要废除它，只不过是说这里走错了方向。策尔纳和赛特[39]在早年合作撰写《平等的参与和德国基本法第 9 条第 3 款》，以宪法学的视角参与到讨论中。[40] 其他的文章涉及落实的问题，也体现出策尔纳的个性：20 世纪 70 年代，他并不认同立法者作出的决定，他自己并没有退缩，而是研究法律政策产生的效果。典型例子是他发表在《(前联邦最高法院院长)罗伯特·费舍尔纪念文集》中的《参与决定的有限责任公司中股东会决议的监事的参与权》。[41]

德国法学家大会(不同寻常地)再次邀请沃尔夫冈·策尔纳做专家鉴定人，向他提问有关劳动关系设立和终止的问题。[42] 工会和雇主协会主导着法学家大会劳动法问题的会谈，这最终让策尔纳处理这些问题。[43]

1975 年，他在民法学者协会上做了以"私人自治和劳动关系"[44] 为主题的报告，使我们早期就认识到了劳动法让人担心的发展趋势。他承认，研究基本问题"要比研究教义学的单个问题难得多"。这里涉及的是民法中最为重要的思维方式与劳动法的关系，即在多大程度上法律制度给劳动法中的合同留下功能性的空间。他的结论是：借助足够多的学术研究，还不能宣称在一般情况下用人单位和劳动者之间的平等性被破坏了。这带来的结果是，他反对多年以来"爆发"的"控制流感"，支

---

[39] 当时是策尔纳指导的教授资格者，后来是柏林自由大学教授，直到 1988 年早逝；同样参见 Zöllner, Einführung, in: Lieb (Hrsg.), Arbeitskampfrecht: Symposium Hugo Seiter zum Gedächtnis (1990), S. 11 – 20。

[40] 同样，参见 Zöllner, Paritätische Mitbestimmung und Artikel 9 Abs. 3 Grundgesetz, ZfA 1970, 97 – 158。

[41] Zöllner, Das Teilnahmerecht der Aufsichtsratsmitglieder an Beschlussfassungen der Gesellschafter bei der mitbestimmten GmbH, in: Lutter/Stimpel/Wiedemann (Hrsg.), Festschrift für Robert Fischer (1979), S. 905 – 922; ferner ders., Zur Problematik der Auswahl und Bestellung des Arbeitsdirektors nach dem Mitbestimmungsgesetz, DB 1976, 1766 – 1771; ders., GmbH und GmbH & Co KG in der Mitbestimmung, ZGR 1977, 319 – 334; ders., Die Stellung des Arbeitnehmers in Betrieb und Unternehmen, in: Gamillscheg (Hrsg.), Festschrift 25 Jahre Bundesarbeitsgericht (1979), S. 745 – 771; übergreifend auch ders., Der Mitbestimmungsgedanke und die Entwicklung des Kapitalgesellschaftsrechts, AG 1981, 13 – 21. S. auch die von Zöllner für „Baumbach/Hueck" erstellte Erläuterung des § 52 GmbHG。

[42] Zöllner, Sind im Interesse einer gerechteren Verteilung der Arbeitsplätze Begründung und Beendigung der Arbeitsverhältnisse neu zu regeln?, in: Ständige Deputation des Deutsches Juristentages (Hrsg.), Verhandlungen des 52. DJT (1978), Bd. I, Gutachten D。

[43] Zöllner, Juristentag wohin?, JZ 1978, 714 – 716。

[44] Zöllner, Privatautonomie und Arbeitsverhältnis, AcP 176 (1976), 221 – 246。

持在劳动关系中落实私人自治。这篇文章原则上体现了他对后来发展的法律原则观点(关键词:"不平衡""正确性保障")。[45]

对政党一直都保持中立的策尔纳,[46] 在很早就理解了劳动法的政治意义,[47] 并且一直强调它的市场经济的功能。[48] 从秩序政治学的角度来看,可以把他称为社会市场经济的拥护者。

在图宾根举办的"40年德国基本法"的系列报告中,策尔纳最终做了临时总结性的报告"在私人资本主义和社会国家之间的劳动法评判性道路"。[49] 他认为私法的交换公平因为过度的社会保护,走入了歧途,并且对此举出在生病情况下,无论劳动关系怎么样,劳动者都有六周工资的例子。约20年前,他的结论是:

> 联邦德国已经变老了。我对劳动法的批判,能够帮助在这个领域找到应当抛弃的稳重物。不过,放弃劳动法方面的保护是错误的想法。任何一个理性的人,都不会回到早期资本主义阶段。哪怕我们只有那种乐观主义的一半和我们共和国早期体现出的自由信任的一半,我们都会相信,通过破除僵化,释放自由,我们不仅有更多的公平,而且还有更多的福利。

他与马格尔(Ernst-Günther Mager)合作,把《劳动法杂志》(ZfA)发展成为著名的档案类杂志,与《民法实务论丛》或《综合商法与经济法杂志》齐名。有雄心在高校工作的年轻的劳动法学者,必须在那里投出教学用的稿件,这些稿件主要是对一年中的文献或司法裁判的批判性的

---

[45] 参见上文"私法社会"的部分内容。
[46] Zöllner, Recht und Politik. Zur politischen Dimension der Rechtsanwendung, in: Gernhuber (Hrsg.), Festschrift gewidmet der Tübinger Juristenfakultät zu ihrem 500jährigen Bestehen (1977), S. 131–158.
[47] Zöllner, Arbeitsrecht und Politik, DB 1970, 54–62.
[48] Zöllner, Arbeitsrecht und Marktwirtschaft, ZfA 1994, 423–437; ders., Flexibilisierung des Arbeitsrechts, ZfA 1988, 265–291; ders., Entwicklungschancen für das Arbeitsrecht beim Neuaufbau marktwirtschaftlicher Ordnung erläutert an der Problematik des deutschen Arbeitsrechts, in: György (Hrsg.), Festschrift für Tamás Prugberger (1997), S. 461–468.
[49] Zöllner, Der kritische Weg des Arbeitsrechts zwischen Privatkapitalismus und Sozialstaat, NJW 1990, 1–8.

报告。

在"威斯巴登专题研讨会"("Wiesbadener Seminar")上,一个劳动法领域精心打造的专家圈——由格茨·怀克创立,里夏迪(Reinhard Richardi, 1937)继续主导,沃尔夫冈·策尔纳不仅是长期以来的参会者,也是第一个发言的人。

在90年代,他主导了一个高校教师的工作组"劳动法的灵活化"[50],但是,该工作组一直没有实际的成果出来。

(三) 公司法

德国法学家身份的一个核心证明,是高质量的教授任用资格论文。策尔纳也认同这样经典的观点,他在诸如教授聘请委员会中一直强调这一点。对策尔纳而言,这体现在他1963年出版的优秀教授任用资格论文《私法人合社团中成员表决权的限制》(Die Schranken mitgliedschaftlicher Stimmrechtsmacht bei den privatrechtlichen Personenverbänden)。评价该文的人是阿尔弗雷德·怀克和罗尔夫·迪茨。

该作品明确了法定的和私人自治设定的可能的表决权限制,并且全方面地总结了适用于私人社团的重要原则。这听起来复杂,但其实不是。核心的内容是限制权利。在策尔纳完成教授任用资格论文之前"多数原则"已经不是真理,并且有固定的方法去限制它的行为(例如在特定情况下的表决权禁止)。策尔纳的贡献,是从整个体系中提炼出"动态限制":善良风俗约束、平等对待原则、公司目的约束、忠诚约束。在当时,人们对通过忠诚约束和法伦理对大股东的权利进行约束知道的并不多,策尔纳借此在那个年代提出了相对的观点。当时的主流观点与这位年轻的讲师的观点截然不同。

该作品由三部分组成。在作品的开始,策尔纳成功地分析了大范围的利益情况,在这里企业利益并没有太多的笔墨。不管是从法的角度,还是从社会学的角度,企业都不适合做利益的承担者。预设的利益承担者(股东、债权人、劳动者、整个社会),按照具体情况,会以不同的方

---

[50] 纲领性的,参见 Zöllner, Flexibilisierung des Arbeitsrechts, ZfA 1988, 265 – 291。

式联系在一起(比如公司立即解散、可能更长时间的公司解散；高工资、低工资；长工作时间、短工作时间)。相反，他发现，公司借助其经营活动而追求的利益，被确定在公司章程的公司目的当中。因此，起到关键作用的是公司利益(即为公司目的的反面)，它典型地是为了通过经营的价值链实现利润，准确地说是提高企业的价值。我对此进行详细的阐述是因为在今天的讨论中有人会主张，在《德国股份公司法》第76条补充规定董事会有服从"整体福利"的义务。

作品的主体部分，涉及上文已经提到的对限制的研究和认定。回过头来看，可以总结该作品提出了关键词"公司法中的忠诚约束"的基础。第三部分涉及针对决议法，尤其是针对瑕疵诉讼的几个结论，例如，在违反忠诚义务的拒绝决议的情况下，消灭的解除权诉讼与积极的确认诉讼相结合。从策尔纳在《马库斯·陆德纪念文集》的一篇文章中，又可以看到这个理念及40年内的发展情况。[51] 另一个例子是，在决议程序中出现错误时，是否取决于大股东可能会做其他的决议，或基于小股东的利益(相关性)，规范的意义是决定性的。在前几年，德国联邦最高法院明确认同了策尔纳的"相关说"("Relevanzlehre")。[52]

策尔纳的学术道路一直在发展，但是，学术界和司法界对此接受得比较缓慢。在20世纪60年代和70年代，他的作品总的来说被忽视了。但是，之后的情况发生了巨变。在涉及股份公司和有限责任公司的决议法、决议控制、公司利益和忠诚限制的司法裁判中，德国联邦最高法院采纳了策尔纳在20世纪70年代的作品。策尔纳绝不是关注司法裁判的接受度，及审视司法裁判是否引用了他的观点的人。但是，他"理所当然"喜欢他的研究被积极地接受，一直到今天也是如此。[53]

策尔纳一直都在研究私法组织中的意思形成和决议控制的复杂争议问题，对此，他在一系列的文章和报告中提出了建议。此处就不详细介绍这些建议了。另外，他在《科隆股份公司法评注》及鲍姆巴赫和怀克

---

[51] Zöllner, Beschluss, Beschlussergebnis und Beschlussergebnisfeststellung, in: Schneider u. a. (Hrsg.), Festschrift für Marcus Lutter zum 70. Geburtstag (2000), S. 821–831.

[52] BGHZ 160, 385-Thyssen-Krupp.

[53] 推动贝克出版社(Verlag C. H. Beck)将该作品放在贝克在线数据库(Beck-Online)中，让公众可以阅读，已经要求多次。

主编的《有限责任公司法评注》中评注决议(瑕疵)法和章程规则的规定。值得提出的是策尔纳的最后一篇文章,它被收录在《韦斯特曼纪念文集》中。[54] 该文严厉地批评了立法者("立法的不正义"),理由是立法者在《德国股份公司法》第 246a 条中规定了复杂的"豁免程序"("Freigabeverfahren"),导致单个的股东不能行使撤销权。

现在来看,策尔纳的研究重点是资合公司法,少数研究涉及人合公司法。然而,在 20 世纪 90 年代,策尔纳展现出来,是因为他明确反对"民事合伙"成为权利能力的主体。[55] 他坚决反对联邦最高法院和当前流行的教义,并继续秉承传统观点,也即把公司视为集体或共同所有人,将股东视为个人,并遵守与之相关的法律。[56]

策尔纳深入地研究了康采恩法的问题。起点是他针对 1965 年《股份公司法》中新的康采恩法撰写的介绍性文章[57],临时的重点是在 2009 年末出版的第 19 版鲍姆巴赫和怀克的《有限责任公司法评注》中修订"有限责任公司康采恩法"("GmbH-Konzernrecht")。在德国法学家大会上,他第三次出现了:1992 年,作为报告人,做有关事实型企业联合体的法律规则的报告。[58] 他认为成员受约束,是康采恩法中的义务和约束的正确方法。他的思想,即与忠诚义务联系在一起,并且其内容和范围都由康采恩来决定,体现在怀克、鲍姆巴赫主编的《有限责任公司法评注》中;众所周知,《德国有限责任公司法》没有康采恩法的规则。他在《综合商法与经济法杂志》的一篇文章中,主张"忠诚指引的股份公司"是可能的。[59] 在康采恩法关于控制股东对债权人承担责任问题上,有着激烈的讨论,他主张一个康采恩法的责任理念,该理念可以追溯到

---

[54] Zöllner, Evaluation des Freigabeverfahrens, in: Aderhold/Grunewald/Klingberg (Hrsg.), Festschrift für Harm Peter Westermann zum 70. Geburtstag (2008), S. 1631 – 1647.

[55] Zöllner, Rechtssubjektivität von Personengesellschaften, in: Lange/Nörr/H. P. Westermann (Hrsg.), Festschrift für Joachim Gernhuber zum 70. Geburtstag (1993), S. 563 – 578; ders., Rechtsfähigkeit der BGB-Gesellschaft, in: Hönn/Konzen/Kreutz (Hrsg.), Festschrift für Alfons Kraft zum 70. Geburtstag (1998), S. 701 – 718.

[56] BGHZ 146, 341.

[57] Zöllner, Einführung in das Konzernrecht, JuS 1968, 297 – 304.

[58] Empfiehlt es sich das Recht faktischer Unternehmensverbindungen-auch im Hinblick auf das Recht anderer EG-Staaten-neu zu regeln?; in: Ständige Deputation des Deutschen Juristentages (Hrsg.), Verhandlungen des 59. DJT (1992), Bd. II, R 35 – R 56.

[59] Zöllner, Treupflichtgesteuertes Aktienkonzernrecht, ZHR 162 (1998), 235 – 248.

1972年的有限责任公司研究工作组的研究。[60] 德国联邦最高法院最初接受和提炼了这个方法,[61] 后来,考虑到破产情况下[62]基于《德国民法典》第826条的责任,[63] 又放弃了该方法。策尔纳认为,即使有更为新型的责任法制度的需要,[64] 实质性康采恩的情况下责任也是不可或缺的。不幸的是,它的废除表明在实质性康采恩中,只要它不破产,有伤害性的行为就一切正常。因此,康采恩内部针对小股东不公正对待的问题,规范(包括法官法的规范)得并不多。将责任限制为导致破产的责任,这引起了公司集团管理层的想法,即只要涉及债权人的责任被涵盖,他们就可以对"依赖企业"做他们想做的事情。[65]

理论与实践紧密结合的一个经常标志,是作者不仅掌握实体法的运行,而且注意到它的程序问题。策尔纳在多篇文章中特别研究了确认可撤销的股东会决议、程序法上的后果。[66] 体现程序法意义的,还有《资合企业的股东诉讼》[67]。远超越公司法的,还有他在《民法实务论丛》上发表的基础性研究文章《实体法和程序法》[68]。

策尔纳并不喜欢已经发展了约20年的资本市场法,他一直坚持成员导向的社团思想,而不喜欢所谓的国际资本市场假设的企业结构导向。关键词:优先购买权的排除。

策尔纳积极参与最新的有限责任公司改革的讨论,例如,作为公司

---

[60] 除了策尔纳,参加人还有:G. Hueck, Lutter, Mertens, E. Rehbinder, Ulmer, Wiedemann。

[61] BGHZ 115, 187—Video.

[62] 策尔纳的概念(Baumbach/Hueck [Hrsg.], GmbHG [19. Aufl. 2010], Anh. KonzernR Rn. 122),他认为常用的"消灭责任"("Existenzvernichtungshaftung")表述是错误的。

[63] BGHZ 173, 246—Trihotel.

[64] 参见文章:Gläubigerschutz durch Gesellschafterhaftung bei der GmbH (in: Dauner-Lieb u. a. [Hrsg.], Festschrift für Horst Konzen zum 70. Geburtstag [2006], S. 999 – 1021)。

[65] Baumbach/Hueck-Zöllner (Fn. 62), Anh. KonzernR Rn. 151, 153.

[66] Zöllner, Die Bestätigung anfechtbarer Hauptversammlungsbeschlüsse, ZZP 81 (1968), 135 – 157; ders., Bestätigung anfechtbarer Hauptversammlungsbeschlüsse während des Revisionsverfahrens, in: Beisse/Lutter/Närger (Hrsg.), Festschrift für Karl Beusch zum 68. Geburtstag (1993), S. 973 – 983; ders., Die Bestätigung von Hauptversammlungsbeschlüssen-ein problematisches Rechtsinstitut, AG 2004, 397 – 404.

[67] Zöllner, Die sogenannten Gesellschafterklagen im Kapitalgesellschaftsrecht, ZGR 1988, 392 – 440.

[68] Zöllner, Materielles Recht und Prozeßrecht, AcP 190 (1990), 471 – 495.

法协会的报告人,或有关(他怀疑的)欧洲的法律类型的竞争的文章,[69]对此,他拒绝"教授群体中神经衰弱的创新者"。

1965年,诞生了新的《股份公司法》;自1970年起,策尔纳主编《科隆股份公司法评注》。[70]策尔纳创建了这个法律评注,主要是年轻的作者围绕他工作。[71]该评注在风格和要求方面,明显与当时的作品拉开距离,第1版就取得了很大的成功;1985年开始的第2版并没有完成,这由策尔纳和我主编的第3版弥补。对于作品"没完成",策尔纳肯定是不高兴的。没完成的原因有两个。其一是客观原因。不断的股份公司法改革[72]为大型法律评注带来了很大的困难。[73]其二是主观原因。40多年前组成的作者团队,应该提早强化或变动。

策尔纳产生重要影响的第二个法律评注,是鲍姆巴赫和怀克创建的《有限责任公司法评注》。在这个标准教科书中,他评注了有关公司管理者、股东决议、公司章程修改、增资及康采恩法的规定。

(四)信息法

不为人所知但值得强调的是,策尔纳在很早的时候就主张通过干预来建立一个自由的信息秩序。在今天,不太有人知道他是这方面的专家,甚至不知道他对现代信息技术的法律问题感兴趣。但是,在20世纪80年代,在当时因为乔治·奥威尔(George Orwell,1903—1950)的小说《一九八四》引发的数据保护讨论中,他做出了重要的贡献。值得一提的是,德国联邦宪法法院的"人口普查判决",确定了信息自主决定的

---

[69] Zöllner, Konkurrenz für inländische Kapitalgesellschaften durch ausländische Rechtsträger, insbesondere durch die englische Private Limited Company, GmbHR 2006, 1, 11.

[70] 科隆是卡尔·海曼出版社(Carl Heymanns Verlag)的所在地,也是策尔纳当时的大学的所在地。

[71] 对于老一辈的作者,比如海因里希·克龙施泰因(Heinrich Kronstein, 1897—1972),参见本书中库尔特·比登科普夫(Kurt Biedenkopf, 1930)关于他的报告;关于马库斯·陆德(Marcus Lutter, 1930—2021),参见本书中彼得·霍梅尔霍夫(Peter Hommelhoff, 1942)关于他的报告。

[72] 其中的一个,参见 Zöllner, Aktienrechtsreform in Permanenz-Was wird aus den Rechten des Aktionärs?, AG 1994, 336 geprägte Sentenz。

[73] Seibert, Aktienrechtsreform in Permanenz?, AG 2002, 417, 420: den Autoren gilt unser herzliches Mitleid.

基本权利。在十年中，成为策尔纳话题的有公共的和私法的数据加工规则[74]、劳动法[75]和银行法中的数据保护[76]，甚至还有新技术的适用作为劳动法的问题[77]。

1982年，《劳动关系中数据保护和信息保护》出版，这本书反对西米蒂斯(Spiros Simitis，1934)的鉴定报告。该报告推动联邦劳动部制定限制数据和领域特定的规则。策尔纳批评这位鉴定人没有认识到根本性的意义。这里涉及的是对经济秩序和信息秩序有重要意义的法律政策的关键点：一般性的禁止加工个人相关的数据，或限制性的侵犯禁止？策尔纳主张第二个方案。针对一种侵犯人格权的危险，作出的反应不是完全禁止。众所周知，驾驶汽车有伤害身体和生命的危险，那么就禁止驾驶汽车。30年后的今天，数据保护的网络错综复杂，但是丑闻(或丑闻化？)占据了媒体报道。

"信息秩序和法"是这十年结束后在柏林法学会举办的一个宏大的画尾的主体的报告题目。[78]在这里，策尔纳反对法律规定信息自主权，理由是这种法律规定忽视了个人相关的数据从多方面来说与社会利益相关。

> 的确，人虽然是个体，但他只能通过他人，与他人以及为他人而生活。因此，他的个人特征和情况，不仅是他个人的，也同时是集体的事情。因此，脱离实际的想法是，人可以在任何时刻作为白纸被全新呈现，他可以与他的过去、他的特征和他的周围环境分离。信息自主权的理念，必然会在私人法律交往中失灵。那里的数据，是与法律关系相关的数据，尤其是法律关系的设立、执行或终

---

[74] Zöllner, Die gesetzgeberische Trennung des Datenschutzes für öffentliche und private Datenverarbeitung, RDV 1985, 3–16; ders., Datenschutz in einer freiheitlichen marktwirtschaftlichen Ordnung, RDV 1991, 1–11.

[75] Zöllner, Die Nutzung DV-gestützter Personalinformationssysteme im Schnittpunkt von Datenschutzrecht und Betriebsverfassung, DB 1984, 241–246.

[76] Zöllner, Datenschutzrechtliche Aspekte der Bankauskunft, ZHR 149 (1985), 179–196; zum Umwandlungsrecht Zöllner, Umwandlung und Datenschutz, ZHR 165 (2001), 440–452.

[77] Zöllner, Der Einsatz neuer Technologien als arbeitsrechtliches Problem, DB 1986 Beil. 7 zu Heft 10.

[78] Zöllner, Informationsordnung und Recht (1990)。该报告是在1989年10月25日进行。

止的结果,不仅是一方的数据,同时也是另一方的数据。债务是否被清偿、清偿的时间及数额,不仅是我的事情,也同样是对方的事情。[79]

策尔纳主张的信息制度,允许信息处理是原则,禁止它是例外。然而,他必须确认的是,法律政策的发展趋势却并非如此。这在今天也一样。对此,不要产生错误的印象:策尔纳成为技术狂。相反,"计算机适当的法律,是公正的噩梦,计算机适当的人事管理,是人类的噩梦"[80]。

(五)有价证券法

《有价证券的有形要素的退去》是策尔纳在1974年《路德维希·赖泽尔纪念文集》中的一篇文章。[81] 该文完全体现了策尔纳的特点:早期认识到今天发展的趋势,即没有书面证明的"有价证券"("Wertpapeir")出现了——参见《德国证券交易法》(WpHG)第2条第1款第1句。这当然会对以"有形"作为标准的法律制度产生影响。例如,在不记名股票的情况下,在物权法基础上构建的善意取得。以这个为主题的研究论文很多,没有哪个是放弃参考策尔纳这篇开创性的文章的。

诸如汇票和支票的经典的有价证券失去意义可能是一个原因,这使他在1987年结束在贝克出版社出版的第14版的精要教科书《有价证券法》(Wertpapierrecht)。该书由雷费尔特(Bernhard Rehfeldt)创立,从第9版开始由策尔纳修订,从第13版开始由策尔纳独自署名。该书与怀克和卡纳里斯的教科书产生了竞争,而策尔纳的书主要是为了呼应学术课堂教育的需要(第14版的前言)。学术上的争议话题,诸如"第一个接收人基于针对汇票和支票的关系的抗辩权效果",深入的研究成果,发

---

[79] 前引78,第22及以下诸页。
[80] 前引78,第31页。
[81] Zöllner, Die Zurückdrängung des Verkörperungselements bei den Wertpapieren, in: Baur u. a. (Hrsg.), Festschrift für Ludwig Raiser zum 70. Geburtstag (1974), S. 249–285 zu Teilaspekten auch die von Zöllner betreute Dissertation von Dechamps, Wertrechte im Effektengiroverkehr (1989).

表在《综合商法与经济法杂志》上。[82] 他第一个关于有价证券的基础性研究发表,是1968年的《支票卡的法律问题》。[83] 在今天已经失去实践意义的支票卡,在20世纪70年代作为一种工具被普遍地使用,这引起了当时还是科隆大学教授的策尔纳的兴趣。上述策尔纳的研究,是为了表明:在"狂飙突进运动"的年代,策尔纳乐于成为"话题开启人",理解经济生活中的新发展,不愿研究别人已经研究很多的话题。

三、为人

1. 纪念策尔纳的文集的前言以令人瞩目的连接方式,说他拥有"健康的和淳朴的人类理智,即使这种淳朴性与十足的科学精神联系在一起"。我乐意确认这个,并且在作为联合主编的时候就已经这样做了。策尔纳具有很强的个性,并不容易相处。在庆祝策尔纳75岁生日的文集中,奥地利学者海因茨·克雷伊奇(Heinz Krejci,1941—2017)形容"他有时戴着花色围巾,但围巾下面却是质地为钢铁的甲胄"[84]。策尔纳并不要求其他人做得都对,但是要求自己做对。策尔纳即使在学院中和与学院之间都有争议。在这里,我要重点地提出,正如我自己观察到的,这些争论都不是针对个人的,也不是不公平的。明确的用语、明确的观点,但没有侮辱,或甚至是密谋策划。策尔纳与彼得·乌尔默因为民事合伙的权利能力持有针锋相对的观点,在学术上发生了争议。[85] 对此,他有一些激烈的语气,但是这绝不是任何的贬低人格或类似的东西,而是对实事求是的争论的兴趣。[86] 争论对方应当要有修复的能力,他能够从上而下地看待所谓的"小型大师"("Kleinmeister"),正如他称呼有

---

[82] Zöllner, Die Wirkung von Einreden aus dem Grundverhältnis gegenüber Wechsel und Scheck in der Hand des ersten Nehmers, ZHR 148(1984), 313–337; dazu auch die von Zöllner betreute Dissertation von Wittig, Das abstrakte Verpflichtungsgeschäft(1996).
[83] Zöllner, Zur rechtlichen Problematik der Scheckkarte, DB 1968, 559–564.
[84] 前引7,第53及以下诸页。
[85] Zöllner, FS Gernhuber(1993), S. 563–578; ders., FS Kraft(1998), S. 701–718.
[86] 同样参见与卡斯滕·施密特的争议:Zöllner, Wovon handelt das Handelsrecht?, ZGR 1983, 82–91。

些同事的。他完全享受"手工坊导师"的形象。

策尔纳并没有创立学派。他的很多博士在研究的时候并没有以他的观点为准，他所指导的教授资格者也是如此。除了于 1994 年在策尔纳指导下完成教授任用资格论文的本文作者，策尔纳培养的教授资格者还有 1970 年的曼弗雷德·利布[87]、1975 年的胡果·塞特[88]及 2002 年的汉斯·哈瑙[89]。教学的气氛是谨慎的严格，也就是说，人们可以犯错误，但不能第二次犯同样的错误。我从来没有听到过策尔纳嚷人，这对他来说也是没有必要的。教席里面的团队每周会一起吃午餐，被邀请去他家里就会有机会进行自由的聊天，每个人都会利用这个机会。策尔纳非常关心他的学术助理的个人发展和个人事务，但是保持着应有的并且是具有生活经验的恰到好处的距离。

策尔纳在哪里以及如何工作？他与妻子和他们的狗拜里住在图宾根奥斯特贝格南坡的一个美丽庄园中，在那可以欣赏到"施瓦本汝拉山"（"Schwäbische Alb"）山丘的绝妙景色。在那里，在一个放满书和纸张的工作室中，诞生了他的文章稿件、报告稿件和法律评注。至少是我在那里工作的阶段（1982—1993 年），教席中并没有集体的法律发现的活动。学术助理只负责脚注部分的工作。只有一次，我在图宾根的美布朗（Schönbuchrand in Tübingen）散步时，与策尔纳进行了深入的谈话，最终促使其修改文章，即《论表决权约束合同的限制和效果》[90]。剩下的都是有大事来做。如果某样东西被深入思考了，采用简写的方式思想能被快速地确定下来。策尔纳在很早的时候就掌握了熟记技术，并且在他的理性工作中得到了完美的发挥。

2. 在教学中，策尔纳负责《德国民法典》所有五篇的内容。非常受欢迎的是他的物权法大课，但他喜欢教授初学者的大课，理由是他认为

---

[87] 曼弗雷德·利布（Manfred Lieb, 1935—2017）于 1970 年在图宾根大学经策尔纳指导，完成教授任用资格论文，他是科隆大学荣退教授，曾任该校民法、劳动法和商法教席教授，1974—2000 年任《民法实务论丛》联合主编。

[88] 胡果·塞特（Hugo Seiter, 1938—1988），柏林自由大学教授。

[89] 汉斯·哈瑙（Hans Hanau, 1962），汉堡大学民商经济法与劳动法教席的现任教授；1994 年的博士论文和 2002 年的教授任用资格论文均由策尔纳指导，在图宾根大学完成。

[90] Zöllner, Zu Schranken und Wirkung von Stimmbindungsverträgen, insbesondere bei der GmbH, ZHR 155 (1991), 168–189.

年轻人正确的开始(即由他来引导)是重要的。在他的大课计划中,除了劳动法、商法和公司法的教学活动之外,还有民事诉讼法和有价证券法的教学活动。在图宾根大学,他甚至还完成了一次性的法哲学大课。在策尔纳积极的活动中,我从来没有发现他有疲惫的样子。因此,即使年过七旬,他在课堂上积极的样子也不会让人十分惊讶。他教学的风格是自由的报告,其中包括了小型案例、难题及给听众的作为材料的提示。他在电视上的远程学习系列节目(第3频道)的小型演讲场景中,向广大观众介绍了劳动法,以小故事和图宾根大学的解说结合起来展现给观众。

3. 今天的积极的一代人,甚至是更为年轻的一代人,期待的是真正的国际性。在该意义上,策尔纳不是国际的法学家。在一个会议上,一位同事泛化地以此论证一个法律观点似乎是"国际上通行的",策尔纳很快揭开了假象。这位会说英语、意大利语[91]和法语的人,没有长时间地在国外待过。据我的印象,他与英美法系没有更为紧密的联系。在意大利、法国和希腊,策尔纳做过报告,举办过研讨班。即使年事已高,他还在韩国[92]和日本举办过几周的报告。当然,他也出访过瑞士和奥地利,主要是奥地利,因其是教授资格和任命委员会的成员。

他不喜欢欧盟法的规定不断地架空成员国法,不像今天的一代人中有些时髦的法学家有时所拥有的激情。在这里,他担心的是,欧盟的规则制定者从上到下规定了可以摧毁私法社会的"祝福"。

4. 策尔纳喜欢宏大的话题和法律领域,他不怯于法律评注者或教义学专业论文的艰难研究,涉及的问题有基本原则的改变、强调客观的公正性优先于过于精致地处理和遵守现行有效的法律。严格地解释法律,并且过于细化自己的教学的人,对策尔纳而言并不舒服。基于所宣称的体系论,对客体施加一种不融洽的形式,最终导致"削足适履"("普洛克路斯忒斯之床",即"Prokrustesbett"),这是他不喜欢的。在不完全严肃的意义上,我还要指出,这与出身相关,他不是普鲁士人,而是以南德和奥地利为准。一个例子是他反对将《股份公司法》中的决议撤销法

---

[91] 他后来学了意大利语,是为了认识喜欢的歌剧的乐谱。
[92] 他曾经的博士生李基秀(Ki-Su Lee,1945)是韩国高丽大学的教授。

完全地复制到《有限责任公司法》中。反对"撤销诉讼制度"的理由主要是与有限责任公司的本质相关,即这类公司的股东在任何情况下都不会在法院解决决议方面的争议。[93]

5. 策尔纳并没有法律实践的经验,但他是通晓实践的法学家。他从来没有做过律师,在退休后也没有做并不少见的律师事务所"顾问"("off counsel")。他坚持基本原则,认为法必须适合人类的生活,因此,策尔纳过去和现在与法律咨询职业和协会走得近,[94]但是保持适当的距离。他喜欢写法律鉴定书,也写了很多,并且其中的一些公开发表了。[95]获得(人们可以获得金钱报酬)与益处(人们了解和研究经济生活中的关键争议问题)结合在一起:为什么不做呢?相反,他参与仲裁程序的情况并不是很多,他自己承认,他并没有成功地进入该领域。

策尔纳与德国联邦劳动法院的法官的关系,并不如他和德国联邦最高法院公司法审判庭的法官的关系好。顶尖的公司法学者与德国联邦最高法院第二审判庭的非常紧密联系的鼎盛时期,是20世纪的80年代和90年代初,由这个圈子里的人组成的"公司研究圈子"会在周末相见。尤其是在瓦尔特·施廷佩尔(Walter Stimpel,1917—2008)担任该审判庭庭长的时候,这种精英组织举办了会议。策尔纳当然属于这个组织。在继任庭长的领导下,被这个组织排挤出的人批判的圈子并没有延续下去。

最后,策尔纳是拥护现行法律制度的学者。他并不是较强的法律政策导向的法学家,即使这样,他还是针对随意的法律政策发展出自己的基本底线和批评。在对专家充分的即使不是必要的开放的委员会面前,他多次刻画了期待的未来的法。这里所指的是面对三次的德国法学家大

---

[93] Zöllner/Noack, Geltendmachung von Beschlussmängeln im GmbH-Recht, ZGR 1989, 525–544.

[94] 最新的报告,是2009年10月在德国雇主联合会(BDA)上有关劳动法中格式条款控制。

[95] 例如:Zöllner, Die Konzentration der Abstimmungsvorgänge auf großen Hauptversammlungen, ZGR 1974, 1–25; ders. /Noack., One share—one vote?, AG 1991, 117–131; dies., Zulässigkeitsgrenzen des gesetzgeberischen Eingriffs in Gesellschafterrechte, AG 1991, 157–165; Zöllner, Folgen der Nichtigerklärung durchgeführter Kapitalerhöhungsbeschlüsse, AG 1993, 68–79; ders., Inhalt und Wirkungen von Beherrschungsverträgen bei der GmbH, ZGR 1992, 173–202; ders., FS Beusch (1993), S. 973–983.

会，他的两次专家鉴定书和一次报告，策尔纳附带地做了今天所说的"政策咨询"的事情。1983年，巴登-符腾堡州的时任州长组建了一个委员会，这个委员会在策尔纳的影响下研究"社会发展的未来视野"。[96]

6. 对于精美的艺术品，策尔纳完全就是一个感兴趣的和参与的人，他尤其喜欢古典音乐。上文已经提到了其对与他名字相同的世界著名的作曲家（即沃尔夫冈·莫扎特），及对他的主要活动地方的喜爱（即萨尔茨堡）。他和他的夫人乌尔苏拉是萨尔茨堡演奏会和其他重要的文化活动的参与者，他尤其喜欢历史性的教堂管风琴，他积极地投入它的保存和修复活动中。他热衷于医学、文学、建筑学、哲学、戏剧和电影、美食和关于这些的聊天：和策尔纳在一起，这些都不会无聊。十年来就有来自慕尼黑旧时的传闻，说他在伊萨尔河边培育河马。

因为步行活动可以得到认知，因此每天与"生活伴侣"的行走成为他工作的一部分，与其说是工作的一部分，不如说是他的一种生活方式。"生活伴侣"过去和现在都是长胡子的科利牧羊狗，一种苏格兰的牧羊犬，它的特征如下："具有非常强的感知能力，同时因此非常敏感。它不太适应繁忙、紧张或易怒的性格。"狗和狗主人如此融洽。

四、总结

在总结中，必须强调沃尔夫冈·策尔纳所代表的难以置信的法律领域：他不仅是公司法和劳动法方面的专家，也是民法及其秩序功能方面的全能人才。他所尊敬的图宾根大学法学院同事哈尔姆·彼得·韦斯特曼是这样描述他的：

> 除了特定领域的专家，大学教育和科学还需要将私法视为整体、掌握其所在领域的发展、具有全局眼光的（在积极意义上的）全能人才。当然，这样的人面临着艰难的任务，即不仅要以批判性的

---

[96] 另外，在蔡奚（Manfred Zach, 1947）的小说《我的平静》（*Monrepos*）中，以文学的和讽刺的方式，对咨询活动和地点进行了评价。

眼光，记录单个学科及其相互作用的进步、错乱或停滞，而且要以创造性的方法，将"特别私法"的价值与一般性的以自由和公平为使命的公民法律秩序的必要性和要求相协调。[97]

在此意义上，策尔纳是这类人中的最后一位。令人悲怆的不仅是此番图景，亦与策尔纳的承诺有关，也即对自治的、"真正的"私法以及在其基础上建立的社会的追求。

---

[97] H. P. Westermann, Wolfgang Zöllner zum 70. Geburtstag, NJW 1999, 38, 39.

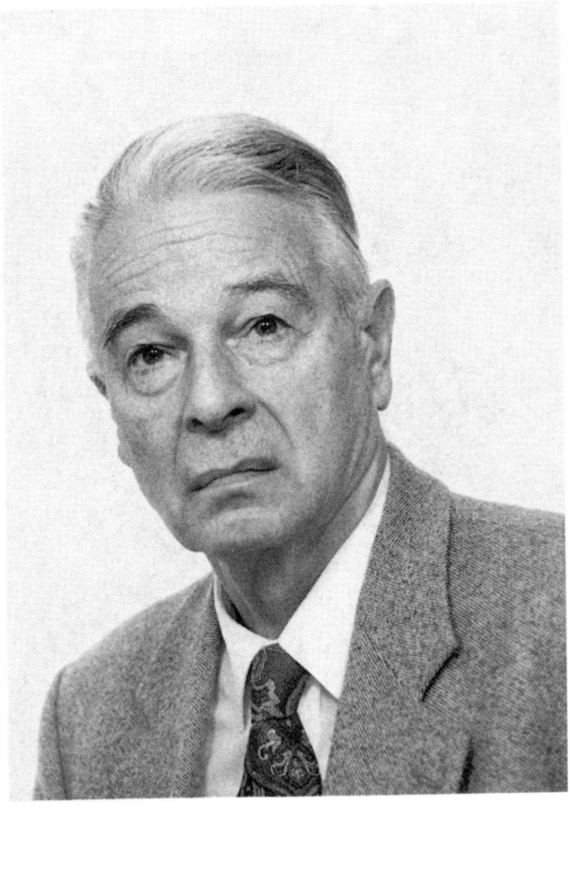

沃尔夫冈·费肯杰
（Wolfgang Fikentscher，1928—2015）*

目　次

一、职业道德　/ 414

二、生平简介　/ 414

三、学术之初　/ 417

四、明斯特大学　/ 418

五、图宾根大学　/ 420

六、慕尼黑大学　/ 421

　　（一）比较法视角下的法律方法　/ 421

　　（二）经济法　/ 423

　　（三）思维模式　/ 424

七、世界市场和文化现实　/ 426

八、文化、法律与经济学　/ 427

九、世纪的见证人　/ 428

十、结语　/ 429

老师的影响永恒；他永远不知道他的影响在何处停止。[1]

---

* 作者简介：〔德〕沃尔夫冈·费肯杰（Wolfgang Fikentscher，1928—2015）系德国慕尼黑大学荣退教授；〔德〕伯恩哈德·格罗斯费尔德（Bernhard Großfeld，1933）系德国明斯特大学荣退教授。原文是两位作者2007年6月29日在柏林洪堡大学以"遇见沃尔夫冈·费肯杰"为题的报告。

[1] Henry Adams, zit. nach Albom, Tuesdays with Morrie, 1997, S. 79. ［中译本参见米奇·阿尔博姆：《相约星期二》，吴洪译，上海译文出版社2014年版。——译注〕

亲爱的沃尔夫冈！

一、职业道德

今天，我的责任是陪伴你和你的作品进入新世纪。首先，我对你深表感激，因为你在明斯特大学和图宾根大学将我带入学术之路。你给我创造空间，在这空间中因为你创造性的榜样、善良的容忍，我才得以成长。你可以看到这种持续的影响：在我重回明斯特大学后，我就像你以前那样，领导"比较法研究所"（现为"国际经济法研究所"）。

你的指导原则是：让年轻人对比较法和国际经济法感兴趣，鼓励他们尽早公开发表，以及为他们到国外铺平道路（身临其境的比较法）。过去和现在，年轻人的进步都是你关心的焦点，为此，你给我们很多时间。你自己的所有内容都是亲手写的，在今天直接让"枪手"写作的做法不符合你的"职业道德"。"职业道德"这个词描述了你作为教授的态度。

在下文中，我将保持冷静：因为满招损，谦受益！你和你的作品，必须放在首位。

二、生平简介

就比较法而言，我们知道个人经历会深刻地影响到文化的视角和法感，所以，我想在这个"人生轨迹"[②] 中多停留一些时间，首先是对你进行"定位"。

1928 年，你在纽伦堡出生，在莱比锡、奥格斯堡附近的博宾根（Bobingen）、马克莱贝格（Markkleeberg）、柏林的利希特费尔德（Berlin-Lichterfelde）、阿默湖畔的里尔德劳（Riederau am Ammersee）以及奥格斯堡（在这里完成了高考）长大。父亲埃里希，来自法兰克-奥格斯堡的一个家族，在第一次世界大战中曾担任海军军官，后来在私企和海军担任工程

---

② 参见 Gill, Storytracking (1998)。

师。你的母亲是阿尔博斯女士（Elfriede Albers），来自奥尔登堡（Oldenburg），是农学家。比你小两岁的妹妹艾伦（Ellen），是一位经济学博士。

沃尔夫冈·费肯杰：

至于我父母对我的影响，我也不清楚：因为二战前后这段时期，我经常和父母分开。1943年，一颗炮弹落在了我们在柏林的住所上，我作为家中唯一的"男人"负责防空和消防的事情。因为我们那个时候正在巴伐利亚州度假，得以幸免，并寄居在当时友好的亲戚家。

父亲先后担任海军军官和工程师的两个职业经历可能对我产生了重要的影响：即使在艰难困境中，我也会发现和选择实用的解决办法。我敏感又经常生病，但承担事无巨细的家庭琐事的母亲，明确教育我要谨慎，要有长远眼光、容忍力和信仰。

为了逃避柏林轰炸，十三四岁的我和其他孩子被送到乡下；15岁的我被派到炮兵部队，在医院中躺了十个月之久，之后被送到人民武装特别部队作为最后一批候选军人。我们在莱希河畔兰茨贝格当过警察。1945年，17岁的我，从法国战犯集中营回到家乡，并不是被释放，而是在一辆运输车上逃脱的，然后在农村成为农家长工、建筑工助手、木材砍伐工。在那里有很多东西可以学，没有哪个问题是解决不了的。

二战开始的时候（1939年），你是11岁，结束时（1945年），你是16岁。纳粹敬礼、迫害犹太人和轰炸，伴随着你的童年和少年时代。15岁的你，去了炮兵部队，成了"人民武装"的最后一批候选人，17岁的你从法国战犯集中营返回家乡。完成高考之后，你是化工厂的技术员。你经历了"黑市"的"野蛮化"，在大学二年级的时候，你见证了货币改革的一场"革命"。

沃尔夫冈·费肯杰：

我还是埃尔朗根大学法科学生的时候，见证了货币改革。我们十二个人居住在以前军事训练营的一个房间。我们靠学生工作、黑市交易活着，并通过这种方式，在非法交易与合法购买的界限上，有稳定的收入，这使我们的学费有了着落。

1948年6月20日的夜晚到21日清新、阳光的周一，我永远不会忘记，德国待客方式发生了转变。周六的时候，当人们买这个买那个的时候，还被不友好地对待，现在店主人打开店门来迎接，邀请我们到商家玻璃窗边选购所有他们昨晚上架的精美商品。这是市场经济无形的手在起作用：生活用品、糖果、衣服、外套、夹克、围巾、帽子、鞋子、短袜、纸张、法学教科书（我们只是在大课上听说过书的作者和书名，却从来没有见过它们）、全新的自行车车胎以及自行车，一切应有尽有。市场经济至少起到了一种作用：它使人与人之间友好。整个西德，在24小时之内变得充满爱和和谐。

你在埃尔朗根大学和慕尼黑大学学习了六个学期的法律。你的老师有弗里德里希·伦特（Friedrich Lent, 1882—1960）、埃德蒙德·梅茨格尔（Edmund Mezger, 1883—1962）、埃里希·考夫曼（Erich Kaufmann, 1880—1972）、阿尔弗雷德·怀克、穆拉德·费瑞（Murad Ferid, 1908—1988）和欧根·乌尔默。在完成第一次国家司法考试后，你是"瓦克化学公司"（"Wacker-Chemie"）法务部的法律工作人员，该公司当时还在盟军的"法本公司"（"IG-Farben"）的控制之下。在那里，你被要求做1958年《德国反限制竞争法》的立法准备工作。1952年至1953年在美国密歇根大学的学习经历，对你来说有重要意义。在那里，你学习了保罗·考珀（Paul Kauper, 1907—1974）的宪法，学习了邵尔·查斯特菲尔德·奥本海姆（Saul Chesterfield Oppenheim）的反垄断法和反不正当竞争法。奥本海姆资助了你的法律硕士论文《法律垄断的理论》。你参加了黑塞尔·英特马（Hessel E. Yntema, 1891—1966）的冲突法研讨课，为他新创立的《美国比较法杂志》撰写书评和文章。

在密歇根安娜堡，你与你未来的夫人——来自荷兰海牙的伯齐女士（Irmgard van den Berge）相遇。她学政治学。1956年，你与她完婚。你们有四个孩子，两个儿子分别是凯（Kai）和马库斯（Markus），他们都是音乐家；后来又诞生了一对双胞胎姐弟，女儿萨斯基亚(Saskia)是音乐家，儿子艾德里安(Adrian)是法律人。你们有三个孙辈，分别是丽娜(Lina)、莉奥妮(Leonie)和约翰内斯(Johannes)，这丰富了你们的生活。

三、学术之初

1952年，你开始了学术生涯，先是作为讲师，在科黑尔市和下波京地区的工会学校讲授劳动法课程。你的教授职业生涯始于1958年的明斯特大学。从那里到图宾根大学和慕尼黑大学，跨度从民法、经济法和比较法，到比较法律方法论和法律人类学的研究。一路走来，你获得了学术的发表和门生的感激。

周围环绕你的，是"社会市场经济"的空气及欧洲的视野。你和你的连襟克努特·博尔夏特(Knut Borchardt, 1929)合作研究"竞争、竞争限制、市场支配地位"[③]。"竞争和商业保护"是你的教授任用资格论文的主题，[④] 其中描述了经济行为自由与知识产权保护之间存在紧张的关系。该话题伴随着你终身，直到你成为慕尼黑马克斯·普朗克知识产权、竞争法和税法研究所的学部委员。你的教授任用资格论文导师是阿尔弗雷德·怀克。

沃尔夫冈·费肯杰：

他教学成功的秘密是可忍耐的清晰性。听他课的人，会全面掌握所涉的法律领域及其精选的细节内容。被邀请参加怀克的研讨课是慕尼黑大学法科学习的荣誉。

我还记得阿尔弗雷德·怀克在商法课上处理的下述案例：

A在报摊上买了一份日报。在有轨电车上，他发现该日报是昨天的！阿尔弗雷德·怀克剖析该案例有两个时辰。之后，人们掌握了瑕疵责任的所有细节问题。

---

③ Borchardt/W. Fikentscher, Wettbewerb, Wettbewerbsbeschränkung, Marktbeherrschung (1957).

④ W. Fikentscher, Wettbewerb und gewerblicher Rechtsschutz (1958).

新的年轻的创新者群体,包括了以下人物:库尔特·比登科普夫、沃尔夫冈·费肯杰、恩斯特-约阿希姆·麦斯特麦克及恩斯特·斯坦因多夫。所有这些人,我都是通过你介绍认识的。如果将瓦尔特·欧肯、海因里希·克龙施泰因、弗朗茨·柏默和瓦尔特·哈尔斯坦因归属于弗莱堡学派的第一代人物,那么上述年轻的"社会市场经济学者"则属于弗莱堡学派的第二代人物。

四、明斯特大学

你以竞争法学者兼有国际私法和比较法的专业背景,加入明斯特大学。最初,你为你的"德国民法典"大课贡献了一部稳固的"工艺"基础。为此,你撰写了已经有第10版的《债法》教科书[5],并且撰写了有关新类型的债法关系的文章,即"加工采购合同"[6]。

然而,在这里法的历史和方法论基础发生了转变。启蒙时代的"几何学方法"吸引着恩斯特-约阿希姆·麦斯特麦克,哈里·韦斯特曼将利益法学扩大到评价法学,马克斯·卡泽尔和鲁道夫·格缪将罗马法和日耳曼法的历史视为现代法律观点的动力。1965年,你在奥格斯堡的人文高中做了"人文的教育观念与学术的少年"的报告,从中我近距离地观察到了这个转变。在这里,方法论和人类学发生了转型。

之后,具有决定性意义的是你与海因里希·克龙施泰因的相遇。1963年,你是美国乔治敦大学经济法研究所的访问学者,海因里希·克龙施泰因逃脱了纳粹的追捕。在他那里涉及的是本笃会伟大的会士希尔德加德·冯·宾根(Hildegard von Bingen,1098—1179)的《认识主道》,她认为世界观、人生观与圣人观不可分割地联系在一起。作为"两个世界之间的漫步者"、华盛顿和法兰克福之间的漫步者,他以文化的比较法视野看待他的企业法方向。

克龙施泰因将你指向了小奥利弗·温德尔·霍姆斯(Oliver Wendell

---

[5] W. Fikentscher/Heinemann, Schuldrecht (10. Aufl. 2006).
[6] W. Fikentscher, Der Werkverschaffungsvertrag, AcP 190 (1990), 34–111.

Holmes Jr., 1841—1935)。霍姆斯曾经说过:"法律的生命不在于逻辑而在于经验。"同时,基于霍姆斯主张的社会达尔文主义,强者的法为上。这种观点使你"恐惧"。在一个强制绝育的案件中,他的判决"事不过三"典型地反映了这个观点,而这个观点正是你所要抵抗的。我只是列举以下这些我们在美国康涅狄格州纽黑文市一起拜访的人物:卡尔·卢埃林(Karl N. Llewellyn, 1893—1962)、杰罗姆·弗兰克(Jerome Frank, 1889—1957)及查尔斯·爱德华·克拉克(Charles E. Clark, 1889—1963)。

沃尔夫冈·费肯杰:
　　谁要是认识海因里希·克龙施泰因,可能很快会不耐烦。他展现出作为一个优秀的人冷静的一面,会考虑到所有方面的问题,他同时又有令人不安的一面,敦促他的交谈伙伴一起参与思考与工作。
　　他逃难离开德国,宗教信仰由犹太教转为天主教的本笃会。他还是军人的时候,就已经开始和法兰克福大学的同事一起重建法学院。由此,该院与美国乔治敦大学法学院有密切的交流。
　　他与约翰·考特尼·默里(John Courtney Murray, 1904—1967)合作撰写有关"良知自由"的天主教教皇通谕,与瓦尔特·哈尔斯坦因、奥古斯特·伯尔勒、赫尔穆特·科英等合作草拟《罗马条约》。他值得拥有自己的学术传记。仅他对弗莱堡学派的贡献,就是一个让人激动的篇章。

在华盛顿与逃出德国的路德维希·汉堡格尔(Ludwig Hamburger, 1901—1971)的相遇也同样具有影响力。[7]他生活在海因里希·克龙施泰因的秘书威尔士伯格女士的地下室中,[8]他以他的比较文化的历史研究

---

[7] W. Fikentscher, Erinnerungen an den Rechtssoziologen Ludwig Hamburger, in: St. Lorenz u. a. (Hrsg.), Festschrift für Andreas Heldrich zum 70. Geburtstag (2005), S. 1119 - 1143.

[8] W. Fikentscher, Heinrich Kronstein †, JZ 1973, 133.

和组织研究,发出了超越"法律现实主义"的法人类学方法论的信号。

沃尔夫冈·费肯杰:

纳粹学生联邦的行动,一直影响到瑞士日内瓦,使日内瓦大学教授路德维希·汉堡格尔被迫逃亡。因为人们想知道德国的战争经济,所以他在美国是德国劳动组织的专家。他建议如果想赢得战争,就应当向德国学习有效率的劳动组织。对此人们的回答是:"你是新来的。你应当知道在这个国家每个人都有愚弄自己的宪法权利。"他对我说:"就在这一天,我开始理解美国及其公民。"

从1961年到1972年,我从克龙施泰因和汉堡格尔那里学到非常多的东西,从(克龙施泰因的)评价法学到(汉堡格尔的)文化比较。我可以说是他们的门生。两个人都是天才,是真正伟大和多样的法学家。

五、 图宾根大学

1965年,图宾根大学吸引着你离开明斯特大学。法学大家照耀着图宾根大学法学院,仅列举几位的名字:路德维希·赖泽尔、约瑟夫·埃塞尔、霍斯特·施罗德(Horst Schröder, 1913—1973)、京特·迪里希(Günter Dürig, 1920—1996)和奥托·巴赫夫(Otto Bachof, 1914—2006)。

你与同事合作,成功地给路德维希·汉堡格尔在故里找到家乡。在图宾根,你遭遇了1968运动,这也发生在柏林、法兰克福和哥廷根。而在哥廷根,我也遇到了这个运动。在今天,有人轻描淡写了这段历史,将其称为"特殊的过去"。你创建了一个政治工作组,在其中与学生讨论高校改革的问题。联合多个高校的教授和专业人士,你创建了"言论自由工作组",从事外在和内在新闻自由的法律草案。1976年的第三个(涉及新闻的)反垄断法修正案的基础即是这些草案。

你是"图宾根民主会"的创建人之一,该团体为了对抗极左和极右的发展趋势,作出了报告。因此,两个谋杀针对你而发起,一个明显来自"共和会",另一个发生在博士毕业典礼上。

沃尔夫冈·费肯杰:

对于路德维希·赖泽尔已经有了记述。他写的东西不多,但是,他一旦动手写东西,德国私法将会是另一个样子。他的研究关于格式条款、平等对待、所有人占有人关系及物的期待权,都是里程碑的研究。

他和我紧密联系的是两个恒久的话题——我们经常在图宾根的"博物馆"一起吃饭:自由的法律保护,及马丁·路德的《基督徒的自由》的政治后果。尽管经常有不同的观点,"学生运动"并没有将我们分开。

约瑟夫·埃塞尔完全就是伟大的德国法学家之一,他的债法属于该领域作为韬光养晦的一本书。我可以这样说,我们个人之间紧密联系是因为职业上(经常是幽默的)相互尊重。有一次,我谨慎地向他指出,他在他的作品关于前理解的最后一章坚持了自然法,因此,之前所有写的东西都会让人质疑。他只是回答道:"啊哈,您知道的,自然法是一种陈旧现象。"

埃塞尔、格恩胡贝尔、梅迪库斯和我,总是在期末考试前两两一组教授复习课程。在那个年代,图宾根还没有辅导班,尽管也有人尝试过去办辅导班,但是,学生们说:"我们在大学里学习得更好。"

六、慕尼黑大学

学生运动和你的出身,使你在1971年转赴慕尼黑大学。在该校,你坚持12年开设基础的课程,每期200—300名学生。但是,华盛顿和图宾根还是继续对你产生影响。在慕尼黑阶段,你出版了成熟的作品。

(一)比较法视角下的法律方法

作为位于荷兰瓦瑟纳尔的"荷兰高级研究所"的1971—1972年的

研究员，你完成了五卷本的《比较法视角下的法律方法》。[9]借助该作品，你为在全球视野下理解市场经济的动态性和文化保存之间的平衡提供了基础。这些几卷本的作品是为了纪念海因里希·克龙施泰因而写，在后记中，你感谢了路德维希·汉堡格尔及其很多的激励。[10]这两个人强化了你踏入新路径的自信。

在你的作品中，你尝试回答客观法的问题。这从"早期的和宗教的法"开始，接着是从"前轴心时代"到"后轴心时代"的社会（"轴心时代"的概念是卡尔·雅斯贝尔斯发明的，是指公元前800到公元前400年这个阶段）。你漫步于犹太人精英在巴比伦的流亡，从印度教和佛教到希腊悲剧，由此到犹太教和基督教对法的理解。从"希腊化和经院哲学之间"的罗马法方法，你引导我们到罗马法系及其对比较法方法的贡献。

之后是英美法系，由此，我给出一些核心的关键词：经院哲学和宗教改革、现代的判例法及"法治"。美国的部分，你受到了人物个性的影响：小奥利弗·温德尔·霍姆斯、罗斯科·庞德、本杰明·卡多佐、路易斯·布兰迪斯、卡尔·卢埃林、杰罗姆·弗兰克[11]和勒恩德·汉德。这些名字也伴随着我。亲爱的沃尔夫冈，让人着迷的是从你这儿学到的东西一直都在。

接下来是"中欧法域"，以大卫·休谟和伊曼努尔·康德为起点。从弗里德里希·卡尔·冯·萨维尼到你尤其喜欢的鲁道夫·冯·耶林。同样，也有自由法运动。所有的这些把我们带到"法律方法论中现代的价值问题"。对此，哈里·韦斯特曼也思考过。

直到有这些广泛的基础，才出现以"体系思维"和"方法思维"为关键词的法理论。由"个案规范"发展到"制定法和法官法"；与自然法思维和民主相遇，走进"规范和价值"及之后的"价值获取"。最后，用"哲学思维中法的基础"进行明确化收尾。

---

[9] W. Fikentscher, Methoden des Rechts in vergleichender Darstellung (1975 – 1977).
[10] W. Fikentscher, FS Heldrich (2005), S. 1119–1143；参见前引7。
[11] Vgl. Rea-Frauchinger, Der amerikanische Rechtsrealismus: Karl N. Llewellyn, Jerome Frank, Underhill Moore (2006).

借助创造性的"个案规范"的概念,你成功地将欧洲大陆的法典法与英美风格的判例法集合在一起。这是一个走向欧盟的适当方法,将法典化国家和判例法国家及斯堪的纳维亚半岛的混合制度的国家结合在一起。或许,这是一个通往欧盟未来的突破。

(二)经济法

超越比较法和方法论,你在授课过程中产生了经济法。担任马克斯·普朗克知识产权、竞争法和税法研究所的研究员,同样给你一些启发。基于世界卡尔法和国家知识产权法的视野,你创造了"世界治理"的概念,并被其他人广泛使用。[12]

另一个例子是你的两卷本《经济法》[13]。你作为一名先锋,认识到必须基于世界市场的视角来看待和理解国家的经济法。因此,两卷本以"世界经济法"为起点,接下来是"欧洲经济法";到第2卷的时候,才是"德国经济法"。你以世界的视角来看德国!经济法在民法中的位置,表现为口头禅:"自由——一个权利。"这种观点反对自由是自然的产物,只要自由放任,自由便可以产生。你从世界、欧洲和德国三个层面塑造经济法,并且贯穿着一般经济法和特别经济法两分法的原则。这部两卷本著作是献给理查德·布克斯鲍姆(Richard Buxbaum,1930)的。

你的基本观点体现在《法和经济自由》这本书的书名上。这部作品研究竞争自由和跨国商标法。以此为基础,产生了你和约瑟夫·德雷克塞(Josef Drexl,1962)、安德里亚斯·海勒曼(Andreas Heinemann,1962)及国际方面的专家合作完成的"国际反托拉斯规范草案"。[14] 最后,《自由作为使命》[15] 表明了法律伦理的背景。

---

[12] W. Fikentscher, Wirtschaftskontrolle und Weltinnenpolitik, in: Beier u. a. (Hrsg.), Rechtsvergleichung, Interessenausgleich und Rechtsfortbildung, Festschrift für Eugen Ulmer (1973), GRUR Int. 1973, 478–486.

[13] W. Fikentscher, Wirtschaftsrecht (1983).

[14] W. Fikentscher/Drexl/Heinemann(Hrsg.), Draft International Antitrust Code, kommentierter Entwurf eines internationalen Wettbewerbsrechts mit ergänzenden Beiträgen (1995).

[15] W. Fikentscher, Freiheit als Aufgabe—Freedom as a Task (1997).

沃尔夫冈·费肯杰：

  值得注意的是1980—1981年我在伯克利：当理查德·布克斯鲍姆走进房间时，房子都变亮起来，因为他如此聪明，并且知道的很多。认识他的人都会肯定他内在的张力。正如感谢克龙施泰因那样，几代的交换学生和老师必须感谢他的帮忙。

  理查德·布克斯鲍姆与欧洲有紧密的联系。他的德语有一种尊贵的黑森音调。在他还是小学生的时候，就必须随同一家子逃脱纳粹追踪。他是有全球经验的法学家，而且不仅是法学家，还是政治家和经济学家。我们希望这类法学家后继有人。

（三）思维模式

  基于在马克斯·普朗克研究所（自1975年起）为联合国贸易和发展会议不断提供发展中国家的咨询，人类学占据了活动的中心。1995年，《思维模式：法律和宗教的人类学研究》出版；2004年的第2版补充了篇幅很长的前言和一些细节。[16] 这本书献给他的夫人伊姆加德。基于他的广阔视野和生活智慧，你检验了你的思想。因此，长期以来的准备工作成了现实。你永远都在思考未来，并且有力量和纪律让理想成为现实。

  走向人类学的动力是在1987年，来自莱奥波德·波斯皮希尔（Leopold Pospíšil，1923）。[17] 1986年，你在耶鲁大学知道了这个"手工工具"。伊姆加德又鼓励你在"普韦布洛人"那里做"户外工作"，比如在"祖尼人"和"霍皮族"以及在美国的西南部的相邻分支（包括"阿帕奇族""纳瓦霍族""派尤特族""托赫诺奥哈姆族""帕斯雅部落"及"皮玛族"）和更远的北方地区（包括"欧及布威族"和"科奎尔族"）。

---

 [16] W. Fikentscher, Modes of Thought: A Study in the Anthroplogy of Law and Religion (1995; 2. Aufl. 2004).

 [17] W. Fikentscher, Synepeik und eine synepeische Definition des Rechts, in: ders. /Köhler/Franke (Hrsg.), Entstehung und Wandel rechtlicher Traditionen, Veröffentlichungen des Instituts für Historische Anthropologie, Bd. 2 (1980), S. 12 – 53.

沃尔夫冈·费肯杰：

荷兰的人类学家德荣(P. E. de Josselin de Jong，1922—1999)让我注意到了莱奥波德·波斯皮希尔，他推荐我阅读莱奥波德·波斯皮希尔的作品。事实上，我也这样做了。我在上世纪80年代有机会参与组织一场人类学的会议，建议邀请波斯皮希尔参加该会议。

我们成了朋友。他是捷克人，深受德国人和俄国人欺凌，而我的新教祖辈为了信仰逃离伯默恩。当波斯皮希尔听到这个，他高呼："好棒，现在，我们扯平了。"我给他邮寄了五卷本的《方法论》。他回答说："你所做的就是人类学，但是你还不知道这个。来耶鲁我这里吧，我教你这个。"

因此，事情就这样发生了。一直到今天，我们还有密切的交流。他邮寄给我他的还没有出版的"作品全集"：六本书和98个特别印刷。现在，它们被收录在我们慕尼黑法人类学图书馆的目录中。

对我而言，重要的是与美国加利福尼亚大学伯克利分校的罗伯特·库特(Robert D. Cooter，1945)相遇。自1988年起，你和他在北美西南部的32个部落进行民族性的户外调研活动。由此，你们第一次以人类学者的身份获得马克斯·普朗克研究奖。

沃尔夫冈·费肯杰：

伯克利的罗伯特·库特和我，自1988年起合作授课、举办研讨班和发表科研成果，以及对北美的原住民进行户外研究。这里涉及的是，通过他们的法知识去更好地理解受到威胁的民族。管理少数民族的，是习俗法，而不是占据统治地位的文化颁布的法。

一个民族的标志同样体现在它所颁布的法中。如果认识到这种法，并在国际私法中得以适用，我们就达到了适用具有自己文化特征的法的境界。这就是我和(法学院经济法教授)罗伯特·库特表达的意思。

你的"文化复杂性"的形象体现在了新墨西哥"圣菲研究所"

("Santa Fe Institute")的研究活动及与台湾原住民的相遇中。因此，你发展出作为社会学和文化学的文化人类学，以及成为具有实证研究方法的人文科学。[18] 有些时候，你的提法是法律领域的文化比较的理论。[19] 提供给你的一个平台是巴伐利亚科学院，自1996年起你开始负责文化人类学委员会。

在"思维模式"中，你展示了基本的"世界观"，形成了法的形象。基于你在方法论专著中的基础，现在你的重点是东亚和南亚，把我们从希腊化带到作为"世界观"的伊斯兰和马克思主义中。对此，政治上的后果也被考虑了：

> 这个任务是寻找一种方法，使具有不同文化思维的个体能够相处在一起，并且没有做违背公正的事情。[20]

最后，你谨慎地接受基于生物学的人类一般原则，诸如所有权、经济自由，这些原则超越了文化的特殊性。自1985年起，你在加利福尼亚"格鲁特法律与行为研究所"（"Gruter Institute for Law and Behavioral Research"）的工作使你通过生物人类学补充了文化人类学。

七、世界市场和文化现实

在你1996年慕尼黑的告别报告"经济的公平性和文化的公平性"中，[21] 你将研究的重大话题——经济法和法人类学整合在一起。借此，你以文化人类学学者的身份开拓了新路径。自此，你多年以来在慕尼黑并在伯克利讲授了法人类学及相邻的经济人类学和宗教人类学。这与"法律经济学"相悖，比如芝加哥学派的法律经济学。按照该学派的观

---

[18] W. Fikentscher/K. Fikentscher, Einleitung, in: W. Fikentscher (Hrsg.), Begegnung und Konflikt—eine kulturanthropologische Beweisaufnahme—(2001), S. 9, 15.
[19] W. Fikentscher, Wirtschaftliche Gerechtigkeit und kulturelle Gerechtigkeit (1997), S. 2.
[20] W. Fikentscher(Fn. 16), S. 502.
[21] W. Fikentscher, Wirtschaftliche Gerechtigkeit und kulturelle Gerechtigkeit; vom Sinn der Kulturvergleichung in Anthropologie, Wirtschaft und Recht; Abschiedsvorlesung (1997).

点，唯一有意义的是自由市场的"效率"，而无须考虑小的族群的"正当性"，所以你主张"文化反托拉斯法"：

> 经济法和法律文化相比有一个共同点：更小集体有不受更大集体侵犯的法律诉求。在此，法必须是"清醒"的。正义女神的眼睛为什么被蒙着布条？这是为了不让人看到她睡觉。我们让她进行法律现实研究，比如在经济法和在法人类学中。[22]

你也形容这是"环境社会市场经济"[23]，并认为"文化比较是我们的命运"[24]。这要求，在一个法律创造的世界市场中，我们必须注意文化差异。[25] 正确的解答一直以来都是"自然文化的"[26]。

正是在这个或近或远的领域，我们意识到沃尔夫冈·费肯杰的生活经历是怎样将他带到新的世界的。自从遭遇反垄断法和奥利弗·温德尔·霍姆斯的"惊讶"之后，"法与权力"的问题一直困扰着他。[27] 只有法才能给我们自由，或存在放之四海而皆准的人类的原则，这种原则不断激起我们对力量平衡的愿望——无论是在国内还是在全球。

八、文化、法律与经济学

圈子都整合在一起了。你在你的《文化、法律与经济学》[28]这本书里，表达了你对经济学"教父"的感谢：经济历史学家克努特·布查德特（Knut Borchardt，1929）和法律经济学学者罗伯特·库特。童年时代的梦想和成年的梦想结合在了一起：我们的座右铭是"我为自由工作"，即援引自美国俄克拉何马州"派尤特族的萨拉·温尼马卡（Sarah Winne-

---

[22] W. Fikentscher (Fn. 21), S. 9.
[23] W. Fikentscher (Fn. 21), S. 13.
[24] W. Fikentscher (Fn. 21), S. 22.
[25] W. Fikentscher (Fn. 21), S. 26.
[26] W. Fikentscher (Fn. 21), S. 40.
[27] W. Fikentscher, Power Controlling Societal Order, Economy, Religion, and the Modes of Thought, EWE 17 (2006), 31–34.
[28] W. Fikentscher, Culture, Law and Economics (2004).

mucca，1844—1891)"的名言。

在《文化、法律与经济学》这本书里，你将"伯克利三场报告"整合在一起。首先，你探究了"法律的和人类学的市场语境"，因此将经济人类学作为思维模式的基础。接着，借助人类学创建了单个市场(而不是客观市场)的市场理论，你发展出一种具有文化协同能力的市场理论，该理论将今天常见的微观经济学和宏观经济学的新自由主义思维模式抛在了后面。你抛弃了以理论为基础进行构建，迫使它们进行坚实的、经验主义的重新设计。

接着，你转到《反托拉斯一般原则：从经济制度多样性到文化尊重的规则》。由此，你转到《自由经济模式中公共产品的市场和非市场》。最后，你在《全球经济宪法化》的最后一段做了总结：

> 因此，我们已经找到了规则、例外规则、例外规则的例外的法律支柱：一个宏观理论上安全的、后轴心时代的、个体的、长期高阶的信赖市场；尊重和考虑文化的特殊性；还有经济保护令，或更好的是保护令精神。

我们可以将一直以其他方式表达的内容称为全球"人的尊严"吗？你教导我们认可其他可以容忍的文化，将它们作为伙伴去理解世界。

九、世纪的见证人

你的文章《一个世纪法学》[29] 中涉及的是正确理解社会科学中的一般性与特殊性之间的关系。你塑造了你在比较法的法人类学中推动的潮流。我将会明确这个观点。

你认为现代法律发展的开端是鲁道夫·冯·耶林的《法律中的目的》(1877—1883 年)及利益法学——在纳粹时代被摧残后转变为评价法

---

[29] W. Fikentscher, Ein juristisches Jahrhundert, Rechtshistorisches Journal 19 (2000), 560 - 567.

学。美国的"法律现实主义"的批判者希望在法中存在有科学基础的评价方法。在你这里，体现在法与权力的关系中，对此生活中的经济法的典型例子。你总结如下：

> 评价性目的的思维，没有在哪个法律领域，能像在德国经济法和社会法领域产生如此丰富的成果。

从这里，是走向法的文化条件的一步，（超出法的范围）为了更好地理解历史上和现在很多的文化，你将这种文化条件总结成为"思维模式"。

你总结如下：

> 在这个适当一般化的主题上，上个世纪释放出动力，让法学进入当代，同时警告，一个人必须深入研究小的问题，并且让它们在现实中得到应用，从而实现它们在法律领域中的目的，而不是顽固地拒绝它们。在大的环境下注意小的东西，似乎是世纪交接的话题，在法当中也是如此。

"善良公正的艺术"即为艺术作品！

十、结语

本人还有以下个人的评价：

在明斯特大学，有一次我问沃尔夫冈·费肯杰，他怎么有这么多新的发现，并且他是怎样获得力量去推进这些发现的，他的回答富有意义：为了前进，人们不一定需要熟悉的东西，尽管它作为确定的起点同样重要；我们必须在空白的地方前进。在此，你一直都是"轻装上阵"[30]。很幸运，这些力量一直伴随着你，让你在空白的地方有落脚之

---

[30] 参见 Mark 6, 7-13。

地：你的夫人伊姆加德和你的家庭。

伊姆加德来自荷兰，或许正是如此，你们在第一次去美国的行程中，乘坐了荷兰的"史特丹号"轮船。你的夫人作为音乐老师一直与艺术保持联系，三个儿子和一个女儿使你们真正成了一个集体：你们的凯讲授音乐人类学，这也是一种"反文化"的体现。我毫不惊讶：当一颗星将带来光明的时候，人们必须有一些慌乱（"尼采"）。与艺术相遇的经历促使你一直去寻找新视界。另外，沃尔夫冈·费肯杰是一位业余的水彩画家，但不是慌乱的画家，在这方面，他就是一个榜样。

你的一生培养了六位获得教授任用资格的学者及113名博士。你的五位博士在国内成为教授，四位在国外成为教授，其他的十位是荣誉教授或职业高校的教授，多数都是在经济法领域工作。你的很多门生传递你所教授的东西，你给他们自由空间让他们自己发展，并传承着你的鼓励和容忍。

你是我们的贵人！我们所有人都真挚地感谢你！

你和我们分享了"法诗歌"[31]。因此，我想用戈特弗里德·凯勒（Gottfried Keller, 1819—1890）的诗来结束报告：

> 民族国家：
> 民族人民和语言是少年国家，
> 人民在其中成长和繁荣，
> 如果他们身在异乡，
> 他们深情地呼唤着，祖国母亲。
>
> 他们可能有些时候成了绊脚石，
> 甚至成为围在自由脖子上的项链；
> 这时的你玩起了最古老的游戏，
> 被暴君狡猾的手愚弄。

---

[31] Großfeld, Rechtsvergleichende Poetik, „Und wer der Dichtkunst Stimme nicht vernimmt, Ist ein Barbar, er sei auch wer er sei", ZVglRWiss 105 (2006), 343 – 361.

这里的长期合成的力量分崩离析！
它慢慢地消失在陈旧的灰尘中，
其他的为自己找到新家！

只有教皇才能占据主教座堂：
这是自由、政治信仰，
分解和约束每一个灵魂项链！

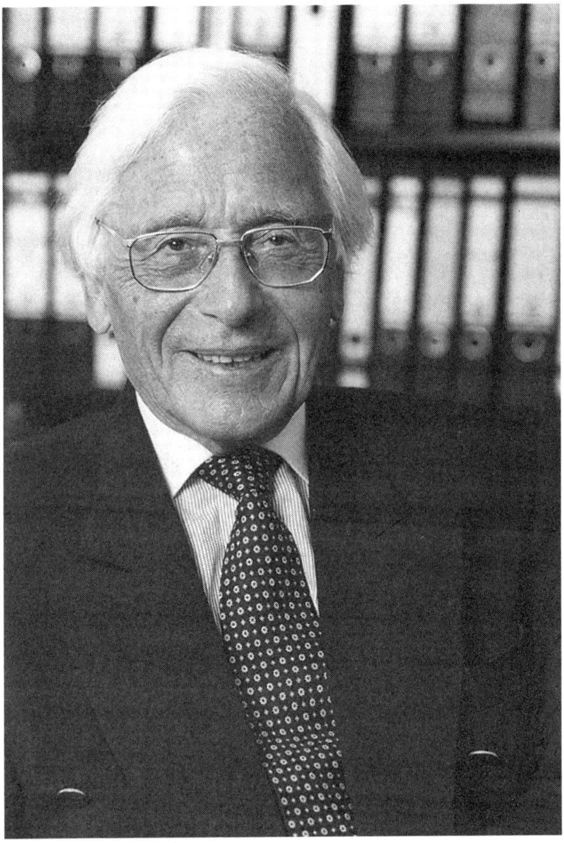

马库斯·陆德（Marcus Lutter，1930—2021）[*]

目　次

一、遇见　/ 436
二、学者生涯的主要节点　/ 437
三、研究领域　/ 438
　　（一）欧洲的视角　/ 438
　　（二）资本保护　/ 439
　　（三）德国股份公司体系中的监事会　/ 441
　　（四）康采恩的内部结构　/ 444
　　（五）法治市场经济中的股东　/ 447
四、沟通者　/ 448
　　（一）公知　/ 448
　　（二）主编　/ 450
五、政治的边界线上　/ 453
　　（一）德国法学家大会会长　/ 454
　　（二）公司治理守则委员会　/ 456
　　（三）以及经济？　/ 456
六、学术老师　/ 457
　　（一）大课雄狮　/ 457
　　（二）博士生导师　/ 457

---

[*] 作者简介：〔德〕彼得·霍梅尔霍夫（Peter Hommelhoff，1942），海德堡大学法学院民法、商法与经济法及比较法教席荣退教授，现为毕马威德国合伙人和顾问。1973年，霍梅尔霍夫在弗里茨·里特纳教授指导下完成博士论文。1981年，他在马库斯·陆德教授指导下完成教授任用资格论文。本文是在霍梅尔霍夫2009年5月8日在波鸿鲁尔大学做的报告的基础上，于2009年10月30日完成的最终稿件。

(三) 教席 ／ 458

七、所在时代的欧洲人 ／ 458

(一) 远见者 ／ 459

(二) 欧洲公司 ／ 460

(三) 以及欧洲康采恩宪法的专著？ ／ 461

附录：马库斯·陆德简历 ／ 463

一、遇见

我们每天遇见的都是愉快和充满智慧的马库斯·陆德，他的人格魅力和亲和力吸引着我们，促使我们领会其人和作品。关注到他的作品[①]并不难，几乎每周，他都会对他所在专业领域的法律问题发表意见，强有力地影响和推动法律上讨论[②]的进展。他令人着迷的人格和优雅的表达如此耀眼，以至于我们需要一些自我约束，来从他几乎不可计数的作品中提炼出原则。正是这些原则使陆德成为 20 世纪私法学大师，表明了他对德国法律思想史做出的卓越贡献。自我约束地做出尽可能客观的报告，这对门生来说必然是困难的——门生自始就追随恩师的学术道路，与恩师保持着密切的私人朋友关系。尽管已经付出很大努力去保持距离、保证客观性，门生的报告还是带有一定的主观性，但邀请门生做关于恩师报告的人，必然已预料和接受了这样的事实。

公开做关于马库斯·陆德这位益友和良师的报告，可能最终会为难门生。因此，只从他任教的大学开始：在波鸿，马库斯·陆德作为波鸿鲁尔大学音乐中心的主任，多年以来追求和实现着他在艺术和文化上的兴趣。他和艾森巴赫(Eschenbach)、扎卡里亚斯(Zacharias)以及其他后

[①] 2000 年之前的作品清单，参见 Schneider/Hommelhoff/K. Schmidt(Hrsg.), Festschrift für Marcus Lutter zum 70. Geburtstag(2000), S. 1649 – 1664。

[②] 产生重要影响的是他与策尔纳(Zöllner)合作在报纸上撰写的有关曼内斯曼(Mannesmann)的文章(Lutter/Zöllner, FAZ vom 10. 9. 2004, S. 12)；另外，参见 Lutter, Die Mannesmann-Affäre, in: Stiftung Haus der Geschichte der Bundesrepublik Deutschland (Hrsg.), Skandale in Deutschland nach 1945 (2007), S. 180 – 185。

来著名的未来之星举办音乐会,广受人们欢迎。十年后,当耶拿大学颁发荣誉博士头衔给他时,震惊和吸引在座听众的是,他形象地描述了和出生于波恩的贝多芬和耶拿大学的教授席勒,通过第九交响曲中的"欢乐,欢乐,欢乐女神圣洁美丽"一段产生联系的经历。③ 这些时刻,解释了陆德的生活和世界是多么的纷繁多样,而不局限于法律领域。

二、学者生涯的主要节点

让我们先看一下马库斯·陆德生活的客观记录。④ 他于1930年出生在慕尼黑,其父是一名公证员。但是,这并没有使他表现出巴伐利亚人的风格,他更愿意把自己视为一名贯籍是法尔兹(Pfalz)的人,因为他在制鞋工业城市皮尔马森斯(Pirmasens)长大和读书。此后,他在慕尼黑、巴黎和弗莱堡大学攻读法学。在弗莱堡大学,他在赫斯特·穆勒(Horst Müller, 1896—1975)的指导下于1956年完成法学博士论文⑤。通过第二次国家司法考试之后,他遵循了父亲的职业之路,成为公证员,先是在凯撒斯劳滕(Kaiserslautern),后来在法尔兹的罗肯豪森(Rockenhausen)生活。1961年,陆德基于在美因茨大学撰写教授任用资格论文,获得了德意志研究基金会的奖学金,从而休假离开公证员的岗位。1963年,他成功地完成了教授任用资格论文的程序。1966年,作为公证员和讲师的陆德,接受了新设立的波鸿鲁尔大学⑥的任命,成为该校"德国和欧洲商法与经济法教席"。库尔特·比登科普夫(Kurt Biedenkopf, 1930, 两德统一后萨克森州第一任州长,被誉为"库尔特国王")显然是介绍陆德

---

③ Hierzu u. a. Nef, Die neun Symphonien Beethovens (1928), S. 255 ff., 291 ff. —Für die in diesem Bericht verarbeiteten musikwissenschaftlichen Hinweise gebührt Silke Leopold, Altprorektorin der Universität Heidelberg herzlicher Dank.

④ Schneider/Hommelhoff/K. Schmidt (Hrsg.), Festschrift für Marcus Lutter zum 70. Geburtstag (2000), Vorwort, S. V ff.

⑤ Lutter, Das Eheschließungsrecht in Frankreich, Belgien, Luxemburg und Deutschland (1963).

⑥ Zum Gründungskonzept der Ruhr-Universität: Gründungsausschuss der Universität Bochum, Denkschrift, Empfehlungen zum Aufbau der Universität Bochum (1962); Wenke/Knoll (Hrsg.), Festschrift zur Eröffnung der Universität Bochum (1965); zu den gesammelten Erfahrungen Dietz/Schulze/Weber (Hrsg.), Universität und Politik, Festschrift zum 25jährigen Bestehen der Ruhr-Universität Bochum (1990).

到波鸿鲁尔大学的人。陆德在法兰克福短暂地结识了当时在海因里希·克龙施泰因研究所工作的比登科普夫。尽管有柏林、吉森、图宾根和维也纳大学的教授职位邀请,陆德仍忠诚地待在波鸿鲁尔大学,直到1980年转赴波恩大学,担任该大学"民法、商法与经济法研究所"[7]的主任。1996年,陆德在波恩大学退休。鉴于陆德的贡献,维也纳经济大学、华沙大学以及耶拿大学分别授予其荣誉博士头衔。1989年至今,马库斯·陆德仍担任波恩大学"欧洲经济法中心"的发言人。

三、 研究领域

马库斯·陆德的学术生涯中,命运最初并没有预料他能成为德语区最为重要的公司法学者之一。他完成的博士论文涉及亲属法的话题,就此而言,无论是通过论文的主题还是出处,都不能预知他在将来发展的方向和动态。博士论文使他过上安逸的公证员生活,退居在德国的偏僻地区法尔茨森林,在这里没有任何的激励和挑战能够促使一位法律实践者从这样的按部就班的人生轨迹进入开阔而波涛汹涌的学术领域。当然,在法尔茨的山区,有一些小企业一直以来都面临着错综复杂的让人思考的法律问题,涉及公司法、税法、亲属法和继承法。有些公证员掌握了这些问题的诀窍,成为很多实用的法律手册的著名作者[8]。马库斯·陆德尽管与其中一些著名企业有着很好的关系,但是并没有从中得到学术上的动力。

(一) 欧洲的视角

这种动力完全是来自前法尔茨地区一位年长的当时著名的公证员同行,他个人将公证实践与学术建立了联系。他就是来自路德维希港的司

---

[7] 该教席的前任是彼得·莱施(Peter Raisch, 1925—2008);对于他,参见 K. Schmidt/Schwark, Zum Geleit, in: dies. (Hrsg.), Festschrift für Peter Raisch zum 70. Geburtstag (1995), S. V f.。

[8] 比如绍尔兰地区的公证员海因里希·苏德霍夫(Heinrich Sudhoff)的指引性工具书: Sudhoff/Berenbrok, Unternehmensnachfolge (5. Aufl. 2005); Sudhoff/Buß, Personengesellschaften (8. Aufl. 2005); Sudhoff/Honert, Familienunternehmen (2. Aufl. 2005)。

法部顾问、美因茨大学教授约翰内斯·拜曼（Johannes Bärmann，1905—1991）。⑨

他向马库斯·陆德展现了更为宽广的人生道路，让其对公司法有了更多的了解，而且并不是狭隘地局限在德国法，而是非常有前瞻性地与欧洲经济共同体的法律结合在一起。拜曼本人对该领域感兴趣，⑩吸引这位30岁的同事陆德也将焦点放在德国的邻国及其法律上，尤其是法国和欧洲法域。正如瓦尔特·哈尔斯坦因当时激动地声称，这个欧洲法域在这个共同体中应当推动和构建协同化的进程。⑪当时展现的这一前景，激励和促使这位充满好奇心、开放和有抱负同时又充满想法和行动力的年轻公证员放弃舒心的公证员职务，开始勇闯学术的高峰。马库斯·陆德接受了这个挑战，他甚至是主动谋求了它。对学术界来说幸运的是，他的夫人瑞贝卡认同了他的决定。

公司法尤其是欧洲视角的公司法，一直以来都是指引这位年轻学者前行的恒星。即使这颗恒星有时候散发出不同的光芒，还是给他指明了前进的道路。一直以来，陆德认定着这颗恒星。即使他第一篇发表在《民法实务论丛》中的文章是关于婚姻财产法的，也不会改变这一点。⑫理由在于，在民法方面做出贡献，是成为大学教授的明智之举：不能证明在民法中的造诣，就不能在德国大学中找到私法的教席。后来，陆德不断地提醒他的门生，民法上的相关造诣应该成为他们的长处。

（二）资本保护

他追求着他的恒星，即公司法尤其是欧洲视角下的公司法。他在约翰内斯·拜曼指导下完成教授任用资格论文《欧洲经济共同体股份公司法和有限责任公司法的资本、出资与资本维持》⑬。因为这篇1964公开

---

⑨ 对他的人生与作品，参见 Lutter/Kollhosser/Trusen（Hrsg.），Recht und Wirtschaft in Geschichte und Gegenwart, Festschrift für Johannes Bärmann zum 70. Geburtstag（1975）。

⑩ 他本人对欧洲共同法的研究，参见前引9中第1083页后他的作品清单。

⑪ Hallstein, Die Europäische Gemeinschaft（5. Aufl. 1979），S. 51 ff.

⑫ Lutter, Zum Umfang des Sonderguts, AcP 161（1962），163–176.

⑬ Lutter, Kapital, Sicherung der Kapitalaufbringung und Kapitalerhaltung in den Aktien- und Kapitalrechten der EWG（1964）.

发表的学术研究，陆德以学者身份服务于欧洲法（现在的欧盟法）及其协同化。他在描述自己的研究目标时提到，任何的协同化都必须以实在法为起点，即以成员国法为起点，对于它们的细致了解是所有协同化的基础。[14] 因此，他在专著中审慎研究了当时欧洲经济共同体六个成员国关于出资的规则，并且提炼出这些国家现行的资本保全的基本原则。但是，他并不止步于对资本保护现有规定的研究。陆德另外在专著的结论部分详细思考了促使成员国的资本保护法能够协同的必要措施，这显然反映出他的未来导向的学术研究风格。[15] 他为欧洲共同体关于资本保护指令的立法做着准备工作。该指令于1976年底颁布。[16] 陆德对此提出自己的建议，不是为了提出针对个别的法律政策的解决方案，而是更为谨慎地协调欧共体各个成员国的法律制度的差异，通过这种方式，在各个成员国实现等值的效果。或更为准确地说：马库斯·陆德尊重各国不同的解决方案，并且不想通过欧共体法取代它们。他的目标是在多样中取得平等。

他在学术生涯的早期就已经找到了他首要的研究领域，即德国和欧洲的资本保护。该研究一直伴随他至今。比如，他通过组建国际性的和跨学科的对话论坛，参与了欧盟委员会修改资本保护指令的提案，以及英国完全废除它的提案。由马库斯·陆德策划、推动和主持，该对话论坛使"欧洲的股份公司的资本"，更为准确地称为"欧洲的法定资本"，在2006年进入公众的视野。[17] 该论坛中的核心观点体现了他的风格：一方面，维持资本保护指令，另一方面，增加一些保护性措施，主要是满足国际会计准则的要求（及其决策有用性的方法）[18]。[19] 对此，作为对资产负债表测试的补充，对话论坛建议引入偿付能力测试，以确保公司在未

---

[14] 前引13，第22页。

[15] 前引13，第535及以下诸页。

[16] Council Directive 77/91/EEC of 13 December 1976 (Capital Directive-Second Company Law Directive) [1977] OJ L26/1.

[17] Lutter (Hrsg.), Legal Capital in Europe, European Company and Financial Law Review (ECFR), Special Volume 1 (2006) = Das Kapital der Aktiengesellschaft in Europa, ZGR-Sonderheft 17 (2006).

[18] 参见包括Bohl, IAS/IFRS für Juristen (2008), S. 2 Rn. 9; Heuser/Theile, IAS/IFRS Handbuch (2. Aufl. 2005), S. 42 Rn. 101。

[19] 前引17，第13页。

来的支付能力，从而保护公司的债权人的利益。在毕马威会计师事务所提交比较性的鉴定书[20]之后，欧共体委员会并没有采纳上述建议，[21] 但在欧洲私人公司的建议中，它可以作为自愿的辅助措施。[22]

在这两个关于欧洲的资本保护的论点之间，还有关于德国的资本保护的学术研究：自20世纪80年代早期，马库斯·陆德就开始在第1版《股份公司法科隆评注》[23]中评注资本保护的规则，一直到该书的第3版。期间，他的勤奋、毅力和自律一直让人钦佩，甚至"令人恐惧"。他从20世纪70年代末起为资本保护的主题及股份有限公司设立的规则坚持撰写了几版评注，[24] 现在交给了年轻人来做。[25]

（三）德国股份公司体系中的监事会

监事会法是陆德的第二个重大研究领域，该项研究使他超越公司法学术界，闻名于企业实践和大众视野中。监事会的任务及其落实方式，与监事的义务及其具体化一起，都吸引着他。马库斯·陆德让他的一些门生参与到其中，一同感受这一领域的魅力，并吸引他们从事该领域的研究。以他指导的博士论文为例，涉及监事会研究的博士论文包括《监事会的监督任务》[26]《监事会主席》[27]《监事会的人事决定》[28] 及《监事会专委会》[29]。数十年来，这些作品仍不断在法律评注文献中被引用。值得一提的，是出自博士学习阶段的一个传言：一位考生讥讽《监事会的人

---

[20] 参见 Schruff/Lanfermann, EU-Machbarkeitsstudie für ein alternatives Kapitalschutzsystem, WPg 2008, 1099-1109.

[21] 载 http://ec.europa.eu/internal_market/company/capital/index_en.htm（最后访问时间：2009年10月30日）。

[22] Art 21 II Commission Proposal for a SPE Regulation, COM (2008) 396；在部长会议中，采取的方案是成员国的选择权，而不是公司章程的选择权（Art 21 V of the proposal of the Swedish Presidency of 9 September 2009 [2008/0130] [CNS] 13048/09）。

[23] Kölner Kommentar zum AktG-Lutter (1. Aufl. 1985), §§ 54-75.

[24] 首先是在第11版 Fischer/Lutter (Hrsg.), GmbH-Gesetz (1985)，最后在第17版 Lutter/Hommelhoff (Hrsg.), GmbH-Gesetz (2009)。

[25] Lutter/Hommelhoff-Bayer, GmbH-Gesetz (17. Aufl. 2009).

[26] Semler, Die Überwachungsaufgabe des Aufsichtsrats (1980年版；1996年修订和扩充版)。

[27] Peus, Der Aufsichtsratsvorsitzende (1983).

[28] Krieger, Personalentscheidungen des Aufsichtsrats (1981).

[29] Rellermeyer, Aufsichtsratsausschüsse (1986).

事决定》是老掉牙的问题,理由是,从法律角度看,解决该问题的所有方法都源自罗马法。幸运的是,该博士候选人在法律实践和法学中最终存活下来。

回到马库斯·陆德及其研究的监事会:陆德研究监事在其具体工作中面临的利益冲突,超过 25 年——以勇于挑战的文章《监事会中的银行代表》[30]为起点,至《德国公司治理守则》中关于利益冲突的规则接近尾声;马库斯·陆德作为该委员会的成员,对监事会和董事会的规则产生了重要影响。[31]究竟是什么促使他长期专注该问题,并不断撰写有关利益冲突的话题? 如果考虑到他积极参与"曼内斯曼奖金案"("Mannesmann-Bonus")的讨论[32]或在"州银行管理委员会案"("Landesbank-Verwaltungsräte")[33]中愤怒的呼告,可以推测他围绕利益冲突的研究,是针对德国股份公司的丑闻采取的行动。其实,并非如此。在他的关于银行代表的论文中,虽提到了媒体揭露的一系列丑闻,却以平静、非戏剧化的手段处理对立的观点。这表明,对马库斯·陆德而言,重点是真正的法律研究:涉及利益冲突的清晰分析,涉及产生义务的法律制度对解决这种利益冲突的贡献。[34]对他而言,这种客观的距离,可以与外科医生相类比,根植于科学的知识。正如他在纪念文集的一篇文章中所言,这根植于对现代社会秩序这一智慧结晶的学术认识。目前为止,为了促成它的改变,将它与不契合的角色规范性地连接在一起:因为人不能适应在矛盾角色期待中产生的持久冲突,所以,为了不为这种冲突而心力交瘁,角色的内容必须改变。[35]

---

[30] Lutter, Bankenvertreter im Aufsichtsrat, ZHR 145 (1981), 224-251;对于监事会中的利益冲突,最新的,参见同作者:Verhaltenspflichten von Organmitgliedern bei Interessenkonflikten, in: Hommelhoff/Rawert/K. Schmidt (Hrsg.), Festschrift für Hans-Joachim Priester zum 70. Geburtstag (2007), S. 417-426。

[31] 《德国公司治理守则》第 4.3 节董事会的规则,第 5.5 节监事会的规则。

[32] 前引 2。

[33] Lutter, Zur Rechtmäßigkeit von internationalen Risikogeschäften durch Banken der öffentlichen Hand, BB 2009, 786-791; Lutter, Bankenkrise und Organhaftung, ZIP 2009, 197-201.

[34] 对此,参见他的基础性研究"角色与法", Horn/Luig/Söllner (Hrsg.), Europäisches Rechtsdenken in Geschichte und Gegenwart, Festschrift für Helmut Coing zum 70. Geburtstag, Band I (1982), S. 565-577。

[35] Lutter, FS Coing (1982), S. 573.

但在他对监事会这一研究领域的关注中,不只详细讨论了这个问题。上述还缺少两部专著,也正是这两部作品使学者马库斯·陆德成为个性鲜明的当代人物:在联邦最高法院关于巴伐利亚州裁判的基础上形成的《监事会的知情与保密》[36] 及他与他在专业圈里名气并不小的门生格尔德·克里格尔(Gerd Krieger,1950)合作完成《监事会的权利与义务》[37]。后者历经五版,成为法律实践和法学研究的一本真正经典。这两本书都涉及《德国股份公司法》处理该公司机关的特别之处,及对其几十年来不断完善的过程的提炼。[38] 另外,这两本书清楚表明学者马库斯·陆德的个性及其研究风格:从实践中产生具有一定实践意义的问题,都能激起他的学术兴趣;他选取这些问题作为研究对象,目光敏锐地将它们放入一个更宏大的背景中。由此,结构变得明显,视角变得清晰,而学术上的整体理念更加明确。马库斯·陆德不断地回溯其在实践中的相关度和实用度,进而完成这样的过程。由此产生的草稿交由他的学术助理,让他们增加论证,以形成根本性的理论。内行人或许会嘲笑这种做法,认为这就是"脚注奴役",在马库斯·陆德这里,其实并非如此:他鼓励学术助理针对面临的问题,收集整理司法裁判和文献中的观点,由此有能力与"师父"在稿件的基础上分段讨论各个问题。因为马库斯·陆德随时接受说服,任何经历此过程的人都会知道在这过程中他究竟能学到多少东西,及好的论证所展现的说服力。他的书和文章反映出陆德的风格,而绝不是"隐居者"的独白。

---

[36] 1979 年第 1 版,2006 年第 3 版;书评参见 Claussen, Über die Vertraulichkeit im Aufsichtsrat, AG 1981, 57; Peltzer, Bücherschau, WM 1979, 931 - 932。

[37] 1981 年第 1 版,2008 年第 5 版(对该书的书评,参见 Bauer, Rechte und Pflichten des Aufsichtsrats, NJW 2009, 421 - 422)。[该书的中译本,参见马库斯·路德、格尔德·克里格尔、德克·菲尔泽:《监事会的权利与义务》(第 6 版),杨大可译,张艳校,上海人民出版社 2019 年版。该书的最新版是 2020 年的第 7 版。——译注]

[38] 对于监事会的发展历史,参见 Lutter, Der Aufsichtsrat im Wandel der Zeit—von seinen Anfängen bis heute, in: Bayer/Habersack (Hrsg.), Aktienrecht im Wandel, Band II (2007), S. 389 - 429;同样参见 Mestmäcker, Verwaltung, Konzerngewalt und Rechte der Aktionäre (1958), S. 89 ff.; Wiethölter, Interessen und Organisation der Aktiengesellschaft im amerikanischen und deutschen Recht (1961), S. 270 ff。

(四)康采恩的内部结构

他的第三个研究领域,是康采恩法。这一研究领域揭示了他的学术生涯的主题,也是他最钟爱的领域。在这个领域,他培养了三位门生。[39] 他也是以该主题在波恩大学的教室告别大学教学工作的。[40] 他略带遗憾地将这个话题传递给下一代的学者,主张的论点是:康采恩的内部结构的时代将会到来。[41] 他在 1974 年的一篇纪念文集的文章中[42]第一次阐释研究外国子公司的期权借贷案[43]及企业结合阐释准合并决议中的股东权利(后来,这项权利被认为是根本性的权利)[44],自此,他决定研究康采恩的内部结构。这篇文章中提及问题的视角及其解决方法在今天仍然具有意义。问题的出发点不难描述:

德国、欧洲和全球经济的现代组织形式并非股份公司,而大多数是康采恩,即以股份公司为母公司的集团。经济学如同企业实践,都将这种康采恩视为一个企业,尽管它由多个,甚至几百个也不足为奇的法律主体独立的组织组成。另外,全球范围内的公司法体系也并没有将康采恩作为与股份公司平等或在其之上的法律独立的组织形式——在德国法中也是如此:德国法中,也只规定了康采恩集团各机构的个别义务。[45] 相反,马库斯·陆德从整体看待康采恩的组织法,并且对于股份公司在康采恩顶端的情况提出一个核心的问题,即该股份公司的管理层的管辖权是否,并且在多大程度上覆盖到整个康采恩,及覆盖到康采恩下属企

---

[39] 范式性的,参见 Uwe H. Schneider, Konzernleitung als Rechtsproblem, BB 1981, 249 – 259; Peter Hommelhoff, Die Konzernleitungspflicht (1982); Wolfram Timm, Die Aktiengesellschaft als Konzernspitze (1980)。

[40] Lutter, Konzernrecht: Schutzrecht oder Organisationsrecht?, in: Reichert u. a. (Hrsg.), Liber amicorum für Rüdiger Volhard (1996), S. 105 – 113.

[41] Lutter, Das unvollendete Konzernrecht, in: Bitter u. a. (Hrsg.), Festschrift für Karsten Schmidt zum 70. Geburtstag (2009), S. 1065, 1076.

[42] Lutter, Optionsanleihen ausländischer Tochtergesellschaften, in: Loebenstein/Doralt/Nowotny (Hrsg.), Festschrift für Walther Kastner zum 70. Geburtstag (1972), S. 245 – 267.

[43] Lutter, Die Rechte der Gesellschafter beim Abschluss fusionsähnlicher Unternehmensverbindungen (1974).

[44] Lutter, Zur Binnenstruktur des Konzerns, in: Hefermehl/Gmur/Buox (Hrsg.), Festschrift für Harry Westermann zum 65. Geburtstag (1974), S. 347 – 368.

[45] 对问题的描述,参见 Lutter, FS Westermann (1974), S. 351 f. sowie noch einmal jüngst ders., FS K. Schmidt (2009), S. 1069 ff。

业的所有行为：康采恩顶端的董事会是否有义务管理整个康采恩？监事会的监督职责是否应该扩展到康采恩集团的下属企业？尤其是在下属企业面临根本性决策时（诸如新股东入股），股东会该怎么办？根据《股份公司法》第581条第2款，公司的康采恩视野及其潜在冲突在"盈亏分配"情况下尤为明显。[46] 康采恩的顶端母公司是否能够和被允许简单否决股东的权利，甚至直接将康采恩取得的利润保留在康采恩的子公司而阻挠股东的权利？

马库斯·陆德为了将康采恩从上到下视作一个整体，即在合理范围内承认母公司的康采恩视野，一直以来致力于解析作为康采恩顶端的股份公司的组织结构。在研究中，理所当然的是：他的方法不是轻易地越过法律进行职能的扩张，而是环环相扣，谨慎地以现有的规范材料为基础，从下到上进行构建。回顾过去的35年，他的成功之处显而易见：顶端董事会扩大的管理职责期间已经得到认可，尽管在细节方面还存在争议。[47] 康采恩顶端监事会的扩大的监督职责也同样如此。[48] 这在一定程度上体现了陆德学派的成功之处，并有助于将康采恩整合为一种特殊的组织形式。当然，下属的子公司还需要处理。并且，尽管上述的方法适用于实现全面的康采恩宪法，它们内部的组织的行动和决策也同样如此。[49] 因此，路德维希·赖泽尔的基本命题同样适用，即衡量康采恩内部的统

---

[46] Lutter, Rücklagenbildung im Konzern, in: Havermann (Hrsg.), Festschrift für Reinhard Goerdeler zum 65. Geburtstag (1987), S. 327 – 348.

[47] Vgl. Spindler/Stilz-Fleischer, AktG, Band 1 (2007), § 76 AktG Rn. 70 ff.; Kölner Kommentar zum AktG-Mertens (2. Aufl. 1996), § 76 Rn. 54 f.; Münchener Kommentar-Spindler, AktG Band 2 (3. Aufl. 2008), § 76 Rn. 45 ff.; Schmidt/Lutter-Seibt, AktG, I. Band (2008), § 76 AktG Rn. 16.

[48] Schmidt/Lutter-Drygala (Fn. 47), § 111 AktG Rn. 21 ff.; Spindler/Stilz-Habersack (Fn. 47), § 111 Rn. 52 ff.; Kölner Kommentar zum AktG-Mertens (Fn. 47), § 111 AktG Rn. 23 f.; Großkommentar AktG-Hopt/Roth (4. Aufl. 2005), § 111 Rn. 369 ff.; Spindler/Stilz-Spindler (Fn. 47), § 111 AktG Rn. 85 ff.

[49] 该观点针对的比如是康采恩下属企业的监事会。对此，参见Schmidt/Lutter-Drygala (Fn. 47), § 111 AktG Rn. 23 f.; Münchener Kommentar-Habersack (Fn. 47), § 111 AktG Rn. 57; Großkommentar AktG-Hopt/Roth (Fn. 48), § 111 AktG Rn. 381 ff.; Spindler/Stilz-Spindler (Fn. 47), § 111 AktG Rn. 93。

一与多样之间的紧张关系。[50]

这也是因为康采恩顶端的股东大会的司法裁判和文献,完全阻隔了其对康采恩下属企业产生影响。[51]对于陆德的"康采恩特殊的内部秩序"的方法的拒绝,终结于2004年联邦最高法院的Gelatine裁判:[52]在干预单个股东的权利,协调其行使可能性时,法院采用了个人主义的方法,忽视了康采恩顶端的股东会在机制上的地位。正如马库斯·陆德1974年在一篇先驱性文章中强调的,这里涉及的是通过参与来限制权力,[53]具体而言:在康采恩的顶端,通过股东会的决策参与来限制康采恩董事会实施权力。[54]这种(三个公司机关)三足鼎立的权力制衡,[55]是《德国股份公司法》的标志,也是我们基本经济秩序的组成部分:监事会和股东会,与董事会产生平衡。基于该认识,联邦最高法院并没有做出充分努力,从而让全球性竞争者摆脱因繁琐的股东会决定丧失活动能力的现状。[56]

坦率地说,在陆德的康采恩宪法中,母公司的天穹中缺少"拱顶石"。他的学说因此就暂时终结了吗?完全不是!基于联邦最高法院对职权扩张问题正确的"坦白",我们在开放的法律续造中机动变化,[57]直到现在这件事才真正开始:1937年和1965年的《股份公司法》立法者,都没有认识到康采恩集团的组织法在整体上的后果。[58]于法学界而言,

---

[50] L. Raiser, Die Konzernbildung als Gegenstand rechts- und wirtschaftswissenschaftlicher Untersuchung, in: Raiser u. a. (Hrsg.), Das Verhältnis der Wirtschaftswissenschaft zur Rechtswissenschaft, Soziologie und Statistik, Schriften des Vereins für Sozialpolitik N. F. 33 (1964), S. 51–56.

[51] BGHZ 159, 30, 44—Gelatine; Emmerich/Habersack, Aktien-und GmbH-Konzernrecht (5. Aufl. 2008), vor § 311 AktG Rn. 46; Spindler/Stilz-Hofmann (Fn. 47), § 119 AktG Rn. 27; Liebscher, Ungeschriebene Hauptversammlungszuständigkeiten im Lichte von Holzmüller, Macroton und Gelatine, ZGR 2005, 1, 15; Schmidt/Lutter-Spindler (Fn. 47), § 119 AktG Rn. 30; s. aber auch Münchener Kommentar-Kubis (Fn. 47), § 119 AktG Rn. 41.

[52] BGHZ 159, 30, 39—Gelantine.

[53] Lutter, FS Westermann (1974), S. 348.

[54] 前引39(Hommelhoff),论点总结16。

[55] 在法学对话中,陆德一直喜欢使用该句。被Hommelhoff采纳(前引39),第225页。

[56] BGHZ 159, 30, 44—Gelatine.

[57] BGHZ 159, 30, 43—Gelatine im Anschluss an Geßler, Einberufung und ungeschriebene Hauptversammlungszuständigkeiten, in: Lutter/Mertens/P. Ulmer (Hrsg.), Festschrift für Walter Stimpel zum 68. Geburtstag (1985), S. 780–789.

[58] Geßler, FS Stimpel (1985), S. 780.

任务并没有改变，即填补康采恩母公司股东会方面的漏洞——忠于立法者的根本性决定，废黜作为"国王"的股东，[59] 但同时基于合法的目标，客观和实操地延长康采恩中股份公司法职能制度稳健的权力平衡。我们无须担忧，在 Gelatine 裁判后，平息的日子并没有到来。对此，关于"康采恩合规"的讨论还在进行[60]，企业集团责任的讨论还在继续。

（五）法治市场经济中的股东

马库斯·陆德一直以来都是公司法学者，而不是常规的经济法学者，因此，他并没有详细评价现行经济秩序的法律基础。[61] 相反，他一直以来基于以德国的社会秩序、法秩序和经济秩序为背景的特殊视角，对公司法进行多样化的思考：基于"代表"和"分散"的视角，他确信这些是适应我们社会制度的秩序。正如马库斯·陆德在柏林的一个报告《市场经济的股东》[62] 所言，"分散"保障个人的自由，也确保了整体上经济的效率。他认为股东不仅是同意"投机"的出资及（超出 1965 年《股份公司法》立法理由的）股份公司的共同所有权人，而且在分散化的自我管理和自我组织的市场经济中，有核心的任务。因此，陆德考虑了其他人陈述过的思想，即股东作为秩序政策的因素。[63]

基于此，陆德赋予股东以下特别任务：在该秩序中和基于《基本法》第 14 条，保障关于单个企业的任务与目标的公开并且完全又是政治的讨论。[64] 在该语境下，他提出撤销权：通过行使该权利，股东保障的不仅是个人的利益，还有公共利益，尤其是具体的合法的管理股份公司的公共利益。如果人们希望有自由主义的规则，同时避免证券监督部门、经济行政部门和检察院等具有的诉讼权，那么在行使这个权利时，

---

[59] 前引 39，第 329 及以下诸页。
[60] Fleischer, Corporate Compliance im aktienrechtlichen Unternehmensverbund, Corporate Compliance Zeitschrift 2008, 1–6; Koch, Compliance-Pflichten im Unternehmensverbund?, WM 2009, 1013–1020.
[61] 比如参见 Rittner/Dreher, Europäisches und deutsches Wirtschaftsrecht (3. Aufl. 2008)。
[62] Lutter, Der Aktionär in der Marktwirtschaft (1974).
[63] 前引 62，第 26 及下页脚注 63，基于瓦尔特·施特劳斯（Walter Strauss, 1900—1976）、恩斯特-约阿希姆·麦斯特麦克（Ernst-Joachim Mestmäcker, 1926）和伊蒙格（U. Immenga, 1934）。
[64] 前引 62，第 23 及以下诸页。

必须尊重该人，同时真正和严肃地实施它。1972 年，陆德以这些论述反对有些董事的企图，即将股东诉讼视为有不正当的目的，甚至收买他们来撤销诉讼。自"Kochs Adler"案[65]和其他案件以来，我们对此了解了更多，马库斯·陆德也影响了关于这个"伪装为股东的敲诈者"的讨论：这些"强盗股东"[66]腐蚀了远离国家进行自我管理和自我控制的股份公司体系。陆德确信，在这样的体系中，股东主要是参与管理权的成员，次要的才是提供资本的投资者。[67]

四、沟通者

马库斯·陆德是一位有着天赋的沟通者，他熟知讨论的必要性及其在同行、专业圈或对其他方面的影响力。或许他在口头报告中展现出的语言驾驭能力及语言天赋略强于书面表达，更能够体现出他的语言魅力，并且一直都能带来让人意外的想法，多数情况下开拓出宽泛的视野。"不发表就出局"，绝不仅是他对学术生涯的建议，而是他的人生座右铭：只有那些将在思考和认识中的逐步发展公开告知专业圈并受他人监督的人，才是真正的学者。这不仅针对博士论文和教授任用资格论文而言，对论文和裁判注释或裁判评注同样如此。

（一）公知

马库斯·陆德一直以来推动着与联邦最高法院的讨论。对此，如果他认为批评是适当的，就不会害怕批评的严厉——他完全尊重联邦法院

---

[65] BGHZ 107, 296 (mit Reaktionen von Heuer, Wer kontrolliert die „Kontrolleure"?, WM 1989, 1401–1408; Radu, Der Mißbrauch der Anfechtungsklage durch den Aktionär, ZIP 1992, 303–314; Teichmann, Rechtsmißbrauch durch eine Klage-OLG Hamm, WM IV 1988, 1164, und BGH, WM IV 1989, 2689; JuS 1990, 269–273; Wardenbach, Mißbrauch des Anfechtungsrechts und „nachträglicher" Aktienerwerb, ZGR 1992, 563–586); eingehend zur missbräuchlichen Anfechtungsklage Spindler/Stilz-Dörr (Fn. 47), § 245 Rn. 54 ff.; Schmidt/Lutter-Schwab (Fn. 47), § 245 Rn. 36 ff. mwN.

[66] Lutter, Zur Abwehr räuberischer Aktionäre, in: Der Betrieb (Hrsg.), Festschrift 40 Jahre Der Betrieb (1988), S. 193–210.

[67] 前引62，第44及以下诸页（总结）。

的法官，并和部分法官建立了朋友关系[68]。抛开一切个人原因，他始终认为这是学术界实现的控制功能。直到今天，最高法院所在地卡尔斯鲁厄官邸走廊中还有他批评西门子裁判案的"声音"："此裁判，何其'不幸'……"[69]但一般情况下，他的注解，尤其是大篇幅的裁判评注（比如"Kali-Salz"裁判[70]或"Süssen"裁判[71]），目的是在裁判中提炼出潜在的论证，明确其中的逻辑并且强有力地发展它们。在瓦尔特·施廷佩尔[72]担任审判庭庭长期间，这种公司法学和司法裁判的互动达到了具有鲜明特征的高潮。

马库斯·陆德进行了干预。按照他的观点，这属于一位教授的使命，一位"坦白者"的使命——必要时，通过媒体让公众知晓。比如，他与他的同事和朋友沃尔夫冈·策尔纳合作，尤为积极地用自己的语言评价"曼内斯曼"案的刑事诉讼[73]，他忽略了这可能使他不再有朋友的事实，他对此并不关心，他关心的是案件事实。比如在最近的州银行案中，他公开要求银行的管理委员会承认自己造成严重后果的错误行为是可耻的。[74]马库斯·陆德作为一名公民，在一个有效的民主制度下，受到了他人的关注，即使有些教授同行有时对此愁眉不展。

---

[68] 在朗格奥格岛（Langeoog）的度假屋，马库斯·陆德和瓦尔特·施廷佩尔经常相见。

[69] Lutter, Zum Bezugsrechtsausschluss bei der Kapitalerhöhung im Rahmen des genehmigten Kapitals, JZ 1998, 50 in Anmerkung zu BGHZ 136, 133; 20年前类似的针对大众的裁判（Lutter, Anmerkung zu BGH, Urteil v. 16. 2. 1976-II ZR 61/74, JZ 1976, 561, 562）："该裁判在结果和论证上都让人悲伤。"（第562页）马库斯·陆德吸过"礼仪烟斗"（"Friedenspfeife"）的文章《违背义务和超越权限地利用批准的资本的情况下股东诉讼的可能性》（Zu den Klagemöglichkeiten des Aktionärs bei einer pflichtwidrigen, kompetenzüberschreitenden Ausnutzung des genehmigten Kapitals, JZ 2007, 371-372）及他对联邦最高法院裁判BGHZ 164, 241的评注。

[70] Lutter, Materielle und förmliche Erfordernisse eines Bezugsrechtsausschlusses-Besprechung der Entscheidung BGHZ 71, 40 (Kali und Salz), ZGR 1979, 401-418 zu BGHZ 71, 40.

[71] Lutter/Timm, Konzernrechtlicher Präventivschutz im GmbH-Recht, NJW 1982, 409-420 zu BGHZ 80, 69.

[72] 瓦尔特·施廷佩尔（Walter Stimpel, 1917—2008），二战中是文职人员、空军军官和骑士十字勋章获得者。二战后成为下萨克森州法科专业和法律培训生及法官。自1965年，施廷佩尔担任联邦最高法院的法官，自1971年担任第二审判庭（民事庭）庭长，自1977年担任最高法院的副院长，1985年退休。其曾被授予图宾根大学荣誉博士、海德堡大学荣誉教授。参见陆德的悼文：Lutter, Unternehmensfinanzierung und- rechnungslegung, ZGR-Symposion 2008 am 18. /19. Januar 2008 in Glashütten, ZGR 2008, 159, 160。

[73] 前引2。

[74] Lutter, BB 2009, 786; ders., ZIP 2009, 197；严厉批评的，还有Peltzer, Trial and Error—Anmerkungen zu den Bemühungen des Gesetzgebers, die Arbeit des Aufsichtsrates zu verbessern, NZG 2009, 1041, 1042 f.：业余戏剧小组。

(二) 主编

仅是这个还不足以展现马库斯·陆德作为沟通者的天赋，这种天赋更体现在他能够说服他人实现共同目标，促使他们发挥潜力，将他们聚集在一起，组建关系网，带领他们走向成功。他在波鸿举办以自讽的名字"月球动物"命名的跨学科论坛，同时，他也参加了由他们那一代人中当时就大有前途，后来成为著名公司法学者的人组成的工作组。[75] 他可能在这些活动中掌握了这些能力。在后来这些大量的研究工作组中，值得一提的是上述的"欧洲资本保护改革论坛"[76]和"欧洲康采恩法论坛"[77]，它们产生的很大一部分提案，[78] 通过欧盟委员会的"高层研究组"（"High Level Group"）[79]，反映到欧盟委员会公司法动议计划当中[80]。

马库斯·陆德的沟通天赋主要体现在主编工作上，在开展这项工作

---

[75] 公司法研究工作组的参与人员，包括格茨·怀克、马库斯·陆德、默滕斯（Hans-Joachim Mertens，1934）、雷宾德（E. Rehbinder）、彼得·乌尔默、赫伯特·维德曼及沃尔夫冈·策尔纳。

[76] 前引17。

[77] Forum Europaeum Konzernrecht, Konzernrecht für Europa, ZGR 1998, 672-772；属于该论坛指导委员会成员的，除了马库斯·陆德，还有维也纳的彼得·多拉特（Peter Doralt, 1939）、圣加伦的德吕埃（J. -N. Druey）、海德堡的彼得·霍梅尔霍夫（Peter Hommelhoff, 1942）、汉堡的克劳斯·霍普特（Klaus J. Hopt, 1940）及根特的威米尔希（E. Wymeersch, 1943）。对于其他的参加者，参见ZGR 1998, 672（星号部分）。

[78] Forum Europaeum Konzernrecht, ZGR 1998, 672, 766 ff.；他的思考在全球众多的国家出版，在德国和国外一些国家的文献中产生反响：Blaurock, Bemerkungen zu einem Europäischen Recht der Unternehmensgruppe, in: Berger/Ebke/Elsing（Hrsg.）, Festschrift für Otto Sandrock zum 70. Geburtstag（2000）, S. 79-93; Fleischer, Neue Entwicklungen im englischen Konzernrecht, AG 1999, 350-362; Kluver, European and Australian proposals for Corporate Group Law: a comparative analysis, EBOR 2000, 287-315; Windbichler, „Corporate Group Law for Europe": Comments on the Forum Europaeum's Principles and Proposals for a European Coporate Group Law, EBOR 2000, 265-285; s. auch den zusammenfassenden Überblick von Hopt, Konzernrecht für Europa—Zur Diskussion um die Vorschläge des Forum Europaeum Konzernrecht, in: Basedow u. a.（Hrsg.）, Aufbruch nach Europa, 75 Jahre Max-Planck-Institut für Privatrecht（2001）, S. 17-38.

[79] Report of the High Level Group of Company Law Experts on a Modern Regulatory Framework for Company Law in Europa, 2002, 载 http://ec. europa. eu/internal_ market/company/docs/modern/report_ eu. pdf（2009年6月30日）, S. 78 ff. —Dazu *Arbeitsgruppe Europäisches Gesellschaftsrecht*（以陆德为领导）, Zur Entwicklung des Europäischen Gesellschaftsrechts: Stellungnahme zum Report of the High Level Group of Company Law Experts on a modern Regulatory Framework for Company Law in Europe, ZIP 2003, 863-880.

[80] EG-Kommission, Modernisierung des Gesellschaftsrechts und Verbesserung der Corporate Governance in der Europäischen Union—Aktionsplan vom 21. Mai 2003, 重印在 NZG 2003 Sonderbeilage zu Heft 13；对此，参见 Habersack, Europäisches Gesellschaftsrecht（3. Aufl. 2006）, S. 70 ff。

时，他幸运地大展手脚，展现出对发展的辨别力、对新事物及其构建的喜悦及组织工作的天赋。在有些主编活动中，他作为对话活动或研究工作组的主持人，在这些公开的峰会上为公众所知。尽管有些傲慢的指责者认为，这位年纪大的人显然有一种不知足的冲动，想要在图书馆中尽可能多的书脊上看到自己的名字，但这对马库斯·陆德而言没有必要。他本人负责的那些承载着他名字的书，在书店和图书馆中永远都有一席之地，而且经常是以更新的方式的出现。

在陆德宽广视野中孕育的话题，很快就成为当前热门的话题。这不仅体现在他的著名的专著中，经过实践检验，更体现在他主编的出版物中。[81] 比如，除了《控股手册》[82]和《康采恩融资手册》[83]，《公司转型评注》也充分体现了这点[84]。对此，他作为主编的魄力，不在于法律评注（实践无论如何都需要它），而在于它的理念，即对于学术基础之上面向实践的公司转型过程的评注。这种理念说服了实践吗？新版本中越来越强调教义学的基础，以最好的方式，证实了主编者的勇气及他非常满意的出版社。曾任联邦司法部咨询委员的约阿希姆·甘斯克[85]的一生心血及马库斯·陆德提出的意气相投的法律评注理念，使德国在欧洲的公司法竞争中[86]占据了具有标杆意义的顶尖位置。

所有这些都还比不上他从事主编的主要成就，比不上这样一个他终生奉献的一项核心工作，即《企业与公司法杂志》（ZGR）的主编工作。

---

[81] 值得提到的首先是他主编的跨学科出版物，比如 Busse von Colbe/Lutter, Wirtschaftsprüfung heute: Entwicklung oder Reform (1977)或Albach/Lutter u. a., Deregulierung des Aktienrechts: Das Drei-Stufen-Modell (1988)。

[82] Lutter (Hrsg.), Holding-Handbuch (4. Aufl. 2004) mit Besprechung von Veil, AG 2005, 371-372.

[83] Lutter/Scheffler/Schneider (Hrsg.), Handbuch der Konzernfinanzierung (1998) mit Besprechung von Habersack, AG 1999, 384.

[84] Lutter (Hrsg.), UmwG (1. Aufl. 1996)；在2009年的第4版中，马丁·温特(Martin Winter, 1956—2009)开始担任联合主编，参与该书的主编工作，但其间过早离世。

[85] 约阿希姆·甘斯克(Joachim Ganskes, 1928—2003)领导联邦司法部的"欧洲公司法、康采恩法和重组法"项目，直至1992年退休。给学术界留下生动和好印象的，尤其是《企业与公司法杂志》论坛中关于公司重组法立法草案的建设性对话(Goerdeler/Hommelhoff/Lutter/Odersky/Wiedemann, Die Reform von Umwandlung und Fusion, 7. Symposion der ZGR am 19./20. Januar 1990 in Glashütten-Oberems [Taunus], ZGR 1990, 391-632)。

[86] 对此基础性的，参见Teichmann, Binnenmarktkonformes Gesellschaftsrecht (2006), § 6 Wettbewerb der Gesetzgeber, S. 330-399。

该杂志由他和赫伯特·维德曼[87]、法兰克福的律师卡尔·汉斯·巴尔茨(Carl Hans Barz, 1909—1975)[88]及后来担任联邦最高法院院长、时任该院公司法专业法庭庭长的罗伯特·费舍尔(Robert Fischer, 1911—1983)[89]于1972年创建。这在当时完全就是勇敢之为,成为当时已经存在的、拥有百年历史的、最好的《综合商法与经济法杂志》(ZHR)[90]之外,第二个聚焦于公司法领域的档案类文献[91]。当时,就是因为马库斯·陆德的天赋,使"他的"《企业与公司法杂志》首先实现销量增长,此后获得国内和国际上的声誉:公司法学与负责任的法律实务人员进行建设性的对话。这首先是参会人员的问题。在20世纪70、80年代经历过《企业与公司法杂志》主编会议的人,永远不会忘记这种"思想烟花",在安静的完全放松的友好氛围中,谨慎地来回衡量"思想火花",进而形成《企业与公司法杂志》的项目——一个真正令人信服的遗产;与此同时,它的核心是评价联邦最高法院关于公司法的最重要的裁判[92]——对《企业与公司法杂志》的创建理念的永久证明。

对它的成功起到重要作用的还有《企业与公司法杂志》研讨会。该研讨会每两年举办一次,最初是小规模的,后来逐渐发展成为由公司法学者、法官、律师、公证员、公司法务和部委公务员组成的大规模的研讨会。它与每年举办的《综合商法与经济法杂志》论坛一起,成为讨论德国和欧盟公司法的对话论坛,从形式上说,在世界上没有任何其他国家的论坛能与之媲美。马库斯·陆德对此做出了重要贡献,他借此使公司法具有典范意义。除了《企业与公司法杂志》研讨会和《综合商法与

---

[87] 参见本书霍尔格·弗莱舍(Holger Fleischer, 1965)有关他的文章。

[88] 对于他,参见纪念词 Fischer/Möhring/Westermann (Hrsg.), Festschrift für Carl Hans Barz zum 65. Geburtstag (1974), S. IX。

[89] 对于他,参见前言 Lutter/Stimpel/Wiedemann (Hrsg.), Festschrift für Robert Fischer (1979), S. V-VII。

[90] 详见 K. Schmidt, Rückblick der Schriftleitung auf 150 Jahre ZHR, ZHR 172 (2008), 507-509。

[91] 创建《企业与公司法杂志》(ZGR)的思想,尚未公开;它还藏在创建过程中的"约柜"中。

[92] 目前的动议人和组织者是伍尔夫·格特(Wulf Goette, 1946):自2005年担任联邦最高法院第二审判庭民事庭长;自2000年担任《企业与公司法杂志》的联合主编,前任是联邦最高法院院长瓦尔特·奥德清(Walter Odersky, 1931)。

经济法杂志》研讨会,他为众多公司法学者创建了另外的一个平台,这体现了他的思想的说服力:"公司法协会",其活动包括年会及《经济法杂志》(ZIP)研讨会和《新公司法杂志》(NZG)研讨会。[93]

多年以来,马库斯·陆德仅有一事没有成功:创建一本欧洲导向的公司法杂志,以便于在《企业与公司法杂志》理念的基础上,给相关负责人提供欧洲共同体范围内的讨论平台。英国没有此类的杂志——这在合作中被认为是不可缺少的;出版社也不敢冒风险。期间,《企业与公司法杂志》的姊妹杂志《欧洲公司和金融法杂志》(ECFR)创立,[94] 在主编[95]尽心尽力的领导下正走在成功的道路上。《欧洲公司和金融法杂志》的外国合作伙伴每年都在增加,之后,英国一家出版社的加入可能会更加完美。陆德的思想同样需要时间,如果必须加上一个期限:数十年。

五、政治的边界线上

像马库斯·陆德一样想去创造的人,不会满足于与同行在专业圈内的对话和在圈内产生影响。只有理解政治的踌躇不定并且做好政策咨询的人,才能获得大展宏图的机会。[96] 马库斯·陆德有意识地想沿着这种政治路线发展,同时又不陷入政党政策。不管哪个政党及其政策如何,他一直以来都开放地与所有的民主团体对话。在职业生涯发展中,这使他在法律政策上具有重要影响力。直到他退休后,他才透露自己是自由主义的支持者(谁又会对此惊讶?)。[97]

---

[93] 对此,参见 Hommelhoff, Zur Gesellschaftsrechtlichen Vereinigung, in: Gesellschaftsrechtliche Vereinigung (Hrsg.), Gesellschaftsrecht in der Diskussion, Jahrestagung 1998 der VGR (1999), S. V f.。

[94] Vgl. Editors, Editorial, ECFR 2004, 1-2.

[95] 该杂志目前的负责人是汉堡的赫里贝特·希尔特(Heribert Hirte, 1958),《企业与公司法杂志》创刊人之一赫伯特·维德曼的门生(前引87)。

[96] 基础性的,参见 Heidelberger Akademie der Wissenschaften (Hrsg.), Politikberatung in Deutschland (2006),包括 Biedenkopf, Mayntz und Kloten 的作品。

[97] 可以推测,他的朋友——先是联邦司法部部长,后是外交部部长的克劳斯·金克尔(Klaus Kinkel, 1936—2019)——促使他走到这一步。

(一) 德国法学家大会会长

在司法部组建的公司法委员会中,[98] 马库斯·陆德担任副主任,积累了一些初步经验。该委员会虽有大量的文件出台,但效果不佳。[99] 之后,陆德在德国法学家大会常务委员会("Ständige Deputation des Deutschen Juristentags")接触了政策咨询。[100] 在该委员会中,他负责德国和欧盟的经济法。不过,1965 年《股份公司法》大的改革已经过去,《商法典》的改革却没有到来。当时讨论的大规模的有限责任公司法改革[101]明显停滞不前,最终快速以 1980 年小规模修改收尾。[102] 所谓的"百年改革"变成笑柄,并非少见。德国法学家大会常务委员会显然在马库斯·陆德的影响下,把焦点放在少部分上,即使有些滞后,也成功产生了效果。尽管在马库斯·陆德的领导下,法学家大会第一分组的建议[103]漂亮地融入"资产投资法"[104]草案中(该草案在海德堡的德国法史"船舶废弃地"通过),[105] 但通过法学家大会讨论的渗透到公众意识的资本市场法,在布鲁塞尔的欧洲共同体法的推动下进一步发展。[106] 在马库斯·陆德担任德国法学家大会常务委员会的委员期间,最为成功的工作并不是德国企业的自由资本规则,[107] 即使经过改良的它以"小型股份公司"[108] 的

---

[98] Bundesministerium der Justiz (Hrsg.), Bericht über die Verhandlungen der Unternehmensrechtskommission (1980).

[99] 失败的原因在一定程度上,是因为受限制的委托,即整理和分析正反的论点,却不以委员会的名义作出政策建议。

[100] 参见报告 Lutter, Der Deutsche Juristentag und das Wirtschaftsrecht 1970 – 1992, in: Henssler/Mattig/Nadler (Hrsg.), Festschrift für Felix Busse zum 65. Geburtstag (2005), S. 247 – 251。

[101] 详见 K. Schmidt, Gesellschaftsrecht (4. Aufl. 2002), S. 989。

[102] Lutter, Die GmbH-Novelle und ihre Bedeutung für die GmbH, die GmbH & Co KG und die Aktiengesellschaft, DB 1980, 1317 – 1326; Timm, Das neue GmbH-Recht in der Diskussion, GmbHR 1980, 286 – 295; s. in diesem Zusammenhang auch den Verriss von K. Schmidt, Der Aufstand der Makulatur—oder—Da irrte Julius von Kirchmann, JZ 1984, 880 – 881。

[103] Ständige Deputation des Deutschen Juristentages (Hrsg.), Verhandlungen des 51. DJT (1976), Band II, Abteilung Anlegerschutz, P 207 f.

[104] Regierungsentwurf eines Vermögensanlagegesetzes, BT-Drucks. 8/1405 vom 2. 1. 1978.

[105] Ulmer/Dopfer, Anlegerschutz und Gesellschaftsrecht, BB 1978, 461 – 466.

[106] 对于概述,参见 Langenbucher, Aktien-und Kapitalmarktrecht (2008), S. 9 f.;细化的,参见 Grundmann, Europäisches Gesellschaftsrecht (2004), S. 289 ff.。

[107] Ständige Deputation des Deutschen Juristentages (Hrsg.), Verhandlungen des 55. DJT (1984), Band II, Wirtschaftsrechtliche Abteilung, M 6 ff. (Vorsitz Friedrich Kübler).

[108] Seibert/Kiem/Schüppen (Hrsg.), Handbuch der kleinen AG (5. Aufl. 2008).

方式融入《股份公司法》中。最为成功的工作，是他领导的1982年的破产法工作组。[109] 该工作组目标是以美国的模式为榜样，为在法治的方式下失败的但又值得重组的企业提供一个制度框架。[110] 在这里，从学科内和跨学科的整体视角来看，破产法和公司法相互作用，一直到今天还产生魅力，并且从多个视角来看，这些话题仍值得在大学课堂上深入讨论，[111] 但后者在很大程度上仍然是为了满足司法工作的需要。[112]

1982年，马库斯·陆德从普通的委员会委员晋升为德国法学家大会会长。这不仅是对他从事法学家大会工作的高度认可，还是对其未来发展的信任：人们信任他能够将这个组成成员多样的法学家大会带向未来，不仅使它发声，而且使之产生影响。他没有让人失望。让人记忆犹新的是，他公开对法学大会内部部门协调投票，以得到想要的结果。对他而言，这涉及的是法学家大会的可信性及其咨询的严肃性。1988年，他告别法学家大会时，全体大会人员起立鼓掌，对他表示感谢——离1990年两德统一仅相差2年，否则，他将会成为法学家大会伟大的"统一主席"。[113] 联邦大十字勋章对他来说并没有什么安慰。

---

[109] Ständige Deputation des Deutschen Juristentages（Hrsg.），Verhandlungen des 54. DJT（1982），Band II, Abteilung Unternehmenssanierung, M 239 ff.; s. dazu auch Lutter, FS Busse（2005），S. 247, 248 f.

[110] 对此，参见 Hax u. a., Insolvenzrechtsreform—mehr Effizienz bei Insolvenz? Betriebswirtschaftliche Forschung und Praxis（BFuP）（1995），S. 59 ff. 因此在2009年世界经济危机的推动下，为了早期对企业进行破产和重组，法律政策有必要进行干预。对此，参见2009年10月27日第17届执政阶段执政党的联合执政合同：增长、教育和联合，第469—492页：破产法改革。

[111] 值得提到的是海德堡大学和曼海姆大学新近提供的企业破产和企业重组的高级学习项目。

[112] 对于批评，参见 Hommelhoff, Anwälte im Streckbett der Richterausbildung, in: ders. / Schmidt-Diemitz/A. Sigle（Hrsg.），Familiengesellschaften, Festschrift für Walter Sigle zum 70. Geburtstag（2000），S. 463-473; ders., Zur Umsetzung der Juristenausbildungsreform 2003 auf Länderebene, in: Baumann/von Deckhuth-Harrach/Mavothe（Hrsg.），Festschrift für Gerhard Otte zum 70. Geburtstag（2005），S. 123-133 包括的反驳是 Horz/Katzenstein, Zur Umsetzung der Reform der Juristenausbildung in Baden-Württemberg, Verwaltungsblätter für Baden-Württemberg 2006, 1-8; 削弱他们的说服力的是，这些州的司法部门想完全地删除国家司法考试的研习阶段。

[113] 德国法学家大会主席哈拉德·弗朗齐（Harald Franzki, 1924—2005）对两德统一后加入法学家大会的新成员的祝词，参见 Ständige Deputation des Deutschen Juristentages（Hrsg.），Verhandlungen des 58. DJT（1990），Band II, G 6 部分明显冷漠和技术性。如果是马库斯·陆德所做的，反映在他对大会主席团讨论的引言中（前引Q，第6及以下诸页）。

(二) 公司治理守则委员会

多年以来,马库斯·陆德又一次无私地参与欧共体的法律政策,即使这项事业给他带来满足和欢乐,也是无私的举动:成为公司治理的政府委员会的成员,并在之后受托参与"德国公司治理守则"及其理念、表述、起草和发展的工作。[114] 在这个守则中,联邦政府有两个目标:[115] 其一,有说服力地引导德国的资本需求者熟悉国际通用的结构和行为方式;其二,使德国的股份公司在全球的资本市场中具有国际竞争力。守则的核心是董事会和监事会,[116] 这是马库斯·陆德的专长:他在这里作为专家、作为策划人,必要的时候,作为企业和工会的敦促者。公司法学处在法律实践发展的中心,而马库斯·陆德在守则委员会工作期间,成就了它的黄金时期。作为学者的他,2008 年并没有找到继任者。[117] 很难在我们当中找到与他一样有能力、有风格、有政治见解的专家。

(三) 以及经济?

这也可能是陆德没有与私人经济保持紧密关系的原因。[118] 他过于独立、过于自主、过于不受依赖,以至于他不能做他不确信的事情。他明确告诉他的助理:"只要有必要,就让我远离蠢事。"

---

[114] 对于守则委员会的任务,参见 Ringleb, 1. Teil: Vorbemerkung, III. Der Auftrag an die Kodexkommission, in: ders. /Kremer/Lutter/von Werder (Hrsg.), Kommentar zum Deutschen Corporate Governance Kodex (3. Aufl. 2008), S. 19。

[115] 详见 Ringleb, 1. Teil: Vorbemerkung: IV. Der Systematische Ansatz der Kodexkommission und die Grundprinzipien des Deutschen Corporate Governance Kodex, in: ders. /Kremer/Lutter/von Werder (Hrsg.), Kommentar zum Deutschen Corporate Governance Kodex (3. Aufl. 2008), S. 19 ff。

[116] 董事会在最初的公司治理中被抛弃,正确的是,这受到"柏林动议圈"的批评;对此,参见 Peltzer, Vorstand/Board: Aufgaben, Organisation, Entscheidungsfindung und Willensbildung—Betriebswirtschaftliche Ausfüllung, in: Hommelhoff/Hopt/v. Werder (Hrsg.), Handbuch Corporate Governance (1. Aufl. 2003), S. 224。

[117] 接替他位置的是经验丰富的资本市场专家、律师丹妮拉·韦伯-罗伊(Daniela Weber-Rey)。

[118] 当然,他的处境当然没有著名的勃兰登堡的贵族作家特奥多尔·冯塔纳(Theodor Fontane, 1819—1898)的诗,他对中产阶级犹太人的教育水平失望,在他的诗中有着感人的描述:Drude (Hrsg.), Theodor Fontane—Gedichte in einem Band (1998), S. 597。

六、学术老师

马库斯·陆德如何统一研究和教学?[119]

(一) 大课雄狮

据波鸿鲁尔大学之前的学生的可靠报告,他上课积极、严格,同时对授课材料研究深入。在授课过程中,他沉浸在上课材料中,以这种基本态度,可能不会通过博洛尼亚导向的大学教学期末考核:没有事先准备好的笑话预热课堂,也没有关于儿童的笑话用来对付课堂开始12分钟后学生的疲乏。这些对他而言一直以来都是平庸的,也完全没有必要。原因是,在大课开始时,陆德老师就能确保学生持续富有激情:谁要是身边没有《舍氏法律汇编》(Schönfeld),就会立即回家;谁要是对周六在大学法科图书馆继续学习不感兴趣,就应当忘记法科的研习。学生要是提出愚蠢的问题,他会闭上眼睛,摸着自己的头发,让在座各位同学想清楚问题的质量。不过,他总能吸引学生的兴趣,激励很多人,并且教会他们真正的东西——简言之,作为学术导师的马库斯·陆德有感召力,课后大量的女生聚集在一起向他提出大量的问题可以佐证这一点。期间,高居要职的人,也坦率和诚实地承认当时他们对于陆德教授的迷恋。可以确定,他的形象让人难忘——很多人还记得他那件传奇般的白色皮大衣,与宽边的帽子搭配着,威严而高贵;在报告开始后的一分钟,他隆重登场,也就是在祝词期间,他悄悄从讲演厅的后面大步地迈向前面,带着期待的、友好的神情,坐到第一排:我在这里,现在可以开始了。

(二) 博士生导师

督促、激励和支持,在这样的格言下,马库斯·陆德与他的博士生

---

[119] 正如1990年的改革指出的,法学教育的科学性似乎并不高:甚至在"大学基础教育和法教义学"的语境下,在提交的鉴定书和报告中,都没有出现"科学"或"科学性"的表述(vgl. Ständige Deputation des Deutschen Juristentages [Hrsg.], Verhandlungen des 58. DJT [1990], Band II, Teil O Sitzungsberichte über die Verhandlungen der Abteilung Juristenausbildung)。

相遇，在波鸿鲁尔大学的简陋的讨论教室里，在波恩大学更具灵感的讨论教室里，及在舒适轻松的明斯特地区的格蒙水上宫殿。尤其是在这里，许多博士生得到必要的"推力"，即使是得到建议最好立即抛弃采用这样论证的研究，学生们必须忍受这种压力。他指导的120位博士成功完成博士学业，说明很多人在他那里受教。对此，马库斯·陆德一直都严于律己：他一般在一周内阅读博士论文草稿；被称为传奇的是朗格奥格岛的一次短途旅行，一周后从朗格奥格岛回来的他已经深入阅读五篇博士论文并且作出评注。

（三）教席

这就是他的风格，影响了他在波鸿鲁尔大学和波恩大学的教席及他的同事和助理的工作。在项目中，他期待批判性的思维和对研究的准备和辅助工作的积极参与——最好是不分昼夜。让人忐忑的是深夜或周日早晨的他的电话，更让人难以忘记的是平安夜的一个电话：一个特定的论文项目必须在年前完成。并不是每位妻子都能耐心地容忍只是与孩子过圣诞节。

但这并没有坏处：他的教席和扩大的团队已经紧密结合在一起——让人惊讶的是，他们并非反对"老板"，而是与他站在一起：马库斯·陆德天生就有领导者的天赋。我们作为"陆德学派"的成员，变得坚强。任何在德国大地[12]上经历最后一次法律奴役的人，作为合著者在诸如"夺人生活乐趣"或"断绝友谊关系"的这些句子中，都知道：不要担心，胜者为王。

七、所在时代的欧洲人

回首过去，20世纪最后的25年，公司法和企业法的发展大放异彩。

---

[12] 石勒苏益格-荷尔斯泰因废除农奴制及其对其他州的影响，参见 Degn, Schleswig-Holstein-eine Landesgeschichte（2. Aufl. 1995），S. 182, 186 f.；同样参见 Brandt, Geschichte Schleswig-Holsteins（8. Aufl. 1981），S. 214 ff。

与律师影响下的魏玛共和国[121]不同，主要有三位教授塑造了法律的发展：马库斯·陆德、彼得·乌尔默[122]及沃尔夫冈·策尔纳[123]。拥有这样地位的还有天才[124]卡斯滕·施密特[125]。赫伯特·维德曼[126]也是另外的一位重要人物。陆德在"四大金刚"中的角色是什么？他在伯尔尼民法学者协会做的报告有趣地描述了两位同时代人物的角色：[127]

> 当乌尔默、策尔纳和我约定乘热气球穿越瑞士，我们达成了默契（目标有限），即使这很难；另外，我们都知道，大家必须出钱，乌尔默要获得飞行员证件，而策尔纳应该开始给自己身边的空气加热。其他的都取决于星星：从起航到为了实现目的的财产保险和人身保险，从政府所附条件到携带的气泡葡萄酒……

理解了吗？策尔纳负责浮力，乌尔默负责方向，陆德注视星星。他是具有开阔视野的远见者，拥有识别风的能力，告诉大家旅途应该走哪个方向及在何种高度。对此，陆德绝不是不脚踏实地的空谈家，否则，这会违背他对法律实践和对企业家的要点的理解。即使在法教义上，他也能够独具匠心；他到今天还引人入胜的论文《成员说》体现了这一点。[128]

（一）远见者

从学术研究之初起，他就一直是那一代人中最有激情的欧洲人，所以，在杰出的公司法学者"四大金刚"中，他是一位远见者。在他的那

---

[121] 对此，比如参见 Kleindiek, Max Hachenburg-jüdischer Rechtsanwalt und Publizist, NJW 1993, 1295-1301。
[122] 对于他，参见本书马迪亚斯·哈贝萨克（Mathias Habersack, 1960）关于他的文章。
[123] 对于他，参见本书乌尔里希·诺阿克（Ulrich Noack, 1956）关于他的文章。
[124] Lutter, FS K. Schmidt (2009), S. 1065："法学大百科天才"。
[125] 对于他，参见本书格奥尔格·比特（Georg Bitter, 1968）关于他的文章。
[126] 对于他，参见本书霍尔格·弗莱舍关于他的文章。
[127] Lutter, Theorie der Mitgliedschaft, AcP 180 (1980), 84, 92.
[128] Lutter, AcP 180 (1980), 84.

个年代，欧洲共同体在性质上从经济共同体发展为成员国的联盟。[129] 在数量上，它包括了欧洲大陆上大多数的国家的和平区域。马库斯·陆德不断地激情参与传达这个大有希望的未来视角，因此，在冷战铁幕打开之后，他与波恩大学法学院的同事合作创建华沙大学德国法学院。[130] 他在这个项目上投入了多少心血，可以从他在获得荣誉博士的发言中看出。纳粹分子在精神上造成的伤害，也伤透了他的心，他在一本关于移民法学家的编著中动情地表达了这一点。[131]

（二）欧洲公司

欧洲是公司法学的领地。[132] 在完成关于资本保护的教授任用资格论文之后[133]，对于作为公司法学者的他，项目"欧洲公司"及欧洲股份公司既有挑战性，又具吸引力。伴随荷兰人彼得·桑德斯（Pieter Sanders，1912—2012）[134]的宏大、全方面的法律草案的，是陆德毫不逊色的文集《欧洲股份公司》。[135] 这本书共有 21 篇文章，深入地评价了关于公司法、康采恩法及企业基本法的法律草案，目标是推动欧共体立法者全面地完成该项目。[136] 可惜，当时的欧洲经济共同体的委员会和部长委员会都没

---

[129] Müller-Graff, A. I: Verfassungsziele der EG/EU, in: Dauses (Hrsg.), Handbuch des EU-Wirtschaftsrechts, Loseblattsammlung, Band 1 (2009), S. 1-72.

[130] 新学期开学的致辞，收录于"华沙大学德国法学院"（"Deutsche Rechtsschule der Universität Warschau"）文集中。

[131] Lutter/Stiefel/Hoeflich (Hrsg.), Der Einfluss deutscher Emigranten auf die Rechtsentwicklung in den USA und in Deutschland (1993); s. aber auch Lutter, Laudatio für Stefan Albrecht Riesenfeld, abgedruckt im Newsletter der deutsch-amerikanischen Juristenvereinigung (1983), 49, 50 sowie ders., Besprechung von Jack Beatson and Reinhard Zimmermann, Jurists Uprooted. German-speaking Émigré Lawyers in Twentieth-century Britain, Oxford 2004, RabelsZ 70 (2006), 579-583.

[132] Lutter, Europa und das Unternehmensrecht, in: Riesenhuber (Hrsg.), Die Europäisierung des Privatrechts, Praxishefte zum Europäischen Wirtschaftsrecht, Heft 1 (2006), S. 21-32; sowie u. a. Engert, § 5 Gesellschaftsrecht, in: Langenbucher (Hrsg.), Europarechtliche Bezüge des Privatrechts (2. Aufl. 2008), S. 225-280; Weller, Kapitel 18: Handels- und Gesellschaftsrecht, in: Gebauer/Wiedmann (Hrsg.), Zivilrecht unter europäischem Einfluss (2005), S. 769-819.

[133] 前引 13。

[134] 参见一直以来还充满魅力的彼得·桑德斯 1959 年 10 月 22 日在鹿特丹的荷兰经济大学的入职演讲（Sanders, Auf dem Wege zu einer europäischen Aktiengesellschaft?, RIW 1960, 1-5）。

[135] Lutter (Hrsg.), Die Europäische Aktiengesellschaft (1976; 2. unveränderte Aufl. 1978).

[136] Lutter, Zur Einführung, in: ders. (Hrsg.) (Fn. 135), S. VI.

有采纳这个独特的建议。这个错误的渊源，可以归结于欧洲公司的新的基本理念[137]及讨论的焦点集中在员工参与权的问题，[138]而且当时学界对欧洲的立法程序缺乏了解。在欧共体委员会1989年提交针对欧洲公司"瘦身的"Torso草案时，作为欧洲人的陆德理解欧共体委员的行动，但作为法学家的陆德投票反对1989年的建议。[139]自然而然地，欧洲立法者忽略了这个正当的论证理由，而恰恰是在马库斯·陆德七十寿辰的2000年12月，在法国尼斯通过了《欧洲公司条例》，包括配套的指令。[140]自然，没过多久，他对此作出回应：给实践的欧洲公司法律评注；[141]这种超越国家的公司法律形式，期间主要是在德国，促使著名的企业转换为欧洲的法律外衣，[142]终止的趋势还没有看到。陆德的名字借助这本法律评注，在遥远的将来与"他的"欧洲股份公司联系在一起。

（三）以及欧洲康采恩宪法的专著？

欧盟公司法可能是陆德没有从事他独具优势的一个项目的原因，即关于康采恩宪法及关于康采恩内部法的宏大著述。自十年前在欧洲康采恩法论坛[143]的合作研究之后，他便明白欧共体法中在一个理念上统一的康采恩法还没有成熟，成员国基本认识差距还很大。[144]仅限于德国的康采恩宪法被排除在外，原因是大多数的德国康采恩，即使是中型的康采恩，早就超出德国的边界，走入欧洲共同体和走向全球。后来其他的一

---

[137] 对此，参见 Blanquet, Das Statut der Europäischen Aktiengesellschaft (Societas Europaea SE), ZGR 2002, 20, 24 f.; Teichmann (Fn. 86), S. 249 ff。

[138] 专门对此的论述，参见 Heinze, Die Europäische Aktiengesellschaft, ZGR 2002, 66-95。

[139] Lutter, Genügen die vorgeschlagenen Regelungen für eine „Europäische Aktiengesellschaft"?, AG 1990, 413, 421。

[140] Verordnung (EG) Nr. 2157/2001 des Rates vom 8. 10. 2001 über das Statut der Europäischen Gesellschaft (SE), ABl. 2001 Nr. L 294/1; 成员国政府领导在2000年12月7日和8日的尼斯会议中获得成功(参见 Blanquet, ZGR 2002, 20, 33)。

[141] Lutter/Hommelhoff (Hrsg.), SE-Kommentar (2008) mit vorbereitendem Symposion Lutter/Hommelhoff (Hrsg.), Die Europäische Gesellschaft (2005)。

[142] 详见 Eidenmüller/Engert/Hornuf, Die Societas Europaea-Empirische Bestandsaufnahme und Entwicklungslinien einer neuen Rechtsform, AG 2008, 721-730。

[143] 前引77。

[144] 前引78。

代人启程,开启和引导康采恩内部结构的共同对话。在孙辈的学术界中,[145] 我非常确信,已经有人准备将来书写"包括康采恩宪法的欧洲康采恩法"[146],并且在欧共体层面上完成康采恩法,以实现这位伟大的欧洲人马库斯·陆德的遗业。

---

[145] Kleindiek, Konzernstrukturen und Corporate Governance, Leitung und Überwachung im dezentral organisierten Unternehmensverbund, in: Hommelhoff/Hopt/v. Werder (Hrsg.), Handbuch Corporate Governance (2. Aufl. 2009), S. 787-824; Teichmann, ECLR—Corporate Governance in Europa, ZGR 2001, 645-679.

[146] 或者可以用舒伯特的交响曲(D759)来比喻陆德的康采恩宪法:碎片以两个方向在内部终了(对此,参见 Lindmayr-Brandl, Franz Schubert. Das fragmentarische Werk [2003], S. 251 ff. mwN)。

附录：马库斯·陆德简历

1930 年 12 月 11 日	出生在慕尼黑 父亲是公证员米夏尔·陆德博士 母亲是海伦，娘家姓是皮宁
1936 年至 1950 年	在法尔兹的皮尔马森斯长大和读中小学
1950 年	在皮尔马森斯的人文高中毕业
1950 年至 1954 年	在慕尼黑、巴黎和弗莱堡研习法学 研习方向：商法和比较法
1954 年	参加第一次国家司法考试
1956 年	获法学博士学位
1957 年	参加第二次国家司法考试 与古典哲学家丽贝卡完婚，娘家姓是加尔贝
1957 年至 1960 年	担任莱茵兰-法尔茨州的公证员
1961 年至 1963 年	获德国科学基金会教授任用资格论文奖学金 在布鲁塞尔、斯特拉斯堡、巴黎、乌得勒支和罗马游学
1963 年	获美因茨大学法学院教授资格
1964 年至 1965 年	担任莱茵兰-法尔茨州的公证员和美因茨大学讲师
1966 年	担任新建的波鸿鲁尔大学的教授以及德国和 欧洲商法和经济法教席教授
1972 年	担任加利福尼亚大学伯克利分校法学院访问教授
1980 年	担任波恩大学法学院教授以及商法和经济法研究所主任
1972 年至 1980 年	担任联邦司法部企业法委员会的委员和代表主任
1974 年至 1990 年	担任德国法学家大家常务委员 1976 年任斯图加特"投资者保护"组组长；1982 年任纽伦堡 "破产法"组组长；1992 年任汉诺威"康采恩法"组组长
1982 年至 1988 年	担任德国法学家大会会长
1985 年	担任日本中央大学访问教授
1989 年至 2012 年	担任"欧洲经济法中心"发言人
1994 年	获维也纳经济大学荣誉博士学位
1996 年 3 月 1 日	退休

续表

1996年至1997年	担任牛津大学彭布罗克学院、法学院访问学者
2000年	担任"公司治理"政府委员会委员
2001年至2008年	担任德国公司治理守则政府委员会委员
2003年	获华沙大学荣誉博士学位
2005年	担任日内瓦第3届欧洲法学家大会主旨发言人 第1组：欧洲的公司机关和监事会的责任
2008年	获耶拿大学荣誉博士学位
2021年	逝世

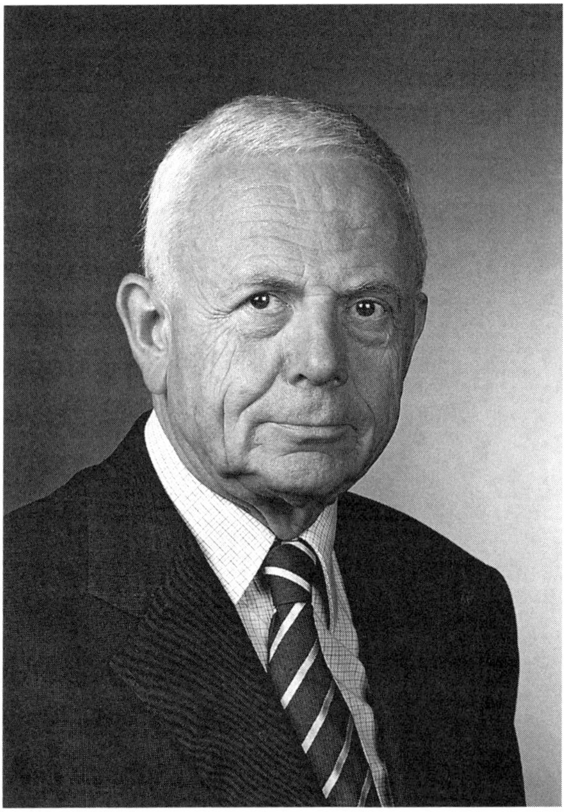

彼得·乌尔默（Peter Ulmer，1933）[*]

目　次

一、学术生涯　/ 468

二、科研成果　/ 469

　　（一）方法　/ 469

　　（二）主题和代表作　/ 474

三、老师　/ 484

四、个性　/ 486

彼得·乌尔默是本文所要呈现的人物，他以最为多样的方式影响了德国私法，因此，或许可将他比作其所在领域的指路明灯。他的作品涵盖公司法的所有领域、格式条款控制法、消费者保护法及卡特尔法。对门生而言，刻画彼得·乌尔默是冒险之举。原因在于：其一，普遍而言，门生一般都是在其学术导师获得学术资格并声名显赫之后才遇见导师，所以门生在很大程度上缺乏个人经验。就我而言，也是如此。其二，门生虽然是历史的和时代的见证者，却始终感到不管是私人层面还是在作品层面，与导师都存在着千丝万缕的联系，因此，几乎很难作出客观的描述。基于此，

---

[*] 作者简介：〔德〕马迪亚斯·哈贝萨克（Mathias Habersack，1960），慕尼黑大学私法与商法教席教授，自 2016 年起担任德国法学家大会会长。哈贝萨克在海德堡大学就读期间，在彼得·乌尔默的指导下取得博士学位和教授任用资格，曾在雷根斯堡大学、美因茨大学和图宾根大学任教。他的研究重点是公司法、资本市场法和银行法，是德国科学基金会法学专业委员会成员、公司法协会理事、银行法协会理事。哈贝萨克教授是德国著名法学杂志《商法与经济法综合杂志》《股份公司法杂志》的主编，也是《慕尼黑股份公司法评注》《商法大型法律评注》和《有限责任公司法大型法律评注》的主编。本文为哈贝萨克 2009 年 4 月 24 日在柏林洪堡大学的报告。

本文开头,我将客观陈述彼得·乌尔默的生平。

一、学术生涯

彼得·乌尔默于 1933 年 1 月 2 日出生在海德堡,其父欧根·乌尔默是海德堡大学法学院的教授,后来成为位于慕尼黑的马克斯·普朗克外国与国际专利、著作权和竞争法研究所的所长①,其母伊丽莎白·乌尔默(Elisabeth Ulmer),本姓林泽(Linser)。彼得·乌尔默在海德堡完成高考后,分别在图宾根大学、日内瓦大学和海德堡大学研习法学。凭借优秀成绩通过第一次国家司法考试之后,他在密歇根大学攻读比较法硕士学位,并在莫斯勒指导下完成以《欧洲煤钢共同体条约》中"经营者的概念"为主题的博士论文,该论文于 1960 年公开出版。他在海德堡、慕尼黑和卢森堡完成法律培训生项目之后,又以优秀的成绩在斯图加特通过第二次国家司法考试。此后,乌尔默开始从事法律实务工作,先是在戴姆勒奔驰的法务部工作,之后又作为董事会的助理在德国会计师信托公司(现为毕马威会计师事务所)工作,最后在欧共体委员会从事法务工作。

主要是因为沃尔夫冈·黑费梅尔②,乌尔默重回学术研究的领域,在 1968 年作为"德国科学基金会"的奖学金获得者,他以涉及合同经销商为主题,完成了教授任用资格论文。随即,乌尔默获得汉堡大学和萨尔茨堡大学的教授聘请。他选择了汉堡大学,1969 年至 1975 年,他在该校担任"民法、商法、德国与欧洲经济法和商业保护法教席"的负责人,并担任"商法、海商法和经济法研究所"的所长。期间,他在 1972 年拒绝了图宾根大学的教授聘请。1975 年,他接受海德堡大学的教授聘请,担任该校"民法、商法与经济法教席"的教授,作为黑费梅尔的继任者,担任"德国和欧洲公司法和经济法研究所"的执行所长。虽然期间有科隆大学隆重的教授聘请,但他一直都留在海德堡大学,直到 2001 年退休。1977 年和 1978 年,乌尔默担任该校法学院的院长。1991 年

---

① 对于彼得·乌尔默的父亲欧根·乌尔默,参见本书中关于他的文章。
② 对于彼得·乌尔默的老师沃尔夫冈·黑费梅尔,参见本书中关于他的文章。

至1997年，他经过历届的选举，连续担任海德堡大学的校长。他以校长身份，担任过两年的巴登-符腾堡州校长联席会议负责人。乌尔默还担任过多年的"德国科学基金会"法学专业委员会的负责人及德国法学家大学常务委员会的委员。此外，他曾获得过马德里自治大学、蒙彼利埃大学和莱里达大学授予的荣誉博士。这些都足以说明乌尔默具有很高的声誉。

2001年，乌尔默以一场关于民事合伙的完美告别报告宣告退休。当然，乌尔默并不会借此停止自己的学术生涯，继而进入颐养天年的退休生活，他一如既往地用论文和评注来影响公司法和经济法的发展。下文将会详述这一点。另外，他在退休的几年后获得律师执业证，在曼海姆以律师身份从事法律实践活动，先是在谢尔曼·思特灵律师事务所工作（Shearman & Sterling LL. P.），后来在从该所分离出的西林·朱特·安舒茨律师事务所（SZA Schilling Zutt & Anschütz）执业。

二、 科研成果

（一）方法

彼得·乌尔默从未撰写过教科书或类似的作品（仅有一个例外，下文将会提到）。除了为杂志和纪念文集写文章以外，乌尔默还喜欢撰写法律评注。作为评注人，他并不喜欢写精要类的评注，而是对能够给评注人发挥更大空间的大型评注情有独钟。绝非偶然的是，乌尔默在从事法律评注的开始阶段，便参与撰写"大型法律实务评注"中篇幅更大、意义更为重要的部分，即《德国商法典大型评注》第3版第131条至第144条的评注及《哈亨博格有限责任公司法评注》第7版中第1—12条、第9条、第30条的附录、第34条、第53—64条和第78条的评注。更非偶然的是，他后来担任这两部法律评注的主编，[③] 并且《德国商法典》的评注后来被冠上其创始人赫尔曼·施陶布（Hermann Staub, 1856—

---

③ 在《德国商法典》的法律评注中，他和克劳斯-威廉·卡纳里斯及沃尔夫冈·西林一起担任联合主编。

1904)的名字。④ 近期有一篇以柏林洪堡大学法学院纪念赫尔曼·施陶布的活动上的一次演讲为基础的文章出版，其内容聚焦于赫尔曼·施陶布的法律评注历史以及评注所获得的反响，文章中不失公允地评价道："新一代的主编乐于采纳施陶布方法，因此，他也希望在法律评注的书名上体现他的观点。"⑤ 那么，施陶布方法是什么呢？施陶布其人是一名实务专家，这是众所周知的，但他的闪耀之处不仅于此，他还是从第8版起由彼得·乌尔默主编的《德国有限责任公司法大型评注》的创始者，这一成就却鲜为人知。马克斯·哈亨博格(Max Hachenburg, 1860—1950)自评注第2版起担任主编，描述了该方法：⑥

> 大家都知道他阐释的方法。阐述基本观点、包含关键词的句子放在最前面。在它的后面，会阐述更详细的其他内容及相关材料，并会强调和注明要点，有的材料甚至还在出版当中。一般性的阐释，通常直接放在法律条文的下面、基本观点的句子的前面，这有利于读者熟悉所涉法条的作用和目的。从这里向左面和右面散发出很多的路径，在所有的地方都有要点和为目标服务的指引。

乌尔默本人在自己接手的第8版的哈亨博格评注的"序言"中深入描述了该评注的使命和目标：该法律评注不仅谨慎细致地记录了观点情况和大量相关的司法裁判，而且在其中，

> 即使不具有优先性，也要提炼出法律规则和司法裁判发展的要旨思想。因此，使用人能够在遇到新问题的时候，给出体系化的可持续的回答。基于此，作者主要是为了法院和法律咨询实务而撰写

---

④ 关于《施陶布商法典评注》的发展史，参见 Thiessen, „Ein ungeahnter Erfolg"—zur (Rezeptions-) Geschichte von Herrmann Staubs Kommentaren, in: Henne/Schröder/Thiessen (Hrsg.), Anwalt—Kommentator—„Entdecker", Festschrift für Hermann Staub zum 150. Geburtstag am 21. März 2006 (2006), S. 55 – 107.

⑤ Thiessen, FS Staub (2006), S. 55, 108.

⑥ Hachenburg, Nachruf: Hermann Staub, Holdheims Monatsschrift für Handelsrecht und Bankwesen, Steuer- und Stempelfragen 13 (1904), 237, 238; auch wiedergegeben bei Thiessen, FS Staub (2006), S. 55, 59.

法律评注。当然，他们借此也希望该作品保持大型法律评注的传统，为学术讨论做出重大贡献。

在《施陶布商法典评注》第 4 版的序言中，乌尔默作为联合主编，将该法律评注的宗旨，同时也是评注人的一般宗旨，表述如下：

施陶布大型法律评注的前身追求的目标是，"提供一个兼顾理论与实践、精要与全面的法律评注"。即使面临法律问题越来越复杂、且在大型法律评注中追求精要难以实现的情况，但对于该法律评注的新版本所追求的目标，也应同样如此要求。

"理论与实践"是施陶布的简短公式，乌尔默在工作风格和研究风格上将其发挥到了极致。可以确定地说，乌尔默在完成教授任用资格论文之前积累的工作经验，激起了他对实践情况和生活事实的兴趣，激起了他对具有服务职能的法的兴趣，也使他成功并积极地伴随和参与推动法律续造的过程，并产生了重要影响。在接受献给他的纪念文集之后，[7] 乌尔默作出了让人赞叹的发言，借此他提到沃尔夫冈·黑费梅尔、瓦尔特·施廷佩尔(Walter Stimpel，1917—2008)和沃尔夫冈·西林(Wolfgang Schilling，1908—1992)这三位人物的人格魅力，以及他们对自己专业产生的决定性的影响。可以这样评价他们：沃尔夫冈·黑费梅尔是他非常尊敬的学术导师；[8] 瓦尔特·施廷佩尔长期担任德国联邦最高法院第二审判庭即负责公司法司法裁判的法庭的庭长，[9] 乌尔默将自己撰写的前

---

[7] Habersack u. a. (Hrsg.), Festschrift für Peter Ulmer zum 70. Geburtstag am 2. Januar 2003 (2003).

[8] 前引2，乌尔默文，第239及以下诸页。

[9] Ulmer, Walter Stimpel zum 90. Geburtstag, ZIP 2007, 2241 f.; vgl. auch Stimpel/Ulmer, Einsichtsrecht der Gesellschafter einer mitbestimmten GmbH in die Protokolle des Aufsichtsrats?, in: Lieb/Noack/H. P. Westermann (Hrsg.), Festschrift für Wolfgang Zöllner zum 70. Geburtstag (1998), Bd. I, S. 589-605.

两版民事合伙法律评注献给了他,[10]

感谢他通过他所在法庭的判例启发了我,其对基本原则的关注堪称典范。我们私人间的谈话,还有一起服务于公司法的理论渗透和继续发展的共同点也激发了我的灵感。

沃尔夫冈·西林是曼海姆的一位成功律师,在施陶布和哈亨博格的法律评注上,他都留下了自己的名字。为了纪念他八十寿辰,乌尔默举办了一场影响至今的关于企业集团的专题研讨会。[11]此外,乌尔默也是西林创建的、以他名字命名的律师事务所的律师。

乌尔默具有的"理论与实践"的特点,能够解释乌尔默的作品在学术圈、司法裁判和立法中产生的巨大反响,也能够说明为什么乌尔默几十年来直到今天依旧是炙手可热的专家鉴定人和仲裁员,这一特点也是他没有固守自己最初赞成却不能得到贯彻的观点,而选择放弃这一观点的原因。[12]基于此,他才能够保持创造性,并参与到不断的法律续造的过程中。[13]因此,乌尔默注重与法律实践的对话,尤其是与联邦最高法院第二民事审判庭的对话。他多次对"公司法中的法官法发展"进行研究、整理

---

[10] 引言出自乌尔默以下作品的第 2 版:Ulmer, Die Gesellschaft bürgerlichen Rechts (2. Aufl. 1986), S. VII;类似的,参见 1980 年的第 1 版;另外,参见 1997 年第 3 版的序言:"与联邦最高法院第二审判庭(公司法庭)长期担任庭长和担任副院长的瓦尔特·施廷佩尔博士的紧密联系,在本书新版本,同样感谢他的丰富多样的启发。"

[11] Ulmer (Hrsg.), Probleme des Konzernrechts, Beiheft 62 der Zeitschrift für das gesamte Handelsrecht und Wirtschaftsrecht (1989); s. ferner dens., Bleibende Beiträge Wolfgang Schillings zum Gesellschafts-, Konzern-, und Unternehmensrecht, ZHR 158 (1994), 1 – 10; K. Schmidt, Nachruf Wolfgang Schilling, JZ 1993, 350.

[12] Ulmer, Wege zum Ausschluß der persönlichen Gesellschafterhaftung in der Gesellschaft bürgerlichen Rechts, ZIP 1999, 509 – 517; ders., Gesellschafterhaftung in der Gesellschaft bürgerlichen Rechts-Durchbruch der Akzessorietätstheorie?, ZIP 1999, 554 – 565; dazu Hasselmann, Die Lehre Ulmers zur Gesellschaft bürgerlichen Rechts im Wandel der Jahrzehne (2007).

[13] 乌尔姆对民事合伙的法律性质和责任制度的重要论述,参见 Unbeschränkte Gesellschafterhaftung in der Gesellschaft bürgerlichen Rechts, ZGR 2000, 339 – 349; sowie: Die höchstrichterlich „enträtselte" Gesellschaft bürgerlichen Rechts, ZIP 2001, 585 – 599 und in der 4. und 5. Auflage des Münchener Kommentars zum BGB; s. ferner den jüngst in ZIP 2009, 293 – 302 erschienenen Beitrag zur „Anrechnungslösung" des § 19 Abs. 4 S. 3 GmbHG (zur generellen Bewertung der Reform s. zuvor Ulmer, Der „Federstrich des Gesetzgebers" und die Anforderungen der Rechtsdogmatik, ZIP 2008, 45 – 55).

和分析。[14] 直到今天还在不断举办的、著名的国际上比较而言也独具特色的法学界和最高法院司法裁判的对话,[15] 对他而言尤为重要,[16] 而且乌尔默以不同的方式大力推动它,比如开创每两年举办一次《综合商法与经济法杂志》研讨会的美好传统。[17] 有时候,乌尔默这种实践导向的方法会让人有些难堪。比如,关于《德国股份公司法》200年历史的两卷本的主编邀请他参与撰写一篇文章,他却质疑这本书存在的意义;[18] 又比如,在学术上属孙辈的一位作者,对自己在《综合商法与经济法杂志》上发表了一篇关于隐藏的控制合同的论文而感到自豪,[19] 但乌尔默对于这位作者主张的(可能的)实践意义不大的文章嗤之以鼻,并评价道:"那又怎么样?"但是,这些例子仅旨在说明乌尔默从沃尔夫冈·黑费梅尔那里学到的东西,以及他自己想要对自己说的:

> 黑费梅尔没有撰写大型教科书或类似的作品,他是法律评注大师。他并不喜欢革命性的理论。他的贡献主要是通过对现行法进行体系化的分析和继续发展,使理论和实践紧密地结合在一起。

这种方法已经对现行法产生了深远的影响,且常以全新的理念出现。而这,是理所当然的结果。

---

[14] Ulmer, Richterrechtliche Entwicklungen im Gesellschaftsrecht 1971 – 1985 (1986); ders., Recht der GmbH und GmbH & Co. nach 50 Jahren BGH-Rechtsprechung, in: Canaris/Heldrich (Hrsg.), 50 Jahre Bundesgerichtshof, Festgabe aus der Wissenschaft (2000), Bd. II, S. 273 – 320; ders., Aktienrecht und richterliche Rechtsfortbildung, in: Bayer/Habersack (Hrsg.), Aktienrecht im Wandel, Bd. 2: Grundsatzfragen des Aktienrechts (2007), S. 113 – 149.

[15] Habersack, Wandlungen des Aktienrechts, AG 2009, 1, 14.

[16] Ulmer, Entwicklungen im Kapitalgesellschaftsrecht 1975 – 1999, ZGR 1999, 752 – 780.

[17] Vgl. Canaris, Kreditkündigung und Kreditverweigerung gegenüber sanierungsbedürftigen Bankkunden, ZHR 143 (1979), 113 – 138.

[18] Bayer/Habersack (Hrsg.), Aktienrecht im Wandel (2007).

[19] Schürnbrand, „Verdeckte" und „atypische" Beherrschungsverträge im Aktien- und GmbH-Recht, ZHR 169 (2005), 35 – 60.

(二) 主题和代表作

1. 公司法

自 20 世纪 70 年代早期开始，乌尔默便对公司法产生了浓厚的兴趣。他对人合公司法和有限责任公司法尤为感兴趣是鉴于他的博士论文和教授任用资格论文都聚焦于研究反垄断法和商法领域的相关问题，此外，在 1970 年年底之前，乌尔默发表的有关反垄断法和竞争法的文章不少于十篇。[20]

(1) 人合公司

试问是什么促使乌尔默在 1971 年完成对《商法典》第 131—134 条的全方面的评注的撰写，又是什么促使他在 1973 年对《商法典》第 135—144 条的评注进行同样全面的撰写，且二者都是第 3 版《商法典》的大型评注。这个问题本身并没有意义。或许是因为当时罗伯特·费舍尔基于自己已被任命为联邦最高法院院长，且他在 1967 年参与过该大型评注第 3 版中第 105—127 条，而希望减轻压力。但无论如何，对公司法而言，这个发展是一件好事。乌尔默给《商法典》第 131 条及其后几条撰写的评注和他在同时期撰写的文章[21]都获得了巨大的成功。比如股东死亡的情况下确定继承人的困难问题。这些评注之所以精妙，是因为它们不仅在继承法和公司法领域有精确的论述，在争议问题所涉的冲突利益上也有一定的体察力，还具有创造性地提出建议的勇气。他对"实质的继承条款"的论述便是一个典型的例子。按照该条款，特殊的人群才可以继承公司股份，因此，在有多个继承人的情况下，该条款便会与继承法中的遗产共同共有处分原则发生矛盾。有关这个问题的文献中有很多大相径庭的解决方案，乌尔默在研究了这些观点后提出了自己的看

---

[20] 对此，参见下文二(二)3"商法与经济法"部分。

[21] Ulmer, Gestaltungsklagen im Personengesellschaftsrecht und notwendige Streitgenossenschaft, in: Ballerstedt/Hefermehl (Hrsg.), Festschrift für Ernst Gessler zum 65. Geburtstag am 5. März 1970 (1971), S. 269-282; ders., Gesellschafternachfolge und Erbrecht, ZGR 1972, 195-222; ders., Die Sonderzuordnung des vererbten OHG-Anteils—Zum Einfluss von Testamentsvollstreckung, Nachlassverwaltung und Nachlasskonkurs auf die Gesellschaftsbeteiligung, in: Fischer/Hefermehl (Hrsg.), Gesellschaftsrecht und Unternehmensrecht: Festschrift für Wolfgang Schilling zum 65. Geburtstag am 5. Juni 1973 (1973), S. 79-104.

法。㉒在这个对于人合公司而言是核心的问题上,他主张将所有的公司股份转移到"任命"成为新股东的继承人,即他主张用公司法的评价和需求排除继承法的基本原则。他有一个关于《商法典》第139条的法律评注的边码十分典型,值得摘录:㉓

> 建议。在反对完全继承的观点中,由于胡贝尔和克鲁斯的观点是基于概念法学的,因而没有说服力。相比之下,虽然联邦最高法院的解决办法在逻辑上前后一致,但文献中的观点认为,联邦最高法院的解决办法会给获得股份的继任者造成没有必要的复杂的麻烦,并导致法律的不确定性(边码51)。因此,继承法上完全继任的理论仍应被优先考虑,即使支持该理论的观点都不能完全令人信服(仅参见魏德士:《民法实务论丛》第168期,第273及以下诸页,及乌尔默提出不同的反驳观点,乌尔默:《企业与公司法杂志》1972年,第206及以下诸页)。但是,如果基于主流观点,认识到只有完全继任理论才能既考虑到实质继任规则的特殊性,又能够平衡当事人的利益进而解决公司法和继承法的矛盾,那么就有充足的理由有意识地通过法律续造,以支持完全继任,从而填补现有的法律漏洞(魏德士:《民法实务论丛》第168期,第277页)。

德国联邦最高法院第二审判庭(民事庭)在司法裁判中(即 BGHZ 68, 225,放弃 BGHZ 22,186)认可了上述观点。

彼得·乌尔默在人合公司领域有一部大师级的作品——在1980年首次出版㉔的(最新版达到第7版)㉕针对《德国民法典》第705—740条的

㉒ 对于学界的观点和乌尔默的论证,参见 Ulmer, ZGR 1972, 195, 206 ff。
㉓ Staub-Ulmer, Großkommentar zum HGB (3. Aufl. 1973), Band II/1, § 139 HGB Rn. 53.
㉔ 又是通过两部开创性的纪念文集的文章: Ulmer, Die Lehre von der fehlerhaften Gesellschaft. Gesicherter Bestand des Gesellschaftsrechts oder methodischer Irrweg?, in: Jakobs u. a. (Hrsg.), Festschrift für Werner Flume zum 70. Geburtstag, 12. September 1978 (1978), Bd. 2, S. 301 – 321; ders., Vertretung und Haftung bei der Gesellschaft bürgerlichen Rechts, in: Lutter u. a. (Hrsg.), Festschrift für Robert Fischer (1979), S. 785 – 808.
㉕ 在第5版中,卡斯滕·舍费尔加入作为合著者,评注《德国民法典》第706—740条及《合伙企业法》。[在2017年第7版中,乌尔默以作者身份退出该评注工作,由合著者独自负责该书的修订。——译注]

民事合伙的评注。这本法律评注一直都作为"专门版本"出版，其副标题是乌尔默添加的"《德国民法典》第705—740条体系化的评注"，这体现了这本评注的独特地位。这本评注在内容和理念上可以追溯到奥托·冯·基尔克（Otto von Gierke，1841—1921）[26]和维尔纳·弗卢梅[27]的"团体说"（"Gruppenlehre"），并构成了自恰的、可操作的体系，这是该评注的一大特点。[28] 乌尔默本人对这本法律评注的宗旨有如下的描述：[29]

> 另一方面，这本法律评注用心地整理了不同人合公司的共同的教义学基础，并由此提炼出一般性的结论，把公司理解为仅仅是超越具有共同行为因素的债务关系，是拥有特别的机关的人合组织。借此希望解决基于《商法典》第124条产生的不同人合公司之间的表面冲突，并希望在共同的法律类型的讨论中，能继续讨论普通的商事合伙企业和特殊的商事合伙企业。

由于法律评注体系的内恰和说服力，该愿望得以完全实现。虽然，联邦最高法院的第二审判庭在20年后才明确认可民事合伙在外部关系上具有权利能力和诉讼当事人能力，[30] 但是，公司法学界的文献在很久之前就已经认同乌尔默的观点。[31] 可惜的是，由乌尔默创建的、我在后续进行了大量研究和发展[32]的"双重义务说"并没有得到广泛认可。[33] 联邦

---

[26] O. v. Gierke, Deutsches Privatrecht I (1895, Nachdruck 1936), S. 671 ff.

[27] Flume, Gesellschaft und Gesamthand, ZHR 136 (1972), 177, 187 ff.; ders., Allgemeiner Teil des Bürgerlichen Rechts, Bd. I/1: Die Personengesellschaft (1. Aufl. 1977), § 4 II, III.

[28] 对于在"法学发现"中的地位，同样参见 Fleischer, Juristische Entdeckungen im Gesellschaftsrecht, in: Bitter u. a. (Hrsg.), Festschrift für Karsten Schmidt zum 70. Geburtstag (2009), S. 375, 386 ff.

[29] Ulmer, Die Gesellschaft bürgerlichen Rechts, Vorwort zur 1. Aufl. (1980).

[30] BGHZ 146, 341, 344 ff. =NJW 2001, 1056.

[31] 观点的发展情况，参见 Münchener Kommentar-Ulmer, BGB (5. Aufl. 2009), § 705 BGB Rn. 299 ff.

[32] Habersack, Die Haftungsverfassung der Gesellschaft bürgerlichen Rechts—Doppelverpflichtung und Akzessorietät, JuS 1993, 1-8; s. sodann Münchener Kommentar-Ulmer, BGB (3. Aufl. 1997), § 714 Rn. 33.

[33] 一直以来都值得阅读的，参见 Ulmer, FS Flume (1978), S. 301; ders., FS R. Fischer (1979), S. 785.

最高法院分别在1999年和2001年的两个基本裁判中抛弃了该学说,并以类推适用《商法典》第128条及其后几条取而代之,[34]原因在于,在法律实践当中,越来越倾向于采取相应的附带性标示(有限责任民事合伙)排除或限制股东对公司债务承担个人责任。事实上,是乌尔默通过有分量的文章和建设性、批判性的视角,促使着理论发展方向的改变。[35]我对乌尔默突然改变的观点并不感兴趣,同时,乌尔默以友好却绝对的语气对我将其在1999年《经济法杂志》上一篇转变态度的文章和我自己坚持双重义务说的想法进行对比的行为进行了批评。我之后便退而研究新的法律责任制度,[36]并认可了所有的民事合伙的外部关系的权利能力和诉讼当事人能力,这使得老师有些许恼怒——他还是主张为公司保留这些能力。[37]民事合伙对乌尔默何等重要,可以从该场景看出,也可以从法律评注第4版的序言中看出:

> 以此书留给后世——本书可能是作者负责的最后一版,30年来的工作使这本书对我来说尤为重要。以此书作为遗产,献给实践和学术圈中的专业同事。

让人高兴的是,乌尔默改变了主意,独自撰写了该书第5版中属于《民法典》核心的第705条(包括序言)的评注,而第706—740条及《合伙企业法》部分的评注由新加入的卡斯滕·舍费尔(Carsten Schäfer,1964)负责完成。

(2) 有限责任公司

除民事合伙以外,乌尔默也被有限责任公司深深地吸引着。从乌尔

---

[34] BGHZ 142, 315; 146, 341;对于类推适用 § 130 HGB,参见 BGH, NJW 2003, 1803。

[35] 前引12。

[36] Habersack, Die Anerkennung der Rechts-und Parteifähigkeit der GbR und der akzessorischen Gesellschafterhaftung durch den BGH, BB 2001, 477-483.

[37] 参见一方面是:Münchener Kommentar-Ulmer (Fn. 31), § 705 BGB Rn. 306;另一方面是:Habersack, BB 2001, 477, 478 f。

默加入了具有传奇色彩的"有限责任公司改革工作组"[38]和他撰写了大量具有分量并且对有限责任公司的发展具有重要意义的纪念文集文章和杂志文章,都可以看出,在学术上,乌尔默对这种公司类型尤为感兴趣。但最能体现乌尔默兴趣的还是他作为《有限责任公司法》评注人所获得的卓越地位:《哈亨博格有限责任公司法评注》的第 7 版和(由他主编的)第 8 版,[39]以及作为延续《哈亨博格有限责任公司法评注》并以此纪念他的《有限责任公司法大型评注》。[40]在内容上,乌尔默的研究几乎涵盖了有限责任公司的整个生命周期,其研究的重点包括出资的公司设立、"取代自有资本"的股东贷款法和入股法、资本措施的章程变更的问题、破产登记义务和有限责任公司集团法。

在众多的研究话题中,首先是设立中公司的问题。乌尔默在库尔特·巴勒施泰特(Kurt Ballerstedt,1905—1977)纪念文集涉及"禁止先负担"的文章[41]和第 7 版的《哈亨博格有限责任公司法评注》第 11 条中,阐释了设立中公司的问题。在设立阶段的公司,有耗尽公司资本的风险。人们在当时尝试将设立中公司的商业行为限制到设立公司必要的行为,但就此,学界中有很多批评该做法的文献,乌尔默以这些批评基调为基础[42]使"禁止先负担"丧失说服力,并且提出通过其他的途径(无疑是必要的)保护债权人,即将设立中公司的资产和负债整体转移到有限责任公司,并以明确"先负担责任"和"资本不足责任"取代"禁止先

---

[38] G. Hueck/Lutter/Mertens/Rehbinder/Ulmer/Wiedemann/Zöllner, Thesen und Vorschläge zur GmbH-Reform, Band 1: Die Handelsgesellschaft auf Einlagen (1971), Band 2: Kapital- und Haftungsfragen bei der GmbH u. a. (1972).

[39] 参见本文二(一)"方法"。

[40] Ulmer/Habersack/Winter, GmbHG (2005/2006/2008).

[41] Ulmer, Das Vorbelastungsverbot im Recht der GmbH-Vorgesellschaft—notwendiges oder überholtes Dogma?, in: Flume/Raisch/Steindorff (Hrsg.), Beiträge zum Zivil- und Wirtschaftsrecht: Festschrift für Kurt Ballerstedt zum 70. Geburtstag am 24. Dezember 1975 (1975), S. 279 - 301; s. ferner Ulmer, Abschied vom Vorbelastungsverbot im Gründungsstadium der GmbH, ZGR 1981, 593 - 621; zuvor bereits Ulmer, Die Gründung der GmbH, in: Wiethoelter/Ulmer/Lutter (Hrsg.), Probleme der GmbH-Reform (1970), S. 42 - 62.

[42] Lieb, Abschied von der Handlungshaftung, DB 1970, 961, 966 f.; K. Schmidt, Der Funktionswandel der Handelndenhaftung im Recht der Vorgesellschaft, GmbHR 1973, 146, 147 f.; Wiedemann, Das Rätsel Vorgesellschaft, JurA 1970, 439, 446 ff.

负担"。㊸ 采用这种方法，一方面，设立中公司的必要的行为能力得以保障，另一方面，确保公司设立阶段商业行为的风险有股东承担。这是一个很好的例子，说明乌尔默的方法既有学术性，又具有实操性。联邦最高法院第二（民事）审判庭（BGHZ 80, 129）在很大程度上接受了乌尔默所做的前期工作，也就不足为奇了。

乌尔默着重研究了一人公司。对于一人公司，除一人公司设立的特殊问题外，还涉及充分保护债权人的问题。㊹ 这些问题与"实质的事实康采恩"学说最有关联。该学说可以追溯到"有限责任公司改革工作组"的对应建议，㊺ 在联邦最高法院第二（民事）审判庭的著名的"起重机"案裁判中，该学说得到（初步的）认可。㊻ 其后来的发展，一直到"特艾酒店"案裁判㊼，都是众所周知的，因而在此不做深入探讨。当然，值得一提的是乌尔默在《综合商法与经济法杂志》中的一篇文章。㊽ 该文首次极为详细清晰地探讨了有限责任公司保障其地位的利益的问题，文中指出一人股东必须尊重这种利益，另外，该文为"在威胁公司存活的情况下（无论缘由如何）由一人股东承担责任"这一观点提供了发展性的依据。㊾

（3）《股份公司法》和《职工参与法》

在股份公司法领域，乌尔默将其主要关注点放在监事会和公司机关的责任上。就公司机关的责任，我想以乌尔默发表在《综合商法与经济法杂志》第163卷上的一篇文章为例。这篇文章是乌尔默在纽约做研究

㊸ Ulmer, FS Ballerstedt (1973), S. 279, 290 ff.; Hachenburg-Ulmer, GmbHG (7. Aufl. 1975), Band 1, § 11 GmbHG Rn. 27 ff., 91.

㊹ Ulmer, Die Einmanngründung der GmbH—ein Danaergeschenk?, BB 1980, 1001–1006; Ulmer/Ihrig, Die Rechtsnatur der Einmann-Gründungsorganisation, GmbHR 1988, 373–384.

㊺ 前引38。

㊻ BGHZ 95, 330.

㊼ BGHZ 173, 246; 总结从"起重机"案到"特艾酒店"案裁判的发展情况，参见 Habersack, Trihotel-Das Ende der Debatte?, ZGR 2008, 533–559。

㊽ Ulmer, Der Gläubigerschutz im faktischen GmbH-Konzern beim Fehlen von Minderheitsgesellschaftern, ZHR 148 (1984), 391–427.

㊾ 详见 Winter, Mitgliedschaftliche Treubindungen im GmbH-Recht (1988), S. 202 ff.; ders., Eigeninteresse und Treupflicht bei der Einmann-GmbH in der neueren BGH-Rechtsprechung, ZGR 1994, 570, 585 ff.; Priester, Die eigene GmbH als fremder Dritter, ZGR 1993, 512, 521 ff.; s. ferner Emmerich/Habersack-Habersack, Aktien- und GmbH-Konzernrecht (6. Aufl. 2010), Anh. § 318 AktG Rn. 33 ff。

时产生的,其内容关于"股东诉讼作为控制董事会行为和监事会行为的工具"这一议题。[50] 在《企业控制和透明法》[51]颁布后不久,乌尔默就在这篇文章中强烈呼吁股东行使公司对其管理机关行使赔偿请求权的股份公司法法条要进行完善并提出了具体的政策建议。在当时,很多人都认为该呼吁是没有希望的,但结果却获得了瞩目的效果:立法者[52]接受了乌尔默建议中的要点,并将它们融入《企业诚信和撤销法现代化法》中,尤其是"预防滥诉的诉讼许可程序",也以法律形式确立了下来。

监事会是职工参与得到落实的公司机关,这无须多加解释,也正因如此,乌尔默对这个话题有着特别的兴趣。1976年的《职工参与法》在很大程度上被融入了股份公司法、有限责任公司法和合作社法中,所以乌尔默协同彼得·哈瑙撰写出版了1981年第1版的《职工参与法评注》,乌尔默在2018年还撰写出版了第4版的《职工参与法评注》。[53] 在这本法律评注的序言中,乌尔默明确了他的主旨,即不仅考虑新法的内容,还要考虑新法与一般的企业法、公司法和劳动法之间的关系。基于《职工参与法》的妥协特质,这种和谐理念在法律评注中得到全面实现,之后也得到联邦最高法院深入的探讨。[54] 不过,《职工参与法》也有需要完善的地方,乌尔默的《综合商法与经济法杂志》第166卷的主编语[55]推动了有关《职工参与法》完善的讨论,在他的参与下,其基本思想融入了"职工参与工作组"的最新建议中。[56]

---

[50] Ulmer, Die Aktionärsklage als Instrument zur Kontrolle des Vorstands- und Aufsichtsratshandelns, ZHR 163 (1999), 290 – 342; s. ferner Ulmer, Haftungsfreistellung bis zur Grenze grober Fahrlässigkeit bei unternehmerischen Fehlentscheidungen von Vorstand und Aufsichtsrat?, DB 2004, 859 – 863 (betr. § 93 Abs. 1 S. 2 AktG).

[51] Gesetz zur Kontrolle und Transparenz im Unternehmensbereich vom 27. 4. 1998 (BGBl. I 1998, S. 786).

[52] Gesetz zur Unternehmensintegrität und Modernisierung des Anfechtungsrechts vom 22. 9. 2005 (BGBl. I 2005, S. 2802).

[53] Hanau/Ulmer, MitbestG (1981); Ulmer/Habersack/Henssler, Mitbestimmungsrecht (2. Aufl. 2006); Ulmer/Habersack/Henssler, Mitbestimmungsrecht (3. Aufl. 2013); Habersack/Henssler, Mitbestimmungsrecht: MitbestR (4. Aufl. 2018).

[54] BGHZ 83, 106; 83, 144; 83, 151; 89, 48; 122, 342.

[55] Ulmer, Paritätische Arbeitnehmermitbestimmung im Aufsichtsrat von Großunternehmen-noch zeitgemäß?, ZHR 166 (2002), 271 – 277 mit Nachw. zu früheren krit. Stimmen.

[56] Bachmann/Baums/Habersack/Henssler/Lutter/Oetker/Ulmer, Entwurf einer Regelung zur Mitbestimmungsvereinbarung sowie zur Größe des mitbestimmten Aufsichtsrats, ZIP 2009, 885 – 899.

2. 格式条款控制法、消费者保护法

"和谐理念"不仅应体现在《职工参与法》中，也应体现在民法其他更大的领域——《格式条款法》中。乌尔默最初与这个话题相关联，是在1974年第50届德国法学家大会上，[57] 他在此会议上做的报告涉及作为德国法学特点的《格式条款法》。该法的适用主体范围延伸到商人和其他的企业主，而这一点与欧共体有关滥用条款的指令出入较大，因而备受争议。后来不久颁布的《格式条款法》一直是乌尔默关注的焦点。乌尔默与布兰德纳（Hans Erich Brandner, 1926）、亨森（Horst-Diether Hensen, 1931—2016）联合主编的《格式条款法评注》是一本权威且经典的法律评注，[58] 这对促使格式条款控制法不再与一般合同法分割，而是成为其合体系的组成部分具有决定性作用。乌尔默一直强烈反对将格式条款控制法融入《德国民法典》，但最终没有实现。[59] 但事后看来，或许他会认为，他所担心的由融入而引发的不利后果并未发生。无论如何，债法改革并没有影响到这部法律评注的成功。法律评注目前已经修改并更新到2016年第12版。期间，有许多年轻的评注人参与到这本法律评注的工作中来。[60]

与《格式条款法》相近的是消费者保护法。自20世纪80年代下半叶依始，乌尔默便展开了对消费者保护法的研究。期间，乌尔默的研究重点逐渐凸显出来——《支付法》（Abzahlungsgesetz）第1条至第1d条[61]、《上门商业行为及其类似行为法》[62]、《消费者贷款法》第1条至第8条[63]和《民法典》第312条、第312a条、第355条至第357条、第491

---

[57] Ulmer, Welche gesetzgeberischen Maßnahmen empfehlen sich zum Schutze des Endverbrauchers gegenüber AGB und Formularverträgen?, in: Ständige Deputation des deutschen Juristentages (Hrsg.), Verhandlungen zum 50. DJT (1974), Bd. II, H 8 – H 44.

[58] Ulmer/Brandner/Hensen, AGB-Gesetz (1. und 2. Aufl. 1977, 3. Aufl. 1978, 4. Aufl. 1982, 5. Aufl. 1986, 6. Aufl. 1990, 7. Aufl., 1993, 8. Aufl. 1997, 9. Aufl. 2001, 10. Aufl. 2006).

[59] Ulmer, Das AGB-Gesetz—ein eigenständiges Kodifikationswerk, JZ 2001, 491 – 497.

[60] 自第5版，哈里·施密特（H. Schmidt, 1952）参与；自第10版，克里斯坦森（Christensen）和福克斯（Andreas Fuchs, 1957）参与。

[61] Münchener Kommentar-Ulmer, BGB (2. Aufl. 1988), §§ 1 – 1d AbzG.

[62] Münchener Kommentar-Ulmer, BGB (2. Aufl. 1988, 3. Aufl. 1995), §§ 1 – 9 HausTWG, S. 901 – 982.

[63] Münchener Kommentar-Ulmer, BGB (2. Aufl. 1992, 3. Aufl. 1995), §§ 1 – 8 VerbrKrG; jeweils zugleich Sonderveröffentlichung: Ulmer/Habersack, Kommentar zum Verbraucherkreditgesetz (1. Aufl. 1992, 2. Aufl. 1995).

条至第495条。[64] 乌尔默有两篇文章完全是在批判性地探讨联邦最高法院第十一民事审判庭的裁判，这表明他内心与消费者保护法紧紧地联系在一起。[65]

3. 商法和经济法

上文已经提到乌尔默最初的学术兴趣是商法和经济法。他的涉及商事代理人的教授任用资格论文公开发表于1969年，[66] 这是他早期的研究。这篇教授任用资格论文首次且模范性地关注并研究了嵌入生产企业的中间商的问题。卡斯滕·施密特正确地评价道，该作品涉及的是一部法律续造的计划，而随即也产生了相应的结果。[67] 之后，乌尔默在《格式条款控制法评注》中[68]、在1998年发表的有关汽车分销的商事代理人的法律问题的文章中[69]，都对商事代理人法进行了批判性分析。就反垄断法和反不正当竞争法而言，直至20世纪90年代，乌尔默都在进行着研究，当然，其研究的强度不断缩减。直到20世纪80年代末，在他看来，反垄断法和反不正当竞争法都应得到与公司法同样的重视。所以，乌尔默除了撰写过大量相关的杂志文章和纪念文集文章外，还撰写过内容涉及市场支配地位企业的合法竞争的界限[70]、广播电台的节目单[71]、电视台的简要新闻的专著，而这些专著常被他人引用。[72] 另外，还有他主

---

[64] Münchener Kommentar-Ulmer, BGB（4. Aufl. 2003 und 2004），§§ 312, 312a, 355 - 357, 491 - 495 BGB.

[65] Ulmer, Wirksamkeitserfordernisse für Verbrauchervollmachten beim kreditfinanzierten Immobilienerwerb über Treuhänder, BB 2001, 1365 - 1373; ders., Zur Anlegerhaftung in geschlossenen（Alt-）Immobilienfonds—Die seltsamen Wege des XI. Zivilsenats des BGH zur Überwindung von Haftungs- und Vollstreckungshindernissen des objektiven Rechts, ZIP 2005, 1341 - 1346.

[66] Ulmer, Der Vertragshändler: Tatsachen und Rechtsfragen kaufmännischer Geschäftsbesorgung beim Absatz von Markenwaren（1969）.

[67] K. Schmidt, Gesetzgebung und Rechtsfortbildung im Recht der GmbH und der Personengesellschaften, JZ 2009, 10, 11 unter Hinweis auf BGHZ 54, 338 =JZ 1971, 262 mit Anm. Ulmer; zum Stand des Vertragshändlerrechts s. Ulmer/Brandner/Hensen-Ulmer, AGB-Recht（10. Aufl. 2006），Anh. § 310 BGB Rn. 935 ff.

[68] 参见前引 67。

[69] Habersack/Ulmer, Rechtsfragen des Kraftfahrzeugvertriebs durch Vertragshändler: Verkauf und Leasing（1998）.

[70] Ulmer, Schranken zulässigen Wettbewerbs marktbeherrschender Unternehmen（1977）.

[71] Ulmer, Programminformationen der Rundfunkanstalten in kartell- und wettbewerbsrechtlicher Sicht（1983）.

[72] Lerche/Ulmer, Kurzberichterstattung im Fernsehen（1989）.

编的出版过两版的《德国和欧共体反垄断法案例和裁判》[73]。乌尔默此后还研究了反垄断法中的一些细节问题。究竟是什么使得他逐渐减少对经济法的研究，到最后甚至完全放弃该领域的研究，我作为他的门生也不能给出确切的答案。首先，反垄断法问题越来越复杂，因而它所需的研究深度和公司法一样，即使是乌尔默这样级别的学者也很难轻松应对。其次，乌尔默一直以来大力倡导和强烈追求的"效能竞争"理念（"Leistungswettbewerb"）[74]最终并没有得到认可和落实，这或许也是原因之一。

4. 其他

可以说的其实远远不止上文那些，还有比如乌尔默细致和深入的校长演讲[75]、他为法学教育做出的贡献等。[76] 当然，不可忽视的还有乌尔默作为《综合商法与经济法杂志》的主编30年来做出的巨大贡献。[77] 两年一次的《综合商法与经济法杂志》论坛的开启以及该杂志在主题和编辑的新导向上发生的不小的变化也都属于该时期内。这本于150年前创建的杂志一直以来享有很高的声誉，[78] 在很大程度上要归功于乌尔默。

---

[73] Ulmer, Fälle und Entscheidungen zum deutschen und europäischen Kartellrecht（1. Aufl. 1972, 2. Aufl. 1975）.

[74] Vgl. Ulmer, Der Begriff „Leistungswettbewerb" und seine Bedeutung für die Anwendung von GWB- und UWG-Tatbeständen, GRUR 1977, 565–580; Ulmer, Kartellrechtswidrige Konkurrentenbehinderung durch leistungsfremdes Verhalten marktbeherrschender Unternehmen, in: Merz/Schluep（Hrsg.）, Recht und Wirtschaft heute: Festgabe zum 65. Geburtstag von Max Kummer（1980）, S. 565–596; Ulmer, Kartellrechtliche Schranken der Preisunterbietung nach § 26 Abs. 4 GWB: Zum Verhältnis des kartellrechtlichen Verbots unbilliger Behinderung zur Generalklausel des § 1 UWG, in: Erdmann u. a.（Hrsg.）, Festschrift für Otto-Friedrich Freiherr von Gamm（1990）, S. 677–697.

[75] Ulmer, Vom deutschen zum europäischen Privatrecht?, JZ 1992, 1–8.

[76] Frowein/Kerner/Ulmer, Baden-württembergischer Reformentwurf über die Ausbildung und Prüfung der Juristen—ein Schritt zurück, JZ 1983, 792–795；另外，在乌尔默领导下的第58届德国法学家大会的"法学教育"部门（慕尼黑1990年）: Welche Maßnahmen empfehlen sich—auch im Hinblick auf den Wettbewerb zwischen Juristen aus den EG-Staaten—zur Verkürzung und Straffung der Juristenausbildung?.

[77] 参见2006年第170期《综合商法与经济法杂志》的主编语。

[78] 参见司法部部长的祝词，Zypries, und des Vorsitzenden des II. Zivilsenats des BGH, Goette, ZHR 172（2008）, 514–521；另外，参见专业刊物的排名，M. Roels/G. Roels, Ein Ranking juristischer Fachzeitschriften, JZ 2009, 488, 493 f.

三、老师

彼得·乌尔默是一位极为成功的高校老师。我本人在1983年和1984年之间的冬季学期，也就是我在海德堡大学的第一个学期，有幸参与他的课程活动，特别是在听过他的大课"资合公司"和"公司法领域最高法院裁判专题研讨会"之后，我深感成为"乌尔默家族"[79]的一员就是我的命运。我的这种感觉不仅来源于乌尔默的教学材料——在当时绝不是理所当然，更来源于乌尔默采用的让人充满热情的方法，他的方法体现出了坚实的学术基础和最大可能的体系性和有序性，且方法与相关材料（通常是联邦最高法院的相关的司法裁判）之间也具有实践关联度。乌尔默让他的听众感觉到是他们自己在寻找公平的解答，乌尔默本人也有兴趣与学生们进行交流。教学研究统一——作为听众的我们，从乌尔默的教学中明白了这个说法的内涵。

具体而言，乌尔默举办的研讨会通常研讨乌尔默当时研究的问题，他也乐于邀请瓦尔特·施廷佩尔和沃尔夫冈·西林一起举办研讨会。研讨会一般在海德堡附近以系列的形式举办。参加此类研讨会的学生，多认为这样的教学活动是他们学习研究中的一大"亮点"，他们也一直喜欢谈论研讨会，乌尔默举办的"私人研讨会"对学生而言也同样如此。乌尔默会根据案件来组织研讨会，通常在内卡河边的诺伊恩姆（Neuenheim）举办。参加研讨会的，不仅有教席的工作人员，还有当地的博士生和受邀的嘉宾，此外，还常有瓦尔特·施廷佩尔和位于曼海姆的律师事务所的代表。讨论的话题会形成博士生的博士论文课题，也会成为乌尔默当时的研究课题。讨论以发散性的"论点提炼"为基础，并会配上面包圈和巴登地区白葡萄酒。

很多博士生通过"私人研讨会"，为获得博士学位打下基础。由乌尔默指导的博士，包括格尔哈德·维德曼（Gerhard Wiedemann，1949）、格奥尔格·魏斯纳（Georg Wiesner）、约赫姆·赖歇特（Jochem Reichert）、哈里·施密特（Harry Schmidt）、马丁·温特（Martin Winter，1956—

---

[79] 彼得·哈瑙（Peter Hanau，1935）2009年2月在卡尔斯鲁厄论坛上的表述。

2009)[80]、汉斯-克里斯托夫·伊里格(Hans-Christoph Ihrig,1959)、赫尔曼-约瑟夫·特里斯(Hermann-Josef Tries)、安德里亚斯·彭茨(Andreas Pentz,1962)、约翰内斯·提夫斯(Johannes Tieves)、马克·洛贝(Marc Löbbe)、安德里亚斯·马祖赫(Andreas Masuch)、亨宁·海尔(Henning Heil)和菲里科斯·施特费克(Felix Steffek)。乌尔默培养了三位教授资格获得者——1995年毕业的我、2001年毕业的卡斯滕·舍费尔及2002年毕业的马蒂亚斯·卡斯珀(Matthias Casper,1965)。乌尔默会给他栽培的博士生提供机会去完成教授任用资格论文,但这些人却从事了诱人的法律实务工作,这当中有很多原因。除教授任用资格论文失败的一般原因及20世纪80年代和90年代海德堡大学的特殊情况外[81],或许还因为在写博士论文过程中的压力(尤其是在教席中担任学术助理)对他们来说已经足够了,即使他们的博士论文获得高分甚至最高分。无论如何,三位获得教授资格的门生和所有的博士生,都应为自己身为乌尔默的门生而感到自豪,并把自己定位为乌尔默学术家庭的一员。这种印象体现在三位门生为庆祝彼得·乌尔默65、70和75岁寿辰而举办的研讨会之中。在充满友好氛围的研讨会上,在高朋满座的宴席中,大家常探讨公司法这门科学[82]——并非回顾乌尔默所取得的成功,而是前瞻性地讨论开放的问题。[83]

---

[80] Ulmer, Nachruf Martin Winter, ZIP 2009, 2175; Habersack, Nachruf Martin Winter, NZG 2009, 1178.

[81] 本文作者1995年的教授任用资格论文,是费策(Karl-Heinz Fezer,1946)1982年获得教授任用资格论文以来第一篇私法领域的教授任用资格论文。

[82] 对于研讨会中其他的话题,参见下一个脚注。

[83] 1998年研讨会的主题是公司分立法,参见 Habersack/Koch/Winter(Hrsg.), Die Spaltung im neuen Umwandlungsrecht und ihre Rechtsfolgen, ZHR-Beiheft 68 (1999)。2003年专题研讨会的主题是民事合伙的法律问题(s. Schäfer, Offene Fragen der Haftung des BGB-Gesellschafters, ZIP 2003, 1225 – 1234; Wössner, Akzessorische Gesellschafterhaftung und „Vielgestaltigkeit" der Gesellschaft bürgerlichen Rechts—ein Widerspruch?, ZIP 2003, 1235 – 1240)、《证券交易法》第22条第2款和《证券收购法》第30条第2款中的"一致行动"(s. Casper, Acting in Concert—Grundlagen eines neuen kapitalmarktrechtlichen Zurechnungstatbestandes, ZIP 2003, 1469 – 1477; Pentz, Acting in Concert—Ausgewählte Einzelprobleme zur Zurechnung und zu den Rechtsfolgen, ZIP 2003, 1478–1492)及债法改革视角下的消费者保护的问题(s. „Finanzierungsleasing und Verbrauchergeschäfte", BB 2003, Beilage 6, mit Beiträgen von Habersack, Löbbe, Masuch, Timmann)。2008年的讨论重点是《有限责任公司法现代化及反滥用法》(MoMiG),卡斯滕·施特作为"外部的"报告人做了有关有限责任公司法和人合公司法中立法和法律续造的报告。

四、个性

在献给彼得·乌尔默的纪念文集的序言中,他的个性被恰当地刻画如下:[84]

> 魁梧、正直,天生拥有权威,能准确地理解问题并客观、坚定地解决问题,这就是彼得·乌尔默。无须怀疑他的交谈对象和听众的掌声是为他而响起。他不贪图安逸,他对他的交谈对象也抱有同样的期待。后者必须自己发现乌尔默严格的客观性亦是一种对话的邀请,意图不在于恐吓对方,而是邀请对方参与思考。这是寻找真理的一个部分,这也是对听众的要求:敢于思考!相信这种形式的人,将经历一次可控的同时又是受益的相互合作。

我很怀念乌尔默在内卡河边家中优雅的好客之情和他那过早离世(2004年夏)的夫人约里达·乌尔默。她给彼得·乌尔默留下了三个女儿和一个儿子。夫妻二人对精致的艺术、音乐和文学都有很大的兴趣。乌尔默为了纪念他的夫人,专门设立了"纪念约里达·乌尔默基金会"。乌尔默对自己和他人的作品有着很高的要求,我努力尝试以求自己能够满足他的高标准。由此,我也意识到了这句话的深意:"只有大师自己才能创造出真正的杰作,而其他人都只是他身后的学习效仿者。"[85]

---

[84] Vgl. Habersack u. a. (Hrsg.), FS Ulmer (2003), Vorwort S. XV–XVIII.

[85] Hachenburg, Nachruf: Hermann Staub, Holdheims Monatsschrift für Handelsrecht und Bankwesen, Steuer- und Stempelfragen 13 (1904), 237, 238.

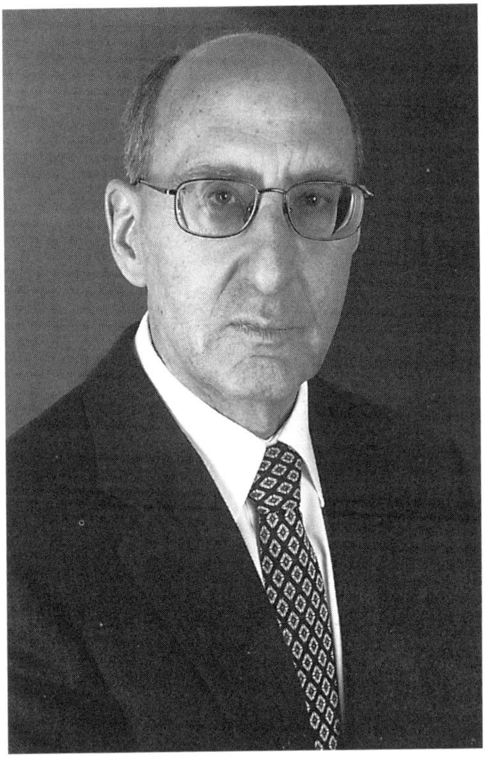

赫伯特·维德曼（Herbert Wiedemann，1932）[*]

目　次

一、引言　/ 490

二、人生　/ 490

三、研究领域　/ 491

　　（一）公司法　/ 491

　　（二）劳动法　/ 492

　　（三）合同法　/ 493

　　（四）给门生的建议　/ 495

四、主编　/ 495

五、研究风格　/ 496

　　（一）比较法　/ 496

　　（二）法伦理基础　/ 497

　　（三）法理学基础　/ 497

　　（四）修辞学能力　/ 498

六、公开发表　/ 499

　　（一）大型教科书　/ 499

　　（二）裁判评注　/ 500

　　（三）中小篇幅的作品　/ 501

七、研究贡献　/ 501

　　（一）何为法学经典？　/ 502

---

[*] 作者简介：〔德〕霍尔格·弗莱舍（Holger Fleischer，1965），汉堡马克斯·普朗克外国与国际私法研究所现任联合所长。弗莱舍的博士论文（1992年）和教授任用资格论文（1995年）均在赫伯特·维德曼教授指导下在科隆大学完成，他曾任哥廷根大学和波恩大学教授。本文是作者2007年6月29日在柏林洪堡大学做的报告。

(二)法学经典——维德曼:《公司法》1980年第1卷 / 503

八、研究者个性 / 504

一、引言

赫伯特·维德曼是我今天要报告的人物。他在几个月后,就将过完75周岁,因此,他在备受尊重的20世纪伟大的私法学者中,属于年轻的一辈。赫伯特·维德曼的作品,产生的影响不仅是在这个新千年中,而且在当代仍具有意义:由他主编和主要撰写的《集体劳动合同法评注》,还在不断更新;[1] 他的《人合公司法》教科书[2]新近出版于2004年。这些不断出版面世的作品,使笔者的评价报告更难,却也更简单。更难,是因为缺少时间上的距离,阻碍笔者客观地细述赫伯特·维德曼;更简单,是因为本人对他的印象毫无变化。当然,本书主编已经认识到这种困难,并承担这样的风险。门生介绍其学术导师,私人间的紧密联系不可避免地反映在他的报告中。因此,从我这里得到的不是像学者名人录一样[3]的客观报告,而是一个富有个人色彩、极具主观特征的"法学家印象"。

二、人生

我们从一个"身不由己"的简历开始。1932年,赫伯特·维德曼出生在柏林-格鲁内瓦尔德(Berlin-Grunewald)。父亲是一名法律人,曾作为部委委员在帝国劳动部工作,后来在巴伐利亚州国家服务处工作。他的母亲照顾家庭,同时以歌唱家的身份教育孩子。一家人因为战争搬到巴伐利亚州生活,维德曼在33岁之前都待在这个地方。在这样的音乐家

---

[1] Vgl. Wiedemann (Hrsg.), Tarifvertragsgesetz (8. Aufl. 2019).
[2] Vgl. Wiedemann, Gesellschaftsrecht, Bd. II: Recht der Personengesellschaften (2004).
[3] 比如参见Schmiederjürden (u. a.), Wiedemann, in: K. G. Saur Verlag (München) (Hrsg.), Kürschners Deutscher Gelehrtenkalender (21. Aufl. 2007), Bd. III, S. 4010 f.

庭中，他早年就学会了拉小提琴和弹奏钢琴，为了让母亲高兴，他去慕尼黑学习音乐。对此，父亲给出附带"条件"，即他必须同时注册法学专业。八个学期后，他以优秀的成绩完成法学专业的学习。在那段时间里，他从来没有听过有关公司法的课程，不过这对今天的学生而言并不是好的范例。在慕尼黑著名的考试辅导人罗特曼（Rottmann）的指导下，他为参加第一次国家司法考试做准备。此时，音乐方面的教育退居次位。期间，父亲离世，维德曼决定只走法律人的道路。虽然他曾在萨尔茨堡和卢彩恩施耐德邦（Schneiderbahn）参加音乐大师课程，但从此他再也没有碰过小提琴。

在当时还是三年半的法律培训生项目期间，维德曼在阿尔弗雷德·怀克的指导下完成了《最初表决与随意罢工——与社团矛盾的罢工》的博士论文。[④] 1963 年，在罗尔夫·迪茨指导下，维德曼以第二篇论文《商事合伙人资格的转让和继承》获得教授任用资格。[⑤] 之后，他在慕尼黑大学和汉堡大学获得讲师身份，不久后的 1965 年，接受了柏林自由大学的教授任命。1967 年 10 月 1 日，他转赴科隆大学，法学院的"劳动法与经济法研究所"[⑥] 成为他的第二个故乡。

三、研究领域

正如他的博士论文和教授任用资格论文所反映的，维德曼一直都在避免学术的单方面性。他的研究包括三大领域：公司法、劳动法和合同法。三者井然有序，灵活自然。或许，公司法的权重更大。

（一）公司法

维德曼公司法的作品以影响力甚大的教授任用资格论文为起点。借

[④] Vgl. Wiedemann, Urabstimmung und wilder Streik. Der verbandswidrige Streik, Münchener Dissertation (1958) (Maschinenschrift).

[⑤] Vgl. Wiedemann, Die Übertragung und Vererbung von Mitgliedschaftsrechten bei Handelsgesellschaften (1965).

[⑥] 对于由尼佩代创建的这个研究所，参见 Wiedemann, 75 Jahre Institut für Arbeits- und Wirtschaftsrecht der Universität zu Köln, RdA 2005, 321–323。

此,实务界听取了他的建议。这个主题的灵感,是他在恩德勒斯·保利斯律师事务所(Endrös & Pauli)做法律培训生时,在处理家族企业遗产纠纷的罗茨勒(Rotzler)案时获得的。随后,他发表了大量的作品,首先是在股份公司法大型法律评注中对增资和章程变更进行了大篇幅的评注,[7]之后的重点转移到企业集团法[8]和人合公司法[9]。他的两部公司法大型教科书,将散乱的主线艺术般地整合在了一起。[10]

维德曼的所有思想并非最后都水到渠成,尤其是在资本市场法还没有成熟的时候。1968年3月,他在《法兰克福汇报》上发表《为什么德国没有股份公司机关?》[11]和《让股市规则公平和灵活》[12],主张禁止内幕交易。对此,商业界提出激烈的反对。维德曼有一次对我说,联邦最高法院的一位有影响力的律师,同时担任《法学新周刊》的主编,让他在柏林一家大酒店向其"汇报",并指示他从此不要再碰股市法和公司法。从此以后,维德曼一直都与法律政策和商界中有权的人保持一定的距离。

(二)劳动法

在劳动法领域,维德曼以短文《作为交换关系和集体关系的劳动关系》[13]一鸣惊人。此文源于他在慕尼黑大学时所做的教授任用资格论文的报告。该文的结构反映了维德曼式研究方法的特点,即先"发掘"劳动关系的基本因素及其效果,以便于后面探究它们的细节问题。[14]维德

---

[7] Vgl. Großkommentar zum Aktiengesetz—Wiedemann (3. Aufl. 1971), §§179-191, 207-220, 262-277; Wiedemann—Großkommentar zum Aktiengesetz (4. Aufl. 1994), §§179-191.

[8] 特别参见 Wiedemann, Die Unternehmensgruppe im Privatrecht (1998); ders./Hirte, Konzernrecht, in: Canaris u. a. (Hrsg.), 50 Jahre Bundesgerichtshof, Festgabe aus der Wissenschaft, Bd. 2 (2000), S. 337-386.

[9] 比如参见 Wiedemann, Der Gesellschaftsvertrag der Personengesellschaften, WM 1990, Sonderbeilage Nr. 8, 1-30.

[10] 参见本文第七部分。

[11] Wiedemann, Warum kein Aktienamt in Deutschland, FAZ Nr. 73 vom 26. März 1968.

[12] Wiedemann, Die Börsenspielregeln fair und flexibel halten, FAZ Nr. 75 vom 28. März 1968.

[13] Vgl. Wiedemann, Das Arbeitsverhältnis als Austausch- und Gemeinschaftsverhältnis (1966).

[14] 前引13,第9及以下诸页(第一章:劳动关系的结构因素),第47及以下诸页(第二章:结构因素的效果),第75及以下诸页(第三章:细节问题)。

曼把自己提炼出的因素与"承担劳动关系链条"⑮的因素进行比较，我作为公司法学者，对此恰当的表述为"劳动法剖析"⑯。以渗透的视角审视一个法律部门的结构性关联，及回溯到它的法律论证模式，这是属于维德曼的方法论标志。

维德曼在劳动法中的研究重点是"集体劳动法"，几乎没有涉及"解雇保护"或"持续支付工资"方面。⑰他对私法组织有着不可忽视的偏好，当然，并不是因为个人的喜爱，而是因为偶然，或委婉地说，是前辈的同意：阿尔弗雷德·怀克和汉斯·卡尔·尼佩代创建了《集体劳动合同法评注》。后来针对该书的修订和续写，阿尔弗雷德·怀克和罗尔夫·迪茨果断决定由维德曼承担这个工作，而由莱因哈德·里夏迪（Reinhard Richardi, 1937）续写罗尔夫·迪茨于1952年创建的关于《企业组织法》的评注。这是一个按照指示而完成任务，但并不否定他后来因此产生的荣誉感。

其他极具影响力的文章还有很多，值得提到的是收录在里森菲尔德纪念文集中的《企业自治和集体劳动合同》。⑱该文以比较法的方式，研究了美国法中的"管理特权"（"managerial prerogative"），由此，给联邦最高法院在集体合同自由导向的企业自治方面做了指导，并对此产生了重要影响。⑲

（三）合同法

维德曼从"两侧"慢慢地进行合同法的学术研究。他第一次发表的文章涉及合同法总论与公司法和劳动法的重叠部分，比如，他发表在纪念汉斯·卡尔·尼佩代的文集中关于卖方因为企业经营的瑕疵导致的转

---

⑮ 前引13，第47页。
⑯ 参见基础文献 Kraakman/Davies/Hansmann/Hertig/Hopt/Kanda/Rock, The Anatomy of Corporate Law (2004)。
⑰ 对于重要的例外，参见 Wiedemann, Subjektives Recht und sozialer Besitzstand nach dem Kündigungsschutzgesetz, RdA 1961, 1-8。
⑱ Vgl. Wiedemann, Unternehmensautonomie und Tarifvertrag, in: Jayme/Kegel/Lutter (Hrsg.), Festschrift Riesenfeld (1983), S. 301-327.
⑲ Vgl. BAG NZA 1990, 886, 889，多次明确提到维德曼；后续的，参见 BAG NZA 2001, 271, 273。

让股权的责任问题的文章[20]，及发表在赫尔施纪念文集中关于劳动合同的缔约过失责任的文章[21]。对此，有一处值得强调，即他认为在特别法不断分化、造成体系分散的情况下，民法学的统一性值得维护：

> 私法学有双重任务：一方面，它必须审视合同法细化的发展，另一方面，它必须将裁判的洪流回溯到原则性的来源。即使只能有限度地保持法律规则的统一性，也要确保概念的、体系的和功能的统一。[22]

维德曼在《泽格尔德国民法典评注》第11版和第12版中的合同法的核心部分评注给付障碍法。[23] 为此，汉斯-约阿希姆·默腾斯（Hans-Joachim Mertens，1934）让他担任分册的主编。这些评注正如他的其他作品，体现出对体系建构的意愿和力量。维德曼的根本确信是：任何的法律材料都需要有序的整理，因为这有助于准确地描述多样的细节，并且使外在的划分不断地走向内在的论证关联。合同法中的体系思维，反映在维德曼发表在纪念科隆大学六百周年的文集中（维德曼1979年至1983年担任该校校长），如燃料一样发挥它的作用。该文的题目是《德国合同法中给付障碍法的体系》[24]。在文章的结尾，维德曼表达了对现代立法的怀疑，以及对立法质量的失望：

> 临近世纪之末，我们并没有像威廉皇帝时代的先祖一样相信没

---

[20] Vgl. Wiedemann, Die Haftung des Verkäufers von Gesellschaftsanteilen für Mängel des Unternehmens, in: Dietz/Hübner（Hrsg.），Festschrift Nipperdey, Bd. I（1965），S. 815-836.

[21] Vgl. Wiedemann, Zur culpa in contrahendo beim Abschluß des Arbeitsvertrags, in: Hanau u. a.（Hrsg.），Festschrift Herschel（1982），S. 463-481.

[22] Wiedemann, FS Herschel（1982），S. 463.

[23] Vgl. Soergel/Siebert-Wiedemann, Kommentar zum Bürgerlichen Gesetzbuch（11. Aufl. 1986），§§275-304，320-327 BGB; sowie Soergel-Wiedemann, Kommentar zum Bürgerlichen Gesetzbuch（12. Aufl. 1990），vor §275，§275，§§279-292，§§293-304，vor §320-§327 BGB.

[24] Wiedemann, Das System der Leistungsstörungen im deutschen Vertragsrecht, in: Festschrift der Rechtswissenschaftlichen Fakultät zur 600-Jahr-Feier der Universität zu Köln（1988），S. 367-395.

有错误的立法，但我们却对稳固的司法裁判有了正当的信任。[25]

这种对现状的描述，让我们想起了亚历山大·汉密尔顿早期在《联邦党人文集》中的论述：司法裁判部门的"为害能力最小"[26]。和很多国内外的同行不同，[27]维德曼肯认同这样观点。

（四）给门生的建议

公司法、劳动法和合同法，维德曼并没有要求他的门生也要有这样的学术广度，甚至明确建议他们不要这样做。他的稳固基础建立在民法之中。为了维护下一代学者的尊严，因此可以说，单个的法律研究领域已经发生变化，以至于公司法学者不仅要有实体法的和法律事实的视角，而且理所当然地，还要重视欧盟法的、比较法的和冲突法的联系，并且还不能忽视民事诉讼的框架，即所谓的"公司执行"（"Corporate Enforcement"）。另外，还有不断扩张的资本市场法，其已经成为学术项目中的必修科目。

四、主编

从社会学的角度看，学术是一种集体活动。虽然个别学者可以通过引领式的发表促进学科的发展，但全方面的繁荣则需要完善的学术基础设施，这种基础设施需要有策略性的开阔视野及集中投入的时间。证明赫伯特·维德曼有这种开阔视野的，是他与马库斯·陆德在1972年创立的《企业与公司法杂志》（ZGR），及由他担任主编、负责多年并投入了大量时间的《劳动法杂志》（RdA，自1968年起）和《劳动法实践》

---

[25] Wiedemann, FS 600 Jahre Universität zu Köln (1988), S. 367, 395.
[26] 亚历山大·汉密尔顿、约翰·杰伊和詹姆斯·麦迪逊：《联邦党人文集》，程逢如、在汉、舒逊译，商务印书馆2019年版，第453页："大凡认真考虑权力分配方案者必可察觉在分权的政府中，司法部门的任务性质决定该部对宪法授予的政治权力危害最寡，因其具备的干扰与危害能力最小。"
[27] 根本性的批判，参见 Flaherty, The Most Dangerous Branch, Yale L. J. 105 (1996), 1725-1783.

(AP，自 1972 年起）。由他担任主编的其他出版物，还有《股份公司法大型评注》（第 4 版，自 1992 年与克劳斯·霍普特合作），及著名的目前已经超过 100 卷的科隆大学"劳动法与经济法研究所文丛"。所有这些作为"守门人"的任务，当然增加了学者的声望和影响力，但每个担任过主编的人都知道，这种角色不仅是主人也是仆人，不仅是思想先驱，也是"事必躬亲"者（"*bonne à tout faire*"）。

五、研究风格

按照普遍流传的恩斯特·拉贝尔的说法，优秀的法律人有他自己的方法，但是对此沉默。[28] 如果人们试图解构赫伯特·维德曼的学术方法，准确的说是研究风格，就会发现他的魅力是由多种因素独特地组合起来的。

（一）比较法

首先，必须提到的是比较法。1966 年，他在担任美国加利福尼亚大学伯克利分校的年轻客座教授期间，开始对比较法产生兴趣。他对我说，从那时起，他才开始培养对法学的喜爱。那次访问研究的一项成果，是小股东保护和股份交易的比较法研究。[29] 该研究以著名的 Perman vs. Feldmann 裁判为基础，探究在股票出售的情况下大股东和小股东之间"控制红利"（"Kontrollprämie"）的分配。另外还有 1967 年他在柏林比较法研究会上所做的扩张到法国法的有限责任公司股东责任的专题报告[30]。在最近的有限责任公司法改革中，阅读该专题报告尤为给人启发。自此，比较法论证成为他不可或缺的论证方法，而且他一直都鼓励他的博士生和教授任用资格者到英美法国家或罗马法国家深造。为了温习语

---

[28] 比如转引自 Bydlinski, Die „Elemente" des Beweglichen Systems: Beschaffenheit, Verwendung und Ermittlung, in: Schilcher/Koller/Funk (Hrsg.), Regeln, Prinzipien und Elemente im System des Rechts (2000), S. 9, 23。

[29] Vgl. Wiedemann, Minderheitenschutz und Aktienhandel. Eine rechtsvergleichende Studie zum amerikanischen und deutschen Gesellschaftsrecht (1968).

[30] Vgl. Wiedemann, Haftungsbeschränkung und Kapitaleinsatz in der GmbH, in: Wiedemann/Bär/Dabin (Hrsg.), Die Haftung des Gesellschafters in der GmbH (1968), S. 5–61.

言知识,他本人在60岁时还参加法语学习班。有时,直到法语对话练习的时间过后,他的学术助理才能与他商谈。

(二) 法伦理基础

维德曼的学术作品的另一个"持续低音"("*basso continuo*"),是将公司法和劳动法的规则建立在"前实证主义"的公正原则和新教道德观的基础之上。后者可能是他所在的虔诚的新教家庭的"嫁妆"。这尤其反映在1979年他担任科隆大学校长时的一个纲领性的校长报告,即《企业法和公司法中的法伦理标准》中,其旨在寻找企业内部法和企业外部法中的伦理类别及其内容检验。[31] 维德曼对司法裁判可能是善意的,一直以来他追踪联邦宪法法院关于合同内容控制的司法裁判,比如1990年商事代理人裁判[32]、1993年保证裁判[33]。他对此进行的阐释体现在一个裁判评论中:

> 在现代的论点形成中,战后的法伦理导向作为对非正义国家的应对,虽完全得到理解,但同时却被嘲笑为"道德军备竞赛"或至少被认为是过时的。相反,必须强调的是合同内容自由构造的原则、严格的契约约束的原则及成年公民的责任的原则。确定地说,这是发挥效能市场和竞争市场作用的前提条件,但这并不否认宪法评价秩序的新教基础——这种价值导向是跨越时间的,并且没有其他的合意性的基本秩序能够取代它。当法学任由市场机制摆布私法的时候,法学可能会蔑视自己的使命,并且否定自己。[34]

(三) 法理学基础

除了比较法的视野及法伦理的结果控制,维德曼没有忘记他所支持

---

[31] 重印:Wiedemann, Rechtsethische Maßstäbe im Unternehmens- und Gesellschaftsrecht, ZGR 1980, 147-176。
[32] Vgl. BVerfGE 81, 242 mit Anm. Wiedemann, JZ 1990, 695.
[33] Vgl. BVerfGE 89, 214 mit Anm. Wiedemann, JZ 1994, 411.
[34] Wiedemann, JZ 1994, 411.

的解决方案的教义学根基和法理学归属。在担任慕尼黑大学学术助理期间，他与克劳斯-威廉·卡纳里斯和乌韦·迪德里希森一起参加了卡尔·拉伦茨的专题班，从而激发了对体系问题和方法问题的兴趣。人们可以推测，他的作品中有时出现的黑格尔的名言即来源于此。在纪念卡尔·拉伦茨的文集中，维德曼为他献上了一篇法理学的文章，题目带有典型的维德曼风格：《法确定性——一个绝对的价值？》[35]。他对法理学的兴趣，绝不仅限于黑格尔或黑克，而扩展到当代的文献。尤其是（我从美国带给他的）罗纳德·德沃金（Ronald Dworkin，1931—2013）的作品，对他产生了重要影响。比如，他在一篇文章中采用了诸如德沃金作品《认真对待权利》相似的题目《认真对待小股东权利》[36]。在博士口头考试中，他让我背诵有价证券理论作为对智慧的考验，以便于接着提问我事实上是"法理学"的问题。[37]

（四）修辞学能力

最后，维德曼的学术成功之处，还在于他强大的语言能力和优雅的风格。这与政策讨论没什么两样，明白易懂的思想之所以被认可，是因为它采用容易记住的概念。这种概念大量地出现在维德曼的作品中，成为公司法中的耳熟能详的概念。比如"设立中公司的秘密"[38]、形象地形容担保财产为"第一等文化给付"[39]或"企业集团法中一切都不一样"[40]。为了促使本人产生基本的确信，维德曼有时候也采用启发性的情景。比如，1974年他在推导资合公司股东的忠诚义务时，在一篇纪念文集中这样写道，这种义务的存在尤其体现在人合公司转变为有限责任公司或股份公司的过程中，然而大股东在进入资合公司时不能直接把自己

---

[35] Vgl. Wiedemann, Rechtssicherheit—ein absoluter Wert, in: Paulus/Diederichsen/Canaris (Hrsg.), Festschrift Larenz (1973), S. 199-215.

[36] Wiedemann, Minderheitenrechte ernst genommen, ZGR 1999, 857-872.

[37] 可能的答案，参见 Canaris, Funktion, Struktur und Falsifikation juristischer Theorien, JZ 1993, 377-391。

[38] Wiedemann, Das Rätsel Vorgesellschaft, JurA 1970, 439-465.

[39] Wiedemann, Das Rätsel Vorgesellschaft, JurA 1970, 439-465.

[40] Wiedemann, Die Unternehmensgruppe im Privatrecht (1988), S. 9："企业集团法中一切都不一样，或准确地说，任何一个法律规则都要按照它对企业集团的构成要件的适应性来检验。"

的义务"放进衣帽间里"。[41] 这个论述是在联邦最高法院 ITT 裁判之前，更早于该院的 Linotype 裁判和 Girmes 裁判。其他的情景具有很强的教学意义，比如对股东个人责任起到的替代资本功能的解释（"同行飞行员感觉旅途安全"）及其在"公司合伙企业"（"GmbH & Co KG"）中失灵的情况（"在公司合伙企业的情况下，机载电脑应当取代同行的飞行员。这必须促使法律工程师确保有自动化的安全系统，以弥补股东个人控制的失灵"[42]）。他的其他比喻让人想起美国法官本杰明·卡多佐（Benjamin Nathan Cardozo，1870—1930），维德曼本人也喜欢引用他的话。

六、公开发表

一般而言，人们按照作家偏好的表述形式来划分作家的类型：喜欢撰写短篇小说或中篇小说的，属于诗人或小说家，或是散文家。这同样适用于法学文献的类型划分。

（一）大型教科书

维德曼认为，大型教科书的形式是一种创作，因为它们提供机会以跨越的视角，确定特定制度在体系中的正确位置。德国公司法尤其需要这样做，原因是德国法在该领域并没有统一的法典，只有分散在不同的法律中且产生于不同年代的单个法律。在 1980 年和 2004 年的两本大型教科书中，他并没有畏惧这种崎岖的法律蓝图，而是进行了超越企业类型的研究，但他并不像大地测量学家一样只衡量表面，而是像地质学家一样进行深入的体系层面和原则层面的研究。下文将对此详述。[43]

---

[41] Wiedemann, Unternehmerische Verantwortlichkeit und formale Unternehmensziele in einer zukünftigen Unternehmensverfassung, in: Fischer/Möhring/Westermann (Hrsg.), Festschrift Barz (1974), S. 561, 569.

[42] Wiedemann, Anmerkung zu BGH, Urteil v. 8. 7. 1985, JZ 1986, 855, 856.

[43] 参见本文第七部分。

(二) 裁判评注

另外，维德曼一直以来都在撰写劳动法和公司法的裁判评注。在 2001 年 12 月他的纪念文集的作品清单中，有不少于 177 件裁判评注。相较于法律评注，裁判评注给撰写者在语言和事理方面以更大的自由空间。对于法律评注，评注者首先要自我控制，不带入主见，并且做客观的展示。维德曼认识到了这种自由空间，并有意地利用了它：其中一些裁判评注主要是在《法律人杂志》和《劳动法实践》上发表的，如同一些富有情感的时评，也对后面的司法实践产生了影响。[44]

维德曼把裁判评注作为媒介，构建法律实践和法学进行对话的平台。他认为这是德国法律文化的一个相对优势。[45] 一位博士生在圣诞节的时候，送了他一本尤尔根·哈贝马斯的《在事实与规范之间——关于法律和民主法治国的商谈理论》，借此机会，他探究了哈贝马斯对司法裁判垄断性做法的批判，并提出在联邦最高法院要有对话性的论点形成。[46] 同时，维德曼为司法裁判和法学理论之间实在的对话，提出了一些"游戏规则"：

> 如果最高法院的裁判经常联系相关的文献进行论证，从而使裁判结果在其根本观点和结论方面得以理解，那么自由的观点就会更为优化地得以形成。为此的条件在程序方面，包括法院有开放"观点市场"的态度、客观地选择谈话对象及其论点，并且不仅是要认同它们，而且还要考虑批判性的文献。理所当然，各个司法裁判机关有设定单个作者或学说的权重的判断余地。某个人事政策的理由是人事政策促使案件得以一致性地解决，这样的人事政策并不能促使司法裁判理性化的实现。[47]

---

[44] 代表性的，参见 Wiedemann, Die Bedeutung der ITT-Entscheidung, JZ 1976, 392-397。

[45] 详见前引 2, §1 Ⅲ 4, S. 40。

[46] Vgl. Wiedemann, Ein Diskurs zwischen Rechtsprechung und Rechtslehre, RdA 1999, 5, 6 ff.

[47] Wiedemann, RdA 1999, 5, 7.

最后，维德曼自 1986 年至 1996 年兼职做杜塞尔多夫州高等法院的法官，这让学生明白了最高法院法官的司法裁判的意义。在大课中，他发放胶版式的司法裁判的全文——在债法大课上甚至有英国 Krell v. Henry 案的裁判[48]，以至于被吓怕了的学生问考试的内容是否会涉及这些案例。

（三）中小篇幅的作品

第三类体现维德曼思维风格和写作风格的文献，是中小篇幅的法学研究作品：每个作品共有 80—120 页，从不同的视角研究展开大的话题，很多作品源自他 1981 年任职于莱茵-威斯特法伦科学院期间的报告。比如有关劳动法中平等对待，就是献给他的学术老师阿尔弗雷德·怀克的。[49] 文章开头便是极为形象的马太福音中"葡萄园工人"的比喻，提出不采用区别化而是对不同劳动采用相同工资的用人单位遵循工资公平的问题。它的专题研究和方法论的研究方法，体现在维德曼很多的作品中：这涉及的是原则性的规则问题，该问题要求法律体系化的归属，并且得益于美国劳动法中的"雇佣歧视"（"employment discrimination"）的比较法研究，而且从法理学的视角看，需要对法律原则进行具体化，解决分配公正的法伦理问题。

这里由于时间的关系，我对其他类似文章不做详细论述，需要特别指出的是：《私法中的企业集团》提出要将视角放在企业集团公司法和企业集团劳动法[50]上——联邦最高法院在新近的 Gelatine 裁判中对该文进行了评价[51]；及关于股份公司中机关责任和股东诉讼的研究[52]。

七、研究贡献

法学伟大之处体现在何处？原创性？创造性？对法律实践的影响？

---

[48] Krell v. Henry［1903］2 K. B. 740（C. A.）.
[49] Vgl. Wiedemann, Die Gleichbehandlungsgebote im Arbeitsrecht（2002）.
[50] 前引 40。
[51] Vgl. BGHZ 159, 30 - 48.
[52] Vgl. Wiedemann, Organverantwortung und Gesellschafterklagen in der Aktiengesellschaft（1988）.

正如人文科学，法学也缺少明确的标准，即使是学术奖项也不能作为学术评价的标尺：并没有像奖励给数学家一样的菲尔茨奖，以奖励给做出突出学术贡献的人。正如不久前托马斯·尤伦在《伊利诺伊法律评论》中撰写的一篇值得阅读的文章所言，也没有"诺贝尔法学奖"。[53]正如评估委员会常见的做法，如果不采用统计引用的数目，[54]就必须采用其他的标准。对于20世纪的私法学者而言，时间就是一个自然的检验：哪些作品被忘记？哪些在学术讨论中还具有当前的意义？

（一）何为法学经典？

如果在法学文献中采用经典的概念，就应当借用针对文学的经典的概念。文学中的标准的严格程度不一：成为世界文学的作品[55]或具有世界意义的作品[56]，但这在法学中并不存在，即使存在，这些作品也有遥远的历史，比如盖尤斯的《法学阶梯》[57]。

为此，一些其他的表述能够帮助我们实现这样的目的。在南非的诺贝尔奖获得者约翰·马克斯维尔·库切(J. M. Coetzee, 1940)的散文集《何为经典？》[58]或在伊塔罗·卡尔维诺(Italo Calvino, 1923—1985)的著名文集《为什么要读经典作品？》[59]中，可以看到这些描述。一些建议性的定义如下：

（1）经典一般是这样的书，我们一般会说"我正在重读……"，而不是"我正在读……"。

---

[53] Vgl. Ulen, A Nobel Prize in Legal Science: Theory, Empirical Work, and the Scientific Method in the Study of Law, University of Illinois Law Review 2002, 875 – 920. 尤其值得深思的是该文第878页的脚注8："我做的类比是法律研究与科学，即瑞典皇家科学院与瑞典国家银行授予的诺贝尔奖——医学、物理、化学和经济学。但一些参会者问我与法律更为适合的为什么不是诺贝尔和平奖和文学奖。他们可能认为更为细致的语境和文化决定的个案分析，这体现在诺贝尔和平奖和文学奖，更适合于诺贝尔法学奖。我当然理解他们的观点，但我认为法律与自然科学和社会科学类比更为合适。"

[54] 对于法经济学，比如参见 Landes/Posner, The Influence of Economics on Law: A Quantitative Study, J. Law & Econ. 36 (1993), 385 – 424。

[55] 对于定义，参见 v. Wilpert, Sachwörterbuch der Literatur (8. Aufl. 2001), 关键词：经典, 第415页。

[56] 对于定义，参见 Träger (Hrsg.), Wörterbuch der Literaturwissenschaft (1986), 关键词：经典的，经典，经典主义。

[57] 公元160年盖尤斯的《法学阶梯》，后来在查士丁尼的《法学阶梯》中被整理，成为有重大影响的罗马法教科书，公元533年12月30日生效成为法律。

[58] Coetzee, Was ist ein Klassiker? Essays (原著2001年版，德语版2006年版)。

[59] Calvino, Warum Klassiker lesen (原著1991年版，德语版2003年版)。

（2）一些产生特别影响的书被称为经典。这些书不仅是难以忘记的，而且会渗透到记忆缝隙中，并且"伪装"成为集体的下意识或个人的潜意识；从法学的角度看，它具有很强的当前性。

（3）经典之所以是经典，是因为它能够当前性指引到噪音的层面，同时当前性又不能抛弃这些噪音。

（二）法学经典——维德曼：《公司法》1980年第1卷

我认为维德曼的大型教科书《公司法》（1980年第1卷：基础研究）具备上述所有的特征，它因此是一部经典。首先，不仅博士生或同行不断地重复阅读该书，联邦最高法院也同样如此。在今年的一个裁判要旨中，最高法院针对"确定性原则"（"Bestimmtheitsgrundsatz"）以及事后的增资，视股东的权利为"成员的基本权利"，即不能在没有本人同意附带出资义务情况下要求其承担义务。这里援引了维德曼的这本书。[60]

这本书产生的影响体现在它的"效果历史"[61]中：将外国法始终如一地融入自己的思考中，是现在公司法中公认的研究方式。维德曼采用的法律原则的思想也同样如此：在公司法和资本市场法中，原则的意义在不断强化，而详细规则的"保质期"却在减少。[62]按照奥托·迈尔的经典表述，可以说：细则逝去，原则永存！[63]维德曼提炼出的结构原则和效果原则[64]不仅有助于理解公司法的整体关联，而且相较于单纯的历

---

[60] Vgl. BGH ZIP 2007, 766, 767 Tz. 12: „Für den in §4 GV genannten Fall haben die Verfasser des Gesellschaftsvertrages richtig erkannt, dass das mitgliedschaftliche Grundrecht (Wiedemann, GesR, Bd. I, S. 357 f., 393f.), nicht ohne eigene Zustimmung mit zusätzlichen Beitragspflichten belastet zu werden, wie es in §707 BGB, §53 Abs. 3 GmbHG und §180 AktG niedergelegt ist, Beachtung finden muss."

[61] 对于效果历史的原则的一般性论述，参见 Gadamer, Wahrheit und Methode (6. Aufl. 1990), Bd. 1, S. 305 ff。

[62] 对于股份公司法的持久改革，参见 Zöllner, Aktienrechtsreform in Permanenz—Was wird aus den Rechten des Aktionärs?, AG 1994, 336-342；以此为基础，参见 Spindler, Kapitalmarktreform in Permanenz—Das Anlegerschutzverbesserungsgesetz, NJW 2004, 3449-3455。

[63] 类似的观察，参见 Goode, Commercial Law (3. Aufl. 2004), 第1版前言，第 XXVI 页："学生面临的最大问题，不是复杂的规则，而是根本性的理念。规则也许会改变，但理念是永恒的。因此，关注一个学科的理论框架，需要深入的注意，正是如此，才能忍受通过的不知道的详细规则。"

[64] 前引39，§§3-6（结构原则），§§7-11（评价原则）。

史性描述或感性的方法,这些原则有助于我们理解论证的观点,从而帮助我们解决单个的问题。[65] 另外,这种卓越的方式也适合进一步发展欧盟公司法。[66]

除了理念上的构造,书中还充满着当前文献中会出现的细节观察——经常是在法律经济学的"外衣"下出现。比如,有些带有法社会学色彩的公司法相关者,[67] 在英美法中的专业名词是"利益相关者条款"("constituencies")[68],或法人财产被称为特别财产秩序,[69] 国际上开始采用"资产分割"("asset partitioning")的概念。[70]

汉斯-格奥尔格·伽达默尔在他的《真理与方法》这本书中,将效果历史的原则,与格局的概念结合起来:

> "具有格局"是指不限于下一个,而是越过它的超越能力。具有格局的人,知道在视野的框架内按照远近和大小正确地评价所有东西的意义。[71]

我认为,维德曼教科书的"剩余价值",在于按照这种理解扩大了公司法在当代的格局。

八、研究者个性

每个学术作品的背后都体现出研究者的个性,这种个性可以是大胆并富有设想的,也可以是内向的。赫伯特·维德曼属于第二类的内向学

---

[65] 在该意义上,参见 Bydlinski, System und Prinzipien des Privatrechts (1996), S. 471 mit Fn. 519。

[66] 相似的对于欧盟私法的方法论理念,参见 Flessner, Juristische Methode und europäisches Privatrecht, JZ 2002, 14, 18。

[67] 前引39, § 1 V 1 b, S. 84。

[68] 详见 Kraakman/Davies/Hansmann/Hertig/Hopt/Kanda/Rock, The Anatomy of Corporate Law (2004), S. 21 ff.; dazu Wiedemann, Auf der Suche nach den Strukturen der Aktiengesellschaft, ZGR 2006, 240, 242 ff.

[69] 前引39, § 4 I 2, S. 196 ff。

[70] Vgl. Hansmann/Kraakman, The Essential Role of Organisational Law, Yale L. J. 110 (2000), 387, 393 ff.

[71] 前引61,第307及以下诸页。

者。参加大型的会议会使他感到不安,因此,他会把出差的范围尽量缩减到最小。他最喜欢的,是安静地坐在位于伊默克伯(Bergisch-Gladbach-Immekeppel)家中的书桌边进行思考。他开车只要25分钟,就能到研究所与助理交谈,不过他只有周一和周四到研究所。其中的一天是每周的教席工作人员会议,多数从傍晚6点开始,直到9点或10点结束也很常见。谈话的内容出自维德曼的计划。除整理司法裁判和文献之外的准备工作,维德曼事必躬亲。对他而言,学术是一项"高度个性的法律行为",即使是在法律评注中,他也拒绝其他人参与他的工作,远离有些教席中散布出的"工业流水线"的流言蜚语。

对于新问题,维德曼从不过早给出结论,而是先进行深入的和慎重的思考。因此他大多数裁判评注都是最后一个刊出的,其中一个还使用了带有自讽意味的题目:《对起重机迟来的阅读:裁判 BGHZ 95,330 评注》[72]。他的研究风格也许是长跑者的风格,而不是冲刺者的风格。阅读弗朗索瓦·密特朗(François Mitterrand,1916—1996)的回忆录,[73] 就会知道维德曼用"坚韧不懈"("persévérance")来描述自己。

正如每一个有影响力的经济法学者,维德曼在专家意见书和仲裁程序中对企业法实践有了很深的认识,也坚持自己的原则。过度地参与撰写专家意见书,很大程度上会给自己的研究带来不客观的危险,维德曼因此抵制了这种危险。密歇根大学法学院丽贝卡·艾森伯格(Rebecca Eisenberg)教授在《法律教育杂志》一篇值得阅读的文章中对此进行了研究[74]。另外,在专家意见书的撰写中,维德曼是少数同时代表工会和企业主协会的劳动法学者,这反映了他高尚人格及精神上的独立性。

到今天,维德曼还保持着对学者而言终身重要的"好奇者基因",这体现为他在劳动法中研究《通用平等对待法》[75],在公司法中研究具有

---

[72] Wiedemann, Spätlese zu Autokran, Besprechung der Entscheidung BGHZ 95, 330 ff., ZGR 1986, 656 – 671.

[73] Vgl. Mitterrand, Mémoires interrompus (1996), S. 203 und passim.

[74] Vgl. R. Eisenberg, The Scholar as Advocate, J. Leg. Educ. 1993, 391, 393:"一个微妙的扭曲,可能是因为好的辩论者相信他们的论点。换言之,法学教授虽然不接受他们不认同的观点,却会同意在其他情况下不同意的观点。多数的诉讼专家认为他们对法律问题的观点,形成于辩护的经验。"

[75] 前引49。

欧盟法特征的设立地说[76]及法律经济学的价值[77]。与其他所有伟大的私法学者相同,他把学术作为使命,并认识到科学与进步之间的矛盾关系。马克斯·韦伯对此有如下的描述:

> 每一个学术"成就"都意味着一个新问题,并且都会被超越,从而变得陈旧。……学术被超越,不仅是我们所有人的命运,也是我们所有人的目的。我们不可能不希望其他人在我们的研究领域超越我们。[78]

我们想要说的是,距离这一天到来,赫伯特·维德曼还要等好一段时间。

---

[76] 前引2,§1 IV, S. 43 ff。
[77] 前引2,§1 III 4, S. 41 f。
[78] M. Weber, Wissenschaft als Beruf (10. Aufl. 1996), S. 15 f.

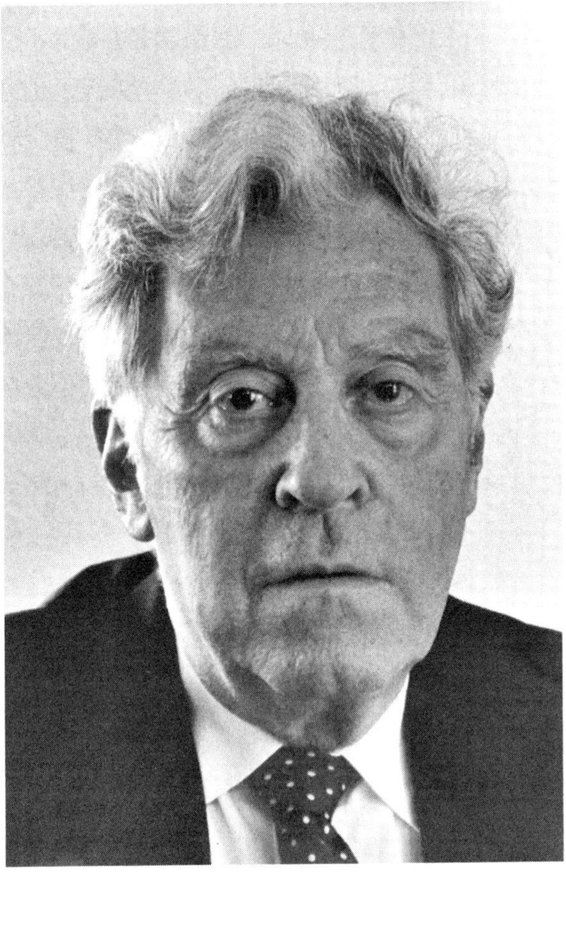

哈尔姆·彼得·韦斯特曼
（Harm Peter Westermann，1938）[*]

目　次

一、甚类其父　/ 509

二、生平轶事　/ 510

三、学术著述　/ 512

四、热诚教授　/ 516

五、专家鉴定、仲裁员及与法律实务之关系　/ 518

六、"足球教授"　/ 518

七、国际人脉　/ 519

八、名流法律人　/ 520

一、甚类其父

如果在下未弄错，本系列报告中两个伟大姓氏各出现过两次：乌尔默与韦斯特曼，两位德国商法与公司法大家。众所周知，哈尔姆·彼得·韦斯特曼与彼得·乌尔默都出身著名法律世家，二人既是友人，也是众多仲裁程序及专家分析辩论中的长期战友。相较于其他获选20世纪最重要私法学者的条件，这并非加分项。但或许尊公哈里·韦斯特曼，乃明斯特大学著名法学教授，为"小韦斯特曼"躬先表率，树立了楷

---

[*] 作者简介：〔德〕瓦尔特·佩夫根（Walter G. Paefgen，1955），图宾根大学法学院私法与商法编外教授。佩夫根分别于1992年和2002年完成博士论文和教授任用资格论文。本文是作者在2009年5月23日柏林洪堡大学的报告的基础上，增加脚注并完善的文章。

模。直到1986年其父去世后，人们仍称呼他为"小韦斯特曼"。

小韦斯特曼自始便毫不犹豫将其父作为伟大榜样。20世纪70年代中期，正值第一次石油危机，鲁尔天然气股份有限公司法律主管颇有顾虑，便拨打比勒费尔德大学的教席秘书克鲁尔女士之办公室电话，并得其本人接听。克鲁尔女士为时任教席秘书，因个性果决，广受韦斯特曼教授助手(包括在下)好评。法律主管当时正寻找哈里·韦斯特曼教授，由于自伊朗运输石油天然气延误，迫切需要对涉及鲁尔天然气工业客户合同法上问题之专家意见。克鲁尔女士回应大致如下："老韦斯特曼教授正在国外长途旅行，但小韦斯特曼教授也能帮到您。"她说得没错，哈尔姆·彼得·韦斯特曼迅速投入并提供了一份长篇法律意见书，包含对鲁尔天然气削减对其工业客户天然气供应辩论中重要的法律武器。哈里·韦斯特曼回国后，对此的反应据说是既惊又怒。但毫无疑问，老人内心深处对其子颇为自豪。正如一句英文谚语所准确表达的那样，"苹果不会掉在离树很远的地方"，或者"有其父必有其子"。虽然并非总是如此，但幸运的是在韦斯特曼一家身上灵验了。

二、生平轶事

哈尔姆·彼得·韦斯特曼生于1938年1月8日，其母宝拉·韦斯特曼为荷兰人，娘家姓席尔特，其父哈里·韦斯特曼为德国法学教授。二战期间，韦斯特曼在布拉格，战后若干年居于荷兰。童年早期经历令其得以学习捷克语及荷兰语。于明斯特参加德国高考后，其先后进入明斯特大学、巴黎大学、维也纳大学研习法学。1961年，韦斯特曼于哈姆高等法院通过第一次国家司法考试。作为德国法律职业的强制部分，随后，他以法律培训生身份分别在哈姆地区和柏林的上诉法院及在海牙任职，这是典型的德国法律职业的必备组成部分。见习期间，韦斯特曼在格尔哈德·克格尔指导下，完成其博士论文《法国法和德国法上的原因》(1964年)。1965年他于杜塞尔多夫通过了第二次国家司法考试。

完成基础法律教育后，韦斯特曼此时已有家室，准备担任其导师科隆大学瓦尔特·埃尔曼(Walter Erman, 1904—1982)的助手一职，打算一边养家一边完成教授任用资格论文。但令其惊慌的是，他抵达后才被告知这一梦想职位已由他人担任。然而，壮志远大的年轻法律人并未因此受挫，随即便搜寻到两份替选工作：协助其父工作，担任法律专家，并获得适当报酬；修改阿尔普曼·施密特系列负有盛名的不动产法讲义。正是从此时起其与约瑟夫·阿尔普曼（Josef Alpmann，1920—2004）建立了深厚友谊。在一次庆祝约瑟夫·阿尔普曼75岁生日的演讲中，韦斯特曼当时作为图宾根大学终身教授，赞扬助教课程对德国法学教育具有重要作用。与众多同僚对此职业有时抱有的傲慢的态度——请原谅我刺耳的用语——形成鲜明对比，在下认为其评论略带讽刺，展现了现实主义感，具有典型韦斯特曼风格：

> 考虑到其基本教学义务，一位大学教授愿意提供两学期课程，涵盖与考试相关民商法全部内容，其时间几乎要被此事业完全占据。毕竟他无法心无旁骛。因科研与教学不可避免的矛盾，很少会有学术教师愿意全部投入这一工作，遑论擅长此类课程的教师必然会承受填鸭课程讲师这一负面光环下的不良后果。（《法律学习杂志》1996年，第523、525页）

所幸1966—1969年间，韦斯特曼获得德国科学基金会的资助，赞助源于政治光谱截然相反的法律人，诸如教授库尔特·巴勒施泰特与著名科隆商业律师罗伯特·埃尔沙伊德。韦斯特曼借此迅速完成教授任用资格论文，其主题为《合伙法中合同自由与类型化》，由瓦尔特·埃尔曼指导，出版于1970年。年轻研究者事业刚刚崭露头角，便与其父一同致力于提供法律意见及咨询，获得大量经验。其中包括著名德国实业家弗里德利希·弗里克与其继承人奥托·恩斯特之间反目成仇之纷争，后者为感谢其工作，赠予小韦斯特曼一幅凡·雷斯达尔（Jacob van Ruisdael，1628—1682）的画作，迄今仍挂置于图宾根韦氏宅院显要位置。

继1969年于科隆大学完成教授任用资格论文与先后于哥廷根大学及科隆大学代任教授后，韦斯特曼收到了比勒费尔德与洛桑大学的教席邀请。随后1970年其获任比勒费尔德大学民法、商法与比较法教授。在其

14年任教生涯中，有三年时间担任法学院院长。该校法学院经历了蓬勃发展，重要当代法律学者都在那时扬名立万，此处仅提两位杰出代表：恩斯特-约阿希姆·麦斯特麦克与汉斯-于尔根·帕皮尔（Hans-Jürgen Papier, 1943），当然也包括哈尔姆·彼得·韦斯特曼，其于2009年获得该系荣誉博士学位。1978年，韦斯特曼拒绝明斯特大学教授职位，由于显赫姓氏的缘故，无论如何，这可能并非完全没有问题。然而他却接受了柏林自由大学教授职位邀请，在五年中每逢少有的闲暇，就会享受这座城市提供的丰富音乐表演。在1989年的"转折"前不久，韦斯特曼继任约阿希姆·格恩胡贝尔（Joachim Gernhuber, 1923—2018）在图宾根大学的民法、商法与比较法教席教授，直至2006—2007年冬季学期退休，他的学术活动中心仍在图宾根大学。

三、学术著述

某种意义上，韦斯特曼是"全能私法学家"，仅有几个同事能像他一样，研究领域涵盖《德国民法典》五编绝大部分。[①] 同时他也是"纯粹私法学家"，正如一部庆祝他七十寿辰的纪念文集中某句评论所说的，[②] 很难想象他以另一种方式从事法律工作。

韦斯特曼在学术上可谓著作等身、汗牛充栋：大约有270部出版作品，包含专著、期刊和杂志文章、作品选以及评论。一般民法领域中作品出版物核心为合同法、物权法及民法总则，其次为公司法，同样涵盖所有领域。尤其值得注意的是，韦斯特曼主编由其老师埃尔曼创立的《埃尔曼德国民法典评注》；《慕尼黑德国民法典评注》中对买卖法的评注；他同艾克曼及古尔斯基一起修订其父编写的长篇《物权法》教科书；对舒尔茨创立的《有限责任公司法评注》中核心部分的评注；最后，由其主编并完成主要部分的《人合公司法手册》。最近，韦斯特曼

[①] Laudatio von Zöllner, Laudatio für Harm Peter Westermann, in: Tröger/Wilhelmi (Hrsg.), Rechtsfragen der Familiengesellschaften—Symposion aus Anlass der Emeritierung von Prof. Dr. Harm Peter Westermann (2006), S. 1, 3 f.

[②] Schneider, Buchbesprechung zu: Aderhold u. a. (Hrsg.), Festschrift für Harm Peter Westermann zum 70. Geburtstag (2008), NJW 2008, 2632-2633.

参与撰写比格尔和克贝尔主编的《德国股份公司法评注》的部分内容。

早年间韦斯特曼作为年轻法学家，便因在科隆大学所做的教授任用资格论文报告《死后名誉权损害保护》③ 而受人瞩目。这一报告对德国联邦最高法院"墨菲斯特案"判决作了精彩点评。该案今日仍有重要意义。判决认为，某人死后其形象与由此产生的隐私权仍然存在，并不受任意特定法律主体支配。代表多数意见的哈格尔指出，"小型施陶丁格法律评注"《德国民法要点》认为"死后隐私权的归属产生了一些问题，家庭成员或者死者生前的指定者可作为死者的受托人享有这些权利的观点最合理"④。韦斯特曼一针见血反对这一主流观点：这一观点基于一个可疑的和虚构的假设，即这一法律权利不属于任何特定人。他认为可基于侵权法而对亲属及其他与死者关系亲密的人提供保护，在此范围内因死者隐私权受损，死者亲属及其他与死者关系亲密的人自身隐私权也受损。这一路径似乎更适应对现实与死后隐私权保护的实际需要。相比之下，当今德国法教育中的通说使我自从学生时代，就想起一句时常写在高速公路立交与地铁隧道上的标语："猫王未死！"

韦斯特曼教授任用资格论文出版于1970年，内容涉及合伙法中类型转换的重要性（或缺乏这种重要性），此内容是合同自由的障碍。显然他强调合同自由原则。将合伙关系的典型要素作为企业的特定形式——对这种试图向合伙法中合同自由施加限制的解释方法，⑤ 韦斯特曼持批判态度。迪特尔·罗伊特（Dieter Reuter, 1940—2016）的教授任用资格论文，在麦斯特麦克指导下于比勒费尔德大学完成，其对韦斯特曼的方法迅速提出批评。⑥ 罗伊特的基本观点是利用合伙法作为监管工具，通过这一方式创造出适应竞争市场经济的商业组织。在这一方法下，任何借

---

③ H. P. Westermann, Das allgemeine Persönlichkeitsrecht nach dem Tode seines Trägers, FamRZ 1969, 561-572.

④ Hager, Das Recht der Unerlaubten Handlungen, in: Beckmann/Martinek (Hrsg.), Staudinger, Eckpfeiler des Zivilrechts (2. Aufl. 2008), S. 889, 908; siehe auch Ehmann-Erman, BGB (12. Aufl. 2008), Anh. § 12 BGB Rn. 310.

⑤ H. P. Westermann, Vertragsfreiheit und Typengesetzlichkeit im Recht der Personengesellschaften (1970).

⑥ H. P. Westermann (Fn. 5), S. 105 ff., 123 ff.

由合伙协议而保持家族影响永存的方式，都成了社会政治批判的靶子。[7]承担个人责任，但又不需要将个人资本投入，因而成为某种外部代理管理人的普通合伙人；[8]通过不同投票份额将合伙人个人责任与权力分离；[9]通过联合代表、咨询董事会、代表大会以及分散成员权限制有限合伙人的权力：[10]以上所有合伙协议中的常见操作都被视为"封建家族采邑的遗留"。与此相反，所有如此操作都应受到限制，为合伙法组织更有限制性的理解让路，以此创造更符合竞争市场经济要求的有效商业组织。

在1973年卡尔斯鲁厄法律研究协会上，韦斯特曼做了主题为《社会经济政策视角下的公司合伙企业》的演讲，旗帜鲜明地反对将合伙法作为社会经济竞争政策的工具。面对罗伊特与其比勒费尔德大学的同事哈罗德·韦伯，韦斯特曼的演讲传达了严厉警告，指出将这种公司化的合伙形式定为非法的后果岌岌可危，无论是在会计、工人参与及税收领域，甚至是先验地认为这一法律结构与现有德国公司法体系格格不入，并借助完全责任与不受限制企业决策权的统一原则，单单如此就足以符合竞争市场经济的要求。[11]总而言之，整体上看这一辩护是成功的。如今公司合伙企业比以往更常见，可能是由于2008年公司税制进一步改革使其和有限责任公司的区分更明确。关于会计处理，《欧洲合并的财务报表指令》[12]与《德国商法典》第264条第1款及以下几条为公司形式带来更多相似性。同样适用于《共同决定法》第4条第2款，使公司合伙企业中从事管理的有限责任公司受制于公司监事会中的工人参与。

1975年韦斯特曼在《民法实务论丛》上发表了一篇关于预防式法

---

[7] Zu den Grundlagen dieser ordnungspolitischen Interpretation der Grenzen gesellschaftsvertraglicher Gestaltungsfreiheit Reuter, Privatrechtliche Schranken der Perpetuierung von Unternehmen (1973), S. 32 ff.

[8] H. P. Westermann (Fn. 5), S. 343 ff.; krit. dagegen Reuter (Fn. 7), S. 172 ff., 201 ff.

[9] H. P. Westermann (Fn. 5), S. 273 ff.; krit dagegen Reuter (Fn. 7), S. 201 ff.

[10] Dazu H. P. Westermann (Fn. 5), S. 382 ff.; krit. dagegen Reuter (Fn. 7), S. 287 ff.

[11] H. P. Westermann, Die GmbH & Co. KG im Lichte der Wirtschaftsverfassung (1973), passim.

[12] Richtlinie des Rates vom 8. 11. 1990 zur Änderung der Richtlinien 78/660 EWG und 83/349/EWG über den Jahresabschluss bzw. den konsolidierten Abschluss hinsichtlich ihres Anwendungsbereichs (90/605/EWG), ABl. 1990 L 317/60.

学，判例法和成文立法之间关系的重要文章，比较了对合伙法的经济社会理解和真正私法功能作为实现合伙人利益与建立彼此间利益合理平衡的方式。"意思即为理由"（"stat pro ratione voluntas"）原则，他援引罗伯特·费舍尔的说法，"因此并非孤立，当然不至于从合伙人放弃其利益的视角对待问题"[13]。然而，与一些批评相反，这并非形式地对法律实践的恣意作出的妥协而对私法自治的理解。[14] 韦斯特曼明白无误阐述了合伙协议中多数人权利，以及妨碍少数人权利的多数人决定应受制于善意检测，这种坚持清晰展现了反面观点。早前韦斯特曼表达的观点关于是否需要从司法上检验根据争议解决条款补偿退伙人，这一问题的解决只能依靠协议成立时是否乘人之危并因《德国民法典》第138条而无效。当然，理当如此，他抱有这种观点，即争议解决条款的实际适用，应额外检验导致驱除合伙人的多数人决议是否满足善意检测下合伙利益与被驱除合伙人利益的合理平衡。[15] 多年后，这一观点才通过一项标志性的联邦最高法院判决在德国法中适用，直到今天。[16]

我们当时那个年代的民法教师中，和韦斯特曼一样始终如一地积极投身于法律评注者寥寥无几。1989年，在书名为《法律评注的辉煌与艰辛》的作者库尔特·雷布曼（Kurt Rebmann，1924—2005）——当时《慕尼黑德国民法典评注》主编——纪念文集致辞中，他描述了法学教育这一方面的特殊考验与磨难。[17] 习惯于撰写法律评注的人，面对时常更改

---

[13] H. P. Westermann, Kautelarjurisprudenz, Rechtsprechung und Gesetzgebung im Spannungsfeld zwischen Gesellschafts- und Wirtschaftsrecht, AcP 175 (1975), 375, 408.

[14] Duden, Grenzen der Vertragsfreiheit im Recht der Personengesellschaften, ZGR 1973, 360, 371 ff.; Pawlowski, Besprechung zu: Harm Peter Westermann, Vertragsfreiheit und Typengesetzlichkeit im Recht der Personengesellschaften, ZHR 136 (1972), 69 – 77; Wiethölter, Privatrecht als Gesellschaftstheorie? Bemerkungen zur Logik der ordnungspolitischen Rechtslehre, in: Baur u. a. (Hrsg.), Funktionswandel der Privatrechtsinstitutionen—Festschrift für Ludwig Raiser zum 70. Geburtstag (1974), S. 645, 661; siehe aber auch Schultze-v. Lasaulx, Zur Frage der Gestaltungsfreiheit für Gesellschaftsverträge. Eine Bestandsaufnahme. Abschied von Illusionen, ZfgG 1971, 325, 341 ff.

[15] H. P. Westermann, AcP 175 (1975), 375, 423, unter Berufung auf Erman, Einige Fragen zur gesellschaftsvertraglichen Abfindung des willentlich aus einer Personenhandelsgesellschaft ausscheidenden Gesellschafters, in: Brox/Gmür/Hefermehl (Hrsg.), Festschrift für Harry Westermann zum 65. Geburtstag (1974), S. 75, 78.

[16] BGHZ 123, 281 – 289.

[17] H. P. Westermann, Glanz und Elend der Kommentare, in: Eyrich/Ordersky/Säcker (Hrsg.), Festschrift für Kurt Rebmann zum 65. Geburtstag (1989), S. 105 – 124.

的法律和日益不符合法律教义学的判例，完全能够体会到那种降临在法律评注者身上的"危机管理人"和"记录并整理不协调体系"的角色。[18] 此时，"追逐坚实体系的幻影"与完全涵盖现有材料是两个不可能实现的任务。如韦斯特曼所言，这一切导致"法律评注不可承受之轻"，这体现了我们伟大德国民法评注家的深藏若虚，他的结论是："法律评注的辉煌与艰辛是同一枚硬币的一体两面，不可能通过精致规划而将其分开，那所有渴望光荣之人——又有何人不愿呢——必须拥抱这种不适的空虚感。"[19]

四、 热诚教授

对哈尔姆·彼得·韦斯特曼而言，教书育人是乐趣所在，即使事务繁多，他也从未取消任何校园活动。对教学特别的热衷尤其体现在1989年"转折"后，他自愿在图宾根大学之外为莱比锡大学讲授若干学期课程。

学术案例研究作为韦斯特曼教学风格的典型体现，不仅贴近生活，风趣十足，而且展现了其法律上的深远洞见。[20] 在比勒菲尔德大学任教期间，韦斯特曼的"荷兰猪不会总是孤单"这一实务案例广受学生推崇。S（化名：苏珊·韦斯特曼）的父母送她一只荷兰猪作为八岁生日礼物，她给猪取名为贝塞斯达。它为全家带来了很多欢乐。女儿K（化名：卡特林·韦斯特曼）八岁生日时，并没有收到心目中的荷兰猪作为生日礼物，就去宠物店用零花钱买了一只，为它取了爱称娜娜。然而，由于老板的过失，它并不是K深思熟虑后所要求的母荷兰猪，而是公的。两只猪共处一笼，这给K的父亲带来了额外的喂养和保洁负担。本案例中问题的解决关系到未成年人法，以及涉及第三方合同和第三人请求；最重要的是，解决本案例者会意识到，从法律的视角看，娜娜这只不满足

---

[18] H. P. Westermann, FS Rebmann (1989), S. 109 ff.
[19] H. P. Westermann, FS Rebmann (1989), S. 124.
[20] H. P. Westermann/Baltes, Der Praktische Fall Bürgerliches Recht: Ein Meerschwein bleibt selten allein, JuS 1983, 691-699.

要求的荷兰猪，是《德国民法典》中所称之缺陷产品。一旦学生认识到此点，不仅能学习到全部知识点，更为重要的是，也许永远不会忘记德国合同法上缺陷产品的主观定义。

实务法律顾问和咨询工作为韦斯特曼大学教学提供的典型实用理念，同样可以追溯到比勒费尔德大学时期。[21] 有一案例涉及从公司集团供货的合同义务。在20世纪80年代早期，比勒费尔德的塞登施蒂克股份有限公司根据韦斯特曼建议，通过葡萄牙当地分厂为德国市场生产廉价衬衫。由于政局动荡，工人举行罢工，分厂无法继续为塞登施蒂克供货，[22] 由此引发《德国民法典》第279条下对消费者的合同责任。问题核心在于，无论工人是否罢工，塞登施蒂克仍有义务供货还是由于履行不能已经发生得以延迟履行。在报告中，他援引德意志帝国最高法院在东加利西亚鸡蛋短缺案中的著名判决，说明葡萄牙的货源短缺与加利西亚鸡蛋案中战争导致混乱具有可比性，因此塞登施蒂克不负向客户供货的责任。该案由于保密性极高，对学生讲课时稍作了修改，将衬衫换成葡萄牙波特酒，塞登施蒂克股份有限公司换成慕尼黑祖法有限责任公司，葡萄牙分厂叫做葡萄牙萨法欧洲公司。韦斯特曼给出的参考答案很大程度上源自他对塞登施蒂克的原版报告。值得注意的是在这版面向学生教育的作品中，援引了大量埃卡德·雷宾德（Eckard Rehbinder，1936）关于公司集团的教授任用资格论文中的内容[23]。这几乎是学术研究，教学与实务三者融会贯通的极致了。

作为学术教师，韦斯特曼不仅指导了四位学者的教授任用资格论文（米哈尔斯基、帕夫根、特勒格尔、威廉密），在他担任德国民法学者协会主席的六年任期内，还积极促进了该协会的发展。在委任大学教授的程序中，他仍然常常担任专家见证人。直至今日，他仍作为德国科学基金会商事与公司法评论员，长期以来深深影响着法学研究的发展。除此之外，韦斯特曼还为指导了130多篇博士论文而自豪。在世界各个法律

---

[21] H. P. Westermann, Die Konzernverschaffungsschuld als Beispiel einer beschränkten Gattungsschuld, JA 1981, 599-605.

[22] RGZ 99, 1-2.

[23] Rehbinder, Konzernaußenrecht und allgemeines Privatrecht (1969).

领域，能一次又一次遇到韦斯特曼的研究生，无论是法官、各种规模律所合伙人，还是重要家族企业或者大型公司法务以及公共机构律师。虽然难免挂一漏万，我在此提及一些名字：科隆大学教授及公司法领军人物芭芭拉·格伦内瓦尔德(Barbara Grunewald, 1951)，雅典大学教授卡兰帕索斯(Karampazos)，著名商业律师卢茨·阿德霍尔德(Lutz Aderhold)及斯蒂芬·穆特(Stefan Mutter)，以及发表文章极为活跃的德累斯顿公证员黑里贝特·黑克申(Heribert Heckschen, 1959)。

五、专家鉴定、仲裁员及与法律实务之关系

除了大量具有保密性质的法律意见与专家报告，不能忘记韦斯特曼作为仲裁员的角色。30多年以来，他参与60多起仲裁程序，超过了他们的主席。他的参与范围不仅限于德国，单单在希腊就参与了四起依照希腊法的大型仲裁程序。在为哈普的纪念文集致辞时，[24] 韦斯特曼写到最近实务工作的研讨会，提供了这项工作的一个有趣视角。最近阿迪达斯与德国足球协会争端仲裁案中，牵涉到为德国国家足球队提供运动装备的合同，韦斯特曼教授作为仲裁员频频露面。最后，提及韦斯特曼与公司法实务的关系，就不得不提他与德国学术研究捐助者协会商业与法律委员会长期以来的关系，由于大量商业合同和提供法律建议，韦斯特曼担任该组织主席多年。

六、"足球教授"

身为比勒费尔德阿米尼亚队的狂热球迷，韦斯特曼与老板海德(Jörg Auf der Heyde, 1934—1989)建立了深厚友谊，只是后者不幸英年早逝。哈尔姆·彼得·韦斯特曼从事业起步时就对足球法律方面别有兴趣，20世纪70年代他那深受尊敬的法律意见得以出版，其中论述了足球队应使

---

[24] H. P. Westermann, Der Universitätsprofessor und die juristische Praxis—ein Erfahrungsbericht und eine Apologie, in: Hoffmann-Becking/Ludwig (Hrsg.), Liber Amicorum Wilhelm Happ (2006), S. 337-362.

自身与一般民法相协调。㉕当时便遭到了时任德国足球协会监督委员会主席，所谓的首席检察官金德曼先生的激烈反对，甚至于临时禁止韦斯特曼教授进入德国足球协会场所。这一背景下无怪欧洲法院的"博斯曼判决"十分吸引韦斯特曼注意，㉖这一判决强调职业足球运动员在欧盟法下可以自由在不同国家俱乐部间转会。㉗

虽然在早前展示哈尔姆·彼得·韦斯特曼纪念文集㉘的场合上，我已经在颂词中提到了，但这里应该再提一句，2002年韦斯特曼与克劳斯-威廉·卡纳里斯一同协助联邦议院法律事务委员会就债法改革提供建议时，委员会主任将两人比作伟大球员弗朗茨·贝肯鲍尔（Franz Beckenbauer，1945）与京特·内策尔（Günter Netzer，1944），这让韦斯特曼颇为得意。然而，两位球员谁才是韦斯特曼在足球世界的映照，这个问题仍没有正确答案。在颂词中，我坚定认为内策尔更符合他的风格。现在我要重申我的立场，正如内策尔通晓如何运用巧妙的脚法将球踢过广阔的球场，韦斯特曼在思想的王国中，用格外引人着迷的方式展现法学家的风采。尽管我的恩师从未明确表达过我的猜想正确，我相信他会赞同我的选择。

七、国际人脉

韦斯特曼丰富的国际人脉不可忽视，他自事业起步就开始培养人脉，至今已颇有规模。这尤其体现在雅典大学法学院2008年授予其荣誉博士头衔。韦斯特曼很多博士生来自希腊，他也乐于在院里聘用希腊员工。另一个重要联系是在荷兰，从1988年到1990年他都在鹿特丹大学讲授公司法课程。最后一个是格拉纳达大学法学院，他喜欢在夏日前往

㉕ H. P. Westermann, Die Verbandsstrafbarkeit und das allgemeine Recht（1972）.
㉖ EuGH Urt. v. 15. 12. 1995 – Rs. C – 415/93 Bosman, Slg. 1995 I – 4921.
㉗ H. P. Westermann, Erste praktische Folgen des „Bosman"-Urteils für die Organisation des Berufsfußballs, DZWiR 1996, 82 – 86 und ders., Die Entwicklung im bezahlten Fußballsport nach dem „Bosman"-Urteil, DZWiR 1997, 485 – 493.
㉘ Aderhold u. a. (Hrsg.), Festschrift für Harm Peter Westermann zum 70. Geburtstag (2008).

南西班牙的度假屋，同时为学生讲课。

八、名流法律人

　　1986 年 11 月，在柏林自由大学就职演说上，韦斯特曼用既富有哲理又十分幽默的论调，全面剖析了一个我们中很多人都会遇到的问题：在社会上没有接受法律教育的群体中，法律人受到的冷遇。㉙ 在演讲里他举了一起让埃里克·沃尔夫（Erik Wolf，1902—1977）十分扫兴的事件。在一次火车旅行中，沃尔夫同一位十分聪颖的年轻女士谈笑风生，并诚挚回答了他的职业为何。这位迷人年轻女士的反应不啻晴天霹雳："法律人？太可惜了！"㉚

　　我们余生都要承受身为法律人的沉重枷锁，很可能只有哈尔姆·彼得·韦斯特曼在同行里能获得广泛好评，这仰赖于他的言行。他友善、开朗、关爱那些托付于他的年轻人。作为这样身份的人，他十分谦虚。傲慢对他而言，就和他的同事对地位的担忧一样陌生。去年在图宾根大学的纪念文集报告会上，我有幸介绍了他对一辆老旧的欧宝 CORSA 和一辆换过发动机的福特嘉年华的喜爱。但亲爱的听众朋友们大可放宽心，那辆旧的福特嘉年华已经传给了他的女婿，现在他换了一辆大众 POLO。究竟他的内心经历了何种天人交战，只有他本人清楚了。

㉙ H. P. Westermann, Über Unbeliebtheit und Beliebtheit von Juristen (2. Aufl. 1987).
㉚ H. P. Westermann (Fn. 29), S. 17; zitierend aus E. Wolf, Der unbeliebte, aber unentbehrliche Jurist—als Manuskript herausgegeben von A. Hollerbach und H. P. Schneider (1978), S. 5.

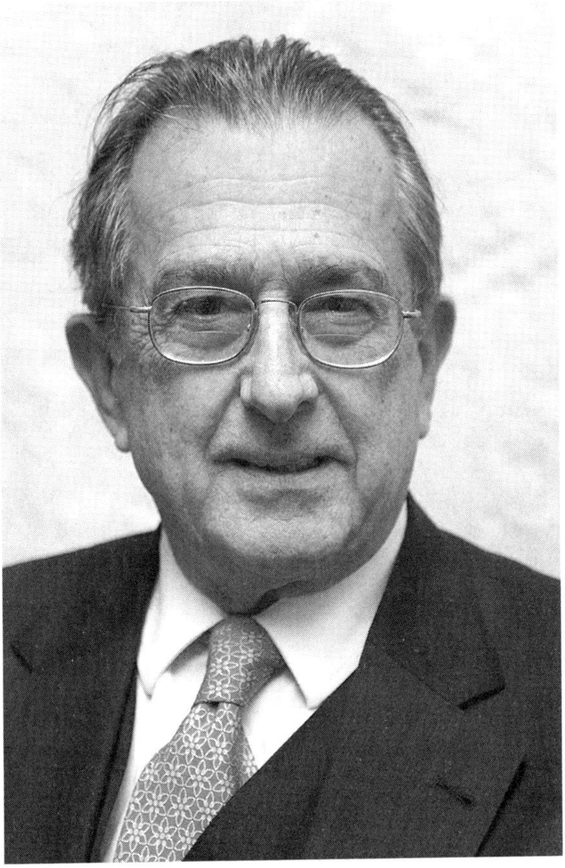

彼得·多拉特（Peter Doralt，1939）[*]

目 次

一、引言 ／ 524
二、简历 ／ 525
三、特别之处 ／ 530
 （一）学者 ／ 530
 （二）交谈者 ／ 533
 （三）读书人 ／ 534
 （四）学术自由的思想者 ／ 534
 （五）思想和主意的启发者 ／ 535
 （六）理论与实践之桥的建造者 ／ 535
 （七）法律政策的设计者 ／ 535
 （八）比较法和跨学科 ／ 537
 （九）预言者 ／ 538
四、学术作品 ／ 539
 （一）康采恩法 ／ 539
 （二）企业收购法 ／ 543
 （三）中东欧经济法 ／ 547
 （四）国际公司法 ／ 550
 （五）公司合伙企业 ／ 553
五、结语 ／ 554

---

[*] 作者简介：〔奥〕苏珊娜·卡尔斯（Susanne Kalss, 1966），奥地利维也纳经济大学企业法研究所教授。卡尔斯1989年在维也纳大学完成博士论文，1999年在维也纳经济大学完成教授任用资格论文。本文是作者2009年5月15日在柏林洪堡大学的报告。

一、引言

本书德文版的书名及其相应的系列报告题目是《门生视野下 20 世纪德语区私法学者》。这表明本书描述的人物对象是德语区的学者,而不是德国的学者。因此,本文当然可以描述奥地利人彼得·多拉特。这绝不是理所当然的事情。合情合理的是,这并不因为德奥两国共同的语言——即便如此,据闻卡尔·克劳斯(Karl Kraus,1874—1936)曾说过,没有什么能像语言一样,能把德奥两国人分开。① 德国在法学研究中具有非常重要的地位,在德国仅有个别的来自德语区其他的国家的法学观点能被采纳。如果某个法学观点能够在德国引起重视,一定是因为它不仅是奥地利的特别之处,而且它能够为德国法和欧洲法做出贡献。②

很少有法律领域像公司法一样,在德国法和奥地利法中如此相近。因此,不会让人惊讶的是,奥地利不仅提供了比较法的素材,而且奥地利的法学家在德国法、欧盟法及一般法律的研究中也做出了贡献。

在弗朗茨·格里尔帕泽(Franz Grillparzer,1791—1872)所著的《国王奥托卡的幸福和终结》中,搬运工奥托卡·冯·霍内克的言语③可以作为第一个指引:

> 因此奥地利人愉悦而坦诚,
> 有缺陷不避讳,有乐事就喜形于色,
> 不艳羡他人,更愿被他人艳羡,
> 做什么都是愉快的心情。

但正如我试图要说明的那样,不是所有格里尔帕泽通过有亲和力的

---

① 对该警句的作者,最近还有争议。不仅卡尔·克劳斯,而且阿尔弗雷德·波尔加尔(Alfred Polgar,1873—1955)或弗里德里希·托尔贝格(Friedrich Torberg,1908—1979),都有可能是该警句的作者。1945 年后,莱内特-霍伦尼(A. Lernet-Holenia,1897—1976)重新讨论了该话题。
② 同样参见本书中关于弗朗茨·比德林斯基的文章。
③ Grillparzer, König Ottokars Glück und Ende (1825), 3. Aufzug, Vers 1689 – 1698。该援引不完整,原文中没有下划线。

奥托卡表达的押韵都是真实的。在其著名的讲话中又有：

> 也许在萨克森和莱茵河边
> 那里的人读书更多；
> 清晰的看法、坦诚正确的思想，
> 才是必要的、上帝喜爱的东西，
> 奥地利人才离它们最近，
> 有自己的想法，让别人谈论。

格里尔帕泽对奥地利人很有好感。当然这种描述也适用于奥地利人彼得·多拉特。无论如何他至少教会了我们三件事情："读书""独立思考"以及"交谈"。对此下文再详细说明。

二、简历

彼得·多拉特出生于1939年4月3日。和战争年代的很多城市里的孩子一样，多拉特的童年并不是在维也纳，而是在下奥地利州东北部的威非尔特（Weinviertel）地区度过的。他在维也纳完成了中小学教育。当时的维也纳被盟军划分为四个地区，他所在的约泽尔城（Josefstadt）属于美国占领区。即使我们会想象到格雷厄姆·格林（Graham Greenes，1904—1991）的小说《第三个人》、安东·卡拉斯（Anton Karas，1906—1985）的齐特琴演奏、间谍城市维也纳，城市的日常生活依然自由和相对的平常。多拉特的青年生活受到诸多因素的影响，包括维也纳绍滕高中要求苛刻但很愉悦的读书时光、参与世界童军运动的户外远足、与他三个兄弟的激烈讨论、母亲的主导地位和令人印象深刻的引导。他的母亲经营一家咖啡馆，希望能有儿子们的帮助。

最终，多拉特在世界童军运动中担任监督员。同时，他在童军运动里的经历是他第一次的团队经验，给他留下了深刻的印象，以至于今天他还将其融入解释公司法和组织法的问题当中。多拉特三兄弟，一位是律师，两位是大学教授，几十年以来影响了维也纳和奥地利的法律世界。第四个兄弟成了一位德高望重的医生。咖啡馆到今天仍然是吸引彼得·多拉特的地方。在咖啡馆，他特别能够满足他的喜爱，也就是对阅读材料的好奇心和探索，对谈话和讨论的兴趣，对时间的开放关系以及对学术自由和容忍的喜爱。

在维也纳大学除了攻读法学专业，多拉特还获得了英语翻译学位。他自第三学期便是法学课程的佼佼者。自维也纳大学法学院毕业后，他在哈佛大学完成了硕士学位的攻读。在那里，琳琅满目、包罗万象的美国法思想和盎格鲁-撒克逊法律思想以及学生的国际化视野令他空前满足。这段经历在他的心里埋下了一颗种子，使他接受并意识到国际比较法的视野在公法上的必要性，但彼时公司法和企业法尚未包含其中。多拉特1964年回到了维也纳，由于别无选择，最初他接受了在法学院担任汉斯·席马（Hans Schima，1894—1979）学术助理的职位，研究民事诉讼法，后来他转而担任瓦尔特·卡斯特纳（Walther Kastner，1902—1994）的助理，从事商法企业法的研究。与瓦尔特·卡斯特纳的相遇是一场幸运。瓦尔特·卡斯特纳后来成为对多拉特最有影响的学术导师，多拉特则成为其颇具价值的学生，他最终在瓦尔特·卡斯特纳的指导下完成了博士论文。④ 卡斯特纳曾做过工人、银行职员、企业集团的总经理、律师、大学教授、多位部长的专家顾问、部委官员以及众多监事会及其他委员会的成员。他从事了当时的法律人所能从事的最激动人心的职业。⑤

卡斯特纳是一位富有激情且诚实正直的大学教授，他在维也纳大学商法系担任教席负责人，⑥ 因此，多拉特就成了与卡斯特纳这个第二共和国的公司法、经济法专家最为亲近的助理。为了说明卡斯特纳及其学术助理尤其是多拉特的影响力，我可以描述一些当时的情况和公司法。卡斯特纳强有力地推动和塑造了公司法和企业法的讨论，他不仅在公司法的学术讨论中有着开创性、持续性的影响，而且在法律框架和个案处

---

④ Kastner, Mein Leben—kein Traum. Aus dem Leben eines österreichischen Juristen (1980), S. 195.

⑤ Kastner, Mein Leben—kein Traum. Aus dem Leben eines österreichischen Juristen (1980), S. 212; Lutter, Laudatio, GesRZ-Sonderheft SE 2004, 3, 4.

⑥ Frotz, Walther Kastner, Mein Leben—kein Traum, in: Loebenstein/Meyer (Hrsg.), Festschrift für Walther Kastner zum 70. Geburtstag (1972), S. IX.

理上，是奥地利经济的总设计师。⑦ 除了瓦尔特·卡斯特纳，今天诸如经济监管法、能源法、交通法、银行法、保险法、企业法及公司法等法律领域，在当时还没有人研究。卡斯特纳的研究以实用的方法与寻找共同利益的解决方案为特征。在战后的头几十年中，公司法几乎没有成为过学术讨论的主题，只有卡斯特纳对实际问题发表了简洁的看法并多次对《奥地利证券交易法》的修订提出建议。

1964年，在第二届奥地利法学家大会上，⑧卡斯特纳发表了关于奥地利公司法欧洲化的专家意见。自1959年奥地利法学家大会成立以来的头50年里，公司法仅在三次会议上成为政治讨论的主题（1964年的欧洲化主题，1988年的企业康采恩主题以及2006年的奥地利有限责任公司法的主题）。⑨ 多拉特就康采恩法发表了重要的讲话。⑩

现今著名的律师、法官和法律顾问一起聚集在卡斯特纳的公司法研讨会上，尤其是聚焦以下主题：德国的股份公司法改革对奥地利的影响、公司合伙企业⑪、规划的有限责任公司法改革及欧盟公司法改革。多拉特对以上方面贡献良多，并且围绕这些问题进行了富有成效的讨论。研讨会的成果仍然值得一读，它们反映了各式各样的争论以及讨论中富有启发性的想法。⑫ 通常研讨会会出版演讲的缩略版本以鼓励知识

---

⑦ Frotz, FS Kastner (1972), S. XX.

⑧ 奥地利法学家大会创建于1959年，在2009年庆祝其成立五十周年。与创建于1860年的德国法学家大会的部分共同历史，参见Marchetti-Venier, Zeitrelevanz von Geschichte und österreichischem Juristentag, in：ÖJT (Hrsg.), Festschrift 50 Jahre Österreichischer Juristentag 1959－2009 (2009), S. 277, 280 ff。

⑨ Krejci, Der Österreichische Juristentag als Spiegel des Privatrechts, in：ÖJT (Hrsg.), Festschrift 50 Jahre Österreichischer Juristentag 1959－2009 (2009), S. 37, 140 ff.

⑩ 参见下文四（一）的内容。

⑪ "公司合伙企业"（"GmbH & Co KG"）在奥地利是最为常见的混合的企业类型。它由有限合伙人和作为普通合伙人的有限责任公司组成。对于典型的公司合伙企业，有限责任公司的股东和普通合伙人往往是同一个人，多数情况下持有相同比例的股份。与其他多数的企业类型相比，特殊的有限商事合伙并非立法的产物，而是因为实践需要而产生。设立公司合伙企业的主要目的，是将合伙的财务优势和有限责任结合在一起（即将企业的收入和损失与股东的其他收入切割）。尽管法院在很早的时候就已经认可这种企业类型，但对于它的合法性还在讨论当中。只要这种企业类型在税收上相对于其他类型的企业递减，这种企业类型的吸引力就不大。立法者应当对仅有财务优势的混合型的企业类型持怀疑态度，并且必须证明和确保它在民法和公司法上的优势。

⑫ Kastner, Neuerungen des deutschen Aktiengesetzes—ihre Bedeutung für das österreichische Gesellschaftsrecht, WiPolBl 1967, Beilage 1, 3; Kastner, Die Gesellschaft mbH & Co, WiPolBl 1970, Beilage 1/2, III.

和实践的交流，一部有关公司合伙企业的综合著作亦得到了发行。[13] 正是这种教学活动及教席举办的多样的活动，使公司法在奥地利成为一门学科。与如今的大量著述形成鲜明对比的是，在战后的几十年，甚至在20世纪70、80年代，"不幸的是，奥地利的公司法著作并不丰富"[14]。相关的研究直到1965年才首次出现，尤利乌斯·庞比罗-克雷蒙卡(Julius Bombiero-Kremenać, 1887—1963)写就了唯一一个自奥地利角度评价1938年《股份公司法》的导论和精要类评注，他是一位专攻教会法的学者，以律师为职业。[15] 这说明了卡斯特纳所在的教席及其助理多拉特进行深入探讨的重要性。几十年后多拉特发表了一则评论，批评庞比罗-克雷蒙卡在董事会和管理层的独立性问题上全然错误的陈述，并阐明和解释了股份公司中董事会的角色。[16] 总之，奥地利是法学研究的沃土，在公司法，尤其是股份公司法中，法律基础领域(《通用商法典》《商法典》《股份公司法》)却简单地援引德国的文献。

1974年秋，在多拉特的鼎力参与下，卡斯特纳出版了《奥地利公司法精要》。[17] 这部作品[18]旨在克服公司法领域学术讨论的不足，并确实达成了这一目标。

多拉特的教授任用资格论文研究的是股份公司事实董事会的代理权。[19]

---

[13] Kastner/Stoll, Die GmbH & Co KG (1970)；详见下文四(五)的内容。

[14] Kastner, Grundriss des österreichischen Gesellschaftsrecht(1973), Vorwort S. VI.

[15] Bombiero-Kremenać, Gründung und Führung der Aktiengesellschaft nach neuem deutschen Recht—eine rechtsvergleichende Studie mit besonderer Heranziehung des bisherigen österreichischen Aktienrechts (1938). 在纳粹执政期间，庞比罗-克雷蒙卡曾任维也纳大学教会法教授。s. S. Schima, Flüchtling-Mitläufer-Überzeugungstäter—Das Fach „Kirchenrecht" und seine Betreuer, in: Meissel u. a. (Hrsg.), Vertriebenes Recht—Vertriebendes Recht, Die Wiener Rechtswissenschaftliche Fakultät zwischen 1938 und 1945 (im Druck 2010).

[16] Doralt, Die Unabhängigkeit des Vorstands nach österreichischem und deutschen Aktienrecht—Schein und Wirklichkeit, in: Hofmann (Hrsg.), Die Gestaltung der Organisationsdynamik, Konfiguration und Evolution; Festschrift für Professor Dipl.-Kfm. Dr. Oskar Grün zum 65. Geburtstag (2003), S. 31 - 52.

[17] 多拉特在第4版中撰写有限责任公司，第5版中撰写有限责任公司和股份公司。多拉特的夫人罗斯维塔·多拉特(Roswitha Doralt)，担任卡斯特纳所在教席的学术助理，负责准备和编辑工作及索引的制作。

[18] Kastner, Grundriss des österreichischen Gesellschaftsrecht (1973), Vorwort S. V；该书出版于1973年秋，但标注为1974年出版。

[19] Doralt, Die Vertretungsmacht des faktischen Vorstands bei der AG, GmbH und Genossenschaft (1972).

当时，有很多青年法学家研究这个话题，多拉特的研究成为他们作品的研究基础。

1972年，学术讨论会的几个星期后，多拉特被任命为维也纳世界贸易大学，也就是今天的维也纳经济大学新设立的"民法和商法教席"的教授。多拉特选择了维也纳的这一高校，而没有去因斯布鲁克大学任教，并且在大约30年内建立和发展了"企业法研究所"。该研究所在奥地利的公司法和企业法研究中是一个备受关注的研究机构，在欧盟层面也是如此。[20] 多拉特一直服务于维也纳经济大学，直到2007年秋退休。

1989年春天，奥匈边境的铁丝网栅栏被拆除。1989年，奥捷边境亦然，加之柏林墙的倒塌，多拉特意识到一个巨大的机会即将到来。他于1990到1991年建立"中欧和东欧经济法研究院"，他设法说服了艾哈德·布塞克（Erhard Busek，1941）相信他的想法。布塞克是时任奥地利科学与研究部部长，也是前东欧社会主义国家的调停者。如今该研究院是中欧和东欧与东南欧国家最好的经济法资料来源之一。研究院的现任院长是多拉特旧日的门生马丁·温纳（Martin Winner），在被任命前的18个月里，他一直代表奥地利联邦司法部在阿尔巴尼亚为欧盟工作。

2002年与2003年，多拉特先后在捷克的布尔诺及在斯洛伐克的布拉提斯拉瓦为学生开设了法律学堂。他与中东欧大学及研究机构也有大量合作，基辅大学就在其中，近些年莫斯科大学亦参与进来。

自20世纪70年代末以来，多拉特一直担任联邦司法部及其他部委的法律顾问，提供立法建议，例如《有限责任公司法》的修订。奥地利《股份公司法》和《有限责任公司法》的欧洲化，得到大力的推进。1993年的公司法改革（GesRÄG）明确了公司分立制度，1996年的《欧盟公司法修正案》对商事变更进行了重新规定（德国相应的是《公司重组法》）。这些发展的顶峰，是1998年《公司收购法》的生效。多拉特的法律顾问工作不仅局限于奥地利。在奥地利担任欧盟主席期间，他是制定欧洲公司条例的委员会工作组负责人。作为法律顾问，他常常代表司法部被派往布鲁塞尔拟订立法文本，例如拟定公司收购指令和第二公

---

[20] Lutter, GesRZ-Sonderheft SE 2004, 3.

法指令。

多拉特在2004年被任命为奥地利收购委员主席,他在担任维也纳经济大学教授的同时在这一岗位上工作了五年(2004—2008年)。在2008年底之前,他主要负责执行该法,为这部法律的诞生,他贡献了大量自己关于资本市场法和公司法相互作用的想法与学识。

欧盟扩大到27个成员国,中东欧国家和部分东南欧国家的加入,及对这些国家和奥地利银行、保险机构及其他企业造成影响的经济危机,这一切都为多拉特提供了在上述领域继续研究的基础和动力。他继续利用与经济危机相伴而生的机会,发展超越学科和国界的新的教学活动和学习活动。

三、特别之处

是什么使彼得·多拉特,这位旧派的法学教授、法学元老及人文主义学者如此特别?以下的关键词是对多拉特的个性的最好描述:

(一)学者

(二)交谈者

(三)读书人

(四)学术自由的思想者

(五)思想和主意的启发者

(六)理论与实践之桥的建造者

(七)法律政策的设计者

(八)比较法和跨学科

(九)预言者(*vates*)

(一)学者

本书德文版的书名及相应的系列报告题目是《门生视野下20世纪德语区私法学者》,这并非巧合。学者是我们关注的焦点。然而,很难找到一个富有激情又在其领域内颇具影响力的教授。在被问及令他们印象深刻、极具影响的教师时,相当多的维也纳经济大学毕业生自发地给出了多拉特的名字。正如雷吉娜·奥维斯尼-施特拉卡(Regina Ovesny-Straka)[21]补充的：

> 大学的第一年他以每个人都能理解的方式教授民法。总体来说，多拉特增强了我对法律的兴趣。他教我们如何解释法律及如何提出正确的问题。我至今仍然从中获益，比如在董事会讨论中。[22]

奥地利最著名的会计师之一汉斯·策新灵(Hans Zöchling)这样说道：

> 我的老师彼得·多拉特发现了我的法律天赋。多亏了多拉特，我才能在仅仅一年之后就成为法学院的学生。[23]

奥地利驻埃及大使格奥尔格·施蒂尔弗里德(Georg Stillfried)因为多拉特激动人心的大课而转去法学院学习法律。我的同事维尔纳·霍夫曼(Werner Hoffmann)现在是维也纳经济大学的战略管理学教授，他之所以参与公司治理，是由于教授资格委员会主任多拉特的巧妙引导。

这样的例子不胜枚举。多拉特热心于与别人分享他深刻的见解与基本认识，与知识水平各异的人分享他的学识，是多拉特的主要关注点之一。在研讨课上，无论面对的是对经济规律感兴趣的一年级大学生，是家族企业中管委会的娴熟理解法律和经济的委员，是维也纳经济大学毕业生抑或见多识广的专业律师，还是他的员工、学术助理抑或同事，多拉特都在试图教给他们尽可能多的东西，与他们分享自己的见解与知识。大多数时候他借助生动的例子和简单易懂的想法来展开他的观点，这样学生就跟得上他的思路。他能够知道听众的思维停驻在何处，并将他们缓缓引至新的地方，他的教学方式以此著称。多拉特用务实的方式为他的听众和学生打下了坚实的基础，使他们渐渐理解了更加纷繁复杂

---

[21] 斯洛伐克的一家大型银行"斯洛伐克储蓄银行"("Slovenská spořitelna")的首席执行官，及斯洛伐克银行协会的会长。
[22] Krumphuber, Immer etwas Neues—Porträt von Regina Ovesny-Straka, WU Magazin 4/2008, 22 f.
[23] Zöchling, MANZ Aktuell (2007), 11.

的法律和经济关系，使他们从了解这一概念到最终理解这些规定背后的逻辑与一致性。

最近，我在多拉特的研究所的复印机上看到了他最新的报告《为什么资深的企业家和管理者应当学习法律及如何最好地学习法律？》多拉特用了一些例子来说明他的理由，比如用给四岁的小孩分蛋糕、用青蛙王子的故事来表明遵守合同是一个明智的选择。

多拉特的目标不仅是在司法研究中做知识搬运，更重要的是教育学生。其中一个吸引其关注的重要议题是人类从婴儿时期到步入成年过程中的学习与发展。

不出所料的是，多拉特在为自己挑选优秀的员工方面极为成功，这源于他对背景各异、独立思考、好奇心强的年轻人颇有兴趣，这是典型的多拉特风格。有五位学术助理在他的指导下完成教授任用资格论文，取得教授任用资格，他们分别是克里斯蒂安·诺沃提尼（Christian Nowotny, 1950）、马丁·绍尔（Martin Schauer, 1957）、埃娃·米歇勒（Eva Micheler）、马丁·温纳（Martin Winner）及本文作者。他从前的学术助理现在分布在各行各业，但其中相当多的人仍然获益于在他教导之下以及在学院获得的丰硕成果。为了保持与多拉特的学术交流，他们参加研究所定期的活动。

我经常问自己这样一个问题：谁给我的印象更深刻——为人师的多拉特还是做学者的多拉特？答案显然是做学者的他。这可以用以下事件来说明。那时我正在和一些中欧和东欧经济法研究院的成员一起研究欧盟法院作出的Centros判决对欧盟候选成员国中欧和东欧候选国家的影响。不同组织的协定有些复杂。正是这一困难加之我们的草案里不完全准确的描述，吸引着多拉特基于"真正联系"的原则及国内公司法、国际私法、国际公司法和国际法的相互作用，传授他在公司法、比较法和国际公司法上的渊博知识。这份工作报告使我们受益良多。

现在，多拉特尤为重视用奥地利的例子向来自基辅和莫斯科的年轻法律人阐释公司治理或上市公司的特殊性。公司和听众在变换，他的阐释所表达的问题和认识却始终如一。

(二) 交谈者

那些只根据多拉特的书面作品来衡量他魅力的人犯了一个大错。显然，多拉特将很多重要的想法以书面的形式表达出来，并写就了一些杰出的作品。让人瞩目的是，他的许多作品不是发表于奥地利，而是发表于德国[24]及其他国家。仅仅因为著作而尊敬多拉特是对他的错误看法。

最重要的是，多拉特是一个健谈的人，是一位长于法律分析语言的人。任何一个研讨班、任何一个专题研讨会，都因为他的讨论而硕果累累。[25]马库斯·陆德亲切地称他热衷于辩论，总是愿意花时间进行长久的交谈。[26]因此，格里尔帕泽笔下霍内克的说法是错误的，即"有自己的想法，让别人谈论"。在多拉特长大的咖啡屋里，人们钟情于谈天说地，显然这在他身上留下了印记。

当多拉特在小圈子讨论中受到启发并形成一个能在辩证过程中深入发展的观点时，多拉特便达到了他的最佳状态。他在讲话中思考，为了发展和精确某个思想，他乐于让同事参与其中，乐于在对话中"大声思考"。这些谈话可能发生在午夜之后，或是乘坐出租车的途中，旅程仿佛因此延长了三倍距离，再或是在电话中交谈，直至电量耗尽。他在研讨班和研讨会上创作、补充及扩充，展现出妙趣横生的思考、他的创造力及融合的能力。

多拉特在口头表达上更加开放、大胆、富于创新，相比而言，他的书面表达则清晰准确、慎之又慎，有时甚至有所保留。在交谈中，他最关心的是有待形成的想法，它们尚未被完全充实，总是期待着吸收新的想法。在这种情况下，多拉特十分警觉，他会迅速接受新的想法，继而将他们纳入自己的思路中。

---

[24]《慕尼黑股份公司法评注》，参见《奥地利公司法分册》。Doralt/Diregger, AktG, Österreichisches Konzernrecht, Band 9/1 (2. Aufl. 2004), Rn. 1-152; Semler/von Schenck-P. Doralt/W. Doralt, Arbeitshandbuch für Aufsichtsratsmitglieder (3. Aufl. 2009), § 13.

[25] Kalss/Nowotny/Schauer (Hrsg.), Festschrift Peter Doralt zum 65. Geburtstag (2004), Vorwort S. VIII; Welser, Über die Juristen, in: Kalss/Nowotny/Schauer (Hrsg.), Festschrift Peter Doralt zum 65. Geburtstag (2004), S. 773, 790.

[26] Lutter, GesRZ-Sonderheft SE 2004, 3.

对话的生命在于辩证法和论证的条理性。相较于在象牙塔中分析性的反思，这种风格的对话对他而言重要得多，并更能够被接受。他对于思想持续性的发展和不断拓展的论证的兴趣，经常大于思想的开端。知悉彼得·多拉特的能力和法学的创造力，需要耐心和实践，这意味着与他进行对话，意味着不只是阅读他的作品，而是倾听他，与他讨论，然后分享他的思想的多样性。

（三）读书人

没有哪个书架，没有哪个杂志架在多拉特面前是"安全的"。他以主题为目标，走向自己想要的图书，安静地阅读自己想要的章节。因为，奥托卡·冯·霍内克犯了第二个错误。萨克森的朋友和莱茵河畔的教授携带和阅读的书比彼得·多拉特还多。无论是维也纳商会编写的关于奥地利有限公司的小册子，还是厚重的法律著述或珍贵的小说集，都吸引着多拉特。他有一个慷慨的习惯，就是将自己许多宝贵的书籍赠予他人，这使得我们都至少可以分享、欣赏他的部分经历。

（四）学术自由的思想者

多拉特不喜欢参加员工会议、启动会议、跟进会议或其他任何定期的团队会议，相反，他享受学术上的无拘无束，享受完全宽松的时间表以及对所谓的四分之一学者的宽泛解释（即通常在预定时间的15分钟后开始讲课）。他的学生对此已经全然接受，因为反过来，多拉特给了他们学术自由，他适时、周到地享受着这种自由。他尊重员工的自主权，从一开始就支持他们的发展。

学术世界需要自由，以此解放创造力与自发性，多拉特在这方面树立了榜样。所有他为自己要求的东西，他同样可以信心满满地给予他的员工。很大程度上的自由、发掘并展示潜力的机会，这些我们都曾享有过，也将继续享有下去。这似乎很难，尤其是初到学院工作的时候，然而，它也有诱人的效果，因为它为个人发展提供了独特的机会。许多书籍和课题只能从一开始的宽容和信任的氛围中产生，从交流思想的乐趣和收获中产生。[27]

(五) 思想和主意的启发者

多拉特乐于分享自己的思想,他的目标是对新问题有更深刻的见解,而不是某个措辞、推理抑或论点的版权。对他而言,谁最先有了想法,谁最先把想法写在纸上,其他人是否会进一步深入发展它,这都无关紧要。在喝咖啡的间隙与一位学术助理的谈话也会成为他思想的源泉,就像在一个研讨班上的共同发言一样。专题研讨会对他而言不只是精确定时的报告,而且是进一步对话和重要问题的讨论的基础。这也是霍内克的第三个错误之处。多拉特不独自思考,也不会站在一旁。相反,他会与其他人共同创造想法。相当多的学生获益于此种理念——"大声思考"。这些想法无拘无束,每个人都有机会利用多拉特的灵感乍现。他的联想常常助他将现有的想法化为思想。

(六) 理论与实践之桥的建造者

多拉特是一位天才的老师与学者,但他并未脱离实践。他不单单是研究者与学者,他还在实践中工作。他曾被委以一些颇具挑战性的工作,这些工作要求极高的专业性与政治敏感度,例如建立利奥波德博物馆的私人基金会。法学是一门实践性的社会科学,它充满活力,需要实际的应用与证明。多拉特曾担任过监事会的监事、顾问以及最近的公司收购委员会的主席,他用自己渊博的学识、法学理论以及强大的创造力深刻地影响并丰富了法律语言。

(七) 法律政策的设计者

扎实的法律史知识以及牢固的理论基础使多拉特可以尽情享受制定法律政策的激情。在他看来,熟悉法律史大有益处,但那不是他唯一感兴趣的主题,对他而言更令人兴奋的是法律政策。瓦尔特·卡斯特纳的

---

[27] Doralt/Nowotny, Der EG-rechtliche Anpassungsbedarf im österreichischen Gesellschaftsrecht (1992); Doralt/Nowotny/Kalss, Kommentar zum PSG (1995); Doralt/Nowotny/Kalss, Kommentar zum Aktiengesetz (2003).

建议对政府部门颇具影响力,无论是对于奥地利,还是德国抑或其他国家而言都是如此。待在这样一个人身边使得多拉特很早就意识到法学在法律政策的制定与公司法的发展过程中所扮演的重要角色。多拉特一直关注法律应该是怎样的,如何去设计法律,法律应当代表哪些利益以及这些利益如何处理。通过在欧洲理事会工作组中参与欧盟公司条例、公司收购指令及其他规则的制定,多拉特将自己关注的问题表现在了整个欧洲层面,国内亦然。他不会因某一个项目停滞不前,自己的智力及想法遭到浪费而快快不乐。对他而言,重要的是表达和执行他对法律、对公平地设计未来之法规的信念。弗朗茨·克莱因(Franz Klein,1854—1926)于其随笔集《为未来》[28]的序言中写道:"法学界不能充分地参与到法律政策的辩论中去。"他的此番责备对多拉特并不成立。自 20 世纪 70 年代中期以来,多拉特就应亲改革派的司法部部长克里斯蒂安·布罗达(Christian Broda,1916—1987)的私人之邀,参与有限责任公司法的改革工作,同时他亦是司法部在公司法问题上的常任顾问,他的建议一直为司法部高度重视。多拉特表示,从法律的角度来看,20 世纪的最后十年是他一生中最好的十年,即尼古劳斯·米夏勒克(Nikolaus Michalek,1940)任部长之时。这绝非巧合,因为某些有关公司法的重要修正案就是那时出台的。无论如何,多拉特在担任各部门及法律制定者的重要顾问方面是大为成功的。同时,他又是一位法律思想领袖,其涉猎之广泛,影响之深远,在德国对个人而言是无法想象的。在着手建构法律框架与精细化工作之前,多拉特总是会对利益与问题做一个基本的理论评估。首先,他就公司分立的基本问题发表了一篇杰出的文章[29],一年后(1993 年),其被作为公司重组的一种形式而引入。不仅如此,在参考了斯堪的纳维亚半岛国家的案例后,他在奥地利审查程序中进一步发展了德国赔偿程序(《奥地利股份公司法》第 255 条 c 款及以下诸条),并研

---

[28] Franz Klein, pro futuro—Betrachtung über Probleme der Civilprozeßreform, JBl 1890, 507 – 509.

[29] Doralt, Zur Gestaltung handelsrechtlicher Vorschriften über die Spaltung, in: Doralt/Nowotny (Hrsg.), Kontinuität und Wandel, Festschrift für Walther Kastner zum 90. Geburtstag (1992), S. 123 – 152.

究了公司收购法的关键问题。[30]

显然，他亦乐于匿名在《奥地利联邦公报》上发表文章，在那里他的想法简要地汇聚在一起。为数众多的法律都带有多拉特的印记，比如1996年的《欧盟公司法修正案》，1997年《破产法修正案》的公司部分，尤其是1998年的《公司收购法》。而对之的引用与评论，则见诸更多的法律文本，如《私人基金会法》、1998年《股份公司法修正案》及2011年的《股票期权法》。此处仅举几例。

（八）比较法和跨学科

在哈佛大学的研究生学习，为多拉特的开放与其对比较法研究的热情奠定了基础。[31] 他总是试图用比较法的例子，来充分理解国内的法律制度，理解规范的结构，同时为他所热衷的法律政策的制定寻求解决之道。在这方面，他对折中地和选择性地收集个别条款的要点缺乏兴致，而更钟情于条款的问题与结构。[32] 视野广阔又注重细节已经成了多拉特的理念，而公司法与组织法则尤其适合。[33] 多拉特为文化观念的发展而着迷，因此，他亦着迷于达尔文的进化论在一般文化现象发展中的转移，特别是在法律文化方面，例如对法律史与比较法的洞察。[34] 这与同时发展起来的人类学相对应：地球上两个不同的地方重复出现类似的传统，这并没有给克劳德·列维－施特劳斯（Claude Lévi-Strauss，1908—2009）留下深刻的印象。在他看来，我们只能从结构层面，而不是外部事实层面来寻找人类文化的相似性。此外，比较孤立的文化现象不能得出任何结论。相反，比较人际行为模式才是明智的。[35] 在结构主义方法中，比较法和法理学的知识对象是规则的机制，而不是名词的细节。然

---

[30] 参见本文四（二）"企业收购法"。
[31] Lutter, GesRZ-Sonderheft SE 2004, 3.
[32] Lutter, GesRZ-Sonderheft SE 2004, 3.
[33] Vgl. Druey, Franz Klein Weiterdenken, in: Doralt/Kalss (Hrsg.), Franz Klein—Vorreiter des modernen Aktien- und GmbH-Rechts (2004), S. 139, 160.
[34] Doralt, Franz Klein: Zur Lebenskraft der Ideen eines schöpferischen Reformators, in: Doralt/Kalss (Hrsg.), Franz Klein—Vorreiter des modernen Aktien- und GmbH-Rechts (2004), S. 5.
[35] Lear, Claude Levi-Strauss zur Einführung (1991/2006), S. 29 f.

而，注意结构的相似性无疑颇为重要。这对多拉特来说很重要，而这正是他想教给我们的。

这一点在多拉特的努力中表现得十分明显，他不会为特殊的法律问题寻求一般的解决之道，而是从分析利益入手，并且常常会先进行分类。[36] 这一方面说明了比较法的好处，另一方面亦表明其在应用中需要谨慎。盎格鲁-撒克逊传统下的上市公司与由一个或一群控股股东组成的公司，对于独立条款的解释是全然不同的。[37] 只有揭示结构上的差异与国家的特点，才能对各自的规定和形成机制进行适当的分析。在这种背景下，多拉特常常在不同方面提到弗朗茨·克莱因，[38] 他在早期就认识到跨学科与比较的观点极为重要，并经常在法律政策问题上运用这些观点。[39]

（九）预言者

多拉特的最大优势之一，在于能够在早期认识到问题或是整个法律领域在未来的重要性。例如会计法、证券法、信息技术法或经济法对中欧和东欧国家的重要性。他亲身参与这些领域的工作，并鼓励他的工作人员尽早处理上述问题。他擅长使雄心勃勃的年轻人着迷于新兴的法律领域，以及给他们独立工作的机会。他会尽自己所能找到他们所需的经济资助，甚至把目光延及大学之外——他认为目光高远的年轻人应该有机会安静地处理新问题。多年来，多拉特支持他们，并与他们分享自己的想法。

在他的教席中，产生的教授任用资格论文主题，包括会计法、资本

---

[36] 对于私法中的财团，参见 Doralt, Die österreichische Privatstiftung—ein neues Gestaltungsinstrument für Unternehmen, ZGR 1996, 1 – 17；对于股份公司，比如参见 Doralt, FS Grün (2003), S. 31 – 52; Doralt/Kalss, Corporate Governance—effiziente Unternehmensleitung und-überwachung, GesRZ-Sonderheft (2002)。

[37] Doralt, Duties of Management: Fundamental Issues of Corporate Governance, Doshisha University World Business Review 7/1 (2005), 135, 137.

[38] 对公司的阐释、对康采恩的阐释及以批判的方式评价法律的发展，参见 Doralt, Shareholder Value und Stakeholder Value, ÖBA 2000, 639 – 640; Doralt, Zum Grundkonzept eines österreichischen GmbH-Konzernrechts, in: Doralt u. a. (Hrsg.), Entwicklungen im GmbH-Konzernrecht (1986), ZGR-Sonderheft 6, S. 1 – 13 und schließlich Doralt (Fn. 33), S. 5 ff。

[39] Kalss/Eckert, Franz Klein als Gesellschaftsrechtler, in: Doralt/Kalss (Hrsg.), Franz Klein-Vorreiter des modernen Aktien- und GmbH-Rechts (2004), S. 13 – 41.

市场法，关于保险合同的专著，关于欧洲公司的法律评注，这些并非偶然。此外，多拉特在他的研究所设立了一个信息法教席，并建立了中欧和东欧经济法研究所。多拉特在早期的著作与论文中预见了 Centros 案的判决，并对资本市场的债务问题的研究做出了贡献。[40] 通常他会领先他人两到三步，并充满计划与想法，常常会跳到下一步。

四、学术作品

上文已经提到，在20世纪70、80年代，彼得·多拉特与瓦尔特·卡斯特纳一道进一步发展了公司法，尤其是有关资合公司的部分。现在我想重点来谈谈他最近从事的一些大的主题。

（一）康采恩法

众所周知，与德国不同，奥地利没有法典化的康采恩法。当然，企业康采恩现象在奥地利与德国都存在着，因此奥地利一定有不成文的康采恩法。对于人们如何理解康采恩法及其影响程度，多拉特功不可没。[41]他不仅在法律理论方面研究企业康采恩现象，亦兼顾法律政策方面。在1988年的第十届奥地利法学家大会上，多拉特做了报告，并对欧洲康采恩法论坛工作组关于康采恩法的提案做了巨大的贡献。[42] 在公司法的讨论过程中，关于企业康采恩实体构成的法律是否必要的问题屡次被提

---

[40] Doralt, Entscheidungsanmerkung: Haftung einer Genossenschaft für eine Bonitätsauskunft ihres Geschäftsleiters (OGH 17. 11. 1970, 4 Ob 604/70), ZfgG 1971, 402, 405.

[41] Doralt, ZGR-Sonderheft 6 (1986), 1 – 13; Doralt, Zur Entwicklung eines österreichischen Konzernrechts, in: ÖJT (Hrsg.), Gutachten zum 10. ÖJT (1988), Band II/1; Doralt, Zur Entwicklung des österreichischen Konzernrechts, ZGR 1991, 252 – 288; Doralt/Nowotny/Kalss-Doralt, AktG §15; Doralt/Kalss, Kapitalmarkt und Konzernrecht in Österreich, in: Hommelhoff/Hopt/Lutter (Hrsg.), Konzernrecht für Europa—Konzernrecht und Kapitalmarktrecht (2001), S. 177 – 209; Münchener Kommentar-Doralt/Diregger, Rn. 1 – 152; Forum Europeum Konzernrecht (Doralt/Druey/Hommelhoff/Hopt/Lutter/Wymeersch), Konzernrecht für Europa, ZGR 1998, 672 – 772.

[42] Forum Europaeum Konzernrecht (Doralt/Druey/Hommelhoff/Hopt/Lutter/Wymeersch), ZGR 1998, 672.

出,尤其是在奥地利法律中。[43]

什么是康采恩法?通常情况下公司股东的利益是协调一致的,股东的目的是在不承担个人责任风险的情况下增加共同的财产。然而,当一个股东或一群股东有机会利用影响力,比如通过公司机关的决策来获得过多的利益时,公司股东利益的协调一致就会被打破。这种危险不仅存在于有机会行使控制权的个人或群体从事商业活动时,因而公司法必须对这种行使控制权的可能性加以特别的注意。[44] 这便是康采恩法总体上所关注的。在企业康采恩成立之初,必须考虑到在其存续期间保护少数股东与债权人利益的机构,康采恩终止之时亦是如此。这意味着在拥有控股股东的公司中,公司法不仅要监督管理层,还要监督控股股东。[45]

奥地利的法律发展,表明了一般规定与企业康采恩规定之间的互动。当1937年的《德国股份公司法》于1965年被纳入奥地利法律时,奥地利立法者无法决定是否吸收同年在德国新通过的股份公司康采恩法。在随后的几十年里,奥地利康采恩法的具体规则的问题,多次出现在公司法改革讨论的议程中。[46] 时至今日,奥地利立法者已经放弃编纂一部单独的康采恩法,然而他们并没有放弃引入与康采恩相关的规则。

早在20世纪70年代中期,康采恩法就已成为奥地利股份公司法改革议程中的一个重点。[47] 一些政府间协议还载有制定奥地利康采恩法的

---

[43] Klein, Die wirtschaftlichen und sozialen Grundlagen des Rechts der Erwerbsgesellschaften (1914), S. 77 f.; Nowotny, Benötigt Österreich ein Konzernrecht?, in: Gruber/Rüffler (Hrsg.), Gesellschaftsrecht-Wettbewerbsrecht-Europarecht, Hans-Georg Koppensteiner zum 70. Geburtstag (2006), S. 75, 76; Kalss/Schauer, Die Reform des österreichischen Kapitalgesellschaftsrechts, in: ÖJT (Hrsg.), Gutachten zum 16. ÖJT (2006), Bd. II/1, S. 665 – 679; Koppensteiner, Aspekte „verbundener Unternehmen" im österreichischen Recht, in: Forster (Hrsg.), Festschrift für Bruno Kropff (1997), S. 157 – 169; Koppensteiner, Unternehmensverträge de lege ferenda—eine Skizze, in: Aicher/Koppensteiner (Hrsg.), Festschrift für Rolf Ostheim zum 65. Geburtstag (1990), S. 403 – 435.

[44] Vgl. Nowotny, FS Koppensteiner (2006), S. 75, 76.

[45] Doralt, Doshisha University World Business Review 7/1 (2005), 135, 141, 145; Kalss, Alternativen zum deutschen Aktienkonzernrecht, ZHR 171 (2007), 146, 157.

[46] 对此,参见 Kalss/Burger/Eckert, Die Entwicklung des österreichischen Aktienrechts (2003), S. 365。

[47] Kastner, Zur Erneuerung des österreichischen Gesellschaftsrechts, in: Neider (Hrsg.), Festschrift für Christian Broda (1976), S. 91, 103 f.

意向声明。⁴⁸ 这种政治意愿往往是由引人注目的企业康采恩破产引发的。⁴⁹ 1988 年，在前面提到的第十届奥地利法学家大会之后，联邦司法部成立了一个关于实体康采恩法的工作组，多拉特是成员之一。⁵⁰ 虽然工作组并没有提交最终的正式报告，也没有根据工作组的成果立即采取立法行动，但多年来，它确实对康采恩法的进一步发展产生了巨大的影响。一般公司法的某些规定就是专门从控制控股股东的角度出发的。20 世纪 90 年代初期，多拉特指出是时候编纂奥地利的康采恩法了。⁵¹ 尽管从正式的观点来看，他的意见并不占优势，但是仔细想想，他是正确的。

由于没有法典化，实质的康采恩法是以一般公司法对具有控股股东情况的具体应用为特征而形成的。大量的一般性规定都来源于围绕制定奥地利康采恩法的法律政策讨论中的提议。⁵² 根据奥地利法律，持有股份 10%甚至有时 5%的少数股东，不仅可以为了公司的利益起诉管理层和监督机构，还可以起诉其他股东，特别是控股股东。这被认为是奥地利康采恩法的重要基石。多拉特在这方面做出了重要贡献；在第十届奥地利法学家大会的发言中，他特别提出并解释了基于《奥地利有限责任公司法》第 46 条与《奥地利股份公司法》第 122 条的少数股东针对其他股东的赔偿之诉的延伸⁵³，他甚至支持持股 5%的门槛，而不是 10%。

1996 年的《欧盟公司法修正案》为康采恩法提供了重要的动力，作为司法部的顾问，多拉特对其制定做出了重要贡献。企业类型变更法遭

---

⑱ Kastner, Zu den legistischen Aufgaben auf dem Gebiet des österreichischen Gesellschaftsrechts, JBl 1990, 545 – 552; Nowotny, Dynamische Anpassung des Gesellschaftsrechts, GesRZ 1987, 61, 64; Kalss/Burger/Eckert（Fn. 45），S. 365.

⑲ Münchener Kommentar-Doralt/Diregger, AktG, Österreichisches Konzernrecht, Band 9/1 (2. Aufl. 2004), Rn. 7.

⑳ Doralt, Zur Entwicklung eines österreichischen Konzernrechts, ZGR 1991, 252 – 288; Nowotny, Die konzernrechtlichen Vorgaben des europäischen Gesellschaftsrechts, in: Koppensteiner (Hrsg.), Österreichisches und europäisches Wirtschaftsprivatrecht I (1994), S. 395, 401.

㉑ Doralt, ZGR 1991, 252 – 288; s. ferner Doralt, Zur Entwicklung eines österreichischen Konzernrechts, in: Lutter (Hrsg.), Konzernrecht im Ausland, ZGR-Sonderheft 11 (1994), S. 192 f.

㉒ Kalss, ZHR 171 (2007), 146, 147, 155.

㉓ Doralt, Referat 10. Österreichischer Juristentag (1988), Band II/1, S. 32; Doralt, Zur Entwicklung eines österreichischen Konzernrechts, in: Lutter (Hrsg.), Konzernrecht im Ausland, ZGR-Sonderheft 11 (1994), S. 192, 219; Doralt, ZGR 1991, 252, 278 f.

遇了全面改革。(54) 除了信息义务之外，《欧盟公司法修正案》制定了一项类似于德国审查程序的程序，用于对转换比例和现金补偿进行司法审查，其应用范围愈加广泛，逐渐囊括其他措施，最近的一项措施是根据2006年的《股东排斥法》在挤出资金后对补偿进行审查。虽然这一程序及所有有关准备信息的规定适用于所有类型的公司重组，但如此面面俱到的程序其实际出发点在于保护企业康采恩合并中的少数股东。

在发生企业康采恩收购时，多拉特亦致力于保护有限责任公司的少数股东。他区分简单的康采恩和特别的康采恩，股权转让限制条款，用来保护简单企业康采恩，而对特别的康采恩的保护，则得之于彼时仍有效的《奥地利有限责任公司法》第50条第3款与第96条，(55) 前者要求调整业务对象须获得全体一致同意，后者规定并购亦然。(56)

少数股东保护、债权人保护及企业康采恩的利益，不能用于拒绝赔偿由法律、公司目的或附属公司的业务对象预先确定的利益所造成的损害(禁止不利的交易)。(57) 与先前立法者的意见相反，得益于多拉特，如今盛行的观点是就算收益超过了各自企业康采恩成员的损失，重要的企业康采恩利益也不能为个别企业康采恩成员的损失正名。(58) 禁止抽逃出资在企业康采恩中尤为重要，(59) 因为所有上游融资都承担着被禁止归还出资的风险。当然，根据《奥地利股份公司法》第52条(相当于《德国股份公司法》第57条第1款d项)，企业康采恩的所有其他融资出资、财务担保、现金池和中央借款都必须接受审查。(60) 奥地利没有关于康采

---

(54) Münchener Kommentar-Doralt/Diregger, AktG, Österreichisches Konzernrecht, Band 9/1 (2. Aufl. 2004), Rn. 9.

(55) 基于1996年的《欧盟公司法修正案》,《奥地利有限责任公司法》第98条的全部统一的要求，修改为四分之三的多数同意。

(56) Doralt, ZGR-Sonderheft 6 (1986), S. 1, 9.

(57) Münchener Kommentar-Doralt/Diregger, AktG, Österreichisches Konzernrecht, Band 9/1 (2. Aufl. 2004), Rn. 54.

(58) Münchener Kommentar-Doralt, AktG (3. Aufl. 2008), § 15 Rn. 50; Münchener Kommentar-Doralt/Diregger, AktG, Österreichisches Konzernrecht, Band 9/1 (2. Aufl. 2004); Kastner/Doralt/Nowotny, Österreichisches Gesellschaftsrecht (5. Aufl. 1990), S. 241.

(59) Münchener Kommentar-Doralt/Diregger, AktG, Österreichisches Konzernrecht, Band 9/1 (2. Aufl. 2004), Rn. 142.

(60) Münchener Kommentar-Doralt/Diregger, AktG, Österreichisches Konzernrecht, Band 9/1 (2. Aufl. 2004), Rn. 142.

恩法的专门规定，禁止不利交易的依据来源于《奥地利股份公司法》第52条(相当于《德国股份公司法》第53a条)的禁止抽逃出资。[61] 然而，毫无疑问，附属公司的董事会可以为企业康采恩的利益采取措施。董事会绝对有权基于公司方面的考虑而如此行事，这些考虑是为了企业康采恩的利益，这一点须接受审查。[62] 由于多拉特的重要作品，违反禁止不利交易所致处罚的严厉程度发生了改变，根据司法实践[63]，其取决于各自交易的无效情况，修改后的差异化解决方案包括部分无效、调整以及事后支付费用。[64]

然而，要想完全地理解奥地利康采恩法，阅读多拉特的著作只是一个开始。如果你有机会让他亲自给你解释，你会得到更好更生动的理解。他将站在坚实的理论基础之上，从法律顾问、观察者及参与者的角度进行解释，并运用大量的轶事、例子及分析予以阐明，他亦会涉及奥地利工业股份公司(ÖIAG)的特征及其特殊规定。

(二) 企业收购法

事实证明多拉特是对的，至少在很大程度上是这样，他指出在20世纪90年代初，已经是时候编纂奥地利康采恩法了。在20世纪的最后十年，制定康采恩法的时候已经来到，这是一部特别的法律，即一部管理上市公司收购的法律。在奥地利，被多拉特称为康采恩法重磅炸弹的收

---

[61] Münchener Kommentar-Doralt/Diregger, AktG, Österreichisches Konzernrecht, Band 9/1 (2. Aufl. 2004), Rn. 72; Kalss, Aktiengesellschaft und Societas Europaea, in: Kalss/Nowotny/Schauer (Hrsg.), Österreichisches Gesellschaftsrecht (2008), Rn. 3/936.

[62] Münchener Kommentar-Doralt/Diregger, AktG, Österreichisches Konzernrecht, Band 9/1 (2. Aufl. 2004), Rn. 51, Rn. 54; Kalss, Aktiengesellschaft und Societas Europaea, in: Kalss/Nowotny/Schauer (Hrsg.), Österreichisches Gesellschaftsrecht (2008), Rn. 3/936.

[63] OGH 22. 10. 2003, 3 Ob 287/02f, SZ 2003, 133; OGH 1. 2. 2005, 6 Ob 271/05d, ÖBA 2006, 293.

[64] Kastner/Doralt/Nowotny, Österreichisches Gesellschaftsrecht (5. Aufl. 1990), S. 295; Münchener Kommentar-Doralt/Winner, AktG (3. Aufl. 2008), § 62 Rn. 134 ff.

购法[65]可以追溯到一个令人瞩目的收购案例[66]，确切地说，是奥地利银行[67]收购奥地利联合信贷银行[68]一案。

银行收购一案影响犹在，其促进了对该规定的政治与社会准备。知识和概念上的准备在很大程度上已经被多拉特创造出来。由于他对比较法的热情以及他着眼于市场机制真正揭示其影响之处的方法，多拉特——远早于其他所有在公司法方面的奥地利学术界的代表人物，也早于他的大多数德国同事——参与了收购法与城市法的制定。由于这一复杂主题在资本市场、公司、康采恩法的交汇之处的深刻而差异化的渗透，以及立法者对这一法律深刻的理论理解，在1998年前述提及的案例之后，《收购法》才得以通过，其于1999年1月1日生效，已经十多年了。

多拉特不仅与维也纳经济大学[69]研究所的两位成员克里斯蒂安·诺沃提尼和马丁·温纳一起起草了该法的初稿，他还一直为之努力，直到这部法律进入决策阶段，并最终被议会通过。经过多次磋商、委员会会议与一对一谈话，他关于相对严格的收购法的想法在很大程度上被付诸现实。收购法的要点是基于标准的控制概念，以满足奥地利的所有权和控制结构的特殊性，强制支付现金（而不是兑付），强制投标或自愿投标时强制支付全额，附加的法律条件是50%的股东必须接受该支付。此外，还包括有关董事会的"中立原则"，通过任命一名公正的专家并由收购委员会同时进行监管控制来确保其客观性，以及成立一个小而灵活的专门委员会，该委员会可以在重要时刻作出决策，并具有灵活的、基于市场的决策权限。

---

[65] Münchener Kommentar-Doralt/Diregger, AktG, Österreichisches Konzernrecht, Band 9/1 (2. Aufl. 2004), Rn. 10.

[66] Dazu Kalss, Der Anpassungsbedarf im österreichischen Übernahmerecht zur Übernahmerichtlinie, in: Baums/Cahn (Hrsg.), Die Umsetzung der Übernahme-RL in Europa (2006), S. 21-52.

[67] 奥地利银行是与维也纳中央储蓄银行合并而来，后者与维也纳社会民主党有紧密的联系。因此，该收购不仅是商业决策，也是一个政治事务。

[68] "信贷银行"（"Creditanstalt"）是一家老牌的银行，创建于1855年，在20世纪30年代破产，只能通过国有化将它救活。

[69] Doralt/Nowotny/Schauer, Takeover-Recht, Rechtsvergleichende Berichte, Entwurf der 13. EG-Richtlinie 1996 und österreichischem Ministerialentwurf 1997 (1997), Vorwort.

让我们回到开始。多拉特投身于比较法研究之后,他特别挑选出英国与欧洲的收购法[70],并指示他的员工对各个国家进行更详细的研究[71]。他发起了一次比较法研讨会[72],在会上展示了多个国家的收购法,包括比利时、法国、英国、西班牙、美国、瑞士及德国。多拉特表示,经济框架条件、利益冲突以及对上市公司收购情况的规制需求为欧洲和奥地利收购法的制定奠定了基础。[73] 在收购法被引入奥地利和德国之前,多拉特在他的演讲中解释了一些基本术语,例如收购公司控制权、友好收购与敌意收购以及公开收购要约。即便如此,他还是十分强调美国或英国的上市公司与典型的奥地利上市公司的主要区别,前者由大量公众投资者持股,无大股东或核心股东,后者拥有一个大股东或至少一群通过股东协议或控股公司联合的股东。[74] 他再三表示,收购法的效力取决于公司的所有权结构。[75] 多拉特明确指出,可以通过收购控股股东或控股企业康采恩的股份来获取对奥地利公司的控制权,而对于股权分布广泛的盎格鲁-撒克逊公司,则只能通过证券交易所或公开募股来获得对其的控制权。此外,多拉特还指出了股东利益、公共利益与雇员利益的重要冲突,核心股东及大股东与股权广泛分布的利益冲突,意欲出售公司的大股东与公司的利益冲突,以及目标公司的管理层与其股东之间的利益冲突。[76] 他对企业康采恩、并购、转化法及其进一步的理论发展有着深刻的洞悉与扎实的了解,这对收购法的发展具有举足轻重、大有裨益的影响。他之所以一直密切地参与收购法的工作是因为引人注目的跨境收购案——巴伐利亚联合抵押银行(Hypo- und Vereinsbank AG)收购奥地

---

[70] Doralt, in: ÖJT (Hrsg.), Verhandlungen des 10. ÖJT (1988), II/11; Doralt, ZGR 1991, 252 bei Fn. 55.

[71] Stern, Übernahmeangebote im englischen Recht, ÖBA 1992, 1065 – 1073 und ÖBA 1993, 27 – 36; Winner, Das geplante europäische Übernahmerecht (Diplomarbeit an der WU Wien 1993).

[72] 前引69。

[73] Doralt, Ökonomischer Hintergrund und Interessengegensätze bei Übernahmeangeboten, in: Doralt/Nowotny/Schauer (Hrsg.), Takeover-Recht, Rechtsvergleichende Berichte, Entwurf der 13. EG-Richtlinie 1996 und österreichischem Ministerialentwurf 1997 (1997), S. 1 f.

[74] 前引73,第4页。

[75] S. Doralt, Überlegungen zur Gestaltung der Vorschriften über das Recht des öffentlichen Übernahmeangebots in Österreich, in: Forster (Hrsg.), Festschrift für Bruno Kropff: Aktien und Bilanzrecht (1997), S. 54, 57.

[76] Doralt, Shareholder-value und Stakeholder-value, ÖBA 2006, 138, 139.

利银行(Bank Austria AG)案，在该案中，实物出资与合并的方式实际上构成了收购，但《收购法》对其却并不适用。[77] 多拉特撰写了一篇基础性文章来解释收购与并购的区别，即基于股票交易市场均价的现金支付，更严格的同步监管程序以及禁止同时交易等。[78]

在此期间，多拉特指出了英国《收购与兼并城市法典》对收购与并购的重要性，该法典是英国法对欧洲康采恩法发展的贡献，他还建议将《收购与兼并城市法典》作为欧洲收购法的范本。[79] 基于对法律的全面比较，多拉特表示英国康采恩法着重于对股票交易的控制，而不是对企业康采恩的永久控制，即保护企业康采恩中的少数股东。[80] 在文章的最后，多拉特对欧洲大陆(即奥地利与英国)的公司法与收购法进行了比较，并再次提出建议，主张在特殊情况下认可兑付、吸收合并及类似合并的交易，纳入退市及挤出式合并的规定。挤出式合并在2006年被事实上引入《股东排斥法》，这为拥有广泛所有权的公司开辟了更多的退出方式。

《欧洲收购指南》的颁布与实施，宪法法院因收购法欠缺精确性而于2006年10月废除其某些规定[81]，这些都造成了《收购法》的重大修订，远远超出了欧洲的要求，撤销了1998年《收购法》的重要成果。[82]

奥地利公司在利率最低的时期易成为收购目标，这也要归功于残缺的收购法，该法反复引起立法的呼声。尽管如此，其仍然是资本市场法中监管与公司问题治理的核心部分。

无论如何，多拉特为资本市场法与康采恩法交汇处这一复杂的领域奠定了基础，他从资本市场法与公司法两个角度考虑了平等对待原则

---

[77] ÜbK 12. 9. 2000, GZ 2000/1/4-171, GesRZ 2000, 253, 刊印于 Diregger/Kalss/Winner, Das österreichische Übernahmerecht (2. Aufl. 2007), S. 566-582; www. takeover. at (最后访问日期：2010年6月18日); s. dazu Diregger/Ulmer, Die Spruchpraxis der Übernahmekommission nach drei Jahren Übernahmegesetz, wbl. 2002, 97-105; Karollus/Geist, Das österreichische Übernahmegesetz—(k)ein Papiertiger?! —eine Fallstudie, NZG 2000, 1145-1150.

[78] Doralt, Übernahme, Verschmelzung, Konzern und der City Code, GesRZ 2000, 197-206.

[79] Doralt, GesRZ 2000, 197, 200.

[80] Doralt, GesRZ 2000, 197, 202.

[81] VfGH 6. 10. 2006, G 151-153/05-17, JBl 2007, 372

[82] Diregger/Kalss/Winner, Das österreichische Übernahmerecht (2. Aufl. 2007), Rn. 179 ff.; Kalss, Austria, in: Maul/Muffat-Jeandet/Simon (Hrsg.), Takeover bids in Europe (2008), S. 63-82; Winner, Das Pflichtangebot nach neuem Übernahmerecht, ÖJZ 2006, 659-669.

（信息对等，现金支付与全额支付下的财物平等对待，额外支付的保证，特殊情形下豁免规则的限制性适用，对监管价格控制的承认），提供了框架并将其付诸实践。

修正案自生效到如今已有数年，人们普遍认为多拉特的观察与报告是为奥地利市场与其特征量身打造的，但该修正案采用了一系列既有的规定，其不适应奥地利特定的政治与社会经济环境，这使得某些规定失去了效力，因此2006年的修正案确切来说被认为是一个法律错误。[83]

（三）中东欧经济法

在中东欧经济法研究所的基础上，多拉特为其对比较法的研究与公司法的兴趣开辟了一个全新的领域。

维也纳与布拉迪斯拉发相距仅60公里，在铁幕倒塌之际，奥地利与三个共产主义国家（今天是四个中东欧国家）接壤。[84] 直到1989年和1990年，该地区的学术界与大学才开始有接触。如前所述，多拉特认识到这是一个绝无仅有的机会，将为后共产主义国家的经济法带来新的开始，后来他在维也纳经济大学创立了东欧和中欧经济法研究所。回顾近20年的历史，考虑到大多数相关国家都是欧盟成员国，这似乎不是很激动人心或令人惊叹，但是更仔细的观察将呈现给我们更多：多拉特与他的员工以开创性的方式拜访了各个国家，搜寻了大量法律、一手评论与其他文献，并把这些发现带回了维也纳，部分还是装在背包里带回的。几乎是在多拉特的监督下，立即开始为四、五个法律体系制定公司法。在共产主义法律内容被迅速清理后，一些国家在一定程度上参考了奥地利或奥地利-德国模式。

各国的经济法规定几乎千差万别，形成了复杂的私有化措施的基础。各国分别制定了一般公司法与相关的特别公司法，如果不了解它们

---

[83] Vgl. etwa Johannes Ditz, Vortrag am 19. 3. 2009 in Wien, ehemaliger Wirtschaftsminister und Staatssekretär im Finanzministerium und Vorsitzender der Julius-Raab-Stiftung, einem *Think Tank* der ÖVP, zugleich ehemaliger Vorstand der ÖIAG und Aufsichtsratsvorsitzender zahlreicher im staatsnahen Bereich stehender Gesellschaften.

[84] 捷克斯洛伐克、匈牙利、南斯拉夫；现在是捷克共和国、斯洛伐克、匈牙利、斯洛文尼亚。

各自的私有化进程,就无法理解其公司法。多拉特能够同时掌握五六个国家的知识,因此他与其他的外部观察者相比有显著的优势,他能够找出相似之处以及识别并分析结构因素。

除了对斯拉夫语与匈牙利语翻译的全面精通外,多拉特亦令人印象深刻的是其长于快速评估形势、估量新规定的需求、分析采取措施的必要性以及启动法律草案的制定工作。

彼时,奥地利还是欧盟中年轻的一员,多拉特有机会与其他国家,尤其是斯洛文尼亚,分享奥地利在自主执行方面的经验。这是一个额外的好处。

多拉特的目的不是在抽象的理论层面上探索改革国家的经济法,而是为国内企业家与国外投资者提供一种切实可行的方法。

由于缺乏完整的系统结构作为法律解释的基础,因此摆脱尚不发达的国内法束缚而迅速制定法律是一个巨大的挑战。对法律建设的情况及系统性研究的认识不足使得在许多情况下,法律只是粗浅的碎片,甚至常常是错误的简化。多拉特在不同国家提供了亟需的第一个处理方法与系统性分类以及合同范本与首次评论。[85]

在商法、公司法、经济法首轮实施过后,各国在借鉴欧洲与个别国家的基础上,主要以一部综合性法律的形式,进一步对各自的公司法规定进行了重大修改。公司法在企业改制中的作用不容低估。多拉特密切参与了这一难题的处理,这也在公司法与收购法的交叉地带,他使之切实可行。[86] 根据他于大型研讨会、会议上提出的法律基础,他还编写了

---

[85] Doralt/Svoboda/Solt, GmbH—Mustervertrag CSFR (1992); Doralt/Török, AG—Mustersatzung Ungarn (1995); Doralt/Török, Satzung der ungarischen Aktiengesellschaft—Articles of Association of the Hungarian Stock Company (1997); Doralt, Das neue ungarische Aktienrecht (1998); Doralt/Kocbek/Pivka, Die Aktiengesellschaft und ihre Satzung nach slowenischem Recht (1997).

[86] Doralt, Zur Verschmelzung und Umwandlung nach tschechischem Recht (1997); Doralt, Umwandlung der Handelsgesellschaften. Bemerkungen zum novellierten tschechischen Recht aus der Sicht des österreichischen Rechts, in: Vereinigung deutsch-tschechisch-slowakischer Juristen e. V. (Hrsg.), VIII. Karlsbader Juristentage (1998), S. 302 – 315; Doralt, Der Schutz von Minderheitsaktionären nach ungarischem Recht unter Berücksichtigung der Reform 1997/98, Jogtudományi Közlöny 1999, 9 – 17 (übersetzter Titel).

新的法律，尤其对斯洛文尼亚企业重组法的创设做出了重要贡献。[87]

多拉特同时投身于众多法律体系的工作，他对《奥地利有限责任公司法》第4条第2款这一有关结社自由的关键条款基础的历史的透彻了解，极大地促进了法定自治范围的发展和界定，例如在斯洛文尼亚或捷克的法律中。

多拉特在东欧和中欧经济法方面的杰出成就不仅包括在不同文集与杂志上发表的文章，亦存在于其在不同国家的研讨会上发表、参与的无数演讲、陈述、会议以及激烈的对话中。在他教授斯洛伐克、波兰、乌克兰和俄罗斯学生的众多法学院、研讨会和暑期课程中，他总是试图与各国杰出的法律专家就法律理论与重中之重的法律政策进行讨论。

我们可以从下述几个方面总结多拉特对中东欧公司法的重要作用：

（1）在铁幕倒塌之后和柏林墙倒塌之前，他立即着手研究该问题；

（2）他的翻译能力，不仅体现在将各种语言翻译为德语或英语，还体现为揭示了各个法律发展的特点；

（3）他整合了各个国家的特定社会经济背景，例如经济私有化、大多数律师的培训不足、法律适用中缺乏法律文化、公众缺乏对法律的接受与认同、普遍的腐败以及治理腐败的措施；

（4）他认识到公司法与其他经济法领域（如担保法、土地登记法及破产法）的密切联系，并鼓励、支持其员工参与、研究这些课题；

（5）他将欧洲化与独立法律体系的必要自主发展相结合；

（6）他认识到改革国家必须对律师进行专业培训，以便其能够处理更多的规定，并应用和执行新制定的法律；

（7）最后，他认识到法律传统缺乏的问题，并提出了解决法律传统60年"中断"的举措，他亦认识到必须在这一稀缺基础之上建立一个基于司法的独立理论，并建立对它的理解。

---

[87] S. nur Doralt/Bruckmüller/Knaus, Die Europäisierung des slowenischen Gesellschaftsrechts, Juridikum 4/2000; Doralt/Bruckmüller/Knaus, Zaklujcni redakcijski posegi [Abschließende Gesetzesredaktion], in: In titut za gospodarsko pravo (Hrsg.), Die Anpassung des slowenischen Gesellschaftsrechts and das EU-Recht (1999), S. 297 – 309; ferner Bruckmüller, Rezeption von österreichischem Gesellschaftsrecht in Slowenien—Experiment und Bewährung, GesRZ 2007, 398 – 409.

因此，这主要不是关于细节或对其改进的问题。除了愿意并且能够以多种方式多次传授这些知识外，最重要的是对大局的理解。

（四）国际公司法

就在40年前，当时还是大学助理的多拉特发表了一篇根据奥地利法律承认外国公司的文章。[88] 这是奥地利法律文献中关于这一主题最为重要、最具影响的著作。多拉特不仅在其文章中根据当时的奥地利法律处理了承认的问题，而且基本上预测了30年后欧盟法院的 Centros 判决。我想把重点放在这些方面和其他具有指导性的方面。

首先，多拉特指出，法律主体的承认——同任何其他法律问题一样——是一个法律冲突与实体法的问题。他进一步表明，应该明确区分承认法律能力与授权在国家层面上从事经济活动（旧《奥地利股份公司法》第254条）。在这一介绍性的定义之后，多拉特转而研究法律冲突领域，并归纳出各项法律中有关承认问题可能的观点。[89] 他对总部作为联结因素的优势所进行的评论显然说服了奥地利立法者，这在1978年的《奥地利国际私法》中得到了印证。《奥地利国际私法》第10条规定团体法与公司的管理地点相关联。在其官方的解释声明中，多拉特的考虑被逐字重复：[90] 之所以要与管理地相联系，原因之一是公司的存在会给管理地所在国造成最大影响；该国的经济与其领域内活跃的公司密切相关。因此，关于实施特定经济的法律原则及保护公司股东与债务人的规定将会越来越多地被纳入现代的股份有限公司法。如果在一国境内设有中央管理机构的公司不受国内法的约束，那么那些预期的、令人信服的原则可能会难以实现。这意味着，根据公司理论，公司可以为其业务活动选择任何国家的公司法进行注册，只要该国不要求公司的实际所在地在其境内。然而，多拉特同时承认所在地原则未必意味着拒绝承认，因

---

[88] Doralt, Anerkennung ausländischer Gesellschaften, JBl 1969, 181-200.
[89] 当时的奥地利冲突法并没有明确规定。
[90] EBRV IPRG 746 Blg Nr. XVIII GP zu § 10 IPRG.

为用于承认法人资格的法律可以由团体法的其他部分来决定,[91] 是以其允许适用中央管理机构所在国的强有力的法律原则。这种做法最令人信服的理由在于保护信赖公司存在的第三方。然而,多拉特并不认为有必要承认建立于国外但中央管理机构位于国内的公司,因为其要么被视为有行为能力的无限合伙,要么构成民法公司,即根据奥地利法律不具有行为能力的合伙企业。股东将对合伙企业的所有债务承担个人责任。当然有关民法与民事程序的问题也在讨论之列,这些问题会导致行为能力的消灭。[92] 然而,少数股东的保护问题却被完全忽略了。奥地利被广为讨论的一个案例 MEL,证明了为承认问题找到切实的解决之道多么重要,尤其是对于上市公司而言。多拉特分析了联结注册地或登记地,认为这是替代所在地原则最为重要的方法,但他拒绝将其用于奥地利法律。多拉特对设立自由所做的解释尤其重要。设立自由意指在国内从事经济活动的权利,这需要承认其行为能力。然而,这一思路不应误导人们得出这样的结论:在欧共体内,设立自由通过拒绝承认而被否认。欧共体/欧盟成员国在给予设立自由的同时,亦有义务给予外国公司同等的承认。[93] 多拉特不赞同因规避法律而拒绝承认,因为从注册国的角度来看,并没有欺诈意图;仅仅出于经济考虑来选择中央管理机构所在地恰恰是设立自由的目的。多拉特的思路了反映了 Centros 案、远洋货运(Uberseering)案以及启示艺术公司(Inspire Art)案的核心要素。当时,多拉特仍然把总部与登记地视为一个非此即彼的问题,前者反映了真实的经济状况,后者意味着适用法律的无限自由。后来,他根据国际法院对诺特博姆(Nottebohm)案的论证,向中欧与东欧经济法研究院成员和我提

---

[91] 需要补充的是,在国外设立的公司在物权法的层面,能够被认可。比如在意大利法、比利时法和法国法中,外国公司即使没有遵守内国法中关于公司设立的规定,也可以被赋予权利能力。

[92] 参见案例 OGH 3 Ob 59/00y, ZfRV 2001, 152 及针对相同法律事实的先前裁判 OGH 14. 7. 1993, 8 Ob 634/92, ZfRV 1994, 79 (Hoyer); OGH 28. 8. 1997, 3 Ob 2029/96w; 28. 8. 1997, 3 Ob 93/97s, RdW 1998, 70。

[93] 需要说明的是,在文章发表时(即1969年12月31日),设立自由还不可以直接适用。与彼得·多拉特的观点相异,欧洲终审法院在判例(EuGH v. 21. 7. 1974 – Rs. 2/74 Reyners, Slg. 1974, 631)中认为,在过渡期后,设立自由原则的适用,不受制于执行规则的通过。

出了另一种方法，即实际联系规则。[94] 适用公司注册地法不必然要求总部所在地位于注册国，但它确实需要与注册国有实际的经济联系。[95] 这样，适用法律的自由选择就会被限制[96]，却得以在国际间愈发相互依赖的经济环境下确保法律的确定性。同时，这将避免产生有关总部选址的难题，在全球化交流的时代，这尤其可能成为一个问题。

当前，文献经常指出，欧盟法院持有相似的观点[97]，这表现在其有关税法的判决中[98]，并且检察长马杜罗（Maduro）在卡特西奥（Cartesio）一案的最终意见中主张将税法方法转化为公司法。[99] 然而，欧洲法院并没有接受他的建议；迄今为止的案例都支持这样的观点：即使商业实体"缺乏任何经济现实感"，目的在于规避东道国的公司法，亦不能构成对设立自由的滥用。[100] 根据欧盟法院为公司法发展出的"信息模型"，相较于成员国针对公司法实践的措施，欧盟法院对其防止避税的措施施加了更为宽松的限制，这并不矛盾。

无论欧盟法院的判例法如何发展，多拉特早已意识到这一讨论，并在很大程度上对其进行了预测。

---

[94] IGH v. 6. 4. 1955 *Liechtenstein vs Guatemala*, I. C. J. Rep. 1955, 4.

[95] 值得指出的是类推适用关于债法合同的冲突法规则（《欧盟条约》第3条第3款、《罗马条例I》第3条第3款）。与公司章程联系在一起的有益研究，参见 Zimmer, Internationales Gesellschaftsrecht (1995), S. 220 ff.

[96] Vgl. Kalss (Hrsg.), Centros und die Beitrittswerber, Arbeitspapier des Forschungsinstituts für ost- und mitteleuropäisches Wirtschaftsrecht (FOWI) an der Wirtschaftsuniversität Wien Nr. 67 (2000), S. 8–32.

[97] G. Roth, Das Herkunftslandprinzip im Gesellschaftsrecht, in: Studiengesellschaft für Wirtschaft und Recht (Hrsg.), Das Herkunftslandprinzip (2009), S. 111–120.

[98] EuGH v. 16. 7. 1998 – Rs. C – 264/96 *Imperial Chemical Industries plc*, Slg. 1998, I–04695, Tz. 26; EuGH v. 21. 11. 2002 – Rs. C – 436/00 *x and y*, Slg. 2002, I – 10820, Tz. 61; EuGH v. 11. 3. 2004 – Rs. C – 9/02 *Hughes de Lasteyrie du Saillant*, Slg. 2004, I – 2409, Tz. 50; EuGH v. 13. 12. 2005 – Rs. C446/03 *Marks & Spencer*, Slg, 2005, I – 10866, Tz. 57; EuGH v. 12. 9. 2006 – Rs. C – 196/04 *Cadbury Schweppes*, Slg. 2006, I – 7995, seither z. B. EuGH v. 13. 3. 2007 – Rs. C – 524/04 *Test Claimants in the Thin Cap Group Litigation/Commissioners of Inland Revenue*, Slg. 2007, I – 2107.

[99] 总结文书，参见 GA Maduro 22. 5. 2008 – Rs. C – 210/06 *Cartesio*, Slg. 2008, I – 9641, Tz 29。

[100] EuGH v. 9. 3. 1999 – Rs. C – 212/97 *Centros*, Slg. 1999, I – 01459, Tz. 27; EuGH v. 30. 9. 2003 – Rs. C – 167/01 *Inspire Art*, Slg. 2003, I – 10155, Tz. 138.

（五）公司合伙企业

让我们也来看看"公司合伙企业"（"GmbH & Co KG"）。这是多拉特的公司法研讨会所涉主题之一，缘于此类公司在20世纪60年代末到70年代初变得愈发重要。然而，这种公司形式彼时在奥地利还相对新鲜，并没有关于它的学术专著。[101] 问题并不在于是否承认公司合伙企业本身，因为它已经于1906年得到了最高法院的承认，而是在于《奥地利有限责任公司法》应从何年起生效。[102] 该问题的目的是探索合同自由的范围及不适用《股份有限公司法》单个条款的问题。多拉特全面研究了商法中公司合伙企业的经理制度，处理了若干在理论上颇具挑战的问题，包括公司合伙企业的代表，此类组织中各法人主体的归属与关系，从而从根本上阐明了在奥地利法中，股份有限公司与两合公司在其混合形式（公司合伙企业）中的关系为何。作为普通合伙人的有限责任公司的管理层定期根据其股东的决议执行。[103] 由于普通合伙人有限责任公司与两合公司之间的统一评估与密切互动，有限责任公司的总经理不仅要对有限责任公司负责，对两合公司亦然。[104] 如今，30年过去了，继最高法院作出此类判决后，[105] 问题在于《奥地利有限责任公司法》（第82条等）在多大程度上亦应适用于公司合伙企业。虽然部分文献支持这一方法，[106]

---

[101] Kastner/Stoll (Hrsg.), Die GmbH & Co KG im Handels-, Gewerbe- und Steuerrecht (1970), S. III, (2. Aufl. 1977).

[102] OGH 20. 6. 1906, AC 2583; OGH 17. 7. 1906, AC 2589 (Adler/Clemens, Sammlung handelsrechtlicher Entscheidungen).

[103] Doralt, Die Geschäftsführer der GmbH & Co KG im Handelsrecht, in: Kastner/Stoll (Hrsg.), Die GmbH & Co KG im Handels-, Gewerbe- und Steuerrecht (2. Aufl. 1977), S. 235, 274.

[104] Doralt, Die Geschäftsführer der GmbH & Co KG im Handelsrecht, in: Kastner/Stoll (Hrsg.), Die GmbH & Co KG im Handels-, Gewerbe- und Steuerrecht (2. Aufl. 1977), S. 235, 260 ff.

[105] OGH GesRZ 2008, 310; vgl. weiteres (nicht auf die GmbH & Co KG beschränkt) OGH GesRZ 2008, 100 (Umlauft) = ecolex 2008, 243 (Karollus) = RWZ 2008, 104 (Wenger); gleichlautend 6 Ob 236/07k; OGH GesRZ 2009, 176 (Schörghofer).

[106] Harrer, Vermögensbindung bei der GmbH & Co KG, WBl. 2009, 328 – 335; Grossmayer, Kapitalerhaltung bei der GmbH & Co KG, ecolex 2008, 1023, 1023 ff.; dem OGH zustimmend auch Bauer, GeS 2008, 315 f.; Moser, Weitere Annäherung der „kapitalistischen" KG an „echte" Kapitalgesellschaften, SWK 2008, W 187; 之前的文献，参见 Karollus, Verstärkter Kapitalsschutz bei der GmbH & Co KG, ecolex 1996, 860 – 863; Reich-Rohrwig, Grundsatzfragen der Kapitalerhaltung (2004), S. 404.

多拉特的学生却对其尤为反对,[107] 因为债权人保护(合伙法的连带责任制度与公司法的资本维护)的不同概念如此将被完全模糊,导致过度重复的保护。同样,有必要界定出更为清晰的新界限。一系列有关合伙与公司的规范在公司合伙企业中相互作用,这仍将激动人心,多拉特亦将在未来一段时间内为之努力。

五、结语

彼得·多拉特使用公司法中的著名语言和经典著作来诠释奥地利和欧洲的情况,这给人留下了不可磨灭的深刻印象。通过这种方式,他向我们展示了奥地利这种小国的特点,它的优势与劣势都在欧洲与国际环境下体现得淋漓尽致。他给我们的印象是一个传统的维也纳人,但与此同时也能看出他世界性的一面,他需要到外面的世界去,让别人知道他的想法。多拉特成绩卓著,他激励了很多人,他自己也成长了许多,并且他将继续成长下去。除了多拉特的开创性著作以外,他对法律问题的真正兴趣以及他在理论与实践中为找到保护有关各方利益的适当解决之道所做的努力,这些都是令人瞩目的。他对新事物的开放态度,对年轻工作人员的支持,以及对对话和讨论所抱有的激情,这些都为我们树立了榜样,激励和鼓舞着我们大家。

我现在以多拉特为榜样,努力使我的员工在研究院获得与我一样丰富且获益良多的经历。

---

[107] Nowotny, Die GmbH & Co KG auf dem Weg zur Kapitalgesellschaft?, RdW 2009, 326–331; Kalss/Eckert/Schörghofer, Ein Sondergesellschaftsrecht für die GmbH & Co KG, GesRZ 2009, 65–81; Schörghofer, Kommanditgesellschaft, in: Kalss/Nowotny/Schauer (Hrsg.), Österreichisches Gesellschaftsrecht (2008), Rn. 2/940; 另外,参见 Koppensteiner/Rüffler-Koppensteiner, GmbHG (3. Aufl. 2007) §82 Rn. 20; Szep, Umgründungen im Zusammenhang mit Personengesellschaften im Lichte jüngster OGH-Rechtsprechung zur Kapitalerhaltung, ecolex 2001, 804–809; OGH, Urteil vom 29. 5. 2008 – Az. 2 Ob 225/07p, GesRZ 2008, 310 mit Anmerkung Stingl, 314–316。

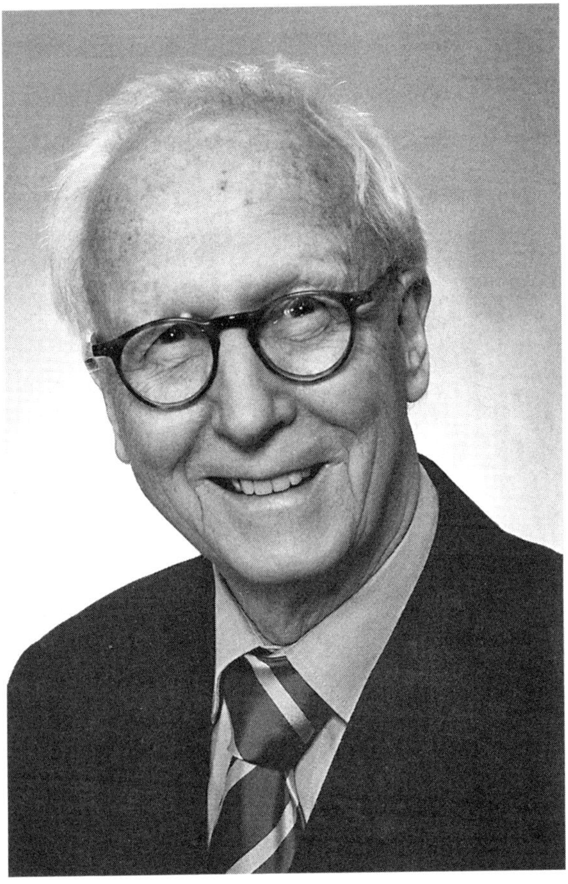

卡斯滕·施密特（Karsten Schmidt，1939）[*]

目　次

一、26 391 页的科研发表及无限的创造力　/ 558

二、勾勒法律蓝图　/ 560

三、从商人特别私法到企业外部私法　/ 562

　　（一）商人和企业　/ 563

　　（二）企业和企业主　/ 564

　　（三）逻辑和法律界限　/ 564

　　（四）学术创造力及其对立法的影响　/ 566

四、公司法制度建构　/ 567

　　（一）取得的进展　/ 568

　　（二）未来的任务　/ 568

　　（三）作为文学的法学作品　/ 569

五、企业破产法之路　/ 570

六、游走在法律学科之间　/ 573

七、充满激情的教席负责人　/ 575

附录：卡斯滕·施密特简历　/ 579

不久前，一位来自波兰的德语说得非常好的"伊拉斯姆斯交换生"（即"Eurasmus"，欧盟境内的交换生项目）课后问我："在德国，施密特

---

[*] 作者简介：〔德〕格奥尔格·比特（Georg Bitter, 1968），曼海姆大学法学院民法、银行法、资本市场法、破产法教席教授。1999年比特在汉堡大学完成博士论文，2005年在波恩大学完成教授任用资格论文，自2005年起担任曼海姆大学教授。本文是作者2008年4月25日在柏林洪堡大学做的报告。

是常见的姓吗？"我回答是。她接着问："那么，卡斯滕是常见的名字吗？"我犹豫了一会，然后回答这名字其实不太常见。她为什么会这样问？"嗯，因为在德国有很多教授叫'卡斯滕·施密特'。"我惊讶地看着她，因为我只认识一位卡斯滕·施密特，即我的恩师。当我仍在思考这个的时候，她接着说：

> 在商法课上，我听说了著名的商法学者卡斯滕·施密特，在公司法课上，我听说了同样名字的著名的公司法学者。在破产法课上，授课人提到了另一位名叫卡斯滕·施密特的教授，他对该法律领域影响非常大。在民法课上，老师向我们推荐了德国教育法杂志《法学教育》（JuS），我翻阅了一下该杂志，最后发现很多司法裁判的后面有卡斯滕·施密特的名字。因此，这个名字似乎很常见。

我向该学生解释，的确有著名的商法学者、公司法学者、破产法学者、强制执行法学者和民法总论学者名叫卡斯滕·施密特，但是，名字背后其实只有一个人。不仅如此，该人在反垄断法、货币法、会计法、基金法、仲裁法及法律史领域都是杰出的专家。

该对话仅有小部分是设想的，核心部分却是真实的。今天晚上我们在这里，评价和赞赏一位法学通才，作为卡斯滕·施密特的门生，我很荣幸也很高兴能在柏林承担这个任务。

一、26 391 页的科研发表及无限的创造力

谁要是浏览一次汉堡博锐思法学院（Bucerius Law School），卡斯滕·施密特自 2004 年起担任院长在此工作的主页，会发现施密特的作品清单。这些作品可追溯到他在波恩大学（1969—1976）担任助理、在哥廷根大学（1976—1977）、汉堡大学（1977—1997）、波恩大学（1997—2004）以及现在又在汉堡博锐思法学院（自 2004 年以来）担任教授的时候。仅是

这个(截至 2007 年的)作品清单就能紧凑地打印出 66 页。[①] 其中包括至少 41 件独立撰写的作品,这包括了他的著名教科书和专著,还有 48 件法律评注、168 件编著类文章、383 件论文、55 件裁判评注、46 件书评和 7 件注释,其中有些标题为"无限个人责任的圣伯纳犬"[②] "狗是塑料袋?"[③] 或"源自爱意的奉献"[④]。作为一名编辑,他共出版了 36 部作品,包括纪念文集、法律评注、出版物系列及德国和国际期刊。特别值得注意的是戈尔德施密特(Goldschmidt)1858 年创建的受人尊敬的《综合商法与经济法杂志》,自 1984 年起,卡斯滕·施密特担任该杂志的编辑委员会成员。[⑤]

我曾经费心统计他公开出版物的总页数,结果共有 26 391 页。[⑥] 这就是一个大型图书馆,并且所有的都是他自己亲自写的,是真正意义上的没有借助现代录音工具完成的手稿。他不会让学术助理为他写东西,即使为《法学教育》写裁判评注时也是如此。当我们得知卡斯滕·施密特不仅是一位学者,还是汉堡社会的一名值得尊敬的成员和家庭的一部分时,就更加欣赏这种无限的创造力:作为在音乐、艺术和文学上受过全面教育和视野开放的学者,他是汉堡科学院的资深院士、"时代基金会"("Zeit-Stiftung Ebelin und Gerd Bucerius")的执行局和董事会成员、"跨海会"("Übersee-Club")的副会长。一直以来,他都是汉堡博锐思法学院的同行者,可以说是创建者。该学院现在由他领导,且仅在短暂的几年里便在国内外取得了杰出的声誉。最后,卡斯滕·施密特也是一位同样活跃的夫人的丈夫——夫人担任汉堡高等地区法院审判长的工作要求他作为两个女儿的父亲分担家庭责任(即使他认为自己不是一个模范父亲)。

---

① 同样参见格奥尔格·比特等主编:《卡斯滕·施密特纪念文集》,2009 年,第 1805 及以下诸页的作品清单。
② Karsten Schmidt, Der unbeschränkt persönlich haftende Bernhardinerhund—Oder: Vom stillen Wirken der Zivilrechtsdogmatik wider den Unverstand des Gesetzgebers, JZ 1988, 31 – 32.
③ Karsten Schmidt, Sind Hunde Plastiktüten? —Von der unsachgemäßen Behandlung der Tiere in einem geläuterten BGB, Oder: Krambambuli macht Karriere, JZ 1989, 790 – 792.
④ Karsten Schmidt, Zueignung aus Zuneigung—Vorstudien zu einer juristischen Dedikationslehre, JZ 1990, 1121 – 1123.
⑤ 1981 年,卡斯滕·施密特就担任了《综合商法与经济法杂志》的主编。
⑥ 在计算有多个版次的法律评注、教科书、手册时,以所涉页数的 1/3 为准。

鉴于他早期的创造力,波恩大学法学院里流传的故事并不让人惊讶。在该法学院,卡斯滕·施密特于 1975 年在彼得·莱希(Peter Raisch, 1925—2008)的指导下完成了教授任用资格论文《卡特尔程序法——卡特尔行政法——民法:德国卡特尔法司法体系化尝试》。[7] 在该论文鉴定完成之后,他另外做了"破产中的停止侵权行为请求权、停止侵权行为起诉和侵权法的赔偿请求权——以专利侵权争议为例的研究"报告。[8] 施密特做完报告后,在学院对此进行评估时,他被请到波恩法学院会议室隔壁的院长办公室等候。因为卡斯滕·施密特在教授任用资格论文方面的评估毫无疑问是通过了的,维尔纳·弗卢梅——一位备受卡斯滕·施密特称赞的伟大的波恩民法学者——在评估中说:"我们赶快让他回来。否则,在此期间,他又已经写了一篇论文。"

在我可用的时间内,即便我只快速阅读他出版物清单中的作品题目,我也不可能完全展示完这种难以想象的研究能力的结果。因此,我决定少说他研究的单个话题或法律领域,更多地说施密特的思维方式和研究方法,因为这正是将他与 20 世纪其他伟大的民法学者区别开来的东西(或因为这正是他与 20 世纪其他伟大的民法学者的区别所在)。

二、勾勒法律蓝图

解决法律问题的一个常见方法是"岛屿思维"的方法。法的世界对初学者而言,就像难以捉摸的巨大的深色海洋。随着大学学习、博士研读及接下来的学术研究,知识岛屿渐渐地呈现出来。随着稳定的土地开垦,海洋中不断地出现岛屿。在学术生涯中,单个岛屿板块被整合在一起,陆地之间的桥梁随之构成了知识岛屿之间的连接线。

谁要是遇到卡斯滕·施密特,就会惊叹于他具有完全不同的充满力

---

[7] 该文出版后,副标题做了一些变动: Karsten Schmidt, Kartellverfahrensrecht-Kartellverwaltungsrecht—Bürgerliches Recht. Kartellrechtspflege nach deutschem Recht gegen Wettbewerbsbeschränkungen (1977).

[8] Karsten Schmidt, Unterlassungsanspruch, Unterlassungsklage und deliktischer Ersatzanspruch im Konkurs—Eine Untersuchung am Beispiel des Patentverletzungsstreits, ZZP 90 (1977), 38-67.

量和勇气的思维方法。形象地说,他先将大海中的水抽干。这不是件容易的事情,因为在抽水过程中会产生很多沼泽:维持了长达几十年甚至几个世纪但从未被认真检验过说服力的主流观点。施密特经常怒气冲冲地出发去让它们变干。比如他在一件注释中所发表的讽刺性评论(《法律人杂志》1992年,第298页):"欢迎主流的错误说皇家纪念活动——破产法中百年的最高法院机关说。"然后,施密特开始在抽干的土地上构建蓝图。他拉平高度和深度,使可以诞生新事物的肥沃土壤产生:包含清晰结构的统一模式。我们可以称他是法律蓝图的设计家。在完成设计任务时,他不知疲倦地推走巨大的障碍物。然而,他不时会遇到顽抗的阻力:立法者的立法要点与整个画面不协调,因为它们是根据随意的、非结构化的方法产生的。如下文三(三)所述,排除它们需要花费很大的力气。

我们现在如何想象这个建设计划?卡斯滕·施密特使用了哪些指导原则,以至于其他人还在寻找海表面上的岛屿时,他(已开始)构造埋在海平面下的底层?老师写书,并不是因为他不好拒绝出版社常有的请求。只有当他有一个基本的想法,一个想要传递并且必须传递的核心信息时,他才会写作。[9] 任何一件作品都是巨大的设计任务的组成部分,我们的(这位)法律蓝图设计者完成这些设计任务靠的是激情。[10]

今天,我将基于三个领域,即商法、公司法和破产法,来阐释这个方法,即使这可能有代价——因为时间的原因不能完整勾勒施密特的全部作品。对于卡特尔法,也即施密特所构造的一个从"卡特尔形式学说"解放的"禁止和禁止惩罚的法",[11] 我想借用评价他的教授任用资格论文的评语,这些关于卡特尔法的评语也适用于后期他在其他领域的作品。

乌尔里希·胡贝尔(Ulrich Huber, 1936):

---

[9] 对于"专著"("Monographie")的意义,参见 Karsten Schmidt, Gewaltenteilung im Gesellschaftsrecht—Neujahrsgedanken über Literatur, Rechtsprechung und Gesetzgebung, ZHR 171 (2007), 2, 3:"专著源自谨慎、不怕错的勇气,且经常出于故意,并且需要这样的故意。"

[10] 对于卡斯滕·施密特所构造的全景图,参见 Schön, Zur „Existenzvernichtung" der juristischen Person, ZHR 168 (2004), 268–297。

[11] 总结性的,参见 Karsten Schmidt, Wirtschaftsrecht: Nagelprobe des Zivilrechts, AcP 206 (2006), 169–204。

独立、思想丰富、想象力、随处体现出体系思维的能力。作者的体系理念原则上是简单的，就像哥伦布的鸡蛋。

在赫伯特·芬恩（Herbert Fenn，1935—2001）的教授任用资格论文鉴定书中，人们可以读到：

他的解决方案具有说服力的原因，是所研究出的理念，促使产生一个具有内在统一性（正是由于这个统一性而产生说服力）的保护可能受潜在影响的第三人的卡特尔法体系，并且该体系作为一个整体优于其他所有已研究出的体系。……该理念从统一性中，得出它的说服力的原因在于，它最终将整个研究的部分结论，和仅作为假设讨论的要求，毫无缝隙地整合到一个统一的体系中。学院可以毫不担心地授予教授资格给这位成功在其民法、商法、公法和程序法研究中贯彻上述理念的先生。

三、从商人特别私法到企业外部私法

首先是商法的例子：谁要是听过大课，或准备该领域的考试，迟早会遇到《德国商法典》第25条，即"商号续营中买受人的责任"（《舍氏法律汇编》中的标题，而不是官方的标题）。该条第1款第1句规定：

对于被收购的存活商行为，续营者在现有的商号中添加或不添加续营关系的附带说明的，对之前所有者在经营中产生的所有债务承担责任。

对此，学生们经常得到以下的考试公式：

1. 商行为——所有者必须是《德国商法典》第1条及以下几条意义上的商人；

2. 收购存活商行为——尤其是通过合同；

3. 商号续营；

4. 没有除外的理由——尤其是没有基于《德国商法典》第25条第2款的其他约定。

至少是在"商号续营"这个考试点上，会有提示"其他的观点，参见卡斯滕·施密特"，或许还会进一步指出，卡斯滕·施密特也批评限定在《德国商法典》第1条及以下几条意义上的商人，及批评基于《德国商法典》第25条第2款，通过当事人之间的简单协议和登记在商事登记处来排除责任的可能性。

在没有其他解释的情况下，我们的学生会提问："商号续营"是法律明确规定的，卡斯滕·施密特为什么会认为它不重要？并且，为什么此人要批评《德国商法典》第25条限定在商人？只有当离开《德国商法典》第25条这个岛屿，看到其背后的全局，才会明白上述问题的答案。在施密特的商法教科书中，他不阐释单个的法条，而是发展出一种模式。在他的大课中，也会听到关键句子："从商人特别私法到企业外部私法。"

（一）商人和企业

施密特视野中的商法到底是什么？对他而言，这涉及的并不是对商人概念的细小研究，尤其不是他的教科书第1版在1980年出版时生效的《德国商法典》明显狭隘的第1条所指的。卡斯滕·施密特表示，企业的外部关系是现代商法的真正对象。在阐释商人的概念之前——这在商法课程和商法教科书的开始，并不少见，读者在施密特的书中却发现大篇幅的一章"商法中的企业"（"Unternehmen im Handelsrecht"）。[12] 该书第5版中直到第277页，也就是有些商法教科书已经结束的地方，施密特才谈到《德国商法典》第1条及以下几条——顺便说一句，不是"第1条以下"。

---

[12] Karsten Schmidt, Handelsrecht (1. Aufl. 1980), Zweiter Abschnitt, §§4–8 (S. 49–202), (5. Aufl. 1999, S. 63–276).

如果你说出后者，我的老师会生气的。[13]"企业导向"的思想贯穿了整本书。比如，施密特想让各种商法的特别规范也适用于非商业企业。

（二）企业和企业主

第二，卡斯滕·施密特明确指出了今天完全是常见的"企业"和"企业主"的区分。企业是人力资源和物力资源的经济整体，但由于它缺少权利能力，因此不是权利和义务的承担者。不过法律上的归属，可以通过企业的承受者来实现。"单个商人"可能具有这种资格，公司在大多数情况下，符合这种情况。企业主转让企业时，基于这种经济整体和法律归属主体的二分法，可能会出现困难。这正是《德国商法典》第25条的问题所在。对施密特而言，问题的关键是"在转变企业主时保证法律关系的延续性"。[14]企业作为商事交易的对象，其本身并没有权利能力。因此，在改变企业主时，可以说权利和义务还留在之前的企业主那里。企业与归于它的法律关系之间先前的关联将被打散。按照卡斯滕·施密特的模式，立法者采用《德国商法典》第25条的运用，也正如第28条，并没有完整地重整现有的关联。因此，他主张扩大《德国商法典》第25条，主张不仅是债务关系，而且所有的债权关系，甚至所有的法律关系，都转移到新的企业主。[15]在该模式中，显而易见的是，与商号续存联系在一起，就和基于《德国商法典》第25条第2款直接通过企业收购合同当事人之间的协议去推翻这种延续性的可能性一样具有破坏性。

（三）逻辑和法律界限

谁要是像卡斯滕·施密特一样，在宏观的模式下思考问题，并且进

---

[13] 对此，参见 Karsten Schmidt, Fortissimo (ff.)—Oder: Von der Fruchtbarkeit der Fachsprache und des Abkürzungswesens, JZ 1981, 597-598。

[14] 同样参见他的商法教科书第8章（前引12）。

[15] Karsten Schmidt (Fn. 11, 5. Aufl. 1999), §8 I 4; ders., Übergang von Vertragsverhältnissen nach §§25, 28 HGB?, in: Beuthien u. a. (Hrsg.), Festschrift für Dieter Medicus (1999), S. 555-574; ders., Unternehmensbezogenes Mietverhältnis, Unternehmensumstrukturierung und Unternehmensveräußerung—Zur Anwendung der §§ 25 ff. HGB auf Mietverhältnisse—, in: Jickeli/Kreuz/Reuter (Hrsg.), Gedächtnisschrift für Jürgen Sonnenschein (2003), S. 497-514.

行相应的构建，就必然会在自己的法律蓝图中遇到上面已经提到的界限，尤其是法律的界限。那么，问题是：《基本法》第 20 条第 3 款是否禁止司法裁判（受法律和司法约束）认同施密特的观点，即使这些观点通过严格的逻辑推导而得出？图宾根大学的民法学者沃尔夫冈·策尔纳，[16]不仅在本书中报告了他的老师阿尔弗雷德·怀克，而且他的门生乌尔里希·诺阿克也报告了他。[17]他对施密特的第 1 版《商法》作了书评。[18]1983 年，在书评中，策尔纳认为施密特思维严谨，但在方法论方面，他不仅认为施密特的假说是令人反感的，而且认为这是非法/不可接受的。[19]他认为，施密特已经被在法律决策方面的激情所战胜，尤其是对《德国商法典》第 25 条及第 28 条的决策。[20]策尔纳评价，卡斯滕·施密特"对于法律文字的态度非常自由"。[21]2007 年 2 月，策尔纳在汉堡博锐思法学院的一场辩论中，再次有针对性地重复了这种批评："让人难以置信的是，法学院院长鼓动法科学生非法和枉法裁判。"[22]

在我看来，这才是事实：当法律的逻辑本身难以遵循且法律的陈述有时相互矛盾时，卡斯滕·施密特不太遵守法律的规定。以更为宽泛的逻辑发展宏观理念的人，为了确保其模式的一致，必须在此处或其他的地方作出修正。在此，施密特有些时候明确承认超越了按照经典的、保守的方法论所能到达的界限。另外，我本人对此批判得不多，反而就此在我老师身上学到了很多。[23]

---

[16] 参见本书中有关阿尔弗雷德·怀克的文章。
[17] 参见本书中有关沃尔夫冈·策尔纳的文章。
[18] Zöllner, Wovon handelt das Handelsrecht?, ZGR 1983, 82 - 91.
[19] Zöllner, ZGR 1983, 82, 83.
[20] Zöllner, ZGR 1983, 82, 87 f., a. A. Raisch, Handelsrecht heute—Handelsrecht oder Unternehmensprivatrecht? (Teil 3), JA 1990, 369, 371 f., nach dessen Ansicht die systematische Auslegung die „kühne Konzeption" gerade noch zulässt. Die Rechtsfortbildung Karsten Schmidts könne zusätzlich durch die Entstehungsgeschichte der §§ 25 und 28 HGB gestützt werden.
[21] Zöllner, ZGR 1983, 82, 87.
[22] Zöllner/Karsten Schmidt, Wovon handelt das Handelsrecht? —Gegenstand und Zukunft des Handelsgesetzbuches—, Bucerius Law Journal Heft 1/2008, 36, 39.
[23] 在我的教授任用资格论文中（Bitter, Rechtsträgerschaft für fremde Rechnung, 2006），我明确主张在民法中类推适用商法的规定（《德国民法典》第 392 条第 2 款），尽管制定《德国民法典》的第二委员会明确反对在《民法典》中纳入相应的条款。我指出的"立法者的动机错误"（参见我的教授任用资格论文第 248 及以下诸页），这同样得到第一鉴定人卡斯滕·施密特的认可。

(四) 学术创造力及其对立法的影响

策尔纳曾经称卡斯滕·施密特的作品"充满（可能是过度的）想象",[24] 而从我的视角来看，称之为创新的力量更为恰当。正是这种特点表明他是 20 世纪的民法学者：他不接受既有的主流观点，为了体系一致性，质疑任何的思想。当体系不一致的时候，他就创造出一个以逻辑为导向的新的体系。当然，经常稳定的主流观点并不总是认同他的观点，且可能不会总是分享他的每一个观点。尽管如此，人们必须认识到这种创造性精神带来了什么。他的基本思想经常在基础部分得到认可，即便人们还没有了解其模式的所有细节。

以商人的概念为例。在施密特的商法教科书第 1 版出版的时候，《德国商法典》第 1 条中还有"基本商事经营"（"Grundhandelsgewerben"）的类型清单。基于此，比如面包店被视为商人，而建筑企业或汽车修理厂却不是商人，因为在后者的情况下，商品并没有被买进和卖出。[25] 卡斯滕·施密特一直以来批评这种由历史造成的法律上的区别,[26] 而 1998 年的商法改革[27]认同了他的观点，所有类型的经营活动从此都被平等对待。不过，新法也区分了"经营的企业"和"自由职业的企业"。基于此，面包店的所有人可以口头进行担保（《德国商法典》第 350 条，不同于《德国民法典》第 766 条），而医生或律师却不能这样做,[28] 即使后者有上百万的营业额。

从卡斯滕·施密特的角度看，这虽然不能让人满意,[29] 但取得的成就也并不小。应当考虑的事实是，现在被修改的这个商人定义有着几个世纪的历史传统。该定义出现在欧洲第一本商法教科书中，该书由意大

---

[24] Zöllner, ZGR 1983, 82, 90.
[25] Karsten Schmidt (Fn. 11, 1. Aufl. 1980), § 10 IV 1 und 2.
[26] Karsten Schmidt (Fn. 11, 1. Aufl. 1980), § 3 I, § 9 I, § 10 I, § 10 IV 1.
[27] 1998 年 6 月 22 日, BGBl. I 1998, S. 1474.
[28] 将这些职业类别归属于非经营活动的自由职业，参见卡斯滕·施密特（前引 12, 1999 年第 5 版）§ 9 IV 3.
[29] 卡斯滕·施密特的建议，是以更为宽泛的"企业的概念"取代"商人的概念"（Karsten Schmidt, Bemerkungen und Vorschläge zur Überarbeitung des Handelsgesetzbuches—Vom Recht des „Handelsstandes"（Erstes Buch）zum Recht der „Unternehmen"—, DB 1994, 515–521）。立法者没有接受该建议。对此感到遗憾的，参见 Graf von Westphalen, Fünf Jahre HGB-Reform—eine erste Zwischenbilanz, BB 2003, Heft 45, 第 1 页。

利人本韦努托·斯特拉卡(Benvenuto Stracca，1509—1578)撰写并在1553年出版。[30] 如果有人明白这段历史，并且同时记得我们法学家被认为且实际上也很保守，那么他就可以适当地欣赏这朝着正确方向迈出的第一步。卡斯滕·施密特通过他的作品，对这个(部分的)成功做出了决定性的贡献，我们只希望下一步不会再走500年。我们的邻国奥地利，通过制定《企业法典》[31] 在这个方向上取得了进展。您可以猜到谁在这样的发展中也起到了决定性的作用。[32]

四、公司法制度建构

接下来是第二个领域，即公司法。在这里，通过他的教科书的目录，可以看清卡斯滕·施密特的方法。该目录被誉为"不同寻常却又清晰具有说服力"。[33] 其他的教科书紧密围绕公司的类型展开，而他将"一般理论"("Allgemeine Lehren")放在首位。即便在1986年第1版教科书中，第一部分也已有约500页，[34] 期间，这一部分又达到了650页。[35] 这里的目标清晰可见：为了公司法制度建构而发展一般模式。他能够比其他人更为清晰地认识到，所有类型的公司都存在很多法律问题，但对于不同类型的公司，答案经常是不同的。这里需要的是超越的视角，而只有像卡斯滕·施密特一样具有渊博知识和思考能力的人，才能在公司法领域创造出这种视角。他平等地分析了所有类型的公司，深入分析现有的不同方法，然后创造了一个新的全景图——"一般理论"。

---

[30] Raisch, Handelsrecht heute—Handelsrecht oder Unternehmensprivatrecht？(Teil 1)，JA 1990，259，261："商人是通过买卖货物从事营利活动的人。"

[31] 对此，参见Karsten Schmidt, Zum Stand der HGB-Reform, Rechtsdogmatische und rechtspolitische Überlegungen, JBl 2003, 137-149; ders., Der Entwurf eines Unternehmensgesetzbuches—eine rechtspolitische Analyse, JBl 2004, 31-43; ders., Fünf Jahre neues Handelsrecht—Verdienste, Schwächen und Grenzen des Handelsrechtsreformgesetzes von 1998, JZ 2003, 585, 586; Graf von Westphalen, BB 2003, Heft 45 Die erste Seite。

[32] Vgl. Krejci/Karsten Schmidt, Vom HGB zum Unternehmergesetz (2002).

[33] Klamroth, Buchbesprechung：Karsten Schmidt, Handelsrecht (1. Aufl. 1980; 2. unveränderte Aufl. 1982)，WRP 1987，412，413。

[34] Karsten Schmidt, Gesellschaftsrecht (1. Aufl. 1986)，§§1-21 (S. 1-486).

[35] Karsten Schmidt, Gesellschaftsrecht (4. Aufl. 2002)，§§1-21 (S. 1-652).

（一）取得的进展

通过他的决定性"培育"，公司法制度建构从公司法教科书第 1 版出版以来，取得了进步。比如，人合公司的"外部法"（"Außenrecht"）被认为是"权利人"（"Rechtsperson"）学说的组成部分。早在第 1 版中，就有专门一章以"作为权利载体的社团"为题目，在这一章中，卡斯滕·施密特深入分析了"集体行为"（"Gesamthand"），而非法人。[36] 尤其是以维尔纳·弗卢梅和彼得·乌尔默的研究为基础，卡斯滕·施密特在这里创造了具有代表性的新的"集体行为说"（"Gesamthandlehre"）。该理论在几年前，也即德国联邦最高法院第二审判庭承认民法上的"外部组织"（"Außengesellschaft"）具有权利能力时，为该法院司法裁判开辟了新天地。[37] 这一成果再一次归功于卡斯滕·施密特的作品。

受他影响极大的制度建构中取得重要进展的，还有"错误社团"法（"fehlerhafte Verbände"；教科书第 6 章）和"设立中公司"法（"Vorgesellschaft"；教科书第 11 章）。对于设立中公司，赫伯特·维德曼在 20 世纪 70 年代还在说是"不解之谜"，[38] 维尔纳·弗卢梅在 11 年后却能确定/证实这个"不解之谜"基本上已被揭开。[39] 卡斯滕·施密特的"一般理论"对于揭开这个"不解之谜"做出了相当大的贡献。

（二）未来的任务

但是公司法制度建构还远没有完成。一直以来，还有不同观点的是错误决议的法。施密特最近在《企业与公司法杂志》（ZGR）对此进行了批判。[40]《股份公司法》长期以来为撤销和无效提供法律依据，且在没有

---

[36] 前引 34，§ 8。
[37] BGHZ 146, 341 = NJW 2001, 1056 = ZIP 2001, 330.
[38] Wiedemann, Das Rätsel Vorgesellschaft, JurA 1970, 439–465.
[39] Flume, Zur Enträtselung der Vorgesellschaft—Eine Untersuchung aus Anlaß der Entscheidung BGH, NJW 1981, 1373, NJW 1981, 1753–1756：对于揭开设立中公司的"不解之谜"，是他对联邦最高法院裁判（BGHZ 80, 129）的评语，联邦最高法院对于揭开设立中公司的"不解之谜"做出了实质性的贡献，即使在这个裁判中又出现了新的不解之谜。
[40] Bundesgerichtshofs, ZGR 2008, 1, 24 ff.; siehe später auch ders., Reflexionen über das Beschlussmängelrecht—Dogmatik und Rechtspolitik der Anfechtungsklagen für Heute und Morgen—, AG 2009, 248–259.

法律依据的情况下，在《有限责任公司法》中同样可以适用上述原则。但在人合公司法中面临同样情形时能否适用上述原则的问题却仍然模棱两可。解决该问题一直是他的意愿。这里同样展现了其超越的思维：早在公司法教科书的第 1 版中，他就主张对所有的社团适用相同的原则。[41]

卡斯滕·施密特具有研究者的精神，不断开拓新领域，进行制度建构。"虚拟权利人"（"virtuelle Rechtspersonen"）[42]是他的最新的方法。"虚拟权利人"概念所包含的现象是，特定的组织在法律上不被视为主体。比如，"非典型的隐名公司"的概念应当被"内部的有限商事合伙"（"Innen-KG"）[43]或"隐名的社团"[44] 取代；这种"内部的有限商事合伙"属于"虚拟的权利载体"，其组织章程在内部关系上近似于有限商事合伙的组织章程。[45]

我们希望他作为现实中的人继续长期处理这些问题，以便在新的教科书的书评中看到这样的评价："卡斯滕·施密特的公司法，是由一位极具说服力的先驱写的教科书。"[46]

（三）作为文学的法学作品

上述引言出自德国联邦财税法院前首席法官马克斯·里德（Max Rid，1925）博士。他重点指出一般理论，认为它有助于整体掌握单个的公司类型，便于理解材料。[47]另一个书评指出"强化意思认识的方法论

---

[41] 前引 34，§ 15 II 3.

[42] Karsten Schmidt, Konzernunternehmen, Unternehmensgruppe und Konzern-Rechtsverhältnis—Gedanken zum Recht der verbundenen Unternehmen nach §§ 15 ff., 291 ff. AktG, in: Schneider u. a. (Hrsg.), Festschrift für Marcus Lutter (2000), S. 1167, 1175 in Fn. 34, zuletzt ders., Zur Gesellschafterhaftung in der „Innen-KG"—Bermerkungen zur typisch-atypischen stillen Gesellschaft, NZG 2009, 361 - 364.

[43] Karsten Schmidt, Sozialansprüche und actio pro socio bei der „GmbH & Still", Zur Binnenverfassung der mehrgliedrigen stillen Gesellschaft, in: H. P. Westermann/Mock (Hrsg.), Festschrift für Gerold Bezzenberger (2000), S. 401 - 413; Münchener Kommentar HGB-Karsten Schmidt (2. Aufl. 2007), § 230 HGB Rn. 81, zuletzt ders., NZG 2009, 361 ff.

[44] 参见他的门生的研究：Florstedt, Der „stille Verband" (2007); siehe auch ders., Schuldrechtliches Beteiligungskapital, in: Bitter u. a. (Hrsg.) Festschrift für Karsten Schmidt (2009), S. 399, 404。

[45] 在本报告之后，司法裁判对此进行了探究：2009, 421 = DB 2009, 221 = NZG 2009, 256; dazu Karsten Schmidt, NZG 2009, 361 - 364。

[46] Rid, Rezension: Karsten Schmidt, Gesellschaftsrecht (2. Aufl. 1991), DStR 1992, 964.

[47] Rid, DStR 1992, 964.

上整体展现的效果"[48]。不断受到赞誉的不仅是施密特作品的内容,而且还有他的表达能力。比如,里德认为:"教科书使用的语言,让读者毫不费力地掌握最为困难的事实和法律后果。"[49] 格尔哈德·鲁克特(Gerhard Picot, 1945)针对商法教科书作出类似的评价:"作者采用的不复杂、清晰且总是可以理解的语言风格,让人得到尤为专业的阅读享受/乐趣。"[50]

施密特不仅有跨越思维和整合思维的能力,并且还有即使材料极为复杂仍能以清晰和简单的方式展现结果的能力。我认为,更为重要的,是法学作品对卡斯滕·施密特而言必须是文学。他总是对他的博士生说:"你们在写一本书。为了做准备,不要阅读《帕兰特德国民法典评注》或《慕尼黑德国民法典评注》,要阅读著名作家的名著,然后开始工作。"卡斯滕·施密特是一名作家,如果不是因为他的法律工作,他可能已经写了很多其他类型的书。

问题是,他的门生也要按照此标准来被衡量。当我把我的教授任用资格论文第一稿提交给他的时候,在这篇论文中我一度用相当呆板的方式表达我的想法,在稿件的旁边,我发现了一个到位的评语:"用作给市政官员的服务指示的措辞,是再好不过的了。"

五、企业破产法之路

回到卡斯滕·施密特的方法,我想用第三个例子来说明:破产法。为了展现他的思想,1990年的专著是最适当的例子。这本专著使得不止一个"沼泽地"变得干燥,还揭示了新道路,就像题目所显示的那样,揭示了"企业破产法之路"。[51] 他写这本书的原因,可以从前言的第一句话看出:"此研究尝试体系化地发展企业破产法的基本关注点、基本规则和基础。"接着,他写道:

---

[48] Klamroth, WRP 1987, 412, 413.
[49] Rid, DStR 1992, 964.
[50] Picot, Wieder ein großer Wurf—und ein fachliches Lesevergnügen, BB 1999, 2307.
[51] Karsten Schmidt, Wege zum Insolvenzrecht der Unternehmen (1990).

始于1988年或1989年冬季的对这部作品的学术关切，最初是以一种体系化的方式来展现我15年来的研究结果和在很大程度上被视为仅仅是个别假设的结果，例如，以"宏观模式"来展现它们，或以服务于今天和未来的企业破产法为目的来展现它们。

在这里，我们发展了一个模型，它不必完全遵循其逻辑结论，但在创造性和包容性方面是很难超越的。这是一本能够带给读者思考的书。

卡斯滕·施密特在该书的第一节，这样描述自己作为法律学者的任务：

> 正是因为经济生活复杂，所以必须用一般性的规则将它整合在一起；正是因为对细节/个别问题很难形成共识，所以这种共识必须有一个基本的秩序，这种秩序保证结果达成一致，并防止所有细节/个别问题的讨论始于不一致的前提和问题。正是因为所有的法律知识提供了暂时的轮廓，并且一直处在被纠正的风险当中，必须不断利用法律先例和法政策来理解细节问题，并且它们的解决办法必须始终仅被理解为一个协调一致的整体的基石。其中，蕴含着对法学的制度说的有序力量的最优化的信任，而不是对飞扬跋扈的法律人恣意的信任。[52]

这种（很大部分已经落实的）新秩序在破产法中的什么地方？简而言之：卡斯滕·施密特研究的前提是，破产法是在程序法领域长达几十年的法律发展中出现的，程序法以一种有效的方式运作，但也导致了法律的停滞。[53] 必须要破除"民事诉讼法学对破产法的支配"[54]。诸如弗里德里希·韦伯（Friedrich Weber，1905—1996）和威廉·乌伦布鲁赫（Wilhelm Uhlenbruck，1930）这类作者，作为破产法学者，把将与民法和破产程序法并驾齐驱的企业法律问题视为破产制度的要素，他们的做法不再是个

---

[52] 前引51，第14及下页。
[53] 前引51，第19页。
[54] 前引51，第133页。

别现象/孤立的例子。[55]

施密特早在早期的破产法中就看到了企业法思想的缺位：它的基础是单个的债务人是共同债务人(1877年德意志帝国《破产法》第1条和第6条第1款)，而涉及商事合伙财产的破产程序规则仅以附件的形式出现(德意志帝国《破产法》第207条和第209条，旧《有限责任公司法》第63条)。[56] 相比之下，企业破产法如果以商事合伙/贸易公司的范式为导向，那么与清算法的桥梁就已然搭建，那么，破产仅是法定清算程序的一种特别形式，[57] 以法律实体的完全终止或重组而告终。[58]

这种基本原则，即抛弃程序主义的强制执行思想，接受企业相关的思想，贯穿于整个专著和卡斯滕·施密特的其他破产法作品。比如，这影响了他的"修正的过度负债的两阶层概念"。他借助该概念，用面向公司作为一个存活经济单位的动态检查，取代了面向现有资产执行和分配的静态破产思维导向。[59] 在司法裁判认可这个模式之后，[60] 让施密特[61] 遗憾的是，破产法的立法者(立法机构)对破产制度进行干预，并且在《破产法》第19条第2款中对"过度负债"进行了新的表述，扭转了局面。[62] 当考虑到破产财产时，破产法中的企业思想变得清晰。静态思维只着眼于程序启动时强制执行的财产，因而忽略了没有被强制执行的财

---

[55] 前引51，第21页。
[56] 前引51，第25页。
[57] 前引51，第26页。
[58] 前引51，第159及以下诸页。
[59] 前引51，第37及以下诸页，尤其是第40页，第46及以下诸页。
[60] BGHZ 119, 201＝NJW 1992, 2891＝ZIP 1992, 1382 (Leitsatz 2)；BGHZ 129, 136＝NJW 1995, 1739＝ZIP 1995, 819 (Leitsatz 8)。
[61] Scholz-Karsten Schmidt, GmbHG, Band 2 (9. Aufl. 2002), Vor §64 GmbHG Rn. 16 f.,该作者认为《破产法》第19条第2款只是形式上的变化，而不是实质的变化；联邦最高法院第二审判庭的认识完全是不同的，即《破产法》第19条第2款对"过度负债构成要件"的新表述，脱离了前引60司法裁判的"基础"。
[62] 参见BGHZ 171, 46＝NJW-RR 2007, 759＝ZIP 2007, 676(裁判要旨4和边码19)。按照2008年4月25日的报告，金融市场稳定部门的立法者，再次临时采用了修订的二阶层的过度负债的概念(vgl. dazu Bitter, Neuer Überschuldungsbegriff in §19 Abs. 2 InsO: Führt die Finanzmarktkrise zu besseren Einsichten des Gesetzgebers?, ZInsO 2008, 1097; Karsten Schmidt, Überschuldung und Insolvenzantragsplficht nach dem Finanzmarktstabilisierungsgesetz, Geschäftsleiterpflichten im Wechselbad der Definitionen, DB 2008, 2467－2471; Scholz-Karsten Schmidt/Bitter, GmbHG, Bd. 3 [10. Aufl. 2010], Vor §64 Rn. 15 ff.)。

产及程序中增加的财产。[63] 这种观点不适用于作为一个动态整体/单位的企业。因此,卡斯滕·施密特提出了相对的观点/假设:免受强制执行的公司财产并不存在。[64] 基于这个思想,可以阐释他的著名的反对主流观点的主要论点:在债权人之间分配资产时,不允许破产管理人以牺牲公共利益为代价,为了恢复重组而从总财产中剥离麻烦的单个财产,尤其是被长期抵押的不动产。[65] 法院并没有认同他的观点(我认为这是不正确的做法),而是继续认为剥离的做法是正确的。[66] 相反,成为法律的是将新取得的财产列入破产财产中(《破产法》第35条第1款)。

不幸的是,在卡斯滕·施密特的作品中,经常无法轻易看出事物之间如何环环相扣。每个观点都处在宏观模式中。尽管对个别细节有不同的观点,他借这种整体思想对德国法的发展产生了深远的影响。将当今的破产法与30年前的破产法进行比较,就会发现有很大的变化。执行的思维一直以来都偏离于德国企业法的思维。就是在大学中,也发生了让人惊讶的快速发展:如今的大多数年轻破产法律师将破产法视为企业法,而不再将之视为强制执行法。我认为这样说也不为过:卡斯滕·施密特不仅永久改变了德国破产法,而且也永久改变了德国的破产实践。

六、游走在法律学科之间

像卡斯滕·施密特一样的思想家,不仅注重在特定法律学科中提供统一

---

[63] 对于破产法的观点,参见前引51,第70及以下诸页。
[64] 前引51,第70及以下诸页。
[65] 对于反对自由处置的,参见前引51,第73及以下诸页;后来的,参见同作者,Altlasten, Ordnungspflicht und Beseitigungskosten im Konkurs——Wege und Irrwege der verwaltungsgerichtlichen Praxis, NJW 1993, 2833 - 2837; ders., Ordnungsrechtliche Haftung der Insolvenzmasse für die Altlastenbeseitigung, Zum Stand der Diskussion nach dem Urteil des OVG Greifswald vom 16. Januar 1997, ZIP 1997, 1460, ZIP 1997, 1441 - 1445; ders., „Altlasten in der Insolvenz"——unendliche Geschichte oder ausgeschriebenes Drama?, ZIP 2000, 1913 - 1921; ders. Keine Ordnungspflicht des Insolvenzverwalters?——Die Verwaltungsrechtsprechung als staatliche Insolvenzbeihilfe für Umweltkosten, NJW 2010, 1489 - 1493。
[66] BGHZ 163, 32 = NJW 2005, 2015 = ZIP 2005, 1034 m. w. N.; BVerwGE 122, 75 = ZIP 2004, 1206; siehe zuvor allerdings auch die Entscheidungen BVerwGE 107, 299 = NJW 1999, 1416 = ZIP 1998, 2167; BVerwGE 108, 269 = ZIP 1999, 538, die Karsten Schmidt, ZIP 2000, 1913 - 1921 zunächst als Bestätigung seiner Ansicht verstanden hatte (insbes. 1915 f.)。

的模式，而且还创造了必要的关联性。基本上，他只有一个德国商法世界的主要模式，在其中，他嵌入了自己所有的详细论述。举几个例子如下。

通过要求商法也适用于破产的公司，施密特将其有关商法的思想与有关破产法的思想联系在一起。[67] 这使他的理论得以发展，即将破产管理人视为破产债务人的代理人，而不是官方的信托人，[68] 由于这样一种对商法规范的适用，破产管理人本身必须被宣布为商人。企业和企业主之间的贸易法联系，使他批判性地看待如今破产法中通常所称的（另外，按照他的概念建构[69]，现在常见的）"转移的重组"（"übertragende Sanierung"）概念，这一概念是由他提出的，在这种情况下，企业与破产所有人分离，并被转让给一个新的（继受）公司。[70]

当卡斯滕·施密特决定破产债务人是集体财产本身而非企业成员时，公司法制度建构与破产法之间建立了联系。上述决定始于施密特对集体行为对其破产地位享有权利能力/法律地位的承认。[71] 后来的《破产法》第11条第2款认可了这一观点。[72] 这种包容各方的思想也适用于破产法，因为卡斯滕·施密特呼吁在债务过度的情况下，破产申请义务对所有企业所有人都有约束力，而非仅对作为个人责任合伙人的企业所有者有约束力。[73] 他呼吁在"自有资本取代法"中进行同样的扩充。[74]

商法与公司法之间的联系线条尤为清晰。基于此，他的《公司法》教科书被誉为其《商法》教科书的"长兄"。[75] 这不仅体现在这两本"蓝色仙踪"（"blaue Wunder"）的外表，卡斯滕·施密特喜欢在大课上

---

[67] 前引51，第101及下页。
[68] 对于主流的"官方说"（"Amtstheorie"），参见《慕尼黑破产法评注》第1卷，2007年第2版，§80 InsO Rn. 27。
[69] Karsten Schmidt, Organverantwortlichkeit und Sanierung im Insolvenzrecht der Unternehmen, ZIP 1980, 328–337；前引51，第138页。
[70] 前引51，第137及下页，第213及下页。
[71] 前引51，第143及下页；参见同作者，前引35，§60 IV 3。
[72] 前引68，§11 InsO Rn. 3, 7 und 49。
[73] 前引51，第59及下页，包括其他的文献；参见同作者，Möglichkeiten der Sanierung von Unternehmen durch Maßnahmen im Unternehmens-, Arbeits-, Sozial- und Insolvenzrecht. Gutachten D zum 54. Deutschen Juristentag. Unternehmens- und insolvenzrechtlicher Teil, in: Ständige Deputation des Deutschen Juristentages (Hrsg.), Verhandlungen des 54. DJT (1982), Bd. I, D 64 f。
[74] 前引51，第91及以下诸页；前引35，§18 III 4，结合前引60。
[75] Klamroth, WRP 1987, 412, 413。

这样提到他的两本书，以暗指德累斯顿著名的洛什维茨桥（Loschwitz Bridge in Dresden）的当地昵称。人们也可以很容易地从众多交叉参引中看出它们在内容上同样是紧密交织的。

他的关于企业和企业主之间必要联系的认识，也有助于其观点在国际公司法中得以使用，关键词：Centros[76]、Überseering[77]和Inspire Art[78]。在Überseering案之前，众所周知，基于传统的"住所地说"，外国公司将其办公所在地搬到国内，由于没有遵守德国的资合公司设立的规定，它的权利能力将被剥夺。因为这种不承认的理论，公司可以说被"扼杀在边界"。[79]卡斯滕·施密特认为难以想象没有企业主的企业，他很早就认识到，不仅司法机关不能接受这种"住所地说"，[80]它在逻辑上也行不通。超越国界，正如他强调的，"公司的财产不像没有主人的野兽，企业不是没有吊带的晚宴服"[81]。

七、充满激情的教席负责人

我们看到：对卡斯滕·施密特而言，一切都只能被理解为整体概念

---

[76] EuGH v. 9. 3. 1999 – Rs. C – 212/97 *Centros*, Slg. 1999, I – 1459 = NJW 1999, 2027 = ZIP 1999, 438.

[77] EuGH v. 5. 11. 2002 – Rs. C – 208/00 *Überseering*, Slg. 2002, I – 9919 = NJW 2002, 3614 = ZIP 2002, 2037.

[78] EuGH v. 30. 9. 2003 – Rs. C – 167/01 *Inspire Art*, Slg. 2003, I – 10155 = NJW 2003, 3331 = ZIP 2003, 1885.

[79] 对此，参见大量的文献，Lutter, Überseering und die Folgen, BB 2003, 7 – 10, 尤其是第9页："事实上：如果公司在跨越国界时被扼杀，设立自由就形同虚设。"

[80] Schanze/Jüttner, Die Entscheidung für Pluralität-Kollisionsrecht und Gesellschaftsrecht nach der EuGH-Entscheidung „Inspire Art", AG 2003, 661, 664; ähnlich W. -H. Roth, Internationales Gesellschaftsrecht nach Überseering, zu EuGH, 5. 11. 2002 – Rs. 208/00 Überseering BV/Nordic Construction Company Baumanagement GmbH (NCC), IPRax 2003, 65, IPRax 2003, 117, 119: "从带来的法律后果来看，无法让人接受"；详见Knobbe-Keuk, Umzug von Gesellschaften in Europa, ZHR 154 (1990), 325 – 356, insbes. S. 328, 335 ff.。

[81] Karsten Schmidt, Freie Beweglichkeit von Unternehmen über nationale Grenzen, in: Forschungsinstitut für Wirtschaftsverfassung und Wettbewerb e. V. (Hrsg.), Multimedia: Kommunikation ohne Grenzen—grenzenloser Wettbewerb?, Referate des XXXI. FIW-Symposions, FIW-Schriftenreihe Heft 177 (1998), S. 41, 43; vgl. auch ders. (Fn. 34), § 1 II 8a; ders., Sitzverlegungsrichtlinie, Freizügigkeit und Gesellschaftsrechtspraxis, ZGR 1999, 20, 22 ff.; siehe sodann auch BGHZ 151, 204 = NJW 2002, 3539 = ZIP 2002, 1763, 基于此，在德国的外国公司无论如何应当被承认为有权利能力的人合公司。

的一部分,一方面,这使得理解变得艰难,另一方面,又使得与他合作充满魅力。艰难是因为(一个人)需要很多年的积累,才能接近他的思想境界,即便只是大约接近。对我来说,完全理解它(从整体上把握它)几乎不可能。我经常被他的批评/关键问题绊倒:"这您不知道?但这属于法学的常识。"为了几乎不再听到这样的疑问,你必须长期在他那里工作。

和他一起工作/合作充满魅力是因为他思维敏捷、灵活和富有创造性,让人充满激情。思考和讨论,对他而言,意味着激情。遇到的法律问题越难,他对找到解答的兴趣就越大。他愿意在白天或黑夜的任何时候与他人讨论一个好问题,即使是他手头有更重要的事情要做。我记得有天晚上我们坐在波恩大学法学院商法与经济法研究所的图书馆里讨论法律问题。这对他而言没什么不寻常的,因为他总是工作到深夜。讨论涉及的主题是《破产法》第93条的新规定,即在公司破产中,破产管理人可以依据《德国商法典》第128条要求股东承担个人责任。基于德国法学家大会在1982年[82]的专家意见书中的建议,该规则已成为法律。我们遇到了该条适用的难题,对此来回进行讨论。观点一个接着另一个,没有办法结束。一个人提出新的看法,另一个人对此提出反驳。让我感到兴奋的是讨论的方式、反应能力、提出新思想、及时准确表达可能发展出的思想的意愿及对其重新思考,一直追寻"唯一的解答"。在讨论之后回家的路上,我一路兴奋(一直处于欣喜若狂的状态)。这是精神上的享受。当时我就已经意识到,与一位警觉得如此令人难以置信的对手讨论法律问题,就如同在山顶上一览众山小、欣赏纽约现代艺术博物馆中的毕加索藏画或欣赏一场奇妙的古典音乐会一样让人激动。

卡斯滕·施密特的另一个特点,是他愿意向公众传递讨论。2000年,他在《经济法杂志》(ZIP)上刊登了一篇备受关注的文章。在该文中,卡斯滕·施密特和我将我们各自不同的想法整合在一起,文章开头

---

[82] 前引73,第46及下页;同作者,Insolvenzrisiko und gesellschaftsrechtliche Haftung, Die Unternehmensinsolvenz als Bewährungsprobe des Gesellschaftsrechts, JZ 1985, 301, 303 f.; ders., Das Insolvenzverfahren neuer Art—Kernprobleme der Insolvenzrechtsreform nach dem Kommissionsbericht—, ZGR 1986, 178, 205;前引51,第34及以下诸页,第80及以下诸页。

由我们共同撰写，接下来是"完全登记模式"（"Vollanmeldungsmodell"；由本文作者格奥尔格·比特撰写），接下来是"取消模式"（"Ausfallmodell"；由卡斯滕·施密特撰写），文章的结尾是我们共同的思考。[83] 还有哪位非常受人敬重的高校学者/大学教授会允许他的门生在一篇专业人士可以看到的合作文章中公开反驳自己呢？又还有哪位高校学者/大学教授会同意，在著名的科隆德国破产法研讨会上与自己门生的讨论和共同报告中，展现各自的模式？[84] 我的老师有这样的慷慨，出于这个及其他原因，我不止一次地对他说："亲爱的施密特先生，我非常高兴能和您一起工作。"

卡斯滕·施密特能够利用/借鉴他渊博的知识和经验财富，他也是一位富有激情的老师。尤其是对他备受热捧的大课来说。我本人约15年前在汉堡大学法学院享受了参加他的大课的乐趣。听课教室总是挤满了人，当教授在他的听众面前握住便携式麦克风以便他们可以向他提出有关贸易法、当前事件甚至普通教育的问题时，总有一种让人紧张的寂静和突如其来的激动。他的大课给听众留下的深刻印象，或许最能从以下事实中看出，即汉堡大学的学生举办火把游行活动，以劝阻他从汉堡大学转赴波恩大学。另外，学生的学期数越高，在教评中对施密特的好评就越高；针对商法和公司法的考试课程在波恩尤其受欢迎，或许是因为大多数学生直到那时才能理解对他们而言如此重要的相互关联的关系。

他书中语言清晰这一点已经很出名了。一位评论员正确地指出："任何翻阅《商法》和《公司法》的人都常常会想要全神贯注地阅读下去。"[85] 有幸能够聆听他亲自讲述的人也同样如此。他总是为开始一次聊天/一场谈话做好了准备，汉堡人会说这是"闲谈"（"Schnacken"）。一种内在动力促使他向所有人传授自己习得的认识。因此，他就是最恰当意义上的高校学者/大学教授，他并不将自己的学生和助理视为干扰研

---

[83] Karsten Schmidt/Bitter, Doppelberücksichtigung, Ausfallprinzip und Gesellschafterhaftung in der Insolvenz, Eine Analyse der §§43, 52, 93 InsO und §32a Abs. 2 GmbHG, ZIP 2000, 1077－1089.

[84] 2003年1月7日的报告；相关文档，参见本文作者的主页：https：//www.jura.uni-mannheim.de/bitter/（最后访问日期：2010年6月30日）。

[85] Klamroth, WRP 1987, 412, 413 a. E.

究的负担。相反，无论何时有人去找他，他都很高兴，并且能够将自己的一些知识传授给对方。在他的波恩大学教席所在地，因为卡斯滕·施密特从不与外隔离，导致他的办公室就像皮卡迪利马戏团(Piccadilly Circus)。他喜欢身边有很多的喧闹(他喜欢被喧闹所包围)。他一方面有太多事情要做，另一方面又太喜欢聊天，以至于他好几次花了半个小时向一个人描述他的时间是如何地少，以及那天还有多少事情要做。

他深厚的人文关怀使他如此惹人喜爱，这表现在他即将从波恩返回汉堡(在波恩大学任教期间，他还保留着汉堡的主要住所)却发现钥匙不见了的时候。他召集了整个教席，包括他的助手、同事和学生，而他们也都参与进来一起帮忙寻找他失踪的钥匙，又或许是钱包、一本重要的书或他想要携带的手稿。大多数情况下，一切顺利，他及时赶上了停在附近火车站的火车，但有时候，他也只能看着已经驶离的火车的红灯。

他周围的教席团队，对他而言非常重要。他当然注重新录用人员的法学资质，但同样注重考虑他们是否适合这个团队。他的助手和其他同事总是和他一起对新录用人员进行工作面试，只有当所有团队成员都同意，他才会录用新人。卡斯滕·施密特不仅在专业问题讨论方面对合作伙伴的想法持开放态度，在教席的内部教学事务方面也同样如此。

1976年2月18日，他的老师彼得·莱希在写给哥廷根大学的一份有关自己门生的鉴定书中，在结尾处如此评价他的门生卡斯滕·施密特：

就个人而言，他稳重、合群、善良、谦虚和充满爱。

今天，作为门生的我，来评价我的老师卡斯滕·施密特，将以此句收尾：

亲爱的施密特先生，非常感谢您给我带来的美好而富有收获的时光。愿您继续勾勒法律蓝图，并在未来赢得(更多)听众和读者的青睐！

附录：卡斯滕·施密特简历

卡斯滕·施密特(Karsten Schmidt)，1939年出生于德国哈茨山地区(Harzvorland)的奥舍斯莱本镇(Oschersleben)，在基尔长大。父母是纯正的基尔人，均为教师。他在基尔大学和慕尼黑大学学习法学，最初也学习人文科学。1965年，他在石勒苏益格完成第一次国家司法考试。1969年，他在汉堡完成第二次国家司法考试。在一家德国律师事务所从事短暂工作之后，卡斯滕·施密特及其夫人、后任汉堡州高等地区法院首席法官的英伽·施密特-思雅(Inga Schmidt-Syaßen)博士转赴波恩大学，于1972年在该校以《商事合伙体系中的无限商事合伙》为论文完成博士学业。两个女儿分别在基尔和波恩出生。他的博士导师彼得·莱希指导他在1975年和1976年之间的冬季学期完成教授任用资格论文：《卡特尔程序法—卡特尔行政法—民法》。他的第一个教授任命来自哥廷根大学，之后是1977年来自汉堡大学的教授任命。他在该校担任了20年的商法、航运法和经济法研究所负责人。1981年，《综合商法与经济法杂志》任命他为主编，1984年，又任命他为编辑委员会成员。那时，他已经是一名正式的德国教授了。1987年，德国民法学者协会任命他为代理主任，后来他成为主任。1997年，那时在国内外都具有很高声望的他，当波恩大学任命他为商法与经济法所的主任时，从易北河转赴莱茵河。但是他与汉堡保持着紧密联系，在那里，他于1984年和1986年分别在时代基金会的执行局和董事会任职；1992年，汉堡"跨海会"又任命他为副会长。他也与阿希姆·尤根乌斯科学院(Joachim Jungius-Gesellschaft der Wissenschaften)和汉堡科学院保持着密切联系，在那里，他于2005年被任命为资深院士。他还与汉堡博锐思法学院保持着密切联系，他是该学院的联合创始人之一，并且最初作为副院长推动了该院的发展。参加汉堡高层聚会，仍然是这位波恩法学学者日常生活的一部分。2004年春，卡斯滕·施密特退休后，返回汉堡担任博锐思法学院院长。当他已扩张的国际课程和教学活动(例如每年在中国的活动)没有将他带离这个城市的时候，他就在那里用德文和英文授课。他已经出满了700部关于商法、公司法和破产法、民法、民事诉讼法和反垄断法的专著、评论和论文。他学术作品的数量只能被它们的独特品质所超越。卡斯滕·施密特的不懈努力为他赢得了无数荣誉，其中包括2002年雅典大学和维也纳大学授予的荣誉博士头衔、2005年的埃米尔·冯·绍尔奖(Emil von Sauer-Preis)、2006年的联邦十字第一等功勋奖和 2009 年约翰娜及弗里茨图书纪念基金会（Johanna und Fritz Buch-Gedächtnisstiftung）颁发的京特博士图书奖（Günther Buch-Preis）。他是伦敦高级法律研究所的长期荣誉研究员、阿根廷科学院院士及其他研究院的研究员。2009 年，正值他七十寿辰，为了纪念他的寿诞，本文作者格奥尔格·比特和马库斯·陆德、汉斯-约阿希姆·普里斯特、沃尔夫冈·施恩、彼得·乌尔默主编了一本纪念文集呈送给他。

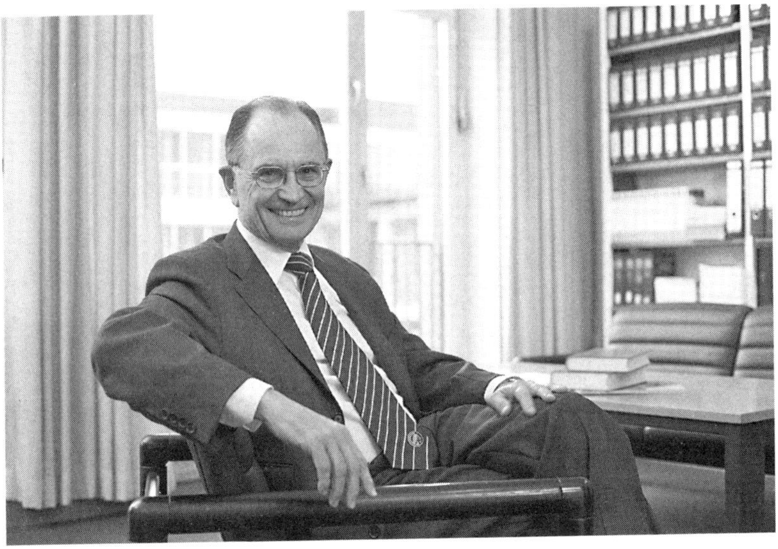

克劳斯·霍普特（Klaus J. Hopt, 1940）[*]

目　次

一、序幕 / 584

二、人生 / 585

　　（一）第一个三十年 / 585

　　（二）高校老师生涯 / 586

　　（三）马克斯·普朗克研究所所长 / 592

三、资本市场法与银行法 / 595

　　（一）教授任用资格论文：资本市场法中的投资者保护 / 595

　　（二）法学和立法中资本市场法的保护目标的落实 / 597

　　（三）对企业法的影响 / 599

　　（四）银行法 / 601

四、国内和国际 / 603

　　（一）鲍姆巴赫、霍普特的《德国商法典评注》 / 603

　　（二）国际作品和主编——起步阶段 / 604

　　（三）对欧洲和全球的影响 / 606

五、企业法和市场法 / 606

　　（一）公司治理 / 607

　　（二）公司法——管理层与员工的参与权 / 608

　　（三）人合公司法 / 610

六、商法与民法 / 610

七、法律、社会科学及实践的责任 / 613

---

[*] 作者简介：〔德〕斯蒂芬·格伦德曼，本书联合主编。本文是作者2010年11月12日在柏林洪堡大学的报告。

（一）法律与社会科学　/ 614
　　（二）实践的责任及立法者的责任　/ 615
八、学术组织者　/ 617
九、为人师　/ 618
十、展望　/ 619

一、序幕

　　克劳斯·霍普特于 1940 年 8 月 24 日出生在德国图特林根，是医学博士玛丽亚·霍普特和特奥·霍普特夫妇所生之子。在图特林根以及罗特威尔县，霍普特度过了他的童年和青少年时期。霍普特在高考时经历了欧洲共同体和欧盟的创立，当时的称呼还是欧洲经济共同体。在 1964 年和 1965 年，他环游世界，在西班牙的毕尔巴鄂待了几个月，在巴黎待的时间长一些，在纽约待了一年，认识了后来成为他夫人的阮博士（Nhu Dung Hopt-Nguyen）。四年后，32 岁的他，独自为德国"发现"和塑造了一个新的法律领域，即资本市场法[①]。50 年以来，该领域的法律可能是最有影响力和发展最新的法律；这种影响最初当然是在德国，后来，由于霍普特在国际上和整个欧洲的重要性，该法（资本市场和公司法）以特殊的形式展现在欧盟法中。霍普特因此在早年就有了"发明"，这正如经常发生在自然科学家（无论如何，他是自然科学家的孩子）或经济学

　　[①] Hopt, Der Kapitalanlegerschutz im Recht der Banken-gesellschafts-, bank- und börsenrechtliche Anforderungen an das Beratungs- und Verwaltungsverhalten der Kreditinstitute (1975)。该文在 1973 年 7 月 26 日成为慕尼黑大学法学院的教授任用资格论文，后来在法律政策上的"道路"，参见 Hopt, Inwieweit empfiehlt sich eine allgemeine gesetzliche Regelung des Anlegerschutzes? (dargestellt unter besonderer Berücksichtigung der Publikumspersonengesellschaften, namentlich der Abschreibungsgesellschaften und geschlossenen Immobilienfonds), in: Ständige Deputation des Deutschen Juristentages (Hrsg.), Verhandlungen des 51. DJT (1976), Bd. I, G1 - G133; sowie ders., Vom Aktien- und Börsenrecht zum Kapitalmarktrecht? Teil 1—Der internationale Stand des Kapitalmarktrechts, ZHR 140 (1976), 201 - 235 und ders., Vom Aktien- und Börsenrecht zum Kapitalmarktrecht? Teil 2—Die deutsche Entwicklung im internationalen Vergleich, ZHR 141 (1977), 389 - 441; 对于法学家大会的专家鉴定，新近的，参见 K. Schmidt, Anlegerschutz als Juristentagsthema—Gedanken beim Wiederlesen der Juristentagsverhandlungen von 1976, in: Grundmann/Haar/Merkt/Mülbert/Wellenhofer (Hrsg.), Festschrift für Klaus Hopt (2010), S. 2489 - 2506.

家身上的情况，后者包括科斯和阿克洛夫，他们分别在30出头或35岁左右撰写《企业的性质》和《柠檬市场》。② 霍普特当时已经规划了所有：三大领域，即银行与资本市场法、企业法、商法与私法；三大活动，即法学、法律实践和范围更广的立法责任；还包括法学与社会科学之间的紧张关系、国内与国际之间的紧张关系。这种早年的成熟，赋予他在更长的时间跨度内，即40年之中，在令人敬佩的深度和广度里，以多种形式发展他在所有这些方面的潜力。

二、人生[③]

20世纪德语区私法学者中，年过70岁并被私法学界以大型纪念文集的形式纪念的人当中，有些人还在对21世纪产生影响。克劳斯·霍普特是其中最年轻的一位，他在欧洲有重要的影响力，可能是唯一在世纪之末产生最大影响的学者。

（一）第一个三十年

二战结束时，霍普特不到五岁。他虽没有出生在和平的世界，但他在这样的世界中成长，这也深刻地影响了他。在传统上主要研究德语区私法和经济法并撰写重量级德国法评注和教科书的学者中，他是最有国际影响力的人物之一，甚至可能属于最有国际影响力的人物，至少在商法和经济法领域如此。在施瓦布家乡成长的霍普特，直到50年之后，他才看到梦想中地处中亚、处在丝绸之路上的城市，凭着感觉，他想就如看西方一样，去看东方世界。当时，德国和西方的联系及融合正在形成。霍普特后来想成为外交官，到今天还对全世界拥有的好奇心在当时已经体现出来，并且融入他的人文教育及在施瓦布家乡的成长中。

尽管霍普特出生在医学大家庭，以及拥有"自然科学"精确性的天

---

② Coase, The Nature of the Firm, *Economica* 4 (1937), 386 – 405; Akerlof, The Market for ‚Lemons‘: Quality Uncertainty and the Market Mechanism, *Quarterly Journal of Economics* 84 (1970), 488 – 500.

③ 表格形式的简历，参见 Grundmann/Haar/Merkt/Mülbert/Wellenhofer (Hrsg.), Festschrift für Klaus Hopt (2010), S. 3355 – 3368。

赋，但在早期，还是人文社会科学吸引他。在罗特韦尔读完人文高中后，从 1959 年开始他先是在图宾根大学，后来在慕尼黑大学攻读法学。期间，给他留下印象最深的是慕尼黑大学的神学家罗曼诺·瓜尔迪尼（Romano Guardini，1885—1968）、图宾根大学的历史学家汉斯·罗特费尔斯（Hans Rothfels，1891—1976）和法学家乔基姆·格恩胡贝尔（Joachim Gernhuber，1923—2018）。后来，他选择了恩斯特·施泰因多夫（Ernst Steindorff，1920—2018）作为自己的导师。从 1962 年开始，他又选择了政治学和经济学作为自己的专业。有时候，与其说他是私法和经济法学者，他更像是宪法和公法学者。在当时，他已经想好了学科跨界问题，尤其是监管的问题。1963 年，他以当年第一名的成绩在图宾根完成第一次国家司法考试；1969 年，他还以当年第一名的成绩在慕尼黑完成了第二次国家司法考试。期间，他在西班牙、法国和美国度过了一段时间，并在美国纽约曼哈顿中心的纽约大学成功完成了法律硕士学位课程学习。在两次国家司法考试之间，他另外完成了两篇博士论文，第一篇是《不当启动程序的损害赔偿》（"慕尼黑大学作品系列"第 7 卷，1968 年），第二篇是《作为政治因素的第三个权力——选区划分改革的案例分析》（顿克汉博特出版社 1969 年版）。

在这段时间，霍普特与阮夫人相遇，共度时光，最终在 1968 年 6 月 7 日完婚。阮夫人也是学习法律的，后来是药学的毕业生。她后来成为霍普特真正的伴侣。同时，阮夫人又是牢靠、跨越全球的象征，从他们相识的华盛顿广场到她越南的家乡。越南也是霍普特阮氏基金会促进科学研究和慈善的国家。在纽约的时光，他们几乎每周都要去纽约大都会艺术博物馆和卡内基音乐厅，在学生座位上聆听莫扎特、贝多芬、勃拉姆斯和布鲁克纳的音乐。霍普特为他未来的夫人打开"他的欧洲"——这种愉悦的状态也许只能和后来他们在佛罗伦萨的两年时光相媲美，这座城市早在少年时期就让他着迷。

（二）高校老师生涯

1. 克劳斯·霍普特的教授任用资格论文导师是慕尼黑法学院经济法学者恩斯特·施泰因多夫。施泰因多夫塑造了国际法的所有领域和国际私法，塑造国际私法主要是以其经济法的视角和欧洲私法。他是《共同体市场法律评论》第一任德国联合主编,也是《综合商法与经济法杂志》最为国际化的主编。早期,霍普特为这两个杂志撰写文章,在《共同体市场法律评论》中对全欧洲报告20世纪60、70年代德国司法裁判的主要发展。值得提到的是,后来,霍普特没有成为这两个杂志的主编,而是成为《企业与公司法杂志》的主编。从霍普特的地位和研究领域来看,这值得注意。这主要是因为霍普特有很强的独立性,即使在与他老师的关系上也是如此,同时,也有"内在逻辑"方面的原因:马库斯·陆德创建了这个相较于《综合商法与经济法杂志》年轻一百年的杂志,目标是成为在国际性、主题和方法论方面非常现代的存档类杂志。因此,邀请霍普特加入该杂志的编辑部非常合乎逻辑,使拥有非常"国际化"的主编的《企业与公司法杂志》成为与《综合商法与经济法杂志》同样优秀的杂志。现在,这两份杂志组成了存档类杂志的"孪生姐妹",构成了德语区商法与经济法的核心。随之而来,他与公司法大家马库斯·陆德、赫伯特·维德曼、彼得·霍梅尔霍夫有着深厚的友情以及硕果累累的交流。后来,还有霍尔格·弗莱舍,他接替霍普特,担任位于汉堡的马克斯·普朗克研究所的所长。不过这是20多年后的事情了。

他1973年的教授任用资格论文一鸣惊人。霍普特在当时,除了他的博士论文和报告,还有涉及法律信息学和法律社会学的几篇文章,另外就是涉及(当时在德国无人知晓的)内幕交易法的唯一一份篇幅更大些的民商法短篇专著。[④] 基于此,霍普特凭借教授任用资格论文获得"民法、商法、德国和欧洲经济法、比较法、法律社会学和法律信息学"专业领域的教学资格。慕尼黑法学院作出了本文开头提到的鉴定结论:他在当时已经规划了所有——三大领域,即银行与资本市场法、企业法、商法与私法;三大活动,即法学、法律实践和范围更广的立法责任;还包括法学与社会科学之间的紧张关系、国内与国际之间的紧张关系。该结论的依据主要是教授任用资格论文,因为其他的发表数量有限,部分还是不为人所知的领域,比如内幕交易法,在该领域霍普特的思想最终在法

---

④ Hopt, Die Auswirkungen des Todes des Vollmachtgebers auf die Vollmacht und das zugrundeliegende Rechtsverhältnis, ZHR 133(1970), 305-326; ders./Will, Europäisches Insiderrecht, Einführende Untersuchung—Ausgewählte Materialien(1973).

律政策上得到承认。下文将会阐释为什么这个教授任用资格论文一鸣惊人，它的重要性事实上也得到了证明：仅仅是在数月内，霍普特就收到了三个教授任命的邀请，其中一个是非正式的（所谓的"灰色"），它们都是规模较大的大学里非常有声望的教席。

2. 从1974年到1985年，霍普特在图宾根大学度过了第一个时间比较长的高校老师生涯。他所在的教席是"民法、商法、劳动和经济法、国际私法和比较法"，该教席的前任是沃尔夫冈·费肯杰。霍普特拒绝的教授任命邀请一是哥廷根大学的教席"民法、商法与经济法"，该教席的前任是伯恩哈特·格罗斯费尔德，二是汉堡大学新设的教席"私法和法律社会学"（非正式的邀请）。这些邀请都在1974年上半年发生。霍普特不是法律社会学学者，也不是严格意义上的国际私法学者，就像伯恩哈德·格罗斯费尔德（Bernhard Großfeld, 1933）那样，他一直坚守国际性和跨学科的方法。在图宾根大学这段（稍后）时间，他得到第一个重要的主编职务，涉及公司法和竞争法英语类的出版物。也是在这段时间，他被永远固定在德国商法的心脏：继任鲍姆巴赫《德国商法典评注》的撰写（参见下文四 [一]）、出版学习用的两本教科书《商法》和《公司法》的第1版、成为位于斯图加特的州高等法院反垄断庭成员（1981—1985）。在这段时间，霍普特被邀请在德国大型（私）法学论坛上发言，首先是在1975年第51届德国法学家大会上做有关投资人保护的专家鉴定（脚注1），后来是在1983年斯图加特的民法学者协会上做有关职业责任和职业法的报告（下文脚注38）。

霍普特在图宾根大学工作了很长时间，在1978年和1979年拒绝了一些教授任命：法兰克福大学重点的国际私法的教授任命，教席是"德国和外国民法、商法和国际私法"——前任是冯·比贝尔施泰因（Wolfgang Freiherr Marschall von Bieberstein, 1928—2003）；明斯特大学的教授任命，教席是"法律社会学、法哲学和社会哲学"——前任是赫尔穆特·谢尔斯基（Helmut Schelsky, 1912—1984）。比前几年更为明显，霍普特拒绝任命的原因是不想成为纯粹的国际学者，也不想成为国际私法学者或法律社会学学者。他认为，不同方法的结合及其互动、国内与国际的结合，可以产出更为丰富的成果。在所有的教授任命中，他只选择了一个，即佛罗伦萨欧洲大学的教授任命，工作年限是限定的，教席是"欧洲和国际商法与经济法",前任是克里斯托夫·萨瑟(Christoph Sasse)。在欧洲大学,他从1978年待到1980年。

这段经历深刻地影响了他,既包括私人层面,也包括专业层面。在托斯卡纳的丘陵上,童年的想象及对精神和艺术的爱更加强烈。每年去萨尔茨堡聆听音乐会,深入地谈论歌剧、音乐构想和音乐会,都是霍普特本质的一面。没有那个讲座旅行,没有那个担任客座教授的时光,霍普特夫妇没有参加过相应城市在当时最重要的展会!有时候,人们甚至有这样的感觉:霍普特夫妇按照展会和博物馆来选择目的地。这种感觉事实上是错误的,他在佛罗伦萨的时光最能说明这个。除了霍普特,我认识的同事,都是想尽办法使用各种办法延长在佛罗伦萨的时间,比如通过特殊项目、担任学院院长或担任兼职的教授。他尽管担任这所大学一年的法学院院长(三年后又回到图宾根大学担任法学院院长),之后待了两年。他有一次对我解释了作出这个决定的原因,他是担心在如此美的环境中长时间待着,就不能再次真正地离开它。他不想经历佛罗伦萨的挽歌。不过,正如他之前在慕尼黑的房子和图宾根小山丘上的平房,他在汉堡的房子主要体现了16世纪意大利中部黑色的非常有感觉的大师作品特色,还有威尼斯的风格。

佛罗伦萨的时光对于其专业的影响是决定性的。担任上述涉及经营者集中控制、康采恩法和(在公司治理语境下)董事责任的三个国际比较法的大型英语出版物的主编,是这段时光以及之后在图宾根大学最后几年的成果。[5] 正是最后这个作品尤其表现出他的主编特色,即比较法和

---

[5] Hopt (Hrsg.), European Merger Control—Legal and Economic Analyses on Multinational Enterprises (1982); ders. (Hrsg.), Groups of Companies in European Laws/Les groupes de sociétés en droit européen—Legal and Economic Analyses on Multinational Enterprises/Analyses légales et économiques sur les enterprises multinationales (1982); ders./Teubner (Hrsg.), Corporate Governance and Directors' Liabilities—Legal, Economic and Sociological Analyses on Corporate Social Responsibility (1985); dann Buxbaum/ Hopt, Legal Harmonization and the Business Enterprise—Corporate and Capital Market Law Harmonization Policy in Europe and the USA (1988); zweifach ausführlich diskutiert in: Buxbaum/Hertig/Hirsch/Hopt (Hrsg.), Legal and Economic Analyses on Integration and Harmonization (1991); Buxbaum/Hertig/Hirsch/Hopt (Hrsg.), European Economic and Business Law—Legal and Economic Analyses on Integration and Harmonization (1996). 这些讨论后来延续到高层研究组报告的工作阶段,参见 Hopt, Harmonisierung im europäischen Gesellschaftsrecht Status quo, Probleme, Perspektiven, ZGR 1992, 265-295; ders., Europäisches Gesellschaftsrecht—Krise und neue Anläufe, ZIP 1998, 96-106; ders., Company Law in the European Union: Harmonisation and/or Subsidiarity?, ICCLJ 1 (1999), 41-61。

跨学科的结合，及后来经常与欧盟的立法和立法政策的关键性连接。在佛罗伦萨，他与理查德·布克斯鲍姆（Richard Buxbaum，1930）合作的专著《法律协调和企业经营》（1988）的思想已经成熟，这本书就是一个里程碑，因为在这本书中产生了具体的项目，即法律设计、立法和法律跨学科理念的项目。在佛罗伦萨，霍普特最终成为"欧洲"学者，成为全球学者，并以兼职教授的身份返回佛罗伦萨多次。在佛罗伦萨的时光，霍普特的"国际性"在"盛开"，这可能是他成为"公司法和资本市场法国际学院"（"International Faculty of Corporate and Capital Markets Law"）的成员最为重要的动力。在众多的国际友谊中，他与维孟诗（Eddy Wymeersch，1943）的友谊具有代表性。霍普特和他不仅友谊尤为深厚，而且完成了一些合作著书的项目。他的朋友圈中关系紧密和重要的朋友，庆祝了他60岁的生日（脚注10），其他人参加了欧洲康采恩法论坛（脚注7）。

3. 作为高校老师的第二个更长的阶段，包括从佛罗伦萨回来的五年（即图宾根大学时期）、在伯尔尼的"间奏曲"（即新设的"私法、经济法、商法和银行法的教学"负责人，1985年8月1日起至1987年9月30日）、从1987年到1995年的慕尼黑大学阶段。在慕尼黑大学，他接任他的老师恩斯特·施泰因多夫的教席"商法、经济法、劳动法和国际私法"，同时担任慕尼黑大学"欧洲文献中心"（"Europäisches Dokumentationszentrum"）的主任。在这个阶段，他也得到了其他的教授任命：除上述连在一起的伯尔尼大学和慕尼黑大学的教授任命，奥地利大学（"奥地利民法、国际私法和比较法教席"，前任是弗里茨·施温德［Fritz Schwind，1913—2013］）和科隆大学（"民法和商法教席"，银行法研究所，前任是克雷门斯·普莱尔［Clemens Pleyer，1921—2000］）的教授任命都被他拒绝了。这再次展示了他的专业广度，从传统的包括比较法的国际私法，到重点是银行法和银行机构。

在慕尼黑大学阶段，霍普特的人脉变得更广、更国际。在巴黎一大、京都大学、东京大学、布鲁塞尔自由大学和日内瓦大学担任客座教授，使他去了这些国家最为重要的地方，除了美国和意大利，这些国家过去和现在都成为他最为重要的参考。1994年，他担任芝加哥大学马克斯·莱因斯坦教席的客座教授。芝加哥大学不仅是莱因斯坦式比较法的故乡,也是法律经济学的故乡——它在20世纪60年代芝加哥大学被创立,在80年代和90年代尤其是在企业法中得到重大发展。⑥事实上,霍普特在20世纪80年代初第一次担任国际杂志主编时,在研究中深入地融入社会学启发下的跨学科研究(联合主编贡塔·托依布纳也起到了影响作用),但在80年代后期,强有力地转向即使还不排他的经济模型。里程碑是在慕尼黑阶段出版的两部作品:《法律协调和企业经营》(1988)和《欧洲内幕交易:法律和实践》(1991)。

在慕尼黑大学阶段,霍普特的学术影响在增强:作为德国研究会的专家鉴定人、其他大学的研究机构成员、柏林洪堡大学在两德合并后新起点的法学专业结构和任命委员会的成员,并参与了银行法协会的创立。与此相关的是对立法过程的监督和影响大大加强,部分是在国内层面,部分是在诸如中欧和东欧等国家,但主要是在欧洲层面。在慕尼黑阶段,霍普特取得了第一个重大成功:德国不再反对欧洲内幕交易法,这大约是在霍普特1973年讨论这个话题的15年后。霍普特继续研究欧洲内幕交易法,发表了研究成果,并且以相同的方式,发展出新的领域。在这个阶段,1992年他主编了与时俱进的《欧洲收购法:法律和实践》,将20世纪90年代欧洲公司法中最为重要的争议话题收录其中。在这段时间,1994年他继续联合主编了《机构投资者和公司治理》。不是同样成功的——从长远看也是——可能是霍普特努力实现的欧洲康采恩法,这个话题在该阶段产生,但直到汉堡阶段才变成熟。⑦ 在慕尼黑大学阶段,霍普特与他的第一个门生彼得·默贝特(Peter Mülbert, 1957)合作,撰写了他的第一个大型法律评注,即《施陶丁格德国民法典评注》中关于贷款法的规定(详见本文三[四])。在慕尼黑大学阶段,他

---

⑥ 在20世纪70年代发展出的"委托代理理论"和信息经济学的英雄时代之后,参见Williamson, The Economic Institutions of Capitalism (1985); Easterbrook/Fischel, The Economic Structure of Corporate Law (1991); sowie, allgemeiner, natürlich auch Posner, Economic Analysis of Law (1. Aufl. 1973)。

⑦ Hopt/Wymeersch (Hrsg.), European Insider Dealing-Law and Practice (1991); dies. (Hrsg.), European Takeovers—Law and Practice (1992); Baums/Buxbaum/Hopt (Hrsg.), Institutional Investors and Corporate Governance (1994); Forum Europaeum Konzernrecht, Konzernrecht für Europa, ZGR 1998, 672 – 772 = Corporate Group Law for Europe, 2000 (mit Hommelhoff/Lutter/Doralt/Druey/Wymeersch)。

培养了作为门生的三位教授资格者，彼得·默贝特之后，是本文的作者斯蒂芬·格伦德曼，接着是玛丽娜·韦伦霍费尔（Marina Wellenhofer, 1965）。[8] 然而，这已经是一个革新的阶段。

（三）马克斯·普朗克研究所所长

霍普特积极的职业生涯最后的15年，担任位于汉堡的马克斯·普朗克外国与国际私法研究所的所长——这是他自己细化补充上的，并加上了对法律发展同样重要的"经济法"。回顾来看，霍普特认为转赴汉堡的决定，"是我学术生涯中最为重要的职业决定"。[9] 与此同时，他自1996年在当地的汉堡大学任教。他在汉堡也感觉个人生活特别舒服，但霍普特夫妇一直保持着对慕尼黑和南德的爱。

一切都在加强。他的学术领域的网络化，他的学术研究的重要性，以及他对立法的影响都在加强。对这个阶段无须多言，或许是因为慕尼黑阶段的门生现在也成为教授，并可以从远距离看到更多。细看单个法律领域的时候，才会知道学术领域连接的方式。对此的典型例子是公司治理的研究。它的方式是"整体的"，尤其是强调联系：组织法和资本市场法，甚至是银行法和劳动法的联系；在所有涉及的方法之间的联系；不同国家视角的联系；最后是实体法和规则制定的联系。霍普特强调了"整体-联系"方法，特别是在公司治理研究方面，霍普特一直采用这种方法，他已经在几年前的几本专著中大量研究了个人（核心）问题，这些问题得到了解决并取得成果。所有这些现在统一走向了更高的发展阶段：在欧洲，通过这种讨论方向，1998年的一本书使公司法突飞猛进。这本书是《比较公司治理》，其特点在于宽泛、跨学科、国际性及跨领域的理念，并且理论和实践兼顾。该书是在欧洲第一大出版社牛津大学出版社出版的，远超过了1200页。他很快对创建"欧洲公司治

---

[8] Mülbert, Aktiengesellschaft, Unternehmensgruppe und Kapitalmarkt—Die Aktionärsrechte bei Bildung und Umbildung einer Unternehmensgruppe zwischen Verbands-und Anlegerschutzrecht (1995); Grundmann, Der Treuhandvertrag—insbesondere die werbende Treuhand (1997); Wellenhofer-Klein, Zulieferverträge im Privat- und Wirtschaftsrecht (1999).

[9] Max-Planck-Institut für ausländisches und internationales Privatrecht (Hrsg.), Stabwechsel—Ansprachen aus Anlass des Wechsels im Direktorium (9. 9. 2009), S. 21.

理研究所"("European Corporate Governance Institute")产生了重要影响。他的门生为此举办"欧洲公司治理"纪念研讨会,庆祝他60岁生日。⑩

霍普特在研究管理中的作用也越来越重要。他曾是德国科学基金会的副会长(2002—2008)、马克斯·普朗克研究会学术委员会的会长(2003—2006)。他在这两个德国顶尖研究机构进入21世纪的协同工作中,起到了重要作用。另外,霍普特曾是德国法学家大会常务委员会的委员(2000—2006),在德国股份研究所、德国洪堡基金会、蒂森基金会及上述的欧洲公司治理研究所中,担当了学术咨询人、联合创建人等诸如此类的角色。1997年,霍普特成为《企业与公司法杂志》的联合主编,与此相应的还有公司法杂志论坛和战略的策划人。1995年至2001年,他担任新成立的收购委员会的委员,之后的2002年至2007年担任收购专委会的委员,同时还是证券交易所专家委员会的委员——该委员会的地位如同德国垄断委员会(霍普特在马克斯·普朗克的前任恩斯特-约阿希姆·麦斯特麦克1973年至1978年是该委员会的创建人)对竞争法一样,对资本市场法的发展起到类似的作用。由霍普特指导的教授资格者的人数也有大幅度增加:汉诺·默克特(Hanno Merkt,1960)、布里吉特·哈尔(Brigitte Haar,1965—2019)、哈拉尔德·鲍姆(Harald Baum,1952)、扬·海因(Jan v. Hein,1967)、托马斯·里佩尔(Thomas v. Hippel)和马库斯·罗特(Markus Roth,1968)。⑪

---

⑩ Hopt/Kanda/Roe/Wymeersch/Prigge (Hrsg.), Comparative Corporate Governance—the State of the Art and Emerging Research (1998); kurz zuvor bereits Hopt/Wymeersch (Hrsg.), Comparative Corporate Governance—Essays and Materials (1997); www.ecgi.org (zuletzt abgerufen am 9.6.2010); Grundmann/Mülbert (Hrsg.), Festheft Klaus J. Hopt: Corporate Governance—Europäische Perspektiven, ZGR 2001, 215-324 = Corporate Governance—European Perspectives, International and Comparative Corporate Law Journal 4/2000 (in dedication to Klaus J. Hopt), 413-502.

⑪ 除了这些正式毕业的教授论文资格者,对于其他的门生,参见下文第九部分。这些门生的教授任用资格论文的主题如下:Merkt, Unternehmenspublizität—Offenlegung von Unternehmensdaten als Korrelat der Marktteilnahme (2001); Haar, Die Personengesellschaft im Konzern—Privatautonomie zwischen Vertrag und Organisation (2006); v. Hein, Die Rezeption US-amerikanischen Gesellschaftsrechts in Deutschland (2008); v. Hippel, Grundprobleme von Nonprofit-Organisationen—eine zivilrechtsdogmatische, steuerrechtliche und rechtsvergleichende Untersuchung über Strukturen, Pflichten und Kontrollen und wirtschaftliche Tätigkeit von Vereinen und Stiftungen (2007); M. Roth, Private Altersvorsorge—Betriebsrentenrecht und individuelle Vorsorge—eine rechtsvergleichende Gesamtschau (2009);及鲍姆有关商法和经济法的研究,尤其是日本法的研究。

最后，强化的还有他在立法咨询中的影响。霍普特对德国证券交易所法的改革不再有影响，但他以比较法和跨学科的研究，确定了路线。[12] 在重要的金融法和资本法，直至公司收购指令施行法领域，他常常是在听证委员会中以专家的身份参与。在欧洲层面，他在"高层研究组"（"High Level Group"）中以德国代表的身份产生影响。[13] 这不仅给欧洲收购法带来突飞猛进的发展，而且也为欧盟公司法确立了议程，直至今日。自20世纪90年代下半叶，至少从2002年起，可以不夸张地说，欧盟公司法和资本市场法中所有重要的发展，都有霍普特策划、引导或强有力的推动。霍普特的项目也越来越多地超越企业法和资本市场法，比如马克斯·普朗克研究所一般项目中的社团诉讼、同性共同体及欧盟财团法和非营利机构法。[14]

霍普特获得了五个荣誉博士头衔，分别是1997年布鲁塞尔自由大学、1997年天主教鲁汶大学、2000年巴黎第五大学、2007年雅典大学和2010年第比利斯国立大学。除了很多的荣誉之外，还有德国的联邦功勋奖第一等奖章（2009年4月7日）。近阶段，他被选为"利奥波第那科学院"（"Nationale Akademie der Wissenschaften, Leopoldina"）的院士。作

---

[12] Hopt/Rudolph/Baum (Hrsg.), Börsenreform——eine ökonomische, rechtsvergleichende und rechtspolitische Untersuchung (1997) (das Herzstück darin das Gutachten Hopt/Baum, Börsenrechtsreform in Deutschland, in: Hopt/Rudolph/Baum aaO., S. 287 – 467); Hopt/Baum, Börsenrechtsreform——Überlegungen aus rechtsvergleichender Perspektive, WM-Sonderbeil. 4/1997, 1 – 20.

[13] High Level Group I/II, Bericht der Hochrangigen Gruppe von Experten auf dem Gebiet des Gesellschaftsrechts über die Abwicklung von Übernahmeangeboten vom 10. 1. 2002 und Bericht der Hochrangigen Gruppe von Experten auf dem Gebiet des Gesellschaftsrechts über moderne gesellschaftsrechtliche Rahmenbedingungen in Europa vom 4. 11. 2002, abrufbar unter http://ec.europa.eu/international_market/company/docs/modern/report_de.pdf (zuletzt abgerufen am 9. 6. 2010); dazu etwa *Group of German Experts on Corporate Law*, Zur Entwicklung des Europäischen Gesellschaftsrechts——Stellungnahme zum Konsultationsdokument der High Level Group of Experts on Corporate Law, ZIP 2002, 1310.

[14] Basedow/Hopt/Kötz/Baetge (Hrsg.), Die Bündelung gleichgerichteter Interessen im Prozeß——Verbandsklage und Gruppenklage (1999); Basedow/Hopt/Kötz/Dopffel (Hrsg.), Die Rechtsstellung gleichgeschlechtlicher Lebensgemeinschaften (2000); Hopt/Reuter (Hrsg.), Stiftungsrecht in Europa——Stiftungsrecht und Stiftungsrechtsreform in Deutschland, den Mitgliedstaaten der Europäischen Union, der Schweiz, Liechtenstein und den USA (2001); Hopt/v. Hippel/Walz (Hrsg.), Nonprofit-Organisationen in Recht, Wirtschaft und Gesellschaft——Theorie, Analysen, Corporate Governance (2005); Hopt/Walz/v. Hippel/Then (Hrsg.), The European Foundation——A New Legal Approach (2006). Feasibility Study on a European Foundation Statute, Final Report (for the European Commission) (Brüssel 2009), http://ec.europa.eu/internal_market/company/docs/eufoundation/feasibilitystudy_en.pdf (zuletzt abgerufen am 9. 6. 2010).

为客座教授的他，除了意大利，现在主要是去美国。在美国，他被认为是一位伟大的欧洲交谈人。他的一位门生卡塔琳娜·皮斯托（Katharina Pistor）在纽约著名的哥伦比亚大学任教。在霍普特做客座教授的大学中，尤为突出的是哈佛大学、多次去的"自己的"纽约大学（全球法学院）、纽约的哥伦比亚大学及多次去的巴黎二大（亦称为"先贤祠-阿萨斯大学"）。客座教授的分量最近十年明显在增大。

三、资本市场法与银行法[15]

（一）教授任用资格论文：资本市场法中的投资者保护

资本市场法是起点。在霍普特之前——在他写教授任用资格论文那段时间及之后的相当一段时间——投资银行主要是被视为银行合同法。[16] 对于界定，《银行监管法》（Kreditwesengesetz）虽然被考虑进去，但市场秩序因素和合同因素之间，一方面是监管法和证券交易所法，另一方面是合同法和交易法之间强化的相互依赖性的特点，及投资者保护作为非常重要的所有观察的方向，没有那个学者像霍普特一样强化和深入描述资本市场（他的教授任用资格论文第2—4章、第7章、第6章、第9章和第13章及以下章）。今天，谁要看到海量的文献及众多最高法院的问题，即《德国证券交易法》的标准及其依据的欧盟金融市场指令，仅具有监管法的性质，或创设了私法主体的权利，[17] 会同时发现上述两个规

---

⑮ 详细的作品清单，参见 Grundmann/Haar/Merkt/Mülbert/Wellenhofer（Hrsg.），Festschrift für Klaus Hopt（2010），S. 3369 – 3424。

⑯ Schönle, Bank-und Börsenrecht（2. Aufl. 1976）und die große Kommentierung von Canaris, Bankvertragsrecht（2. Aufl. 1981; Sonderausgabe aus dem Großkommentar zum HGB）.

⑰ Vgl. BGHZ 142, 345, 356 = NJW 2000, 359, 361 f.; BGH, NJW-RR 2004, 484, 484; BGH, NJW 2008, 1734；霍普特的门生的作品，比如参见：Ebenroth/Boujong/Joost/Strohn-Grundmann, HGB-Kommentar, Band 2 §§ 373 – 475h Transportrecht Bank- und Börsenrecht（2. Aufl. 2009）, Rn. BankR VI 269 f.; Kumpan/Hellgardt, Haftung der Wertpapierdienstleistungsunternehmen nach Umsetzung der EU-Richtlinie über Märkte für Finanzinstrumente（MiFID）, DB 2006, 1714, 1715; Mülbert, Anlegerschutz bei Zertifikaten—Beratungspflichten, Offenlegungspflichten bei Interessenkonflikten und die Änderungen durch das Finanzmarkt-Richtlinie-Umsetzungsgesetz（FRUG）, WM 2007, 1149, 1156 f.; Rothenhöfer, Interaktion von Aufsichts- und Zivilrecht, in: Baum/Fleckner/Hellgardt/ Roth（Hrsg.）, Beiträge für Klaus J. Hopt aus Anlass seiner Emeritierung（2008）, S. 55 – 84。

则领域的问题。这对于实践也是重要的。但在很大程度上，这涉及一个而不是唯一基于市场秩序的自由市场经济及其法律制度的基本问题：相互之间存在紧张关系的私人自治和监管。[18] 第二点是，霍普特构建统一的资本市场法的理念焦点是"主角"，即涉及的不是规范，而是主要活动者。它们是银行。银行主导着二级市场的商业活动，而且也主导着证券发行行为，即一级市场。银行"治理"处在核心地位。第三点，也许是最为重要的一点。基于资本市场的发展，银行法中一部分规则，加上一些目前为止形成的少数的基本原则，从整体来看，主要是强化核心的一个原则，即投资者保护，这样就会形成一个整体法律领域。[19] 基于投资者保护原则，得以有资本市场法。真正的一步，是超越部分领域的一步，即超越证券交易所法、超越银行法中证券发行和买卖的部分领域。

资本市场法的发展是重要的，它代表着两种非常重要的视角转变，去审视整个企业法，并且有着几十年以来递增的动态性。首先，由主要是靠外部融资的方式经营企业，转变到自有资本占据绝对核心地位的经营企业。落实到法律，除了作为组织法和企业法核心的公司法，还有第二个支柱，即资本市场法，该法成为在大型公司的情况下公司外部法的核心内容，这是一个为投资人作出投资决定提供透明度的法。[20] 落实到经济政策，这意味着经济秩序的转型，从一个以德国股份公司的概念进行刻画和各处相关联的经济秩序，转向一个在全球层面强有力出现的经济，在该经济中，企业呈现了一个更为开放的和更为强化的(资本)市场导向的财务结构。同时，对于公司内部决策的很多问题，即对于公司内

---

[18] Grundmann, Welche Einheit des Privatrechts? —Von einer formalen zu einer inhaltlichen Konzeption des Privatrechts, in: Grundmann/Haar/Merkt/Mülbert/Wellenhofer (Hrsg.), Festschrift für Klaus Hopt (2010), S. 61-91.

[19] 明确可以说在德国是榜样的，主要参见 Kohl/Kübler/Walz/Wüstrich, Abschreibungsgesellschaften, Kapitalmarkteffizienz und Publizitätszwang—Plädoyer für ein Vermögensanlagegesetz, ZHR 138 (1974), 1-49。随后，在经济法方面得到有说服力的支持的，参见 Schwark, Anlegerschutz durch Wirtschaftsrecht—Entwicklungslinien, Prinzipien und Fortbildung des Anlegerschutzes, zugleich ein Beitrag zur Überlagerung bürgerlich-rechtlicher Regelung und gewerbepolizeilicher Überwachung durch Wirtschaftsrecht (1979).

[20] 集中关注到这一点的，参见前引 11 霍普特指导默克特(Hanno Merkt, 1960)的教授任用资格论文。

部决策的框架，所有这一切表明一个根本性的转型。与此相对应的，是一个针对上市公司的特殊的公司内部法或公司组织法，所谓的上市公司法(下文[三]"对企业法的影响")。所有这些，都意味着核心的组织形式的连接，即"企业和市场"("Firm and Market")、组织和合同、内部和外部。与此相关的是第二个大的视角变化：没有资本市场法，就没有国际和全球特征的视角；没有资本市场法，就没有如此强化的治理导向(脚注7和10，及下文五[一]"公司治理")，及没有替代性规则技术的导向；没有资本市场法，就没有如此强大的市场与规则制定者之间的竞争视角。

（二）法学和立法中资本市场法的保护目标的落实

霍普特在其教授论文中将法律科学中的资本市场法想象为法律的一个独立领域，其超越了银行法和证券法领域——当然，这在美国和英国，还有法国并非没有立法先例。这些国家都有发达的资本市场法，但是缺乏连贯、独立和享有盛誉的领域的充分发展的教义学学说，而不仅仅限于法规领域。在这里，"公司法和资本市场法国际学院"自1975年以来发挥了重要的作用，做出了国际性的贡献。弗里德里希·屈布勒(Friedrich Kübler，1932—2013)和霍普特很早的时候就是该组织的成员，并积极地参与了其中的活动。除了教授任用资格论文，霍普特还在《综合商法与经济法杂志》上发表了两篇文章，使该思想得到全面发展(脚注1)。后来，产生了多个大型的教授资格论文，首先是(更有可能是与霍普特同时进行)埃伯哈德·施瓦克(Eberhard Schwark，1939)的研究，之后主要是海因茨-迪特尔·阿斯曼(Heinz-Dieter Assmann，1951)关于招股说明书责任的教授任用资格论文，其在理念和方法上要归功于霍普特的作品。[21] 最晚是在20世纪90年代早期，这个法律部门在德国法学中得到广泛的认可，并延伸到欧盟私

---

[21] Assmann, Prospekthaftung—als Haftung für die Verletzung kapitalmarktbezogener Informationsverkehrspflichten nach deutschem und US-amerikanischem Recht (1985).

法理论和国际私法理论。[22]

这是立法发展的结果。霍普特对立法的影响——即使从短期来看并没有成功——体现在他1976年给第51届法学家大会做的鉴定报告中(脚注1)。该研究报告的关注点是灰色市场。对于该市场,司法裁判发展出招股说明书责任,而不是招股说明书义务。直到通过2004年的《投资者保护改善法》(Anlegerschutzverbesserungsgesetz),《证券销售招股说明法》(Verkaufsprospektgesetz)第8f条第1款才明确了它。霍普特更早,也就是在1973年的专著中就表达了这个关注。1989年,当时的欧洲共同体颁布《内幕交易指令》,德国放弃了长期对此的抵抗,霍普特在鲍姆巴赫和霍普特的法律评注中,通过重印和评注这个一致通过的《内幕交易指令》,使很多人认识到这个领域。[23]陈旧的思想,即内幕交易是"没有受害者的犯罪"("victimless crime")不再有效,理由是交易在匿名的股市中迟早要发生,最终没有人会受害。相反的一面得到了更多的研究:内幕交易总的来说伤害投资者的信任尤其是中间商的信任,由此产生的风险溢价,最终使发行人融资的成本增加。[24]核心的法律政策关切

---

[22] 比如参见 Assmann/Buck, Europäisches Kapitalmarktrecht, EWS 1990, 110, 190 und 220; Grundmann, Europäisches Kapitalmarktrecht, ZSR 115 n. F. (1996), 103 – 149; ders., Deutsches „Anlegerschutzrecht" in internationalen Sachverhalten—vom internationalen Schuld-und Gesellschaftsrecht zum internationalen Marktrecht, RabelsZ 54 (1990), 283 – 322; Kiel, Internationales Kapitalanlegerschutzrecht—zum Anwendungsbereich kapitalanlegerschützender Normen im deutschen, europäischen und US-amerikanischen Recht (1994); Zimmer, Internationales Gesellschaftsrecht: Das Kollisionsrecht der Gesellschaften und sein Verhältnis zum internationalen Kapitalmarktrecht und zum internationalen Unternehmensrecht (1996).

[23] Richtlinien für Insidergeschäfte in börsenotierten oder öffentlich angebotenen Aktien (Insiderhandels-Richtlinien) vom 1. 7. 1976, in einer Reihe von Auflagen des Baumbach/Duden/Hopt, Handelsgesetzbuch (Kommentar) abgedruckt unter (16), so etwa in der 26. Aufl. von 1985.

[24] 对于"无受害者的犯罪"的认定,参见 Manne, Insider Trading and Property Rights in New Information, The Cato Journal 4 (1985), 933, 937. Zur genannten Begründung des Verbots: Amihud/Mendelson, Liquidity and Asset Prices: Financial Management Implications, Financial Management 17 (1988), 5, 11 (Vertrauensschwund bei den Händlern); Fenn/ McGuire/Prentice, Information Imbalances and the Securities Markets, in: Hopt/Wymeersch (Hrsg.), European Insider Dealing (Fn. 7), S. 3, 8; Schmidt, Insider Regulation and Economic Theory, in: Hopt/Wymeersch (Hrsg.), European Insider Dealing (Fn. 7), S. 21, 24 ff., 26 ff. Aus Hopts Werk im unmittelbaren Umfeld mit der Verabschiedung und Umsetzung der Richtlinie: Hopt, Europäisches und deutsches Insiderrecht, ZGR 1991, 17 – 73; ders., Grundsatz- und Praxisprobleme nach dem Wertpapierhandelsgesetz—insbesondere Insidergeschäfte und Ad-hoc-Publizität, ZHR 159 (1995), 135 – 163; ders., The European Insider Dealing Directive, CMLR 27 (1990), 51 – 82; Hopt/Wymeersch (Hrsg.), European Insider Dealing (Fn. 7).

第一次得到全方位的落实，这主要（至少是在德国）是与克劳斯·霍普特的名字联系在一起的。与此同时，第二个大的话题出现了，即公司收购的监管问题。霍普特在很早的时候就表述了——同样暂时是极少数的观点——两个主要观点，它们在欧盟的公司收购指令中得到了落实：其一，强制要约的必要性，该要约针对所有的股东发出，确保后者能够被平等对待。其二，在收购中董事会的中立义务。很早以前，德国就在争论德国的康采恩法能够提供足够的保护，至少是德国不需要欧盟化的康采恩形成的控制。法律发展是另一条路径，霍普特所说的中立义务没有得到完全的执行，指令赋予各个欧盟成员国的选择权（第12条）。[25] 在这里，霍普特直接参与立法的过程，以"高层研究组"的德国专家身份参与推动该指令——该研究组是欧洲的公司法领域涉及收购要约流程和现代公司法框架的高级专家研究组织（脚注13）。一方面，这表明对于公司收购法，尤其需要上述两点的监管；另一方面，这也确定了长期发展的路线：因为这个报告和在此基础上的2003年欧盟委员会行动计划，给欧洲企业法和资本市场法的继续发展提出了议程，一直到今天。资本市场法早已成为企业法的整个领域。

（三）对企业法的影响

事实上，20世纪90年代公司法中最为重要的发展之一是，在资合公司的内部法，即公司组织法中，不断地发展出一种新的法律类型：上市公司法。因此，对于它们，发展出仅适用于所谓的上市公司的特殊的公司组织法。在德国，1998年的《企业控制和透明法》（KonTraG）是极

---

[25] 对公司收购的跨学科视角，参见下文脚注28。对于霍普特的作品，尤其是参见Hopt, Übernahmeangebote im europäischen Recht, in: Löwisch (Hrsg.), Festschrift für Fritz Rittner zum 70. Geburtstag (1991), S. 187–209; ders., Aktionärskreis und Vorstandsneutralität, ZGR 1993, 534–566; ders., Europäisches und deutsches Übernahmerecht, ZHR 161 (1997), 368–420; ders., Verhaltenspflichten des Vorstands der Zielgesellschaft bei feindlichen Übernahmen—zur aktien- und übernahmerechtlichen Rechtslage in Deutschland und Europa, in: Schneider u. a. (Hrsg.), Festschrift für Marcus Lutter zum 70. Geburtstag (2000), S. 1361–1400; ders., Grundsatz- und Praxisprobleme nach dem Wertpapiererwerbs- und Übernahmegesetzes, ZHR 166 (2002), 375–432; Hopt/Wymeersch (Hrsg.), European Takeovers (Fn. 7)。详细描述规则的两个核心观点和立法的发展，比如参见Grundmann, Europäisches Gesellschaftsrecht—eine systematische Darstellung unter Einbeziehung des Europäischen Kapitalmarktrechts (2004), Rn. 922, 926–928, 936–952, 957–973。

为重要的一步，比如特别适用于上市公司的最高表决权禁止的规则（《股份公司法》第134条第1款第2句）。上市公司法的概念在瑞士形成，在多个国家也被讨论，其中非常著名的是意大利的讨论。㉖ 然而，正是在霍普特这里，更具体地说，是在他的门生这里，该颇具特色的思想得到发展，且在早期的时候就被考虑过了。㉗ 此外，这一概念在霍普特撰写的大型专著中得到了尤为突出和深入的发展，部分是由其门生完成的。对于欧盟公司法，可以这样说，在21世纪的第一个十年，其实只对上市公司进行了处理，而不再协调股份公司法和资本市场法：与上市公司法同样重要的，是《欧盟公司收购指令》《欧盟国际财务报告准则规章》和《欧盟股东权利指令》，即十年中的三大法律文件。

非常明显的是，公司收购法在欧盟层面具有领先的地位。它在资本市场法（在敌意收购的情况下，收购要约需要在资本市场中公开）和公司组织法之间具有特殊的地位：因为潜在收购被视为约束公司管理层最为

㉖ Nobel, Börsengesellschaftsrecht? Aktienrecht 1992－1997—Versuch einer Bilanz, in: Büren (Hrsg.), Versuch einer Bilanz: Zum 70. Geburtstag von Rolf Bär (1998), S. 301－309; Oppo, Sulla „tipicità" delle società quotate, Rivista di Diritto Civile 1999 II, 483－493; Weigmann, Aspekte des italienischen Gesellschaftsrechts unter besonderer Berücksichtigung der börsennotierten Aktiengesellschaft als eines neuen Gesellschaftstyps, in: Schneider u. a. (Hrsg.), Festschrift für Marcus Lutter zum 70. Geburtstag (2000), S. 203－212.

㉗ 他的门生及"孙辈"的门生: Mülbert, Aktiengesellschaft, Unternehmensgruppe und Kapitalmarkt—Die Aktionärsrechte bei Bildung und Umbildung einer Unternehmensgruppe zwischen Verbands- und Anlegerschutzrecht (1995); Möslein, Grenzen unternehmerischer Leitungsmacht im markoffenen Verband (2007); speziell für das Europäische Gesellschaftsrecht: Grundmann (Fn. 25), Rn. 5 f., ders., European Company Law—Organization, Finance and Capital Markets (2007), Rn. 5 f., 1310－1315; und Hopt ebenfalls nahe stehend: Kalss, Anlegerinteressen—der Anleger im Handlungsdreieck von Vertrag, Verband, und Markt (2001); früh aus Hopts eigener Generation: Schwark, Gesellschaftsrecht und Kapitalmarktrecht, in: Lutter/Mertens/Ulmer (Hrsg.), Festschrift für Walter Stimpel zum 68. Geburtstag am 29. November 1985 (1985), S. 1087－1111.

重要的制约手段之一,[28] 其他手段包括股东的表决权、承担责任和资合公司法其他经典的手段。公司收购法改变了职权和表决规制,至少在公布要约的阶段如此,(借助所谓的"突破规则",即"Durchbruchsregel")潜在的可能性是在要约成功之后或在收购过程中,比如忠诚义务的特别要求(脚注25)或禁止阻碍收购的规则。[29]

基于这样的发展态势,上市公司法成为大型学术论坛的一般性的话题,比如2008年第67届德国法学家大会。霍普特是这次大会准备阶段的常务委员会委员。[30]

(四) 银行法

在报告霍普特的作品时,银行法就像一个"延伸"部分,可以成为霍普特的一生作品:

上述大型项目的教授任用资格论文涉及一个银行法的特定保护目标——客户,或者更准确地说,是投资者。霍普特不"仅"是银行法学

---

[28] 经典的,比如参见 Coffee, Regulating the Market for Corporate Control—a Critical Assessment of the Tender Offer's Role in Corporate Governance, Colum. L. Rev. 84 (1984), 1145 - 1296; Easterbrook/Fischel, Corporate Control Transactions, Yale L. J. 91 (1981/82), 698 - 737; Manne, Mergers and the Market for Corporate Control, J. Pol. Econ. 73 (1965), 110, bes. 114 - 120; Winter, Government and the Corporation (1978), S. 16 - 28; 今天的,主要是 Easterbrook/Fischel, The Economic Structure of Corporate Law (2. Aufl. 1996), bes. S. 124 - 132; Grossmann/Hart, One Share—One Vote and the Market for Corporate Control, Journal of Financial Economics 20 (1988), 175 - 202; Scharfstein, The Disciplinary Role of Takeovers, Review of Economic Studies 55 (1988), 185 - 200; Zwiebel, Block Investments and Partial Benefits of Corporate Control, Review of Economic Studies 62 (2) (1995), 161 - 185; und die Beiträge in: Hopt/Kanda/Roe/Wymeersch/Prigge (Fn. 10), S. 639 - 697; unter Hopts Schülern etwa Reul, Die Pflicht zur Gleichbehandlung der Aktionäre bei privaten Kontrolltransaktionen—Eine juristische und ökonomische Analyse (1991), S. 128 - 132。

[29] 处理《股份公司法》第134条第1款第2句的规则,还有欧盟终审法院在"黄金股份"中作出的裁判。对此,参见 Grundmann, European Company Law (Fn. 27), Rn. 667 - 677。

[30] 对于德国法学家大会2008年讨论的上市公司法的话题,参见 Bayer, Empfehlen sich besondere Regeln für börsennotierte und für geschlossene Gesellschaften?, in: Ständige Deputation des Deutschen Juristentages (Hrsg.), Verhandlungen des 67. DJT (2008), Bd. I, E5, E81 - E87 und E96 - E98; Spindler, Regeln für börsennotierte vs. Regeln für geschlossene Gesellschaften—Vollendung des Begonnenen?, AG 2008, 598, 598 - 603; Windbichler, Empfehlen sich besondere Regeln für börsennotierte und für geschlossene Gesellschaften?, JZ 2008, 840, 842 f. und 846; parallel in Österreich Schauer/Kalss, Die Reform des Österreichischen Kapitalgesellschaftsrechts, 16. ÖJT Bd. II/1 2006, bes. S. 51 - 65。

者，原因在于他将本属于证券买卖范畴的银行法，作为更宽泛理解的"资本市场法"，并有意识地落实到德国法学中。

在三大银行行为，即支付行为、借贷行为（这两者被称为"商业银行"）及发行行为和证券买卖行为（"投资银行"）中，霍普特的教授任用资格论文仅研究了最后一类行为。当人们看到霍普特的法律评注后，就会发现银行法变得完整了。鲍姆巴赫和霍普特的法律评注有了重要的变化，即在对《德国商法典》的评注中增加了银行法的内容，主要是支付法（及其他的附属法律）。对借贷行为，在鲍姆巴赫和霍普特的法律评注中经过更新后，又成为《施陶丁格德国民法典评注》中大篇幅评注的对象。[31] 从形式上来看，这个评注与卡纳里斯的银行法大型评注有很大的区别（脚注16）。正如他的教授任用资格论文，霍普特（与彼得·默贝特合作）深入地将银行合同法与监管、国内与国际结合在一起，将这个法律评注构造成非常宽泛的经济法和国际经济法。

另外，构建银行法及其讨论平台和规范以两种方式表现出来：其一，在霍普特的领导下（与瓦尔特·哈丁［Walther Hadding，1934］合作）创建"银行法协会"（"Bankrechtliche Vereinigung"）。该协会自1990年起每年将学界和实务界组织到一起，广泛讨论最为重要的话题，建立了几乎有1000个成员的在该领域的长久性讨论平台。期间（自1985年起）霍普特被接纳成为大型银行法杂志《证券通知》（Wertpapier-Mitteilungen）编辑委员会的委员。在其他重要的平台，比如《银行法手册》（Bankrechts-Handbuch），他虽然不是主导者，但发挥了重要作用，比如描述银行客户关系的总体框架（第1章）。另外，他还深入地参与银行法的立法活动，最深入的是参与资本市场导向的银行法，即证券发行和交易的领域（参见下文七［二］）。

---

[31] Staudinger-Hopt/Mülbert, BGB (12. Aufl. 1989), Bankkreditrecht, Vorbemerkungen zu §§607 ff. BGB; Staudinger-Hopt/Mülbert, BGB (12. Aufl. 1988), Darlehen, §§607-610 BGB, zugleich Sonderveröffentlichung: Hopt/Mülbert, Kreditrecht—Bankkredit und Darlehen im deutschen Recht (1989).

四、国内和国际

（一）鲍姆巴赫、霍普特的《德国商法典评注》

在鲍姆巴赫、霍普特主编的《德国商法典评注》（下文简称《霍普特商法典评注》）中，呈现出霍普特一生作品中的诸多话题。1980年，霍普特受邀负责当时已经是第24版的《德国商法典评注》，当时的联合主编是鲍姆巴赫、杜登和霍普特。从那时起，他一共负责了11版，每两年或三年更新出版一次，在1990年至2000年期间速度慢一些，最后的四版由他和他的门生汉诺·默克特完成。[32] 这是霍普特完成教授任用资格论文之后的一部大型专著，他逐渐地成为该书的唯一作者。另外，这是唯一一部伴随他终身的不断修订的作品。因此，在呈现霍普特的愿景方面，它的总体风格非常重要。作为第二部大篇幅的代表作，它在内容上更强烈地体现出方法论的步骤，涉及的是"风格"。它在国内和国际之间的联系方面做了研究——这在霍普特的教授任用资格论文中就是一个话题。同时，从德国商法和经济法的视角看，这部法律评注同样是优秀的。其他的针对商法的整体的法律评注，包括对商法附属法的评注，都不是出自一人之手，而霍普特的这本法律评注在风格方面得到统一，在重要的论点方面，它又非常独立和特别。

克劳斯·霍普特负责的这本法律评注，在篇幅上有很大的增加。商法不再仅限于《德国商法典》，商法的"附属法"在实践中变得同等重要，甚至更重要。上文已经提到，尤其是它将银行法包含在内。商法的范畴之所以能够变得如此宽泛，与霍普特商法的风格有关，即把商法理

---

[32] 鲍姆巴赫、霍普特（Baumbach/Hopt）：《德国商法典评注》（HGB Kommentar），1983年第25版；1985年第26版；1987年第27版；1989年第28版；期间1992年第1版《商事代理人法》精要评注（Kurz-Kommentar zum Handelsvertreterrecht），2019年第6版；1995年第29版，同时出版第1版的《商法、公司法、银行法和运输法的合同和表格手册》（Vertrags- und Formularbuch zum Handels-, Gesellschafts- und Bank- und Transportrecht）；2000年第30版；2003年第31版，第一次与汉诺·默克特合作；2006年第32版；2008年第33版；2010年第34版，同时还有第1版的《会计法》（Bilanzrecht）精要评注，作为鲍姆巴赫和霍普特《德国商法典评注》的组成部分，越来越多由汉诺·默克特负责；2012年第35版；2014年第36版；2016年第37版；2018年第38版；2020年第39版。

解为控制企业行为的风险的法(参见前文三［一］和下文六)。相较于现代的银行法,这部分内容在旧式商法典中涉及得不多。与此扩大范畴相关的,是在法律之外更重视考虑适用于行业的"条款法":这些格式条款不再仅被视为《德国商法典》第346条的延伸,在评注时被"蜻蜓点水"带过,或者完全忽略。现在,它们反而被单独印刷出来,本身成为评注的对象,尤其是银行法中的条款,即银行格式条款,及针对信用证和跟单托收等的统一化的指令和习惯。司法裁判和法律实践在风格方面,也更具有主导地位。

霍普特的很多研究主题,在这本法律评注中得到了体现,似乎(在霍普特眼中)最为重要的一点值得强调,即这本法律评注理所当然地被视为针对国内法的评注。没有哪个在国际上有如此影响、在比较法上进行最深入研究并塑造国际法的私法和经济法学者,能够如此根深于德国法学和实践。《霍普特商法典评注》塑造了国内的商法。当我没有把霍普特视为国内出色的商法典评注人的时候,会发现有些实务者对此感到诧异。另外,他后来还有关于董事会和监事会的大型法律评注(与马库斯·罗特合作)、银行法的大型评注(上文三［四］)及大量的专著。《霍普特商法典评注》是第一本如此融入实践的作品,一直处在所涉领域的核心,当然,对它进行补充的,还有霍普特产生重要影响的有威望的《综合商法与经济法杂志》和《企业与公司法杂志》。《霍普特商法典评注》不仅是德国法中永恒的丰碑,同样也是一部国际性的作品。这部作品的微妙之处在于,国际的法律材料完全理所当然地"注入"德国法学和法律实践当中。从法律发展的历史来看,《霍普特商法典评注》从一个国家的法律评注,发展成为一个主要是国际性的评注。令霍普特的第一批门生难以忘记的,是会计法被欧洲化,并借助1985年的《会计指令法》(自1986年1月1日生效)融入《商法典》中。霍普特有几个月没有出现在研究所,之后,《霍普特商法典评注》成为德国法律评注和教科书市场中第一个系统阐述的作品,有力推动了德国商法和公司法的欧洲化。

(二)国际作品和主编——起步阶段

《霍普特商法典评注》的关键特征是将国内和国际紧密联系在一起,

当然，这并不意味着霍普特不会独自深入地从事国际性的研究和发表。国际性的发表和出版，与《霍普特商法典评注》及"德国"商法和经济法的教科书和评注相互交替。这如同是霍普特的"关联"思想。其实，只有看到霍普特的思想的本身及其相互关联时，才会形成一个紧密关联的图景。

事后来看，霍普特在1994年底1995年初接替恩斯特-约阿希姆·麦斯特麦克（Ernst-Joachim Mestmäcker，1926），担任位于汉堡的马克斯·普朗克研究所所长完全是"不可避免的"——虽然当时有人已经请求他担任资助该机构的委员会委员！比较法一直都在伴随着他，在留学阶段、在教授任用资格论文阶段；该因素起到突破性作用的，是他为"公司法和资本市场法国际学院"工作的时光，他对此付出了大量的精力；最后，是他在佛罗伦萨工作的阶段。第一批带有国际性话题的书出版：有些已经涉及公司治理的主题，包括两部在慕尼黑工作阶段产生的非常重要的关于内幕交易法和公司收购法的作品。从80年代早期到90年代初，在这10年间，霍普特作为主编，也是作为具有全局视野的人，出版了6部关于市场法和企业法的大篇幅的作品，它们分别是1982年的《欧洲经营者集中控制》和《康采恩法比较研究》、1985年的《公司治理视角下的董事责任》（脚注5）、1991年的《欧洲内幕交易法》、1992年的《欧洲的公司收购法》及1994年的《公司治理视角下的机构投资者》（脚注7）。值得提起的是他第一个法律政策上的成功，即由他推动的在欧洲共同体层面引入的1989年的《内幕交易禁令》。这首先在国际上取得成功，不过并不让人惊讶。接着，是15年后德国的公司收购法（详见上文三［二］）。所有这些都汇聚于他自己的具有强烈跨学科色彩的专著《法律协调和企业经营》（与理查德·布克斯鲍姆合作完成）。以该书为对象，这些话题在后来的研讨会中有深入的探讨（脚注5）。

克劳斯·霍普特所拥有的国际性特征，在他转赴汉堡之前就已经体现出来了，即超越欧洲，与美国进行跨大西洋对话。霍普特的视野并没有局限在西方，他早就关注到了亚洲和世界经济"三驾马车"之一的日本。他的一个特殊想法是与高素质的年轻日本学者进行交流。在美国法产生的"旋涡效应"之下，和以前不同，以比较法的方式研究德国法并不是理所当然。对此,在汉堡,他找到了重要的"争论人"——日本法专家哈拉尔德·鲍姆(Harald Baum,1952)。霍普特对全球的兴趣,还反映在大量的大型国际和跨学科的研讨会上。这些研讨会原则上要结合"三驾马车"的法律展开。

(三) 对欧洲和全球的影响

之后,在汉堡,霍普特的国际的路线还在持续。紧接着,他走出了重要的一步。他在国际上多次推动了重要的讨论。现在,他成功实现了一个关键夙愿,即在欧洲监管公司收购的市场主导了两次讨论:其一是1998年他的国际性和跨学科的关于公司治理的重要作品《发展现状与初步研究》(脚注10),其二是在欧洲层面,上文提到的"高层工作组"的报告(脚注13)。没有哪一位与他同一代的商法学者和经济法学者,以如此的方式,在欧洲层面做出如此的贡献。在公司治理的话题中,不仅原本的话题得到讨论,而且是在一个新的宽泛的讨论框架中,并且涵盖整个企业法(下文五[一])的情况下得到讨论。无论如何,相较于之前,讨论更加国际化和跨学科。如上文所述,"高层工作组"的报告为欧洲的公司法和企业法在将来十年的发展确定了议程。他的第三部作品涉及书中的德国法部分。这部比较法作品对企业法做了结构的分析和功能的分析。该书论述简明扼要,主编是美国哈佛大学法学院的莱纳·克拉克曼(Reinier Kraakman),书名是《公司法剖析:比较与功能的视角》[33]。

五、 企业法和市场法

在霍普特的作品中,对法律、方法和国内国际进行了深入和全面的研究,并一直将它们紧密联系在一起,简言之,整体的、贴近生活和方法丰富的视角,对他的学术贡献产生了影响:尽管企业法整体而言处在他的思维的中心,但正如本文论述的方式,如果将资本市场法、上市公

---

[33] 中译本参见莱纳·克拉克曼、亨利·汉斯曼等:《公司法剖析:比较与功能的视角》,罗培新译,北京大学出版社2012年版。——译注

司法和《霍普特商法典评注》放在文章前面，并且在前面讨论更为特别的问题，那么对企业法的讨论将会变得更加集中。所有这些当然都是他的企业法思想和风格的要点，尤其是一如既往地关注融资和企业的功能。如果还有需要提到的，那以下三个方面不可或缺。

（一）公司治理

公司治理作为研究方向，与霍普特的名字联系非常紧密，并成为其作品的核心和风格。上文对此虽然有多次论述，但还需要做简要的论述。公司治理主要涉及大型上市公司的决策机制。准确地说，它涉及优化的决策框架条件，这种框架条件有助于所有利益相关者尽可能达成合意的决策。其焦点是管理和控制的法律秩序、利益极为不同的当事人相互作用的法律秩序及协调不同的法律工具。在这个对任何国民经济重要的节点，即重要的经济决定，好的法律框架条件具有重要的意义。为此，向其他国家的法律制度进行体系化的学习，也非常重要。为德国推动这种学习的程序，甚至为欧洲这样做，对这种塑造的方式进行体系化的对话，是霍普特的贡献。这体现在他以公司治理为主题的跨学科专著和论文。

霍普特研究风格体现在以下几个方面：尽管对于公司治理多数而言有众所周知的问题，但其风格是尤为新颖和统一的，即其讨论具有真正的国际性；解决方法的比较，而不是（本国）解决方案的分析，一直以来都处在核心的地方；跨学科的理论是理所当然的和完整的组成部分；最后，起点是行为人和规则制定程序，而不是最初从现有的法律规范要件出发，激励效果和规则制定被识别成为问题，具有关键性的作用。正如上文多次强调的，所有的这些问题和方法构成了霍普特思想的核心。当然，非常重要的还有他提出的问题，即深入讨论组织内部和外部的激励机制和惩罚机制的相互作用。一直以来，这些对霍普特来说都是重要的，比如在公司收购法的领域。

公司治理是霍普特思考问题的典型方式。其实，这已经成为他的国际性作品的"固定音型"。显而易见，这里可以想到很多的细节。基于不断的发展情况，可想而知的，还有结合公司治理讨论所研究的和追求的平衡，而非完美和一劳永逸。比如，国际性的出版物很快开始处理公司治理的核心问题，包括管理者和机构投资者的法律责任（脚注5和7）；为之后展开全局的研究做了铺垫，涉及欧洲共同体和美国的法律协调的问题或总体现状；为后来提出了细节性的讨论问题，比如与资本市场的关系。霍普特在德国出版了有影响力的手册，因此，并不让人惊讶。[34] 上文提到的公司收购法和上市公司法，也同样如此。对于"高层研究组"（脚注13）也是如此。高层研究组的第二个报告是研究"现代公司法的框架条件"，对于其题目，可以补上"良好治理的框架条件"。在该背景下，霍普特从事股份公司的机关的研究，也可以很好理解。

（二）公司法——管理层与员工的参与权

公司治理研究的重点是股份公司，最初甚至只有上市公司。这并不是由事实的结构预设的。相反，威廉姆斯塑造了治理的概念和理念，在他的理论框架中，特别的治理结构和考虑对所有的关系都是必要的——在这种关系中，出现大规模的"关系特别"的投资和不确定性。这普遍适用于公司和存在长期关系的情况。[35] 公司治理研究的另一个重点是作为决策者的公司机关。这更主要是由事实的结构决定的，研究的核心是决策的框架条件如何构造和优化的问题，从而得到全体股东事先在典型情况下可以合意的结果。

霍普特因此选择了与公司治理相关的话题，与马库斯·罗特主编大型法律评注《股份公司法评注》：股份公司董事会法的部分领域与全部

---

[34] Ferrarini/Hopt/Wymmeersch (Hrsg.), Capital Markets in the Age of the Euro—Cross-Border Transactions, Listed Companies and Regulation (2002) ; Hopt/Wymeersch (Hrsg.), Capital Markets and Company Law (2003) ; Hopt/Wymeersch/Kanda/Baum (Hrsg.), Corporate Governance in Context: Corporations, States, and Markets in Europe, Japan, and the US (2005) ; Hommelhoff/Hopt/v. Werder, Handbuch Corporate Governance—Leitung und Überwachung börsennotierter Unternehmen in der Rechts- und Wirtschaftspraxis (2003, 2. Aufl. 2009).

[35] Williamson, Transaction-Cost Economics: The Governance of Contractual Relations, J. Law & Econ. 22 (1979), 233 – 261; ders., The Economic Institutions of Capitalism (1985), S. 43 – 63, 68 – 84; für eine Zusammenführung von Vertrags- und Gesellschaftsrecht unter diesem Gesichtspunkt Hopts „Enkel": Riesenhuber/Möslein, Contract Governance—Skizze einer Forschungsperspektive, in: Riesenhuber (Hrsg.), Perspektiven des Europäischen Schuldvertragsrechts (2008), S. 1 – 41 (=ERCL 5 [2009], 248 – 289); auch Behrens, Corporate governance, in: Basedow/Hopt/Kötz (Hrsg.), Festschrift für Ulrich Drobnig zum siebzigsten Geburtstag (1998), S. 491 – 506.

的监事会法。霍普特在很早的时候就关注到了德国的监事会,并不断地在国际层面推动讨论作为德国法特别之处的员工参与㊱——从治理的角度来看,这是"股东利益"和"利益相关者利益"相遇的最有意思的一个例子,尤其是在利益冲突和法律责任区别化的方面。就员工参与而言,霍普特成为在世界上德国思想财富的传播者,并且有数十年之久。在促使他具有国际影响力的诸多主题中,这是其中的一个主题。另外,在《股份公司法》中,霍普特一直以来关注的除了比较法外,还有历史研究。㊲ 其中,监事会作为德国的特色脱颖而出,这种特色虽然在制度方面没能在国际上落实,但在功能上却可以。比如在单层制的董事会中建立具有控制职能的组织,即采用外部董事或独立董事的形式。正是对于这种公司机关,霍普特认为进行大型评注是有意义的。内容上的特点是,涉及监事会的评注不仅有大篇幅的研究——评注有1500页,而且在内容上浑然一体。在这两点上,对监事会的评注远超过对董事会和股东会的评注。这个法律评注其实是开门见山、简明扼要的,它甚至没有"序言部分"。针对具体法条的评注,只要是具体化的,就可以见到评注的深度。每次开头都是功能历史的介绍及深入着眼于公司治理的角色,每次都是以国际的视角收尾,首先是欧洲公司,因为它是现有法律的问题,其次是欧洲法律的项目,因为这从法学上来看是重要的,并也采用

㊱ Vgl. Hopt, Grundprobleme der Mitbestimmung in Europa in: Mitbestimmung in Europa, Internationales Mitbestimmungs-Symposium in Cadenabbia, societas europaea 3 (1981), S. 9 - 25; ders., Grundprobleme der Mitbestimmung in Europa—Eine rechtsvergleichende Bestandsaufnahme und Einschätzung der Vorschläge zur Rechtsangleichung der Arbeitnehmermitbestimmung in den Europäischen Gemeinschaften, ZfA 1982, 207 - 235; ders., New Ways in Corporate Governance: European Experiments with Labor Representation on Corporate Boards, Michigan Law Review 82 (1984), 1338 - 1363; ders., Labor Codetermination in Europe, Journal of Comparative Business and Capital Market Law 6 (1984), 216 - 222; ders., Labor Representation on Corporate Boards: Impacts and Problems for Corporate Governance and Economic Integration in Europe, International Review of Law and Economics 14 (1994), 203 - 214; ders., Arbeitnehmervertretung im Aufsichtsrat—Auswirkungen der Mitbestimmung auf corporate governance und wirtschaftliche Integration in Europa, in: Due/Lutter/Schwarze (Hrsg.), Festschrift für Ulrich Everling (1995), S. 475 - 492; 至少在他的入职报告中提到核心的研究领域,参见 Max-Planck-Institut, Stabwechsel (Fn. 9), S. 41 f.; ausführlicher auch wieder etwa Hopt/Leyens, Recent Developments of Internal Corporate Governance Structures in Germany, the United Kingdom, France, and Italy, ECFR 1 (2004), 135, 143 - 146 und 165 f.。

㊲ 比如参见 Hopt, Ideelle und wirtschaftliche Grundlagen der Aktien-, Bank- und Börsenrechtsentwicklung im 19. Jahrhundert, in: Coing/Wilhelm (Hrsg.), Wissenschaft und Kodifikation des Privatrechts im 19. Jahrhundert, Bd. V, Geld und Banken (1980), S. 128 - 168。

比较法的方法，比如针对《股份公司法》第 117 条的评注。对于每个法条，评注人阐释的不仅是现行法，而是发展、功能、方法、比较和视角的整个"链条"。

（三）人合公司法

即使人合公司法在《霍普特商法典评注》中 30 年以来被深入地评注，并构成霍普特的超过四版的《公司法》教科书的主体，但他的作品中处理人合公司法的并不多。事实上，人合公司法的国际化讨论并不多。人合公司在国际层面并没有比较法的讨论，而且在国际立法中，也几乎不处理它。这主要是因为缺少欧洲一体化，也是因为国际统一法的文件，比如股市和标准化，仅涉及或主要涉及股份公司或资合公司。最后，对人合公司在方法上也没有大范围的讨论，不管正确还是错误，并没有和公司治理一样的讨论。人合公司法及其在霍普特作品中体现出的重要性，也表明一个事实，即霍普特的作品的魅力，不仅来源于国内与国际的互动及学科间的互动，还来源于不同学科之间的互动。

六、商法与民法

商法和民法在霍普特的作品中具有核心的地位，尤其体现在处理这两者的关系上。他通过《霍普特商法典评注》阐释狭义上的商法，此外，还有两版商法教科书。如果人们在更宽泛的意义上理解商法，那么除了《霍普特商法典评注》及涉及银行法和企业法的作品，商法与民法之间的紧张关系事实上还构成霍普特的作品中的重大话题。

霍普特的主要思想反映在他的教授任用资格论文中，提炼在 1983 年民法学者协会的(并不简短的)报告中，并发表在《民法实务论丛》上。[38]

---

[38] Hopt, Nichtvertragliche Haftung außerhalb von Schadens- und Bereicherungsausgleich—zur Theorie und Dogmatik des Berufsrechts und der Berufshaftung, AcP 180（1980），608 – 720; vorher schon u. a.: Hopt, Berufshaftung und Berufsrecht der Börsendienste, Anlageberater und Vermögensverwalter, in: Lutter/Stimpel/Wiedemann（Hrsg.），Festschrift für Robert Fischer (1979)，S. 237 – 261; später wiederaufgegriffen mit: Hopt, Interessenwahrung und Interessenkonflikte im Aktien-, Bank- und Berufsrecht—Zur Dogmatik des modernen Geschäftsbesorgungsrechts, ZGR 2004，1 – 52.

该论文的主要观点是，市场上专业机构的职业行为导致更为严重的法律后果。比如，在对法律意思约束要求不高的情况下，缔约就得以形成，或有过失的法律责任，而在一般的民事交往中需要故意或恶意的条件。对此，主要有两个原因。其一，专业上的差异导致对客户保护的更大需求（例如在信息方面）。其二，优化市场的配置功能。换言之，正如在资本市场中，论点是个人保护（或投资者保护）及功能保护。约束的话题或法律责任的话题——其既不是纯粹的合同问题，也不是纯粹的经典的侵权问题——几十年以来一直备受瞩目。[39] 最后，霍普特将其观点与稍旧的论点区别开来，即以信赖（责任）为基础，法律责任的依据是法定的债务关系。[40] 因为信赖作为表示的根据似乎在不同程度上被弱化了，且不被作为真正核心的观点。所以，他认为信赖责任存在问题：信赖在现实中经常无法证明，它只是以抽象的（仅是典型情况下的）信赖为依据。信赖并不是如此重要，重要的是信赖的构成要件，在越来越专业的世界中，它体现在职业的外在表现上。这种方法的特点是，全方面的体系建构要弱于在大量的案件中提炼出更为具体的决定性标准。相较于体系，更值得强调的是（中心的）内容。就商法与民法的关系而言，对法律责任的效果和约束的效果进行强调，意味着一个重大进步：相较于民法，商法不再被首先理解为减轻负担和降低要求（"法律交往的便捷性"）。相反，企业行为法现在被理解为主要关注职业者产生的危险，从而产生更多约束的法。对于公司法学者，基于《股份公司法》第93条第1款第1句及其解释，这可能是理所当然的，但对传统的商法学者而言，可能不是这样。显而易见，这种视角影响了欧盟企业行为法的整个发展路径，以及影响了欧盟合同法的协调——这种合同法是有企业参与的合同法。这种发展尤其体现为在"消费者合同法"的标签下进行了讨论。[41] 同样

---

[39] Köndgen, Selbstbindung ohne Vertrag—zur Haftung aus geschäftsbezogenem Handeln (1981).

[40] Canaris, Die Vertrauenshaftung im deutschen Privatrecht (1971).

[41] 对于这两点，即作为具有更强约束的法的企业行为法及欧盟合同法，比如参见 Grundmann, Europäisches Handelsrecht—vom Handelsrecht des laissez faire im Kodex des 19. Jahrhunderts zum Handelsrecht der sozialen Verantwortung, ZHR 163 (1999), 635 – 678, auch ders., The Structure of European Contract Law, ERPL 2001, 505 – 528 und ders., European Contract Law (s)—of What Colour?, ERCL 1 (2005), 184 – 210。

显而易见的是，商法和职业法的这种特别视角，首先是由他的教授任用资格论文中的投资者保护的视角发展而来，也即银行法中的关键的保护因素，作为商法的一个组成部分得到体系化的处理。在霍普特的教授任用资格论文第一章，研究计划（在论述社会现象的论点之后）由两点组成："投资者保护作为法律制度的必要反应"及"投资者保护作为通过企业行为法约束经济力量的例子"。与民法相比，商法不再主要被看作是一种便利制度，而是一种责任增加和标准更高的法律。

商法和企业法与传统民法之间紧张关系的第二个特殊形式，内在地体现在霍普特的作品中。资本市场法是交易法，即合同法与企业法发生直接关系的法律部门。它的发展体现在企业法的上述变化当中。另外，通过资本市场法，企业法与民法，主要是合同法，建立了紧密的联系。资本市场法的发展，尤其是它在很大程度上以银行合同法为基础，意味着向私法统一性走了一大步：市场和组织之间的桥梁得以建立，[42] 那些主要是涉及私法自治的法律部门被整合在一起。具体而言，在那些法律部门，以尤为明显的形式，以私法自治的方法，法律得以建构，同时，以尤为明显的方式，这种法律建构的界限得以确定，从而使行使私法自治的功能前提得以维持和保障。尤其是合同法和公司法，在传统中，它们似乎被严格区分为两大活动领域，即主管的立法机关和对之探讨的学界。[43] 在霍普特的视野中，私法自治和法律文本构建在实践中的重要性，体现在他发展和主编了多卷本的法律文书和咨询手册，以及他积极参加仲裁程序或其他公民社会参与活动的形式。[44]

霍普特和其他的商法和企业法大家一样，其学术思想都根植于民

---

[42] 除了前引2中的科斯，还有"市场的奇迹"（哈耶克）及"企业的企业"（巴纳德：《公司执行机关的功能》，1938年，第6页）。当代的文献，参见费兰克·伊恩特布鲁克、丹尼尔·费希尔：《公司法的经济结构》，罗培新、张建伟译，北京大学出版社2014年版；奥利弗·哈特：《企业、合同与财务结构》，费方域译，格致出版社2016年版；Eidenmüller, Kapitalgesellschaftsrecht im Lichte der ökonomischen Theorie, JZ 2001, 1041, 1042.——译注

[43] 在整个欧洲，"民法学家"（"Civilisti"）和"商法学家"（"Commercialisti"）之间仍存在着严格的区分。即使在欧盟层面也有相应的区分：一方面是负责消费者保护，部分也是负责司法的专员，另一方面是负责内部市场的专员。对于合同法和公司法的整体视角及它们在欧洲私法统一中的角色，参见格伦德曼在2010年《克劳斯·霍普特纪念文集》中的文章（第61—91页）及霍普特的门生哈尔的文章（前引11）。

[44] 比如参见 Hopt/Steffek (Hrsg.), Mediation—Rechtstatsachen, Rechtsvergleich, Regelungen (2008)。另外的，参见前引14。

法。不过，纯粹民法的作品，尤其是传统的民法的作品则退居次席。这并不意味着民法传统，包括体系建构和教义学，没有深入反映在他的作品中，尤其是对他而言有重要意义的、在纪念文集上发表的文章。[45] 原则上，《民法实务论丛》上的大篇幅文章也是如此：典型的是他纪念老师恩斯特·施泰因多夫的文集中的文章。霍普特在文章中整体观察经济法的特别法即公司债券法和民法的核心制度，得出了让人惊讶的结论，揭示了全新的交叉关系。在该文中，比如，他研究了在公司债券的发行中，经常是先由承销团包销债券，然后再向投资者转售债券。这将对票据法上的票据严格的原则及对格式条款法上的客户保护产生什么样的影响——这是个精致有趣的特别问题，只能从不同的法律部门和方法来回答这个问题。

七、法律、社会科学及实践的责任

在上文阐释三个法律部门——资本市场法，更一般的是企业法，最为一般的是私法、银行法和经济法——之后，现在回到方法论的问题。本部分可以作为上文介绍完"人生"后的第一部分，不是因为下文重要，而是因为先展示该部分是一个很好的起点。下文的主题是法学和实践、法学和社会科学，这两个方面在霍普特的作品中得到紧密的结合。上文提到的第一份作品是其1968年的法学博士论文，紧接其后的是政治

---

[45] 处理《民法实务论丛》和博士论文（前引4和前引46），或许非常值得提到的，参见如下：Hopt, Die Nichtigkeit von Darlehensverträgen bei Abschluss oder Vermittlung im Reisegewerbe—Rechtsprobleme der §56 I Nr. 6 GewO Rechtsprobleme §134 BGB, NJW 1985, 1665 – 1670; ders., Änderungen von Anleihebedingungen—Schuldverschreibungsgesetz, §796 BGB und AGBG, in: Baur/Hopt/Mailänder（Hrsg.）, Festschrift für Ernst Steindorff zum 70. Geburtstag am 13. März 1990（1990）, S. 341 – 382（Kurzfassung WM 1990, 1733）; nochmals aufgegriffen in: ders., Neues Schuldverschreibungsrecht—Bemerkungen und Anregungen aus Theorie und Praxis, in: Grundmann u. a.（Hrsg.）, Unternehmensrecht zu Beginn des 21. Jahrhunderts: Festschrift für Eberhard Schwark zum 70. Geburtstag（2009）, S. 441 – 457; sowie ders., Funktion, Dogmatik und Reichweite der Aufklärungs-, Warn- und Beratungspflichten der Kreditinstitute, in: Lange/K. Nörr/H. P. Westermann（Hrsg.）, Festschrift für Joachim Gernhuber zum 70. Geburtstag（1993）, S. 169 – 189。

学博士论文。[46] 一方面，这两篇博士论文在一定程度上被后来的教授任用资格论文的光彩所覆盖，这是因为它们并不是他后来学术活动的核心领域。另一方面，这两篇博士论文的特征很明显。法学论文具有较强的比较法特点，并且涉及执行的问题。政治学博士论文的主题似乎是细节的问题，而不是基础性问题，但后来可以清楚看到，其大部分涉及的是权力的现实问题。在这两篇博士论文中，霍普特的思考点是重要的行为人，即治理的视角，而且采用实用主义的方法，采用多种方法而不是局限于某一种方法。这在现在还具有重要性。

（一）法律与社会科学

霍普特正如他在马克斯·普朗克研究所的前任恩斯特-约阿希姆·麦斯特麦克，将很多的思想脉络整合在了一起。麦斯特麦克和格尔哈德·克格尔一起，开启了本书关于20世纪私法学思想史的报告系列，麦斯特麦克刻画了他的老师、奥尔多自由主义思想者弗朗茨·柏默。他们和霍普特一样，被收录在本书中。霍普特与麦斯特麦克在思想脉络上有共同之处，或许最为深入的一点是将法律与其他社会科学保持一致的方式。麦斯特麦克明确反对在美国法学界所代表的仅以经济学为基础论证的法学，巧妙地提出"没有法律的理论"的问题。霍普特的问题也毫不逊色："跨学科并不意味着涉足其他学科"，甚至抛弃自己的学科，"而是与之合作"。[47] 同辈的法学家没有哪一位能够像霍普特一样，深入地进行跨学科研究，同时由能够维护法和法学的本身价值及方法论上的独立性。借此，霍普特在社会科学中强调了法学的本质。霍普特认为，真正法学的运作，不可能没有对案例材料、社会条件以及具体的市场和企业的深入的细节认识。同样，真正法学的运作，也不可能无视高度抽象的经济学理论或实证研究的支撑。但是，没有第一个的第二个论点，其实就是"说大话"。该思想体现在他的所有的作品中，并最终在金融

---

[46] Hopt, Schadensersatz aus unberechtigter Verfahrenseinleitung, Eine rechtsvergleichende Untersuchung zum Schutz gegen unberechtigte Inanspruchnahme staatlicher Verfahren（1968）; Hopt, Dritte Gewalt als politischer Faktor—eine Fallstudie zur Reform der Wahlkreiseinteilung（1969）.

[47] 前引9，第23页。

危机中得到证实。

社会学、政治学和经济学是霍普特的讨论"伙伴",但只有在它们相互结合时才发挥作用。从一开始,这就是治理研究的基本方法,并且在更早的时候,即在上世纪初法律社会学研究开始的时候,经济和社会的整合视角就得到了重视。[48] 这种宽泛理解的方法在霍普特作品中的重要性,在上文论述霍普特担任主编时就已经被提到了(上文四[二])。少数法学家能够像霍普特一样,在如此多的社会科学中受到训练。最初,他主要接受经济学和政治学的教育,因此,他两次被邀请担任以法律社会学、法哲学及社会哲学为研究重点的教席的负责人,这并非偶然。他与很多的经济学家保持着非常紧密的联系,与其中的一些经济学家还合作发表过作品。然而,霍普特作为法学家,将法律理解为独立的、甚至是中心的:法律作为表述秩序和命令的语言,也是一种将政治和经济整合在一起的语言。在他的作品中,法学不会屈服于其他学科的霸权要求,尤其是以模型为基础的经济学理论。但霍普特也不会忽视这些模型。这是实用主义和高水平的立法咨询的真正基础。

(二) 实践的责任及立法者的责任

在今天,霍普特被认为是近十年来,在企业法立法发展中最有影响力的法学家之一,尤其是在欧洲层面,他的实践责任更多。

最初,司法裁判研究处在核心的地位。霍普特担任过斯图加特州高等法院(反垄断庭)的法官数年。在《霍普特商法典评注》中,他三十年如一日,全方面地伴随、整理和评注商法、银行法和人合公司法领域的司法裁判。这是唯一一部出自单个作者之手的商法评注,展现了对于法律实践非同寻常的评注。因此,毫不令人惊讶的是,霍普特作品中的裁判评注是整合到这本法律评注中的。这并不表明霍普特不重视司法裁判

---

[48] 马克斯·韦伯:《经济与社会》,阎克文译,上海人民出版社2010年版(该书德文原版是1921年,第5版是在1990年,由温克尔曼主编)。能够看出霍普特对韦伯尊重的,是他在马克斯·普朗克研究所的"告别演讲"中引用了《以科学为使命》中的一段话作为结尾(前引9,第28页)。在当今,将经济法和对社会学的兴趣结合起来的,非常少见,但并不是没有,比如托马斯·赖泽尔(Thomas Raiser, 1935)及贡塔·托依布纳。托马斯·赖泽尔的法社会学作品中译本,参见托马斯·赖泽尔:《法社会学导论》,高旭军等译,上海人民出版社2014年版。——译注

甚至是最高法院的裁判。

与德国的传统有些不同，霍普特理解的实践责任并不限于与司法的交流，立法对他而言也同样重要。他除了以仲裁员的身份从事大量的活动外，还对"预防法学"有特别的兴趣。霍普特在《霍普特商法典评注》中汇编和评注行业内广泛采用的条款模板，并认真对待它们，将它们视为独立的法源。霍普特还将《霍普特商法典评注》理解为实践造法的全面性的工具。这体现在，他不仅完成了两部在实践中越来越重要的评注，即自 1992 年起的《商事代理人法评注》（出版多个版次）和自 2010 年起的《会计法评注》，他还主编了与《霍普特商法典评注》紧密相关的被称为"预防法学的圣经"[49]的文书手册。

与他的学术联系最为紧密的，当然是立法咨询，就如"帝王学科"一样。对此，霍普特能够娴熟施展他在方法论方面的造诣，以及在国内和国际方面的深度和广度的认识。如上文所述，霍普特在慕尼黑大学任教期间，因为欧洲共同体的《内幕交易禁令》的颁布，他在法律政策上取得了第一个重大成功。在此期间，尤其是在汉堡期间，他对很多国家开展立法咨询活动，主要是在中欧国家。后来，德国大量的资本市场法的立法动议需要他的全面的咨询。首先是证券交易所法改革及相应的大型法律论证(脚注 12)，后面还有他在《商报》（Handelsblatt）上的专栏，涉及金融法和经济法的政治问题，他的评论言简意赅，产生了重大和持久的影响。另外，还有"欧洲的"巨大成功——公司收购法的突破及与此相关的最为重要的结构措施、内在公司治理和外在公司治理的交叉点；在高层研究组的第二部分确定未来的立法策略。[50] 最后，还有非常优秀的单个项目的发展，比如，霍普特将高度具有国内法特色的主题，转变到了欧洲层面。相似地，他以非营利机构为话题，进行一般性的"可行性研究"，为欧洲立法走出了第一步(脚注 14)。如果欧洲基金会有一天到来，将会可持续地改变学术的外部条件。这是霍普特的另一面：学术组织者。

---

[49] Hopt（Hrsg.），Vertrags- und Formularbuch zum Handels-，Gesellschafts-，Bank- und Transportrecht（1995，2. Aufl. 2000，3. Aufl. 2007，4. Aufl. 2013，5. Aufl. 2020）.

[50] 前引 13；再次收录到 Hopt, The European Company Law Action Plan Revisited—An Introduction, in: Geens/Hopt（Hrsg.），*The European Company Law Action Plan Revisited*, *Reassessment of the 2003 priorities of the European Commission*（2010），S. 9－23.

八、学术组织者

组织法学活动是霍普特的一个特别的兴趣。对他而言，组织协调是现代学术活动的一个要素，不仅在自然科学中，在社会科学和人文学科中也是如此。他早期就担任学术刊物的主编，这成了他的第一个尝试。他在公司法和资本市场法国际学院中做出的贡献，也是重要的尝试。后来他担任所在领域的重要刊物的主编，先是在慕尼黑大学，后来在汉堡的马克斯·普朗克研究所，担任权威的银行法杂志即《有价证券通告》的主编（自1985年起），然后担任《公司法杂志》的主编（自1997年起）。在那段时间，银行法协会被创建，成为德语区顶尖的银行法的协会（自1990年起）。后来，霍普特又帮助彼得·霍梅尔霍夫创建了公司法协会。

他在汉堡期间，这种兴趣变得更加明显，学术管理的活动超越了法学界，对整个学术界产生了重要影响，同时对实务界和立法也产生了影响。霍普特作为南德人，认为他转赴北德位于汉堡的马克斯·普朗克研究所是他职业生涯中尤为幸运的一个决定。他在汉堡组织学术活动产生影响力，肯定是一个关键的因素。在今天，他也还喜欢回到南部的阿尔卑斯山。他愿意付出精力去承担这样的责任。他是德国学界最重要的两个学术机构的委员会委员，一个是马克斯·普朗克研究所，另一个是德国科学基金会，他甚至去协调这两个机构的需求和想法（参见前文二［三］）。他是诸多重要研究所和研究会的奠基人，在早期的时候就积极投入公司法和资本市场法国际学院的工作中（自1975年起），然后是在银行法协会的活动（自1990年起），最后，在涉及的主题和地域上可能最广泛的活动，是2002年和2005年在欧洲公司治理研究所的活动。在德国，霍普特是德国法学家大会的委员，不断地推动《公司法杂志》（自1997年起担任联合主编）的双年度会议，他是大型科研项目的主持人。最终，这些工作直接影响立法活动，产生了权威作品，包括2009年的《欧洲私法词典》。[51]

---

[51] Basedow/Hopt/Zimmermann（Hrsg.）, Handwörterbuch des Europäischen Privatrechts, 2 Bde（2009）.

所有这些似乎(在逻辑上说得通)促使霍普特在最后的十年里对基金会和非营利机构的(欧洲)法产生了特别的兴趣。这些组织是追求集体利益的工具,成为研究对象的原因是这些组织形式也有治理的问题。[52] 对此的研究,只能受益于对公司法和商业组织法中的治理问题的研究。

九、为人师

克劳斯·霍普特和他的夫人阮博士没有孩子。在阮博士的家乡,她曾被预言将会与政界要人结婚,但没有孩子。事实上,与阮博士结婚的人,是一位政界要人,一位在西方世界,也在东方世界产生重要影响力的政界要人。他们两人促成了这个杰作。不过,霍普特塑造和培育他的门生的特殊方式,即爱他的博士生和教授资格者,甚至爱他的孙辈的学者,使上述预言的后半部分显得僵化。霍普特有很多的"孩子"和"孙子",他精心挑选和花费数年培育他们。他指导的博士生超过百位,很多受他指导的门生获了奖,有些人参加了2008年"克劳斯·霍普特退休文集"的项目。他指导撰写教授任用资格论文的学者包括:彼得·默贝特(Peter Mülbert, 1957;美因茨大学教授)、斯蒂芬·格伦德曼(Stefan Grundmann, 1958;柏林洪堡大学教授)、玛丽娜·韦伦霍费尔(Marina Wellenhofer, 1965;法兰克福大学教授)、汉诺·默克特(Hanno Merkt, 1960;弗莱堡大学教授)、哈拉尔德·鲍姆(Harald Baum, 1952;汉堡马克斯·普朗克研究所教授和高级研究员)、布里吉特·哈尔(Brigitte Haar, 1965—2019;法兰克福大学教授)、扬·冯·海因(Jan von Hein, 1967;弗莱堡大学教授)、马库斯·罗特(Markus Roth, 1968;马尔堡大学教授)、托马斯·冯·希佩尔(Thomas von Hippel;汉堡地方法院)及在美国走学术道路的卡塔琳娜·皮斯托(Katharina Pistor;美国哥伦比亚大学教授);第一代孙辈门生有卡尔·里森胡贝尔(Karl

---

[52] 参见前引14,尤其是参见Hopt/v. Hippel/Walz (Hrsg.), Nonprofit-Organisationen in Recht, Wirtschaft und Gesellschaft—Theorie, Analysen, Corporate Governance (2005); Hopt/Walz/v. Hippel/Then (Hrsg.), The European Foundation—A New Legal Approach (2006).

Riesenhuber，1967；波鸿鲁尔大学教授）。[53]

本文不断提到霍普特的门生的作品，主要是因为他们继续独立思考着霍普特作品中的问题，也在相互交流中共同进步，明显形成了一个共通的视角。明显的特征是国内与国际的结合、对跨学科问题的兴趣、市场思维及治理导向的方法。他的有些门生的研究重点是合同法和民法，有些门生完全移居美国从事研究。但无论如何，由于其与许多门生都合作过作品，所以研究风格上的相似性仍旧很容易被感知。每两年，这个霍普特"家庭"会相聚一次。霍普特作为老师，投入非常多。他不断推动同行评议的程序，因此，霍普特在2008年获得"克劳森·西蒙基金会"（"Claussen-Simon-Stiftung"）颁发的师徒奖，以表彰他作为老师在教学方面做出的贡献。该奖是由他的孙辈门生、现任马尔堡大学教授的弗洛里安·莫斯莱因(Florian Möslein)建议颁发的。

十、展望

在上文对霍普特如此丰富的人生进行表述后，做一个展望并非易事。上文已经表明霍普特具有把握全局的能力，能够确定重大的路线，可以说更多地是对立法产生了影响，而不是对司法，更多地是对未来的主题产生影响，而不是对已经成型的话题。这体现在欧洲层面的三个话题上，霍普特对此的影响不大。其一，在有关资合公司法的投资保护模式的争议上，这场争议已经持续了5—10年。他的观点比较谨慎。激烈讨论的最终结果是，在欧洲和德国的层面上，渐进的改革获胜。其二，霍普特并没有深入关注欧洲终审法院关于基本自由的司法裁判，即设立自由和资本自由的基本原则。尽管霍普特一生都在《霍普特商法典评

---

[53] 参见前引8和前引11；K. Riesenhuber, System und Prinzipien des Europäischen Vertragsrechts (Berlin/New York: de Gruyter, 2003); J. -H. Binder, Regulierungsinstrumente und Regulierungsstrategien im Kapitalgesellschaftsrecht (Tübingen: Mohr Siebeck, 2010); Ch. Hofmann, Der Minderheitsschutz im Gesellschaftsrecht (Berlin/New York: de Gruyter, 2011); F. Möslein, Dispositives Recht—Zwecke, Strukturen und Methoden (Tübingen: Mohr Siebeck, 2011); U. Schröter, Ratings—Bonitätsbeurteilungen durch Dritte im System des Finanzmarkts-, Gesellschafts- und Vertragsrechts(Tübingen: Mohr Siebeck, 2014); M. Renner, Bankkonzernrecht (Heidelberg: Mohr Siebeck, 2019)。

注》中追随判例法，却认为法律政策及其丰富方法更为重要。其三，霍普特虽然对高度专业化的会计法领域做了深入思考，但他在欧洲大陆经历大变革的时代，却没有对其细节问题有更多的思考。

将霍普特影响不大的三个领域作为展望？恐怕不是。如果考虑到霍普特投入和关注的法律领域及影响不大的领域，或许很容易想到歌德的大师级的十四行诗《自然与艺术》。自然意味着无限的自由，艺术意味着纪律与运用。大师身兼自然与艺术。如歌德所言，"专注，方能成就大事；限制，方能造就大师"——分配自己的精力到自己最擅长的地方。对霍普特而言，这就是公司收购法、公司法改革的整个议程及（欧洲）治理。看到今天的霍普特，就会知道他还有更多的时间去创作。

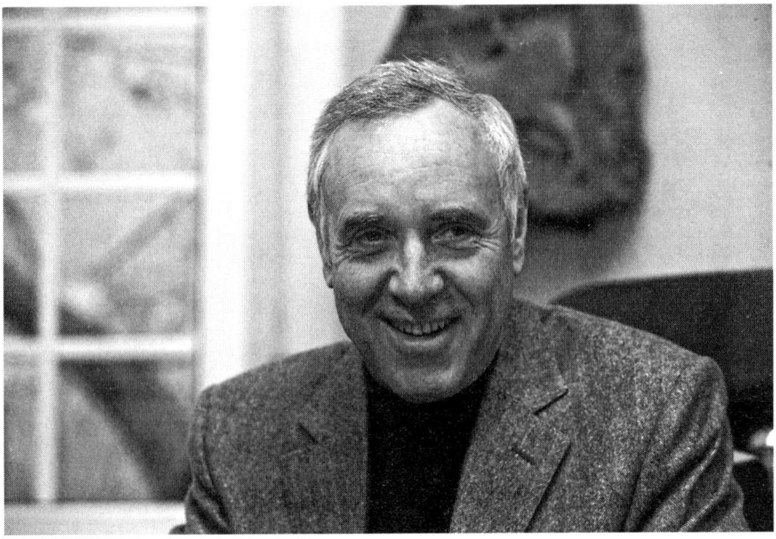

贡塔·托依布纳（Gunther Teubner，1944）[*]

目　次

一、第十二只骆驼　/ 623
二、法律与社会　/ 624
　　（一）起点　/ 624
　　（二）集团和网络　/ 625
　　（三）合同　/ 629
三、超国家的法律　/ 630
四、正义论　/ 633
五、重述　/ 636

一、第十二只骆驼

很多年以来，贡塔·托依布纳的主页[①]上展示着一则伊斯兰法寓言：

一位年事已高、富裕的贝都因人酋长，草拟了遗嘱，分配他的财产，一大群的骆驼，给他的三个儿子。大儿子艾哈迈德，应当继承一半的遗产。二儿子阿里，应当继承四分之一的遗产，而最小的

---

[*] 作者简介：〔德〕莫里茨·伦纳（Moritz Renner, 1981）系德国曼海姆大学法学院教授，民法、国际与欧盟经济法教席负责人。本文的中译文，同样参见莫里茨·伦纳：《社会理论法学的兴起——贡塔·托依布纳的生平、著述及影响》，周万里译，《交大法学》2019年第3期，第77—86页。本文脚注中的中文文献由译者更新和补充，不再一一注明。

[①] https://www.jura.uni-frankfurt.de/41076121/Teubner（最后访问时间：2020年2月17日）。

儿子本杰明,继承六分之一的遗产。父亲去世之后,只有十一只骆驼还活着。艾哈迈德当然是要其中的六只,可其他的两位兄弟对此立即表示反对。所有的和解努力都失败之后,他们寻求卡迪(即伊斯兰教的法官)的帮助。

卡迪作出裁判:我愿意把我的一只骆驼给你们。若能如愿,可以的话,还要把它还给我。现在,这些兄弟有了十二只骆驼,很容易作出了决定。艾哈迈德得到了一半,即六只骆驼;阿里得到了四分之一,即三只骆驼;本杰明得到了六分之一,即两只骆驼。事实上,这第十二只骆驼是多余的,它在被喂饱之后,交还给了卡迪。

任何一个访问托依布纳主页的人,都会遇到这则寓言,这绝不是偶然。在一篇论文中[2],托依布纳深入地讨论了第十二只骆驼的寓言。该寓言确实集中了托依布纳的私法思想中的核心问题:法律与社会之间的关系(本文第二部分)、非国家的法秩序的潜力(本文第三部分)以及后实证主义的正义论的可能性(本文第四部分)。探究这些问题的人,都处在法教义学和社会理论之间的交叉领域。

二、法律与社会

(一)起点

贡塔·托依布纳1944年出生在德国上劳齐茨地区(Oberlausitz)的黑尔恩胡特市(Herrnhut),在施瓦本地区的格平根市(Göppingen)长大,1963年他在该市完成了高考。他先后在哥廷根大学和图宾根大学学习,1967年通过了第一次国家司法考试。对游走在教义学和理论之间的人来说,20世纪60年代的图宾根大学就是一个朝拜圣地。那里大师云集,

---

[2] Teubner/Zumbansen, Rechtsentfremdungen: Zum gesellschaftlichen Mehrwert des zwölften Kamels, ZfRSoz 2000, 189. 英文版: G. Teubner, 'Alienating Justice: On the Social Surplus Value of the Twelfth Camel', in D. Nelken and J. Pribán (eds), *Law's New Boundaries: Consequences of Legal Autopoiesis* (Aldershot: Ashgate, 2001) 21. 中译文参见《法律异化——论第12只骆驼的社会剩余价值》,泮伟江译,载托依布纳:《魔阵·剥削·异化——托依布纳法律社会学文集》,泮伟江、高鸿钧等译,清华大学出版社2012年版,第316—345页。

诸如约瑟夫·埃塞尔、路德维希·赖泽尔以及沃尔夫冈·费肯杰，都对托依布纳产生了明显的影响。学业完成之后，他在费肯杰的指导下，完成了题为《一般条款中的标准和指引》的法律社会学博士论文。

在博士论文中，他的方法脉络清晰可见，后来托依布纳将其发展成为独立的社会科学法学的方法。③ 托依布纳为了回答法教义学的问题以及解释民法中的一般条款，将视角转向它们所处的社会背景："善良风俗"指向什么社会现实？可以使用社会学的方法将其具体化吗？以跨学科的方法提出这样的问题，具有开创性的意义。对其细致差异化地回答，也同样如此。托依布纳清楚地认识到，社会及其法之间没有简单的因果关系，该结论与当时的法律社会学的认识完全相对。④ 法律形式的自我意义，即伊斯兰法寓言中的"第十二只骆驼"，也许是他的潜台词。

完成博士论文和第二次国家司法考试之后（1971年），托依布纳参加了美国加利福尼亚伯克利分校的法律与社会研究中心的研究生项目，继续研究法律社会学（1972—1974年）。即使后来他的导师费肯杰1971年离开图宾根，去慕尼黑大学任教，他还是以撰写教授任用资格论文者的身份在学院活动。从加利福尼亚州回来之后，他遇到了继任费肯杰教席的克劳斯·霍普特，后来与他合作主编了一本有关公司治理方面的具有开创性意义的论文集。⑤

（二）集团和网络

托依布纳在撰写教授任用资格论文阶段，集中研究了法律制度的内在方面，同时也发表了法学教育方面的文章，包括保理和建筑师的错误

---

③ 对于该方法，参见 D. Wielsch, Iustitia mediatrix: Zur Methode einer soziologischen Jurisprudenz, in G. -F. Calliess, A. Fischer-Lescano, D. Wielsch and P. Zumbansen (eds), Soziologische Jurisprudenz: Festschrift für Gunther Teubner zum 65. Geburtstag (Berlin: de Gruyter, 2009) 395。

④ 参见 G. Teubner, Standards und Direktiven in Generalklauseln (Frankfurt a. M.: Athenäum 1971) 115。

⑤ K. J. Hopt and G. Teubner (eds), *Corporate Governance and Director's Liabilities. Legal, Economic and Sociological Analyses on Corporate Social Responsibility* (Berlin: de Gruyter, 1985)。

说明方面的话题⑥,以及一本有关相互的合同不忠诚的专著⑦。不过,他的主要兴趣是1977年完成的教授任用资格论文《组织民主和社团宪法》⑧。在该书中,社会结构和法教义学之间的相互关系再次成为焦点。当时的西德不断地成为社团主义的社会,政治意思的形成过程不断地发生在私法社团内部并且由其完成。对于这种社会,托依布纳在书中力图找到合适的组织法。

完成教授任用资格论文之后,托依布纳因其对法律与社会交叉领域问题的兴趣,注定成为德国20世纪60、70年代所谓的改革大学的人选——这些大学都尝试在(单一的)法学教育中融入跨学科的课程。1977年,他接受了来自不来梅大学教授职位的任命。新建的学部最初由法学与经济学和社会科学融合而成,托依布纳经历了新建学部初期动荡的前几年。尽管他雄心壮志,可是学生以及一些老师不断增多的政治激进化,与研究和教学中硕果累累的跨学科性质背道而驰,迫使他1981年离开不来梅大学,到佛罗伦萨的欧洲大学任教,直到1994年。

在佛罗伦萨的这段时间里,诞生了至今还对社会科学法学产生重大影响的作品。1982年,他在欧洲大学工作论文的基础之上,发表了名为《现代私法中的实质性和反思性因素》的论文⑨。在该文中,托依布纳通过分析诺内特和塞尔兹尼克⑩的"回应型法"理论,发展出一种法律模式,用来描述法律和社会结构以一种复杂的方式共同演进。成为该文理论基础框架的,是德国战后宏大的社会理论:一个是哈贝马斯的商谈理

---

⑥ G. Teubner, Factoring-Vertrag, (1972) Juristische Schulung (JuS) 261; G. Teubner, Die Falschauskunft des Architekten, (1976) JuS 798.

⑦ G. Teubner, Die gegenseitige Vertragsuntreue: Rechtsprechung und Dogmatik zum Ausschluß von Rechten nach eigenem Vertragsbruch (Tübingen: Mohr Siebeck, 1975).

⑧ G. Teubner, Organisationsdemokratie und Verbandsverfassung: Rechtsmodelle für politisch relevante Verbände (Tübingen: Mohr Siebeck 1978).

⑨ Teubner, Reflexives Recht: Entwicklungsmodelle des Rechts in vergleichender Perspektive, ARSP 68 (1982), 13. 英文版参见 G. Teubner, 'Substantive and Reflexive Elements in Modern Private Law' (1983) Law & Society Review 239. 中译文参见祁春轶:《反思性的法——比较视角中法律的发展模式》,载托依布纳:《魔阵·剥削·异化——托依布纳法律社会学文集》,泮伟江、高鸿钧等译,清华大学出版社2012年版,第266—315页。

⑩ P. Nonet and P. Selznick, Law and Society in Transition: Toward Responsive Law (New York: Transaction Publishers, 1978). 中译本参见诺内特、塞尔兹尼克:《转变中的法律与社会:迈向回应型法》,季卫东、张志铭译,中国政法大学出版社2004年版。

论(Diskurstheorie),另一个是卢曼的系统论。[11] 在当时的政治历史背景之下,该文同时被解读为对20世纪70年代终结狂热监管的回应。就此而言,该文对于当今的私法学也有指导意义。[12] 在理论方面,这位在图宾根以"红色托依布纳"而被广为人知者,"现在是两头不讨好。原因在于,他对于监管的悲观主义态度,很容易让人联想到'新自由主义者'哈耶克。托依布纳在分析方面,使用了最为前沿的方法,诸如激进的建构主义,将它与被贬低成结构保守的卢曼的系统论结合在一起,并不能改善情况"。[13]

伟大的系统论大师卢曼,以其特有的冷静,回应这些发展,在《法律社会学杂志》上简要地评价了《"反思型法"的几个问题》[14]。在简评中,托依布纳法律社会学的核心原则,被外人以尤为清晰的方式表述出来:卢曼的系统论和托依布纳的方法的共同之处在于,他们都着重强调法律系统的自治性,但是后者超越卢曼之处在于,他力图找出在社会制约之中,法律制度自我反思的可能性——对此,卢曼特别质疑[15]。最后的这一点,促使托依布纳发展出独特的后实证主义的正义论(参见下文第四部分)。托依布纳在处理法律与社会的关系时,系统论一直都是核心的参照点,尤其是在1989年的专著《法律作为一个自创生系统》[16]中。该书比卢曼的《社会中的法》[17]还早五年,并被译为多种语言。

与此同时,托依布纳作品中系统论方法不断地被证明,它也有助于处理具体的私法教义学问题。继续其在教授任用资格论文中组织法的路

---

[11] 详见 M. Renner, Systemtheorie und Diskurstheorie, in S. Grundmann, H. -W. Micklitz and M. Renner (eds), Privatrechtstheorie (Tübingen: Mohr Siebeck, 2015) 276。

[12] 参见 G. -P. Calliess, Die Steuerungskrise-jetzt auch im Privatrecht?, in G. -F. Calliess, A. Fischer-Lescano, D. Wielsch and P. Zumbansen (eds), Sozio logische Jurisprudenz: Festschrift für Gunther Teubner zum 65. Geburtstag (Berlin: de Gruyter, 2009) 465。

[13] 同前引,第465—466页。

[14] N. Luhmann, Einige Probleme mit „reflexivem Recht", (1985) Zeitschrift für Rechtssoziologie (ZfRSoz) 1.

[15] 同前引,第18页。

[16] G. Teubner, Recht als autopoietisches System (Frankfurt a. M.: Suhrkamp, 1989);英译本参见 G. Teubner, *Law as an Autopoietic System* (Oxford, UK/Cambridge, USA: Blackwell, 1993)。中译本参见托依布纳:《法律:一个自创生系统》,张骐译,法律出版社2004年版。

[17] N. Luhmann, Das Recht der Gesellschaft (Frankfurt a. M.: Suhrkamp, 1993);英译本参见 N. Luhmann, *Law as a Social System* (Oxford: Oxford University Press, 2004)。

径，托依布纳在文章和裁判评论中，深入地研究了公司法方面的问题。[18]比如1991年刊登在《公司与企业法杂志》（ZGR）上有关公司集团法的论文《多样的统一》（"Unitas Multiplex"）[19]：托依布纳轻松地一方面联系了当时已经有的大量关于公司集团概念的法学文献（今天也还在被引用[20]），另一方面，将以"去中央化的方式"组织的企业集团的社会现实，通过社会科学的视角，扩展到经济史、交易成本经济学以及系统论。同时，文章也回答了具体的法教义学问题：穿透企业集团的责任——对此，托依布纳主张在"领域性企业集团穿透"（"sektoraler Konzerndurchgriff"）的意义上的责任制度。在今天，该问题尤其是对受到监管的行业至关重要。

托依布纳发现，在合同网络的教义学中存在同样的问题。对此，他在1993年发表的文章中进行了研究[21]。就此而言，他对于之后几年德国法学以及国际层面的讨论，做出了突破性的贡献。[22] 应用导向的法教义学，在这里再次与最前沿的社会理论相遇。对于诸如特许经营的合同网络，他建议逐项地克服债法的相对性原则，所以他对合同理论和合同教

---

[18] 参见 Teubner, „Corporate Responsibility" als Problem der Unternehmensverfassung ZGR 1983, 34; 英文版：'Corporate Responsibility as a Problem of Company Constitution'（EUI Working Paper 1983/51）, Florence 1983。Teubner, Unternehmensinteresse—das gesellschaftliche Interesse des Unternehmens „an sich"?, ZHR 149 (1985), 470. 英文版：G. Teubner, 'Company Interest—The Public Interest of the Enterprise "in Itself"', in R. Rogowski and T. Wildhagen (eds), *Reflexive Labour Law: Studies in Industrial Relations and Employment Regulation*（Boston: Kluwer, 1994）21。

[19] Teubner, Unitas Multiplex: Das Konzernrecht in der neuen Dezentralität der Unternehmensgruppen, ZGR 1991, 189. 英文版：G. Teubner, 'Unitas Multiplex: Corporate Governance in Group Enterprises', in G. Teubner and D. Sugarman (eds), *Regulating Corporate Groups in Europe*（Baden-Baden: Nomos, 1990）67。

[20] 比如参见 Krieger, in: MünchHdbGesR IV (4. Aufl. 2015), § 69, Rn. 67 mit Fn. 215。

[21] Teubner, Den Schleier des Vertrags zerreißen? Zur rechtlichen Verantwortung ökonomisch „effizienter" Vertrags-netzwerke, KritV 76 (1993), 367. 英文版：G. Teubner, 'Piercing the Contractual Veil? The Social Responsibility of Contractual Networks', in T. Wilhelmsson (ed), *Perspectives of Critical Contract Law*（London: Dartmouth, 1992）211。

[22] 比如 G. Teubner, 'The Parasitic Role of Hybrids' (1993) 149 *Journal of Institutional and Theoretical Economics* (JITE/ZgStW) 706; G. Teubner, 'Hybrid Laws: Constitutionalizing Private Governance Networks', in R. Kagan and K. Winston (eds), *Legality and Community: On the Intellectual Legacy of Philip Selznick*（Berkeley: Rowman & Littlefield, 2002）31; G. Teubner, 'Profit sharing als Verbundpflicht? Zur Weiterleitung von Netzvorteilen in Franchise-Systemen' (2004) 168 *Zeitschrift für die gesamte Handelsrechtswissenschaft* (ZHR) 78; G. Teubner, *Networks as Connected Contracts*（Oxford: Hart Publishing 2001）。

义学的继续发展，做出了决定性的贡献。[23]

（三）合同

托依布纳在合同网络的研究中，合同法不断地成为他的主要研究兴趣。在伦敦政治经济学院工作六年后，1998年，他接受了法兰克福大学教职的邀请，并发表了纲领性的文章《合同世界》[24]。基于对锡耶纳画派代表人物洛伦采蒂（Ambrogio Lorenzetti，1290—1348）的著名壁画《善治》（*Buon Governo*）的分析，托依布纳雄心勃勃地发展了合同理论，同时把它作为干预主义和新自由主义私法模式终结之后"私法的重建项目"来论证。在该项目中，合同"不再被视为仅仅是两个行为人之间的经济交易，而是不同的商谈项目之间，即不同的合同世界之间相容的空间"[25]。卢曼的"功能性区分理论"再次成为理论指引，但他明显向德里达（Jacques Derrida，1930—2004）的后现代语言哲学靠拢。托依布纳认为，在碎片化的后现代社会，合同必然是多语境的，这也是为什么它能够并且必须调和来自诸如法律、宗教或经济等不同社会领域有冲突的理性。在《合同世界》中，托依布纳所举的例子是捐赠合同，它使经济和艺术之间艰难的沟通成为可能。

托依布纳在《合同世界》里，把私法构想成"社会系统的优雅文明人"[26]，改变了在私法中对基本权利的认识。他不想从纯粹的个人主义角度去理解基本权利，然后通过建构复杂的保护义务，使民事法院受到它

---

[23] 其他具有标志性意义的德国文献，参见 M. Rohe, Netzverträge. Rechtsprobleme komplexer Vertragsbindungen (Tübingen: Mohr Siebeck, 1998); P. W. Heermann, Drittfinanzierte Erwerbsgeschäfte: Entwicklung der Rechtsfigur des trilateralen Synallagmas auf der Grundlage deutscher und U. S.-amerikanischer Rechtsentwicklungen (Tübingen: Mohr Siebeck, 1998); S. Grundmann, Die Dogmatik des Vertragsnetzes, (2007) 207 Archiv für die civilistische Praxis (AcP) 721。

[24] G. Teubner, 'Contracting Worlds: The Many Autonomies of Private Law' (2000) *Social and Legal Studies* 399.

[25] 同前引。

[26] 对于该术语，参见 A. Fischer-Lescano and G. Teubner, 'Regime-Collisions: The Vain Search for Legal Unity in the Fragmentation of Global Law' (2004) *Michigan Journal of International Law* 999, 1045。

们约束。[27] 相反，他认真对待了基本权利的制度性维度，并且将基本权利理解为"商谈权利"（"Diskursrechte"）。这明显地表现在托依布纳对联邦宪法法院"担保案"判决[28]的论述。[29] 在该案中，托依布纳认为，案件中不是私法自治对抗私法自治，而是"难以相容的行为逻辑的冲突"，也即"家庭和谐的逻辑"与"债务和清偿的经济逻辑"之间的冲突。他认为，基本权利最终是冲突规则，它使来自不同社会领域的冲突理性有了相容的可能。

托依布纳明确，把私法理解为商谈冲突法并非只是源自理想化的项目，而是与大范围的社会结构变化有关系——他把这种变化称为"全球化和私有化的残酷的震荡波"。[30] 正如20世纪90年代一篇文章的题目——"私有化之后"[31]，私法必须面对全新的问题：20世纪末，在瘦身的国家中，越来越多的社会领域交给了私人自治组织。对内，国家告别了战后监管的幻想；对外，国家则面临激增的跨境交往，比如在经济、技术、艺术、科学、体育或宗教的领域。民族国家的私法在处理这些问题时，会面临巨大的困难。对此，争议案件不断地转向替代性争议解决模式，就是一个证明。

三、超国家的法律

托依布纳是最早清楚看到该发展及其对法律理论和实践产生影响，并且将其视为对私法学提出挑战的人之一。他的文章《全球的

---

[27] 对此，在德国还是主流的方法，开创性的文献参见 C. -W. Canaris, Grundrechte und Privatrecht, (1984) 184 AcP 201. 中译文参见卡纳里斯：《基本权利与私法》，曾韬、曹昱晨译，《比较法研究》2015年第1期，第171—195页。

[28] BVerfGE 89, 214; 判决部分翻译参见 B. S. Markezinēs, H. Unberath and A. C. Johnston, The German Law of Contract (2 Vols, Oxford: Hart Publishing, 2006), Case no. 81。

[29] G. Teubner, Ein Fall struktureller Korruption? Die Familienbürgschaft in der Kollision unverträglicher Handlungslogiken, (2000) Kritische Vierteljahresschrift für Gesetzgebung und Rechtswissenschaft (KritV) 388.

[30] Teubner, Nach der Privatisierung? Diskurskonflikte im Privatrecht, ZfRSoz 1998, 8. 英文版：G. Teubner, 'After Privatisation? The Many Autonomies of Private Law' (1998) Current Legal Problems, 393.

[31] 同前引，德文版第8页，英文版第393页。

布科维纳》[32]引起了很大的轰动。但是，起初德国法学并没有注意到这篇文章，著名的《拉贝尔杂志》并不接受和发表该文。[33]后来它被发表在《法律史杂志》[34]上——该杂志由法兰克福马普所的迪特尔·西蒙（Dieter Simon，1935）主编，关注的不仅是法律史，还有法律的未来。仅仅几年之后，在20世纪的德国私法学者中，该文的英文版就成为引用最多的文章之一。[35]

《全球的布科维纳》的启发来源是法社会学创始人之一的欧根·埃利希（Eugen Ehrlich，1862—1922），他在以实证主义为导向的德国法学中，更多地处在边缘，而不是中心的位置。托依布纳以"商人法"（"lex mercatoria"），也即私人创制的全球商事法为例，把世界社会的法描述为法律多元主义[36]，在这里不同的私人和公共法律秩序共存。他以此为观点，力挺埃利希。该观点对法律理论和法教义学有重大的意义，至今还对私法学进行着挑战。

在法律理论方面，与法律多元主义的方法相联系的是社会科学理解意义上的法律概念。[37]按照这个概念，在特定条件下，非国家的规范性秩序也被承认属于法。[38]在法教义学方面，他相应地提出了以下的问题：在具体的裁判情形下，这种承认意味着什么？比如，依据《罗马条例 I》，"商人法"应当成为准据法？商事活动中的国际标准合同应当受制于法院的哪些控制？跨国公司内部的"行为守则"有哪些约束力？托依布纳的重大贡献，不仅在于从理论维度清楚地认识跨国法，而且提出了

---

[32] Teubner, Globale Bukowina. Zur Emergenz eines transnationalen Rechtspluralismus, RJ 1996, 255。英文版：G. Teubner, '"Global Bukowina": Legal Pluralism in the World Society', in G. Teubner (ed), *Global Law without a State* (Aldershot: Dartmouth, 1997) 3。

[33] 克茨（Hein Kötz, 1935）所写的拒绝信被刊登在杂志上，参见 G. Teubner, 'Globale Bukowina. Zur Emergenz eines transnationalen Rechtspluralismus' (1996) Rechtshistorisches Journal (RJ) 255, 283："对于大多数德语区的读者要求过高，而对大多数非德语区的读者又完全读不懂的这类文章，我们承受不起让它们继续激怒我们的读者"。

[34] 同前引。

[35] 2017年2月28日，谷歌学术显示共有948个引用。

[36] 除了埃利希，卢曼当然也是教父级的人物，参见 N. Luhmann, Die Weltgesellschaft, (1971) 57 Archiv für Rechts- und Sozialphilosophie (ARSP) 1。

[37] 该方法的基础，参见 B. de Sousa Santos, *Toward a New Legal Common Sense. Law, Globalization and Emancipation* (2 vols, London: Butterworths, 2002)。

[38] 针对该问题，参见 G. -P. Calliess and M. Renner, 'Between Law and Social Norms: The Evolution of Global Governance' (2009) 22 *Ratio Juris* 260。

这些教义学的问题。㊵

同时，他在早期就已经展示了跨国法的宪法维度。其专著《宪法的碎片》先是在苏坎普出版社(Suhrkamp)以德语出版，旋即就在牛津大学出版社以英文出版。该成果可以追溯到 2007 年和 2008 年他在柏林高级研究院(Wissenschaftskolleg zu Berlin)期间的访问研究。㊵ 私法学者撰写超国家的宪法理论，这对德国国家学是个不小的挑衅。托依布纳风趣地说："宪法太重要了，不能完全交给宪法学家和政治哲学家讨论。"㊶ 无论如何，在 2007 年和 2008 年期间，有足够多的争议性话题在柏林科学研究院可供讨论，包括了与德国联邦宪法法院前任大法官迪特尔·格林(Dieter Grimm, 1937)的讨论。另外，笔者 2008 年作为年轻的博士生，认识了托依布纳。之前，作为学生的笔者对他的法律理论文章印象深刻，后来在柏林瓦洛特大街，即柏林高级研究院所在地，中午与他进行学术对话时，他的智慧和人格魅力，给我留下了深刻的印象——为了和我讨论我的博士论文计划书，他细致缜密地阅读了我的计划书，也同样如此。

托依布纳尽管受到双面攻击(即公法和私法)，相对于私法而言，起初宪法学者和国家法学者更能接受他的跨国法著作——尽管也有德国国际法学者起先强烈反对他的作品。㊷ 托依布纳的论点直接与宪法和国际法相关存在两个理由：其一，他认为有可能的法秩序，在很大程度上脱离民族国家的影响，而比如建立在跨国商事交往的基础之上；其二，他并不认同机体论意义上的去政治化的全球私法，而是认为新出现的"私

㊴ 比如 G. Teubner, 'Self-constitutionalizing Transnational Corporations? On the Linkage of "Private" and "Public" Corporate Codes of Conduct' (2001) 17 *Indiana Journal of Global Legal Studies* 617-638。

㊵ G. Teubner, *Constitutional Fragments. Societal Constitutionalism in Globalization* (Oxford: Oxford University Press, 2012)。中译本参见托依布纳：《宪法的碎片——全球社会宪治》，陆宇峰译，纪海龙校，中央编译出版社 2016 年版。

㊶ 同前引。中译本，参见第 3 页。

㊷ 在研讨会论文集的序言中，西玛(Bruno Simma, 1941)针对该论文集中托依布纳与费舍尔-赖斯卡诺斯(Fischer-Lescanos)的奠基性文章《制度冲突》(Regime Collision)，评价道："但是，请注意，大多数国际法学者并不认为这两位是本专业主流的成员。这种联合是另一种更为'个性化'的维护国际法共同体的方法。" B. Simma, 'Fragmentation in a Positive Light' (2003-04) 25 *Michigan Journal of International Law* 845, 847.

人制度"⑬必然是政治性的，并且他看到了诸如互联网"商人法"的不同制度与国家的基本权利保障⑭经常发生矛盾、产生冲突。

从这双重分析中，托依布纳得出三个结论：第一，在私人创制规范的时候，如果涉及跨国法，也会产生宪法问题；其二，私人制度的"宪法问题"，不是由民族国家，而是借助自我治理的手段，通过跨国制度的自我宪法化来解决；第三，因为这些制度如此纷繁多样，所以跨国法宪法同时也是冲突法宪法。比如，诸如"互联网名称与数字地址分配公司"（"ICANN"）及其争议解决机构的互联网私人规则制定者，不断地发展处理与滥用互联网域相关的基本权利的问题。⑮事实上，这些也可以用实证来证明。⑯

21世纪初中期，德国私法学开始研究私人创制规范及其宪法维度的问题，这意味着托依布纳的作品有了更多的基础。具有里程碑意义的作品是格雷戈尔·巴赫曼（Gregor Bachmann, 1966）的教授任用资格论文⑰，以及约翰内斯·克内根（Johannes Köndgen, 1946）2005年在民法学者协会会议上所做的报告《法之私有化》⑱。

四、正义论

在早期，尤其是托依布纳的跨国法作品，并没有被"主流"的私法学接受，除了因为他受社会理论启发的专业术语招致的不满，在不小的程度上，还可能是因为他对国家宪法机关之外创制规范制度的（目的）乐

---

⑬ G. Teubner, 'Global Private Regimes: Neo-spontaneous Law and Dual Constitution of Autonomous Sectors in World Society', in G. Teubner and K. -H. Ladeur (eds), *Globalization and Public Governance* (Aldershot: Dartmouth, 2004) 71.

⑭ 对于该例，参见 V. Karavas and G. Teubner, 'http://www.CompanyNameSucks.com: The Horizontal Effect of Fundamental Rights on Private Parties within Autonomous Internet Law' (2003) *German Law Journal* 1335。

⑮ 同前引。

⑯ 对于实证证明，参见 M. Renner, 'Towards a Hierarchy of Norms in Transnational Law?' (2009) 26 *Journal of International Arbitration* 533, 538-552。

⑰ G. Bachmann, Private Ordnung. Grundlagen ziviler Regelsetzung (Tübingen: Mohr Siebeck, 2006).

⑱ J. Köndgen, Privatisierung des Rechts. Private Governance zwischen Deregulierung und Rekonstitutionalisierung, (2006) 206 AcP 477.

观主义。对很多人来说，有些东西仅仅是卡迪司法，而对托依布纳来说，它们代表着法律对正义裁判的承诺。这完全与第十二只骆驼的法律谚语吻合。因此，进一步地说，在托依布纳的意义上，卡迪不做卡迪司法。他不这样做，是因为必要时，他将社会冲突"异化"于其产生的条件，并且基于法律冲突再现它。[49]

在这些考量的背后，蕴含着一个让人雄心勃勃的正义论，它同样是以卢曼的系统论和德里达的语言哲学为指引。绝不是偶然的是，托依布纳在法兰克福大学期间发展了该理论的基本要素。不过，法兰克福学派的精神启发他的可能性不大，更可能的是对外人来说也是熟知的学院大楼"三楼"启发了他。在托依布纳到法兰克福大学任职之前，这里就是私法理论的故乡，尤其是因为鲁道夫·维特赫尔特（Rudolf Wiethölter, 1929）这个人。维特赫尔特在格尔哈德·克格尔指导下完成了教授任用资格论文，之后 1963 年接任了弗朗茨·柏默在法兰克福大学的教席，直到 1997 年退休。他出名，至少是因为"广播大学法学"[50]。另外，在 20 世纪 60、70 年代私法学的政治冲突中，他也是一位有争议的人物。直到今天，他的经济宪法方面的著作[51]仍然值得阅读。除了著作，他的影响力主要通过教学来实现，尤其是在托依布纳接任他的教席之后，与他合作开设的著名的"周三专题研讨课"。

在专题研讨课上，可以找到"卢曼和德里达"（2001—2002 年冬季学期）、"法教义学和社会理论"（2002 年夏季学期）、"主观权利和社会"（2007—2008 年夏季学期）以及"半机械人、网络和动物"（2005 年冬季学期）。[52]托依布纳有关正义论的作品，表明这些专题研讨课对他而

---

[49] 前引 2，第 21 页。

[50] R. Wiethölter, Rechtswissenschaft (Frankfurt a. M.: Fischer, 1968).

[51] R. Wiethölter, Begriffs- oder Interessenjurisprudenz—falsche Fronten im IPR und Wirtschaftsverfassungsrecht. Bemerkungen zur selbstgerechten Kollisionsnorm, in H. -J. Musielak (ed), Festschrift für Gerhard Kegel zum 75. Geburtstag (Kohlhammer, 1997) 213; R. Wiethölter, Privatrecht als Gesellschaftstheorie? Bemerkungen zur Logik der ordnungspolitischen Rechtslehre, in F. Baur, J. Esser and F. Kubler (eds), Festschrift für Ludwig Raiser zum 70. Geburtstag (Tübingen: Mohr Siebeck, 1974) 645.

[52] 专题研讨课的往期目录，参见 http: //www. jura. uni-frankfurt. de/44314162/Archiv2001#Seminar-Archiv（最后访问日期：2018 年 6 月 16 日）。

言受益良多。2003 年在以"法宪法"("Rechtsverfassungsrecht")为书名[53]的纪念维特赫尔特文集中，托依布纳撰写了文章《处理法律悖论：德里达、卢曼、维特赫尔特》[54]。围绕法律悖论的概念，托依布纳发现了在很大程度上智慧的选择相似性：维特赫尔特对其恩师克格尔的冲突法继续发展和一般化，通过悖论的概念与系统论和解构主义兼容。决策和推理的悖论，被卢曼和德里达视为理解法律的核心，同时也反映了真实的社会冲突。

受到维特赫尔特的启发，托依布纳巧妙地将卢曼和德里达进行对比，进而不断强化对法律制度的运作统一性的系统论信条提出的质疑。[55] 法律实践不断地尝试掩盖和压制"论证悖论"，卢曼从中看到了法律发展的原动力（movens）。相反，德里达试图揭开被压制的东西，有意地面对处在困境（aporia）中的法律实践。在该背景之下，托依布纳将自己扮演成这些宏大理论的熟练的调解人：他不仅强调悖论的"创造性潜能"——该潜能正是源自悖论的压制，而且让"法外事物重新进入法律"，迫使法律制度适当地反思社会的冲突情况。[56]

周而复始，这里的研究与托依布纳最初踏入法律社会学的情况再次融合。托依布纳认为，正义论不是纯粹法哲学的问题，而是法律与社会的调和，以及寻找适合社会的法教义学具体问题的答案。法律寓言中的第十二只骆驼，不仅仅代表法律形式的不可缩减的固有价值；至少，它也解决了一个继承纠纷。

---

[53] C. Joerges and G. Teubner (eds), Rechtsverfassungsrecht. Recht-Fertigung zwischen Privatrechtsdogmatik und Gesellschaftstheorie (Baden-Baden: Nomos, 2003).

[54] G. Teubner, 'Dealing with Paradoxes of Law: Derrida, Luhmann, Wiethölter', in O. Perez and G. Teubner (eds), *On Paradoxes and Inconsistencies in Law* (Oxford: Hart Publishing, 2006) 41.

[55] Teubner, Selbstsubversive Gerechtigkeit: Kontingenz-oder Transzendenzformel des Rechts?, Zeitschrift für Rechtssoziologie 2008, 9. 英文版：G. Teubner, 'Self-subversive Justice: Contingency or Transcendence Formula of Law?' (2009) 72 *Modern Law Review* 1。中译文参见《自我颠覆的正义——法的偶连续公式，或是超越公式？》，祁春轶译，载托依布纳：《魔阵·剥削·异化——托依布纳法律社会学文集》，泮伟江、高鸿钧等译，清华大学出版社2012年版，第 365—400 页。

[56] 同前引。

五、重述

上文三部分以"法律与社会""超国家的法律"和"正义论"为题，试图理解贡塔·托依布纳的生平、著述及影响，这并非易事。托依布纳的作品太纷繁多样和特立独行，他就是在退休之后，也还是非常活跃。不过，这三个标题组合成的主题领域，即使他后来的文章也会重述它们，将它们重新衔接在一起，并且继续发展它们。[57] 他的门生在作品中也在续写着这些话题：楚邦仁（Peer Zumbansen）和卡利斯（Gralf-Peter Calliess, 1967）的跨国法[58]、费舍尔－莱斯卡诺斯（Andreas Fischer-Lescanos, 1972）的批判性系统论[59]、维尔施（Dan Wielsch, 1970）的知识型社会的法律分析[60]以及格鲁贝尔（Malte Gruber）的生物信息法[61]。上述学者明显受到托依布纳的影响，同时采用了自己的，部分还是对立的方法，这些最佳地反映了托依布纳的知识原创性和他的宽容。

当然，将他的影响缩减为德国私法学者的一个"学派"，完全就是低估。没有多少当代德国私法学者能像托依布纳一样，以其作品对其他法域产生影响：通过很多的客座教授的活动、在国外的报告（例如耶鲁大学法学院的"斯托尔斯讲座"），通过外文出版物（几乎所有他的文章都同时有多种语言发表）以及通过很多从他的作品、与他的讨论和相遇中受到启发的人。

---

[57] 相关的例子，参见 Teubner, 'The Anonymous Matrix: Human Rights Violations by "Private" Transnational Actors' (2006) 69 *Modern Law Review* 327。

[58] G. -P. Calliess and P. Zumbansen, *Rough Consensus and Running Code: a Theory of Transnational Private Law* (Oxford: Hart Publishing, 2012).

[59] A. Fischer-Lescano, 'Critical Systems Theory' (2012) 38 *Philosophy & Social Criticism* 3.

[60] 比如 D. Wielsch, Die epistemische Analyse des Rechts. Von der ökonomischen zur ökologischen Rationalität in der Rechtswissenschaft, (2009) JZ 67。

[61] M. -C. Gruber, Bioinformationsrecht. Zur Persönlichkeitsentfaltung des Menschen in technisierter Verfassung (Tübingen: Mohr Siebeck, 2015).

第五章　私法、教义学思维及体系建构

导　读

本书第五章的题目是"私法、教义学思维和体系建构"。本章的特殊之处在于涉及的人物撰写了一个或多个法律领域的教科书，包括了民事诉讼法。尽管他们都发表了很多的论文，出版了专著，他们的教科书的贡献似乎最有影响力，并且通常产生持久的影响力。事实上，这也许是教科书作者所要追求的目标，即发展教义学思维并进行体系建构：任务是将多层次的规则糅和成为一致性（可理解和可教授）的整体。教科书通常被认为是写给学生而非实务人员，写给"孩子而非成人"。但是本章所讨论的人物则表现出不同的一面。这表明他们中的大多数人通过多种方式对实践的发展产生了实质性的影响。事实上，我们可以公平地说在这里找到了20世纪很多最有影响力的德国私法学者。

最著名的教科书作者必定是卡尔·拉伦茨和维尔纳·弗卢梅。事实上可以客观地说他们的教科书确定了标准。对于他们每个人，作者对众多内容进行了详细和全方位的分析。他们的教科书为什么被证明有如此大的影响力？拉伦茨和弗卢梅都撰写了在德语区法学文献中通常被称为"大型教科书"的著作。在他们的教科书中，基于牢固的理论框架，他们将法条简洁与深入的分析结合在一起。拉伦茨的《德国民法通论》和两卷本的债法教科书的理论基础是"伦理个人主义"。弗卢梅的《德国民法典》总则教科书的焦点是"私法自治"原则：作为根本的个人自决原则构成了各项具体自由的基础，比如合同自由、意思表示自由。两位作者真正地理解掌握了所涉主题，对此进行睿智的深入分析，并且在表述材料时风格优雅、有说服力。

拉伦茨的教科书尤其是多层次展示法律的大师级作品。它们给学生的感受是有说服力地展示主题内容，同时，给学界同行和实务者提供了精致和优雅的论证。这种组合被证明特别有影响力，使拉伦茨被称为他那个时代最权威的学者。弗卢梅最为著名的作品是《法律行为论》，在论证方面也毫不逊色，但是其重点可能是在高明的论证上面，而不是优雅的表达。

这些教科书是第五章内容的很好的起点。有意思的是弗卢梅的教科书根本就没有继续更新下去，既没有被他的门生，也没有被其他私法学者继承更新下去，这不得不让人猜测其中的原因。相反，拉伦茨的教科书后来有不同的作者加入，出了很多新版本。《德国民法通论》由曼弗雷德·沃尔夫续写，出了三版。他研究的一个核心问题是合同交易的公平，这也是沃尔夫对格式条款的司法控制的研究的基础。在大部分的合同法问题上，能够展现个人的能力。1993年的欧共体指令使格式条款成为欧洲的话题。沃尔夫是首批在德国从理论上讨论欧洲化产生的影响的人，其实，这是他首次在拉伦茨教科书中引入这个方面。[①] 沃尔夫作品中的另一个话题是物权法。公道地说，他对这个话题感兴趣是被他的老师弗里茨·鲍尔所激发的。

鲍尔本人是"大型教科书"的著名作者。他的《物权法》教科书和拉伦茨的教科书在慕尼黑贝克出版社（C. H. Beck）同一个丛书里。[②] 与之相竞争的大型教科书出版社是海德堡的穆勒出版社（C. F. Müller）。鲍尔物权法教科书的竞争者是哈里·韦斯特曼的物权法教科书，后者由其儿子小韦斯特曼续写。哈里·韦斯特曼的物权法教科书又证明了这种风格成为深入分析和精致化学术的启发来源。韦斯特曼家族传统是将诸多兴趣结合在一起，尤其包括公司法。值得提出的是在这个语境下，哈里·韦斯特曼不仅撰写了大型物权法教科书，而且发起和主编了学生精要系列教科书，同样是在穆勒出版社出版。该丛书的特点是：简要叙述、为教学目的而设计，这引入了主题以及在学生层面上进行讨论。

如果我们停留在穆勒出版社的大型教科书系列，又会有两位本书中

---

① 勒维施（M. Löwisch）：《德国民法通论教科书：卡尔·拉伦茨创立，曼弗雷德·沃尔夫续写，第8版》，《法学新周刊》1998年，第2885及以下诸页。

② 出版社的教科书系列（及其他的出版物），参见维洛威特（Dietmar Willoweit）主编：《20世纪的法学与法学文献——包括慕尼黑贝克出版社发展的文章》，德国贝克出版社2007年版。

的私法大家。首先是第三章中描述的法理论学者约瑟夫·埃塞尔，他也撰写了两卷本的债法。第二个人在我们的语境下其重要性也毫不逊色，但是角度却不同：如果我们看一下德国法教科书，迪特尔·梅迪库斯处在值得自豪的地位。作为罗马法出身的学者，他撰写了尤其是影响数代学生的两本教科书：《德国民法总论》和《德国民法》。③ 梅迪库斯将有说服力的论证与优雅的风格结合在一起，应当说他在20世纪德国私法领域有最伟大的教学天赋。尤其是《德国民法》创造性地以请求权为基础的方法论述法，展现了德国私法思维和法院实务方法的特点。

在《德国民法典》总论领域，还有一位竞争者，即前任法官以及宪法法院大法官的汉斯·布洛克斯。他出名同样是因为教科书：《德国民法典》总论、债法以及继承法的精要类教科书。不过，布洛克斯还撰写了劳动法和强制执行法教科书。后者把我们带到诉讼法领域，尤其是莱奥·罗森贝克的研究领域。他的民事诉讼法大型教科书，让我们回到贝克出版社系列。施瓦布写道："随着这本教科书的出版，罗森贝克奠定了自己在德国诉讼法中顶尖地位。"最后，值得提到的一本大型教科书是乔基姆·格恩胡贝尔的《亲属法》。这本书同样在该领域中处于顶尖地位。格恩胡贝尔同样也撰写了针对法科高阶学生的简要却又是全方面的《德国民法》教科书。

在这些教科书作者中，真正具有卓越地位的是克劳斯-威廉·卡纳里斯，他被恰当地誉为"最纯粹的教义学者"。④ 作为法学大师卡尔·拉伦茨的一位门生，卡纳里斯追随他的学术老师的道路，将私法、方法论和法理论的专业知识结合在一起，可以说超越了拉伦茨。他的方法论方面的博士论文就已经展现出他是法学和写作方面的大师。在那里我们已经从此看清楚了他的作品的风格：基于坚实的教义学根基和熟知法院法学的知识，将理论的讨论和实践例证结合在一起。卡纳里斯的开创性的有关"信赖责任"的教授任用资格论文，确定了他在德国私法界的领先

---

③ 由卡尔·海曼出版社（Carl Heymanns Verlag）出版，该出版社有另一个系列的大型教科书，即最有影响的商法与经济法学者卡斯滕·施密特所写的大型教科书。

④ 沃尔夫冈·策尔纳：《书评：拉伦茨、卡纳里斯，债法教科书，第2卷第2册，1994年第13版》，《法律人杂志》1997年，第293页。策尔纳描述该书"不仅是在外观方面，而且在其内在维度方面，是一本真正的大型教科书"。

地位。这也是为什么理论研究中针对法的体系研究方法被称为德国学术的标志的原因。基于该原则，卡纳里斯成为20世纪和21世纪早期最多产的作者之一。他同样在贝克出版社的大型教科书系列中撰写了不止一本的教科书：商法教科书和拉伦茨债法教科书的更新版（第2卷第2册《侵权法与不当得利》）。如果说这些重要的教科书作者的单篇文章已经全面地改变了私法的理念，并且这种改变是具有欧洲维度的，则应当是卡纳里斯的系列文章。通过这些文章，卡纳里斯发展出他的思想，即基本权利是私法中全方面的价值体系的最初基础，是私法实质化的核心因素，并且法官和立法者有义务将这些价值在一般性层面和个案中融入私法中。⑤

我们的焦点是教科书，但是德国教义学不仅仅是在这里发展。其实，上述很多作者还采取其他形式发表作品，比如法律评注。其他标志性的学术作品也收录在"纪念文集"中，当然还有以杂志文章或专著的形式发表的文章。比如恩斯特·冯·克默雷尔发表的最精致和最有影响力的作品是在纪念文集当中。格恩胡贝尔主编和合著了一系列的《债法手册》。这个系列中几乎是传奇性的作品是乌尔里希·胡贝尔著名的两卷本巨著《给付瑕疵法》。恩斯特·克莱默是诸如债法评注方面顶尖的法律评注者。他的显著特点是，在他的经典名著《法律方法论》和大型法律评注中，经常同时探讨一个问题。更为著名的是，他是一位精湛地将德语区三个国家——德国、奥地利和瑞士——的法律制度打通的显赫学者。

在本书的其他章节，我们经常强调德国学者的国际性、比较的、跨学科的或其他创造性的方法。撰写教科书的任务倾向于论述、更加保守。作品明显是采取"内在的"视角（相对于比较法或法经济学学者的外在视角）。如果我们看这一章中的学者，我们也将会看到他们具有创造性和国际性，只不过采取的方式不同。他们的创作是"教义的"，还会看到他们对优化本国法的贡献。他们在国际上的声誉建立在"内在的"研究，我们将会看到诸如拉伦茨、卡纳里斯或韦斯特曼等学者，正是作为国内法、国内教义学和国内方法的专家，在国际上备受关注。

---

⑤ 卡纳里斯：《基本权利与私法》，《民法实务论丛》1984年第184期，第201—246页；卡纳里斯：《基本权利与私法》，柏林1999年；卡纳里斯：《债法的转变——其"实质化"的趋势》，《民法实务论丛》2000年第200期，第273—364页。

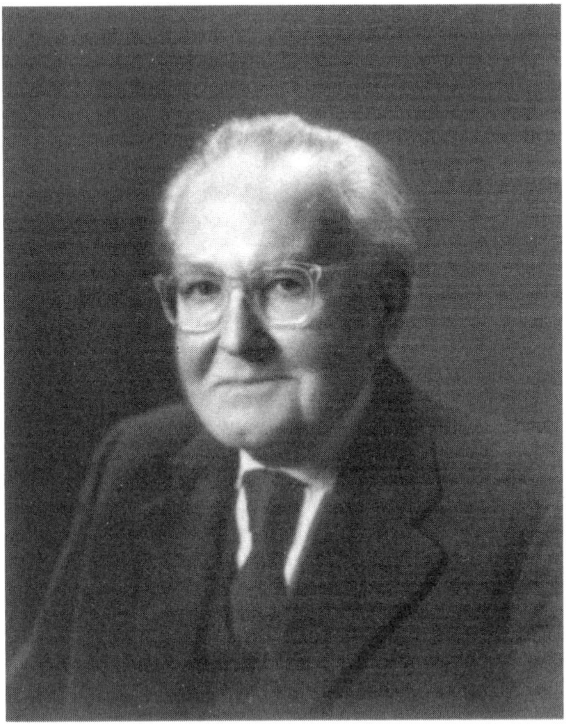

莱奥·罗森贝克
（Leo Rosenberg，1879—1963）[*]

目　次

一、罗森贝克的学术生涯　/ 645

二、罗森贝克在吉森、莱比锡和慕尼黑的影响　/ 647

三、荣退后的时光　/ 650

四、罗森贝克的学术贡献　/ 652

　　（一）诉讼标的说　/ 652

　　（二）证明责任论　/ 654

　　（三）诉讼行为　/ 654

　　（四）实质既判力　/ 655

五、结语　/ 655

附录　/ 657

一、罗森贝克的学术生涯

莱奥·罗森贝克1879年1月7日出生在西里西亚地区，该地区地处格沃洛高（Glogau，现波兰境内）和丽萨（Lissa，现波兰境内）之间的弗劳施塔特（Fraustadt），他是工厂主的儿子。他17岁的时候，就完成了高考，期间跳了一次级。随后，他先后在弗莱堡大学、慕尼黑大学（在慕

---

[*] 作者简介：〔德〕卡尔·海因茨·施瓦布（Karl Heinz Schwab，1920—2008）系埃尔朗根大学民法和民事诉讼法教席荣退教授。原文出自海因里希斯等（Heinrichs/Franzki/Schmalz/Stolleis）主编的《犹太裔德国法学家》，德国慕尼黑贝克出版社1993年版，第557—676页。

尼黑大学包括了在洛塔尔·佐伊费尔①那里学习),最后是在布雷斯劳大学(现波兰境内)学习。1900 年,还不到 21 岁他,在布雷斯劳大学完成了关于证明责任分配的博士论文,导师是诉讼法学者奥托·菲舍尔②。罗森贝克在私人信件中写道:

> 对我来说非常重要的是,在那里(布雷斯劳)的夏季学期,完成民法典中证明责任分配的获奖文章。我当时在第 3 学期,还没有准备好该研究,我甚至还没有听过民诉法的课,但是我被该任务吸引,持续了几个学期,最后 1900 年在布雷斯劳大学获得博士学位。

这段引言出自罗森贝克的门生评价恩师的文章,该文章收录在爱德华·博蒂歇尔③1982 年在马尔堡主编的一本书中,书名是《20 世纪上半叶吉森的学者》,第 778 页及其以下几页。这位几乎刚刚成年的博士生的作品,取得了巨大的成功,没有哪一本博士论文可能有这样的成功。直到今天,这本有关证明责任分配的规范说仍旧影响着学界和法律实践。《证明责任论》共发行五版,第 1 版(1900 年)、第 2 版(1953 年)、第 3 版(1956 年)以及最后的第 5 版(1963 年),都是由慕尼黑贝克出版社出版。

有了这样一个成功开始后,对学术有浓厚兴趣以及由此带给他的欢乐,一直萦绕在罗森贝克的心头。他在波兹南(Posen,现波兰境内)度过法律培训生训练期间,撰写了两篇长篇文章,一篇关于债权人违约,④

---

① 洛塔尔·佐伊费尔(Lothar Seuffert,1843—1920),德国 19 世纪末著名的法学家,在 1881 年撰写了两卷本的《民事诉讼法评注》,曾是维尔茨堡大学和慕尼黑大学等著名大学的教授。——译注

② 奥托·菲舍尔(Otto Fischer,1853—1929),德国法学家和法官,布雷斯劳大学教授,主要研究民法、教会法和罗马法。菲舍尔先后在莱比锡大学、波恩大学、海德堡大学和马尔堡大学攻读法学,1875 年获得博士学位。——译注

③ 爱德华·博蒂歇尔(Eduard Bötticher,1899—1989)曾是海德堡大学和汉堡大学的法学教授,其 1925 年的博士论文和 1929 年的教授任用资格论文均在罗森贝克的指导下完成。——译注

④ 罗森贝克:《债权人延迟》(Der Verzug des Gläubigers),《耶林年刊》1901 年第 43 期,第 141—298 页。

另一篇关于"实质的承认"[5]。

1904年,罗森贝克在柏林通过第二次州司法考试。随后,尽管他在帝国最高法院代表一名律师成功打赢官司,从而有机会成为帝国法院的出席律师,但是他还是决定开始他的学术职业生涯。

选择学术道路,是他自主的决定,没有向他的老师征求意见,也没有受任何人的影响。这表明罗森贝克在规划人生时,非常自信和独立。早在1905年,他就把《诉讼代理》的前300页作为教授任用资格论文,提交给了哥廷根大学法学院,由此诞生了1908年在瓦伦出版社(Franz Vahlen)出版的一本多达1000多页的有关代理的专著。这本书的重要性在于,它第一次以专著的形式讨论了诉讼代理的本质。在哥廷根期间,他迎娶哥廷根大学一位植物学教授的女儿海德薇·彼得。罗森贝克的大女儿也出生在哥廷根。

二、罗森贝克在吉森、莱比锡和慕尼黑的影响

罗森贝克是一名优秀的学者,同时也是一位值得尊敬的老师,好事传千里,他的好名声很快就传播开来。这样的声誉,使得他被吉森大学任命为编外教授,1916到1932年成为编内教授。他在学术上硕果累累,以至后来经常提起在吉森大学的这段人生最美好的时光。在这样一个宁静的大学城里(当时法学院有300名学生),罗森贝克有时间和精力集中进行学术研究。

他的两本最为重要的著作就在这里完成。1919年,物权法评注的前半部分出版(对《德国民法典》第854—902条的评论),成为爱德华·

---

[5] 罗森贝克:《论所谓的实质承认说:合同缔结和内容方面争议的证明责任分配》(Zur Lehre vom sog. qualifizierten Geständnisse. Die Verteilung der Beweislast bei Streit über den Abschluß und Inhalt eines Vertrages),《民法实务论丛》1903年第94期,第1—141页。

赫尔德⑥和弗里德里希·肖尔梅叶⑦《〈德国民法典〉评注》项目的一部分。这些评注对研究和实践有多大的影响，可以从下面的事实看出：在今天，即使整个评论已经不再继续了，罗森贝克对物权法的评注依然被大型教科书和法律评注引用。

罗森贝克在吉森大学最得意的时光是在1927年，这一年，他的教科书《德国民事诉讼法》第1版问世，同时他被学校推选担任校长。

当时，罗森贝克只有48岁，正处于人生的黄金时期。他的学生爱德华·博蒂歇尔在前面提到的文章中，描述了他职业成功和家庭幸福的完美场景：如何在就职典礼当天遇到新当选的总统，以及在吉森大学的暑假，他和他美丽的妻子以及四个孩子在一起的场景。

罗森贝克的教科书出版后，被后来的莱比锡大学的同事恩斯特·耶格⑧誉为"大手笔"。教科书的后续版本相继出版，说明上述评价得到德国法学界的认可。第2版早在1929年就出版了，1931年第3版问世。随着这本教科书的出版，罗森贝克奠定了自己在德国诉讼法中的顶尖地位。

大学教授的聘任邀请，证明了上述对他的评价。1932年，他成为莱比锡大学理查德·施密特⑨教席的继任者。在赫赫有名的莱比锡大学，在恩斯特·耶格等法学家的帮助下，罗森贝克会有一些谦虚。在马克莱伯格（Markkleeberg）的一所漂亮的房子里，这家人找到了新家，如今这所房子仍归他的后代所有。但是，在1934年，罗森贝克的工作突然结束。在他55岁时，萨克森州的帝国政府根据1933年4月7日《重建职业公务员法》第6条，强行要求他提前退休。大学官方文件中对此进行了解释："实现他教席的使用与相应的法学院建设新需求的利益相符。"

---

⑥ 爱德华·赫尔德（Eduard Hölder, 1847—1911），德国法学家，曾是莱比锡大学的罗马法教授。他与肖尔梅叶等组织编写1900年在贝克出版社出版的《〈德国民法典〉评注》，他负责《德国民法典》总则部分的评注。——译注

⑦ 弗里德里希·肖尔梅叶（Friedrich Schollmeyer, 1848—1914）是德国法学家，曾是乌尔兹堡大学和柏林大学的教授，与赫尔德等组织编写1900年在贝克出版社出版的《〈德国民法典〉评注》，他负责《德国民法典》债法部分的评注。——译注

⑧ 恩斯特·耶格（Ernst Jaeger, 1869—1944），德国法学家，曾任德国莱比锡大学民事诉讼法教授。——译注

⑨ 理查德·施密特（Richard Schmidt, 1862—1944），德国政治学和法学家，曾任莱比锡大学刑法、国家法和民事诉讼法教授。——译注

后来，他的退休金也被拿走了。有两年时间，罗森贝克是帝国法院的一名律师的助手，但后来被迫停止了这些工作。罗森贝克很少谈及他在第三帝国的岁月里所经历和遭受的苦难，他不喜欢抱怨和指责。他的两个妹妹死于色列森施塔特（Theresienstadt）。纳粹统治时期，他能在他妻子购置的位于巴伐利亚州奥尔高（Allgäu）的斯蒂芬霍芬（Stiefenhofen）一所度假屋里幸存下来，也许是命运的眷顾。

1945 年，形势终于出现转机。罗森贝克 67 岁时被任命为慕尼黑大学的教授，这样的年龄于现在的教授们而言，已经是退休或即将退休的年纪。对于慕尼黑大学法学院来说，能邀请到如此受人尊敬的学者（他还收到了来自柏林、法兰克福和马尔堡的教职邀请），真是无比的幸运。之前莱比锡大学只给了他退休待遇的身份。在慕尼黑大学，他能够再次全身心地投入到学术工作中去。不过，前五年，他只是享受教席临时代表的身份，直到 1951 年，他才再次被任命为终身公务员。

当时的慕尼黑城市和大学校园的情况都很糟糕，要得到一套住所，几乎不可能。因此，罗森贝克不得不先安顿在诺伊罗伊特（Neureutherstraße）的一间带家具的房间。后来，他在伯根豪森的一家医学院里为家人找到了一个暂时的落脚点。货币改革后，他在大学附近的国王大道 69 号得到了一个很宽敞的住处，他个人的图书馆也再次有了安置的地方。

1946 年至 1955 年期间，慕尼黑有数千名学生从罗森贝克那里学习了民事诉讼法，还聆听了大课民法总则、物权法和继承法，从而获得了法律基础知识。在他从事教学活动的开端，慕尼黑大学的教室在 1946 年的严冬和第二年的冬天，都没有暖气。当学生们穿着大衣在教室里瑟瑟发抖时，罗森贝克总是不穿外套讲课，他似乎不觉得冷。他后来对本文作者说，他早年的时候就锻炼了抵御寒冷的能力。他的第一件大衣是在他基督教洗礼的时候得到的。

战后这段时期的学生，尤其是归来的士兵，永远不会忘记罗森贝克的大课和案例练习课。这些大课的特色并不在于运用了多么生动的修辞，而在于大课思路清晰、深入浅出。没有重复的句子；阐述送达规定的方式，一如他阐释诉讼标的问题的方式。今天课程的各种教学工具，在当时并不常见：没有分发讲义，也没有在民事诉讼课程中实地访问法院。在课堂上，师生之间也没有对话。尽管如此，罗森贝克对学生们的影响依然是巨大的，因为他的听众认为，在他们面前有一位伟大的导师。尤其是民事诉讼案例练习课程，给学生们留下了深刻的印象。这些课程是清晰的典范，对有些人来说，甚至是一种审美享受。

在慕尼黑，罗森贝克终于可以再次投身到他那本著名的教科书《德国民事诉讼法》的编写中，该书第 4 版于 1949 年出版。罗森贝克尤其担心的是，学生们能否用相对便宜的价钱买下这本书。作为他当时的助手，我的任务之一就是向学生们出售打折的复印品。购买人数非常多，数百名学生买了罗森贝克的书，能够买到老师的这本书，他们都非常高兴。

1949 年正值罗森贝克 70 岁生日，他的同事送给他一本纪念文集。这可能是战后的第一本纪念文集。人们期待已久的他的第 4 版教科书出版之后，其余五个新版本也陆续出版，直到 1961 年，该书第 9 版问世。其中第 5 版被翻译成西班牙语，并在布宜诺斯艾利斯市由安东尼奥博世（Antonio Bosch）出版社出版。直到生命最后时刻，罗森贝克还一直奋战在这本书的第 10 版上。

三、荣退后的时光

1952 年，罗森贝克 73 岁，他成了荣誉教授。即使退休了，他依然坚守在教学岗位。直到 1955 年，他的新房子建在了加布里埃尔-马克斯街（Gabriel-Max-Straße）26 号，位于哈拉兴的一个美丽郊区，从那到学校有很长的步行距离，这对于 75 岁的他来说成了负担，这时他才离开教学岗位。在他 75 岁的时候，还建造了一所新房子，这充分说明他多么顽强而富有活力。他和他的妻子以及大女儿在新房里度过了八年的时光。今天，为了建造公寓楼，这间房子已经被拆除了。尽管此时的罗森贝克已经从教学岗位上退休，他依然在没有助手的帮助下，不知疲倦地继续着他的教科书编纂工作。另外，他还承担着一份工作量非常大的编辑工作，即《民事诉讼杂志》（ZZP）的主编工作。无论你什么时候拜访他，他总是在伏案工作。1933年，他已经与耶格尔、冯·施塔夫(von Staff)和卡恩(Kann)共同担任编辑，从第64卷起，他重新接手了该杂志第二次世界大战之后的编辑工作。在《民事诉讼杂志》的出版中，他最初得到了阿道夫·肖克[10]的支持，在这位学者早逝之后，他得到了弗里德里希·伦特(Friedrich Lent，1882—1960)的支持。1961年伦特去世后，本文作者成为该杂志的联合编辑。

与弗里德里希·伦特的友谊是他晚年的乐趣之一。尽管伦特反对纳粹主义，但在战败后，美国人从把他从埃尔兰根大学的教席拉了下来，因为他在1933年之前一直作为德国人民党的代表任国会议员。当人们发现指控毫无根据时，教席的位置已经被占据。所以唯一的办法，就是退休。在离开埃尔兰根后不久，他又搬到赫里辛，后来又搬到了慕尼黑。在那里，两个志趣相投的人建立了友谊。罗森贝克80岁时，伦特作为同事的代表送给他一本纪念《民事诉讼杂志》的纪念册。[11] 为了罗森贝克85岁的生日（然而，就在生日之前，他已经去世），纪念文集已经准备好了，其中刊登了爱德华·博蒂歇尔的纪念评论。[12] 直到1963年12月18日他去世，罗森贝克一直高度自律地工作。他和他的妻子以及大女儿一起在慕尼黑的一个公墓找到了安息之所。

在他生命的最后几年里，罗森贝克获得了很高的荣誉。他被慕尼黑大学和因斯布鲁克大学的国家学院授予荣誉博士头衔。巴伐利亚科学院任命他为院士。他还被授予德意志联邦共和国的大勋章，并在他死后，被授予巴伐利亚勋章。作为吉森大学的前任教授和校长，他对被任命为吉森大学的名誉校长感到特别高兴。正如任命信中所述，这一任命是为了表彰他作为民事诉讼法领域的研究者、作为黑森州一代法律人的老师和作为大学前校长所取得的杰出成就。这些也被记录在他在慕尼黑森林

---

[10] 阿道夫·肖克(Adolf Schönke，1908—1953)，德国法学家，曾是弗莱堡大学教授，撰写了《法学导论》《民事诉讼法》和《民事强制执行法》教科书，其最为出名的是《〈德国刑法典〉评注》(Strafgesetzbuch: Kommentar)，现在还在不断更新。——译注

[11] 罗森贝克：《弗里德里希·伦特(1882年1月6日至1960年4月30日)》，《民事诉讼杂志》1960年第73期，第321—323页；呈送的是罗森贝克和施瓦布主编的《弗里德里希·伦特1957年1月6日75岁纪念文集》，1957年。

[12] 博蒂歇尔：《1963年12月18日莱奥·罗森贝克逝世怀念》，《民事诉讼杂志》1964年第77期，第1—3页。

墓园(Waldfriedhof)的墓碑上。

四、罗森贝克的学术贡献

(一)诉讼标的说

莱奥·罗森贝克对德国法学的重要性,主要与他的民事诉讼法教科书密切相关。在构思和结构方面,1927年该书第1版已经与当时其他教科书大不相同。虽然该书广度没有康拉德·赫尔维格[13]、阿道夫·瓦赫[14]和理查德·施密特的著作那么宽泛,但在内容方面并不落后。通过清晰、严格的体系,对基本思想的精辟阐述以及简明的定义,无论从学术成就,还是从教学上来说,这部作品都是大师级的杰作。它的巨大成功,是因为把理论与实践紧密地联系起来。罗森贝克总是非常仔细地观察法院的实践活动,因为他认为,这些活动在民事诉讼法中比其他部门法更值得关注。另一方面,法院实践活动也从教科书中受益匪浅。尤其是最高法院,一次又一次地从罗森贝克的教科书中获取建议,并且以他的观点为依据。

我们的程序法中对许多重要规定的认识,可以追溯到罗森贝克,尤其是追溯到他在教科书中的阐述。

早在该书第1版中,他发展了诉讼标的理论的基本原则。该学说的核心是抛弃实体法请求权,发现独立种类的请求权,即诉讼请求权。他如何研究诉讼标的可以从他在《民事诉讼杂志》(第57期,第313页;他离职前最后的一批文章之一)的阐述中看出:

---

[13] 康拉德·赫尔维格(Konrad Hellwig, 1856—1913),德国著名的民事诉讼法学者,代表作是三卷本的《德国民事诉讼法教科书》(1903—1909年)。赫尔维格专著的中译本,参见赫尔维格:《诉权与诉的可能性:当代民事诉讼基本问题研究》,任重译,法律出版社2019年版。——译注

[14] 阿道夫·瓦赫(Adolf Wach, 1843—1926),德国19世纪末20世纪初的民事诉讼法学家,曾是德国罗斯托克大学、图宾根大学和波恩大学的教授,其学说对德国民事诉讼法的影响很大。他的代表作有1885年出版的《德国民事诉讼法手册》、1901年的《根据〈德国民法典〉的证明责任分配》、1914年的《刑事诉讼的结构》。——译注

诉讼标的的概念很久以来被误解了。这在很大程度上是因为"实质化说"（"Substantiierungstheorie"）与"个人化说"（"Individualisierungstheorie"）之间不幸的争论；另外，这个争论出现在完全错误的地方，即解释《德国民事诉讼法》第253条第2款第2项。因为我在那两个理论的传统想象中长大，并且很久以来被它困扰，所以我在经过数十年的努力和实践观察之后，我成功地实现正确、可适用地界定该概念。就是在该杂志（《民事诉讼杂志》第49期第38及以下诸页）中，我的有关法律观点变化的文章中，我也没有完全找到真理，但是，这已经离真理只有一步之遥。在我的教科书中，我相信我已经给出了正确的概念界定。

当人们看到罗森贝克诉讼标的理论对"诉的合并""诉讼变更""诉讼系属"以及实体法效力产生影响的时候，才能知道该学说对诉讼法作为独立学科的意义。所有这些诉讼法制度均与诉讼标的的概念紧密相关。对于它们，摆脱实体法请求权的做法，得出正确的结论。这种诉讼请求权学说到今天仍然抵御了多方面的攻击，证明了它在教义学和实践方面的正当性。

在罗森贝克的教科书出版之前，所谓的"权利保护说"（"Rechtsschutzlehre"）有很多拥护者，包括瓦赫、赫尔维格以及施泰因（Friedrich Stein，1859—1923）。该学说并不能和对诉讼标的真正实质的认识相融合。经证明，权利保护请求权并不适合解释诉讼核心问题的本质，比如诉的合并、诉讼变更、诉讼系属和既判力。罗森贝克早在他的教科书第1版中就已经正确地认识到，权利保护请求权对于程序法学的系统化无任何价值。自罗森贝克的教科书首次出版以来60年里，该观点得到认可。最近想要将"权利保护请求权"重新付诸实践的努力，也没有取得成功。

只要在"权利保护请求权"中看到一种保护权利的请求权，公认的司法请求权概念就能够完成该任务。用罗森贝克的话说，[15] 它的实质是：

---

[15] 参见罗森贝克：《德国民事诉讼法》（Lehrbuch des Deutschen Zivilprozeßrechts），1961年第9版，第二节二3a。

司法机关赋予当事人法律审理的权利；当事人能够到法院诉讼；法院实施按照客观法的标准实施与事实情况一致的司法行为。司法请求权的实质，是对抗国家的请求权，这种请求权在拒绝裁判的情况下，由宪法法院来保证执行。司法请求权是实体法与诉讼法之间的桥梁。

（二）证明责任论

罗森贝克的名字一直与举证责任论联系在一起。他在博士论文中创立的"规范说"，到今天都被证明是正确的。该学说的基础是实体法规范的法律特征，按照该学说，主张任何一方当事人必须证明有利于他的规范的条件。

因此，原告有责任证明权利成立规范的条件，而被告则必须证明"权利消灭"和"权利妨碍"规范的条件。举证责任规则都与这些实体法密切相关。当没有明确规定的时候，它们作为不成文的规范，补充了实体法规则，并要求法官分配相应的举证责任。过去20年里对规范说的批评，也无法动摇该学说的原则。这一学说对民事诉讼法的实践非常有益！当遇到复杂的举证问题时，它为法院和律师决定举证责任分配提供了一个明确的标准，这一标准现在已经被使用了将近一个世纪。只有在证据不足、违反职业义务或产品责任等例外情况下，其他的观点才被认可，并且对规范说进行一定的修正。

（三）诉讼行为

自教科书第1版问世以来，罗森贝克特别重视对"诉讼行为"的阐述。正如法律行为是民法的基石，诉讼行为是诉讼法的基石。然而，必须严格区别二者，它们在前提条件和效果上都有所不同。诉讼是三维度现象，不仅包括诉讼双方当事人，还包括法院参与其中。因此，适用于诉讼行为形式的法律规定，与适用于法律行为的不同。诉讼行为的期限也同样如此。诉讼行为与法律行为的区别，尤其在于前者不可撤销。对这些区别的详细阐述，在很大程度上促成了今天普遍接受的观点，即诉讼法不是私法的附庸，而是法学的一个独立部门。这当然是罗森贝克的功劳。

（四）实质既判力

最后，罗森贝克的名字永远与"实质既判力说"（"Lehre von der materiellen Rechtskraft"）联系在一起。他早在教科书第 1 版，就提出了实质既判力的诉讼理论，即以"一事不再理"（"ne bis in idem"）的学说形式出现。他的门生爱德华·博蒂歇尔后来在他的教授任用资格论文中进行了大量令人信服的论证。[16] 在当时，实体法的溯及力学说问题还没有被解决。程序法上的溯及力说由许多程序法学者在施泰因和赫尔维格所提倡的形式下提出，根据这一理论，法官受先前裁判的约束，并且不能偏离之前作出的裁判。相反，罗森贝克则主张，任何新的诉讼行为和裁判都被排除，并且它们都是非法的。在这一点上，实质既判力被提升为一个消极的诉讼前提条件。当时，这还仅是他个人的观点，并且与主流观点相悖。然而今天，这种观点已经被法院裁判和文献普遍接受，成了主流观点。它最为轻松地解决了诉讼法要解决的问题，该问题是如何阻却产生重复的尤其是矛盾的以同一诉讼标的为对象的裁判。在新的民事诉讼程序的标的与已经发生效力的案件标的相同或者正好是后者的矛盾对立面时，这一理论特别有效。同样，对于先例，"一事不再理"学说也能得到正确的结果，即宣布对已经具有溯及力的请求权作出的新裁判非法，因此使法官受到产生溯及力的裁判的约束。

五、结语

所有这些成就都说明罗森贝克是一位伟大的法教义学者。在诉讼法教义学被有些人批判的年代，尤其要强调这一点。罗森贝克在吉森大学的门生、后来是慕尼黑大学的同事卡尔·恩吉施，在巴伐利亚科学院年

---

[16] 博蒂歇尔：《民事诉讼中实质溯及力说批判研究》（Kritische Beiträge zur Lehre von der materiellen Rechtskraft im Zivilprozeß），1930 年。

刊的悼文中，⑰是这样评价教义学者罗森贝克的重要性的：

> 虽然他早年也研究和教授罗马法，但他从来不属于以证明自己是法律史学者、法哲学家或比较法学的方式奠定在法学界地位的一类人。相反，罗森贝克深信现行法的意义，确信任务的重要性，该任务是科学地保障其客观地解释与适用，同时向年轻学生传授法律的意义和内容。所以罗森贝克确实是一位"教义学者"。同时，他并没有对法律所产生的实际社会效果视而不见，不反对"建构性的"法学，尽管许多人都鄙视这种法学。原因在于，他认为上述前提条件是，法律建构只有造就一个好的理论和一个统一的体系，才会如此。

因此，罗森贝克应该名正言顺地属于民事诉讼法学大学者，与阿道夫·瓦赫和康拉德·赫尔维格齐名。和这些人一样，他也对德国程序法整个时代具有决定性影响。他的教科书就算在未来也会做出贡献，使罗森贝克对德国诉讼法的贡献被永远铭记。

---

⑰ 恩吉施：《莱奥·罗森贝克诞辰100周年纪念》，巴伐利亚科学院主编，《巴伐利亚科学院年刊》，1964年，第176—179页；同样载《民事诉讼杂志》1979年第92期，第1—3页。[卡尔·恩吉施(Karl Engisch, 1889—1990)，德国法学家，主要研究刑法、法哲学和法律方法，曾执教于海德堡大学和慕尼黑大学。其代表作的中译本，参见卡尔·恩吉施：《法律思维导论》，郑永流译，法律出版社2014年版。——译注]

附录

一、罗森贝克的作品精选

《依据民事诉讼法和民法典的证明责任分配》（简称《证明责任论》），1900 年第 1 版，1923 年第 2 版，1953 年第 3 版，1956 年第 4 版，1963 年第 5 版（Die Beweislast nach der Civilprozeßordnung und dem Bürgerlichen Gesetzbuch, 1. Aufl. 1900, 2. Aufl. 1923, 3. Aufl. 1953, 4. Aufl. 1956, 5. Aufl. 1963）。

《债权人迟延》，《耶林年刊》1901 年第 43 期，第 141—289 页（Der Verzug des Gläubigers, IherJB 43, 1901, S. 141-289）。

《论所谓的实质承认说：合同缔结和内容方面争议的证明责任分配》，《民法实务论丛》1903 年第 94 期，第 1—141 页以及《谈判后变更 I》，第 314—316 页（Zur Lehre vom sog. Qualifizierten Geständnisse. Die Verteilung der Beweislast bei Streit über den Abschluß und Inhalt eines Vertrages, AcP 94, 1903, 1-141 und Nachtrag zu der Abhandlung I, 314-316）。

《诉讼代理》，1908 年（Stellvertretung im Prozeß, 1908）。

《有利于第三人的处分行为》，《德国法律人杂志》1912 年，第 541—547 页（Verfügungen zu Gunsten Dritter, DJZ 1912, Sp. 541-547）。

《帝国土地使用权法草案》，《德国法律人杂志》1918 年，第 477—480 页（Der Entwurf eines Reichsgesetztes über das Erbbaurecht, DJZ 1918, Sp. 477-480, 1919）。

《物权法》，第 1 卷上册，1919 年（Sachenrecht, erster Halbband, 1919）。

《德国民事诉讼法》，1927 年第 1 版，1929 年第 2 版，1931 年第 3 版，1949 年第 4 版，1951 年第 5 版，1954 年第 6 版，1956 年第 7 版，1960 年第 8 版，1961 年第 9 版，2018 年第 18 版（Lehrbuch des Deutschen Zivilprozessrechts, 1. Aufl. 1927, 2. Aufl. 1929, 3. Aufl. 1931, 4. Aufl. 1949, 5. Aufl. 1951, 6. Aufl. 1954, 7. Aufl. 1956, 8. Aufl. 1960, 9. Aufl. 1961）。

《法形成的原因》，1928 年（Die Gründe der Rechtsbildung, 1928）。

《帝国民事诉讼法五十年》，《德国法律人杂志》1929 年，第 1292—1298 页（Fünfzig Jahre „Zivilprozessordnung für das Deutsche Reich", DJZ 1929, Sp. 1292-1298）。

《未来的德国民事诉讼法》,《德国法律人杂志》1931 年,第 47—52 页(Die Zukunft der Deutschen Zivilprozessordnung, DJZ 1931, Sp. 47 - 52)。

《诉讼标的说研究》,《理查德·施密特纪念文集》,1932 年(Zur Lehre vom Streitgegenstand, Sonderdruck aus der Festgabe für Richard Schmidt, 1932)。

《民事诉讼法草案》,《民事诉讼杂志》1933 年,第 185—339 页(Zum Entwurf einer Zivilprozessordnung, ZZP 57, 1933, 185 - 339)。

《1933 年 10 月 27 日的新民事诉讼法》,《民事诉讼杂志》1934 年第 58 期,第 283—361 页(Das neue Zivilprozessrecht nach dem Gesetz vom 27. Oktober 1933, ZZP 58, 1934, 283 - 361)。

《民事诉讼法领域德国法统一的保留与续造》,《法学新周刊》1949 年,第 692—695 页(Erhaltung und Fortbildung der deutschen Rechtseinheit auf dem Gebiet des Zivilprozessrechts, NJW 1949, 692 - 695)。

二、关于罗森贝克的文献精选

慕尼黑贝克出版社主编,《民事诉讼法研究:罗森贝克 70 岁纪念文集》,1949 年(C. H. Beck'sche Verlagsbuchhandlung Hrsg., Beiträge zum Zivilprozessrecht, Festgabe zum 70. Geburtstag, 1949)。

《民事诉讼杂志纪念罗森贝克八十寿辰》1959 年第 72 期,第 1—2 页(Festheft der Zeitschrift für Zivilprozeß zum 80. Geburtstag, ZZP 72, 1959, 1 - 2)。

《爱德华·博蒂歇尔关于罗森贝克 1963 年 12 月 18 日逝世怀念悼文》,《民事诉讼杂志》1964 年第 77 期,第 1—3 页(Nachruf auf Rosenberg von Eduard Bötticher, Leo Rosenberg † 18. Dezember 1963 zum Gedächtnis, ZZP 77, 1964, 1 - 3)。

《卡尔·海因茨·施瓦布关于罗森贝克的悼文,要闻:莱奥·罗森贝克逝世》,《法学新周刊》1964 年,第 288 页(Nachruf auf Rosenberg von Karl Heinz Schwab, Mitteilung, Leo Rosenberg†, NJW 1964, 288)。

《爱德华·博蒂歇纪念罗森贝克》,古德尔等(Gundel/Moraw/Press)主编,《20 世纪上半叶吉森的学者》,马尔堡 1982 年,第 778—788 页(Würdigung Rosenbergs durch Eduard Bötticher in: Gundel/Moraw/Press, Hrsg., Giessener Gelehrte in der ersten Hälfte des 20. Jahrhunderts, Marburg, 1982, S. 778 - 788)。

《卡尔·恩吉施纪念莱奥·罗森贝克诞辰100周年》,《民事诉讼杂志》1979年第92期,第1—3页(Würdigung Rosenbergs anlässlich seines 100. Geburtstags durch Karl Engisch, Zum 100. Geburtstag Leo Rosenbergs, ZZP 92, 1979, 1 - 3)。

卡尔·海因茨·施瓦布对罗森贝克的评价,《莱奥·罗森贝克——伟大的诉讼法学家》,慕尼黑贝克出版社主编,《法学家印象——40年的出版社与作者,贝克出版社225周年纪念文集》,1988年,第650—656页(Würdigung Rosenbergs durch Karl Heinz Schwab, Leo Rosenberg, Der große Prozessualist, in: C. H. Beck Hrsg., Juristen im Portrait, Verlag und Autoren in 4 Jahrzehnten, Festschrift zum 225 - jährigen Jubiläum des Verlags C. H. Beck, 1988, S. 650 - 656)。

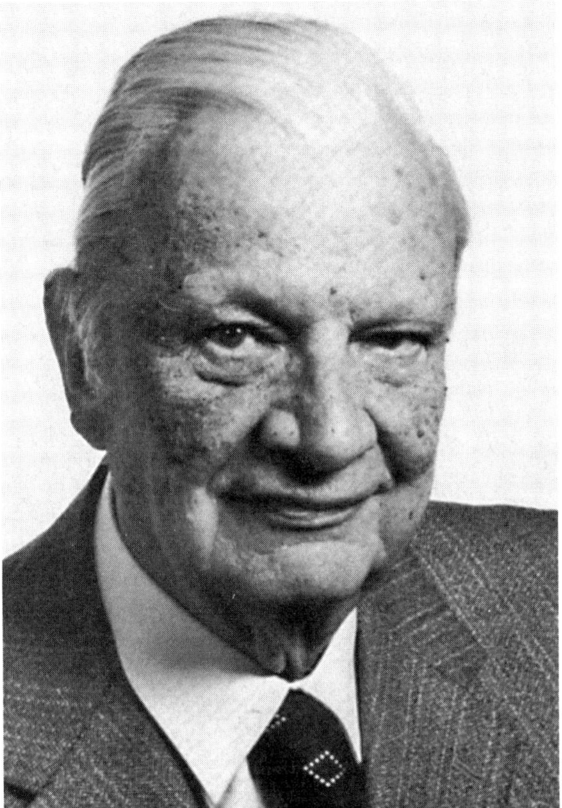

卡尔·拉伦茨（Karl Larenz，1903—1993）[*]

目 次

一、早期的学术辉煌 / 664

（一）"最初是黑格尔"——作为客观归责的相当性 / 664

（二）作为"效力表示"的意思表示
　　——分析语言哲学的前奏 / 665

（三）当代法哲学与国家哲学以及"想要待在人们称之为启蒙的黑夜之中" / 667

二、陷入纳粹主义 / 670

（一）三个事先说明 / 670

（二）拉伦茨的本人证明 / 671

（三）范式问题：权利能力和种族意识形态 / 673

（四）范式文章：《论民族法律思想的内容和方法》 / 682

（五）被忽视的论文：1943年的《道德与法》
　　——安提戈涅和在陶洛根的约克 / 686

（六）我们作为拉伦茨学术助理为什么没有问？ / 688

三、"人生的经典作家" / 689

（一）债法及民法通论教科书：极为成功的历史 / 690

---

[*] 作者简介：〔德〕克劳斯-威廉·卡纳里斯（Claus-Wilhelm Canaris，1937—2021），慕尼黑大学法学院荣退教授，当代世界级的法学大师人物，主要研究民商法和方法论，在民法教义学和方法论领域做出了重大贡献。卡纳里斯的博士论文和教授任用资格论文均在卡尔·拉伦茨指导下完成，是拉伦茨门生当中成就最高、影响力最大的学者。对于卡纳里斯，同样参见本书中关于他的文章。本文是作者在2009年5月29日柏林洪堡大学的报告的基础上修订和扩充的。本文的中译文，同样参见克劳斯-威廉·卡纳里斯：《卡尔·拉伦茨的人生、作品与思想脉络》，周万里译，《中德法学论坛》2019年第1期，第145—183页。本文脚注中的中文文献由译者更新和补充，不再一一注明。

(二)《法学方法论》:一个突破 ／692

(三) 学术导师拉伦茨及其与门生的交往 ／703

(四) 拉伦茨与试图构建学术权威 ／704

四、留下了什么? ／705

一、 早期的学术辉煌

(一)"最初是黑格尔"——作为客观归责的相当性

"最初是黑格尔。"没有更好的句子,能比这一句更适合开始有关卡尔·拉伦茨学术生涯的报告。1903年4月23日,拉伦茨出生在莱茵河畔的维瑟尔。其父亦名卡尔·拉伦茨,后任普鲁士柏林高等行政法院裁判委员会主席。从1921至1922年期间的冬季学期开始,拉伦茨在柏林、马尔堡、慕尼黑和哥廷根大学学习法律、经济和历史,后来又很快对哲学问题产生浓厚的兴趣。出于对当时盛行于德国大学内的新康德主义的不满(该学派是严格的形式主义,尤其以施塔姆勒的哲学观点为代表的严苛的形式主义[1]),拉伦茨在哥廷根大学转而投向法哲学家尤利乌斯·宾德尔(Julius Binder,1870—1939)[2],加入了黑格尔哲学阵营。[3] 1926年,他在策勒高等法院完成第一次国家司法考试后,同年在宾德尔的指导下,完成了博士阶段学业。

---

[1] 拉伦茨本人的评价,参见1960年《法学方法论》第1版的前言。鲁道夫·施塔姆勒(Rudolf Stammler,1856—1938),德国著名法学家,新康德主义法学大师,20世纪自然法复兴运动的重要代表。施塔姆勒是民国时期著名法学家吴经熊的老师,其作品的中译本,参见《正义法的理论》,夏彦才译,商务印书馆2012年版;《现代法学之根本趋势》,姚远译,商务印书馆2016年版。

[2] 参见德赖尔(R. Dreier):《尤利乌斯·宾德尔(1870—1939)——游走在皇帝帝国和纳粹主义之间的法哲学家》(Julius Binder, 1870‐1939—Ein Rechtsphilosoph zwischen Kaiserreich und Nationalsozialismus),洛斯(F. Loos)主编,《哥廷根法学:250年以来哥廷根大学的法学家》(Rechtswissenschaft in Göttingen. Göttinger Juristen aus 250 Jahren),1987年,第435—455页;重印,德赖尔主编,《法、国家、理性》(Recht‐Staat‐Vernunft),1991年,第142—165页。

[3] 详细参见迪德里希森(Diederichsen):《卡尔·拉伦茨》,慕尼黑贝克出版社主编,《法学家人物刻画:贝克出版社225周年纪念文集》(Juristen im Porträt, Festschrift zum 225‐jährigen Jubiläum des Verlages C. H. Beck),贝克出版社1988年版,第495、497页。

他的博士论文题目是《黑格尔的归责学说和客观归责的概念》。拉伦茨已发表作品中的第一个名字，事实上也是第一个词，是黑格尔，并且其博士论文仍是以黑格尔作为其结束语。这位 24 岁的年轻学者信心满满地呼吁："这取决于未来的德国法哲学认同还是不认同黑格尔的观点。"④

现今，市面上充斥着刊印出版的博士论文，它们经常是多余的，但在 20 世纪 30 年代公开出版博士论文，在当时是非凡的成就。拉伦茨的论文在 1970 年又被重印，使其影响更加深远。事实上，该文以清晰的语言开创性地展示了硕果累累的思想，超越了当时的水平，就是在今天，我们也能从中受益：拉伦茨认识到，所谓的"相当性"（"Adäquanz"）不是因果关系的标准，而是客观归责的标准；⑤ 所以更为重要的是他赋予后者在损害赔偿法教义学中永恒的地位。我们今天认为这是理所当然的，而在当时，它在学术上具有卓越的地位。

通过这篇博士论文，我们就已经清楚地看到拉伦茨的两个标志性的才能：第一，在那个年代，没有第二个私法学者能像他一样，把哲学观点落实到教义学范畴之中；第二，他具有得天独厚的天赋，即他能够独到地将问题及其解决方法准确地表达出来，也基于他当时的精神导师黑格尔的精神引领，"精准地表达"它们作为一种新的概念。

（二）作为"效力表示"的意思表示——分析语言哲学的前奏

这些在拉伦茨 1930 年出版的教授任用资格论文《法律行为解释之方法》中，再次得到了证明。该文的主要贡献在于他发展出了所谓效力论。按照该学说，意思表示不是定性为对表意人内在意思的通知，而是

---

④ 拉伦茨：《黑格尔的归责学说和客观归责的概念》（Hegels Zurechnungslehre und der Begriff der objektiven Zurechnung），1927 年，第 105 页。

⑤ 同前引 4，第 84 页。

使相应法律后果发生效力。⑥ 该学说也得到了普遍认同，成为现今的通说。

只有从 20 世纪 60 年代主要由透过奥斯汀（J. L. Austin, 1911—1960）和塞尔（John Searle, 1932）影响的分析语言哲学的背景看待这个学术贡献时，才能清楚地认识到它的真正地位。该理论阐述了句子的特殊结构，这些句子并非简单地由"表述"构成，而是由承诺、命令或诸如此类作为内容，并且将它们视为"施行话语"，与其相对应的是"记述话语"。⑦ 据此，施行⑧话语是一种表达行为，⑨ 实施它产生话语中意欲实现的东西。⑩ 作为效力命令的法律行为也归属于它，并且成为施行话语的典型例子；因为说话行为的本身（或默示的，也即"说话的"行为），而不是先于它传达的内在意思，才使法律后果发生效力。因此，法律行为事实上在真正的范式意义上，涉及的是"如何以言行事"⑪。他通过对效力论的阐述，成功地上演了分析哲学的前奏，并用极具预见性的眼光洞察到后者的核心观点。⑫ 通过专业术语"效力表示"，他最优化

---

⑥ 拉伦茨：《法律行为解释之方法》（Die Methode der Auslegung des Rechtsgeschäfts），1930 年，第 58 及以下诸页［中译本参见拉伦茨：《法律行为解释之方法》，范雪飞、吴训祥译，法律出版社 2018 年版］；深入的，参见同作者：《原本的法事实》（Originäre Rechtssachverhalte），维滕贝格尔（Würtenberger）主编，《格哈特·胡塞尔 75 岁纪念文集》，1969 年，第 132—151 页。

⑦ 基础性的，参见 J. L. Austin, Performatif-constatif, in L. Beck (ed), La philosophie analytique (1962) 271 - 304；该文相当于《施行和记述话语》，布勃纳（Bubner）主编，《语言与分析》，1966 年，第 140—153 页；奥斯汀：《如何以言行事》（How To Do Things with Words），1962 年，第 4 及以下诸页。

⑧ 德语词语"performativ"（"施行"）以奥斯汀的学说为基础，也在德国语言哲学中被认可。奥斯汀使用的英语词汇"performative"是从动词"to perform"发展而来的，在本文语境中最好翻译为"落实"或"执行"；对于德语词汇"constative"（"记述"），情况相同，相当于德国法律语言中"deklaratorisch"（"宣布性的"）。对此，参见卡纳里斯：《德国联邦最高法院视野下的信赖责任》，卡纳里斯等主编，《德国联邦最高法院五十周年纪念文集》，第 1 卷，2000 年，第 129、136 页。

⑨ 同样参见塞尔（Searle）：《言语行为》（Speech Acts），剑桥大学出版社 1969 年版，第 22 及以下诸页。

⑩ 参见里特尔、格林德尔（Ritter/Gründer）主编：《哲学的历史词典》，1989 年，第 7 卷，第 254 页；最新的，参见奥斯伯格（Augsberg）：《法律课——法律程序文本化》，《法理学》2009 年第 40 期，第 71、77 页。

⑪ 参见脚注 7 提到的奥斯汀的作品题目。

⑫ 一个难以觉察的联系可能是：拉伦茨尽管是充满激情的黑格尔信徒，在当时就（在后来更是）明显认识到现象学观点的意义（即使他没有公开承认，也是如此）。分析语言哲学的拥护者也接受了这一点。

地将这些观点"精准地表达"出来。正是在该意义上，可以说，这是一个"法学发现"。[13]

维尔纳·弗卢梅（Werner Flume，1908—2009）提出反驳，认为按照萨维尼的理解，"意思表示依其内容显然属于效力表示"。[14]拉伦茨在该书1966年第2版的后记中，绅士般地反驳道："如果弗卢梅认为，'效力论'与被正确理解的'意思论'说的根本不是一回事，那么就此我将不会和他争论。无论如何，'意思论'并不总是像弗卢梅所想要理解的那样被理解。"[15]这无疑是正确的，它体现在具有重要地位的私法学者的观点中，比如冯·图尔（Andreas von Tuhr，1864—1925），他认为意思表示"是一种行为，其目标在于将内心世界的过程让外界知道，是一种意图让别人意识到自己内心世界的行为"[16]。其实，该表达从根本上误解了作为效力表示的意思表示。尽管也有准确表述此观点的建议，[17]但是，直到拉伦茨通过哲学论证的方式，才将意思表示作为效力表示的特征正确地表述出来，并且和数十年后（！）产生的分析语言哲学的观点十分吻合。此外，直到他出现，才成功地创造了这个有说服力的概念。

（三）当代法哲学与国家哲学以及"想要待在人们称之为启蒙的黑夜之中"

年仅27岁的学者拉伦茨，如此通过早期的两份作品，证明了他卓越的学者地位。用今天的话来说，这是出类拔萃。也就是一年后，他毫不犹豫地放弃了法律实习生培训和第二次国家司法考试，勇敢地涉足要求

---

[13] 对于该概念，参见德勒（H. Dölle）：《法学发现》（Juristische Entdeckungen），德国法学家大会常务委员会主编，第42届会议，1958年，第2卷，B 1‐B 22；另外，参见赫恩（T. Hoeren）主编：《民法中的发现者》（Zivilrechtliche Entdecker），2001年。

[14] 弗卢梅：《民法总论》（Allgemeiner Teil des bürgerlichen Rechts），1992年第4版，第1章第4节第7段［弗卢梅：《法律行为论》，迟颖译，法律出版社2013年版，第66页］。

[15] 拉伦茨：《法律行为解释之方法》，1966年再版，第107页［拉伦茨：《法律行为解释之方法》，范雪飞、吴训祥译，法律出版社2018年版，第105页］。

[16] 参见冯·图尔（von Tuhr）：《德国民法总则》，第2卷1，1914年，第400页；对此，拉伦茨明确提到了他，前引15，第37页，脚注6［拉伦茨：《法律行为解释之方法》，范雪飞、吴训祥译，法律出版社2018年版，第39页，脚注7］。

[17] 比如参见弗卢梅在《民法总论》一书（前引14）中引用赫尔德（Hölder）在1889年第20届德国法学家大会上的论述［该论述的细节，参见弗卢梅：《法律行为论》，迟颖译，法律出版社2013年版，第66页］。

更高的研究，出版了足足有 100 页的书，题为《当代法哲学与国家哲学》。尽管我认为没有必要细述该书，但是，至少有两个方面值得关注。

尽管十分明显，但我仍应强调拉伦茨反复强调"复兴黑格尔"，因此极力想在当代的法哲学家中寻找关联。[18] 与其相一致的是，他明确与"启蒙"及其对国家和个人之间关系的基本态度保持距离——拉伦茨将后者的基本态度定性为"个人主义"。[19] 所以，他批评康德，因为康德本人"还不能从启蒙的抽象理性主义思维中解脱出来"[20]。同样，拉伦茨认为，拉德布鲁赫受新康德主义影响，在价值认识方面，持相对主义的态度，所以拉伦茨反对拉德布鲁赫，称这些价值"想要待在人们称之为启蒙的黑夜之中"。[21]

阿图尔·考夫曼（Arthur Kaufmann，1923—2001）在 1991 年的慕尼黑大学告别演讲中，讨论了该思想。此外，报告的话题涉及魏玛共和国后期的思潮，并完全正确地称之为"非理性主义的永恒再现"，抨击了作为其中一种形式的"法西斯的非理性主义"，并且继续写道：

> 它实际上已经不再是非理性主义了（但也正是非理性主义推动了自由法运动，尽管它[22]一度被认为是超理性、伪哲学的，而非反理性的），而是冷酷思考的、赤裸裸的不理智，是启蒙的反面，即反启蒙。谁要是像古斯塔夫·拉德布鲁赫那样，仍坚持理性和理智的价值观，就必然会被嘲笑为"想要待在人们称之为启蒙的黑夜之中"（卡尔·拉伦茨之语）。[23]

这里草率地把拉伦茨和法西斯意识形态联系在一起。考夫曼没有提

---

[18] 拉伦茨：《当代法哲学和国家哲学》（Rechts- und Staatsphilosophie der Gegenwart），1931 年，第 108 及以下诸页。
[19] 同前引，第 95 及以下诸页。
[20] 同前引，第 95 页。
[21] 同前引，第 67 页。
[22] 考夫曼的原文中的"ihn"（德语中的宾语）是笔误，正确的是"er"（德语中的主语）。
[23] 考夫曼：《后现代法哲学》，1991 年，第 7 页［中译本参见考夫曼：《后现代法哲学》，米健译，法律出版社 2000 年版，第 10 页。本文将"Irrationalismus"译为"非理性主义"，而不是米健的"非唯理主义"，"Vernunft"译为"理智"］。

到的是（也是我基于本报告的戏剧手法，还没有点出的事实），"想要待在人们称之为启蒙的黑夜之中"乃黑格尔之语，甚至也被拉伦茨明确注明了。如果考虑到这一点以及当时是1931年，拉伦茨表达的完全是另一个意思：在这里，是一位黑格尔信徒使用其"大师"的话[24]，来攻击康德派信徒。即使我和考夫曼一样评判性地看待贬低启蒙运动的做法，我也没有看到任何的"冷酷思考的、赤裸裸的不理智"的痕迹，反而只是当时再正常不过的哲学派别之间的争论。另外，拉伦茨当时只是28岁的讲师，而拉德布鲁赫则是一位备受尊重的担任过几任帝国司法部部长的人物，在当时属于最有名望和影响力的德国法学家之一。最后，按照我的观点，从全面观察的角度来看，还有一个细节，即拉德布鲁赫在其1932年的《法哲学》第3版前言中反驳该引言,[25]而拉伦茨在其1935年的《当代法哲学与国家哲学》第2版中，毫无保留地删掉了上述引用的黑格尔的话（当时他已经是基尔大学的教授，而拉德布鲁赫已被流放）。[26]

即使再次阅读1931年第1版的《当代法哲学与国家哲学》，我也没看到任何具体的纳粹主义思想。与此同时，所引用的考夫曼的论述，尽管——也许正是因为——其依据的是错误理解，在我看来尤为重要。在该背景之下，开篇之句"最初是黑格尔"似乎是不祥之兆，因为这里出现了一个更深的维度，对此，考夫曼可能还不清楚，甚至似乎没有考虑到。而卡尔·波普尔（Karl Popper，1902—1994）在《开放社会及其敌人》一书中对该话题的探讨引起了我的注意，毕竟黑格尔就是其中的一个"敌人"。[27]在我认识拉伦茨之后，可以确定地说，基于我的评价，他

---

[24] 引言源自黑格尔有关宗教哲学的讲课内容，第一卷XI，第34页；参见《黑格尔全集》，格洛克纳（Hermann Glockner）主编，第15卷，1928年，第4页及以下诸页。在黑格尔的笔下，取代"人们"表达的是"它"，这带有（正如之前批判的）贬义。

[25] 拉德布鲁赫：《法哲学》，1932年第3版，序言部分第8页［拉德布鲁赫：《法哲学》，王朴译，法律出版社2013年，前言XVIII］。

[26] 因为我突然想起考夫曼攻击性的言论针对的其实是黑格尔的话，所以在考夫曼告别演讲之后，在没有和拉伦茨事先沟通的情况下，我写信给考夫曼，指出个中缘由。之后他对此作了回应，即该书1992年第2版正文虽然原封不动，但是在脚注中，他把我写给他的信的关键内容原原本本地（未做评论）呈现在脚注24中［参见考夫曼：《后现代法哲学》，米健译，法律出版社2000版，脚注24］。

[27] 波普尔：《开放社会及其敌人》，第2卷，《错误的预言者——黑格尔、马克思及后果》，1958年（这里引用的是1973年第3版，由费耶拉本德翻译），第36及以下诸页［波普尔：《开放社会及其敌人》（第2卷），郑一明等译，中国社会科学出版社1999年版，第61及以下诸页］。

不会再借用"想要待在人们称之为启蒙的黑夜之中"这句话。[28]

二、陷入纳粹主义

下面让我们走向黑暗的一章:拉伦茨陷入纳粹主义。对此,我首先要做三个事先说明。

(一) 三个事先说明

第一,我不是历史学家,因此也不掌握他们的工具。此外,即使本系列报告确实提出了具有当代历史意义的问题,但其着重点仍不是现代史。因此,我不去写"纳粹主义时期德国法学史"或诸如此类中的一个片段,而是仅仅涉及拉伦茨学术生涯的一个阶段。同时也不要忘记,他在1949年之前和之后都是德国法学界最为重要的代表人物之一。

第二,我是拉伦茨的门生,无论是学术抑或私人方面,都同他保持了十几年的深入交往。尽管如此,我理所当然力图"不偏不倚"("sine ira et studio")地阐述这个有很浓政治和情绪色彩的话题。我希望接下来各位听众不要仅凭我恩师在"第三帝国"期间发表的文章,就抨击其价值扭曲,进而控诉我。即便我对此早有预感,也不会因为这种风险而退缩。按照我的看法,拉伦茨在那个年代的言论如果在批判性文献中被误解,我作为学者将清晰论证、表明态度。另一方面,在必要的时候,我也将严格地保持距离。

第三,在1933年至1943年期间,出自拉伦茨之手公开的作品非常多。[29] 如果让我尝试解读所有这些作品,本报告将会无所侧重、中心不明,同时,诸位也会收获甚微。因此,我会集中在一个核心问题,即范式问题:拉伦茨经常被严厉批评的有关权利能力概念的观点。另外,我还要论述两个附属的问题,它们分别涉及范式性的作品以及一个还没有

---

[28] 同样参见下文三(二)2。
[29] 参见可能不是完整的,但是有说服力的概览,弗兰塞克(Frassek):《由"民族生活秩序"到法》(Von der „völkischen Lebensordnung" zum Recht),1996年,第192及以下诸页。

受到重视的在"第三帝国"后期的作品。前者是他当年最为著名的文章，即1938年的一本小书《民族法律思想的内容和方法》，后者是1943年的长篇论文《道德与法》。

（二）拉伦茨的本人证明

众所周知，拉伦茨属于所谓的"基尔法学派"。纳粹分子希望该学派成为散播和落实纳粹主义思想的主力。[30] 所以，正如人们经常会说的，它发挥了"冲锋队"的功能。[31]

拉伦茨在1987年2月25日写给拉尔夫·德赖尔（Ralf Dreier, 1931—2018）的信中，讲述了自己到基尔大学任职以及他在纳粹主义阶段的角色。该信在拉伦茨去世之后，很快就被公开了。[32] 信中提到德赖尔的一篇文章，开始写道："既然您仔细探讨宾德尔的门生以及新黑格尔主义，所以我现在决定让您知道，我为何形成了自相矛盾，其实令人无法理解的观点。"他接着写道："我们，即我指的是宾德尔的门生，和大多数人一样，都有'民族'信念，但是认为纳粹党分子不足以成事。"在用几句话说了经济学家耶森之后（按照拉伦茨的观点，此人"必然与普鲁士的部委有联系"），他提到了问题的关键。下面，我引用书信中很长的一段，并且在文字上没有做实质性的删除：

> 1933年5月2日，胡贝尔先生（Ernst Rudolf Huber, 1903—1990，基尔学派国家法代表，当代民法学家乌尔里希·胡贝尔之父）、达姆先生（Georg Dahm, 1904—1963，基尔学派刑法学代表）

---

[30] 比如参见埃德曼（Erdmann）：《第三帝国中的学术》，1967年，第14及以下诸页；埃克特（Eckert）：《什么是历史上的基尔学派？》，翟生主编，《纳粹主义时期的法和法律学说》，1992年，第37—70页；前引29中弗兰塞克，第26及以下诸页；同作者：《哥廷根黑格尔课程——基尔学派和纳粹主义的法律人培训》，舒曼（E. Schumann）主编，《延续和改朝换代："第三帝国"和战后的法学和司法》，2008年，第49及以下诸页（尤其涉及拉伦茨在基尔法学派中的地位）。

[31] 参见埃克特（前引30），第46及以下诸页，包括相关证明。

[32] 参见德赖尔：《卡尔·拉伦茨关于他在"第三帝国"的行为》（Karl Larenz über seine Haltung im „Dritten Reich"），《法律人杂志》1993年，第454页，第455及以下诸页；同样参见拉伦茨写给埃德曼的信，该信虽然明显短了一些，但是在内容方面实质上一致，甚至在文字表达上部分一致，参见前引30，第15页，边码18。

和我在一起碰头——此前我们几个人互相不认识。因为臭名昭著的法律,[33] 基尔大学的教席最近被清空了,所以我们被委托担任该大学教席的代表。这本来是简短的例行公事,但是,随后我们每个人被一个年轻人叫到一边谈话。这个年轻人似乎是发言人的助理,名叫威廉·阿尔曼(Wilhelm Ahlmann, 1895—1944)。[34] 他来自一个非常有名的基尔银行家的家庭,已经失明。事后我们才得知,在一战结束时,他是为了留住自己的生命才失明的。依我今天的推测,耶森将他录用到政府部委中,并且他和我们说的话,都已经事先和耶森谈好了。

阿尔曼对我说:纳粹分子掌握权力,已经不可逆转,有必要让他们走上理性的道路。目前为止,他们对于法和国家的态度不容大众所接受。为了向他们传播这些,必须让他们理解正如我在德意志观念论的法哲学和国家哲学作品中展示的法哲学和国家哲学,[35] 以这种方式,让他们从中再次发现它们,并且接受它们。这应当是我的任务。

今天来看,他所说的话简直荒唐透顶、不切实际,但是,当时确实有很多人相信纳粹主义还有可塑性。也许由于他是盲人的缘故,阿尔曼的话极具暗示性。……我当时虽然不知应该如何执行他的"任务",但他的一席话令我颇受震撼。战后,有一次我和胡贝尔谈及此事,阿尔曼曾对他说,他应当为纳粹分子建议一部宪法,好让他们受此约束。

另外还有一个事情,促使我力图落实阿尔曼(以及耶森?)的计划。

接着拉伦茨详细叙述了他是如何取代理查德·克罗纳(Richard

---

[33] 所指的是 1933 年 4 月 7 日的《重建职业公务员法》,《帝国法律公报 I》(RGBl. I) 1993 年,第 175 页。

[34] 他时任普鲁士文化部高校处助理官员,后来参加了反抗希特勒的运动,造成他在 1944 年 12 月 7 日身亡。参见埃克特(前引 30),第 37、49 页;关于他的其他文献,参见德赖尔:《卡尔·拉伦茨关于他在"第三帝国"的行为》,《法律人杂志》1993 年,第 454 页,第 456 及以下诸页以及脚注 17。耶森(Jens Peter Jessen, 1895—1944)加入了反希特勒的阵营,在 1944 年 11 月 30 日被绞杀。关于他的文献,参见德赖尔上述文章第 454 页,第 455 页及脚注 15;另外,参见施吕特-阿伦斯(Schlüter-Ahrens):《经济学家延斯·耶森的生平与作品》,2001 年。

[35] 所说的作品,是指拉伦茨的《德意志观念论之法哲学和国家哲学及其当代意义》(Die Rechts-und Staatsphilosophie des deutschen Idealismus und ihre Gegenwartsbedeutung),载拉伦茨、荷尔斯泰因主编,《国家哲学》,1933 年,第 89—188 页。

Kroner，1884—1974)和赫尔曼·格洛克尔(Hermann Glockner，1896—1979)成为《逻各斯杂志》(Logos)的主编，并说道："我当时认为，我掌握了一个工具，借此可以实现阿尔曼所说的计划。"最后，拉伦茨说：

> 我今天当然也知道，当初不该听阿尔曼的话。我不想文过饰非。不过，如果今天有人声称，"纳粹主义依赖的是黑格尔"或"黑格尔的拥护者对它施加了一定的影响"，这都是没凭没据的传说。

基于以下两个理由，我把这封信如此详实地展示出来(德赖尔发表他的文章之后，我才知道有这封信)。其一，它是拉伦茨唯一对纳粹执政期间他的行为进行阐述的书面文件；其二，它基本上与他对我的相关(很少的)阐述保持一致，以及据我所知，也和他对其他门生的阐述一致。他一直抱有希望，他能够让纳粹主义国家遵守最低限度的法治国家原则，[36]并且阻止它腐化成为不正义国家；他必须同纳粹份子口径一致，才能有机会让他们接受他的思想。同时，他又以严厉自我批评的方式，强调他的愿望完全就是幻想，并且就像在他写给德赖尔的信中所言，他对纳粹主义的态度"自相矛盾，其实令人无法理解"。而拉伦茨与我谈话，就和这封信一样，都缺少关于"犹太人大屠杀"或仅仅是压迫和歧视犹太人的阐述(我认为，这是个重大缺陷)。

让我们转向集中分析拉伦茨在当时的一些代表性作品，注意它们与拉伦茨书信以及口头阐述中传达的基本态度之间的关系。

(三) 范式问题：权利能力和种族意识形态

1. 作为权利同志的"民族同志"以及作为非权利同志的"客人"

拉伦茨在纳粹执政期间，受到最为严厉批评的是他对权利能力问题

---

[36] 其他不是直接或仅仅在一定程度上属于"基尔学派"的著名法学家，表现出类似的幻想。比如参见本书中有关维亚克尔的文章。与拉伦茨的态度一样的，还有基尔学派另一位重要成员胡贝尔(Ernst Rudolf Huber，1903—1990)对格罗特(Grothe)表达的尚未公开的意见，参见《最严格低调和必然的行动——宪法史学者恩斯特·鲁道夫·胡贝尔和纳粹的过去》，舒曼主编，《延续和改朝换代："第三帝国"和战后的法学和司法》，2008年，第333及以下诸页。

的观点。我们先来看一下他本人是怎么说的，即1934年其所写的一段备受争议的话：

> 我拥有权利、承担义务，以及构建法律关系的可能，并不是因为我作为个人、作为人或作为抽象一般理性的承担者，而是因为我作为一个由法律赋予生活形式的共同体的成员，即民族共同体的成员。只有生活在共同体之中的成员，作为民族同志，个体才拥有人格。只有当成为共同体成员时，他才拥有尊严，作为权利同志而获得尊重。成为权利同志，是指享受法律保护和特定的社会地位，也即民族同志的特权。事实上，可以说这不是因为人的特别品质，而是民族同志的特别品质。只有民族同志，才是权利同志；只有拥有德意志血统的人，才是民族同志。这句话可以替代规定"任何人"都有权利能力的《德国民法典》第1条，成为我们法秩序的基础。……民族共同体之外的人，也不受法律保护，不是权利同志。㊲

这些句子事实上给我们造成毛骨悚然的厌恶感，因为它们否定了欧洲法律思想中最基本的成就以及人性的基础。对此，我将在后面论述。㊳同时，拉伦茨还有更多的想法，他继续写道：

> 当然，作为客人，外人能够并且将会被视为与权利同志拥有平等地位。德意志土地上的外国人，受制于德意志国家的统治，享受生命和健康保护以及财产权，参与到法律交往中。他当然不是什么权利客体。我们必须抛弃非黑即白的思维，也即一个人要么是人和主体，要么是权利的客体。非权利人民，是权利主体，享受着受限制的权利能力，这是民族共同体作为法共同体在特定的范围内授予

㊲ 拉伦茨：《权利人和主观的法——论法律基本概念的转变》（Rechtsperson und subjektives Recht—Zur Wandlung der Rechtsgrundbegriffe），1935年，第21页；该文收录于达姆（Dahm）等主编，《新法学的基本问题》，1935年，第225、241页（在原文中被强调）。

㊳ 参见下文4。

他的能力。[39] 和民族同志不一样的是，他不是基于出生而成为共同体的成员，从而享受权利。即使赋予他权利能力，他也不能充分地参与共同体的生活，通过不断重复这种生活，作为共同体秩序的法得以形成和维持。他不能成为法官、市议员或其他公职人员；对于最为重要的法律地位，他被排除在外。比如，他不能成为世袭农庄的继承人。因此，外国人即使受我们的法律保护，也不是德意志的权利同志。他在很大范围内参与到法律交往及其构建之中，但还是被视为客人。

该段虽然不能消除引用的拉伦茨在第一部分阐述产生的厌恶，[40] 但是，明显从完全相反的方向补充了它。因为"非权利同志"不仅是具有外国国籍的人，而且是拉伦茨当时经常提及的"种族外人"，即"非雅利安人"，[41] 明确被赋予"有限的权利能力"，尤其是"生命和健康保护"，甚至是"财产权"，被排除的权利只是拥有法官和市议员的职位或成为世袭农庄的继承人。拉伦茨更是以一种引人注目的方式强调"客人"的地位，在该背景下，这具有积极的意义。就这一点而言，必须意识到的是在1935年，客人是"神圣的"，这是"德意志"的思想财富，这种思想在当时还存在，这远远超过了现在大部分人的想象。

因此，我认为在讨论拉伦茨书信中描述其对纳粹主义的态度时，不提第二部分有关权利能力的论述，正如诸如雅科布斯（H. H. Jakobs,

---

[39] 即作为一个共同体，其自己在法上给予了其生活形式。就像在我的早期作品中，我把"法共同体"（Rechtsgemeinschaft）的表述理解成其他的意思，即不同于赫恩（Höhn）在他的《法共同体和民族共同体》（Rechtsgemeinschaft und Volksgemeinschaft）中描述的意思（拉伦茨的脚注）。

[40] 详见下文4。

[41] 就此而言，普勒尔斯（Prölss）在反驳雅科布斯有关拉伦茨的文章中，对拉伦茨的文章进行了详细的分析和证明。他的反对者雅科布斯明确同意他的观点，参见《法律人杂志》1994年，第33、34页。

1934)等人期间所做的那样[42],这绝非科学正确的方式。即使忽略由此产生的片面、不公平的情形,拉伦茨也会振振有词地强调生命和健康保护以及非权利同志的财产权,及其仅仅被排除的特定职位,诸如法官、市议员以及世袭农庄继承人,(即使在政治上完全是幼稚的)尝试去避免恶事发生。[43]

更有趣、内容更丰富,最终被批评也不是不多的,是伯恩·魏德士(Bernd Rüthers,1930)处理该段落的方式。他首先引用了句子"只有民族同志,才是权利同志;只有拥有德意志血统的人,才是民族同志",随后,与雅科布斯不同,他正确地引用了"当然,作为客人,外人能够并且被视为与权利同志的地位平等"。但是,之后他在没有做任何分析的情况下,补充说明引用的上述两段话"从意义上来看,与纳粹德国工人党纲领的第4条和第5条一致"。其实,仅仅是对第一个被引用的拉伦茨所写的段落是正确的,而不是第二个被引用的段落。理由是,该纲领第5条规定:"非德国公民,只能以客人身份在德国生活,并且受制于专门针对外国人的立法。"[44] 因此,魏德士闭口不提拉伦茨笔下"客人"一词有相反的趋势,其功能主要是被拟制成为保护非权利同志的工具。另外,当和魏德士一样,深入地讨论拉伦茨"具体一般的概念"("kontret-allgemeiner Begriff")学说时,不应当对他的具体化沉默不语,这些具体化一方面是生命和健康保护、财产权,另一方面是排除担任法官、市议员以及成为世袭农庄继承人。只有从这些具体化中,才能够认识到拉伦茨所用概念原本的意思。

---

[42] 雅科布斯:《卡尔·拉伦茨和纳粹主义》,《法律人杂志》1993年,第805、814页;批判性的,又是正确的,参见普勒尔斯:《法律人杂志》1994年,第33及以下诸页;同样参见瓦格纳(H. Wagner):《法律方法论的延续性——以卡尔·拉伦茨为例:民主和法》(Kontinuitäten in der juristischen Methodenlehre am Beispiel von Karl Larenz, Demokratie und Recht),1980年,第254及以下诸页,其对拉伦茨有关"非权利同志"作为"客人"的论述保持沉默;同样参见前引30,第61及以下诸页;维瑟尔(Wesel):《法律史》,2006年第3版,边码299,同样在有关"客人"的段落前面停止,并且继续写道:"这意味着消灭犹太人的生存,在奥斯维辛的毒气室得以执行。"

[43] 同样参见下文本部分4。

[44] 魏德士(Rüthers):《无界限的解释:论纳粹主义私法制度的变迁》(Die unbegrenzte Auslegung-Zum Wandel der Privatrechtsordnung im Nationalsozialismus),1968年,第330页(2005年第6版增加了后记;下文引用的是第1版);同作者:《堕落之法》(Entartetes Recht),1988年,第92及以下诸页。

2. "剥夺犹太人私法权利的正当化"（策尔纳）？

在我即将深入探讨魏德士的观点之前，我必须再次论述拉伦茨有关权利能力学说的问题。沃尔夫冈·策尔纳是我十分敬重的同事，不凑巧的是，他在进行关于他的恩师阿尔弗雷德·怀克的报告时，也选择了论述拉伦茨。他是这样说的：

> 卡尔·拉伦茨创作了那部臭名昭著的《论民族法律思想的内容和方法》（1938），叫嚣应剥夺犹太人在私法领域的权利，并妄图证明其合理性。初读该文时，我相当震惊，今尤如鲠在喉。在那以前，我主要是通过其让人惊叹的债法研究认识拉伦茨。我以为他是一位充满爱和友善的人，可能连只苍蝇都不忍拍死。正如我们难以理解那些名门望族之人在集中营里折磨和屠戮百姓的行为，同样，著名法学家以笔为刀的屠杀行为，时至今日，依旧让人费解。㊺

然而，只要在援引的作品中读过拉伦茨的原句，就必然会使人对这种观点产生疑惑。拉伦茨写道：

> 需要明确强调的是，民族法律思想并不否认包括外族人的权利能力和人格。《德国民法典》第1条因此不受影响，但是，人出生之后，取得的不是抽象的"一般权利能力"，而是具体的（作为种族同志或种族外人的）权利能力。㊻

基于这句话，我很难理解策尔纳为什么宣称，拉伦茨通过该作品"依其法源说的考虑，为剥夺犹太人在私法领域的权利辩护"。人们所期

㊺ 参见本书中有关怀克的文章。
㊻ 参见拉伦茨：《论民族法律思想的内容和方法》（Über Gegenstand und Methode des völkischen Rechtsdenkens），1938年，第52页以下诸页；类似的，参见拉伦茨：《法学的任务》（Die Aufgabe der Rechtswissenschaft），《德意志文化哲学杂志》，第4卷，1938年，第209页，第235及以下诸页；拉伦茨：《论具体概念的逻辑：法哲学初探》（Zur Logik des konkreten Begriffs: eine Voruntersuchung zur Rechtsphilosophie），《德意志法学：德国法研究会季刊》1940年第5卷，第279页，第288及以下诸页。

待的，至少是逐词逐句的引用及细致的分析，㊼而不只是回忆早在十几年前阅读时的"相当震惊"。因此，对于策尔纳表述的"以笔为刀屠杀"以及参与"在集中营里折磨和屠戮百姓"，他欠他已逝的同行以及学术圈一个解释。

3."解释性修改"现行法抑或"立法建议"？

前引拉伦茨对权利能力的第二个建议，让我们注意到了魏德士对此的观点，即他认为，拉伦茨的话"只有民族同志，才是权利同志；具有德意志血统的人，才是民族成员"，"首先不是立法建议，而是政权更迭后，对现有（！）法律情况的描述，也就是纯粹是解释性（！）地修改现行根本性的私法制度"㊽。基于魏德士的观点，这个表述具有根本性的意义。㊾原因在于，魏德士书中的主要观点，正如书的题目所揭示的（即"无界限的解释"），也正如魏德士不遗余力重复的，是解释"无界限"以及法律人因此可以使用其方法论的工具，在法律文字没有任何变化的情况下，赋予法律不同的内容——该内容与对应的国家秩序执政者所要追求的政策、世界观或意识形态相一致。另一方面，对于同样的拉伦茨这个句子，雅科布斯当然地认为，这是（单纯地）"为了对《德国民法典》第1条进行雅利安人化，而对立法（！）提出的建议（！）"㊿。

谁是正确的？我认为，无疑是雅科布斯。拉伦茨的文字再清楚不过了，因为他说："这句话可以（！）替代（！）规定'任何人'都有权利能力的《德国民法典》第1条，成为（！）我们法秩序的基础。"他认为，这只是"依据将来法"（de lege ferenda）的建议。引用的1938年这个作品中第二句，完全确认了这一点，因为"《德国民法典》第1条不受影响"，也即"民族法律思想并不是否认包括外族人的权利能力和人格"。当然，该权利能力是"具体的（作为种族同志或种族外人）"。然而，值得提出的是，（除了拥有诸如农民、企业管理者和保安等职位能力；不过就我

㊼ 策尔纳根本就没有提他判断的依据在哪一页。
㊽ 参见魏德士，前引44，第330页。
㊾ 在魏德士专著中这个也十分清楚，参见魏德士：《法理学》，2008年第4版，边码566[魏德士：《法理学》，丁晓春、吴越译，法律出版社2013年版，边码566]。
㊿ 参见雅科布斯（H. H. Jakobs）：《卡尔·拉伦茨和纳粹主义》，《法律人杂志》1993年，第805、814页。

看来，"按照现行法"不具有这些能力，还是"按照将来法"被剥夺这些能力，答案并不明确）拉伦茨列举的例子是拒绝"异族联姻"，也即与"外族同志"缔结婚姻的能力。[51]当时法律对此已经有了规定，[52]所以拉伦茨区分了"依据现行法"和"依据将来法"的论证，并且遵守了法治国家的基本要求。他处理《德国民法典》第1条，并不属于魏德士[53]笔下可能的"无界限"解释的例子。不可否认，在纳粹执政期间，的确有大量滥用解释的例子，但是，我们还是要反对不分青红皂白的观点，即魏德士提出的"无界限的解释"的可能性的论点。

4. 权利能力的相对化与对"外族"的歧视

我之所以大篇幅地论述该问题，是因为这是涉及拉伦茨与纳粹主义之间关系的核心。另外，我和魏德士形成一致意见的是，在德国法学针对当时非正义国家问题上，该讨论具有典型意义，以及希望对遥远的将来，也产生直接的影响。就此而言，目前只是愤怒地对待权利能力相对化的企图，却没有触及事实的关键部分。虽然企图权利相对化的结果是灾难性的，[54]但是我并不认为仅仅是"部分权利能力"的思想，本身就有什么好指责的，因为它不仅适用于人合组织（对它来说，是理所当然的事情），而且也适用于个人。毕竟，德国宪法区分了适用于"所有人"的权利（《德国基本法》第2条和第5条）和仅仅适用于"所有德国人"的权利（《德国基本法》第8条、第9条、第11条和第12条）。依我看来，最恶劣的丑行是按照特定的种族归属来划分权利能力。

改变视角，能够产生新的看法——这种看法不仅是鲜明的，而且是耀眼的。比如，拉伦茨力图把"种族外人"作为"客人"进行足够保护

---

[51] 参见拉伦茨，前引46，第52页。

[52] 通过1935年9月15日的《德国血脉和德国婚姻保护法》（Gesetzes zum Schutze des deutschen Blutes und der deutschen Ehre）第1条实现，《帝国法律公报I》（RGBl. I），1935年，第1146页。

[53] 魏德士，前引44，第330页。

[54] 另外，实现拉伦茨建议的方式时，也不可能没有内在的矛盾，参见布拉茨克（Braczyk）：《卡尔·拉伦茨民族认识论的法哲学》（Karl Larenz' völkisch-idealistische Rechtsphilosophie），《法与社会哲学档案》1993年第99期，第111及以下诸页；类似的，参见席尔德（Schild）：《作为概念的人——论卡尔·拉伦茨的概念说》（Person als Begriff—zur Begriffslehre von Karl Larenz），鲍曼（Baumann）主编，《格哈德·奥托70岁纪念文集》，2005年，第329页，第334及以下诸页。

的做法，也改变不了其思想基础，即区分雅利安人和非雅利安人，并且不经意地强化了该区分，从而参与实施了纳粹主义的原罪。同时，非常清楚的是，将黑格尔的哲学与纳粹主义联系在一起，是在侮辱黑格尔。(55)权利同志仅是“民族同志”的句子，尽管与纳粹德国工人党纲领第4条一致，在一定程度上也与黑格尔的思想接近，但是，不能无端指责说下面决定性的句子同样来自该政党纲领，即“只有拥有德意志血统的人，才是民族同志”也是源自黑格尔的某个哲学根基。(56)另一方面，我们应当足够真诚地结束回避或妖魔化“具体一般的概念”，因为借助它，从诸如“只有具有德意志血统的人，才是民族同志”的句子，永远创造不出表象的理性或正当性。“具体一般概念”极易被滥用，并且不断地被人质疑，在其他地方也可以看到。(57)

5. 拉伦茨是“种族主义者”？

究竟是什么，促使拉伦茨将权利能力的建议建立在纳粹主义的种族主义意识形态之上，是一个扰人却又不可回避的一个问题。(58)如果以拉伦茨给德赖尔信中的描述为基础，也即他想要完成阿尔曼交给他的“任务”，(59)答案就会见分晓。事实上，如果他看到了一线希望，他就会“与狼共舞”。否则，他自始将会失去完成任务的机会，即使只是公开发表去表达自己的观点。他是否真正相信，借助他的作品有助于完成那个

(55) 拉伦茨本人明确指出下面的观点就是“传说”：“纳粹主义的基础是黑格尔，或黑格尔信徒对它产生了某种影响。”参见德赖尔：《法律人杂志》1993年，第454、457页；同样参见阿列克西：《1945年之后法律学说和司法裁判中纳粹主义思维方式的继续发展》（阿列克西、科勒、瑙克和洛特路斯勒争论对话），翟克主编，《纳粹主义的法和法律学说》，1992年，第219页，第222及以下诸页。

(56) 正确观点的，参见雅科布斯：《卡尔·拉伦茨和纳粹主义》，《法律人杂志》1993年，第805、815页；类似的，参见格恩胡贝尔（Gernhuber）：《民族法——纳粹主义法理论研究》，图宾根大学法学院主编，《图宾根人爱德华·克恩纪念文集》，1968年，第167、184页。拉伦茨在其1940年的文章《黑格尔主义和普鲁士国家思想》中正确主张黑格尔对于人民和历史或国家之间的核心关联有重要的意义（参见第59及以下诸页，第63及以下诸页），但是与文章中被批判的出版物不同的是，拉伦茨完全避免在民族、种族、血脉或诸如此类之间产生任何的联系；值得注意的是，拉伦茨理所当然地与犹太裔的弗朗茨·罗森茨威格（Franz Rosenzweig，1886—1929）进行争论，尽管在当时政府不允许引用犹太人的作品。

(57) 对此，参见下文三（二）1。

(58) 对此，拉伦茨在那几年公开认可过，比如参见拉伦茨：《德意志法更新与法哲学》（Deutsche Rechtserneuerung und Rechtsphilosophie），1934年，第39及以下诸页：“在纳粹主义国家建立共同体的过程中，首要的是种族思想，即以民族血脉为条件的观点，具有决定性”；同样参见前引56。

(59) 参见前文二（二）。

“任务”，我并不太清楚，也不敢妄加评论。(60) 无论如何，对于诸如我所了解的拉伦茨为人，以及与他有很多交流的人，尤其是交流了包括政治和历史方面内容的人，都认为“拉伦茨可能是‘种族主义者’”的推论完全不可信，事实上也是荒谬的。

就这一点，有必要指出，依据位于柏林的联邦档案馆提供的档案证明，拉伦茨直到1937年才加入“纳粹德国工人党”——尽管他是“基尔学派”的成员，但是与该学派的其他大部分成员有区别。(61) 因此，他还不是“纳粹”的狂热者，甚至不是信仰者。

> 值得注意的是，拉伦茨的入党时间注明的是1937年5月1日，而入党申请书上的时间是1937年10月25日。入党申请书没有被归档到联邦档案馆。按照联邦档案馆的说法，将入党申请书提早记录到5月1日也“不是不常见”——纳粹分子在节假日期间收集整理入党申请书；并且，在当事人不知的情况下使他加入党派，“倾向于不可能”。所以，对此的猜测没有实证的基础。

6. 拉伦茨与基尔前任教席格哈特·胡塞尔的关系

与上文相关，值得提到且众所周知的，是拉伦茨与基尔大学教席的前任格哈特·胡塞尔（Gerhart Husserl，1893—1973）之间的和睦关系。(62) 胡塞尔因为有犹太人血统，在1933年必须放弃教席。1960年至1972年期间，居住在弗莱堡市的胡塞尔给拉伦茨写了约20封信，后来在拉伦茨

---

(60) 魏德士明确承认拉伦茨已经有这种“主观确信”，参见《粉饰的历史——美化的传记：转型文献中的社会同伙》（Geschönte Geschichten-geschonte Biographien：Sozialisationskohorten in Wendeliteraturen），2001年，第120页。

(61) 联邦档案馆在2009年7月2日给我书面的回答，据此，拉伦茨的党员编号是5041008。

(62) 对于格哈特·胡塞尔，参见维滕贝格尔（Würtenberger）的引言，《格哈特·胡塞尔75岁纪念文集》，1969年，序言部分第7页及以下诸页；以及霍勒巴赫（Hollerbach）撰写的悼文，《法律人杂志》1974年，第36页及以下诸页；简要的生平介绍，参见戈平格（Göppinger）：《“第三帝国”时期的犹太裔法学家》，1990年第2版，第341页；兰道（Landau）：《帝国时期和魏玛共和国时期犹太裔法学家》，海因里希斯等（Heinrichs/Franzki/Schmalz/Stolleis）主编，《犹太裔德国法学家》，1993年，第133页，第174及以下诸页；详细介绍他的生平以及深入分析他的作品，参见博勒（B. Böhler）：《格哈特·胡塞尔的生平与作品》，弗莱堡大学博士论文，1992年，不过该作品内容却不够丰富。

的遗物中被发现,今天保存在慕尼黑大学图书馆。这些书信是对该关系很好的证明。在书信中,他们表现出的完全是友好的口吻以及轻松的状态,但是仅涉及专业方面问题的讨论,没有涉及纳粹主义方面的内容。二人书信来往明显始于 1960 年之前,也就是拉伦茨发表专著《法学方法论》之前——拉伦茨在该书的"历史批判部分",详细描述和评价了胡塞尔的贡献。[63] 但十分可惜,从这些书信中看不出两人最初接触的时间和动机。[64]

两人之间关系的高潮是在 1968 年,拉伦茨在当年纪念胡塞尔 75 岁寿辰的纪念文集中,撰写了一篇文章。[65] 对此,我在两人的书信来往中,也找不出什么线索。在我们的交流中,拉伦茨在和胡塞尔建立联系之后的满足和欢乐,显而易见。当时他因为自己特有的谦虚,没有透露出半点细节。所以,我就不能对此说出实质性的内容。一位陷入纳粹主义的学者,能够被他的前任犹太人教席接受并作为很多年以来紧密的书信伙伴讨论专业问题,并且为了纪念后者而参与撰写纪念文集文章。这是不言而喻的事情,几乎也是在历史上的不同寻常之事。[66]

(四)范式文章:《论民族法律思想的内容和方法》

不研究拉伦茨在纳粹执政期间最著名的作品,即在法学教育授课的过程中基于两个报告形成的足有 50 页的《论民族法律思想的内容和方法》,就无法探讨拉伦茨在该期间的活动。

---

[63] 参见拉伦茨:《法学方法论》,1960 年第 1 版,第 116 及以下诸页,相当于该书 1991 年的第 6 版,第 113 及以下诸页。

[64] 在大学图书馆的一捆信件中,第一封信是胡塞尔在拉伦茨去慕尼黑之后写的信;我推测在基尔时期写的信在拉伦茨去世的时候已经不存在了。

[65] 参见拉伦茨:《原本的法事实》(Originäre Rechtssachverhalte),维滕贝格尔(Würtenberger)主编,《格哈特·胡塞尔 75 岁纪念文集》,1969 年,第 132—151 页。

[66] 因此这段历史并非很难就可以确定,我认为从学术角度来看,非常有问题的是,魏德士在批判拉伦茨写给德赖尔信中自我证明(脚注 32)时,却没有提到拉伦茨参与了胡塞尔的纪念文集撰写,他应当"发现在拉伦茨 1933 年之后的文章中有一点反抗纳粹法律黑暗的行为",参见前引 60,第 121 页。参见博勒(B. Böhler),前引 62,第 22 页,认识到胡塞尔非常怨恨很多同事在第三帝国危机时刻为了获得德国高校教师聘任的所作所为,因此也"拒绝了德国联邦宪法法院的任命",但是这些说法没有可靠的证据来源。

1. 总体印象

总体来说，我认为该文并不像其他人基于(让人不舒服的)题目和名声(被视为"恶名昭彰"也不少见)所期待的那样，实际情况要好一些。但是，每个读者可以有自己的看法。我以为，文章包含了大量传统技术的方法论，但没有明显的"民族性"特征。然而，文中确有三段值得进行评判性地评价，这当然包括权利能力的论述，以及拉伦茨对"种族同志"和"种族外人"的区分。上文对此已经有了详细的论述，因此这里就不做更多的补充。

2. 法官的法律约束和"元首原则"

更多的段落涉及"元首原则"，这是拉伦茨第二个特别受到攻击的一点。他在书中首先论述"法律和法"的话题，在今天来看，出于多方面原因必须被否定，但是在我(再次)阅读的时候，大感欣慰地发现，文中绝不是说"元首"，因此也不是说他的话语或意志之类的是最高阶层的法源或诸如此类的。[67] 但是后来在文中，尽管是以一种模糊的方式，拉伦茨突然又涉足了这个领域。首先，他为论证"法官受法律约束"举了例子，即穷尽列举《德国民法典》中无效婚姻和可撤销婚姻的情形，随后，以一种极其模糊的措辞指出：[68]

> 所以在颁布纽伦堡法之前，法官不能认定男性德国人和女性犹太人之间的跨种族婚姻无效，尽管德国人民的道德观否认这种婚姻，并且缺少相应的禁止性规定。因而必须被视为一个法律漏洞。

我认为，这明显又是一个反驳魏德士坚决主张的"无界限"解释论点的例子[69]，同时也是一个证明"方法论起到稳定功能"的例子，这种方法论的基础是现存法文化的规则以及"工艺"纠正的规则。拉伦茨紧接着说：

---

[67] 参见拉伦茨：《论民族法律思想的内容和方法》，1938年，第10及以下诸页。
[68] 参见拉伦茨，前引67，第24页。
[69] 参见上文二(三)3中的脚注53。

在今天,《保护德国血统法》及其第一个执行法(参见该执行法的第5条)穷尽列举了犹太人血统侵蚀导致婚姻无效的情形。如果法官想无视该规则,就会违背民族宪法的基本原则以及元首决定的绝对优先权的基本原则。

一方面,该原则被证明是宪法的组成部分;另一方面,法官受法律约束的原则得到遵守,原因在于"元首决定的优先性"仅仅是在该约束的框架之内。因此,这个少见的模棱两可的地方,最终涉及的(也)是阻止纳粹政权完全脱离法律约束的(尽管不明智的)尝试。我认为,这些论述的主要目的,在于否定法官对于法律有控制权或废除它们的权能——而在1929年的时候,拉伦茨原则上承认这项权能。[70] 对于拉伦茨在其他地方的其他论述,[71] 限于本报告篇幅,就不做深入论述。[72]

3. 例外情况下裁判修正前纳粹时代的法律以及种族歧视的例子

今天看来,拉伦茨的"民族法律思想"非常有趣,我将在下文对此进行深入分析。该思想的核心在于,对于纳粹党"掌权"之前的法律,拉伦茨赋予法官修改的权力。其前提条件是,适用它"从民族整个法秩序的观点来看,将会导致完全无法承受的结果,并且法律与法的不一致性非常明显"[73]。那些寻找拉伦茨思想在纳粹主义期间和战后德国有连续性的人,在这里就会找到答案。[74] 因为这些标准明显与拉伦茨在1960年出版的《法学方法论》中的标准相似,在满足该标准的前提下,拉伦茨明确认为法院裁判在"法紧急情况"下,有权"以修改法律的方式,进行法律续造"。[75] 当然,现在的标准不是"民族整个法秩序"(拉伦茨在

---

[70] 参见拉伦茨:《法效力的问题》(Das Problem der Rechtsgeltung),1929年,第38及以下诸页;1967年的版本增加了后记。

[71] 参见拉伦茨,前引67;批判性的,参见雅科布斯:《法律人杂志》1993年,第805页,第811及以下诸页。

[72] 限于参见拉伦茨:《德国法更新和法哲学》,1934年,第34页。

[73] 参见拉伦茨,前引67,第25页;类似的,参见同作者,前引70,第35页。

[74] 参见瓦格纳,前引42,第243及以下诸页;弗兰塞克(Frassek):《由"民族生活秩序"到法——卡尔·拉伦茨(1903—1993)债法作品中落实的世界观》,1996年,尤其是第172及以下诸页;同样参见卡纳里斯:《拉伦茨和卡纳里斯的债法教科书》,维洛威特(Willoweit)主编,《20世纪的法学和法学文献》,2007年,第419页,第422页以及脚注2。

[75] 拉伦茨:《法学方法论》,1960年,第320页。

1938年将它视为"法"），而是"陌生的法律思想，其在'一般性的法律意识'中已经具有效力"。拉伦茨后来没有使用该表述，[76]但是，就我看来，他修改后的观点仍然不能让人满意，以至于我在出版《法学方法论》新版本时，就这一点必须发展出与其有实质区别的概念。[77]

当然，正如以魏德士为代表所宣称的，人们可以想到这是个"无界限地"操纵法律方法论的证据。如果引入拉伦茨在1938年为法院修正法律所举的例子，这似乎就会更加明显。按照当时《德国民法典》第1594条的规定，丈夫只能在知道孩子出生之日起一年内质疑孩子的婚生性质，即使他在这之后知道了孩子的非婚生性质。拉伦茨为此作出了一个（不成文的）例外，即"在超过第1594条规定时效之后，有德国血统的男性得知，其夫人所生的根据《德国民法典》将被认为是婚生却是破坏婚姻，与犹太人所生的孩子"[78]。当然，正如按照种族的观点划分权利能力的做法，由于其中包含了种族歧视，必须受到谴责。但是，仅仅否定和拒绝并不能解决问题。[79]拉伦茨明确依据的观点是：相反的观点"与纽伦堡法案追求的纯粹的种族分离相矛盾"。在这里，方法论似乎陷入了困境，因为法律规范及其展现出评价的"远期效果"（"Fernwirkung"），属于它公认的武器，[80]自菲利普·黑克（Philipp Heck，1858—1943）以来这就毫无争议。因此，只有通过技艺，才能有说服力地解决该问题，即把《纽伦堡法》定性为它曾经的样子：以法律形式掩饰的令人震惊的非正义，因此对法律适用者没有约束力。所以，法学基于它论证的潜力，在这里并没终结，即使纳粹主义政权的规章事实上限制这种可能性，也是如此。当然，对于拉伦茨，我们必须继续提出质疑：如果他很严肃地对待"任务"[81]，为什么举出这个耻辱的例子[82]？

---

[76] 参见拉伦茨：《法学方法论》，1991年第6版，第427及以下诸页。
[77] 参见拉伦茨、卡纳里斯：《法学方法论》，1995年第3版，第246及以下诸页，第251及以下诸页（援引了德国基本法的规定，即使没有完全抛弃"法紧急情况"的标准）。
[78] 拉伦茨，前引67，第25页。
[79] 参见前文二（三）3。
[80] 对于政治革命，也同样如此，魏德士明确承认了这一点。参见前引44，第436及以下诸页。
[81] 启发来源是帝国法院判决，《帝国法院裁判汇编》（RGZ），第152卷，第390、395页。据此，帝国法院没有明确回答问题，因为生产者不是犹太人。
[82] 参见上文脚注35之后的内容二（二）。

（五）被忽视的论文：1943年的《道德与法》
——安提戈涅和在陶洛根的约克

研究拉伦茨陷入纳粹主义的人，非常重视涉及"民族法律思想"的文献，却明显忽视了另外一部作品，即在1943年出版的约250页的论文《道德与法》。[83] 探讨该文，属于我这个"年代记编者"的责任，当然也是公平的要求。任何有思想的读者从本节的题目就可以读出来，在这里阅读到了与拉伦茨对纳粹主义的态度的传统观点不一样的东西。[84]

拉伦茨在长篇的思想史论述之后，得出一个体系性的结论，其中主要是他对良知的重视，这在之前的文章中没有被提到。比如，针对立法者，他认为立法者按照"组织的观点"（他明显支持该观点，同时反对诸如克里斯蒂安·沃尔夫［Christian Wolff, 1679—1754］意义上的国家契约说），"只对自己的良知、上帝和历史负责"。他继续写道：

> 真正的元首和立法者承担尤为艰难的责任基础，是他和遵守者所在集体的道德约束（因为任何的世俗机关都不能解除他的负担），以此为基础的是以各种形式出现的道德、习惯法、不成文法、法律和法官的裁判。[85]

在这里，他至少提到了立法者和"真正元首"的"责任"以及他和遵守者之间"集体的道德约束"。

这篇文章引人入胜的地方是，拉伦茨继续讨论个人的良知，并且试图将这些个人的良知融入"客观的秩序"中，[86] 文中出现了以下句子：

> 法律反抗滥用的最后一道保障，比如立法权、法官或执法权的滥用，不在于强制（因为无论如何，最终的强制者不能再被强迫），

---

[83] 拉伦茨：《道德与法——德意志法律思想和道德说研究》（Sittlichkeit und Recht, Untersuchungen zur Geschichte des deutschen Rechtsdenkens und zur Sittenlehre），拉伦茨主编，《德意志哲学中的帝国与法》，第1卷，1943年，第169—402页。

[84] 参见上文前引56。

[85] 参见拉伦茨，前引83，第229及以下诸页。

[86] 参见拉伦茨，前引83，第232及以下诸页。

而在于个人的(！)责任意识。[87]

拉伦茨的观点明显与他老师宾德尔的相反，承认可能有"真正的道德冲突"，其"必然是一个悲剧性的冲突"（正是这一点促使我在报告中加入这个讨论），[88]这可以用两个例子来说明。在本段语境下，任何的黑格尔的读者都已经预计到，他其实提到了黑格尔对雅典诗人索福克勒斯《安提戈涅》的著名诠释。[89]从这个角度来看，安提戈涅是反对暴君克里奥的国家命令而捍卫宗教训诫的代表人物。因此，在20世纪50、60年代，通常把安提戈涅诠释为古代的苏菲·绍尔。拉伦茨又举出第二个例子，这个例子让我心服口服。该例涉及约克将军在陶洛根的所作所为，他以此为证据说明"矛盾可能出现在客观的道德义务（即面对战争统帅和国家首脑的服从义务）和集体中自发形成的义务中，这种经历也是悲剧"。[90] 1812年，约克在陶洛根与俄国指挥官单独签署以该地命名的和平条约。[91]因此，他违背了他的战争统帅和国家首脑腓特烈·威廉三世国王的命令，甚至是叛国，[92]原因在于普鲁士当时已经和法国结成同盟，而拿破仑公开对俄国宣战了。对此，拉伦茨写道："他必须将他的罪过作为命运而接受；服从自己的良知，[93]足以。"这可是在战争期间的1942年！[94]

我的用意并不是想把拉伦茨呈现为反抗希特勒的人物，尤其该文中还充斥着"血统""种族"和"民族"思想。我也不能判断他在写那些

---

[87] 参见拉伦茨，前引83，第243页。
[88] 参见拉伦茨，前引83，第241页；同样参见第233页。
[89] 参见《黑格尔全集》，格洛克纳主编，第16卷，《宗教哲学演讲》，第二部分，1928年，第133及以下诸页；对于法律人视角下的"安提戈涅"，参见霍夫曼（H. Hofmann）：《法哲学和国家哲学导论》，2000年，第76及以下诸页；哈格尔（G. Hager）：《欧洲法律方法》，2009年，第330及以下诸页。
[90] 拉伦茨，前引83，第242页。
[91] 近期的有关这个过程很好的描述，参见克拉克（C. Clark）：《普鲁士人》，2008年，第414及以下诸页；精要的描述和评价，参见明克勒（Münkler）：《德国人及其神话》，2009年，第220页。
[92] 法院的评价，参见联邦最高法院裁判，《法学新周刊》1952年，第1183页，此处明确提出反抗希特勒的军方阵营和约克有相似之处。
[93] 拉伦茨，前引83，第241及以下诸页。
[94] 这个前言来自这一年的12月。

句子的时候，想法究竟是什么。(95) 然而，必须承认的是，拉伦茨在1942年呼唤安提戈涅和约克，说明其勇气可嘉，在评价拉伦茨与纳粹主义的关系时，决不能对这一点视而不见。(96)

（六）我们作为拉伦茨学术助理为什么没有问？

在这一点上，有人会问，我们作为他的学术助理，为何最终却鲜少从他口中获知他对纳粹主义的态度。就我而言，主要的原因在于，期待我的学术导师在我的面前为他在纳粹主义期间的所作所为辩护，并不符合伦理道德。而且，在讨论和“解决”这个问题时，我认为这是整个政治和社会的任务，而不是傲慢地将自己定位成甚至表现为他们的代言人。我认为，我的同辈人也有这样或类似的观点。我们非常清楚，在我们父母和祖父母一辈，有无数的“拥护者”，而且非法政权的很多主犯和帮凶还在逍遥法外。我们同样清楚的是，即使是我们，“几乎肯定”的是，也不会做得更好，我们当中也没有人能够拥有诸如“绍尔兄妹”的高尚品质。赫尔穆特·谢尔斯基(Helmut Schelsky，1912—1984)恰当地称我们这一代人是“怀疑主义”一代人，(97) 与下一代人不同，我们没有愤世嫉俗或不可一世，而“1968年代人”大部分又是意识形态的拥护者，甚至被称为意识形态的中毒者，也即“怀疑主义”一代人的对立面。他们那一代人的(从那时起就让我非常生气的)狂妄自大，通过陈腐又自命不凡的方式，在后来的“反抗”纳粹集权主义的过程中获得了自我认识和自我感受。

我们的态度与漠视历史毫不相关。在我的中小学阶段，即在杜塞尔多夫市的洪堡高中，我高考的1957年，“犹太人大屠杀”（当时的关键词通常是“奥斯维辛”，即Auschwitz，波兰境内，犹太人集中营所在地）的话题，就以多种形式展现出来(即使我们的历史课事实上还没有涉及1933年之后的历史)。因此，对我来说，成为基督和犹太的合作社团的

---

(95) 在拉伦茨遗物中以及慕尼黑大学图书馆中保存的《道德与法律》手稿中，我没有发现与此相关的线索。

(96) 魏德士没提到这篇论文，我觉得很奇怪。

(97) 参见谢尔斯基1957年的书的题目“怀疑的一代”（Die skeptische Generation）。

成员，是理所当然的事情；对于我们对诗歌还有感知的人来说，保罗·策兰(Paul Celan，1920—1970)之诗《死亡赋格》是一个关键作品。在我个人圈子里的同龄人中，没有哪个人不认为《纽伦堡法》的评注人汉斯·格罗布克(Hans Globke，1898—1973)担任总理府国家秘书不是丑闻（即使这样，我们还是认可当时阿登纳和艾哈德政府的巨大贡献）。以这种方式，我还可以继续列举更多例子。

今天广泛流传的老生常谈认为，20世纪50年代和60年代早期的人有"迟钝""黑暗""迂腐""落后"等诸如此类特征。在我看来，这不过是污蔑。这是"左派"在扭曲历史，是意识形态的结果。从最坏的意义上来说，就是"伪意识"。其实，他们通过开启欧洲一体化、与法国化干戈为玉帛、德意志联邦共和国与以色列建交以及建立一个竞争但又有社会缓冲机制的市场经济，从很多方面来说，促使产生"寂静"的（以目前为止的德国历史的轨迹为标准）却绝对又是激进的革命。[98] 所有这些的发生却没有"左派"的参与，甚至在很大程度上反对被激怒的"左派"，在属于或接近"左派"圈子的人掌握解释历史的话语权之后，这在很大程度上导致了那个年代被贬低。那些像我一样观察那些年的人（即拥有"怀疑主义"一代人的政治意识，从我们自己经验角度，并且没有和"左派"的偏见联系在一起）认识到他们充满激情且富有活力的特征：是革命的特征，尽管可能还是"寂静"的革命。

三、"人生的经典作家"

在包含一些自我见证的延伸论述之后，现在再次回到卡尔·拉伦茨本人。1945年之后，他开始了学术生涯新的第三阶段。二战后，他继续执教。之后，从1947年的夏季学期到1950年的夏季学期，他被暂停授

---

[98] 用2000年温克勒(H. A. Winkler, 1938)的书的题目"走向西方的长途"(Der lange Weg nach Westen)来说，德国也在这个路上，当时的外交、经济和内政以及思想史处在终结阶段。

课,但是后来又恢复了教席的工作。[99] 拉伦茨1957年拒绝来自明斯特大学的教职邀请之后,1960年转赴慕尼黑大学任教,直到他1993年去世。在基尔大学期间,他就已经撰写了两卷本债法教科书和《法学方法论》的草稿。债法教科书分别在1953年和1956年出版,《法学方法论》在1960年出版。尽管他曾陷入纳粹主义,但通过这些作品和其他一系列的学术发表,他还是实现了人们在1933年之前对他的期望:正如拉尔夫·德赖尔所言的"人生的经典作家"。[100]

(一)债法及民法通论教科书:极为成功的历史

因为我在他处已经详细阐述了拉伦茨的债法教科书,[101] 这里仅做简要的论述。

1. 不断再版

该书取得了巨大的成功,这体现在该书出版版次和间隔上。该书第1卷从1953年到1987年总共出了14版,第2卷从1956年到1986年总共出了13版,因此平均每两年就新出一版。另外,《德国民法通论》从1967年到1989年总共出了7版,几乎与债法教科书有相同的出版节奏。这不仅仅体现出他卓越的工作能力,同样还有出色的工作纪律。这些特质深入骨髓。在我担任拉伦茨学术助理的时候,我亲眼见证了科研工作给他带来巨大的快乐,并且除了家庭,这是他生活的中心。幸运的是,直到他去世之时,他都保持毫无减弱的精神状态继续从事科研工作。

正如里尔克所言,拉伦茨教科书的典型特征是,它以"扩大圆圈"的方式完成。比如债法教科书第1卷第1版有300页,到了最后一版达到670页;第2卷第1版约400页,最后一版达到760页。这种持续渐

---

[99] 详细的描述,参见弗兰塞克:《卡尔·拉伦茨(1903—1993):纳粹主义和战后德国的私法学者》,《法学教育》1998年,第296、300页。该文的基础是深入的文献搜索和拉伦茨的答复。

[100] 德赖尔:《法律人杂志》1993年,第454页,将拉伦茨称为"经典作家",将其作品称为"经典",也被其他人承认,比如参见库皮施(Kupisch):《债法教科书第二卷分则书评》,《法学新周刊》1982年,第321页;帕夫洛夫斯基(Pawlowski):《德国民法通则书评》,《法学新周刊》1989年,第1981页;希尔根多夫(Hilgendorf):《法学方法论书评》,《法学新周刊》1993年,第3250页。

[101] 参见卡纳里斯,前引74,第419及以下诸页。

进的方式，反映了拉伦茨的思维方式以及他对学术的理解。即使是对于复杂的或新的问题，他也不是"一劳永逸"尽可能深入、全面地找出解答，而是满足于把问题留给时间，相信在之后的再版中有完善的机会，在更长时间里冷静地等待展开和深入问题。

2. 拉伦茨教科书的主要特点

拉伦茨最令人称道的才能之一，便是他"精准地表达"问题及其解答的能力，尤其是找到恰当的和能够得到同行认可的专业名词。经典的例子，是由他创造的概念"无主给付义务的债务关系"（"Schuldverhältnis ohne primäre Leistungspflicht"）。[102] 这极大地简化了对债务关系主要方面的理解。如果把焦点放在词语"主"之上，可以得出结论，也存在仅有"从"给付的债务关系，随后便能得出教义学上的理解：依据诸如《德国民法典》第 275 条第 1 款，主给付义务消灭之后，基于该相同的债务关系产生"从"给付义务，比如依据《德国民法典》第 285 条代偿请求权中的义务、基于第 280 条第 3 款以及第 281—283 条替代给付的损害赔偿义务，或者解除合同并没有使债务关系消失，而是在保持其法律状态的情况下，转变为返还财产的关系。更具有意义的，是强调"给付义务"。因此，可以不费劲地得出无给付义务的，而只有保护或注意义务的债务关系。在德国债法改革时，后者显然是被规定在《德国民法典》第 241 条第 2 款中。在"无主给付义务的债务关系"的范畴内，拉伦茨还创造了"对第三人具有保护效力的合同"（"Vertrag mit Schutzwirkung für Dritte"）[103] 概念，德国最高法院随即接受了这一概念。[104] 这也是他成功故事的关键节点。从这里，我们再次看到拉伦茨思想中有黑格尔的痕迹，而这里却又是一个范式，展示出概念及其构建的"生产性"力量。就此而言，创造"无主给付义务的债务关系"的范畴，完全可以被视为"法学发现"[105]。

---

[102] 该专业术语第一次出现在 1962 年债法教科书第 1 卷第 5 版有关缔约过失责任的章节中，第 39 页。

[103] 该专业术语早在债法教科书第 1 版就已经出现，参见第 139 及以下诸页。

[104] 第一次出现的，参见德国联邦最高法院裁判，《法学新周刊》1959 年，第 1676 及以下诸页。

[105] 参见前引 13。

非常让人惊叹，事实上让人备感敬佩的，是拉伦茨风格优雅、思维清晰。在很大程度上，这些无疑是他的书成功的原因。不过，就我个人经历以及从其他很多人那里获知的信息来说，这同时也带有一定的危险。因为拉伦茨对问题的探讨说服力掩盖了其表象之下的难点，读者很容易被误导认为已经完全理解了问题及其解答。[106] 拉伦茨倾向于对几乎每个重要的句子提供目的性的论证（这在当时绝不是理所当然的事情，因此已经产生确定标准的效果，我在学生时代还没有意识到，直到我成为学术助理和学者的时候，才知道这个），但是其中通常只包含一个思想，而且是由拉伦茨经过长期思考获得的，读者管中窥豹未见其中难处。[107] 拉伦茨写教科书，"更多的是为自己而写，而不是为别人；他的教科书因此是独白类型的，而不是对话类型的"，[108] 乌韦·迪德里希森（Uwe Diederichsen, 1933）的这句话并非没有道理。事实上，拉伦茨有一次对我说，他写作的主要目的是为了让自己明白问题及其解答。

少有听闻，但是非常值得一提的，是拉伦茨一直都对法律思想的发展持开放的态度，他经常很早就捕捉到发展趋势的蛛丝马迹。比如，今天几乎没有人知道，拉伦茨属于最早赞成对格式条款的内容进行控制的人之一，并且对此所持的观点在今天也有着重要影响。[109] 另外，他在早期就深入研究了"新型合同"，比如融资买卖合同和融资租赁合同。[110]

（二）《法学方法论》：一个突破

1. 完全没有被发掘的学术材料的基础

拉伦茨1960年出版的专著《法学方法论》完全就是一个突破。在

---

[106] 同样参见韦斯特曼（Westermann）：《拉伦茨的债法教科书》，《法学新周刊》1971年，第1789—1790页，在评价债法教科书第1卷第10版和第2卷第9版时，说"几乎是误导性的流畅描述，同时也涉及复杂的问题"；类似的，参见帕夫洛夫斯基（Pawlowski）：《法学新周刊》1989年，第1981页。

[107] 在我自己负责的债法教科书新版本中，我改变了这个，参见卡纳里斯，前引74，第430及以下诸页。

[108] 参见迪德里希森：《贝克出版社纪念文集》，1988年，第495、507、498页。

[109] 参见拉伦茨：《债法》（第1卷），1953年，第69及以下诸页，以及该书1957年的第2版，第78页。

[110] 针对后者，他第一次在债法教科书第2卷中进行了论述，参见该书1977年第11版，第63章第3节。

方法论领域，时新的文献基本上只有恩吉施的《法律思维导论》，该书精彩但是主题极窄[111]。谁要是批判拉伦茨的《法学方法论》，不要忘记，正是该书的出版，才开创了对这些材料进行集中性的学术研究，并且丰富了该领域。

另外，该书有一个特别的优点，即在"体系化部分"的前面增加了几乎具有同等权重的"历史性批判部分"，用来处理"萨维尼以来的德国法学和方法论"。对于这一部分，我从法律史学者那里听到的都是溢美之词。基于期间19世纪德国法律史研究的进步，如今，非法律史学者很难完成与之比肩的成就。因此，我也按照拉伦茨本人负责的《法学方法论》两版"学生版"的做法，在他去世之后继续了第3版的出版，删去了该书历史性批判部分，并且（未经缩减地）修订体系化部分。[112] 魏德士批评认为，这是"方法论上继续盲目飞行指南"。[113] 因为拉伦茨在历史性批判部分，根本就没有提魏德士感兴趣的纳粹主义年代，所以他的批评没有意义。我本人当时（现在）也认为，没有理由将那个年代作为单独一章放在《法学方法论》中。正如我在"种族外人"部分所说明的，我认为当时无节制地处理法律和法的行为，不属于方法论历史的一部分，应当将其从方法论历史中剔除。[114] 按照我们今天对建立在一个有着数百年历史的欧洲传统之上的法学的理解，方法论特指以科学的方法发现和获取法。而当种族主义意识形态成为方法论基础的时候，方法论根本上就不是开创新路。[115] 我认为，对那个年代的回顾，给我们留下的，不是没能从方法论上正确地处理法律和法，而是更多的涉及法律人与不正义

---

[111] 恩吉施：《法律思维导论》，1956年版；从第10版开始，该书由维腾贝格尔和奥拓修订［中译本参见恩吉施：《法律思维导论》，郑永流译，法律出版社2014年版］。

[112] 参见前引77。和拉伦茨不同的是，我删掉了"历史性批判部分"中最后一章"现代方法上的论辩"，理由如下：其一，在我接手修订该书的时候，涉及的不是现代的，而是已经成为"历史"的观点；其二，基于大量的文献，我认为单独处理单个作者对方法论的观点不现实，更不用说是适当的；只能在处理单个问题时，逐个地提到它们，这也是法学文献中常见的做法。

[113] 参见魏德士：《方法论上继续盲目飞行指南？》（Anleitung zum fortgesetzten methodischen Blindflug?），《法学新周刊》1996年，第1249—1253页。

[114] 参见上文二（三）"权利能力的相对化与对'外族'的歧视"部分。

[115] 正确的是卢伊格（Luig）：《方法的力量与无能》，《法学新周刊》1992年，第2536页和2539页；他反对魏德士的观点，认为"在科学化的法律制度中，'方法'并非为所有目的所用。"

国家之间的关系,[116] 从而形成一个领域更广泛的法哲学框架。[117] 伯肯弗尔德(Ernst-Wolfgang Böckenförde, 1930—2019)的下述名言,适用于以正义和法治国家为目标的法哲学以及赢得科学性称号的方法论:它们自己不能保障、创造和确保它们生存的条件,[118] 不过它们至少能够为此做出一些贡献。

最后,下文集中以三个代表性的问题,呈现拉伦茨"方法论"的全貌及其对我们学科的当代意义。选择这些问题,是因为从整体来看,它们让思维整体建筑的大部分清晰(这种整体建筑本身就是他的"方法论",另外我也"居住"在其中),同时使它的建构的关键因素呈现出来。

2. 抛弃黑格尔意义上的"具体一般的概念"

首先需要以否定的方式界定:拉伦茨在其《法学方法论》随后几版中最明显的变化,是抛弃黑格尔意义上"具体一般的概念"。该书1960年第1版以此为结语,[119] 并且在一定程度上达到了极致,而从1975年第3版开始,将其转移到前面,而且只是放在了"延伸"部分[120]。在纳粹执政期间,拉伦茨就开始在法学中使用"具体一般的概念",[121] 不过不能错误地把它和纳粹主义联系在一起,[122] 尽管拉伦茨确实也滥用了这个概念。至于抛弃黑格尔的动机,拉伦茨在1975年对此做了说明,即他从此将现代诠释学融入他的方法论理念中,并且"黑格尔的几项对人文学科

---

[116] 相关例子,参见上文二(四)3部分脚注81之前的例子。
[117] 同样是原则性的,参见前引44,魏德士:《无界限的解释》,第443页,及该书后记第494页。
[118] 参见伯肯弗尔德(Böckenförde):《国家、社会、自由》,1976年,第60页;同作者:《作为伦理国家的国家》(Der Staat als sittlicher Staat),1978年,第37页。
[119] 参见前引75,第353及以下诸页,第369及以下诸页;相同的,参见该书第2版,第473及以下诸页。
[120] 参见前引76,第457及以下诸页〔拉伦茨:《法学方法论》,陈爱娥译,商务印书馆2003年版,第333—336页;最新版参见拉伦茨:《法学方法论》,黄家镇译,商务印书馆2020年版〕。
[121] 参见前引67,第43及以下诸页;同作者:《论具体概念的逻辑:法哲学初探》(Zur Logik des konkreten Begriffs: eine Voruntersuchung zur Rechtsphilosophie),《德意志法学:德国法研究会季刊》1940年第5卷,第279—299页。
[122] 参见考夫曼(A. Kaufmann):《1991年法学方法论第6版书评》,《法律人杂志》,第191—192页。

有着重要意义的观点,无疑已经融入现代诠释学",[123]以及"这个体系(及其追随者所提出的体系)主张其具有绝对性,都已经成为历史……(并且)不仅对于法学,而且对于'实践性的'哲学(即伦理学和法哲学)而言,开放的、在某种程度上属于'动态'的体系(该体系永远不会圆满结束,并且能够一直被质疑)才是唯一可能的体系思维的形式"。[124]

只要涉及方法论的问题,我们作为他的门生,委婉又坚决地说服他不要直接运用黑格尔的思想,这对他观点的变化也起到了一定的作用。他在《法学方法论》第3版中明确将这本书献给作为"常年交谈伙伴"的特定学生,这或许与之有一定的关系。就我个人而言,早在遇见拉伦茨之前,我就把康德(和柏拉图)视为我的哲学"启明星",在波普尔的影响下,我对黑格尔保持了很远的距离。主要是因为我一直确信,法律方法论应当具有最低程度的一般哲学基础,在这一点上拉伦茨最初跟随黑格尔,在我看来是适得其反。

当然,拉伦茨试图借助"具体一般的概念"完成的任务并未完成。相反,它应当借助其他的思维方式来完成,诸如类型(拉伦茨在1938年就已经提出了它,并将其视为与"具体一般的概念"具有同等地位的思维方式)[125]、功能性的概念以及一般法律原则的具体化。[126]事实上,法学中的抽象概念尽管不可或缺,但是意义很小,因此需要补充其他的思维模式。在该意义上,法学有必要吸收瓦尔特·维伯格(Walter Wilburg, 1905—1991)的"动态体系"。对此,须从不同侧重点入手,深入研究。因此我认为,这里是将来方法论领域中最为重要的研究领域之一。

3."主观解释论"和"客观解释论"以及拒绝"实证主义的"和"科学主义的"学术理念

除了概念建构,方法论中另一个基本问题,就是解释目标的问题。

---

[123] 参见该书第3版前言部分第8页;对于拉伦茨观点的改变,参见弗罗梅尔(Frommel):《卡尔·拉伦茨和约瑟夫·埃塞尔对诠释学的继受》,1981年,第55及以下诸页。

[124] 参见前引75;用词几乎完全相同的,参见该书1991年的第6版[拉伦茨:《法学方法论》,陈爱娥译,商务印书馆2003年版,第50页];详细和深入论述的,参见拉伦茨:《正确的法》(Richtiges Recht),1979年,第182及以下诸页。

[125] 参见前引67,第45、47页。

[126] 参见前引67,第457页。

简言之,该问题涉及探究"历史上"立法者的意思("主观论"的观点),还是最终探究法律的"客观"或"规范性"意思?一直以来,拉伦茨主张"结合论",同时倾向于认为"规范性"意思优先于"规则意图以及历史上立法者具体的规范设想"。[127]

支持"主观论"的当然理由是,司法裁判原则上受到法律约束;[128]方法论应当遵循同样的原理,就其本身而言,方法论是具体的法律适用、发现和续造的理论,同时也是司法裁判的向导。众所周知,"主观论"的第一个弱点,是人们经常不知道什么才是"历史上"立法者的意思,必然地赋予其某种"理性的"或"客观的"意思。更为重要的关键性问题是,谁才是"历史上"的立法者:是议会?它虽然有立法权,但是议员经常没有想到或至少没有准确地想到特定的法条。是部委的官员?他们拟定了法律草案及其官方立法说明。还是专家委员会?他们是法律思想和表述的源头?!我认为目前还没有一个具备说服力的回答,尤其是所谓的"契约说"。[129]在欧盟法的层面,问题会更加严重。[130]

----

[127] 参见前引67,第316页[关于主观论与客观论的主要观点和代表人物,参见克莱默:《法律方法论》,周万里译,法律出版社2019年版,边码90及以下几个边码]。

[128] 约格·诺伊纳(Neuner)试图发展出一致性的主观论,参见《违背法律的法律发现》(Die Rechtsfindung contra legem),2005年第2版,第85及以下诸页,第103及以下诸页。他对此付出的代价是,大幅度扩大他所认为的"违背法律裁判"(Contra-legem-Judizieren)的范围,因此被指责从专业术语上来看,明显改变了这些范畴的传统功能。参见弗朗茨·比德林斯基(F. Bydlinski):《超越现行法的法律发现》(Über die Lex-lata-Grenze der Rechtsfindung),科勒(Koller)等主编,《法律思维的统一性与一致性:纪念克劳斯-威廉·卡纳里斯的研讨会》(Einheit und Folgerichtigkeit im juristischen Denken, Symposion zu Ehren von Claus-Wilhelm Canaris),1998年,第27—88页。

[129] 不是完全有说服力的,参见前引128,第104页,作者诺伊纳认为立法委员会按照事物情况,对于法律材料有提出质疑的义务。我认为,他不仅以这种危险方式触及职能分配,而且赋予立法程序中偶然性因素有过多的空间[按照契约说(Paktentheorie),议会中的人民代表在立法咨询和通过法律时,如果没有自己独立的意见,这时接受法律草案撰写者赋予这部法律的在"立法理由"中宣布的意思。因此,议会接纳了法律草案撰写者的意思,这些撰写者可能并非议会人民代表,而是部委机关从事立法工作的人。主张契约说的著名代表人物是《法律思维导论》的作者恩吉施,具体的论述,参见恩吉施:《法律思维导论》,郑永流译,法律出版社2014年,第116页]。

[130] 主观论因此在"大范围的国家立法中已经得到落实",该结论就我看来是言过其实了,参见赫希(Hirsch):《走向法官国家之路?》,《法律人杂志》2007年,第853、857页。相反,如果成员国立法者表达一致执行欧盟指令的意思(这个不一定需要!),司法裁判由此得出结论,即严格地进行合指令的法律发现是合法的。"契约说"在这里在一定程度上是适当的!另外,问题被部分地转移到欧盟层面——比如从指令的"立法理由"得出指令制定者的"意思"。此外,(只是)因为欧盟法规范的产生过程经常是非常不透明的,并且欧盟委员会在一定程度上有意保持不透明,所以主观论经常有局限性——从民主理论的角度来看,这是一个让人担忧的行为。

另外，著名格言"文本比它的作者更聪明"（即解释者有可能比作者更好地理解文本），[131] 这在本质上完全正确。谁要是嘲笑这个，[132] 甚至诋毁它，认为"该论证明显和纳粹主义的解释论相似"，[133] 一旦当他知道康德理所当然地以这个格言为基础，而且是在非常著名的地方，即在《纯粹理性批判》中与柏拉图的思想论进行争辩，就应当羞愧沉默。[134] 事实上，这些观点早就成为一般诠释学中公认的组成部分。[135] 由于复杂性，即便我们暂时忽视文本的历史性和法律适用者视角的当前性，以及其中很大的论证争议，上述观点的合理性也是明显的。有两个简单却又是有说服力的论点支持上述观点：其一，文本作者表达不够周全，只是间接或不全面地表达想要表达的意思；[136] 其二，作者在文章中必然融入一些成分，这些成分包含在他的"材料"中，甚至他还没有意识到这些成分。诸如《俄狄浦斯》《李尔王》《华伦斯坦》或《浮士德》的"材料"都遵循自己的规律，它们有些在表演中展示开来，即使其作者从来没有想到过。同样，融入一部法律中的"法律思想"经常展现出独有的动态发展轨迹，超出法律思想缔造者的想象。当我今天在拉伦茨债法教科书新理念的框架中研究给付瑕疵法的教义学落实情况时，经常会感到惊讶，我们在"瑕疵给付法委员会"根本没有想到有哪些后果和"远期效果"，这些当然完全超出了议员的视线，并且形成特定的规则及其所依

---

[131] 在这个语境下，正确引用的，参见赫希（Hirsch）：《法律人杂志》2007年，第853、855页。

[132] 代表性的，参见魏德士，前引49，边码722和797，他非常简化地使用了隐喻；类似的，参见同作者，前引117，第489页以下诸页；"法律意思"的表述，可能是隐喻，事实上它是指客观、规范或类似的"意思"，是理所当然的事情；同样，它有可能被反派观点拥护者误解或者滥用，所以也应当避免这个，参见前引71，第139页及以下诸页。

[133] 赫普夫纳、魏德士（Höpfner/Rüthers）：《欧盟方法论基础》，《民法实务论丛》2009年第209期，第1、7页，脚注32，以极端的方式反对最高法院前任院长赫希（Hirsch）以及反对拉伦茨，并且以希尔格鲁伯（Hillgruber）的文章为基础，《新的方法——德国的法官的法律续造研究》（Neue Methodik-Ein Beitrag zur Geschichte der richterlichen Rechtsfortbildung in Deutschland），《法律人杂志》2008年，第745、755页。他在批判的时候虽然没有个人化，但是在他批判法官的法律续造的时候，应当想起弗莱斯勒（Freisler）。

[134] 康德：《纯粹理性批判》，1781年，1987年第2版，A 314、B 370。

[135] 对康德的评价，参见布鲁门伯格（Blumenberg）：《世界的可读性》（Die Lesbarkeit der Welt），1981年，这里引用的是苏尔坎普出版社（Suhrkamp）的便携书，1989年第2版，第192页："穿上诠释人礼服的康德"。

[136] 康德看到了这种可能，参见前引134。

据的方案模式。[137]

就我看来，该问题与拉伦茨在他的《法学方法论》中已经作出解答的几个基础性问题密切相关，所以我对这些问题进行了相对详细的论述。例如涉及法的本体论地位或其"存在方式"的问题。拉伦茨认为，该问题的本质在于"效力"。[138]事实上，因为效力构成法的应然秩序的特殊一面，并且法的规则很明显(但是也绝不是琐碎地看到)受制于时间和空间的范畴：一部法律和其他任何的法律规范，仅仅是在特定的时间段和特定的区域有"效力"。因此，以下说法很有意义：法的"存在方式"实质在于在时间和空间中产生效力。由此，拉伦茨合理地得出根本性结论，即法不能归结为物质的过程，也不能缩减为心理的过程，而是属于尼古拉·哈特曼(Nicolai Hartmann，1882—1950)"阶层论"意义上的"精神存在"，[139]它与前者有明显的区别。取而代之，我认为也可以将其归属于卡尔·波普尔"世界3"的概念中，他首先是将人类的语言和数学归属于其中；波普尔作为"批判理性主义"的主要代表人物，以及主要是以自然科学为导向的作品《研究的逻辑》的著者，绝对没有被怀疑从事伪形而上学的修补。[140]这也可以包括人类思想的其他创造，比如哲学、文学、音乐、创造性艺术以及法律。如果明确了该背景，就会清楚地理解，主观论和客观论之间的对立正如现今经常暗示甚至公开宣扬的，仅仅抑或主要是关于司法裁判受法律约束以及宪法中的方法论基础，而是同时(逻辑上具有优先性！)涉及更深入的哲学问题，尤其是一般诠释学的问题。

另一方面，不能把主观论简化为宪法的推动力，相反，必须看到，

---

[137] 一个例子是，在给付瑕疵法中给付"可分性"的要求几乎完全不重要，即使主流学说还是不加思考地研究它。对此，参见卡纳里斯：《给付瑕疵法现代化中给付或对等给付可分性标准的意义》(Die Bedeutung des Kriteriums der Unteilbarkeit der Leistung oder der Gegenleistung im modernisierten Leistungsstörungsrecht)，博伊廷(Beuthien)等主编，《21世纪初私法的前景：迪特尔·梅迪库斯80岁纪念文集》，2009年，第17—41页，尤其是第19及以下诸页，第30及以下诸页，第40及以下诸页。

[138] 参见该书第6版第117页，以及前引124，第176及以下诸页，讨论的基础是胡塞尔(G. Husserl)：《法与时间》，1955年，第10及以下诸页；同样参见拉伦茨，前引70，第20及以下诸页，讨论的基础，参见胡塞尔：《法力量与法效力》，1925年，第1及以下诸页。

[139] 拉伦茨，前引76，第117及以下诸页或第176页。

[140] 参见波普尔：《找寻更美好世界之路》，1987年，第30及以下诸页。

在它的后面是特定的科学论理念(即使在大部分情况下没有被说出,甚至没有意识到):只有在实证基础上理解和检验的现象,才是历史的事实,才能成为科学知识的正当的对象。[141] 这与"实证主义的"科学概念相一致[142]——基于该概念,原则上只有逻辑、数学和实证才被承认为科学的工具。拉伦茨《法学方法论》的一个主要目标就是与这种以及类似的"科学主义的"科学概念进行斗争。[143] 事实上,法教义学作为法学的核心领域,在这里没有一席之地。原因在于,法学的发展靠的既不是纯粹逻辑或数学,也不是实证方法;该道理同样适用于其他的学科,比如文学、艺术学或神学,只要它们采用评注而不是历史的方式发展。如果采用这种科学概念进行研究,对法学会造成灾难性的后果:它将会被排挤出科学,进而不再有大学的教育,还会导致组织、财务和职业活动方面的各种后果。我认为,在今天不能低估这个危险。基于自然科学巨大的吸引力,"实证主义的"或"科学主义的"科学概念在现代颇受欢迎,其代表人物经常使用让人诧异的手段,有时候是让人震惊的攻击性方式,在学术政策上得到认可。当前的例子,是德国大学中经济系教席的转型。我认为,大学锁定在构建数学模型的能力,应当解释为(内涵的)以"实证主义的"或"科学主义的"科学概念为导向(基于2007年的金融危机以及特定的经济学潮流对此承担很大的共同责任,这种转型由于该领域代表人物的盲目和自私,似乎是一种自残行为)。

相反,我们应当清楚地想到这种学术理念的缺点:众所周知,欧洲的大学(大约在12世纪)因为博洛尼亚的法学院和巴黎的神学院而产生,[144] 任何科学理解如果排除这些学科,是忘记文化和历史的标志,所

---

[141] 明确提出的(即使按照我的观点,文中提出的理由并不能成为支持主观论的理由),参见奥尔(M. Auer):《方法批判和利益法学——菲利普·黑克150周年诞辰》,《欧洲私法杂志》2008年,第517页,第528及以下诸页(阐释黑克的思想)。

[142] 对此以及它与法律实证主义的区别,参见奥尔:《规范性的实证主义——实证主义的自然法》,海德里齐(Heldrich)等主编,《克劳斯-威廉·卡纳里斯70岁纪念文集》,第2卷,第931、960页。

[143] 参见该书第6版第117及以下诸页,或1975年第3版的前言部分第7页;总结性的,参见拉伦茨:《论作为科学的法学的不可或缺性》,1966年,第11页;深入的,参见拉伦茨:《法科学的特征》,载圣地亚哥联合大学主编文集"Estudios Juridico-Sociales:Homaje al Profesor Luis Legaz y Lacambra",第1卷,1960年,第179、181页。

[144] 比如参见维瑟尔,前引42,第216页;穆勒(Rainer A. Müller):《大学的历史——从中世纪大学到德国高校》,1990年,第31及以下诸页,第34及以下诸页。

以从历史的角度来看，上述科学概念没有任何的正当性。从体系角度来看，它缺少一致性，因为它没有给出足够的理由说明科学的方法只有逻辑、数学和实证；尤其是它在原则上就没有机会将"衡量"的过程融入科学体系之中，尽管它已经"流入"无数的论证过程当中，以至于它在理性思考过程中具有根本性的和不可或缺的意义。对于我们专业的定位，拉伦茨的《法学方法论》具有关键性的作用，因为评注学和诠释学的视角融入法学思维，理所当然地成为他的思想基础。另外，认为借助"实证主义的"科学概念使主观论具有说服力，是个谬见。原因是，即使认同这个看法，这也并不意味着我们已经实现了理性。因此，应当将讨论转移到另一个领域，该领域不再被称为"科学"或"学术"，而是诸如解释的"技艺"。[145]

我们现在直接面对的，是第三个也是最后一个基本问题：当法律人基于主观论不能找到解决办法的时候，应当以什么为导向？对此，经常会草率地提到法官的"方法忠诚""自我评价"或"决断"。[146]因为拉伦茨一直(辅助地)采用"客观的目的"标准，[147]所以他疏远上述考虑。相反，尤其是以魏德士为代表的学者，很久以来，就开始了一个反对其方法的对抗活动，通过强硬或咄咄逼人的方式推动[148]，下文将对此进行讨论。

4. 法律发现和续造的客观目的性标准、"超越法律的法秩序"问题以及法官"自我评价"的弊端

在论述之前，需要提醒，《德国基本法》第20条第3款规定法官受"法律和法"约束。基于我们宪法的基础思想，在法律之外

---

[145] 比如伟大的文学家施泰格(Staiger)将其方法论方面的思考，总结在1955年的《解释的技艺》(Die Kunst der Interpretation)之中。

[146] 典型的，参见魏德士，前引49，边码724后面以及817及以下几个边码[有关"方法忠诚"的论述，参见克莱默：《法律方法论》，周万里译，法律出版社2019年版，边码230]。

[147] 参见拉伦茨，前引76，第333及以下诸页[拉伦茨：《法学方法论》，陈爱娥译，商务印书馆2003年，第211—216页]。

[148] 参见魏德士，前引49，边码801及以下边码，边码810及以下几个边码。

还有"法"。⁽¹⁴⁹⁾粗放的两分法完全没有宪法依据,即一方面是受(经过"历史"解释)法律约束,另一方面是法官采取"决断"⁽¹⁵⁰⁾的方法进行"自己的法律创制"。在这里,"法"相对于(与之不一致的)法律,⁽¹⁵¹⁾不仅起到修正标准的功能,而且在缺少合适的法律解决办法时,还有提供补充法源的功能。⁽¹⁵²⁾弗朗茨·维亚克尔提出了恰当的专业名词"超越法律的法秩序"。⁽¹⁵³⁾早就被证明(采取实证方式证明的也是如此),不仅"有"这种秩序,而且能够在"原则层面"寻找和(部分地)发现它,这也成为反对狭隘的法律实证主义的关键论证之一。⁽¹⁵⁴⁾这也与对司法裁判和法学的当然理解相一致。因为,拥有理智理解能力的法官或学者,在遇到法律不能给出回答的时候,通常会否认他所支持的解答依然是"法的"解答,并且立即开始"自我评价"或"决断",仿佛司法裁判有创

⁽¹⁴⁹⁾ 参见《联邦宪法法院裁判》第34卷,第269页,第286及以下诸页;第82卷,第6、12页;赫希(Hirsch):《法律人杂志》2007年,第853、854页;以及希尔格鲁伯:《法律人杂志》2008年,第745页,第746及以下诸页,如果希尔格鲁伯基于法条编撰的细节,反而认为"法律和法"这个表述自相矛盾,那么他的论证却反映出"历史"解释的弱点——仿佛并不是所有的议会委员会成员都清楚地看到"法律"和"法"之间的差别以及可能的冲突!

⁽¹⁵⁰⁾ 比如参见魏德士,前引49,边码817(针锋相对地反对拉伦茨和我);对于《德国基本法》第20条第3款,这里不做深入探讨;魏德士的观点涉及的是早就熟知的狭义上的法律实证主义,对此魏德士明确承认,参见魏德士,前引44,第432页,以及下面一个脚注中的引言;对于这种理念的弊端,同样参见卡纳里斯:《法官的法律续造中的正确性和自我评价》(Richtigkeit und Eigenwertung in der richterlichen Rechtsfindung),格拉茨大学主编,《格拉茨大学讲演录》1993年第50期,第23页,第25及以下诸页。

⁽¹⁵¹⁾ 就此而言,不仅在法哲学上不能接受,而且与《德国基本法》第20条第3款不一致,参见魏德士:《制度转变中的意识形态和法》(Ideologie und Recht im Systemwechsel),1992年,"法律约束意味着:有官方权能的法律人应当受到规则制定者的意识形态证立的指示约束。在法治国家和不正义国家,都是如此";持相反观点,比如参见波普尔:《开放社会及其敌人》,1992年第7版,前言第8页,他对法律人说:"你们必须学习为客观真理的利益服务,以及为法律和合法的真理服务,而不是其他的。'更高的'利益和国家的原因都不允许起到作用……"罗马时代法学大家帕比尼安,因为拒绝为卡拉卡拉皇帝残害其弟弟的行为从法律上进行"正当化",卡拉卡拉皇帝下令将其绞死。

⁽¹⁵²⁾ 从我开始研究方法论,就以这个理念为基础,参见卡纳里斯:《法律漏洞认定》,1964年,1983年第2版,第37及以下诸页,脚注95;原则上相同的,同样比如参见诺伊纳,前引128,第47及以下诸页,第83及以下诸页。

⁽¹⁵³⁾ 参见维亚克尔:《法律和法官技术——论超越法律的法秩序》,1957年;深入的,参见诺伊纳,前引128,第69及以下诸页。

⁽¹⁵⁴⁾ 基础性的,参见德沃金:《认真对待权利》,1977年,第22及以下诸页[德沃金:《认真对待权利》,信春鹰、吴玉章译,中国大百科全书出版社1998年版,第17及以下诸页];类似的,比如参见德赖尔:《法的概念》,《法学新周刊》1986年,第890—896页;阿列克西:《法概念与法效力》,1994年第2版,第117及以下诸页[阿列克西:《法概念与法效力》,王翔鹏译,商务印书馆2015年版,第75—77页]。

制法的职能?！弄清楚我们怎样获取和处理"超越法律的法秩序",将成为法学在未来面临的一个艰巨任务。对此,拉伦茨在其《法学方法论》和在退休阶段撰写的《正确的法》中奠定了基础,并且在一些细节方面,给出了让人启发的观点(由于时间和篇幅关系,此处不做深入探讨)。⑬

相反,如果提到"方法忠实"要求,以此宣扬法官的"自我评价",原则上,我会持怀疑态度。这种呼吁在一定程度上值得尊重,但是它们就如同"勇敢地犯罪"("*pecca fortiter*"),也就是"主观的判断"。因为"自我评价"无论如何已经不可避免,法官还需要使用它吗?这等同于法学在法律方法论任务面前投降,绝不是拉伦茨愿意为之。事实上,不恰当地引用《浮士德》中的句子来说,法官"自我评价"的本质是"运尘世遗蜕,是个苦差事"。⑭ 在现实中,这不可避免,因为法院必须在有限的时间和智力能力条件下作出裁判;在理想中,这又是不可接受的,因此原则上必须在"调控的思想"("regulative Idee")意义上,以裁判的正确性要求为基础。⑮

尤其是在不同的解释标准缺少明确位阶时,与约瑟夫·埃塞尔的观点相反,决不能认同法官自由选择使用的方法,并且在此由他的"前理解"主导。⑯ 对此,拉伦茨冷静和正确地说:"不同解释标准的权重,最终由它们在具体情形下的作用决定。"⑰ 该观点反映的不是"方法论恣意",甚至是"无原则性原则",⑱ 而是(即使是属于非常简化的)表达了正确观点,即解释标准在它们之间发生冲突的时候(只有在这种情况下才提出位阶的问题),原则上需要对它们设定权重。从商谈理论的角度来说,它其实仅仅是对特殊论证观点进行典型化的总结(它们的标志是,在解释的框架中,它们的重要性已经有说服力地确定,并且一般地被承

---

⑬ 前引124,第45及以下诸页,第180及以下诸页。

⑭ 歌德:《浮士德》,第11954—11955诗行。

⑮ 详细的,参见拉伦茨,前引150,第40及以下诸页,附带相关的证明。

⑯ 参见埃塞尔(Esser):《法律发现中的前理解和方法选择》(Vorverständnis und Methodenwahl in der Rechtsfindung),1970年,第123页。

⑰ 参见拉伦茨,前引76,第345页[拉伦茨:《法学方法论》,陈爱娥译,商务印书馆2003年,第333—336页]。

⑱ 参见魏德士,前引49,边码815,及其文章《方法问题是宪法问题?》,《法理学》2009年,第253、277页,完全弄错了这个问题。

认，因此不需要再次对它们进行正当化[161]），在思维结束的时候（只要不是在例外情况下使用真正的优先规则），当然需要按照类别、权重和数量进行衡量，这在矛盾的论证中不可避免。[162]

（三）学术导师拉伦茨及其与门生的交往

1. 让我简单地说一下拉伦茨作为学术导师的情况。在他和学生之间的关系上，简而言之：在大课上，他和同时代大多数人一样差；在案例课上，因为涉及具体案件的解答，他经常是优秀的能手；在研讨课上，他充分展示了自己的风格，因此非常优秀。

在大课上，他几乎一直在照读讲义，甚至有时候，将他最新版教科书的书稿放在讲台上，并且从来不向听众席提问题。有一天，他上完民事诉讼法的大课，回到研究所，对我说："卡纳里斯先生，想想看，今天在我身上发生了多么可怕的事情：我把上课讲义忘记在家里了；出人意料地，我居然比任何时候都要好！"基本上，拉伦茨似乎认同当时这样一种观点（很遗憾该观点相当盛行）：讲授大课是一个令人讨厌的附属义务。相反，在案例课上，他当然不能照读，他卓越的自由演说能力以及他优秀的法律裁判能力展现出来，这让他在解答案例技术方面成为一名大师。研讨课是他教学活动的核心和高潮，他将所有参加研讨课的人视为潜在的研究者——完全与洪堡思想"研究和教学统一"的理想模式相一致。他拒绝任何形式的独角戏，在他补充和进行必要的修正之前，会毫无限制地让报告人表达自己的观点。由此在他的研讨课上诞生了一些博士论文，包括我自己的博士论文《法律漏洞认定》。

2. 拉伦茨及其夫人喜欢他的门生。有一次，他问我，我先前的门生如今就职于何处，就在我支支吾吾的时候，他斥责道："你一定得知道自己的门生在做什么！"

---

[161] 它的重要性可以说明如下：在比较效果评价或经济效率的观点时，虽然它们在法律发现的过程中同样具有重要意义，但是是否需要考虑它们，自始也不是没有疑问，因此它们还不属于"权威"。

[162] 深入的，参见卡纳里斯：《"经典"解释标准的位阶关系》（Das Rangverhältnis der „klassischen" Auslegungskriterien），博伊廷（Beuthien）等主编，《迪特尔·梅迪库斯70岁纪念文集》，1999年，第25页，第58及以下诸页。

他原则上没有干预过我的学术研究,即使在我完成博士论文之前也是如此。尽管如此,我不仅从他身上学到了很多的"手工技术",而且绝大部分重要的观点都受到他的影响(即使他只是更新和强化我一直以来的观点)。他从几乎确凿无误的视角,在每一个草稿中,发现论证的"软肋"并对其进行批判。我对自己说:在我身上绝不会发生第二次。这个"教训"督促我愈加勤奋,更极大地提高了我论证的水平。

他非常渴望与他的门生进行学术交流。当他从大课回到研究所,必须有一位(但是仅仅是一位)他的学术助理等着他,以便有人继续探讨。退休后,他和他的夫人邀请之前在慕尼黑大学的门生及其夫人到他家,讨论哲学方面的问题——我们阅读和谈论了伽达默尔(Hans-Georg Gadamer, 1900—2002)、哈贝马斯(Jürgen Habermas, 1929)、柏拉图的"高尔吉亚"。在进入黑格尔的《精神现象学》导论的时候,我们放弃了。原因在于,这个文本不仅非常难,而且还有些释放信号的因素。拉伦茨最终对它毫无兴趣,并且不再想将它传授给我们。

(四) 拉伦茨与试图构建学术权威

在和我们这些门生进行对话的时候,经常会出现新的法律案件。对此,拉伦茨常会说:"请看看我的教科书中写了什么。"我们当中有人对此已经熟记,这很常见。当然,我从来没有这样。拉伦茨自己也并不关心是否将其牢记于心。

如果他的教科书中没有相关内容,下一步是检阅目前文献和司法裁判对于所涉问题是什么观点。如果我们发现的观点恰好同他刚刚形成的观点相一致,他就会说:"很好,我应当在我新一版教科书中明晰该点。"这种态度确实让人佩服。几乎所有有一定学术造诣的学者,往往会(以一种有别于演员和政客,更为微妙的方式)虚荣(这并非无礼行为,却恰恰是学术产率的核心动力之一),在他们发现自己想到的主意之前已经被别人公开发表的时候会失落。但拉伦茨并非如此!他的动机,即明确阐述和主张正确的观点(相对于学者天生获得威望的需求,我认为这种动机具有优先性),超过了他自己成为"著作权人"的需求。我认为我的假设是正确的,即回顾1933年之后他的所做所为(大部分可能是不假思索的,并且深深地根植在他的意识当中),使他看到了时代精神推动的对威望的渴求,会诱惑学者误入歧途,因此他与自己的学术"创造"意义保持很远的距离,从而就此使他获得了特别的独立性。当然,这不是说拉伦茨"不炫耀",但是他是少数几个能处理好这种危险的人。

四、留下了什么?

回望如此丰硕的成果,如此充满激情的学术人生,我们会问一个对大多数人来说可能是自始就没有必要的问题——留下了什么?

拉伦茨曾对我说:"我的人生理想,是写一本黑格尔哲学的评注。我究竟有什么成功可称道的呢?我只不过是写了本马上就会过时的债法教科书,还写了本虽不马上但也很快就会过时的方法论罢了!"当他指责黑格尔的"绝对要求"并且完全抛弃他的哲学的时候,他自己给出了答案。他不仅是黑格尔的追随者,更是德国债法和方法论领域的"经典作家",在20世纪下半叶,他开辟了一个领域,无人能比!至于学术作品的更替与淘汰,用马克斯·韦伯的话来说:学术的意义在于,它"将会被'打败',其实是情愿陈旧"。

最后,让我们以黑格尔进行收尾。黑格尔是拉伦茨作品的开端,是本报告的开端,也是本报告的收尾!卡尔·拉伦茨尽管没有完全背离黑格尔,尤其高度评价黑格尔辩证法中的词语"扬弃"。该词不仅是指超越,也包括保留,最后也包括新的更高层次的超越。在该意义上,我们可以说,拉伦茨在1933年之前已经卓越和毫无瑕疵地开启了他的事业,并且在1949年之后又以堪称典范的方式继续下去,走向了高潮,进行了三重"扬弃":尽管在很多方面,已时过境迁,但是它继续影响着我们的思想,已经成为理所当然的东西,就这方面而言产生了巨大的影响力,并且成为新理论的组成部分(甚至是核心的部分)——对于德意志联邦共和国,不管是在民法教义学思维继续发展中,还是在法律方法论的基础部分,都是如此。

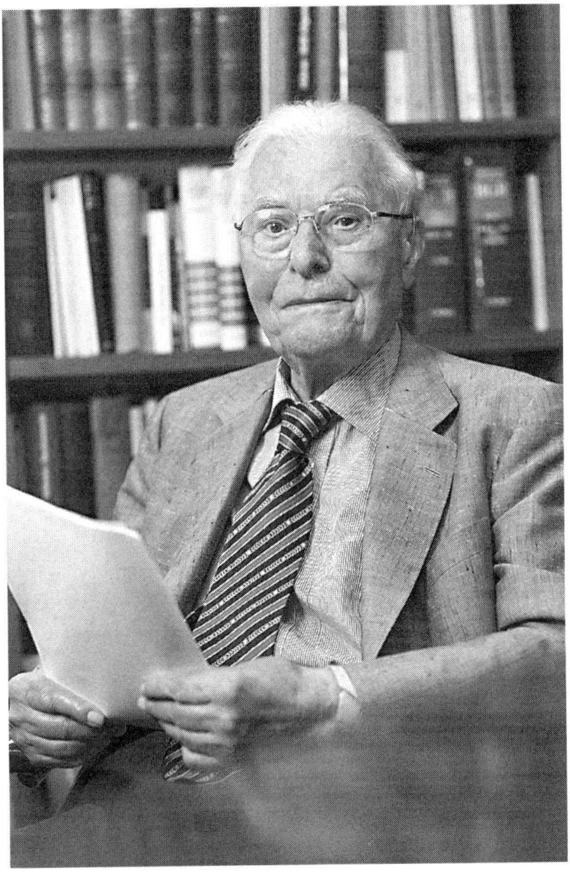

维尔纳·弗卢梅（Werner Flume，1908—2009）[*]

目　次

一、法学泰斗　/ 709

二、生平简介　/ 711

三、著作等身　/ 714

　　（一）学术评价标准　/ 714

　　（二）代表理论　/ 714

　　（三）罗马法思维　/ 720

　　（四）历史法学　/ 720

四、他的传奇与我们的责任　/ 722

一、法学泰斗

2008年9月12日，维尔纳·弗卢梅刚过完一百整岁的生日，"世纪法学家"的称号可谓实至名归，[①] 而且任何对他的贺词绝无文字游戏或虚情客套之虞。原因在于，在我们的学科中，没有哪位过百岁寿宴的人

---

[*] 作者简介：〔德〕托马斯·洛宾格(Thomas Lobinger, 1966)，海德堡大学民法、劳动法、商法教席教授。洛宾格1999年在图宾根大学完成博士论文，2003年完成教授任用资格论文。

[①] 弗朗茨·比德林斯基、彼得·鲁梅尔：《维尔纳·弗卢梅——百岁寿辰》，《奥地利法学杂志》(JBl)2008年，第712页；托马斯·洛宾格：《一位世纪法学家的百年：维尔纳·弗卢梅》，《法学学习杂志》2008年，第675—680页；普兰特(H. Prantl)：《法学的哥伦布》，《南德报》2008年9月12日，第16版。另外，参见许特曼(R. Hüttermann)：《维尔纳·弗卢梅》，《法学新周刊》2009年，第820页；托马斯·洛宾格：《世纪法学家——维尔纳·弗卢梅2009年1月28日逝世》，《波恩法学杂志》2009年，第90—95页(也即《海德堡学生法学杂志》2009年，第3—12页)。

能比弗卢梅更适合拥有这样的称号。就是在今天，每一位初涉法学的学生在大学第一学期都会遇见他：德国民法权威教科书《法律行为论》的作者——该书至今仍然无人能超越。[2] 如果初涉法学的学生保持学习的热情和兴趣，会发现弗卢梅的卓越成就并不限于德国民法，而是延伸到商法、公司法、税法、罗马法及方法论等领域。在所有的这些领域中，与"维尔纳·弗卢梅"这个名字联系在一起的都是具有开创性的、长久以来已经人所共知的观点。

弗卢梅的重要性，从授予他的学术荣誉中可见一斑。早在1952年，哥廷根科学院就接纳他为院士。此外，他还是莱茵-威斯特法伦科学院的院士、巴伐利亚科学院通讯院士以及德国学者中罕见的英国科学院的外籍院士。1982年，雷根斯堡大学法学院授予他荣誉博士头衔。另外，法学界以特别的学术方式纪念他：1978年，纪念他的70岁生日的两卷本文集，[3] 其中有德裔英国法学家弗雷德里克·A. 曼恩(Frederick A. Mann, 1907—1991)[4]的参与；1988年，除《民法实务论丛》纪念他的专刊，[5] 他的门生还专门整理出版了两卷本的"弗卢梅全集"；[6] 1998年，获得教授任用资格的孙辈门生，为他出版了九十寿辰的纪念文集；[7] 2003年，沃尔夫冈·恩斯特(Wolfgang Ernst, 1956)将弗卢梅的有关不当得利的文章汇集成卷出版；[8] 最后，在2008年，波恩大学法学院为庆祝这位著名员工的百岁寿辰，举办一整天的的研讨会，会议的成果被刊登在《民法实务论丛》上。[9]

弗卢梅对当代德国法学的影响，还反映在弗卢梅式法学和方法上，

---

[2] 维尔纳·弗卢梅：《民法典总论第二卷：法律行为论》，1965年第1版，1975年第2版，1979年第3版，1992年第4版。[该书中文版，参见维尔纳·弗卢梅：《法律行为论》，迟颖译，法律出版社2013年版。——译注]

[3] 雅科布斯(Horst Heinrich Jakobs)等主编：《维尔纳·弗卢梅70岁纪念文集》，科隆1978年。

[4] 关于他的生平简介，参见雅科布斯：《弗雷德里克·A. 曼》，《怀念发言：弗雷德里克·A. 曼、布丽奇特·克诺伯-柯依克以及维尔纳·弗卢梅》(Gedenkreden auf Frederick Alexander Mann, Brigitte Knobbe-Keuk und Werner Flume)，哥廷根2011年。

[5] 参见《民法实务论丛》第188期，第445—657页。

[6] 雅科布斯、克诺伯-柯依克主编：《维尔纳·弗卢梅作品全集：80岁纪念文集》，科隆1988年。

[7] 雅科布斯、皮克、威廉主编：《维尔纳·弗卢梅90岁纪念文集》，柏林、海德堡1998年。

[8] 沃尔夫冈·恩斯特主编：《不当得利研究》，图宾根2003年。

[9] 参见《民法实务论丛》2009年第209期，第141—211页。

这些在他逝世之后成为学界研究的对象。[10] 在很多领域，不同意弗卢梅的以及批判他的发言，都不会让人惊讶，这反而再次证明了他在上个世纪法学家中的特殊地位。众所周知，平庸的作品并不能挑战读者，而是让人觉得无聊，并且最终被人遗忘。

二、生平简介

维尔纳·弗卢梅1908年9月12日出生在威斯特法伦州的卡门（Kamen）。他在哈姆完成高考后，于1927年夏季学期在图宾根大学开始了大学学习。他最初想学习历史和古代语言，但当他听完菲利普·黑克的大课"民法基础及书面作业"之后，就完全沉迷当中。他就对自己说："你也要做这个！"历史像是在开玩笑，就在这个值得记录的时刻，正是利益法学的创始人激发了这位后来成为历史法学的重塑者学习法学的热情。但是很快，在1927—1928年的冬季学期，弗卢梅就转到波恩大学，试图与罗马法教授弗里茨·舒尔茨[11]接触，其后来成为弗卢梅的学术导师。除了在柏林大学度过的一个学期（1928—1929年的冬季学期），弗卢梅一直待在波恩大学，期间于1930年在科隆高等法院通过第一次国家司法考试，1931年获得博士学位。他的博士论文以罗马法中担保允诺的从属性为研究对象。[12] 1931年的冬季学期，舒尔茨接受柏林大学的教授聘请，弗卢梅作为他的学术助理一同前往柏林大学。在1932—1933年的冬

---

[10] 参见舍尔迈尔（M. Schermaier）：《特征错误与购买：维尔纳·弗卢梅，法律史》，《法律史平台》（Forum Historiae Iuris）2009年，参见https://forhistiur.de/2009-03-schermaier/（最后访问时间：2010年6月23日）。

[11] 弗里茨·舒尔茨（Fritz Schulz）1879年出生，退休四年后的1939年，由于纳粹政党的压力，从荷兰绕道移民英国。1947年他成为英国公民，1957年在牛津逝世。他的代表作是1909年的《干预取得权的体系》（System der Rechte auf den Eingriffserwerb），《民法实务论丛》1909年，第105页，第1—488页；《罗马法原则》，慕尼黑1934年，该书英文版 *Principles of Roman Law*，牛津1936年；《古典罗马法》（*Classical Roman Law*），牛津1951年；《罗马法学史》（*History of Roman Legal Science*），牛津1953年，该书德语版，《罗马法史》，魏玛1961年；另外，参见恩斯特（Wolfgang Ernst）：《弗里茨·舒尔茨（1879—1957）》，比特森、齐默曼主编，《流亡法学家：20世纪英国人以德语为母语的移民法学家》（Jurists Uprooted: German-Speaking Emigré Lawyers in Twentieth Century Britain），牛津大学出版社2004年版，第105—204页。

[12] 弗卢梅：《罗马法中担保允诺的从属性研究》，魏玛1932年。

季学期,弗卢梅就提交了他的教授任用资格论文《性质错误与交易》,但出版之日却在 1948 年。这篇论文作为弗卢梅 1933 年 3 月参评柏林大学教授任用资格的依据,但事与愿违。1933 年,《职业公务员复兴法》(Gesetz zur Wiederherstellung des Berufsbeamtentums)颁布后,舒尔茨教授由于母亲的犹太人血统,加上他与犹太教领导拉比之女结为连理,在夏季学期末遭柏林大学免职,调任到法兰克福大学,直到 1935 年被强制退休。在柏林大学的一次学术助理的集会上,当时属于纳粹冲锋队的队员,同时又担任教师委员会负责人的格尔德·福斯(Gerd Voss,1907—1934),号召师生抵制所有的犹太裔和"亲犹"教授。弗卢梅和他发生争执,甚至都出现了辱骂词"猪猡"。自此弗卢梅就成了其死敌。此人虽然未能如愿将弗卢梅投入"奥拉宁堡集中营"(唯一的可能是在 1934 年 6 月 30 日所谓"长刀之夜"中遇刺),但确实剥夺了弗卢梅所希冀的教授任用资格。[13]

一系列变故后,弗卢梅迎来了人生重大转折。之后,他认为这是种福气。没有教授任用资格论文的羁绊,他重操旧业,参与之前暂停的法律培训生项目,并在 1936 年通过了第二次国家司法考试,这对一位罗马法学者而言并非易事。在参与法律培训生项目期间,他就职于一家出版印刷公司。此后,这成为他的主要职业,弗卢梅因此熟稔公司法和税法。至 1944 年夏,他已担任该公司集团的领导职务。然而,他后来不可避免被征召入伍。战争结束后,弗卢梅终于从苏占区逃脱,并在美军战俘营中被短暂关过一段时间。

重拾法律职业之初,他供职于多特蒙德一家中型出版印刷公司,并担任一家冶炼厂的法律顾问。随后在 1946 年,弗卢梅着手每周为《商报》(Handelsblatt)撰写财政税政策与税法方面的评论文章。1948 年开始,他为新创刊的《企业经营杂志》(Der Betrieb)撰写税法方面的文章,这对该杂志的发展有重要意义。然而,战后弗卢梅的真正目标仍是获得教授任用资格。1943 年,沃尔夫冈·昆克尔已被海德堡大学聘为教授,但在 1936—1948 年,他仍在波恩大学任教,弗卢梅得益于其提点,在这位"法学圣人"昆克尔教授的指导下,最终在 1946 年于波恩大学定稿

---

[13] 这些过程,参见冯·洛施(Gräfin von Lösch):《赤裸的灵魂——1933 年转型中的柏林大学法学院》(Der nackte Geist. Die Juristische Fakultät der Berliner Universität im Umbruch von 1933),摩尔·兹贝克出版社 1999 年版,第 232 页。

其教授任用资格论文，取得教授任用资格。有悖于通论，弗卢梅的教授任用资格论文并非《性质错误与交易》，而是《基于古典罗马法附停止条件之债的可继承性》[14]。《性质错误与交易》中的观点，则充当了1946年12月18日学术研讨会及1947年2月入职报告的论点。正式受聘尚需时日。1949年，他终于接任哥廷根大学罗马法教席。这一任命可谓破格：第一位候选人弗朗茨·维亚克尔拒绝聘任后，官方略过第二位候选人，直接任命当时还是讲师的弗卢梅。1953年再聘返回至波恩大学时，弗卢梅所受任命不是罗马法教席（这一职位曾经属于弗卢梅的导师弗里茨·舒尔茨，自从前任昆克尔教授卸任后便空缺至今），而是"民法和税法教席"。这在当时很罕见，仅有两位候选人有资格竞争这一教席，他是其一。不过从1957年夏季学期开始，弗卢梅也正式执掌上述仍空缺的罗马法讲席。1959年，他拒绝了海德堡大学的教授任命。

20世纪60年代，大学中的时局动荡摧残了弗卢梅的躯体，使他饱受健康问题困扰。因为大学这一机构——作为学术自由精神的避难所——激发了他40多年来的全部雄心壮志，他仍未有一丝对大学理想的迟疑或对现实的退让。为此，他不仅多次拒绝极有诱惑力的实务工作，更放弃了两次被提名为联邦议会议员候选人的机会。这与弗卢梅事实上一直是热诚教育者分不开。在波恩大学，他因为八小时的导论课负有盛名，虽年届高龄，举手投足间仍能令广大听众为之神往。[15]然而他本人从不自居为高校教育学家或高校教学专家。毋宁说，他教学上的成功源自对这一学科的纯粹激情，而这份激情深深根植于教学与研究的结合。

狭义上看，他与学术门生之间的关系也是弥足珍贵的。他一直以来坚持的目标——是他所践行的提携门生，而不是压榨其劳动力，这样门生才能"薪火相传"。[16]可惜天不遂人愿，弗卢梅在哥廷根大学的两位门

---

[14] W. Flume, Die Vererblichkeit der suspensiv bedingten Obligation nach klassischem römischem Recht, 1936, Tijdschrift voor Rechtsgeschiedenis 19-85.

[15] H. Altmeppen, Werner Flume zum 95. Geburtstag, 2003, Neue Zeitschrift für Gesellschaftsrecht (NZG) 865; H. F. Gaul, Werner Flume zum 80. Geburtstag, 1988, JuristenZeitung (JZ) 865-866, 866; E. Picker, Werner Flume zum 90. Geburtstag, ibid, 892; J. Wilhelm, Werner Flume zum 90. Geburtstag, 1998, Neue Juristische Wochenschrift (NJW) 2796, 2797.

[16] 参见弗卢梅：《纪念布丽吉特·克诺贝-科伊克的讲话》，施罗德主编，《布丽吉特·克诺贝-科伊克纪念文集》（Gedächtnisschrift für Brigitte Knobbe-Keuk），科隆1997年，第7页。

生均未能接过其衣钵:克劳斯·特贝尔曼(Klaus Toebelmann)在完成教授任用资格论文前,因癌症而病逝。[17] 另一位门生则因个人志向而放弃学术之路。好在他还有在波恩大学时期所培养的四位门生,他们才华横溢,至今仍引人注目:霍尔斯特·海因里希·雅科布斯(Horst Heinrich Jakobs, 1934)、布丽吉特·克诺贝-科伊克(Brigitte Knobbe-Keuk, 1940—1995)、爱德华·皮克尔(Eduard Picker, 1940)和扬·威廉(Jan Wilhelm, 1942)。除此以外,埃伯哈德·冯·奥尔斯豪森(Eberhard von Olshausen, 1937)能够从事学术事业,在很大程度上也要归功于弗卢梅。

三、著作等身

(一)学术评价标准

当辨别能力似乎已失的时代,量化指标随之成为学术水平评价标准。这些标准是外部资金、学术会议数量、出版作品数量和人脉多寡("关系网")。这个世道中,弗卢梅的言论仿佛天方夜谭:学者的意义仅来源于论点的分量及其对获得认知的贡献。唯有撇开所有虚名,才能理解弗卢梅在20世纪法学中的崇高地位。关于他有关现行法的重要学说以及所推动的革新,撷取以下。

(二)代表理论

1. 主要观点

(1)主观的错误概念

在《性质错误与交易》中,弗卢梅提出"错误概念"的主观说,与当时主流观点截然相对。[18] 但在今天,弗卢梅的观点早已成为共识,并在2001—2002年的德国债法现代化进程中被编入法典(《德国民法典》第434条)——虽然法条的措辞有待商榷。即使是对其论证路径有所怀疑,或反对其在同一篇论文中提出的"性质错误为交易上的重大错误"这一学说

---

[17] 前引2,第282及以下诸页,脚注104。
[18] 对于当代的继受,参见 G. Kegel, Besprechung von Flume, Eigenschaftsirrtum und Kauf, 1949, 150, Archiv für die civilistische Praxis (AcP) 356–362; L. Raape, Sachmängelhaftung und Irrtum beim Kauf, 1949, 150, Archiv für die civilistische Praxis (AcP), 481–506。

(《德国民法典》第119条第2款），人们也都没有质疑弗卢梅在这一领域的学术贡献。[19] 上述批判似乎没有认识到，认同主观的错误概念及性质合意，那么单方面非法律行为的性质错误将没有存在的余地；除非人们在处理商事交易中谁来承担风险的问题时，想要在法律中落实矛盾的规则。债法现代化的制定者也没有认识到合意基础上的主观的错误概念产生的所有后果。因此，历来受到质疑的"情势变更原则"也显得可有可无。[20] 尽管如此，它还是与主观的错误概念一同编入了民法典。

（2）不当得利

在1953年纪念汉斯·尼德迈尔（Hans Niedermeyer，1883—1964）的文集[21]中，弗卢梅在《罗马法到现代法演进中不当得利制度的衰落》一文里为日后不断丰富完善的不当得利学说立下了准则。[22] 这一理论在根本上着眼于不当得利债权人对不当得利全部财产的请求权（即摈弃客体导向的思维），其最大影响可能就是对德国法上所谓差额理论（Saldotheorie）的批判。当时盛行的观点试图通过差额理论来解决无效非金钱合同恢复原状时，因标的物灭失而无法实际履行的问题。其显著成就尤其体现于——以学生角度看未必讨喜——为替代不能自圆其说的差额理论而提出的大量建议和理论。除了弗卢梅的"基于财产裁判说"[23]，还涌现出了"事实对价关系说"[24]、《德国民法典》第818条第3款的"规范矫正

---

[19] 参见前引10，边码23、48。
[20] 典型的，参见托马斯·洛宾格（Thomas Lobinger）：《法律行为给付义务的界限》，2004年，第244及以下诸页，第265及以下诸页，第241及以下诸页。
[21] 哥廷根大学主编：《汉斯·尼德迈尔70岁纪念文集》（Festschrift für Hans Niedermeyer zum 70. Geburtstag），哥廷根1953年。
[22] 参见前引8。
[23] 参见弗卢梅：《罗马法到现代法演进中不当得利制度的衰落》，哥廷根大学法学院主编，《汉斯·尼德迈尔70岁纪念文集》，哥廷根1953年，第103—176页。
[24] 参见恩斯特·冯·克默雷尔：《不当得利和非法行为》，德勒主编，《恩斯特·拉贝尔纪念文集》，1954年第1卷，第330—403页，第384及以下诸页；莱泽（H. G. Leser）：《从"差额理论"到"事实的相互关系"》（Von der Saldotheorie zum faktischen Synallagma），弗莱堡1956年，第49及以下诸页；莱泽（H. G. Leser）：《解除合同》（Der Rücktritt vom Vertrag），图宾根1975年，第110及以下诸页。

说"㉕、"对待给付返还请求权说"㉖、《德国民法典》第818条第3款框架下"考虑假定财产变动说"㉗,以及最近的"无合法依据关联说"㉘。短短几年间,如1970年德国联邦最高法院作出的判决就丧失了其理论依据,其本不应采用如此表述:

> 当双务合同被撤销时,双方当事人给付的法律基础即不复存在。双方的给付应视条件予以返还。但根据《德国民法典》第818条第3款,以受益人不再得利为限。是否存在不当得利,原则上不应孤立地对单个给付进行考查(即旧式的"双重不当得利返还请求权说"),而应根据向另一方履行对待给付后是否还存在盈余来判断("差额理论",得到普遍认可;仅弗卢梅反对,参见《汉斯·尼德迈尔70岁纪念文集》第103页)。㉙

(3)违约论

1950年弗卢梅凭借其"违约说"("Vertragsbruchtheorie"),㉚ 即使是在联邦最高法院,也大获全胜。他利用这一理论,即使是在"延长的所有权保留"的框架中,担保让与在时间上早于"债权让与",并按照

㉕ 参见迪斯赫斯特(M. Dießelhorst):《事物本质即为超越法律的法源:差额理论的司法裁判》,图宾根1968年,第50及以下诸页;《慕尼黑德国民法典评注》,2004年第4版,第818条边码124;似的,参见罗伊特、马丁内克(D. Reuter/M. Martinek):《不当得利》,图宾根1983年,第599及以下诸页;后期的作品,参见林克尔(B. Linke):《不能实现的双务合同的返还》(Die Rückabwicklung gescheiterter gegenseitiger Verträge),巴登巴登2007年,第134及以下诸页。

㉖ 参见卡纳里斯(C.-W. Canaris):《相互给付的不当得利》(Die Gegenleistungskondiktion),普菲斯特、威尔(B. Pfister/M. R. Will)主编,《维尔纳·洛伦茨70岁纪念文集》,图宾根1991年,第19—63页。

㉗ 参见弗里泽尔(A. Frieser):《不当得利落空与假设的损害赔偿发展》(Der Bereicherungswegfall in Parallele zur hypothetischen Schadensentwicklung),柏林1987年,第252页。

㉘ 参见默斯勒(P. Mossler):《基于给付和对待给付的不当得利》(Bereicherung aus Leistung und Gegenleistung),图宾根2006年,第140及以下诸页。

㉙ BGH BGHZ 53, 144, 145.

㉚ 参见弗卢梅:《延长的和扩展的所有权保留》(Der verlängerte und erweiterte Eigentumsvorbehalt),《法学新周刊》1950年,第841、847页;及他的作品《书评:评韦斯特曼"动产担保权和债权情形下的利益冲突及其法官的评价"》(Besprechung von Westermann, Interessenkollision und ihre richterliche Wertung bei den Sicherungsrechten an Fahrnis und Forderungen),《民法实务论丛》1955年154期,第560—566页;及他的作品《延长的所有权保留的问题》,《法学新周刊》1959年,第913—922、918页。

优先性原则，贷款人也必须有优先权。联邦最高法院在 1959 年 4 月 30 日的裁判㉛中采纳了这一观点，并在之后将其发展成为明确稳定的判例。㉜ 虽然合同违约理论事实上确有争议，㉝ 但其魅力丝毫不减。其意义体现于，对具有法律和经济双重重要性的问题，在现行法仅提供了形式上的解决方案的情况下，驱使法学理论和实务界人士去寻求基于事实论证的答案。

（4）法律行为论

除此之外，弗卢梅凭借其广为人知的《法律行为论》，即《德国民法总论》三卷本教科书中的第二卷，为民法学树立了一座丰碑。直至今日，在这一领域，该书在多个方面都堪称杰作。首先体现在内容上：如平地惊雷一般，㉞ 弗卢梅将个人的私法自治置于其作品的开端与核心处；其时代背景（1965 年第一版）是，民法学界执牛耳者带头抛弃私法自治及在其之上建立传统的民法体系。多数人认为这两者是幸存下来的社会模式的恶念。智士努力不是为了保障，而是为了限制合同中的个人自由。与此同时，年轻的宪法及其蕴含的社会国家原则，比《德国民法典》在回答民法中的迫切问题上起到了更大作用。因此，《法律行为论》除了并不是一以贯之的内容方面的导向，也具有方法论上的创新。这一问题是按照历史法学的方式讨论的。弗卢梅坚决反对向时代精神妥协，来重建法律行为理论。比如，让宪法的评价甚至是法外的评价来影响评价法律行为。《德国民法典》各项条款应尽可能理解成历史发展的结果，从而在此基础上更进一步发展。考虑到 19 世纪的民法学广泛利用概念法学提供的简易样板，法学不仅脱离实际而且不公正，该书一定构成了双重

㉛ BGH BGHZ 30, 149–154.

㉜ 参见 BGH BGHZ 55, 34, 35；72, 308, 310；98, 303, 第 314 及以下诸页；BGH Neue Juristische Wochenschrift（NJW）1999, 2588, 2589；BGH Neue Juristische Wochenschrift（NJW）2005, 1192, 1193。

㉝ 近期的，参见皮克尔（E. Picker）：《担保权人的战争》（Die Schlacht der Kreditoren），《法学教育》1988 年，第 375—385 页，第 378 及以下诸页；艾登穆勒、恩格特（H. Eidenmüller/A. Engert）：《优先原则、违约论及正确分配担保权》（Prioritätsgrundsatz, Vertragsbruchtheorie und die richtige Zuweisung von Kreditsicherheiten），波克等（R. Bork/T. Hoeren/P. Pohlmann）主编，《赫尔穆特·克赫瑟 70 岁纪念文集》（Festschrift für Helmut Kollhosser zum 70. Geburtstag），卡尔斯厄 2004 年，第 2 卷，第 103—125 页，第 107 及以下诸页。

㉞ 参见《德国民法典历史批判评注》（Historisch-kritischer Kommentar zum BGB），图宾根 2003 年，第 1 条前言，边码 108（J. Rückert 撰写）。

挑衅。尽管如此,批评者也从未质疑其地位。㉟ 人们或许忽略了这种地位源自弗卢梅的视角,一种远远超越德国法律体系疆界的视角。在他们的作品中,他一直关注或远或近国家的法律体系和国际一体化的努力。㊱

《法律行为论》对德国法律体系的影响在此不便详述,仅列三点足以证明。其一,今日所有学者研究私法自治原则,都会——经常不加注释地——引用《法律行为论》起首句:"私法自治,指个人基于自己的意思为自己决定法律关系的原则。"㊲ 今日这一原则被公认为现行私法体系中重要结构性要素。其二,弗卢梅为复兴这一结构性原则的呼吁,最大的影响就是其后不久颁布的劳动法,而劳动法长期以来就是对私法自治抱有怀疑甚至是敌视的领域。尤其是1968年莱因哈德·里夏迪的教授任用资格论文《劳动关系形成中的集体权力与个人意思》,在当时是一篇出彩而又新颖的论文,显而易见受到弗卢梅影响。㊳ 今天人们提到集体劳动合同自治时,当然(不一定都对)就是指"集体行使的自治"。㊴ 这对40年前的劳动法学者而言,是一个不可想象的突破。这一变革——至少是间接地——归功于弗卢梅。其三,今日私法自治在立法中已经恢复其应有意义,即使是曾经严重戕害过这一原则者,也不得不从原则上承认它,并不只是根据与法律不相关的幸存的社会模式来为他们的行为进行辩护。㊵

㉟ 参见汉斯·布洛克斯:《法律行为的私法自治的问题》(Fragen der rechtsgeschäftlichen Privatautonomie),《法律人杂志》1966年,第761—767、767页。

㊱ 参见弗卢梅:《德国民法总论:第二卷,法律行为论》,斯普林格出版社1965年第1版,1975年第2版,1979年第3版,1992年第4版。他的其他重要作品,参见弗卢梅:《性质错误与交易》,1948年第1版,1975年第2版;哥廷根大学法学院主编:《汉斯·尼德迈尔70岁纪念文集》,哥廷根1953年,第103页,第148及以下诸页。

㊲ 仅参见联邦宪法法院的判决:Bundesverfassungsgericht (BVerfG) BVerfGE 72, 155, 170 f.; 89, 214, 231。

㊳ 参见理查迪(R. Richardi):《劳动关系构建中集体力量和个人意志》(Kollektivgewalt und Individualwille bei der Gestaltung des Arbeitsverhältnisses),慕尼黑1968年,第7及以下诸页。

㊴ 判例的情况,参见德国联邦劳动法院(Bundesarbeitsgericht)判例:BAGE 88, 118, 123; BAG (1998) Neue Zeitschrift für Arbeitsrecht (NZA) 775, 776; BAG (1998) Neue Zeitschrift für Arbeitsrecht (NZA) 778, 779; BAG (2002) Neue Zeitschrift für Arbeitsrecht (NZA) 917, 918; BAG BAGE 118, 232, 240。

㊵ 对此,参见《通用平等对待法》(AGG)的立法理由,BT-Druks, 16/1780, 第39页。

2.《德国民法总论》

弗卢梅关于《德国民法典》总论的教科书，尤其是在第一卷的两个分册中，体现了弗卢梅在商法和公司法中的贡献。但起初这些作品并不在他的研究领域中，而是后来成为他的"法学大全"。它们是原本和理想意义上的教科书，因为它们为理解整个法律部门，总结和完善先前零散的研究成果。有别于今天大块头的教科书，作者的目标并非如中小学教科书一样的说教，而是呈现出法律部门的红线。

第一卷的第一分卷标题就具有开创性。因为弗卢梅把人合公司视为具有权利能力的单位或"团体"，所以他在该书第一章阐释了人合公司。最终联邦最高法院在2001年1月29日关于民事合同的著名裁判中，采纳了弗卢梅的观点。[41]

第二分卷的主题是法人。《股份公司法》当然是弗卢梅阐述的内容。事实上，弗卢梅在之前就已经对该法的基础产生了重要影响。例如，在1965年股份公司法改革中，关于"事实型康采恩"的规定可以追溯到他的研究。立法者最终有限选择了弗卢梅的理念而不是最初的官方草案。

3. 税法

弗卢梅不仅在私法领域，同样也在税法上开创新天地。在他教授生涯的早期，对私法与税法之间关系的研究就颇引人注意。私法研究的独特视角和企业法务的实务经验令他提出一个今天看来不言自明的假设，但在当时绝不是如此顺理成章，这一假设最终塑造了现代税法学：宣称税法，如果称其为"法"，则必须包含实质的法律内容。[42]他不满于将税法学以法律意思和宪法规定最为一般的导向，对弗卢梅而言，作为"法"的税法，应受制于法律制度统一性的要求。[43]因此，在1952年，弗卢梅基本已经预见到之后税法立法中宪法讨论所认可的内容，以及最终在税法的半数原则下实施的——众所周知争议很大的——按百分比征收。这意味着税法超过一定的限度，能够使整个法律秩序中的财产分配

---

[41] 参见德国联邦最高法院的裁判：BGH BGHZ 146, 341-361。
[42] 参见弗卢梅：《税收和法秩序》（Steuerwesen und Rechtsordnung），第6页。该文收录在考夫曼等主编的斯门德纪念文集》，参见 E. Kaufmann, U. Scheuner and W. Weber, Festschrift für Rudolf Smend zum 70. Geburtstag 15. Januar 1952.
[43] 参见弗卢梅在1952年《斯门德纪念文集》（FS Smend）中的文章，第59、60页。

机制"失调":

> 如果遗产税夺走全部或"大部分"的继承财产,那么由继承法保障的私人财产权作为我们法律体系中的决定性结构要素,将会受到质疑。[44]

(三)罗马法思维

如果弗卢梅未对其学术研究最初领域罗马法有所作为,那会令人诧异。"法学大全"性的作品可见于1990年出版的《法行为与法律关系》。收录的文章里,弗卢梅探讨的问题是罗马人的法律思维和德国人的法律思维的区别之处在于:罗马法不是基于法律关系或债务关系,这些关系独立于其原因行为或原因行为产生的诉(现在:请求权)。罗马法律人思维的支柱仅是"法行为"(如缔约)及由此引起的"诉"("*actio*")(如同今天的"履行请求权")。因此,这就不难说明罗马法中没有"直接代理",也没有"为第三人利益的合同"。

(四)历史法学

1. 方法论

弗卢梅研究罗马法,绝不仅源于他对古典语言的热情、他的历史观及学术导师弗里茨·舒尔茨对他的影响。自始,弗卢梅对罗马法的研究就具有方法论背景,并最终影响了他最后的——可能是最重要的——杰出研究领域。诚然,他专注于法律方法论的作品数相对较少。弗卢梅更愿意在大量实际问题中展现其法律方法,而不是空对空地讨论。不过,

---

[44] 参见弗卢梅在1952年《斯门德纪念文集》中的文章,第59、62页。联邦宪法法院对此的第一个回应,参见《联邦宪法法院裁判集》第19卷,第119—129页。弗卢梅本人的观点,参见弗卢梅:《对于财产税和继承税中价值统一的联邦宪法法院判决》(Die Beschlüsse des Bundesverfassungsgerichts zu den Einheitswerten in Hinsicht auf die Vermögens-und Erbschaftsteuer),载《企业经营杂志》,1995年,第1779—1780页。在此之外的基础性的研究,参见《联邦宪法法院裁判集》第93卷中基希赫夫(P. Kirchhof)的观点,第121—165页。总体上联邦宪法法院判决不再质疑该观点,参见《联邦宪法法院裁判集》第95卷,第267—322页,第115卷,第97—118页。

今日也可以找到他堪称"经典"的作品。例如他在 1966 年第 46 届德国法学家大会上所做的闭幕演说《法官与法》。⑤ 弗卢梅指出——再次向当时的"时代精神"宣战——回归"法律实证主义"（这区别于单纯的"法律实证主义"），思考其对历史法学派和《德国民法典》而产生的深远影响。

2. 法自治

法自治作为一种保障实现法理念的独立秩序，必须从两个方面得以保障：第一，也是在他所处的时代最紧迫的使命，必须阻止其被弱化。这种弱化归咎于法官所适用的审判规则的拘束性不断削弱，使法官从"法律认识"的机关转变为"法律塑造"的机关，乃至转变为社会工程师。他通过证明 19 世纪法学相较于我们所处的年代，并不少重视法律思想导向的法学，因此，他恢复了 19 世纪民法学的荣光。他将自己定位成私法学的捍卫者，驱逐打着"实现基本权利"的幌子，却将私法学置于社会化和政治化的威胁之中。他敏锐地觉察到，所谓基本权利对于具体的民法问题，多数只能提出空白公式。这种公式能使正反两方面的观点同样得到有说服力的论证，并且似乎是最好的论点，却可能是偏见者操纵的结果。法官作出这样的裁判，不是实现了法律，而是实现了个人目的。这种决断主义的态度，弗卢梅认为还应当明确的一点是，这样的法学在很大程度上如同"小鸡教母鸡"，是本末倒置，这是因为基本权利所保障的对抗公权力的自由，在本质上绝大多数与私法在几个世纪之前开始推动的自由是相同的。

3. 历史法学家

最后，弗卢梅在另一方面也做出了贡献，毫无疑问要归功于其历史法学家的身份。正如其强烈反对法和法律对法官的约束力"相对化"，他也极力抨击法学堕落成单纯的咬文嚼字。法官不仅受成文法律的约束，而且也受法的约束。法是一个整体体系，该体系中的单个的成文法的规定只能是努力实现法律思想的表达。只要法官的法律续造基于整体的法律体系得以证立，法官就当然可以进行法律续造，甚至是违背"成

---

⑤ 参见弗卢梅：《法官与法》（Richter und Recht），德国法学家大会主编，《第 46 届法学家大会议题》，慕尼黑贝克出版社 1967 年版，第 2 卷，K 部分。

文法"("*lex scripta*")的法律续造。是法律体系要求法官进行法律续造,而不是因为法官知道的更多,想要修正整个法律体系的价值判断或立法者追求的目标。"实在法"("*ius est*")是法官追求的信念,与之相对的"应然法"("*ius esto*")则留待立法者,不能作为法官法律续造的合法理由。事实上,唯有如此,法律才能保障其独有理念下的独立规则体系。[46]正如通过坚持实证法的约束力来防止"内部相对化",允许体系内在的续造,则可以对抗"外部相对化",即对抗政治的非法干预,同时又不至于僵化。无需这种历史法学派的广阔视角,就可以认识到当时将这种法学贬低为幸存的历史法学派的恶念的普遍做法多么没有分量,也可以看到弗卢梅的法学的复兴对一个社会多么有必要性。这如同当时还年轻的联邦共和国,这种法学的复兴无论过去抑或现在都十分必要。因为,只有弗卢梅观念中的自治的法,才允许学术解读,才有希望成为文化结晶,才可能保障其统治下人民的尊严。

四、他的传奇与我们的责任

人生百年,个人之力无非尽人事听天命。社稷百年,保障自由尊严还须远见卓识。弗卢梅对德国法学贡献之远见卓识,遗泽远胜其世间罕有之高龄。倘若弗卢梅未够百岁,"世纪法学家"之名依然当之无愧。然而,他有幸能给世人留下一致的印象:非凡学者,非凡一生。今日留待私法学界传承其宝贵遗产,不须死守其所有观点意见,不须对其方法亦步亦趋。与此相反,需要传承的,是其新颖而精密的法学风格。其特点是蕴藏在大量案例之中的判决形成和司法效力,但对处理抽象法律命题的要求和难度却丝毫不减。由于根植于法律理念,绝无可能将法律理解为内容随机的规范语句的堆砌,而是关注文字背后的思想,追寻与整体的联系。因此,对存疑的法律问题和制度的历史思考,也是自然而不可或缺的。思考历史演进,最先揭示的,就是支撑法律规定的是何种思

---

[46] 同样参见扬·施罗德:《法即为科学》(Recht als Wissenschaft),慕尼黑贝克出版社2001年版,第269及以下诸页。

想，以及这种思想如何与整个法律体系及其基本原则相互影响。只有这样才能体现今人胜于古人，评价现行法律规则的合法性。弗卢梅以其毕生学术研究为我们树立了光辉榜样，即用这种方式去理解历史法学，绝不是僵化无力、怯于开拓、反感创新。衷心希望，未来我们学科中还能涌现如此显赫的法学家。

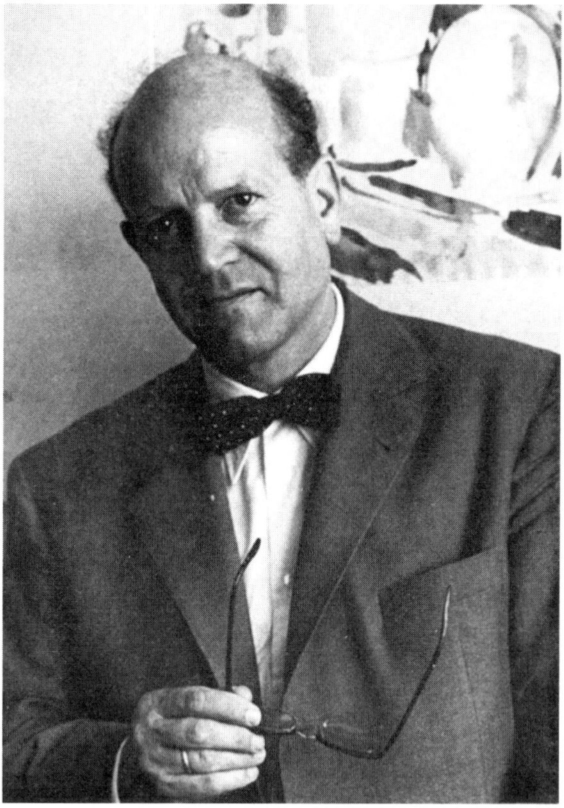

恩斯特·冯·克默雷尔
（Ernst von Caemmerer，1908—1985）[*]

目　次

一、生平　/ 727
二、研究作品　/ 729
　（一）主要著作　/ 730
　（二）风格和思维方式　/ 735
三、人格　/ 738

一、生　平

一些生平信息可以初步传递出恩斯特·冯·克默雷尔的形象。[①] 冯·克默雷尔1908年1月17日出生在柏林。六岁那年，第一次世界大战掠去了他父亲的生命。在柏林大学和慕尼黑大学就读期间，冯·克默雷尔师从众多声名卓著的学者研读法学。值得提起的是马丁·沃尔夫，他以严谨的教义学，对冯·克默雷尔的学术风格产生了持久的影响。

---

[*] 作者简介：〔德〕京特·哈格尔（Günter Hager，1943—2017），弗莱堡大学荣退教授。哈格尔1974年的博士论文和1978年教授任用资格论文均在克默雷尔的指导下，在弗莱堡大学完成，他曾任科隆大学、马尔堡大学、吉森大学的法学教授。本文是作者2008年2月1日在柏林洪堡大学的报告。

[①] 对此，参见 Leser, Ernst von Caemmerer zum 70. Geburtstag, JZ 1978, 36 - 37; Schlechtriem, Ernst von Caemmerer zum 70. Geburtstag, NJW 1978, 99; Coing, Ernst von Caemmerer und die Wissenschaft vom Privatrecht, in: Ficker u. a. (Hrsg.), Festschrift für Ernst von Caemmerer zum 70. Geburtstag 1978 (1978), S. 1 - 9; Leser, Nachruf Ernst von Caemmerer, JZ 1985, 735 - 736。

完成大学学业后，冯·克默雷尔以法律培训生的身份，在威廉皇帝外国与国际私法研究所从事学术活动。他在恩斯特·拉贝尔的门下，从事大型项目《货物买卖法》的比较法研究。冯·克默雷尔的比较法学说即发源于此。直到20世纪30年代末拉贝尔遭到纳粹的驱逐之前，冯·克默雷尔一直服务于该研究所。

在那段时光，冯·克默雷尔最初在柏林的地区法院担任法官，自1937年起担任德累斯顿银行的企业法律顾问，正是这种实践工作加深了他对有关法律对策及其创新的认识。时至今日，我仍记得冯·克默雷尔的发问："这一切的实际意义何在？"这个简单的问题推翻了学生们对法律领域教条式的建构。

第二次世界大战中，冯·克默雷尔服役于海军。战争趋于终止之时，他已经成了一名扫雷舰的司令官。

战争结束后，冯·克默雷尔在瓦尔特·哈尔斯坦（Walter Hallstein，1901—1982）的指导下，于1946年在法兰克福大学完成教授任用资格论文。1947年，他接任弗莱堡大学汉斯·格罗斯曼-杜尔特（Hans Großmann-Doerth，1894—1944）教授的教席，并在那里创立了"外国与国际私法研究所"。他拒绝了久负盛名的科隆大学、波恩大学和慕尼黑大学的教授任命邀约。弗莱堡和黑森林，尤其是阿尔萨斯，已成为他新的安居之所。他在此地结婚，组建家庭。他的妻子弗里德为他的学术工作筑建了一个安全的避风港。

研究和教学是冯·克默雷尔学术工作的核心。尽管如此，他也未曾逃避学术管理的负担。他曾担任法学院院长，并在1956至1957年期间担任弗莱堡大学的校长。同样，在研究领域，冯·克默雷尔也没有放下委员会的工作。自1954年起，他成为海牙常设仲裁法院的一员，他果敢地参与了公司法和合作社法的改革。1962年至1973年，冯·克默雷尔担任了比较法学会的主席。他也曾任德国国际私学会债法委员会的主席。作为德国代表团成员，他在海牙参加了关于统一买卖法的会议。

冯·克默雷尔获得哥本哈根大学、隆德大学和（巴黎）索邦大学的荣誉博士头衔，还被授予联邦德国十字勋章及巴登-符腾堡州的荣誉勋章。1983年，冯·克默雷尔当选为英国皇家科学院院士。

冯·克默雷尔培养了很多学生，包括在布鲁塞尔担任欧盟第十五届总干事的塔施纳（Hans Claudius Taschner，1931—2019），以及比贝尔施泰因教授（Wolfgang Freiherr Marschall von Bieberstein，1928—2003）、汉斯·莱泽（Hans G. Leser，1928—2015）、卡尔·克罗伊策（Karl F. Kreuzer，1934）、德特勒夫·柯尼希（Detlef König）、彼得·施莱希特里姆、乌韦·布劳罗克（Uwe Blaurock，1943）及我本人。

冯·克默雷尔于1985年6月23日与世长辞，享年77岁。人们在评价"最伟大的在世法学家"时，任何一个不亚于卡尔·尼佩代的学者都会拒绝这一称号，并补充说"我坚信，这项荣耀属于冯·克默雷尔教授"[2]。

二、研究作品

现在，我要谈谈恩斯特·冯·克默雷尔的研究生涯。债法是他学术工作的主要研究方向，他主要关注不当得利法、包括一般责任法在内的侵权法及买卖法。[3] 他的开创性著作包括《不当得利与侵权行为》[4]《侵权法的变迁》[5] 以及关于统一买卖法的诸多论文[6]。除了债法，先生还致力于商法、公司法、有价证券法和国际私法的研究。

---

[2] Siehe: Krüger, Hans Carl Nipperdey, DÖV 1968, 870.

[3] Siehe: von Caemmerer, in: Leser (Hrsg.), Gesammelte Schriften Bd. 1, Rechtsvergleichung und Schuldrecht (1968); Bd. 2, Gesellschaftsrecht, Währung und Kredit (1968); Bd. 3, 1968-1982 (1983).

[4] von Caemmerer, Bereicherung und unerlaubte Handlung, in: Dölle/Rheinstein/Zweigert (Hrsg.), Festschrift für Ernst Rabel. Bd. 1: Rechtsvergleichung und internationales Privatrecht (1954), S. 333-401=Gesammelte Schriften Bd. 1 (Fn. 3), S. 209-278.

[5] von Caemmerer, Wandlungen des Deliktsrechts, in: ders. /Friesenhahn/Lange (Hrsg.), Hundert Jahre deutsches Rechtsleben. Festschrift zum hundertjährigen Bestehen des Deutschen Juristentages 1860-1960 (1960), Bd. 2, S. 49-136=Gesammelte Schriften Bd. 1 (Fn. 3), S. 452-553.

[6] von Caemmerer, Gesammelte Schriften Bd. 1 (Fn. 3), S. 79-145; Bd. 3 (Fn. 3), S. 3-12.

（一）主要著作

1. 不当得利法

在阅读冯·克默雷尔发表的相关著作前，我们再次回顾一下他的生活和对他最重要的影响：马丁·沃尔夫严谨的教义学，在威廉皇帝研究院师从拉贝尔，从事比较法研究，以及担任德累斯顿银行企业法律顾问期间领悟的实践意识。我们将会从这些根源开始探寻。

恩斯特·冯·克默雷尔，这个名字代表了不当得利法。冯·克默雷尔为这一法律领域所带来的创新在本质上属于方法论。1954年他的呕心沥血之作《不当得利与侵权行为》面世之后，可以明显地看到由他引领的转变。之前为该领域做出重大贡献的，是由路德维希·恩内克斯（Ludwig Enneccerus，1843—1928）和海因里希·莱曼（Heinrich Lehmann，1876—1963）撰写的在债法领域影响力极盛的教科书《债法》。这本书在1958年是最后一版，也就是在冯·克默雷尔的作品面世四年后出版了最终版本，但它仍记录了20世纪上半叶不当得利法的发展进程。[7]

问题的起点是《德国民法典》第812条，该条区分"给付型不当得利"和作为兜底条款的其他不当得利的类型。恩内克斯和莱曼的《债法》并不处理不当得利请求权的不同类型，而是以法律文本为基础，审视该条文中"因他人承担责任而得利"及"该得利缺少正当的依据"的表述的特征，从而得出统一的不当得利请求权的条件。[8] 不当得利法因为这两个特征而过于宽泛。

对此，文献和司法裁判引入了"直接性"这一附加要求。和其他的法律领域一样，这个富有魔力的概念，能够保障希望的限度。然而，"直接性"的确切含义很难被掌握。

正如恩内克斯和莱曼的正确认识，当不当得利债权人自己没有完成给付行为，而是第三人捐赠，"直接性"的条件也得以成立。[9] 让我们有些惊讶的，首先是公开代理的例子，接下来的例子是我们常见的指示类

---

[7] Enneccerus/Lehmann, Recht der Schuldverhältnisse (15. Aufl. 1958), S. 870.
[8] Enneccerus/Lehmann (Fn. 7), S. 874 ff.
[9] Enneccerus/Lehmann (Fn. 7), S. 880.

案件、基于《德国民法典》第267条的第三人给付的案件及施工案件。直接性的要求具有较强的灵活性，以施工案件为例：建筑公司B基于其与A缔结的合同，在E的土地上为E建造一座房子，恩内克斯和莱曼在《债法》教科书中正确否定建筑公司B针对土地所有权人E有不当得利请求权，理由是E的权利所得，并非因为B的付出而获得。委托人A相对于B而言，是得利者。相反，土地所有权人E是因为委托人A的付出而得利，即使这种得利是因为B的给付而创造的。

恩内克斯和莱曼同样否定"直接性"这一形态的，还有安插到价值链中间的独立第三人的情形。[10] 比如行纪行为。

司法裁判也形成了与恩内克斯和莱曼在《债法》中类似观点。比如，在一个案件中，建筑公司以自己的名义与一位建筑师签订合同，对此的报酬由住宅所有权人支付，但住宅所有权人称多付了报酬。联邦最高法院基于缺少"直接性"，驳回了住宅所有权人的不当得利请求权。[11] 在施工案件中，帝国法院驳回建筑公司对合同外的土地所有权人的不当得利请求权，理由是土地所有权人的得利，并非因建筑公司的付出而产生。[12]

尽管恩内克斯和莱曼以及法院提出的解决方案到今天仍被认为是正确的，但对"直接性"的要求已经完全丧失了重要性。这源于冯·克默雷尔主导的新方向。

冯·克默雷尔方法论的新颖之处，在于他不再使用一般化的公式，而是构建案例组。这对我们来说似乎理所当然，但这种方法发源于冯·克默雷尔的论文。我认为，冯·克默雷尔在这种方法论的转变中，对法学做出了最持久的贡献。

在不当得利法中，冯·克默雷尔开创了传统的不当得利类型，即"给付型不当得利""干预型不当得利""追索型不当得利""使用型不当得利"及"涉他型不当得利"。[13] 体现冯·克默雷尔成为法学大师之

---

[10] Enneccerus/Lehmann (Fn. 7), S. 882.
[11] BGH, JZ 1962, 404.
[12] RG, Gruchot 51 (1907), Nr. 78, 967.
[13] von Caemmerer, FS Rabel (1954), Bd. 1, S. 333, 334 = Gesammelte Schriften Bd. 1 (Fn. 3), S. 209, 211.

处，在于他简要地阐明不当得利的这些类型，并在必要的时候，通过一些小案例予以具体化。

"给付型不当得利"（"Leistungskondiktion"）制度，用于返还错误的给付或返还缺乏因果关系的给付。

"干预型不当得利"（"Eingriffskondiktion"）是他人财产被使用或利用、消耗或变现而产生的情形。按照冯·克默雷尔的说法，该类型的不当得利不取决于非法性的存在。对此，他给出一个简单的例子：物业管理员意外使用自己的加热燃料为住宅楼的中央供暖系统加料。

"追索型不当得利"（"Rückgriffskondiktion"）大致是指偿还他人的债务的情形。冯·克默雷尔深知大多数案件已经被当作"无因管理"（"*negotiorum gestio*"）来处理，但他举出一个例子，表明不当得利法的必要性：债权人扣押债务人的冰箱，该冰箱购自第三人，并由第三人保留所有权。为了避免法院强制执行，债权人在债务人反对的情况下，付清分期付款的最后一笔款项时，成为冰箱的合法所有人。

冯·克默雷尔认为"使用型不当得利"（"Verwendungskondiktion"）是"难点"。[14] 他没有掩饰其中的一些不确定性，而是用简单的例子来说明：如果承租人在没有与所有权人达成协议的情况下，安装集中供暖系统或热水供应系统，他可否基于不当得利要求所有权人承担相应的费用？承租人若因为在追求自己的利益时并没有错误行事，该请求是否应该被驳回？

最后一种不当得利类型，是"涉他型不当得利"。对此，冯·克默雷尔讨论了所谓的针对第三人因合同获利，不当得利债权人获得的请求权，即"转化请求权"（"Versionsanspruch"；"*actio de in rem verso*"）。如果给付人并非从缔约方得到对应给付，转化请求权使他能够对获益的第三人进行追索。共同体法曾认可这种请求权。在今天，法国法在严格的条件下，也认可这种请求权。《德国民法典》有意识地废除了这种请求

---

[14] von Caemmerer, FS Rabel (1954), Bd. 1, S. 333, 334 = Gesammelte Schriften Bd. 1 (Fn. 3), S. 209, 211.

权。[15] 对于冯·克默雷尔来说，施工案件的解决方案不言而喻。建筑公司基于第三人的委托，从事有利于合同之外的土地所有权人的建筑活动。对此，建筑公司的请求权限定为针对第三人。原因是，针对土地所有权人的追求，就相当于重新认可转化请求权。为了支撑这一结论，冯·克默雷尔采用了一个对他而言典型的论点：在合同关系中，缔约方必须对另一缔约方守约，却不能追索到第三人，反过来也不会收到第三方的追偿请求。[16] 冯·克默雷尔总是期许通过比较法及罗马法，来支撑他提出的解决方案。当冯·克默雷尔以美国的原汁原味的案例来说明干预型不当得利时，人们可以感受到他对生动性的偏好。该案例如下：美国肯塔基州的一个洞穴虽位于原告的土地上，但只能从被告的土地进入该洞穴，被告因此获得了巨大的经济收益，而原告对此想分一杯羹。[17]

冯·克默雷尔提出的不当得利的类型，对德国的司法裁判和法律研究产生了恒久的影响。对于个别的解决方案，一直以来都有争议，比如三角关系中关于不当得利的赔偿的话题，有数不尽的文献，但冯·克默雷尔的类型方法至今仍保持着活力。

2. 侵权法

在对不当得利进行概述之后，现在可以转而谈谈侵权法，特别是《侵权法的变革》这本专著。[18] 冯·克默雷尔以稳重的笔触勾勒出，自《德国民法典》编纂以来侵权法的发展脉络。一开始，他直接提出，法国最高法院如何适应现代的侵权法。德意志帝国法院发展侵权法的关键词，是预防性的停止侵权行为之诉，及借助缔约过失责任制度及对第三人有保护效力的合同制度，将侵权法的构成要件融入合同法中。其背后的实际原因，是为了适用《德国民法典》第278条，进而绕开该法第831条背后有缺陷的法律政策，即允许被告方免责。当然，这仅是边边

---

[15] von Caemmerer, FS Rabel (1954), Bd. 1, S. 333, 369, 370 = Gesammelte Schriften Bd. 1 (Fn. 3), S. 209, 245 f.

[16] von Caemmerer, FS Rabel (1954), Bd. 1, S. 333, 370 = Gesammelte Schriften Bd. 1 (Fn. 3), S. 209, 247.

[17] von Caemmerer, FS Rabel (1954), Bd. 1, S. 333, 359 = Gesammelte Schriften Bd. 1 (Fn. 3), S. 209, 235.

[18] von Caemmerer, FS Hundert Jahre Deutscher Juristentag (1960), S. 49 = Gesammelte Schriften Bd. 1 (Fn. 3), S. 452.

角角的修正。侵权法在司法裁判的影响下，产生了根本性的转变。德国司法裁判的一个重大贡献，便是引入所谓的"交易安全义务"（"Verkehrssicherungspflichte"）。正如冯·克默雷尔正确指出，法院因此开创了一种类似于英美法系中"过失"（"negligence"）的侵权行为构成要件。作为交易安全义务的附属，冯·克默雷尔提出了他的"违法性"理念，这也表明了他不仅以"案例组"的方式进行思考，而且还具有较好的教义学感知能力。据他的理念，"违法性"是指故意侵害《德国民法典》第823条第1款所列的法律利益和权利，即使不是故意的行为，只要该行为是对这些法律利益和权利的干预，该行为也具有"违法性"。另外，只有行为违反"交易注意义务"（"Verkehrspflichten"），才属于《德国民法典》第823条第1款意义上的违法侵害行为。[19] 除了交易注意义务，通过重要的法律续造，还形成经营权和一般人格权。冯·克默雷尔极力表明，这些权利具体化的唯一途径构建案例组。

他另一篇关于侵权法的文章也值得一提。这是一篇关于无过错责任改革的短篇论文。[20] 这篇论文极好地阐述了无过错责任法改革的法律政策基础。鉴于这一改革，冯·克默雷尔开始反对一般条款，取而代之的是，他主张以谨慎的方式构建公认的案例组。冯·克默雷尔对产品责任法进行了具有里程碑意义的分析，他呼吁对因经营而产生的损害承担严格责任。不过，企业对研发风险造成的损害，不承担严格责任，主要是因为这会给小企业带来沉重的负担。[21] 这一解决方案的核心精神，与后来的欧洲产品责任指令一致。

3. 统一买卖法

除了不当得利法和侵权法，本文还要提到第三个主要领域，即统一买卖法。前文已经提到，冯·克默雷尔影响了在海牙制定的《海牙第一公约》（即《国际货物销售统一法公约》）规则。他以大量的学术发表伴随了这一法律领域的发展。在此，要特别提到冯·克默雷尔1977年在德

---

[19] von Caemmerer, FS Hundert Jahre Deutscher Juristentag（1960），S. 49, 80 = Gesammelte Schriften Bd. 1（Fn. 3），S. 452, 488.

[20] von Caemmerer, Reform der Gefährdungshaftung（1971）= Gesammelte Schriften Bd. 3（Fn. 3），S. 239-260.

[21] von Caemmerer（Fn. 20），S. 25 = Gesammelte Schriften Bd. 3（Fn. 3），S. 239, 259.

国巴特萨尔茨乌夫伦(Bad Salzuflen)召开的民法学者协会会议上所做的以《海牙第一公约》为题的报告。[22]

合同法的核心问题,诸如合同终止和违约损害赔偿,是在比较法的背景下展开的。与旧的《德国民法典》形成鲜明对比的是,《海牙第一公约》对合同终止和损害赔偿进行了组合。在冯·克默雷尔看来,这是最适合当前状况的解决方案。这一制度随后出现在《联合国国际货物销售合同公约》和德国债法改革中。冯·克默雷尔完美地展示了在统一法中瑕疵责任是如何被纳入违约的一般体系中的。后来的《联合国国际货物销售合同公约》以及德国债法改革,也以此为基础。在"责任与免责"这一章中,再次显现出冯·克默雷尔在比较法领域的经验。众所周知,原则上英美法系的合同责任是严格责任(或保障责任),而德国法中的合同责任是过错责任。但在实践上,二者差异并不明显。冯·克默雷尔简要指出,英美合同法承认免责的理由,而德国合同法有严格的责任构成要件。在此背景下,《海牙第一公约》能够发展出以合同风险承担为基础的规则。他关于损害赔偿的最终讨论的核心思想是,损害赔偿不超过缔约时可预见的损失。冯·克默雷尔指出德特勒夫·柯尼希的前期研究工作,呈现出法国法和英美法中责任限制的渊源,并提炼出相关的案例组。

冯·克默雷尔把他在《海牙第一公约》方面的经验,总结在由汉斯·德勒(Hans Dölle)于1976年主编的《统一买卖法大型评注:1964年7月1日的〈海牙第一公约〉》中。该法律评注后来在相应的《联合国国际货物销售合同公约》评注中得到延续。

(二) 风格和思维方式

如果没有提及冯·克默雷尔的风格和思维方式,则对冯·克默雷尔的任何赞赏都是不完整的。他的表述极为简单,使他的作品具有高度的可理解性和广泛的接受度。通过他的表达,读者总能如其所描述的那样看待事物。这种表述简单的风格,是冯·克默雷尔学术风格的核心元

---

[22] von Caemmerer, Probleme des Haager Einheitlichen Kaufrechts, AcP 178 (1978), 121-141 = Gesammelte Schriften Bd. 3 (Fn. 3), S. 23-51.

素。他排斥紊乱无逻辑的思维模式。于他而言，仅由于复杂多变便可以认定其不可用。

在语言简单之外，还有表达的生动性，两者相辅相成。表达的生动性，归结于上文多次提到的案例组思维。在上文提到的话题之外，我想简单列举几个关键问题，以表明冯·克默雷尔在实践案例组思维中有何等的明确性及何等的成功。

以第三人损失为例。[23] 冯·克默雷尔反对通用的解决方法。取而代之，他发展出交付义务和监督义务中经典的案例组，即间接代理、信托和风险转移，提出了对间接代理、信托、买卖法中的风险转移和监管等案件进行传统分类。

对于对第三人有保护效力的合同，冯·克默雷尔明确提出两个案例组，即不可侵犯利益的保护和财产保护。[24] 对第一种案例组而言，核心是修正《德国民法典》第831条。燃气表案可作为典型情形：[25] 案例中，安装公司的机械师误拆了煤气表，一名清洁女工因燃气泄漏而受伤，她获允向该公司就其与承租人签订的合同提出损害赔偿。第二种案例组涉及扩大财产保护的范围。典型的案件是遗嘱案：[26] 立遗嘱者希望他的女儿成为他唯一的继承人，因此聘请律师起草遗嘱，但律师对此一再拖延，导致遗嘱人死亡时仍未立好遗嘱。希望成为唯一继承人的女儿成功获得律师的赔偿。与此同时，英国上议院（现为英国最高法院）基于过失的规则，达成了同样的结论。[27] 冯·克默雷尔有说服力地表明，对第三方的保护在这两个案例组中遵循全然不同的规则。

对因恶意的欺骗和因为运送瑕疵的货物，导致终止合同的货物丢失风险由谁承担的经典问题，冯·克默雷尔在一篇题为《返还死者》的小论文中，基于丢失的原因做了区别化的处理，并划分四个案例组：物的

---

[23] von Caemmerer, Das Problem des Drittschadensersatzes, ZHR 127 (1965), 241－279 = Gesammelte Schriften Bd. 1 (Fn. 3), S. 209－233.

[24] von Caemmerer, Verträge zugunsten Dritter, in: Behrends (Hrsg.), Festschrift für Franz Wieacker zum 70. Geburtstag (1978), S. 311－324 = Gesammelte Schriften Bd. 3 (Fn. 3), S. 189－202.

[25] RGZ 127, 218－225.

[26] BGH, JZ 1966, 141－143.

[27] White v. Jones [1995] 2 A C.

丢失是因为买方过错、归责于买方的行为、买卖对象的瑕疵或意外。[28]

共同债务人中一方因特殊原因，不能赔偿受害人损失的情况下，产生了复杂的问题。冯·克默雷尔也是采用案例组的方法，处理了该问题。[29] 冯·克默雷尔总结了三种情形，即受害人免责的共同债务障碍、法定债务免除的共同债务障碍及社会保险导致的共同债务障碍。

案例组思维并非纯粹意义上的判例法，[30] 也不是通过法律解释的法律发现活动，精要的案例更多的是反映了罗马法的方法论。无疑可以看出，冯·克默雷尔的方法在向马丁·沃尔夫和恩斯特·拉贝尔靠拢。[31] 冯·克默雷尔仍在法律体系中，但是通过运用典型案例来对该体系予以具体化。他在原则和案例之间往返。对他而言，过于区别化的教义学及过于扩张的判例法，都不是他的风格；对他而言，重要的是为法官的司法实践提供简单的解决方法。给实践带来的益处，是最为重要的视角。

与案例组思维相近的，是冯·克默雷尔以简单例子检测解决方法的实操性的技术。下文再次以不当得利法为例，即占有他人物的情形和"放弃侵权之诉"（"waiver of tort"）的情形。[32]

实质性问题在于，当所有权人的物由第三人违法占有时，所有权人可否仅在买方善意取得所有权的情况下，才能要求第三人返还收益，或当第三人无效占有的情况下，所有权人因为某种原因不能形式"返还之诉"（"*rei vindicatio*"）时，也同样可以要求第三人返还收益。这个问题过去一直备受争议。德意志帝国法院裁判认为，所有权人可以选择"返还之诉"或返还收益。[33] 如今，这一观点被广泛接受。

---

[28] von Caemmerer, „Mortuus Redhibetur". Bemerkungen zu den Urteilen BGHZ 53, 144 und 57, 137, in: Paulus/Diederichsen/Canaris (Hrsg.), Festschrift für Karl Larenz zum 70. Geburtstag (1973), S. 621–642=Gesammelte Schriften, Bd. 3 (Fn. 3), S. 167–188.

[29] von Caemmerer, Ausgleichsprobleme im Haftpflichtrecht in rechtsvergleichender Sicht, (Österreichische) Zeitschrift für Rechtsvergleichung 9 (1968), 81–98=Gesammelte Schriften Bd. 3 (Fn. 3), S. 401–418.

[30] 参见 Coing, FS von Caemmerer (1978), S. 6。

[31] Leser, JZ 1985, 735.

[32] von Caemmerer, FS Rabel (1954), Bd. 1, S. 333, 389=Gesammelte Schriften Bd. 1 (Fn. 3), S. 209, 265.

[33] Vgl. die Nachweise bei von Caemmerer, FS Rabel (1954), Bd. 1, S. 333, 391 Fn. 215 =Gesammelte Schriften Bd. 1 (Fn. 3), S. 209, 267 Fn. 215.

让我们看看冯·克默雷尔如何通过简易举例来阐明这个解决方案。[34] 一辆卡车被偷走并经多手转让，卡车主人可能有充分的理由向卖方追回收益，而不是向占有人提出返还请求。例如，如果占有人狡辩说车辆已经丢失或他想抵销因使用车而累进的债务，又或是对占有人提起的返还之诉尚未判决时，车辆已被销毁。再比如：被盗珠宝的主人从善意的珠宝商那里得知，珠宝被卖给了一个陌生顾客；或偷来的电缆被善意出售给了许多顾客。在实践中，他们无法追查和起诉。[35] 在所有这些情形下，要求归还收益是唯一适当的法律救济手段。不需要给出更进一步的理由，这些例子本身即说明了所有问题。

我们可以将冯·克默雷尔的法律方法总结如下：解决方法必须操作简单，必须根植于法律体系，必须有实践意义。当我最近再次翻阅阿达尔贝特·施蒂弗特（Adalbert Stifter，1805—1868）的《迟来的夏日》时，发现末尾处以三个重要的词语做结语，即简单、坚定和意义。小说中英雄的生活，只有这三个关键词。我突然意识到，这正映射了恩斯特·冯·克默雷尔的法学研究：简单、坚定并且有意义。

三、人格

最后，请允许我就冯·克默雷尔先生的为人说几句。这必然是一个非常主观的看法。

首先，冯·克默雷尔是一位极富高尚品格的权威大家。他总与人保持礼貌的距离。在会议、座谈会、研讨会上，甚至是在个人的大课上，他都会将他所了解的如数吐露。他的措辞富含强烈的强调色彩。如果从音乐的角度来形容，相较于连奏，他更多地使用了更为缓慢但有节奏的断奏。这种乍看起来存在瑕疵的方式，却显示出了最高的实践意义。正是这样的风格让他的拥护者为之着迷。

---

[34] von Caemmerer, FS Rabel (1954), Bd. 1, S. 333, 390 = Gesammelte Schriften Bd. 1 (Fn. 3), S. 209, 267.

[35] von Caemmerer, FS Rabel (1954), Bd. 1, S. 333, 390 Fn. 213 = Gesammelte Schriften Bd. 1 (Fn. 3), S. 209, 266 Fn. 213.

尽管获得了所有的认可，但冯·克默雷尔仍保持着谦逊的学术态度。这促使他免于提出宏大的理论体系或知识巨塔。他看到当今法律所担任的角色。对他来说，一步一步前进才是合适的步调。他并没有高估法律，而是充分意识到法律的局限性。当他退休数年后再次见面时，我问他，在他看来，法学研究最重要的任务是什么。我得到了难以忘怀的回答："我感到十分疑惑，在资源日益减少、废弃物堆积如山之时，不当得利法是否真的如那般重要。"

与冯·克默雷尔一起在研究院工作的时光，可以被贴上极度刻苦努力的标签。大量的档案标签及详细讨论当前的法律问题，属于当时的日常生活。甚至有时在他的私人住宅里，喝一杯他妻子泡的茶的工夫中，也会讨论法律问题。报告中呈现的解决方案被应用于新的不同情形进行反复测试。冯·克默雷尔期待参与者有扎实的法律知识。对司法裁判的熟知，包括相关的案情，是法律人必不可缺的能力。当法律人对案件的基本事实尚未熟悉时，最好不要轻易引用判决。

先生的科研工作离不开生活上的殷切关怀。当遇上重大日程，特别是门生们的教授任用资格论文报告，妻子总会为他点上一支蜡烛。烛光从未熄灭过希望的效果。

只有与先生长久共事后，他隐藏的幽默感才会逐渐显露出来。而冯·克默雷尔对花有着特别的偏爱。春日到来之际，他喜欢在阿尔萨斯观赏盛开的水仙花。

此次报告时，我问自己，是何种最为重要的原因使得恩斯特·冯·克默雷尔不仅深受他的门生们尊敬，且赢得了他们的喜欢。我认为答案很简单。先生在当今社会是极为少见的人物：一位严格却慈悲的父亲，一个法律上的理性自然人。我永远对先生致以最崇高的敬意。

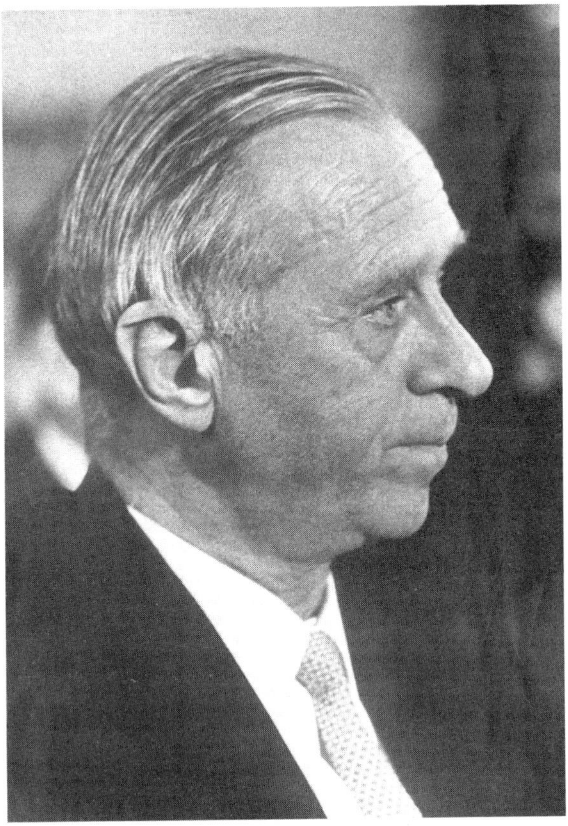

哈里·韦斯特曼
（Harry Westermann，1909—1986）[*]

目 次

一、生平简介 / 743

二、职业发展 / 744

三、作品概述 / 746

四、早期作品 / 748

五、物权法 / 753

（一）归属原则及物权性 / 753

（二）物上之债理论 / 754

（三）经济不动产 / 755

（四）所有权 / 755

（五）相邻权法 / 756

六、矿山法 / 761

七、小结：私人与公共土地法概述 / 763

八、方法论 / 764

九、韦斯特曼的教学生涯 / 771

一、生平简介

哈里·韦斯特曼1909年4月6日生于德国东弗里西亚的格里姆森

---

[*] 作者简介：〔德〕汉斯·舒特(Hans Schulte，1932—2020)，卡尔斯鲁厄理工学院法学教授。

镇，其父乃改革宗牧师。1936年，韦斯特曼与一位名为宝拉·席尔特的荷兰籍德语系学生喜结连理，二人育有三子。1986年5月31日，韦斯特曼卒于加拿大温哥华旅途中。

二、职业发展

1928年于德国莱尔通过高考后，哈里·韦斯特曼先后于弗莱堡、维也纳和哥廷根大学研习法学。1931年12月，他在策勒高等法院通过第一次国家司法考试，随后于1932年3月开始正式的法律培训生训练。韦斯特曼1933年获得博士学位，并于1935年通过第二次国家司法考试之后，在哥廷根大学主要担任助教（复习与备考教师），同时兼职律师。终其一生，韦氏都对这段助教经历引以为荣，时常提及人生中的这段时光。在1974年退休告别演讲中，[1]其详细阐述了这段助教生涯，获益于其助教课程者亦前往明斯特大学聆听其演讲。韦氏因助教活动而获得的经济上的成功，足以支持其1938年放弃这份工作，心无旁骛投入法学学术。1940年，他于哥廷根大学法学院通过教授任用资格论文，其后迁至捷克布拉格大学担任讲师，并升职为编外教授。1945年，韦氏逃往家乡莱尔。因饱受重度胃病之扰，而不得不接受手术，加之布拉格大学法学院人才匮乏，他才得以逃脱兵役之号召。

1945年12月起，韦斯特曼于明斯特大学讲授法学。[2] 1949年，明斯特大学法学与国家学学院委任其为民事诉讼法和民法教席的教授，直到1974年，他才卸任这一教席职位。韦氏遂开始讲授《德国民法典》和民诉法，但随后几年中，后者逐渐替换为公司法。[3] 于此期间其一一回绝了来自维也纳大学、慕尼黑大学、弗莱堡大学和科隆大学的教授职位邀请。韦氏曾任学院院长，1953至1954年担任校长。其乃德国民法学者协会发起人之一，尤为积极，功高德韶，影响深远。

---

[1] 韦斯特曼：《从教40年》，1979年，第19页。
[2] 对于当时外面的情况，参见前引1中1974年7月18日的告别演讲。
[3] 这里我主要是根据韦斯特曼本人在告别演讲中对其人生旅程的描述（前引1）。对他的公司法大课有精彩描述的，参见他本人的文章，韦斯特曼：《作为教学内容的公司法》，费舍尔等主编，《黑费梅尔纪念文集》，1976年，第21—33页。

韦氏亦需统筹诸般学术事务，尤以涉及学术机构与团体之创立筹款为甚，范围远超法学自身而横跨诸多学科。[4] 其中涵盖韦氏自创之"矿山法与欧洲煤钢共同体法研究所""合作社研究所"以及20世纪60年代中期的"空间规划研究中心"。[5] 值此良机，吾应提及毗邻明斯特之罗滕费尔德别墅，韦氏于校长任期中购置此处地产并大加利用。自此，该地便归于大学基金会名下，校方频频将其作为会议场地使用，韦氏门生念念不忘曾由他于此地举办的多场研讨会。多年以来，韦氏也为德国-荷兰法学家大会之积极分子，该组织系其1949年于博霍尔特城（Bocholt）与他人合力创立。[6]

韦氏一生获誉颇丰，在此吾仅提三项：其一，黑费梅尔、布洛克斯和格米尔主编庆祝其65岁诞辰之纪念文集；其二，时至今日，明斯特大学法学院仍为杰出博士论文者颁发"哈里·韦斯特曼奖";[7] 其三，比勒费尔德大学法学院最终决定授予其荣誉博士头衔。无奈其溘然长逝，未能知悉此讯。

韦氏所教导之博士生不知凡几，仅凭此，吾必须缩小其门生范围。[8] 的确，若仅以他指导的教授论文者，同时担任其研究助手多年者论，此群体实则限缩至三人：[9] 曼弗雷德·尼奇克（Manfred Nitschke），任柏林

---

[4] 对此，同样参见格罗斯费尔德（Bernhard Großfeld）：《哈里·韦斯特曼——论教授的本质》，格罗斯费尔德主编，《威斯特伐利亚法学》，2000年，第393、395页。

[5] 与经济学家施耐德（H. -K. Schneider）和社会学家舍尔斯基（H. Schelsky）联合筹办。背后还有来自波恩的时任国家秘书的恩斯特（W. Ernst）的影响，他后来很长一段时间担任该研究中心的执行主任。

[6] 因为这个法学家大会，我有了第一个论文发表，参见舒特：《1962年10月6—7日于荷兰鹿特丹召开德国-荷兰法学家大会之报告》，《法律人杂志》1963年，第184—185页。

[7] 该基金会的设立主要追溯到科尔赫塞（H. Kollhosser），他也长期担任该基金会的负责人。

[8] 如果继续扩大这个圈子，就会有来自律师界、司法界、企业界和政府的做出贡献的重要人物。这里仅举一例，即与我同时期担任哈里·韦斯特曼学术助理的福尔内利（H. Fornelli），他后来成为北威州多特蒙德的矿山高等机关的主席。

[9] 第四位是季莫普洛斯-福斯克（Dimopoulos-Vosikis），韦斯特曼拒绝他的教授任用资格论文。当时的旁人到现在都认为这是一个悲剧的结果。即使这样，这位教授任用资格论文的作者还是公开出版了这本书。对此，参见下文脚注65。该文到今天还被引用，参见韦斯特曼：《物权法》，1998第7版，第31章的文献部分。必须提到的是2003年逝世的著名刑法学家、图宾根大学教授鲍曼（J. Baumann），他之前担任韦斯特曼的学术助理，后来在明斯特大学完成教授任用资格论文。

自由大学教授,英年早逝,作为公司法学者[10]而闻名,并对韦氏《公司法手册》做出巨大贡献;[11] 扬·沙普(Jan Schapp,1940),法哲学家和民法教授,任教于吉森大学(2006年退休);以及本人[12]。此处尚须提及卡尔-海因茨·大卫(Carl-Heinz David),来自空间规划研究中心,近日于多特蒙德大学退休。韦氏亲近门生之中,自然少不了明斯特大学的伯恩哈德·格罗斯费尔德(Bernhard Großfeld,1933)以及康斯坦茨大学的伯恩·魏德士(Bernd Rüthers,1930)。二人均在明斯特大学完成教授任用资格论文,期间韦氏鼎力支持。诸弟子之学术成就,总令韦氏十分欣喜,并引以为豪。[13]

韦氏一生中,汉斯·布洛克斯(Hans Brox,1920—2009)之地位颇殊。以"门生"形容布氏并不恰当,布氏生于1920年,于1949年获波恩大学刑法学博士学位,并未担任韦氏研究助手。但布氏深受其启迪,并得韦氏大力支持,1959年于明斯特大学完成教授任用资格论文。其时,布氏早已被任命为州高等法院法官。既而韦氏与布氏(追随其步伐而进入明斯特大学)结为莫逆之交,其家人亦十分亲近。

尔后,便是其至真至亲之门生,自然亦是受其扶持和责难最多者,于各方面续其学术,越其巅峰,与其惊人相似——其血浓于水之门生,恩师之麟儿,哈尔姆·彼得·韦斯特曼(Harm Peter Westermann,1938)。

三、作品概述

谈及日期和相关事件,不难清晰勾画出哈里·韦斯特曼早期著作之

---

[10] 弗雷德·尼奇克:《以公司形式组织的人合公司》(Die körperschaftlich strukturierte Personengesellschaft),1970年。

[11] 《人合公司手册》,活页形式出版,哈里·韦斯特曼从第1版主编到1978年的第3版。

[12] 1962年至1968年之间除了一年之外,我担任哈里·韦斯特曼的学术助理,包括博士和教授任用资格论文阶段,先是在矿山法与欧洲煤钢共同体法研究所,后来在空间规划研究中心;民法、诉讼法、矿山法和空间规划法的教授资格;自1969年,我担任卡尔斯鲁厄理工学院的教授,1998年退休。

[13] 更年轻的是米哈尔斯基(Michalski),他是哈里·韦斯特曼的博士,在哈尔姆·彼得·韦斯特曼即小韦斯特曼的指导下完成教授任用资格论文。

脉络。自 1933 年其博士论文[14]，至 1942 年出版其教授任用资格论文[15]及其报告[16]，凡是写于 20 世纪 40 年代者[17]，皆有关于土地与合作社之法律问题。

《物权法》教科书[18]乃韦氏代表著作，令其法学家和法学教授之名得以传扬。该书初版于 1951 年，由卡尔斯鲁厄的穆勒出版社发行，几经修改直至 1966 年第 5 版，并在 1973 年补遗。多年以来，撰写《德国民法典》总则大型教科书，始终在其日程之内，然而最终此业未竟，只能搁置一旁，[19] 此事日后颇令其神伤不已。但韦氏的确从 1948 年伊始就在《埃尔曼德国民法典评注》[20] 上探讨过《德国民法典》总则之重要条款，彼时这篇评注的前身开始出现。[21] 尤其是《德国民法典》第 21—89 条，涵盖社团法和财团法，可谓其日后公司法研究之骨干，以及《德国民法典》第 104—144 条，包括物权法之主要条款[22]及债法总则之规定[23]。在韦氏创建之"核心课程丛书"（"Schwerpunkte"）中，其不仅撰写了物权法，[24] 以此与他已经撰写的大型教科书《物权法》相竞争，还撰写了

---

[14] 韦斯特曼：《德国民法典领域对自有物的建设权利》，1933 年。
[15] 韦斯特曼：《借助土地所有权确定权利主体》，1942 年。
[16] 韦斯特曼：《森林使用权》，1942 年。
[17] 韦斯特曼：《森林与住所》，《新农业》1941 年，第 381—384 页；韦斯特曼：《约定竞业禁止之法官式变更》，《德国法学杂志》1942 年，第 366—367 页；韦斯特曼：《作为土地宪法一部分的不动产权的新构建》，《德国法学杂志》1943 年，第 189—193 页；韦斯特曼：《变化的帝国森林法》，《德国法学杂志》1943 年，第 206—209 页；韦斯特曼：《基于〈德国民法典〉和〈奥地利通用民法典〉的土地贷款的主要问题》，《布拉格文献》1944 年，第 213—219、266—274、429—436 页；韦斯特曼：《基于〈德国民法典〉和〈奥地利通用民法典〉的企业买卖和权利买卖》，《布拉格文献》1944 年，第 59—72 页。该列举可能不完整。
[18] 哈里·韦斯特曼：《物权法教科书》，1951 年第 1 版，1966 年第 5 版；对此的补遗：《物权法之继续发展》，1973 年。
[19] 开始的时间大约是 1962 年。我的前任学术助理在 1961 年还在做这件事情。我作为助理自始就在做其他的事情，主要是矿山法的研究。
[20] 埃尔曼：《〈德国民法典〉评注手册》（Handkommentar zum BGB），1952 年，第 4 版，自 1970 年补遗工作开始，转由其子哈尔姆·彼得·韦斯特曼修订，2000 年第 10 版。
[21] 伯勒-施塔施莱德、格勒佩尔、韦斯特曼（A. Böhle-Stammschräder, H. Groepper, H. Westermann）主编：《〈德国民法典〉总则篇评注》（Kommentar zum Allgemeinen Teil des BGB），1948 年。
[22] 《德国民法典》第 854—924、929—936、1113—1203 条及《住所所有权法》（Wohnungseigentumsgesetz）。
[23] 《德国民法典》第 328—432 条。
[24] 韦斯特曼：《德国民法典：物权法》，1969 年。

《德国民法典》的总则部分。其后韦氏又为学生编写了一部教科书《德国民法基本概念》(2013 年第 17 版),该书自 1958 至 1973 年间再版六次。这些教科书对其本人意义非凡。不仅如此,1967 年问世之《人合公司手册》[25]亦有举足轻重之地位,以活页形式发行,韦氏负责前三版。除此之外,还有海量短篇独立出版物,例如校长就职演说[26]和告别演讲[27],尤其是关于矿山法的研究[28],以及被引用巨多的作品《私法中人和人格的价值》[29]。粗略估计,有 200 多篇论文(其中大量是纪念文集中的文章)、司法裁判评论及书评。

四、早期作品

若将哈里·韦斯特曼之法学家生涯娓娓道来,则势必无法忽略其事业起步与纳粹的种种巧合。1933 年 12 月 6 日,正是他在哥廷根大学法学院同仁前,为其博士论文答辩之日,其恩师尤利乌斯·冯·基尔克(Julius von Gierke, 1875—1960;法学大家奥托·冯·基尔克之子),因依当时流行说法,其母系血统非"纯种雅利安",故不得不于 1938 年退休。

吾辈不得而知,其弟子韦斯特曼曾否因此遭遇责难,然推知如此恐亦非妄言。无论过程如何,韦氏之教授任用资格论文于 1940 年获哥廷根大学法学院通过。与此同时,全体犹太教职员皆遭解职。韦氏其后于"德意志布拉格查理大学"任德国与奥地利民法教授至 1945 年。

如此韦氏便开始著书立说。是故,暗含了当时之危险时代精神的韦

---

[25] 前引 11。

[26] 韦斯特曼:《私法中法官民事争议裁判的本质与界限》(Wesen und Grenzen der richterlichen Streitentscheidung im Zivilrecht),1955 年。

[27] 前引 1。

[28] 韦斯特曼:《作为法官和立法者评价对象的矿山开掘与公共交通设施之间的关系》(Das Verhältnis zwischen Bergbau und öffentlichen Verkehrsanstalten als Gegenstand richterlicher und gesetzgeberischer Bewertung),1966 年;韦斯特曼:《依据联邦矿山法草案的经营者和土地所有人的自由及其对公共利益的义务约束》(Freiheit des Unternehmers und des Grundeigentümers und ihre Pflichtenbindungen im öffentlichen Interesse nach dem Referentenentwurf eines Bundesberggesetzes),1973 年。

[29] 韦斯特曼:《私法中人和人格的价值》(Person und Persönlichkeit als Wert im Zivilrecht),1957 年。

氏法学学术著作，值得于此探讨一二。试引此句为例："如德意志民族尚存，则德国法之奋斗不可，亦不能终结。"而此言论并非韦氏原创，亦非1933至1945年生人所言，实源于奥托·冯·基尔克，斯人作此言于1895年!㉚ 吾引此句，以示当时年轻一辈法律人，其语言风格尚无纳粹党之影响，而已具某种语言风格。我不认同基尔克之语言领域为唯一之路，然其身为法律学者，所负影响极为巨大。凡对德国法律史有所了解者，以及如韦氏一般对土地法有所兴趣者，自始便熟知而依赖于此种用语。吾持此观，盖因今日"民族"一词（尤其是"德意志民族"一词）暗藏弦外之音，常受人质疑，而被不假思索地划入纳粹用语之列。今日，吾等以"本国社会"或"德国大众"等建构，避免此种可疑用语，替代"德意志民族"一词。㉛

1933年韦氏之博士论文㉜并无此方面问题，此处提而不论。

近十年后，韦氏方有新作面世，㉝ 乃哥廷根大学教授资格程序中所做报告扩充版。㉞ 作品中有下文：㉟ "国家社会主义（以下简称'纳粹主义'）的法律教育我们，人民和土地的关系不仅仅是财产关系。正由于土地是民族生存空间的一部分，它（即上述的关系）本身就被赋予了自己的内容和特别的意义。土地法是民族的法。"此处，"民族"一词化为"民族的"，作者明确提及纳粹主义乃此种语言之来源。然此表述其实质，今日一如过去一般正确，吾辈仅以他种方式表达而已。今日吾等称之为土地"扩大社会责任"，故而此处韦氏之用语是否仅为掩饰，吾先存而不论。㊱

与此同时，也即1942年，其教授任用资格论文出版。㊲ 其中亦含彼

㉚ 冯·基尔克：《德国私法》，第1卷，1895年，前言第6页。

㉛ 对于该话题，参见斯克（B. Sick）的讽刺性的评价，《"第二格"死后是"第三格"》，2006年，第3版，第169及以下诸页。

㉜ 前引14。

㉝ 前引15。

㉞ 该书出版时间是1942年，前言标记的时间是1941年11月。

㉟ 前引15，第100及以下诸页。

㊱ 同样参见前引15中第7页脚注的书写方式，在作者埃伦茨威格（Ehrenzweig）的名字上标注"Jude"（即"犹太人"），在文献目录部分，对于犹太裔法学家马丁·沃尔夫也有同样的标注方式。这些只是当时的环境造成的，即当时政府规定从1936年有这种注释方式；详见魏德士：《堕落之法》，1994年第2版，第138及以下诸页。

㊲ 前引16。

时有害用词之直接证据,例如,书中有一陈述如此展开:"基于法律后果的民族与森林关系研究。"[38] 民族与森林完全是"血与土"式的用词。更糟糕的是下文:"森林作为保护和复兴日耳曼-德意志生活感受和德意志人民灵魂中种族价值的手段,这一特征在事实和法律评价中,是一个评价因素。"[39] 韦氏文中提到的"种族价值"已经超出人力所能文过饰非之极限。吾仅能将其置于一旁,而须承认,20世纪60年代前期,作为韦氏研究助手时,初次阅览其文字,稍稍震惊后,便置于脑后。韦斯特曼与我对此从未有过只言片语。此书曾见于明斯特大学其研究所中。[40]

当时,伯恩·魏德士于布洛克斯劳动法研究所旁占据一间办公室,与我所数门之隔,其正在撰写教授任用资格论文《无限的解释》。此文正如我们所知,揭露当时诸多著名法学家之纳粹过往。韦氏不在其列。即使明知这是一个火药桶般的题目,韦氏仍对其明斯特大学法学院教授任用资格论文倾囊相助。[41] 最近,魏德士[42]简述1944年降临于布拉格克劳辛家族的悲剧边缘中韦氏的角色,补充说韦氏与纳粹主义"正如那时他的文字表现的那样,关系疏远"。除前文所列之两部作品,我无更多补充。以我个人总体印象,其作品绝无任何受纳粹思想污染之虞,与之相反,当时诸多有名望之法学家作品却未能幸免。[43]

现在我将对韦氏早期民法方面著述的实际内容进行简要介绍。

他于1933年关于个人财产权的博士论文[44]中深入反思方法论的程度

---

[38] 前引16,第2页。
[39] 前引16,第3及以下诸页。
[40] 韦斯特曼后来还是引用他的森林用益法,在他的1951年第1版《物权法》(前引18),而不是第7章第2节第7段第31页及以下诸页的森林法,但是在处理物之取得权(§57 II 2,第255页),在该书第5版第273页及第7版的第457页。引用自己作品《权利主体的认定》,参见其书《物权法》第1版第33、353页;他对所有人的"土地抵押权"的观点,参见其书《物权法》第1版第117章(文章载《布拉格杂志》1944年第269页)。
[41] 比如参见魏德士:《体制变迁中的意识形态与法》,1992年,前言第7及以下诸页。
[42] 魏德士:《一个共谋的镜像?》,《法律人杂志》2005年,第689、690页。
[43] 韦斯特曼论述了纳粹阶段,参见前引29,第10—11页:"毫无章法地夸大民族的思想。"他对以下观点作出了批评:"以归属于民族共同体来识别权利能力"是其他的都依赖于保护的地位。在"帝国庄园法"中,他看到了民众思想的复苏。在前引14的文献中,他论述了当时"民族法典"草案:"该观点远远地疏离《德国民法典》,按照后者,人是权利能力的基础。"在前引26的文献中(第27页),他的说法是"纳粹国家的让人颤抖的残酷行为"。
[44] 前引14。

令我震惊，这将在下文第八节详细论述。

然而此论文之实质内容同样不应忽视。个人财产权利之主题不仅占据了韦氏彼时之精力，其于四十年后的一份专家意见书中同样关注了这一主题，该意见书有关土地债务要求修改之立法程序。[45]理所当然，该主题在日后其物权法教科书中被反复讨论，不仅涉及土地债务，更包含地役权。[46]

韦氏早期成果中对物权（物权的"本质"）之思考，在我看来并不逊色。吾等已从此处知晓，萨维尼及温德沙伊德对物权"本身"作为绝对权或是一种"观念上的"权利[47]之定位[48]并不恰当。文中写道："将法律修辞分为'观念上的'权利和外在表现并运用的形式，这是站不住脚的。"此外还补充道"绝对权与共同体的本质是矛盾的"，后一陈述为土地法基础性概念，韦氏之后一再提起。[49]不幸在于，不仅限于此，韦氏于其他方面也总是探寻事物"本质"。

然而，总体而言，其论文乃对19世纪和20世纪早期常见的民法学者自我折磨的抽象概念之搜检。在我看来，韦氏犹如困于囹圄之猛虎，张牙舞爪，欲破枷笼，奔走于远方自由疆界，却不得脱身。

第二部要提到的作品为关于主观物上请求权的报告，[50]即1942年所作，为其教授任用资格论文之一部分的作品，题目为《不动产所有权中权利主体的确定》。此处仍要点评一二。这一主题再次关系到限制物权之特殊方面，即物权法理论，其中多为不动产物权理论（正如韦氏著作一贯那样，也同时提供了现实问题的解决方法）。

韦氏在传统德国法上的一个发现（继维亚克尔1935年在物权结构的

---

[45] 对于"删除注释"（"Löschungsvormerkung"）的改革，参见韦斯特曼：《抵押权法和土地登记法的改革建议》，1972年；韦斯特曼：《保障土地抵押权中次序的利益》，鲍尔等主编，《松蒂斯纪念文集：欧洲法律史及现行民法的文集》，1977年，第253—266页；沙普：《删除注释法的改革与土地担保法制度》，《法学教育》1979年，第544—548页。

[46] 前引18，§122 III 3。

[47] 萨维尼：《当代罗马法体系》，第1卷，1840年，第367页；温德沙伊德、基普：《潘德克顿教科书》，第1卷，1900年第8卷，第757页；对此，同样参见舒特：《所有权与公共利益》，1970年，第56及以下诸页。

[48] 前引14，第26及以下诸页。

[49] 参见下文第五节第（五）1。

[50] 前引15。

转变后)十分精彩。他发现：人之权利部分客观化及土地占有之关系塑造功能，使得确定人之基于其土地特征而获整体法律地位，于法律上成为可能。随后为对相邻权中干涉与容忍义务(以及诸如土地债务和《德国民法典》第571条规定等其他事项)之精妙剖析。自第43页及以下，行文回归对"本质"的讨论，即基于不动产所有权责任之确定。根据韦氏观点，如此进行概念上的澄清之后还须试图界定其"本质"。魏德士[51]关于以上广为引用之描述事物"本质"的尝试已有大量论述，我仅复述其观点。

韦氏之代表作《森林使用权》[52]，即其教授任用资格论文，出版于1942年。其中已埋下日后大量关于合作社法研究成果之种，因历史上20世纪40年代森林多以合作社方式利用，远比今日普遍，对此我不多加赘述。

韦氏此作品存在两处十分现代的评论。文中已设法解决土地使用规划问题，即"森林、农业用地和居住区分配中的空间划分与规划"，[53] 并讨论森林之生态功能："森林在空间上或整体或局部地调节气候。"另一处为缺乏排水与空气流通可能造成严重损害。韦氏认为，对防治干燥气流与有害夜霜及保持地下水位，森林的作用不可或缺。[54] 一位专攻民法之法学家能有如此洞察与评论，实属难得。

关于个人财产相对于森林之角色，韦氏之评论勾勒出未来之图景：个人必须获得可靠固定之地位，与森林"法律登记"相关联。这一结论根据法律所认可并规定之个人人格而来。[55] 此处浮现出两个结论：其一，对个人财产的强调，有悖于纳粹意识形态；其二，作为法律认可的根据指向个人人格。

---

[51] 比如参见魏德士：《法理学》，2005年第2版，边码576及以下几个边码，边码919及以下几个边码。
[52] 前引16，第4页。
[53] 前引16，第4页。
[54] 同前引。有大量关于森林的经济意义的描述，第4—99页。
[55] 前引16，第9页。

五、物权法

据韦氏为其物权法教科书初版所作序言，"归属原则"（"Zuordnung"）[56]与"物上请求权"为"物权法两大支柱"。他认为透过二者可以发现"较为新颖的系统基础，为解决物权法与债法复杂关系中的问题，以及实践意义上重要的具体问题提供新的解决方法"。下文将对此详细解释。

（一）归属原则及物权性

韦氏对"归属原则"的核心论述为："物上请求权乃至物权法的本质，来源于权利的归属效果"，[57] "现实中，诉讼能力的绝对性和客体关系的直接性，无论是二者择一或者结合起来，都不足以提供满意的解答。事实上，二者不过是物上请求权对物的归属效果的附带结果"[58]。但韦氏同样提到"归属"并不是先验概念，而是由实体法发展而来的法律制度的演绎[59]。

韦氏在这一问题上的观点并非通说。[60] 今日，物权法体系无须援引"归属"概念进行讨论。于我而言，"为解决物权法与债法复杂关系中的问题，以及实践意义上重要的具体问题提供新的解决方法"，含义并不完全明确。对此我并未发现任何实际意义，若无债法与物权法的区分，则该问题的解决无法实现。韦氏所言，在其门生沙普关于物权法的著作

---

[56] 在韦斯特曼的作品中（前引15），他所用的表达还是"归属"（"Zuständigkeit"）：该情况是基于其他权利的归属而产生的权利人；参见脚注1，"归属"是指某个权利或义务属于特定的人。

[57] 韦斯特曼的说法（前引18，§2）参引了维亚克尔：《请求权作为财产权的工具和对象——债法与物权法区分之批判》，《德国法学》1941年，第49页，第61页；韦斯特曼的说法（前引18，§6 II 3）又是"物权法的本质是'归属法'"。

[58] 在原文中标示突出。

[59] 参见韦斯特曼，前引18，§2；深入的，参见沙普：《法律获取过程中的主观权利》，1977年，第39—48页。

[60] 对于鲍尔和赖泽尔，不进行深入探讨，他们的物权法在韦斯特曼的物权法第5版的文献中。参见赖泽尔的批判，《书评：哈里·韦斯特曼的物权法教科书》，《法学简报》1955年，第118—119页；对此参见沙普的论述，前引59，第47页。

中得到更为清晰[61]系统的诠释。[62] 沙氏认为,物权法要处理的问题,包含债法上请求权;让渡构成了包含处分的交易,其作用是作为改变归属的法律交易。由于请求权完全属于债权人,这一层面上请求权具有"物权"性。[63] 虽然如此,描述可能夸大其观点,且从专业上讲,语言过于特别,但从实质上讲其并非错误,并且我们可以认为这从某个方面也反映了韦氏的观点。然而其他德国物权法著作说明,离开术语"归属",未必损失深刻与精准。即使这一词语如此生动形象,朗朗上口,对于理解法律却非不可或缺。在我眼中,韦氏在物权法学术问题上过于重视其意义。

《德国民法典》中提到物"上"权与"对"物权之对立,并以此区分物上权与债法请求权。特定情形下,物上权也可引起诉讼,但并不能引起债法上请求权,而是物上请求权。据韦氏的观点,[64] 物上权常由物之"双重归属"引起。换言之,可以理解为其不仅存在于所有权人与拥有受限物上权之占有人之间,亦存在于所有权人与物之(无权)占有人[65]之间。受益人与受托人之间的关系为人之关系,即类似于债之关系,尤因其效果仅于双方间生效。韦氏继而认为,其中区别仅源自既得权利之获益差别。反过来,导致产生债法总则条款是否也应适用于如上物权请求权之疑问,而该问题的实际意义极为巨大,因其主要关系到《德国民法典》第281条(今第285条)不当得利、侵权法及诚信原则是否能够适用。但其答案并不严格因物权法与债法之不同而得出。

(二)物上之债理论

其物权法教科书第5版第94章中(一如初版中),[66] 韦氏提出土地债

---

[61] 尤其是参见韦斯特曼的书,前引18,§2以及Ⅰ和Ⅱ,2。
[62] 沙普:《物权法》,1989年,第9页。
[63] 沙普,前引10,第10页,"《德国民法典》第398条及以下几条本质上来说属于物权法的规则"。
[64] 韦斯特曼,前引18,§2Ⅲ。
[65] 按照韦斯特曼的观点,这属于占有。反对"双重归属"作为"所有权人占有人关系"中请求权的特征和产生理由,参见季莫普洛斯-福斯克(Haralambos Dimopoulos-Vosokis):《〈德国民法典〉第978—1003条中不当得法和侵权法的因素》,1996年,第24—26页。
[66] 韦斯特曼,前引18。

务之"本质"问题。⑰若不解答这一问题，便无法解答所有人是否负有确定数量导致其无法履行的问题。但韦氏言称，此问题理论意义大于实践意义，由此而生后果：所有权人不负责任，然而债权人却因物上请求权得处分物而满足其要求。根据物之双重归属，处分权下债权人与所有权人关系为"典型物上请求权"问题。由此不难解释，"由债法而得出的物上请求权之方面"。根据韦氏的观点，区分责任与无法履行债务有违现行适用法。⑱无论如何，我难以苟同此种物权法学说。

（三）经济不动产

令人吃惊的是，经济不动产之概念对韦氏而言十分重要。其专著《权利主体确定》⑲中将其描述为"对私人法律关系而言特殊的个人财产空间划分"，即有别于《不动产登记法》中对不动产之定义。《德国民法典》第1019条表达更为清晰：就地役权而言，占支配地位的物的特征和其提供的经济活动可能，对权利的实质和外观都必然存在限制。⑳其他人对此概念在某种程度上赞同，但并不十分看重。㉑

（四）所有权

韦氏通常将所有权之内容与限制描述为"自由与约束之间的紧张关

---

⑰ 鲍尔：《物权法》，1983年第2版，§36 II 2 a cc：《德国民法典》第1113、1191、1199条中的规定"从该土地中向……支付"（aus dem Grundstück zu zahlen）表明了以下的观点，即所有权人承担责任，不过以土地为限。这种理论争议其实没有实践意义。

⑱ 早在韦斯特曼的作品中（前引15）第22页，物之债理论就被否定，原因在于容忍强制执行的义务并非干预权之外的相应所有权人的债务。

⑲ 前引15，第45页。

⑳ 韦斯特曼，前引15，第45页，脚注8，对《德国民法典》1019条的论述：土地的客观性特征必然使权利与土地的联系具有正当性。因此，在被主导的土地上，允许通过地役权这种方式限制在经营土地上的营业性的竞争。同样参见韦斯特曼的《物权法》（前引18），§122 II 3 b，第610页：被主导的土地决定了有利于自己利益的地役权的方式和范围。在韦斯特曼（前引15），第55页，韦斯特曼写道："在通过所有权确定权利主体的意义之上，土地只是地表的一部分，它通过与相关的权利的内在联系而得以确定。"在韦斯特曼的物权法教科书中（前引18）的"经济土地"（"Wirtschaftsgrundstück"），主要参见§71 II。

㉑ 鲍尔（前引67），§15 III，第131页：在日常生活中，经济学的视角的基础是统一利用和经济权利的非常清楚的边界。我们的法律一般而言不以此为依据。沃尔夫和赖泽尔的物权法（1957年第10版），§37 I，脚注1：在1919年的《帝国居住法》和土地改革法中，文义"土地"是经济意义上的，是所有的统一的经济上的土地占有，即使它登记在不同的土地登记簿上。

系"。⑫ 拥有不动产者受其内在法律义务支配，即"考虑共同体利益"之义务，而所有权人也享有"作为发展个人手段"之权利，他进一步认为"劳动是财富最重要的来源"。⑬ 这些评论说明，韦氏主要关注土地所有权，而非动产所有权，同时再次强调其与土地法之关系，但若因此认为韦氏具有社会主义倾向则大错特错。

然而韦氏研究土地法之基本方法，无论早期抑或后期，更多以社会共同体之关切为导向，而非物权法之一般方法。韦氏物权法教科书第62节标题清晰描述："空间中的物"。此种方法可见于韦氏物权法教科书中土地法各节。最早可见于第6节物之分类，其中提到：⑭"全部的德国土地构成了共同体的生存空间。⑮ 生存空间是德国历史的舞台，人民生存的基础。"⑯ 这一事实，产生了相邻权、农业法和城市发展法的特定条款。⑰

然而农业法（包括林业法，韦氏在其博士后论文中详细讨论了）无论在物权法教科书⑱或日后研究中，都不再是韦氏研究重点。

（五）相邻权法

1. 作为评价基础的集体关系

相邻权特别关注私人所有物之空间性，其全体之集合以及"情景性"。韦氏再三论述"法律规制中利益平衡之基础为物的空间集合"。⑲ 在下认为其对联邦住房部作出的专家意见书中的措辞堪称经典：⑳ "近日

---

⑫ 前引18，§28 II 3。
⑬ 前引18，§28 II 2. a）。
⑭ 前引18，§6 I 2 b) bb)，第35页；下面的并没有出现在哈尔姆·彼得·韦斯特曼修订的第7版（参见该书第42页）。
⑮ 在原文中标示。尤其典型的是以下的句子："空间是法共同体的生活的基础，对其构建也是法的任务。在其中和对此进行构建，对于法来说具有重要意义，如果它想完成它的任务，即从基本性的价值判断中找出正确的秩序。"（对此，同样参见韦斯特曼的《矿产原油远程管道的当前和将来法》，1964年。）
⑯ 这在现在听起来有一定的陌生（同样是在文本IV中）。韦斯特曼为什么没有抛弃这些"装饰性的掩饰"（魏德士：《无限的解释》，2005年第6版，第359页），我也不太清楚。
⑰ 前引18，§62 I。
⑱ 韦斯特曼，前引18，1966年第5版，第7章第1节和第2节，此处第10段涉及水资源法。
⑲ 韦斯特曼，前引18，§63 I 2。
⑳ 韦斯特曼：《建筑的相邻权法》，联邦房屋建设部文集系列，1954年，第9页。

观点"自 1937 年帝国法院[81]在著名古特霍夫努格冶炼厂案（Gute-Hoffnungs-Hütte）判决以来，便是主流看法，其"认为相邻关系产生于物与物空间上相邻之事实。空间上集合产生调节所有权人间相对立利益的绝对义务"。然而，这也清晰表达出，相互考量仅涉及集合内不动产所有权人相互限制，不包括对第三人——例如租户的限制。当韦氏提到限制时，全体不动产所有权人构成对自己的集体。

由此带来了"相邻关系"这一直至今日仍不能视为完善概念的术语。相邻物所有人之间构成特殊关系之理念得到扩大，即这种关系包含债法因素，合同法条款（《德国民法典》第242—278条）因此得以适用。于韦氏而言，[82]此观点源于1959年《德国民法典》第906条修订，并将前文所述帝国法院关于私法下排放相关保护之判决纳入法典[83]。帝国法院所持观点为，确切来说相邻关系中相邻者间须展示对对方利益的互相照顾。根据韦氏的观点，该判决所确立法律规则构成的相邻关系为理解《德国民法典》第906条之学理基础之事实认定。不仅如此，除了根据《德国民法典》第906条关系到微粒排放案例，考虑到联邦最高法院在其他案例也讨论这一概念，[84]韦氏假定"也构成法律条文没有规定情形下，相临空间中冲突利益案例确定的基础"。虽然此非最终逻辑上的结论，也十分令人信服。尽管未说服所有人，却的确化相邻关系为今日无法忽视之概念。[85]

2. 作为评价基础的公共利益

上述引文源自韦氏[86]关于建设法中展示互相考虑之相邻责任，后文为："然而与此同时，相邻空间基于公共利益而合理设计。"此观点乃韦氏1973年为一部关于大气污染防治法的纪念文集所写文章中的

---

[81] 《帝国法院民事裁判集》第154卷，第161页；对此，参见克劳辛（Klausing）：《排放法与工业化》，《法学杂志》1938年，第1681—1689页。

[82] 韦斯特曼，前引18，§63 I 2。

[83] 对此，参见著名的（第二个）Gute-Hoffnungs-Entscheidung，《帝国法院民事裁判集》1937年第154卷，第161页。

[84] 参见克劳辛（Klausing）：《排放法与工业化》，《法学周刊》1937年，第68—73页。

[85] 对于现今的讨论情况，参见哈尔姆·彼得·韦斯特曼：《物权法》，1998年第7版，§62 V。

[86] 韦斯特曼，前引80，第9页。

核心论点。[87] 此处点明了解决处理相邻关系中必然产生之冲突利益的决定性规则："因而平衡性条款的制定目的是确保所有财产，都能作为给定空间的一部分而发挥最大可能效用。"[88] 法律观点构成代表公共利益间冲突解决之最优结果。[89] 恰如相邻权案例所示，私法同样服务于公共利益。[90] 此种观点，与立法者之经济考虑，在此处得到的最为清晰的解释未见于以往与当时之物权法学说，[91] 即使在今日仍十分难得。上述概念已进入日后被称作"法律经济分析"之领域，[92] 而其拥趸并未发现这一德国先驱。[93]

3. 大气污染防治法

韦氏日后关于物权法之研究集中于联邦大气污染防治法。教科书解释这一领域日趋重要，与此同时，韦氏对其兴趣也与日俱增。其核心假设——空间上物之毗邻关系构成"使用者集合"，因此需要相互体谅，并容忍其后果——始终不变。[94] 自初版起，韦氏便以此为基础，认为"《德国民法典》第906条的法律领域与物权法其他领域不同，其始终处于变动中，细节上因而也不确定"[95]。这一问题来自前述1937年古特霍

---

[87] 韦斯特曼：《相邻权的功能》，保罗斯（Paulus）等主编，《拉伦茨纪念文集》，1973年，第1003—1026页。该文的题目说明了韦斯特曼的更高的要求，即叙述基本性的东西。

[88] 韦斯特曼：《拉伦茨纪念文集》，1973年，第1003、1006页；脚注5表明，关于紧急道路和超标建筑应当受到保护，免于"违反目的的价值丧失"，这是相邻的共同体关系的表现。在经济上有意义地使用空间的思想作为相邻法的评价观点，可以追溯到耶林，参见韦斯特曼：《拉伦茨纪念文集》，1973年，第1003页，第1006页脚注6；同样参见舒特，前引47，第19页，脚注4。

[89] 韦斯特曼：《拉伦茨纪念文集》，1973年，第1003、1007、1013页。

[90] 韦斯特曼：《拉伦茨纪念文集》，1973年，第1003页，第1021页脚注34。

[91] 我认为，"有意义地利用空间"的思想第一次出现在他在1958年的文献：《哪些法律措施对于保护空气和改善相邻权是成功的》，北威州土地研究工作组学术论文，1958年，第19页。详细研究相邻权中的观点"必要的冲突规则""经济上有意义地利用"以及相邻权中的公共利益，参见舒特，前引47，第18及以下诸页，第74、75页。

[92] 阿斯曼、凯尔希纳、尚茨（Assmann/Kirchner/Schanz）：《法之经济分析》，1978年；霍恩（Horn）：《论私法的经济理性——"法律经济分析"在私法理论上利用价值》，《民法实务论丛》1976年第176期，第307—333页；韦斯特曼关于相邻权的法律经济分析思想，参见舒特：《矿山法的经济分析》，《矿山法杂志》1979年第114期，第137—142页。

[93] 关于矿山法的内容没有体现在瓦格纳的优秀、精简的描述中：《通过私法的预防和行为控制——无能抑或正当的任务？》，《民法实务论丛》2006年第206期，第352页，第422及以下诸页。

[94] 韦斯特曼，前引18，§63 I 2。

[95] 同前引。

夫努格冶炼厂案[96]，有别于《德国民法典》第906条主流规定，受损所有权人有权请求当地主要长期排放源赔偿损失。

韦氏在1958年的专著[97]中表现出对大气污染防治法的极大兴趣，特别讨论了对《德国民法典》第906条修订的建议；这些讨论主要关注物之所有人应容忍之损害的赔偿请求权。在下将阐述两处细节，既对我意义不凡，也足以象征韦氏之思考。据其观点，《德国民法典》第906条下对当地长期有害排放损害赔偿请求权之本质，须区分于，"就其本质而言"，《德国工商业管理条例》（Gewerbeordnung）第26条，今《德国联邦大气污染防治法》第14条下恢复原状请求权。前者中损害赔偿请求权（《德国民法典》第906条）构成不动产实质之定义，而后者（《德国工商业管理条例》第26条）构成对"根据物权法实质，无须容忍之后果"的损害赔偿请求权。[98]在下以为，今日此已非可行之区分。民法中此种联系也可见于当时，目的在于区分不涉及损害赔偿的实质权利与属于强制赔偿之场合的征收，然而无论何种场合，均不合理。[99]在下另一观点为：韦氏认识到《德国民法典》第906条与《德国工商业管理条例》第26条分歧评价规则与标准之危险。[100]其对两条款不同法律性质的观点或许与此有关。极有可能韦氏对二者分别评论造就两领域于最近《德国民法典》第906条第2、3款修订之吻合。然而不得不说，这已减弱私法规定相对公法规定之独立，个人愚见只是强调，基于不同来源（《德国民法典》与今《德国联邦大气污染防治法》）区分两项规定为私法与公法并不恰当，而应认识到，政府决策（即大气污染防治法下工业设施审批程序）具有塑造私法之能力，[101]故两种损害赔偿请求权并无区别，区分不同法律救济方式之观念业已过时。

---

[96] 《帝国法院民事裁判集》第154卷，第161页。
[97] 韦斯特曼，前引91，第55页。
[98] 同前引。
[99] 对此民法方面的，参见沙普：《私法的相邻权和公法的相邻权之间的关系》，1978年，第Ⅲ—Ⅵ章，第47及以下诸页，但是没有涉及所有权问题当中宪法的方面。
[100] 韦斯特曼，前引91，尤其是第53、54页。
[101] 参见舒特，前引47，第153及以下诸页；后来的，参见沙普，前引99，第162及以下诸页。

4. 相邻权法与建筑

建筑中物权法在相邻权中的运用始终为重要问题，韦氏自然倾注大量心血于此。这一法律领域范围极广，涵盖私法规定到公法措施。韦氏早期便注意到这一问题。他将其描述为"城市空间规划法"，1951年其物权法教科书初版时已有发展，他也称其为快速发展的"城市土地管理法"。[102] 韦氏在这一领域所下工夫极多，[103] 拟订《德国联邦建筑法》期间著述无数。[104] 尽管他指出私法在此领域大有作为，尤其地役权下的规定；在我看来他将整个领域留给公法规制，仅在微观空间层面附带若干私法规定，并早早就预料到了现有格局。

韦氏认为，相邻权与建筑之问题起于建筑自由。一篇重要论文将此问题作为核心，其标题为"从法理和《德国联邦建筑法》下建筑许可定义观《德国基本法》第14条下不动产内涵"。韦氏认为，法律与法理均受《德国基本法》第14条立法价值约束，并"全力在实践中实现后者指令"。[105] 而他又补充道，对于这种有拘束力评价，《德国基本法》第14条"不包含任何不变的、正式确定的标准和限制"。相反，这些需要先行发展。界限与自由的冲突领域——这一情况下，为建筑物之所有人认为自己应享有利益与有序公共利益间的典型对立——需要将全体建筑整合入有意义的法律体系中。根据韦氏之观点，《德国基本法》第14条为此种规定提供了基础。

---

[102] 韦斯特曼，前引18，§62 II 2。

[103] 参见韦斯特曼的1954年的专著《建筑的相邻权法》及文章《法律体系中的建筑法》，载《联邦建筑杂志》，1952年，第137—140页。在今天很难理解这两份作品："建筑秩序法"的概念可能是广义上的，诸如建筑秩序，包括了建筑规划法。在涉及建筑的相邻权法时，涉及的仅仅是由各邦调整的经典的相邻权制度，包括共同的围墙、通道权、修缮权以及设备权（即在他人土地上修缮和安装设备，用来修缮本人的房屋）。即使忽略这些，韦斯特曼在处理私法与公法之间的模糊地带时，论述得不够明确。比如参见上述文献第14页的小结："因为在现实中私人利益和建筑法上的公共利益，所以基于体系化考虑的所愿望的清晰地区分私法和公法并不一定是适当的。它不一定作为绝对的规则来看待。因此，在个别的法律制度下，人们应当决定运用哪一种方法得出最好的结论。"

[104] 韦斯特曼，前引18，1966年第5版，第122章，这里引用的是由韦斯特曼激励和指导的措普夫斯（Zopfs）的1962年的博士论文《地役性和建筑秩序》（Dienstbarkeit und bauliche Ordnung）。

[105] 韦斯特曼：《德国基本法第14条框架下基于司法裁判和联邦建筑法的建筑权作为基本所有权的内容问题》，迪茨、惠布纳（Dietz/Hübner）主编，《尼佩代纪念文集》，第1卷，1965年，第765—782页。同样参见韦斯特曼：《借助相邻权法和建筑规划灵活确定所有权的内容》，空间规划中心主编，《论一般性的和地区性的规划理论》，1969年，第86—114页。

对建筑自由基本问题他有话要说:[106] 法律制定建筑用地质量抉择"很大程度上"视规划决定而定。为与其目的相协调，法律缩小到可强制执行法律命令，建筑自由自身包含于不动产内抑或仅为依附于其规划下一部分，此问题悬而未决。此处韦氏似乎完全赞成主流观点，即建筑自由为不动产固有性质。[107] 但他进一步强调，[108] "集体意见因而设立标准"，由于集体拥有如此行为之"判断力"。集体以规划方式塑造物权之内容。然而根据韦氏的观点，这涉及物权内容的法定定义，因而须保留于《德国基本法》第14条第1款第1项。在下看来，对建筑自由而言，此与主流观点同样矛盾。[109] 个人以为，韦氏之所以回避触动现有法律制度，其原因在于忧虑因反对建筑自由之信条，而被错误贴上批判私有财产权之标签。

六、矿山法

或许，知晓哈里·韦斯特曼亦为矿山法专家者寥寥无几，正如矿山法本身为边缘领域，尤其因其为物权法附属领域。始于20世纪60年代，韦氏花费多年光阴对矿山法刨根问底。[110] 对矿山法的说明载于其关于物权法的教科书中，即使根据后者，仅享有采矿权的当事人与物之所有人间之关系，以及采矿权相当于不动产物权之地位，属于前者。[111] 而矿山所

---

[106] 韦斯特曼：《尼佩代纪念文集》，第1卷，1965年，第765页，第768及以下诸页。同样参见韦斯特曼后期的作品，《土体所有权分裂为处分所有权和利用所有权的合法性即后果》，1974年。

[107] 韦斯特曼：《尼佩代纪念文集》，第1卷，1965年，第765及以下诸页，脚注6。

[108] 韦斯特曼：《尼佩代纪念文集》，第1卷，1965年，第765、770页。

[109] 参见舒特：《建筑自由作为土地所有权的内容?》，布兰克林、梅迪库斯、沃格特（Brambring/Medicus/Vogt）主编，《哈根纪念文集》，1999年，第197—207页；舒特：《建筑自由的教义学》，《德国行政杂志》1979年，第133—142页；同样参见皮罗特、施林克（Pieroth/Schlink）：《基本权利——国家学II》，1998年第14版，边码902。

[110] 据我所知，韦斯特曼是最早提到矿山法法条的（1865年普鲁士涉及矿山征收的土地所有人回购权的通用矿山法），参见韦斯特曼，前引15，第14页。在他的第1版物权法教科书中（前引18），涉及矿山法内容的章节有§7 IV，§61 II 4以及§71 III，表明了这些论证在当时来说是深入的。

[111] 参见韦斯特曼，前引18，§7 IV，第49页，以及§61 II 4，第277页，第278页以及§71 III，第318页；内容基本上相同的，也反映在第5版中，只是补充了一些褐煤开采方面的问题。

有人与物权所有人间之关系，为矿山法中最吸引韦氏之领域：德国鲁尔区采矿损害法（可谓矿山法主要焦点），该地区因煤矿开采饱受损害。韦氏凭借对矿业公司专家意见而闻名；一篇关于1865年至1980年间施行《普鲁士通用矿业法》（Preußisches Allgemeines Berggesetz）中法律原则之重要论文；[112] 以及两部专著，其一解决矿业与公共交通企业核心问题，其二关于矿山法修订。[113]

以下若干矿山法发展为韦氏所激烈反对者，奈何徒劳：

——看待《矿山法》中矿山与不动产所有人间关系之方式以及透过相邻权之适用，事实上遭到人们极度忽视，虽然口头上宣扬的是另外一套；[114]

——考虑到这一缺陷，倘若存在矿山影响，德国联邦宪法法院对私有财产的"首要保护"（德国联邦宪法法院通过首要保护，以矿山损害赔偿作为私法下的干预权）；

——国家对矿山损害之补充责任，[115] 以及

——地面交通对地下开采的优先程度。

现有矿山及不动产法之背景进一步展示，相邻人之间争端解决从私法下直接冲突解决到公法下工业设施审批程序，此种变化吾等之前已见识过。

德国煤炭开采衰落必然在很大程度上与世界煤炭市场价格走低有关，因为相比德国现余矿床深度大多位于1000米之下，开采其他地区煤矿当然更为经济。但环境保护呼声日益高涨，由此对煤矿开采带来不良声誉，而且法律赋予地面财产以首要保护，同样加速了这一衰落。

以上发展将韦氏引入财产宪法保护之核心问题。其物权法教科书第

---

[112] 韦斯特曼：《普鲁士通用矿山法的法律原则》，《矿山法杂志》1965年第10期，第122—133页。

[113] 对此参见前引28。

[114] 参见《联邦矿山法》政府草案（BberG, BT-Drs. 8/1315）的论证的附件1；同样刊登在齐德克（Zydek）1980年的《联邦矿山法》，尤其是第410及以下诸页，第412页（矿山开采和土地所有权之间"同样是法律认可的相邻权关系"），联邦最高法院在认同地表所有权和矿山开采的相邻权关系时，同样认可韦斯特曼的观点，不过没有得到韦斯特曼想要达到的结果。

[115] 对此，参见联邦最高法院在裁判（BGHZ 57, 375, 386）中拒绝的专家鉴定书。

5版(1972年)后记明确表达了此点。[116]

七、小结：私人与公共土地法概述

对于哈里·韦斯特曼大为关注，呕心沥血之土地法中三领域，在下以为，正如其起初一而再再而三所强调，以及我曾反复说明的那般，各自联系不难发觉：不动产空间上聚集造成私法上互相影响极大。如果内容法定定义保持其意义，这总会影响其内容，尤其对于经济结果而言。

然而，统合前述法律领域者为从私法到公法渐次转变。私法下所有权间独立地位冲突产生于使用，并不再受一般抽象、内容明确规则的调整，而是受更具体的行政决定影响，立法机关创设这种规则的目的在于预防：建筑许可、《德国工商业管理条例》下工业设施审批、《德国矿山法》下采矿工作行政审批。

因此，私法有利于公共物品，或是私法服务于公共利益之观念所剩无几。私法成为所有人与相邻人追逐个人蝇头小利的工具（他人眼中目光短浅），而公法决定物之使用是否利于时间、空间与公共利益。

1951年（其物权法教科书初版），书中第61章第1节"物权内容"并未包含公法对不动产所有权塑造功能之基本陈述。15年后（其书第5版），出现如下语句："物权法内容很大程度上由公法决定；对不动产所有权的处理反映了私法与公法的紧密联系。"而韦氏已认识到远比这里更深远处。如上文所述，教科书第61章标题为"空间上不动产"，包括小节"城市空间规划法"；"作为整体任务的空间规划"；建筑法，确切为分区规定；以及关于交换地块以形成城市中特定用途区域法律。第5版教科书中，扩大到"作为整体任务的空间规划"（甚至包括土地使用规划与空间规划政策之深刻区别）与关于《德国联邦建筑法》62条第3款下市政规划扩展小节。

以大气污染防治法、建筑相关相邻权法和矿山法为代表，法律发展

---

[116] 韦斯特曼：《发展中的物权法》，1973年。他在第12页，就批判性地提到联邦最高法院关于国家对矿山损害的补充责任的判决（BGHZ 57, 375, 386）。

总使韦氏忿忿不平。不同于他人，土地法性质在他眼中为空间法，即强有力环境下，个人财产不过是自然整体中的一部分，由人为的甚至任意的法律界限划分出，因此不可避免产生个体所有人间的利益冲突，事实上私法如若要实现经济上土地之有效利用，则不得不以施加大量相互体谅义务与赔偿方式回应之。正如吾等所料，韦氏强调私法——这一情形下尤其是相邻权法——服务于公共利益并建立起相应规则。对有如此认知并且身为私法衷心拥护者而言，目睹以上规则日益消减于私法领域，其机制受公法下国家规划机关调控干预，必定十分苦涩。然而就我所知，韦氏并未表现出抱怨或太过重视，而是不再试图通过批判来阻碍如此发展。

虽然并无可靠证据，但仍可想见，土地法中如此发展对韦氏而言无比难堪，造成其抽离于相关问题，转而投身于私法主动性、责任、风险与机遇等仍处于法律思维核心之领域，即公司法。如此做法使其得以放下土地登记、分区规划、大气污染防治与矿业损害，乃至整个物权法——一言以蔽之：铸其功名者——以便全神贯注于公司法与个体，以及合伙协议背景下诱惑其为财富权力而斗争者。

因在下对公司法远不如其他领域熟悉，对此不多做说明（包括合作社集体法，显然为其最钟爱领域），韦氏一生中，不仅以法学家与写作者身份研究，更以专家尤其是仲裁者身份研究。不过可以断言，此领域中定能感受到哈里·韦斯特曼迥异于物权与土地法中学者之风貌。[11]

八、方法论

尽管韦氏在著作中不吝于探讨可行性与经济结果成因，其仍是地地道道的理论家。前述各领域中，其秉持法律学理研究方法（法教义学），即通过基础规范检验法律范畴，并感到其乐无穷。对于学理问题，韦氏拥有诸多其所言之"本能直觉"。正如其对《德国民法典》第932—935

---

[11] 对于他的公司法教学活动，参见韦斯特曼，《黑费梅尔纪念文集》，1976 年，第21—33 页。关于合作社法的部分文章在他 60 岁生日的时候被收录到 1969 年的文集《合作社的法律问题》中。

条的著名分析,[118] 可谓鞭辟入里,一展学理与教育技巧。但法教义学并非其研究目的本身。韦氏每每略过高度争议的理论,仅以一句并无实践意义带过,例如法人为法律拟制或法律实体之辨,[119] 或公寓所有权是否适用"物"之法律术语,即公寓所有权是否构成《德国民法典》中概念意义上的物。[120]

其学术著作中,韦氏常自省(至少多于他人)其工作究竟为何物,尤其是工作方法,即从研究主题(法律条文)到条文意义与重要性之洞察所用之方法。在下想表达的是:终其一生,韦氏作为法律学者,始终铭记切不可理所当然以为如此,相反不仅在实体意义上,更须在认识论,或以更谦卑的说法——方法论上,使其合理化。

早在1933年韦氏博士后论文中,[121] 关于个人财产权之部分,便已对方法论有相当深刻的反映,这着实令人吃惊。论文开宗明义便引用耶林与黑克不容置疑之论断。对材料历史分析相当清晰表明,"法律中目的思维对逻辑建构的胜利时刻"[122],以及"强烈经济需求与对公正审判渴求"导向法理学同立法对个人财产权利之承认。第8页和第9页中,韦氏谈到"目的思维对学理的胜利"(具体而言,个人不能享有对自己所有物权利的理论)。[123] 此例恰好可以描绘传统与现代理论学者之思路。传统学者认为,个人无法对自己所有之物享有某种权利,因概念上不成立,若所有人已对物享有完全权利,则无法对同一物享有限制物上请求权。理论层面上,这不成立。人们不难认识到如此过于夸张的概念化法学理论之缺陷。其无视法律术语所指之物,并非实体构成,而是"理论建构"。因此可将后者解读为,某人可以想象对个人所有物享有权利并改造之,这在法律上可能,个人如此主张完全可行,无人能够阻止。于

---

[118] 前引18,1966年第5版,第45—50章;以及参见韦斯特曼:《信赖保护之基础》,《法学教育》1963年,第1—8页。

[119] 埃尔曼主编:《〈德国民法典〉评注手册》,1967年第4版,韦斯特曼撰写第21条的"前言"。

[120] 前引118,《住所所有权法》(WEG)第1条注解1。

[121] 韦斯特曼,前引14。

[122] 韦斯特曼没有引用耶林,可能是因为这里仅仅是强调性的论述,并且耶林的《法之目的》(1877年和1883年两卷本)以及黑克在当时非常有名。

[123] 前引14,第1页。

今日而言已是自然，因而甚至不值一提。但在20世纪30年代，从抽象概念所谓不可抗拒结果之限制中解放思想并非易事。其论文中，[124] 韦氏称此种思路为"建构性法学"。这可以说明，概念法律人之理论建构意图符合工程师之建构，并作为结构建构（正如斯宾诺莎哲学，可以说"更几何"）受同一方法论法则支配，以至于概念法律学者可将其用作可能法律建构之理解基础，而他们，如萨维尼[125]一样，认为其具有同数学一般牢固不变的术语。

其论文中，[126] 韦氏着重提到黑克，[127] 称其在认识"法律原则分析与解释之下掩藏的问题的经济意义与特性"上，具有"不同寻常的能力"。韦氏自始便无疑是深知方法论与亲近实务之学者，亦对"经济需要"抱有开放态度，根据其观点，法律术语应适应现实生活，而非反其道而为之。早在1933年，韦氏便主张法律条文可行性为评估并确定其在法律领域中位置之因素，例如，关于个人财产权利之规定，便以"须推广到有如此做之经济需要的程度"[128] 作为分析之结论。

然而至少当其事业起步时，其仍受困于传统思维方式。其论文第23页探究个人财产权利"本质"，并认为权利混淆之本质，即将全部与部分权利汇于同一人之手，须在两种权利"概念本性"层面上加以检验。于是他检验了"物之本质"。韦氏，以及时代，都脱离如此问题化方式。其物权法教科书初版[129]在此方面提及"经济目的对建设原则胜利"，而第7版[130]，由哈尔姆·彼得·韦斯特曼修订，删减了所有关于个人财产权利之下潜藏方法论之问题。因毫无重要性可言：一切都不言自明。

尽管如此，年轻时韦氏仍频频回到"本质"讨论，程度令人注目。检验个人财产权存在与经济目的后，他又转而探索其"本质"与"此种法律的内在本质"。[131] 因而根据韦氏，有必要"泛泛而言"检验个人财产

---

[124] 前引14，第1页。
[125] 萨维尼：《论立法和法学的当代使命》，1814年，第29页。
[126] 前引14，第47及以下诸页。
[127] 黑克：《物权法之基础》，1930年。
[128] 韦斯特曼，前引14，第51页。
[129] 韦斯特曼，前引18，第13—14页，以及第5版的第14—15页。
[130] 1995年。
[131] 韦斯特曼，前引14，第23及以下诸页，在作品的前面作为目录的题目。

权利之本质，但又"不可限于其个性展现"。[132]存在与个人财产权利"本身"相仿之物，其"此物本身"或许可通过纯粹法律思辨方式（不分析其个别法定形式，即完全不考虑经验情况）鉴别，这一观念便源于此。在下并无意继续探寻其论文基础上此问题的认识论（方法论）路径，而此有悖于韦氏著作中实践路径。[133]这对德国民法学术发展偶有裨益。

韦氏1955年的校长就职演说《民事争端判决的性质与限制》[134]中探讨了方法论。正如菲利普·黑克、温德沙伊德以及其他法律学者之惯例，韦氏于其就职演说中选择讨论方法论。鄙人以为此举在于宣示其对传统充分了解。然而其前述论文所涉主题，以及一系列著述中对其他问题的讨论，[135]是否真正创造了全新方法论，或至少创造了重要变体，此问题仍待商榷。[136]依在下愚见，事实并非如此。魏德士一向认为菲利普·黑克在此方面较韦氏更具重要性。[137]其仅承认韦氏对黑克关于术语"利益"所谓缺乏概念清晰之认识，令前者将后者理论"再标识"为"评价法学"。然而魏德士认为，此举"不仅保持"，"而且进一步明确了"[138]黑克的基本立场。

在下须认同：秉公而论，黑克与韦氏完全一致。从耶林晚期思想起就已明确，概念法学之后目标便为确定法律之目的，当讨论何种利益在案例规则、假设情形、问题领域抑或法律原则中起到作用，以及立法赋予既得利益何种分量时，此目的更为明显。如何命名此种法律洞见则无关紧要。平心而论，即使黑克学对此也含糊不明，此目的并非仅为确定

---

[132] 韦斯特曼，前引14，第23页。

[133] 在该作品中，至少看到了认识论方法的矛盾之处，在第27页，韦斯特曼写道："基于事实中没有展现出的原则，法的本质没能被阐释。"

[134] 韦斯特曼，前引26。

[135] 比如，参见韦斯特曼：《动产和债权之上担保权利的利益冲突及其法律评价》，1954年，第4及以下诸页；韦斯特曼：《尼佩代文集》，第1卷，1965年，第765页；同作者，前引29；韦斯特曼：《矿山法杂志》1965年第106期，第122页；韦斯特曼：《矿产开采与公共交通设施》，前引28，第23—25页。

[136] 比如（有很大的细微不同之处）参见费肯杰：《比较法视角下的法律方法》，第3卷，1976年，第406及以下诸页；拉伦茨：《法学方法论》，1960年，第123—125页。

[137] 魏德士，前引51，边码524—545，用大篇幅论述黑克，却没有提到韦斯特曼（只是在边码266和268中提到）。他认为，韦斯特曼和其他人一样，贡献之处在于"不仅保留，而且明确了"黑克的基本观点（边码532）；以及：对规范的层面就行区分，这可以追溯到利益法学，并且被评价法学（韦斯特曼）"展开"（边码136）。

[138] 魏德士，前引51，边码532。

争端涉及何种利益，更具决定性者为立法如何解决争端。黑克时常明确澄清，[139] 任何解决都基于价值判断，而韦氏本人从黑克演进其方法论，并特别证实后者理论更宜称之为"评价法学"，[140] 而又不至于误解黑克对术语"利益"之理解而显得过于牵强。鉴于韦氏将术语"利益"含义等同于"评价主体"[141]，黑克认为"利益"意义与韦氏"评价"相同，虽然此意义上韦氏相较黑克更近于现代含义。韦氏[142]探讨立法中如何运用宗教、伦理与道德作为其"评价"因素，而相比之下，黑克声称"立法价值判断表达群体价值"，因此十分清晰："法律为互相冲突物质、国家、宗教与伦理利益间相互竞争，以求承认之结果。"[143] 黑克本人明确判断，法律诞生第一阶段中包含"必须由法律规范调节的事实认定、观念、价值评估（！）以及利益冲突"[144]。黑克给出其本人不称其理论为"评价法学"的真正缘由，乃至为何认为如此命名不甚恰当：并非因其作为法律学者而有权作出价值判断，相反，其任务乃是认识立法者之价值判断。"评价"一词不见于黑克方法论之原因便是如此平凡，纯为哲学观问题。正如沙普[145]清醒表达："利益法学将立法者与法官双方评价置于其创造先例模型之中心。"

很可能韦氏时而对事物衡量有别于黑克。前者对其称作"评价"者钻研更深。这或多或少牵涉须受调节的复杂事宜，以及立法者创设法律标准时考虑之利益，在此意义上其认识到调节之必要。一方面，其涉及受调节的冲突中的利益；另一方面，涉及以上利益如何衡量之标准。对此无论韦氏[146]或黑克[147]均未清晰描述。

关于方法论，韦氏未曾获得基础性、专题性、学术上充分慎重考虑以及结论性的成果。虽然其著作暗含"我真正工作是什么"之论调（正

---

[139] 比如参见黑克：《法律解释与利益法学》，1914年，第230页。
[140] 韦斯特曼，前引28，第24页脚注31。
[141] 韦斯特曼，前引28，第24页。
[142] 韦斯特曼，前引112，第122页。
[143] 黑克，前引139，第17页；以及该书第220页：利益这个词也扩展到"理想上的追求"。
[144] 黑克：《概念建构与利益法学》，1932年，第75页。
[145] 沙普：《法律方法论的主要问题》，1983年，第67页。
[146] 拉伦茨指出韦斯特曼在专业名词方面的不清晰，参见拉伦茨，前引136，第124页。
[147] 参见前引拉伦茨的批评。

如其频频对方法论浅尝辄止），而本人从未完全专注于此主题。如今其已不被称作方法论家。其门生沙普1983年关于方法论的著作[148]中甚至亦未提及，而其本人仍在世。而在下仍将坚持，韦氏[149]对德语世界法学研究中方法论重要地位之保护身负重要贡献。若无人于此方面谈论其作用，吾等姑且回到黑克：

> 若一项工作之内容已成共识，则失去其价值。何人有闲暇理会老生常谈，即使其曾为新颖观点？故而，如作者遭人遗忘，并非其损失。作者本人，亦会对其过时成果失去兴致。此种"成功的替代"本属其作品成功改良演进之自然结果。[150]

今日韦氏未留下方法论家之印象，亦可能由于其构想中方法论仅为法官借由法学理论适当理解法律之技巧。韦氏对法律科学之方法论思考，乃至对法律学说之研究，几近无名。韦氏详细论述其物权法教科书中归属理论时，曾有集中体现。其宣称（如前文所述），"归属"一词并非"先验"，而是"对可适用法律发展而来原则的重述"。与"可适用法律发展而来的原则"相比，"先验"应为何种意义？似乎可认为后者意为经归纳，而前者（"先验"）由概念法学演绎发展得出。既然如此，此情况下韦氏将接近黑克，而后者宣称，认识论意义上，传统理念法学转化方式须归类为"概念现实主义的一般展示"[151]的一部分。今日，即使恩斯特·A. 克莱默[152]谈及概念法学即概念现实主义，并坚信概念法学之错误在于其将法律术语"已解读"为"不变的、先验的背离现实的实体"。然而韦氏从未过于倾向哲学，尤其认识论，也未对此有过更多思考。

此处适宜包含若干关于韦氏法律与意识形态理念之句子。对法律

---

[148] 比如他的核心思想体现在他的告别演讲报告中，参见前引1，第23—24页：在宪法的框架下，思想上的服从与法律上的评价相对。

[149] 沙普，前引145，第67页。

[150] 黑克：《法创新与法律方法论》，1936年，第39页。

[151] 黑克，前引139，第310页。同样参见恩斯特·A. 克莱默：《法律方法论》，周万里译，法律出版社2019年版，边码140，提法是"概念法学的概念现实主义"，并且认为概念法学的错误之处在于，"它将法律概念理解成由纯粹理性事先给出、自己主导其独特生命的实体"。——译注

[152] 同样参见克莱默，前引151，边码140。

"有思考的服从"[153]为其(及黑克)对法官最为重要的指导原则,实乃实证主义。当然,韦氏亦有感于"1945年之后的自然法浪潮"[154]。虽然当其思考"对抗以法律形式出现的不公之堡垒"[155]时,仍对制定凌驾于一切之上的法律规范作为最高权威的可能性持怀疑态度。他声称"只有客观内容确定无疑,可供法官依照其作出裁判的原则才是有用的"[156],但又认同即使实体意义上,对"可裁判超实证价值的衡量"之回答,各时代与各文化皆不同。[157]而其认为"正义理念"[158]为"亘古以来人类最高价值"之一,并超脱于一切"正式定义与物质描述"。经过如此论证,韦氏回到《德国基本法》[159],认为其中包含实证化自然法,然而亦不依赖于同宪法之联系。由此观之,最后手段便是"恢复十诫和其对《新约》实质性塑造"之可能。然而其声称,它们并不构成法律规则,虽然其的确表达人类服从上帝之义务与随之而来对人类共存之基本要求。[160]据我所知,此为韦氏著作中唯一一次谈论其宗教信仰。即使在此情况下(唯一一次),其对可适用的法律渊源效力做到合格保留。如无必要,单单引用十诫并非其所欲,相反,其仅仅提倡"以再检验方式诉诸"[161]。然而,在下无法想象,其对某人如何获得此种再检验之标准毫无质疑。

韦氏1957年的著作《作为民法价值的人与人格》具有深刻伦理学基础。于他而言,《德国基本法》第1条赋予人格尊严之保护同时构成《德国民法典》下赋予人格权保护之不可侵犯的价值基础。迪里希之后,韦氏[162]同样论证人类不应成为客体之准则,这一问题在近日德国联邦宪法法院对《德国航空安全法》的判决中扮演了决定性角色。[163]

---

[153] 前引26,第25页。
[154] 前引26,第27页。
[155] 前引26,第25页。
[156] 前引26,第25—26页。
[157] 前引26,第26—27页。
[158] 在前引29韦斯特曼的作品第9页中已经被提及。
[159] 前引26,第27页。
[160] 前引26,第28页。
[161] 前引26,第28页。
[162] 前引29,第7—14页。
[163] 同样参见施林克(Schlink):《良知:论政治、法、撰写与信仰》,2005年,第125页,第126及以下诸页。

九、韦斯特曼的教学生涯

哈里·韦斯特曼为当时德国最为闻名的法学教授之一，在法律圈中享有盛名，其名声甚至远播他国。我们可以称其为当时"法律界之名流"。

其成为伟大学术讲师的理由有二：责任感与对育人之热爱。二者孰轻孰重很难分清。[164]

学生一度无限推崇韦氏，当然并非由于获得学分标准宽松与高分泛滥，而仅在于其独一无二之授课风格。诸如心无旁骛、鼓舞人心、劝人奋发、平易近人、智珠在握、愤世嫉邪等形容词，远不够生动有力捕捉其性格特点。无论在课堂上，研讨会中或是别处，但凡他开口，便是真正智者。

2004年波鸿鲁尔大学授予沃尔夫冈·克莱门特（前任德国联邦经济事务部部长，曾在明斯特大学学习法律，1965年通过第一次国家司法考试）荣誉博士头衔，马库斯·陆德的致辞充分证明了这一点。陆德称克莱门特"和当时大部分来自鲁尔区的人一样，就读于明斯特大学，听过哈里·韦斯特曼讲课，参加过他组织的考试"[165]。这一简短陈述说明了韦氏教授之名传扬之广。可以肯定在其努力下，对于几代学子而言，学习法律都令人愉快。有幸我也是一名经历者，因此诚挚感谢。

但其教授生涯最后几年中——确切而言从1968年起——陷入与学生的巨大问题中。虽然可能只是学生中的一小部分，但这部分其后一段时间都影响极大。基于以上问题，韦氏不久便丧失了教学热情，正因如此早早名誉退休。1968年的一幕犹在眼前，当时在下以进修讲师身份参加明斯特大学法律系冬季学期第一次会议，这是该会议首次有学生参加。

---

[164] 一些被引用很多的文章证明他不仅赋予教学很大的价值，而且实践它：韦斯特曼：《为他人行为的责任》，《法学教育》1961年，第332—343、383—387页；韦斯特曼：《错误法中评价的统一性与多样性》，《法学教育》1964年，第169—177页；韦斯特曼：《作为民法构成要件的构成性的和宣布性的公权力行为》，帕夫洛夫斯基、维亚克尔（Pawlowski/Wieacker），《米凯利斯纪念文集》，1972年，第336—353页。最后的列举的文中的评判性解释展现出韦斯特曼在教学方面的强烈追求。

[165] 该句源自马库斯·陆德的讲话。

一名学生不加头衔称呼韦氏为"韦斯特曼先生"。当时仅教授之间可以不加头衔称呼对方,直到取得教授资格本人才能省略头衔,对此已是理所当然的。不妨直说,该学生的不服从行为令韦氏勃然大怒,当即大声训斥"对您来说一直都是韦斯特曼教授"如此云云,场面一度十分难堪。随后会议中该学生改口称呼其为"韦斯特曼博士教授"也无济于事。

并非是言语上的讽刺令韦氏如此愤怒,而是学生对学校事务要求拥有发言权,而法律系与校方章程下共同决定和新规批准如此要求。韦氏感到学生诉求与文字游戏——所谓"学生运动"——深深损害其作为德国教授之尊严与荣誉,令其斯文扫地。其地位观念与自我意识十分强烈。以上事件驱使其落入进退维谷境地。在下对哈里·韦斯特曼诚挚情感未受到影响,但我的确十分吃惊其处理方式如此不妥。[166]

在此须强调韦氏 1974 年告别演讲中提到的几点。[167] 首先,关于助教:"令人吃惊的是,私人复习与备考课程不仅在国家大量资金支持下的法律系存在,许多学生甚至只喜欢通过这种方式学习大学课程。"韦氏认为,学生需要付费给此类课程教师,而教师本身也受到教学技巧之自然选择,学生愈发积极参与此类课程与此不无干系,但韦氏认为,[168] 此类教师成功原因最离奇之处在于,一名成功的助教能够仅凭其表现,如同一家之主一般对学生施加影响。一名优秀助教在学生中拥有重要地位,而通常教授才是理应拥有如此地位的人,毕竟教授们经过"基于严苛标准"选拔而"曾在普罗大众中拥有近乎无限的名望"。于我而言,1974 年的发言不仅是先生对时代(剥夺教授"近乎无限名望",令其无法再将恼人学生驱逐出课堂),更是对法律系中教学之嘲讽。韦氏对德国大学改造之意见关于法学研究,认为大学正堕落为"延期高中",企图迎合学生。[169] 其本人捍卫传统,教育学生为自由与对个人负责而在方

---

[166] 在韦斯特曼的告别演说中(前引1),他提到"学生圈",他与该圈子有几个学期的时间存在"部分是激烈的分歧"。他以冰释前嫌的方式补充道:"以及为了我们的大学,存在最终的共同点的意识。"
[167] 前引1。
[168] 前引1,第15—16页。
[169] 前引1,第24、25页。

法论意义上独立思考。[170] 韦氏此处强调其本人"高度精英主义观点"与对成就原则之信仰,并补充正是此态度令其与学生发生冲突。[171]

但整体上结果已经确定,可以明确其精英主义观点(如果表述为关于精英发展的观点会更好)绝无可能进入公众大学。[172] 以韦氏观点,公众大学显然更符合其反对之专业学校模式。抛弃现存法律系,以专供训练法律人员的法律学校取而代之,在其看来乃唯一脱离困境之路。大量"实践岗位"可以靠此类学校毕业生填补,而最为优秀的毕业生,包括已在实务中证明自己者,才可以在法律系中开始真正的法学学术研究,那时他们已获得相应改造,并升至更高学位——甚至是研究职位。

若问我韦氏是否赞成所谓大学改革中的博洛尼亚进程(引入学士硕士体系),我会坚决作出肯定答复,正如前文已经证明过的那样。虽然不幸其习惯将观点掩盖于可分割的条款之下,但在下相信,最终韦氏会参与博洛尼亚进程——当然深知势必在某所精英大学法律系任教。无论如何,鄙人坚信,比起今日大部分德国法学院,韦氏更愿革故鼎新。

---

[170] 前引1,第25页。
[171] 前引1,第27页。韦斯特曼从未使用过套语"女学生和男学生们"(Studentinnen und Studenten),并且避免使用"学生"(Studierend);在有些情况下,他偶尔使用"学生团体"(Studentenschaft)的表述。
[172] 前引1,第33及以下诸页。

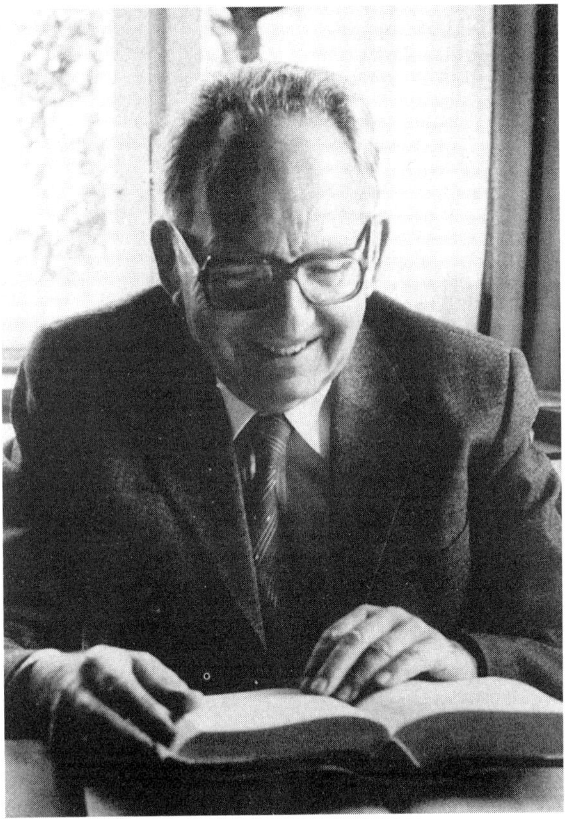

弗里茨·鲍尔（Fritz Baur, 1911—1992）[*]

目 次

一、序言 / 777
二、初识恩师及师生关系 / 778
三、人生简介及其显著的影响 / 778
四、鲍尔和物权法 / 782
五、鲍尔作为诉讼法学者 / 786
六、鲍尔为人 / 789

一、序　言

在德国，年轻一辈的法律人只要想到不断更新再版的《物权法》教科书，就会把弗里茨·鲍尔与物权法联系在一起。鲜为人知的是，弗里茨·鲍尔在他的那个年代，是具有重要意义的诉讼法学者，在国际上有很大的影响力。描述他，必须尝试适当地展示他在这两个方面的学术风格。学者的作品与学者的个人经历很难分离。因此，在评价他在物权法及诉讼法上的贡献之前，应当首先刻画弗里茨·鲍尔人生的重要阶段。当然，文章的读者感兴趣的，还有门生本人描述其老师的视角，及门生的学术和标准的来源。我不再遵守陈旧的公民谦虚，即不从自己开始，而是首先简单介绍本文作者和弗里茨·鲍尔之间的关系。

---

[*] 作者简介：〔德〕罗尔夫·施蒂尔纳（Rolf Stürner, 1943），弗莱堡大学法学院荣退教授。施蒂尔纳1968年的博士论文和1976年的教授任用资格论文均在鲍尔的指导下，在图宾根大学完成。本文是施蒂尔纳2007年5月11日在柏林洪堡大学的报告。

二、初识恩师及师生关系

1962年,我在图宾根大学开始学习法律,认识了弗里茨·鲍尔,他当时约50岁。我听了他民法总则大课和物权法大课,欣赏他简洁地解释复杂的结构、父爱般的交流方式、对话式授课及他的幽默。我在考完第一次国家司法考试后,在他那攻读博士学位,成为他担任联合主编的《法律人杂志》的工作人员。我在第二次国家司法考试和短暂担任法官之后,从1972年到1976年担任他的教席的学术助理,同时在他指导下完成教授任用资格论文。在这段时间,我们发展出十分紧密的个人和学术关系,在接下去的几十年里,这种关系还很牢固,这使我接受了弗里茨·鲍尔的很多工作,包括弗里茨·鲍尔接受的其他人转交的任务:合著教科书《强制执行、破产与和解法》[①] 和《物权法》,参与《泽格尔德国民法典评注》中物权法部分的评注,成为《法律人杂志》和《民事诉讼杂志》的主编之一,并担任民诉法学会会长等。在弗里茨·鲍尔和很多同事的眼中,这次的纪念活动涉及的是一个与其老师有一些共同点和比较熟悉的学生的文章。一方面,这会让纪念活动有趣,因为这是内在的视角;另一方面,文章的客观性受到了制约。即使几十年过去,我本人变成一位老人了,或许我今天的看法不同于30年前的,但是,钦佩吾师之心从未变过,尤其是对于其人格的评价,在几十年以来标准已经发生变化的地方,都经受住了考验。

三、人生简介及其显著的影响

这里不展现个人的全部历程,而是提到一些重要的塑造后来的这位

[①] 该书的中译本,参见弗里茨·鲍尔、罗尔夫·施蒂尔纳、亚历山大·布伦斯:《德国强制执行法》(上册),王洪亮、郝丽燕、李云琦译,法律出版社2019年版。该书由阿道夫·舍恩克(Adolf Schönke, 1908—1953)于1940年创作,弗里茨·鲍尔自该书第11版修订该书,最新版为2006年的第13版。——译注

学者的人生阶段和经历:[②] 1911 年他出生在多瑙河畔的迪林根（Dillingen）。这是巴伐利亚地区单调的一个地区，习惯于说"没有、夜晚和雾气"（nix, nox, nebulae）的学生反映了该地区的特点。鲍尔孩童时期在一个中下层普通家庭中长大，爷爷是教师，父亲是一个棉花厂的负责人，奶奶是一个杂货店店主，在通货膨胀时期用惊吓的眼光不断地注意着"美元"汇率；高中阶段是在斯图加特的具有人文传统的埃伯哈德-路德维希高中，在该校这位乡下的新生很快就会成为一等学生，在这里学得的拉丁文即使到他高龄阶段还是能击败博士生；在慕尼黑大学和图宾根大学的时光，笼罩在通货膨胀和第三帝国崛起的阴影之下；1933 年 22 岁的他在图宾根通过国家司法考试，随后在 1934 年写了有关损害赔偿的博士论文；1940 年，时值 29 岁的他在图宾根地区法院的民事庭担任法官并完成教授任用资格论文，论文是弗里茨·鲍尔作为军人在家乡休假期间完成的。作为军人他有 5 年参与德法和德俄的战争，1945 年返回，重新开始在图宾根法院和南符腾堡-霍亨索伦州的政府工作，在那里受到两位都是社会民主党的卡罗·施密德（Carlo Schmid, 1896—1979）和维克托·伦纳（Viktor Renner, 1899—1969）以及后来成为西南巴登符腾堡州州长和联邦宪法法院院长格布哈德·穆勒（Gebhard Müller, 1900—1990）（基督教社会联盟党）的赏识。鲍尔后来在美因茨大学法学院和当时大放异彩的图宾根大学法学院任教授；他的民事诉讼法法学会会长、司法改革委员会委员以及德国法学家大会主席团的工作得到高度认可；正如在很多的"火把致敬集会"（"Fackelzug"）上说的，最终他作为学术大师被高度评价，在外国同行的诉讼法协会圈子里他得到如同对父亲般的尊重，这对于二战后的德国人，绝不是理所当然的。很多外国诉讼法专家协会授予其荣誉会员。在其高龄时，因斯布鲁克大学和希腊大学授予其荣誉博士。弗里茨·鲍尔在 81 岁的时候去世，临终之前一直从事文学研究，是学术研讨会的忠实参加者。有意思的是，一

[②] 1987 年弗里茨·鲍尔在高龄之时为他的亲戚和关系密切的朋友书写了他的人生之路和他的回忆，只要适合公开，下文在某些方面以此为基础。其他的生平简介，参见格伦斯基（Grunsky）等：《引言》，格伦斯基等主编，《弗里茨·鲍尔纪念文集》，前言部分第 9、10 页，及第 753 页（委员会成员和荣誉等）以及作品目录（第 754 及以下诸页）。

直是天主教徒的他即使高龄还加入了基督教，即他妻子的信仰。他的妻子来自普鲁士符腾堡的官员和医生世家，得到他很高的评价和尊重。

弗里茨·鲍尔的一生是德国命运的写照，包括了命运中所有的分离、高潮与低落、黑暗与光明。在与熟悉的年轻人谈话时，尽管在纳粹时代他还比较年轻，弗里茨·鲍尔从来不忌讳谈及黑暗的时代，也绝不会放弃评判性地思考那个年代。他的学术生涯始于很是全球性、很是比较法的有关损害赔偿的博士论文，该论文体现了具有国际性特征的学术理解，这位24岁的青年至少顺便地向1933年之后的"新时代精神"呈上了礼品。③ 这个最初离核心圈很近的25岁的年轻民事法官作为党员，以他在29岁时军队探亲期间完成的教授任用资格论文《受裁判约束》④，表达了坦白，弗里茨·鲍尔对该坦白一直以来有深度的惋惜，成了其负担，⑤ 尽管有榜样作用的老同事严重的失礼和对年轻法律人的政治压迫，使这些坦白应当得到冷静的评价。⑥ 两大民主党派领导人，诸如维克托·伦纳和格布哈特·穆勒，很快看到了这点，并且很早就将其招纳为区域政府部门的负责工作人员。当然在20世纪60年代的校长选举期间，他的竞选对手和纳粹期间的朋友整理材料反对弗里茨·鲍尔，尽管他以多数票获胜，但还是没有入职，因为他相信过去的经历让他尽量不要接受这种代表性的职位。这种态度表现出的品质及负责任的行为值得高度评价——尤其是在一个确定个人的政治道德时，正如我们今天所知道

---

③ 鲍尔：《损害赔偿法的发展与改革》（Entwicklung und Reform des Schadensersatzrechts），1935年；重新研究该话题的，参见鲍尔：《损害补偿法现状的几点意见》，鲍尔等主编，《私法制度的功能变迁：路德维希·赖泽尔70岁纪念文集》，1974年，第119—139页。

④ 鲍尔：《受裁判约束》（Die Bindung an Entscheidungen），1940年；对此，同样参见贝特曼（Bettermann）：《论行政受民事裁判约束》，《鲍尔纪念文集》，1981年，第119—139页。

⑤ 同样的是与其老师海因里希·施托尔（Heinrich Stoll, 1891—1937）合著的精要类《德国农业法》（Deutsches Bauernrecht）。该书1935年由施托尔独自创立，他去世后，1938年由学术助理弗里茨·鲍尔修订更新出来几版。

⑥ 对于该话题同样有说服力的，参见魏德士：《无界限的解释》，2005年第6版，书中有大量的证明；对于个人的评价，尤其是参见该书后记第477及以下诸页，第482及以下诸页。

的，他们认为其年轻时代的过去不应当诚实地处理，也不值得公开。⑦

弗里茨·鲍尔属于德国高校老师的一代人，这一代人在其学术生涯的开始之年，政治文化崩溃的经历深深地影响了他们。这些影响导致了很多结果。第一，明显是回到了自由主义和人文主义的传统，在这些传统中人们寻求确定和自知之明。第二，偏向于教义学，将其作为经受住政治浪潮考验的法律智慧沉淀的宝藏。⑧ 第三，不辞辛苦地自我管理以及与学生的合作；他把这种合作理解成伙伴的关系，对废除作为规定的统一体的它就如它的失败，感到遗憾。最终，他明显倾向于鼓励同事成为民主党派的成员，对这些党派他本人有很多个人的接触。这对于他来说，这是政治容忍的要求。20 世纪 60 年代和 70 年代的动乱，使不稳定再次出现，这让仅有少数的其实能够看透以及有些无助地坚持在形式上的位置。弗里茨·鲍尔认识到这些关联，保护自己不受强硬派侵害，即使他认为攻击异常的严重，这属于他的优点。最后，这是一个拒绝甚至是抗争公民自由传统的阶段，这种传统使他在 65 岁的时候就退休，尽管他的课有非常好的声誉并受到激情般地欢迎。他应当非常满意地经历具有世界观转变的摇摆变得再次温柔，以及后来两德统一终结了共产主义激进的相互对立的体制。⑨ 自由主义和容忍以及政治上偏好于统一的民主和稳定的欧洲，对他来说是在他的青年时期从政治文化崩溃中得到的经验。这是一种深入和真诚的确信，他的圈子中的年轻学者以及德国和外国的同事对此给予高度评价。⑩

---

⑦ 对此，参见《明镜》(Der Spiegel)，Nr.34/06，第 46 及以下诸页，第 64 及以下诸页(Grass, Höllerer, Wapnewski, Jens)和 2006 年 9 月 29 日《法兰克福汇报》(FAZ)，Nr.227，第 35 版(Grass/Karl Schiller)。

⑧ 对此一般性的论述，参见施蒂尔纳：《20 世纪末德国民事诉讼法学者》，《格尔哈德·吕克 70 岁纪念文集》，1997 年，第 829—844 页。

⑨ 对此，参见弗里茨·鲍尔的结语，沃尔夫冈·格伦斯基(Wolfgang Grunsky)等主编，《欧洲民事诉讼法之路》，1992 年，第 145 及以下诸页，第 148 页。

⑩ 全面的评价，参见乌韦·迪德里希森(Uwe Diederichsen, 1933)：《弗里茨·鲍尔——民法教义学与人性》，《民法实务论丛》1993 年第 193 期，第 391—422 页。弗里茨·鲍尔在杂志和文集中最重要的学术发表已经被他的门生整理成两卷本的文集，参见鲍尔：《法院宪章与民事诉讼法文集》，1983 年；鲍尔：《实体法与程序法文集》，1986。两卷本由沃尔夫冈·格伦斯基、罗尔夫·施蒂尔纳、曼弗雷德·沃尔夫及格尔哈德·瓦尔特主编出版。

四、鲍尔和物权法

1. 在开始的时候已经提到,弗里茨·鲍尔学术声望在国外,也即在在国际上地位,主要是在程序法的领域,而德国的学术和实践把弗里茨·鲍尔首先和物权法联系在一起。[11] 他负责或撰写的两本物权法的著作,在很长时间里占有垄断地位。首先是《泽格尔德国民法典评注》(Soergel BGB-Kommentar)中关于不动产物权的法律评注,《施陶丁格法律评注》(Staudinger'schen Kommentar)经过与它形成的艰难竞争之后才建立起自己的地位,遇到的最新的竞争对手是《慕尼黑法律评注》。其次是弗里茨·鲍尔的大型教科书《物权法》。无疑,弗里茨·鲍尔认为这本书是他一生工作的核心。[12] 按照他的理解,这本书继承了黑克的教科书的传统,[13] 并且明显能看出弗里茨·鲍尔经常引用黑克的教科书,以及在菲利普·黑克没能影响到的法律发展过程中讨论他的思想。比如不动产权的顺序说或土地债务抽象性的克服。[14] 对他来说,既是反对者又是伙伴的是马丁·沃尔夫和路德维希·赖泽尔的《物权法》以及哈里·韦斯特曼的《物权法》。路德维希·赖泽尔曾是弗里茨·鲍尔的同事和邻居,使沃尔夫的教科书焕然一新,[15] 带着一种怀疑的善意看待新教科书的增长;但更多的是缓和了紧张,这是因为路德维希·赖泽尔越来越多地转向公司法、竞争法和法律政策方面的问题,对于物权法的教义学留下的空间不多。至少,鲍尔在早期的时候,把老同事带着物权法影响的权威作为激励和标准。两本物权法著作都是由南德作者创立和更新的,不知道是否是个偶然,或者可以说南德的思维方式特别能够接受这些材料?和弗里茨·鲍尔相似,哈里·韦斯特曼[16]的教科书将利益法学作为法律方法的起点,是一个有重要意义的兄弟专著。但是,正如我

---

[11] 对此,参见施蒂尔纳:《弗里茨·鲍尔和物权法》,法学院与图宾根大学新闻部主编,《纪念弗里茨·鲍尔教授(1911—1992)》,1994年,第79—87页。
[12] 鲍尔:《物权法》,1960年第1版。
[13] 黑克:《物权法精要》,1930年。
[14] 鲍尔、施蒂尔纳:《物权法》,1999年第17版,§45 1,边码1及以下几个边码。
[15] 沃尔夫、赖泽尔:《物权法》,1957年第10版。
[16] 韦斯特曼:《物权法教科书》,1966年第5版,1973年增补版。

们所知道的，哈里·韦斯特曼一个人不能将物权法以如此宽大的教科书继续下去。[17] 鲍尔的教科书越来越多，成为经常更新和修改的权威专著。弗里茨·鲍尔与编写精简教科书的作者保持着深入的私人关系，比如与著名的诉讼法学者卡尔·海因茨·施瓦布[18]及其门生曼弗雷德·沃尔夫[19]。这些著作的目标是如此不同，以至于它们更多的是相互补充，而不是学术上的相互攻击。

2. 弗里茨·鲍尔因此是那个时代完全忠诚于物权法的学者，抵抗住了其他法政策推动的法律领域的诱惑。对于一个学者，人们倾向于提问：他在所在的领域做出哪些不同的贡献。对此，人们会惊讶地发现弗里茨·鲍尔在诉讼法领域做出看得见效果的创造性贡献，而在物权法领域却变得更难。弗里茨·鲍尔在物权法领域的文章明显比在诉讼法领域中少了很多，这些文章更多的是在教义学上产生的影响，而不是引人注目的新思想。首先应当提到的是他以下主题的文章：《德国民法典》第1004条框架中的违法性学说、不作为的侵权行为，[20] 以及他的有关排放法的文章，这里主要是公法与私法的联系吸引着他。[21] 他对于所有权法的思考，抵抗了公法和宪法企图的空洞化，捍卫了经典的自由主义观点。[22] 正是这样的更老的学者弗里茨·鲍尔，才在其中看到危险之处，这些危险促使他在他的物权法教科书中引用更早的宪法裁判："所有权是一项根本性的权利，它与保障个人的自由有内在的联系。从基本权的整体来看，它所被赋予的任务是在财产权的领域，确保基本权的享受者

---

[17] 哈尔姆·彼得·韦斯特曼和其他作者的新版本，1990年第6版第1卷以及1988年的第2卷。

[18] 兰特：《物权法——学生用书》，1949年；兰特、施瓦布：《物权法》，1962年第9版。

[19] 沃尔夫：《法律基础：物权法》，1976年。

[20] 鲍尔：《基于〈德国民法典〉第1004条排除妨碍请求权》，《民法实务论丛》1961年第160期，第465—493页；鲍尔：《论"预防性的排除妨碍诉讼"的专业名词和一些问题》，《法律人杂志》1966年，第381—383页。

[21] 鲍尔：《释放意念》，希腊诉讼学者学会主编，《米歇尔拉克斯纪念文集》，1973年，第59—67页；鲍尔：《联邦排放保护法的私法效果》，《法律人杂志》1974年，第657—661页；鲍尔：《土地法中确保公共的和社会的要求的私法可能性与界限》，《民法实务论丛》1976年第176期，第97—118页；鲍尔：《土地所有权领域公法与私法的相互渗透》，鲍尔、拉伦茨、维亚克尔主编，《松蒂斯纪念文集》，1977年，第181—201页。

[22] 明显的，参见鲍尔：《物权法》，1989年第15版，§24 I，第5节，第218及以下诸页。

有自由的空间,并且使他能够自主地构建生活。保障所有权作为法律制度,保障了基本权利。个人的基本权利以'所有权'的法律制度为前提;如果立法者在私人所有权这里设定了'所有权'不应当拥有的,那么它将不会有效果"(《联邦宪法法院裁判集》第24卷,第367、369页)。

  没有什么能比这个引言更能体现出物权法学者弗里茨·鲍尔的特征。他认为物权法是为了个性展开而服务的适当地归属物之自由的法。这种观点不仅是自由保守的,同时也是社会融洽的;他反对任何形式激进改革的意图,这种意图是在传统的公民的物权法的自由世界中给予帮助。相反,对于弗里茨·鲍尔来说,正是物权法提供的自由空间,才应当是社会平衡的工具。他对于公权力的干预和监管更多的是持怀疑态度。在物权法教科书中有关所有权的章节,勾画的不仅是法律狭义上的所有权,还包括所有形式的对象方面的自由和权利,即从物权法上的完全的所有权,到房屋所有权、土地租赁权,直到物权化合同的租赁;[23]从真正的物之所有权到矿山所有权、农庄所有权、水权,直到企业所有权。[24]他所理解的各类形式的所有权制度,是社会制度,对他来说,所有权是社会平衡的关键。此处表明了他与其他人的不同。其他人在所有权及其类似形式的权利中看到的仅仅是保障,即正如路德维希·赖泽尔在他为弗里茨·鲍尔的纪念文集所撰写的著名文章《作为人权的所有权》中所提到的:"个人能够占有最低程度的物质产品。"[25] 同时,这也是在他与京特·迪里希[26]的争论中得到的认识,他们都赋予所有权更为基本性的和先设权利的意义。

  3. 如果我们接受了弗里茨·鲍尔这些观点,就会开始理解为什么在他高龄的时候,物权法方面精致的教义学研究如此吸引着他。在他看来,物权法秩序是私人的和经济的领域中保持或分配自由的工具,以政

---

  [23] 鲍尔:《物权法》,1989年第15版,§29,第276页及以下诸页;同样参见鲍尔、施蒂尔纳:《物权法》,1999年第17版,§29,第330页及以下诸页。
  [24] 鲍尔:《物权法》,1989年第15版,§§27、28,同样参见1999年第17版。
  [25] 赖泽尔:《作为人权的所有权》,《鲍尔纪念文集》,1981年,第105页,第117页。
  [26] 迪里希:《作为人权的所有权》,《综合国家学杂志》,1953年第109期,第326—350页。

府的手段解决企业所有权界限争议在他看来,还不如货物所有权人和担保权人有关担保所有权的争议,或租赁人的占有保护。谁要是阅读他的教科书中的例子,就能在里面遇到社会冲突的大问题,同样还有"小人物"的油盐酱醋的问题。

在此背景之下,对鲍尔的物权法的理解,需要的不仅是在教义学问题中充满爱的可靠性,而且还有诚实地处理好事实。在鲍尔的物权法教科书中,很早就有大量关于物权法的法律事实,比如在土地担保法或土地法之中的法律事实,要比法社会学或法律事实研究尝试建立成为独立的学科早。

4. 鲍尔的物权法对读者提出的要求很高。尽管如此,这本书实现了很多精要型教科书不能超越的出版版次。尽管有这样的体量,这本书没有成为实务人员用来解决细节问题的手册,也没有被法官当成数据载体来支撑细节问题中的观点。这本书不是用来从头到尾地阅读,而是对每一章或专业领域进行深入研究的书。大量的读者最终感受到没有哪本书能像这本书一样,将整体和细节融洽地结合在一起。如果弗里茨·鲍尔没有举例子的话,他就不会将整理的教义学和个案研究之间的"黄金结合"联系在一起。一些有影响力的教科书和对法律部门的体系化的展示事实上没有例子的展示,也有些教科书不断地提到简短的例子,在后面实现体系化的展示。相反,很多诸如复习类型的书(鲍尔参与了大量著名的"复习"丛书系列[27]),以案例为起点,整个法律部门从此展开。这两类的展示方式都有自己的问题。包含案例的体系化论述,容易变成平淡无奇的同时论述,而基于案件的论述容易成为没有权重的法律部门的基本问题和基本决定。弗里茨·鲍尔因此选择这两种的混合形式。对于大部分的内容,他勾画出需要解决的利益冲突以及冲突解决方案中的法律工具,然后在详细的案例中,他不仅给出了简短的解答,而且塑造了很多精致的细节网络,该网络记录了很多单个的问题以及具体的利益冲突。我们经常会惊叹他通过这种方式在极小的限度内以动态的方式提供

---

[27] 这里是指哈特曼(Hartmann)"复习"丛书系列。这套系列是书面的复习材料,分为基础、问题展示、面试会话以及包括答案的考试题,还有德国法院裁判的卡片。后来有很多(非常成功的)模仿产品。

如此多的信息。这需要在选择案例时有极大的细心和耐心,以及需要在深入思考具体的案例时有达到简短法律意见书的质量。弗里茨·鲍尔经常是在某个案例上花费几个小时的时间,直到他理解了其中的利益角逐问题、它们的法教义学问题、以很多例子展示纷繁多样的现实生活。他非常不喜欢没有好例子的论述,缺少具体案例材料的博士论文草稿、他的门生的作品,都会被他如父亲般但也是明确地批评。

5. 鲍尔的物权法教科书是物权法领域写作的代表;这本书被很大的读者群接受,并且这将会持续下去,无论该书后来的版本和修改的质量如何,因为作品的著者的特点,这也不是说没有问题,这需要肯定的和体系化的理解。[28] 欧洲一体化,将会在某个节点触及物权法,通过改革和变化可能会注意到这本书在历史上的传统形式,即使如此,这本书将会在德国法的历史上占据一席之地。法学家不会要求更多,也只有少数的著者能够实现该目标。鲍尔一直认为他对物权法的贡献是为学术和法服务,而不是个人著述的目标,并且也极为深刻地意识到人类对法追求的局限性。但是,在所有的学术中,都有对创新的持续追求——这种创新保持了它的记忆。不仅是他自己的门生、年轻一辈的法律人以及我们这个时代的学者受到弗里茨·鲍尔这本书的影响,后世法律史的线索中研究自由的社会秩序的变迁基础时,也会惊叹于他的论述。

五、鲍尔作为诉讼法学者

在物权法领域,所遇到的是传承的学者,他对转变传统自由的观点持谨慎的态度,在诉讼法领域,却完全是另外一个情形。虽然也有更倾向于教义学的学术作品,这些作品在专业圈中闻名,而且在法院的引证中有时也能遇到。[29] 但是,使弗里茨·鲍尔作为诉讼法学者长期世界闻

---

[28] 参见鲍尔、施蒂尔纳:《物权法》,1927年第16版,1999年第17版。
[29] 鲍尔:《听证请求权》,《民法实务论丛》1954年第153期,第393—412页;鲍尔:《民事诉讼程序中的"指控"(Beschwer)》,罗森贝克、施瓦布主编,《兰特纪念文集》,1956年,第1—16页;鲍尔:《"上诉变更"是一种法律救济手段?》,《弗拉基斯塔斯纪念文集》,1966年,第359及以下诸页;鲍尔:《程序法中公共秩序的几点评论》,马克斯·库默(Max Kummer)、汉斯·乌尔里希·瓦尔德(Hans Ulrich Walder)主编,《马克斯·古尔德纳70岁生日纪念文集》,苏黎世1973年,第1—20页。

名的不是这些诉讼法上的贡献,而是其他的法院也不太感兴趣的基础性研究。

1. 首先是两部诉讼法作品,在开创性的研究中使新发展的法律领域体系化,并为其提供了理论基础。《临时的法律保护研究》是全欧洲甚至是全世界第一个现代化的研究,该研究重新组织该法律领域,以此使它在未来有我们现在认为的理所当然的重要意义。[30] 该研究对于德国的教授任用资格论文(迪特尔·莱波尔德[31]、埃伯哈德·席尔肯[32]等)以及对于在欧洲、南美和日本的研究,都起到了示范作用。正如作曲家(比如约瑟夫·海顿)的天赋在编写旋律中展现出来的一样,对于发展中的新问题,感知是学术原创性的试金石。

第二个作品,是呈现出弗里茨·鲍尔对新的研究领域视角的教科书《自愿裁判权》[33]。弗里茨·鲍尔再次成为对这些材料进行学术研究的世界第一人。因为这个作品,他赢得了诉讼法学者的威望。弗里茨·鲍尔想要在总论的后面加上分论,可是没有实现。弗里茨·鲍尔年事已高之时向我展示了他的部分手稿。到底为什么会失败和中断?原因是市场,就像我们现在普遍的观点所认为的,它也许不是所有时候都是聪明的。该教科书在学术上有好的口碑,可是购买者少。这使得弗里茨·鲍尔失落。他不是纯学术化的人,他的实用主义灵魂促使他寻找效果;在法学研究的效果失灵时,他不是力图阻碍现实。后来,国内外关于"自愿管辖"的描述虽然依赖他这个前瞻性作品的体系发展,[34] 使他的创作具有威望,但是在实践中并没有得到响应。[35]

2. 法学很少塑造现实,只有少数的思想能够如愿以偿地重塑世界。

---

[30] 鲍尔:《临时的法律保护研究》,1967 年。

[31] Leipold, Grundlagen des einstweiligen Rechtsschutzes (1971).

[32] Schilken, Die Befriedigungsverfügung (1976).

[33] Baur, Freiwillige Gerichtsbarkeit, Bd. I (1955). 自愿裁判权(Freiwillige Gerichtsbarkeit),也被称为"非诉裁判权",是指当事人协商一致主要由法院作出裁判或其他机关作出决定的民事事务,比如由专门法院出具"继承资格证明"、制定监护人、土地登记以及商事登记。它也被称为"照顾性司法"或"基于公共利益的法律关顾"。

[34] 在德国尤其是参见 Habscheid, Freiwillige Gerichtsbarkeit (7. Aufl. 1983); Brehm, Freiwillige Gerichtsbarkeit (3. Aufl. 2002)。

[35] 源自弗里茨·鲍尔的"非诉裁判权"早就存在了,参见 Baur/Wolf, Grundbegriffe des Rechts der freiwilligen Gerichtsbarkeit (2. Aufl. 1980)。

弗里茨·鲍尔属于少数几位在此成功的法学家。在 1966 年发表的短篇专著《民事诉讼中口头谈判的集中之路》中，㊱ 弗里茨·鲍尔发展出民事诉讼中深入准备的主审的思想，这种主审在特定期限内完成谈判和质证。在这里刑事诉讼是榜样，对此统一的主审的思想在法律史中存留下来——在一定程度上按照的是重新复兴的形式。当教授们撰写的时候，一般来说不会发生什么。但是，数年后，斯图加特的州法院力图落实该思想，这就是所谓的"斯图加特模式"。它非常成功，㊲ 以至于它对 1976 年德国民事诉讼法改革产生巨大的影响。㊳ 这种"主审模式"，因为其有更大的灵活性，与英美法中的具有减轻负担特征的"审前程序"的审判模式存在区别，㊴ 实践中在全球范围得到认可。它塑造了《伊比利亚美洲法典模式》（Código Modelo Iberoamericano）㊵以及后来 2001 年西班牙诉讼法的改革。㊶ 就是英国诉讼法也受到这个基本模式的很大影响，当然英国法学家不情愿承认这种比较法上的影响。㊷ 由美国法学会和国际统一私法协会 2004 年颁布的《国际商事合同通则》也热衷于这种主审模式。㊸ 因为这个模式，欧洲大陆和受欧洲大陆影响的诉讼文化与弗里茨·鲍尔的名字联系在一起。他在没有比较法研究下发展出这个模式，同时也在恰当的时间发现或复兴了这个正确的思想。

㊱ Abgedruckt in：Baur, Beiträge zur Gerichtsverfassung und zum Zivilprozessrecht (1983), S. 223-248；ähnlich schon ders., Die Vorbereitung der mündlichen Verhandlung im Zivilprozess, ZZP 66 (1953), 209-224.

㊲ 这是州法院审判长法官罗尔夫·本德（Rolf Bender）的伟大功劳；对此参见本德：《斯图加特模式》，《走进公正》，第 2 卷，1979 年，第 431 及以下诸页。

㊳ Rosenberg/Schwab/Gottwald, Zivilprozessrecht (16. Aufl. 2004), §81 Rn. 3, S. 518. [中译本参见罗森贝克等：《德国民事诉讼法》，李大雪译，中国法制出版社 2007 年版，第 565 页。——译注]

㊴ Murray/Stürner, German Civil Justice (2004), insbes. S. 239 ff.

㊵ 对此参见 Barbosa Moreira, Le code-modèle de procédure civile pour l'Amérique latine de l'Institut Ibero-Américain de Droit Processuel, ZZPInt 3 (1998), 437 ff., 440 f.

㊶ 参见拉默斯（Ortells Ramos）：《新的西班牙民事诉讼法》，《民事诉讼杂志（国际版）》，2009 年第 5 期，第 95 及以下诸页，第 102 及以下诸页。

㊷ 参见安德鲁：《英国民事诉讼程序》，2003 年，6.33 及以下几节，6.43 及以下几节，第 119 页以下诸页；施蒂尔纳：《英美和大陆的民事诉讼：英国的改革成为进一步的一体化？》，安德纳斯等（Andenas/Andrews/Nazzini）主编，《跨国民事诉讼的未来》，2004 年，第 9—12 页。

㊸ 对此参见施蒂尔纳：《交易民事诉讼程序的基本原则：基本概述》（The Principles of Transnational Civil Procedure. An Introduction to Their Basic Conceptions），《拉贝尔杂志》2005 年第 69 期，第 201 及以下诸页，第 223 及以下诸页。

3. 最后，弗里茨·鲍尔在国外作为诉讼法学者的声望，也是因为他作为第一批的诉讼法学者力图将自由主义的民事诉讼模式与社会的要求融合在一起。对此的证明是他的作品《法官裁判促成的社会平衡》[44]或《穷人法与法律保护保险》[45]。当弗里茨·鲍尔研究这些问题时，主流的诉讼法专家并不太赞同。现在这些问题的当前性很清楚，却忘记了最初的推动者是谁。法律援助和诉诸司法成为全球讨论的话题，法律保护保险成为德国的现实。思想界反思的任务，是防止这个原创的学术思想被不公平地遗忘。

六、鲍尔为人

最后再用几句话来说一下我在最后的数十年中认识的弗里茨·鲍尔的为人。这个完全是原创的个性的优秀特征是什么？首先是他外在表现出的谦虚，使他避免在大场合下出场。现今的市场宣传风气，在书和作品还没有出版之前就早早地宣布它们，并且带有优秀的自我评价，对于他们这一辈人来说，是非常让人厌恶的行为。在这种谦虚背后隐藏的是个性的自我感知，让自己知道自己的能力所及范围。简单展示，体现了学者展示的简易风格，没有华丽的词语和冗长的内容。鲍尔不是长篇大论的作家，不能用几句话简单表达尽可能被普遍理解的内容，对于弗里茨·鲍尔来说都是不成熟的。他不接受没有现实意义的概念构建的法律思维，他不花时间放在重复和非原创的作品上，他对流水线生产的作品没有好感。因为他明确认为每个人都能撰写法律评注，所以法律评注对他来说更像是沉重的负担，而不是有吸引力的学者活动。对于在他的研究所工作的倾向于每周写一篇论文的年轻学者，鲍尔警告他们不要这样做，并且建议他们阅读基础性的文献和出去散步，这样才能有利于得到原创性的作品。他认为描述性的比较法不是学术活动，他赞成法律文化

---

[44] 鲍尔：《通过法官裁判的社会补偿》，《法律人杂志》1957年，第193—197页。
[45] 鲍尔：《贫困法与权利保护保险》，《法律人杂志》1972年，第75—78页。

分析，不过他自己没有做。㊻ 弗里茨·鲍尔有语言天赋，他会说法语、意大利语以及英语，从他的拉丁文和希腊文教育中获益匪浅。他以极大和慷慨的友情欢迎外国同行，自己也去了几乎所有重要的国家旅行。尽管如此，他对比较法的态度是静止不动的，不接受在德国继受外国法。㊼ 教义学是他思想的试金石，他将精致的建构主义视为工具性的，与过分的精确化保持明确的距离。他认为教义学背后的基本结构更重要。简单解答、纯粹主义以及毫不妥协的模式，对他来说，都值得怀疑，成为他开玩笑的对象。他认为正确的比例性是重要的，即法律形式构造的比例性及其美感和平衡的人文传统中的伦理标准。他不喜欢冗长的讨论，而是倾向于揭示序言的集中化对话，对其他人理性的理解充满信心，不是狂热地说服对方。他理所当然地反对任何的意识形态，对于法律经济学和制度经济学通过现代的方式解释整个世界的行为，他已经摇头否定这种意识形态的推动。这种保持距离的方式同样也是他的德国经验的结果，在我的眼中，这种与意识形态保持距离的做法值得尊重。

弗里茨·鲍尔有维护人际关系的习性，因此不是"开放获取"的现代社会中的人；在该社会中，把对环境的信任并不少见地作为平衡器。他期待忠诚，也对别人忠诚。家庭和朋友圈是他确保人间温暖的重要因素。他对待物质的享受，是一种针对经济现实的健康方式，幸福对他来说是一个比例的问题，以至于有社会的基本需求时，他才会羡慕财富和利益。正是这种社会的比例性感受，决定了他的法律思想和私人生活，这种基本态度在今天也有或应当有意义。

㊻ 这是他羡慕诸如约瑟夫·埃塞尔和莫诺·卡佩莱蒂(Mauro Cappelletti，1927—2004)等学者的原因。

㊼ 当代对于该基本态度的划分，参见施蒂尔纳：《20世纪末德国的诉讼法学者》，《吕克纪念文集》，第829页，第830及以下诸页。

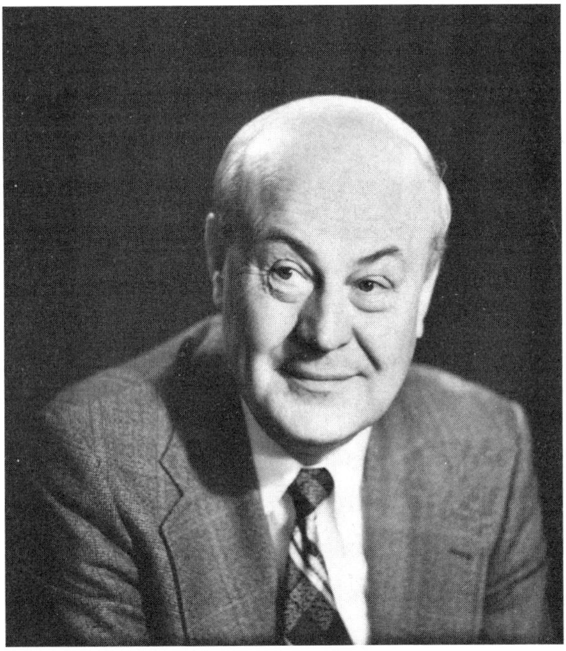

汉斯·布洛克斯（Hans Brox，1920—2009）[*]

目　次

一、中学与大学生涯　/ 794

二、普通法院的法官生涯　/ 795

三、宪法法院的法官生涯　/ 796

　　（一）北威州宪法法院的法官　/ 796

　　（二）联邦宪法法院的法官　/ 796

四、大学教授和著者的生涯　/ 798

　　（一）学者生涯　/ 798

　　（二）著者布洛克斯　/ 799

　　（三）师者布洛克斯　/ 804

作为战后杰出的法学家，汉斯·布洛克斯在其生日之际，多次被学界赞赏。[①] 有甚于其他民法学者的是，由于其说理技巧精湛而大获成功

---

[*] 作者简介：〔德〕威尔菲德·施吕特(Wilfried Schlüter, 1935)，德国明斯特大学荣退教授。施吕特是布洛克斯的门生，其博士论文和教授任用资格论文均在布洛克斯指导下完成。本文是施吕特教授2006年6月16日在柏林洪堡大学所做的报告，汉斯·布洛克斯2009年离世，原文的部分内容进行了微小调整。本文的中译文，同样参见威尔菲德·施吕特：《私法学大师汉斯·布洛克斯的生平、作品与治学方法》，周万里译，《私法研究》2018年第23卷，第245—256页。

[①] Dütz, Hans Brox zum 70. Geburtstag, NJW 1990, 2049–2050; Rüthers, Hans Brox 70 Jahre, JZ 1990, 749; Rüthers, Professor Dr. Hans Brox zum 75. Geburtstag, NJW 1995, 2086–2087; Schlüter, Hans Brox zum 80. Geburtstag, NJW 2000, 2330; Rüthers, Hans Brox 80 Jahre, JZ 2000, 764–765; Dütz, Hans Brox 80 Jahre, ArbuR 2000, 301–302; Walker, Hans Brox zum 80. Geburtstag, RdA 2000, 249; Walker, Hans Brox zum 85. Geburtstag, NJW 2005, 2286–2287; Dütz, Hans Brox zum 85. Geburtstag, JZ 2005, 781; Rüthers, Hans Brox zum 85. Geburtstag, RdA 2005, 251.

的跨越法学各领域的教科书，使布洛克斯闻名于一代又一代的法律人。他的研究领域和兴趣广泛多样，可以说他是学界独一无二的人物。布洛克斯一贯秉持极度谦逊的个性，拒绝以任何的纪念文集接受赞誉。本文试图为大家勾勒这位杰出法学家、天才教师、资深法官的生平活动、学术影响和大师风范。

一、中学与大学生涯

汉斯·布洛克斯1920年8月9日出生在德国工业城市多特蒙德，2009年6月8日长辞于世。这座工业城市对他影响极大。对所有比较了解他的人来说，布洛克斯是威斯特法伦平民阶层以及可靠和坦率品性的化身。1930年到1938年，他就读于家乡的兴登堡中学。面对学校里纳粹思想的蛊惑，他的基督教家庭教育以及天主教老师（牧师）的影响使其免受毒害。长久以来作为布洛克斯的天主教老师，并对其产生影响的，是贾格尔（Lorenz Jäger，1892—1975）——贾格尔先生后来成为帕德伯恩市的主教。中学毕业后的多年间，先生仍与之过从甚密。1938年高中毕业后，在纳粹政权的要求下，布洛克斯加入了强制劳动的队伍。

1939年到1940年间，布洛克斯在帕德博恩大学研读哲学。他以"优秀"乃至"非常优秀"的等级，完成了哲学专业课程。然而，在1940年被征召入伍后，他不得不将学术研究搁置一旁。出于对纳粹政权的敌意，他并不热心于在军队寻求官职的晋升发展。一次身负重伤后，在一位主任医师的帮助下，他转而成为医务人员，服务于军队医院，直至战争结束。

早在1945年，布洛克斯就开始在波恩大学研读法学。他选择这门学科并非是为了谋生，而仅仅是出于私人立场，以期帮助政府在多年的专制之后重建法治。自始他就以极大的热情以及丰硕的学术成果献身于学术。动荡的战争偃旗息鼓，纳粹政权栋榱崩折，这些他曾深切抵触的事物，终于举起倾覆的白旗。自此，他沉浸在远离政府控制的学习和研究之中。以今天的标准来看，当时的研究环境简直如同灾难，然而在六个学期结束后，他首次参加便以"优秀"的成绩通过了第一次国家司法考试，而且非比寻常的是，他的考试答题卷还以专著的形式出版面世。②

1948年至1950年于哈姆高等法院（北威州高等法院之一）实习期间，他在波恩大学以优异成绩（"magna cum laude"）完成了他的刑法学博士论文，荣获博士学位。③ 随后在1950年，他再次以"优秀"的成绩（"gut"）通过了第二次国家司法考试。

二、普通法院的法官生涯

布洛克斯因此具备了在司法界迅速崛起的前提条件。第二次国家司法考试后的数日内，他被任命为多特蒙德市的州法院的法官助理，并且早在1952年就开始担任州法院委员会的委员。仅仅五年之后，他又晋升为哈姆高等法院法官委员会的委员。担任法官期间，他发表了多篇民法以及诉讼法方面的文章。自1954年《综合亲属法杂志》（FamRZ）诞生之初，他就开始成为这本涉及"亲属法"的半月刊杂志的一名主编。④ 鉴于其出色的学术和教学能力，布洛克斯于1953年依委派领导"法律培训生项目"（"Referendararbeitsgemeinschaft"）。在他被任命为州高等法院委员会委员之后，他继续担任该培训项目的负责人，负责指导哈姆高等法院辖区所有的法律培训生工作。几代法律培训生均公认布洛克斯是一位公正和具有亲和力的培训导师。

自1954年加入第一次国家司法考试工作组以来，他在哈姆高等法院工作了30多年（包括兼职作为考试命题人的时间），期间1956年成为第二次国家司法考试局的委员。尽管为考试设置了颇高的考核标准，但是其明确性和公正性仍使得先生广受赞誉。在司法考试局的工作中，布洛克斯与哈里·韦斯特曼教授日渐熟识。韦斯特曼教授鼓励他继续写教授

---

② Brox, Die Einrede des nichterfüllten Vertrages beim Kauf (1948).
③ Brox, Die arglistige Verleitung zur Eheschließung (1949).
④ Brox, Abänderungsklage (§ 323 ZPO) oder Klage auf zusätzliche wiederkehrende Leistungen, FamRZ 1954, 237 – 240; ders., Welche Einwendungen kann der Beklagte im Abänderungsrechtsstreit gemäß § 323 geltend machen?, FamRZ 1955, 66 – 68; Nochmals: ders., Probleme der Abänderungsklage (§ 323 ZPO) und der „Unterhalts-Zusatzklage" (§ 258 ZPO), FamRZ 1955, 320 – 326; ders., Die Vinkulierung des Vermögens im ganzen sowie der Haushaltsgegenstände und ihre Auswirkungen im Zivilprozeß, FamRZ 1961, 281 – 287.

任用资格论文。在他的指导下,布洛克斯 1959 年完成了教授任用资格论文。直到韦斯特曼教授辞世前,他们的关系一直甚为亲近。

三、宪法法院的法官生涯

(一)北威州宪法法院的法官

尽管布洛克斯在后期逐步转向学术领域,但他在司法领域的职业生涯并没有告终。从 1964 年到 1994 年,他一直担任北莱茵-威斯特法伦州(简称"北威州")宪法法院的法官。30 多年间,他参与审理了无数的案件。其中特别值得一提的是 20 世纪 70 年代初宪法法院提起的反对"市镇地区改革"("Kommunale Gebietsreform")案。布洛克斯天生是一名私法而非公法专家,但是在法院里,他凭借其高超的专业能力和独立、开明、亲和的个性,享有高度赞誉。他决定性地创制了法院判例,由此也产生了他名为《宪法法院裁判的法效力和法律效力》的论文。[5] 基于他的巨大成就,北威州授予了其勋章。

(二)联邦宪法法院的法官

1967 年,法官遴选委员会提名无党派人士布洛克斯担任联邦宪法法院的法官。对他而言,这完全是个意外之喜。从 1967 年 9 月 1 日到 1975 年 11 月 7 日,他服务于第一审判庭。而当提名再次向布洛克斯发出邀请之时,布洛克斯拒绝了,他希望能够全身心地投入学术和教学。不过即使在卡尔斯鲁厄(联邦宪法法院所在地)期间,他也仍然尽可能如此。布洛克斯所在法庭的庭长最初是格布哈德·穆勒(Gebhard Müller,1900—1990),1971 年开始由恩斯特·本达(Ernst Benda,1925—2009)继任,属于审判庭的还有其他很多备受瞩目的大人物,如布鲁内克(Wiltraut Rupp von Brünneck,1912—1977)、维尔纳·博马尔(Werner Böhmer,

---

[5] Brox, Rechtskraft und Gesetzeskraft von Entscheidungen des Verfassungsgerichtshofs, in: Präsidenten des Verfassungsgerichtshofes für das Land Nordrhein-Westfalen (Hrsg.), Verfassungsgerichtsbarkeit in Nordrhein-Westfalen, Festschrift zum 50-jährigen Bestehen des Verfassungsgerichtshofs für das Land Nordrhein-Westfalen (2002), S. 149–152.

1915—2014）和赫尔穆特·西蒙（Helmut Simon，1922—2013）。布洛克斯主要负责劳动法和社会法方面的案件。他长期积累的司法经验在这个异常苛刻和艰苦的岗位上得到了很好的运用。他的集体意识、坚持原则和坦率，为他赢得了同事们的高度尊重。由于高水平的专业能力和高效率的工作方式，布洛克斯成功摆脱了案件的积压，大大缩短了审理程序的时间。他参与了该领域中颇多的基础性判决，它们至今对法院判决和立法极富指导意义。

在此，有必要提及关于艺术自由与死者人格权保护之间产生紧张关系的"梅菲斯托判决"（"Mephisto-Beschluss"）⑥，以及关于一般人格权伤害的无形损害赔偿的"索拉雅判决"（"Soraya-Beschluss"）⑦。因为这些判决为人格权保护的发展和不断夯实奠定了牢固的基础，它们至今仍然有影响力。

此外，还有两个对研究自由和学术自由至关重要的判决，即"录取限制判决"（"numerus clausus-Urteil"）⑧以及有关"集团大学"（"Gruppenuniversität"）的高校判决⑨。在第一个判决中，绝对的录取限制受到严格的限制，该判决促使德国在多特蒙德市设立全德大学"招生名额分配中央办事处"（"ZVS"）。因为第二项判决，1971年10月26日颁布的临时法律——下萨克森州的《高等教育法》⑩被宣布违宪，这并非因为引入"集团大学"，而是因为大学的教授、助理研究员和学生在不同的大学委员会中都享有同等的投票权，导致后两者在研究和教学事宜上表决推翻教授的决定。联邦宪法法院认为，这种规定并不符合《德国基本法》第5条第3款保护的学术自由。这明确表明，一部分学生强烈要求的平等，甚至是大学全体成员具有平等投票权（"一人一票"）的要求，有违《德国基本法》第5条第3款的规定。在布洛克斯的积极推动下，联邦宪法法院作出了这个在政治上极有争议的重要判决，阻止了享有学术和教学自由的大学成为政治争端的温床。

---

⑥ BVerfGE 30, 173.
⑦ BVerfGE 34, 269.
⑧ BVerfGE 33, 303.
⑨ BVerfGE 35, 79.
⑩ Niedersächsisches Gesetz- und Verordnungsblatt 1971, 317.

布洛克斯在第一审判庭任职期间，作出了第一个堕胎判决。[11] 尽管后来第二审判庭作出的第二个堕胎判决[12]修改了这一判决内容，但其一直以来对于保护新生命以及对于人工辅助生殖的法律规则，仍然至关重要。

作为联邦宪法法院的法官，在第一审判庭任职期间，即使布洛克斯不同意多数人的决定，他也从未投过"反对票"。这体现了他对法官角色的理解。这不仅因为他尤为谦虚，更因为他不喜欢受到过多的关注。在他长年累月的司法活动中，对于意见被驳回这种事情，他毫不介意。另外值得一提的是，布洛克斯在任何时候都不会对作出的裁判发表意见。由此，他在宪法法院的法官中脱颖而出。基于他对法官角色的理解，在媒体上提出法律政策的要求，并且主动向立法机关提出建议，这是不可能的。不幸的是，这种观点越发不受大众所认可了。

基于在联邦宪法法院期间的活动，布洛克斯撰写了三篇基础性的纪念文集的文章。第一篇涉及联邦宪法法院复审标准的可采性。[13] 在第二篇文章中，他谈到了宪法诉讼的可接受性问题。[14] 第三篇则是关于法官表决的法律问题。[15]

为表彰布洛克斯在联邦宪法法院所做的巨大贡献和出色工作，他被授予了联邦十字勋章。

四、大学教授和著者的生涯

（一）学者生涯

如前所述，著名的民法学者哈里·韦斯特曼鼓励布洛克斯在明斯特

---

[11] BVerfGE 39, 1.

[12] BVerfGE 88, 203.

[13] Brox, Zur Zulässigkeit einer erneuten Überprüfung einer Norm durch das Bundesverfassungsgericht, in: Leibholz/Faller u. a. (Hrsg.), Menschenwürde und freiheitliche Rechtsordnung, Festschrift für Willi Geiger zum 65. Geburtstag (1974), S. 809–826.

[14] Brox, Zur Zulässigkeit der Verfassungsbeschwerde. Auslegungsschwierigkeiten bei § 90 I BVerfGG, in: Wilke/Weber (Hrsg.), Gedächtnisschrift für Friedrich Klein (1977), S. 75–88.

[15] Brox, Rechtsprobleme bei Abstimmungen beim Bundesverfassungsgericht, in: Ritterspach/Geiger (Hrsg.), Festschrift für Gebhard Müller (1970), S. 1–20.

大学法学院完成他的教授任用资格论文。出于学术兴趣和在大学任教的愿望，布洛克斯接受了这个建议，并于1958年获得司法部门批准的六个月无薪假期。在这令人难以置信的短暂时间内，他写下了至今仍受到高度评价的关于"错误撤销的限制"的教授任用资格论文，并且在德国科学基金会的资助下出版。[16] 这篇论文不仅仅是对错误、行为基础和瑕疵责任之间关系的一项基于教义学的研究，恰如"意思表示及其解释的学说研究"这个副标题所揭示的，布洛克斯在这一基础性研究中，清晰地阐释了他对法律解释和意思表示解释的诠释学基本认识。[17] 就像指导他完成教授任用资格论文的韦斯特曼一样，该著作表明他是一位富有激情的评价法学和利益法学的代表人物——该学说可以追溯到黑克的学说。[18] 布洛克斯所有其他的作品都以这种方法论为特点，这在他的教科书中尤为明显，无不证明了这种方法的说服力，就像他的恩师韦斯特曼在其物权法教科书[19]中所展现的那样。布洛克斯与哈里·韦斯特曼、迪特里希·雷尼克（Dietrich Reinicke，1912—2004）、约翰内斯·韦塞尔斯（Johannes Wessels，1923—2005）以及很多其他学者一同，确保了方法论大家菲利普·黑克的宝贵遗产在明斯特大学没有被遗忘。

通过对"错误撤销的限制"的研究，布洛克斯1959年在明斯特大学法学院完成了教授任用资格论文。近两年后，他受聘成为美因茨大学的编外教授。又是仅一年之后，他被任命为明斯特大学的编内教授，负责民法、商法、劳动法和民事诉讼法课程。此外，他还担任劳动和经济法研究所（现今的劳动、社会和经济法所，分部Ⅰ）的执行所长。尽管国外有数次任命教授的机会垂青于布洛克斯，他仍然效忠于他的大学，直到1985年退休。

（二）著者布洛克斯

1. 布洛克斯毕生学术著作的特点是，他是为数不多的没有在专著、

---

[16] Brox, Die Einschränkung der Irrtumsanfechtung (1960).
[17] 对此，参见 Brox, Fragen der rechtsgeschäftlichen Privatautonomie, JZ 1967, 761-767.
[18] Heck, Begriffsbildung und Interessenjurisprudenz (1932); ders., Das Problem der Rechtsgewinnung (2. Aufl. 1932).
[19] Westermann, Sachenrecht (5. Aufl. 1966).

纪念文集文章和判决评注中将自己局限于特定法律领域的人,而是几乎涵盖了私法的所有领域,包括民法、劳动法、商法、公司法以及有价证券法,同时还把民事诉讼法作为研究对象。此外,布洛克斯在学术工作中,总是寻求与法律实践的联系。单调的理论建构,不是他的本色。对他来说,法律教义学本身并不是目的,其首要任务是整理法律材料,以便于在法律实践中合乎平等原则地适用法律。多年担任法官的生涯,使他对法律现实和法律适用的实际困难十分熟悉。

因为对法学领域的广泛研究,布洛克斯有能力在其作品中勾勒出各个领域之间的关系,并且基于这些评价和认识,有利于解决具体的问题。

与其他人不同的是,布洛克斯知道如何在不牺牲准确性的情况下,深入疑难法律问题的核心,并以年轻一代的法律人能够理解的清晰直白、实例丰富的语言阐述这些问题。他厌恶一切自命不凡的伪科学谬论。他经常鼓励学术助理和博士生更精确地思考问题,常常发问:"难道我们不能更简单地表达吗?"

布洛克斯出版的众多版次高到不同寻常的教科书,都取得了空前的成功,这可能也要归功于前述的风格。学生们在学习民法的重要领域时,总少不了使用布洛克斯撰写的教科书。

布洛克斯入职明斯特大学后不久,希望以教科书作者的身份来检验他的教学能力。鉴于当时已有的其他教科书,一些同事建议他不要这样做。当然,这一看法后来被证明是完全错误的。他的教科书从一开始就受学生们追捧,达到了难以想象的再版次数——同行不是一直都很愉快。截至2018年,《民法典总则》《债法总论》和《债法分论》都出版到了第42版,《继承法》达到了第28版;截至2016年,《商法和票据法》达到了第22版;甚至连《劳动法》现在也已经达到了第19版(与魏德士合著)。布洛克斯退休后,与其门生沃克(Wolf-Dietrich Walker,1955)合著的《强制执行法》,截止到2018年,已经更新到了第11版。

截至2006年,布洛克斯的这些书总共出版了152版次,超过了其他一些学院所有研究者的总和。直至85岁,他仍有无限的精力和创造力倾注于这些著作版本的更新,这着实令人钦佩。惊人的是,除了这些教科书,他还发表了大量私法各领域具有开创性的专著、论文和纪念文集的文章。

2. 布洛克斯在被任命为劳动法与经济法研究所所长后不久,就与魏德士(Bernd Rüthers,1930)合著了当时绝无其二的《劳动抗争法》(Arbeitskampfrecht)。[20] 尽管劳动纠纷具有重大的社会和经济意义,但是法律没有对此进行调整。在该著作中,两位著者展现了罢工法,连贯完整地介绍了该法所有的实质和程序问题。这本著作于1982年重新出版了扩充的版本。[21] 尽管罢工法已经有了一定的发展,尤其是在联邦劳动法院的判例法中有所体现,但是该书直到今天仍然被视为权威著作。

1967年,离《劳动抗争法》第1版出版刚刚过去不到两年,前文提到的《劳动法》教科书就出版了。该书从一面世就广受学生好评。除此之外,布洛克斯还就最高法院关于集体劳动法和个人劳动法问题的裁判,写了很多论文和批判性的评注,对劳动法裁判产生了巨大的影响,促进了该法律领域的发展。布洛克斯论文的重点是集体劳动合同法[22]和罢工法[23],而在其他的

---

[20] Brox/Rüthers, Arbeitskampfrecht, Ein Handbuch für die Praxis (1965).

[21] Brox/Rüthers, Arbeitskampfrecht, Ein Handbuch für die Praxis (2. Aufl. 1982). 参与该书第2版写作的,还有布洛克斯的其他两位门生,即于利歇尔(Friedrich Jülicher)和本文作者。

[22] 例如 Brox, Die Bedeutung von Günstigkeitsklauseln in Kollektivvereinbarungen, BB 1966, 1190–1194; ders., Plakatwerbung der Gewerkschaften im Betrieb, DB 1965, 731–735; ders., Anmerkung zu BAG v. 18. 11. 1965, SAE 1966, 193–196; ders., Anmerkung zu BAG v. 3. 11. 1982, SAE 1983, 121–125; ders., Anmerkung zu BAG v. 10. 9. 1985, SAE 1986/87, 229–235; ders., Anmerkung zu BAG v. 29. 1. 1986, AP Nr. 115 zu §§ 22, 23 BAT (Mangelnde Bestimmtheit einer Tarifnorm) (AP 1986); ders., Anmerkung zu BAG v. 16. 9. 1987, AP Nr. 15 zu § 4 TVG Effektivklausel (Tariflohn bei Arbeitszeitverkürzung) (AP 1988).

[23] 例如 Brox, Zur Wirkung der rechtmäßigen Aussperrung auf den Arbeitsvertrag, in: Dietz/Hübner (Hrsg.), Festschrift für Hans Carl Nipperdey, Band II (1965), S. 55–78; ders./Dudenbostel, Die Zulässigkeit der Massenkündigung als Mittel des Arbeitskampfes, DB 1979, 1841–1846, 1893–1896; ders., Die Folgen der Beteiligung des Arbeitnehmers am Streik für die Arbeitspflicht und den Anspruch auf Arbeitsvergütung, JA 1980, 628–634; ders., Die Folgen des Streiks für die kämpfenden Verbände, JA 1980, 74–79; ders., Aussperrung und einstweilige Verfügung bei rechtswidrigem Streik, JA 1982, 221–226. Urteilsanmerkungen z. B. ders., Anmerkung zu BAG v. 25. 10. 1988, AP Nr. 110 zu Art. 9 GG Arbeitskampf (Suspendierende Aussperrung von Betriebsratsmitgliedern) (AP 1989); ders., Urteilsanmerkung zu BAG vom 17. 12. 1964, SAE 1965, 137–139。

作品中，他关心的主要是工人[24]和用人单位[25]责任的基本问题。

3. 除了上述私法教科书，布洛克斯还在《埃尔曼德国民法典评注》多个版本中对《德国民法典》第 104—144 条和第 164—193 条进行了评注。此外，他还撰写了大量论文和判决评注，涵盖《德国民法典》五篇的内容，[26]充分展示了他是一位出色、全面且富有想象力的民法专家。在布洛克斯的论文中，研究的问题包括代理[27]、风险转移和买卖中的瑕疵责任[28]、旅游合同[29]、期待权[30]、所有人与占有人关系[31]、相邻权[32]、夫妻的分配权[33]、人工受

---

[24] Brox/Walker, Die Einschränkung der Arbeitnehmerhaftung gegenüber dem Arbeitgeber, DB 1985, 1469 – 1480; Brox, Gemeinsame Anmerkung zum Beschluss des BAG v. 12. 10. 1989 und zu BAG v. 12. 10. 1989, SAE 1990, 96 – 104; ders., Anmerkung BAG v. 24. 11. 1987, AP Nr. 93 zu § 611 BGB-Haftung des Arbeitnehmers（AP 1989）; ders., Anmerkung zu BAG v. 23. 3. 1983, AP Nr. 82 zu § 611 BGB-Haftung des Arbeitnehmers（Zur Begrenzung der Haftung auf Vorsatz und grobe Fahrlässigkeit bei gefahrengeneigter Arbeit）（AP 1984）; ders., Urteilsanmerkung zu BAG v. 23. 3. 1984, SAE 1984, 217 – 222.

[25] Brox, Anmerkung zu BAG v. 8. 5. 1980, AP Nr. 6 zu § 611 BGB-Gefährdungshaftung（Schadensersatzanspruch des Arbeitnehmers gegen den Arbeitgeber für Schäden an Sachen des Arbeitnehmers）（AP 1981）, Hueck, Anmerkung zu BAG v. 2. 3. 1956, AP Nr. 10 zu § 242 BGB-Ruhegehalt（Zur Haftung eines öffentlichen Arbeitgebers für eine Zusage）（AP 1956）; Brox, Anmerkung zu BAG v. 11. 08. 1962, SAE 1963, 91 – 92（Zur arbeitsrechtlichen Haftung der Gesellschafter einer GmbH）.

[26] Brox, Anmerkung zu BGH v. 30. 4. 1984, JZ 1984, 892 – 893（Zum Nachlasskonkurs des Gesellschaftererben bei der OHG）.

[27] Brox, Die Anfechtung bei der Stellvertretung, JA 1980, 449, 454.

[28] Brox, Die Gefahrtragung bei Untergang oder Verschlechterung der Kaufsache, JuS 1975, 1 – 8; ders./Elsing, Mängelhaftung bei Kauf, Miete und Werkvertrag, JuS 1976, 1 – 8.

[29] Brox, Das Reisevertragsgesetz, JA 1979, 493 – 498; ders., Störungen durch geistig Behinderte als Reisemangel, NJW 1980, 1939 – 1940. Brox, Das Anwartschaftsrecht des Vorbehaltskäufers, JuS 1984, 657 – 668.

[30] Brox, Das Anwartschaftsrecht des Vorbehaltskäufers, JuS 1984, 657 – 668.

[31] Brox, Die Haftung des Besitzers für Zufallsschäden, JZ 1965, 516 – 520.

[32] Brox, Zur Lösung nachbarlicher Interessenkollisionen, JA 1984, 182 – 188.

[33] Brox, „Schlüsselgewalt" und „Haustürgeschäft", in: Schwab (Hrsg.), Staat, Kirche und Wissenschaft in einer pluralistischen Gesellschaft, Festschrift zum 65. Geburtstag von Paul Mikat (1989), S. 841 – 853.

精[34]、遗嘱解释[35]和处分[36]以及遗嘱自由的界限[37]。

4. 与民法密切相关的特别领域，比如商法、公司法和有价证券法等，也是布洛克斯的研究对象。除了多次再版的教科书《商法和有价证券法》，布洛克斯发表了大量关于人合公司法[38]和资合公司法[39]的论文，并在一本法学教育杂志上发表了关于票据法案例解答的文章[40]。

5. 鉴于布洛克斯担任法官多年来取得的成就，毫不奇怪的是，在他的作品中，他不仅关注实体法的问题，而且还关注了程序法的问题。因为程序法有重大的实践意义，在大学阶段就应当让未来的法律人熟悉程序法，这是布洛克斯一直以来强烈的要求。为了实现该目标，直到退休以后，他才与沃克合作完成教科书《强制执行法》。这本书绝非仅限于简单地阐述基础知识，它更像是从业者的手册和工具书。尽管如此，如同布洛克斯所有其他的作品，该书的写作风格是让学生们也能理解它。为了让学术接班人接触程序法和强制执行法，他在《法学教育》杂志上发表了多篇文章，特别是实践和考试方面的话题，比如民事诉讼举证责

---

[34] Brox, Die künstliche Befruchtung der Ehefrau durch den Samen des Ehemannes nach dessen Tod und das Erbrecht des Kindes nach seinem Vater, in: Küper/Welp (Hrsg.), Beiträge zur Rechtswissenschaft, Festschrift für Walter Stree und Johannes Wessels zum 70. Geburtstag (1993), S. 965–979.

[35] Brox, Der Bundesgerichtshof und die Andeutungstheorie, JA 1984, 549–557.

[36] Brox, Zweckmäßige Gestaltung der Erbfolge im Unternehmen, JA 1980, 561–566.

[37] Brox, Die Bestimmung des Nacherben oder des Gegenstandes der Zuwendung durch den Vorerben, in: Harms/Heckelmann u. a. (Hrsg.), Entwicklungstendenzen im Wirtschafts- und Unternehmensrecht, Festschrift für Horst Bartholomeyczik zum 70. Geburtstag (1973), S. 41–57; ders., Die Einschränkung der Testierfreiheit durch § 14 des Heimgesetzes und das Verfassungsrecht, in: Klein/Kreuzer/Robbers/Schmiedermair/Weber (Hrsg.), Grundrechte, soziale Ordnung und Verfassungsgerichtsbarkeit, Festschrift für Ernst Benda zum 70. Geburtstag (1995), S. 17–31.

[38] Brox, Zur Gesamtvertretung einer Kommanditgesellschaft durch den Komplementär und den Kommanditisten, in: Hefermehl/Gmür u. a. (Hrsg.), Festschrift für Harry Westermann (1974), S. 21–35; ders., Die unentgeltliche Aufnahme von Kindern in eine Familien-Personengesellschaft, in: Habscheid/Gaul u. a. (Hrsg.), Festschrift für Friedrich Wilhelm Bosch (1976), S. 75–88.

[39] Brox, Fehler bei der Leitung einer Hauptversammlung und ihre Folgen, DB 1965, 731–735.

[40] Brox, Der Aufbau des Gutachtens zu einem Wechselrechtsfall, JA 1980, 72–78; s. auch: ders., Zur Methode der Bearbeitung eines zivilrechtlichen Falles, JA 1987, 169–176.

任的重要性[41]、民事诉讼中主要争议的终结[42]、执行提醒[43]、第三人反诉[44]以及先予执行诉讼[45]。

除了阅读这些文献，任何有幸在民事诉讼法或强制执行法课中聆听他教诲的学生，在阅读这些文献的时候，都消除了普遍存在的偏见，即这一法律领域是与日常生活无关而枯燥乏味的事情。即使在退休后，布洛克斯的强制执行法的课程也依然受到学生广泛关注和高度赞誉。

除此之外，布洛克斯还多次在具有开创性的学术论文中，对民事诉讼程序的核心问题发表意见。[46]特别值得一提的是他关于"作为法律救济条件的上诉"[47]的论文，该文可以追溯到1968年他在民诉法学者协会上所做的受到很多关注的报告。另外，还需提到关于法院判决的法和实在效力的几篇文章[48]以及涉及主请求权和辅助请求权（Haupt- und Hilfsanspruch）问题的纪念文集中的文章。[49]

（三）师者布洛克斯

1. 布洛克斯1962年到1997年在明斯特大学任教，换句话说，包括退休后的12年，他在明斯特大学任教取得了巨大的成功。在明斯特大学，有一条不成文的规定，每个人至少要听一门他的课。尽管布洛克斯因为身体健康的原因，很遗憾不能从事教学活动，但是就是在今天，在未来法律人的眼中，布洛克斯的教学就是一个传奇。在法学院学生会的刊物上，有人这样评价布洛克斯："经常被复制，却从未达成"，或"我

---

[41] Brox, Die Bedeutung der Beweislast im Zivilprozeß, JA 1979, 590 – 592.
[42] Brox, Zur Erledigung der Hauptsache im Zivilprozeß, JA 1983, 289 – 295.
[43] Brox/Walker, Die Vollstreckungserinnerung, JA 1986, 57 – 65.
[44] Brox/Walker, Die Drittwiderspruchsklage, JA 1986, 113 – 121.
[45] Brox/Walker, Die Klage auf vorzugsweise Befriedigung, JA 1987, 57 – 65.
[46] 布洛克斯在早期对宪法程序的贡献涉及宪法管辖权的问题。
[47] Brox, Die Beschwer als Rechtsmittelvoraussetzung, ZZP 1968, 379 – 412.
[48] Brox, Die objektiven Grenzen der materiellen Rechtskraft im Zivilprozeß, JuS 1962, 121 – 128; ders., Rechtskraft und Geschäftsgrundlage, NJW 1963, 689 – 694; ders., Die Bindung des Richters an Entscheidungen anderer Gerichte, ZZP 1960, 46 – 59; ders., Der Schutz der Rechte Dritter bei zivilgerichtlichen Gestaltungsklagen, FamRZ 1963, 392 – 398; 同样参见前引 4。
[49] Brox, Recht im Wandel, in: Ule/Schwab u. a. (Hrsg.), Recht im Wandel, Beiträge zu Strömungen und Fragen im heutigen Recht. Festschrift 150 Jahre Carl Heymanns Verlag KG (1965), S. 121 – 140.

虽然是个无神论者，但是布洛克斯却已经成了民法教父"。有关布洛克斯的评价，可以作以下的总结："没有布洛克斯的法学院，就像没有雨的明斯特市。"明斯特的一些人愿意这样说。

培养教育学生、提携学术新人，是布洛克斯的心愿，这些都被他的听众和很多的学术助理看在眼里，记在心里。布洛克斯指导了五位学者完成教授任用资格论文。[50] 他全力提携这些人，完全接受任何与他在具体问题上的分歧意见，这让他们在进行学术研究的时候感到十分自由。即使所有经他指导过教授任用资格论文的人，在学术和个性方面都深受其影响，他也很反对创建"布洛克斯学派"。他以身作则地向大家证明，专业教学和提携学术接班人对高校老师来说与发表学术论文同样重要。布洛克斯从不委派他的助教代替他为学生讲课。

由于布洛克斯广泛的学术著作、长期的法官经历以及不同寻常的教学天赋，他总是能够吸引听众为他着迷。他不断致力于让复杂的法律问题在初学者面前变得清晰易懂。取得如此成功的原因，要归功于他使用贴近生活的，经常是从其法官实践中汲取的生动例子，而后又添加自己微妙的幽默感。

学生们对布洛克斯致以最深的敬意，不仅因为他的渊博的专业知识，同时也因为他的人格魅力。他的德高望重，有赖于他的谦逊、善良、正义以及体现基督特点的人性。即使在个别情况下不同意先生的观点，学生们仍然一如既往地敬重他。与一些同事不同，布洛克斯从来没有出于机会主义而随大流。

2. 布洛克斯在"24电视台"系列节目"您将如何裁判"中证明了他无与伦比的可谓传奇的能力，即使他描述和解释困难、复杂的法律问题，也能够让法律门外汉理解。这些年来，他因此赢得和说服了数百万的观众。

布洛克斯一生没有花费多少时间来享受生活，对他来说，工作是他为之奉献毕生精力的爱好。他的法官、学者和老师的职业生涯能够开花结果，得幸于他1952年与之成婚的娘家姓是诺斯特（Knust）的妻子伊达-玛丽亚（Ida-Maria）。无论健康或疾病，妻子都时刻照顾着布洛克斯的生活起居，让他远离了日常生活中的烦恼琐事。

---

[50] 他们分别是 Bernd Rüthers、Wilhelm Dütz、Wilfried Schlüter、Friedrich Jülicher、Wolf-Dietrich Walker。

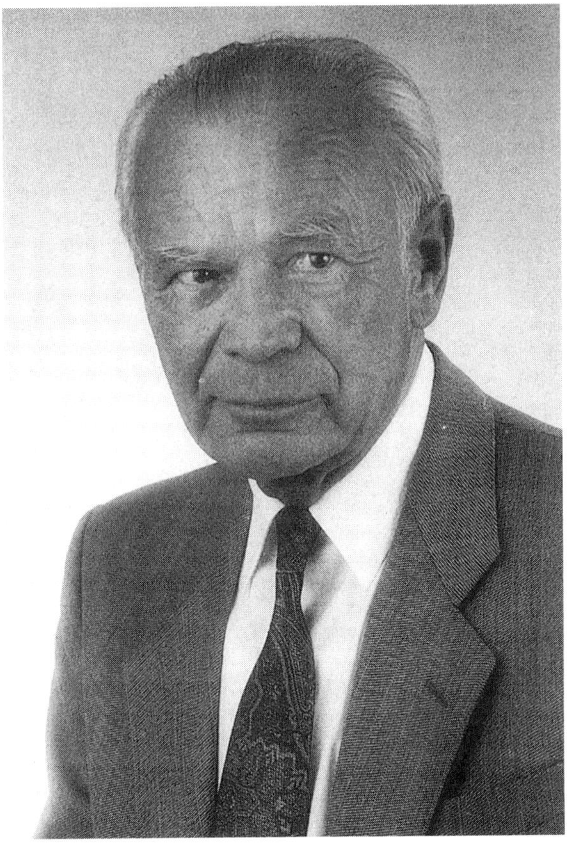

约阿希姆·格恩胡贝尔
（Joachim Gernhuber，1923—2018）[*]

目 次

一、引言 / 809

二、出身 / 810

三、教学 / 812

四、作品 / 814

五、观点 / 816

 （一）法典和亲属法 / 816

 （二）公平和价值 / 820

 （三）债法 / 822

六、结语 / 823

一、引言

本书报告系列呈现的是重要学者及其一生著述。本系列报告的题目（即《门生视野下20世纪德语区私法学者》）似乎要求报告人是这些学者的门生，但实际上，报告人并不一定是对应人物的所谓的"门生"，或许是因为这并不是洞察这些学者及其生活环境并产生敬仰之情所必须的前提条件。正因为如此，如果开篇我就承认我第一次见到格恩胡贝尔，

---

[*] 作者简介：〔德〕哈尔姆·彼得·韦斯特曼（Harm Peter Westermann，1938），参见本书中关于他的文章。本文是作者2007年1月18日在柏林洪堡大学的报告。

是去图宾根大学商谈成为其教席继任者的事情，那么我希望这没有给听众和读者带来失望。那时我已与他的女儿相识。兴许在座的年轻人会认同，在认识父亲之前认识女儿并不罕见，但这却是完全不同的情况。1988年，我被图宾根大学任命为教授时，年事已高，培养的博士不在少数，其中很多人完成了教授任用资格论文，有些人被任命为大学教授，其中就包括了约阿希姆·格恩胡贝尔的女儿芭芭拉·格伦内瓦尔德(Barbara Grunewald, 1951)。另一方面，约阿希姆·格恩胡贝尔本人虽也培养了优秀的博士，可惜他们都未完成教授任用资格论文。因此，本文作者以教席继任者的身份，完成今天的任务。对此，我必须补充我作出离开柏林自由大学到图宾根大学的艰难决定时面临的情况，该情况具有重要的意义。即当时我要继任的是一位"大师"的教席，用今天的话来说，这是一个挑战。如今，当一位经理或足球运动员提到"转会"的时候，大家都知道他们的含义是"赚更多的钱"，但是，了解那个年代柏林和巴登-符腾堡州之间工资收入差距的人，就会知道这不是钱的事情。我将在下文说明理由。

二、出身

约阿希姆·格恩胡贝尔1923年7月18日出生在波兰的克斯茨(Ksiasz)，该地临近波兹南(Poznan)。他是一位基督教牧师的儿子。二战期间，他不得不成为士兵。在战场上，他受了重伤，这使他一生的行走都变得困难。福祸相依，他因此得到机会专于学习，并于1944年在耶拿大学顺利通过第一次国家司法考试。众所周知，通过第一次司法考试便可以腾出大量的精力，以细心的甚至是批判的法律观察者视角参与到法律世界当中。我说这个，是因为我的眼前浮现了格氏研究的重点：他的启发来源是他数十年以来对我们法典化的法律政策和社会政策的观察，以及对法典化的法律进行或不进行干预的法律续造的观察。相较于在20世纪60年代早期，也即所谓的经济奇迹之后，进入法律职业生涯的我们这一代人，格氏先走了关键一步。

起初，格恩胡贝尔主要专注于法律史的研习。他在1947年完成的博士论文的题目是《德国民事诉讼法中的中间裁判》。他在法兰克福完成第二次国家司法考试后，担任著名的法律史学者赫尔曼·康拉德（Hermann Conrad，1904—1972）的学术助理，并随同他转赴波恩大学工作。在波恩大学，格氏在1951年完成教授任用资格论文《从德国的土地和平运动到1235年的美因茨帝国土地和平》①。同年，他还在《民法实务论丛》②上发表了一篇关于共同过错中辅助人的法律责任的文章。同时，他担任法兰克福大学一个（即后来在欧洲政策方面成名的瓦尔特·哈尔斯坦因）民法教席的代理人。因此，格恩胡贝尔于1959年担任基尔大学的法律史、民法与商法教席的教授，直到1959年他转赴图宾根大学任教。

也许有人会问，图宾根大学的这个教席历经30载后，为何由一位甚至终其一生也无法叙述出1235年美因茨土地和平运动的意义的继任人（即本文的报告人）来接任？其实我们的法学院中确实很少有诸如法律史、法社会学或犯罪学的教席。几乎所有的教席教授都会负责一些"大"的及在教学中受热捧的专业方向。由此，国家部委官员和大学校长总结道：三到十个人在法学院做同样的事情。然而这是一个错误观点，因为一个"熟练的"法律史学家自然也可以完成民事或商事法律的研究和教学的重要工作。从一开始，民法和法律史的话题就在格恩胡贝尔的作品清单③中彼此相邻，而且格恩胡贝尔还在1956年的德国法律史学者大会上做了一个报告。然而，在一个没有明确专注的研究领域中，兴趣会发生变化。在格恩胡贝尔来到图宾根大学开始工作的前几年，这点便显现出来。他的研究对象是以亲属法和债法为重点的民法。1964

---

① Gernhuber, Die Landfriedensbewegung in Deutschland bis zum Mainzer Reichslandfrieden von 1235 (= Bonner rechtswissenschaftliche Abhandlungen. H. 44, ZDB-ID 502603 - 9). Röhrscheid, Bonn 1952.

② Gernhuber, Die Haftung für Hilfspersonen innerhalb des mitwirkenden Verschuldens, AcP 152 (1952/53), 69-83.

③ 以1993年为界，参见赫尔曼·朗格（Hermann Lange，1922—2018）、克努特·沃尔夫冈·诺尔（Knut Wolfgang Nörr，1935—2018）、哈尔姆·彼得·韦斯特曼主编：《约阿希姆·格恩胡贝尔七十寿辰纪念文集》，第985—987页；之后的作品，参见格恩胡贝尔：《压迫的代理权》，《法律人杂志》1995年，第381—390页；格恩胡贝尔：《灾难性的保证作为家庭关系的后果》，《法律人杂志》1995年，第1080—1096页；格恩胡贝尔：《夫妻之间共同债务的补偿》，《法律人杂志》1996年，第696—701页，第765—775页；另外还有很多大篇幅的裁判评价。

年,他的第 1 版大型教科书《亲属法》出版。④ 1976 年,作为学生学习和复习用书的《民法》⑤ 出版。该书书名简单,却意味深长。下文将详述该书。此外,他还发表了关于亲属法基本问题的论文。据我所知,他的最后一本关于法律史深入研究的作品,是 20 世纪 60 年代早期由巴黎的让·博丹出版社出版的一本书。⑥ 该书涉及德国中世纪的国家和平和领地和平运动,对格氏而言,这并不是全新的话题。此外,他在那段时间写的多篇法律史书评⑦,说明他的法律史研究逐渐退居次要位置。当然,这是一位学者自主决定探索新话题的方式,是学者自由发展学术的个人选择。

三、教学

这里提到了本报告系列中可能已经提到的现象,即兴趣转移(即使是在认知方面的兴趣也同样如此)以及学者的工作方法的变化。这可能有外在的原因,比如教席的配置、与教席相关联的研究所或负责的研讨班、教学任务的变化,也有可能纯粹是个人发展的需要。

出席过关于我父亲⑧活动的人可能会记得,在他退休之前,曾是"民事诉讼法和民法教席"的教授,但多年来他的工作都集中在公司法上。格恩胡贝尔也是如此。据我所知,这也是由他从事的教学决定的。迪特尔·梅迪库斯和格恩胡贝尔同期就职于图宾根大学法学院一些年,两人都写了以学习为目的的教材,书名都是《民法》。格恩胡贝尔的《民法》首次出版于 1976 年。格恩胡贝尔以此书作为教材的大课是"体

---

④ Gernhuber/Coester-Waltjen, Familienrecht (inzw. 5. Aufl. 2006)。该书 2010 年是第 6 版,2020 年是第 7 版。

⑤ 格恩胡贝尔:《民法:体系化的复习》(Bürgerliches Recht, ein systematisches Repetitorium),贝克出版社 1976 年版。格恩胡贝尔离世后,该书由他的女儿芭芭拉·格伦内瓦尔德修订和更新,最新版是 2014 年的第 9 版。

⑥ Gernhuber, Staat und Landfrieden im deutschen Staat des Mittelalters, Recueils de la Société Jean Bodin, Band XV: La Paix. Deux. Part (1989), S. 27–77.

⑦ 多个作品涉及吕贝克的法,一件作品涉及日耳曼人的难民法,两件作品涉及中世纪的管辖权和战争的法律性质;作者对刑法史也提出了建议。

⑧ 即本文作者的父亲哈里·韦斯特曼,参见本书中关于他的文章。

系化的民法课"。该课程的目的在于在个案导向大课日趋盛行的年代，让学生理解和清楚法律部门中体系化的主干。

梅迪库斯以这些课为基础，撰写出《民法》教科书。在场的所有人都知道这本书现在已经出版超过 20 个版次。延斯·彼得森（Jens Petersen，1969）教授是后来加入该书的一位新作者。格恩胡贝尔的书 1990 年第 3 版被纳入贝克出版社的"法学教育丛书"（"JuS-Schriftenreihe"），还坚持了原先的观念。这种理念明显区别于现在流行由法学院举办的强调个案的考试复习课的理念。法学院的这种课大部分是以真题为基础的训练模式。与梅迪库斯的可能并不简单的畅销书相比，格氏的书提高了对参加考试复习的学生的要求，尤其是在民法中的相似但又是不同的问题上产生了很多的交叉阐述。

在我被任命为图宾根大学教授一职后，大家普遍希望我在梅迪库斯离任之后，继续讲授格恩胡贝尔的这门对几代学生而言成为标准、对任何一位考试准备者必听的复习课。这与其他原因相结合便构成了上文所提及的"挑战"。而且，我必须承认，当时的授课要求朝着与商业授课竞争的强化班模式发展。格恩胡贝尔为几百名观众授课，受到学生尊重，享有崇高的声誉。我也是从之前参加过格氏的课，现在成为图宾根和周边地区的法官和律师那里听说，格氏的授课让与积极参与的学生的对话上升到最高的层次。

在与当地的一位财产意外保险代理人谈话时，我明白了在图宾根大学应该做些什么。他问我在图宾根做什么工作，我如实回答。他热情地回应我他一直以极大的兴趣参加格恩胡贝尔的课程，但遗憾的是没有理解透所有知识，随后也没有通过州的司法考试。他认为给他尊重的教授的继任者卖保险，是一个很好的主意。

上述情节听起来有点像轶事，但却是严肃真实的。格恩胡贝尔作为一名讲者和一名考官（我参加了他最后一次组织的考试），专注于从法律中阐明清晰和可理解的关系。对此，他不满足于将乍看易懂的格言或至理名言用作论点。他以批判性的眼光审视格言的来源，进而证明它是否有道理。这也表明了他是法律史学者。我们都知道旧版《德国民法典》第 326 条规定如果债务人"认真并坚决地拒绝履行"，就不能主张债权人应当给他设定宽限期和拒绝的威胁。格恩胡贝尔在 1999 年《梅迪库斯纪念文集》的一篇文章中[9]，揭示了这种表达方式是一种"可或缺的情况"。对于现有法律中出现的类似问题，人们应该牢记这一点。

四、作品

现在是时候让我从格恩胡贝尔的传记过渡到他的作品，上文已经提到了他的部分作品。因此，我只想明确在 1963 年和 1967 年，马尔堡大学和汉堡大学分别邀请格恩胡贝尔担任教授。格恩胡贝尔拒绝了这些邀请，也许这是图宾根的幸事。格恩胡贝尔除了在学院任教，他在社会上还有重要的影响力，在大学机构甚至大学以外的单位担任重要职位，特别是在"德国西南广播公司"（"SWR"）的委员会担任委员——该广播电台是 1998 年老的"西南广播电台"（"SWF"）与"南德广播电台"（"SDR"）合并后的广播公司。这显然不在私法学者一般活动范围之内，却表明法律人有能力可以应对任何法律情况，特别是用来区分当事人的利益和单位的需要，也可以在与他的日常生活无关的领域完成杰出的工作。1993 年，格恩胡贝尔 70 岁生日时，不少于 47 位作者参与撰写了《约阿希姆·格恩胡贝尔纪念文集》。作为该书的联合编辑，[10] 我尚且无法对这些文章的质量发表评论，但我要说的是，文集的作者基本上是由来自大学的法学家组成，也就是由法学教授组成。幸运的是，这并不意味着这位寿星在实务界并不为人所知，而只是表明格恩胡贝尔的贡献主要是在学术界，也就是在现行法教义学的背景下，从容地分析法律评价和实践中的利益冲突。我有责任详细论证最后的这个观点，但鉴于格氏研究的广度和深度，这并不容易，事实上也是不可能的。

上文已经提到格恩胡贝尔的大型教科书《亲属法》。此外，格恩胡贝尔于《慕尼黑德国民法典评注》中对《德国民法典》（三个版本分别

---

[9] Gernhuber, Die endgültige Erfüllungsverweigerung, in: Beuthien u. a. (Hrsg.), Festschrift für Medicus (1999), S. 145－159.

[10] 该书其他两位主编分别是图宾根大学的同事赫尔曼·朗格和克努特·沃尔夫冈·诺尔。

是1978年、1989年和1993年)中的"婚姻财产法"进行了全面而详细的评注。为了准备这些关于亲属法的基础性研究,格恩胡贝尔在1977年以《新亲属法》为题出版了一本专著。[11] 在这本书中,他以法律政策和法教义学为视角,畅所欲言。即使是在他后期的作品,比如《立法和〈德国民法典〉》中,他也是基于这样一位熟悉历史发展的法教义学者的视角,呼应书中提出的关切。[12] 在关于债法问题的多方面研究中,这种情况往往会变得更加明显,其中一些在1983年出版的大型专著《履行及其替代和基于其他理由的债务关系消灭》及1989年的《债务关系》中被提出,并被放在更大的背景之中。

关于这两本书,我应该说些什么。它们是教科书和手册,(在一定程度上)可以被视为你们中间的一些人可能仍然知道路德维希·恩内克斯(Ludwig Enneccerus,1843—1928)和海因里希·莱曼(Heinrich Lehmann,1876—1963)主编的大型教科书《债法》的延续。事实上,恩内克斯和莱曼这本书的续写版采用的却是完全不同的风格。由格恩胡贝尔主编的多卷本《债法手册》规划了14卷,其中9卷已经出版。[13] 其中的几卷,尤其是格恩胡贝尔本人的两卷,不局限于债法总论中的单个制度或单个合同类型的制度,而是采用整体的理念,旨在揭示整个债法的学术发展历程和实践运用的情况。特别值得一提的是,诺尔、施英和珀格勒撰写的《转让》、罗伊特和马丁内克关于"不当得利"的大型著述、基特尔的《权利让与》及朗格和席曼多次重印的《损害赔偿法》,另外,还有乌尔里希·胡贝尔的巨著《给付瑕疵法》。不幸的是,这本书在债法改革不久前出版。格恩胡贝尔的女儿芭芭拉·格伦内瓦尔德最近出版

---

[11] Gernhuber, „Neues Familienrecht"—eine Abhandlung zum Stil des jüngeren Familienrechts (1977).

[12] Gernhuber, Die Legislative und das BGB, in: Nörr (Hrsg.), Vierzig Jahre Bundesrepublik Deutschland—vierzig Jahre Rechtsentwicklung (1990), S. 115-141. 这是图宾根大学在1989年举办的系列讲座的文章。

[13] Lange/Schiemann, Schadensersatz (3. Aufl. 2003); Nörr/Scheyhing/Pöggeler, Sukzessionen (2. Aufl. 1999); Gernhuber, Die Erfüllung und ihre Surrogate (2. Aufl. 1994); Reuter/Martinek, Ungerechtfertigte Bereicherung (1983); Selb, Mehrheit von Schuldnern und Gläubigern (1984); Gitter, Gebrauchsüberlassungsverträge (1988); Gernhuber, Das Schuldverhältnis (1989); Huber, Leistungsstörungen, Bd. 1 und 2 (1999), Heermann, Geld und Geldgeschäfte (2003); Grunewald, Kaufrecht (2006).

的《买卖法》，通过完全纳入《联合国国际货物销售合同公约》，在某种意义上成了一个突破。除了亲属法，在该系列中撰写和出版的大型著作是理解和评价格恩胡贝尔的"重大事件"。

五、观点

因为报告时间的限制，我无法在所有细节上展开阐明这些观点。因此，在下文中，我将仅限于格恩胡贝尔的一些作品，我相信这些作品中体现出的特征在上述更为大型的作品中也得到体现。

（一）法典和亲属法

格恩胡贝尔在研究亲属法和债法时，核心的一个理论关注点是变迁时代的"法典功能"，[14] 也即《德国民法典》的功能。也就是在特别法不断增多、超越法律或违背法律的法律续造、立法对原本的法典进行干涉的背景下，《德国民法典》的功能问题。人们必须看到，这位法学家在二战后的一些年中进行的思考，也就是在很多价值观面临崩溃的情况下，一些道德仍得以稳固，且必须回归"旧"《德国民法典》和帝国的司法裁判。德国私法中关于法典价值的研究不多，我本人能想起来的是1969年弗里德里希·屈布勒（Friedrich Kübler，1932—2013）在与美国法打交道的过程中撰写的一篇文章。[15] 与他那一代的一些学者不同，格恩胡贝尔并不认为《德国民法典》是神圣的，他看到并处理民法上的缺陷，以及在处理原则和细节和专业术语上的缺陷。亲属法因为先是通过《平等对待法》，然后通过非婚生子女法的重要影响，形成现代的法律形态。事实上，这已经偏离了《德国民法典》。他在亲属法中不断发现传统的和法学的思维方式和正确性的确信。比如他批评私生子女与父亲的关系已经退缩为单纯的金钱给付。[16] 特别法是民法的素材，很多人反对

---

[14] Gernhuber, Die Legislative und das BGB, in: Nörr (Hrsg.), Vierzig Jahre Bundesrepublik Deutschland—vierzig Jahre Rechtsentwicklung (1990), S. 115 ff.

[15] Kübler, Kodifikation und Demokratie, JZ 1969, 645–651.

[16] Gernhuber, Die Legislative und das BGB, in: Nörr (Hrsg.), Vierzig Jahre Bundesrepublik Deutschland—vierzig Jahre Rechtsentwicklung (1990), S. 115 ff.

没有将这些法纳入《德国民法典》。格恩胡贝尔并不认同这些不加区分的观点。他知道,《德国民法典》不可能再成为"一个包罗万象的民法典"。[17] 他还指出一些特别私法的模糊不清,会对《德国民法典》的适用产生影响。[18] 当时,他指的是消费者保护的社会模式。从那以后,如果人们考虑劳动法和经济法产生的影响,这个问题就将变得更加尖锐。[19]

在同一个研究中,格恩胡贝尔并没有局限于对单个法律领域的观察,而是努力使立法者处理的"旧"法典做到原则性的体系化。他区分了"自主的法典"(即立法机关认为不必或很少处理的事务)、"放弃的法典"(立法机关不再满足整体的规则需求,而是做其他的安排)及"适应的法典"(即新问题不再融入法典中)。我们知道格恩胡贝尔1989年在图宾根大学的系列报告中非常清楚地表明在联邦共和国头40年中,人们对于《德国民法典》涉及的不同材料的观点在发生变化。对此,格恩胡贝尔指出,就他那个时代的德国法律人来说,"德国民法在所有愿意给它不光彩结局的人身上幸存下来"。在上文提到1977年《新亲属法》的专著中(副标题是"新近亲属法的风格研究"),[20] 他详细阐释了德意志民主共和国的《亲属法典》(FGB)。值得提到的是他的一些观点。比如他认为"意识形态上的指示并没有或仅是微弱地主导"该法的结构,并且《德国民法典》继续称为典范,甚至其中的一些规定被吸收到该法中。谁要是阅读《亲属法典》或在东德的民政局亲眼看见婚礼(这两样事情我都经历过),将会证实相较于亲属法的诸多改革,《德国民法典》中的亲属法在现实中意义更大。

格恩胡贝尔并没有止步于此,他对现代立法机构的趋势以及"旧"法典的趋势,进行了深入的甚至是讽刺的思考。该趋势即为立法者以言简意赅的大前提以及在法律技术上模糊的一般条款的指示,解决或至少

---

[17] Gernhuber, Die Legislative und das BGB, in: Nörr (Hrsg.), Vierzig Jahre Bundesrepublik Deutschland—vierzig Jahre Rechtsentwicklung (1990), S. 115, 129.

[18] Gernhuber, Die Legislative und das BGB, in: Nörr (Hrsg.), Vierzig Jahre Bundesrepublik Deutschland—vierzig Jahre Rechtsentwicklung (1990), S. 115, 136.

[19] H. P. Westermann, Sonderprivatrechtliche Sozialmodelle und das allgemeine Privatrecht, AcP 178 (1978), 150–195.

[20] Gernhuber, „Neues Familienrecht"—eine Abhandlung zum Stil des jüngeren Familienrechts (1977), S. 20 ff.

尝试解决在政治空间中已经出现的利益冲突。这在"孩子的幸福"理念中得到了体现,且经常作为立法的推动力。但令人惊讶的是,魏玛共和国在《儿童宗教教育法》中阐释的"儿童的世纪",证明在我们的法学领域真正想出新的东西是多么困难。也许格恩胡贝尔的"老人法"[21]后来发展的理论会更有这种可能。人们如果在今天看到格恩胡贝尔以这种视角评价他当时还不知道的"剥夺权利和监护法改革",将会很有意思。最近,也有人基于(残存的且得到认可)的自决能力的视角及预测性的自决能力的视角,来研究这个问题。[22]

为了回到立法者给出行为指引的问题,格恩胡贝尔和我一样(我目睹了经典的赡养法庭案件),都对《德国民法典》第1600d条第2款第2句中规定的"严重怀疑"("schwerwiegenden Zweifel")感兴趣。尽管在亲子鉴定结果方面有了明显的改善,但还没有解决该问题。与此同时,格恩胡贝尔并不赞成普遍认为的孩子应有一位父亲的权利,即使出生存在怀疑也是如此。这明显反映了格恩胡贝尔的思考方式和工作方式。正是在这种情况下,人们可以尽情地阅读格恩胡贝尔的作品。他写道"谁要是把'严重怀疑'界定为'怀疑',就几乎说不出重要的东西"。由于这实际上涉及德国联邦最高法院的表述,因此请允许我引用在《格恩胡贝尔纪念文集》中给出的评论,即在学术商谈和大学政策商谈中,最好是和格恩胡贝尔站在一边,而不是选择站在对手的一边。

看到格恩胡贝尔在2001年债法改革中采用"自主的法典"或"适应的法典"想法会很有意思。因为在20世纪80年代,改革缺少消费者商品销售指令产生的推动力,他将该指令形象描述为"在兴盛和衰退之间"[23],而不像有些人反对这个指令。如果格恩胡贝尔在追求他以前关于接受值得维护的编纂部分的观点,包括法官法及对法律改革的与时俱进的思考,之前与格恩胡贝尔的女儿或他的教席继任者交流。因为他的女

---

[21] Gernhuber, Die Legislative und das BGB, in: Nörr (Hrsg.), Vierzig Jahre Bundesrepublik Deutschland—vierzig Jahre Rechtsentwicklung (1990), S. 115, 121.

[22] 施皮克在2007年的民法学者协会的会议上做了《老年人的自治和他治》的报告,该文发表在《民法实务论丛》2008年第208期,第345—415页。

[23] Gernhuber, Die Legislative und das BGB, in: Nörr (Hrsg.), Vierzig Jahre Bundesrepublik Deutschland—vierzig Jahre Rechtsentwicklung (1990), S. 115, 123 ff.

儿是债法改革委员会的委员，这种帮忙可以用来对抗当时学界流传的推断，即"我们显然在精神上没有渗透到问题"并且"对事实关联的理解停滞不前"。[24] 格恩胡贝尔在 1989 年的上述报告中曾考虑过债法编纂的前期工作，即由联邦司法部在 20 世纪 80 年代上半叶委托学者做的关于债法改革的大型专家报告及当时任命的债法委员会的研究。与他那个时代的许多观察家一样，他并未给这个大规模的规划成功的机会。他说，只有成功地为时效法案提出一个可行的概念，这个规划就成功了很多。[25] 在这种情况下，他感兴趣的是，立法者何时应该如何，将单独立法还是将新规则纳入《德国民法典》。这不仅考虑到消费者保护法的发展，还考虑到无过错责任的法律。对此，格恩胡贝尔明确地论述在协调必要的立法解决方案与编纂精神的冲突中可能出现的困难。在那里，他注意到"长期存在的令人惊叹的生命力，疯狂的法律理论"。因此，他并没有让自己被恐惧侵害的德国民法体系所打败。就我个人而言，我对格恩胡贝尔提出的观点感到非常满意，即消费者保护的"特殊社会模式"将以前普遍有效的民法与"情境限制有效性声明"叠加在一起。[26] 在今天，相较于德国的邻国处理消费者商品指令的方式，我们可能会以比格恩胡贝尔所处的时代更为轻松地处理制定特别法和融入《德国民法典》的两种选择。在其他的场合，他又指出，"在国际法和外国法进入民族国家法律的情况下，人们必须考虑一些新东西"。他再一次以机智与讽刺融合的方式，点出该问题的核心：[27]

所有发生的事情，同时意味着其他的事情没有发生，而如果一

---

[24] Dazu meine Nachweise in: H. P. Westermann, Das Recht des Verkäufers zur „zweiten Andienung": bestimmende Leitidee des neuen Kaufrechts oder Ärgernis?, in: Heldrich u. a. (Hrsg.), Festschrift für Canaris (2007), Bd. I, S. 1261–1280.

[25] Gernhuber, Die Legislative und das BGB, in: Nörr (Hrsg.), Vierzig Jahre Bundesrepublik Deutschland—vierzig Jahre Rechtsentwicklung (1990), S. 115, 124.

[26] Gernhuber, Die Legislative und das BGB, in: Nörr (Hrsg.), Vierzig Jahre Bundesrepublik Deutschland—vierzig Jahre Rechtsentwicklung (1990), S. 115, 137, 涉及的其他文献是：Lieb, Sonderprivatrecht für Ungleichgewichtslagen? Überlegungen zum Anwendungsbereich der sogenannten Inhaltskontrolle privatrechtlicher Verträge, AcP 178 (1978), 196–226。

[27] Gernhuber, Die Legislative und das BGB, in: Nörr (Hrsg.), Vierzig Jahre Bundesrepublik Deutschland—vierzig Jahre Rechtsentwicklung (1990), S. 115, 133 f.

以贯之地落实，后者就应当发生。对于是这样而不是那样发生的所有事情，是因为自己忽视了本人设定的一以贯之的要求。

（二）公平和价值

格恩胡贝尔在相近却又有些不同的方向上，研究了现存传统法典的现象，这涉及法律定义中和一般条款中的概念构建。一般条款，也被称为"需要价值填补"的条款。对此，他在发表的两篇报告中，水平非常高地从两个方面研究了公平的思想。一方面，是"公平及其代价"，另一方面是"融合的公平"。后者被称为法律的构成要件。[28] 格恩胡贝尔理解的公平性，不仅是诸如《德国民法典》第 315 条及以下诸条"适当"意义上的"适当性"，而是更高层次上的"价值意识和价值实现的一致"。当法想被称为公平时，公平体现在规范当中；当"个别案件需要法时"，公平在法律适用中有一定的角色。基于这两个方面，公平成为修正抽象规范的机制。因此，公平也成为法律适用者尤其是法官的法律适用方法的组成部分。即使是在法律"沉默"时候，以及公平没融入法律构成要件中的时候，应当甚至必须激发"在人民的价值意识的控制下"所代表的趋势。

这些句子出自格恩胡贝尔，他很早以前就"国家社会主义"中"人民感知"的重要性进行了重要研究，[29] 也就是研究"价值转变"的危害性，在一定程度上是"需要价值填补"的概念的恶化。表面上看，这让人惊讶。格恩胡贝尔关心的是理性及诚实地引用它，特别是与"时代精神"派生的对比。然而很明显，无论如何，公平会对抽象法律规则与具体个案之间的张力产生影响。这种对比，所有从事个案的法律人都知

---

[28] Gernhuber, Die Billigkeit und ihr Preis, in: Rechtswissenschaftliche Abteilung der Rechts- und Wirtschaftswissenschaftlichen Fakultät der Universität Tübingen (Hrsg.), Summum ius—summa iniuria (1963), S. 205 - 223; ders., Die integrierte Billigkeit, in: ders. (Hrsg.), Tradition und Fortschritt im Recht, Festschrift der Tübinger Juristenfakultät zu ihrem 500-jährigen Bestehen (1977), S. 193 - 221.

[29] Gernhuber, Das völkische Recht—ein Beitrag zur Rechtstheorie des Nationalsozialismus, in: Rechtswissenschaftliche Abteilung der Rechts- und Wirtschaftswissenschaftlichen Fakultät der Universität Tübingen (Hrsg.), Festschrift für E. Kern (1968), S. 167 - 200.

道，但并没有把这个问题解决，因为正如格恩胡贝尔承认的那样，立法机关也希望制定公平的法律或者至少希望这样做，即使是在以抽象方式表示的条款中强调了价值判断，而且这个条款在裁判中又是不相关的。

我必须承认，我在阅读这两份作品的时候有困难，这是因为我把它们视为法理学的论点。就我个人专业而言，不能对此作出评价。主要是下面的一个点促使我进行了思考：公正立法和公正司法的危险，导致废除了立法者的决定，同时导致个案裁判的恣意。以亲属法为例：[30] 如果夫妻一方挣得多，立法者赋予他"平衡均益"("Zugewinnausgleich")；相反，立法者减掉这个，目的是为了不损害其他债权人的利益，可能的理由是该权利相对于无偿获得的平衡均益而言具有优先性。让人毫不惊讶的是，格恩胡贝尔因此认为《德国民法典》第1371条是一个荒谬的规定，它脱离了它想要调整的现实。该规定涉及的是夫妻一方去世之后的平衡均益，活着的夫妻一方得到了更多的继承份额，无论这个人在具体情况下是否得到均益，都是如此。格恩胡贝尔调侃道，法律人借助这个规定"漫游奇境"，因为"任何人对现存的收益都可以获得补偿，补偿获得不存在的收益只有《德国民法典》能做到"。这种对《德国民法典》的公正条款的冷静思考，可以注意到是在亲属法中，具体而言是在离婚法中，不同的是，有时是层级不同，有时却又是矛盾的条款。这同样反映在财产法以及我所认为的公司法中，对一方来说，有很多是援引可接受性，而对另一方来说，是事实、法律后果或对个人来说具有不可接受性。

我今天有义务呈现一位学者的人生片段，然而问题是，如此高度复杂的思考在今天的影响力如何（我只是重现了第一个方法，希望我是理解正确了）。人为地加入色彩和个人见解的概念建构和行为方式，一直都受到法律人的批评，即使批评的声音不是同样的响亮和开放。格恩胡贝尔承认立法者的危机，批评他（正如上文所展示的）已经变样，由此给了法律适用者指示和建议，法律适用者应当意识到，即使是"旧"法典

---

[30] Gernhuber, „Neues Familienrecht"—eine Abhandlung zum Stil des jüngeren Familienrechts (1977), S. 20 ff.；尤其明显的，是上一个脚注中"不真实"("Unwahrheiten")一节。

中融入的公正观念。谁要是采取这种方式研究法学，他就掌握了解决多样问题的工具，这正如债法中所体现出的一样。因此，下文简要地介绍格恩胡贝尔在上文提到的《债务关系》的手册。

（三）债法

如上所述，格恩胡贝尔主编的《债法手册》丛书中，其他的作者负责完成给付障碍法、债权让与和损害赔偿法，而由格恩胡贝尔亲自撰写的两卷本，涉及实践中债法总论问题的最广泛的材料。这意味着他的书在选择话题时要尽可能达到全新，有必要谨慎地记录主流观点及其来源和实际影响，并论述它们与公平正义是否一致。自然，这一切都在书中。并非自然的，是格恩胡贝尔以出人意料的能力和意愿，详细阐述他人的观点和表述，包括司法裁判的观点，并认真对待司法裁判，但不会因为它们的体量大就支持它们。在大型和小型法律评注、教科书和手册中，我们都知道单个法条的前面，列举了很多的参考文献，部分又是能够称得上令人惊叹的参考文献。谁要是想费些力气去看所列举的（包括题目非常吸引人的）文献中有多少文献是在后面的正文中被评价的，就可以看一下脚注，也可以凭此来评价格恩胡贝尔在他的大型著述中的贡献。对此，读者也可以看出，这里涉及的不仅是阅读成果，而且是个人深入研究的结果。多年来，我一直关注（由我主编）《埃尔曼德国民法典评注》的新版本，大量地使用它总会找到一个地方来重新审视我的观点。当然这是指那些甚至是精要类的法律评注，比如《埃尔曼德国民法典评注》也要处理的内容。因此，为了准备今天的报告，我阅读了该法律评注的一节，涉及格恩胡贝尔所称的"负担的第三人效力"。[31]

人们经常说，对第三方有负担的合同是非法的，但这不能阻止所谓的"反射性第三人效力"的产生。比如，读者在书店购买一本书，发现书序言指出作者受出版合同约束以撰写新版本。[32] 当我想起购买（由我主

---

[31] Gernhuber, Das Schuldverhältnis (1989), §23. Mancher von meinen Funden ist für meinen Vortrag über „Drittinteressen und öffentliches Wohl als Elemente der Bewertung privater Rechtsverhältnisse" im Rahmen der Zivilrechtslehrertagung 2007 (demnächst in AcP) herangezogen worden.

[32] Gernhuber, Das Schuldverhältnis (1989), §23 I, S. 553.

编的)《埃尔曼德国民法典评注》《慕尼黑德国民法典评注》或"核心课程"系列中的《物权法》教科书的购买者,这想法让我发抖。更为人所知的是直接的第三方效力,比如体现在缔约过失的情形下代理人责任。[33] 合同当事人之外的人不仅承担侵权法上的义务,事实上还承担合同义务。我们都知道,这是法律续造发展的结果。在第三人作为代理人决定了合同的内容、促使合同缔结的情况下,这种规则不会让人惊讶,但最新的学术研究,比照《德国民法典》第823条第3款中新的侵权法责任,使中间人和托管人承担责任,那么上述规则就让人惊讶了。[34] 格恩胡贝尔在讨论中,清楚地区分了"谈判方"和"合同方"。这在他写作时完全是新事物。如果我们考虑现在非常严厉的证券和投资法律责任,就会发现格恩胡贝尔谨慎的方法,相对于这里不断发现的新的注意义务具有优点,即在现存的债务关系中确保"负担的第三人效力"。当然人们也必须看到,在一个以社会政策的论点和偏见处理这类问题的时代,这些考虑并不是在任何地方都能得到同样的重视。另外,这些考虑在书中,以对第三人合同保护效力的深入阐释为前提。

六、结语

我必须结束今天的报告,并将上文的句子引入结语。我不知道也不能核实一位法律史学者出身但对现行法做出贡献的诸如格恩胡贝尔的学者,他们的学术研究在国外是否已经得到认可。格恩胡贝尔在现行法的研究中,认为尤其是在两人以上参与的法律关系中,即使法典不能调整这种关系,也需要法典。当然,基于"旧"法典中典型冲

---

[33] Gernhuber, Das Schuldverhältnis (1989), § 23 II, S. 554 ff.
[34] Schlechtriem, Schutzpflichten und geschützte Personen, Überlegungen aus rechtsvergleichender Sicht zu Verträgen mit Schutzwirkungen zugunsten Dritter aus Anlaß von BGH 13. 11. 1997, ZR 144/94, in: Beuthien u. a. (Hrsg.), Festschrift für Medicus (1999), S. 529 – 542; Karampatzos, Vom Vertrag mit Schutzwirkung für Dritte zur berufsbezogenen Vertrauenshaftung (2005).

突明显影响的话题,⑤ 这会让人有些惊讶。我们很多的同行，尤其是负责学院及其成员评优及负责资助的人，主要是通过与国外建立联系，即使这种联系是以"旅游"的形式表现的，获得他们的自信，但获得的不一定是声望。时光继续流逝，我今天的目的不是刻画所纪念的人物的"样子"，而是去展示来自和存在于他的时代的一位学者。对于他的人生，据我所知，他能够看尽他的一生。他是一位曾祖父，已经从重病中很好地康复过来，因此没有必要以历史的眼光来说这个话题。但是，我希望我成功地展示了他的作品的持久影响，即使是在技术层面，也是如此。

---

⑤ 值得提到的，比如：Gernhuber, Drittwirkungen im Schuldverhältnis kraft Leistungsnähe, in: Festschrift für Nikisch (1958); S. 249-274; ders., Austausch und Kredit im rechtsgeschäftlichen Verbund—zur Lehre von den Vertragsverbindungen, in: Paulus u. a. (Hrsg.), Festschrift für Larenz (1973), S. 455-494; ders., Gläubiger, Schuldner und Dritte—eine Kritik der Lehre von den „Verträgen mit Schutzwirkung für Dritte" und der Rechtsprechung zum „Haftungsausschluss mit Wirkung für Dritte", JZ 1962, 553-558; s. auch ders., Synallagma und Zession, in: Baur u. a. (Hrsg.), Festschrift für Raiser (1974), S. 57-98; ders., Freiheit und Bindung des Vorbehaltskäufers nach Übertragung seines Anwartschaftsrechts, in: Grunsky u. a. (Hrsg.), Festschrift für Baur (1981), S. 31-49。

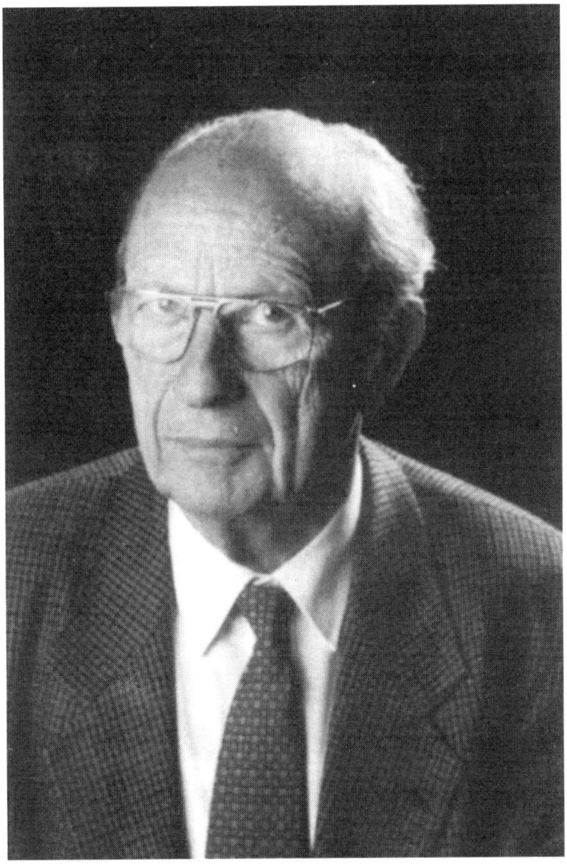

迪特尔·梅迪库斯

（Dieter Medicus，1929—2015）[*]

目　次

一、导言　/ 828
二、专业发展　/ 828
　　（一）学习之路　/ 828
　　（二）学术之路　/ 829
　　（三）社会工作之路　/ 830
三、师者　/ 831
　　（一）教学成功之因　/ 831
　　（二）教研相长　/ 832
　　（三）法学教育改革　/ 832
四、学者　/ 833
　　（一）代表作　/ 833
　　（二）建立学派和建构理论　/ 834
　　（三）论证的角色　/ 835
五、法律思想　/ 836
　　（一）强化私法自治　/ 836
　　（二）剔除意识形态　/ 837

---

[*] 作者简介：〔德〕哈伯特·罗特（Herbert Roth, 1951）系雷根斯堡大学法学院荣退教授。慕尼黑大学法学博士，曾任海德堡大学法学院教授和院长以及明斯特大学教授。现任著名法学类杂志《法律人杂志》（Juristen Zeitung）主编。其博士论文和教授任用资格论文均由法学大家梅迪库斯指导完成。罗特参与编写《慕尼黑德国民法典评注》（7. Aufl. 2017, Band 5/2, §§652-655, 656, 177 S.）、《施陶丁格德国民法典评注》以及其他诸如民事诉讼法、亲属法等法律评注。本文是作者2008年11月11日在柏林洪堡大学的报告。

（三）私人利益和公共利益的可分性　／838

（四）德国和欧洲　／839

六、结束语　／840

附录　／841

一、导言

《德国民法典》，其体系严密，将法律材料提炼抽象极致化，世界闻名，一直以来属于最优秀的法典之一。迪特尔·梅迪库斯2009年5月9日过80岁生日时，评价其一生成就，被誉为"民法先生"，是《德国民法典》的化身。[①] 他的著作《民法——依请求权基础的顺序论述之备考用书》第21版已经于2007年出版，是当代德国法律文献中再版次数最多的书籍之一。早在14年前，《管理者杂志》（Manager Magazin）根据一份对700名法律从业人员的代表性调查，称先生为目前为止德国最有声望的法律学者。1980年和1986年，我在梅迪库斯的指导下分别完成了博士论文和教授任用资格论文，希望通过以下简短的人物刻画，能够完整地塑造各位对先生为人和学术的认识与了解。

二、专业发展

（一）学习之路

梅迪库斯于1929年5月9日出生在柏林，1959年结婚，育有两子。1945年3月被征募入伍，参加第二次世界大战。受先生之父影响（父亲是位化学家），1946年，先生在参加高考之后，在柏林洪堡大学攻读物理和化学专业。1949年，因病之故，先生转而学习法律。自那时起，先生开始了他的法律学习之路。直至1953年这整个期间，他先是在柏林度

[①] Schiemann, Dieter Medicus zum 75. Geburtstag, JZ 2004, 449 – 450.

过一个学期，之后转到维尔茨堡大学学习了四个学期，紧接着又在明斯特大学学习了三个学期。在明斯特大学读书期间，先生起初担任研究助手和助理研究员，都是在日后成为先生导师的教席——罗马法大家马克斯·卡泽尔(Max Kaser，1906—1997)处。1954年，梅迪库斯在哈姆通过了第一次国家司法考试，并于1959年在杜塞尔多夫通过了第二次国家司法考试。

在1994年慕尼黑大学的告别演讲中，梅迪库斯解释了他后来选择法学的原因："我至少再次发现了吸引我通向自然科学之路的逻辑的清晰性。"

（二）学术之路

通向教授和学术的职业之路是直线发展的，与今天的情况相比，是以一种惊人的速度完成的。马克斯·卡泽尔首先唤起了先生对罗马法的兴趣。尔后，在1956年，先生就写了与罗马保证法有关的一篇博士论文，题目为《韦勒雅努斯元老院决议的历史》，获得了博士学位。1961年，仅仅花了一年零九个月的时间，梅迪库斯在汉堡完成了题为《价值或用益衡量损害——对罗马损害赔偿法的研究》的教授任用资格论文，获得了教授资格。据他自己介绍，老师卡泽尔先生给他的工作任务要比学校里的规章制度要求的少得多，这成为他能够在短时间里完成论文的原因之一。而且事实上，梅迪库斯几乎也从来没有要求他自己的五个教授候选人为他工作，以至于他亲自撰写文章和专著的每一行，索引和注脚都事必躬亲。

1962年，先生获得了他人生中第一个教授职位，即基尔大学的罗马法和民法教席。1966年，他转赴图宾根大学任教，接受了其民法、罗马法和商法教席的任命。1969年，先生又转至当时年轻的雷根斯堡大学，接管了民法和罗马法的教席。1978年，先生接受慕尼黑大学诚聘，成为罗马法和民法的编内教授，直至1994年在此荣休。在此期间，梅迪库斯拒绝了来自因斯布鲁克、伯尔尼、维尔茨堡和波恩大学的教授职位邀请。尽管先生也承认自己对于管理极不擅长，也不感兴趣，但先生曾担任过基尔、雷根斯堡和慕尼黑大学法学院的院长。雷根斯堡大学和哈勒大学法学院分别于 1999 年和 2008 年授予他荣誉博士。

自 20 世纪 60 年代中期以来，梅迪库斯就把《德国民法典》作为其研究的核心，但是他在法学上的高深造诣，与早年学习与教授罗马法打下的基础不无关系。事实上，我们甚至可以认为，古罗马法律人的榜样促使先生一直追求并努力完成法律思想建构的清晰性的风格。我们稍后会回到这个话题。

39 年前，我还是一名 19 岁的学生，那是我第一次见到那个将要成为我恩师的人。他碰巧从我身边走过，尽管他那天穿的是西装，而不是（古罗马男性公民穿的）托加袍，但看着他，脑海里浮现的满是遇到一位古罗马议员的画面。

（三）社会工作之路

作为一位法律学者所获得的盛名，也为梅迪库斯带来了许多学术以外的多重职务，其中最重要的是 1984 年，先生被联邦司法部部长任命到债法修改委员会。我们现代债法的大部分内容和措辞均植根于先生作为委员会成员时所做的前期工作。先生从 1974 起就担任着著名的法学期刊《民法实务论丛》的主编，并于 1977 年至 1983 年担任德国民法学者协会的会长。1980 年，先生被任命为巴伐利亚科学院院士。这个时期，值得一提的是先生针对民法基本问题所做的让人感动的报告《民法与将来的生活》[2]。他曾于 1971 至 1972 年担任德语区法学院大会的会长，并于 1974 年至 1976 年担任德语区法学院大会教育改革委员会主席。此外，先生还担任德国科学基金会的民法评审专家多年。

梅迪库斯以学者的身份，作为议会立法者的启蒙者和筹划人，参与了债法修改委员会的工作，这给他留下了最为深刻的印象。与此相关的工作，包括了撰写专家意见书《缔约过错——应当在〈德国民法典〉中

---

[2] Medicus, Zivilrecht und werdendes Leben, in: Bayerische Akademie der Wissenschaften, Philosophisch-Historische Klasse (Hrsg.), Sitzungsberichte (1985), Heft 1, 26 Seiten.

规定缔约过错学说以及重新规定前合同权利和义务?》③。即使是在《法学教育》杂志中以教学为目的的文章,有时也会在文章的结尾提出立法建议,比如针对"请求权的附属性",他建议不要过多地使用辅助性这种制度。④ 最后,先生总是强调立法者相对于法理学有自由决定的空间,这种空间在修改德国债法的过程中,在某种程度上被坚决地否定了。⑤

三、师者

本次报告应当给当代学生展现我的老师的人格魅力。授课是法律学者生活中的一个短暂的瞬间,课程通常不会被录音,因而只留存在听众的记忆中,并会随着时间流逝而消失。然而,取得的学术贡献和短暂的教学活动往往会扭曲一个学者在这两个领域中都做出重大贡献的人的形象。20世纪70年代,当我成为先生的学生时,他刚好在雷根斯堡任教,在那段时间里,我都去参加他定期开设的考试课程。于我和我的同窗而言,先生是一位有天赋、真正具有魅力的老师。好的教学工作,对先生来说意义重大,而且先生似乎很享受在授课与演讲中取得的成功,只有谦逊的态度真正使得先生如此。

(一) 教学成功之因

先生授课时,从不使用现代通信工具,也不提供讲义。相反,先生在黑板上惜字如金,并且只会在开始上课的时候发放简单的大纲。他的成功有其他方面的原因。他靠的只是《德国民法典》,上课时对此满腹经纶,甚至可以说,先生的解释可以拿来直接印刷,从不会重复,也不会用语失当。他已经与他的教授内容融为一体,将其内化于心。因而先

---

③ Medicus, Verschulden bei Vertragsverhandlungen. Empfiehlt sich eine Normierung der Lehre vom Verschulden bei Vertragsverhandlungen und eine Neuregelung vorvertraglicher Rechte und Pflichten im BGB, in: Bundesminister der Justiz (Hrsg.), Gutachten und Vorschläge zur Überarbeitung des Schuldrechts (1981), Bd. I, S. 281–310.

④ Medicus, Subsidiarität von Ansprüchen, JuS 1977, 637, 644.

⑤ Medicus, Gesetzgebung und Jurisprudenz im Recht der Leistungsstörungen, AcP 186 (1986), 268–289.

生的讲课总是令人着迷,有趣到令人忘乎所以。到目前为止,我还是将构成意思表示的必要条件"行为意思"与这个例子联系在一起:若坐在一个潜在缔约伙伴的床边,希望他在睡梦中作出合同要约,然后宣布"成交",那是极为荒谬的。此后的岁月里,每当我在德国某个地方看到某个人穿着蓝灰色西装时,我就会想起先生的笑话,他从来不会依据《德国民法典》第 937 条"取得实效"的规定来获得一套西装。梅迪库斯总是会耐心地听取听众的意见,并且没有哪个人能像他一样,通过日常生活中的例子来阐明抽象的问题。

(二) 教研相长

梅迪库斯清楚地认识到,研究与教学之间有着不可分割的联系,这可能是他重视学术教学的主要原因。在我前面提到的先生在慕尼黑大学的告别演讲中强调过,他的教科书内容与其教授的课程密切相关。"教学告诉老师尤其是在哪些地方学生有理解的困难。以文字形式展示思想,会呈现作者本人的理解困难。"而且,"如果你想深入了解法律的一个领域,那么就应当教授一门课程。迫使自己给别人讲授某些东西,这会无情地揭开自己知识中的漏洞"。在这些自我评估中,教学成了研究之外独立的认知来源,为科学进步奠定了基础。这就像梅迪库斯一样,即使在退休之后,也会定期在哈勒大学作为客座教授进行授课。

(三) 法学教育改革

考虑到教育与教学问题的紧密联系,先生一直密切关注法学教育及其改革。[6] 学生担心的主要是考核内容增多,梅迪库斯对此并不担心。因为在先生看来,考核人具备的自我限制的能力——其实践的理性,有助于解决这个问题。让先生更为担心的是相反的趋势,即破坏关联理解的追求和鼓吹减少考核内容。比如将破产法从必学材料中剔除的话,就

---

[6] Medicus, Deutsche Erfahrungen mit der Reform der Juristenausbildung, JBl 1978, 79 - 82; ders., Welche Maßnahmen empfehlen sich—auch im Hinblick auf den Wettbewerb zwischen Juristen aus den EG-Staaten—zur Verkürzung und Straffung der Juristenausbildung?, in: Ständige Deputation des deutschen Juristentages (Hrsg.), Verhandlungen des 58. DJT (1990), Bd. II O11 - O29; ders., Private Juristenausbildung. Zu § 5d des Entwurfs des DRiG, JZ 1971, 497 - 499.

不能理解担保法。⑦ 很少有人能够如此清楚地将法律制度统一中的体系上来看相隔甚远的问题，与德国法学教育的法律政策建构联系在一起。

四、学者

毫无疑问，先生是当代最有影响力的德国民法学者之一。在更小的法律圈中，前面提到的荣誉和颂扬足以证明这一点。另外，他更加广为人知，还要归功于在系列电视节目"您将如何裁判"中多次出境。当然，关于这一点，我们不会详谈。

（一）代表作

除法律教学外，法律学者的声望源自其公开发表的研究成果。1999年第一本为纪念先生70岁生辰的文集表明梅迪库斯有超过100篇的文章和近120篇的判决评注。2009年第二本纪念先生80岁生辰的文集增加了50篇文章和约40篇判决评注。先生参与撰写的法律评论囊括了：在《施陶丁格德国民法典评注》的直到1983年第12版"通用损害赔偿法"部分的第249条至第254条；《慕尼黑德国民法典评注》中"基于所有权的请求权"部分(《德国民法典》第985—1007条)，一直到2004年的第4版；在普维庭等主编的每年都会更新的《德国民法典评注》中先生评注债法总则的核心部分(《德国民法典》第249—255条和第311—361条)。

梅迪库斯以体系严密的方式，主要是在其教科书⑧中阐释了德国物权法。这些教科书包括《德国民法典总则》、两本关于"债法"（总论和分论)的教科书和《法定之债》。但前述《民法——依请求权基础的顺序论述之备考用书》无疑是先生最具特色的著作，该书作为标准版，由基础知识书本《请求基础精要》补充来使用。

所有这些作品都具有共同的特征，它们在每本书的前言部分也有所

---

⑦ Medicus, Schulden und Verschulden. Zum Verhältnis zwischen Zivilrecht und Restschuldbefreiung, DZWiR 2007, 221–227.

⑧ 参见本文附录。

强调。第一,严格的法律约束,声明忠诚于法律,拒绝意识形态的东西;第二,强调现行有效规则的理由和目的;第三,在仅是说明性的案例的背景下呈现体系的关联;第四,简明扼要的风格,是学术忠诚的标志。如果关注当代有关法官的法律续造的正当性及其界限的讨论,这种强调包括尊重分权原则的法律约束就已经意义重大了。[9] 另外,忠诚于法律与对不太具有民主正当性的自由的理论建构的怀疑紧密相关(参见本文[二])。

(二)建立学派和建构理论

梅迪库斯培养了五个具有教授资格的学者,即狭义上的门生,却没有建立"学派",而且他也从来没有打算这样做,尽管先生建立思想学派的能力是毫无疑问的。在此,我们只能揣测其中的原因,我也不知道相关的说法。

梅迪库斯从不从他的学生那里映射他的光辉,于此,他个人的谦逊可能是首要的原因。也许是先生的研究核心:私人自治,本身所包含的自我决定权与学派产生的约束不相容。虽然门生[10]都在研究和教授德国民法,但他们的兴趣从罗马法、商法和经济法、劳动和社会保障法,一直到民事诉讼法,各不相同。鉴于上述所有人都已经60岁或60有余,所以先生的代表作都没有被他的门生传承下来。

"学派建构"的前提条件是有义务维护共同的"理论"。梅迪库斯总结了自己对罗马经典著作的一点看法:"到目前为止,在方法论问题的兴趣方面,到今天还有很大的差异,但这并不意味着那些对此不太感兴趣的法律人就一定是差的法律人。"

富有启发的,但在梅迪库斯的作品中没有或很少出现的观点是:他尤其是怀疑力图从(主要是泛泛而论的)理论推导出包括广泛的有效性要求的规则或案件解答,并且使之正当化。在理论有助于解决新问题的意

---

[9] Jüngst Hillgruber, „Neue Methodik"—Ein Beitrag zur Geschichte der richterlichen Rechtsfortbildung in Deutschland, JZ 2008, 745 – 755 mit vielen Nachweisen.

[10] 弗尔克尔·博伊廷(Volker Beuthien, 1934)、马克西米利安·富克斯(Maximilian Fuchs)、戈特弗里德·席曼(Gottfried Schiemann, 1943)、安德斯·瓦克(Andreas Wacke)及本文作者。

义上，这是理论的诠释学功能。先生倾向于恰恰相反的方法，根据这种方法，理论必须通过它能够产生的新结果的说服力来证明其可使用性。不适当的结果往往导致理论被全面否定或被修改。对他来说，理论建构的主要任务限于以公式的方式描述已知，即理论的解释功能。但其实先生甚至对此表示怀疑，并宁愿将其定义为"解释的目的说明"（"erklärende Zweckangaben"）。因此，可以理解，梅迪库斯对于理论理解本身的问题很少明确表达他的观点。[11] 在他看来，基于多数人意志的法律，一定比为了传达和证明结果的理论更具民主正当性。

尽管梅迪库斯的法学扎根于罗马法，但他也同样质疑仅从历史合法性的区分中，即根植于法律史找到依据的教义学推论。在评论"目前似乎不可避免地提到比较法"的观点时，先生简洁地说，并不是所有的外国法都是先进的。他认为，即使说到十足的国际趋势，比较法也不是特别有说服力，因为它们也可能仅仅是目前流行的时代精神，而这种趋势恰恰可能是人们不必须要遵循的。[12] 他对"法律的经济分析"的趋势也持保留态度，甚至没有在《德国民法典总则》一书中提及此点，这就足以说明了。尤其对于损害赔偿法中先生评价的预防功能，假装这里有理性，而它"事实上经常没有根据"。另外，还有经济上难以理解的因素。

（三）论证的角色

在构建规则和解决具体案件时，梅迪库斯都把对理论的怀疑以及强调结果的适当性，与拒绝使用含糊不清的表述联系在一起。他一直坚持简明扼要的风格，并将其作为科学翔实的标志，甚至认为这不仅仅是一个"风格问题"，更是他一直强调的体系思维：只有体系才能在全面理解的意义上，提供某一个法律领域的全景图。因此，使用与体系相关的、能够且必须促进原则的形成并将其融入一个体系之中的"强有力的论证"，这是他的法律思维的特点。当然，这并不适用于诸如联邦最高

---

[11] Medicus, Theorien im modernen Zivilrecht, in: Rechtswissenschaftliche Fakultät der Christian-Albrechts-Universität Kiel (Hrsg.), Reden zum Gedächtnis von Wolfgang Thiele (1984), S. 38, 43, 53, 56.

[12] Medicus, DZWiR 2007, 221, 224.

法院用于损害赔偿法的"奢侈论点"这样的"软弱"论证。[13] 因此，论证不一定需要嵌入宽泛的理论中，更不需要嵌入"小众"理论中。[14]

五、法律思想

到目前为止，我们还没有提到可以被视为塑造先生法律思想的因素。第一，应当提到的是先生对私法自治受到多方面威胁的关切；第二，主张没有意识形态干扰的法学；第三，梅迪库斯坚定地认为民法中私人利益和公共利益具有可分性，甚至对所有的法也是如此，这构成了他的请求权和抗辩权的学理基础。

（一）强化私法自治

正如先生在1992年在慕尼黑法学会报告的题目"告别私法自治？"[15]所揭示的，梅迪库斯一直关切对于私法自治的威胁。他认为，这种危险不仅来自善意的国家和欧盟的立法者不断增加强制法内容，使它们有利于臆想的弱者，以及对缔结合同或构建合同内容进行有意的干预。2006年生效的《通用平等权利法》（Allgemeines Gleichberechtigungsgesetz）[16]是近年来的一个突出例子。梅迪库斯也批评了联邦宪法法院，即宪法法院在结构不平等的谈判力量的意义上，在公认的私法救济之外，要求纠正缔约方之间的不平衡的状况。

他在其教科书中以"强有力的论证"回应了"不平衡状况说"[17]，写道："即使初步感觉是不平衡的状况，但也并不总是需要干预合同自由。比如这是因为一方通过艰苦的努力获得的知识优势，这应当得到

---

[13] Medicus, Das Luxusargument im Schadensersatzrecht, NJW 1989, 1889–1895.

[14] 前引11，梅迪库斯文，第38页，第40及以下诸页。

[15] Medicus, Abschied von der Privatautonomie im Schuldrecht? (1994), 35 Seiten, in erweiterter Fassung abgedruckt auch in: Vorstand der Münchener Juristischen Gesellschaft e. V. (Hrsg.), Einheit und Vielfalt der Rechtsordnung, Festschrift zum 30jährigen Bestehen der Münchener Juristischen Gesellschaft (1996), S. 9–24.

[16] 对此，非常有批判性的，参见Medicus, Allgemeiner Teil des BGB (9. Aufl. 2006), Rn. 479a.

[17] Medicus, Schuldrecht I (17. Aufl. 2006), Rn. 73.

'奖赏'。如果对该优势进行平衡，这可能是对懒惰的馈赠。谁要是度假而不是去寻找得到缔约所必要的知识，就无须担心对自己的不利。"

先生反对主张通过补偿的方式达到总体的平衡，认为："为了弥补自己相对的愚蠢，他要相对地富有多少？"[18] 因为反对有"针对不平衡状况的特别私法"，该学说的代表人物似乎减少了。这些例子仅仅是用来说明臃肿的理论大厦会沦为单纯的"小众理论"。

梅迪库斯用下述语句评价了上述强制性法律的增加，特别是把欧共体视为"蔑视任意性质债法的人"："因此，总的来说，我们必须对强制法的增加保持更多的谨慎和冷静。虽然它们为抵制滥用合同自由的行为提供了一个不可或缺的辅助工具，但是基于一般法的理由，即忽略宪法上的观点，也应当更谨慎地适用它。尽管不可能避免使用一般条款，但是为了保障法律的确定性，应当尽可能补充更具体的规定，至少要附带法定的例子。否则，上述的强制性规定必然会导致法律上的不确定性，从而损害弱势一方而不是真正对其有帮助。"[19]

（二）剔除意识形态

梅迪库斯的民法著作没有受到任何意识形态的影响，可能是由于他的个人经历。他在东柏林的洪堡大学度过了1949—1950学年的冬季学期，这是先生第一次学习法律。据先生说，一位名叫罗拉的法学女教授是他决定尽快转校的原因："她向我们解释资本家是如何致富的：谁要是拥有企业，就把它变成股份公司并出售股份。罗拉女士说，通过这种方式，这个人最终拥有了公司和为股票支付的价款。即使是我们当中在政治意识形态上认可罗拉的学生，也明白这种把财产翻倍的方法是行不通的。"

梅迪库斯反对意识形态的东西，最为明显的是其在1988年发表的有

---

[18] 参见前引15。

[19] Medicus, 25 Jahre Entwicklung im Zivilrecht, in: C. H. Beck'sche Verlagsbuchhandlung (Hrsg.), 25 Jahre Rechtsentwicklung in Deutschland—25 Jahre Juristische Fakultät der Universität Regensburg. Schriften der Juristischen Studiengesellschaft Regensburg. Heft 11 (1993), S. 13, 29, 33 f.; ausführlicher in dem Vortrag vor der Münchener Juristischen Gesellschaft (Fn. 16), S. 13, 23 f.

关当时东德租赁法的文章，题目是《"社会"与"社会主义"——以住房租赁法为例的制度比较》[20]。在该文中，先生着重反对通过意识形态以及将民法隶属于国家领导和计划的方式，对民法提出全面的要求。他的法律思想的另一个趋势表现在他基于社会或福利国家的考虑，对私法的"物质化"甚至超负荷表示怀疑。基于私人与社会保险法的对比，先生提出了以下的观点："相反，在非社会主义国家，影响最大的社会的组成部分与私法分开了。"另外，这种方法避免了给私法负担不能完成的监管任务，把它们交给真正可以完成该任务的法律，即公法。

（三）私人利益和公共利益的可分性

现在我们再次回到最能够代表先生个人的一本书——《民法——依请求权基础的顺序论述之备考用书》，一本几代学生用来准备考试的书。该书首次提出以请求权为基础对整个德国民法进行划分，具有以下几个方面的意义。

第一，这种结构意味着教学的努力，即给完整、经济和思考简单的解答案例提供指引。按照其本人的评价，这涉及合目的性的问题，也对那些很少实践的人有利。

第二，以社会学的术语来表达，这涉及"减少复杂性"，从而与程序法相关。梅迪库斯在民法中使用请求权的方法，在结构方面与程序思维一致。将复杂的问题分解为法律关系，将法官或律师的审查限定在请求权规范的构成要件上，进而排除了所有对回答问题无关紧要的细节。复杂的现实生活被缩减为重要的法律思维，正如它在请求权规范中被表达的一样。诉因思维因此产生了程序一样的材料划分。梅迪库斯用一句话总结了他将材料限制在现实生活片段的思维："在实践中，当法官要求当事人或证人直说重点时，这种限制尤其明显，尽管说话的人认为他们早就说到重点了。"

第三，请求权和抗辩权思维意味着一种致力于个人主义法律思想的

---

[20] Medicus, Soziales und Sozialistisches. Ein Systemvergleich am Beispiel des Rechts der Wohnraummiete, in: Giger/Linder (Hrsg.), Sozialismus—Ende einer Illusion. Zerfallserscheinungen im Lichte der Wissenschaften (1988), S. 461, 465.

方法，从而再次为通向私法自治创造了一座桥梁。诸如纳粹主义的集权制度不能接受这样的思维因为私法完全服从于"民族共同体"（"Volksgemeinschaft"）的利益，这种利益使实现主观的私法权利退化为单纯的权利影像。在刊载在《民法实务论丛》第174卷中一篇题为《请求权和抗辩权作为民法教学方法的支柱》[21]的文章中，梅迪库斯反对设想为"合作性法律制度"的纳粹的"制度化法律思想"，而不是强调相对抗的法。他认为，明显地否认当事人的利益，并假定国家利益就是当事人利益，这是所有极权主义法律理解的特征。其导致的结果是，私法退化为国家施舍的善举，同时受益者没有可以执行的私法请求权。与之相反，个人主义的请求权思维在逻辑上必然地以私人和公共利益可分离性和可区分性为前提，因此成为民主的法律理解的表达。

第四，梅迪库斯使用可诉的履行请求权，以法教义学的方式，把《德国民法典》的规则技术的核心部分，作为国家的私法文化进行展开。2008年《欧洲私法共同参考框架草案》（DCFR）建议的有关私法欧盟化[22]的法律救济模式，对上述核心部分产生的危害在这里就不详细地论述了。以区分不可诉讼的主要权利和在产生构成要件时附加条件的救济措施（第3条-3：101 ff.）的方式，对履行请求权进行限制，这是法律史上早已逾越的遗迹，并且相对于现行的德国法而言，它是一种倒退。[23]

（四）德国和欧洲

下面我们将把视角转向这位伟大的法律思想者的欧洲视角。在债法改革中，梅迪库斯多次处理了欧洲私法统一的问题，他对德国法与欧洲法的关系的立场是冷静而平衡的。他根据兰多（Lando）原则和国际统一私法协会的原则，对欧盟合同法统一的可能性按照实践的优点进行了合

---

[21] Medicus, Anspruch und Einrede als Rückgrat einer zivilistischen Lehrmethode, AcP 174 (1974), 313, 322 ff.

[22] Weller, Die Struktur des Erfüllungsanspruchs im BGB, commonlaw und DCFR—ein kritischer Vergleich, JZ 2008, 764 – 773 mit vielen Nachweisen; zur Kritik insgesamt Eidenmüller/Faust/Grigoleit/Jansen/Wagner/Zimmermann, Der Gemeinsame Referenzrahmen für das Europäische Privatrecht, JZ 2008, 529 – 550.

[23] Medicus, Voraussetzungen einer Haftung für Vertragsverletzung, in: Basedow (Hrsg.), Europäische Vertragsrechtsvereinheitlichung und deutsches Recht (2000), S. 179, 190.

理评估[24]，认为这种优势只在跨国交易中才会产生。另一方面，对于国内交易来说，"尽管在那里进行统一没什么实践意义，但很难理解为什么人们要优先选择劣质的规则"。成员国的特点是欧洲法律文化的组成部分，不应该"被牺牲在统一化的神坛上，除非为了便利交易或客观的准确性"。拒绝法律统一作为自我目标，意味着信奉"更好的法"。对此，这种法无论是从比较法抑或法律史，还是从教义学中获取，都是独立思考的"强有力的论证"。

六、 结束语

报告已经到了尾声。梅迪库斯先生是思维通透的大师，对于包括我在内的很多人来说，他是一位不可企及的榜样。虽然他谦恭的态度，对同事给予的关心，对学生的鼓励宽容，不止一次地被提到，但是，本报告都没有提到先生人格魅力的其他方面。我乐意承认，我对先生为人、为学者和为人师的描述是有偏见的，愿我得到宽容。迪特尔·梅迪库斯，这位先生有充分的理由可被视为"吾辈虽不能至，心向往之"的20世纪最后三十年德国民法的大师和塑造者。

---

[24] 前引23，梅迪库斯文，第179、180页，第191及以下诸页。

附录

一、梅迪库斯的代表作

Burgerliches Recht. Eine nach Anspruchsgrundlagen geordnete Darstellung zur Examensvorbereitung, 22. Aufl., 2009.

Allgemeiner Teil des BGB, 9. Aufl., 2006.

Schuldrecht I. Allgemeiner Teil, 18. Aufl., 2008.

Schuldrecht II. Besonderer Teil, 14. Aufl., 2007.

Zur Geschichte des Senatus Consultum Velleianum, 1957.

Id quod interest. Studien zum römischen Recht des Schadensersatzes, 1962.

二、梅迪库斯作品的中译本

迪特尔·梅迪库斯：《请求权基础》，陈卫佐等译，法律出版社2012年版。

迪特尔·梅迪库斯：《德国民法总论》，邵建东译，法律出版社2013年版。

迪特尔·梅迪库斯：《德国债法总论》，杜景林、卢谌译，法律出版社2004年版。

迪特尔·梅迪库斯：《德国债法分论》，杜景林、卢谌译，法律出版社2007年版。

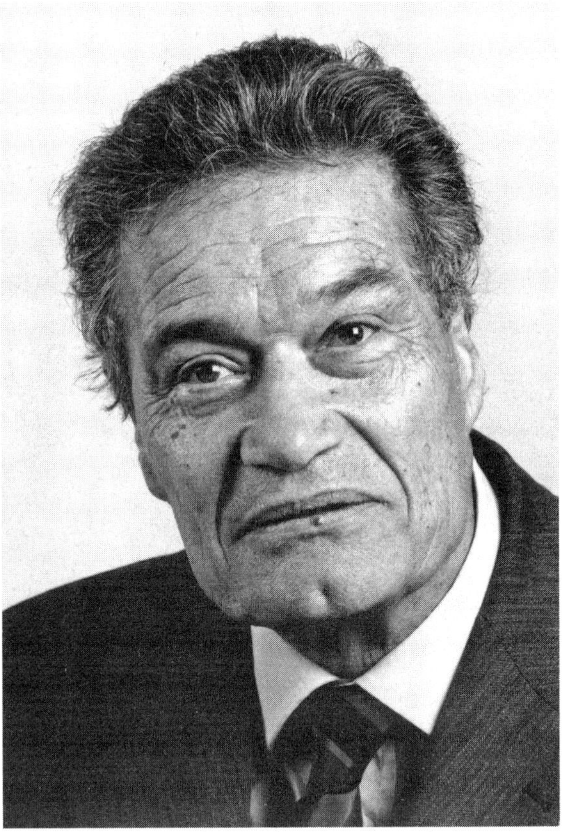

乌尔里希·胡贝尔（Ulrich Huber，1936）[*]

目　次

一、引言　/ 845

二、两次国家司法考试　/ 846

三、博士论文　/ 847

四、两个"特别账目"　/ 847

五、教授任用资格论文　/ 848

六、"流动资产"　/ 849

七、反垄断法　/ 850

八、债法　/ 850

九、公司法　/ 852

十、结语　/ 854

一、引　言

乌尔里希·胡贝尔1936年出生在基尔市，他的父亲是时任基尔大学公法学教授的恩斯特·鲁道夫·胡贝尔（Ernst Rudolf Huber，1903—1990，基尔学派国家法代表人物，战后是哥廷根大学的荣退教授）。他在家中五个孩子中排行老二。其母是后来在弗莱堡市执业的律师胡贝尔-西蒙斯（Tula Huber-Simons，1905—2000）。因为父亲工作原因，

---

[*] 作者简介：〔德〕约翰内斯·韦滕布鲁赫（Johannes Wertenbruch，1960），马尔堡大学法学院民法、商法与经济法教席教授。韦滕布鲁赫1990年的博士论文和2000年的教授任用资格论文均在乌尔里希·胡贝尔指导下，在波恩大学完成。

一家人在1937年搬到莱比锡，1944年搬到斯特拉斯堡。在那里，从1942年到1944年，胡贝尔就读当地的"人民学校"。1944年，战争迫使一家人流亡到黑森林地区的法尔卡（Falkau）。1949年，一家人定居在弗莱堡，母亲1947年成为一名律师，在著名的普卢博士（Maria Plum, 1894—1962）和费特魏斯博士（Karola Fettweis, 1909—1994）律师事务所工作。从1946年到1954年的高考，胡贝尔就读黑森林地区州立碧克霍夫（Birklehof）人文高中。之后的法学研习阶段他在弗莱堡大学（1954年夏季学期至1955年夏季学期）、慕尼黑大学（1955年和1956年之间的冬季学期至1956年的夏季学期）以及海德堡大学（1956年和1957年之间的冬季学期至1957年的夏季学期）度过。

在"20世纪民法学者"报告系列的框架中，做有关乌尔里希·胡贝尔的报告，是整理学术的"资产负债表"的一个机会。学术资产负债表也有"资产"和"负债"两栏。我在必要的时候背离《德国商法典》中的会计规则，否则不能够恰当地评估胡贝尔学术贡献背后蕴含的"商誉"。

二、两次国家司法考试

在资产负债表的负债栏，我们可以看到"自有资本"中有两个有价证券，它们分别由巴登-符腾堡州司法部签发，即成绩是"极其优秀"的第一次国家司法考试和成绩是"优秀"的第二次国家司法考试。这些学业的成果，成为法学研究的初始智力资本。胡贝尔为学术研究工作积累的必要的律师和法院实践知识，不是只在法律培训生阶段，还包括上文提到的他在母亲胡贝尔-西蒙斯、普卢博士和费特魏斯博士领导的律师事务所中从事的学生假期实习活动。大三后的第一次假期实习中，他在为原告有限责任公司草拟起诉状时，将该公司管理者称为原告，普卢博士狠狠地批评了他一顿，说："你自己应当就像证人一样知道，有限责任公司的管理者不是必须作为证人，而是必须作为当事人一方。"

三、博士论文

我们现在应当离开资产负债表的负债栏,转向资产栏。对于负债栏,我们想说的是,他提交书稿一直都没有迟延。在资产负债表的资产一栏,其中的项目(一)值得一提的是在海德堡大学由罗尔夫·泽里克(Rolf Serick,1922—2000)指导的博士论文《担保土地债》。找到一个适当的主题,是博士论文中最难的一个部分,这并不少见。在他成为泽里克的学生助手的时候,胡贝尔在海德堡市的州法院做法律培训生,在培训生项目中没有涉及以"土地债"为重点的法律培训生考试,但是,他后来参加了该考试的讨论。因为作为泽里克的学术助理可以随时使用他的图书馆,所以在还书的时候,他与泽里克经常会进行谈话。以此为机会,胡贝尔向他的老师罗尔夫·泽里克报告了法律培训生考试,认为帝国法院有关土地所有人相对于担保土地债的受让人的抗辩权的规定不恰当。后来,这个讨论不断持续。最后,泽里克为了记录这些思考和结论,请求胡贝尔写一篇短文。由此,产生了后来的有关担保土地债的博士论文。

胡贝尔先生的部分反对帝国法院裁判的文献观点,不仅得到了泽里克认可,还在1972年被联邦最高法院采纳。[①] 在这个案件中,下级法院(即海德堡的州法院)已经作出反对帝国法院裁判的决定。这与以下一贯的裁判和主流的观点保持一致:在让与之后,担保人和债务人付款给土地债务的让与人,原则上这并不能损害受让人的利益。这损害的只是土地债务让与时对不偿还的认识。

四、两个"特别账目"

在我报告有权重的"资产栏"中的"教授任用资格论文"之前,我必须强调两个"特别账目"。第一个特别账目是在"人合公司"中的

[①] BGHZ 59,1-3.

"股东私人账户",也即家庭账户。1961 年,胡贝尔先生与海珀尔博士(Erika Heimpel)完婚,在 1962 年至 1967 年期间育有约翰娜(Johanna)、伯特德(Berthold)、卡特琳娜(Katharina)和弗郎西斯卡(Franziska)。对于这个包括十几位数的子孙和其多样的潜在价值,没必要再进行详细地阐释。

第二个特别账户是"对第三人有利的账户",也即对罗尔夫·泽里克有利。胡贝尔在海德堡担任助理期间,不仅完成了他的教授任用资格论文,罗尔夫·泽里克还完成了他的宏大的三卷本《所有权保留和担保让与》。胡贝尔对于这个作品的贡献,没有人能比泽里克本人阐释得更好。借用泽里克在该书第 1 卷序言中的话:"我的助理乌尔里希·胡贝尔通过很多的谈话和批判性的反驳的方式,帮助了我去弄清楚形式的和实质的问题。对于他不懈地参与直到本书的这个版本出现,我表示感谢。"该书第 2 卷和第 3 卷的序言中也有类似的感谢语。

五、教授任用资格论文

胡贝尔在 1968 年完成教授任用资格论文,题目是《商法中人合公司中的财产份额、资本份额和公司份额》[②]。该文对公司份额的教义学,尤其是对股东的资本份额的论述,一直以来都具有基础意义,并且对未来的发展指明了方向。首先是"参与账目"("Beteiligungskonten")和"债务账目"("Forderungskonten")的区分,后者又被称为"私人账户"或"借贷账户"。德国联邦最高法院接受了胡贝尔的区分标准。该院的一名法官道出了相信胡贝尔的原因,即他作为一名民法和公司法学者在论述的时候,并没有追求税法方面的私心。遇到公司股东账户的问题时,如果打开法律评注、教科书或手册,必定会在脚注中第一个位置见到胡贝尔的教授任用资格论文或者刊登在《公司法杂志》上的他的一篇文章。[③]

其在海德堡大学做的一个报告以及随后的一个专题讨论会,也属于

[②] U. Huber, Vermögensanteil, Kapitalanteil und Gesellschaftsanteil an Personalgesellschaften des Handelsrechts. Heidelberg, C. Winter Universitätsverlag, 1970.

[③] U. Huber, Gesellschaft erkonten in der Personengesellschaft(1988), Zeitschrift für Unternehmens-und Gesellschaft srecht (ZGR) 1 - 103.

教授任用资格论文的组成部分。1968年2月，胡贝尔先生的报告是法学院当天会议的最后一个安排。从这个年度④就可以看出，当天的法学院会议之前安排讨论了多么困难和难熬的话题。在下午5点到场的胡贝尔，被公法学教授汉斯·施耐德（Hans Schneider，1912—2010）先带到了办公的房间。胡贝尔坐下后，施耐德给了他一杯百帝王草药利口酒，并且对胡贝尔说，"喝得不要太多，也不要太少"。在胡贝尔又等了一段更长的时间后，汉斯·施耐德明显不确定胡贝尔先生是否镇定。于是，他走在路上又给了一个提示："您必须想象那里的教授都是包头菜。"最终，在胡贝尔完成以"类型强制、合同自由和法律规避"的报告以及之后的专题研讨会之后，正式结束了教授任用资格论文的程序。

六、"流动资产"

在我深入探讨其他两个研究重点之前，我想先谈一下"资产负债表"中的"流动资产"一栏。教授的"流动资产"是学生。学生们在胡贝尔的大课和组织的考试中，像客人一样感受到友好和公平地对待。产生这种看法的一个原因可能是1969年夏季学期胡贝尔在柏林自由大学的代理授课活动。胡贝尔代理保险法教授卡尔·西格（Karl Sieg，1911—1998）的教学活动，因为西格教授在德国研究会的资助下无须授课而同时从事研究活动。因为法学院的一名教授被人用西红柿和鸡蛋攻击，学院决定取消整个学期的大课教学活动。在学院的学生委员会的干预之下，学院这项措施被认为过分了，贝特尔曼教授和柏林的司法委员会在范特荷夫街8号（Van't-Hoff-Straße 8，即柏林自由大学法学院大楼）的大楼受到了警察保护和限制进入的控制，因为学生委员会证明作恶者并非法学院的成员。胡贝尔先生因此获得一张证件，上面显示："讲师乌尔里希·胡贝尔博士有权进入范特荷夫街8号大楼。"对于警察控制的合法性，在法学院内部不是没有争议。因此，在法学院的会议上，除了学

---

④ 1968年是一个社会意识形态发生极度变化的年度，尤其是在大学，学生和大学及老师发生了很多冲突。

院的代课人员，担任柏林自由大学荣誉教授的联邦行政法院的院长弗里茨·维尔纳（Fritz Werner，1906—1969）受邀参加会议。对于该措施的合法性，维尔纳先生说："1. 柏林行政法院一分院负责起诉学院的诉讼。2. 柏林行政法院第一分院对此作出什么样的裁判，无人知晓。"

法学院的法律担忧因此被消除了，而对于胡贝尔先生，随之而来的问题是，他的有价证券大课有很多经济学院的学生听课，而这些学生没有出入证明并且也得不到这种证明。他们问胡贝尔先生能否做些什么。胡贝尔回答说："你们在11点或更早，在范特荷夫街8号大楼入口处等我，我将会在那等你们。"当第一批学生到了之后，胡贝尔先生对警察说今天有来宾要听他的课，当时这些来宾没有证件。警察商量了之后，数了有约40个来宾，来听有价证券法的大课。警察的进出入控制延续了整个学期，而胡贝尔先生坚持到最后一节课仍在大楼的入口处接待听课的人。

七、反垄断法

下面一个资产负债表的科目是反垄断法。值得一提的是，他和特奥多尔·鲍姆斯（Theodor Baums，1947）合作在法兰克福法律评注中对《德国反限制竞争法》第1条和涉及德国和欧盟反垄断法中的合资公司的专著进行全面的评注，其中胡贝尔先生负责德国法部分，博多·柏纳（Bodo Börner，1922）负责欧盟法部分。自维尔纳·柏里希（Werner Bönish）提出其观点以来，"合作型合资企业"和"集中型合资企业"的区分具有代表性。而胡贝尔认为，在现实中混合形式是有问题的，诸如具有合作因素的集中型合作企业及主要具有合作特点的合资企业。胡贝尔先生所持的分类标准和对应法律后果在欧盟委员会的反垄断法实践中被采纳，现在被规定在《欧盟经营者集中条例》的第2条和第3条中。

八、债法

胡贝尔的研究重点无疑是债法，包括了受联邦司法部委托作出修改债法的专家鉴定书、《泽格尔德国民法典评注》中有关买卖法的评注及摩尔·兹贝克出版社《债法手册》系列中两卷本的《瑕疵担保法》。其对学术和实践的贡献显而易见。德国联邦最高法院并不是完全地采纳胡贝尔在《泽格尔德国民法典评注》中的观点，不过在大部分的情况下都是采纳的；在其他情况中，联邦最高法院至少论述了胡贝尔所持的观点。

20世纪70年代，胡贝尔先生发表了一系列有关统一买卖法也即跨境货物买卖法的文章。20世纪70年代末，联邦司法部寻找国际货物买卖法领域有实力的学者出具修改债法的专家鉴定书，乌尔里希·胡贝尔最终被选中。在他出具的专家鉴定书中，他建议德国货物买卖法要与跨国货物买卖法协调一致。基于买方的补救请求权作为基本的权利，货物买卖法在一定程度上与一般债法实现了融合。依据《德国民法典》第281条和第323条（原先是第326条）的"指定期限"（"Nachfristsetzung"）之必要性，这一建议具有极为重要的意义。债务人借助"指定期限"获得了第二次机会，因此至少有机会避免了"刚硬的"法律救济手段——"损害赔偿"和"解除合同"。而为了落实胡贝尔先生的建议，直到胡贝尔的专家鉴定书公开20年后，德国立法者在2002年1月1日之前，必须将"欧盟消费品买卖指令"转换到国内法。立法者是否是仓促地在欧盟规定的时限内避免艰难的法律救济才进行谈判的，不得而知。从整体上，我们在《德国民法典》的货物买卖法中看到的基本原则，已经反映在联合国国际货物买卖法和胡贝尔先生在其1981年的专家鉴定书中。

胡贝尔先生2008年在《欧洲私法杂志》上发表一篇文章，批评《欧洲私法共同参考框架草案》还不成熟，[5] 尤其是针对瑕疵的概念、危险转移的规则及有关消费者保障的"离谱"规定。

---

[5] U. Huber, Modellregeln für ein Europäisches Kaufrecht, Zeitschrift für Europäisches Privatrecht（ZEuP）2008, 707-744.

九、公司法

  胡贝尔先生与图宾根大学的同事马迪亚斯·哈贝萨克（Mathias Habersack, 1960）合作在《企业顾问》（BB）⑥，以及本人在马库斯·陆德（Marcus Lutter, 1930—2021）主编的《欧洲股份股份公司的资本》⑦中，针对"取代资本的"公司股东贷款的可能的改革提出了 12 个论点。这些论点针对的是德国联邦最高法院第二审判庭对"取代资本的公司股东贷款"（"kapitalersetzende Gesellschafterdarlehen"）和对"取代资本的让与使用"（"kapitalersetzende Nutzungsüberlassung"）形成的非常复杂的裁判规则（所谓的"裁判规则"）。德国联邦最高法院除了适用有关取代资本的贷款的法律规则（所谓的"法律规则"），也适用了上述规则。公司股东贷款的法律规则，对于股东和其他的企业家来说，是复杂的。有限责任公司在"危机"阶段可否能够得到股东的贷款、在"危机"之前给的贷款在危机之后可否被"搁置一边"，这些是产生法律不确定性的原因。联邦最高法院将取代资本的贷款的裁判规则，同时在一定程度上扩张所谓的"取代资本的让与使用"。有限责任公司的股东让与使用的租赁物，在具有取代资本的特征后，应当由破产管理人"无偿使用"，直到约定的期限结束。胡贝尔和哈贝萨克在 2006 年建议"废除裁判规则"，尤其因为它们不仅使参与圈子的人难以理解，而且超出了法律要求中公司股东的"事后出资义务"（"Nachschusspflicht"）。

  胡贝尔和哈贝萨克建议取代裁判规则的是"清偿置后规则"（"Rangrücktritt"），即无论贷款是否取代资本，公司股东贷款请求权都应在清偿顺序中置后。与此同时，无论是否具有取代资本的特征，清偿贷款应当在开启破产程序之前的一年中由破产管理人行使破产撤销权。同时，破产中股东贷款的所有规则应当被规定在破产法中，这样才能使这

---

  ⑥ U. Huber and M. Habersack, GmbH-Reform: Zwölf Thesen zu einer möglichen Reform des Rechts der kapitalersetzenden Gesellschafterdarlehen(2006), Betriebsberater (BB) 1-7.

  ⑦ M. Lutter(ed), Das Kapital der Aktiengesellschaft in Europa (Berlin/New York: de Gruyter, 2006).

些规则应用于所有的资合公司和"公司合伙企业",尤其是具有类似法律性质的外国公司。按照胡贝尔和哈贝萨克的观点,针对"取代资本的让与使用",立法机关应当废除联邦最高法院的裁判规则。他还建议废除联邦最高法院创建的义务,即破产管理人在租赁合同期限之前无偿使用租赁物。这种义务取代资本法,违背体系的发展,建立的这种事后出资义务与有限责任公司法的基本原则相矛盾,因此这类义务没有正当性。

《有限责任公司法现代化及反滥用法》("Gesetz zur Modernisierung des GmbH-Rechts und zur Bekämpfung von Missbräuchen"),于 2008 年 11 月 1 日生效。该法是《德国有限责任公司法》自 1892 年生效以来最大的一次改革。希尔特(Hirte) 2008 年一篇以《有限责任公司法大改革》为题的文章发表在《新公司法杂志》上,称取代资本法的规则是《有限责任公司法现代化及反滥用法》的一个基石,可以追溯到胡贝尔和哈贝萨克的前期研究。[8]

立法机关主要是将胡贝尔和哈贝萨克的观点吸收到《德国破产法》第 39 条和第 135 条中。将贷款归类为"取代资本的"便不再有意义了。对于清偿每种贷款适用一年撤销期,这种方式操作性很强。取代资本的让与使用不复存在。破产管理人最长能够再使用一年的租赁物,并且必须支付一定的费用。

胡贝尔产生影响的取代资本法改革的研究,彰显了他的研究的基本原则:精心和深入的学术研究必须为法律关系中的人提供可以理解和实操的益处。乌尔里希·胡贝尔从来不想待在"象牙塔"中,这可能是因为他在他的母亲胡贝尔-西蒙斯在弗莱堡的律师事务所帮工的经历。在 2009 年民法学者协会的会议上,胡贝尔做了一个以"替代给付的损害赔偿"为主题的报告,该报告和该场会议的其他报告都发表在《民法实务论丛》的专刊上。[9] 对于企业买卖后基于新债法的瑕疵担保,胡贝尔先

---

[8] H. Hirte, Die „Große GmbH-Reform"—Ein Überblick über das Gesetz zur Modernisierung des GmbH-Rechts und zur Bekämpfung von Missbräuchen (MoMiG) (2008), Neue Zeitschrift für Gesellschaftsrecht (NZG) 761–766.

[9] U. Huber, Schadensersatz Statt der Leistung (2010), 210 Archiv für die civilistische Praxis (AcP) 319–353.

生在 2001 年的民法学者协会的会议上已经做了报告。[10]

十、结语

最后，我还想在资产负债表中加入"无形财产和收益"。在胡贝尔于波恩大学任职期间常年的秘书海梅林女士的记事本上，曾记载每过一段时间就举办的晚间"轮流"（"Runde"）活动。该活动有 20 多年的历史，由波恩大学各个专业的教授轮流做私人的报告和讨论。海梅林女士作为胡贝尔的助理，帮助整理胡贝尔先生的稿件或书稿，有时会讨论报告的主题，问文章在什么地方发表，他回答："它可能永远也不会发表，它是我轮流活动中的一轮。"而在这个报告基础上撰写的围绕"萨维尼的法律解释"的文章，发表在《法律人杂志》2003 年第 1 期上。[11]

胡贝尔先生的童年在黑森林地区的法尔卡（Falkau）和欣特察尔滕（Hinterzarten）度过，这或许说明他喜爱滑雪和有难度的登山。即使奥地利登山救援队将他成功救助到安全的地方，也没有搅乱他的这份喜爱。

---

[10] U. Huber, Die Praxis des Unternehmenskaufs im System des Kaufrechts (2002), 202 Archiv für die civilistische Praxis (AcP) 179–242.

[11] U. Huber, Savignys Lehre von der Auslegung der Gesetze in heutiger Sicht (2003), Juristenzeitung (JZ) 1–17.

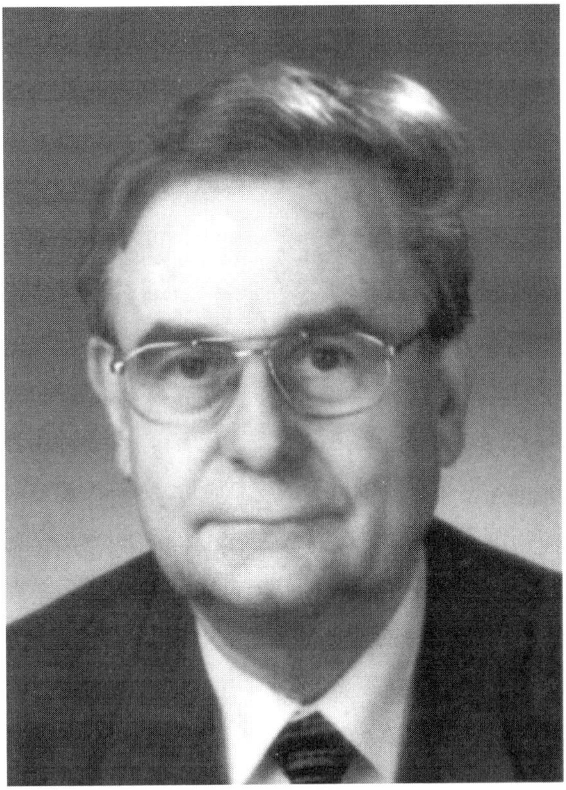

克劳斯-威廉·卡纳里斯
（Claus-Wilhelm Canaris，1937—2021）[*]

目 次

一、继承者、发现者 / 857
　（一）法律漏洞认定 / 858
　（二）私法中的平等原则和基本权利的效力 / 860
　（三）德国私法中的信赖责任 / 862
二、为人、方法 / 865
　（一）从特别到一般 / 865
　（二）自由精神、社会良知 / 866
　（三）"为权利而斗争" / 869
　（四）分配正义 / 871
三、法理学、法哲学 / 874
四、商谈、对话 / 875
五、事业、文化 / 875

一、继承者、发现者

克劳斯-威廉·卡纳里斯，于1937年7月1日出生在西里西亚省莱

---

[*] 作者简介：〔德〕莱因哈德·辛格（Reinhard Singer，1951），系柏林洪堡大学法学院荣退教授，律师法研究中心执行主任。本文是作者2009年1月30日在柏林洪堡大学的报告，部分内容是2007年卡纳里斯纪念文集中的主编寄语。本文的中译文，同样参见莱因哈德·辛格：《"发现者"卡纳里斯的法律方法论》，周万里译，《法律方法》2018年第24卷，第45—60页。

格尼察市,[①] 先后在柯尼斯堡、上拜仁的米斯巴赫以及杜塞尔多夫读了中小学和高中,1957 年在杜塞尔多夫完成了高考。随后,他在巴黎、日内瓦和慕尼黑学习法学、哲学和日耳曼学,在慕尼黑通过了两次国家司法考试。期间,早在第一次国家司法考试之后,他就成为卡尔·拉伦茨的学术助理——在拉伦茨举办的方法论专题研讨会上,卡纳里斯突出的天赋就已经引起了拉伦茨的注意。卡纳里斯"继承"了卡尔·拉伦茨法律思想中法理学和方法论的根基,很快就成了拉伦茨钦点的四位"谈话伙伴"。后来,拉伦茨在其所著的教科书《法学方法论》中明确致谢了他们,其他三位分别是约阿希姆赫·鲁施卡(Joachim Hruschka,1935—2017)、德特勒夫·莱嫩(Detlef Leenen,1942)和尤根·普勒尔斯(Jürgen Prölss,1939—2012)。

(一)法律漏洞认定

这些关于法律解释和法律续造方法的谈话,造就了卡纳里斯的第一份成果,即博士论文《法律漏洞认定》[②]。对于一个当时刚刚 26 岁的法律人来说,这是一篇不同寻常的成熟作品——在判断中展现出肯定和自信,展示出了让人印象深刻的建构体系的能力。如果不把这份作品归属于博士论文的话,即使是在今天,它也是一本方法论的教科书,并且在一个方面肯定超越了他的恩师拉伦茨的方法论,即论证的强度和精确度。认定漏洞的基本原则,在很大程度上决定了漏洞的填补,即使到了今天,也是克劳斯-威廉·卡纳里斯最重要的"发现"[③]。卡纳里斯认为,

---

[①] 克劳斯-威廉·卡纳里斯的生平和学术作品,参见迪德里希森(Diederichsen)的献词,《纪念克劳斯-威廉·卡纳里斯六十寿辰研讨会序言》,科勒(Koller)等主编,《法律思想的统一性和一致性》(Einheit und Folgerichtigkeit im Juristischen Denken),1998 年,第 1—5 页,及温施(Wünsch):《格拉茨大学演讲集 50》,1993 年,第 7—19 页。另外,参见 2007 年《法学新周刊》第 2050 页有关卡纳里斯七十寿辰的信息,以及其主页上的信息:http://www.jura.uni-muenchen.de/personen/c/canaris_claus_wilhel/index.html(最后访问时间:2010 年 6 月 23 日)。

[②] 卡纳里斯:《法律漏洞认定》(Die Feststellung von Lücken im Gesetz),1964 年第 1 版,1983 年第 2 版。

[③] 对于"法律发现"的概念上的可能性和意义,参见德勒:《法学中的发现》(Juristische Entdeckungen),德国法学家大会常务委员会主编,第 42 届会议,1958 年,第 2 卷,B 1 - B 22;他将其理解为"创造性的认知行为",其具有一定程度的偶然性和自我功效(B 3)。

以整个法秩序为标准,漏洞是现行法中违反计划的不完整性。因为超越法律的一般法律原则也被视为法秩序的组成部分,卡纳里斯发掘出大量的论证理由,揭示并采用技艺去填补漏洞。对此,具有重大意义的是平等原则。卡纳里斯从法律思想中推导出该原则的效力,并把它作为标准,决定是否类推适用现行法中的某个规范。平等是公平的核心要素,卡纳里斯重复不断地追溯这个基本原则及其在亚里士多德哲学④中的根基。⑤

卡纳里斯是如何论证其作品中的核心观点的,可以用他自己的话来说明。⑥ 以具体的案件为起点——这是他方法的典型特征,⑦ 来说明现行法失灵了:"汽车驾驶员遵守了所有的交通规则,沿着路边开车行使,突然从小门窜出一个玩耍的小孩(小于7岁)⑧。为了避免撞伤小孩,驾驶员快速地将汽车向左转,因此陷入农田。"如果小孩的父母履行了监护义务,似乎这里就没有请求权了。这里排除了侵权行为,同样也没有基于无因管理的请求权。⑨ 卡纳里斯接着会提出问题,呼唤法感:"司机就不应当有赔偿请求权?"接下来的分析如下:

"问题的关键,在于驾驶员必须在损害他人更高价值的法益和自己微小价值的法益之间作出选择,法秩序使其有义务选择第二个可能。这是典型的'舍己为人的情形':为了救小孩,驾驶员必须牺牲其汽车。接下来的问题是,现行的民法是否认可舍己为人的请求权。唯一能想到的法条是《德国民法典》第904条第2款,该条无疑没有直接的相关性,但是可以类推适用:这里正如那儿一样,所有权人有法律上的义务承担损害;这里正如那儿一样,发生了需要救助更高阶层法益的事情;这里正如那儿一样,为了补偿这种特殊的牺牲,理所当然地赋予赔偿请

---

④ 亚里士多德:《尼各马可伦理学》,第5卷,边码1130b及其以下几个边码;另外,参见拉德布鲁赫:《法哲学的早期学派》(Vorschule der Rechtsphilosophie),1959年第2版,第24页:"公平的核心是平等思想"。

⑤ 同前引2,第57页,下文一(二)。

⑥ 同前引2,第74及以下诸页。

⑦ 详细参见下文三。

⑧ 《德国民法典》第828条改革之后,不满十岁的儿童对交通事故不承担责任。

⑨ 对于可能的请求权基础,参见卡纳里斯对此详细的论述,《道路交通中的紧急避险和自我牺牲》(Notstand und Selbstaufopferung im Straßenverkehr),《法律人杂志》1963年,第659—662页。

求权。那么，缺少明确的请求权基础是个漏洞吗？赞成类推适用《德国民法典》第904条第2款的，事实上就是认同有漏洞，因为它成功地证明了有违反计划的不完整性。但是，不可否认，《德国民法典》第904条第2款和本案之间有巨大的差异……"最后，卡纳里斯提出了以下决定性的反对理由："《德国民法典》第904条第2款只有结合第228条才可以被理解清楚，因此适用该条的前提条件是，'没有参与的人'的法益受到了干预，同时危险不是由被损害物自身引起的。最后这个条件，正是本案的情况，事实上成为反对类推适用第904条的关键理由。"[⑩]

由此，卡纳里斯得到什么结论？他认为，为了认定漏洞，从心理上感觉现行法中缺少赔偿请求权基础还不够；决定性的，是客观的法秩序、平等原则和相似性裁判。认定具有相似性的，漏洞得以成立；否认它，最多是法政策的错误得以认定。相似性结论因此决定了错误和漏洞的界限。所以，卡纳里斯认为，类推是认定漏洞的程序，而不仅是填补漏洞的一个工具——这是他当时所认为的。如此简单、形象的描述，没有人能够视而不见。

（二）私法中的平等原则和基本权利的效力

平等原则对认定漏洞具有关键的意义，因此我们知道了其后来作品的根基所在，比如卡纳里斯从他在慕尼黑大学法学院的教授任用资格论文报告中发展出的《法学中的体系思维和体系概念》[⑪]。《法律漏洞认定》和《法学中的体系思维和体系概念》都出了第2版，说明这些作品的重大意义。对平等原则的研究，可能也是关于私法中基本权利的效力研究的根基。该研究的基础是卡纳里斯从多个报告发展而来，包括在

[⑩] 反对类推适用《德国民法典》第904条第2款的理由，还包括：认可补偿请求权，将会减少《德国民法典》第828条第2款和第3款的责任优待的价值。

[⑪] 卡纳里斯：《法学中的体系思维和体系概念》（Systemdenken und Systembegriff in der Jurisprudenz），1969年第1版，1983年第2版。

1983年民法学者协会会议⑫和1998年柏林法学会上的报告⑬。当然,指明方向的认知是另一个"发现"。鉴于文义、体系、历史和目的性的功能,基本权利只约束"国家权力"(《德国基本法》第1条第1款第2句)或"立法、执法和裁判"(《德国基本法》第1条第3款),也即约束的对象是国家,而不是私人。由此必然可以得出,私法中基本权利的直接和间接的第三人效力的传统学说,与基本的法律规范发生矛盾。当然,基本权利对私法规范有效力,并且有直接的效力,不过,它们对私人行为既没有直接的,也没有间接的效力。

但是,在私法中对基本权利的考虑,从评估的角度来看是很合理的,对此该如何解释?比如,汉堡市新闻协会主席吕特号召人们抵制纳粹导演维特·哈兰的新电影⑭,涉及言论自由的优先性问题,或在商事代理人或有担保的情况下,保护劣势方自主决定的权利,避免其被合同另一方强迫接受有不适当负担的合同。⑮ 卡纳里斯在前后一致地适用《德国基本法》第3条第1款中,给出了有说服力的解释:法院判决无疑是属于国家权力的行为,必须以基本权利为衡量标准,因此汉堡法院在吕特案中作出禁止抵制的判决应当被评价为国家的干预行为,⑯ 必须受到严格的比例原则的标准检验。如果法院没有禁止呼吁抵制的行为,将会从另一个视角提出基本权利意义的问题,即诸如法院或立法者的国家机关是否有义务为了保护基本权利而采取干预行为。卡纳里斯指明方向的"发现"是,很多年来,由德国联邦宪法法院提炼出的基本权利的保护功能,一方面适合确定私人行为自由的界限,另一方面它避免了间接和直接的第三人效力的弊端。⑰ 保护基本权利的要求,理所当然地只

---

⑫ 卡纳里斯:《基本权利与私法》(Grundrechte und Privatrecht),《民法实务论丛》1984年第184期,第201—246页。[该文的中文翻译,参见卡纳里斯:《基本权利与私法》,曾韬、曹昱晨译,《比较法研究》2015年第1期,第171—195页。——译注]

⑬ 卡纳里斯:《基本权利与私法——小结》(Grundrechte und Privatrecht. Eine Zwischenbilanz),1999年。

⑭ 《联邦宪法法院裁判集》第7卷,第198—230页,"吕特案"("Lüth")。

⑮ 《联邦宪法法院裁判集》第81卷,第242—263页,"商事代理人案"("Handelsvertreterentscheidung");《联邦宪法法院裁判集》第89卷,第214—236页,"担保案"("Bürgschaftsentscheidung")。

⑯ 前引13,第26页,第31及以下诸页,第37页。

⑰ 前引13,第38及以下诸页。

能求助于国家来实现,其前提条件是,没有国家的干预,基本权利将会被不适当地侵害。在吕特案中,却明显不是这种情况。相反,如果呼吁抵制不是用来追求思想性的目标,就属于这种情况。在缔结合同时,确定需要发挥基本权利的保护功能的前提条件是,"私法自治"发挥作用的条件不具备了。因此,从国家不作为的角度来看,从"禁止过度"("Übermaßverbot")的国家干预,转变为"禁止不足"("Untermaßverbot")的国家干预。由此,正如他简要说明的,构成私法基础的行为自由和合同自由的广泛空间得以保障。德国联邦宪法法院在后来涉及商业代理人的竞业禁止,尤其是没有财产的家庭成员的担保的基本性判决中[18],阐述了卡纳里斯的论证。在今天,他的论证在很大程度上反映在民法的实践活动中。[19]

(三) 德国私法中的信赖责任

卡纳里斯在 1971 年发表专著《德国私法中的信赖责任》[20],它是 41 年前的 1967 年夏季学期,由卡纳里斯在慕尼黑大学法学院提交的教授任用资格论文发展而来。他发展出了到今天还适用的根本性的信赖保护的多样形式,使该法律原则在法律解释和续造中具有操作性的可能,对于他,一位当时 31 岁的年轻学者而言,这真是一个巨大的成果。他的功劳在于,他明确除了合同和侵权,在它们之间必然还有第三个痕迹,被赋予和请求的信赖体现了该痕迹的关键性的法律依据。大量尤为丰富的裁判先例证明了信赖责任。在这些先例中,借助《德国民法典》第 242 条,也即援引诚实信用原则,去修正不能让人满意的形式上的权利。比如,案件中某人在很多年后主张诸如土地买卖合同或担保的法律行为无

---

[18] 《联邦宪法法院裁判集》第 81 卷,第 242 页,第 254 及以下诸页,及《联邦宪法法院裁判集》第 89 卷,第 214 页,第 229 及以下诸页。

[19] 比如,婚姻一方处在结构性劣势地位时,对婚姻合同的适当性控制的判决(BVerfG, FamRZ 2001, 343, 346 ff.; BVerfG, NJW 2001, 2248; BGH, FamRZ 2004, 601),或在终止劳动合同时,用人单位的保护义务的判决(BAGE 97, 92, 96 ff.);基本权利在劳动法中的意义的一般性论述,参见辛格:《德国劳动法中的基本权利》(Die Grundrechte im deutschen Arbeitsrecht),诺伊纳主编,《比较法视角下的基本权利和私法》,2007 年,第 245—264 页。

[20] 卡纳里斯:《德国私法中的信赖责任》(Die Vertrauenshaftung im deutschen Privatrecht),1971 年。

效；如果认可这种主张，就会挫伤出于对合同有效性的信赖作出的投资。[21] 不是按照诚实信用原则进行的毫无边际的公正裁判，而是突然间有一个法律伦理原则被证明发挥了作用，该原则展现出清晰的轮廓，并且发展出特定的规则。这是一个多么大的进步呀。我认为，法学上"信赖责任"的"发现"及其合法性，无疑可以与耶林的伟大发现"缔约过失责任"相媲美。绝不偶然的是，在几年前出版的有关"民法的发现者"[22]的文集中，卡纳里斯属于当代少数被列入了"名人堂"的学者。

对于信赖责任的认可和正当性，到今天还有争议。这首先是指借助信赖思想去论证保护义务，这里又会特别地涉及"缔约过失责任"的正当性。诸如克内根（Köndgen）[23]、冯·巴尔（von Bar）[24]和皮克（Picker）[25]的批判者相信，卡纳里斯在用"循环论证"进行操作："正当的信赖值得保护，值得保护的信赖是正当的"，这就是卡纳里斯使用的同义反复的公式。[26] 对于该批判，卡纳里斯在纪念德国联邦最高法院五十周年的

---

[21] 参见《帝国法院民事裁判集》第107卷，第357—365页，"首付案"（"Anzahlungs-Fall"）。《联邦最高法院民事裁判集》第16卷，第334—338页，"小移民案"（"Kleinsiedler-Fall"）以及最新的第92卷，第164—176页，"新城市案"（"Neue Stadt-Fall"）；《联邦最高法院民事裁判集》第132卷，第119页，第128及以下诸页，"空白担保案"（"Blankobürgschafts-Fall"）。对于信赖责任在这些情况下发挥的作用，参见辛格：《禁止矛盾的行为》，1993年，第86及以下诸页（Singer, Das Verbot widersprüchlichen Verhaltens, 1993, S. 86 ff.）。

[22] 霍伦（Hoeren）主编，《民法的发现者》（Zivilrechtliche Entdecker），2001年，其中有乌尔里希·弗洛里安（Ulrich Florian）对卡纳里斯的访谈录，值得阅读，第377—408页。汉斯·德勒（Hans Dölle）1957年在德国法学家大会上提出的"法学发现"，包括了耶林的缔约过失责任，但是没有包括基本意义还没有被发掘的信赖责任；德勒证明产生"前合同义务"的原因是当事人的"社会接触"（前引2），B 1, 9。

[23] 克内根：《无合同的自我约束》（Selbstbindung ohne Vertrag），1981年，第98及以下诸页。

[24] 冯·巴尔：《无信赖的信赖责任》（Vertrauenshaftung ohne Vertrauen），《企业与公司法杂志》1983年，第476页，第499及以下诸页。

[25] 皮克：《积极的债权侵害与缔约过失责任——论合同与侵权"之间"的责任问题》，《民法实务论丛》1983年第183期，第369页，第418及以下诸页（Picker, Positive Forderungsverletzung und culpa in contrahendo-Zur Problematik der Haftung „zwischen" Vertrag und Delikt, AcP 183 (1983), 369, 418 ff.）；皮克：《合同与侵权赔偿责任》，《法律人杂志》1987年，第1041页，第1045及下页（Picker, Vertragliche und deliktische Schadenshaftung, JZ 1987, 1041, 1045 f.）。

[26] 莱嫩：《私法教义学中交易体系的功能条件》（Rechtsdogmatik und praktische Vernunft），贝伦兹、迪斯浩斯特和德赖尔主编，《弗朗茨·维亚克尔80岁纪念文集：法教义学和实践理性》，1990年，第108、113页；类似的，参见冯·巴尔：《企业与公司法杂志》1983年，第476、500页。

文集中，以一篇长文，以他自己论证的准确性和细致性进行了评价和反驳。[27] 只要信赖责任与表见权利（Rechtsschein）联系在一起，比如代理权的表见权利构成要件或商法中的表见责任，涉及的就是利用"法律行为说"的工具不能处理的责任，因为这涉及的是宣布性的行为，而不是构成性的意思表示。谁要是表示他已经委托了甲，就指示了大范围的法律行为。他没有授予外部代理权，而是授予了内部代理权。就此而言，人们只能认可对这种表见权利的信赖，以此作为责任人承担义务的核心的正当理由。在民法和商法领域中，卡纳里斯以令人瞩目的方式展开了这些思想，而商法对于表见权利来说成了真正的宝藏，最为重要的例子包括商事登记的沉默、表见公司、表见商人、表见代理、有价证券法中排除抗辩、商事交往的沉默，尤其是商人确认函上的沉默。

对于以下的情况，该思想表现得同样出色：对无效法律行为的有效性的信赖、取得或丧失权利或者在诸如营业转让等有机构的情况下。对于这些情况，借助法律行为说不能得到满意的解答。对于缔约时的保护义务，卡纳里斯在现行法中同样找到联系点，主要在"表示责任"（"Erklärungshaftung"）的构成要件（《德国民法典》第122条和第179条）、《德国民法典》中零散的有关保护义务的规定（旧版本的《德国民法典》第307条和第309条）以及特别法之中（《股票交易所法》第45条及其以下条、《投资公司法》第20条和《外国投资法》第12条，所有的都是旧版本）。大量这些构成要件，都被用来证明现有法中有信赖原则，并且在整个私法中得到实践，所以反对者认为信赖原则缺少指导原则的清晰性和标志性的力量。因而，批判者指责该原则的异质化和泛化。[28] "对此应当直接驳斥，"卡纳里斯回应，"这是高度抽象和高要求的体系构建的代价，也是德国法思想的特点，在一定程度上又是特别的优点。因此，比如采用法律行为说，在一定程度上也好不到哪里去。毕竟，人们也可以指责法律行为作为上位概念，涵摄汽车买卖、结婚、转

㉗ 卡纳里斯：《基于联邦最高法院裁判的信赖责任》（Die Vertrauenshaftung im Lichte der Rechtsprechung des Bundesgerichtshofs），卡纳里斯等主编，《德国联邦最高法院五十周年文集——民法卷》，2000年，第129—197页。

㉘ 尤其是参见前引23，克内根文，第98、102页；皮克：《民法实务论丛》1983年第183期，第369、427页。

让债权和设立抵押权、悬赏、终止合同和遗嘱、股东决议以及集体合同等，'包含的东西过于异质'，以及这些法行为在教义学上的相同特征非常少。"㉙ 另外，信赖思想也在合同法和侵权法中起到一定的作用，这同样也不是决定性的反驳理由，原因在于，与信赖责任制度的情况不同，该思想在那里至多是起到辅助性的而非构成性和体系化的作用。㉚

二、为人、方法

（一）从特别到一般

《德国私法中的信赖责任》同时也体现了卡纳里斯学术作品形式和方法的范式。从混乱的裁判先例、法律规定以及论题出发，卡纳里斯成功地以创造性的感知，认识到基本原则的显著结构，将其整合成一幅马赛克般的图画，并且使用他确定的基本原理毫无矛盾地将其整合到法律制度之中。他掌握了波普尔的证伪方法㉛，是学术商讨和修辞学的大师，并且具有特别的写作技艺天赋。有一些示例你们已经看到了，需要补充的是一位书评者的评价。值得一提的尤其是让人喜欢的黑施尔（Wilhelm Herschel，1895—1986）的评价。他在阅读完上述博士论文《法律漏洞认定》之后，毫不吝啬地给出了夸赞。他是这样说的，这位年轻的作者有能力"以极高的清晰度将其思想发展出来，借用歌德之语，它们自己书写着自己"㉜。

除了有吸引力的语言、创造性以及体系建构的力量，严格地以实践案例为导向，是卡纳里斯作品的显著标志。绝非偶然，他的博士论文在方法论上的发现——漏洞认定在很大程度上决定了漏洞填补，并非源自抽象思维，而似乎是从解答具体的案件——汽车驾驶员极速转向的案

㉙ 卡纳里斯：《基于联邦最高法院裁判的信赖责任》，2000年，第129、194页。
㉚ 同前引，第129、193页。
㉛ 对此，从法理学的视角，参见卡纳里斯：《法学理论的功能、结构和证伪》（Funktion, Struktur und Falsifikation juristischer Theorien），《法律人杂志》1993年，第377—391页。
㉜ 黑施尔：《法律漏洞认定》（Die Feststellung von Lücken im Gesetz），《劳动与法》，1966年，第180页。

件——得到的（一般性）认识。[33] 这种归纳方法[34]是其学术研究的方法。[35] 成果尤为丰硕和让人惊叹的是他的《德国私法中的信赖责任》。在该专著中，卡纳里斯完全打破常规，将分论放在总论前面。正如他私下所透露的，这种处理方式属于他与其恩师拉伦茨有分歧的少数方面之一。卡纳里斯认为单个案件重要，这不仅通过他处理的很多的案件表现出来，而且卡纳里斯还给它们标上醒目的案件名，比如停车轨道案、葡萄酒庄案或司法服务人员案，使这些案件就像图画一样，呈现在读者的面前，并且能够来回移动，直到最后拼图板块组合成为一个整体：信赖责任理论。经常会有细微之处决定了判决的说服力，所以卡纳里斯尽量地引用《有价证券通告》（WM）上的判决，原因在于该杂志最为详细地呈现了所依据的案情。

毋庸置疑，卡纳里斯以专家鉴定人的身份从事咨询活动时，掌握归纳方法也有好处。反之，这也产生明显的协同效应。作为银行合同法、商法和有价证券法教科书以及很多经济法文章的著者，很久以来，他就是广受欢迎的咨询师、鉴定人和仲裁员。目前，他作为三名仲裁员中的一员，参与了备受关注的"收费公司案"（"Toll Collect"）的重大仲裁程序。

（二）自由精神、社会良知

信赖责任不仅是方法论和教义学的宝藏，而且它使我们对卡纳里斯的性格有了更深入的认识。我经常会被问及卡纳里斯是怎么样的一个人，我的描述和印象有时候会让交谈的人感到吃惊。因此，我想把视线转到一个容易被忽视却又不是不重要的一个方面，它促使我在他的教席工作，并且信任他的照顾。几乎所有的都可以在他的书中找到，多数的也可以在《德国私法中的信赖责任》中找到。卡纳里斯作为康德的拥护

---

[33] 上文一（一）。

[34] 前引20，导论部分，第4页。

[35] 同样参见舒曼：《法律诠释学的独立性和多样性》（Eigenständigkeit und Vielfalt der juristischen Hermeneutik），载海德里齐等主编，《卡纳里斯70岁纪念文集》，2007年，第2卷，第1367页，第1400页："法律方法论靠案例活着。没有其他的能比卡纳里斯的作品更为明显了。"

者，完全就是一位不屈服的自由思想的捍卫者。私法自治及其遵守是他核心的关切。正如我自己在学生时代的课堂上所遇到的，卡纳里斯在20世纪"疯狂的"70年代早期，明确反对法兰克福学派，主要是反对鲁道夫·维特赫尔特(Rudolf Wiethölter, 1929)，将他训斥为"新左派的辩护人"。就是在学生运动的浪潮之中，在这不讲情面地与激进地改变社会的主张划清界限的背后（这些主张采用了激进的语言和行为进行的尝试，同时也源自对更好的世界的浪漫主义的向往），如果没有发现这位感性的和体谅别人的学者的话，我后来就不会成为他的门生。谁要是阅读了"小移民案"[36]在法律上的处理，一定会感受到卡纳里斯社会性的心跳。如果呆板地按照法律条文来判决，"小移民"的家庭就会流落街头，这对他来说是无法承受的："小移民"让人毫无偏见地想起了作家汉斯·法拉达斯(Hans Falladas, 1893—1947)的小说《小人物，又怎么样？》("Kleiner Mann, was nun?")。

我来引用《德国私法中的信赖责任》中的原话："期间，这些年以来，年龄大了的买方要面临建造房屋的苦恼，在多数情况下又要搬进租赁房中，另外其经常'脱离了他的生活圈'：他必须融入新环境，因此不再有现在的邻居、购物的可能性、上班的道路、锻炼和休息的地方，也许他必须将其孩子送到另一个学校，他有可能丧失多年以来'精心营造'的花园等。"卡纳里斯接着写道："所有这些社会事实不能被法律忽略，至少是在适用《德国民法典》第242条时是这样的。"[37]正如多年前海因里希·洪塞尔(Heinrich Honsell, 1942)针对德国联邦最高法院第九审判庭有关担保判决感受到的"私法自治的凉风"，[38]这里还没有这种风吹过，而是滴入显而易见的"社会的油"；这种油是100年前奥托·冯·基尔克(Otto von Gierke, 1841—1921)在《德国民法典草案》中深

---

[36] 《联邦最高法院民事裁判集》第16卷，第334—338页。
[37] 前引20，第292及以下诸页。
[38] 洪塞尔：《主债务人的无财产、成年孩子是否有效地继受350 000马克担保义务的问题》(Zur Frage, ob sich vermögenslose, volljährige Kinder eines Hauptschuldners wirksam zur Übernahme einer Bürgschaftsverpflichtung von DM 350 000 für diesen verpflichten können)，《法律人杂志》1989年，第495—496页。

切想念的。㊴ 期间,卡纳里斯在庆祝他 70 岁生日的祝词中认识到了他身上具有这一面。他认为这些表述非常适当,但是他不能完全消除一种担忧,即有可能给他扣上"左派自由者"("Linksliberaler")的帽子。这种认识实属误解,需要澄清。再次强调的是,卡纳里斯一直都是以自由捍卫者的形象出现,与社会主义思想和实验有天壤之别。但是,他无疑是具有社会良知的自由主义者——同样也是一位基督徒,正如在听众席中就座的弗朗茨·比德林斯基恰当地补充的那样。

上面的引文透露出更多的信息:从中可以看出,他在深深地追求一贯性、可靠性和稳定性。花园、上班的道路、房子和孩子……今天在纽约明天在新加坡作报告、中途在电视上出镜的人不会写这些。《法秩序变迁中的延续性》,这是我们为庆祝他 65 岁生日编撰文集所用的书名。这个书名展现了他法学和人性方面的基本态度。"信赖"这个词的概念核心是忠实,在卡纳里斯身上体现出忠实特点的,不仅表现在他与他的法律伦理方面的观点之间,还有他与家庭以及他的门生之间的关系。卡纳里斯对他的职业和家庭环境的忠实和一贯性,有可能是其中的一个原因。卡纳里斯没有致力于比较法,尽管他对外国法律文化持开放的态度,并且他有国外学习的经历。也不能归咎于他的反感,因为他明确认可比较法在按照现行法进行法律续造时的好处,比如他刊登在《北川善太郎 60 岁纪念文集》中有关理论继受与理论结构的文章。㊵ 当然,卡纳里斯选择的方法是教义学以及原则性体系中的论证技术,并且他坚决、犀利地反对茨威格特和克茨指责的"空洞贫乏"——他们作为"功能性比较法"的著名代表人物,想把"教义学的体系思维"贴上"空洞贫乏"的标签。㊶ 此外,卡纳里斯集中在本国法的教义学上,并没有破坏

㊴ 基尔克:《私法的社会任务》,1889 年,第 13 页:"我们的公法中必须吹拂着自然法自由空间的微风,我们的私法中必须浸透着社会之油!"现代视角下私法的社会任务,参见诺伊纳:《私法与社会国家》,1999 年。

㊵ 卡纳里斯:《理论继受与理论结构》(Theorienrezeption und Theorienstruktur),莱塞、矶村主编,《北川善太郎 60 岁纪念文集:走向日本法之路》,1992 年 4 月 5 日,第 59、93 页。

㊶ 茨威格特、克茨:《比较法总论》(Einführung in die Rechtsvergleichung),第 1 卷,1996 年第 3 版,第 32 页。[该书中译本,参见茨威格特、克茨:《比较法总论》,潘汉典等译,中国法制出版社 2017 年版,第 56 页。——译注]

他在国外法学界中受欢迎的程度。得到很高评价的明确的证明，不仅是里斯本、马德里、格拉茨、雅典和维罗纳大学授予他的荣誉博士头衔，还有他的教科书和文章被翻译为很多种外文。[42] 它们不仅在欧洲国家备受关注，就是在亚洲和南美也受到广泛的关注。

（三）"为权利而斗争"

如同上文，已经能够感受到卡纳里斯在追求正确的法时，完全就是一个斗士，甚至还会说出一些"伤人感情"的话。典型的例子是他与海德堡大学的法学家罗尔夫·泽里克对于"延长的所有权保留"和（真正的）保理有冲突时该如何处理的争论，两人都想成为科学地解决该冲突的掌握话语权的人。按照卡纳里斯发展出的"现金预支说"（"Barvorschusstheorie"），如果保理机构支付了客户（即所有权保留的买方）为了担保而转让的债权，也即保理机构提前付款了，就应当保护保理机构。因此从商业角度来看，这如同客户和所有权保留的买方直接从他的债务人得到金钱。[43] 不久之后，泽里克使用了基本一致的论证，得出同样的结论。[44] 德国联邦最高法院接受了泽里克的观点。[45] 卡纳里斯在《法学新周刊》上的文章里回顾了这段似乎忘记他贡献的历史发展过程。[46] 随即，

---

[42] 被翻译的专著有《法学中的体系思维和体系概念》（葡萄牙文、西班牙文和日文）；《德国商法》（中文）；《有价证券法》（西班牙文）；《基本权利与私法》（葡萄牙文）。专著式的文章《债务合同法的变迁——实质化的趋势》（Wandlungen des Schuldvertragsrechts. Tendenzen zu seiner, Materialisierung），《民法实务论丛》2000年第200期，第273—364页，中译文刊登在《中外法学》2001年，第36—81页。2002年的《德国债法改革、新买卖法以及新的给付障碍法》（Die Reform des deutschen Schuldrechts, das neue Kaufrecht und das neue Recht der Leistungsstörungen）被译为韩文。其他外文专著：La riforma del dirittotedescodelleobbligazioni, I QuadernidellaRivista di dirittocivile 3, 2003；Function, estructura y falsatiónde lasteoriasjuridicas, 1995。很多外文文章，参见卡纳里斯主页上的作品清单：http：//www.jura.uni-muenchen.de/personen/c/canaris_claus_wilhel/publikationen_cwc/index.html（最后访问时间：2010年6月23日）。

[43] 卡纳里斯：《银行合同法》（Bankvertragsrecht），1975年第1版，附注605；卡纳里斯：《延长的所有权保留和银行的债权》（Verlängerter Eigentumsvorbehalt und Forderungseinzug durch Banken），《法学新周刊》1981年，第249及以下诸页，以及《针对保理预支理论的罕见情况》（Befremdliches zur Barvorschußtheorie beim Factoring），《法学新周刊》1981年，第1347—1348页。

[44] 泽里克：《所有权保留和担保让与》（Eigentumsvorbehalt und Sicherungsübereignung），第4卷，1976年，第52章 IV 3c。

[45] 《联邦最高法院民事裁判集》第69卷，第254、258页。

[46] 卡纳里斯：《法学新周刊》1981年，第249页及以下诸页。

泽里克(不是不尖锐地)明确他的观点和卡纳里斯的不一样,对他来说保理的法律性质是决定性的。[47] 从类型上来看,真正的保理是买卖,不真正的保理是借贷。只有在买卖的情况下,保理才需要保护。按照德国联邦最高法院的判决[48],在供货人和借款人冲突的情况下,应作出有利于供货人的判决。需要强调的是,即使联邦最高法院的判决中包含了这点[49],卡纳里斯也不想和这种"概念法学基础上的简单化"有关联[50]。泽里克是一位概念法学者,因此,这不仅表明了其处理事物的方式不同,也表明了水平的差异!其他有激情的例子是卡纳里斯与他的同行施瓦布(Jürgen Schwabe, 1937)、蒂洛·拉姆(Thilo Ramm, 1925—2018)及埃伯哈德·韦泽(Eberhard Wieser, 1925)之间的争论。他们反对卡纳里斯的第三人效力说[51]以及反对卡纳里斯认为《德国民法典》一系列规定违宪[52]的观点[53],但是后来他们在卡纳里斯的回应中吃尽了苦头[54]。这些例子形象地表明他与耶林的典型特征有相似之处:借用耶林的话,对卡纳里斯来说,"斗争不是法权的陌路人,斗争与法权的本性不可分地联系在一起,是法权概念的要素"[55]。

卡纳里斯的工作风格和思维方式具有创造性、纪律性、敏锐性以及勤奋,所有这些特点都体现了他的学术道德观,体现在他每个作品中,毫无例外。人们永远都能见到卡纳里斯为了正确的法而进行努力的强度。比如,他自始就没有把银行合同法[56]构想成为简单地罗列和整理法

---

[47] 同前引,第794页。
[48] 《联邦最高法院民事裁判集》第55卷,第34—35页;《联邦最高法院民事裁判集》第72卷,第308、310页。
[49] 《联邦最高法院民事裁判集》第69卷,第254页,第257及以下诸页。
[50] 卡纳里斯:《法学新周刊》1981年,第1347—1348页。
[51] 卡纳里斯:《民法实务论丛》1984年第184期,第201—246页。参见本文一(二)部分的内容。
[52] 卡纳里斯:《法律人杂志》1987年,第993页及以下诸页。
[53] 施瓦布:《基本权利与私法》,《民法实务论丛》1985年,第185、1—8页;拉姆:《第三人效力和禁止过度》,《法律人杂志》1988年,第489—493页;韦泽:《德国民法典第105条违反宪法中的禁止过度原则?》(Verstößt §105 BGB gegen das verfassungsrechtliche Übermaßverbot?),《法律人杂志》1988年,第493—494页。
[54] 施瓦布:《民法实务论丛》1985年第185期,第1、9页;韦泽:《法律人杂志》1988年,第493—494页。
[55] 耶林:《为权利而斗争》,1872年,第9页(1992年的版本)。
[56] 卡纳里斯:《银行合同法》,1975年第1版,1981年第2版,1988年第3版第1卷。

院的裁判，而是力图使该领域结构化，并且系统化、不断地发展它。曾经的“精要教科书”《德国商法》早已不是便携书，至少已成了“大型”教科书了。(57) 无论是谁，想要理解三方关系中不当得利补偿，或理解侵权或危险责任的基本思想，都将会在《债法》第二分册中找到它们。该书第13版的封面上还有其恩师的名字，但该书几乎都出自卡纳里斯之手。(58) 如果学生们肤浅地阅读的话，不需要看这些教科书。(59) 但是，谁要是想坚定、深入地知道支撑法律的目的以及法律伦理原则之间复杂的相互作用，没有其他地方能比这里更好地训练法律思维了。

（四）分配正义

出自卡纳里斯之手的大师级作品是《德国合同法中分配正义的意义》(60)。德国联邦宪法法院关于保证的判决(61)引发了有关“公平合同”的争论，卡纳里斯对此进行了一系列的探究：从亚里士多德的哲学(62)到影响当代合同法的法律原则，再到雇主询问女性求职者怀孕状态时她的撒谎权及其法律后果。卡纳里斯用的是亚里士多德分配笛子的例子：分配笛子时，应当优先分配给更会演奏的人，而不是那些在贵族身份或美貌上胜过他人的人。卡纳里斯由此得出“目的一致性原则”(63)。这又让人看

---

(57) 参见卡纳里斯：《德国商法》，2006年第24版，序言第5页。

(58) 具有奠基意义的，还有《三人关系的不当得利补偿》一系列文章。卡纳里斯：《三人关系的不当得利补偿》（Der Bereicherungsausgleich im Dreipersonenverhältnis），保罗等主编，《拉伦茨70岁纪念文集》，1973年，第799—865页；以及卡纳里斯：《对待给付返还请求权》，普菲斯特、威尔主编，《维尔纳·洛伦茨70岁纪念文集》，1991年，第19—63页。在该文中，卡纳里斯为交易合同在给付瑕疵的情况下发展了不当得利的返还财产模式，并且成为其继续发展的灵感来源。参见辛格：《交换合同情况下不当得利返还请求权下的自我决定、信赖保护和事实的牵连性》（Selbstbestimmung, Vertrauensschutz und faktisches Synallagma bei der bereicherungsrechtlichen Rückabwicklung in Austauschverträgen），博伊廷等主编，《梅迪库斯80岁纪念文集：21世纪初私法的视角》，2009年，第487—511页。

(59) 学生的理解情况对卡纳里斯来说尤为重要，这可以从教科书中多人关系情况下（绝对不会比其他人做的复杂的）不当得利补偿章节最后的“给学生实用的建议”可以看出，以此才不会让学生在简单的案件中被“理论丛林”困惑（Larenz/Canaris, Lehrbuch des Schuldrechts, II 2［13. Aufl. 1994］, § 70 VI 5）。

(60) 卡纳里斯：《德国合同法中分配正义的意义》（Die Bedeutung der iustitiadistributiva im deutschen Vertragsrecht），1997年。

(61) 《联邦宪法法院裁判集》第89卷，第214页。对此，参见上文一（二）。

(62) 亚里士多德：《政治学》，第三篇第12章，1282b，第30及以下诸页。参见上文一（一）。

(63) 同前引60，第19页。

到大师级的掌握理性的艺术。很让人惊叹，卡纳里斯如何成功地从适用分配笛子的标准推导出绝对体现合同法的分配正义的原则。当然，富人不需要笛子，对于卡纳里斯来说，这是个人需求基础上的公平原则的体现。同样，必须通过公平的程序分配笛子，这是机会公平和程序公平原则的体现。并且，我们又看到了卡纳里斯社会性的一面：在所有人赞颂蕴含合同自由的给付原则时，他认识到"合同自由、市场和竞争极大地使不聪明的人甚至是残疾人处于不利地位，尽管这些人对该缺陷无须承担任何责任"[64]。"天赋和勤奋"经常是徒劳的，"因为人太穷了，不能充分地发展和使用它们"[65]。市场惩罚的不仅是那些不好好做事的人，还过于频繁地惩罚只是运气不好的人。引用卡纳里斯的话来说，即使从效能公平的视角来看，整个图景"也不是没有阴影"[66]。由此，卡纳里斯得出，合同法尤其可以正当地追求将需要保护的人融入经济和劳动生活中，包括分娩前后的母亲、重度残疾人以及可以再社会化的罪犯。[67] 他得出的现行生育保护法违宪的结论，也不会改变上述的观点。即使缺少有效的根据，卡纳里斯一如既往地坚持让雇主而不是国家承担雇工怀孕的成本，[68] 坚持保护受到影响的人。

在自由社会没有处理好自由的那些人，是卡纳里斯作品的一条主线。他同情未成年人和无民事行为能力人。是的，偷乘者去纽约，就不

---

[64] 同前引60，第69页。
[65] 同前引60，第71页。
[66] 同前引60，第72页。
[67] 同前引60，第87及以下诸页，第119及以下诸页。
[68] 为了推翻《通用平等对待法》（Allgemeines Gleichbehandlungsgesetz）的宪法基础，皮克(Picker)又探究该基本思想，但是超越了卡纳里斯的意图，却将该思想绝对化了。参见皮克：《自由私法中的反歧视制度》（Antidiskriminierungsprogramme im freiheitlichen Privatrecht），洛伦茨主编，《2004年卡尔斯鲁厄论坛：依据现行与将来法的歧视责任》（Karlsruher Forum 2004: Haftung wegen Diskriminierung nach derzeitigen und zukünftigen Recht），第7页，第70及以下诸页；皮克：《民法和劳动法中的反歧视》（Antidiskriminierung im Zivil- und Arbeitsrecht），载《劳动法杂志》，2005年，第167页，第177及以下诸页；提出批判的，参见辛格：《合同自由与反歧视——法律政策、宪法和欧盟法视角下的"平等对待法"》（Vertragsfreiheit und Antidiskriminierung—zur rechtspolitischen, verfassungs- und europarechtlichen Kritik am Allgemeinen Gleichbehandlungsgesetz），哈瑞等主编，《阿多麦特纪念文集：逆天》（Gegen den Strich, Festschrift für Adomeit），2008年，第703、706页。

应当买机票!⑩ 谁能想到"不公正地被宣告成为禁治产人或在撤销禁治产之前成为健康的人订婚"的情况？卡纳里斯想到了，他不仅在这种情况下驳斥了构成婚约的合同说，而且他主张被毁约的人获得婚姻法中赋予对分离没有过错的人权利。⑩ 即使违反宪法中的禁止过度原则，《德国民法典》中一系列的法条被判定违宪，这也没有阻却卡纳里斯追求保护弱者。⑪ 对卡纳里斯来说，在这里同样涉及强化未成年人和禁治产人的权利，另外还包括债务人的权利——其承担巨债，因此最终导致其长期"被压迫在最低生存线上"⑫。"比如，某个非常富裕和做出卓越贡献的人，被不宽裕人的宠物造成终身失去劳动能力的损害，或某个农民将他不知道有危险的液体倒入水流中，给大企业造成上百万元的损失。"⑬ 补偿功能和预防功能在这里都不能胜任！属于弱者的还有东德的公民，因为他们成为该国公民后直接面对新的法律制度，在这个世界"感到陌生和不安"。贝贝尔·博勒依(Bärbel Bohley，1945—2010)有句名言："我们想要公平，而且我们得到了法治国家。"卡纳里斯并没有得理不饶人地斥责他的话，而是对它进行深思，因为它"简明地提到了关键问题，并且触及敏感的神经"⑭。最后，卡纳里斯的一个特别关切是保护宗教信仰自由。我来引用上面提到的他在民法学者协会所做报告中的话："在极端情况下，经营利益有必要让位于职工的宗教需求，这在大部分职工是穆斯林的企业中应当如此。比如，在神圣的穆斯林周五礼拜日，为何

---

⑩ 卡纳里斯：《不当得利法和未成年人保护——航空旅行案》(Bereicherungsrecht und Minderjährigenschutz—Flugreisefall)，《法律人杂志》1971年，第560—563页(对《联邦最高法院民事裁判集》第55卷，第128页航空旅行案的评价)。

⑩ 卡纳里斯： 《作为"法定"法律关系的婚约》(Das Verlöbnisals „gesetzliches" Rechtsverhältnis)，《民法实务论丛》1965年第165期，第1、16页。

⑪ 卡纳里斯：《法律行为能力和赔偿责任法中违背宪法上过度禁止的行为》(Verstößegegen das verfassungsrechtliche Übermaßverbot im Recht der Geschäftsfähigkeit und imSchadensersatzrecht)，《法律人杂志》1987年，第993—1004页；另外，参见卡纳里斯：《德国民法典第828条第2款的违宪性》(Die Verfassungswidrigkeit von §828 II BGB als Ausschnitt aus einem größeren Problemfeld)，《法律人杂志》1990年，第679—681页，针对的是旧版第828条第2款的违宪性。

⑫ 卡纳里斯：《法律人杂志》1987年，第993页，第1001页。

⑬ 同前引72。

⑭ 卡纳里斯：《作为法秩序基本要素的合意和程序——基于埃斯库罗斯的"欧墨尼得斯"的思考》(Konsens und Verfahren als Grundelemente einer Rechtsordnung—Gedankenvordem Hintergrund der „Eumeniden" des Aischylos)，《法学教育》1996年，第573—580页。

不在工地上就停止工作?"⑮

三、法理学、法哲学

用卡纳里斯自己的话说,康德和波普尔是他的"哲学北斗星"⑯。他们的哲学基础在卡纳里斯这些基础性作品中无处不在。他的专著《德国合同法中分配正义的意义》源自其 1993 年在拜仁科学院做的一个报告,这就是最好的证明。其他的作品涉及的主要是法理学的问题,比如在《理论继受和理论结构》⑰和《法学理论的功能、结构和证伪》⑱这两篇文章中,他试图在法律人主要是感性地对待理论与认知哲学关于理论的反思思维之间架起桥梁;或卡纳里斯在格拉茨大学授予其荣誉博士的讲话中,探究任何的法律问题是否只有一个正确的回答。⑲对此,他没有认同罗纳德·德沃金(Ronald Dworkin, 1931—2013)⑳很有争议的"正确答案的论点"("rightanswerthesis"),但是至少在一定程度上接受德沃金代表的法律判决的正确性要求的观点,尽管有诠释学或本体论上的反对观点。法律判决的真理性和正确性至少是康德意义上的"调控的思想"("regulative Ideen"),即它虽然没有对本体论的问题给出有效的回答,但是正如卡纳里斯所说的,它"有意义地指引着我们的思维和行为"㉑。在另一篇文章中,卡纳里斯主张复兴"承认说"("Anerkennungstheorie"),以此尝试阐释法的效力。㉒鉴于其中的自相矛盾,对拒绝承认法的人,就没有必要去证明正当性。这是该思想的核心。对同意者不构成侵害(volenti non fit inuria)!在该意义上,只要不考虑拒绝法的人,如果大多数法律调整对象毫无疑问地对

---

⑮ 卡纳里斯:《民法实务论丛》1984 年第 184 期,第 201 页,第 239 及以下诸页。
⑯ 卡纳里斯:《法官的法律发现中的正确性和自我评价》(Richtigkeit und Eigenwertung in der richterlichen Rechtsfindung),《格拉茨大学的演讲集 50》,1993 年,第 23、41 页。
⑰ 前引 40,第 59—64 页。
⑱ 卡纳里斯:《法学理论的功能、结构和证伪》(Funktion, Struktur und Falsifikation juristischer Theorien),《法律人杂志》1993 年,第 377—391 页。
⑲ 用前引 76,第 22 及以下诸页。
⑳ 尤其是参见德沃金的作品《认真对待权利》,1984 年,第 144 及以下诸页,第 488 及以下诸页。
㉑ 前引 76,第 41 页。
㉒ 卡纳里斯:《法学教育》1996 年,第 573—580 页。

法律制度达成"基本共识"，就足以产生正当性。卡纳里斯主张重构承认说的一个重要的思想来源是古希腊诗人埃斯库罗斯（Aischylos）——他的悲剧作品《复仇之神》展现了在共识和程序相互作用下产生了法。

四、商谈、对话

卡纳里斯为人师怎么样？作为恩师的门生，我们主要是从他不经意间的交流中受益，这经常是意外、毫无准备的对话，有时候在通电话中，有时候在傍晚，甚至是周日慕尼黑的胡贝尔教授广场的研讨会教室里。有些门生夹杂着敬重和不敬，称他为"老板"。当"老板"开始创造性地中途休息，开始闲聊的时候，我们会学到很多的东西。尽管他要应对不同的需求，事实上每个门生在任何时候都可以请求他给建议或做澄清问题的交流。必要时，他会放下所有要做的事，花时间去处理，有时候会持续好几个小时。在国家司法考试评分时，按照他的观点应当给8分的解答，而同事给3分时，他会坚决地捍卫自己的观点，最终都会按照他的正确观点评为8分，而不是两者的平均分。从这里可以看出，他为了学生的利益，毫不妥协地成为正确答案的论点的代表人物。

当然，我们所有人在大课上看到他极为冷静地将褶皱的大衣放在一边之后，走向了大课的听众。他有一件和电影明星彼得·福克（代表作《神探可伦坡》）一样的大衣——有时候他的裤兜里竟然冒出园艺剪刀！接着，教室里安静下来，他冷静地展开其清晰的思维，寻找与有天赋的学生对话，鼓励他们思考。早在德国大学"卓越计划"之前，恩师就已经非常努力地栽培有天赋的学生。多年来，他指导了德意志人民基金会法学奖学金的获得者，与他们以及学术助理举办了高水平的研讨会。从这些学术工作坊中诞生了一些年轻一辈的门生和很多的博士候选人。

五、事业、文化

慕尼黑成了先生的学术与家的归属。对先生来说，慕尼黑是最有吸引力的学术和文化之地。在多个不同高校奔波,没有使他离开这座城市。先生拒绝雷根斯堡大学教职聘用之后,1968年成为奥地利格拉茨大学的编内教授,一年后成为汉堡大学的教授,1972年又回到了慕尼黑大学,成为其恩师卡尔·拉伦茨的继任者。他成果丰硕,很快使他集荣誉和要职于一身。先生是巴伐利亚科学院、慕尼黑大学高级研究中心、萨尔茨堡的科学与艺术研究院、维也纳的奥地利科学院、意大利帕维亚的欧洲律师科学院、威尼斯的威尼托科学院、米兰隆巴尔多科学院的院士。1997年先生成为日本科学发展研究院的研究员,1998年成为英国伦敦高级法律研究院的荣誉研究员。先生荣获了德国科学基金会颁发的莱布尼茨奖。该奖对法律学者来说,是最高荣誉的奖项。里斯本大学、马德里大学、格拉茨大学、雅典大学和维罗纳大学授予他荣誉博士。先生被授予联邦德国一等十字勋章以及极为少见的拜仁科学与艺术麦斯米兰勋章。

门生[83]也有好几次专门纪念克劳斯-威廉·卡纳里斯:60岁寿辰时,门生以"法律思维中的统一性和一致性"[84]为主题召开研讨会;65岁寿辰时,门生以小篇幅的文献指向了恩师"法律思维的延续性"[85];70岁寿辰时,国内外约有150名学者参与完成了两卷本的纪念文集[86]。

2002年,时任司法部部长的赫塔·多依布勒-格梅林(Herta Däubler-Gmelin,1943)对克劳斯-威廉·卡纳里斯委以重任,让他担任给付障碍法改革委员会委员。对先生来说,这不仅是一次历史性的机遇,也是再次对其在德国法学界中权威地位的认同。或许,这也是上天对德国私法的眷顾。2002年,《德国民法典》根本性的改革法案生效,先生以其理性的说服力,决定性和明显地塑造了该法案的内容。无论在规则层面,还是在法律论证层面,都是如此。他近期发表的债法方面的文章,继续

---

[83] 按照字母先后顺序排列:Hans Christoph Grigoleit、Johannes Hager、Felix Christopher Hey、Michael Junker、Ingo Koller、Katja Langenbucher、Jörg Neuner、Jens Petersen、Reinhard Singer。卡纳里斯指导写教授任用资格论文的人还有Mariette Auer、Carsten Herresthal。

[84] 科勒等主编,《纪念克劳斯-威廉·卡纳里斯专题研讨会:法律思维的统一性和一致性》(Einheit und Folgerichtigkeit im Juristischen Denken. Symposion zu Ehren von Claus-Wilhelm Canaris),1998年。

[85] 哈格尔等主编,《卡纳里斯65岁纪念文集:法秩序变迁的连续性》,2002年。

[86] 海德里奇等主编,《卡纳里斯70岁纪念文集》,2007年。

以正统的视角，从体系和目的两个方面探究现代债法。

谁要是有兴致成为先生的客人，在慕尼黑市博根豪森区踏入先生的别墅，一个离托马斯·曼（Thomas Mann，1875—1955）故居不远的豪宅，就会感受到知识分子的友好，为先生及其夫人丽娜不断汲取的精神财富所感染。歌剧和话剧的世界是他们的归属，这些文化财富加上艺术史、文学和哲学，构成了真正的人文素养的基础，其广度和深度绝不亚于法学素养。

进行如此高度的对话，对我们这些门生来说绝非易事，我们担心可能会面临第三次国家司法考试，考核诸如艺术史、文学和音乐学之类的科目。直到一个晚上，先生"坦白"自己也是个爱好运动的足球粉丝，闲谈球星迭戈·马拉多纳的"上帝之手"和球队阵法，偶尔会提到慕尼黑歌剧的时候，我们才松了口气。

即使是最后这样的小插曲，也会让我们看到先生的人格魅力。先生不仅展现出学者令人着迷的形象，也散发出人格的魅力，这种魅力对我们这些门生来说，有着巨大的吸引力，也是我们和先生合作以及学习先生的动力。

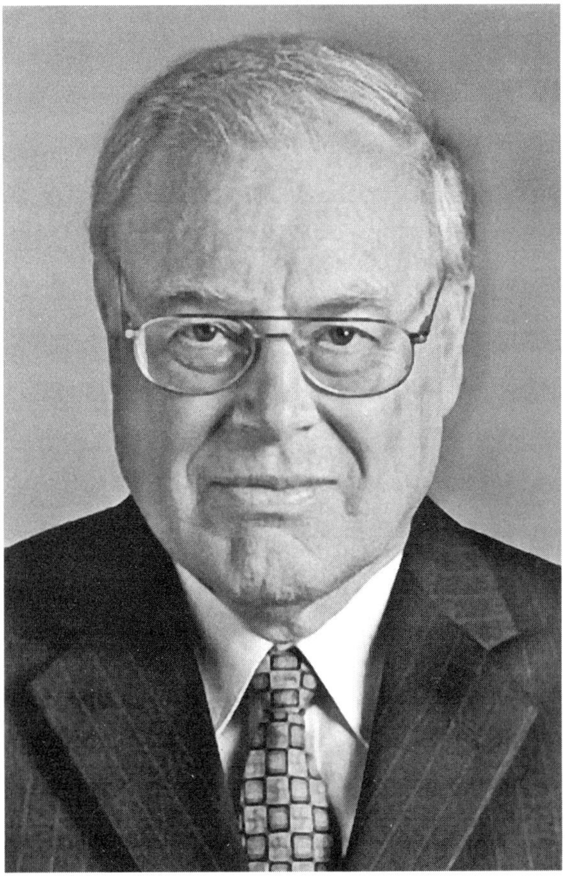

曼弗雷德·沃尔夫
（Manfred Wolf，1939—2007）[*]

目 次

一、个人简介 / 881
二、学术生涯 / 883
  （一）为师 / 883
  （二）治学 / 885
三、实践者 / 894
  （一）法官 / 894
  （二）律师 / 895
四、结语 / 896

一、个人简介

这个报告原本应该在2007年6月8日举行，曼弗雷德·沃尔夫计划到场。天有不测风云，在此一周前，沃尔夫和他的妻子莫妮卡在美国探望大女儿一家时，沃尔夫不幸突发脑溢血，于2007年6月1日凌晨在田纳西州的纳什维尔逝世，享年仅68岁。当然，这个关于曼弗雷德·沃尔夫的生平和学术生涯的报告本可在2007年6月8日以一种足够虔诚的讣

---

[*] 作者简介：〔德〕托马斯·普法伊费尔（Thomas Pfeiffer，1961），海德堡大学法学院教授，外国和国际私法与国际经济法研究所联合主任，他的博士论文（1986年）和教授任用资格论文（1993年）均在曼弗雷德·沃尔夫指导下完成。本文是作者2008年2月1日在柏林洪堡大学的报告。

告形式举行。然而，斯蒂芬·格伦德曼教授和卡尔·里森胡贝尔教授在那个时候接受了我想要推迟这个报告的请求。对此，我非常感谢他们。

曼弗雷德·沃尔夫于1939年1月5日出生在德国施瓦布地区的乌尔姆市。他先后在图宾根大学和慕尼黑大学学习，后来又回到了图宾根大学学习，并于1962年在图宾根通过第一次国家司法考试。除法律培训生的活动，他当时又在图宾根大学担任助理岗位的"管理者"。在担任弗里茨·鲍尔的学术助理期间，他在路德维希·赖泽尔的指导下完成了博士论文《物上共同权利》①，获得博士学位。1966年，他通过第二次国家司法考试。之后，他决定完成教授任用资格论文。因研究的需要，沃尔夫在1967年和1968年到美国伯克利以访问学者的身份进行研究，之后又回到了图宾根大学，并于1970年在弗里茨·鲍尔的指导下完成教授任用资格论文《法律行为的决定自由和合同的利益平衡》②，被授予民法和诉讼法的教授许可资格。在这段研究助理的经历中，他获得白首同归的友谊，尤其收获了他的挚友沃尔夫冈·格伦斯基(Wolfgang Grunsky, 1936)。

在短暂做过执业律师及在柏林洪堡大学和法兰克福大学担任教席代理后，沃尔夫1972年被法兰克福大学任命为在编教授，成为格哈德·希德迈尔(Gerhard Schiedermair, 1906—1986)著名的教席的接任者。而在此之前，亚历山大·吕德里茨(Alexander Lüderitz, 1932—1998)短暂接任过该教席。1977年，他同时接受法兰克福州立高等上诉法院③提供的法官职位。尽管美因茨大学和伯尔尼大学都曾愿意聘请他做教授，但沃尔夫仍留任法兰克福大学，直到2004年他退休。

正值青春的沃尔夫在乌尔姆市认识了他未来的妻子莫妮卡。他通过第一次国家司法考试后不久，两人就步入了婚姻的殿堂。如今，他是三个可爱女儿的父亲和八个伶俐外孙的外公，其中一个女儿也从事法律工作。

他的施瓦布血统显而易见，不仅是因为他有一些轻微的口音，还因

---

① M. Wolf, Die dinglichen Gesamtrechte (1965).
② M. Wolf, Rechtsgeschäftliche Entscheidungsfreiheit und vertraglicher Interessenausgleich (1970).
③ 参见州高等法院的年报信息，载 http：//www. koeblergerhard. de/juristen/tot/totw-Seite317. html(最后访问日期：2010年6月30日)。

为他有施瓦布人的典型特点——节俭。所以，教席与学术助理的午餐聚会一直是在食堂举行，而我们学术助理之间的聚餐，则是经常到拐角处的意大利餐馆举行。他多次邀请同事们聚餐，说明他的个性是如此的慷慨大方。他的性格完全和思想狭隘不沾边。他待人不卑不亢、和蔼友善，幽默感中渗透出他对自己所做事情的专注和自信。

这个性格特征可能也是他崇高的学术地位的必要基础。他虽然继承了施瓦布人坚毅不挠和一以贯之的典型特点，但并不会因为一点小小的成就而得意忘形。只有亲自多了解他一些，才能发现坚持不懈和慷慨大方在他身上完美地结合在了一起。同样，这种性格也体现在他的学术研究上。

一个简短的故事可能更有助于我们理解以上描述。当被问及如果不从事学术事业，他会考虑选择什么职业时，曼弗雷德·沃尔夫通常回答"赛车手"。这个并不是开玩笑的回答，在某种程度上表明他来自戈特利布·戴姆勒（Gottlieb Daimler，1834—1900）和卡尔·奔驰（Karl Benz，1844—1929）的故乡。这还将曼弗雷德·沃尔夫形塑成了一个能见"路漫漫其修远兮"，更能靠着自己的热情"不待扬鞭自奋蹄"的人。另外，他也热爱收集旧书和爵士唱片，是一名有天赋的钢琴演奏者。

二、学术生涯

（一）为师

值此机会首次谈论起曼弗雷德·沃尔夫时，我必须首先承认，在我的大学学习过程中，我未能上过曼弗雷德·沃尔夫老师的大课。然而，我参加了他的三个专题研讨课，也总能发现曼弗雷德·沃尔夫老师的迷人之处。在这三场研讨会上，我了解到很多关于弗雷德·沃尔夫作为学者的这一侧面。当时（20世纪80年代初）这些研讨会的主题能使人们很容易了解到他的学术兴趣及法学思想的广度。第一个研讨会有关私法的功能及其变迁，第二个研讨会则是关于私法与税法的关系，第三个研讨会关于宪法与民事诉讼法之间的关系。

这三个主题直接地彰显出他是一个法学通才,始终把法学及其体系关联作为一个整体来研究。这种整体、系统的思维方式,并不仅仅止于具体主题的边界,其已经在宪法背景下的程序法中得到了体现,在对一般私法和税法关系的综合视角下也有较多的体现,尽管这在当时还处于起步阶段。虽然当时德国私法典型的教义学将税法看作较低层次的法律素材,即用于避税法律,主要是服务于较低层次的经济目的,并具有措施和规定每年一变的特征,曼弗雷德·沃尔夫很早就对"预防性法学"的创新性以及税法的普适性特征有清晰的认识。因此,他指出了由税法所导致的法律体系的内在不连贯性,并认为对此进行适当的修正乃法学的使命。因此,他邀请法兰克福的一位重要的税务师兼会计师④参加他的研讨会就是很自然的一件事情。

此外,我还特别钦佩他的一点是,经过同学们烦琐、无休止的讨论之后,他总是能够用几句话精炼地总结出整个讨论主题的关键原则和论点。例如,他总结了我关于宪法对医疗事故责任证明的影响的看法,⑤指出这个问题仅有几点需要重点关注:第一,医疗不能保证成功,因此仅仅是医生的渎职还不能免除患者证明该错误是医生治疗失败导致的责任。第二,在严重违反有关医疗标准的情况下,举证责任倒置得到法院裁判的支持。第三,医疗符合人身伤害的形式要件,因此需要得到患者的同意,而且必须事先告知患者适当的信息和相应的风险。医生对此就要承担举证责任。第四,医生未能对病人的医疗进行适当的记录,可能会导致证据的简化。我发现,这几点已经概括出整个医疗事故责任法的核心原则。

作为一名学术助理,和曼弗雷德·沃尔夫一起工作是一种个人和专业上的愉悦。他以锐利的眼光明轻重,熟悉法律问题中关键性的价值判断,完全拥有很多高校学者的能力,任何时候,尤其是在法兰克福大学法学图书馆的走廊里,他可以随时展开私法基本问题的讨论。除了法律培训生阶段和海外阶段,我都是在他的教席担任青年研究员(1984—1986年及1990—1993年),享受了很大的自由空间。他的大部分学术助

---

④ 在法兰克福担任律师、税务师和会计师的韦尔夫·穆勒(Welf Müller)博士。
⑤ 该报告的主题主要是联邦宪法法院裁判(BVerfGE 52, 131)中的问题。

理后来都成为很成功的律师，而另一些则加入了司法部门或者服务于公共行政部门。三位门生在德国取得教授任用资格，成为学者，他们分别是约亨·马利（Jochen Marly，1960）、延斯·达曼（Jens Dammann）及笔者。此外，还有几名外国博士生在他们的国家也走上了同样的路。

（二）治学

1. 物权法

1984年，即在先前提到的研讨会以及通过了我的第一次国家司法考试之后，我就成了曼弗雷德·沃尔夫的一名学术助理。和我同龄的法律人聊到我是沃尔夫的助理时，他们都是先入为主地回应："哦，物权法学者！"这尤其反映了沃尔夫的精要类教科书《物权法》的名声之高。沃尔夫一直负责该书到第23版。[6] 然而，这种说法几乎是误导性地缩小了沃尔夫的学术作品范围。在当时，沃尔夫大部分的研究重点并非物权法，不过物权法确实是他的学术工作中一个很重要的部分。但考虑到他的背景，便不足为奇，因为他的老师弗里茨·鲍尔就是那本卓尔不凡的物权法大型教科书的著者。

在曼弗雷德·沃尔夫的学术背景中，物权法首次亮相在他题为《物上共同权利》的图宾根大学博士论文中。这使我想起一桩轶事，1984年1月，我在完成"考试家庭作业"时，遇到黑森州司法考试处出的一道法律技术难度极高的试题。题目的内容涉及多个抵押权和多个土地债的复杂融合，并且这些权利被配置在两块不同的土地上，而且其中的一块土地还被强制执行，又涉及强制执行法的复杂问题。简言之，作为司法考试考生的我，从来没有听说过有这样考题的法律制度。我在文献综述中，查阅了重要法律评注中大量的文献清单，偶然遇见了文献信息："曼弗雷德·沃尔夫：《物上共有权利》，博士论文，1965年。"[7] 当然，作为一名考生不引用所在大学的老师的相关作品，是一种不识时务的行

---

[6] M. Wolf, Sachenrecht (23. Aufl. 2007); 该书由沃尔夫的教学继任者玛丽娜·韦伦霍费尔（Marina Wellenhofer, 1965）续写。最新版是2019年的第34版。应当提到的，是沃尔夫的物权法评注，参见 Beuthien/Hadding/Lüderitz/Medicus/M. Wolf (Hrsg.), Studienkommentar zum BGB (1975, 2. Aufl. 1979)。

[7] M. Wolf, Die dinglichen Gesamtrechte (1965).

为。我不想冒这样的风险,因为有可能恰恰是该作者批阅我的答卷。我那时根本不知道,曼弗雷德·沃尔夫绝不是那样虚荣的人。

因为法兰克福大学法学院的图书馆和各研究所的图书馆都没有或不出借这本书,我恭敬地问了教席的一个学术助理是否可以向作者询问索取博士论文。被考生典型的急躁情绪所驱动,两天后我又去了曼弗雷德·沃尔夫的办公室。因为那个助理正好不在,我勇敢地决定直接询问,也正因如此,我撞见沃尔夫正在和他的学术助理谈话。此时,我的请求已经被传达给他,他友善地问我家庭作业涉及什么主题,我也简单地说明了。然后他说他很乐意把他的博士论文给我,并面色温和地补充说:"但这恐怕不会对你有任何帮助。"他的博士论文论述了是否有可能在《德国民法典》第三编共同抵押和共同担保中提取关于物的共同权利的一般性法律制度。[8] 确实该观点的发展及其研究,对解决我的案例分析没有任何帮助,然而,我还是通读了他的这部作品,而不是在准备这个报告时才去阅读这本书。曼弗雷德·沃尔夫的博士论文,法律技术最为精准、意涵丰富。一方面这表明了他对法教义学技术的痴迷,另一方面也显示了他是一个真正的学者,有能力在个别的法律现象中探明有意义的共通之处。[9]

他的《物权法》是精要类教科书,明显反映出作者的学术风格:基于物权法在整个法律体系中的功能和地位来处理它,这种法律通才的视角,也适用于所有权制度的分析;从更为宽泛的视角来理解所有权在《德国民法典》中的物权法特征,包括宪法上的所有权和知识产权。当然,沃尔夫如果认为有必要时,就会在教科书中表明自己的观点。以担保让与为例。德国联邦最高法院否定《德国民法典》第449条第1款适用于担保让与的情形。该条规定所有权保留在存疑的情况下,产生附解除条件的所有权转移。担保人在这里只能有债法上的恢复转让原状的请求权,原因是立法者并没有将担保让与规定具有从属性。[10] 曼弗雷德·沃尔夫在教科书中正确指出,这个理由没有说服力,并且联邦最高法院

---

[8] M. Wolf, Die dinglichen Gesamtrechte (1965).
[9] M. Wolf, Beständigkeit und Wandel im Sachenrecht, NJW 1987, 2647 – 2652.
[10] BGH, Neue Juristische Wochenschrift 1984, 1184.

的结论仅是基于合同法上的利益分析得出的。[11]

他的教科书的结构特点也体现了他对现实中当事人利益的关照。大部分的物权法教科书在展现"土地抵押权"("Grundpfandrecht")时，先论述法定的类型抵押权("Hypothek")，然后处理与其不同的"土地债"("Grundschuld")法律制度。曼弗雷德·沃尔夫的教科书却与众不同：结构遵循实践导向。[12]首先，他总结出共同的特征，然后分析土地债及体现其特点的"担保土地债"("Sicherungsgrundschuld")，最后，（在预防法学的意义上）考察抵押权。

这种对法律问题的真正关联性的意识，连同他对法律体系的整体观，也说明了曼弗雷德·沃尔夫对物权法另一个贡献的影响，即发表在由他主编的1981年《弗里茨·鲍尔纪念文集》的一篇文章——《担保行为的内容控制》。[13]这篇文章首次全面论述了《格式条款法》及物的担保条款。在20世纪80年代和90年代，在有关物的担保条款发生重大争议的时代，没有哪个德国联邦最高法院相关的司法裁判不引用这篇文章。[14]德国2002年债法改革的立法者却忘记了这样一个早期明确的观点，即物的担保行为受到《格式条款法》的约束，将当时的《格式条款法》整合到《德国民法典》的债法部分，而不是放在总则部分。[15]

在欧洲的法律统一领域，如同物权法的方法，曼弗雷德·沃尔夫也呼吁采用审视物权法功能的法律体系整体观。他的物权法教科书给出一些比较法的素材，他呼吁视野要超出德国的疆界。此外，他关于"延长的所有权保留"（"verlägegeer Eigentumsvorbehalt"）和"总括让与"（"Globalzession"）之冲突这一老难题的文章，指明了欧盟法律与德国物

---

[11] 参见沃尔夫关于物权法的评注，Beuthien/Hadding/Lüderitz/Medicus/M. Wolf (Hrsg.), Studienkommentar zum BGB (1975, 2. Aufl. 1979), Rn. 768. 对此，同样参见BGH, NJW 1991, 353。

[12] Beuthien/Hadding/Lüderitz/Medicus/M. Wolf (Hrsg.), Studienkommentar zum BGB (1975, 2. Aufl. 1979), Rn. 899.

[13] M. Wolf, Die Inhaltskontrolle von Sicherungsgeschäften, in: Grunsky u. a. (Hrsg.), Festschrift für Fritz Baur (1981), S. 147–168.

[14] BGHZ 124, 371; BGHZ 120, 300; BGHZ 98, 303; BGHZ 94, 105; BGH, WM 1997, 1197 = ZIP 1997, 1185; BGH, NJW 1997, 1570; BGH, NJW 1984, 1184.

[15] Gegen M. Wolf/Pfeiffer, Der richtige Standort des AGB-Rechts innerhalb des BGB, ZRP 2001, 303–306.

权法的相关性。[16] 该讨论的一个里程碑，是他 1990 年发表的关于第二银行法指令[17]对私法产生影响的文章。该文对学术讨论产生了重要影响。[18]

2. 合同法和债法

合同法和债法对曼弗雷德·沃尔夫的学术研究来说具有比物权法更重要的意义。首先，有必要提到他在 1970 年出版的教授任用资格论文《法律行为的决定自由和合同的利益平衡》。[19] 因为，他后来的学术作品都在不同的程度上以这本书为基础创作而成。该论文提出的核心观点，深化了瓦尔特·施密特-林普勒将契约公平作为合同正当性的基本思考。[20] 该思考在民法上的重点，是对《德国民法典》第 123 条的扩大解释。同时，他将决定自由的原则与宪法上的考量结合在一起。因此，他的观点早于德国联邦宪法法院关于违反公序良俗的债务人要求的裁判。[21] 该法院只不过是"过滤"了沃尔夫的思考。[22]

当然，在一个关键点上，沃尔夫的理念优于联邦宪法法院的理念。通过强调结构性失衡，法院关注的是平等的标准。这种标准孤立来看，无关紧要。为了从宪法上保障人的行为自由，也就是本案关注的问题，决定性的标准是自由，也即决定自由。因为单纯的不平衡说明不了决定自由受到侵害，即使有失衡的情形，竞争也能保障人的决定自由。因此，失衡状态的标准存在问题。[23]

---

[16] M. Wolf/Haas, Das Prioritätsprinzip im Konflikt zwischen Waren- und Geldkreditgebern, ZHR 154（1990），64 – 93.

[17] M. Wolf, Privates Bankvertragsrecht im EG-Binnenmarkt, WM 1990, 1941 – 1952.

[18] 明显看出是受沃尔夫启发的教授任用资格论文，参见 Peter v. Wilmowski, Europäisches Kreditsicherungsrecht—Sachenrecht und Insolvenzrecht unter dem EG-Vertrag（1996）。

[19] M. Wolf, Rechtsgeschäftliche Entscheidungsfreiheit und vertraglicher Interessenausgleich（1970）.

[20] Schmidt-Rimpler, Grundfragen einer Erneuerung des Vertragsrechts, AcP 147（1941），130 – 197.

[21] 根本性的裁判，参见德国联邦宪法法院 1993 年 10 月 19 日保证案的裁判（BVerfGE 89, 214）。

[22] 1985 年之前，民法学界关于实质的契约自由和契约公平的诸多讨论，参见 Jutta Limbach, Das Rechtsverständnis in der Vertragslehre, JuS 1985, 9 – 15。在这篇文章中，并没有讨论沃尔夫的教授任用资格论文，而是引用了他的一篇文章，参见 M. Wolf, Rechtsgeschäftslehre, in: Athenäum Verlag（Hrsg.），Athenäum Zivilrecht I, Grundlagen des Vertrags- und Schuldrechts（1972），S. 59, 123。

[23] M. Wolf, Freizeichnungsverbote für leichte Fahrlässigkeit in Allgemeinen Geschäftsbedingungen, NJW 1980, 2433 – 2440.

尤其是他关于格式条款的作品，以此理念为基础。他的思考反映在20世纪70年代和80年代初的一系列文章中。其除了上文提到的关于担保让与的格式条款问题，值得强调的还有关于免责格式条款无效的研究[24]。[25] 合同法总论[26]和劳动法的作品也发源于此。他在1988年的一篇重要文章中，主张劳动合同应受《格式条款法》约束，这也是受到格式条款法律原则的启发。[27] 该研究也预示了德国债法改革的一个重要决定。

此种路线，促使他撰写大型法律评注。下文将单独呈现法律评注者沃尔夫。这里应当提到沃尔夫在《合同终止法联合评注》中评注《合同终止法》的一般原则（及《德国民法典》第613a条），[28] 另外在他与诺伯特·霍恩（Norbert Horn）和瓦尔特·林德克（Walter F. Lindacher, 1937）主编的《格式条款法评注》中评注《格式条款法》的大部分规定。全面评价这些作品不太可能。该作品体现了沃尔夫对合同法制度达到游刃有余的掌握程度。这体现为沃尔夫在该书第1版到第4版中不仅撰写导论，评注关于格式条款的概念及其构成要件的规定（《格式条款法》第1条和第2条，即现在的《德国民法典》第305条），以及内容控制的主要规定（《格式条款法》第9条，即现在的《德国民法典》第307条），而且评注《德国民法典》第308条和第309条中的无效条款清单及不同类型的合同包含的条款。

---

[24] 另外，比如参见 M. Wolf, Individualvereinbarungen im Recht der Allgemeinen Geschäftsbedingungen, NJW 1977, 1938 – 1943; ders., Gesetz und Richterrecht bei Allgemeinen Geschäftsbedingungen, JZ 1974, 465 – 470。

[25] M. Wolf, Selbstbestimmung durch vertragliches Abschlußrecht, JZ 1976, 41 – 45; ders., Gleichbehandlungsgrundsatz und privatrechtliches Teilhaberrecht, in: Baur u. a. (Hrsg.), Funktionswandel der Privatrechtsinstitutionen, Festschrift für Ludwig Raiser zum 70. Geburtstag (1974), S. 597 – 619.

[26] M. Wolf, Inhaltskontrolle von Arbeitsverträgen am Beispiel der Befristung einzelner Arbeitsbedingungen, RdA 1988, 270 – 276.

[27] M. Wolf, Inhaltskontrolle von Arbeitsverträgen am Beispiel der Befristung einzelner Arbeitsbedingungen, Recht der Arbeit 1988, 270.

[28] M. Wolf/Horn/Lindacher (Hrsg.), Kommentar zum AGB-Gesetz (1984) (zusammen mit Norbert Horn und Walter Lindacher), Kommentierung der Einl. der §§ 1, 2, 8, 9 – 11; (2. Aufl. 1989); seit der 3. Aufl. 1994 auch die Richtlinie 93/13/EWG über missbräuchliche Klauseln in Verbraucherverträgen; 4. Aufl. 1999. Das Werk wurde fortgeführt: M. Wolf/Lindacher/Pfeiffer (Hrsg.), AGB-Recht (5. Aufl. 2009), mit der Kommentierung der §§ 307, 310 Abs. 1 BGB, einzelner Klauselwerke und der RL 93/13/EWG。沃尔夫在修订第5版期间离世。以他的名义出版的章节，都是由他本人完成的。他本人完成了一部分的校对稿。

然而，这并没有囊括曼弗雷德·沃尔夫在合同法和债法领域的全部作品。除了他的作品[29]，他在《泽格尔德国民法典评注》中评注缔约(《德国民法典》第145—157条)和条件(《德国民法典》第158—163条)的规定及债法总则中的一些法条。其中，我特别想强调他对《德国民法典》第276条和第278条的评注。另外，他又担任该法律评注分册的主编，负责债法总则的评注工作。[30] 我想再次声明这些评论蕴含很多的想法。我清楚记得在我担任学术助理的时候，有关于是否以及在哪些条件下将《德国民法典》第278条类推适用于机器失灵的情形[31]，或仅合同一方明知不合意的情况是否受《德国民法典》第154条或第155条调整的激烈讨论[32]。

考虑到他在合同法研究领域的广泛涉猎，在卡尔·拉伦茨逝世后，贝克出版社给了沃尔夫一个接手修订在"绿色系列"中拉伦茨所著的大型教科书《德国民法通论》的机会也就不足为奇了。曼弗雷德·沃尔夫不遗余力地迎接这一挑战，并精心地实现这本教科书的现代化。[33] 这尤其体现在分析现代私法特征的一组紧张关系，即私法自治的自由主义原则和后现代社会国家的扩张上。这还包括他论述的欧洲私法的基础，沃尔夫将其作为民法总论的一部分的做法，是完全正确的。

3. 诉讼法学者

作为弗里茨·鲍尔的学生，曼弗雷德·沃尔夫当然也是诉讼法学者。他的专著《社团的诉讼资格——例外抑或一般原则》引起诸多关

---

[29] 今天很少人知道的: M. Wolf, Die Privatautonomie, in: Athenäum Verlag (Hrsg.), Athenäum Zivilrecht I, Grundlagen des Vertrags- und Schuldrechts (1972), 1. Kapitel, S. 20 – 58, ders., Rechtsgeschäftslehre, in: ebd., 2. Kapitel, S. 59 – 184; M. Wolf, Kommentierung der §§ 765 – 778, in: Beuthien u. a. (Hrsg.), Studienkommentar zum BGB (1975; 2. Aufl. 1979)。

[30] Soergel-M. Wolf, Kommentar zum BGB, Bd. II, Schuldrecht 1 (11. Aufl. 1986), Kommentierung der §§ 256 – 274, 276 – 278, 305 – 319, 420 – 432 (12. Aufl. 1990); ferner Soergel-M. Wolf, Kommentar zum BGB, Bd. I (12. Aufl. 1988), Bandredaktion und Kommentierung der §§ 145 – 163 sowie HWiG (13. Aufl. Band 1, 1999; Band 2, 2000)。

[31] M. Wolf, Schuldnerhaftung bei Automatenversagen, JuS 1989, 899 – 902。

[32] 最后一种意思是正确的，参见 Soergel-M. Wolf (Fn. 31 [1999]), § 155 BGB Rn. 5。

[33] Larenz/M. Wolf, Allgemeiner Teil des deutschen bürgerlichen Rechts, Lehrbuch (8. Aufl. 1997; 9. Auflage 2004)。

注。他给出了肯定的回答。㉞ 然后，他续写由爱德华·科恩（Eduard Kern，1887—1972）所著的贝克出版社系列教科书《法院组织法》。1978年，他出版了关于所有诉讼路径比较的教科书《法院诉讼程序》。不幸的是，这本书没有更新版次。㉟ 他在1980年出版的《自愿裁判法基本概念》一书，也是如此。㊱

他对诉讼程序的理解，尤其体现在他的教科书《法院组织法》㊲ 及他在《慕尼黑民事诉讼法评注》中关于民事诉讼法的评注。㊳ 他以宪法为基础，构建法院组织法，尤其是以保障当事人诉讼请求权的理念为基础。㊴ 这与弗里德里希·斯坦（Friedrich Stein，1859—1923）的著名论述完全不同，即"诉讼法是最为明显的技术性的法，受到变化的目的影响，且没有永恒的价值"。㊵ 曼弗雷德·沃尔夫将自己的理念不仅推向抽象的高度，而且在单个的诉讼法研究发表中进行贯彻。值得一提的是，他1986年在雷根斯堡的诉讼法学者大会上所做的报告基于《德国基本法》第97条法官垄断司法裁判的原则，区分法官的工作范围和"司法工作人员"（"Rechtspfleger"）的工作范围。㊶ 沃尔夫在该报告中以司法裁判在实质法治国家的功能为基础，发展出了一种新的司法裁判的概念。据此，司法裁判是正确性得到最大保障的法律事务的处理方式。这意味着，根据《德国基本法》第19条第4款，如果在确保正确性的情况下，对法律事务的实体方面加以解决，法官就拥有不容置喙的最终决定权。

㉞ M. Wolf, Die Klagebefugnis der Verbände—Ausnahme oder allgemeines Prinzip (1971); eine weitere Monographie: M. Wolf, Das Anerkenntnis in Prozessrecht (1969), war schon zwei Jahre zuvor erschienen.

㉟ M. Wolf, Gerichtliches Verfahrensrecht—Darstellung des Zivilprozesses mit vergleichender Betrachtung von Strafprozeß und Verwaltungsgerichtsprozeß (1978).

㊱ M. Wolf, Grundbegriffe des Rechts der Freiwilligen Gerichtsbarkeit (Bearbeitung der 1. Aufl. 1973 von Fritz Baur, 2. Aufl. 1980).

㊲ M. Wolf, Gerichtsverfassungsrecht (5. Aufl. 1975, Neubearbeitung der 4. Aufl. 1965 von Eduard Kern); ab 6. Aufl. 1987 unter dem Titel: Gerichtsverfassungsrecht aller Verfahrenszweige.

㊳ Münchener Kommentar Wolf, ZPO, vol III (Munich: CH Beck, 1992), commentary on EGZPO, GVG, EGGVG (2nd edn, 2001).

㊴ Zu dieser Orientierung an Leitlinien auch M. Wolf, Entwicklungstendenzen im Zivilverfahrensrecht, ZRP 1979, 175–181.

㊵ Stein, Grundriß des Zivilprozeßrechts und des Konkursrecht (1821), Vorwort zur ersten Auflage, S. XIV.

㊶ M. Wolf, Richter und Rechtspfleger im Zivilverfahren, ZZP 99 (1986), 361–406.

这样的理解促使沃尔夫在1991年探究欧共体的"四项自由"对民事诉讼法重要性的过程中做出了巨大贡献。[42]

4. 欧共体私法的先驱

这也表明了曼弗雷德·沃尔夫已被提及的学术研究的另一个方面，即欧共体私法的功能。

在20世纪80年代后期，曼弗雷德·沃尔夫逐渐认识到一个普遍且重要的问题，即欧共体法律对国际私法的影响越来越大。[43]这个新的关注点显著体现在多个方面。在当时，曼弗雷德·沃尔夫在他生命的第五个十年里，是一位学术上的资深教授，他整理了自己的学术领域。仅由于这个原因，与其他同时代的学者相比，他表现出色，早期就认识到了即将到来的法律欧洲化，而且没有以消极态度作出反应，而是在研究中稍微转移了重点。这是更为务实的做法，尽管他在国外进行了多项研究并曾在美国加利福尼亚大学伯克利分校、日本神户大学及美国佛罗里达大学做过客座教授。他研究的领域和欧洲法并没有关系，他并非国际法学者，也不是经济法学者。

正如上文提到的，他在1990年发表的关于第二银行法指令对私法影响的文章备受关注。[44]虽然这篇文章似乎只限于一个特定行业，但它包含了一个适用于整个私法的有争议的论点。他的分析是基于该指令声明的立法理由，即必须确保银行在提供服务时，应当享受"如同在自己国家的同等条件"。这种以来源国原则为基础的立法理由，如果转嫁到私法中，将会产生根本性的影响。[45]正如曼弗雷德·沃尔夫所宣称的那样，这种影响给银行提供了一个机会，即通过"规避法律冲突"，将其原产国的专有债权人保护机制出口到目的地国。因此，根据曼弗雷德·沃尔

---

[42] M. Wolf, Abbau prozessualer Schranken im europäischen Binnenmarkt, in: Grunsky u. a. (Hrsg.), Wege zu einem europäischen Zivilprozeßrecht—Tübinger Symposium zum 80. Geburtstag von Fritz Baur (1992), S. 35 – 67.

[43] 首批的作品，参见 M. Wolf, Einheitliche Urteilsgeltung im EuGVÜ, in: Gottwald/Prütting (Hrsg.), Festschrift für Karl-Heinz Schwab zum 70. Geburtstag (1990), S. 561 – 574; ders., Auslegung und Inhaltskontrolle von AGB im internationalen kaufmännischen Verkehr, ZHR 153 (1989), 300 – 321。

[44] M. Wolf, WM 1990, 1941 – 1952.

[45] 对于该方面，参见 Remien, Zwingendes Vertragsrecht und Grundfreiheiten des EG-Vertrags (2003), S. 179。

夫的说法，英国的浮动抵押或法国的"善意承诺"（"*nantissement du fond de commerce*"）必须在德国得到承认。虽然这个大胆的理念在实践中尚未被接受，但它对学术争论产生了很大的影响。[46] 仅就曼弗雷德·沃尔夫预见了欧洲共同体立法者后来通过电子商务指令制定的内容，并试图再次修改服务指令这一事实就证明了其远见卓识。[47]

此外，曼弗雷德·沃尔夫在其1994年第3版的《格式条款法评注》中评注了欧共体第93/13号条款指令（93/13/EEC）。这反映了沃尔夫相当程度的创新力量。[48] 首先，这是值得赞扬的，因为他第一个使用典型的德国技巧，对私法指令采用评注的方式阐释规范的目的。对于欧共体私法，该法律评注也是一个突破。在广泛使用的权威法律评注中引入欧盟法的指令法清楚地表明，在欧共体指令国内法化的领域中，将眼光局限于国内的施行法，不再是最新的法律技术。此后，他在埃伯哈德·格拉比茨（Eberhard Grabitz, 1934—1992）和曼恩哈德·希尔夫（Meinhard Hilf, 1938）主编的《欧盟法评注》中，负责第三分册《欧盟二级法——欧共体消费者法和数据保护法》的主编工作。[49]

5. 法律评注者、教科书作者及法学通才

曼弗雷德·沃尔夫撰写了大量的法律评注和教科书。教科书包括《德国民法通论》《物权法》《法院组织法》及没有更新版次的《法院诉讼程序》和《自愿裁判法基本概念》。上文已经提到的一些作品不过是沧海一粟，因此，我想要对其总体轮廓加以简要地描摹，包括《泽格尔德国民法典评注》格式条款法、合同法、条件以及作为总则部分的主编、《德国民法典》第255—274条和第276—278条、共同债务的规定、共同继承人、遗产；《学生版法律评注》中对整个物权法及其他的条款（《德国民法典》第809—811条"赠与"；第765—778条"保证"）的评

---

[46] M. Wolf（Fn. 18）. 当时最为著名的学者反对沃尔夫的观点，参见 Lutter, Europäisches Unternehmensrecht（4. Aufl. 1996）, S. 86。

[47] 第16条关于内部市场服务指令的提案包含原产国原则，该原则在欧洲议会和理事会2006年12月12日关于内部市场服务的指令2006/123/EC中最终通过，［2006］OJ L376, 27 December 2006, 36–68。

[48] 前引30。

[49] Grabitz/Hilf（Hrsg.）, Recht der Europäischen Union, Bd. III, Sekundärrecht-EG-Verbraucher- und Datenschutzrecht, herausgegeben von Manfred Wolf ab 1999.

注；在《合同终止法联合评注》中，以专著的形式撰写合同终止权的一般原则，及评注《德国民法典》第 613a 条及其他关于合同终止的条款；《慕尼黑民事诉讼法评注》中除了前述《欧共体法院法》和《欧共体民事诉讼法》，还有关于《德国法院法》的评注，以及在埃伯哈德·格拉比茨和曼恩哈德·希尔夫主编的《欧盟法评注》中，担任分册主编和撰写消费者保护法和数据保护法的一般原则。[50]

当然只有少数几个德国大学教授能像曼弗雷德·沃尔夫一样富有创造力，拥有相当专业广度。他的法律评注毫无矫饰，并非长篇大论，而是直入堂奥，当然，这并不意味着其缺少必要的参考。在内容方面，他的评注提供指导思想，而不是对个别案例的汇编，其特点是有对问题的敏锐洞察和独立的分析能力。

沃尔夫的宽大格局，展现了对法学的全局视野。没有哪个人比他更适合承担更为艰巨的任务：担任弗里茨·林德迈尔（Fritz Lindenmaier, 1881—1960）和菲利普·默林（Philipp Möhring, 1900—1975）创建的《联邦最高法院司法裁判评注》的联合主编。主编的任务，是在联邦最高法院的司法裁判公布前关注它们，选择适合被评注的司法裁判并发现适合的评注人。曼弗雷德·沃尔夫从 1991 年起担任这个职位，直至其 2007 年逝世，他将该评注从一个面临下架危机的出版物发展为现代的线上产品。可能没有哪个人阅读联邦最高法院司法裁判的数量超越过他。任何情况下，他关注的问题都是与其感兴趣的研究领域紧密相关的话题。[51]

三、实践者

（一）法官

在担任大学教授期间，曼弗雷德·沃尔夫于 1977 年至 1999 年期间

---

[50] Grabitz/Hilf (Hrsg.), Recht der Europäischen Union, Bd. III, Sekundärrecht—EG-Verbraucher- und Datenschutzrecht, herausgegeben von Manfred Wolf ab 1999.

[51] 典型的，参见 M. Wolf, Der Ausschluß vom Neuen Markt und die Aufnahme von Ausschlußgründen in das Regelwerk Neuer Markt, WM 2001, 1785 - 1792。

在法兰克福的州高等法院兼任法官。尽管以我的履历难以评价他作为法官的活动，但他经常让他的研究助理间接地参与他的法官实务工作。当他专注于某个案件的法律问题时，他会向我们描述这些问题并引发讨论（主要是在午餐时间），且常以此来检验自身理论的强度。例如，我们热烈地讨论了一个关于地毯商对他提供的地毯变色所应承担的责任的案例。这起案件导致联邦法院在随后的上诉程序中对"旧"债法作出了重要裁判。[52] 根据旧的《德国民法典》第638条，在不动产装饰装修的五年法定诉讼时效期间，买方主张了他的法定保修权，而地毯商则认为，根据旧《德国民法典》第477条（保修豁免问题）下的买卖法规定的六个月的短期诉讼时效，买方没有任何对其供应商的保修请求权。然而，只有在合同是生产加工合同，而不是销售和生产复合合同时，才存在"保修豁免"的风险。申言之，地毯的胶合应被认为是不动产装饰装修以及不应对前述《德国民法典》第638条做狭义解释。按照联邦最高法院的判决，所有这些得到了肯定，地毯商的上诉请求被驳回。[53] 但我们一致认为，从法律政策的角度来看，这一结果是非常不幸的，好在诉讼时效法[54]的现代化已经在很大程度上解决了这个问题。

我关于曼弗雷德·沃尔夫在高等法院的活动的描述，可以分为两个方面。一方面，他认为参与法院诉讼及从中学习，是高校老师的机遇和义务，尤其是对诉讼法学者而言更是如此。他总是高度评价他所在审判庭和法院里的同事，比如后来担任联邦最高法院第八审判庭庭长的卡特琳娜·德佩特（Katharina Deppert，1941）。另一方面，很显然，他有时希望他的同事们能够不落窠臼，以便作出利益分配公平的裁判，以服务于当事人。最后，他在高等法院的活动，激发了他从事律师职业的好奇心。

（二）律师

在2004年他65岁生日之际，曼弗雷德·沃尔夫决定从大学教授的

---

[52] BGH, NJW 1991, 2486 = LM Nr. 72 zu § 319 BGB mit Anm. Koeble.
[53] 同前引。
[54] 分包商的追偿权问题，参见德国联邦最高法院的裁判BGHZ 77, 215；债法改革的立法目的明确提及该裁判，参见BT-Drs. 14/6040, S. 88。

岗位上退休。这并不是因为他想对学术或甚至是他的充满活力的法律研究说再见，而是因为他想成为一名律师。作为一名大学教授，他已经与律师合作举办过多次研讨班，特别是与德赛尔（Wulf-H. Döser）律师合作。虽然他认为从某个角度来看司法活动与学术活动非常相似，但就像他对我说的那样，律师才是真正的实践者。他认为，就必要的创造力而言，草拟合同是一项非同寻常的挑战。在他担任大学教授期间，即已确信从事一段时间的律师工作，将对学术活动大有裨益。有必要指出的是，曼弗雷德·沃尔夫于1972年被任命为教授，如果能够等到68岁时退休，可以享受全部的退休待遇，但他却更愿意以法定方式提前退休，也即在65岁时退休，享受一般的退休待遇。

退休后，他实现了成为律师的愿望。他作为法律顾问加入了一所著名的国际律师事务所的法兰克福分所，并总是非常努力地工作（同时继续撰写他的教科书和法律评注）。他的办公室每有访客，均不亦乐乎。对初出茅庐的年轻律师而言，他很快成为一位重要的专家顾问。由于早逝，他的律师生涯被迫戛然而止。

四、结语

曼弗雷德·沃尔夫在学术上颇有影响力，特别是因为他早于其他人发现了某些发展趋势，这主要包括契约自由的实质条件和欧洲法对德国私法的影响。除了他的学术成就之外，他比很多其他学者更早更清楚地认识到，和以前不同，法学家思考方式不仅要像法官一样，而且必须像律师一样。于我而言，他在独立的广阔视角、个人耐心及学术宽容之间搭建了一种人性化联系，成为永远的榜样。[55]

---

[55] Nachruf: Pfeiffer, Manfred Wolf, NJW 2007, 2535-2536.

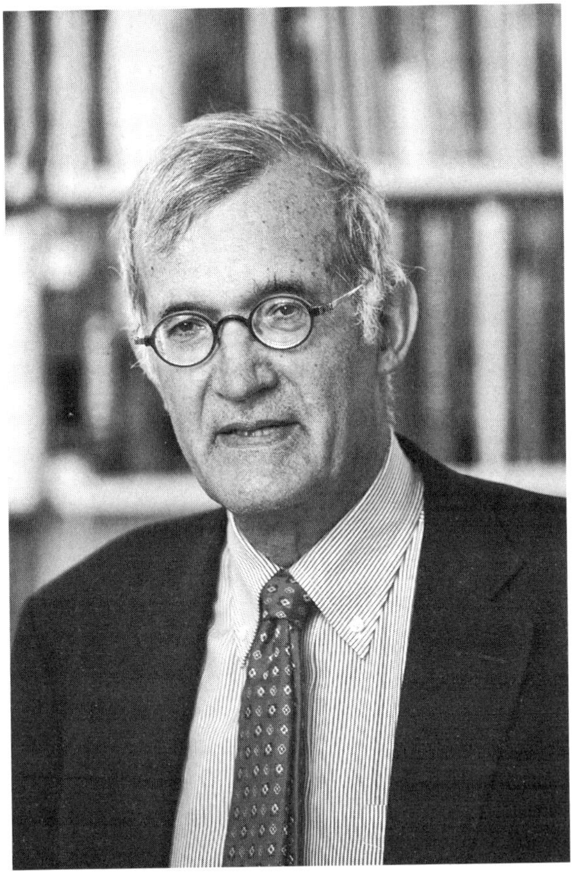

恩斯特·克莱默（Ernst A. Kramer，1944）[*]

目　次

一、青年时代　/ 900

二、大学阶段　/ 901

三、学术　/ 903

　　（一）早期的发表及教授任用资格论文　/ 903

　　（二）学术榜样　/ 904

　　（三）学术观点　/ 906

四、大学内外　/ 912

恩斯特·A.克莱默是国际著名的私法学者，尤其是在德语区国家的法学界，他在合同法和法律方法论两个领域做出了重大贡献，是一位备受学界尊重的法学大家。在德语区国家的法学界，合同法学中区分"自然合意"和"规范合意"的通说，就是源自克莱默的研究发现。我国法学界了解克莱默，主要是通过他的《法律方法论》的中译本。[①] 他的《法律方法论》是德语区尤其是瑞士的权威教科书，受到法学同行的高度重视。克莱默深谙德国、奥地利和瑞士的私法的规则、体系和法律思

---

[*] 作者简介：周万里，本书译者，克莱默的经典教科书《法律方法论》的译者；露特·阿内特（Ruth Arnet），苏黎世大学私法与物权法教席教授，2005年在克莱默指导下在巴塞尔大学完成教授任用资格论文，取得教授任用资格。

[①] 参见恩斯特·A.克莱默：《法律方法论》，周万里译，法律出版社2019年版；恩斯特·A.克莱默：《体系解释的基本问题》，周万里译，《法律方法》2018年第3期，第12—32页。

想，评价自己在德语区法学中犹如在自己的家中。② 除德语区国家的法学，他在欧盟私法领域也有引人关注的大量研究。

本文主要阐述恩斯特·A. 克莱默的私法理论和贡献，由于这些成就与个人的出身、研习经历及个性密切相关，因此，本文从克莱默的出身、大学学习、学术研究、学术观点和个性这几个方面，展现这位主要活动在20世纪的学者的私法思想和人格魅力。

一、青年时代

恩斯特·克莱默③于1944年出生在奥地利的布雷根茨市(Bregenz)。这座城市是德国、奥地利和瑞士三国交界的地方，不仅有丰富的文化遗产和文化生活，而且还镶嵌在博登湖和跌宕起伏的高山中。这种得天独厚的地理位置和自然环境，深深影响了恩斯特·克莱默的个性。父亲奥古斯特·克莱默(August Kramer)是一位在布雷根茨市从事自由职业的建筑工程师和建筑师，同时也在布雷根茨职业中专学校任教——该校现在是布雷根茨高等职业技术学校。他的父亲是一位富有激情、经验丰富的登山者和滑雪爱好者。他将对登山的爱好传递给了儿子恩斯特·克莱默。从此，恩斯特·克莱默和他的家人、朋友也一直分享着这个爱好，登过超过三千米海拔的山有七十多座，其中海拔达到四千米和五千米的也不在少数。对恩斯特·克莱默来说，在夏天和冬天，湖泊和高峰就是精神世界和学术的"对立世界"。简言之，他与自然的深入接触及体力挑战，共同决定了他的外表和他的本质。

恩斯特·克莱默的母亲是赫塔·克莱默(Herta Kramer)，她的娘家姓是罗泽纳(Rosenauer)，在奥地利的一个村子长大。她在维也纳的音乐学院学习音乐和弹奏，取得了钢琴教育学的硕士学位，后来，在维也纳

---

② 恩斯特·克莱默在《欧洲私法杂志》(ZEuP)主编的请求下，撰写了一篇短篇自传，参见 Ernst A. Kramer, Zuhause im deutschen Rechtskreis und in angrenzenden Gebieten des europäischen Privatrechs, ZEuP 25 (2017), S. 625 ff。

③ 下文统一为"恩斯特·克莱默"，不再加上中间字母"A"。A是恩斯特·克莱默父亲名 August Kramer(奥古斯特·克莱默)的第一个字母。恩斯特·克莱默只在公开发表著述时，才会在自己名字中间加上字母A。

认识了奥古斯特·克莱默。克莱默的父亲当时在维也纳学习建筑学,目的是弥补自己在格拉茨理工大学取得的第一学位工程专业。父母婚后生活在布雷根茨。恩斯特·克莱默是他们所生的三个孩子当中最小的一位。他的哥哥是赫尔穆特·克莱默,姐姐是莉泽洛特·克莱默。哥哥赫尔穆特·克莱默也是一位学者,在学习法学之后,曾在奥地利研究宏观经济最有影响力和声望的"维也纳经济研究所"长期担任主任。姐姐莉泽洛特·克莱默在维也纳学习建筑学,在她的那个年代,女性读书的并不多见。对这三个孩子,父母在家教方面的付出是理所当然的事情。

恩斯特·克莱默在布雷根茨的高中读书阶段善于思考,也对阿尔卑斯山地区的登山运动有极大的兴趣。这是一段幸福和非常充实的人生阶段。他的兴趣点主要是文学、历史和哲学,他轻而易举地学习了古代语言希腊语和拉丁语。即使是在今天,有时他还喜欢阅读和参考拉丁语和希腊语的文献。出于对历史的激情,他经常到瑞士的苏黎世参观老城小巷,尤其是有很多古董店的教堂小巷。父亲抱有很大的期望,期盼有儿子能够继承他的工程和建筑设计工作室,但因两个儿子对人文社会科学产生了极大的兴趣,父亲的希望不能被实现。唯一的女儿在完成建筑学学业后在维也纳的建筑师事务所工作过,或许可以接替父亲的事业,可在结婚后将所有的精力都奉献给了家庭。恩斯特·克莱默虽没有专门研习过工程学和建筑学,但也非常喜欢建筑及其艺术,尤其是偏向于它的美学而不是技术的方面。在空闲时光,他不只以欣赏者,而且是以艺术家的激情从事摄影。

二、大学阶段

据恩斯特·克莱默本人的描述,[④] 高考后选择大学的专业,并不是按照自己的意愿,而是根据所谓的"反向排除程序"来确定。在该程序中,高中生通过否定所有的不适合自己的专业来确定自己大学专业。最

---

④ Ernst A. Kramer, Zuhause im deutschen Rechtskreis und in angrenzenden Gebieten des europäischen Privatrechs, ZEuP 25 (2017), S. 626.

终，他确定在维也纳大学研习法学。他在维也纳的大学阶段并非一切回忆都是美好的：1962 年，他在维也纳大学开始学习后，感觉在这所大学的学生日常生活就像不具名的生产流水线，并且这座城市在二战之后 17 年，还是可以看到"战后时代的残酷以及冷战铁幕的禁锢"。⑤ 克莱默在维也纳这座城市有很多亲戚，而且喜欢 20 世纪初以来维也纳的高雅文化，但维也纳并没有成为他的家。大学学习也为他打开了新的视野。比如，他在空余时间旁听了哲学课和西方古典学的课。在法学院，他非常喜欢公法学科，尤其是国际法、国家法总论及宪法，也喜欢讲授这些课的教授，比如宪法学学者菲里科斯·厄马克拉(Felix Ermacora, 1923—1995)和国家法大家康拉德·金特尔(Konrad Ginther, 1934)。法和法学的内在的"建筑学"，深深地吸引着他：在他的大学第一个学期的圣诞节，父母送给他的，也正是他所愿望的，是卡尔·拉伦茨 1960 年第 1 版的《法学方法论》⑥ 这本书。在克莱默学习的年代，关注法律方法论的人并不多。因此，这种对"小众"学科的热爱值得称赞。而正是卡尔·拉伦茨的这本《法学方法论》成为一个里程碑，奠定了法律方法论的后续发展。

现在看来，克莱默喜欢公法，及早年第一次接触法律行为说和债法，就是命中注定：在弗里茨·施温德(Fritz Schwind, 1913—2013)教授举办的专题研讨课上，他第一次深入接触意思表示的理论和合同合意的理论，也即合同产生的基本理论。这打开了克莱默的智慧之门，时任高级助理研究员的米夏尔·施维曼(Michael Schwimann)发现了他在这方面的天赋，邀请克莱默担任学术助理，随同他去自己担任教授的新建的萨尔茨堡大学的"私法、私法比较法和国际私法教席"。克莱默因为对学术感兴趣，在 1966 年的冬季学期接受该邀请，并随即开始着手写教授任用资格论文。

---

⑤ Ernst A. Kramer, Zuhause im deutschen Rechtskreis und in angrenzenden Gebieten des europäischen Privatrechs, ZEuP 25 (2017), S. 627.
⑥ 卡尔·拉伦茨：《法学方法论》，陈爱娥译，商务印书馆 2003 年版。

三、学术

(一) 早期的发表及教授任用资格论文

在萨尔茨堡大学担任米夏尔·施维曼教授的学术助理期间,恩斯特·克莱默有了第一批的学术发表,涉及国际私法、法哲学、法理学方面的话题,一直不断的,还有债法方面的学术发表。在很早的时候,克莱默就做了比较法的研究,开始超出奥地利法,延伸到德国法和瑞士法。[7] 早在1969年的时候,他就在《拉贝尔杂志》上发表长篇论文《论题学与比较法》。[8]

恩斯特·克莱默全身心地投入学术研究中。在萨尔茨堡举办艺术节期间,为了在学生宿舍腾出更多的位置给大量的游客,他经常在办公室过夜并工作到深夜,为了方便清洁工清晨工作,他又很早起床,继续在办公桌前工作。那些年是恩斯特·克莱默深入集中研究的时光,也就是在这段时光,他享受了学术发现、发展及写作的快乐,这对他后来的发展产生深远的影响。在安静和幽独中思考和写作,从而获得认知,是他的学术动力的核心。1967年1月,他在维也纳大学完成博士学业后,1971年,也就是大学毕业后的第四年,时年27岁的他又在萨尔茨堡大学法学院提交了教授任用资格论文。论文的题目是《合同合意的基本问题》。[9] 这篇教授任用资格论文对未来的学术发表而言,就是一份纲领:它研究了合意、不合意和表示错误的实证法规则,将它们视为奥地利合同法、瑞士合同法和德国合同法上的教义学问题。针对在这三个国家法

---

[7] 早在1970年的时候,恩斯特·克莱默就写了一篇关于基础错误的瑞士联邦法院的裁判,参见 Ernst A. Kramer, Eine Wendung der Rechtsprechung des Bundesgerichts zum Grundlagenirrtum?, in: SJZ 66 (1970), S. 177 ff.; Ernst A. Kramer, Die Abgrenzung von Irrtumsanfechtung und Gewährleistung im schweizerischen, deutschen und österreichischen Privatrecht, in: JBl 93 (1971), S. 294 ff。

[8] Ernst A. Kramer, Topik und Rechtsvergleichung, in: RabelsZ 33 (1969), S. 1 ff。

[9] Ernst A. Kramer, Grundfragen der vertraglichen Einigung, Konsens, Dissens und Erklärungsirrtum als dogmatische Probleme des österreichischen, schweizerischen und deutschen Vertragsrechts, Habil. Salzburg 1971, München 1972。

律制度中明显体现出的信赖保护的方面,他得出以下结论:"合同法最大的正当性和最重要的因素,在于保护个人安排和保护私法自治安排的思想。"[10] 由此,克莱默得出最终结论,即只有在原则上禁止基于表示错误而作出的撤销,"才能最终实现个人主义的合同理念"[11]。只有这样,才能避免对合同的形成产生信赖的一方所进行的私法自治方面的建造化为乌有。相较于这个受到奥地利法中错误理论启发的观点,更引人注意的是适用于德语区私法的"自然合意"和"规范合意"的区分。自然合意,即当事人事实上达成的合意;规范合意,即基于信赖原则产生的评价性的合意。这种区分已经融入德语区私法的血液中,以至于多数人不知道该理论的始创者是恩斯特·克莱默。为了表彰克莱默在教授任用资格论文中的研究成果,奥地利总统在官邸霍夫堡授予他"特奥多尔·科尔纳奖章"。

(二)学术榜样

　　幸运的是,恩斯特·克莱默在萨尔茨堡大学期间认识了一些法学大家,这些人在诸多方面成为他的学术榜样。给他留下印象最深的是特奥·梅耶-马利(Theo Mayer-Maly,1931—2007)。梅耶-马利教授1966年从科隆大学转赴新成立的萨尔茨堡大学法学院,他学识渊博、文笔出色,深深地吸引着克莱默。梅耶-马利在萨尔茨堡大学法学院引入国家司法考试复习班项目,也使克莱默很早就积累了学术教学的经验。梅耶-马利教授深入研究了法律方法论,抛弃了当时奥地利法学的标志——法律实证主义,转向私法教义学历史的深入研究。另外,梅耶-马利教授非常认同瓦尔特·维伯格(Walter Wilburg,1905—1991)的"动态体系论"[12]。梅耶-马利教授是恩斯特·克莱默的榜样,在萨尔茨堡大学法学院时期的人生导师。相应地,梅耶-马利教授有一次亲口说他喜欢克莱默早期作品达到的理论高度,他引荐克莱默与《慕尼黑德国民法

---

[10] Ernst A. Kramer, Topik und Rechtsvergleichung, in: RabelsZ 33 (1969), S. 207.
[11] Ernst A. Kramer, Topik und Rechtsvergleichung, in: RabelsZ 33 (1969), S. 211.
[12] 参见解亘、班天可:《被误解和被高估的动态体系论》,《法学研究》2017年第2期,第41—43页;张志坚:《动态体系论视角下"英雄"的法律界定》,《法律方法》2019年第25卷,第356—357页。

典评注》主编认识，为克莱默后来负责评注《德国民法典》中关于意思表示和缔约的规定奠定了基础。

对恩斯特·克莱默而言，梅耶-马利教授和弗朗茨·比德林斯基（Franz Bydlinski，1931—2011）在当时是"高耸的奥地利民法双杰"[13]。比德林斯基当时在维也纳大学任教，批判又善意地评价了克莱默的两篇大篇幅的文章。最终这两篇文章在比德林斯基主编的奥地利的权威法学刊物《法学杂志》[14]上公开发表。比德林斯基的专著《私法自治和负担法律行为的客观基础》[15]对克莱默也影响极深。在2001年庆祝弗朗茨·比德林斯基七十寿辰时，克莱默被邀请在《法学杂志》上撰写一篇祝寿文。[16]

不仅是在专业方面，而且在为人处世方面，对恩斯特·克莱默有重要影响的，还有汉斯-格奥尔格·科彭施泰因尔（Hans-Georg Koppensteiner，1936）教授。克莱默在自传中称，科彭施泰因尔以其思维的精确性和一贯性及专业能力，决定性地影响了他的职业生涯。[17]科彭施泰因尔在学术方面有很高的声望，在语言方面又极为纯净，成为恩斯特·克莱默的榜样和老师。他称科彭施泰因尔在萨尔茨堡大学关于不当得利的大课"好到令人窒息"。[18]在担任科彭施泰因尔教授的高级研究助理期间，克莱默学到的不仅是科彭施泰因尔作为学者和领导的一面，而且还熟悉了他具有挑战性的愿景。克莱默与老师科彭施泰因尔在专业、个人交往及体育活动方面，一直到今天还保持着紧密的联系。

---

[13] Ernst A. Kramer, Zuhause im deutschen Rechtskreis und in angrenzenden Gebieten des europäischen Privatrechs, ZEuP 25 (2017), S. 631.

[14] 《法学杂志》（Juristische Blätter）是奥地利最为重要的法学刊物，自1872年首次出版以来，有近150年的历史。

[15] Bydlinski Franz, Privatautonomie und objektive Grundlagen des verpflichtenden Rechtsgeschäftes, Wien 1967.

[16] Ernst A. Kramer, Laudatio für Franz Bydlinski, in: JBl 123 (2001), S. 710 f.

[17] Ernst A. Kramer, Zuhause im deutschen Rechtskreis und in angrenzenden Gebieten des europäischen Privatrechs, ZEuP 25 (2017), S. 630.

[18] Ernst A. Kramer, Erinnerungen an meine Assistentenjahre bei Hans-Georg Koppensteiner, in: Harrer Friedrich/Rüffler Friedrich/Schima Georg (Hrsg.), Die GmbH, Festschrift für Hans-Georg Koppensteiner zum 80. Geburtstag, Wien 2016, S. XIII f., S. XIII. 汉斯-格奥尔格·科彭施泰因尔与恩斯特·克莱默合作撰写了一本关于不当得利法的教科书，参见Hans-Georg Koppensteiner / Ernst A. Kramer, Ungerechtfertigte Bereicherung, 2. Aufl., Berlin 1988（Reprint 2013）。

成为恩斯特·克莱默的学术榜样的，还有维也纳大学法学院出身的法学家阿尔伯特·A. 埃伦茨威格（Albert A. Ehrenzweig，1906—1974）。[19] 1937年，埃伦茨威格在维也纳大学获得民法学教授资格，但在1939年由于种族方面的原因，又被剥夺了教授资格，这促使他在1939年绕道瑞士和英国，到美国学习，成为美国加利福尼亚大学伯克利分校法学教授，在冲突法领域享有很高的威望。[20] 在埃伦茨威格到萨尔茨堡大学做访问学者期间（1968年和1970年），恩斯特·克莱默认识了他。埃伦茨威格邀请克莱默喝下午咖啡，使克莱默有机会与他对话，了解其思想世界。期间，埃伦茨威格不仅热心评价了克莱默的稿件，而且介绍了他的"心理分析法学"研究。恩斯特·克莱默认为，埃伦茨威格是他个人认识的"最伟大的天才人物"。[21] 埃伦茨威格则将自己定位为"冲突和法学世界里不可一世的孩子"。

（三）学术观点

恩斯特·克莱默在完成教授任用资格论文后，受到萨尔茨堡这座城市的启发，创作了他最有名的作品之一：《自由主义契约思想之"危机"》。[22]

1. 实质的契约自由

克莱默1974年的《自由主义契约思想之"危机"》，几乎与格兰特·吉尔莫（Grant Gilmore，1910—1982）的《契约的死亡》[23] 同时面世。克莱默在这本书中研究了自由主义的契约理论，该理论以个人的契约自由为核心，同时尝试以制度来修正现实中出现的当事人"力量"明显失衡的情况。他区分形式的契约自由和实质的契约自由。形式的契约自由保障契约当事人拥有"法律上"的自治，是法律确保和限制的自治。按

---

[19] 参见段洁龙：《埃伦茨威格》，王铁崖主编，《中华法学大辞典——国际法学卷》，中国检察出版社1996年版，第9页。

[20] 参见格尔哈特·克格尔：《冲突法的危机》，肖凯、邹国勇译，武汉大学出版社2008年版，第123—143页。

[21] Ernst A. Kramer, Zuhause im deutschen Rechtskreis und in angrenzenden Gebieten des europäischen Privatrechs, ZEuP 25 (2017), S. 631.

[22] Ernst A. Kramer, Die „Krise" des liberalen Vertragsdenkens, München 1974.

[23] 格兰特·吉尔莫：《契约的死亡》，曹士兵、姚建宗、吴巍译，中国法制出版社2005年版。

照克莱默的理论，实质的契约自由确保有有效的"机会，通过法律工具在现实中确实落实形式的契约自由"。[24] 没有法律保障的至少是在原则上落实实质的契约自由，就无契约公平可言。因此，如果自由主义的契约思想想要实现公平，就必须进行必要的补充。克莱默在后期的作品中，虽继续阐述这种"危机"，但有时自我调侃，认为后来的一些明显的努力或许是夸夸其谈的"改革热情"。[25] 事实上，克莱默这部备受关注和认同的作品，明显反映了对契约自由和契约公平的憧憬。这部作品激发的力量，可以在"1968运动"的背景下理解，当然，不是在激进化的意义上，而是批判性的基调：克莱默在萨尔茨堡大学的写作资格论文期间，的确与"1968运动"的代表人物有联系，并进行了法律政策方面的讨论。因此，他的《自由主义契约思想之"危机"》是新生代法学家的表达，从纯粹形式的和"机械的"合同法思想中走了出来。这一代的法学家清楚地看到契约机制中有力量的因素，并寻找法律工具去修正力量的失衡。克莱默发现的"危机"现今还得到普遍的承认，但很少有书评人像当时还在法兰克福大学撰写教授任用资格论文的里贾娜·奥格瑞克（Regina Ogorek，1944）一样真正理解了恩斯特·克莱默。她认为，"面对社会公平的要求，克莱默将自由主义的契约思想的失灵，并不是认定为模式中的错误，而是对其(有意?)解释的错误"，使得克莱默的这部作品被"毫无保留"地接受，并且这种方法有"诱惑力"。[26] 里贾娜·奥格瑞克将克莱默的理论归结为"新自由主义的周边地区"，并总结认为，克莱默的理论"更多地是称它为改进、扩大和修正，而不是体系崩溃，原因是体系通过适应性的调整，一般而言，并不会崩溃，而是得到维持"[27]。

2. 因斯布鲁克大学

克莱默在维也纳大学和萨尔茨堡大学完成法学研习和教授任用资格

---

[24] Ernst A. Kramer, Die „Krise" des liberalen Vertragsdenkens, München 1974, S. 20.

[25] Ernst A. Kramer, Vorwort, in: Ernst A. Kramer (Hrsg.), Zur Theorie und Politik des Privat- und Wirtschaftsrechts, Beiträge aus den Jahren 1969 – 1996, Basel 1997, S. V f., S. V.

[26] Ogorek Regina, Besprechung von Ernst A. Kramer, Die „Krise" des liberalen Vertragsdenkens, in: ZHR 139 (1975), S. 101 ff., S. 103.

[27] Ogorek Regina, Besprechung von Ernst A. Kramer, Die „Krise" des liberalen Vertragsdenkens, in: ZHR 139 (1975), S. 104.

论文后,"走向西方"发展自己的学术生涯。[23] 1974 年,克莱默在 29 岁时就获得了人生中第一个教授任命,即因斯布鲁克大学商法与票据法教席教授。他将自己的专业领域扩展到商法领域,使自己的研究更具有挑战和富有收获。也正是在这段时光,克莱默遇见了未来的妻子——来自意大利博尔扎诺市一个法律世家、当时正在因斯布鲁克大学学习经济学的卡琳·维丽娜女士。1976 年,两人完婚,生下两个儿子。两个儿子在瑞士弗里堡大学研习法学后,成为执业律师。

3. 圣加伦大学

1978 年,当时的瑞士圣加伦大学设立新的"完全法律人"法学教育。为此,32 岁的克莱默在当时受邀担任该校私法与商法教席的教授。为了庆祝恩斯特·克莱默六十寿辰,来自德语区法学界研究法哲学、法理学、法律方法论、私法、债法及民事诉讼法的很多学者,献出了《私法与方法——恩斯特·A. 克莱默纪念文集》,[29] 在该文集的序言中,他当时的同事和老朋友,后来担任瑞士联邦委员会委员和司法部部长的阿诺尔德·科勒(Arnold Koller, 1933)回忆了当时邀请克莱默担任教授的情况。1975 年 10 月底,为了给圣加伦大学建议教授人选,法学院的三人代表团专门去因斯布鲁克去和恩斯特·克莱默交流。"克莱默作为一位年轻的教授,通过他的严谨的比较法方向的教授任用资格论文及他的方向性的作品《自由主义契约思想之'危机'》引起了我们的注意。我们很快就达成一致意见。"恩斯特·克莱默立即回应:他对有机会扩展自己的专业能力感到高兴,这一次是研究瑞士法,并接受了邀请。他也因此并没有和奥地利法失去"联系"——自 2002 年起,他是奥地利科学院的院士。

恩斯特·克莱默和他的妻子卡琳·维丽娜转赴瑞士,继续他的法学教学和研究的活动。在圣加伦大学,他比学生的岁数大不了多少,这使他在面对新的瑞士法教学时容易应对。之前在奥地利的大学课堂,克莱

---

[23] Ernst A. Kramer, Zuhause im deutschen Rechtskreis und in angrenzenden Gebieten des europäischen Privatrechs, ZEuP 25 (2017), S. 634.

[29] Honsell/Zäch/Hasenböhler/Harrer/Rhinow, Privatrecht und Methode, Festschrift für Ernst A. Kramer, Helbing & Lichtenhahn, 2004.

默已经习惯了学生遵守课堂纪律的安静，而在面对圣加伦大学的学生，尤其是大多数听课的学生是经济学和管理学专业，他们并不能集中注意力接受法学的专业教育。直到一段时光过后，恩斯特·克莱默感受到圣加伦和瑞士法如同在自己家。瑞士法如同奥地利法和德国法，都成为他的学术之家。恩斯特·克莱默正如他的朋友海因里希·洪塞尔（Heinrich Honsell，1942）教授，都属于对德语区的债法即合同法掌握得炉火纯青的一类法学家。克莱默以更为宏大的视角研究和分析德语区这三大国家法律制度的相互影响，强调这种影响不能单方地由德国法产生。另外，他一直主张避免封闭和过度的"国家内向"[30]，取代限定在德语区的"内部探讨"的，是通过全球的比较法获得认识。[31]

恩斯特·克莱默在圣加伦大学的第一篇学术发表作品是后来备受关注的入职演讲的文章《作为私法和竞争法新视角的消费者保护》[32]。他在这篇文章中，主要探讨了瑞士法中格式条款控制的问题。这个话题一直伴随他到现在。在圣加伦的时光，他撰写了大型的法律评注：首先，通过阿图尔·迈尔-哈尧茨（Arthur Meier-Hayoz，1922—2003）的引荐，他在瑞士最权威的法律评注《伯尔尼债法评注》中评注《瑞士债法》的第1条和第2条（1980年）[33]及第18条（1985年）[34]，并与布鲁诺·施密德林（Bruno Schmidlin）在伯尔尼法律评注系列中合撰"瑞士债法导论及第

---

[30] 参见茨威格特、克茨：《比较法总论》，潘汉典等译，中国法制出版社2017年版，第80—86页。

[31] Ernst A. Kramer, Der Einfluss des BGB auf das schweizerische und österreichische Privatrecht, in: AcP 200 (2000), S. 365 ff., S. 400; Helmut Koziol, Glanz und Elend der deutschen Zivilrechtsdogmatik—das deutsche Zivilrecht als Vorbild für Europa?, in: AcP 212 (2012), S. 1 ff.

[32] Ernst A. Kramer, Konsumentenschutz als neue Dimension des Privat- und Wettbewerbsrechts, in: ZSR 98 (1979) I, S. 49 ff.

[33] Ernst A. Kramer, Allgemeine Einleitung in das schweizerische Obligationenrecht und Kommentar zu den Art. 1 und 2 OR im Berner Kommentar Bd. VI/1. Abteilung, 1. Teilbd., Lieferung 1 (Verlag StÄMPFLI, Bern 1980).

[34] Ernst A. Kramer, Kommentar zu Art. 18 OR im Berner Kommentar Bd. VI/1. Abteilung, 1. Teilbd., Lieferung 4 (Verlag STÄMPFLI, Bern 1985).

1—18 条评注"（1986 年）㉟，独立完成"债法第 19—20 条评注"（1990年）㊱和"债法第 21 条和第 22 条评注"（1991 年）㊲。在完成对这些瑞士合同法基本规定的评注的同时，恩斯特·克莱默还评注了《德国民法典》和当时的《奥地利商法典》中的重要条款，即《慕尼黑德国民法典评注》第 116—124 条和第 145—156 条（1984 年）㊳、债法引论及第 241 条（1985 年）㊴、《奥地利商法典》第 343—351a 条和第 373—382 条（1987年）㊵。对于这些条款，克莱默负责《慕尼黑民法典评注》第 1—5 版和《奥地利商法典评注》第 1—4 版。

4. 巴塞尔大学

1992 年的冬季学期，克莱默被瑞士巴塞尔大学法学院任命为正职教授，担任私法教席的教授。早在圣加伦大学法学专业改革之际，克莱默就将"法律方法论"的课程加入法学专业培养方案中。在大学学习的阶段，克莱默就对方法论有浓厚的兴趣，在教学和研究方面充满激情，承担法律方法论的教学任务。在巴塞尔大学，他也是如此，负责法律方法论课程的教学。他在《阿图尔·迈尔-哈尧茨纪念文集》中发表了对瑞士的法律方法论而言有重大意义的关于"目的性限缩"的文章，"于方法论上得到继受的呼吁"。而法律方法论大家阿图尔·迈尔-哈尧茨其实是认为目的性限缩是"不可容忍"的。㊶

基于多年在圣加伦大学和巴塞尔大学的"法律方法论"的课程讲

㉟ Ernst A. Kramer/ Bruno Schmidlin, Allgemeine Einleitung in das schweizerische Obligationenrecht und Kommentar zu Art. 1 – 18 OR im Berner Kommentar Bd. VI/1. Abteilung, 1. Teilbd. (Verlag StÄMPFLI, Bern 1986).

㊱ Ernst A. Kramer, Kommentar zu Art. 19 – 20 OR im Berner Kommentar Bd. VI/1. Abteilung, 2. Teilbd., 1. Unterteilbd., Lieferung 1 (Verlag STÄMPFLI, Bern 1990).

㊲ Ernst A. Kramer, Kommentar zu Art. 21 und 22 OR im Berner Kommentar Bd. VI/1. Abteilung 2. Teilbd., Unterteilbd. 1a, Lieferung 2 (Verlag STÄMPFLI, Bern 1991).

㊳ Ernst A. Kramer, Kommentierung der §§ 116 – 124, 145 – 156 BGB im Münchener Kommentar zum BGB, I. Bd. 2. Aufl. (C. H. BECK Verlag, München 1984).

㊴ Ernst A. Kramer, Einleitung in das Schuldrecht und Kommentierung des § 241 BGB im Münchener Kommentar zum BGB, IV. Bd., 2. Aufl. (C. H. BECK Verlag, München 1985).

㊵ Ernst A. Kramer, Kommentierung der §§ 343 – 351a sowie der §§ 373 – 382 HGB, in: STRAUBE (Hrsg.), HGB-Kommentar (MANZ-Verlag, Wien 1987).

㊶ Ernst A. Kramer, Teleologische Reduktion—Plädoyer für einen Akt methodentheoretischer Rezeption, in: Rechtsanwendung in Theorie und Praxis, Symposion zum 70. Geburtstag von Arthur Meier-Hayoz, Basel/Frankfurt a. M. 1993, S. 65 ff.

义，克莱默将其整理成教科书《法律方法论》，公开出版。㊷ 该书的第1版于1998年出版，至今有20多年的历史，目前的最新版是2019年的第6版，2016年的第5版已经有中译本问世。㊸ 该书已成为瑞士法律方法论的权威著作，在德国和瑞士有重要的地位。该书言简意赅、清楚明了，受到法学界的高度评价。㊹ 在2004年的《私法与方法——恩斯特·A.克莱默纪念文集》序言中，瑞士联邦委员会前任委员阿诺·德科勒指出："说起克莱默，不得不提及其毕生极为重要的著作《法律方法论》。该书内容之丰富、充足，案例之生动、有趣，用字之精简、考究，逻辑分析之条理、清晰，语言风格之精确、到位，令人印象深刻，值得推荐。"㊺ 对该书也有批评的声音。比如，在《法律方法论》中，克莱默主张"客观的目的解释"具有优先性，有批评认为，"这是一种公开或隐藏的尝试，向更多的(法官的)裁量自由及(更多的)权力的方向发展"㊻。让克莱默最为高兴的，是与克莱默在萨尔茨堡大学共处并受其高度评价的特奥·梅耶-马利，高度赞赏了克莱默的《法律方法论》。特奥·梅耶-马利认为，克莱默的《法律方法论》中解决问题的建议不仅具有原创性和严格性，而且语言清晰和准确，文献也丰富，分析通情达理。因此，他甚至呼吁"一些愚蠢的国人应当阅读三次"克莱默关于客观、合乎时代的方法的论述。按照他的看法，"克莱默的作品，证明他是未来的欧洲法律人的代表：国际性、有历史的意识、受过良好教育及理性"。㊼ 无论法律方法论面临什么样的新挑战，它对法学和法律适用，都

㊷ 参见恩斯特·A.克莱默：《法律方法论》，周万里译，法律出版社2019年版，作者序。

㊸ 参见恩斯特·A.克莱默：《法律方法论》，周万里译，法律出版社2019年版。

㊹ 比如参见魏德士1998年在《法学新周刊》上对该书的书评：Bernd Rüthers, Besprechung von Ernst A. Kramer, Juristische Methodenlehre, in: NJW 51 (1998), S. 3529, 3259。最新的中文书评，参见梁神宝：《形式与内容的完美结合——评克莱默〈法律方法论〉》，《师大法学》2019年第1辑。该书的中译本不仅进入法律出版社"2019年度学术类畅销榜TOP 10"，也获第二届（2020年）法律出版社青年优秀法学图书"金鳞豸奖"。

㊺ Arnold Koller, Zum Geleit, in Honsel/Zäch/Hasenböhler/Harrer/Rhinow, Privatrecht und Methode, Festschrift für Ernst A. Kramer, Helbing & Lichtenhahn, 2004.

㊻ Kerschner Ferdinand, Besprechung von Ernst A. Kramer, Juristische Methodenlehre, 4. Aufl., in: JBl 137 (2015), S. 269 ff., S. 270.

㊼ Theo Mayer-Maly, Besprechung von Ernst A. Kramer, Juristische Methodenlehre, in: JBl 121 (1999), S. 483 f., S. 484.

是不可或缺的。相应地，克莱默的《法律方法论》在法律实践中也得到广泛的认可。

就在1998年《法律方法论》出版的同一年，克莱默又公开发表专著《缔约错误》。该书的副标题"全球范围内的比较法研究"，指明了他的研究方面。克莱默以该书为基础，与他的门生、瑞士弗里堡大学的托马斯·普罗布斯特(Thomas Probst)教授在《比较法国际大百科全书》中合作撰写"缔约中错误"一章。[48] 这表明克莱默有最为广阔的比较法的视野。在意思原则、等效思维(亦称为相当性思维)和信赖保护之间的紧张关系中，克莱默对价值判断问题做了详细的阐述。有书评者认为，克莱默对该项研究是"精湛的比较法"，他不是简单罗列各国的情况，最后做一个比较法小结，而是将诸多问题呈现出来，实现"简明扼要和令人舒适的简短"的比较法。[49] 克莱默在巴塞尔大学工作期间，不仅深入研究了瑞士合同法，而且特别重视对私法的欧盟化的研究。出于内心对"欧洲身份"认同的责任感，诞生了诸如《法律方法论的协同化和国际化》[50]和《新千年初的国内的私法法典化、国际的私法统一化及私法比较法》[51]等作品。

四、大学内外

在圣加伦大学期间，恩斯特·克莱默自1979年至1980年担任法学专业的负责人，自1984年至1991年担任该校欧洲与国际经济法与社会法研究所的联合所长，在1991年和1992年担任该所的执行所长。他转

---

[48] Ernst A. Kramer/Thomas Probst, Defects in the Contracting Process, Vol. VII, ch. 11 der "International Encyclopedia of Comparative Law", Verlage Mohr Siebeck Tübingen und Nijhoff Publ. Dordrecht/Boston/Lancaster (2001).

[49] Walter Habscheid, Besprechung von Ernst A. Kramer, Der Irrtum beim Vertragsschluss, in: SJZ 95 (1999), S. 536.

[50] Ernst A. Kramer, Konvergenz und Internationalisierung der juristischen Methode, in: Meier-Schatz Christian J. (Hrsg.), Die Zukunft des Rechts: Forschungsgespräch der Rechtswissenschaftlichen Abteilung anlässlich des 100-Jahr-Jubiläums der Universität St. Gallen im Juni 1998, Basel 1999, S. 71 ff.

[51] Ernst A. Kramer, Nationale Privatrechtskodifikationen, internationale Privatrechtsvereinheitlichung und Privatrechtsvergleichung zu Beginn des neuen Jahrhunderts, in: ZSR 124 (2005) I, S. 421 ff.

赴巴塞尔大学任教后，曾两次担任该校法学院院长一职。克莱默担任这些职位更多的是不情愿，而不是情愿，只是出于对同事集体的责任感，才没有拒绝担任这些职位。对他这样有学术雄心的人而言，行政职务限制了他的时间和精神上的自由空间。因此，他很难承受这样的行政任务。不过，他在同事当中受到广泛的认同和欢迎，这极大减轻了他在法学院行政领导岗位上的工作量。

在瑞士的学术机构里，克莱默也担任重要的职务。比如，他担任位于伯尔尼的"瑞士国家科学与研究基金会"（"SNF"）法学部的代表人有八年之久。该机构主要从事促进研究的工作，与我国的"全国哲学社会科学工作办公室"及"德国科学基金会"相媲美。

恩斯特·克莱默从来没有想过当中学老师，[52]却成了大学老师。在多年的大学教学生涯中，他在专业和为人方面激发、引导和影响了大量的学生和学术助理。随着学生数量的增多，与学生的个人交往变得困难，但他成功地与一些学生在个人和专业方面建立了关系。这种"搭桥"的艺术，[53]对他而言是重要的。比如，他举办的传奇的"滑雪研讨课"。参加研讨课的有他的同事，包括勒内·里诺（René Rhinow，1942）、海因里希·洪塞尔、沃尔夫冈·韦根（Wolfgang Wiegand，1940）及时任瑞士联邦法院法官的汉斯·彼得·瓦尔特（Hans Peter Walter，1944）、扬-弗里茨·斯道克里（Jean-Fritz Stöckli）及阿内·彼得斯（Anne Peters，1964）。这样的专题研讨课，是克莱默从特奥·梅耶-马利教授那里体验和学到的，使他同时体验到教学和高山世界的快乐。为了写博士论文，他的学术助理在恩斯特·克莱默那里找到了最理想的导师：谦虚、大方、对学术作品的质量有明确的要求，并让博士生尽可能独立思考，并成就他们的学术作品。应当提到的，还有在足球方面，克莱默是学术助理和博士生高度评价的和资深的交谈伙伴。当巴塞尔足球队（"FCB"）进球时，他会与他们一起欢呼。即使巴塞尔足球队表现得不总

---

[52] Ernst A. Kramer, Zuhause im deutschen Rechtskreis und in angrenzenden Gebieten des europäischen Privatrechs, ZEuP 25（2017），S. 626.

[53] Ernst A. Kramer, Zuhause im deutschen Rechtskreis und in angrenzenden Gebieten des europäischen Privatrechs, ZEuP 25（2017），S. 636. 基于该文，克莱默也将合同法理解为"法律的桥梁艺术"。

是太好，也是如此。

克莱默不仅在德语区法域如同在家，而且特别喜欢罗马法系国家的文化，尤其是意大利和西班牙的文化和语言。克莱默在读高中的时候，在意大利的佩鲁贾学会了意大利语。难以忘记的是，多年以后，他在罗马举办的研讨会上，完全是意料之外的，在没有准备的前提下，他必须用意大利语做报告。即使是在巨大的压力之下，他成功地完成了这次报告。他和意大利的紧密关系，还体现在他担任意大利重要学术机构的院士，包括自 1990 年担任位于帕维亚的欧洲法学家科学院的院士、自 2015 年担任位于米兰由拿破仑一世创建的隆巴尔多科学院院士。

即使恩斯特·克莱默的作品主要是为学术做贡献，但他也没有拒绝法律实践。在几个有重要影响的国内和国际的重大法律程序中，他曾担任专家证人或仲裁员。多年以来，他是一家在巴塞尔、苏黎世和日内瓦均有分所的商事律所的法律顾问。不过，克莱默在考虑接受这些法律事务时非常谨慎，他每次都在以敏锐的眼光观察这些兼职活动会不会占据他科研发表的太多时间。

克莱默在 2009 年从巴塞尔大学退休后，还是笔耕不辍。他除了发表大量关于债法、法律方法论、私法的国际化和欧盟化的文章，2016 年还与他的门生托马斯·普罗布斯特及他指导的罗曼·佩里希（Roman Perrig）博士合作出版有 400 页的《瑞士格式条款法》一书。[54]

退休后，克莱默的人生中心的确发生了变化。他与他的妻子花更多的时间在意大利的特伦托生活，在那里读书，大量徒步和登山。他开玩笑说自己在那里的生活，就像康德在柯尼斯堡的"留守"（"stabilitas loci"）。不过他的精神世界还是世界主义的，他研究了最为不同的国家法律制度，去对抗法学的"封闭"姿态。[55]比如，他在《欧根·布赫八十寿辰纪念文集》的文章中，以错误撤销法为例，"将视野抛向新的欧洲国家的及之外的民法典或其草案"，将重点放在欧洲的前社会主义国家

---

[54] Ernst A. Kramer / Thomas Probst /Roman Perrig, Schweizerisches Recht der Allgemeinen Geschäftsbedingungen, Bern 2016.

[55] 对于传统的法学的封闭性，参见 Hein Kötz, Neue Aufgaben der Rechtsvergleichung, in: JBl 104（1982），S. 355 ff.

和苏联解体后的国家（俄罗斯、格鲁吉亚、爱沙尼亚、立陶宛、斯洛文尼亚、克罗地亚、阿尔巴尼亚、匈牙利及捷克）、法国、巴西、中国和以色列，以为后面的《欧洲私法共同参考框架草案》奠定基础。㊽ 对这个《欧洲私法共同参考框架草案》项目，克莱默一直以来都有极大的兴趣和责任感。恩斯特·克莱默是一位对世界开放的人物。在他的所有的研究旅途中，比如在意大利、英国、法国的蒙彼利埃、西班牙的布尔戈斯和格拉纳达，他都会深深记住当地文化的片段。即使是现在，他也会带着最新版的《晚邮报》（Corriere della Sera）或《国家报》（El Paìs），以期待开拓新的领域。

㊽ Ernst A. Kramer, Ein Blick auf neue europäische und aussereuropäische Zivilgesetzbücher oder Entwürfe zu solchen—am Beispiel des Rechts der Irrtumsanfechtung, in: Wiegand Wolfgang/Koller Thomas/Walter Hans Peter (Hrsg.), Tradition mit Weitsicht, Festschrift für Eugen Bucher zum 80. Geburtstag, Bern/Zürich 2009, S. 435 ff.; Ernst A. Kramer, Bausteine für einen „Common Frame of Reference" des europäischen Irrtumsrechts, in: ZEuP 15 (2007), S. 247 ff.

第六章　总结与展望

本书主线及纳粹时期的私法学[*]

在对本书的书评中，法学家蒂洛·拉姆（Thilo Ramm，1925—2018）尖锐地指出，门生的报告"很难与讣闻区分开，尤其是因为它们通常也是由门生所写"[①]。当然，正如任何口述史具有的优点和缺点，[②] 本书的主编及相应文章的作者已经意识到了文章主观性。[③] 阅读和出版讣闻，并非本文作者意图。任何以这种方式纪念逝者的人，都不必容忍这里直接的询问。本书中的作者谈论的部分人物还在世，甚至还在场。

门生在报告20世纪私法学大师的时候，现场没有记录。本文不讨论文章的具体报告，而是讲述对在柏林举办的一些报告的印象。师徒关系体现在活动当中，并从不同的角度观察，激发了亮点。另外，下文呈现单个报告之间的联系，在一定程度上，超越了单个报告的界限。大部分师者的人生涉及纳粹时期，因此本文很大部分涉及纳粹时期的私法学。

一、本书的报告系列及文章

首先是报告的一些组织情况。绝大多数的报告是在小型会议室举办，也就是经济法教席的公共图书馆，有二三十左右的听众参加。只有一次报告是在大型的报告厅举办，即克劳斯-威廉·卡纳里斯关于卡

---

[*] 作者简介：〔德〕扬·蒂森（Jan Thiessen，1969），现任柏林洪堡大学民法、法律思想史和经济法史教席教授。蒂森的法学学业、博士论文和教授任用资格论文均在柏林洪堡大学完成，曾担任图宾根大学法学院教授。

[①] Ramm, Rezension zu: Stefan Grundmann/Karl Riesenhuber（Hrsg.）, Deutschsprachige Zivilrechtslehrer des 20. Jahrhunderts in Berichten ihrer Schüler, Band 1（2007）, JoJZG 2008, 72, 73.

[②] 参见本书第一章格伦德曼和里森胡贝尔的文章。

[③] 参见本书中关于马库斯·陆德、彼得·乌尔默的文章。

尔·拉伦茨的报告。④ 听众席中除了所涉法学大师的亲属和朋友,主要是柏林洪堡大学和柏林自由大学法学院的在职和退休工作人员、学术助理,一小部分是学生。例外的一个报告,是哈伯特·罗特有关在场老师迪特尔·梅迪库斯的报告,⑤ 现场有很多学生想和梅迪库斯合影留念。卡纳里斯有关拉伦茨的报告,情况也是如此。报告的过程与传统的学术报告相同,即主持人先介绍报告人和报告的话题,接下来是报告及主持人组织的问答时间。

二、本书的亮点

本书的第一篇文章,是格尔哈德·克格尔关于恩斯特·拉贝尔的文章。⑥ 尽管克格尔已经高龄,但让人难以置信的是,这篇文章是他的最后一个报告。几乎94岁高龄的他看着稿件,说是把眼镜忘记在宾馆了。对此,他借用消防设备的广告评价说"当不能找到美力马⑦时,就是一个很大的蠢事"。可能性更大的是,眼镜还放在夹克里面的口袋中,克格尔是想要看他的听众。克格尔脱稿演说几乎有一个小时之久,相对于今天书中的文章,仅有微小的扩充,可以说,完全是用心在做这篇文章。明显是因为考虑到克格尔年事已高,犹豫中的听众先是不想提问题,但还是有人提了问题,克格尔对此做了幽默的回答。⑧ 这表明这种考虑是完全没有必要的。比如,克格尔认为,在今天常见的已经由拉贝尔的学术助理瓦尔特·哈尔斯坦因提出的"法律制度的竞争"⑨,拉贝尔绝不会认可它是比较法的标准、方法或目标。克格尔还认为,哈尔斯坦因关于当代《股份公司法》和《有限责任公司法》的研究⑩,是个十足

---

④ 参见本书中卡纳里斯的文章。
⑤ 参见本书中有关梅迪库斯的文章。
⑥ 参见本书中克格尔关于拉贝尔的文章。
⑦ 美力马(Minimax)是德国的一个消防设备的品牌。
⑧ 克格尔幽默的很多例子,参见本书中克劳斯·舒里希关于他的文章。
⑨ Hallstein, Die Gesellschaft mit beschränkter Haftung in den Auslandsrechten, verglichen mit dem deutschen Recht, RabelsZ 12 (1938/39), 341, 367.
⑩ Hallstein, Die Aktienrechte der Gegenwart. Gesetze und Entwürfe in rechtsvergleichender Darstellung (1931);及前引提到的文章。

无聊的体力活。在座的一位退休教授公开说(克格尔可能没听见),每个时代有自己的习俗,在拉贝尔的时代,学术助理是不会在教授面前提问题的。这个中间小插曲并没有压抑大学生们在这个系列报告中提问的兴趣。

第一个报告已经表明,"门生"不是"随从"。没有哪个门生是对老师做卑躬屈膝的复制,但不能排除特定的学术风格或交流风格得到传承,或用"这一切的实际意义何在?"这句俗语来描述门生的道路。[11] 每位报告者都没有失去对老师的尊重,其中有两位是女性的门生,[12] 事实上他们有可能在多年后也成为门生的报告人物。[13] 20 世纪初就在讨论,在第一次世界大战之后讨论更为激烈的担忧,即助理职位基于人事和物质方面的依赖性,这样的老师和门生关系破坏了门生做学术的独立性。[14] 现在看来,至少目前该观点是站不住脚的。只有想独立"飞行"的人,[15] 找到有责任感的"飞行老师",[16] 正如柏林大学在 19 世纪经常使用的词语,才能被同行"认证"[17]("nostrifizieren")。在国外是陌生的"教授任用资格论文"("Habilitation"),[18] 有必要由没有多少依赖性的助理教授

---

[11] Hager, Ernst von Caemmerer (1908 – 1985), in diesem Band, S. 308, 310; Schmidt-Kessel, Peter Schlechtriem (1933 – 2007), in diesem Band, S. 30, 38.

[12] 两位女性的作者,即苏珊娜·卡尔斯和露特·阿内特。

[13] 基于历史的和社会学的视角的分析,但不包括法学家,参见 Baumgarten, Professoren und Universitäten im 19. Jahrhundert. Zur Sozialgeschichte deutscher Natur-und Geisteswissenschaftler (1997), S. 93 ff.; Engler, „In Einsamkeit und Freiheit"? Zur Konstruktion der wissenschaftlichen Persönlichkeit auf dem Weg zur Professur (2001), S. 443 ff。

[14] 对此的跨学科研究,参见 Schmeiser, Akademischer Hasard. Das Berufsschicksal des Professors und das Schicksal der deutschen Universität 1870 – 1920. Eine verstehend soziologische Untersuchung (1994), S. 30 ff., 34 ff., 47 ff., 51 ff., dort S. 37 Fn. 14 und S. 54 Fn. 10。其中涉及1913 年第五届德国高校教师大会的议程(该书第77 页及以下诸页)及1911 年 10 月 12 日和 13 日在德累斯顿举办的第四届德国教师大会的议程(该书第76 页)。

[15] 参见本书中克劳斯·舒里希的文章,关于克格尔的要求:"具备教授推荐资格的博士后候选人必须能够自我推动和提高。"

[16] 具有代表性的,参见本书中卡纳里斯的文章,其中有表述:"尽管如此,我不仅从他身上学到了很多的'手工技术',而且绝大部分重要的观点都受到他的影响(即使他只是更新和强化我一直以来的观点)。"

[17] 对此,参见 R. Schröder, Die Geschichte der Juristischen Fakultät zwischen 1810 und 1945, in: Grundmann u. a. (Hrsg.), Festschrift 200 Jahre Juristische Fakultät der Humboldt-Universität zu Berlin (2010), S. 3, 33。

[18] 对于教学人员和科学人员情况的比较,参见 Enders (Hrsg.), Academic Staff in Europe. Changing Contexts and Conditions (2001)。该书中有对德国引入《高校教师薪资条例》(Besoldungsordnung W)和助理教授之前情形的批判,参见 Schimank, Unsolved Problems and Inadequate Solutions: The Situation of Academic Staff in German Higher Education, S. 115 – 136。

的职位取代，[19] 这种看法至少在本书中门生报告中没能得到肯定。[20] 让人惊讶的是，在讨论中几乎没有哪位报告人和听众，说到长久关系甚至是在教授任用资格论文阶段中的依赖关系产生事实上的或推定的负面影响，在本书文章中也几乎没有这样的论述。简短讽刺、回头来看又是谅解的论述，完全是例外的情况。比如克劳斯·阿多迈特有关汉斯·卡尔·尼佩代[21]、马丁·施密特-凯赛尔有关彼得·施莱希特里姆[22]、乌尔里希·诺阿克有关沃尔夫冈·策尔纳[23]、彼得·霍梅尔霍夫有关马库斯·陆德[24]，或马迪亚斯·哈贝萨克有关彼得·乌尔默的论述[25]，但这些并没有影响门生对老师的尊重。沉默的原因，并不必然是本文开头提到

---

[19] 与教授任用资格论文的关系，参见 Federkeil/Buch, Fünf Jahre Juniorprofessur—Zweite CHE-Befragung zum Stand der Einführung, CHE-Arbeitspapier 90（2007），9, 29 ff. Ladeur, Die Wissenschaftsfreiheit der „entfesselten Hochschule"—Umgestaltung der Hochschulen nach Ermessen des Staates?, DÖV 2005, 753, 761. 文章指出，助理教授使高校结构和任务变得多样化，并预测助理教授突破了传统的教学和科研一体化的局面。

[20] 参见本书中关于策尔纳的文章，他认为："德国法学家身份的一个核心证明，是高质量的教授任用资格论文。策尔纳也认同这样经典的观点，他在诸如教授聘请委员会中一直强调这一点。"

[21] 参见本书中有关尼佩代的文章："同行们嘲笑他墓碑的墓志铭将会是这样的：汉斯·卡尔·尼佩代，'这次真的是他自己'。但是，高明的委派也是一门艺术，并且他在精神上的独立性没有任何可疑的地方。"相应的提到尼佩代，是本书中有关怀克的文章："由此，诸君可加以推测，所阅书籍，若先生之名印于其封面，则内容也必为先生独著。"同样，参见本书中有关策尔纳的文章："至少是我在那里工作的阶段（1982—1993 年），教席中并没有集体的法律发现的活动。学术助理只负责脚注部分的工作。"

[22] 参见本书中有关施莱希特里姆的文章："源自我对先生的无限感激之情。先生在学术上对我影响至深。我在弗莱堡大学外国与国际私法研究所时，随先生做科研，那是段公认不太轻松但我觉得很美妙的学徒时光，于此期间，我进步良多"及"先生是研究所的所长、学术权威及导师，每遇恼人困局，他总是第一时间出面解决"。

[23] 参见本书中有关策尔纳的文章："策尔纳具有很强的个性，并不容易相处"，但这并不涉及师生的关系，对此，有"教学的气氛是谨慎的严格，也就是说，人们可以犯错误，但不能第二次犯同样的错误"的论述。

[24] 参见本书中关于陆德的文章："在项目中，他期待批判性的思维和对研究的准备和辅助工作的积极参与——最好是不分白昼。让人忐忑的是深夜或周日早晨的他的电话，更让人难以忘记的是平安夜的一个电话：一个特定的论文项目必须在年前完成。并不是每位妻子都能耐心地容忍只是与孩子过圣诞节。但这并没有坏处：他的教席和扩大的团队已经紧密结合在一起——让人惊讶的是，他们并非反对'老板'，而是与他站在一起：马库斯·陆德天生就有领导者的天赋。我们作为'陆德学派'的成员，变得坚强。任何在德国大地上经历最后一次法律奴役的人，作为合著者在诸如'夺人生活乐趣'或'断绝友谊关系'的这些句子中，都知道：不要担心，胜者为王。"

[25] 参见本书中哈贝萨克关于乌尔默的文章："我对乌尔默突然改变的观点并不感兴趣，同时，乌尔默以友好却绝对的语气批评我道：不允许我将其在 1999 年《经济法杂志》上一篇转变态度的文章和我自己坚持双重义务说的想法进行对比。"与此相对的做法，参见比特关于施密特的文章。

拉姆批评的"讣闻",[26] 更有可能的原因是时代已经变得友好。[27]

本书中的一些人物在场参与了系列报告活动。一方面，他们能够对门生涉及他们的表述进行点评，另一方面，本人可以加入有关中小学年代的讨论中。比如本书的人物卡斯滕·施密特作为一位作者、主编者、报告人和高校领导，已经成为"纪念碑揭牌"的主角，格奥尔格·比特对他做了充满激情的评价，[28] 而施密特本人却认为这种评价"完全受之不起"，并对他在两部大型教科书中支持的不同观点并不是在追求"原创性"，而是追求体系化进行了回答，而且即兴做了一个关于他的老师彼得·莱希的报告。

身处一个学派的门生，学派本身却不存在或不愿意存在，这使门生的内心发生矛盾。哈伯特·罗特在他的报告中已经强调：梅迪库斯并没有想创建学派，而且承认门生有偏见。[29] 在讨论中，托马斯·洛宾格引用门生主编的纪念文集中的序言，说明维尔纳·弗卢梅并没有想创建学派。[30] 但后来在本书联合主编卡尔·里森胡贝尔的激烈争论下，得出毫无争议的结论，即归属于弗卢梅学派对他而言是理所当然的。[31] 另外，弗卢梅恳求不要成为门生报告的对象，主办方在他在世的时候给予尊重，但又没有办法放弃对他的描述。这个背景说明了，一方面是孙辈的学者，而不是他的门生，对他进行描述；另一方面，主办方有戏剧性的想法，即在同一个时间段同时处理拉伦茨和弗卢梅，但最终没有实现。即使这样，拉伦茨及其学派作为弗卢梅的对立方，还是出现在了针对托

---

[26] 前引 1。

[27] 与此相对的观点，参见前引 14 施迈泽（Schmeiser）的文章第 55 及以下诸页，部分的是 19 世纪末和 20 世纪初医学工作者的生活回忆。

[28] 参见本书中关于施密特的文章。

[29] 参见本书中关于梅迪库斯的文章，同样参见本书中关于布洛克斯的文章。

[30] 参见 1999 年《维尔纳·弗卢梅九十寿辰纪念文集》的序言："与老师的关系是如此自由和富有个性，老师又是放弃创建学派。"同样参见弗卢梅在 1997 年《纪念布丽吉特·克诺贝-科伊克的讲话》中的记述，载《布丽吉特·克诺贝-科伊克纪念文集》（Gedächtnisschrift für Brigitte Knobbe-Keuk）："特别的师生关系，在于谁后来从事教学和科研。理论教学的真正魔力源于学术上特别的师生关系，源于老师与传递火把的人的紧密联系。"

[31] 如前引门生纪念文集中的表述："在维尔纳·弗卢梅那里找到他们的老师，是一种运气；能够成为他的门生，他在没有训诫和语言中却对门生产生至深的影响，需要感恩。这些促使作者献上这本书。遇到适合的老师，是门生的运气。同样，得到适合的学生，也是老师的运气。"

马斯·洛宾格的报告的讨论中,[32] 原因在于洛宾格指出,在门生[33]和孙辈学者[34]的层面,他们老师之间的争论[35]是以友好的方式延续下去的。洛宾格认为,核心的对立点体现在方法论方面的理解:其一,弗卢梅主张历史的方法论,拉伦茨则采用哲学基础的方法论。就哲学基础而言,弗卢梅认为,这并不是如拉伦茨那样存在于抽象的方法论作品中,而是适用于特定法律问题。其二,对私法有相对立的理解。弗卢梅将国家理解为经济上拥有同等自由的个人的集合,而拉伦茨将国家定义为凌驾于权利主体的机关。只要看一下他们的民法总论教科书,就可以明白这些:[36]弗卢梅《法律行为论》的前22页的主题是"私法自治",[37] 而拉伦茨在《德国民法通论》中尽管提到私法自治,却以公法与私法的区分作为开始,直到第40页的时候才开始论述私法自治,并仅用了2页的篇幅。[38]弗卢梅在波恩大学前任同事埃伯哈德·施瓦克(Eberhard Schwark, 1939)在讨论中,将"私法自治"的弗卢梅刻画成有个性、人生经历艰难甚至

---

[32] Lobinger, Der Jahrhundertjurist: Werner Flume, in diesem Band, S. 322 – 336.

[33] 对于雅科布斯(Jakobs)和卡纳里斯之间的区别,以"书评的书评"为例,参见 Jakobs, Die Rückkehr der Praxis zur Regelanwendung und der Beruf der Theorie im Recht der Leistungskondiktion, NJW 1992, 2524 – 2529 zu Canaris, Der Bereicherungsausgleich bei Zahlung des Haftpflichtversicherers an einen Scheingläubiger, NJW 1992, 868 – 873 und Martinek, Der Bereicherungsausgleich bei veranlaßter Drittleistung auf fremde nichtbestehende Schuld, JZ 1991, 395 – 400;相应的反驳,参见 Martinek und Canaris, Noch einmal: Die Rückkehr der Praxis zur Regelanwendung und der Beruf der Theorie im Recht der Leistungskondiktion, NJW 1992, 3141 – 3143 bzw. NJW 1992, 3143 – 3145。

[34] 对于洛宾格和辛格之间的区别,参见 Lobinger, Die Grenzen rechtsgeschäftlicher Leistungspflichten. Zugleich ein Beitrag zur Korrekturbedürftigkeit der §§275, 311a, 313 BGB n. F. (2004), S. 301 f. Fn. 174。

[35] 对于相关的差异点,比如弗卢梅关于"大规模交往中基于法律行为建立给付关系"的观点,参见弗卢梅:《法律行为论》,第8章第2节,第97及以下诸页。拉伦茨对此的反对观点,参见拉伦茨:《德国民法通论》,1989年第7版,第28章第2节,第534及以下诸页;或对于补充的合同解释,参见弗卢梅书第16章4b节第324页和拉伦茨书第29章第1节第54页。

[36] 对于相关背景,新的研究参见 Kauhausen, Nach der ‚Stunde Null'. Prinzipiendiskussionen im Privatrecht nach 1945 (2007)。其中第179及以下诸页和第184及以下诸页涉及拉伦茨和弗卢梅。

[37] 参见弗卢梅的《法律行为论》,第1章(第1及以下诸页)。拉伦茨也强调私法自治对弗卢梅的关键意义,对此,参见 Larenz, Grundformen wertorientierten Denkens in der Jurisprudenz, in: Baltl (Hrsg.), Walter Wilburg zum 70. Geburtstag. Festschrift (1975), S. 217, 224。

[38] 参见拉伦茨的《德国民法通论》第1章第Ia节(第1及以下诸页),第2章第IIe节(第40及以下诸页)。

受到伤害，又拥有争论天赋的人物，他关于民法合伙的权利能力学说[39]得到认可，[40] 受补偿的股东受账面数额约束的学说[41]却没有得到认可。[42]这两个学说的处境，也是私法自治的体现，多个权利主体共同发现和组建一个"团体"并在包含账面数目的公司合同上签字，继承人也必须认同这样的数目。

处理整个学界一般不研究的师生家谱学及研究大小不等的学派，本书还超出直接的师生关系，还有对学术共同体中其他学科的交叉引用。比如莱因哈德·辛格指出，克劳斯-威廉·卡纳里斯作为银行法学者，绝对没有忘记社会的良知，并基于"小移民案"[43] 说明了这一点。[44] 在同一天举办的关于弗朗茨·比德林斯基的报告，[45] 以独一无二、难以翻译为现代语言的奥地利方言，解决了大银行集团与福利院之间可能的矛盾，即"他也是基督徒"。如果与比德林斯基关系甚密的同事[46]注意到这一点，并且他的门生确认这个说法是适当的，[47] 那么这不只是一个犀利的小结，人们会问：卡纳里斯是否在《德国民法典》第 242 条、第 241 条第 2 款、第 311 条第 2 款及第 284 条中明确看到私法有同情心的要求；

---

[39] Flume, Gesellschaft und Gesamthand, ZHR 136（1972），177，179，193 ff.; ders., Allgemeiner Teil des Bürgerlichen Rechts, Erster Band, Erster Teil: Die Personengesellschaft (1977)，§ 4 I（S. 54 ff.）.

[40] BGHZ 146, 341, 344. 对裁判的历史依据作出批判的，参见 HKK/Lepsius, §§ 705 - 740 BGB Rn. 38。

[41] Flume, Die Abfindung nach der Buchwertklausel für den Gesellschafter minderen Rechts einer Personengesellschaft, NJW 1979, 902, 904; ders., „Hinauskündigung" aus der Personengesellschaft und Abfindung, DB 1986, 629, 633 ff.

[42] 对于相关观点的情况，参见 Münchener Kommentar-Ulmer/Schäfer BGB（5. Aufl. 2009），§ 738 Rn. 42, 64。

[43] BGHZ 16, 334.

[44] 参见本书中有关卡纳里斯的文章，包括卡纳里斯的作品，参见 Canaris, Die Vertrauenshaftung im deutschen Privatrecht（1971），S. 292 f.

[45] 参见本书中有关比德林斯基的文章。

[46] 卡纳里斯在感谢语中强调他与比德林斯基在思想上尤为相近，参见 Koller u. a. (Hrsg.)，Einheit und Folgerichtigkeit im Juristischen Denken. Symposion zu Ehren von Herrn Professor Dr. Dr. h. c. mult. Claus-Wilhelm Canaris（1998），S. 187, 188 f.

[47] 参见本书中有关卡纳里斯的文章。在相同意义上的判断，参见本书中有关赫伯特·维德曼的文章。

卡纳里斯一直主张的由法律统一规定的债务关系,[48] 他的诉求反映在由他影响至深的第 241 条和第 311 条中,[49] 第 284 条也是由卡纳里斯"嵌入"民法典中[50]的。从法律史和法哲学的角度,该问题使人想到赛缪尔·冯·普芬多夫(Samuel Pufendorf,1632—1694)和克里斯蒂安·沃尔夫(Christian Wolff,1679—1754)[51],而卡纳里斯将康德视为他的"哲学北斗星"。[52] 他当然也不是没有限制地将康德思想作为形式、自由伦理,用来对抗作为基点的自然法的"社会责任的唯物伦理"[53]。[54] 借此,卡纳里斯在其导师的导师尤利乌斯·宾德尔(Julius Binder,1870—1939)从康德转向黑格尔的过程中影响至深的关于康德的意义的长久讨论中,表明

---

[48] Canaris, Ansprüche wegen „positiver Vertragsverletzung" und „Schutzwirkung für Dritte" bei nichtigen Verträgen, JZ 1965, 475, 479. 对于该概念的历史背景,参见 Wiegand, Die Verhaltenspflichten. Ein Beitrag zur juristischen Zeitgeschichte, in: Stolleis u. a. (Hrsg.), Festschrift für Sten Gagnér (1991), S. 547, 558 f。

[49] Canaris, Die Reform des Rechts der Leistungsstörungen, JZ 2001, 499, 519 Fn. 182, 184。引入"利益"的概念,为了"保护所有的利益,包括决定自由的利益"。在本书关于拉伦茨的文章中,卡纳里斯认为《德国民法典》第 241 条第 2 款可以追溯到拉伦茨的"无主给付义务的债务关系"。

[50] 对此,参见 Canaris, JZ 2001, 499, 516 f. mit Fn. 165。

[51] C. Wolff, Grundsätze des Natur und Völckerrechts (1754) = ders., Gesammelte Werke. I. Abteilung, Band 19 (1980), Vorrede S. 10 f. [unpaginiert], §§ 79, 82; zuvor Pufendorf, De officio hominis et civis juxta legem naturalem libri duo (Einleitung zur Sitten- und Stats-Lehre oder Kurtze Vorstellung der Schuldigen Gebuehr aller Menschen und insonderheit der Buergerlichen Stats-Verwandten nach Anleitung Derer Natuerlichen Rechte), Caput VIII. De promiscuis officiis humanitatis (Das achte Capitel. Von der schuldigen Gebuehr derer Menschen gegen einander nach der dritten Regul: Daß einer den andern alles Liebes und Gutes erweisen solle), Caput IX. De officio paciscentium in genere (Das neunte Capitel. Von der schuldigen Gebuehr derer Menschen bey Aufrichtung ihrer Vergleiche insgemein), Lund 1673 (Leipzig 1691) = ders., Gesammelte Werke, Band 2. De officio (1997), S. 36 ff. (149 ff.), 38 ff. (152 ff.). Vgl. Luig, Die Pflichtenlehre des Privatrechts in der Naturrechtsphilosophie von Christian Wolff, in: ders. (Hrsg), Römisches Recht. Naturrecht. Nationales Recht (1998), S. 259*–316*, zuerst in: Behrends/Diesselhorst (Hrsg.), Libertas. Grundrechtliche und rechtsstaatliche Gewährungen in Antike und Gegenwart. Symposion aus Anlaß des 80. Geburtstages von Franz Wieacker (1991), S. 209–261; H. Hofmann, Recht und Staat bei Christian Wolff, JZ 2004, 637–643.

[52] 参见本书中有关拉伦茨的文章,其中提到了柏拉图。

[53] Wieacker, Das Sozialmodell der klassischen Privatrechtsgesetzbücher und die Entwicklung der modernen Gesellschaft. Vortrag gehalten vor der Juristischen Studiengesellschaft in Karlsruhe am 12. Dezember 1952 (1953), S. 18 = ders., Industriegesellschaft und Privatrechtsordnung (1974), 9, 11 f.

[54] Canaris, Wandlungen des Schuldvertragsrechts-Tendenzen zu seiner „Materialisierung", AcP 200 (2000), 273–364, besonders S. 282 ff., 287. Vgl. auch dens., Die Bedeutung der iustitia distributiva im deutschen Vertragsrecht. Aktualisierte und stark erweiterte Fassung des Vortrags vom 2. Juli 1993, Bayerische Akademie der Wissenschaften. Philosophisch-historische Klasse (1997), S. 44 ff.

了自己的观点。[55] 报告人辛格认识到,关注"在自由社会没有处理好自由的那些人"[56] 是卡纳里斯作品的主线,这明显与哈伯特·罗特关于梅迪库斯的文章[57]产生对立,即使这两位人物对欧洲法的强制性规定都有质疑[58]——这又是一个门生的文章之间有关联,但却没有深入探讨的地方。

三、纳粹时期的私法学

所有的报告和讨论有一个动机,即"20 世纪私法学大师"如何对待纳粹的问题。只有"最年轻"的学者,才可以回答"他们在战争中出生",而其他学者,只要不是被流放或排挤,就必须通过"去纳粹程序"。该程序几乎都是以"无责"或"随行者"的决定终止。这个话题以前是热点,所以当书评人蒂洛·拉姆认为本书德文版第一册"主要"反映出"美化的和压制的人生简历",[59] 这对于在场的听众是很难理解的。

在关于拉贝尔的文章后面,[60] 麦斯特麦克关于柏默的文章就涉及纳粹年代的争议。[61] 麦斯特麦克的文章让我们知道了纸面上不知道的事情,比如重新编辑胡果·辛茨海默的《德国法学中犹太裔经典作家》[62] 如何使他非常感动及与柏默的紧密关系。[63] 麦斯特麦克引用了柏默在该书序言中的一段话:"一旦火山爆发,灾难的缔造者乃至于他们的敌人都将

---

[55] inder Philosophie des Rechts (1925), S. 441 ff.;对此,有很多关于研究现状的文献,参见 Haferkamp, Positivismen als Ordnungsbegriffe einer Privatrechtsgeschichte des 19. Jahrhunderts, in: Behrends/Schumann (Hrsg.), Franz Wieacker-Historiker des modernen Privatrechts (2010), S. 181, 202 ff。

[56] 参见本书中有关卡纳里斯的文章。

[57] 参见本书中有关梅迪库斯的文章,尤其是引用梅迪库斯的文章:Dieter Medicus Abschied von der Privatautonomie im Schuldrecht? Erscheinungsformen, Gefahren, Abhilfen (1994)。

[58] Vgl. Canaris, AcP 200 (2000), 273, 359 ff.

[59] Ramm, Eine Insel der Seligen?, ZNR 2010, 107, 111.

[60] 参见本书中有关拉贝尔的文章。

[61] 参见本书中有关柏默的文章。

[62] Sinzheimer, Jüdische Klassiker der deutschen Rechtswissenschaft (1938; Neuausgabe 1953).

[63] 参见本书中有关柏默的文章。

被迫唱响这样的赞歌。他们将自愿或非自愿的，顺着国家或党派的指示，扮演神庙祭祀的角色。"[64] 在讨论中，有个问题涉及柏默可能没有对麦斯特麦克提到的弗莱堡学派创建人之间的不和：[65] 因为联合创建人汉斯·格罗斯曼-杜尔特（Hans Großmann-Doerth，1894—1944）发表了反犹太人的文章，[66] 联合创建人瓦尔特·欧肯拒绝继续与他联合主编"经济秩序"系列。[67] 而在之前，由于联合创建人柏默对政府歧视犹太人的做法提出批评，因此，他进入公职人员刑事调查程序，[68] 汉斯·格罗斯曼-杜尔特却捍卫了柏默，柏默出于这个经历认识到这位同事的两张面孔。[69]

对很多人而言，德语区民法学者陷入纳粹政权的代名词是卡尔·拉伦茨。[70] 因为克劳斯-威廉·卡纳里斯之前只是简单提到他的老师拉伦茨的纳粹历史，[71] 很多人聆听卡纳里斯的这场报告，[72] 学生们则是出于卡纳里斯作为债法改革推动者而聆听了这次报告。让人回忆的，是卡纳里斯深入阐述拉伦茨在20世纪30年代和40年代的作品，[73] 及卡纳里斯本人

---

[64] Böhm, Geleitwort zu Sinzheimer, Jüdische Klassiker der deutschen Rechtswissenschaft (1938; Neuausgabe 1953), S. XX.

[65] 对此，感谢麦斯特麦克的解答及2006年1月16日的来信。

[66] Großmann-Doerth, Recht der deutschen Wirtschaftsordnung, in: Lammers/Pfundtner (Hrsg.), Grundlagen, Aufbau und Wirtschaftsordnung des nationalsozialistischen Staates (vermutlich 1941), S. 30 f.

[67] Oswalt, Liberale Opposition gegen den NS-Staat. Zur Entwicklung von Walter Euckens Sozialtheorie, in: Goldschmidt (Hrsg.), Wirtschaft, Politik und Freiheit (2005), S. 315, 317 f.; ders., Offene Fragen zur Rezeption der Freiburger Schule, in: Goldschmidt/Wohlgemuth (Hrsg.), Grundtexte zur Freiburger Tradition der Ordnungsökonomik (2008), S. 127 f.; Hollerbach, Hans Großmann-Doerth im Kontext der Freiburger Rechts-und Staatswirtschaftlichen Fakultät, in: Blaurock/Goldschmidt/Hollerbach (Hrsg.), Das selbstgeschaffene Recht der Wirtschaft (2005), S. 19, 31, dort S. 106 auch der Brief Großmann-Doerths vom 20. März 1943.

[68] Hollerbach, Hans Großmann-Doerth im Kontext der Freiburger Rechts-und Staatswirtschaftlichen Fakultät, in: Blaurock/Goldschmidt/Hollerbach (Hrsg.), Das selbstgeschaffene Recht der Wirtschaft (2005), S. 19, 28; 及参见 Baum, Leuchtende Spur. Das Leben Ricarda Huchs (1950), S. 392, 400.

[69] 在巴伐利亚州科学院1950年主编的第7卷《新德国人物传记》中，柏默也撰写了词条"汉斯·格罗斯曼-杜尔特"（第155页）。

[70] 尖锐的，参见 Jakobs, Schlußwort, JZ 1994, 34："1945年后，国家社会主义的问题，不是死掉的希特勒，也不是群龙无首的小群体和忠诚者。1945年后国家社会主义的问题，过去和现在，都是卡尔·拉伦茨。"深入分析拉伦茨时代的文本及对此大量的文献，新近的，参见 Hüpers, Karl Larenz—Methodenlehre und Philosophie des Rechts in Geschichte und Gegenwart (2010), S. 132 ff。

[71] Canaris, Karl Larenz, JZ 1993, 404 f.

[72] 参见本书中有关拉伦茨的文章。

[73] 参见本书中有关拉伦茨的文章。

对战后、经济奇迹和 1968 运动的回忆。值得指出的是，卡纳里斯属于怀疑意识形态的一代人，下面的一代人又是意识形态的中毒者。[74] 在卡纳里斯自我阐释之前，涉及的是拉伦茨的作品，篇幅非常长。所以，卡纳里斯由于时间关系，并没有在现场报告中讲完拉伦茨，但是指出，纸质版在这些地方使用了一些明显疏远的词语，包括"毛骨悚然""厌恶感"及"耻辱"。[75] 卡纳里斯明确指出，不仅是师徒关系，而且是学术诚信，要求他必须公正对待拉伦茨。[76] 这本书的基础是长期持续进行的报告系列，这使卡纳里斯能够基于该话题探讨沃尔夫冈·策尔纳在三年前做的有关于阿尔弗雷德·怀克的报告。策尔纳说他阅读拉伦茨的《论民族法律思想的内容和方法》，让他"相当震惊，今尤如鲠在喉"。在该文中，拉伦茨主张"剥夺犹太人在私法领域的权利，并妄图证明其合理性"。策尔纳"难以理解那些名门望族在集中营里折磨和屠戮百姓的行为，同样，著名法学家以笔为刀的屠杀行为，时至今日，依旧让人费解"[77]。卡纳里斯严厉批评了策尔纳对待拉伦茨的方式和评价，并正如他在报告中宣布的，报告的纸质版上也毫不留情。[78] 卡纳里斯要求策尔纳作出解释，但在本书中也没有实现。卡纳里斯以拉伦茨的文本证明了策尔纳的结论：[79] 因为拉伦茨"具体化"和缩减了作为外族人的权利能力，采取的方式是，他基于"种族"而歧视他们，因此，也甚至使法官凌驾于"授权明确的"《德国民法典》（第 1594 条）之上。[80]

拉伦茨做了区别化的处理，即一方面是"完全抽象的权利能力"，另一方面是"针对外族人具体的权利能力"。这一点促使卡纳里斯指出

---

[74] 参见本书中有关拉伦茨的文章。
[75] 参见本书中有关拉伦茨的文章。
[76] 参见本书中有关拉伦茨的文章。
[77] 参见本书中有关怀克的文章。
[78] 参见本书中有关拉伦茨的文章。
[79] 参见本书中有关拉伦茨的文章。
[80] Larenz, Über Gegenstand und Methode des völkischen Rechtsdenkens (1938), S. 25 f., 52 f. 拉伦茨按照自己的说法，他在於特博格的法律培训生阶段和国家社会主义律师协会（NSRB）巴斯比特尔训练营做了关于这些文章的报告。这些也涉及老师的灌输思想活动的时代背景，参见 Wieacker, Das Kitzeberger Lager junger Rechtslehrer, DRW 1（1936），74 – 80 = ders., Zivilistische Schriften（1934 – 1942）(2000), S. 163 – 175 sowie jüngst monographisch Schmerbach, Das „Gemeinschaftslager Hanns Kerrl" für Referendare in Jüterbog 1933 – 1939 (2008)。

拉伦茨的"具体抽象的概念"[81] 是在滥用黑格尔的哲学。[82] 就这一点,卡纳里斯又提到了[83]本书中关于维亚克尔的文章[84]及维亚克尔将所有权分裂为具体的法律制度[85]。这同样也使人联想到本书中有关哈里·韦斯特曼的文章。[86] 尖锐地说,纳粹时期的私法学者在"具体化"的时候,导致丧失权利,[87] 即要么是《德国民法典》第 1 条上的权利能力、第 903 条上的"在不与法律或第三人权利相抵触的限度内,物的所有人可以随意处置该物,并排除他人的一切干涉",或丧失"1789 年自由主义因素体现的智慧女神帕拉斯"。[88] 卡纳里斯描述了拉伦茨后来从黑格尔及"具体

---

[81] Larenz, Über Gegenstand und Methode des völkischen Rechtsdenkens (1938), S. 43 ff.; ders., Zur Logik des konkreten Begriffs. Eine Voruntersuchung zur Rechtsphilosophie, DRW 5 (1940), 279, 289. 深刻描述拉伦茨体现了黑格尔的暴力,参见 Wittmann, Feste feiern, RJ 8 (1989), 反驳的文章是 Diederichsen, Karl Larenz, in: C. H. Beck (Hrsg.), Juristen im Porträt, Festschrift zum 225-jährigen Jubiläum des Verlages C. H. Beck (1988), S. 495, 497。

[82] 参见本书中有关拉伦茨的文章。

[83] 参见本书中有关拉伦茨的文章。

[84] 参见本书中有关维亚克尔的文章。

[85] Wieacker, Wandlungen der Eigentumsverfassung (1935)。该书第 7 页:"对我们生活进行具体观察的方式,侵入学说汇纂体系之中。这引起有丰硕成果的爆炸性影响,这是本书探讨的对象。"该书第 10 页:"明显可以看出,当法理学将火柴、动车发动机、农庄及工业国家置于同类性的'物'之下,并将它们涵摄于称为所有权制度的同样的大前提之下,有时候进行具体化时,其他种类的所有权才与不动产所有权及动产所有权进行分离,那么法理学不再与现实相符,并且不再构成有丰硕成果的制度概念。借此,脱离了有效的法律概念构建的王国:法律共同体的现实。"该书第 20 页:"创造巨大成果的国家,统治或分化多元主义的统治者(大规模的资本集中),并取得自己的权力。但他再也找不到经典的自由主义意义上的'利己的和睿智的个人主义',并能够和想要返还无限制的所有权。自由使用权力的公民社会,已经分化;自由所有权行使的责任,被近十年的发展排除,进而形成一个没有任何约束的所有权结构,也变得不再可能,即使通过限制弊端进而改善行为规则,也是不再可能。因此,国家通过继承了自由经济的遗产,在多元权力决赛中,有使命去制定一个有生命力的和细分的共同体法律制度。国家借此没有削弱所有权的约束,而是通过新生共同体的物质公平及受约束的所有权制度,取代它。"40 多年后,维亚克尔声明他那时这些观点极为蔑视"概念法学"及声明他在"事实上属于无产阶级但又对经济不感兴趣的官吏阶层的公平经历"中被社会化。Wieacker, Wandlungen der Eigentumsverfassung' revisited, Quaderni fiorentini per la storia del pensiero giuridico moderno 5/6 (1976/1977), 841, 849 ff. Näher Keiser, Eigentumsrecht in Nationalsozialismus und Fascismo (2005), S. 21 ff, 120 ff.

[86] 参见本书中有关哈里·韦斯特曼的文章。H. Westermann, Die Konstruktion des Rechts an der eigenen Sache im Gebiet des B. G. B. (1933), S. 26 f.; dens., Die Bestimmung des Rechtssubjekts durch Grundeigentum. Eine Darstellung der subjektiv dinglichen Rechte und Pflichten im Bodenrecht (1942); dens., Die Forstnutzungsrechte (1942), S. 2 ff.

[87] R. Schröder, Das BGB im Dritten Reich, in: Diederichsen/Sellert (Hrsg.), Das BGB im Wandel der Epochen. 10. Symposion der Kommission „Die Funktion des Gesetzes in Geschichte und Gegenwart"(2002), S. 109, 112 f., dazu der Diskussionsbeitrag von Diederichsen, in: Avenarius, Diskussion zu dem Referat von Herrn Schröder, aaO., S. 127, 128.

[88] Wieacker, Wandlungen der Eigentumsverfassung (1935).

抽象的概念"转变过来。在拉伦茨是否由于莫妮卡·弗罗梅尔(Monika Frommel, 1946)的博士论文[89]而发生这样转变的问题上, 卡纳里斯明确做了否认, 主要是因为在弗罗梅尔的博士论文之前, 就已经看到了拉伦茨这样的转变。[90] 拉伦茨和卡纳里斯取代"具体抽象的概念", 转而认可[91]瓦尔特·维伯格的"动态体系论"。[92] 当然"动态体系论"也不是不容易被滥用。正如基于"民族"国家的具体条件, "民族同志"享受不受限制的(抽象的)权利能力, 如果在"动态体系论"中加入"民族"因素, 说明该理论就会朝着不法国家的方向发展。正如约翰内斯·克内根[93]对埃塞尔的《危险责任的基础与发展》的论述, [94]维伯格将此体现在他的《侵权法的要素》一书中, 即他为了论证他的理论, 引用了纳粹的陈词滥调, [95]也正因如此, 他被怀疑是纳粹分子。[96]对维伯格而言, 这是一个遮掩, 以用来提前展现法律经济分析的原理, "另一个理论要素是, 民族共同体主要是要求最容易承担损失的人承担损失的义务, 以此, 责任人的经济能力或应付责任的要求, 得以保障"[97], 今天的专业名词是

---

[89] Frommel, Die Rezeption der Hermeneutik bei Karl Larenz und Josef Esser (1981), S. 55 ff., 136 ff.; 值得注意的是, 弗罗梅尔认可了拉伦茨的转变, 弗罗梅尔的博士论文及其观点也成为胡普尔斯的博士论文研究主题(Hüpers, Karl Larenz-Methodenlehre und Philosophie des Rechts in Geschichte und Gegenwart, 2010)。

[90] 参见本书中有关拉伦茨的文章。

[91] Larenz, Methodenlehre der Rechtswissenschaft (3. Aufl. 1975), S. VII; 同样参见本书中有关拉伦茨的文章。

[92] Wilburg, Entwicklung eines beweglichen Systems im bürgerlichen Recht (1950).

[93] 约翰内斯·克内根:《约瑟夫·埃塞尔——游走于教义学与方法学界限之间的舞者》, 翟巍译,《法律方法》2017年第21卷, 第1—22页。

[94] 约翰内斯·克内根:《约瑟夫·埃塞尔——游走于教义学与方法学界限之间的舞者》, 翟巍译,《法律方法》2017年第21卷, 第6页。

[95] Wilburg, Die Elemente des Schadensrechts (1941), S. VII f.: "以国家社会主义为特征的国家, 夯实了人民的权利, 以此, 以新的方式构建保护人民不受非法侵犯的基本原则。这样的国家提供转变侵权学说的机遇, 走向一条免受僵化和混乱的道路。如果本研究经证明是有益处的, 那么, 它将带来一个有机发展的机遇。在这样的发展中, 有益的和零碎的结论被整合到一个全新的整体中, 且与国家社会主义义务观意义上的集体思想整合在一起。对此, 集体思虑赢得主导的有着不同层面的决定性意义。这种国家关于责任的决定, 并不是从个人的视角出发, 而主要是从整体利益的视角出来出发。即使是在个人之间的关系上, 共同体思想衍生的义务, 超越了个人主义的法律观。"

[96] Vgl. Steininger, Walter Wilburg als Lehrer und Forscher in der Erinnerung seiner unmittelbaren Schüler und das Bewegliche System im Gesamtgefüge der Wissenschaften, in: Bydlinski u. a. (Gesamtredaktion), Das Bewegliche System im geltenden und künftigen Recht (1986), S. 1, 10.

[97] Wilburg, Die Elemente des Schadensrechts (1941).

"最佳风险承担者"("superior risk bearer"或"cheapest insurer")[98]。在支持"民族共同体"的观点看来，这就是一个危险的工具，即按照"作为法律共同体的民族共同体"的观点，[99] 最容易承担损失的是"最容易被剥夺权利和人权的人"。卡纳里斯对此给出了出路，即他认为，"民族"论证的方法，也就是"种族"归属作为区分的标准，从根本上就是不科学的，因此，声誉受到损害的不是法律方法，而是采用它的适用者。[100]

拉伦茨从来没有疏远他反犹太人的论述，[101] 不过，他在1943年《道德与法》文章中将拒绝国家元首或战争统帅的命令，称为"悲剧的冲突"，解决这个冲突的人"必须将他的罪过作为命运而接受；服从自己的良知，足以"。[102] 卡纳里斯称赞拉伦茨这样的表述"勇气可嘉"，同时没有"想把拉伦茨呈现为反抗希特勒的人物"，[103] "尤其是因为该文中还充斥着'血统''种族'和'民族'思想"，"也不能判断他在写那些句子的时候，想法究竟是什么"。[104] 至少是从现有的文献来看，这是正确的。[105] 勇气可嘉，尤其是针对政府作为委托方而言，更是勇气可嘉，这是因为这本有可能是他被任命为教授之前写的文章，作为一本高级别和对战争影响重大的书，是基尔大学校长保罗·里特布施（Paul Ritterbusch，1900—1945）提议推动的，必然受到审查。[106] 拉伦茨1942年

---

[98] Vgl. Schäfer/Ott, Lehrbuch der ökonomischen Analyse des Zivilrechts（4. Aufl. 2005），S. 406 ff., 412 ff.

[99] Larenz, Rechtsperson und subjektives Recht. Zur Wandlung der Rechtsgrundbegriffe, in: Dahm u. a. (Hrsg.), Grundfragen der neuen Rechtswissenschaft (1935), S. 225, 241 f.

[100] 参见本书中关于拉伦茨的文章。

[101] 参见本书中关于拉伦茨的文章，尤其是强调"重大缺陷"。

[102] Larenz, Sittlichkeit und Recht. Untersuchungen zur Geschichte des deutschen Rechtsdenkens und zur Sittenlehre, in: ders. (Hrsg.), Reich und Recht in der deutschen Philosophie, Erster Band (1943), S. 169, 409 [241] f.

[103] Hüpers, Karl Larenz—Methodenlehre und Philosophie des Rechts in Geschichte und Gegenwart(2010), S. 184, 196, 198 f.

[104] 参见本书中有关拉伦茨的文章。

[105] 关于《道德与法》的阐述，参见本书中有关拉伦茨的文章；Hüpers, Karl Larenz—Methodenlehre und Philosophie des Rechts in Geschichte und Gegenwart(2010), S. 188 ff., 204 ff.；法律史方面的文献，参见 Stolleis, Gemeinwohlformeln im nationalsozialistischen Recht (1974), S. 59 ff.，但没有涉及卡纳里斯关于《德道与法》的引文。

[106] Hausmann „Deutsche Geisteswissenschaft" im zweiten Weltkrieg. Die „Aktion Ritterbusch" 1940-1945 (3. Aufl. 2007), S. 21, 114 mit Fn. 49; Hüpers, Karl Larenz—Methodenlehre und Philosophie des Rechts in Geschichte und Gegenwart(2010), S. 184 f.

12月在写这本书的序言时,[107] 已经听到斯大林格勒包围圈的传闻,还是从前线来信中获知这个消息的,[108] 甚至是在"国民教育与宣传部"准许这本书后添加了这部分内容,[109] 这些都不得而知。同样的问题,是否是拉伦茨在教义学问题上"经常很早就捕捉到发展趋势的蛛丝马迹"的能力在帮忙?[110] 拉伦茨是典型的魏玛共和国民族保守主义的精英,当他们认识到希特勒不会给他们"美好的时光",而是将他们推向毁灭的边缘时,他们先是公开对希特勒持怀疑态度[111]。[112] 非典型的是维尔纳·弗卢梅,正如托马斯·洛宾格在本书文章的报告中提到的方法论上的差异,[113] 与拉伦茨不同的是,弗卢梅从来没有说过法律伦理,而是在践行它。早在1933年的时候,正如洛宾格的表述,弗卢梅早就看清楚"极权主义的嘴脸",对于纳粹冲锋队的教师委员会负责人,即马丁·沃尔夫的前任学术助理,号召大家抵制犹太人教授,弗卢梅公开骂他是"猪猡"。[114] 洛宾格在口头报告中没有提到的是,他指出的那个争论,导致弗卢梅直到13年后,也就是"第三帝国"破产的时候,才获得教授资格。[115] 这种

---

[107] Larenz, Sittlichkeit und Recht. Untersuchungen zur Geschichte des deutschen Rechtsdenkens und zur Sittenlehre, in: ders. (Hrsg.), Reich und Recht in der deutschen Philosophie, Erster Band (1943).

[108] Ebert, Feldpostbriefe aus Stalingrad (2003), S. 339 ff.

[109] 在分开出版的文章中,拉伦茨描述其《道德与法》是"约1年半前完成的作品",Larenz, Sittlichkeit und Recht bei Samuel Pufendorf, Zeitschrift für Deutsche Kulturphilosophie 10 (1944), 101*。

[110] 参见本书中有关拉伦茨的文章。

[111] 纳粹时代开始的时候,拉伦茨自己的描述,参见拉伦茨给艾尔德曼信:K. D. Erdmann, Wissenschaft im Dritten Reich (1967), S. 15 Fn. 18 und R. Dreier, Karl Larenz über seine Haltung im „Dritten Reich", JZ 1993, 454, 455 f.

[112] Vgl. Stolleis, Das Zögern beim Blick in den Spiegel. Die deutsche Rechtswissenschaft nach 1933 und nach 1945, in: Lehmann/Oexle (Hrsg.), Nationalsozialismus in den Kulturwissenschaften, Band 1: Fächer-Milieus-Karrieren (2004), S. 11, 18 f.:"对政局的看法,有典型的发展轨迹。首先,可以看到知识分子精英,有一半的人不知道希望得到什么,又有一半的人不知道担心是否适当,即担心随同政治一起崩塌、向下跌落。多数人的想法是市民的及保守的,他们已经准备好与新政体合作,只要新政体能做出更多的成绩、适度抓捕反对者及这种关系不要崩溃。基于这种虚弱的基础,国家领导与传统精英之间象征性的关系得以维持。"

[113] 参见上文拉伦茨与弗卢梅在学术上的不同处。

[114] 参见本书中有关弗卢梅的文章。Anna Maria Gräfin von Lösch, Der nackte Geist. Die Juristische Fakultät der Berliner Universität im Umbruch von 1933 (1999), S. 232 f.。弗卢梅曾尝试在教授资格评定程序之外公开发表教授任用资格论文,但没有成功。对此,参见瓦尔特·德古意特出版社1934年1月9日的会议纪要(Staatsbibliothek Berlin Preußischer Kulturbesitz, Handschriftenabteilung, Dep. 42, de Gruyter-Archiv, Nr. 62):"'出版条件',弗卢梅博士,柏林大学学术助理,《性质错误与交易》,约250页;已经完成;被驳回。"驳回的原因并没有说明。出版社负责法律图书出版的主管亚历山大·埃尔斯特(Alexander Elster, 1877—1942)还给出其他5个出版条件。因此,可能出于商业上的考虑,出版社才拒绝出版该书。

[115] Anna Maria Gräfin von Lösch, Der nackte Geist. Die Juristische Fakultät der Berliner Universität im Umbruch von 1933 (1999), S. 234;参见本书中有关弗卢梅的文章。

行为仿佛是给讨论拉伦茨《法与道德》的问题给出了回答。

对老师与纳粹政权的紧密关系有最为生动的描写之一,是彼得·乌尔默在本书中的文章。乌尔默在简短的文字中,[116] 第一次描写了他的老师沃尔夫冈·黑费梅尔1945年"深夜在迷雾中"从柏林逃脱,隐名埋姓在汉堡菲利普·默林的办公室后屋中,直到1947年被人举报,后来通过去纳粹程序,终于能够以自己名字工作。[117] 不同寻常的是,倒不是他从苏维埃军队逃脱,而是他在汉堡长时间的隐藏,正如巴伐利亚州州长汉斯·艾哈德(Hans Ehard, 1887—1980)对德国美占领区总司令卢修斯·杜比尼翁·克莱(Lucius Dubignon Clay, 1898—1978)所言:"在英占领区成为州长的人,在我们这儿做邮递员,我们都不要。"[118] 像黑费梅尔这样做的人,知道罪恶有多大。因此,乌尔默毫无修饰的描述,没有任何疑问。也正是如此,在这样的门生报告中,在场的听众也没有人再提出纳粹年代的问题。一切尽在其言中。

黑费梅尔自1937年至1975年的书面作品清单,[119] 虽然包含黑费梅尔撰写的关于"敌人财产"的强制信托管理的作品,[120] 但并没有包含以

---

[116] P. Ulmer, Wolfgang Hefermehl zum 95. Geburtstag, NJW 2001, 2776 - 2777, 2776:"第二次世界大战的结束,迫使他在职业生涯中有新起点。"Knopp, Gedenkworte, in: Akademische Gedenkfeier für Professor Dr. iur. Dr. iur. h. c. Wolfgang Hefermehl 18. 9. 1906 - 29. 10. 2001 (2003), S. 31, 33:"德国的灾难将这位部委官员从青云直上的职业道路上拉出来,并将他抛弃在大路上。"补充的,参见同作者:Wolfgang Hefermehl, in: C. H. Beck (Hrsg.), Juristen im Porträt, Festschrift zum 225-jährigen Jubiläum des Verlages C. H. Beck (1988), S. 396 - 405, 397:"隐藏起来,最终成功逃向德国西部。藏身地是明斯特北部的小城市诺德瓦尔德,也就是妻子的家乡。部委官员的职业生涯,一去不复返。支离破碎的帝国部委的高等法院法官,给的职位是黑森的监察员,这绝没有嘲弄的意思。"Kisseler/Klamroth, Nachruf auf Prof. Dr. Wolfgang Hefermehl, WRP 2002, 64:"战争后的一些年"过后,1947年开始从事司法考试的培训。

[117] 参见本书中有关黑费梅尔的文章。

[118] 1947年2月23日,克莱总司令与美军占领区州长的咨询会议纪要,参见 Bundesarchiv/Institut für Zeitgeschichte (Hrsg.), Akten zur Vorgeschichte der Bundesrepublik Deutschland, Band 2 (1979), S. 229。在形式上,英占区的程序接近于美国的程序,参见 Sitzung des Zonenbeirats der britischen Zone vom 14. /15. 08. 1946, in: Bundesarchiv/Institut für Zeitgeschichte (Hrsg.), Akten zur Vorgeschichte der Bundesrepublik Deutschland, Band 1 (1976), S. 667。不同的,参见 Vollnhals (Hrsg.), Entnazifizierung. Politische Säuberung und Rehabilitierung in den vier Besatzungszonen 1945 - 1949 (1991), S. 24 ff。

[119] Fischer u. a. (Hrsg.), Strukturen und Entwicklungen im Handels-, Gesellschafts- und Wirtschaftsrecht. Festschrift für Wolfgang Hefermehl zum 70. Geburtstag am 18. September 1976 (1976), S. 489, 489.

[120] Krieger/Hefermehl, Behandlung feindlichen Vermögens, Kommentar [Loseblatt] zur Verordnung über die Behandlung feindlichen Vermögens vom 15. Januar 1940 (RGBl. I 1940, S. 191) (ab 1940); Hefermehl, Die feindvermögensrechtlichen Verfügungsbeschränkungen (Diss. Berlin 1945)。按照联邦行政法院的最新判决,文章涉及的条例是符合国际法的规定,也是其他参战国常见的预防措施,在限制犹太人财产权的情况下,这些措施不能直接产生赔偿请求权。对此,参见 BVerwG, VIZ 2000, 284, 285; ZOV 2006, 182; BVerwGE 128, 147。

"帝国司法部黑费梅尔法官"署名的于1938年和1941年在《德意志司法》上发表的三篇文章:[120]《犹太人企业》[122]《德国经济去犹太化》[123]《论

---

[120] 参见1938年黑费梅尔在高层司法工作人员目录中的信息:Hefermehl, Wolfgang, IX. 06, GA. 13. 10. 34, LGR Bln. 1. 12. 37.。另外,目录记载黑费梅尔的父亲是卡尔。

[122] Hefermehl, Das jüdische Unternehmen, DJ 1938, 988 – 991:"1938年6月14日关于帝国民法的第三条例(RGBl. I 1938, S. 627),基于广泛的需求,明确了犹太人经营活动的概念。除了重要性的问题,即让民族同志知道什么样的经营活动是犹太人的,新近颁布多个为了排除对德国经济产生非雅利安化影响的法律和条例,也包含关于犹太人经营活动的条款。只要不能确定哪种经营活动属于犹太人的,此类规定就不可能得到充分的执行。

第三条例不仅适用于自然人及有或没有权利能力的公司从事的经营活动;根据第6条,该条例也适用于社团、财团和公共组织及不从事经营活动的其他企业。它因此是完全适用于所有法律和行政区域中最广义上认定的犹太人企业。

在查明以公司形式包装从事经营活动的犹太特征时,根据关于帝国民法的第一条例第5条的规定,确定犹太人。

在确定犹太人经营活动的特征时,原则上,以单个公司有多少犹太人为准。第1条的规则在大部分的情况下,已经满足认定经营活动犹太人特征的需要。另外,具有重要意义的,还有《股份公司法》第15条针对康采恩制定的一般条款第3条。该条规定当经营活动事实上受犹太人控制时,该经营活动也被视为犹太的。该规定是阻止犹太人所有的伪装花招的最有效方式。最受欢迎的花招是,让雅利安的代办人欺骗具有雅利安化及利用民法上的构建方式。

条例规定犹太人经营活动的商事登记,任何人都可以查阅它(第7条和第15条)。通过这种为了清洗犹太人商业的公开登记方法,使任何的民族同志在存疑时,都能够获知某个经营活动是否属于犹太人。

特别的行政程序决定登记事项。这种程序能够保障登记前,谨慎审查是否确实存在犹太人的经营活动。错误决定的危险,即基于商业活动扩大到非犹太人的经营活动,导致几乎不可恢复的损失,必须尽可能地避免。"

[123] Hefermehl, Die Entjudung der deutschen Wirtschaft, DJ 1938, 1981 – 1984:"1938年11月12日《德国经济生活排除犹太人条例》(RGBl. I 1938, S. 1580)、1938年11月23日相应的配套施行条例(RGBl. I 1938, S. 1642)及1938年12月3日《犹太人财产使用条例》(RGBl. I 1938, S. 1709)实现的目的是,完全清除犹太人对德国经济的影响及在经济领域完全解决犹太的问题。从整体来看,这些条例构成统一的和合乎计划的法律文件,目标是在德国经济中去犹太化。通过这些新条例,早期通过的条例和决定并不失去意义。相反,它们通过这些新规定,有了有效的补充规定,在经济生活的所有领域,使排除任何的犹太人的明显影响成为可能。

1938年4月26日《关于犹太人财产登记条例》(RGBl. I 1938, S. 414)规定犹太人有义务登记、评估和申报拥有财产的义务。在1938年6月30日,犹太人之前必须履行的财产登记和评估的义务,目的是查明犹太人的财产和明确犹太人对经济的影响程度。任何的财产增加和减少,都有登记义务,使监督犹太人财产的变动记录成为可能。

1938年12月3日的条例创造一种可能,使犹太人财产使用服务于德国经济的利益。为此,有必要排除任何的有悖于四年计划目标的犹太人明显的影响,另一方面,为了实现四年计划的目的,也能够积极有效地使用犹太人的财产。

《条例》第1条和第2条是在特定条件下强制去犹太化的法律依据。因为犹太人经营活动的所有人多次阻碍消除其影响的措施,并拒绝将其经营活动转让给非犹太人,所以该条例规定措施是必要的。如果犹太人住在国外,则不必进行雅利安化。"

去犹太经营活动商号条例》[124]。黑费梅尔分别阐释了关于"雅利安化"的条例。不过，这些条例仅有部分是司法部的管辖事项。[125] 与彼得·乌尔默根据《黑费梅尔纪念文集》上的作品清单所做的如释重负的判断相对，[126] 在这些文章中，如脚注中的引述，有很多"向时代精神讨好的表述出自黑费梅尔之手"[127]。黑费梅尔不只是注释条例的文本——这已经是对时代精神卑躬屈膝的行为，而且补充了这些条例的动机。如彼得·霍梅尔霍夫在纪念黑费梅尔的文章中所言，黑费梅尔曾经"与弗朗茨·施里戈伯格，司法部这个悲剧性的国家秘书、谋杀权力中心的一员，有着直接甚至是最紧密的关系"。[128] 在纽伦堡审判的法律人中，施里戈伯格被

---

[124] Hefermehl, Zur Verordnung über Firmen von entjudeten Gewerbebetrieben, DJ 1941, 422–423: "尽管德国经济去犹太化在今天已经结束，有些经营活动虽已去犹太化，但其所有人仍采用之前犹太所有权人或股东的商号。《帝国公报》（RGBl. I 1941, S. 177)刊登宣布的 1941 年 3 月 27 日《去犹太经营活动商号条例》目的是想要这种不利的状态结束。条例规定，德国商人不应当再以之前犹太所有权人或股东的商号从事商业活动。对保留犹太人名字的商号的正当利益，不得到承认。保持商号价值的原则（《商法典》第 22 条和第 24 条），此种情况下，应当退居其次位。"后来，《德意志司法》上刊登了文章修正信息（DJ 1941, 445）："在州法院法官黑费梅尔的文章《论去犹太经营活动商号条例》（Dt. Just. Nr. 14 S. 422/3）中，第三节第 1 句'过渡规则'的正确表述如下：'因为条例的目的是最终清除之前犹太所有权人或股东的商号，对此的重新塑造商号的义务，没有除外情形。'" 在早期的文章中，少了词"没有"。
Dritte Verordnung zum Reichsbürgergesetz vom 14. Juni 1938, RGBl. I 1938, S. 627; Verordnung zur Durchführung der Verordnung zur Ausschaltung der Juden aus dem deutschen Wirtschaftsleben vom 23. November 1938, RGBl. I 1938, S. 1642; Verordnung über Firmen von entjudeten Gewerbebetrieben vom 27. März 1941, RGBl. I 1941, S. 177.

[125] 参见本书中有关黑费梅尔的文章。

[126] 与彼得·乌尔默采用相似的表述，但得出不同的结论，参见 Knopp, Wolfgang Hefermehl, in: C. H. Beck (Hrsg.), Juristen im Porträt, Festschrift zum 225-jährigen Jubiläum des Verlages C. H. Beck (1988), S. 396–405, S. 396, 397: "在很多年后的海德堡，即使是面对'批判的'学生，他也是毫不掩饰地承认对时代精神的讨好，正如他所说的，是'站队伍'。他长时间处理的是传统的部委工作：准备和落实 1937 年的《股份公司法》；管理没收的敌人财产，使他受到牵连；他的博士论文也涉及这个主题。"

[127] Hommelhoff, Gedenkworte, in: Akademische Gedenkfeier für Professor Dr. iur. Dr. iur. h. c. Wolfgang Hefermehl 18. 9. 1906–29. 10. 2001 (2003), S. 19, 20. 形容词"悲剧性的"也被使用在纽伦堡对法律人的审判程序中。基于 Kisseler/Klamroth, WRP 2002, 64, 黑费梅尔"除此之外是国家秘书弗朗茨·施里戈伯格亲信的属下官员"。Gruchmann, Justiz im Dritten Reich 1933–1940, (2001), S. 1149 ff. 帝国和普鲁士司法部的工作分工计划，注明属于国家秘书的"个人调派"的其他人，但 1934 年 10 月 22 日记录表明，黑费梅尔刚刚在司法部门入职。

判处终审监禁。[129] 黑费梅尔自 1933 年 5 月 1 日作为法律培训生时，[130] 成为党员和"三月烈士"。施里戈伯格涉嫌无痛苦致死术、波兰刑事法和干预司法独立，[131] 而黑费梅尔"仅"涉及剥夺犹太人经济权利。帝国司法部第五部门 1939 年在莱奥·夸索夫斯基领导下，完成了有限责任公司法改革草案，而黑费梅尔也属于这个部门。[132] 1939 年立法草案第 139 条规定股东强制退出，其中的立法理由是："强制退出，无需前提条件（比如基于退出人的重要理由），因此，出于少数股东的需要，多数股东也可以退出公司。只不过在这种情况下，对退出人的补偿经常成为难题。该难题并不是一直都能解决，需要不同的措施，比如德国经济去犹太化的措施。"[133] 经济法部门对于这些问题，拥有一位著名的专家：黑费梅尔，一位主管官员，负责的不仅是商法、公司法和经济法及负责"敌人

---

[129] 部分有争议的，参见 Nathans, Franz Schlegelberger (1990), S. 78 ff.; Wulff, Staatssekretär Professor Dr. Dr. h. c. Franz Schlegelberger 1876 - 1970 (1991), S. 65 ff.; Wrobel, Schlegelberger und seine Biographen. Kritische Anmerkung zu zwei Sichtweisen einer Person, Ius Commune XX (1993), 273 - 289; Förster, Jurist im Dienst des Unrechts: Leben und Werk des ehemaligen Staatssekretärs im Reichsjustizministerium, Franz Schlegelberger 1876 - 1970 (1995), S. 156 ff.; Schädler, ‚Justizkrise‘ und ‚Justizreform‘ im Nationalsozialismus. Das Reichsjustizministerium unter Reichsjustizminister Thierack (1942 - 1945) (2009), S. 49 ff. 对施里戈伯格的裁判，参见存档 Zentral-Justizamt für die Britische Zone (Hrsg.), Das Nürnberger Juristenurteil (vollständige Ausgabe 1948)，第 144 页总结："施里戈伯格是一位悲剧性的人物形象。他热爱精神世界的生活，也热爱学者的工作。他厌恶自己所犯的罪恶，但他为了政治上的眼前利益及个人的安定，将这种智慧和知识界出卖给希特勒。基于起诉点 2（战争犯罪）和起诉点 3（反人类罪），他有罪。"

[130] Bundesarchiv Berlin, NSDAP-Reichskartei Mikrofilm H 0014; NSDAP-Ortsgruppenkartei Mikrofilm H 0033.

[131] Wulff, Staatssekretär Professor Dr. Dr. h. c. Franz Schlegelberger 1876 - 1970 (1991), S. 65 ff.; Wrobel, Schlegelberger und seine Biographen. Kritische Anmerkung zu zwei Sichtweisen einer Person, Ius Commune XX (1993), 273 - 289, S. 32; Förster, Jurist im Dienst des Unrechts: Leben und Werk des ehemaligen Staatssekretärs im Reichsjustizministerium, Franz Schlegelberger 1876 - 1970 (1995), S. 51.

[132] Gruchmann, Justiz im Dritten Reich 1933 - 1940, (2001), S. 1198 ff. 据此，第五部门负责商法、市场法、经济法、社团法、公法与国际法。

[133] 《有限责任公司法》的立法理由，参见 Schubert (Hrsg.), Entwurf des Reichsjustizministeriums zu einem Gesetz über Gesellschaften mit beschränkter Haftung von 1939, ZHR-Beiheft 58 (1985), S. 192. 其中第 84 及以下诸页关于草案的产生历史，及迈尔-科丁（Meyer-Cording）草拟的并可能由莱奥·夸索夫斯基和施里戈伯格修改的立法理由。对于引用的文字，参见 Becker, Der Ausschluß aus der Aktiengesellschaft, ZGR 1986, 383, 385 f.. 该文脚注 10 涉及批判的文章 Masur, Zum Ausschluß eines Gesellschafters einer GmbH aus wichtigem Grund, NJW 1949, 407.

财产处理",而且负责"犹太人立法"。[134] 该法律草案"由于战争状态"[135] 并没有成为法律,但司法裁判落实的却比草案计划的要多[136]。1942 年,帝国法院第一次明确,[137] "有限责任公司在即使没有相应的章程规定的情形下,也能脱离股东;该股东出于他本人方面的原因,完全没有办法承受该股东",也即基于黑费梅尔评注的条例,[138] "德意志民族反对犹太人的态度会明显增强"。退出人也不必参加听证,"因为 M 是犹太人的事实不可反驳,对听证改变不了什么"。

为了平衡 1945 年前对政治过度的亲近,黑费梅尔在战后正如他的很

---

[134] Gruchmann, Justiz im Dritten Reich 1933 – 1940, (2001), S. 1149 ff. 帝国和普鲁士司法部的工作分工计划,1941 年黑费梅尔的主管范围如下:"1) 经济法,即商业经营法、手工业法、卡特尔法、价格法、市场规则、四年规划、经济组织、帝国经济法院、犹太立法;2) 敌人财产处理及挪威财产、荷兰财产和比利时财产的处理;3) 商事劳动合同法、商事代理和商事中介领域的日常工作;4) 德累斯顿、卡尔斯厄、慕尼黑、纽伦堡、奥尔登、斯图加特、茨魏布吕肯地区的债法问题;5) 商事公司领域的法律创新和日常工作;6) 商法和商事行为(不包含货运代理人法、存储人法、承运人法)、商事劳动合同法、商事代理和商事中介的创新工作。"对此,留下的苦涩回忆,参见 Koppensteiner, Gedenkworte, in: Akademische Gedenkfeier für Professor Dr. iur. Dr. iur. h. c. Wolfgang Hefermehl 18. 9. 1906 – 29. 10. 2001 (2003), S. 37, 41: "在这样的部委中,至少是在工作事务上没有被国家社会主义感染的部门,是高水平专业的工作。"对此,可以用魏德士的论述来回答,参见 Rüthers, Die unbegrenzte Auslegung (6. Aufl. 2005), S. 481: "如果菜肴中添加氰化钾或巴拉松,还要强调其他的成分是正常和新鲜的,是一种麻木不仁的表现。"

[135] 基于施里戈伯格在 1939 年 11 月 14 日的决定,参见 1940 年 3 月 28 日的记录:Bundesarchiv R 3001 RJM Generalia Nr. 10658 (3510/1), Bl. 24 (29), 54 (59)。

[136] Thiessen, Transfer von GmbH-Recht im 20. Jahrhundert-Export, Import, Binnenhandel, in: Duss/Linder u. a. (Hrsg.), Rechtstransfer in der Geschichte (2006), S. 446, 470 ff., 475 ff.

[137] RGZ 169, 330, 333 ff. 在英占区的最高法院,就有律师将该裁判视为"犯罪分子错误学说带来的结果及实践上的落实"。参见 Masur, Zum Ausschluß eines Gesellschafters einer GmbH aus wichtigem Grund, NJW 1949, 407;相关的,在法律评注的文献中,直到今天还是中立甚至是认同的引用,对此提出批判的,参见 Löwer, Cessante ratione legis cessat ipsa lex. Wandlung einer gemeinrechtlichen Auslegungsregel zum Verfassungsgebot? Vortrag gehalten vor der Juristischen Gesellschaft zu Berlin am 23. November 1988 (1989), S. 17 f.。明显是回应的,参见 Hachenburg-Ulmer, GmbHG (8. Auflage 1992), Anh § 34 Rn. 2 Fn. 3;提出简短反应的,参见 Ulmer/Habersack/Winter-Ulmer, GmbHG (2006), Anh. § 34 Rn. 3 Fn. 4, 驳回了勒韦尔(Löwer)的指责,即"该司法裁判犹如打开水坝,为不正义指明方向",尤其是因为股东退出涉及作为流亡股东继受者的帝国,但也涉及教义学上的部分推论(RGZ 169, 330, 334;不是默示的协议,而是忠实义务的体现,参见 RGZ 164, 257, 262,也涉及受纳粹牵连、在 1945 年后肖尔茨"漂泊的"论文)。对此,参见 F. Scholz, Ausschließung und Austritt eines Gesellschafters aus der GmbH (1942), 及他对帝国法院裁判(RGZ 169, 330)的评论(Ausschließung und Austritt aus der GmbH, DR 1942, 1667 – 1670)。联邦最高法院(BGHZ 9, 157, 161, 163 = NJW 1953, 780, 781)认可基于重要原因普遍认可股东退出;现在,这得到普遍的认可。从现今的视角来看,帝国法院的这个裁判不具备被引用的条件,也没有必要被引用,参见 Bork/Schäfer-Thiessen, GmbHG (2010), § 34 Rn. 56 Fn. 192。

[138] 帝国法院并未引用黑费梅尔关于这些条例的论文。

多同辈人,对政治保持节制,并对1945年前的时代保持沉默。[139] 黑费梅尔逃亡,是不太讨人喜欢的情形;他的银灰色的保时捷,加上昂贵的驾驶证,[140] 象征他后来的成功。这两方面的对比,有些陈词滥调:犯罪的一代人,在经济奇迹的国家安闲地布置家室,《明镜》杂志的标题——《从废墟和罪责中走出——1945年后德国人难以想象的再次辉煌》——先人一步,[141] 也预示了德语区私法学者难以想象的再次辉煌。

[139] 参见本书中关于黑费梅尔的文章。
[140] 参见本书中关于黑费梅尔的文章。
[141] Aus Schutt und Schuld. Der unglaubliche Wiederaufstieg der Deutschen nach 1945, DER SPIEGEL 20/2010, S. 154 ff. ("从废墟中复兴");该文的主题是战后的建筑风格。

因技术而领先
——比较法视角下"20世纪德语区私法学者"*

一、转变视角

本书两位主编的目标是"阐明德国私法的发展规律,但在很大程度上又不局限于德国本土"。① 为此,他们精选了40位法学家。这些文章总体而言是否给出了想要的全景图?

初看这本书,就知道正如不止有一位私法学大师,也没有唯一的私法学。人物的个性太不相同,研究的重点有很大的差异,方法也有很大的不同。但将他们作为一个整体来理解,也是有可能的。为此,需要走出内在的视角。相较于这一群体的"内部人",外在的视角,经常更为明显地分辨出这一群体人的共同点及联系点:"为了理解我们德国情况的特殊性,我们最好是以比较的方式,先看看在这方面与我们有着鲜明差异的外国的情况。"② 因此,本文应当以国外的视角观察20世纪德国私法学及本书呈现的最有代表性的民法学者。通过此种方式,希望他们标志性特征能够更加明显。

只有在历史的背景中,才能理解特定时代的私法学者及其学术。为此,本文先指出20世纪德国法学发展在国际比较中的特别处(即本文二)。接下来,本文阐述书中人物出身和职业生涯,及其在整个法律环境中与其他国际私法学者的区别(即本文三)。最后,本文整理出德国私

---

* 作者简介:〔德〕斯蒂芬·福根纳(Stefan Vogenauer,1968),德国法学家,马克斯·普朗克欧洲法律史研究所现任所长,2003年至2015年曾任牛津大学比较法教席教授。

① 参见本书前言部分。
② Weber, Wissenschaft als Beruf (1919), S. 1.

法教义学的明显特征,并与国外的情况进行对比研究。对此,本文以书中的40位人物为基础。全方位、毫无缝隙地评价关于德国私法学说的文献,超出了本文的篇幅。需要提出的是,德语区私法的典型,主要是指德国法学的特征。奥地利尤其是瑞士的私法学明显少了"德国"的特征。

二、 国际发展与本国特色之间的 20世纪私法和私法学者

从整体来看,私法学者的传记展示了法律史,即德国20世纪的学术史。正如本书德语版的副标题所指明的,本书涉及"单个刻画的思想史"。单个私法学者的人生轨迹相互影响,对私法发展产生作用。同样,特定时代的法律史和学术史也对个人及其学术生涯产生影响。

尤其是在学术史领域,门生的报告一样能够得出国外观察者熟知的结论。首先是20世纪60年代的高校扩张,这典型地反映为学者的职业生涯与创校联系在一起,比如比勒费尔德大学(恩斯特-约阿希姆·麦斯特麦克、哈尔姆·彼得·韦斯特曼)、波鸿鲁尔大学(马库斯·陆德)和雷根斯堡大学(迪特尔·梅迪库斯)及路德维希·赖泽尔在学术委员会中的高校政策工作。1968年的学生运动也是国际性的现象,它导致的并不一定像在弗卢梅的情况下"严重损害健康",或当时在图宾根大学的费肯杰,有两个谋杀的威胁。但可以肯定的是,在其他国家,必然有像时任柏林自由大学代课老师乌尔里希·胡贝尔一样带着想读书的学生通过警察安检处进入教室,或黑费梅尔通过用糖果行贿霸占道路的学生,进入课堂。另一个发展趋势是全球化的结果,是对国外模式的接受:自20世纪90年代,学术活动经济化不断增加,以数量及其最大化为标准。本书人物都幸免于难,只有下一辈的门生才为此担心(参见本书中关于弗卢梅的文章)。

就国际比较而言,独树一帜的是20世纪德国私法学及其代表人物所经历的在政治的和法律的根本性转折点的次数。拉贝尔担任教授的时

候,德国还是皇帝治下的帝国;哈尔姆·彼得·韦斯特曼在两德统一后在莱比锡大学担任讲师,在80年间,先后经历"魏玛共和国""第三帝国""波恩共和国"(或德意志民主共和国)。没有哪个私法学者足够长寿,成为"五帝国元老法学家"[3]。很多学者的职业生涯顺次经历过三个"朝代"。这些"朝代"有不同的疆域、宪法和世界观。

从本书的人物刻画中,无法获取1918年之前的情况。能够看到的,是几年后帝国法院关于通货膨胀和抵账的裁判动摇了私法学的根基。"卡特尔的经济引导",促使德国在20世纪20年代成为欧洲受卡特尔主导经济最严重的国家之一。这种经历长期影响了曼海姆的商事律师海因里希·克龙施泰因和在帝国商务部卡特尔司的弗里茨·柏默。在魏玛共和国时期,劳动法和经济法成为独立的法律部门(尼佩代、怀克、施密特-林普勒)。在魏玛共和国晚期,我们见到顽强的工人抗争和国家强制仲裁(怀克),感受到对启蒙运动及其"个人主义"和"自由主义"主导思想的冷漠态度(拉伦茨)。在这里,已经看到国家社会主义"法律创新"的禁止。

书中有一半法学家的职业生涯是在"第三帝国"度过的。我们成为证人,看到拉贝尔如何在移民美国前于柏林的家中整理和挑选携带的书籍,以及30岁出头的克龙施泰因在纽约的哥伦比亚大学必须重新取得法律的资质。只有在文章的边角处才出现多个移民出境的犹太人,其中一些人如果返回德国,无疑都会被贴上"伟大的"私法学者的标签。他们是弗里德里希·凯斯勒(Friedrich Kessler,1901—1998)、马克斯·莱因斯坦(Max Rheinstein,1899—1977)及斯蒂芬·里森费尔德(Stefan Riesenfeld,1908—1999)。职业生涯的中断及个人的悲剧,也影响到几位留守的法学家。55岁的罗森贝克由于《重建职业公务员法》被强制退休。同样的命运也波及汉斯·凯尔森,尽管所在法学院有"科隆法学家上书",并由尼佩代亲自呈送给普鲁士文化部,还是无果而终。弗卢梅计划的教授任用资格论文,由于导师弗里茨·舒尔茨被强制退休及他与纳粹冲锋队教师委员会负责人的冲突,也是无果而终。有同样命运的还

---

[3] Vgl. Hartung, Jurist unter vier Reichen (1971).

有赖泽尔,由于他政治不可靠,被拒绝授予教授资格。柏默在声援犹太裔公民同等权利时,同样也与纳粹官员发生争执——后来刺杀希特勒的卡尔·格德勒(Carl F. Goerdeler,1884—1945)经常到柏默家里做客。

对于其他人,"法律制度的变迁"成为时来运转的机遇。拉伦茨继任了强制退休的格哈特·胡塞尔的教席,成为"基尔学派"的一员,发挥"冲锋队"的职能。维亚克尔的《近代私法史》是埃克哈德1935年法学专业改革计划的产物。黑费梅尔作为年轻的法律培训生时,就已经一起和弗朗茨·施里戈伯格准备1937年的股份公司法改革,并在战争期间准备敌人财产的立法。他是"德意志法学院"商法专业委员会的秘书——该学院规划制定国家社会主义的"民族法典"。在本书刻画的人物中,多人参与该科学院不同专业委员会的工作,包括怀克、尼佩代、欧根·乌尔默和施密特-林普勒。在"土地法"("Bodenrecht")和森林法中,所有权学说基于"民族共同体"的思想得以发展。按照策尔纳的描述,怀克"以尽可能有礼节的方式去容忍",且在大学的大课上并不害怕批评当局政府,即使这样,他还是至少在口头上不能避免在劳动法中落实"元首原则"和"人合的共同体关系"思想。法学家必须"站队",做出类似的"适应性贡献",不仅在同时代,[④]而且在其他时代,也存在这样的情况。自由主义源自高度发达的私法学说,与粗鲁的、种族民族的共同体意识形态对撞,其他国家也同样如此。

可以推测,二战中和二战后德国私法学者的经验,与欧洲其他国家的同行相似。鲍尔在法国战区和俄罗斯战区的前线冲锋陷阵,他的教授任用资格论文是在部队休假期间完成的。17岁的费肯杰从法国的战俘集中营中逃出,在农村做过长工、建筑工助手、木材砍伐工。失去孩子和姐妹(尼佩代、策尔纳)、失去私人的图书馆(施密特-林普勒、尼佩代),让人悲痛。茨威格特在图宾根确保了威廉皇帝外国与国际私法研究所图书的安全。

德国的特殊点体现在"零时刻"的阶段。黑费梅尔用假名,隐藏在

[④] Aubert (Hrsg.), Die Haltung der schweizerischen Richter und Rechtslehrer zur Zeit des Nazi-Regimes (2002).

菲利普·默林律师的后屋中。他与其他的私法大师一样，必须在去纳粹程序中为自己辩护。而在这样的程序中，哥廷根的赖泽尔教授却坐在桌子的另一面。柏默有力推动国际法上的关系修好条约的签署，参与了关系修好的国内立法。所谓的战后"自然法复兴"，在本书中的代表人物是科英。在"铁幕"的另一边，法学及整个的法律失去了大部分的意义。这种法律边缘化和法学边缘化，在一定程度上体现在，本书的40位人物都不是出自东德的学者。

在西德，经济学家瓦尔特·欧肯与法学家柏默及克龙施泰因，成功推动了弗莱堡学派。他们在法兰克福大学，与诸如奥斯瓦尔德·冯·内尔-布鲁宁（Oswald von Nell-Breuning，1890—1991）的一群人，建设年轻共和国的经济宪法和社会市场经济的基本思想构架。此外，法兰克福的法学家，包括科英、瓦尔特·哈尔斯坦因，是《罗马条约》和欧洲经济共同体的启蒙人。在年轻的共和国，已经感受到了经济奇迹的影响。鲁尔地区的地下，大量的煤矿企业开采煤炭。这些企业在损害赔偿程序中，相信哈里·韦斯特曼的专家意见书。同时，劳动者的权利在扩大，比如对劳动抗争进行确权（尼佩代）。1952年制定的涉及劳动者参与权的《企业组织法》，又是德国的一个特色（柏默）。自由保守主义的精神人物在20世纪50年代，就已经警告福利国家成为利益集团的"强制照顾"和"牺牲品"。

20世纪下半叶的特征明显体现在欧洲法律的发展中。比如，现有法律部分的根本性转变，比如亲属法（格恩胡贝尔）及私法分化为单个的专业领域，包括竞争法（柏默）、著作权法（欧根·乌尔默）、银行法、上市公司法、资本市场法（霍普特）、老年人法（格恩胡贝尔）。在其他的现代法律制度中，也可以看到分化现象。有可能在所有的工业化国家，对过多的和"做工"差的立法活动及相关的法官法的递增有抱怨。本书刻画的人物对此关注不多（维德曼、施密特-林普勒及尼佩代）。在21世纪初的欧洲，可以看到"债法现代化"。荷兰、法国、西班牙及社会主义转型国家，在规划类似的改革或已经落实完毕。

如本书主编所言，20世纪德语区私法学者的一个得分点，是强大的方法论导向。这种兴趣点，也明显反映在美国法中，代表该方向的人物有比德林斯基、卡纳里斯、科英、费肯杰、拉伦茨及哈里·韦斯特曼。拉德布鲁赫认为："对法律方法论的研究越来越多，就像因自我观察而受折磨的人多数是病人一样，有理由去为本身的方法论费心忙碌的科学，也常常成为病态的科学；健康的人和健康的科学并不如此操心去知晓自身。"⑤ 如果拉德布鲁赫的这句名言是正确的，德国私法学将会变差。

德国私法的特点，首先是私法的"宪法化"。就国际比较而言，如果没有具有独特地位的联邦宪法法院，也就不太可能有这种特点。对此，我们在20世纪私法学大家中，既看到了领跑者(尼佩代、沃尔夫)，也看到了怀疑者(怀克、弗卢梅)。在1959年巴特瑙海姆的民法学者大会上，尼佩代和弗卢梅就联邦最高法院的"业余赛马师案"裁判，发生激烈的争论。在宪法变得日益重要的背景下，类似的争议必然会在法国和英国经常见到。对此，卡纳里斯在2000年以关键词"私法的实质化"做出了重要的影响，也使对私法自治充满信心的捍卫者感到担忧(梅迪库斯、弗卢梅)。在本书中，没有哪个司法裁判的引用频率可能多于联邦宪法法院1993年10月19日作出的保证担保案裁判⑥，没有哪个专门法律的引用频率可能多于2006年8月14日的《通用平等对待法》⑦。在这两种情况下，裁判要旨和立法理由经常被反驳。⑧ 同样，该讨论也反映在其他西方国家的法律制度讨论中；这种法律制度在寻找私法自治的自由主义原则与社会国家原则之间的平衡。

根基是欧盟法的《通用平等对待法》，也指向另一个发展趋势，成为20世纪80年代私法学者研究的话题：私法的欧洲化。公司法学者"理所当然地，还要重视欧盟法的、比较法的和冲突法的关联"(维德曼)。欧洲其他国家的学者，同样在研究这种发展。尽管一些重要的教义学者对"有些时髦的法学家有时所拥有的激情"产生怀疑(策尔纳)，但相较于总体而言保守的英国和法国，德国法学是领跑者。典型的例子

---

⑤ Radbruch, Einführung in die Rechtswissenschaft (12. Aufl. 1969), S. 253. [中译文参见拉德布鲁赫：《法学导论》，米健译，法律出版社2012年版，第196页。——译注]
⑥ BVerfGE 89, 214.
⑦ BGBl. I 2006, S. 1897.
⑧ 例外的，参见本书关于维德曼的文章，涉及保证裁判的部分。

是欧根·乌尔默、施莱希特里姆、陆德、霍普特及沃尔夫关于法律欧洲化的作品。

三、私法学者

（一）出身与个性

与法官的群体相比，法律社会学不太关注法学教授这个群体，[9] 但认识尤为同质的德国私法学者的职业情况，不需要社会学的专业训练。本书中的法学大师，是牧师、老师、公务员、医生、市长和政府高官的儿子。在个别情况下，这些学者的父亲是中小型企业主（怀克、罗森贝克）或股份公司董事（施莱希特里姆、策尔纳）。对于三组人物，我们见到了法律世家，即乌尔默父子、韦斯特曼父子及胡贝尔父子。几乎所有的学者都在人文高中就读，经常是在小城市近郊的学校。几乎所有的人生轨迹中，书香门第出身的一个不可否认的标志，是对音乐及其他优雅艺术的激情和天赋。

另外，能明显看出这本书中的大师仅是男性，刻画他们的门生中，也仅有2位女性教授。从照片来看，本书中的法学大师也没有少数民族的出身。最后，长寿及因此常年的发表，几乎成为法学大师的一个前提条件。本书刻画的40位法学家，1914年出生的有20位，其中5位的寿命是70岁以上，其他15位的寿命均在80岁以上。比较而言，1900年在现有的联邦德国疆域内出生的人平均年龄是46.4岁。[10]

这本书也让人联想到批判英国法官群体的同质性的英语词。该群体出身是"中上阶层"（"upper middle class"），而且是"年迈白人男性"（"pale, male and stale"）。与英国的相似性，表明这些特征是精英阶层的普遍现象。一本有关20世纪德语区最重要的法官、政府官员、戏剧导演

---

[9] Klausa, Deutsche und amerikanische Rechtslehrer. Wege zu einer Soziologie der Jurisprudenz (1981).

[10] Statistisches Bundesamt, Generationensterbetafeln für Deutschland. Modellrechnungen für die Geburtsjahrgänge von 1871 – 2004 (2006).

或主任医生的书,也会有类似的现象,有关法国、英国和意大利的卓越的私法学者的书,也同样如此。即使是在美国,也没有例外。顶尖法学院努力创造法学院同事多样性的做法,是一个意味深长的证明。

与美国相比较,本书呈现的人物还有一个特征。除拉贝尔,这些伟大的学者多数是德国人,有两位是奥地利人。在德国,很难想象上述提到移民美国或流亡英国的学者职业生涯,比如现代英国劳动法的创建人奥托·卡恩-弗洛伊德(Otto Kahn-Freund,1900—1979),后来成为奥托爵士;商法大家克利夫·施米托夫(Clive M. Schmitthoff,1903—1990),1903年出生在柏林,当时的名字是马克西米利安·施米托夫;国际私法学者库特·利普斯坦(Kurt Lipstein,1909—2006)或罗马法学者弗里茨·舒尔茨(Fritz Schulz,1879—1957)、弗里茨·普林斯海姆(Fritz Pringsheim,1882—1967年)及大卫·道贝(David Daube,1909—1999)。[11]

德国法学家成功融入英国和美国的上述例子,表明英美法学院有更大的可渗透性,这种渗透性不只是因为语言,在一定程度上,也是因为普通法具有统一性。基于这种法律制度的统一性,加拿大人能够在新西兰,如同澳大利亚人能够在英国、英国人在马来西亚授课。德语区法学教育对德国的法学教授有期待,即成为合格的通才。制度上要求,对所谓的"辅修专业"的娴熟掌握是不够的。所以,诸如公司法学者陆德还在《民法实务论丛》上发表了一篇关于亲属法的文章,这是因为"在民法方面做出贡献,是成为大学教授的明智之举:不能证明在民法中的造诣,就不能在德国大学中找到私法的教席"。

就这一点而言,有必要提到体系思维。多数讲授合同法的英国法律学者,会坦承自己不太理解不当得利法,对不动产物权法更是不懂。对于总的来说是独立的法律领域,其不再受私法原则或不再仅受债法的原则主导,情况更是如此。没人期待侵权法学者有刑法知识,更不用说期待罗马法学者能够讲授亲属法。这对于受过德国法教育的统一法律人,是难以想象的。在不理解整体的情况下,包括不理解公法,能够讲授其中的部分?这种法学教育思维导致的结果是,只有通过两次国家司法考

---

[11] Beatson/Zimmermann(Hrsg.),Jurists Uprooted:German-speaking Émigré Lawyers in Twentieth-century Britain(2004).

试的人，才能够从事教学活动。这些人都是德国人。被击溃的奥地利人，在德国的法学院从事教学，也只是证明了该规则（比德林斯基）。从自己培养的新生代中招募法学科研人员，也证明了法律行业的吸引力和法学教育的质量。而在其他国家，比如瑞士和英国，有足够的高素质本地职业律师，没有必要从国外引进专业人士。

有关私法学者的文章，也涉及对人物个性的刻画。对此，人物个性并没有一个全景图。值得注意的是，本书读者不断地感受到友好、亲切、幽默、有智慧、勇敢和大度的形象，也有个别的人物富有个性（施莱希特里姆），有难相处的（策尔纳），还有情绪一直都不好、贬低专题研讨课上的学生的拉贝尔。其他国家类似的关于顶尖私法学者的文集，展现出的大多数是积极的形象。门生群体作为作者，在这里加深了法律思想史的常见问题：研究者与研究客体缺少距离。圣人传记式描述的趋势，是不可避免的。

美国的相关文集，可能详细涉及私法学者的政治倾向。受过批判法学训练的读者，对于刻画人物在私法上的贡献"没有意识形态的影响"的断言，更多的是一种不相信的态度。尤其是当门生刻画梅迪库斯"严格的法律约束，声明忠诚于法律，拒绝意识形态的东西"；"基于社会或福利国家的考虑，对私法的'物质化'甚至超负荷表示怀疑"。全书只有关于柏默的文章，提到他在二战后是党员。总体而言，私法大家多数是反国家主义的态度。上文描写的国家社会主义法律学说中反个人主义的和共同体利益的公式，不再反映在对私法功能和目的的基本阐释中，相反，现代私法理论的出发点是个人施展的可能性。比如，鲍尔"关于所有权的思考捍卫了经典自由主义的地位"，他的视角与"任何的激进主义改革的努力"水火不容；"他对公权力干预和监管主要是持怀疑态度"。施密特-林普勒"怀疑一切，为个体订立合同的自由和形成法律关系的自由，即私法自由，进行了激烈的斗争"。卡纳里斯"完全就是一位不屈服的自由思想的捍卫者。私法自治及其遵守是他核心的关切"。其他文章中也有类似的表述（策尔纳、弗卢梅）。这种基本观点并不是市场激进主义。比如，鲍尔的观点是"自由保守主义和社会性兼备"；卡纳里斯是"具有社会良知的自由主义者"，并且"在自由社会没有处理好自由的那些人,是卡纳里斯作品的一条主线"。

这种保守主义的价值观,与国外的私法学者一样,都占据主流。这在英国的说法可能是"无保守党的保守主义"("small-c conservatism"),英国私法学者更是私法自治的支持者。社会思想和福利国家思想的支持者并非主流,而在法国私法中,"社会"思想的代表人比在德国更有影响力。即使如此,那里的主流仍然是传统主义者。

(二)职业道路

1. 研习时代

书中刻画人物的职业道路,是一帆风顺的,也即"一路无阻,进展神速"。例外的情况是施莱希特里姆。他在完成造船教育后,先学习社会学和政治学,即使法学教育是他的第一个选择。就学习的地方而言,在二战之前,柏林大学和莱比锡大学受到法科学生热捧;在二战后,更受欢迎的是图宾根大学、慕尼黑大学、海德堡大学、哥廷根大学或波恩大学。相对而言,有较多的私法学大家在大学阶段,就有海外学习的经历,即使这在那个年代并不常见(柏默、卡纳里斯、埃塞尔、施莱希特里姆、茨威格特)。他们参加了专题研讨课。正是在专题研讨课上,他们的学术天赋被后来的学术导师发现,也是学术导师将他们带入学术的职业生涯。比如克格尔笔下的拉贝尔:"1932 年夏季学期,我参加了拉贝尔组织的比较法研讨课。……在我完成法律培训生的训练后,先生给我提供了一个聚焦匈牙利的研究职位。"很类似的经历,还有柏默和麦斯特麦克师徒、拉伦茨和卡纳里斯师徒。

在完成成绩注定是"优秀"的国家司法考试后,除了二战前的一些特例,这些私法学者都要完成法律培训生项目和第二次国家司法考试。在第二次国家司法考试的前后或中间,他们会完成法学博士的学业。他们的博士论文在今天来看,尤为简短。当然,大多数的法学大师完成了卓越的博士论文。德国法学博士论文总体上没有保持这样的高水平,大量的博士生自己要通过充满荆棘的博士考核程序。费肯杰的博士论文有 113 页。尼佩代认为,"有一篇长达 120 页的韵律优美、理由充分的论文,这篇论文有一篇带有可验证引文的权威参考书目,第一重要的是拥有经过严格测试的神经,所有这些应该足够了"。在他去世时,他有194名博士生还没毕业。真正能体现他们学术能力的,是在国际上独一无二的教授任用资格论文,也即"第二本书"。没有写教授任用资格论文的学者例外,包括茨威格特和埃塞尔。这可能是战争造成的。教授任用资格论文的导师,常常也是早期指导博士论文的导师。

在这些职业道路中,法律人可能会从事一些传统的法律职业活动或在企业中工作(柏默、克龙施泰因、黑费梅尔、布洛克斯、陆德、冯·克默雷尔、彼得·乌尔默)。并非不常见的,是期间从事这些职业活动,是因为政治上的发展或战争带来的动乱,促使他们有这些并不情愿的行为。还有法学家期间从事法律考试培训的活动(哈里·韦斯特曼)。在完成教授任用资格论文后,多数法学家作为讲师和教席代理人从事教学活动。一般而言,他们之后很快得到新建法学院的教授聘请,成为终身的和具有公务员地位的"正职"教授。

从比较法的角度看,这种标准化的法学教育,有一些值得关注的地方。

第一,学习地方分布广泛。在去中央化的德国高等教育中,即使在"精英大学动议"之前,就已经有优秀的研究和教学中心。教育和招募学术年轻一代,集中到特定的高等教育机构,比如牛津大学、剑桥大学、耶鲁大学或哈佛大学,在德国是没有的。

第二,学者专业背景是限定的。与美国的法律学者不同,本书呈现的私法学者并没有其他学科的大学学习甚至是博士的专业背景,比如政治学、经济学或自然科学专业。因此,学者后来的兴趣点都在法学,而不是"法律XX学"。只有费肯杰在晚期的职业生涯中,借助法律人类学的研究,冲破了学科的界限。

第三,专题研讨课在筛选学术后备中的角色。学生通过多周的项目,来了解自己是否喜欢学术研究。教授会看学生是否有天赋。在其他国家,并没有这种教育形式。要么是顶尖教授和学生在大课上见面,要么是像在英美教育中,进行小班化教学,但小班化教学又不是以学生的研究项目为重点。

第四,学术老师的影响和意义。谁要是像克格尔一样,在大学阶段就引起大师注意,在他那里读博士、完成教授任用资格论文、成为学术助理,就能够很好地而且愿意将他人生最后阶段作为"门生"进行安排,即使是最为独立的和最有创造力的年轻法律学者,也不会否认老师产生的一定影响。卡纳里斯在关于拉伦茨的文章中写道:"他原则上没有干预过我的学术研究,即使在完成博士论文之前,也是如此。尽管如此,我不仅从他身上学到了很多的'手工技术',而且绝大部分重要的观点都受到他的影响(即使他只是更新和强化我一直以来的观点)。"在关于维亚克尔的文章中,维亚克尔的老师路德维希·米塞斯"相信"经典罗马文本源的"添加"("Interpolation")。谁要是不知深浅,背离正统,发表与老师观点矛盾的观点,就会被老师"以友好却绝对的语气批评"(彼得·乌尔默)。学派观点也会传到孙辈的学者,这体现在施莱希特里姆的身上,作为成熟的高校教师,还是将他的老师冯·克默雷尔的照片放在办公桌上,并在研究所中高度评价老师的老师拉贝尔对"内容准确"的追求。其他国家没有这种具有特色的学派创建和传承的方式。本书文章只是顺带提到了一位法学大师级的人物——柏林大学的马丁·沃尔夫,即使他在形式上不是他们的学术导师,也是具有鲜明风格的法学家(冯·克默雷尔、欧根·乌尔默、赖泽尔、黑费梅尔、弗卢梅、克格尔、茨威格特)。沃尔夫可能是学说汇纂派和现代私法学之间最重要的中间人物,[12] 是 20 世纪德国私法教义学的"祖父"人物。他没有在世的门生,因此,没有被收录到本书中。

第五,就国际比较而言,对法学博士论文的要求不偏高。在其他国家,在博士学业上的时间投入和高费用,最终决定了学生是否走学术道路。德国的情况不一样。德国博士生可以顺利完成学业,且能够通过学术助理岗位得到资助,这有利于人们作出是否读博士的决定。同时,这种途径也可以筛选出虽然有学术爱好和天赋,但不想在高校工作的人。低入学门槛,扩大了博士招聘人群的数量。

---

[12] Hansen, Martin Wolff (1872 – 1953). Ordnung und Klarheit als Rechts- und Lebensprinzip (2009) und bereits Dannemann, Martin Wolff (1872 – 1953), in: Beatson/Zimmermann (Hrsg.), Jurists Uprooted: German-speaking Émigré Lawyers in Twentieth-century Britain (2004), S. 441 – 462.

第六，教授任用资格论文更有必要性。"德国法学家的一个核心证明，是体现高质量的教授任用资格论文"（策尔纳）。这促使24岁的维亚克尔、25岁的欧根·乌尔默、26岁的科英撰写这类"第二本书"。在国外因为缺少制度的约束，经常没有这样的第二本专著。笔者永远都不会忘记所在的英国教席前任伯纳德·鲁登（Bernard Rudden, 1933—2015）的劝告：一位学者在一生中应当写两本书，一本书是在40岁的时候，当他理解了一些东西时，另一本是在60岁的时候，当他必须说出一些东西时。他也是这样做的。他的前任巴里·尼古拉斯（Barry Nicholas, 1919—2002）同样是一位德高望重的人，也是在43岁的时候公开出版了他的第一本书。

第七，传统德国没有"常任轨"（"tenure track"）和聘任制度。与英美大学的教授聘任制度不同，在德国高校中没有从助教到教席教授的晋升过程。只在例外情况下，学者可以没有教授头衔终身从事教学和研究工作。20世纪不少的学术名望有这样的研究岗位。

2. 教学时代

一旦成为正职教授后，私法学者就得不到其他的"晋升"。更有影响力的，是教授获得其他有分量的教授聘请的数量。借此，教授的声誉得到衡量，即使是那些在著名大学开始自己专业生涯的人也是如此。书中刻画人物实现目标，二战前所在的高校是柏林大学，50年代是在法兰克福大学及后来的图宾根大学、慕尼黑大学、海德堡大学、科隆大学、波恩大学、弗莱堡大学、哥廷根大学或马克斯·普朗克研究所。这再次表明德国高校的有"宽阔的顶尖"，而不同于奥地利（比德林斯基、多拉特、克莱默）和法国。在法国，所有的教授在地方待了一段时间后，回到首都，也是在两所顶尖的法学院中。在德国的高校中，法学大家也可以在小地方发展，例子是在吉森的罗森贝克和在耶拿的怀克。

本书关于法学大家的教学信息不多，多数文章描述大学课堂是第一次相遇的地点。娴熟的教学并不是成为进入私法名人堂的前提条件。拉贝尔的课堂，差到没有人来听课，拉伦茨在课堂只是念讲义。很多学者是有趣、有风范、让人着迷的授课者：布洛克斯、卡纳里斯、多拉特、费肯杰、弗卢梅、格恩胡贝尔、黑费梅尔、克格尔、陆德、梅迪库斯、卡斯滕·施密特、彼得·乌尔默、哈里·韦斯特曼、哈尔姆·彼得·韦斯特曼及策尔纳。即使有门生这些美好的回忆，或许40位学者中只有10位才可以称上优秀的授课者，这也是目前任何一家法学院都不能达到的比例。

本书呈现的私法学者，撰写了大型、风格独特和有时代意义的教科书。属于法学经典的，是尼佩代修订的恩内克斯创立的《德国民法总论》、弗卢梅的三卷本《德国民法总论》、埃塞尔的《德国债法》和施莱希特里姆的《德国债法》、哈里·韦斯特曼的《物权法》和鲍尔的《物权法》、格恩胡贝尔的《亲属法》、科英的《继承法》、克格尔的《国际私法》、怀克和尼佩代合著的两卷本《劳动法》、卡斯滕·施密特关于商法和公司法的两本"蓝色仙踪"及克莱默风靡德语区的"法律方法小百科全书"《法律方法论》[13]。拉伦茨以每两年一次的频率出版他的两卷本《德国债法》和《德国民法通论》的新版本。一代又一代的学生借助布洛克斯撰写的大量教科书入门法学，在准备司法考试时，又热衷于梅迪库斯的民法教科书。几乎所有刻画的人物都写了一本成功的教科书（例外是黑费梅尔、彼得·乌尔默），这似乎成为学者被收录到本书的标准。教科书有如此重要地位的，在其他国家也有，比如在法国。

德国在文献种类上的一个特色是法律评注，书中刻画的很多人物从事法律评注的编写。二战后，关于《德国民法典》的有影响力的法律评注是《泽格尔德国民法典评注》和《埃尔曼德国民法典评注》。参与前者的有黑费梅尔、鲍尔、乌尔里希·胡贝尔、沃尔夫及克格尔。参与后者的有黑费梅尔、布洛克斯及哈尔姆·彼得·韦斯特曼。在私法的其他领域，书中刻画的人物是一些重要法律评注的主编，包括怀克、黑费梅尔、陆德、彼得·乌尔默、霍普特及沃尔夫。

除了科研发表和出版，很多法学大家创建了"学术基础设施"。他们创建了有声誉的专业期刊，比如1927年的《拉贝尔杂志》、1948年的《劳动法杂志》（尼佩代）、1972年的《企业与公司法杂志》（陆德、维德曼），或担任这类刊物的主编，比如梅迪库斯担任《民法实务论丛》、

---

[13] 中译本参见恩斯特·A.克莱默：《法律方法论》，周万里译，法律出版社2019年版。——译注

卡斯滕·施密特担任《综合商法与经济法杂志》及霍普特担任《企业与公司法杂志》的主编。以这种方式，学者对所在领域影响极大，不过主编"传播概念"的做法并不是德国的特色。这同样与学术管理相关。有些顶尖的法学家成功远离高校管理工作（策尔纳），不愿担任法学院院长（比德林斯基）。很多人不能避免担任大学校长，很多人行使了众多管理职权，成为"学术组织者"（霍普特、赖泽尔）。

象征学术基础设施的是重要的研究机构，不仅包括威廉皇帝研究所（即后来的马克斯·普朗克研究所），还有法学院中的研究机构，比如1929年创建的科隆大学劳动法和经济法研究所（尼佩代、策尔纳、维德曼）及1950年从其分离出的国际与外国私法研究所（克格尔）、弗莱堡大学外国与国际私法研究所或波恩大学欧洲经济法研究中心（陆德）。研究所图书馆、专题研讨课教室和学术助理，组成国际上比较而言独具风格的工作和研究的氛围。即使研究所所长每天30分钟（施莱希特里姆）或一周两次到研究所看看（维德曼），研究所也是蓬荜生辉，促使提高学术成果。可以明确的是，并不是所有的研究所所长都采用"侯爵复兴"的风格。只能说出法学院的更衣柜属于本人的法国法学教授，及从来没有秘书的英国法学院教授，会惊叹于德国法学教授所支配的资源。

上述资源包括学生助理和学术助理，即使普通的教席也是如此。从多角度来看，他们有重要的意义。门生方阵及学派的成功，理所当然地给老师添彩。作为"学术家庭成员"，在上文学派形成的意义上，将师父的信息传递给下一代人。在日常的学术生活中，更为重要的是学术助理参与学术研究。拉贝尔的《货物买卖法》是"负责人拉贝尔和研究员中年轻精英们的团队成果"，埃塞尔的债法教科书第3版和第4版由学术助理团队修订。乌尔里希·胡贝尔对罗尔夫·泽里克三卷本《所有权保留和担保让与》的贡献不是微不足道。尼佩代借助年轻学者的帮助，修订了恩内克斯创立的《德国民法总论》，被同行们嘲笑"他墓碑的墓志铭将会是这样的：汉斯·卡尔·尼佩代，'这次真的是他自己'"。

正如书中门生所强调的，大部分上述的法学家对于写作事必躬亲。策尔纳在刻画怀克时，"我在此发誓，……，先生未允许我参与其间正文的哪怕一行写作工作"。刻画人物没有剥削学术助理（弗卢梅），也没有让他们成为"脚注奴役"（陆德），"学术是一项'高度个性的法律行为'，即使是在法律评注中，他也拒绝其他人参与他的工作，远离有些教席中散布出的'工业流水线'工作的流言蜚语"（维德曼）。不断强调学者发表的仅是本人写的东西，已经表明关于少数法学大家的这类流言蜚语并不是没有任何的事实根据。对于很多国外的观察者而言，这种工作方式闻所未闻。在德国完全正当的机械性学术辅助工作，也是如此。不少的英国同行，对德国的文献都有怀疑，即它们是作者的辅助工作者的作品。

对于学术助理，国外大多数同行不太了解他们有更为重要的功能。他们是"争论伙伴"，去检验一个新的思想。沃尔夫和他的门生在午餐的时候，讨论他思考的法律问题。维德曼每周会给学术助理稿件，进行不超过4小时的讨论。拉伦茨上完课后，必须有一位学术助理在等他讨论。陆德在傍晚、周日早晨和圣诞夜，都会打学术助理的电话，"与'师父'在草稿的基础上分段讨论各个问题"。

我们的学者越是成功，就越会承担更多的实务工作。作为联邦宪法法院法官的布洛克斯和茨威格特、担任联邦劳动法院的创始院长和审判庭庭长的尼佩代，都是不太常见的任职决定。多位被刻画的人物曾兼职担任过一些年的州高等法院的法官。在其他的很多国家，并没有这类的可能性及相应的实务工作。比较常见的，是法学家作为专家证人和仲裁员从事相关的活动，这也是本书大部分人物所做的。比如，在20世纪50年代和60年代，竞争法、商品标识法、商法和股份公司法领域，没有哪个重大法律争议，黑费梅尔不是作为专家证人和仲裁员参与的。法学家退休后，也可以从事这些活动，但大部分的退休学者，继续从事的是学术工作。唯一的例外是埃塞尔，他在退休后，就完全退出学术讨论圈。笔耕不辍的代表人物是瓦尔特·施密特-林普勒，他在90岁去世前不久，还在撰写关于合同法的专著；罗森贝克在90岁时还不知疲倦地修订他的最新版教科书；布洛克斯在85岁时"仍有无限的精力和创造力倾注于这些著作版本的更新"；黑费梅尔在94岁时还在字斟句酌有1900页篇幅的法律评注的校样。

（三）法学名望家

在法律社会学和比较法中，"法学名望家"的概念，是指在社会上决定性地影响法律制度的风格，并在一定程度上确定了对此的基调，产生这样影响和声誉的一群人。[14] 在德国的传统中，有这样地位的是高校教师。与法国和美国的高校老师的情况不同，这不是公众讨论中知识分子角色的问题。本书人物中，只有赖泽尔参与了公众讨论。这也不排除有个别学者公开给出法律政策的建议，比如陆德和策尔纳在《法兰克福汇报》上发表关于"曼内斯曼"刑事程序的短文。

法学界对法律制度的影响，主要体现在他们对司法裁判和立法产生的影响。这种影响并不是明显的，影响的轨迹也可能完全不同。[15] 衡量私法学者的意义的方式，至少是他尽可能地涵盖"法学、法律实践和范围更广的立法责任"（霍普特）。

几乎所有的文章都提到刻画人物的作品在司法实践中得到认可。比如，民事合伙的权利能力和诉讼能力学说，同时有多位"创始人"（弗卢梅、彼得·乌尔默、卡斯滕·施密特）。在诸如奥地利的小国家，个别学者甚至"垄断"了司法实践，并对该国的法律文化产生持久的影响（比德林斯基）。即使是在20世纪60年代法院图书馆财政预算紧缺时，怀克关于资合公司的法律评注也在实践中"适用"。

文章中还有大篇幅关于立法活动影响的描写，这种影响是开创性作品持续产生的影响。比如，黑费梅尔自20世纪50年代关于《反不正当竞争法》第1条一般条款的评注，在该法2004年版本中留下了痕迹。直接参与政策制定和政策咨询，也可以产生这样的影响。柏默追求他的格言——"真正的使命，在于把好的理论与好的立法结合在一起：它们是双胞胎"——作为议会议员参与了《反限制竞争法》的制定。施莱希特里姆、梅迪库斯、乌尔里希·胡贝尔及卡纳里斯，通过参与联邦司法部组织的债法和给付障碍法委员会，决定性地影响了2001年的《债法现

---

[14] Weber, Wirtschaft und Gesellschaft (1922); Rheinstein, Die Rechtshonoratioren und ihr Einfluß auf Charakter und Funktion der Rechtsordnungen, RabelsZ 34 (1970), 1-13.

[15] Vgl. Vogenauer, An Empire of Light? II: Learning and Lawmaking in Germany Today, Oxford Journal of Legal Studies 26 (2006), 627, 629-633.

代化法》，尽管不是所有的建议被采纳。尤其是在经济法和公司法领域，在垄断委员会、证券委员会和公司收购委员会中，私法学者的专业知识炙手可热。学者也会自发发表言论。比如，"德国国际私法委员会"（"Deutscher Rat für Internationales Privatrecht"）是一个学术自治组织，其目标是参与和影响冲突法的立法。为此，该委员会向司法部提交了专家建议书。基于此，克格尔在该委员会中的工作，促进了1986年的国际私法改革。

最后，德国法学家也影响了欧洲和全球的法律统一化措施和计划。比如，乌尔里希·胡贝尔建议的欧盟经营者集中控制的标准、在公司法领域给欧盟委员会提供咨询建议的高层委员会（霍普特）、欧洲合同法的基本规则和基本框架（施莱希特里姆）及《联合国国际货物销售合同公约》（拉贝尔、冯·克默雷尔、施莱希特里姆）。

在其他国家，也有这种对司法裁判和立法产生影响的现象。目前在法国讨论的债法改革如果能够落实，其主要的功劳是法国民法学界做出的。[16] 在英国法中，一些法律草案也由法律学者推动产生。有时，学者作为"法律委员"（"Law Commissioner"）主导一个立法活动。典型的例子是合同法领域的立法活动，即1999年的《合同法（第三方权利法）》。负责此项法案的，是牛津大学商法教授安德鲁·伯罗斯（Andrew Burrows, 1957）。这两个国家的法院也接受法学界的建议。在法国，学界并没有认真处理最高法院捉摸不定的裁判理由，但认真对待总法律顾问准备的建议。英国法官也是克服了几十年以来淡化学术观点的传统，不断地在司法裁判中讨论学术观点。[17]

法学对实践产生的影响，没有哪个国家能像德国一样。原因是多方面的。可以明确地说，这是共同体法遗产的影响。在共同体法时代，法律学者将其研究客体发展到完美境界，而当时又没有全方面和现代的民法典及缺少中央的和有能力的司法裁判机关，所以大学学者负责保存和

---

[16] Vogenauer, Présentation de l'avant-projet, in: Cartwright/Vogenauer/Whittaker (Hrsg.), Regards comparatistes sur l'avant-projet de réforme du droit des obligations et de la prescription (2010), S. 17–45.

[17] Braun, Giudici e Accademia nell'esperienza inglese. Storia di un dialogo (2006).

维护法律。法院将疑难案件发送到大学的法学院，其决定在实践中一般认为具有约束力。[18] 在今天，一致观点认为学术观点没有约束力，即不是正式意义上的法源。[19] 同样，一直得到认可的是，在法律适用中法学参与规则的形成，具有正当性。在私法长期以来在大部分疆域已经法典化的国家（即法国），或在几世纪以来具有司法裁判中央化的国家（即英格兰），并不具有上述的特点。而在美国，联邦政府没有私法立法的职能，同时民事方面没有最高法院，在传统上，法学对私法的影响强于在英格兰的情况。

德国法学对法律续造的建设性建议，具有很大的空间。立法者并不主张某个观点具有约束力，并指出该问题的解决留给司法裁判和学界来解决。这种情况并非少见。司法裁判先例没有一般性的约束力，所以，法官法不能阻止法学界观点的展开。与英格兰和美国不同，德国法学不仅能从法律政策的视角，而且可以从真正的法律论证的角度批评最高法院的裁判。法律论证的视角可以是司法裁判没有正确认识到法，也可以提出超出法官法的针锋相对的建议。

最后，法律实践认可学术观点还有一些制度方面的原因。其一，大学在法学教育上的垄断地位。与英格兰相对，德国所有的法官及参与部委立法的大部分工作人员，是大学法学院的毕业生，即"学术型"法律人。国际上比较高的博士比例，强化了该效果。其二，高等法院有很强的专业性。其三，与法官和律师有很多非正式的联系，本书中人物在专题研讨课和经常的谈话圈中，维护这种联系；或与部委官员的联系，比如20世纪50年代，在波恩大学瓦尔特·施密特-林普勒的研究所中，这些官员不断地带来新的法律政策问题。其四，在民事诉讼的谈判前，整理大量的文献或在确定特别的开庭日期前（"开庭日"[20]），法官能够整理大量的学术文献。其五，大量的法学院和私法学者成为不断解决新问题的专业资源。德国法学的一些特点，也促使学术观点在实践中能够被接

---

[18] Vogenauer, An Empire of Light? Learning and Lawmaking in the History of German Law, Cambridge Law Journal 64 (2005), 481 – 500.

[19] Vogenauer, Oxford Journal of Legal Studies 26 (2006), 653 – 656.

[20] Cohn, Der englische Gerichtstag (1956).

受。对此，详见本文四。

因为法律名望家的概念涉及的不仅是影响，还有声誉，所以，有必要指出德国法学家这个群体不仅通过高质量的专业研究，在专业圈中树立他们的威望和表彰他们的意义，而且借助礼仪性的出版机制，纪念学者做出的贡献。本书很多文章提到了在专业杂志上刊登的生辰祝福及讣告，没有哪位作者忘记献给老师的纪念文集。这本书也表达出一个职业群体的自我定位，该职业群体的成员完全清楚自己的地位和价值所在。[21] 在英格兰，难以想象特定年代的私法学者给自己献出超过 700 页的"纪念文集"。[22] 在美国，法学类的纪念文集在 25 年前还不为人所知。不久前，英语中还没有表达这种体裁的词语，即使是有"essays in honour"的英语表述，多数还是使用德语词"Festschrift"（"纪念文集"）。[23] 法学家的讣告不刊登在专业杂志上，而是放在日报上，与诸如政治人物、马球队员及养蜂人的讣告放在一起。在英格兰的法学图书馆书架上，有大量关于法官或著名律师的传记，却很少见到关于法学家的记述。[24]

四、私法的科学

本书几乎所有的文章都探讨了私法学者的研究风格。本文作者认为，即使这些文章没有涉及理所当然的要点，这些文章也从整体上呈现了德国私法的风格。从比较法角度来看，德国私法学有五个特别的地

---

[21] 这类体裁的其他书，比如参见 Planitz（Hrsg.），Die Rechtswissenschaft der Gegenwart in Selbstdarstellungen（1924 – 29）；Hoeren（Hrsg.），Zivilrechtliche Entdecker（2001）；Willoweit（Hrsg.），Rechtswissenschaft und Rechtsliteratur im 20. Jahrhundert: Mit Beiträgen zur Entwicklung des Verlags C. H. Beck（2007）。

[22] Hadding, Statt eines Vorwortes, in: ders.（Hrsg.），Festgabe Zivilrechtslehrer 1934 – 1935（1999），S. VI („Festschriften-Flut-Alibi")。

[23] Taggart, An Index to Common Law Festschriften: from the Beginning of the Genre up to 2005（2005）。

[24] Parry, Is legal biography really legal scholarship?, Legal Studies 30（2010），208，217. Vgl. etwa Twining, Karl Llewellyn and the Realist Movement（1973）；Duxbury, Frederick Pollock and the English Juristic Tradition（2004）；Lacey, The Life of HLA Hart: the Nightmare and the Noble Dream（2004）。同样参见在英格兰授课的德国移民法学家，Beatson/Zimmermann（Hrsg.），Jurists Uprooted: German-speaking Émigré Lawyers in Twentieth-century Britain（2004）。

方：科学性、批判性、积极主动性、法学性及实践导向性。

（一）科学性

"Rechtswissenschaft"（"法学"）是德国的一个概念。直到进入19世纪，该概念才取代诸如"Jurisprudenz"和"Rechtsgelehrtheit"等词。在英格兰和法国，"legal science"或"science du droit"直到今天还是人造出来用来翻译上述的德语词。关于现行法的学说，在这两个国家一般称为"legal scholarship"或"la doctrine"。其他国家的法学家也在追求诸如理性、逻辑、体系、抽象和精确的价值。在德国，恰恰是从事有关这种理念科学研究的人，不再无限制地肯定这种理念，因为这是一种无法实现的理想状态（埃塞尔、维亚克尔、拉伦茨、施莱希特里姆）。与其他国家相比，德国法学更强烈地追求上述的理念：[25] 德国法学比任何其他国家的法学都更"科学"。

德国法学的语言极为准确，理想的写作风格是精简和可理解（克格尔、冯·克默雷尔、梅迪库斯）。尼佩代经常删掉学术助理写的从句，这导致表述在一定程度上变得僵化。比如，"作为社会行动的意思表示，是一种追求某种法律后果的意思的声明"（黑费梅尔："Die Willenserklärung als Sozialakt ist eine Handlung, die sich als Manifestation eines auf Erzielung eines Rechtserfolgs gerichteten Willens darstellt"）。这一句很难被翻译成其他的语言。法国法律人更喜欢优雅的表述。英格兰法律人的表述不太严格，在一定程度上是松散的，有时，他们也允许使用反语。在这两种语言中，这些风格通常导致大篇幅的论述。

在德国的法学专业名词中，主流是清晰的概念。受赞赏的是"以准确的表述，浓缩问题及其解答的能力"，并通过尽可能精简的和可广泛认可的词语，渐进地将其精准表达出来。比如"无主给付义务的债务关系"和"对第三人具有保护效力的合同"（拉伦茨）。

一旦一个概念得到广泛认可，就会一直得到使用，并在一定程度上不可逆转。英格兰的法学家对概念表示怀疑，对他们来说，"概念如同

---

[25] Vogenauer, Oxford Journal of Legal Studies 26 (2006), 656–660.

人，需要通过接触和经验才能知道他的个性，并随着时间的发展人也会发生细微的变化"。在英格兰，传统上人们满足于"使用轮廓仅是大致清楚的概念，只要它能够完成现实中有限的任务"[26]。法国法学家认为，一以贯之、统一的概念使用，是乏味和迟钝的，出于风格方面的原因，他们喜欢使用同义词。正如奥托·迈耶(Otto Mayer，1846—1924)在尝试将法国行政法理论引入德国理论所指出的:[27]

> 一种如此独特的思维方式：法国人借助幸运的直觉去勾画和展现的东西，德国人为了完全掌握它，就必须以确定的和轮廓清晰的概念来理解它。否则，它在我们这里什么也不是。

在德国，概念正是作为法律体系的构成部分产生意义。奥托·迈耶继续写道：

> 这些概念的相近性和对立性，促使产生特定的体系。在该体系中，这些概念互为阐释和界定。这正如我们在处理罗马法中逐渐形成的体系。

这种明显属于学说汇纂的论证模式，或许已经成为历史，但正如本书主编正确地指出，体系思维构成德国私法学的"重大主题"。比如，本书关于梅迪库斯的文章：

> 他一直强调的体系思维：只有体系才能在全面理解的意义上，提供某一个法律领域的全景图。因此，使用与体系相关的、能够且必须促进原则的形成并将其融入一个体系之中的"强有力的论证"，这是他的法律思维的特点。

---

[26] Lawson, A Common Lawyer Looks at the Civil Law (1953), S. 66.
[27] Mayer, Otto Mayer, in: Planitz (Hrsg.), Die Rechtswissenschaft der Gegenwart in Selbstdarstellungen (1924–29), S. 153, 162.

再比如，瓦尔特·施密特-林普勒的学术中心组成部分，是观察整个法律制度，没有哪个人能像他一样认真对待法律的概念和体系：

> 一般规则必须植根于"正义的核心思想"和"公正理念"，也即根植于思想原则。这是因为，依他之见，像盎格鲁-撒克逊习惯法"建立一个基于生活范围或生活事实的制度"，不会产生具体的法律制度。

在一个不自相矛盾的体系中，其组成部分由一个超越法律制度的原则引导，同时该体系通过中度抽象的法律原则来控制单个法律规定的内容。这种思想经常被嘲笑，这种思想却又是永远存在，无所不及，构成德国私法学的"科学性"的精髓。与"Rechtswissenschaft"（"法学"）同样难以翻译的，是"Rechtsdogmatik"（"教义学"）。德国法学家用法教义学来描述一个和谐统一的框架。法学家在这种框架中对整理的根本性要求，不再受到质疑。本书关于罗森贝克的文章中，有这样的描述：

> 罗森贝克确实是一位"教义学者"。同时，他并没有对法律所产生的实际社会效果视而不见，不反对"建构性的"法学，尽管许多人都鄙视这种法学。原因在于，他认为上述前提条件是，法律建构只有造就一个好的理论和一个统一的体系，才会如此。

非典型的学者是埃塞尔，他的论证更多的是联想、富有智慧和跳跃性的，而不是体系性的，取代演绎式的推论，有意采用论题学的渐进探究方式及问题导向的模式。即使这样，他还是认同最为传统意义上的教义学思维的功能。类似的还有卡纳里斯，他和拉伦茨一样，反对"科学主义"意义上的学术概念。在反驳对他的批判中，他又有说服力——对他的批判是：他发展出的信赖责任原则是异质和泛化的。

> 这是高度抽象和高要求的体系构建的代价，这也是德国法思想的特点，在一定程度上又是特别的优点。

毫无疑问，其他国家的法律人不太重视体系的理念。这并不代表这些法律人不关心将法律整理成有说服力的材料。在英国，近几年有法学家，受彼得·比克斯（Peter Birks，1941—2004）的启发，尝试采用界定准确的类别来划分私法，甚至将其理解为统一的整体。[28] 但传统方法努力的方向是实用主义和客观的答案，而不是精确的分类、推敲的区分、有效的基本结构及法律原则的推理。体系思维在英国法中非常陌生，这体现在关于缺少诚实信用原则的争论。契约自由原则源自合同法，也得到一以贯之的落实，但缺少像在德国契约自由之外抽象度更高一层的"私法自治"的理念。在法国，概念思维和体系思维要强于英国，但详细探究，这只不过是灵活论证和结果导向论证的修辞学方法。

英美的观察者反感德国法学，是因为德国法学在强调概念与体系关联及精简语言的同时，经常伪装其做依据的法律政策。比如拉伦茨的作品"通常只包含一个思想，而且是由拉伦茨经过长期思考获得，读者管中窥豹未见其中难处"。

最后，德国法学的科学性表现在研究极为周密、详细。牛津大学政治理论大家以赛亚·伯林（Isaiah Berlin，1909—1997）在一著名短文中将这个世界的思想者分为"刺猬"和"狐狸"，[29] "狐狸多知，而刺猬有一大知"。尽管我们避免粗放的一般化，也不能否定德国法学并不是对研究对象进行探究式的研究，草率做一些思考，然后很快进入下一个有趣话题。德国法学进行的是刨根问底的研究。如本书关于维德曼的文章，"他的研究风格也许是长跑者的风格，而不是冲刺者的风格"，他"坚韧不懈"；拉贝尔以钢铁般的意志，将其研究方法淋漓尽致地发挥在关于国际私法的四卷本手册中；瓦尔特·施密特-林普勒"自始至终保持客观的问题方法论，全方位结合其历史、经济和政治方面的问题"；比德林斯基在大型法律评注和一般债法中，"进行基础性的论述，部分体现在还很著名的大篇幅脚注中"；克格尔在他的教科书中，"以一种不可思议的方式细致入微地加工和处理"所有的司法裁判和文献，即使"是一个脚注讨论加上裁判和其他国外的材料，也超过了18页"。其他国家的

---

[28] Flohr, Rechtsdogmatik in England.
[29] Berlin, The Hedgehog and the Fox: An Essay on Tolstoy's View of History (1953).

法律研究者对于德国法学成果既有赞叹，也感到震惊。很明显，学者必须在年轻阶段撰写两本专著，这不是不会对他们后来的学术风格产生影响。精雕细刻及对细节的热衷，同时失去的却是优雅、轻松及妙趣横生。

（二）批判性

德国法学的第二个明显特征，是对现行法的批判性态度。基于主流的非实证主义的法律概念，"法"不只是法律，因此，很多学者并不在原则上反对超出法律界限的建议："以更为宽泛的逻辑发展宏观理念的人，为了确保其模式的一致，必须在此处或其他的地方作出修正"（卡斯滕·施密特）。这里体现出体系思维："正确的"回答出自体系，体系及其蕴含的规则，并不是不变迁。从整体上认识、细化和发展规则，是法学的任务。如果一个法律规则与体系并不协调，对该规则就应当进行适当的调整。法官法在该意义上是必要的。只要"学术界行使的控制功能"有必要，书中刻画的人物对司法裁判"严厉的批评"并不顾忌（陆德）。

德国法学有多大的自由空间大展手脚，取决于界限。英格兰法还一直受到约翰·奥斯丁的实证主义的法律概念的影响。据此，只有议会和经其授权的法官有权颁布或修订法。法学被禁止从所谓的"内在视角"批判法律，被禁止中立化。只有立法者才能基于法律政策的需要，进行法律修正。对此的一个原因，是英格兰法律学者对于法院批判极为保守。直到最近一些年，法律学者才有一些反叛的态度。法官法是法源之一。法官法只能由立法者或高等法院修订，而不是法学。有可能的，是依据将来法所做的批判，即超越现行法进行法律政策的论证。

在法国，针对司法裁判的文献，所持的批判态度与德国相似。裁判评论是核心法律文献体裁之一。裁判评论包括裁判要旨的谨慎整理及对其内容的详细评论。在制定法领域，法律政策是主导，也即议会有主导权，是一种比德国还要悠久的传统。这种传统可以追溯到《法国民法典》、法国大革命、卢梭的"公共意志"学说及君主专政。立法者完美是幼稚的想法，已经没有人再主张，对"法律去神圣化"（"désacralisation de la loi"）的抱怨，越来越多。[30] 因此，当有人说"（高校）法律学者是法律的奴才，是一个下属的、功能的和附属的群体"时，[31] 其实是"尖锐和夸大的"说辞。但不可否认，法国法学总的来说比德国法学更相信和更服从法律。

（三）积极主动性

德国法学的另一个特征，或许最好用一个英语词来表述，即"积极主动"（"proactive"）。积极主动是指不只是"反应性"地分析、系统化和批判现有的法律，而且有远见地构建法律，尤其是在新问题出现，但还没有公认的解决办法的地方。如果它克服了学说汇纂学派的意识形态，就会建设性地影响法律的建构。大部分的私法大家"成功并积极地伴随和参与推动法律续造的过程，并产生了重要影响"（彼得·乌尔默）。本书在描述怀克20世纪60年代的影响时，"法学成为一门不仅是预测法院如何裁判的技艺，而且成为事先影响法院裁判的技艺"。

这种解决问题的建议，一般而言，不是革命性的。怀克的目标不是"用法学在法律制度中推动变革、制造波澜"，而是"通过法律解释和对一般条款谨慎求证，促使公平地解决矛盾"。尼佩代的作品"不断革新和进步的魄力，也表明了他维护法律制度的愿望"。目标永远都是"在遇到新问题的时候，给出体系化的可持续的回答"。[32] 克格尔在探究合同和侵权的关系时，超越了教义学的束缚，但同时又不蔑视教义学。对此，读者可以想到耶林的口号："通过罗马法的方式超越罗马法。"[33]

无论是否通过重大的方式，枷锁至少能被松动。立法者有时并没有从整体上看待一个问题，"于法学界而言，任务并没有改变，即填补……漏洞——忠于立法者的根本性决定"（陆德）。真正的大师，不仅

---

[30] Vogenauer, Die Auslegung von Gesetzen in England und auf dem Kontinent (2001), Bd. I S. 301–310.

[31] Kiesow, Rechtswissenschaft—was ist das?, JZ 2010, 585, 586.

[32] "体系化"的强调，是本文作者添加。

[33] von Jhering, Unsere Aufgabe, Jahrbücher für die Dogmatik des heutigen römischen und deutschen Privatrechts 1 (1857), 41, 52.

表现在处理个别问题的方式，而且表现在体系建构的能力（卡纳里斯、卡斯滕·施密特）。因此，辛格关于信赖责任的发展写道："从混乱的裁判先例、法律规定以及论题出发，卡纳里斯成功地以创造性的感知，认识到基本原则的显著结构，将其整合成一幅马赛克般的图画，并且使用他确定的基本原理毫无矛盾地将其整合到法律制度之中"。法学大师通过"勾勒法律蓝图"，建构法律（卡斯滕·施密特）。

"建构""影响""续造"法律，"建构"体系，"创造性"的作为，这些词语表达了法学的定位，使法学成为一种有创造力的和造法的力量，给立法者和司法裁判指明道路。学说明显有规范性的要求。我们再次看到了"共同体法"中"教授法"的遗产。非实证主义的法律概念在发生作用。这涉及的不仅是描述实然，也在明确应然："对民法的研究不能仅仅局限于实证主义，也必须关注法律应该是什么，公正的法律秩序和正义的问题"（尼佩代）。

法律学者的工作因此在一定程度上承担责任和得到提升：法学作为一种公共行为承担公共责任（维亚克尔），为公平服务（比德林斯基），其主旨是在人之间创造公平（策尔纳）。强调公平思想（施密特-林普勒），是我们想到乌尔比安在《学说汇纂》中著名的开头语，[34]并为开始学习共同体法的法律人所熟知："法的最终目的是公平，法律人要奉献，成为维护它的牧师。"[35]

在其他国家的法律制度中，法律学者将其角色定位得比较保守。在法国是如此，即使在法国的债法改革中，私法学者有宏大的意愿，积极参与到法典的制定中。以英国教授为代表，他们认为从事立法活动的诉求，是一种傲慢的表现。19世纪的一位瑞士民事诉讼法学者在探讨英国法时，[36]认为学术在英国：

---

[34] Dig. 1, 1, 1: *ius est ars aequi et boni. Cuius merito quis nos sacerdotes appellet.*

[35] Heineccius, Anfangsgründe des bürgerlichen Rechtes, nach der Ordnung der Institutionen (1786), §18.

[36] Rüttimann, Der englische Civil-Process mit besonderer Berücksichtigung des Verfahrens der Westminster Rechtshöfe (1851), S. VIII; Vogenauer, Die Auslegung von Gesetzen in England und auf dem Kontinent (2001), Bd. II, S. 923–929.

很难给实践开辟道路和传递火炬。……学理（如果可以这样称呼的话）能够存活，依靠的完全是实践的慈悲。学理满足于将其成果登记在老一套的栏目和名称之下。

20 世纪晚期，英国法律人抱怨传统的角色分配：立法者和法院造法，而"学者只是查询它们，并对它们做一知半解的描写"。[37] 英格兰对法的理解，是"实用主义"的，其实这是一种老一套的想法。事实上，英国法律人并不是预见性地处理还没有成为具体法律争议的问题。还没有出现的问题，仅是一种"学术"问题。只有在问题有意义时，才会得到处理。只要一切还在起作用，人们就不应当着手处理。近几十年来，英国法学开始重新定位自己。创造性的精神会产生影响力。[38] 但英国的研究文献在详细分析和论证相关的法律和判例法后，一般都会以一种冷静的表述来结束，即人们必须等待法院将如何处理该问题。资深法官有时还会抱怨，针对特定问题的文献根本就没提出有价值的解答建议。

英国学者如果自称承担"创造公平"的责任，会被认为是狂妄自大。公平是一个让人崇尚的词语，事实上，它是否是"法的最终目的"，或者说法律确定性是否是核心的法律价值，英国学者对此问题都还没有达成一致。无论如何，都需要其他人来创造公平。

（四）法学性

德国私法学的任务，是描述、分析、批判和发展实在法。因此，它的焦点同样也是实在法。私法学者的研究兴趣，集中到狭义上的法律问题上。典型的是本书对黑费梅尔和彼得·乌尔默的刻画：

> 他也不关心具有革命性意义的理论；相反，黑费梅尔产生的影响主要是通过自主地全面审视理论和实践的方式，体系化地渗透和继续发展现行法来实现。

---

[37] Atiyah, Pragmatism and Theory in English Law (1987), S. 37.
[38] Vogenauer, Die Auslegung von Gesetzen in England und auf dem Kontinent (2001), Bd. II, S. 1212; Flohr, Rechtsdogmatik in England.

类似情况的,还有策尔纳、鲍尔及梅迪库斯:"理论建构的主要任务限于以公式的方式描述已知的,即理论的解释功能。"借此,私法学者的理论才不会脱离实际。在细化的问题中,他们从其他的学科获得启发,比如哲学(拉伦茨、卡纳里斯)、历史(弗卢梅)、经济学(柏默)、社会学(埃塞尔、施莱希特里姆)和实证研究(麦斯特麦克)。书中刻画的一些人物甚至主要是在私法之外的研究而出名(维亚克尔、科英、拉贝尔及茨威格特)。真正进行跨学科研究的,只有费肯杰。

私法学者在"捍卫"法的独立性(弗卢梅、施密特-林普勒、麦斯特麦克),尤其是在法律人"对现代国家中分配给法律及其专业行政人员的角色的不适当缺乏足够的关注"的地方。法主要是一种统一的自创生系统(卢曼)。教义学的思想体系不必一定以法外的观点为衡量标准。书中刻画的人物对诸如法律的经济分析持一定的怀疑态度(梅迪库斯、麦斯特麦克、鲍尔、施莱希特里姆)。

如果德国法学主要是处理法律,这不会让其他欧洲国家的观察者惊讶。如果将视野转向美国,这就不是理所当然的事情。在美国的法学院中,享有最高声誉的是从普通的"法律条文"研究提升到法律经济学、法律文学及其他大量的"法律+"的研究。美国法学通常使用相邻学科的方法,并且大部分的法律人在这些学科中已经取得第一个大学学位和博士学位。在美国,有很大一部分的法律文献是由经济学家、实证学者、社会学家和政治学学者等从外部的视角撰写,这导致美国传统私法学对实践的重要影响在减少。[39]

(五) 实践导向性

最后,德国法学的一个重要特征,是与实践紧密相关和融合。如上文所述,德国法学界致力于严格的科学研究,并找到"正确的解答",即使这种解答与法院的观点相悖。不过,与意大利的法学界不同,[40] 德

---

[39] Twining/Farnsworth/Vogenauer/Téson, The Role of Academics in the Legal System, in: Cane/Tushnet (Hrsg.), The Oxford Handbook of Legal Studies (2003), S. 920, 929-935.

[40] Braun, Professors and Judges in Italy: It Takes Two to Tango, Oxford Journal of Legal Studies 26 (2006), 665, 678 f., 681.

国法学界最为谨慎地考虑法院的司法实践(罗森贝克)。只要有可能,司法裁判会被融入私法的体系中。如上文引用关于黑费梅尔的文章,学术研究"全面审视理论和实践"。在公司法领域,法学与最高法院司法裁判进行了国际上比较而言几乎是独一无二的建设性对话(彼得·乌尔默、维德曼)。裁判评注这种写作体裁在一定程度上促进这类活动的展开。在裁判评注中,"是在裁判中提炼出潜在的论证,明确其中的逻辑并且强有力地发展它们"(陆德)。

对于长期形成的司法实践,有时候,之前得到支持的观点被放弃,这类学者"才能够保持创造性,并参与到不断的法律续造的过程中"(彼得·乌尔默)。德国私法学者是教义学的,但不是教条的。对于哈里·韦斯特曼,"法教义学并非研究目的本身。韦氏每每略过高度争议的理论,仅以一句并无实践意义带过"。与美国的法学同行不同,德国学者不会随便大胆地提出某个观点,甚至是呼吁进行范式的转型。

法律评注文献极大地促使德国法学能够"接地气"。正如本书关于彼得·乌尔默的文章,德国法学应当学术与实践兼具,借此实现学术对话。在德国法学中,一直呈现的是寻找具有实操性的解答(黑费梅尔)。克格尔在《泽格尔德国民法典评注》中关于国际私法评注的成功的秘诀,是与实践相关的理论及与理论相关的实践。根据施吕特的说法,教科书著者布洛克斯"总是寻求与法律实践的联系。单调的理论建构,不是他的本色。对他来说,法律教义学本身并不是目的,其首要任务是整理法律材料,以便于在法律实践中合乎平等原则地适用法律。多年担任法官的生涯,使他对法律现实和法律适用的实际困难十分熟悉"。

五、结语

上述引文呈现的妥协意愿能够说明德国法学对立法和司法的影响吗?法学家需要理论,只要它在实践中有意义?依据法外的论证,却使法丧失独立性?建构法,还要保持法在体系上的协调?批判实践,却没有中断与它的对话?可以肯定地说,这一切都是重要的,在它们的相互组合中,就国际性而言,又是独一无二的。其基本条件和起点,是因技术而领先。通过书中人物形象呈现出的教育策略、录用策略和职业策略，20世纪的私法学者获得了该技术，他们也正是借助该技术，在各个时代面临的新的法律挑战中，扮演了重要的角色。

在21世纪，这种领先会继续保持下去吗？在法律的欧洲化过程中，法学也变得欧洲化。对此，不同的学术风格同台竞技，很多德国法学家希望他们的法学理念能够在欧洲的舞台上得到实现。这种希望是徒劳的。比较法的经验表明：经过世纪历史发展的一种模式，以及正如本书所呈现的，在特定社会背景和制度背景中做出重要贡献的模式，不能在一个有完全不同因素的法律秩序中直接移植。德国私法学者不必担心。"作为社会行动的意思表示，是一种追求某种法律后果的意思的声明"，这类句子可能没有前途。需要的则是技术娴熟的、具有批判精神的、有远见的、基于现行法进行工作的和实践导向的法律人。

附 录

缩略语

a. A.	anderer Ansicht	其他的观点
aaO.	am angegebenen Ort	（引文）出处同上
ABGB	Allgemeines Bürgerliche Gesetzbuch (Österreich)	《奥地利通用民法典》
abl.	ablehnend	拒绝的
ABl.	Amtsblatt	官方公报
Abt.	Abteilung	部门
AcP	Archiv für die civilistische Praxis (Jahrgang [Jahr], Seite)	《民法实务论丛》（年，页）
a. E.	am Ende	最后
AEG	Allgemeine Elektricitäts Gesellschaft	德国通用电气公司
a. F.	alte Fassung	旧版本
AG	1. Aktiengesellschaft; 2. Amtsgericht; 3. Die Aktiengesellschaft (Jahr, Seite)	1. 股份公司；2. 区法院；3.《股份公司》（年、页）
AGB	Allgemeine Geschäftsbedingungen	格式条款
AGBG	Gesetz zur Regelung der Allgemeinen Geschäftsbedingungen	《格式条款法》
AiB	Arbeitsrecht im Betrieb (Jahr, Seite)	《企业经营和劳动法杂志》（年、页）
AktG	Aktiengesetz	《股份公司法》
ALR	Allgemeines Landrecht für die preußischen Staaten (1794)	1794年7月5日的《普鲁士通用邦法》
a. M.	anderer Meinung	其他观点
AOG	Arbeitsordnungsgesetz	《劳动管理法》
a. o. Prof.	außerordentlicher Professor	编外教授
AöR	Archiv für öffentliches Recht (Jahrgang [Jahr], Seite)	《公法论丛》（年度[年]，页）
AP	Arbeitsrechtliche Praxis	《劳动法实践》
ArbG	Arbeitsgericht	劳动法院

续表

ArbGG	Arbeitsgerichtsgesetz	《劳动法院法》
ArbuR	Arbeit und Recht—Zeitschrift für Arbeitsrechtspraxis（Jahr, Seite）	《劳动与法：劳动法实践杂志》（年，页）
ARSP	Archiv für Rechts- und Sozialphilosophie（Jahrgang [Jahr], Seite）	《法与社会哲学档案》（年，页）
AStA	Allgemeiner Studierendenausschuss	全德学生委员会
Aufl.	Auflage	版
BAG	Bundesarbeitsgericht	联邦劳动法院
BASF	Badische Anilin- & Soda-Fabrik AG	巴斯夫股份公司
BB	Betriebsberater（Jahr, Seite）	《企业顾问》（年，页）
BBauBl	Bundesbaublatt（Jahr, Seite）	《联邦建筑杂志》（年，页）
BBauG	Bundesbaugesetz	《联邦建筑法》
BBergG	Bundesbergbaugesetz	《联邦采矿法》
Bd./Bde	Band/Bände	卷
betr.	Betreffend	涉及
BetrVG	Betriebsverfassungsgesetz	《劳资合作基本法》
BGB	Bürgerliches Gesetzbuch	《德国民法典》
BGH	Bundesgerichtshof	联邦最高法院
BGHZ	Entscheidungen des Bundesgerichtshofs in Zivilsachen	《联邦最高法院民事裁判集》
BImschG	Bundesimmissionsschutzgesetz	《联邦排放保护法》
brit.	britische/n	英国的
BT-Drs.	Bundestagsdrucksache	《联邦议会文件》
BVerfG	Bundesverfassungsgericht	联邦宪法法院
BVerfGE	Entscheidungen des Bundesverfassungsgerichts（Band, Seite）	《联邦宪法法院裁判集》（卷，页）
bzgl.	bezüglich	涉及
bzw.	beziehungsweise	或者；或者更准确地说
C. A.	Court of Appeal	英国上诉法院
CDU	Christlich Demokratische Union Deutschlands	德国基督教民主联盟
CISG	United Nations Convention on Contracts for the International Sale of Goods（UN-Kaufrecht）	《联合国国际货物销售合同公约》

续表

Code civil	Französischer Code civil	《法国民法典》
DB	Der Betrieb (Jahr, Seite)	《企业运营杂志》（年，页）
DDR	Deutsche Demokratische Republik	德意志民主共和国
ders.	Derselbe	同作者
DFG	Deutsche Forschungsgemeinschaft	德国科学基金会
DGB	Deutscher Gewerkschaftsbund	德国总工会
dgl.	dergleichen	这一类的
d. h.	das heißt	即
dingl.	dinglich/e	物/物权的
DJT	Deutscher Juristentag	德国法学家大会
DJZ	Deutsche Juristenzeitung (Jahr, Seite)	《德国法律人杂志》（年，页）
DM	Deutsche Mark	德国马克
DR	Deutsches Recht (Jahr, Seite)	《德国法》（年，页）
DRW	Deutsche Rechtswissenschaft (Jahr, Seite)	《德国法学》（年，页）
dtv	Deutscher Taschenbuchverlag	德国便携书出版社
DVBl.	Deutsches Verwaltungsblatt (Jahr, Seite)	《德国行政杂志》
EAG	Übereinkommen zur Einführung eines Einheitlichen Gesetzes über den Abschluß von internationalen Kaufverträgen über bewegliche Sachen (1964)	《缔结国际动产买卖合同统一施行法公约》（1964年）
ebd.	ebenda	（引文出处）同上
EG	1. Europäische Gemeinschaft; 2. Nach Bezeichnung eines Artikels: EG-Vertrag, Vertrag zur Gründung der Europäischen Gemeinschaft, Konsolidierte Fassung mit den Änderungen durch den Vertrag von Amsterdam vom 2. 10. 1997	1. 欧洲共同体；2. 1997年10月2日的《阿姆斯特丹条约》或《欧共体条约》
EGV	EG-Vertrag, Vertrag zur Gründung der Europäischen Gemeinschaft in der Fassung des Vertrags über die Europäische Union vom 7. 2. 1992 (Maastrichter Fassung)	1992年2月7日《马斯特里赫特条约》或《欧共体条约》
EheG	Ehegesetz	《婚姻法》
EKD	Evangelische Kirche in Deutschland	德国新教教会

续表

EKG	Übereinkommen zur Einführung eines einheitlichen Gesetzes über den internationalen Kauf beweglicher Sachen (1964)	《国际动产买卖合同统一施行法公约》（1964年）
em.	emeritiert	退休
EMRK	Europäische Menschenrechtskonvention	《欧洲人权公约》
EU	1. Europäische Union; 2. Nach Bezeichnung eines Artikels: EU-Vertrag, Vertrag über die Europäische Union, Konsolidierte Fassung mit den Änderungen durch den Vertrag von Amsterdam vom 2. 10. 1997	1. 欧洲联盟，简称"欧盟"；2. 1997年10月2日的《阿姆斯特丹条约》或《欧共体条约》
EUV	EU-Vertrag, Vertrag über die Europäische Union vom 7. 2. 1992 (Maastricht-Vertrag)	欧盟公约
EuZW	Europäische Zeitschrift für Wirtschaftsrecht (Jahr, Seite)	《欧洲经济法杂志》（年，页）
e. V.	eingetragener Verein	登记的社团
EWE	Erwägen Wissen Ethik (Jahr, Seite)	《权衡、知识和伦理杂志》（年，页）
EWG	Europäische Wirtschaftsgemeinschaft (siehe auch EG/EU)	欧洲经济共同体（参见欧共体和欧盟）
EWS	Europäisches Wirtschafts- und Steuerrecht (Jahr, Seite)	《欧洲经济和税法杂志》（年，页）
f., ff.	folgende (singular/plural)	及下页，及以下诸页
FamRZ	Zeitschrift für das gesamte Familienrecht (Jahr, Seite)	《综合亲属法杂志》（年，页）
FAZ	Frankfurter Allgemeine Zeitung (Nr. Datum, Seite)	《法兰克福汇报》（期号，时间，版）
FGB	Familiengesetzbuch (DDR)	《亲属法典》
FGG	Gesetz über die Angelegenheiten der Freiwilligen Gerichtsbarkeit	《自愿裁判事务法》
FS	Festschrift	纪念文集
FU	Freie Universität zu Berlin	柏林自由大学
GBO	Grundbuchordnung	《不动产登记法》
geb.	geborene	出生于
GewO	Gewerbeordnung	《德国工商业管理条例》

续表

GG	Grundgesetz	《基本法》
GmbH	Gesellschaft mit beschränkter Haftung	有限责任公司
GmbHG	Gesetz betreffend die Gesellschaft mit beschränkter Haftung	《有限责任公司法》
GmbH & Co. KG	Gesellschaft mit beschränkter Haftung & Compagnie Kommanditgesellschaft	公司合伙企业
GPR	Gemeinschaftsprivatrecht (Jahr, Seite)	《欧共体私法》（年，页）
GrünhutsZ	Zeitschrift für das Privat- und öffentliche Recht der Gegenwart (Jahrgang [Jahr], Seite)	《当代私法与公法杂志》（年度[年]，页）
GRUR	Gewerblicher Rechtsschutz und Urheberrecht (Jahr, Seite)	《知识产权保护与著作权杂志》（年，页）
GRUR Int.	Gewerblicher Rechtsschutz und Urheberrecht Internationaler Teil (Jahr, Seite)	《知识产权保护与著作权杂志(国际版)》（年，页）
HDSW	Handwörterbuch Sozialwissenschaften	《社会科学手册词典》
HGB	Handelsgesetzbuch	《德国商法典》
h. M.	herrschende Meinung	主流观点
Hrsg. /hrsg.	Herausgeber/herausgegeben	主编
ICLQ	International and Comparative Law Quaterly (Jahrgang [Jahr], Seite)	《国际与比较法季刊》（年，页）
idF	in der Fassung	版本
idR	in der Regel	一般而言
i. e.	im einzelnen	就细节而言
i. E.	im Ergebnis	最终
ieS	im engeren Sinne	在狭义上
IG	Industriegewerkschaft	工业工会
IPRG	Internationales Privatrechtsgesetz (Schweiz)	《瑞士国际私法》
IherJB	Iherings Jahrbücher (Jahrgang [Jahr], Seite)	《耶林年刊》（年，页）
iHv	in Höhe von	年龄
insb.	insbesondere	尤其是
Int. Enc. Comp. L.	International Encyclopedia of Comparative Law	《国际比较法百科全书》
inzw.	inzwischen	期间

续表

i. O.	im Original	原本、最初
IPR	Internationales Privatrecht	国际私法
IPRax	Praxis des Internationalen Privat- und Verfahrensrecht（Jahr, Seite）	《国际私法与程序法实践》（年，页）
iSv	im Sinne von	在……的意义上
iVm	in Verbindung mit	结合
iwS	im weiteren Sinne	在广义上
JA	Juristische Arbeitsblätter（Jahr, Seite）	《法律学习杂志》（年，页）
JBl.	Juristische Blätter（Jahr, Seite）	《法律教育》（年，页）
J. Law & Econ.	Journal of Law and Economics（Jahrgang［Jahr］, Seite）	《法律与经济学杂志》（年，页）
J. leg. Educ.	Journal of Legal Education（Jahr, Seite）	《法律教育杂志》（年，页）
JR	Juristische Rundschau（Jahr, Seite）	《法学简报》（年，页）
JRP	Journal für Rechtspolitik（Jahr, Seite）	《法政策杂志》（年，页）
JurA	Juristische Analyse（Jahr, Seite）	《法律分析》（年，页）
JuS	Juristische Schulung（Jahr, Seite）	《法学教育》（年，页）
JW	Juristische Wochenschrift	《法学周刊》（年，页）
JZ	Juristenzeitung（Jahr, Seite）	《法律人杂志》（年，页）
K. B.	Kings Bench	英国王座法院
KG	Kommanditgesellschaft	有限合伙企业
KPD	Kommunistische Partei Deutschlands	德国共产党
krit.	Kritisch	批判
KritJ	Kritische Justiz（Jahr, Seite）	《司法批判杂志》
KritV	Kritische Vierteljahresschrift für Gesetzgebung und Rechtswissenschaft	《立法和法学批判集刊》
LAG	Landesarbeitsgericht	州劳动法院
La. L. Rev.	Louisiana Law Review（Jahrgang［Jahr］, Seite）	《路易斯安那法律评论》（年，页）
LG	Landgericht	州法院
LL. M.	Legium Magister（Master of Laws）	法学硕士
m. a. W.	mit anderen Worten	换言之
m. E.	meines Erachtens	我认为
m. N.	mit Nachweisen	佐证

续表

m. W.	meines Wissens	我认为
m. w. N.	mit weiteren Nachweisen	其他的佐证
Nachw.	Nachweise	证明、佐证
n. F.	neue Fassung	新版本
NJW	Neue Juristische Wochenschrift (Jahr, Seite)	《法学新周刊》（年，页）
NJW-RR	Neue Juristische Wochenschrift Rechtsprechungsreport (Jahr, Seite)	《法学新周刊：司法裁判报告》（年，页）
Nov.	November	十一月
NRW	Nordrhein-Westfalen	北莱茵-威斯特法伦州，简称"北威州"
NS	Nationalsozialismus, nationalsozialistisch/-es	国家社会主义，或纳粹
NSDAP	Nationalsozialistische Deutsche Arbeiter Partei	国家社会主义德意志工人党
NZA	Neue Zeitschrift für Arbeitsrecht (Jahr, Seite)	《劳动法新杂志》（年，页）
o. /ob.	oben	上面
OHG	Offene Handelsgesellschaft	普通合伙
Okt.	Oktober	十月
OLG	Oberlandesgericht	地方高等法院
ORDO	Jahrbuch für die Ordnung von Wirtschaft und Gesellschaft (Jahr, Seite)	《经济与社会秩序年刊》（年，页）
PECL	Principles of European Contract Law	《欧洲合同法原则》
PhD	Doctor of Philosophy	博士
RA	Rechtsanwalt	律师
RabelsZ	Rabels Zeitschrift für ausländisches und internationales Privatrecht (Jahrgang [Jahr], Seite)	《外国与国际私法拉贝尔杂志》（年度［年］，页），简称《拉贝尔杂志》
RdA	Recht der Arbeit (Jahr, Seite)	《劳动法杂志》（年，页）
Rev. Jur. Univ. Puerto Rico	Revista Juridica Universidad de Puerto Rico (Jahrgang [Jahr], Seite)	《波多黎各大学法律评论》（年，月）
Rev. Priv.	Revista de derecho privado (Jahrgang [Jahr], Seite)	《私法评论》（年度［年］，页）
RG	Reichsgericht	帝国法院

续表

RGZ	Entscheidungen des Reichsgerichts in Zivilsachen（Band，Seite）	《帝国法院民事裁判集》（卷，页）
RheinZ	Rheinische Zeitung（Jahrgang［Jahr］，Seite）	《民法和诉讼法莱茵杂志》（年，页）
RIW	Recht der Internationalen Wirtschaft—Betriebs-Berater International（Jahr, Seite）	《国际经济法杂志》
Rn./Rdnr.	Randnummer	边码
RSiedlG	Reichssiedlungsgesetz	《帝国居住法》
Rz.	Randziffer	边码
S./s.	1. Seite, 2. Siehe/siehe	1. 页；2. 参见
s. a.	siehe auch	同样参见
SA	Sturmabteilung	冲锋队
SAE	Sammlung arbeitsrechtlicher Entscheidungen（Jahr, Seite）	《劳动法裁判汇编》（年，页）
SavZ	Savignyzeitschrift（Band［Jahr］Seite）	《萨维尼杂志》（卷［年］，页）
SDS	Sozialistischer Deutscher Studentenbund	社会主义德国学生会
SJZ	Süddeutsche Juristenzeitung（Jahr, Seite）	《南德法律人报》（年，页）
s. o.	siehe oben	参见上面
sog.	so genannte/r/s	所谓的
SPD	Sozialdemokratische Partei Deutschland	德国社会民主党
SS	Sommersemester	夏季学期
Std.	Stunde/-n	小时
StGB	Strafgesetzbuch	《刑法典》
Tul. L. Rev.	Tulane Law Review（Jahrgang［Jahr］，Seite）	《杜兰法律评论》（年度［年］，页）
TVG	Tarifvertragsgesetz	《集体劳动合同法》
u.	und	和
u. a.	unter anderem/anderen	此外
u. ä.	und ähnliche/r/s	类似的
uam	und andere(s) mehr	及其他的
UFITA	Archiv für Urheber- und Medienrecht（Jahrgang［Jahr］，Seite）	《著作权法与媒体法档案》（年，页）

续表

UNCTAD	United Nations Conference on Trade and Development	联合国贸易和发展会议
UNESCO	United Nations Educational, Scientific and Cultural Organization	联合国教科文组织
UNIDROIT	International Institute for the Unification of Private Law	国际统一私法协会
unveränd.	unverändert	未变的
USA	Vereinigte Staaten von Amerika	美国
u. U.	unter Umständen	可能
UWG	Gesetz gegen unlauteren Wettbewerb	《反不正当竞争法》
VDJ	Verhandlungen des Deutschen Juristentages (Band, Ort [Jahr], Fundstelle)	《德国法学家大会会议记录》（卷，地点［年］，出处）
v.	vom	……的
Verf.	Verfasser	作者
VersR	Versicherungsrecht (Jahr, Seite)	《保险法杂志》（年，页）
VersWiss.	Versicherungswissenschaft (Jahr, Seite)	《保险法学杂志》（年，页）
vgl.	vergleiche	参见
VuR	Verbraucher und Recht (Jahr, Seite)	《消费者与法》（年，页）
WEG	Wohnungseigentumsgesetz	《住宅所有权法》
WM	Wertpapiermitteilungen (Jahr, Seite)	《有价证券通告》（年，页）
WRP	Wettbewerb in Recht und Praxis (Jahr, Seite)	《竞争法与实务》（年，页）
WRV	Weimarer Reichsverfassung	《魏玛帝国宪法》
WS	Wintersemester	冬季学期
WuW	Wirtschaft und Wettbewerb (Jahr, Seite)	《经济与竞争》（年，页）
Yale L. J.	Yale Law Journal (Jahrgang [Jahr], Seite)	《耶鲁法律杂志》（年，页）
ZAkDR	Zeitschrift der Akademie für Deutsches Recht (Jahr, Seite)	《德国法学杂志》（年，页）
z. B.	zum Beispiel	比如
ZEuP	Zeitschrift für Europäisches Privatrecht (Jahr, Seite)	《欧洲私法杂志》（年，页）
ZfA	Zeitschrift für Arbeitsrecht (Jahr, Seite)	《劳动法杂志》（年，页）
ZfdgVersWiss	Zeitschrift für die gesamte Versicherungswissenschaft (Jahrgang [Jahr], Seite)	《综合保险法杂志》（年，页）

续表

ZfRV	Zeitschrift für Rechtsvergleichung（Jahr，Seite）	《比较法杂志》（年，页）
ZGR	Zeitschrift für Unternehmens-und Gesellschaftsrecht（Jahr, Seite）	《企业与公司法杂志》（年，页）
ZgS	Zeitschrift für die gesamte Staatswissenschaft（Jahrgang［Jahr］, Seite）	《综合国家学杂志》（年，页）
ZHR	Zeitschrift für das gesamte Handelsrecht und Wirtschaftsrecht（Jahrgang［Jahr］, Seite）	《综合商法与经济法杂志》（年，页）
ZPO	Zivilprozessordnung	《民事诉讼法》
z. T.	zum Teil	部分的
zul.	zuletzt	最后的
zust.	zustimmend	认同的，同意的
zutr.	zutreffend	正确的
ZVglRWiss	Zeitschrift für vergleichende Rechtswissenschaft（Jahrgang［Jahr］, Seite）	《比较法学杂志》（年，页）
ZZP	Zeitschrift für Zivilprozess（Jahrgang［Jahr］, Seite）	《民事诉讼杂志》（年，页）
ZZPInt	Zeitschrift für Zivilprozess International（Jahrgang［Jahr］, Seite）	《民事诉讼杂志(国际版)》（年，页）

访谈：民法教父卡纳里斯[*]

访谈人：周万里
访谈地点：德国慕尼黑，博根豪森
访谈时间：2017 年 8 月 28 日

周万里：卡纳里斯先生，终于见到您了，我非常高兴今天能够拜访您。

卡纳里斯：您好，进来吧，带花过来的呀。谢谢您的花。您先到客厅里坐，我把花插在水里。

周万里：我想先介绍一下自己。我在翻译格伦德曼先生《20 世纪私法学大师》那本书。我在德国读博期间就发现了这本书，觉得非常好，就想把书中很有趣的法学家的故事、法律思想史呈现给中国读者。这本书里有介绍您本人以及您的恩师拉伦茨，所以我就想如果有机会一定要拜访您，和您见面聊聊。

卡纳里斯：对的。那本书中的确有关于我和我的恩师拉伦茨的报告。听说这本书要出新版本了，会有一些新的变化。

周万里：是说您会对原有的报告内容进行修改吗？

卡纳里斯：不会的，我没有修改原有的内容。

周万里：您去过中国吗？

---

[*] 克劳斯-威廉·卡纳里斯，慕尼黑大学民法、商法与劳动法荣退教授（拉伦茨教席的继任者）。卡纳里斯教授在慕尼黑大学取得博士学位和教授资格（导师都是拉伦茨）后，担任格拉茨大学、汉堡大学的教授。他的研究在民法和方法论领域影响力最大，其次是商法和银行法的研究。卡纳里斯在德语区法学界是公认、备受尊敬的民法教父级的人物。他的博士论文和教授任用资格论文，在民法学界地位非常高，撰写了《债法》和《商法》等教科书，也是很多有影响力的法律评注的主编。在中国，人们熟知的《法学方法论》由其老师拉伦茨和他合著。卡纳里斯于 2021 年 3 月 5 日在慕尼黑离世。

卡纳里斯：去过，大约是在2008年北京奥运会之前吧，具体时间我记不起来了。

周万里：是去度假，还是有人邀请您去中国？

卡纳里斯：是中国社科院邀请我参加中国民法典的论证会，我作为外国专家被邀请到北京。刚到北京，我的眼睛很难受，一直在流眼泪，主要是因为空气污染的原因。陪同人员问我能否坚持下去，我还是强忍坚持下来了。到了上海后，我的眼睛立刻就好了，可能因为上海是海边城市，空气好一些吧。

周万里：您会重写关于您的恩师拉伦茨的报告吗？

卡纳里斯：我写的报告保持不变，原模原样地保持不变，否则会让别人说我闲话，说我改变了自己的看法。特别是我与魏德士先生争论之后，更是如此。魏德士先生不太了解我的文章。

周万里：格伦德曼教授和我说，他不愿意和这样的人说话，这样的人一直在虚张声势，吸引别人的注意力，生怕别人不知道他。那您说说您对德国法学最大的贡献是什么？

卡纳里斯：我和拉伦茨合写了《法学方法论》一书，但是这本书大部分是拉伦茨写的。我和他合作写了《债法》，大部分是我写的，他就写了5页左右。我在很早就写了《银行合同法》的教科书，也是手册吧。

周万里：您应该知道，《法学方法论》这本书在20世纪90年代就翻译成中文了，在中国的影响非常大。出版社早就宣布出版该书的第4版，我一直期待这本书的最新版，但是该书一直没有出版。

卡纳里斯：这本书的基本思想和理论会保持不变，但是拉伦茨写这本书时引用的法条，期间变化了很多，所以不具有当前性。

周万里：您自己可以更新这本书，如果您没有精力的话，可以让您比较信任的门生去修改这本书。在《20世纪私法学大师》这本书中，您的门生莱因哈德·辛格先生认为，您最大的贡献是"发现"信赖责任，可以与耶林发现的"缔约过失责任"媲美。此外，我认为您在方法论方面的贡献比较大，尤其是法律漏洞理论。法教义学和方法论是德国特色吗，这种思维方式是否也适用于其他国家及其法秩序？

卡纳里斯：除了英美法系，我们的私法教义学和方法论都可以适用于其他国家。在其他的法律领域，比如刑法和公法，都发展了教义学和方法论。19世纪之前，德国的法很差。后来，在一个图书馆中，我们发现了罗马法，德国人都惊讶了，竟然有如此先进的法。这些法用拉丁文写成，幸运的是，我们法律人都懂拉丁文，所以能理解这些罗马法。

另外，自萨维尼以来，我们就有把论证做得非常精致的传统。我本人就是这样，我的学生也是这样，提出一个论证，一定不要满足，要不断精雕细镂。

最后，我主张客观解释，按照适用时的社会情况去解释法律，并且思考法律的目的是什么。

周万里：您认为20世纪最伟大的法学家是谁？

卡纳里斯：首先是拉贝尔，他是马普所法律研究所的第一任所长，该所的前身是在柏林成立的威廉皇帝法律研究所。其次，菲利普·黑克也是法学大家，他提出法律中利益关系，主张利益衡量。这两位都是20世纪上半叶的法学大家。再看20世纪下半叶，维尔纳·弗卢梅是位法学大家。

周万里：还有您的老师拉伦茨，还有维亚克尔和您吧！

卡纳里斯：对了还有弗朗茨·维亚克尔，他在私法史领域无可争议是一位法学大家，私法的其他的方面不算吧。我还活着，所以就不能算吧。

周万里：是不是只有对不在人世的人才能进行这样评价？

卡纳里斯：是呀。梅迪库斯去世了，他是我很好的朋友，也是一位法学大家。

周万里：您能推荐两三本法律人一定要读的书吗？

卡纳里斯：没有。私法领域太广了，萨维尼的《当代罗马法体系》是最好的书，以后就没有了。或许你们这一代比较幸运，刑法领域有一本书，你知道吗，属于最好的，那就是克劳斯·罗克辛的刑法教科书。刑法比较窄，容易做的精。私法太宽广了，很难做成大家。

周万里：您有没有以前一直相信是对的，但是现在更多地对此产生怀疑的事情？

卡纳里斯：对有些事情，我以前一直选择沉默，现在更多的是选择说出来。

周万里：您还写文章吗？我拜访麦斯特麦克先生时，看到他还在写文章。

卡纳里斯：我不写文章了。我正在写一本书，书的内容保密。这个世界上只有三个人知道这本书的内容，我本人、夫人以及我的女儿。我的女儿也是个法律人，学法律的。

周万里：是关于法律的，还是其他主题的书，比如哲学。什么时候能够出版？

卡纳里斯：当然是关于法律的书。我也不知道什么时候能够出版，这要看我的身体状况决定了。我的头脑现在还清醒，也许两年后能够出版。

周万里：那我太期待了。

图片来源说明

本书中的人物照片及其他图片，属于相应的出版社、大学及私人所有。

J. C. B. Mohr（Paul Siebeck）
Ernst Rabel
Franz Böhm
Ludwig Raiser
Joachim Gernhuber
Fritz Baur
Ernst von Caemmerer

C. H. Beck
Helmut Coing
Hans Carl Nipperdey
Leo Rosenberg
Karl Larenz
Claus-Wilhelm Canaris

Vandenhoeck & Ruprecht
Franz Wieacker

De Gruyter Rechtswissenschaften
Peter Ulmer

Walter de Grutyer
Klaus J. Hopt

Carl Heymanns
Dieter Medicus

私人及出版社档案
Konrad Zweigert – Ulrich Drobnig
Josef Esser – Johannes Köndgen

Alfred Hueck – Wolfgang Zöllner
Herbert Wiedemann – Holger Fleischer
Heinrich Kronstein – Kurt H. Biedenkopf
Wolfgang Fikentscher – Bernhard Grossfeld
Walter Schmidt-Rimpler – Fritz Rittner
Harry Westermann – Hans Schulte
Hans Brox – Wilfried Schlüter
Gerhard Kegel – Klaus Schurig
Franz Bydlinski – Peter Rummel
Peter Schlechtriem – Martin Schmidt-Kessel
Ernst-Joachim Mestmäcker – Christoph Engel
Wolfgang Zöllner – Ulrich Noack
Marcus Lutter – Peter Hommelhoff
Harm Peter Westermann – Walter G. Paefgen
Karsten Schmidt – Georg Bitter
Peter Doralt – Susanne Kalss
Werner Flume – Thomas Lobinger
Ulrich Huber – Johannes Wertenbruch
Manfred Wolf – Thomas Pfeiffer
Gunther Teubner – Moritz Renner
Ernst A. Kramer – Wanli Zhou

海德堡大学档案馆
Wolfgang Hefermehl – Reichert
Eugen Ulmer – Binz

译后记

"两千年以来,我们的学术史上算得上数的,不是学说、方法和哲理,而是法学大师。"这是法学大师路德维希·赖泽尔在评价他的老师马丁·沃尔夫时的名言,充分肯定了法学家的地位。法学家是法学发展的原动力。没有法学家的法学只是没有灵魂的经验总结。在近代历史上,以德国法学为代表的德语区法学,对全球的法律秩序生成产生了重要影响,并持续至今。德语区的法学家以其独特的思维方式,在发扬和推广德式法学中起到关键作用。本书阐释20世纪德语区私法学者的生平、理论及其影响,以德国的私法学大师为中心,共收录了最有代表性和最有影响力的40位私法学大师。这40位人物,由他们的在世门生通过现场报告的形式展现,之后以文章的形式整理收录在本书中。

本书介绍人物的出身,呈现人物的研究旅程及主要思想,展现人物个性和人际交往等。因此,本书中译本的副标题是"私法方法、思想脉络、人格魅力"。全书共有六章。第一章是概述,是本书德文版的两位主编撰写的导读。第二章至第五章是对人物的具体呈现。其中第二章的主题是"法学宗师",介绍两位20世纪鼻祖级的私法学者及他们的研究方法和风格,这两位人物主导了20世纪德国民商经济法学的基调。第三章的主题是"方法",阐释了法律史、比较法和法理等方法在私法中的运用。第四章的主题是"商法和经济法",主要涉及商法、公司法、劳动法、反垄断法和金融法等法律领域中最有影响力的法学家。第五章的主题是"私法、教义学思维及体系建构"。最后一章是两位德国法学教授从历史和全球比较的视角对全书所做的总结。本书德文版是德古意特出版社分别于2007年和2011年出版的上下册《门生视野下20世纪德语区私法学者——单个刻画的思想史》,英文版是因特桑提亚出版社于2018年出版的《语境下的私法发展——20世纪德语区私法学及私法学者》。

　　本书译者自2017年上半年起翻译本书，其间得到两位主编——柏林洪堡大学斯蒂芬·格伦德曼教授和波鸿鲁尔大学卡尔·里森胡贝尔教授的鼎力支持、悉心关照。或许是因为主编和译者理念及风格接近，彼此之间的沟通特别顺畅、圆满。同时，本书中译本项目得到弗里茨·蒂森基金会的资助，这进一步促成了中译本的面世。在翻译本书过程中，华东师大的许多本科生和研究生试读并校对了初稿，减轻了译者的压力。在此，译者衷心感谢两位主编及弗里茨·蒂森基金会的鼎力支持，感谢这些学生的无私付出。

　　译者在保证专业性的同时，尽可能地增强了本书的可读性，希望读者通过阅读这本书，不仅能够获得法学知识，更重要的是获得精神世界的享受和个人品位的提高，从而潜移默化地提高专业能力和思想境界。

周万里
2020年5月25日

图书在版编目(CIP)数据

20世纪私法学大师:私法方法、思想脉络、人格魅力/(德)斯蒂芬·格伦德曼,(德)卡尔·里森胡贝尔主编;周万里译.—北京:商务印书馆,2021
(法律史译丛)
ISBN 978-7-100-19890-5

Ⅰ.①2… Ⅱ.①斯…②卡…③周… Ⅲ.①私法—思想史—世界—文集 Ⅳ.① D909.1-53

中国版本图书馆CIP数据核字(2021)第079088号

权利保留,侵权必究。

法律史译丛
20世纪私法学大师
私法方法、思想脉络、人格魅力
〔德〕斯蒂芬·格伦德曼
　　　卡尔·里森胡贝尔 主编
周万里　译

商 务 印 书 馆 出 版
(北京王府井大街36号 邮政编码100710)
商 务 印 书 馆 发 行
南京新洲印刷有限公司印刷
ISBN 978-7-100-19890-5

2021年8月第1版　　开本 700×1000　1/16
2021年8月第1次印刷　印张 63

定价:298.00元